Compliance Berater Schriftenreihe

Kommentar

Hinweisgeberschutzgesetz

Herausgegeben von

Professor Dr. Hans-Jörg Fischer

FOM Hochschule für Oekonomie & Management, Mannheim,
Rechtsanwalt, Mannheim und München

Dr. Moritz Pellmann, LL.M. (London)

Rechtsanwalt, Frankfurt am Main

und

Dr. Nicholas Schoch

Rechtsanwalt, Frankfurt am Main

Bearbeitet von:

Prof. Dr. habil. Matthias Amort; Tobias André; Dr. Carolin Baranowski;
Moritz Begemeier; Dr. Arne Brest; Prof. Dr. Jan-Friedrich Bruckermann;
Prof. Dr. Franz-Alois Fischer; Prof. Dr. Hans-Jörg Fischer;
Dr. Julia Förster; Dr. Thomas Granetzny; Alicia Hildner; Julia Kilp;
Dr. Annika Kreis; Dr. Dawid Ligocki; Dr. Malte May;
Dr. Marcel Michaelis; Dr. Moritz Pellmann; Dr. Nicholas Schoch;
Dr. Florentine Schulte-Rudzio; Dr. Eva-Maria Schwarzer;
Prof. Dr. Michael Stahlschmidt; Marcel Supernok-Kolbe

Fachmedien Recht und Wirtschaft | dfv Mediengruppe | Frankfurt am Main

Bibliografische Information der Deutschen Nationalbibliothek

Die Deutsche Nationalbibliothek verzeichnet diese Publikation in der Deutschen Nationalbibliografie; detaillierte bibliografische Daten sind im Internet über http://dnb.de abrufbar.

ISBN: 978-3-8005-1837-1

dfv Mediengruppe

www.ruw.de

Satzkonvertierung: Lichtsatz Michael Glaese GmbH, 69502 Hemsbach

Druck und Verarbeitung: Beltz Grafische Betriebe GmbH, 99947 Bad Langensalza

Printed in Germany

Vorwort der Herausgeber

Der Begriff des „Whistleblowing“ und die damit einhergehende Frage des Schutzes von „Whistleblowern“, zu Deutsch Hinweisgebern, haben in Deutschland und Europa in den vergangenen Jahren nicht nur vermehrt Eingang in den gesellschaftspolitischen Diskurs gefunden, sondern auch in die juristische Fachdiskussion. Verband man das Thema „Whistleblower“-Schutz noch vor einigen Jahren schwerpunktmäßig mit dem anglo-amerikanischen Rechts- und Kulturkreis, in welchem es – z. B. in den USA mit dem Whistleblower Protection Act von 1989 und dem Sarbanes-Oxley Act aus 2002 – schon seit Jahrzehnten dezidierte Regelungen zum Umgang mit Hinweisgebern gibt, hat die Entwicklung in Deutschland und Europa in den letzten Jahren zunehmend Fahrt aufgenommen.

Auf europäischer Ebene gipfelte diese Entwicklung im Jahr 2019 in der Verabschiedung der Richtlinie 2019/1937. Diese zielt darauf ab, die innerhalb der Europäischen Union uneinheitlichen und teils – wie in Deutschland – unterentwickelten Regelungen zum Schutz von Hinweisgebern dergestalt zu vereinheitlichen, dass ein unionsweiter Rechtsrahmen für den adäquaten Schutz von Hinweisgebern und den Umgang mit von diesen gegebenen Hinweisen geschaffen wird.

Angesichts der Bedeutung von Hinweisgebern für die Regeltreue (Compliance) von Unternehmen, die zentral für ihren langfristigen und nachhaltigen Erfolg ist, erscheint diese Entwicklung sehr begrüßenswert. Die allgemeinen gesellschaftsrechtlichen Compliance-Pflichten legen es Unternehmen seit jeher auf, Anhaltspunkten für etwaige Regelverstöße nachzugehen und den Sachverhalt aufzuklären sowie festgestelltes Fehlverhalten abzustellen und zu ahnden. Hierbei spielen – wie auch der europäische Gesetzgeber betont – Hinweisgeber eine maßgebliche Rolle; denn sie nehmen Regelverstöße häufig als Erste wahr und sind daher in der Lage, durch frühzeitige Hinweise negative Auswirkungen sowohl auf das betroffene Unternehmen als auch auf die von den Verstößen betroffenen Kunden, Geschäftspartner, Mitarbeiter und/oder Dritten so gering wie möglich zu halten. Ein konturenscharfer und praxistauglicher Rechtsrahmen zum Umgang mit Hinweisgebern kann demnach nicht nur das Vertrauen von Hinweisgebern in Hinweisgebersysteme stärken, sondern auch Unternehmen und staatlichen Einrichtungen das erforderliche Rüstzeug an die Hand geben, um Hinweisen auf Fehlverhalten angemessen nachgehen und den Hinweisgebern den ihnen zustehenden Schutz gewähren zu können.

Dieser Kommentar hat es sich zur Aufgabe gesetzt, das in Umsetzung der europarechtlichen Vorgaben der Richtlinie 2019/1937 erlassene und am 2.7.2023 in Kraft getretene deutsche Hinweisgeberschutzgesetz sowohl aus rechtswissenschaftlicher als auch aus der Perspektive des Rechtsanwenders zu kommentieren. Hierbei war es der Herausgeberschaft ein Anliegen, ein Werk zu schaffen, in dem das Gesetz in rechtsdogmatischer Hinsicht möglichst umfassend beleuchtet wird, zugleich aber auch die Erfahrungen aus der anwaltlichen Beratungspraxis bei der Auslegung der neuen Vorschriften nutzbar gemacht werden. Um diesem Anliegen gerecht zu werden, haben sich Autoren des KCW KompetenzCentrum für Wirtschaftsrecht der FOM Hochschule für Oekonomie & Management und der Kanzlei Freshfields Bruckhaus Deringer zusammengefunden, um das Hinweisgeberschutzgesetz in seiner Gesamtheit von beiden Seiten optimal auszuleuchten.

Unser Dank gilt allen beteiligten Autoren, die sich der nicht unterkomplexen Aufgabe der Kommentierung eines in einem langwierigen und nicht restlos überzeugenden Gesetzgebungsprozess zustande gekommenen Gesetzes angenommen haben. Weiterhin danken wir dem Verlag Fachmedien Recht und Wirtschaft und insbesondere Herrn Patrick Orth für seine stets proaktive und kompetente Unterstützung bei dem Zustandekommen des Werks. Abschließend möchten wir dem Kollegium des KCW KompetenzCentrum für Wirtschaftsrecht der FOM Hochschule für Oekonomie & Management für den gemeinsamen Austausch und Diskurs sowie allen Mitarbeitern der Kanzlei Freshfields Bruckhaus Deringer für ihre tatkräftige Unterstützung unseren Dank aussprechen.

Mannheim, Frankfurt/Main
im Oktober 2023

Die Herausgeber
Prof. Dr. Hans-Jörg Fischer
Dr. Moritz Pellmann, LL.M. (London)
Dr. Nicholas Schoch

Verzeichnis der Bearbeiterinnen und Bearbeiter

Prof. Dr. habil. Matthias Amort	Professor an der FOM Hochschule in Düsseldorf
Tobias André	Rechtsanwalt, Freshfields Bruckhaus Deringer, Frankfurt
Dr. Carolin Baranowski	Rechtsanwältin, Freshfields Bruckhaus Deringer, Berlin
Moritz Begemeier	Rechtsanwalt, Freshfields Bruckhaus Deringer, Frankfurt
Dr. Arne Brest	Senior Manager Crime Defence, Continental AG, Hannover
Prof. Dr. Jan-Friedrich Bruckermann	Professor an der FOM Hochschule in Köln, Rechtsanwalt in Aachen und Wesel
Prof. Dr. Franz-Alois Fischer, M.A.	Professor an der FOM Hochschule in München, Rechtsanwalt in München
Prof. Dr. Hans-Jörg Fischer	Professor an der FOM Hochschule in Mannheim, Rechtsanwalt und Steuerberater in Mannheim und München
Dr. Julia Förster	Rechtsanwältin, Freshfields Bruckhaus Deringer, Düsseldorf
Dr. Thomas Granetzny	Rechtsanwalt, Freshfields Bruckhaus Deringer, Düsseldorf
Alicia Hildner	Rechtsanwältin, Freshfields Bruckhaus Deringer, Frankfurt
Julia Kilp	Rechtsanwältin, Freshfields Bruckhaus Deringer, München
Dr. Annika Kreis	Rechtsanwältin, Freshfields Bruckhaus Deringer, Düsseldorf
Dr. Dawid Ligocki	Rechtsanwalt, Freshfields Bruckhaus Deringer, Berlin

Dr. Malte May	Rechtsanwalt, Freshfields Bruckhaus Deringer, Berlin
Dr. Marcel Michaelis	Rechtsanwalt, Freshfields Bruckhaus Deringer, Berlin
Dr. Moritz Pellmann, LL.M. (London)	Rechtsanwalt, Freshfields Bruckhaus Deringer, Frankfurt/Berlin
Dr. Nicholas Schoch	Rechtsanwalt, Freshfields Bruckhaus Deringer, Frankfurt
Dr. Florentine Schulte-Rudzio	Rechtsanwältin, Freshfields Bruckhaus Deringer, Berlin
Dr. Eva-Maria Schwarzer	Rechtsanwältin, Freshfields Bruckhaus Deringer, Hamburg
Prof. Dr. Michael Stahlschmidt, M.R.F (Osnabrück), LL.M. (Osnabrück), MBA (Freiburg), LL.M. (Gießen)	Professor an der FHDW Paderborn, Rechtsanwalt und Steuerberater in Medebach
Marcel Supernok-Kolbe, LL.M. (Essen)	Vereinigung Baden-Württembergische Wertpapierbörse e. V., Stuttgart, Lehrbeauftragter FOM Hochschule in Stuttgart

Inhaltsverzeichnis

Vorwort V
Verzeichnis der Bearbeiterinnen und Bearbeiter VII
Abkürzungsverzeichnis XI

Vor § 1 1

Abschnitt 1 Allgemeine Vorschriften

§ 1 Zielsetzung und persönlicher Anwendungsbereich 27
§ 2 Sachlicher Anwendungsbereich 35
§ 3 Begriffsbestimmungen 86
§ 4 Verhältnis zu sonstigen Bestimmungen 93
§ 5 Vorrang von Sicherheitsinteressen sowie Verschwiegenheits- und Geheimhaltungspflichten 145
§ 6 Verhältnis zu sonstigen Verschwiegenheits- und Geheimhaltungspflichten 162

Abschnitt 2 Meldungen
Unterabschnitt 1 Grundsätze

§ 7 Wahlrecht zwischen interner und externer Meldung 195
§ 8 Vertraulichkeitsgebot 226
§ 9 Ausnahmen vom Vertraulichkeitsgebot 235
§ 10 Verarbeitung personenbezogener Daten 251
§ 11 Dokumentation der Meldungen 255

Unterabschnitt 2 Interne Meldungen

§ 12 Pflicht zur Einrichtung interner Meldestellen 264
§ 13 Aufgaben der internen Meldestellen 289
§ 14 Organisationsformen interner Meldestellen 301
§ 15 Unabhängige Tätigkeit; notwendige Fachkunde 334
§ 16 Meldekanäle für interne Meldestellen 366
§ 17 Verfahren bei internen Meldungen 383
§ 18 Folgemaßnahmen der internen Meldestellen 400

Unterabschnitt 3 Externe Meldestellen

§ 19 Errichtung und Zuständigkeit einer externen Meldestelle des Bundes 411

§ 20 Errichtung und Zuständigkeit externer Meldestellen der Länder 414
§ 21 Bundesanstalt für Finanzdienstleistungsaufsicht als externe Meldestelle 415
§ 22 Bundeskartellamt als externe Meldestelle 417
§ 23 Weitere externe Meldestellen 419
§ 24 Aufgaben der externen Meldestellen 420
§ 25 Unabhängige Tätigkeit; Schulung 430
§ 26 Berichtspflichten der externen Meldestellen 434

Unterabschnitt 4 Externe Meldungen

§ 27 Meldekanäle für externe Meldestellen 438
§ 28 Verfahren bei externen Meldungen 445
§ 29 Folgemaßnahmen der externen Meldestellen 455
§ 30 Zusammenarbeit mit anderen öffentlichen Stellen 460
§ 31 Abschluss des Verfahrens 462

Abschnitt 3 Offenlegung

§ 32 Offenlegen von Informationen 469

Abschnitt 4 Schutzmaßnahmen

§ 33 Voraussetzungen für den Schutz hinweisgebender Personen 489
§ 34 Weitere geschützte Personen 519
§ 35 Ausschluss der Verantwortlichkeit 542
§ 36 Verbot von Repressalien; Beweislastumkehr 563
§ 37 Schadensersatz nach Repressalien 573
§ 38 Schadensersatz nach einer Falschmeldung 579
§ 39 Verbot abweichender Vereinbarungen 593

Abschnitt 5 Sanktionen

§ 40 Bußgeldvorschriften 601

Abschnitt 6 Schlussvorschriften

§ 41 Verordnungsermächtigung 617
§ 42 Übergangsregelung 619

Anhang . . . 623

I. Artikel 2 Änderung des Arbeitsschutzgesetzes . . . 623
II. Artikel 3 Änderung des Bundesbeamtengesetzes . . . 626
III. Artikel 4 Änderung des Beamtenstatusgesetzes . . . 628
IV. Artikel 5 Änderung des Soldatengesetzes . . . 630
V. Artikel 6 Änderung der Gewerbeordnung . . . 631
VI. Artikel 7 Änderung des Finanzdienstleistungsaufsichtsgesetzes . . . 633
VII. Artikel 8 Änderung des Geldwäschegesetzes . . . 635
VIII. Artikel 9 Änderung des Versicherungsaufsichtsgesetzes . . . 636
IX. Artikel 10 Inkrafttreten . . . 638

Stichwortverzeichnis . . . 639

Abkürzungsverzeichnis

a. A.	anderer Ansicht
a. F.	alte Fassung
AA	Arbeitsrecht aktiv
ABBergV	Allgemeine Bundesbergverordnung
abgedr.	abgedruckt
ABl.	Amtsblatt
Abs.	Absatz
ACWG	Anti-CorruptionWorking Group
AEUV	Vertrag über die Arbeitsweise der Europäischen Union
AG	Aktiengesellschaft
ähnl.	ähnlich
AIF	Alternativer Investmentfonds
AktG	Aktiengesetz
Anh.	Anhang
Anl.	Anlage
AO	Abgabenordnung
APAReG	Abschlussprüferaufsichtsreformgesetz
ArbR	Arbeitsrecht
ArbRAktuell	Arbeitsrecht Aktuell
ArbRB	Arbeits-Rechtsberater
ArbSchG	Arbeitsschutzgesetz
ARP	Arbeitsschutz in Recht und Praxis
Art.	Artikel
AsiG	Gesetz über Betriebsärzte, Sicherheitsingenieure und andere Fachkräfte für Arbeitssicherheit
AtomG	Atomgesetz
AuA	Anwendungs- und Auslegungshinweise
AÜG	Gesetz zur Regelung der Arbeitnehmerüberlassung
Aufl.	Auflage
Aug.	August
B+P	Zeitschrift für Betrieb und Personal
BaFin	Bundesaufsichtsamt für Finanzdienstleistungen
BAG	Bundesarbeitsgericht
Banz	Bundesanzeiger
BArchG	Bundesarchivgesetz
BB	Betriebs-Berater
BbankG	Gesetz über die Deutsche Bundesbank
BBG	Bundesbeamtengesetz
BCM	Berufsverband der Compliance Manager
Bd.	Band

BDA	Bundesvereinigung der Deutschen Arbeitgeberverbände
BDI	Bundesverband der Deutschen Industrie e. V.
BDSG	Bundesdatenschutzgesetz
BeamtStG	Gesetz zur Regelung des Statusrechts der Beamtinnen und Beamten in den Ländern
BeckOGK AktG	beck-online.Großkommentar zum Aktiengesetz
BeckOK ArbR	Rolfs/Giesen/Meßling/Udsching (Hrsg.), Beck'scher Online-Kommentar zum Arbeitsrecht
BeckOK BGB	Hau/Poseck (Hrsg.), Beck'scher Online-Kommentar zum BGB
BeckOK BNotO	Eschwey (Hrsg.), Beck'scher Online-Kommentar zur Bundesnotarordnung
BeckOK GeschGehG	Fuhlrott/Hiéramente (Hrsg.), Beck'scher Online-Kommentar zum Geschäftsgeheimnisgesetz
BeckOK GG	Epping/Hillgruber (Hrsg.), Beck'scher Online-Kommentar zum Grundgesetz
BeckOK GwG	Frey/Pelz (Hrsg.), Beck'scher Online-Kommentar zum Geldwäschegesetz
BeckOK StGB	v. Heintschel-Heinegg (Hrsg.), Beck'scher Online-Kommentar zum Strafgesetzbuch
BeckOK VwGO	Posser/Wolff/Decker (Hrsg.), Beck'scher Online-Kommentar zur Verwaltungsgerichtsordnung
BeckOK WpHR	Seibt/Buck-Heeb/Harnos (Hrsg.), Beck'scher Online-Kommentar zum Wertpapierhandelsrecht
BeckRS	Beck-Rechtsprechung
Begr.	Begründung
Bek.	Bekanntmachung
BetrVG	Betriebsverfassungsgesetz
Beschl.	Beschluss
BfJ	Bundesamt für Justiz
BFH	Bundesfinanzhof
BfV	Bundesamt für Verfassungsschutz
BGB	Bürgerliches Gesetzbuch
BGBl.	Bundesgesetzblatt
BGH	Bundesgerichtshof
BKartA	Bundeskartellamt
BKR	Zeitschrift für Bank- und Kapitalmarktrecht
BMJV	Bundesministerium für Justiz und Verbraucherschutz
BND	Bundesnachrichtendienst
BNotO	Bundesnotarordnung
BOARD	Zeitschrift für Aufsichtsräte in Deutschland
BORA	Berufsordnung für Rechtsanwälte
BörsG	Börsengesetz

BPolG	Bundespolizeigesetz
BR	Bundesrat
BR-Drs.	Bundesratsdrucksache
BRAK	Bundesrechtsanwaltskammer
BRAO	Bundesrechtsanwaltsordnung
BReg	Bundesregierung
bspw.	beispielsweise
BT	Bundestag
BT-Drs.	Bundestagsdrucksache
BT-PlenarProt.	Bundestagsplenarprotokoll
BUJ	Bundesverband für Unternehmensjuristen
BvD	Berufsverband der Datenschutzbeauftragten Deutschlands
BVerfG	Bundesverfassungsgericht
BVerfGE	Bundesverfassungsgerichts-Entscheidung
BVerfSchG	Bundesverfassungsschutzgesetz
BVerwG	Bundesverwaltungsgericht
bzw.	beziehungsweise
CB	Compliance-Berater
CCZ	Corporate Compliance Zeitschrift
CDU	Christlich-Demokratische Union
CMS	Compliance-Management-System
CRD	Capital Requirements Directive (Eigenkapitalrichtlinie)
CRR	Capital Requirements Regulation (Kapitaladäquanzverordnung)
CSRD	Corporate Sustainability Reporting Directive
CuA	Computer und Arbeit
DAX	Deutscher Aktienindex
DB	Der Betrieb
DCGK	Deutscher Corporate Governance Kodex
DICO	Deutsches Institut für Compliance e. V.
DIHK	Deutsche Industrie- und Handelskammer
DIN	Deutsches Institut für Normung
Doc.	Document
DRiZ	Deutsche Richterzeitung
DSB	Datenschutz-Berater
DSGVO	Datenschutz-Grundverordnung
DStR	Deutsches Steuerrecht
Dt.	deutsch(en)
E	Entwurf
e. V.	eingetragener Verein
EBA	European Banking Authority
ebd.	ebenda

Ed.	Edition
EGMR	Europäischer Gerichtshof für Menschenrechte
EL	Ergänzungslieferung
EMRK	Europäische Konvention zum Schutz der Menschenrechte und Grundfreiheiten
endg.	endgültig
engl.	englisch
EnWZ	Zeitschrift für das gesamte Recht der Energiewirtschaft
EP	Europäisches Parlament
ErfK	Müller-Glöge/Preis/Schmidt (Hrsg.), Erfurter Kommentar zum Arbeitsrecht
Erl.	Erläuterung
ErwG	Erwägungsgrund
ESG	Zeitschrift für nachhaltige Unternehmensführung
et al.	et alii
EU	Europäische Union
EuGH	Europäischer Gerichtshof
EUV	Vertrag über die Europäische Union
EuZA	Europäische Zeitschrift für Arbeitsrecht
EWR	Europäischer Wirtschaftsraum
f./ff.	folgende/fortfolgende
FAQ	Frequently Asked Questions
FiMaNoG	Finanzmarktnovellierungsgesetz
FinDAG	Gesetz über die Bundesanstalt für Finanzdienstleistungsaufsicht (Finanzdienstleistungsaufsichtsgesetz)
Fn.	Fußnote
FS	Festschrift
GA	Generalanwalt am EuGH
GA	Goltdammer's Archiv für Strafrecht
Geheimnisschutz-RL	Geheimnisschutzrichtlinie
gem.	gemäß
GeschGehG	Geschäftsgeheimnisgesetz
GG	Grundgesetz
ggf.	gegebenenfalls
GmbH	Gesellschaft mit beschränkter Haftung
GmbHG	Gesetz betreffend die Gesellschaften mit beschränkter Haftung
GmbHR	GmbHRundschau
GmbH-StB	GmbH-Steuer-Berater
GrCH-EU	Europäische Grundrechtecharta
GWB	Gesetz gegen Wettbewerbsbeschränkungen
GwG	Geldwäschegesetz
GWR	Gesellschafts- und Wirtschaftsrecht

h. M.	herrschende Meinung
HEMBV	Verordnung über die Organisation der nach dem Hinweisgeberschutzgesetz einzurichtenden externen Meldestelle des Bundes vom 7.8.2023
HEMBV-E	Entwurf einer Verordnung über die Organisation der nach dem Hinweisgeberschutzgesetz einzurichtenden externen Meldestelle des Bundes vom 7.7.2023
HessUIG	Hessisches Umweltinformationsgesetz
HGB	Handelsgesetzbuch
HinSchG	Hinweisgeberschutzgesetz
HinSchG-E	Hinweisgeberschutzgesetz-Entwurf
HinSch-RL	Richtlinie (EU) 2019/1937 des Europäischen Parlaments und des Rates vom 23. Oktober 2019 zum Schutz von Personen, die Verstöße gegen das Unionsrecht melden (Hinweisgeberschutzrichtlinie)
HinSch-RL-E	Entwurf der Richtlinie (EU) 2019/1937 des Europäischen Parlaments und des Rates vom 23. Oktober 2019 zum Schutz von Personen, die Verstöße gegen das Unionsrecht melden (Hinweisgeberschutzrichtlinie-Entwurf)
HK-LkSG	Johann/Sangi (Hrsg.), Handkommentar Lieferkettensorgfaltspflichtgesetz
Hrsg.	Herausgeber
Hs.	Halbsatz
HU	Ungarn
i. d. F.	in der Fassung
i. d. S.	in diesem Sinne
i. S. d.	im Sinne des
i.V.m.	in Verbindung mit
i. W.	im Wesentlichen
IFG	Informationsfreiheitsgesetz
im Erg.	im Ergebnis
insb.	insbesondere
IWW	Institut für Wissen in der Wirtschaft
ISO	International Organization for Standardization
ITRB	Der IT-Rechts-Berater
JIG	Ghassemi-Tabar (Hrsg.), vormals Johannsen-Roth/Illert/Ghassemi-Tabar, Deutscher Corporate Governance Kodex Kommentar
jurisPR-ArbR	juris PraxisReport Arbeitsrecht
jurisPR-Compl	juris PraxisReport Compliance & Investigations
jurist.	juristischen
JuS	Juristische Schulung
K&R	Kommunikation & Recht

KAGB	Kapitalanlagegesetzbuch
KMU	Kleine und mittlere Unternehmen
KommJur	Kommunaljurist
KonzVgV	Konzessionsvergabeverordnung
KR	Bader/Fischermeier/Gallner u. a. (Hrsg.), Gemeinschaftskommentar zum Kündigungsschutzgesetz und zu sonstigen kündigungsschutzrechtlichen Vorschriften
KSchG	Kündigungsschutzgesetz
KWG	Kreditwesengesetz
LAG	Landesarbeitsgericht
LfD	Landesbeauftragter für den Datenschutz
Lfg.	Lieferung
LG	Landgericht
lit.	Litera (Buchstabe)
LkSG	Lieferkettensorgfaltspflichtengesetz
LRH	Landesrechnungshof
LT-Drs.	Landtagsdrucksache
LuftVG	Luftverkehrsgesetz
LuftVO	Luftverkehrsordnung
m. w. N.	mit weiteren Nachweisen
MAD	Militärischer Abschirmdienst
MAR	Market Abuse Regulation (Marktmissbrauchsverordnung)
MARPOL	Internationales Übereinkommen zur Verhütung der Meeresverschmutzung durch Schiffe
MdB	Mitglied des Bundestages
MiFIR	Markets in Financial Instruments Regulation
MitbestG	Gesetz über die Mitbestimmung der Arbeitnehmer
Mitt.	Mitteilung
MünchKomm-AktG	Goette/Habersack/Kalss (Hrsg.), Münchener Kommentar zum Aktiengesetz
MünchKomm-StGB	Erb/Schäfer (Hrsg.), Münchener Kommentar zum StGB
MünchKomm-StPO	Knauer/Kudlich/Schneider, Münchner Kommentar zur StPO
MünchKomm-UWG	Heermann/Schlingloff (Hrsg.), Münchener Kommentar zum Lauterkeitsrecht
NATO	North Atlantic Treaty Organization
NDA	Non Disclosure Agreement
NJOZ	Neue Juristische Online-Zeitschrift
NJW	Neue Juristische Wochenschrift
NSchlG	Niedersächsisches Schlichtungsgesetz
NStZ-RR	Neue Zeitschrift für Strafrecht-Rechtsprechungsreport
NuR	Natur und Recht

NVwZ	Neue Zeitschrift für Verwaltungsrecht
NZA	Neue Zeitschrift für Arbeitsrecht
NZG	Neue Zeitschrift für Gesellschaftsrecht
NZKart	Neue Zeitschrift für Kartellrecht
NZWiSt	Neue Zeitschrift für Wirtschafts-, Steuer- und Unternehmensstrafrecht
o. D.	ohne Datum
öAT	Zeitschrift für das öffentliche Arbeits- und Tarifrecht
OffshoreBergV	Offshore-Bergverordnung
OGAW	Organismen für gemeinsame Anlagen in Wertpapieren (Richtlinie)
OGH	Oberster Gerichtshof (AT)
OLG	Oberlandesgericht
ÖstBGBl.	Österreichisches Bundesgesetzblatt
ÖstHinSchG	Österreichisches Hinweisgeberschutzgesetz
OVG	Oberverwaltungsgericht
OWiG	Gesetz über Ordnungswidrigkeiten
PAO	Patentanwaltsordnung
ParlStS	Parlamentarischer Staatssekretär
PKGrG	Kontrollgremiumgesetz
Plenarprot.	Plenarprotokoll
PRIIPs	Verordnung über verpackte Anlageprodukte für Kleinanleger und Versicherungsanlageprodukte
Prot.	Protokoll
Rats-Dok.	Rats-Dokument
RdA	Recht der Arbeit
RDG	Rechtsdienstleistungsgesetz
RdTW	Recht der Transportwirtschaft
RDV	Recht der Datenverarbeitung
RefE	Referentenentwurf
RegE	Regierungsentwurf
RfamU	Recht der Familienunternehmen
RiStBV	Richtlinien für das Strafverfahren und das Bußgeldverfahren
RL	Richtlinie
Rn.	Randnummer
RÖDS	Jahrbuch Recht und Ökonomik des Dritten Sektors
RP	Regierungspräsidium
Rs.	Rechtssache (EuGH)
S.	Seite/Seiten
Sachverst.	Sachverständiger
SchSG	Schiffssicherheitsgesetz
SeeArbG	Seearbeitsgesetz

SeeAufgG	Seeaufgabengesetz
SeeFSichV	Verordnung über die Sicherung der Seefahrt
SeeUmwVerhV	See-Umweltverhaltensverordnung
SektVO	Sektorenverordnung
SG	Soldatengesetz
SGB	Sozialgesetzbuch
sog.	sogenannt
SPD	Sozialdemokratische Partei Deutschlands
StBerG	Steuerberatungsgesetz
StGB	Strafgesetzbuch
Stgn.	Stellungnahme
StPO	Strafprozessordnung
SÜFV	Sicherheitsüberprüfungsfeststellungsverordnung
SÜG	Sicherheitsüberprüfungsgesetz
TTDSG	Telekommunikation-Telemedien-Datenschutz-Gesetz
u. a.	unter anderem
UAbs.	Unterabsatz
UIG	Umweltinformationsgesetz
Urt.	Urteil
UStG	Umsatzsteuergesetz
UWG	Gesetz gegen den unlauteren Wettbewerb
v.	von/vom
VAG	Versicherungsaufsichtsgesetz
VerSanG-E	Verbandssanktionengesetz: Entwurf
VG	Verwaltungsgericht
vgl.	vergleiche
VgV	Vergabeverordnung
VIG	Verbraucherinformationsgesetz
VO	Verordnung
VS	Verschlussache
VSA	Verschlusssachenanweisung
VwGO	Verwaltungsgerichtsordnung
VwVfG	Verwaltungsverfahrensgesetz
WBRL	Whistleblowerrichtlinie (Richtlinie (EU) 2019/1937 des Europäischen Parlaments und des Rates vom 23. Oktober 2019 zum Schutz von Personen, die Verstöße gegen das Unionsrecht melden)
wistra	Zeitschrift für Wirtschafts- und Steuerstrafrecht
Wortprot.	Wortprotokoll
WPg	Die Wirtschaftsprüfung
WpHG	Wertpapierhandelsgesetz
WpIG	Wertpapierinstitutsgesetz
WPO	Wirtschaftsprüferordnung

WpProspektVO	Wertpapierprospektverordnung
z.	zu
z. B.	zum Beispiel
ZAG	Zahlungsdiensteaufsichtsgesetz
ZCG	Zeitschrift für Corporate Governance
ZD	Zeitschrift für Datenschutz
ZD-Aktuell	Newsdienst der ZD
ZfDR	Zeitschrift für Digitalisierung und Recht
ZfM	Zeitschrift für Management
ZGI	Zeitschrift für das gesamte Informationsrecht
ZGR	Zeitschrift für Unternehmens- und Gesellschaftsrecht
ZHR	Zeitschrift für das gesamte Handelsrecht und Wirtschaftsrecht
Ziff.	Ziffer
ZIP	Zeitschrift für Wirtschaftsrecht
ZPO	Zivilprozessordnung
ZRFC	Zeitschrift Risk, Fraud & Compliance
ZRI	Zeitschrift für Restrukturierung und Insolvenz
ZRP	Zeitschrift für Rechtspolitik
ZWH	Zeitschrift für Wirtschaftsstrafrecht und Haftung im Unternehmen

Vor § 1

Schrifttum: *Ahrens*, Whistleblowing: Erster Entwurf der Koalition zum Hinweisgeberschutzgesetz, MMR-Aktuell 2022, 448308; *Altenbach*, Hinweisgeberschutz: Neue Vorgaben der EU-Whistleblowerrichtlinie: Was Sie als Steuerberater jetzt wissen sollten, BBP 2022, 47; *Apel/Drescher/Lindner*, Geschäftsgeheimnisse im Compliance-System des Unternehmens: Anforderungen an die Umsetzung eines ganzheitlichen Geheimnisschutzes, BB 2022, 1795; *Baade/Hößl*, Arbeits- und compliancerechtlicher Handlungsbedarf unter dem neuen Hinweisgeberschutzgesetz (Teil 1), DStR 2023, 1213; Teil 2, DStR 2023, 1265; *Badura*, Was hat es mit dem verzögerten Gesetzgebungsverfahren auf sich? Wo sind die Stolperfallen beim Hinweisgeberschutz?, ESGZ 2023, 24; *Bayreuther*, Hinweisgeberschutz und Betriebsverfassung, NZA 2023, 666; *Bayreuther*, Das neue Hinweisgeberschutzgesetz, DB 2023, 1537; *Branahl*, Whistleblower zwischen Loyalitätspflichten und öffentlichem Informationsinteresse, Humboldt Forum Recht (HFR) 2012, 1, 8, https://www.rewi.hu-berlin.de/de/lf/oe/hfr/deutsch/2012-01.pdf (zuletzt abgerufen am 20.6.2023); *Brockhaus*, Geheimnisschutz und Transparenz, Diss. Frankfurt/Oder, 2022; *Bruns*, Das neue Hinweisgeberschutzgesetz, NJW 2023, 1609; *Deisenroth/Derleder*, Whistleblower und Denunziatoren, ZRP 2008, 248; *Dilling*, Der Referentenentwurf zum Hinweisgeberschutzgesetz – Steine statt Brot für Whistleblower und betroffene Personen, CCZ 2021, 60; *Dilling*, Cat's Gold-Plating – Der neue Referentenentwurf zum Hinweisgeberschutzgesetz, CCZ 2022, 45; *Dilling*, Die Konzernlösung gemäß § 14 Abs. 1 S. 1 HinSchG im Spannungsfeld zwischen europarechtlichen Vorgaben und den praktischen Bedürfnissen der von der Umsetzung betroffenen Unternehmensverbände, CCZ 2023, 91; *Dohrmann*, Die geplante Umsetzung der EU-Whistleblower-Richtlinie aus arbeitsrechtlicher Sicht, RdA 2021, 326; *Dzida*, Wann dürfen Arbeitnehmer gegen ihren Vorgesetzten Anzeige erstatten?, ArbRB 2021, 190; *Dzida*, Anpassung von Arbeitsverträgen an das neue Hinweisgeberschutzgesetz, ArbRB 2023, 182; *Dzida/Seibt*, Neues Hinweisgeberschutzgesetz: Analyse und Antworten auf Praxisfragen, NZA 2023, 657; *Engelhoven/Gatz*, Das neue Hinweisgeberschutzgesetz: die Änderungen im parlamentarischen Verfahren im Überblick, DB 2023, 1397; *Engels*, Whistleblower-Schutz in Unternehmen, ARP 2022, 20; *Feger*, EU-Hinweisgeberrichtlinie und HinSchG-E: Möglichkeiten und Nutzen der Einbindung von Ombudspersonen, CB 2022, 187; *Fehr/Refenius*, Hinweisgeberschutzgesetz: Interner Meldestellenbeauftragte, CB 2023, 289; *Flier*, Der Begriff einer „(verbands)internen Untersuchung“ in den Entwürfen des BMJV, CB 2022, 291; *Forst*, Strafanzeige gegen den Arbeitgeber – Grund zur Kündigung des Arbeitsvertrags?, NJW 2011, 3477; *Fuhlrott/Henckel*, Hinweisgeberschutzgesetz: Handlungsbedarf für Unternehmen und Personalabteilungen, ArbRAktuell 2022, 441; *Gerdemann*, Referentenentwurf für ein deutsches Hinweisgeberschutzgesetz, ZRP 2021, 37; *Gerdemann*, Das neue deutsche Whistleblowing-Recht, NJW 2021, 3489; *Gerdemann*, Neuer Entwurf für ein Hinweisgeberschutzgesetz, ZRP 2022, 98; *Gerdemann/Spindler*, Die Europäische Whistleblower-Richtlinie und ihre Folgen für das deutsche Gesellschaftsrecht, ZIP 2020, 1896; *Ghahreman*, Melden oder nicht melden – das ist hier die Frage, CB 2014, 156; *Gortan*, Berechnung der Beschäftigtenzahl und Begriff der Organisationseinheit im RefE des HinSchG, NZA 2022, 838; *Grimm/Osmakova*, Das Hinweisgeberschutzgesetz in seiner endgültigen Fassung, ArbRB 2023, 176; *Harnos/Holle*, Mehr Fortschritt wagen: auch im Unternehmensrecht? Zum Koalitionsvertrag der Ampel, AG 2021, R 359; *Hauschka/Moosmayer/Lösler* (Hrsg.), Corporate Compliance, Handbuch der Haftungsvermeidung im Unternehmen, 3. Aufl. 2016; *Junker*, Das Gesetz für einen besseren Schutz hinweisgebender Personen, EuZA 2023, 1; *Kappen/Cho/Gaertner*, Konzernlösung des HinSchG-E – unionsrechtswidrig?, CB 2022, 237; *Kohler*, Schutz für Whistleblower, Freiheit der Meinungsäußerung, ISR 2023, 225; *Lüneborg*, Das Hinweisgeberschutzgesetz – die (un)endliche Geschichte, ZIP 2023, 941; *Lütke/Gramlich*, Hinweisgeberschutz – zur Notwendigkeit von „good governance“ und „best pratices“, GmbHR 2021, R 320; *Mävers*, Whistleblower-Richtlinie – Stand der Umsetzung, ArbRAktuell 2021, 379; *Metzner/Gloeckner*, „Reality Check“ der EU-Whistleblower Richtlinie – Ist die Einführung eines lokalen Hinweisgebersystems wirklich erforderlich?, CCZ 2021, 256; *Miege/Ahrens*, Referentenentwurf der Koalition zum Hinweisgeberschutzgesetz – Stellungnahme des Deutschen Instituts für Compliance (DICO e. V.), CCZ 2022, 171; *Müller*, Das Hinweisgebersystem – eine Praxisbetrachtung, öAT 2022, 30; *Odenthal*, Anmerkung zu US Supreme Court, Urteil zur Reichweite der Whistleblower-Schutzvorschriften des Sarbanes-Oxley-Acts von 2002, Newsdienst Compliance 2014, 21025; *Pant*, Der US-False Claims Act – ein El Dorado für Whistleblower, CCZ 2008, 69; *Passarge*, Erfolgreiche Struktur von Hinweisgebersystemen – Praktische Aspekte und das Zusammenspiel mit anderen Gesetzen, CB 2021, 453; *Pielow/Volk*, Der Referentenentwurf zum Hinweisgeberschutzgesetz – Quo vadis?, CD 2021, 232; *Regelin/Fisher*, Zum Stand der Umsetzung des Sarbanes-Oxley Act aus deutscher Sicht, IStR 2003, 276; *Reinhard*, Wann darf oder muss ein Arbeitnehmer „die Pfeife blasen“?, ArbRB 2015, 375; *Rennar*, Gesetzgeberischer Schutzmechanismus für Whistleblower & Co., GmbH-StB 2023, 121; *Reufels/Volmari*, Über die aktuelle EGMR-Rechtsprechung zur Meinungsfreiheit und ihre Auswirkungen auf Entscheidungen deutscher Arbeitsgerichte, ArbRB 2021, 83; *Reufels/Osmakova*, Der neue Entwurf des Hinweisgeberschutzgesetzes – Gelungene Umsetzung der EU-Whistleblower-Richtlinie?, ArbRB 2022, 147; *Rolfs/Giesen/Meßling/Udsching* (Hrsg.), Beck'scher Online-Kommentar Arbeitsrecht, 68. Edition, Stand: 2.7.2023; *Sasse*, Hilfspolizist Arbeitnehmer – oder sinnvolle Neuregelung?, NZA 2008, 990; *Scheicht*, Update zur EU Whistleblower-Richtlinie, SPA 2022, 41; *Schenkel/von Laufenberg*, Aktuelle Entwicklungen in den USA – DOJ setzt neue Schwerpunkte bei der Bekämpfung von Unternehmenskriminalität – Prämienausschüttung unter dem SEC Whistleblower-Programm erreicht im Jahr 2021 Rekordhoch, CCZ 2022, 35; *Schmolke*, Die neue Whistleblower-Richtlinie ist da! Und nun? Zur Umsetzung der EU-Richtlinie zum Schutz von Hinweisgebern in das deutsche Recht, NZG 2020, 5; *Schoch/Kumar*, Der neue Entwurf eines Hinweisgebeschutzgesetzes, CB 2022, 181; *Schönfeld/Ellenrieder/Sendke*, Whistleblower-Richtlinie und Steuerrecht, IStR 2023, 441; *Scholz*, Hinweisgeberschutz zwischen Legalitäts- und Legalitätskontrollpflicht – Zu den Konsequenzen des HinSchG für die gesellschafts- und ordnungswidrigkeitenrechtliche Compliance-Verantwortung, AG 2022, 553; *Schürrle/Fleck*, „Whistleblowing Unlimited“ – Der U.S. Dodd-Frank Act und die neuen Regeln der SEC zum Whistleblowing, CCZ 2011, 218; *Schulz*, Whistleblowing – Plädoyer für ein Hinweisgeberschutzgesetz, ArbRAktuell 2017, 10; *Seel*, Recht auf freie Meinungsäußerung – wo sind die Grenzen des „Whistleblowing“?, MDR 2011, 9; *Simon/Schilling*, Kündigung wegen Whistleblowing?, BB 2011, 2422; *Söbbing*, Das neue Hinweisgeberschutzgesetz, ITRB 2023, 221; *Sonnenberg/Rempp*, Der Regierungsentwurf des Hinweisgeberschutzgesetzes: Die Vorbereitungen können (und sollten) beginnen, GmbHR 2022, R 292; *Sonnenberg/Rempp*, Der Deutsche Bundestag hat das Hinweisgeberschutzgesetz beschlossen – was hat sich geändert, worauf ist ab Mai 2023 zu achten und was ist noch ungeklärt?, GmbHR 2023, 112; *Spies*, USA: Besserer Schutz für Bundesbedienstete – Whistleblower, ZD-Aktuell 2012, 03266; *Steinhauser/Saalwächter-Hirsch/Trouvain*, Das deutsche Hinweisgeberschutzgesetz – Was lange währt, wird endlich gut?, ESG 2023, 9; *Teichmann*, Das Hinweisgeberschutzgesetz (HinSchG) im Kontext generativer künstlicher Intelligenz – eine experimentelle Untersuchung möglicher Missbrauchsmöglichkeiten und ihre dogmatischen Implikationen, NZWiSt 2023, 289; *Thönnes*, Der Hinweis auf den geheimen Rechtsbruch, NVwZ 2023, 1047; *Thüsing*, Effektiver Hinweisgeberschutz mit Augenmaß – Erste

Gedanken zum neuen RefE eines Hinweisgeberschutzgesetzes (HinSchG), DB 2022, 1066; *Thüsing/Musiol/Peisker*, Die Umsetzung der Hinweisgeberschutzrichtlinie – Ein Stück in drei Akten?, ZGI 2023, 63; *Tietz*, Mehr Mut zur Anonymität wagen: Der Referentenentwurf des Hinweisgeberschutzgesetz, ZHW 2022, 154; *Tölle*, Der zweite Hinweisgeberschutzgesetzentwurf und das Beamtenrecht, TRP 2022, 156; *Wolmerath*, Hinweisgeberschutzgesetz ist auf den Weg gebracht, BRuR 2022, 305; *Zimmer/Millfahrt*, Die Rolle des Betriebsrat beim Hinweisgeberschutzgesetz, BB 2023, 1269.

Am 27.7.2022 hat das Bundeskabinett den „Entwurf eines Gesetzes für einen besseren Schutz hinweisgebender Personen sowie zur Umsetzung der Richtlinie zum Schutz von Personen, die Verstöße gegen das Unionsrecht melden" beschlossen und am 5.8.2022 veröffentlicht.[1] Auch wenn dieses Gesetzesvorhaben, das ein knappes Jahr später, am 2.7.2023, in Kraft getreten ist, erst in der jüngsten Zeit angestoßen wurde, hat das Thema Hinweisgeberschutz mit dem Hintergrund des Schutzes von „Whistleblowern" eine längere Historie. 1

Lange Zeit vor den bekannten Fällen *Julian Assange*, *Edward Snowden* und *Chelsea Manning* fand die Thematik in der Rechtswissenschaft bereits Verwendung. So existiert im englischen Common law unter den seit dem Mittelalter entwickelten Klageformen („writ") ein spezifisches „writ" namens „qui tam", bei der eine Privatperson, die eine Sache von öffentlichem Interesse klageweise geltend macht, mit einem Geldanspruch „belohnt" wird.[2] Obwohl im englischen Recht wenig relevant, fand diese Rechtsfigur des Whistleblowers im US-amerikanischen „False Claims Act" von 1863 Eingang.[3] Hierbei wurden bei Straftaten gegen die US-Bundesregierung Informanten zur Unterstützung ermutigt und eine Belohnung in Aussicht gestellt. Sprachlich taucht der Begriff des Whistleblowers als allgemeines „Aufdecken" von Fehlverhalten in den USA etwa um das Jahr 1930 auf.[4] Für börsennotierte Unternehmen in den USA regelt der Securities and Exchange Act eine Belohnung für erfolgreiche Hinweise bezüglich von Insiderhandel an die Börsenaufsichtsbehörde (Securities and Exchange Commission).[5] In den USA existieren entsprechende weite- 2

---

1 BR-Drs. 372/22 vom 5.8.2022, https://dserver.bundestag.de/brd/2022/0372-22.pdf, zuletzt abgerufen am 22.12.2022.

2 Supreme Court of USA, Urt. v. 22.5.2000, Vermont Agency of Natural Resources, Petitioner, vs. United States ex rel. Stevens, Note 1: qui tam pro domino rege quam pro se ipso in hac parte sequitur, „wer eine Sache für den Herrscher so wie für sich selbst klagt", https://www.law.cornell.edu/supct/html/98-1828.ZO.html#FN*1*, zuletzt abgerufen am 26.10.2022.

3 False Claims Act vom 2.3.1863, Sect. 3729, Title 31, Subtitle III, Chapter 37, Subchapter III https://uscode.house.gov/, zuletzt abgerufen am 26.10.2022.

4 Vgl. *Stefanowitsch*, Spektrum der Wissenschaft v. 15.1.2011, https://scilogs.spektrum.de/sprachlog/whistleblower/, zuletzt abgerufen am 26.10.2022.

5 *Schürrle/Fleck*, CCZ 2011, 218.

re Gesetze des Bundes und der Einzelstaaten, auch der aufgrund diverser Bilanzskandale am 30.7.2002 in Kraft getretene „Sarbanes Oxley Act“[6] sieht eine diesbezügliche Regelung zum Schutz von Hinweisgebern für börsennotierte Unternehmen vor,[7] wobei der US Supreme Court mit Urteil vom 4.3.2014[8] klargestellt hat, dass dieser Schutz nicht nur für hinweisgebende Mitarbeiter des Unternehmens, sondern auch für Mitarbeiter von Vertragspartnern des Unternehmens gilt.

3 Die entsprechenden Regelungen zum Schutz von Hinweisgebern und von Anreizen hierfür, insbesondere der „False Claims Act“, haben durch die Aufdeckung diverser Skandale zu Mehreinnahmen der öffentlichen Hand in zweistelliger Milliardenhöhe geführt.[9] Diese Regelungen wurden zum Schutz von Hinweisgebern durch den am 21.7.2010 erlassenen „Dodd-Frank Act“ ausgeweitet und insbesondere die entsprechenden Anreize durch Differenzierungen bei Belohnungsprämien („Bounty“) verbessert.[10] Demzufolge erreichten die entsprechenden Belohnungsprämien an Hinweisgeber 2021 die Höhe eines dreistelligen Millionenbetrags.[11] Für den Bereich der öffentlichen Verwaltung des Bundes wurde im November 2012 der „Whistleblower Protection Enhancement Act“ erlassen.[12] In Deutschland ist der Begriff des „Whistleblowing“ erst seit etwa 1997 bekannt.[13]

4 Ausgehend von dieser historischen Entwicklung wird bereits deutlich, dass den Whistleblowern bzw. Hinweisgebern eine wichtige Funktion bei der Aufdeckung von Straftaten und Missständen zukommt, und dies nicht nur in den USA, sondern auch, wie nachfolgend anhand öffentlich bekannter Fälle aufgezeigt werden wird, in Deutschland. Viele Skandale und rechtsmissbräuchliche bzw. sanktionsbewehrte Handlungen wären nicht an die Öffentlichkeit gelangt,

---

6 Public Law („Pub. L.“) No. 107-204, 116 Stat. 745 et sequ. (2002), https://www.govinfo.gov/content/pkg/PLAW-107publ204/pdf/PLAW-107publ204.pdf, zuletzt abgerufen am 26.10.2022; hierzu auch *Regelin/Fisher*, IStR 2003, 276.

7 *Mengel*, in: Hauschka/Moosmayer/Lösler, Corporate Compliance, § 39 Rn. 115 m.w.N.; *Schürrle/Fleck*, CCZ 2011, 218.

8 Opinion v. 4.3.2014, Lawson et al. vs. FMR LLC et al., mit Anm. *Odenthal*, Newsdienst Compliance 2014, 21025.

9 *Pant*, CCZ 2008, 69, 70.

10 „Dodd-Frank Wall Street Reform and Consumer Protection Act“, vgl. *Schürrle/Fleck*, CCZ 2011, 218, 219.

11 *Schenkel/von Laufenberg*, CCZ 2022, 35, 39.

12 *Spies*, ZD-Aktuell 2012, 03266.

13 *Stefanowitsch*, Spektrum der Wissenschaft v. 15.1.2011, https://scilogs.spektrum.de/sprachlog/whistleblower/, zuletzt abgerufen am 26.10.2022.

wenn Einzelpersonen nicht den Mut gehabt hätten, ihr Wissen weiterzugeben. Hinweisgeber üben damit zivilen Ungehorsam aus, der gewaltlos, gewissensbestimmt und in der Regel auch politisch ist.[14] Aufgrund dieses Wertes der Handlungen von Hinweisgebern für die Gesellschaft kann dies bei Verletzung von Rechtsvorschriften in Einzelfällen als legitim und rechtlich privilegiert angesehen werden.[15] Die Möglichkeit, dem Bürger ein Portal für sachdienliche Hinweise zu schaffen, wurde selbst von der Finanzverwaltung Baden-Württemberg ab 30.8.2021 aufgegriffen, indem ein anonymes Hinweisgeberportal im Internet eingerichtet wurde,[16] mit dem Hinweisgeber sachdienliche Hinweise auf Steuerstraftaten oder sonstige steuerlich relevante Vorgänge mitteilen können.[17]

De lege lata gab es bisher nur in einzelnen Bereichen Schutzbestimmungen für Hinweisgeber, so u.a. für Beamte hinsichtlich von Korruptionsfällen gem. § 67 Abs. 2 Satz 1 Nr. 3 BBG und § 37 Abs. 2 Satz 1 Nr. 3 BeamtStG, beim Verdacht auf Geldwäsche gem. §§ 6 Abs. 5, 53 Abs. 1 GwG, beim Arbeitsschutz gem. § 17 Abs. 2 Satz 2 ArbSchG, in jüngster Zeit kam bei Verstößen in globalen Lieferketten noch § 8 LkSG hinzu.[18] Die rechtspolitische Erforderlichkeit einer allgemeinen Verfasstheit des Schutzes von Hinweisgebern angesichts der Bedeutung der aufgedeckten Skandale und ihrer Öffentlichkeitswirkung wurde in Deutschland vom Gesetzgeber erst in den 2000er Jahren gesehen,[19] so hatten sich 2008, wohl ausgelöst durch den „Gammelfleisch-Skandal" 2007,[20] die Bundesministerien für Arbeit und Soziales, für Ernährung, Landwirtschaft und Verbraucherschutz sowie das Bundesjustizministerium auf einen ersten Vorschlag für eine „gesetzliche Verankerung des Informantenschutzes" v. 30.4.2008[21] verständigt, der im Rahmen einer Neuordnung des Le- **5**

14 *Brockhaus*, Geheimnisschutz und Transparenz, Diss. 2022, S. 507.

15 *Brockhaus*, Geheimnisschutz und Transparenz, Diss. 2022, S. 541.

16 Zu finden unter https://anonymer-steuerhinweis.finanzamt.landbw.de/whistle/#/mainpage/OFDKAcase/ofdka, zuletzt abgerufen am 26.10.2022.

17 https://fm.baden-wuerttemberg.de/de/service/presse-und-oeffentlichkeitsarbeit/pressemitteilung/pid/anonymes-hinweisgeberportal-freigeschaltet/, zuletzt abgerufen am 26.10.2022.

18 Überblick bei *Bruns*, in: Rolfs/Giesen/Meßling/Udsching, BeckOK Arbeitsrecht, § 1 HinschG Rn. 2.

19 *Deisenroth/Derleder*, ZRP 2008, 248, 249.

20 Hierzu *Ghahreman*, CB 2014, 156, 158.

21 Vorschlag für eine gesetzliche Verankerung des Informantenschutzes für Arbeitnehmer im Bürgerlichen Gesetzbuch v. 30.4.2008, https://webarchiv.bundestag.de/archive/2010/0304/bundestag/ausschuesse/a10/anhoerungen/a10_81/16_10_849.pdf, zuletzt abgerufen am 20.6.2023.

bensmittelrechts umgesetzt werden sollte. Diesbezüglich fand am 4.6.2008 eine öffentliche Anhörung statt, in der z. T. heftige Kritik an der geplanten Regelung geübt wurde.[22] Nachdem auch in der Rechtsliteratur die vorgeschlagene Änderung des § 612a BGB auf Kritik stieß,[23] wurde in der Folge dieser Vorschlag von der Bundesregierung nicht weiter umgesetzt.[24]

6 Ein Auslöser für eine erneute Initiative des deutschen Gesetzgebers 2012 war wohl die „Heinisch"-Entscheidung des EGMR vom 21.7.2011.[25] In dieser Entscheidung ging es um eine Altenpflegerin, die auf Missstände in einem Altenheim aufmerksam machte, dies jedoch nicht in der Öffentlichkeit, sondern nur gegenüber ihren Vorgesetzten, später erstattete sie jedoch Strafanzeige. Nachdem eine außerordentliche Kündigung erfolgt war, die vom LAG Berlin bestätigt wurde, und das BAG sowie das BVerfG nicht in der Sache entschieden hatten, wandte sich die Altenpflegerin an den EGMR und machte die Verletzung von Art. 10 EMRK (Freiheit der Meinungsäußerung) sowie Art. 6 EMRK (Anspruch auf ein faires Verfahren) geltend. Der EGMR hatte eine Verletzung von Art. 10 EMRK als gegeben angesehen, da das öffentliche Interesse der Aufklärung der Missstände im genannten Altenheim die Loyalitätspflichten gegenüber einem Arbeitgeber überwiege. Folglich obsiegte die Altenpflegerin mit der Folge der Verurteilung der Bundesrepublik Deutschland zu einer Schadensersatzleistung. Diese Entscheidung wurde zwar in der Rechtsliteratur z. T. als „Sonderfall" bezeichnet,[26] die keinen absoluten Kündigungsschutz für Whistleblower bedeute,[27] dennoch wird hierdurch die Bedeutung des als „Whistleblowing" umschriebenen Verhaltens hinsichtlich ihrer Rechtmäßigkeit in Deutschland unterstrichen.

7 Allerdings ist das Recht auf Meinungsfreiheit des „Whistleblowers" stets abzuwägen mit den schutzwürdigen Interessen des Arbeitgebers. So bestätigte das LAG Köln mit Urteil vom 5.7.2012[28] die Rechtmäßigkeit einer Kündigung

---

22 Protokoll Nr. 16/81 der 81. Sitzung des Ausschusses für Ernährung, Landwirtschaft und Verbraucherschutz, öffentlichen Anhörung vom 4.6.2008, https://webarchiv.bundestag.de/archive/2010/0304/bundestag/ausschuesse/a10/anhoerungen/a10_81/16-81_Protokoll.pdf, zuletzt abgerufen am 20.6.2023.

23 *Sasse*, NZA 2008, 990, 993.

24 *Branahl*, HFR 2012, S. 1, 8, Rn. 30, https://www.rewi.hu-berlin.de/de/lf/oe/hfr/deutsch/2012-01.pdf, zuletzt abgerufen am 20.6.2023.

25 EGMR, Urt. v. 21.7.2011, 28274/08, Rs. Heinisch/Deutschland, NZA 2011, 1269.

26 *Seel*, MDR 2012, 9, 12; „kein Grundsatzurteil", vgl. *Forst*, NJW 2011, 3477, 3482.

27 *Simon/Schilling*, BB 2011, 2422, 2428.

28 LAG Köln v. 5.7.2012, 6 Sa 71/12, https://openjur.de/u/566221.html, zuletzt abgerufen am 22.4.2023.

durch eine als Hauswirtschafterin tätige Arbeitnehmerin, da ein Hinweis vorschnell und an externe Empfänger getätigt wurde.[29] Aus den Treuepflichten des Arbeitnehmers wird in der arbeitsrechtlichen Literatur der Schluss gezogen, dass grundsätzlich erst eine innerbetriebliche Anzeige vorgenommen werden muss, eine externe Anzeige kann somit ein großes Risiko für den Arbeitnehmer bedeuten, sofern nicht ein strafbares Verhalten des Arbeitgebers gemeldet wurde, durch dessen Nichtanzeige der Hinweisgeber sich selbst ggf. strafbar gemacht hätte,[30] wenn der Arbeitgeber erkennbar trotz der erfolgten Meldung keine Abhilfe schaffen wollte oder dies nicht zu erwarten war.[31] Allerdings befindet sich der hinweisgebende Arbeitnehmer in einem Zielkonflikt, da er gem. § 241 Abs. 2 BGB den Arbeitgeber über alle möglicherweise schadensträchtigen Vorkommnisse zu informieren hat.[32] Das Gleiche gilt hinsichtlich der Verpflichtung zur Erlangung einer internen Abhilfemöglichkeit vor dem Gang an die Öffentlichkeit dienstrechtlich im öffentlichen Dienst nach der „Pätsch"-Entscheidung des BVerfG.[33]

Der EGMR folgte seiner „Heinisch"-Rechtsprechung konsequent mit der **8**
„Guja"-Entscheidung vom 27.2.2018,[34] der „Kövesi"-Entscheidung vom 5.5.2020[35] sowie mit der weitaus bekannteren „Gawlik"-Entscheidung vom 16.2.2021.[36] Beim entschiedenen Sachverhalt im Fall „Gawlik" machte ein Krankenhausarzt in Liechtenstein seinen Verdacht auf illegale Sterbehilfe öffentlich, der Verdacht stellte sich später als unbegründet heraus. Hier konstatierte der EGMR zwar eine dezidierte Sorgfaltspflicht des Hinweisgebers, ob die offengelegte Information zutreffend ist, folgte aber aufgrund des großen öffentlichen Interesses an dem offengelegten Tatbestand seiner Rechtsprechung zu Art. 10 EMRK.[37] Es ist davon auszugehen, dass durch diese Rechtsprechung des EGMR die Rechtsprechung des BAG schon vor Inkrafttreten des HinSchG beeinflusst wurde und insbesondere die Frage einer leichtferti-

---

29 Vgl. *Stück*, Anmerkung zu LAG Köln v. 5.7.2012, CCZ 2013, 224.

30 *Mengel*, in: Hauschka/Moosmayer/Lösler, Corporate Compliance, § 39 Rn. 117.

31 Vgl. BAG, Urt. v. 3.7.2002, 2 AZR 235/02, NJW 2004, 1547, 1549; *Bruns*, in: Rolfs/Giesen/Meßling/Udsching, BeckOK Arbeitsrecht, § 1 HinschG Rn. 3.

32 *Bruns*, in: Rolfs/Giesen/Meßling/Udsching, BeckOK Arbeitsrecht, § 1 HinschG Rn. 5 unter Verweis auf BAG v. 3.7.2002, 2 AZR 235/02, NJW 2004, 1547, 1549.

33 BVerfG, Beschl. v. 28.4.1970, 1 BvR 690/65, NJW 1970, 1498, 1501; *Bruns*, in: Rolfs/Giesen/Meßling/Udsching, BeckOK Arbeitsrecht, § 1 HinschG Rn. 3.

34 EGMR, Urt. v. 27.2.2018, 1085/10, Rs. Guja/Moldawien, NJW 2019, 1273.

35 EGMR, Urt. v. 5.5.2020, 3594/19, Rs. Kövesi/Rumänien, NVwZ 2020, 1657.

36 EGMR, Urt. v. 16.2.2021, 23922/19, Rs. Gawlik/Liechtenstein, NJW 2021, 2343; Überblick bei *Reufels/Volmari*, ArbRB 2021, 83, 85,

37 *Dzida*, ArbRB 2021, 190, 191.

gen bzw. unangemessenen Meldung und der Sorgfaltspflichten des Hinweisgebers verstärkt im Fokus des BAG liegt.[38] Überdies erfolgte 2023 kurz vor Inkrafttreten des HinSchG die „Luxleaks"-Entscheidung des EGMR, in der das geschützte Rechtsgut der freien Meinungsäußerung des Hinweisgebers erneut bestätigt wurde.[39] Bei der „Luxleaks"-Entscheidung stellte der EGMR zudem klar, dass ein Hinweisgeber auch dann Schutz erfahren kann, wenn das gemeldete Verhalten zwar formal rechtskonform, jedoch rechtsmissbräuchlich war,[40] eine Konstellation, die bei Steuergestaltungen nicht selten vorkommen kann.

9 Die Liste der Fälle, in denen ein Hinweisgeber mit seinem Hinweis zwar eine ethisch verdienstvolle Meldung von rechtwidrigen und z. T. strafbaren Sachverhalten tätigte, aber schwere Repressalien bis hin zur Kündigung am Arbeitsplatz erfuhr, ist lang. Erwähnung finden sollte der Steuerfahnder *Klaus Förster*, der in den 1970er Jahren den „Flick"-Skandal aufdeckte, der Revisor *Erwin Bixler*, der 2002 mit der Aufdeckung gefälschter Arbeitslosenstatistiken die „Jagoda"-Affäre auslöste, sowie der LKW-Fahrer *Miroslav Strecker*, der 2007 den „Gammelfleisch"-Skandal aufdeckte.[41] Allen diesen beispielhaft genannten Hinweisgebern war gemeinsam, dass sie nicht vorsätzlich ihren Arbeitgeber schädigen wollten, auch wenn dies von Arbeitgeberseite so ausgelegt wurde, sondern dass sie aus ethischen Motiven und gesellschaftlicher Verantwortung handelten, somit tatsächliche „Zivilcourage" zeigten. Umso bedauerlicher erscheinen die persönlichen Folgen für die Hinweisgeber am Arbeitsplatz, die nicht nur in einer Beendigung des Arbeitsverhältnisses, sondern auch in Schikanen, „Mobbing" und daraus resultierenden Erkrankungen bestanden. Dies erfolgte trotz des bereits 1980 eingeführten Schikaneverbots des § 612a BGB, das infolge seiner Weite und Unbestimmtheit auch kaum geeignet war, Folgen für den Hinweisgeber am Arbeitsplatz zu erfassen.[42]

10 Im Beamtenrecht ergibt sich bereits aus der Fürsorgepflicht eines öffentlich-rechtlichen Dienstherren gem. § 45 Satz 2 BeamtStG bzw. § 78 Satz 2 BBG, dass sich aus einer berechtigten Rechtswahrnehmung keine Nachteile für einen Beamten ergeben dürfen,[43] die genannten Fälle im öffentlichen Dienst haben

38 *Reufels/Volmari*, ArbRB 2021, 83, 84, unter Verweis auf BAG v. 15.12.2016, 2 AZR 42/16, ArbBR 2017, 170.
39 EGMR, Urt. v. 14.2.2023, 21884/18, Rs. Halet/Luxembourg, „Luxleaks", ESG 2023, 79.
40 *Kohler*, ISR 2023, 225, 230.
41 *Ghahreman*, CB 2014, 156, 158.
42 *Ghahreman*, CB 2014, 156, 157.
43 *Tölle*, ZRP 2022, 156, 158.

die Grenzen dieser Normen aufgezeigt. Teile der deutschen Rechtsliteratur sahen das „Heinisch“-Urteil als bloße Auslegung des Verhältnismäßigkeitsgrundsatzes an, ohne dass eine gesetzliche Klarstellung und Präzisierung als erforderlich angesehen wurde,[44] obwohl Deutschland sich bereits auf dem G-20-Gipfel am 11./12.11.2010 in Seoul gemeinsam mit den anderen G-20-Staaten die Agenda gesetzt hatte, gem. eines beschlossenen „Anti-Corruption Action Plan“, Annex III, der durch eine Anti-Corruption Working Group (ACWG) umgesetzt werden sollte, bis Ende 2012 innerstaatliche Regelungen zum Schutz von Hinweisgebern zu erlassen.[45]

Als Folge der bereits dargestellten „Heinisch“-Entscheidung des EGMR, anderen diversen bereits erwähnten Skandalen (Gammelfleischskandale, Bestechungsvorwürfe in Großunternehmen) und auch in Umsetzung der G-20-Ziele von 2010 durch die ACWG initiierte die damals in der Opposition befindliche SPD einen Entwurf zum HinSchG vom 7.2.2012.[46] Ein weiterer Entwurf eines Whistleblower-Schutzgesetzes der ebenfalls in der Opposition befindlichen Partei Bündnis 90/Die Grünen wurde am 23.5.2012 vorgelegt[47] und schlug eine Weiterentwicklung der Regelungen zum Schikaneverbot gem. § 612a BGB mit einer Erweiterung von § 612a und einer Neueinführung eines § 612b BGB vor.[48] Beide Gesetzesentwürfe wurden am 13.6.2013 in 2. Lesung vom Bundestag abgelehnt.[49] **11**

Nach den Neuwahlen griff die Partei Bündnis 90/die Grünen in der 18. Legislaturperiode die Thematik und ihren vorigen Gesetzesentwurf von Neuem auf und legte am 4.11.2014 erneut den Entwurf für ein Whistleblower-Schutzgesetz vor,[50] das sich inhaltlich an dem früheren Gesetzesentwurf aus der 17. Legislaturperiode orientierte. Diese Initiative wurde auch von Teilen der Rechtsliteratur als sinnvoll angesehen, insbesondere unter Verweis auf die Rechtsprechung des BVerfG, der zufolge bei einer Aussage eines Arbeitnehmers gegen seinen Arbeit- **12**

---

44 *Reinhard*, ArbRB 2015, 375, 378.

45 Ziff. 7 von Annex III des Anti-Corruption Action Plan v. 12.11.2010, https://www.bmj.de/SharedDocs/Downloads/EN/G20/G20%20ACWG%20Action%20Plan%202011-2012.pdf;jsessionid=ED907E2739F491C747BD130D4304A7EC.1_cid324?__blob=publicationFile&v=2, zuletzt abgerufen am 19.6.2023.

46 So ausdrücklich unter „A. Problem“ des Gesetzesentwurfs, BT-Drs. 17/8567 vom 7.2.2012, https://dserver.bundestag.de/btd/17/085/1708567.pdf, zuletzt abgerufen am 28.10.2022.

47 BT-Drs. 17/9782 vom 23.5.2012, https://dserver.bundestag.de/btd/17/097/1709782.pdf, zuletzt abgerufen am 28.10.2022.

48 *Ghahreman*, CB 2014, 156, 159.

49 BT-Beschluss gem. Plenarprotokoll 17/246, S. 31506B, vom 13.6.2013, https://dserver.bundestag.de/btp/17/17246.pdf#P.31500, zuletzt abgerufen am 28.10.2022.

50 BT-Drs. 18/3039 vom 4.11.2014, https://dserver.bundestag.de/btd/18/030/1803039.pdf, zuletzt abgerufen am 28.10.2022.

geber eine außerordentliche Kündigung aufgrund des Rechtsstaatsprinzips nicht gerechtfertigt ist.[51] Der Entwurf vom 4.11.2014 wurde am 18.6.2015 vom Deutschen Bundestag gegen die Stimmen von Bündnis 90/Die Grünen abgelehnt.[52] In der 19. Legislaturperiode legte die Partei Bündnis90/Die Grünen am 26.9.2018 noch einmal den Entwurf eines Whistleblower-Schutzgesetzes vor, inhaltlich erneut an einer Änderung des § 612a BGB und einer Einführung eines § 612b BGB orientiert; dieser Entwurf wies ausdrücklich auch auf den nachstehend erwähnten Richtlinienentwurf sowie auf die neueren Skandale wie Cum/Ex und den VW-Dieselskandal von 2015 hin, die mit Hinweisgebern deutlich schneller aufgeklärt worden wären.[53] Über diesen Gesetzentwurf wurde nicht mehr entschieden, sodass dieser sich mit Ablauf der 19. Legislaturperiode erledigt hatte.

13 Parallel dazu ergriff die EU die Initiative beim Schutz von Hinweisgebern, insbesondere auch gefördert durch die öffentliche Diskussion um die Fälle *Assange*, *Snowden* und *Manning*. Die EU-Kommission legte am 23.4.2018 ein Maßnahmenpaket mit Initiativen zum Schutz von Hinweisgebern, welches auch einen diesbezüglichen Richtlinienentwurf beinhaltete, dem Europäischen Parlament vor.[54] Am Ende dieser Entwicklung stand die Richtlinie (EU) 2019/1937 des Europäischen Parlaments und des Rates vom 23.10.2019, die am 16.12.2019 in Kraft trat (nachfolgend: Whistleblowerrichtlinie, WBRL).[55] Für die Umsetzung dieser Richtlinie hatten die Mitgliedstaaten bis 17.12.2021 Zeit. Kritik begegnete der WBRL insbesondere in Bezug auf die Frage, in welchen Grenzen, insbesondere unter Beachtung von Unabhängigkeits- und Vertrauensstandards, eine einheitliche Meldestelle im Konzern, die auch für Meldungen anderer Konzerngesellschaften zuständig sein solle, zulässig ist.[56] Auch eine fehlende Berücksichtigung anonymer Meldungen wurde ebenso kritisiert wie fehlende finanzielle Anreize für Meldende bei einer internen Meldestelle.[57]

---

51 Vgl. *Schulz*, ArbRAktuell 2017, 10, 12; unter Verweis auf BVerfG vom 2.7.2001, 1 BvR 2049/00, NJW 2001, 3474.

52 Vgl. Plenarprotokoll 18/112 v. 18.6.2015, 10819–10827, https://dserver.bundestag.de/btp/18/18112.pdf, zuletzt abgerufen am 28.10.2022.

53 BT-Drs. 19/4558 vom 26.9.2018, „A Problem“, S. 1 u. 2, https://dserver.bundestag.de/btd/19/045/1904558.pdf, zuletzt abgerufen am 28.10.2022.

54 Fact sheet on Whistleblowing der Europäischen Kommission v. 20.4.2018, https://commission.europa.eu/system/files/2018-04/placeholder_11.pdf, zuletzt abgerufen am 20.3.2023.

55 ABl. L 305 vom 26.11.2019, S. 17, https://eur-lex.europa.eu/legal-content/DE/TXT/PDF/?uri=CELEX:32019L1937, zuletzt abgerufen am 31.10.2022.

56 *Gerdemann/Spindler*, ZIP 2020, 1896, 1905; *Metzner/Gloeckner*, CCZ 2021, 256, 257.

57 *Schmolke*, NZG 2020, 5, 12.

Bis zum vorgegebenen Datum 17.12.2021 wurde die WBRL nur von wenigen EU-Mitgliedstaaten, darunter von Dänemark und Schweden, durch Erlass eines entsprechenden Gesetzes umgesetzt.[58] Folglich hatten sich auch sehr wenige Unternehmen bereits 2021 auf eine Umsetzung der WBRL durch Einrichtung entsprechender Meldewege im Unternehmen vorbereitet.[59] Aufgrund der nach der ständigen Rechtsprechung des EuGH entwickelten Direktwirkung von Richtlinien („effet direct")[60] nach Versäumung der Umsetzungsfrist für öffentliche Akteure in den Mitgliedstaaten wurde in der Rechtsliteratur ein entsprechender Schutz für hinweisgebende Beamte und Angestellte im öffentlichen Dienst in öffentlich-rechtlichen Körperschaften ab dem 18.12.2021 angenommen.[61] Demgegenüber wurde konsequenterweise jegliche Wirkung im Sinne des „effet direct" mit unmittelbarer Wirkung auf Hinweisgeber in Unternehmen nach einhelliger Meinung in der Rechtsliteratur nach dem 17.12.2021 abgelehnt.[62] **14**

Am 15.2.2023 beschloss die EU-Kommission, gegen acht verbleibende Mitgliedsstaaten, die die WBRL nicht umgesetzt hatten, darunter gegen Deutschland, ein Vertragsverletzungsverfahren gem. Art. 258 AEUV beim Europäischen Gerichtshof einzuleiten.[63] Gegen Deutschland wurde dieses Verfahren am 14.3.2023 unter dem Az. C-149/23 eingeleitet. Ebenfalls im März 2023 erfolgte die Einleitung eines Vertragsverletzungsverfahrens gegen vier weitere Mitgliedstaaten.[64] Zum Stand August 2023 war die Umsetzung in den EU-Mitgliedstaaten allerdings weit vorangeschritten,[65] nur noch in **15**

---

58 *Metzner/Gloeckner*, CCZ 2021, 256, 256.

59 *Hauser/Blumer*, CB 2021, 472, 475.

60 EuGH v. 4.12.1974, Rs. 41–74, van Duyn/Home Office, https://eur-lex.europa.eu/legal-content/DE/TXT/?uri=celex%3A61974CJ0041, zuletzt abgerufen am 31.10.2022.

61 *Gerdemann*, NJW 2021, 3489, 3492.

62 *Scheicht*, SPA 2022, 41, 42.

63 Deutschland, Estland, Italien, Luxemburg, Polen, Spanien, Tschechien und Ungarn, vgl. Pressemitteilung der Europäischen Kommission v. 15.2.2023, https://ec.europa.eu/commission/presscorner/detail/en/ip_23_703, zuletzt abgerufen am 25.3.2023.

64 Gegen **Estland** am 14.3.2023, C-154/23, Stand September 2023 keine Verabschiedung; gegen **Luxemburg** am 13.3.2023, C-150/23, inzwischen Umsetzung durch das Gesetz vom 16.5.2023, siehe Fn. 58; gegen **Polen** am 10.3.2023, C-147/23, Stand September 2023 keine Verabschiedung; gegen **Ungarn** am 14.3.2023, C-155/23, inzwischen Regelung durch das Gesetz Nr. 3089 vom 26.5.2023, siehe Fn. 58; zusammenfassend: https://wemoral.com/blog/whistleblower-law-across-europe-country-list, zuletzt abgerufen am 28.9.2023.

65 In **Belgien** durch das Loi sur la protection des personnes qui signalent des violations au droit de l'Union ou au droit national constatées au sein d'une entité juridique du secteur privé vom 15.12.2022, in Kraft getreten am 15.2.2023, https://www.ejustice.just.fgov.be/eli/loi/2022/11/28/2022042980/justel; in **Bulgarien** durch das Hinweisgeberschutzgesetz, Zakon za zashtita na litsata, podavashti signali ili publichno opovestyavashti informatsiya

za narusheniya, Закон за защита на лицатае подаващи сигнали или пуб лично оповестяващи информация за нарушения, vom 27.1.2023, in Kraft getreten am 2.5.2023, https://dv.parliament.bg/DVWeb/showMaterialDV.jsp?idMat=185482; in **Dänemark** als dem ersten Mitgliedsland, das die WBRL umgesetzt hatte, durch das Hinweisgeberschutzgesetz, Lov om beskyttelse af whistleblowere, vom 24.6.2021, in Kraft getreten am 17.12.2021, https://www.retsinformation.dk/eli/lta/2021/1436; in **Finnland** durch das Gesetz zum Schutz von Personen, die Verstöße gegen EU-Recht und nationales Recht melden, Laki Euroopan unionin ja kansallisen oikeuden rikkomisesta ilmoittavien henkilöiden suojelusta, vom 20.12.2022, in Kraft getreten am 1.1.2023, https://www.finlex.fi/fi/laki/alkup/2022/20221171; in **Frankreich** durch das Gesetz Nr. 2022-401 vom 21.3.2022 zur Verbesserung des Schutzes von Whistleblowern, LOI no 2022-401 du 21 mars 2022 visant à améliorer la protection des lanceurs d'alerte, vom 20.2.2022, in Kraft getreten am 1.9.2022, https://www.assemblee-nationale.fr/dyn/15/textes/l15b4979_texte-adopte-commission; in **Griechenland** das Gesetz Nr. 4990/2022 zum Schutz von Personen, die Verstöße gegen Unionsrecht melden – Umsetzung der Richtlinie (EU) 2019/1937 des Europäischen Parlaments und des Rates vom 23.10.2019 (L 305) und anderer dringender Regelungen, Prostasía prosópon pou anaféroun paraviáseis enosiakoú dikaíou – Ensomátosi tis Odigías (EE) 2019/1937 tou Evropaïkoú Koinovoulíou kai tou Symvoulíou tis 23is Oktovríou 2019 (L 305) kai loipés epeígouses rythmíseis, Προστασία προσώπων που αναθέρουν παραβιάσεις ενωσιακού δικαίου – Ενσωμάτωση της Οδηγίας (ΕΕ) 2019/1937 του Ευρωπαϊκού Κοινοβουλίου και του Συμβουλίου της 23ης Οκτωβρίου 2019 (L 305) και λοιπές επείγουσες ρυθμίσεις, vom 15.11.2022, in Kraft getreten am 11.5.2023, https://www.lawspot.gr/nomikes-plirofories/nomothesia/nomos-4990-2022; in **Irland** das Änderungsgesetz zu geschützten Offenlegungen, Protected Disclosures (Amendment) Bill 2022, vom 21.7.2022, in Kraft getreten am 1.1.2023, https://www.oireachtas.ie/en/bills/bill/2022/17/; in **Italien** das Gesetzesdekret vom 10.3.2023, Nr. 24, Decreto Legislativo 10 marzo 2023, n. 24, vom 10.3.2023, in Kraft getreten am 15.7.2023, https://www.gazzettaufficiale.it/eli/gu/2023/03/15/63/sg/pdf; in **Kroatien** das Gesetz zum Schutz es Melders von Unregelmäßigkeiten, O Proglašenju Zakona O Zaštiti Prijavitelja Nepravilnosti, vom 15.4.2022, in Kraft getreten am 23.4.2022, https://narodne-novine.nn.hr/clanci/sluzbeni/2022_04_46_572.html; in **Lettland** das Whistleblowing-Gesetz, Trauksmes celšanas likums, vom 20.1.2022, in Kraft getreten am 4.2.2022, https://www.vestnesis.lv/op/2022/24B.1; in **Litauen** das Hinweisgeberschutzgesetz, Pranešeju Apsaugos Istatymas, vom 16.12.2021, in Kraft getreten am 15.2.2022, https://e-seimas.lrs.lt/portal/legalAct/lt/TAP/ad4bf270487211eca8a1caec3ec4b244; in **Luxemburg** das Gesetz zur Umsetzung der Richtlinie (EU) 2019/1937des Europäischen Parlaments und des Rates vom 23.10.2019 zum Schutz von Personen, die Verstöße gegen das Unionsrecht melden, Loi du 16 mai 2023 portant transposition de la directive (UE) 2019/1937 du Parlement européen et du Conseil du 23 octobre 2019 sur la protection des personnes qui signalent des violations du droit de l'Union, vom 16.5.2023, in Kraft getreten am 21.5.2023, https://legilux.public.lu/eli/etat/leg/loi/2023/05/16/a232/jo; in **Malta** das Gesetz zur Änderung des Whistleblowerschutzgesetzes, Nr. 249, vom 15.11.2021 und am selben Tag in Kraft getreten, Att sabiex jemenda l-Att dwar il-Protezzjoni ta' Informatur, Nru. 249, https://parlament.mt/media/114506/bill-249-protection-of-the-whistlebower-amendment-bill.pdf; in den **Niederlanden** das Änderungsgesetz zum Whistleblower-Gesetzes, Wijziging van de Wet Huis voor klokkenluiders, vom 24.1.2023, in Kraft getreten am 18.2.2023, https://www.eerstekamer.nl/behandeling/20221220/gewijzigd_voorstel_

Estland[66] und Polen[67] war bis September 2023 die WBRL noch nicht durch eine gesetzliche Regelung umgesetzt worden.[68]

---

van_wet; in **Österreich** durch das HinweisgeberInnenschutzgesetz vom 1.2.2023, in Kraft getreten am 23.2.2023, https://www.parlament.gv.at/gegenstand/XXVII/A/3087; in **Portugal** das Gesetz Nr. 93/2021, Lei n.° 93/2021, vom 26.11.2021, in Kraft getreten am 18.6.2022, https://diariodarepublica.pt/dr/en/detail/act/93-2021-176147929; in **Rumänien** das Gesetz Nr. 361 zum Schutz von Whistleblowern im öffentlichen Interesse, Lege nr. 361 privind protectia avertizorilor în interes public, vom 16.12.2022, in Kraft getreten am 28.3.2023, https://legislatie.just.ro/Public/DetaliiDocument/262872; in der **Slowakei** das Gesetz 1299 zur Änderung des Gesetzes Nr. 54/2019, Návrh zákona (1299), ktorým sa mení a doplna zákon c. 54/2019, vom 11.11.2022, zum Teil seit 1.4.2023, z.T. erst seit 1.9.2023 in Kraft, https://www.nrsr.sk/web/Default.aspx?sid=zakony/cpt&ZakZborID=13&CisObdobia=8&ID=1299; https://www.nrsr.sk/web/Dynamic/DocumentPreview.aspx?DocID=520828; in **Slowenien** das Bewerberschutzgesetz, Zakon O Zaščiti Prijaviteljev (ZZPri), vom 22.2.2023 und am selben Tag in Kraft getreten, https://www.uradni-list.si/glasilo-uradni-list-rs/vsebina/2023-01-0301/zakon-o-zasciti-prijaviteljev-zzpri; in **Spanien** das Gesetz 2/2023 zum Schutz von Personen, die Gesetzesverstöße melden, und der Korruptionsbekämpfung, Ley 2/2023 reguladora de la protección de las personas que informen sobre infracciones normativas y de lucha contra la corrupción, vom 20.2.2023, in Kraft getreten am 13.3.2023, https://www.boe.es/diario_boe/txt.php?id=BOE-A-2023-4513; in **Schweden** das Gesetz (2021:890) zum Schutz von Personen, die Fehlverhalten melden, Lag (2021:890) om skydd för personer som rapporterar om missförhållanden, vom 29.9.2021, in Kraft getreten am 17.12.2021, https://www.riksdagen.se/sv/dokument-och-lagar/dokument/svensk-forfattningssamling/lag-2021890-om-skydd-for-personer-som_sfs-2021-890/; in **Tschechien** durch das Gesetz zur Änderung einiger Gesetze im Zusammenhang mit der Verabschiedung des Whistleblowerschutzgesetzes, Návrh zákona, kterým se mění některé zákony v souvislosti s přijetím zákona o ochraně oznamovatelů, vom 1.6.2023, in Kraft getreten am 1.8.2023, https://odok.cz/portal/veklep/material/KORNCDXG54QV/; in **Ungarn** durch das Gesetz Nr. 3089 vom 26.5.2023 zu Beschwerden, Meldungen von öffentlichem Interesse und Regeln im Zusammenhang mit der Meldung von Missbräuchen, Proposal Nr. 3089, Törvényjavaslat címe: A panaszokról, a közérdekü bejelentésekröl, valamint a visszaélések bejelentésével összefüggö szabályokról, vom 26.5.2023, https://www.parlament.hu/irom42/03089/03089.pdf; in **Zypern** durch das Gesetz über den Schutz von Personen, die Verstöße gegen EU- und nationales Recht melden und das Recht des öffentlichen Interesses betreffen, O peri tis prostasias prosopon pou anaferoun paraviaseis tou enosiakou kai ethnikou dikaiou kai aforoun to dimosio symferon nomos, Ο περι τησ προστασιασ προσωπων που αναθερουν παραβιασεισ του ενωσιακου και εθνικου δικαιου και αθορουν το δημοσιο συμθερον νομοσ, vom 20.1.2022, In Kraft getreten am 4.2.2022, http://www.mjpo.gov.cy/mjpo/mjpo.nsf/all/463F2ADA1BF13580C2258808 0026C296?opendocument; sämtliche Gesetzesfassungen abgerufen am 7.6.2023.

66 Der Entwurf eines Gesetzes zum Schutz von Hinweisgebern bei Verstößen (Rikkumisest teavitaja kaitse seadus) wurde am 26.1.2022 vom Parlament in erster Lesung beraten, vgl. https://www.riigikogu.ee/download/fba29b11-f72e-45d0-b4f7-8e7a84ab3b29, zuletzt abgerufen am 18.7.2023; wegen zahlreicher Änderungen verzögerte sich die Umsetzung, nach den Parlamentswahlen im3.2023 begann das Gesetzgebungsverfahren erneut im April 2023.

16 Seit dem Erlass der WBRL vom 23.10.2019 bestand für die Bundesregierung in der 19. Legislaturperiode, nachdem der Gesetzesentwurf der Partei Bündnis 90/Die Grünen nicht weiter verfolgt wurden war, dringender Handlungsbedarf. Das SPD-geführte BMJV erarbeitete hierzu einen Referentenentwurf vom 26.11.2020,[69] der in der Folge jedoch nicht vom BMJV veröffentlicht wurde und somit nur schwer öffentlich zugänglich war.[70] Dieser sah bereits eine deutliche Ausweitung des sachlichen Anwendungsbereichs über die Reichweite der WBRL hinaus vor.[71] Insgesamt enthielt dieser Referentenentwurf bereits viele wesentliche Merkmale des finalen Gesetzes, so eine Ausweitung des sachlichen Anwendungsbereichs, den Vorrang von Sicherheitsinteressen militärischer bzw. nachrichtendienstlicher Art, ein – bekanntlich später eingeschränktes – Wahlrecht zwischen interner und externer Meldung, allerdings kein ausdrücklicher Bezug auf anonyme Meldungen. Auch die Liste des sachlichen Anwendungsbereichs im Hinblick auf bestimmte Materien des § 2 HinSchG enthielt deutlich weniger Positionen. In der Rechtsliteratur stieß der genannte Referentenentwurf auf Zustimmung, insbesondere in der arbeitsrechtlich geprägten Literatur, da der vom BAG entwickelte Vorrang des internen Whistleblowings nunmehr aufgehoben sei.[72] Z.T. erfolgte jedoch auch weitreichende Kritik, so wurde die Beschränkung des Schutzbereichs nur auf Informationen, die im Zusammenhang mit beruflicher oder dienstlicher Tätigkeit erlangt wurden, beanstandet.[73] Zudem wurde eine Aufweichung des Wahlrechts der Meldung an eine interne oder externe Meldestelle aufgrund der Formulierung, dass eine Meldung an eine externe Meldestelle erst dann erfolgen könne, wenn die Ermittlungen einer internen Meldestelle abgeschlossen seien, moniert.[74] Die Gespräche der Regierungskoalition über den genannten Referentenentwurf vom 26.11.2020 scheiterten im April 2021,[75] angesichts der durch die WBRL vorgegebenen Umsetzungsfrist bis 17.12.2021 immerhin

---

67 Der Entwurf eines Gesetzes zum Schutz von Personen, die Rechtsverstöße melden (Ustawa o ochronie osób zgłaszających naruszenia prawa) vom 5.1.2023 war zu Redaktionsschluss noch nicht umgesetzt, vgl. https://legislacja.gov.pl/docs//2/12352401/12822867/12822871/dokument599335.pdf, zuletzt abgerufen am 18.7.2023.

68 https://www.whistleblowingmonitor.eu/, zuletzt abgerufen am 18.7.2023.

69 BMJV, Referentenentwurf vom 26.11.2020, https://www.whistleblower-net.de/wp-content/uploads/2021/02/2020_11_26-Referentenentwurf-Whistleblowing-BMJV-1.pdf, zuletzt abgerufen am 30.3.2022.

70 *Lütke/Gramlich*, GmbHR 2021, R 320, 321.

71 *Pielow/Volk*, CB 2021, 232, 233.

72 *Dohrmann*, RdA 2021, 326, 330, 331 unter Verweis auf BAG v. 15.12.2016, 2 AZR 42/16, ArbBR 2017, 170.

73 *Dilling*, CCZ 2021, 60, 62.

74 *Gerdemann*, ZRP 2021, 37, 38, 39.

75 *Scheicht*, SPA 2022, 41.

nicht unbedenklich,[76] obwohl die Bundesregierung eine fristgerechte Umsetzung der WBRL noch im August 2020 zugesagt hatte.[77] Bedenklich erschien dieses Vorgehen gerade angesichts der Bedeutung und der Wertschöpfungspotenziale von Hinweisgebenden für Unternehmen – nach Untersuchungen für 2021 führten Hinweise von Hinweisgebern bei fast 40 % der befragten Unternehmen zur Aufdeckung von über 80 % ihrer finanziellen Schäden.[78]

Nachdem die Ampel-Koalition in der 20. Legislaturperiode sich in ihrem Koalitionsvertrag vom 8.12.2021 die „rechtssichere und praktikable“[79] Umsetzung der WBRL zum Ziel gesetzt hatte,[80] erfolgte ein diesbezüglicher umfassender Entwurf des Hinweisgeberschutzgesetzes (HinSchG), einem neuen Referentenentwurf vom 24.3.2022 des BMJV folgend, durch die Bundesregierung am 5.8.2022[81] in Umsetzung der WBRL vom 23.10.2019, die durch die Verordnung (EU) 2020/1503 (ABl. L 347 vom 20.10.2020, S. 1) geändert worden war.[82] Ausdrücklich sollte der Hinweisgeberschutz in der Bundesrepublik Deutschland wirksam und nachhaltig verbessert werden.[83] Tatsächlich waren aufgrund der Verzögerungen im ersten Quartal 2022 erst 14 % aller deutschen Unternehmen auf die Umsetzung der Vorgaben der WBRL vorbereitet.[84] 17

Inhaltlich enthielt der „offizielle“ Entwurf, der von der Bundesregierung umgesetzt wurde, nur eine beschränkte Anzahl von Änderungen zum Entwurf vom 26.11.2020 der vorigen Regierung, sodass sich die Kritik einiger Stimmen aus der Literatur hieran fortsetzte; so wurde die Auslegung der Konzernregelung des § 14 Abs. 2 HinSchG-Entwurf, der zufolge in Konzernen eine einheitliche Meldestelle ausreichend ist, als nicht konform mit der WBRL kritisiert,[85] ebenso die fehlende Pflicht zur Ermöglichung der Abgabe anonymer Meldungen,[86] deren Fehlen vereinzelt als „Geburtsfehler“ bezeichnet wird.[87] 18

---

76 *Pielow/Volk*, CB 2021, 232, 232.

77 *Mävers*, ArbRAktuell 2021, 379.

78 *Müller*, öAT 2022, 30.

79 Koalitionsvertrag der Ampel-Koalition v. 7.12.2021, S. 111, https://www.bundesregierung.de/resource/blob/974430/1990812/1f422c60505b6a88f8f3b3b5b8720bd4/2021-12-10-koav2021-data.pdf?download=1, zuletzt abgerufen am 20.10.2022.

80 Überblick bei *Harnos/Holle*, AG 2021, R 359, 360.

81 Gesetzesentwurf der Bundesregierung v. 5.8.2022, BR-Drs. 372/22, https://dserver.bundestag.de/brd/2022/0372-22.pdf, zuletzt abgerufen am 20.10.2022.

82 https://eur-lex.europa.eu/legal-content/DE/TXT/PDF/?uri=CELEX:32019L1937, zuletzt abgerufen am 31.10.2022.

83 *Wolmerath*, BRUR 2022, 305.

84 *Engels*, ARP 2022, 20.

85 *Dilling*, CCZ 2022, 145, 148.

86 *Dilling*, CCZ 2022, 145, 148.

87 *Tietz*, ZHW 2022, 164, 166.

Ergänzend sieht auch die Europäische Kommission eine Auslegung der WBRL, dass eine einzige Meldestelle für einen Konzern ausreichend sei, als nicht rechtskonform mit der WBRL an.[88] Zwar hat der Ansatz einer einheitlichen Konzernmeldestelle auch Befürworter in der Rechtsliteratur, die zentrale Konzernlösungen als „praktikabel“ ansieht,[89] hier wird jedoch moniert, dass diese im Gesetzestext nur unzureichend geregelt ist, da sich eine eindeutige Regelung zu internen Meldestellen nur der Gesetzesbegründung[90] entnehmen lasse.[91] Noch komplizierter wird die Handhabung, wenn zum betroffenen Konzern auch Tochtergesellschaften im EU-Ausland gehören und neben den Unsicherheiten im Konzern beim HinSchG auch die nationalen Whistleblowing-Gesetze der betroffenen EU-Staaten zu berücksichtigen sind.[92] Unproblematisch vereinbar mit der WBRL dürfte eine Konzernklausel folglich nur bei den verhältnismäßig seltenen Fällen der Kleinunternehmen (50–249 Mitarbeiter) sein, so auch die EU-Kommission.[93] Hier erfolgte eine Änderung des am 27.7.2022 beschlossenen und am 5.8.2022 veröffentlichten Regierungsentwurfs gegenüber dem Referentenentwurf vom 24.3.2022 dahingehend, dass die Meldung eines Hinweisgebers einer ausländischen Tochtergesellschaft auch in der dort vorherrschenden Sprache erfolgen kann; diese Klarstellung erfolgt jedoch nur in der Gesetzesbegründung.[94] Bei diesem Themenkomplex besteht somit auch in der Endfassung des Gesetzes nach wie vor eine erhebliche Rechtsunsicherheit.[95]

19 *Gerdemann* weist zudem auf die – auch in der Endfassung enthaltene – sanktionslose Regelung des § 32 Abs. 2 HinSchG hin, die lediglich konstatiert, dass das „Offenlegen unrichtiger Verstöße verboten ist“, und charakterisiert diese als „symbolisch-rechtsfolgenlose“ Feststellung des Gesetzes.[96] Hier ist allerdings zu berücksichtigen, dass eine solche Sanktion entsprechend der ständigen Rechtsprechung des EGMR und inzwischen auch der deutschen Arbeitsgerichte wohl eine rechtssichere fristlose Kündigung eines nicht sorgfältigen Hinweisgebers zur Folge haben dürfte. Kritisch gesehen wurde auch die Verwendung des Begriffs der „internen Untersuchungen“, so z. B. in § 18 Nr. 1

---

88 *Gerdemann*, ZRP 2022, 98, 100, unter Bezugnahme auf die Stellungnahme der EU-Kommission auf eine gemeinsame Anfrage einiger europäischer Arbeitgeberverbände, v. 2.6.2021, https://www.cmshs-bloggt.de/wp-content/uploads/2021/08/Stellungname_3939215.pdf, zuletzt abgerufen am 20.10.2022.

89 *Kappen/Cho/Gaertner*, CB 2022, 237, 239, 240.

90 Gesetzesentwurf der Bundesregierung v. 5.8.2022, BR-Drs. 372/22, S. 88, https://dserver.bundestag.de/brd/2022/0372-22.pdf, zuletzt abgerufen am 20.10.2022.

91 *Schoch/Kumar*, CB 2022, 181, 186.

92 *Altenbach*, BBP 2022, 47, 50.

93 *Kappen/Cho/Gaertner*, CB 2022, 237, 239.

94 *Sonnenberg/Rempp*, GmbHR 2022, R 292, R 294.

95 *Dilling*, CCZ 2023, 91, 95.

96 *Gerdemann*, ZRP 2022, 98, 101.

HinSchG-Entwurf, da es an einer präzisen Definition, die im Regierungsentwurf zum Verbandssanktionengesetz vom 16.6.2020,[97] mit dem ein Unternehmensstrafrecht konstituiert werden sollte, erfolgt war, fehle.[98] Vereinzelt wird vom Gesetzgeber auch eine Klarstellung gefordert, dass das HinSchG keine gesellschaftsrechtlichen Konsequenzen über die Sorgfaltspflichten der Geschäftsleiter gem. §§ 93 Abs. 1 Satz 1 AktG, 43 Abs. 1 GmbHG hinaus zur Folge hat und die Bußgeldtatbestände der §§ 30 und 130 OWiG bei der Unterlassung einer Einrichtung einer internen Meldestelle nicht greifen, da § 40 HinSchG vorrangig sei.[99] Letzteres dürfte einer gesetzgeberischen Klarstellung nicht bedürfen, da § 40 HinSchG insoweit als lex specialis ohnehin vorrangig Anwendung finden dürfte.

Von zentraler Bedeutung ist das Wahlrecht zwischen interner und externer Meldung, hierfür bestand nach Art. 7 Abs. 2 WBRL ein Wahlrecht der Mitgliedstaaten für eine diesbezügliche Priorisierung, sodass das ursprüngliche „freie" Wahlrecht im Regierungsentwurf, das bekanntlich später im Vermittlungsausschuss limitiert wurde, als „überraschend" angesehen wurde.[100] Als positiv wird die Möglichkeit des § 14 HinSchG angesehen, dass als interne Meldestelle auch Dritte eingesetzt werden können, wobei hier insbesondere ein Tätigkeitsbereich von Rechtsanwälten gesehen wird, da diese als „Ombudsanwälte" aufgrund der Verpflichtungen des rechtsanwaltlichen Standesrechts besonderes Vertrauen bei Hinweisgebern genießen dürften.[101] Einzelne Stimmen in der Literatur sehen auch den Betriebsrat als geeignete interne Meldestelle an.[102] Dies dürfte aber eine kaum praxisrelevante Überlegung sein, da der Beschäftigungsgeber, der gem. § 12 Abs. 1 HinSchG die Pflicht zur Einrichtung einer internen Meldestelle, damit aber auch die Gestaltungsfreiheit bei der Besetzung hat, dieses Recht in der Regel kaum dem Betriebsrat überlassen dürfte. Der Betriebsrat erhält im Rahmen des HinSchG ohnehin keine speziellen Beteiligungsrechte, sodass es bei den Beteiligungsrechten aus dem BetrVG, insbesondere dem Unterrichtungsrecht des § 80 Abs. 2 BetrVG bei Einrichtung einer internen Meldestelle sowie der Mitbestimmung gem. § 99 BetrVG bei Einstellung oder Versetzung geeigneter Arbeitnehmer in eine interne Meldestelle, bleibt.[103] **20**

97 Entwurf der Bundesregierung vom 16.6.2020, veröffentlicht am 7.8.2020, BR-Drs. 440/20, https://dserver.bundestag.de/brd/2020/0440-20.pdf, zuletzt abgerufen am 20.10.2022.
98 *Flier*, CB 2022, 291, 294.
99 *Scholz*, AG 2022, 553, 559.
100 *Reufels/Osmakova*, ArbRB 2022, 147, 149.
101 *Tietz*, ZHW 2022, 164, 166.
102 *Bayreuther*, NZA 2023, 666, 669.
103 *Zimmer/Millfahrt*, BB 2023, 1269, 1273; *Söbbing*, ITRB 2023, 221, 222.

21 Eine der wesentlichsten Abweichungen des Referentenentwurfs vom 24.3.2022 zum Referentenentwurf aus der 19. Legislaturperiode war jedoch, dass der sehr weite sachliche Anwendungsbereich des Entwurfs vom 26.11.2020 aus der 19. Legislaturperiode („alle Verstöße, die straf- und bußgeldbewehrt sind") hinsichtlich der bußgeldbewehrten Verstöße nunmehr auf diejenigen Tatbestände beschränkt wurde, „soweit die verletzte Vorschrift dem Schutz von Leben, Leib oder Gesundheit oder dem Schutz der Rechte von Beschäftigten oder ihrer Vertretungsorgane dient",[104] so auch die endgültige Gesetzesfassung des § 2 Abs. 1 Nr. 2 HinSchG. Dies wurde aber z. T. auch schon als eine zu weite Interpretation der WBRL angesehen.[105]

22 *Thüsing* regte an, über eine Verpflichtung zur Abgabe von Hinweisen für den Hinweisgeber bei einem entsprechenden schwerwiegenden Verdacht nachzudenken, ebenso werden finanzielle Anreize für eine Meldung bei einer internen Meldestelle angeregt.[106] Zudem wird richtigerweise die Haftungsprivilegierung für den Hinweisgeber nach § 38 HinSchG problematisiert, die den Hinweisgeber bei leichter Fahrlässigkeit von jeglicher Haftung freistellt, aber denjenigen schutzlos lässt, dessen „Ruf ggf. ruiniert" wird.[107] Bei einem leicht fahrlässig handelnden Hinweisgeber wird überdies von anderen Stimmen in der Literatur angeregt, diesbezüglich einen weiteren Ausnahmetatbestand vom Vertraulichkeitsgebot des § 9 HinSchG zu schaffen,[108] eine Regelung, die allerdings eher eine Abschreckungswirkung auch auf „ehrliche" Hinweisgeber haben dürfte. Nach der Rechtsliteratur ist entsprechend den Vorstellungen von Erwägungsgrund 98 WBRL eine Ergänzung und Kombination von Geschäftsgeheimnisschutz und Hinweisgeberschutz trotz der sehr weit gefassten Regelung des § 5 Nr. 2 GeschGehG, die auf „sonstiges Fehlverhalten" und „allgemeines öffentliches Interesse" abstellt,[109] gelungen, da beide Erlaubnistatbestände unabhängig zur Anwendung kommen könnten.[110]

---

104 Hierzu ausführlich *Thüsing*, DB 2022, 1066.

105 Stellungnahme Zentralverband des deutschen Handwerks e. V. v. 12.5.2022, S. 2, https://www.bmj.de/SharedDocs/Gesetzgebungsverfahren/Stellungnahmen/2022/Downloads/0512_Stellungnahme_ZDH_HinSchG-E.pdf;jsessionid=F9DB8C09523BD92DC08806769082DEBB.2_cid324?__blob=publicationFile&v=2; Stellungnahme Bundesvereinigung der Deutschen Arbeitgeberverbände e. V. v. 12.5.2022, S. 2, https://www.bmj.de/SharedDocs/Gesetzgebungsverfahren/Stellungnahmen/2022/Downloads/0512_Stellungnahme_bda_HinSchG-E.pdf;jsessionid=F9DB8C09523BD92DC08806769082DEBB.2_cid324?__blob=publicationFile&v=2, zuletzt abgerufen am 20.10.2022.

106 *Thüsing*, DB 2022, 1066, 1067, 1068.

107 *Thüsing*, DB 2022, 1066, 1068.

108 *Miege/Ahrens*, CCZ 2022, 171 177.

109 *Passarge*, CB 2021, 453, 458.

110 *Fuhlrott/Henckel*, ArbRAktuell 2022, 441, 443.

23 Die Beschlussfassung des Rechtsauschusses des Bundestags vom 14.12.2022[111] enthielt noch einige Änderungen, die vom Bundestag am 16.12.2022 in 2. und 3. Lesung beschlossen wurden, insbesondere eine Pflicht zur Bearbeitung anonymer Meldungen in § 16 Abs. 1 HinSchG, was von Teilen der Rechtsliteratur als wesentliche Voraussetzung für den Erfolg eines Meldesystems betrachtet wurde.[112] Das Gesetz in der vom Bundestag beschlossenen Fassung erfuhr weitere Kritik in der Rechtsliteratur, insbesondere wurde moniert, dass die Anreize für eine interne Meldung gem. § 7 Abs. 3 HinSchG nicht weiter konkretisiert wurden, hier habe der Gesetzgeber eine Regelung treffen müssen;[113] sicherlich dürften Geldprämien wie in den USA („monetary rewards") kaum gemeint worden sein.[114] In der Rechtsliteratur wird diesbezüglich eine möglichst „attraktive" Gestaltung der internen Meldewege empfohlen, damit Hinweisgeber sich nicht vorrangig an externe Meldestellen wenden.[115] Begrüßt wurde allerdings die Einführung eines immateriellen Schadensersatzanspruchs in § 37 Abs. 1 Satz 2 HinSchG für den Hinweisgeber,[116] diese Regelung wurde nach dem Kompromiss im Vermittlungsausschuss wieder entfernt und fehlt in der Endfassung des Gesetzes.

24 Am 10.2.2023 wurde der am 20.1.2023 dem Bundesrat zugeleitete Gesetzesentwurf[117] im Bundesrat mit einer Mehrheit der CDU-geführten Bundesländer abgelehnt,[118] insbesondere mit Hinweis auf die Pflicht zur Bearbeitung anonymer Meldungen, die auch in der Rechtsliteratur auf Kritik stieß.[119] Eine Anrufung des Vermittlungsausschusses durch den Bundesrat gem. Art. 77 Abs. 2 Satz 1 GG war unmittelbar danach nicht erfolgt. Statt der Durchführung eines Vermittlungsverfahrens legte die Bundesregierung am 14.3.2023 einen nur leicht veränderten Gesetzesentwurf vor, der allerdings in § 1 Abs. 3 Entwurf HinSchG Landesbeamte und Kommunalbeamte aus dem Anwendungsbereich des HinSchG ausnahm.[120] Gleichzeitig legte die Bundesregierung den Entwurf

111 Beschlussempfehlung und Bericht des Rechtsausschusses vom 14.12.2022, BT-Drs. 20/4909.

112 *Rennar*, GmbH-StB 2023, 121, 125.

113 *Thüsing/Musiol/Peisker*, ZGI 2023, 63, 65.

114 *Sonnenberg/Rempp*, GmbHR 2023, 112, 113.

115 *Lüneborg*, ZIP 2023, 941, 950; *Steinhauser/Saalwächter-Hirsch/Trouvain*, ESG 2023, 9, 13.

116 *Thüsing/Musiol/Peisker*, ZGI 2023, 63, 66.

117 BT-Drs. 20/23 vom 20.1.2023, https://dserver.bundestag.de/brd/2023/0020-23(zu).pdf, zuletzt abgerufen am 3.4.2023.

118 BR-Plenarprotokoll vom 10.2.2023, 1030, S. 2–6, TOP 2, https://dserver.bundestag.de/brp/1030.pdf#P.2, zuletzt abgerufen am 3.4.2023.

119 *Thüsing/Musiol/Peisker*, ZGI 2023, 63, 68.

120 BT-Drs. 20/5992 vom 14.3.2023, https://dserver.bundestag.de/btd/20/059/2005992.pdf, zuletzt abgerufen am 3.4.2023.

eines Ergänzungsgesetzes vor, das Landesbeamte und Kommunalbeamte wieder in den Anwendungsbereich des HinSchG einbezog.[121] Hintergrund dieser Vorgehensweise war die Intention der Bundesregierung, aus dem Gesetzesentwurf die Regelungen zu entfernen, die aufgrund ihres Bezugs zu den Bundesländern zur Zustimmungsbedürftigkeit des Gesetzesentwurfs geführt hätten.[122] Diese zustimmungsbedürftigen Teile wurden in das genannte Ergänzungsgesetz verlagert.

25 Beide Gesetzesentwürfe wurden am 17.3.2023 vom Deutschen Bundestag in erster Lesung verabschiedet.[123] In einer öffentlichen Anhörung des Rechtsausschusses des Deutschen Bundestags wurde von den Sachverständigen insbesondere Kritik an der Abspaltung der zustimmungsbedürftigen Teile im Ergänzungsgesetz geäußert, da es an einem für eine Aufspaltung erforderlichen verfassungsrechtlichen Sachgrund fehle; dennoch wurden beide Gesetzesentwürfe vom Rechtsausschuss am 28.3.2023 verabschiedet.[124] Nachdem die CDU-Fraktion im Bundestag am 28.3.2023 den Vermittlungsausschuss anrief,[125] wurde der Termin im Deutschen Bundestag am 30.3.2023 zur 2. und 3. Lesung auf Betreiben des Ältestenrats von der Tagesordnung abgesetzt, um eine Vermittlung zu finden[126] – ein Ablauf, der den Eindruck erweckte, dass das deutsche HinSchG „ausgebremst" werde.[127] Schließlich rief auch die Bundesregierung am 5.4.2023 den Vermittlungsausschuss an.[128] Im Vermittlungsausschuss wurde am 9.5.2023 eine Einigung erzielt, insbesondere die sehr umstrittene Frage der anonymen Hinweise wurde in § 16 Abs. 1 HinSchG dahingehend gelöst, dass keine Verpflichtung zur Einrichtung anonymer Meldekanäle bei internen Meldestellen besteht, aber auch anonym eingegangene Hinweise bear-

---

121 Entwurf eines Gesetzes zur Ergänzung der Regelungen zum Hinweisgeberschutz vom 14.3.2023, BR-Drs. 20/5991, https://dserver.bundestag.de/btd/20/059/2005991.pdf, zuletzt abgerufen am 3.4.2023.

122 BT-Drs. 20/5992 vom 14.3.2023, S. 3, https://dserver.bundestag.de/btd/20/059/2005992.pdf, zuletzt abgerufen am 3.4.2023.

123 Plenarprotokoll des Deutschen Bundestags, Drs. 20/92 vom 17.3.2023, S. 11090 B, zuletzt abgerufen am 3.4.2023.

124 Beschlussempfehlung und Bericht des Rechtsausschusses vom 28.3.2023, BT-Drs. 20/6193 vom 28.3.2023, S. 7, 10, https://dserver.bundestag.de/btd/20/061/2006193.pdf, zuletzt abgerufen am 3.4.2023.

125 BT-Drs. 20/6175 vom 28.3.2023, https://dserver.bundestag.de/btd/20/061/2006175.pdf, zuletzt abgerufen am 3.4.2023.

126 *Lüneborg*, ZIP 2023, 941, 943.

127 *Badura*, ESGZ 2023, 24, 25.

128 BT-Drs. 20/6506 vom 5.4.2023, https://dserver.bundestag.de/btd/20/065/2006506.pdf, zuletzt abgerufen am 29.4.2023.

beitet werden „sollten".[129] Ebenso wurde im Hinblick auf die zweite kontroverse Frage, dem Wahlrecht zwischen interner und externer Meldestelle, in § 7 Abs. 1 HinSchG eine Formulierung aufgenommen, dass hinweisgebende Personen (…) die Meldung bei der internen Meldestelle „bevorzugen sollten", in den Fällen, in denen a) intern wirksam gegen den Verstoß vorgegangen werden kann, und b) sie keine Repressalien befürchten.

Der Bundestag verabschiedete die Gesetzesfassung vom 16.12.2022 mit den 26
Änderungen durch die Beschlussempfehlung des Vermittlungsausschusses am 11.5.2023 in 2. und 3. Lesung.[130] Das HinSchG wurde am 31.5.2023 vom Bundespräsidenten ausgefertigt und am 2.6.2023 im Bundesgesetzblatt verkündet.[131] Nach Art. 10 Abs. 2 des Artikelgesetzes trat das HinSchG somit am 2.7.2023 in Kraft. Auch wenn in der Endfassung manche Unklarheiten der Vorentwürfe beseitigt wurden, sind durch den Kompromiss einige neue Kritikpunkte geschaffen worden, so insbesondere hinsichtlich der Formulierung in § 16 Abs. 1 Satz 4 HinSchG, nach der die interne Meldestelle auch anonym eingehende Meldungen bearbeiten „sollte". Diese „weiche" Formulierung war zwar einem politischen Kompromiss geschuldet, dürfte aber entsprechend der Pflicht der Geschäftsführung eines Unternehmens zur Legalität eher in ein „muss" umzudeuten sein.[132] Eine solche Auslegung dürfte auch die Bereitschaft von Beschäftigten zur Meldung von Missständen erhöhen.[133] Ferner wird die Streichung des Ersatzanspruchs des Hinweisgebers auf immaterielle Schäden in § 37 Abs. 1 Satz 2 HinSchG a.F. moniert und eine europarechtliche Vereinbarkeit in Zweifel gezogen,[134] da der 94. Erwägungsgrund der WBRL immaterielle Entschädigungen explizit nennt. In der Literatur wird diesbezüglich vereinzelt auf die Anwendung des Deliktsrechts unter Verweis auf einen Verstoß gegen sonstige absolute Rechte wie dem allgemeinen Persönlichkeitsrecht oder dem Recht der informationellen Selbstbestimmung bzw. dem Datenschutzrecht angeknüpft,[135] sodass in Einzelfällen der Ersatz immaterieller Schäden möglich erscheinen könnte.

Nach wie vor zu Kontroversen dürfte die Regelung des § 5 Abs. 2 Nr. 3 27
HinSchG führen, in der aufgrund der Verschwiegenheitspflichten von u.a. Rechtsanwälten und Notaren diese aus dem Anwendungsbereich des HinSchG

129 BT-Drs. 20/6700, Beschluss des Vermittlungsausschusses vom 9.5.2023, https://dserver.bundestag.de/btd/20/067/2006700.pdf, zuletzt abgerufen am 10.5.2023.

130 Überblick zum parlamentarischen Verfahren: *Engelhoven/Gatz*, DB 2023, 1397 ff.

131 BGBl. 2023 I, Nr. 140, v. 2.6.2023, https://www.recht.bund.de/bgbl/1/2023/140/VO.html, zuletzt abgerufen am 2.6.2023.

132 *Baade/Hößl*, DStR 2023, 1265, 1266.

133 *Grimm/Osmakova*, ArbRB 2023, 176, 178.

134 *Baade/Hößl*, DStR 2023, 1265, 1270.

135 *Grimm/Osmakova*, ArbRB 2023, 176, 178.

herausgenommen sind und damit nicht dem Schutz des HinSchG unterfallen. Denn die Verschwiegenheitspflichten von Steuerberatern und Wirtschaftsprüfern haben keinen Vorrang vor dem HinSchG, diese Berufsträger können also bei entsprechender Abgabe von Hinweisen den Schutz des HinSchG erhalten, hieraus interpretiert die Rechtsliteratur eine Absicht des Gesetzgebers, auch künftig an Hinweise zu missbräuchlichen Steuergestaltungen (z. B. „Luxemburg-Leaks") zu kommen.[136] Dies hat für Steuerberater und Wirtschaftsprüfer eine starke mandatsbezogene Relevanz, da sich ein Mandant nicht mit letzter Sicherheit darauf verlassen kann, dass eine übermittelte Information, z. B. über einen steuerstrafrechtlichen Sachverhalt, beim Steuerberater bzw. dessen Mitarbeitern vertraulich bleibt.[137]

28 In den Stellungnahmen der entsprechenden Kammern und Verbände wurde dieser Ausnahmetatbestand für Steuerberater und Wirtschaftsprüfer dementsprechend kritisiert,[138] allerdings spricht der Erwägungsgrund 26 der WBRL ausdrücklich von „communications between lawyers and their clients" bzw. „Schutz der Vertraulichkeit der Kommunikation zwischen Rechtsanwalt und Mandant – anwaltliche Verschwiegenheitspflicht".[139] Kritiker der Nichteinbeziehung der Steuerberater und Wirtschaftsprüfer in den Schutzbereich des HinSchG argumentieren angesichts der weitgehend ähnlich ausgestalteten Verschwiegenheitspflichten von Rechtsanwälten und Steuerberatern mit einem Verstoß gegen den allgemeinen Gleichheitssatz des Art. 3 Abs. 1 GG.[140] Zwar hat § 5 Abs. 2 Nr. 3 HinSchG ausdrücklich die Verschwiegenheitspflichten auch der Notare aus dem Anwendungsbereich des HinSchG ausgenommen, nicht aber jedoch die Verschwiegenheitspflichten der Notarkammern und der

---

136 *Sonnenberg/Rempp*, GmbHR 2023, 112, 114.

137 *Schönfeld/Ellenrieder/Sendke*, IStR 2023, 441, 452.

138 Stellungnahme Bundessteuerberaterkammer v. 6.5.2022, S. 2, https://www.bmj.de/SharedDocs/Gesetzgebungsverfahren/Stellungnahmen/2022/Downloads/0506_Stellungnahme_BStBK_HinSchG-E.pdf;jsessionid=E5573FE4917EF97014CB1F9D93E46B62.2_cid289?__blob=publicationFile&v=3, zuletzt abgerufen am 20.8.2022; Stellungnahme Deutscher Steuerberater-Verband e. V. v. 11.5.2022, https://www.bmj.de/SharedDocs/Gesetzgebungsverfahren/Stellungnahmen/2022/Downloads/0511_Stellungnahme_steuerberaterverband_HinSchG-E.pdf;jsessionid=E5573FE4917EF97014CB1F9D93E46B62.2_cid289?__blob=publicationFile&v=2, zuletzt abgerufen am 21.8.2022; Stellungnahme Institut der Wirtschaftsprüfer v. 25.5.2022, S. 2, https://www.bmj.de/SharedDocs/Gesetzgebungsverfahren/Stellungnahmen/2022/Downloads/0525_Stellungnahme_IDW_HinSchG-E.pdf;jsessionid=E5573FE4917EF97014CB1F9D93E46B62.2_cid289?__blob=publicationFile&v=2, zuletzt abgerufen am 21.8.2022.

139 Vgl. RL 2019/1937 v. 23.10.2019, ABl. L 305 vom 26.11.2019, https://eur-lex.europa.eu/legal-content/DE/TXT/PDF/?uri=CELEX:32019L1937, zuletzt abgerufen am 31.10.2022.

140 *Schönfeld/Ellenrieder/Sendke*, IStR 2023, 441, 453.

Bundesnotarkammer. Da die Beschäftigten der Notarkammern gem. § 69a BNotO selbst einer Verschwiegenheitspflicht unterliegen, dürfen Notare den Notarkammern Informationen, die der Verschwiegenheitspflicht unterliegen, offenbaren, sodass Informationen zwar nicht vom Notar, aber von Mitarbeitern der Notarkammern offenbart werden könnten. Die so geschaffene widersprüchliche Situation wurde von der Bundesnotarkammer moniert.[141] Eine Änderung diesbezüglich erfolgte durch den Gesetzgeber nicht, obwohl die Problematik auch nicht durch § 5 Abs. 2 Nr. 5 HinSchG (Verschwiegenheitspflichten anderer Personen) lösbar sein dürfte.

Auch im Bereich des öffentlichen Dienstes werden die einem Hinweisgeberschutz vorrangigen Regelungen des § 5 Abs. 1 Nr. 1 und 2 sowie § 5 Abs. 2 Nr. 1 HinSchG, also der Vorrang bei Informationen bezüglich der nationalen Sicherheit, von Nachrichtendiensten oder bei Verschlusssachen, kritisch gesehen, da insbesondere der Umfang und die Häufigkeit von Verschlusssachen aufgrund dieser Regelungen zu einem weitgehenden Ausschluss des Schutzes des HinSchG für im öffentlichen Dienst tätige Personen führen würde.[142] 29

Ferner hat das HinSchG auch Auswirkungen auf die zukünftige Gestaltung von Arbeitsverträgen, da insbesondere bei entsprechenden Geheimhaltungsverpflichtungen des Arbeitnehmers die Vertragsparteien künftig nicht mehr nur das GeschGehG zu beachten haben, sondern auch klarstellen müssen, dass eine entsprechende Verpflichtung zur Geheimhaltung dem Recht auf Meldung oder Offenlegung nach dem HinSchG nicht entgegensteht.[143] Durchaus auslegungsfähig ist auch die Regelung des § 12 Abs. 2 HinSchG, die den Anwendungsbereich für Unternehmen mit in der Regel mehr als 50 Beschäftigten vorsieht, da sich dies einerseits nach der Anzahl der Personen ohne Berücksichtigung ihres jeweiligen Beschäftigungsumfangs nach Stundenzahl richten, oder sich aber entsprechend § 23 Abs. 1 Satz 4 KSchG dezidiert an der Stundenanzahl der Beschäftigten orientieren könnte. *Gortan* sieht unter Berücksichtigung der Begründung des Regierungsentwurfs vom 5.8.2022, die auf die Rechtsprechung des BAG zu § 23 KSchG verweist,[144] eine gesetzliche Klarstellung i. S. einer § 23 Abs. 1 Satz 4 KSchG entsprechenden Regelung als erforderlich 30

141 Stellungnahme Bundesnotarkammer v. 11.5.2022, S. 4, https://www.bmj.de/SharedDocs/Gesetzgebungsverfahren/Stellungnahmen/2022/Downloads/0511_Stellungnahme_bnotk_HinSchG-E.pdf;jsessionid=F9DB8C09523BD92DC08806769082DEBB.2_cid324?__blob=publicationFile&v=2, zuletzt abgerufen am 21.8.2022.

142 *Thönnes*, NVwZ 2023, 1047, 1053.

143 Vgl. *Dzida*, ArbRB 2023, 182, 183; bestätigend *Bayreuther*, DB 2023, 1537, 1538.

144 Gesetzesentwurf der Bundesregierung v. 5.8.2022, BR-Drs. 372/22, S. 86, https://dserver.bundestag.de/brd/2022/0372-22.pdf, zuletzt abgerufen am 20.10.2022, unter Verweis auf BAG v. 31.1.1991, 2 AZR 356/90 (NZA 1991, 562), und v. 24.1.2013, 2 AZR 140/12 (ZIP 2013, 1442).

an.[145] Auch die WBRL nimmt in Art. 8 Abs. 3 nur Bezug auf Unternehmen mit „50 oder mehr Arbeitnehmern", sodass diese Frage noch weiterer Klärung bedarf. Klärungsbedarf besteht aber auch bei der Frage der Anforderungen an die Fachkunde von internen Meldestellenbeauftragten, insbesondere wenn es sich um Arbeitnehmer handelt und nicht um Dritte, wie z. B. Rechtsanwälte, sowie bei der Abgrenzung zu anderen betriebsinternen Beauftragten (Datenschutzbeauftragter, Geldwäschebeauftragter).[146]

31 Eine Anfälligkeit zu Missbräuchen des HinSchG durch den Einsatz künstlicher Intelligenz (KI) sieht *Teichmann* durch den KI-gesteuerten Einsatz von Whistleblowing-Meldungen, mit denen ein Unternehmen geradezu „überschwemmt" werden könnte.[147] Für den entsprechenden Zielkonflikt zwischen dem Schutz vor ungerechtfertigten Verdächtigungen durch interne Meldungen einerseits und dem erlaubten Einsatz von generativer KI durch den Hinweisgeber andererseits ist derzeit keine befriedigende Lösung ersichtlich. Ein von *Teichmann* vorgeschlagener Einsatz eines „Spam"-Filters, der vom Gesetzgeber „toleriert" werde,[148] dürfte dem Sinn und Zweck des HinSchG entgegenstehen.

32 Als Ziel des Gesetzes ergibt sich bereits aus der Gesetzesformulierung zunächst der Schutz von Hinweisgebern vor Nachteilen und der Verhinderung ihrer Stigmatisierung; zudem werde mit der Schaffung eines entsprechenden Meldesystems eine integre und transparente Unternehmenskultur gefördert, Hinweisgeber seien damit ein Teil eines „Frühwarnsystems" bei Korruptionsfällen und damit von Vorteil für Unternehmen.[149]

33 Inhaltlich ist das Gesetz in sechs Abschnitte aufgeteilt. In Abschnitt 1, Allgemeine Vorschriften, werden in den §§ 1 bis 6 HinSchG neben dem persönlichen und sachlichen Anwendungsbereich und Begriffsbestimmungen das Verhältnis des HinSchG zu anderen, vorrangigen Vorschriften, die Hinweisgeberschutzmechanismen enthalten, sowie das Verhältnis zu gesetzlichen Verschwiegenheits- und Geheimhaltungspflichten sowie privaten Geheimhaltungspflichten, insbesondere Geschäftsgeheimnissen, ferner der Vorrang zu Sicherheitsinteressen, geregelt. In Abschnitt 2 erfolgt von § 7 bis § 31 HinSchG die Regelung der internen und externen Meldestellen mit entsprechenden Präzisierungen zu Pflichten, Ausgestaltungen und Befugnissen. Abschnitt 3 be-

145 *Gortan*, NZA 2022, 838, 840.
146 *Fehr/Refenius*, CB 2023, 289, 294.
147 *Teichmann*, NZWiSt 2023, 289.
148 *Teichmann*, NZWiSt 2023, 296.
149 Hierzu *Bruns*, in: Rolfs/Giesen/Meßling/Udsching, BeckOK Arbeitsrecht, § 1 HinschG Rn. 11, der auf Studien verweist, die auf eine Steigerung der Kapitalrendite bei Unternehmen mit einem Meldesystem für Hinweisgeber hindeuten.

handelt in § 32 HinSchG ausschließlich die Offenlegung, bei der es sich um eine entsprechende Information der Öffentlichkeit, insbesondere der Medien, durch den Hinweisgeber als Auffangtatbestand für den Fall, dass interne und externe Meldekanäle nicht zum Zug kommen, handelt. Abschnitt 4 enthält in den §§ 33 bis 39 HinSchG den zentralen Teil des Gesetzes, nämlich die Rechtsfolgen für den Hinweisgeber, bei denen es sich entsprechend der Schutzrichtung des Gesetzes um den jeweils detailliert ausgestalteten Schutz des Hinweisgebers handelt. Dem schließen sich in Abschnitt 5 in § 40 Bußgeldvorschriften und in Abschnitt 6 als Schlussbestimmungen eine Verordnungsermächtigung in § 41 HinSchG für externe Meldestellen und in § 42 HinSchG eine Übergangsregelung an.

Abschnitt 1
Allgemeine Vorschriften

§ 1 Zielsetzung und persönlicher Anwendungsbereich

(1) Dieses Gesetz regelt den Schutz von natürlichen Personen, die im Zusammenhang mit ihrer beruflichen Tätigkeit oder im Vorfeld einer beruflichen Tätigkeit Informationen über Verstöße erlangt haben und diese an die nach diesem Gesetz vorgesehenen Meldestellen melden oder offenlegen (hinweisgebende Personen).

(2) Darüber hinaus werden Personen geschützt, die Gegenstand einer Meldung oder Offenlegung sind, sowie sonstige Personen, die von einer Meldung oder Offenlegung betroffen sind.

Schrifttum: *Reufels/Soltysiak*, Das neue Whistleblowing-Recht, 2023; *Reuter*, Das Hinweisgeberschutzgesetz ist da – Was Unternehmen jetzt tun müssen, BB 2023, 1539. Siehe auch Schrifttum zu Vor § 1.

Übersicht

	Rn.
I. Engerer Schutzbereich, hinweisgebende Personen (§ 1 Abs. 1)	1
1. Allgemeines	1
2. Natürliche Personen	2
3. Zusammenhang mit beruflicher Tätigkeit	4
4. Informationen über Verstöße	9
5. Melden und offenlegen	11
6. Schutz	13
II. Erweiterter Schutzbereich (§ 1 Abs. 2)	14
1. Allgemeines	14
2. Gegenstand einer Meldung	15
3. Betroffene Personen	17

I. Engerer Schutzbereich, hinweisgebende Personen (§ 1 Abs. 1)

1. Allgemeines

Der Schutzbereich des § 1 definiert die zu schützende Person als „hinweisgebende Person". In der Rechtsliteratur wird die Genauigkeit dieses Begriffs moniert, da die zu schützende Person den entsprechenden Hinweis bereits in der Vergangenheit abgegeben hatte, sodass der Begriff des „Hinweisgebers" als geeignetere Bezeichnung erscheint.[1] Der persönliche Anwendungsbereich ist – entsprechend der Schutzrichtung des HinSchG – sehr weit gefasst, wie im Fol- **1**

1 *Bruns*, in: Rolfs/Giesen/Meßling/Udsching, BeckOK Arbeitsrecht, § 1 HinschG Rn. 12, unter Verweis auf *Junker*, EuZA 2023, 1.

genden noch dargelegt werden wird, z. T. wird § 1 als „weite Generalklausel" bezeichnet.[2]

2. Natürliche Personen

2 Mit dem persönlichen Anwendungsbereich will das Gesetz die Reichweite der nachfolgenden Regelung auf den betroffenen Personenkreis definieren. Der Begriff der natürlichen Personen deckt sich systemkonform im deutschen Recht mit dem des § 1 BGB, somit sind ausschließlich Menschen betroffen, keine juristischen Personen. Nach Art. 4 der WBRL wird diesbezüglich ein weiter Personenkreis vorgesehen und alle Personen umfasst, die potenziell Kenntnis von einem Verstoß im beruflichen Umfeld erlangen können.[3]

3 In systemkonformer Auslegung ist somit vom europarechtlichen Arbeitnehmerbegriff auszugehen, sodass dieser Begriff auch auf § 1 HinSchG zu übertragen ist. Dieser ist weiter als der deutsche Arbeitnehmerbegriff des § 611a BGB.[4] Demzufolge können ggf. auch Fremdgeschäftsführer und Minderheitsgeschäftsführer als Arbeitnehmer gelten. Zum relevanten Personenkreis im Sinne des § 1 HinSchG gehören somit nicht nur Arbeitnehmer nach dem deutschen Arbeitnehmerbegriff des § 611a Abs. 1 BGB, auch wenn sie im Ausland beschäftigt werden,[5] sondern auch Beamte, Selbständige, Praktikanten, ehrenamtlich Tätige und bestimmte Organmitglieder wie Aufsichtsratsmitglieder.[6] Auch Leiharbeitnehmer, obwohl ausdrücklich nur in § 16 Abs. 1 Satz 1 HinSchG erwähnt, dürften beim Entleiher in den Schutzbereich des HinSchG fallen.[7] Bemerkenswert ist allerdings, dass bereits nach der WBRL in Art. 4 Abs. 1 lit. c nicht nur die Organmitglieder (Geschäftsführer und Aufsichtsräte), sondern auch ausdrücklich alle Anteilseigner zum relevanten Personenkreis gehören, dies wird im allgemeinen und besonderen Teil der Begründung zum Regierungsentwurf ausdrücklich bestätigt.[8] Dies bedeutet, dass sich auch GmbH-Gesellschafter und Aktionäre im Schutzbereich des HinSchG befinden – ein Umstand, der vom Wortlaut des § 1 HinSchG heraus so nicht ersichtlich ist. Die Bundesrechtsanwaltskammer hatte in ihrer Stellungnahme vom 17.5.2022 eine Klarstellung des Gesetzgebers zu diesem Punkt vorgeschla-

2 So *Reufels/Soltysiak*, Das neue Whistleblowing-Recht, § 3 Rn. 6.
3 Begr. RegE, Bes. Teil, zu § 1, S. 62.
4 Vgl. EuGH v. 8.6.1999, C-337-97 („Meeusen"); EuGH v. 11.10.2010, C-232/09 („Danosa").
5 *Bruns*, NJW 2023, 1609.
6 Begr. RegE, Bes. Teil, zu § 1, S. 62.
7 *Bruns*, NJW 2023, 1609.
8 Begr. RegE, Allg. Teil., S. 35, Bes. Teil, zu § 1, S. 59.

gen,[9] dies ist jedoch in der Endfassung des Gesetzes nicht erfolgt. Sofern für die genannten Organe Verschwiegenheitspflichten bestehen, wie z.B. für Aufsichtsräte bei Aktiengesellschaften gem. § 93 Abs. 1 Satz 3 AktG, wird in der Rechtsliteratur ein Vorrang des HinSchG bejaht.[10]

3. Zusammenhang mit beruflicher Tätigkeit

Auf das Bestehen des Arbeitsverhältnisses, Dienstverhältnisses, der Qualifikation als Selbständiger oder der entsprechenden grundlegenden Rechtsverhältnisse für eine Tätigkeit als Praktikant, als ehrenamtlich tätige Person oder als Organmitglied einer Körperschaft zum Zeitpunkt der entsprechenden Meldung kommt es hierbei nicht an, sämtliche Personen sind geschützt. Eine Entgeltlichkeit der Tätigkeit spielt keine Rolle, sodass auch Praktikanten, die ein unentgeltliches Pflichtpraktikum absolvieren, in den Schutzbereich des HinSchG fallen,[11] was durch die Bezeichnung in Art. 4 Abs. 1 lit. c WBRL „Freiwillige“ begründet sein dürfte. Demzufolge ist auch diejenige Person, die eine hinweisgebende Meldung abgibt, vom Anwendungsbereich des Gesetzes geschützt, wenn das zugrunde liegende Rechts- oder Dienstverhältnis nicht mehr besteht oder noch nicht begonnen hat. Es wäre sinnvoll gewesen, dies, als Kehrseite des Begriffs des „Vorfelds“, ausdrücklich gesetzlich zu regeln, wie vereinzelt gefordert wurde,[12] auch wenn sich dies auch schon aus Art. 4 Abs. 2 WBRL ergibt. Denn Letzteres ist ausdrücklich in § 1 Abs. 1 HinSchG aufgeführt („im Vorfeld“) und umfasst folglich auch Personen, die in einem Bewerbungsverfahren stehen oder im Vorfeld ihrer späteren Tätigkeit eine diesbezügliche Meldung im Hinblick auf ihren späteren Arbeitgeber bzw. Dienstherrn tätigt.[13] 4

Nach der Begründung zum RegE wird der Begriff des Zusammenhangs zudem auf Arbeitnehmervertretungen als Gremium erweitert, somit über den Schutzbereich der natürlichen Person und den konkreten Tätigkeitsbereich eines gegenwärtigen oder früheren Arbeits- oder Dienstverhältnisses hinaus.[14] Demzu- 5

9 Stellungnahme Bundesrechtsanwaltskammer v. 17.5.2022, S. 8, https://www.bmj.de/SharedDocs/Gesetzgebungsverfahren/Stellungnahmen/2022/Downloads/0517_Stellungnahme_BRAK_HinSchG-E.pdf;jsessionid=E5573FE4917EF97014CB1F9D93E46B62.2_cid289?__blob=publicationFile&v=2, zuletzt abgerufen am 25.8.2022.

10 Zusammenfassend *Bruns*, in: Rolfs/Giesen/Meßling/Udsching, BeckOK Arbeitsrecht, § 1 HinschG Rn. 16.

11 Nachweise bei *Bruns*, NJW 2023, 1609.

12 Stellungnahme Bundesverband der Unternehmensjuristen e. V. v. 11.5.2022, S. 3, https://www.bmj.de/SharedDocs/Gesetzgebungsverfahren/Stellungnahmen/2022/Downloads/0511_Stellungnahme_BUJ_HinSchG-E.pdf;jsessionid=F9DB8C09523BD92DC08806769082DEBB.2_cid324?__blob=publicationFile&v=2, zuletzt abgerufen am 14.4.2023.

13 So auch *Baade/Hößl*, DStR 2023, 1213, 1214.

14 Begr. RegE, Bes. Teil, zu § 1, S. 63.

folge ist es für den Anwendungsbereich generell nicht entscheidend, welcher Art die Tätigkeit der betroffenen Person ist oder ob diese entgeltlich oder unentgeltlich erfolgt. Die Begründung zum RegE wollte damit einen „möglichst breiten Kreis“ von Personen schützen.

6 Ein Zusammenhang mit einer beruflichen Tätigkeit besteht nicht, wenn das gemeldete oder offengelegte Fehlverhalten keinerlei Bezug mit einer beruflichen Tätigkeit hat. Dies mag sich z. B. auf Verkehrsverstöße mit dem privaten Kfz beziehen, wenn die Person, deren Fehlverhalten im Raum steht, im Rahmen ihrer Tätigkeit keine Fahrtätigkeit ausübt. Der RegE nennt hier ausdrücklich die außerdienstliche Wohlverhaltenspflicht von Beamten als Ausfluss der aus Art. 34 GG resultierenden Loyalitätspflichten[15] als Beispiel dafür, dass der Schutzbereich des Gesetzes nicht betroffen ist. *Bruns* erwähnt als weiteres Beispiel einen Minderheitsgesellschafter, der sein Wissen i. d. R. auch nur aus privaten Quellen beziehen kann.[16] Die Konsequenz hieraus ist, dass ein Arbeitnehmer, Anteilseigner oder Beamter bei Meldung oder Offenlegung dieser privaten Verfehlungen vor Repressalien und Sanktionen nicht geschützt ist.

7 Vom Wortlaut her wohl ausgeschlossen vom Anwendungsbereich des HinSchG ist die Frage, ob der Schutz des Hinweisgebers auch gegeben ist, wenn das gemeldete berufliche Fehlverhalten privat erlangt worden ist. Denn wörtlich muss die hinweisgebende Person die entsprechenden Informationen im Zusammenhang, vor Beginn oder aufgrund weiter Auslegung auch nach Beendigung einer beruflichen Tätigkeit erlangt haben. Demnach wäre die Meldung von privat erlangten Informationen nur im Zeitabschnitt vor Beginn oder nach Beendigung der beruflichen Tätigkeit vom Wortlaut der Norm gedeckt. Auch wenn z. T. eine größere Reichweite unter Aufhebung des Bezugs zu einer beruflichen Tätigkeit gefordert wird,[17] hat sich der Gesetzgeber mit seiner Formulierung ausdrücklich dagegen entschieden.

8 Der vorstehend aufgezeigte sehr weite persönliche Anwendungsbereich steht in einem gewissen faktischen Gegensatz zur Verpflichtung zur Einrichtung einer internen Meldestelle, die sich ausdrücklich darauf bezieht, dass sich „Beschäftigte“ an diese wenden können. Für Beschäftigte existiert in § 3 Abs. 8 HinSchG eine Legaldefinition, die Arbeitnehmende, Auszubildende, Beamte,

---

15 Vgl. BVerwG v. 25.5.2022, 2 WRB 2.21, Rn. 16, https://www.bverwg.de/250522B2WRB2.21.0, zuletzt abgerufen am 28.10.2022.

16 *Bruns*, in: Rolfs/Giesen/Meßling/Udsching, BeckOK Arbeitsrecht, § 1 HinschG Rn. 19.

17 Stellungnahme German Ombudsmann Association – Vereinigung deutscher Vertrauensanwälte e. V. v. 11.5.2022, S. 1, https://www.bmj.de/SharedDocs/Gesetzgebungsverfahren/Stellungnahmen/2022/Downloads/0511_Stellungnahme_GOA_HinSchG-E.pdf;jsessionid=F9DB8C09523BD92DC08806769082DEBB.2_cid324?__blob=publicationFile&v=2, zuletzt abgerufen am 14.4.2023.

Richter, Soldaten, arbeitnehmerähnliche Personen und Beschäftigte in Werkstätten für Behinderte umfasst. Dies würde bedeuten, dass trotz des weiten persönlichen Anwendungsbereichs des § 1 HinSchG Unternehmen nur für die so definierten Beschäftigten ein internes Meldesystem einzurichten hätten. Alle anderen Hinweisgeber könnten sich somit nur an externe Meldestellen wenden, was wohl nicht im Interesse des betroffenen Unternehmens liegen dürfte, sodass eine Öffnung des internen Meldesystems für Dritte sinnvoll sein könnte.[18] Eine Abstimmung der Reichweite des § 1 HinSchG mit § 12 HinSchG durch den Gesetzgeber wäre wünschenswert gewesen.

4. Informationen über Verstöße

Für den „Verstoß“ besteht eine Legaldefinition in § 3 Abs. 2 HinSchG. Inhaltlich werden die relevanten Verstöße im nachfolgenden § 2 HinSchG enumerativ aufgezählt. Auf die diesbezügliche Kommentierung wird verwiesen. 9

Aus dem Begriff der Informationen, ausgehend vom informationswissenschaftlichen Begriff der Kenntnis von Sachverhalten und Vorgängen,[19] wird deutlich, dass Gegenstand nur gesicherte Erkenntnisse und Wissen über entsprechende Verstöße sein können und somit nur diese in den Anwendungsbereich fallen. Demzufolge sind Vermutungen, Gerüchte, Schätzungen oder Unterstellungen über Verstöße nicht geschützt. Dies ist auch sachgerecht, da das Erfordernis von präzisem Wissen über Verstöße gerade dem Schutz der Person gilt, denen Verstöße zu Last gelegt werden, und somit gerade dem Schutzzweck des § 1 HinSchG entsprochen wird. 10

5. Melden und offenlegen

Diese Begriffe werden in § 3 Abs. 4 HinSchG (melden) und § 3 Abs. 5 HinSchG (offenlegen) legaldefiniert. Der Schutz bei Offenlegung steht unter dem Vorbehalt des § 32 HinSchG. Auf die diesbezüglichen Kommentierungen wird verwiesen. 11

§ 1 Abs. 1 HinSchG regelt mit der Gesamtheit der vorgenannten erläuterten Begriffe über eine Legaldefinition den Begriff der hinweisgebenden Person(en). Damit ist diese Definition für die Rechtsordnung einheitlich festgelegt. Auf die Problematik der Genauigkeit dieses Begriffs wurde bereits hingewiesen. 12

18 So auch *Reuter*, BB 2023, 1539, 1540.

19 So DIN 44300, vgl. *Castillo/Jorzik*, Identität und Geschichte der Informationswissenschaft, Definition Information, Univ. d. Saarlandes, 2014, https://saar.infowiss.net/projekte/ident/themen/definition-information/, zuletzt abgerufen am 2.11.2022.

6. Schutz

13 Dieser Begriff kennzeichnet die Rechtsfolge des HinSchG. Das HinSchG sieht bei Erfüllung des persönlichen und sachlichen Anwendungsbereichs den Schutz der bereits definierten hinweisgebenden Personen nach den Regelungen der §§ 33 bis 39 HinSchG, insbesondere vor Repressalien i. S. d. § 3 Abs. 6 HinSchG, vor. Auf die diesbezügliche Kommentierung wird verwiesen. Die Bundesrechtsanwaltskammer kritisiert in ihrer Stellungnahme vom 17.5.2022, dass sich der Schutzbereich nur auf Meldungen bei nach dem HinSchG vorgesehenen Meldestellen, somit bei internen und externen Meldestellen, erstrecke und eine Meldung bei Polizei und Staatsanwaltschaft nicht geschützt sei.[20] Hier wird allerdings die Bedeutung von § 4 Abs. 4 HinSchG verkannt, die nach der Begründung zum Regierungsentwurf einen Vorrang der StPO aufgrund des Schutzes und der Integrität von Verfahren, aber auch aufgrund der Verteidigungsrechte des Beschuldigten vorsieht.[21]

II. Erweiterter Schutzbereich (§ 1 Abs. 2)

1. Allgemeines

14 § 1 Abs. 2 HinSchG erweitert den Kreis der geschützten Personen und bezieht auch Personen ein, die (a) Gegenstand einer Meldung oder Offenlegung sind, oder (b) Personen, die von einer Meldung oder Offenlegung betroffen sind. Im Unterschied zum Personenkreis des § 1 Abs. 1 HinSchG, bei denen die aktiven Hinweisgeber neben der Wahrung der Vertraulichkeit der Identität auch einen Schutz vor Repressalien haben, kommt für den Personenkreis des § 1 Abs. 2 HinSchG ein Schutz vor Repressalien nur dann in Frage, wenn es sich um „vertraulich unterstützende“ Personen i. S. d. § 34 Abs. 1 HinSchG handelt. Denn zu den dargestellten „betroffenen Personen“ gehören auch Zeugen, und es dürfte nicht unwahrscheinlich sein, dass sich die Gefahr von Repressalien durch den Arbeitgeber auch, ggf. in geringerem Maße, für einen Zeugen realisieren könnte.

---

20 Stellungnahme Bundesrechtsanwaltskammer v. 17.5.2022, S. 8, https://www.bmj.de/SharedDocs/Gesetzgebungsverfahren/Stellungnahmen/2022/Downloads/0517_Stellungnahme_BRAK_HinSchG-E.pdf;jsessionid=E5573FE4917EF97014CB1F9D93E46B62.2_cid289?__blob=publicationFile&v=2, zuletzt abgerufen am 25.8.2022.

21 Begr. RegE, Bes. Teil, zu § 4, S. 74.

2. Gegenstand einer Meldung

„Gegenstand" einer Meldung sind diejenigen Personen, die im Zentrum einer diesbezüglichen Meldung stehen, ihnen wird somit das Fehlverhalten vorgeworfen. Gewiss stehen auch den fehlverhaltenden Personen die geltenden Verfahrensrechte zu. Wenn das HinSchG hier allerdings zugunsten der fehlverhaltenden Personen auch den Schutz der Vertraulichkeit der Identität der fehlverhaltenden Person als vom Schutz des HinSchG umfasst sieht,[22] wird dies wohl einschränkend für diejenigen Fälle auszulegen sein, in denen das Aufklärungsinteresse und der Sinn und Zweck des Schutzes von Hinweisgebern betroffen sind. **15**

Zu den Personen, die Gegenstand einer Meldung oder Offenlegung sind, gehören, über den Anwendungsbereich des § 1 Abs. 1 HinSchG für natürliche Personen hinaus, auch juristische Personen.[23] Bei juristischen Personen und Personenmehrheiten kann § 1 Abs. 2 HinSchG auch von größerer Bedeutung sein. Insbesondere bei Unternehmen stellt sich bei einer Meldung oder gar Offenlegung die Problematik eines Reputations- und Imageschadens mit unternehmerischen und finanziellen Folgen. In den Stellungnahmen zum RegE äußerte sich diese wirtschaftlich relevante Fragestellung auch in der deutlich zum Ausdruck gekommenen Kritik an der Gleichstellung der internen Meldestellen gem. §§ 12ff. HinSchG mit den externen Meldestellen gem. §§ 19ff. HinSchG. Bei den Befürwortern des Vorrangs der internen Meldestelle wurde dies insbesondere mit den arbeitsrechtlichen Pflichten zur Wahrung von Betriebs- und Geschäftsgeheimnissen, arbeitsvertraglichen Rücksichtnahmepflichten sowie allgemein der Vermeidung von Schäden beim Arbeitgeber begründet.[24] Hergeleitet wird das Vorrangargument bei der internen Meldestelle auch aus Art. 7 Abs. 2 WBRL.[25] Überdies sind von der Meldung betroffene Personen gerade dann zu schützen, wenn sie zu Unrecht beschuldigt wurden. Daher wird von *Gerdemann* eine Ergänzung der entsprechenden Schutzvorschriften der § 32 HinSchG (Verbot unrichtiger Angaben), § 38 HinSchG (Schadensersatzanspruch bei unrichtigen Angaben) und § 40 HinSchG (Bußgeldtatbestand bei unrichtigen Angaben) um einen Auskunftsanspruch des zu **16**

---

22 Begr. RegE, Bes. Teil, zu § 1, S. 63.

23 So auch *Reufels/Soltysiak*, Das neue Whistleblowing-Recht, § 3 Rn. 25.

24 Stellungnahme DIHK v. 13.5.2022, S. 7, https://www.bmj.de/SharedDocs/Gesetzgebungsverfahren/Stellungnahmen/2022/Downloads/0513_Stellungnahme_DIHK_HinSchG-E.pdf;jsessionid=E5573FE4917EF97014CB1F9D93E46B62.2_cid289?__blob=publicationFile&v=2, zuletzt abgerufen am 10.8.2022.

25 Stellungnahme BDI v. 11.5.2022, S. 2, https://www.bmj.de/SharedDocs/Gesetzgebungsverfahren/Stellungnahmen/2022/Downloads/0511_Stellungnahme_BDI_HinSchG-E.pdf;jsessionid=E5573FE4917EF97014CB1F9D93E46B62.2_cid289?__blob=publicationFile&v=4, zuletzt abgerufen am 10.8.2022.

Unrecht Beschuldigten gegen den vermeintlichen Hinweisgeber vorgeschlagen,[26] dies wurde jedoch vom Gesetzgeber nicht berücksichtigt.

3. Betroffene Personen

17 „Betroffen" können alle Personen sein, die im Rahmen einer Meldung oder Offenlegung genannt werden, sei es ausdrücklich oder durch entsprechende funktionelle Hinweise, die die entsprechende Person eindeutig identifizieren können. Auch juristische Personen können „betroffene Personen" sein,[27] allerdings stellt sich die Frage der Relevanz der Rechtsfolge des HinSchG, der Vertraulichkeit der Identität, für eine juristische Person, deren Identität i. d. R. mit den Inhalten einer entsprechenden Meldung verknüpft sein dürfte. Diese so „betroffenen" Personen können vom Hinweisgeber z. B. als Zeugen herangezogen worden sein,[28] es kann sich auch um Kollegen der hinweisgebenden Person handeln, die den Hinweisgeber bei der Meldung oder Offenlegung unterstützt haben[29] oder in der Meldung als Mitwisser genannt sind.[30] Sie können in diesem Zusammenhang eine wichtige Funktion im Rahmen der Sachverhaltsaufklärung wahrnehmen. *Dzida/Seibt*[31] weisen in diesem Zusammenhang unter – nicht ganz passendem – Verweis auf Art. 4 Abs. 4 lit. b WBRL[32] auch auf den Einbezug von Ehegatten hin, die beim gleichen Arbeitgeber angestellt sind und von denen einer eine hinweisgebende Person ist: hier sei auch der andere Ehegatte vor Repressalien geschützt.

---

26 Stellungnahme *Gerdemann* v. 11.5.2022, S. 17, https://www.bmj.de/SharedDocs/Gesetzgebungsverfahren/Stellungnahmen/2022/Downloads/0511_Stellungnahme_gerdemann_HinSchG-E.pdf;jsessionid=E5573FE4917EF97014CB1F9D93E46B62.2_cid289?__blob=publicationFile&v=2, zuletzt abgerufen am 10.8.2022.

27 *Reufels/Soltysiak*, Das neue Whistleblowing-Recht, § 3 Rn. 26.

28 *Dzida/Seibt*, NZA 2023, 657, 659.

29 *Baade/Hößl*, DStR 2023, 1213, 1214.

30 *Bruns*, in: Rolfs/Giesen/Meßling/Udsching, BeckOK Arbeitsrecht, § 1 HinschG Rn. 24.

31 *Dzida/Seibt*, NZA 2023, 657, 659.

32 Art. 4 Abs. 4 lit. b WBRL spricht hier nur von „Kollegen oder Verwandten", was Ehegatten zwar nicht wörtlich, aber wohl im Sinne einer teleologischen Auslegung erfassen dürfte.

§ 2 Sachlicher Anwendungsbereich

(1) Dieses Gesetz gilt für die Meldung (§ 3 Absatz 4) und die Offenlegung (§ 3 Absatz 5) von Informationen über

1. **Verstöße, die strafbewehrt sind,**
2. **Verstöße, die bußgeldbewehrt sind, soweit die verletzte Vorschrift dem Schutz von Leben, Leib oder Gesundheit oder dem Schutz der Rechte von Beschäftigten oder ihrer Vertretungsorgane dient,**
3. **sonstige Verstöße gegen Rechtsvorschriften des Bundes und der Länder sowie unmittelbar geltende Rechtsakte der Europäischen Union und der Europäischen Atomgemeinschaft**
   a) **zur Bekämpfung von Geldwäsche und Terrorismusfinanzierung, unter Einschluss insbesondere des Geldwäschegesetzes und der Verordnung (EU) 2015/847 des Europäischen Parlaments und des Rates vom 20. Mai 2015 über die Übermittlung von Angaben bei Geldtransfers und zur Aufhebung der Verordnung (EU) Nr. 1781/2006 (ABl. L 141 vom 5.6.2015, S. 1), die durch die Verordnung (EU) 2019/2175 (ABl. L 334 vom 27.12.2019, S. 1) geändert worden ist, in der jeweils geltenden Fassung,**
   b) **mit Vorgaben zur Produktsicherheit und -konformität,**
   c) **mit Vorgaben zur Sicherheit im Straßenverkehr, die das Straßeninfrastruktursicherheitsmanagement, die Sicherheitsanforderungen in Straßentunneln sowie die Zulassung zum Beruf des Güterkraftverkehrsunternehmers oder des Personenkraftverkehrsunternehmers (Kraftomnibusunternehmen) betreffen,**
   d) **mit Vorgaben zur Gewährleistung der Eisenbahnbetriebssicherheit,**
   e) **mit Vorgaben zur Sicherheit im Seeverkehr betreffend Vorschriften der Europäischen Union für die Anerkennung von Schiffsüberprüfungs- und -besichtigungsorganisationen, die Haftung und Versicherung des Beförderers bei der Beförderung von Reisenden auf See, die Zulassung von Schiffsausrüstung, die Seesicherheitsuntersuchung, die Seeleute-Ausbildung, die Registrierung von Personen auf Fahrgastschiffen in der Seeschifffahrt sowie Vorschriften und Verfahrensregeln der Europäischen Union für das sichere Be- und Entladen von Massengutschiffen,**
   f) **mit Vorgaben zur zivilen Luftverkehrssicherheit im Sinne der Abwehr von Gefahren für die betriebliche und technische Sicherheit und im Sinne der Flugsicherung,**

g) **mit Vorgaben zur sicheren Beförderung gefährlicher Güter auf der Straße, per Eisenbahn und per Binnenschiff,**

h) **mit Vorgaben zum Umweltschutz,**

i) **mit Vorgaben zum Strahlenschutz und zur kerntechnischen Sicherheit,**

j) **zur Förderung der Nutzung von Energie aus erneuerbaren Quellen und der Energieeffizienz,**

k) **zur Lebensmittel- und Futtermittelsicherheit, zur ökologischen Produktion und zur Kennzeichnung von ökologischen Erzeugnissen, zum Schutz geografischer Angaben für Agrarerzeugnisse und Lebensmittel einschließlich Wein, aromatisierter Weinerzeugnisse und Spirituosen sowie garantiert traditioneller Spezialitäten, zum Inverkehrbringen und Verwenden von Pflanzenschutzmitteln sowie zur Tiergesundheit und zum Tierschutz, soweit sie den Schutz von landwirtschaftlichen Nutztieren, den Schutz von Tieren zum Zeitpunkt der Tötung, die Haltung von Wildtieren in Zoos, den Schutz der für wissenschaftliche Zwecke verwendeten Tiere sowie den Transport von Tieren und die damit zusammenhängenden Vorgänge betreffen,**

l) **zu Qualitäts- und Sicherheitsstandards für Organe und Substanzen menschlichen Ursprungs, Human- und Tierarzneimittel, Medizinprodukte sowie die grenzüberschreitende Patientenversorgung,**

m) **zur Herstellung, zur Aufmachung und zum Verkauf von Tabakerzeugnissen und verwandten Erzeugnissen,**

n) **zur Regelung der Verbraucherrechte und des Verbraucherschutzes im Zusammenhang mit Verträgen zwischen Unternehmern und Verbrauchern sowie zum Schutz von Verbrauchern im Bereich der Zahlungskonten und Finanzdienstleistungen, bei Preisangaben sowie vor unlauteren geschäftlichen Handlungen,**

o) **zum Schutz der Privatsphäre in der elektronischen Kommunikation, zum Schutz der Vertraulichkeit der Kommunikation, zum Schutz personenbezogener Daten im Bereich der elektronischen Kommunikation, zum Schutz der Privatsphäre der Endeinrichtungen von Nutzern und von in diesen Endeinrichtungen gespeicherten Informationen, zum Schutz vor unzumutbaren Belästigungen durch Werbung mittels Telefonanrufen, automatischen Anrufmaschinen, Faxgeräten oder elektronischer Post sowie über die Rufnummernanzeige und -unterdrückung und zur Aufnahme in Teilnehmerverzeichnisse,**

p) **zum Schutz personenbezogener Daten im Anwendungsbereich der Verordnung (EU) 2016/679 des Europäischen Parlaments und des Rates vom 27. April 2016 zum Schutz natürlicher Personen bei der Verarbei-**

tung personenbezogener Daten, zum freien Datenverkehr und zur Aufhebung der Richtlinie 95/46/EG (Datenschutz-Grundverordnung) (ABl. L 119 vom 4.5.2016, S. 1; L 314 vom 22.11.2016, S. 72; L 127 vom 23.5.2018, S. 2; L 74 vom 4.3.2021, S. 35) gemäß deren Artikel 2,

q) zur Sicherheit in der Informationstechnik im Sinne des § 2 Absatz 2 des BSI-Gesetzes von Anbietern digitaler Dienste im Sinne des § 2 Absatz 12 des BSI-Gesetzes,

r) zur Regelung der Rechte von Aktionären von Aktiengesellschaften,

s) zur Abschlussprüfung bei Unternehmen von öffentlichem Interesse nach § 316a Satz 2 des Handelsgesetzbuchs,

t) zur Rechnungslegung einschließlich der Buchführung von Unternehmen, die kapitalmarktorientiert im Sinne des § 264d des Handelsgesetzbuchs sind, von Kreditinstituten im Sinne des § 340 Absatz 1 des Handelsgesetzbuchs, Finanzdienstleistungsinstituten im Sinne des § 340 Absatz 4 Satz 1 des Handelsgesetzbuchs, Wertpapierinstituten im Sinne des § 340 Absatz 4a Satz 1 des Handelsgesetzbuchs, Instituten im Sinne des § 340 Absatz 5 Satz 1 des Handelsgesetzbuchs, Versicherungsunternehmen im Sinne des § 341 Absatz 1 des Handelsgesetzbuchs und Pensionsfonds im Sinne des § 341 Absatz 4 Satz 1 des Handelsgesetzbuchs,

4. Verstöße gegen bundesrechtlich und einheitlich geltende Regelungen für Auftraggeber zum Verfahren der Vergabe von öffentlichen Aufträgen und Konzessionen und zum Rechtsschutz in diesen Verfahren ab Erreichen der jeweils maßgeblichen EU-Schwellenwerte,

5. Verstöße, die von § 4d Absatz 1 Satz 1 des Finanzdienstleistungsaufsichtsgesetzes erfasst sind, soweit sich nicht aus § 4 Absatz 1 Satz 1 etwas anderes ergibt,

6. Verstöße gegen für Körperschaften und Personenhandelsgesellschaften geltende steuerliche Rechtsnormen,

7. Verstöße in Form von Vereinbarungen, die darauf abzielen, sich in missbräuchlicher Weise einen steuerlichen Vorteil zu verschaffen, der dem Ziel oder dem Zweck des für Körperschaften und Personenhandelsgesellschaften geltenden Steuerrechts zuwiderläuft,

8. Verstöße gegen Artikel 101 und 102 des Vertrages über die Arbeitsweise der Europäischen Union sowie Verstöße gegen die in § 81 Absatz 2 Nummer 1, 2 Buchstabe a und Nummer 5 sowie Absatz 3 des Gesetzes gegen Wettbewerbsbeschränkungen genannten Rechtsvorschriften,

9. Verstöße gegen Vorschriften der Verordnung (EU) 2022/1925 des Europäischen Parlaments und des Rates vom 14. September 2022 über bestreitbare und faire Märkte im digitalen Sektor und zur Änderung der Richtlinien

(EU) 2019/1937 und (EU) 2020/1828 (Gesetz über digitale Märkte) (ABL. L 265 vom 12.10.2022, S. 1),

10. Äußerungen von Beamtinnen und Beamten, die einen Verstoß gegen die Pflicht zur Verfassungstreue darstellen.

(2) Dieses Gesetz gilt außerdem für die Meldung und Offenlegung von Informationen über

1. Verstöße gegen den Schutz der finanziellen Interessen der Europäischen Union im Sinne des Artikels 325 des Vertrags über die Arbeitsweise der Europäischen Union und

2. Verstöße gegen Binnenmarktvorschriften im Sinne des Artikels 26 Absatz 2 des Vertrags über die Arbeitsweise der Europäischen Union, einschließlich über Absatz 1 Nummer 8 hinausgehender Vorschriften der Europäischen Union über Wettbewerb und staatliche Beihilfen.

Schrifttum: *Fischer*, Strafbarkeit der Cum/Ex-Gestaltungen, Anmerkung zu LG Bonn v. 18.3.2020 62 KLs 1/19, NWB 2020, 3041; *Lüneborg*, Das neue Hinweisgeberschutzgesetz, GmbHR 2023, 765; *Nitschke/Krebs*, Whistleblowing im öffentlichen Dienst: Impulse für die Dienstpflicht zur „Denunziation" durch das Hinweisgeberschutzgesetz?, NVwZ 2023, 1053. Siehe auch Schrifttum zu Vor § 1.

Übersicht

	Rn.
I. Allgemeines	1
II. Strafbewehrte Verstöße (§ 2 Abs. 1 Nr. 1 HinSchG)	5
III. Bußgeldbewehrte Verstöße (§ 2 Abs. 1 Nr. 2 HinSchG)	9
1. Verbotsnorm dient Schutz von Leben, Leib oder Gesundheit	9
2. Verbotsnorm dient Schutz der Rechte der Beschäftigten oder ihrer Vertretungsorgane	12
IV. Verstöße gegen Regelungen des Bundes, eines Landes sowie unmittelbar geltendes Recht der EU in bestimmten Rechtsbereichen (§ 2 Abs. 1 Nr. 3 HinSchG)	16
1. Allgemeines	16
2. Bekämpfung von Geldwäsche und Terrorismusfinanzierung (§ 2 Abs. 1 Nr. 3 lit. a HinSchG)	17
3. Produktsicherheit und Produktkonformität (§ 2 Abs. 1 Nr. 3 lit. b HinSchG)	19
4. Sicherheit im Straßenverkehr (§ 2 Abs. 1 Nr. 3 lit. c HinSchG)	22
5. Eisenbahnbetriebssicherheit (§ 2 Abs. 1 Nr. 3 lit. d HinSchG)	23
6. Sicherheit im Seeverkehr (§ 2 Abs. 1 Nr. 3 lit. e HinSchG)	24
7. Sicherheit im zivilen Luftverkehr und Flugsicherung (§ 2 Abs. 1 Nr. 3 lit. f HinSchG)	26
8. Sicherheit der Beförderung gefährlicher Güter (§ 2 Abs. 1 Nr. 3 lit. g HinSchG)	27
9. Umweltschutz (§ 2 Abs. 1 Nr. 3 lit. h HinSchG)	28
10. Strahlenschutz und kerntechnische Sicherheit (§ 2 Abs. 1 Nr. 3 lit. i HinSchG)	30
11. Erneuerbare Energien und Energieeffizienz (§ 2 Abs. 1 Nr. 3 lit. j HinSchG)	31

12. Lebensmittel- und Futtermittelsicherheit, Tiergesundheit (§ 2 Abs. 1 Nr. 3 lit. k HinSchG) 32
13. Qualitäts- und Sicherheitsstandards von Human- und Tierarzneien, menschlichen Organen und Medizinprodukten sowie grenzüberschreitender Patientenversorgung (§ 2 Abs. 1 Nr. 3 lit. l HinSchG) 33
14. Herstellung, Werbung und Verkauf von Tabakerzeugnissen (§ 2 Abs. 1 Nr. 3 lit. m HinSchG) 34
15. Verbraucherschutz und Verbraucherrechte bei Verträgen zwischen Unternehmern und Verbrauchern sowie zum Verbraucherschutz bei Finanzdienstleistungen, Preisangaben und Wettbewerbsverstößen (§ 2 Abs. 1 Nr. 3 lit. n HinSchG) 35
16. Datenschutz und Schutz der Privatsphäre bei elektronischer Kommunikation (§ 2 Abs. 1 Nr. 3 lit. o HinSchG) 36
17. Schutz personenbezogener Daten nach der DSGVO (§ 2 Abs. 1 Nr. 3 lit. p HinSchG) 37
18. Sicherheit in der Informationstechnik (§ 2 Abs. 1 Nr. 3 lit. q HinSchG) 38
19. Rechte von Aktionären von Aktiengesellschaften (§ 2 Abs. 1 Nr. 3 lit. r HinSchG) 39
20. Abschlussprüfung bei Unternehmen von öffentlichem Interesse, § 316a HGB (§ 2 Abs. 1 Nr. 3 lit. s HinSchG) 41
21. Rechnungslegung von diversen kapitalmarktorientierten Unternehmen sowie Unternehmen im Finanzdienstleistungsbereich von öffentlichem Interesse (§ 2 Abs. 1 Nr. 3 lit. t HinSchG) 42

V. Verstöße gegen bundesrechtliche Regelungen zur Vergabe öffentlicher Aufträge und Konzessionen ab Erreichen der relevanten Schwellenwerte (§ 2 Abs. 1 Nr. 4 HinSchG) 44
VI. Verstöße, die bereits vom in § 4d Abs. 1 Finanzdienstleistungsaufsichtsgesetz geregelten Hinweisgeberverfahren bei Verstößen gegen Rechtsnormen, für die das BaFin zuständig ist, erfasst sind (§ 2 Abs. 1 Nr. 5 HinSchG) 45
VII. Verstöße gegen das Steuerrecht für Körperschaften und Personenhandelsgesellschaften (§ 2 Abs. 1 Nr. 6 HinSchG) 47
VIII. Verstöße aufgrund von missbräuchlichen steuerschädlichen Vereinbarungen mit steuerlichen Vorteilen für Körperschaften und Personenhandelsgesellschaften (§ 2 Abs. 1 Nr. 7 HinSchG) 51
IX. Verstöße gegen Artikel 101 und 102 des AEUV sowie Verstöße gegen § 81 Abs. 2 Ziff. 1, Ziff. 2 lit. a, Ziff. 5 sowie Abs. 3 GWB (§ 2 Abs. 1 Nr. 8 HinSchG) 53
X. Verstöße gegen Digital Markets Act (DMA) – Verordnung (EU) 2022/1925 des Europäischen Parlaments und des Rates vom 14.9.2022 (§ 2 Abs. 1 Nr. 9 HinSchG) 56
XI. Verfassungsfeindliche Äußerungen von Beamtinnen und Beamten (§ 2 Abs. 1 Nr. 10 HinSchG) 57
XII. Verstöße gegen die finanziellen Interessen der EU durch Betrugsstraftaten gegen die EU i. S. v. Art. 325 AEUV (§ 2 Abs. 2 Nr. 1 HinSchG) 61
XIII. Verstöße gegen Binnenmarktvorschriften i. S. d. Art. 26 Abs. 2 AEUV, die die vier Grundfreiheiten der EU ebenso umfassen wie Wettbewerbs- und Beihilferegelungen (§ 2 Abs. 2 Nr. 2 HinSchG) 63

I. Allgemeines

1 Der sachliche Anwendungsbereich war und ist Gegenstand zahlreicher Kontroversen, die sich aus den Unterschieden der WBRL zum HinSchG und der grundsätzlichen Frage nach Umfang und Zweck eines Hinweisgeberschutzes ergeben. Während die WBRL gem. Art. 2 lediglich einen sachlichen Anwendungsbereich bei Verstößen gegen im Anhang aufgeführte Rechtsakte der EU in ausgewählten Bereichen wie öffentliches Auftragswesen, Finanzdienstleistungen und Produktsicherheit (Art. 2 Abs. 1 lit. a WBRL), bei Verstößen gegen die finanziellen Interessen der EU durch Betrugsstraftaten gegen die EU i. S. v. Art. 325 AEUV (Art. 2 Abs. 1 lit. b WBRL) sowie bei Verstößen gegen Binnenmarktvorschriften i. S. d. Art. 26 Abs. 2 AEUV, die die vier Grundfreiheiten der EU ebenso umfassen wie Wettbewerbs-, Beihilfe- oder Körperschaftsteuerregelungen (Art. 2 Abs. 1 lit. c WBRL), vorsieht, gibt sie in Art. 2 Abs. 2 WBRL darüber hinaus den Mitgliedstaaten bei der Umsetzung einen weiteren Gestaltungsspielraum.[1]

2 Gestützt auf diese Befugnis, über den sachlichen Anwendungsbereich des Art. 2 Abs. 1 WBRL hinauszugehen, und trotz einer diesbezüglichen Ablehnung von Industrieverbänden[2] hat der deutsche Gesetzgeber den breiteren sachlichen Anwendungsbereich des § 2 HinSchG in Form eines Positivkatalogs von Schutzgütern geschaffen. Als Relevanzgrenze sieht der deutsche Gesetzgeber zum Schutz eines Hinweisgebers eine Erheblichkeit eines Verstoßes gegen Vorschriften vor, die nach Auffassung der Gesetzesbegründung bei einer Pönalisierung typisiert stets gegeben ist.[3] Die Schwelle eines zu schützenden Rechtsguts ist somit dann nicht überschritten, wenn kein Verstoß gegen einen Tatbestand aus dem nachfolgend aufgeführten Positivkatalog erfolgt – kleinere Verstöße bleiben somit als sozialadäquat außer Acht; *Junker* nennt hier als Beispiel einen Mitarbeiter, der über Nacht das Licht in seinem Büro brennen lässt und Energie verschwendet.[4]

3 Angesichts des sehr detaillierten und speziellen Charakters der relevanten Vorschriften stellt sich die Frage der Praktikabilität des sachlichen Anwendungsbereichs für eine hinweisgebende Person. Wie transparent und erkennbar ist der Verstoß gegen eine relevante Norm für eine hinweisgebende Person, wenn

---

1 RL 2019/1937 v. 23.10.2019, ABl. L 305 vom 26.11.2019, https://eur-lex.europa.eu/legal-content/DE/TXT/PDF/?uri=CELEX:32019L1937, zuletzt abgerufen am 31.10.2022.

2 Stellungnahme BDI v. 11.5.2022, S. 3, https://www.bmj.de/SharedDocs/Gesetzgebungsverfahren/Stellungnahmen/2022/Downloads/0511_Stellungnahme_BDI_HinSchG-E.pdf;jsessionid=E5573FE4917EF97014CB1F9D93E46B62.2_cid289?__blob=publicationFile&v=4, zuletzt abgerufen am 10.8.2022.

3 Begr. RegE, Bes. Teil, zu § 2, S. 63.

4 *Junker*, EuZA 2023, 1.

es sich bei den entsprechenden Vorschriften, hinsichtlich derer die Meldung von Verstößen sanktionslos bleiben soll, um eine Vielzahl von Regelungen des Europarechts, von Gesetzen und Rechtsverordnungen handelt?[5] Allerdings ist hierbei auch zu bedenken, dass es sich bei der hinweisgebenden Person in der Regel um Mitarbeiter handelt, die mit der entsprechenden Materie sehr vertraut sind, was bei einer internen Meldestelle auch für die dort tätigen Mitarbeiter gelten dürfte, die gem. § 17 Abs. 1 Nr. 2 HinSchG zu prüfen haben, ob der gemeldete Verstoß unter § 2 HinSchG fällt. So wird es sich bei Verstößen z.B. gegen Regelungen des Strahlenschutzes und der kerntechnischen Sicherheit gem. § 2 Abs. 1 Nr. 3 lit. i HinSchG in der Regel um Personen handeln, die in diesem speziellen Bereich tätig sind und daher die entsprechenden Regelungen kennen dürften. Die Effektivität einer Überprüfung einer diesbezüglichen Meldung wird allerdings fraglich bei der Meldung an eine externe Meldestelle, die über eine solche spezifische Sachkunde i.d.R. nicht verfügen wird, jedoch gem. § 28 Abs. 2 HinSchG zur Überprüfung verpflichtet ist, ob der gemeldete Verstoß unter § 2 HinSchG fällt.

Kritik wurde an der Endfassung des § 2 HinSchG insbesondere im Hinblick auf die Tatsache geäußert, dass eine Meldung von sonstigem erheblichen Fehlverhalten oder nur als „unethisch“ einzuordnendem Verhalten,[6] dessen Aufdeckung im besonderen öffentlichen Interesse liege, nicht als „Verstoß“ i.S.d. § 3 Abs. 1 HinSchG und somit nicht vom sachlichen Anwendungsbereich des HinSchG erfasst wird,[7] obwohl dies im Einklang mit dem – allerdings wegen seiner Weite problematischen – § 5 Nr. 2 GeschGehG stehe und im Koalitionsvertrag der Ampel-Koalition ausdrücklich so angekündigt worden sei.[8] Problematisch ist auch die in § 3 Abs. 2 Satz 2 HinSchG erweiterte Definition der „Verstöße“, zu denen nunmehr auch „missbräuchliche Handlungen oder Unterlassungen gehören, die dem Ziel oder dem Zweck (…) der Regelungen im sachlichen Anwendungsbereich nach § 2 zuwiderlaufen“. Mit dieser weiten und unbestimmten Formulierung wird zwar auf eine entsprechende Rechtsprechung des EuGH zum Verbot einer missbräuchlichen Berufung auf Unions- 4

5 So im Ergebnis auch *Bruns*, in: Rolfs/Giesen/Meßling/Udsching, BeckOK Arbeitsrecht, § 2 HinschG Rn. 50.

6 *Reufels/Soltysiak*, Das neue Whistleblowing-Recht, § 4 Rn. 5.

7 Stellungnahme *Ninon Colneric* zum HinSchG-E v. 6.5.2022, S. 1, https://www.bmj.de/SharedDocs/Gesetzgebungsverfahren/Stellungnahmen/2022/Downloads/0506_Stellungnahme_Prof._Dr._Ninon_Colneric_HinSchG-E.pdf;jsessionid=E5573FE4917EF97014CB1F9D93E46B62.2_cid289?__blob=publicationFile&v=2, zuletzt abgerufen am 10.8.2022.

8 Koalitionsvertrag der Ampel-Koalition v. 7.12.2021, S. 111, https://www.bundesregierung.de/resource/blob/974430/1990812/1f422c60505b6a88f8f3b3b5b8720bd4/2021-12-10-koav2021-data.pdf?download=1, zuletzt abgerufen am 20.10.2022.

recht Bezug genommen,[9] im Einzelnen ist die Reichweite aber unbestimmt, insbesondere, soweit in § 2 Regelungen des deutschen Rechts genannt sind. Ausdrücklich vom sachlichen Anwendungsbereich des § 2 HinSchG ausgenommen sind die Tatbestände des § 5 HinSchG aus Gründen des Staatswohls[10] sowie die Fälle gem. § 6 HinSchG, in denen das GeschGehG Anwendung findet.[11]

II. Strafbewehrte Verstöße (§ 2 Abs. 1 Nr. 1 HinSchG)

5 Eine Strafbewehrung im Falle eines Verstoßes mit einer Geld- oder Freiheitsstrafe ist der stärkste Grad der Pönalisierung, der im deutschen Recht möglich ist. Konsequenterweise und in Auslegung des Begriffs der Erheblichkeit von Verstößen hat der Gesetzgeber somit den Verstoß gegen jedwede strafrechtlich bewehrte Vorschrift, unabhängig vom jeweils geschützten Rechtsgut, in den Kreis des Schutzbereichs der zu meldenden Verstöße für den Hinweisgeber aufgenommen. Somit ist der sehr umfangreiche Kreis des Nebenstrafrechts in Gesetzen außerhalb des StGB hiervon umfasst und damit der Anwendungsbereich sehr weit. Eine andere Betrachtung würde allerdings einen Wertungswiderspruch mit den in § 2 Abs. 1 Nr. 3 HinSchG enumerativ aufgeführten, aus der WBRL in innerstaatliches Recht übernommenen Vorschriften bedeuten, da nicht jede dort aufgeführte Regelung bei Verstoß eine strafrechtliche Sanktion enthält.[12]

6 Kritisch ist jedoch diesbezüglich anzumerken, dass diese weite Fassung des § 2 Abs. 1 Nr. 1 HinSchG auch zu Wertungswidersprüchen z.B. bei Antragsdelikten führen kann. Zu den Antragsdelikten, ggf. auch mit der Möglichkeit einer Verfolgung bei öffentlichem Interesse (relatives Antragsdelikt) zählen u.a. der Hausfriedensbruch gem. § 123 StGB, die einfache vorsätzliche und fahrlässige Körperverletzung gem. §§ 223, 229, 230 StGB, Beleidigung gem. § 185 StGB, Üble Nachrede gem. § 186 StGB, Verleumdung gem. § 187 StGB, Verletzung des persönlichen Lebens- und Geheimbereichs, §§ 201–203 StGB, Diebstahl geringwertiger Sachen gem. § 248a StGB, Gebrauchsanmaßung von Fahrzeugen, § 248b StGB, Entziehung elektrischer Energie gem. § 248c StGB, Sachbeschädigung gem. § 303 StGB und Verletzung des Steuergeheimnisses gem. § 355 StGB, ferner Tatbestände des Nebenstrafrechts wie

9 *Reufels/Soltysiak*, Das neue Whistleblowing-Recht, § 4 Rn. 6.
10 Begr. RegE, Bes. Teil, zu § 5, S. 68.
11 Begr. RegE, Bes. Teil, zu § 6, S. 71.
12 So auch die Begr. RegE, Bes. Teil, zu § 2, S. 63.

z. B. im Patentgesetz (PatG),[13] im GebrauchsmusterG (GebrMG),[14] im HalbleiterschutzG,[15] MarkenG,[16] DesignG,[17] KunstUrhG[18] und UWG.[19]

So würde ein Dritter als Hinweisgeber bei einer Beleidigungsstraftat geschützt werden, auch wenn der Beleidigte selbst keinen Strafantrag gestellt hat.[20] Dies würde den Schutz auf hinweisgebende Personen ausdehnen, die zur Stellung eines Strafantrags nicht berechtigt sind. Begründet wird diese Kritik mit der Argumentation, dass sich auch aus der Beschränkung des § 2 Abs. 1 Nr. 2 HinSchG auf bestimmte Schutzgüter wie Leben, Leib und Gesundheit eine (ungeschriebene) Einschränkung der Erheblichkeit des Schutzguts auch für Strafrechtsnormen ergebe.[21] Dem ist jedoch entgegenzuhalten, dass der Verletzte ohne die Kenntnis des Sachverhalts, die er durch den Hinweisgeber erhält, keine Möglichkeit hätte, überhaupt die Stellung eines Strafantrags in Erwägung zu ziehen und die Tat entsprechend zu verfolgen. **7**

Tatsächlich kann das Argument der Einschränkung der Erheblichkeit der Schutzgüter bei Straftaten nicht überzeugen, da strafrechtlich geschützten Rechtsgütern eben aufgrund ihrer Strafbewehrung vom Gesetz ein höherer Schutzbedarf zugewiesen wird. Plausibel erscheint aber der Hinweis auf Antragsdelikte, so wäre es denkbar, den Schutzbereich auf Antragsdelikte zu beschränken, bei denen (ggf. nachträglich) Strafantrag gestellt oder das öffentliche Interesse bejaht wurde. **8**

---

13 Patentgesetz in der Fassung der Bekanntmachung vom 16.12.1980 (BGBl. 1981 I, S. 1), geändert durch Artikel 1 des Gesetzes vom 30.8.2021 (BGBl. I S. 4074).

14 Gebrauchsmustergesetz in der Fassung der Bekanntmachung vom 28.8.1986 (BGBl. I, S. 1455), geändert durch Artikel 3 des Gesetzes vom 10.8.2021 (BGBl. I S. 3490).

15 Halbleiterschutzgesetz vom 22.10.1987 (BGBl. I S. 2294), geändert durch Artikel 9 des Gesetzes vom 10.8.2021 (BGBl. I S. 3490).

16 Markengesetz vom 25.10.1994 (BGBl. I S. 3082; 1995 I S. 156); 1996 I S. 682), geändert durch Artikel 5 des Gesetzes vom 10.8.2021 (BGBl. I S. 3490).

17 Designgesetz in der Fassung der Bekanntmachung vom 24.2.2014 (BGBl. I S. 122), geändert durch Artikel 10 des Gesetzes vom 10.8.2021 (BGBl. I S. 3490).

18 Gesetz betreffend das Urheberrecht an Werken der bildenden Künste und der Photographie in der im Bundesgesetzblatt Teil III, Gliederungsnummer 440-3, veröffentlichten bereinigten Fassung, geändert durch Artikel 3 § 31 des Gesetzes vom 16.2.2001 (BGBl. I S. 266).

19 Gesetz gegen den unlauteren Wettbewerb in der Fassung der Bekanntmachung vom 3.3.2010 (BGBl. I S. 254), geändert durch Artikel 20 des Gesetzes vom 24.6.2022 (BGBl. I S. 959).

20 Bsp. bei: Stellungnahme DIHK v. 13.5.2022, S. 4, https://www.bmj.de/SharedDocs/Gesetzgebungsverfahren/Stellungnahmen/2022/Downloads/0513_Stellungnahme_DIHK_HinSchG-E.pdf;jsessionid=E5573FE4917EF97014CB1F9D93E46B62.2_cid289?__blob=publicationFile&v=2, zuletzt abgerufen am 10.8.2022.

21 Stellungnahme DIHK v. 13.5.2022, S. 4 (siehe vorherige Fn.).

III. Bußgeldbewehrte Verstöße (§ 2 Abs. 1 Nr. 2 HinSchG)

1. Verbotsnorm dient Schutz von Leben, Leib oder Gesundheit

9 Nach § 2 Abs. 1 Nr. 2 HinSchG fällt auch die Meldung von Verstößen gegen bestimmte bußgeldbewehrte Rechtsvorschriften in den sachlichen Schutzbereich des Gesetzes. Hier macht das Gesetz allerdings eine Einschränkung bei den betroffenen Regelungen und beschränkt die vom Schutzbereich umfassten Vorschriften auf den Schutz bestimmter, hochrangiger Rechtsgüter. Hierbei handelt es sich um die geschützten Rechtsgüter Leben, Leib oder Gesundheit sowie um den Schutz der Rechte von Beschäftigten sowie deren Vertretungsorgane. Nach der Begründung zum Regierungsentwurf sind die genannten Begriffe weit auszulegen und betreffen bereits Vorschriften, die einen entsprechenden Schutz bezwecken oder hierzu beitragen.[22] Nach einer Einzelmeinung in der Literatur sind aufgrund des abschließenden Charakters der genannten hochrangigen Rechtsgüter im Umkehrschluss sexuelle Belästigungen, die keinen strafrechtlich relevanten Verstoß darstellen, nicht geschützt.[23] Dieser Ansicht ist nicht zu folgen, da für die Annahme einer Analogie zu den geschützten Rechtsgütern des § 823 Abs. 1 BGB (allgemeines Persönlichkeitsrecht) die Voraussetzung einer planwidrigen Regelungslücke beim genannten Katalog der geschützten Rechtsgüter fehlt. Denn sexuelle Belästigungen am Arbeitsplatz würden evident unter die nachfolgend kommentierten „Rechte der Beschäftigten" fallen, sodass ein Hinweisgeber diesbezüglich geschützt wäre.

10 Die Beschränkung des sachlichen Anwendungsbereichs auf Bußgelder, die nur die vorgenannten hochrangigen Rechtsgüter betreffen, stieß bereits im Rahmen des Gesetzgebungsverfahrens auf Kritik von Verbänden, die eine Erstreckung des sachlichen Anwendungsbereichs in § 2 Abs. 1 Nr. 2 HinSchG auf sämtliche Bußgeldverstöße ohne Beschränkung auf die genannten höherwertigen Schutzgüter gefordert haben.[24] Es fehle diesbezüglich an einer gleichheitskonformen Differenzierung zwischen meldefähigen und nicht meldefähigen Rechtsverstößen, insbesondere steht einer Ausweitung der betroffenen Buß-

---

22 Begr. RegE, Bes. Teil, zu § 2, S. 64.

23 *Lüneborg*, GmbHR 2023, 765, 768.

24 Stellungnahme von ARD, BDZV, DLR, DJV, dju, Deutscher Presserat, MVFP, VAUNET, ZDF („Medienbündnis") zum HinSchG v. 16.5.2022, S. 6, https://www.bmj.de/SharedDocs/Gesetzgebungsverfahren/Stellungnahmen/2022/Downloads/0516_Stellungnahme_Medienbuendnis_HinSchG-E.pdf;jsessionid=E5573FE4917EF97014CB1F9D93E46B62.2_cid289?__blob=publicationFile&v=2; Stellungnahme des Marburger Bund Bundesverbandes v. 9.5.2022,S. 4, https://www.bmj.de/SharedDocs/Gesetzgebungsverfahren/Stellungnahmen/2022/Downloads/0509_Stellungnahme_MarburgerBund_HinSchG-E.pdf;jsessionid=F9DB8C09523BD92DC08806769082DEBB.2_cid324?__blob=publicationFile&v=2, zuletzt abgerufen am 8.8.2022.

geldtatbestände nicht die Gefahr gegenüber, dass eine übermäßige Meldung von Bagatellrechtsverstößen erfolgen würde, da hier das Risiko einer „sozialen Ächtung" bei Bagatellmeldungen ein ausreichendes Korrektiv sei.[25]

Zu den Vorschriften, bei denen die konkreten Rechte Leben, Leib und Gesundheit geschützt sind, gehören sämtliche Regelungen, die den Arbeitsschutz, den Gesundheitsschutz und die Sicherheit der Beschäftigten zum Gegenstand haben. Dies umfasst nach der Begründung zum Regierungsentwurf auch Regelungen in den entsprechenden Gesetzen zu Mitteilungs-, Bestellungs-, Dokumentations- und Anzeigepflichten.[26] Demzufolge gehören zu den Vorschriften im Schutzbereich des § 2 Abs. 1 Nr. 2 HinSchG insbesondere die bußgeldbewehrten Regelungen der allgemeinen und sozialen Arbeitsschutzgesetze wie das Arbeitsschutzgesetz[27] mit seinen Verordnungen, also der ArbeitsstättenVO,[28] der BaustellenVO,[29] der BetriebssicherheitsVO,[30] der Lärm- und Vibrations-ArbeitsschutzVO,[31] der BiostoffVO,[32] der GefahrstoffVO[33] und der VO zur arbeitsmedizinischen Vorsorge (ArbMedVV)[34]; weiterhin noch das Arbeitssicherheitsgesetz (ASiG),[35] das Mutterschutzgesetz (MuSchG),[36] das SGB 11

25 Stellungnahme Transparency International Deutschland e. V. v. 10.5.2022, S. 2, 3, https://www.bmj.de/SharedDocs/Gesetzgebungsverfahren/Stellungnahmen/2022/Downloads/0510_Stellungnahme_Transparency_Inter_HinSchG-E.pdf;jsessionid=F9DB8C09523BD92DC08806769082DEBB.2_cid324?__blob=publicationFile&v=2, zuletzt abgerufen am 8.8.2022.

26 Begr. RegE, Bes. Teil, zu § 2, a. a. O.

27 Arbeitsschutzgesetz vom 7.8.1996 (BGBl. I S. 1246), geändert durch Artikel 2 des Gesetzes vom 31.5.2023 (BGBl. 2023 I Nr. 140).

28 Arbeitsstättenverordnung vom 12.8.2004 (BGBl. I S. 2179), geändert durch Artikel 4 des Gesetzes vom 22.12.2020 (BGBl. I S. 3334).

29 Baustellenverordnung vom 10.6.1998 (BGBl. I S. 1283), geändert durch Artikel 1 der Verordnung vom 19.12.2022 (BGBl. 2023 I Nr. 1).

30 Betriebssicherheitsverordnung vom 3.2.2015 (BGBl. I S. 49), geändert durch Artikel 7 des Gesetzes vom 27.7.2021 (BGBl. I S. 3146).

31 Lärm- und Vibrations-Arbeitsschutzverordnung vom 6.3.2007 (BGBl. I S. 261), geändert durch Artikel 3 der Verordnung vom 21.7.2021 (BGBl. I S. 3115).

32 Biostoffverordnung vom 15.7.2013 (BGBl. I S. 2514), geändert durch Artikel 1 der Verordnung vom 21.7.2021 (BGBl. I S. 3115).

33 Gefahrstoffverordnung vom 26.11.2010 (BGBl. I S. 1643, 1644), geändert durch Artikel 2 der Verordnung vom 21.7.2021 (BGBl. I S. 3115).

34 Verordnung zur arbeitsmedizinischen Vorsorge vom 18.12.2008 (BGBl. I S. 2768), geändert durch Artikel 1 der Verordnung vom 12.7.2019 (BGBl. I S. 1082).

35 Gesetz über Betriebsärzte, Sicherheitsingenieure und andere Fachkräfte für Arbeitssicherheit vom 12.12.1973 (BGBl. I S. 1885), geändert durch Artikel 3 Absatz 5 des Gesetzes vom 20.4.2013 (BGBl. I S. 868).

36 Mutterschutzgesetz vom 23.5.2017 (BGBl. I S. 1228), geändert durch Artikel 57 Absatz 8 des Gesetzes vom 12.12.2019 (BGBl. I S. 2652).

VII,[37] das Jugendarbeitsschutzgesetz,[38] das Arbeitszeitgesetz (ArbZG)[39] sowie das Heimarbeitsgesetz (HAG).[40] Auch das Atomgesetz[41] mit der StrahlenschutzVO[42] zählt hierzu, bei Regelungen aus diesem Bereich ohne Bußgeldbewehrung greift § 2 Abs. 1 Nr. 3 lit. i HinSchG.

2. Verbotsnorm dient Schutz der Rechte der Beschäftigten oder ihrer Vertretungsorgane

12 Die Vorschrift unterscheidet an dieser Stelle zwischen dem Schutz bestimmter höchstpersönlicher Rechtsgüter der Beschäftigten, somit von absoluten Rechten, und den Rechten von Organen der Beschäftigten. Als problematisch wird die gleichwertige Behandlung von Regelungen, die dem Schutz der Rechte von Beschäftigten dienen, mit Regelungen, die dem Schutz höherrangiger Schutzgüter wie Leben, Leib oder Gesundheit, insbesondere wegen eines mangels Vergleichbarkeit enthaltenen Wertungswiderspruchs gehalten, zudem fehle es an einer entsprechenden Konkretisierung und Eingrenzung des erfassten Anwendungsbereichs hinsichtlich des Schutzes der Beschäftigten.[43] Tatsächlich sind Konkretisierungen in der Gesetzesbegründung vorhanden, die aber nicht abschließend sein dürften. Aus dem systematischen Zusammenhang zu den ausdrücklich aufgeführten absoluten Rechten könnte zu schließen sein,

---

37 Siebtes Buch Sozialgesetzbuch – Gesetzliche Unfallversicherung – (Artikel 1 des Gesetzes vom 7.8.1996, BGBl. I S. 1254), geändert durch Artikel 12 des Gesetzes vom 17.7.2023 (BGBl. 2023 I Nr. 191).

38 Jugendarbeitsschutzgesetz vom 12.4.1976 (BGBl. I S. 965), geändert durch Artikel 2 des Gesetzes vom 16.7.2021 (BGBl. I S. 2970).

39 Arbeitszeitgesetz vom 6.6.1994 (BGBl. I S. 1170, 1171), geändert durch Artikel 6 des Gesetzes vom 22.12.2020 (BGBl. I S. 3334).

40 Heimarbeitsgesetz in der im Bundesgesetzblatt Teil III, Gliederungsnummer 804-1, veröffentlichten bereinigten Fassung, geändert durch Artikel 6i des Gesetzes vom 16.9.2022 (BGBl. I S. 1454).

41 Atomgesetz in der Fassung der Bekanntmachung vom 15.7.1985 (BGBl. I S. 1565), geändert durch Artikel 1 des Gesetzes vom 4.12.2022 (BGBl. I S. 2153).

42 Strahlenschutzverordnung vom 29.11.2018 (BGBl. I S. 2034, 2036; 2021 I S. 5261), geändert durch Artikel 1 der Verordnung vom 8.10.2021 (BGBl. I S. 4645).

43 Stellungnahme Bundesnotarkammer v. 11.5.2022, S. 2 u. 3, https://www.bmj.de/SharedDocs/Gesetzgebungsverfahren/Stellungnahmen/2022/Downloads/0511_Stellungnahme_bnotk_HinSchG-E.pdf;jsessionid=F9DB8C09523BD92DC08806769082DEBB.2_cid324?__blob=publicationFile&v=2, zuletzt abgerufen am 21.8.2022.

dass es sich bei den „Rechten" der Beschäftigten um andere, nicht besonders genannte absolute Rechtsgüter der Beschäftigten handeln muss.

Nicht zu Unrecht wird die Frage aufgeworfen, ob die Altenpflegerin *Heinisch*, die im RegE Erwähnung fand, nach § 2 Abs. 1 Nr. 2 HinSchG vor Sanktionen ihres Arbeitgebers geschützt worden wäre. Tatsächlich wäre dies nicht der Fall, da zwar gem. § 84 Abs. 6 SGB XI der Träger einer Einrichtung verpflichtet ist, durch eine entsprechende personelle Ausstattung die Versorgung der Pflegebedürftigen sicherzustellen, ein Verstoß hiergegen jedoch nicht in § 121 SGB XI bußgeldbewehrt ist[44] – hier wird das Dilemma der Regelung des § 2 Abs. 1 Nr. 2 HinSchG offenkundig. Dies hätte mit einer Ausweitung auf Verstöße gegen den Schutz der Rechte von Beschäftigten, die nicht nur bußgeldbewehrt sind, erfasst werden können, ggf. auch über einen eigenen Katalogtatbestand in § 2 Abs. 1 Nr. 3 HinSchG für Verstöße gegen Regelungen zum Schutz von Beschäftigten und deren Vertretungsorgane.[45] Damit wäre es möglich gewesen, die „Heinisch-Fälle" in den Schutzbereich des HinSchG einzubeziehen. Zudem sei der unübersichtliche und selbst für Juristen schwer überschaubare und schwer verständliche Katalog des § 2 HinSchG in Bezug auf seine rechtsstaatlich gebotene Normklarheit problematisch.[46] *Gerdemann* weist in seiner Stellungnahme zu § 2 Abs. 1 Nr. 2 HinSchG darauf hin, dass hinsichtlich der Schutzgüter Leib, Leben und Gesundheit unklar ist, ob hier auch Bußgeldtatbestände erfasst sind, die ein abstraktes Gefährdungsdelikt zum Gegenstand haben („Parken vor Feuerwehrausfahrt"), oder die Reichweite des Gesetzes auf einen konkreten Bezug beschränkt ist.[47] 13

44 Stellungnahme IALANA Deutschland e. V. v. 6.5.2022, S. 2, https://www.bmj.de/SharedDocs/Gesetzgebungsverfahren/Stellungnahmen/2022/Downloads/0506_Stellungnahme_ialana_HinSchG-E.pdf;jsessionid=F9DB8C09523BD92DC08806769082DEBB.2_cid324?__blob=publicationFile&v=2, zuletzt abgerufen am 8.8.2022.

45 Stellungnahme Neue Richtervereinigung e. V. v. 11.5.2022, S. 1, 2, https://www.bmj.de/SharedDocs/Gesetzgebungsverfahren/Stellungnahmen/2022/Downloads/0511_Stellungnahme_Neue_Richtervereinigung_HinSchG-E.pdf;jsessionid=F9DB8C09523BD92DC08806769082DEBB.2_cid324?__blob=publicationFile&v=2, zuletzt abgerufen am 18.4.2023.

46 Stellungnahme Transparency International Deutschland e. V. v. 10.5.2022, S. 2, 3, https://www.bmj.de/SharedDocs/Gesetzgebungsverfahren/Stellungnahmen/2022/Downloads/0510_Stellungnahme_Transparency_Inter_HinSchG-E.pdf;jsessionid=F9DB8C09523BD92DC08806769082DEBB.2_cid324?__blob=publicationFile&v=2, zuletzt abgerufen am 8.8.2022.

47 Stellungnahme *Gerdemann* v. 11.5.2022, S. 3, https://www.bmj.de/SharedDocs/Gesetzgebungsverfahren/Stellungnahmen/2022/Downloads/0511_Stellungnahme_gerdemann_HinSchG-E.pdf;jsessionid=E5573FE4917EF97014CB1F9D93E46B62.2_cid289?__blob=publicationFile&v=2, zuletzt abgerufen am 10.8.2022.

14 Die Begründung zum Regierungsentwurf nennt nicht abschließend weitere bußgeldbewehrte Gesetze, die Rechte der Beschäftigten schützen, aber neben ihrer Wirkung als Arbeitsschutz- und Gesundheitsschutzvorschriften auch allgemein dem Schutz der Rechte der Beschäftigten dienen,[48] so das Mindestlohngesetz (in den §§ 15, 16, 17 und 20 MiLoG) und das Arbeitnehmerüberlassungsgesetz (§ 16 Abs. 1 AÜG). Weitere diesbezügliche Regelungen sind das Ladenschlussgesetz sowie das Berufsbildungsgesetz. Fraglich ist, ob die betroffenen Rechte der Beschäftigten auch zwingend den Hinweisgeber schützen müssen – angesichts des weiten persönlichen Anwendungsbereichs des § 1 HinSchG für Hinweisgeber dürfte dies wohl nicht der Fall sein.[49] Fraglich könnte die Reichweite des Schutzes der Rechte von Beschäftigten beim LkSG sein, ob somit diesbezüglich ein strenger Inlandsbezug besteht, da der Schutzzweck des LkSG sich allein auf Beschäftigte in den (nicht-EU-)Produktionsländern bezieht. Aufgrund des Gedankens der Einheit der Rechtsordnung ist nach diesseitiger Ansicht das LkSG in die Rechte der Beschäftigten einzubeziehen. Gleiches muss auch für Regelungen des Sozialversicherungsrechts gelten.[50] Rechte der Beschäftigten sind evident nicht betroffen bei Vorschriften der StVO, z. B. bei einem Parkverstoß.[51]

15 Neben den gesetzlichen Regelungen zum Schutz der Rechte der Beschäftigten sind auch Regelungen zum Schutz der Organe der Beschäftigten, somit Organe der Betriebsverfassung, ausdrücklich in den Schutzbereich des Gesetzes aufgenommen. Hierzu nennt die Begründung zum Regierungsentwurf ausdrücklich § 121 BetrVG, § 36 Sprecherausschussgesetz, das SE-Beteiligungsgesetz (dort § 46), das SCE-Beteiligungsgesetz (dort § 48) sowie das Europäische Betriebsräte-Gesetz (dort § 45).[52] Weitere diesbezügliche Regelungen sind in § 238 Abs. 1 Nr. 8 i.V.m. 178 SGB IX hinsichtlich der Schwerbehindertenvertretung enthalten.

48 Begr. RegE, Bes. Teil, zu § 2, S. 57; der RegE ist diesbezüglich unpräzise und unterscheidet nicht genau zwischen den Verbotsnormen zum Schutz von Leben, Leib oder Gesundheit und zum Schutz der Rechte von Beschäftigten.

49 A. A. aber *Bruns*, in: Rolfs/Giesen/Meßling/Udsching, BeckOK Arbeitsrecht, § 2 HinschG Rn. 8, der unter Verweis auf die Begründung des RegE den Schutz des Hinweisgebers durch die Verbotsnorm fordert, tatsächlich sieht die Begründung nur den Schutz des Hinweisgebers bei Meldung einer entsprechenden bußgeldgewehrten entsprechenden Norm vor.

50 So auch *Bruns*, in: Rolfs/Giesen/Meßling/Udsching, BeckOK Arbeitsrecht, § 2 HinschG Rn. 9.

51 *Bruns*, in: Rolfs/Giesen/Meßling/Udsching, BeckOK Arbeitsrecht, § 2 HinschG Rn. 8.

52 Begr. RegE, Bes. Teil, zu § 2, a. a. O.

IV. Verstöße gegen Regelungen des Bundes, eines Landes sowie unmittelbar geltendes Recht der EU in bestimmten Rechtsbereichen (§ 2 Abs. 1 Nr. 3 HinSchG)

1. Allgemeines

Die nachfolgenden Einzelregelungen betreffen den Verstoß gegen Regelungen, bei denen nicht zwingend eine Strafbewehrung oder Bußgeldbewehrung vorliegen muss. Der Anwendungsbereich der genannten Regelungen ist somit einerseits weiter, andererseits aber durch ihre konkrete Benennung spezifischer Rechtsmaterien wieder konkretisiert. Zwar wird mit dieser Regelung Art. 2 Abs. 1 lit. a WBRL umgesetzt, allerdings nicht beschränkt auf die in der WBRL ausdrücklich genannten Rechtsakte des sekundären Gemeinschaftsrechts – Richtlinien und Verordnungen –, da der dortige Verweis auf den Anhang der WBRL dynamisch ist und somit auch andere, von den Mitgliedstaaten noch zu erlassende Regelungen umfasst.[53] Zudem ist diese Regelung so auszulegen, dass auch Regelungen der Mitgliedstaaten zu den im Anhang genannten Rechtsmaterien in den Schutzbereich der WBRL fallen.[54] Nach der Begründung des Regierungsentwurfs hat diese Auslegung bei der Umsetzung in nationales Recht für eine hinweisgebende Person klarstellende Wirkung, da mit der Nennung der nationalen Regelungen es für die hinweisgebende Person einfacher ist, einzuschätzen, ob gegen eine solche Vorschrift verstoßen wurde.[55] Vereinzelt wird auch die Ergänzung des Katalogs des § 2 Abs. 1 Nr. 3 HinSchG gefordert, so insbesondere bezüglich von Verstößen gegen Rechtsvorschriften zum Schutz vor Diskriminierung, eine Materie, die insbesondere durch das Allgemeine Gleichbehandlungsgesetz (AGG) geregelt wird.[56] Eine solche sehr weite Regelung könnte aber ggf. wieder im Bereich der Meldung von Bagatellverstößen liegen und im Einzelfall zur Klärung komplexer Diskriminierungsfragen führen; der Gesetzgeber hatte diese Thematik folglich auch nicht in den Katalog des § 2 Abs. 1 Nr. 3 HinSchG aufgenommen. Nach der Begründung zum Regierungsentwurf ist die zusätzliche Nennung der Europäischen Atomgemeinschaft erforderlich, da die, in Art. 2 Abs. 1 lit. a Ziff. vi i.V.m. den im Anhang Teil F, genannten Materien der WBRL, die in 16

53 Begr. RegE, Bes. Teil, zu § 2, a.a.O.

54 WBRL v. 23.10.2019, Erwägungsgrund 19, zuletzt abgerufen am 5.10.2022.

55 Begr. RegE, Bes. Teil, zu § 2, S. 65.

56 Stellungnahme Gesellschaft für Freiheitsrechte v. 22.4.2022, S. 1, https://www.bmj.de/SharedDocs/Gesetzgebungsverfahren/Stellungnahmen/2022/Downloads/0422_Stellungnahme_GesellschaftFreiheitsrechte_HinSchG-E.pdf;jsessionid=F9DB8C09523BD92DC08806769082DEBB.2_cid324?__blob=publicationFile&v=2, zuletzt abgerufen am 20.10.2022.

§ 2 Abs. 1 Nr. 3 lit. i HinSchG umgesetzt werden, ausschließlich Rechtsakte der Europäischen Atomgemeinschaft (Euratom) betreffen.[57]

2. Bekämpfung von Geldwäsche und Terrorismusfinanzierung (§ 2 Abs. 1 Nr. 3 lit. a HinSchG)

17 Hier nennt die Begründung zum Regierungsentwurf hinsichtlich der Regelungen zur Verhinderung von Geldwäsche ausdrücklich den Straftatbestand der Geldwäsche gem. § 261 StGB, das Geldwäschegesetz, das Kreditwesengesetz sowie die EU-VO 2015/847 vom 20.5.2015 (Geldtransferverordnung). Weitere einschlägige Straftatbestände sind die §§ 89c, 129a sowie 129b StGB, jeweils in Täterschaft und Teilnahme. Bei den Straftatbeständen ist von einer Redundanz zu § 2 Abs. 1 Nr. 1 HinSchG auszugehen, allerdings könnte man auch von einer Vorrangigkeit als lex specialis zu § 2 Abs. 1 Nr. 1 HinSchG ausgehen. Im Ergebnis kann dies dahingestellt bleiben. Weitere Rechtsnormen des europäischen Rechts werden in der WBRL unter Art. 2 Abs. 1 lit. a Ziff. ii i.V.m. Anhang 1 B genannt.[58]

---

57 Begr. RegE, Bes. Teil, zu § 2, S. 58.

58 Richtlinie 2009/110/EG des Europäischen Parlaments und des Rates vom 16.9.2009 über die Aufnahme, Ausübung und Beaufsichtigung der Tätigkeit von E-Geld-Instituten, zur Änderung der Richtlinien 2005/60/EG und 2006/48/EG sowie zur Aufhebung der Richtlinie 2000/46/EG (ABl. L 267 vom 10.10.2009, S. 7); Richtlinie 2011/61/EU des Europäischen Parlaments und des Rates vom 8.6.2011 über die Verwalter alternativer Investmentfonds und zur Änderung der Richtlinien 2003/41/EG und 2009/65/EG und der Verordnungen (EG) Nr. 1060/2009 und (EU) Nr. 1095/2010 (ABl. L 174 vom 1.7.2011, S. 1); Verordnung (EU) Nr. 236/2012 des Europäischen Parlaments und des Rates vom 14.3.2012 über Leerverkäufe und bestimmte Aspekte von Credit Default Swaps (ABl. L 86 vom 24.3.2012, S. 1); Verordnung (EU) Nr. 345/2013 des Europäischen Parlaments und des Rates vom 17.4.2013 über Europäische Risikokapitalfonds (ABl. L 115 vom 25.4.2013, S. 1); Verordnung (EU) Nr. 346/2013 des Europäischen Parlaments und des Rates vom 17.4.2013 über Europäische Fonds für soziales Unternehmertum (ABl. L 115 vom 25.4.2013, S. 18); Richtlinie 2014/17/?U des Europäischen Parlaments und des Rates vom 4.2.2014 über Wohnimmobilienkreditverträge für Verbraucher und zur Änderung der Richtlinien 2008/48/EG und 2013/36/EU und der Verordnung (EU) Nr. 1093/2010 (ABl. L 60 vom 28.2.2014, S. 34); Verordnung (EU) Nr. 537/2014 des Europäischen Parlaments und des Rates vom 16.4.2014 über spezifische Anforderungen an die Abschlussprüfung bei Unternehmen von öffentlichem Interesse und zur Aufhebung des Beschlusses 2005/909/EG der Kommission (ABl. L 158 vom 27.5.2014, S. 77); Verordnung (EU) Nr. 600/2014 des Europäischen Parlaments und des Rates vom 15.5.2014 über Märkte für Finanzinstrumente und zur Änderung der Verordnung (EU) Nr. 648/2012 (ABl. L 173 vom 12.6.2014, S. 84); Richtlinie (EU) 2015/2366 des Europäischen Parlaments und des Rates vom 25.11.2015 über Zahlungsdienste im Binnenmarkt, zur Änderung der Richtlinien 2002/65/EG, 2009/110/EG und 2013/36/EU und der Verordnung (EU) Nr. 1093/2010 sowie zur Aufhebung der Richtlinie 2007/64/EG (ABl. L 337 vom 23.12.2015, S. 35);

18 Bezüglich der Bekämpfung der Terrorismusfinanzierung beschränkt sich das HinSchG auf die Nennung der entsprechenden strafrechtlichen Normen, § 89c StGB (Terrorismusfinanzierung), 129a StGB (Bildung terroristischer Vereinigungen), 129b StGB (Kriminelle und terroristischen Vereinigungen im Ausland), jeweils hinsichtlich einer täterschaftlichen Begehung wie auch einer Begehung als Teilnehmer.[59] Soweit Regelungen des Strafrechts genannt werden, sind diese schon von § 2 Abs. 1 Nr. 1 HinSchG erfasst.

Richtlinie 2004/25/EG des Europäischen Parlaments und des Rates vom 21.4.2004 betreffend Übernahmeangebote (ABl. L 142 vom 30.4.2004, S. 12); Richtlinie 2007/36/EG des Europäischen Parlaments und des Rates vom 11.7.2007 über die Ausübung bestimmter Rechte von Aktionären in börsennotierten Gesellschaften (ABl. L 184 vom 14.7.2007, S. 17); Richtlinie 2004/109/EG des Europäischen Parlaments und des Rates vom 15.12.2004 zur Harmonisierung der Transparenzanforderungen in Bezug auf Informationen über Emittenten, deren Wertpapiere zum Handel auf einem geregelten Markt zugelassen sind, und zur Änderung der Richtlinie 2001/34/EG (ABl. L 390 vom 31.12.2004, S. 38); Verordnung (EU) Nr. 648/2012 des Europäischen Parlaments und des Rates vom 4.7.2012 über OTC-Derivate, zentrale Gegenparteien und Transaktionsregister (ABl. L 201 vom 27.7.2012, S. 1); Verordnung (EU) 2016/1011 des Europäischen Parlaments und des Rates vom 8.6.2016 über Indizes, die bei Finanzinstrumenten und Finanzkontrakten als Referenzwert oder zur Messung der Wertentwicklung eines Investmentfonds verwendet werden, und zur Änderung der Richtlinien 2008/48/EG und 2014/17/EU sowie der Verordnung (EU) Nr. 596/2014 (ABl. L 171 vom 29.6.2016, S. 1); Richtlinie 2009/138/EG des Europäischen Parlaments und des Rates vom 25.11.2009 betreffend die Aufnahme und Ausübung der Versicherungs- und der Rückversicherungstätigkeit (Solvabilität II) (ABl. L 335 vom 17.12.2009, S. 1); Richtlinie 2014/59/EU des Europäischen Parlaments und des Rates vom 15.5.2014 zur Festlegung eines Rahmens für die Sanierung und Abwicklung von Kreditinstituten und Wertpapierfirmen und zur Änderung der Richtlinie 82/891/EWG des Rates, der Richtlinien 2001/24/EG, 2002/47/EG, 2004/25/EG, 2005/56/EG, 2007/36/EG, 2011/35/EU, 2012/30/EU und 2013/36/EU sowie der Verordnungen (EU) Nr. 1093/2010 und (EU) Nr. 648/2012 des Europäischen Parlaments und des Rates (ABl. L 173 vom 12.6.2014, S. 190); Richtlinie 2002/87/EG des Europäischen Parlaments und des Rates vom 16.12.2002 über die zusätzliche Beaufsichtigung der Kreditinstitute, Versicherungsunternehmen und Wertpapierfirmen eines Finanzkonglomerats und zur Änderung der Richtlinien 73/239/EWG, 79/267/EWG, 92/49/EWG, 92/96/EWG, 93/6/EWG und 93/22/EWG des Rates und der Richtlinien 98/78/EG und 2000/12/EG des Europäischen Parlaments und des Rates (ABl. L 35 vom 11.2.2003, S. 1); Richtlinie 2014/49/EU des Europäischen Parlaments und des Rates vom 16.4.2014 über Einlagensicherungssysteme (ABl. L 173 vom 12.6.2014, S. 149); Richtlinie 97/9/EG des Europäischen Parlaments und des Rates vom 3.3.1997 über Systeme für die Entschädigung der Anleger (ABl. L 84 vom 26.3.1997, S. 22); Verordnung (EU) Nr. 575/2013 des Europäischen Parlaments und des Rates vom 26.6.2013 über Aufsichtsanforderungen an Kreditinstitute und Wertpapierfirmen und zur Änderung der Verordnung (EU) Nr. 648/2012 (ABl. L 176 vom 27.6.2013, S. 1).

59 Begr. RegE, Bes. Teil, zu § 2, a. a. O.

3. Produktsicherheit und Produktkonformität (§ 2 Abs. 1 Nr. 3 lit. b HinSchG)

19 In dem stark europäisch harmonisierten Bereich der Produktsicherheit und Produktkonformität sind primär die in Art. 2 Abs. 1 lit. a Ziff. iii i.V.m. Anhang 1 C genannten europäischen Richtlinien und Verordnungen zur Produktsicherheit und zur Vermarktung und Nutzung sensibler und gefährlicher Produkte die relevanten Regelungen zum Schutz von Hinweisgebern[60], bei denen die Meldung von Verstößen Hinweisgeber schutzwürdig sind. Die Bedeutung dieser europäischen Vorschriften zeigt sich auch in der ausdrücklichen Nennung in der Begründung des Regierungsentwurfs.[61] Von zentraler Bedeutung für die Produktkonformität ist auch die europäische CE-KennzeichnungsVO.[62]

60 Richtlinie 2001/95/EG des Europäischen Parlaments und des Rates vom 3.12.2001 über die allgemeine Produktsicherheit (ABl. L 11 vom 15.1.2002, S. 4); Harmonisierungsrechtsvorschriften der Union, einschließlich Kennzeichnungsvorschriften, für hergestellte Produkte mit Ausnahme von Lebensmitteln, Futtermitteln, Human- und Tierarzneimitteln, lebenden Pflanzen und Tieren, Erzeugnissen menschlichen Ursprungs und Erzeugnissen von Pflanzen und Tieren, die unmittelbar mit ihrer künftigen Reproduktion zusammenhängen, gemäß der Anhänge I und II der Verordnung (EU) 2019/1020 des Europäischen Parlaments und des Rates vom 20.6.2019 über Marktüberwachung und Konformität von Produkten sowie zur Änderung der Richtlinie 2004/42/EG und der Verordnungen (EG) Nr. 765/2008 und (EU) Nr. 305/2011 (ABl. L 169 vom 25.6.2019, S. 1); Richtlinie 2007/46/EG des Europäischen Parlaments und des Rates vom 5.9.2007 zur Schaffung eines Rahmens für die Genehmigung von Kraftfahrzeugen und Kraftfahrzeuganhängern sowie von Systemen, Bauteilen und selbstständigen technischen Einheiten für diese Fahrzeuge (Rahmenrichtlinie) (ABl. L 263 vom 9.10.2007, S. 1); diese Rechtlinie ist allerdings seit 1.9.2020 nicht mehr in Kraft und wurde ersetzt durch die Verordnung (EU) 2018/858 über die Genehmigung und die Marktüberwachung von Kraftfahrzeugen und Kraftfahrzeuganhängern sowie von Systemen, Bauteilen und selbständigen technischen Einheiten für diese Fahrzeuge, zur Änderung der Verordnungen (EG) Nr. 715/2007 und (EG) Nr. 595/2009 und zur Aufhebung der Richtlinie 2007/46/EG (ABl. L 151 vom 14.6.2018, S. 1), vgl. Begr. RegE, Bes. Teil, zu § 2, a.a.O.; Richtlinie 2009/43/EG des Europäischen Parlaments und des Rates vom 6.5.2009 zur Vereinfachung der Bedingungen für die innergemeinschaftliche Verbringung von Verteidigungsgütern (ABl. L 146 vom 10.6.2009, S. 1); Richtlinie 91/477/EWG des Rates vom 18.6.1991 über die Kontrolle des Erwerbs und des Besitzes von Waffen (ABl. L 256 vom 13.9.1991, S. 51); Verordnung (EU) Nr. 98/2013 des Europäischen Parlaments und des Rates vom 15.1.2013 über die Vermarktung und Verwendung von Ausgangsstoffen für Explosivstoffe (ABl. L 39 vom 9.2.2013, S. 1).

61 Begr. RegE, Bes. Teil, zu § 2, S. 65.

62 VO (EG) Nr. 765/2008 des Europäischen Parlaments und des Rates vom 9.7.2008 über die Vorschriften für die Akkreditierung und Marktüberwachung im Zusammenhang mit der Vermarktung von Produkten und zur Aufhebung der Verordnung (EWG) Nr. 339/93 des Rates, ABl. L 218 vom 13.8.2008, S. 30.

In den Schutzbereich der Norm fallen zudem die Regelungen des Produktsicherheitsgesetzes,[63] des PSA-Durchführungsgesetzes (PSA-DG),[64] (Umsetzung EU-Verordnung 2016/425 über persönliche Schutzausrüstungen und zur Aufhebung der Richtlinie 89/686/EWG), der 1. ProdSicherheitsVO[65] (Umsetzung der EU-Niederspannungsrichtlinie 2014/35/EU), der 2. ProdSicherheitsVO[66] (Umsetzung der EU-Spielzeugrichtlinie 2009/48/EG), der 6. ProdSicherheitsVO[67] (Verordnung über einfache Druckbehälter, Umsetzung der EU-Richtlinie über einfache Druckbehälter 2014/29/EU), der 9. ProdSicherheitsVO[68] (Umsetzung der EU-Maschinenrichtlinie 2006/42/EG), der 10. ProdSicherheitsVO[69] (Umsetzung der EU-Richtlinie über Sportboote 94/25/EWG), der 11. ProdSicherheitsVO[70] (Explosionsschutzprodukteverordnung, Umsetzung der EU-ATEX Produktrichtlinie 2014/34/EU), der 12. ProdSicherheitsVO[71] (Umsetzung der EU-Aufzugsrichtlinie 2014/33/EU), der 13. ProdSicherheitsVO[72] (Umsetzung der EU-Richtlinie über Aerosolpackungen 75/324/EWG) sowie der 14. ProdSicherheitsVO[73] (Umsetzung der EU-Richtlinie 2014/68/EU über Druckgeräte). 20

Hinzu kommt noch die EU-GasgeräteVO (Verordnung (EU) 2016/426 über Geräte zur Verbrennung gasförmiger Brennstoffe und zur Aufhebung der 21

63 Neugefasst am 27.7.2021, BGBl. I S. 3146, 3147.

64 PSA-Durchführungsgesetz vom 18.4.2019 (BGBl. I S. 473, 475), geändert durch Artikel 31 des Gesetzes vom 27.7.2021 (BGBl. I S. 3146).

65 Verordnung über elektrische Betriebsmittel vom 17.3.2016 (BGBl. I S. 502), geändert durch Artikel 20 des Gesetzes vom 27.7.2021 (BGBl. I S. 3146).

66 Zweite Verordnung zum Produktsicherheitsgesetz (Verordnung über die Sicherheit von Spielzeug) vom 7.7.2011 (BGBl. I S. 1350; 1470), geändert durch Artikel 21 des Gesetzes vom 27.7.2021 (BGBl. I S. 3146).

67 Verordnung über einfache Druckbehälter vom 6.4.2016 (BGBl. I S. 597), geändert durch Artikel 22 des Gesetzes vom 27.7.2021 (BGBl. I S. 3146).

68 Neunte Verordnung zum Produktsicherheitsgesetz (Maschinenverordnung) vom 12.5.1993 (BGBl. I S. 704), geändert durch Artikel 23 des Gesetzes vom 27.7.2021 (BGBl. I S. 3146).

69 Verordnung über Sportboote und Wassermotorräder vom 29.11.2016 (BGBl. I S. 2668), geändert durch Artikel 24 des Gesetzes vom 27.7.2021 (BGBl. I S. 3146).

70 Explosionsschutzprodukteverordnung vom 6.1.2016 (BGBl. I S. 39), geändert durch Artikel 25 des Gesetzes vom 27.7.2021 (BGBl. I S. 3146).

71 Aufzugsverordnung vom 6.4.2016 (BGBl. I S. 605), geändert durch Artikel 26 des Gesetzes vom 27.7.2021 (BGBl. I S. 3146).

72 Dreizehnte Verordnung zum Produktsicherheitsgesetz (Aerosolpackungsverordnung) vom 27.9.2002 (BGBl. I S. 3777, 3805), geändert durch Artikel 27 des Gesetzes vom 27.7.2021 (BGBl. I S. 3146).

73 Druckgeräteverordnung vom 13.5.2015 (BGBl. I S. 692), geändert durch Artikel 28 des Gesetzes vom 27.7.2021 (BGBl. I S. 3146).

Richtlinie 2009/142/EG) sowie das Gasgerätedurchführungsgesetz[74] (GasgeräteDG), eine Umsetzung der EU-GasgeräteVO. Ferner die Lärm- und Vibrationsschutz-ArbeitsVO[75] das Elektromagnetische-Verträglichkeits-Gesetz vom 14.12.2016,[76] das Funkanlagengesetz vom 27.6.2017[77] sowie das Energieverbrauchsrelevante-Produkte-Gesetz vom 27.2.2008.[78]

4. Sicherheit im Straßenverkehr (§ 2 Abs. 1 Nr. 3 lit. c HinSchG)

22 Zum Schutzbereich der einschlägigen europäischen Rechtsvorschriften gehören die in Art. 1 Abs. 1 lit. a Ziff. iv i.V.m. Anhang I D Nr. 3 genannten Normen.[79] Nach der Begründung zum RegE sollte diese Regelung eng gefasst werden und auf die Fragen der Straßenverkehrssicherheit, das Straßenverkehrsinfrastrukturmanagement, die Vorgaben für Straßentunnel und zur Zulassung von Güter- und Omnibusunternehmen beschränkt werden. Die anderen in Anhang I D genannten Themen zu Sicherheitsanforderungen im Verkehrsbereich sind in § 2 Abs. 1 Nr. 3 lit. d (Eisenbahnbetriebssicherheit, vgl. Anhang I D Nr. 1 WBRL), in § 2 Abs. 1 Nr. 3 lit. f (Sicherheit im zivilen Luftverkehr, vgl. Anhang I D Nr. 2 WBRL), in § 2 Abs. 1 Nr. 3 lit. e HinSchG (Sicherheit im Seeverkehr, vgl. Anhang I D Nr. 4 WBRL) und in § 2 Abs. 1 Nr. 3 lit. f HinSchG (Sicherheit der Beförderung gefährlicher Güter, vgl. Anhang I D Nr. 5 WBRL) geregelt. Regelungen des deutschen Rechts, die im Schutzbereich des § 2 Abs. 1 Nr. 3 lit. c HinSchG liegen, sind das Straßenverkehrsge-

74 Gasgerätedurchführungsgesetz vom 18.4.2019 (BGBl. I S. 473), geändert durch Artikel 30 des Gesetzes vom 27.7.2021 (BGBl. I S. 3146).

75 Lärm- und Vibrations-Arbeitsschutzverordnung vom 6.3.2007 (BGBl. I S. 261), geändert zuletzt durch Artikel 3 der Verordnung vom 21.7.2021 (BGBl. I S. 3115).

76 Elektromagnetische-Verträglichkeit-Gesetz vom 14.12.2016 (BGBl. I S. 2879), geändert durch Artikel 51 des Gesetzes vom 23.6.2021 (BGBl. I S. 1858).

77 Funkanlagengesetz vom 27.6.2017 (BGBl. I S. 1947), geändert durch Artikel 52 des Gesetzes vom 23.6.2021 (BGBl. I S. 1858).

78 Energieverbrauchsrelevante-Produkte-Gesetz vom 27.2.2008 (BGBl. I S. 258), geändert durch Artikel 260 der Verordnung vom 19.6.2020 (BGBl. I S. 1328).

79 Richtlinie 2008/96/EG des Europäischen Parlaments und des Rates vom 19.11.2008 über ein Sicherheitsmanagement für die Straßenverkehrsinfrastruktur (ABl. L 319 vom 29.11.2008, S. 59); Richtlinie 2004/54/EG des Europäischen Parlaments und des Rates vom 29.4.2004 über Mindestanforderungen an die Sicherheit von Tunneln im transeuropäischen Straßennetz („Tunnelrichtlinie“, ABl. L 167 vom 30.4.2004, S. 39); Verordnung (EG) Nr. 1071/2009 des Europäischen Parlaments und des Rates vom 21.10.2009 zur Festlegung gemeinsamer Regeln für die Zulassung zum Beruf des Kraftverkehrsunternehmers und zur Aufhebung der Richtlinie 96/26/EG des Rates (ABl. L 300 vom 14.11.2009, S. 51).

setz (StVG),[80] die FahrerlaubnisVO (FeV),[81] die Fahrzeug-ZulassungsVO (FZV),[82] die Straßenverkehrs-Ordnung (StVO),[83] die Straßenverkehrs-Zulassung-Ordnung (StVZO),[84] das Bundesfernstraßengesetz (BFStrG)[85] sowie die Straßengesetze der Länder.[86]

5. Eisenbahnbetriebssicherheit (§ 2 Abs. 1 Nr. 3 lit. d HinSchG)

Wie bereits unter Rn. 22 erwähnt sind die Sicherheitsanforderungen der verschiedenen Verkehrszweige in Einzelregelungen aufgeführt, bei der Eisenbahnbetriebssicherheit sind die relevanten europäischen Rechtsnormen in Art. 1 Abs. 1 lit. a Ziff. iv i.V.m. Anhang I D Nr. 1 WBRL geregelt.[87] Deutsche Normen im Schutzbereich der Regelung sind das Allgemeine Eisenbahngesetz (AEG),[88] das Eisenbahnkreuzungsgesetz (EBKrG),[89] die 1. EisenbahnkreuzungsVO,[90] die Eisenbahn-SicherheitsVO (ESiV),[91] die Eisenbahn-Bau- und Betriebsordnung (EBO),[92] die Eisenbahn-Bau- und Betriebsordnung für 23

80 Straßenverkehrsgesetz in der Fassung der Bekanntmachung vom 5.3.2003 (BGBl. I S. 310, 919), geändert durch Artikel 16 des Gesetzes vom 2.3.2023 (BGBl. 2023 I Nr. 56).

81 Fahrerlaubnis-Verordnung vom 13.12.2010 (BGBl. I S. 1980), geändert durch Artikel 4 der Verordnung vom 20.7.2023 (BGBl. 2023 I Nr. 199).

82 Fahrzeug-Zulassungsverordnung vom 3.2.2011 (BGBl. I S. 139), geändert durch Artikel 21 des Gesetzes vom 2.3.2023 (BGBl. 2023 I Nr. 56).

83 Straßenverkehrs-Ordnung vom 6.3.2013 (BGBl. I S. 367), geändert durch Artikel 11 der Verordnung vom 20.7.2023 (BGBl. 2023 I Nr. 199).

84 Straßenverkehrs-Zulassungs-Ordnung vom 26.4.2012 (BGBl. I S. 679), geändert durch Artikel 8 der Verordnung vom 20.7.2023 (BGBl. 2023 I Nr. 199).

85 Bundesfernstraßengesetz in der Fassung der Bekanntmachung vom 28.6.2007 (BGBl. I S. 1206), geändert durch Artikel 6 des Gesetzes vom 22.3.2023 (BGBl. 2023 I Nr. 88).

86 Überblick bei https://www.saarheim.de/Gesetze_Laender/strg_laender.htm, zuletzt abgerufen am 20.7.2023.

87 Sicherheitsanforderungen im Eisenbahnsektor gemäß der Richtlinie (EU) 2016/798 des Europäischen Parlaments und des Rates vom 11.5.2016 über Eisenbahnsicherheit (ABl. L 138 vom 26.5.2016, S. 102).

88 Allgemeines Eisenbahngesetz vom 27.12.1993 (BGBl. I S. 2378, 2396; 1994 I S. 2439), geändert durch Artikel 1 des Gesetzes vom 26.7.2023 (BGBl. 2023 I Nr. 205).

89 Eisenbahnkreuzungsgesetz in der Fassung der Bekanntmachung vom 21.3.1971 (BGBl. I S. 337), geändert durch Artikel 2 des Gesetzes vom 31.5.2021 (BGBl. I S. 1221).

90 1. Eisenbahnkreuzungsverordnung vom 2.9.1964 (BGBl. I S. 711), geändert durch Artikel 1 der Verordnung vom 18.5.2021 (BGBl. I S. 1181).

91 Eisenbahn-Sicherheitsverordnung vom 17.6.2020 (BGBl. I S. 1298).

92 Eisenbahn-Bau- und Betriebsordnung vom 8.5.1967 (BGBl. 1967 I S. 1563), geändert durch Artikel 2 der Verordnung vom 5.4.2019 (BGBl. I S. 479).

Schmalspurbahnen (ESBO),[93] die Eisenbahn-Signalordnung (ESO),[94] die TriebfahrzeugführerscheinVO (TfV),[95] die GefahrgutVO Straße, Eisenbahn und Binnenschifffahrt (GGVSEB)[96] – hier dürfte aber § 2 Abs. 1 Nr. 3 lit. g HinSchG spezieller sein –, wohl auch die Straßenbahn-Bau- und Betriebsordnung (BOStrab).[97]

6. Sicherheit im Seeverkehr (§ 2 Abs. 1 Nr. 3 lit. e HinSchG)

24 Die vom Schutzbereich umfassten EU-Normen sind in Anhang I D Nr. 4 WBRL abschließend genannt.[98] Entsprechend der grundsätzlichen Strukturierung des HinSchG geht der Schutzbereich nicht über die Reichweite der vorgenannten EU-Regelungen hinaus. Insbesondere sieht § 4 Abs. 1 Nr. 10 HinSchG eine Sonderregelung für einen spezifischen Meldekanal gem. §§ 127

---

93 Eisenbahn-Bau- und Betriebsordnung für Schmalspurbahnen vom 25.2.1972 (BGBl. I S. 269), geändert durch Artikel 519 der Verordnung vom 31.8.2015 (BGBl. I S. 1474).

94 Eisenbahn-Signalordnung 1959 in der im Bundesgesetzblatt Teil III, Gliederungsnummer 933-6, veröffentlichten bereinigten Fassung, geändert durch Artikel 517 der Verordnung vom 31.8.2015 (BGBl. I S. 1474).

95 Triebfahrzeugführerscheinverordnung vom 29.4.2011 (BGBl. I S. 705; 1010), geändert durch Artikel 3 der Verordnung vom 26.11.2019 (BGBl. I S. 1958).

96 Gefahrgutverordnung Straße, Eisenbahn und Binnenschifffahrt in der Fassung der Bekanntmachung vom 26.3.2021 (BGBl. I S. 481), geändert durch Artikel 1 der Verordnung vom 28.6.2023 (BGBl. 2023 I Nr. 174).

97 Straßenbahn-Bau- und Betriebsordnung vom 11.12.1987 (BGBl. I S. 2648), geändert durch Artikel 1 der Verordnung vom 1.10.2019 (BGBl. I S. 1410).

98 Verordnung (EG) Nr. 391/2009 des Europäischen Parlaments und des Rates vom 23.4.2009 über gemeinsame Vorschriften und Normen für Schiffsüberprüfungs- und -besichtigungsorganisationen (ABl. L 131 vom 28.5.2009, S. 11); Verordnung (EG) Nr. 392/2009 des Europäischen Parlaments und des Rates vom 23.4.2009 über die Unfallhaftung von Beförderern von Reisenden auf See (ABl. L 131 vom 28.5.2009, S. 24); Richtlinie 2014/90/EU des Europäischen Parlaments und des Rates vom 23.7.2014 über Schiffsausrüstung und zur Aufhebung der Richtlinie 96/98/EG des Rates (ABl. L 257 vom 28.8.2014, S. 146); Richtlinie 2009/18/EG des Europäischen Parlaments und des Rates vom 23.4.2009 zur Festlegung der Grundsätze für die Untersuchung von Unfällen im Seeverkehr und zur Änderung der Richtlinie 1999/35/EG des Rates und der Richtlinie 2002/59/EG des Europäischen Parlaments und des Rates (ABl. L 131 vom 28.5.2009, S. 114); Richtlinie 2008/106/EG des Europäischen Parlaments und des Rates vom 19.11.2008 über Mindestanforderungen für die Ausbildung von Seeleuten (ABl. L 323 vom 3.12.2008, S. 33); Richtlinie 98/41/EG des Rates vom 18.6.1998 über die Registrierung der an Bord von Fahrgastschiffen im Verkehr nach oder von einem Hafen eines Mitgliedstaats der Gemeinschaft befindlichen Personen (ABl. L 188 vom 2.7.1998, S. 35); Richtlinie 2001/96/EG des Europäischen Parlaments und des Rates vom 4.12.2001 zur Festlegung von harmonisierten Vorschriften und Verfahrensregeln für das sichere Be- und Entladen von Massengutschiffen (ABl. L 13 vom 16.1.2002, S. 9).

und 128 Seearbeitsgesetz[99] bei Meldungen von Besatzungsmitgliedern von Verstößen gegen das Seearbeitsgesetz vor.

Allerdings ist die Formulierung in der Begründung des RegE, dass § 2 Abs. 1 Nr. 3 lit. e HinSchG nicht über die in Anhang I D Nr. 4 genannten EU-Normen „hinausgehe", insoweit missverständlich, als in § 2 Abs. 1 Nr. 3 HinSchG ausdrücklich von Regelungen des Bundes- und Landesrechts sowie von unmittelbar geltenden Rechtsakten der EU, somit von Verordnungen, die Rede ist. Demzufolge sind deutsche Normen, die die in Anhang I D Nr. 4 genannten Richtlinien auslegen, interpretieren oder erweitern, auch vom Schutzzweck der Regelung umfasst. Weitere betroffene deutsche Regelungen sind das Schiffssicherheitsgesetz (SchSG),[100] die SchiffssicherheitsVO (SchSV),[101] die SchiffsausrüstungsVO (SchAusrV),[102] die Verordnung über die Sicherung der Seefahrt[103] und das Seesicherheits-Untersuchungsgesetz (SUG).[104] Ferner wäre zwar formal die GefahrgutVO Seeschiff (GGVSee)[105] erfasst, diesbezüglich dürfte aber § 2 Abs. 1 Nr. 3 lit. e HinSchG lex specialis sein. 25

7. Sicherheit im zivilen Luftverkehr und Flugsicherung (§ 2 Abs. 1 Nr. 3 lit. f HinSchG)

§ 2 Abs. 1 lit. a Ziff. iv i.V.m. Anhang I D Nr. 2 WBRL nennt die Verordnung (EU) Nr. 996/2010 als relevante EU-Regelung.[106] Zudem besteht bereits in der Verordnung (EU) Nr. 376/2014 ein eigener Meldekanal, der gem. § 4 Abs. 1 Nr. 9 HinSchG vorrangig ist und insbesondere dem Schutz von Arbeitnehmern 26

99 Seearbeitsgesetz vom 20.4.2013 (BGBl. I S. 868), geändert durch Artikel 3 des Gesetzes vom 14.3.2023 (BGBl. 2023 I Nr. 73).

100 Schiffssicherheitsgesetz vom 9.9.1998 (BGBl. I S. 2860), geändert durch Artikel 4 des Gesetzes vom 14.3.2023 (BGBl. 2023 I Nr. 73).

101 Schiffssicherheitsverordnung vom 18.9.1998 (BGBl. I S. 3013, 3023), geändert durch Artikel 2 der Verordnung vom 3.3.2020 (BGBl. I S. 412).

102 Schiffsausrüstungsverordnung vom 1.10.2008 (BGBl. I S. 1913), geändert durch Artikel 6 der Verordnung vom 3.3.2020 (BGBl. I S. 412).

103 Verordnung über die Sicherung der Seefahrt vom 27.7.1993 (BGBl. I S. 1417), geändert durch Artikel 544 der Verordnung vom 31.8.2015 (BGBl. I S. 1474).

104 Seesicherheits-Untersuchungs-Gesetz in der Fassung der Bekanntmachung vom 1.3.2012 (BGBl. I S. 390), geändert durch Artikel 148 des Gesetzes vom 20.11.2019 (BGBl. I S. 1626).

105 Gefahrgutverordnung See in der Fassung der Bekanntmachung vom 21.10.2019 (BGBl. I S. 1475), geändert durch Artikel 16 des Gesetzes vom 12.12.2019 (BGBl. I S. 2510).

106 Verordnung (EU) Nr. 996/2010 des Europäischen Parlaments und des Rates vom 20.10.2010 über die Untersuchung und Verhütung von Unfällen und Störungen in der Zivilluftfahrt und zur Aufhebung der Richtlinie 94/56/EG (ABl. L 295 vom 12.11.2010, S. 35).

bei Meldungen über eigene unbeabsichtigte Fehler dient.[107] Soweit nicht die vorgenannte spezielle Vorschrift zur Anwendung kommt, sind vom Schutzbereich der Norm noch die deutschen Regelungen des Luftverkehrsgesetzes (LuftVG)[108] umfasst.

8. Sicherheit der Beförderung gefährlicher Güter (§ 2 Abs. 1 Nr. 3 lit. g HinSchG)

27 Die gem. Art. 2 Abs. 1 lit. a Ziff. iv WBRL hiervon umfasste Norm des EU-Rechts bezüglich der Sicherheitsanforderungen beim Transport gefährlicher Güter ist in Anhang I D Nr. 5 aufgeführt.[109] Weiterhin vom Schutzzweck umfasst sind das Gefahrgutbeförderungsgesetz (GGBefG)[110] sowie die die Gefahrgutverordnung Straße, Eisenbahn und Binnenschifffahrt (GGVSEB)[111] sowie die GefahrgutVO Seeschiff (GGVSee),[112] die zwar auch von § 2 Abs. 1 Nr. 3 lit. e HinSchG erfasst ist, § 2 Abs. 1 Nr. 3 lit. g hierzu aber wohl lex specialis sein dürfte.

9. Umweltschutz (§ 2 Abs. 1 Nr. 3 lit. h HinSchG)

28 Grundlage dieser Regelung sind gem. Art. 2 Abs. 1 lit. a Ziff. v WBRL die Regelungen des EU-Rechts bezüglich des Umweltschutzes in Anhang I E,[113] aus-

107 Begr. RegE, Bes. Teil, zu § 2, S. 66.

108 Luftverkehrsgesetz in der Fassung der Bekanntmachung vom 10.5.2007 (BGBl. I S. 698), geändert durch Artikel 42 des Gesetzes vom 2.3.2023 (BGBl. 2023 I Nr. 56).

109 Richtlinie 2008/68/EG des Europäischen Parlaments und des Rates vom 24.9.2008 über die Beförderung gefährlicher Güter im Binnenland (ABl. L 260 vom 30.9.2008, S. 13).

110 Gefahrgutbeförderungsgesetz vom 6.8.1975 (BGBl. I S. 2121), geändert durch Artikel 26 des Gesetzes vom 2.3.2023 (BGBl. 2023 I Nr. 56).

111 Gefahrgutverordnung Straße, Eisenbahn und Binnenschifffahrt in der Fassung der Bekanntmachung vom 26.3.2021 (BGBl. I S. 481), geändert durch Artikel 1 der Verordnung vom 28.6.2023 (BGBl. 2023 I Nr. 174).

112 Gefahrgutverordnung See in der Fassung der Bekanntmachung vom 21.10.2019 (BGBl. I S. 1475), geändert durch Artikel 16 des Gesetzes vom 12.12.2019 (BGBl. I S. 2510).

113 Richtlinie 2008/99/EG des Europäischen Parlaments und des Rates vom 19.11.2008 über den strafrechtlichen Schutz der Umwelt (ABl. L 328 vom 6.12.2008, S. 28) und rechtwidrige Handlungen, mit denen gegen die im Anhang der Richtlinie 2008/99/EG genannten Rechtsvorschriften verstoßen wird; Richtlinie 2003/87/EG des Europäischen Parlaments und des Rates vom 13.10.2003 über ein System für den Handel mit Treibhausgasemissionszertifikaten in der Gemeinschaft und zur Änderung der Richtlinie 96/61/EG des Rates (ABl. L 275 vom 25.10.2003, S. 32); Verordnung (EU) Nr. 525/2013 des Europäischen Parlaments und des Rates vom 21.5.2013 über ein System für die Überwachung von Treibhausgasemissionen sowie für die Berichterstattung über diese Emissionen und über andere klimaschutzrelevante Informationen auf Ebene der Mit-

gliedstaaten und der Union und zur Aufhebung der Entscheidung Nr. 280/2004/EG (ABl. L 165 vom 18.6.2013, S. 13); Richtlinie 2008/98/EG des Europäischen Parlaments und des Rates vom 19.11.2008 über Abfälle und zur Aufhebung bestimmter Richtlinien (ABl. L 312 vom 22.11.2008, S. 3); Verordnung (EU) Nr. 1257/2013 des Europäischen Parlaments und des Rates vom 20.11.2013 über das Recycling von Schiffen und zur Änderung der Verordnung (EG) Nr. 1013/2006 und der Richtlinie 2009/16/EG (ABl. L 330 vom 10.12.2013, S. 1); Verordnung (EU) Nr. 649/2012 des Europäischen Parlaments und des Rates vom 4.7.2012 über die Aus- und Einfuhr gefährlicher Chemikalien (ABl. L 201 vom 27.7.2012, S. 60); Richtlinie 2011/92/EU des Europäischen Parlaments und des Rates vom 13.12.2011 über die Umweltverträglichkeitsprüfung bei bestimmten öffentlichen und privaten Projekten (ABl. L 26 vom 28.1.2012, S. 1); Richtlinie 1999/94/EG des Europäischen Parlaments und des Rates vom 13.12.1999 über die Bereitstellung von Verbraucherinformationen über den Kraftstoffverbrauch und CO_2-Emissionen beim Marketing für neue Personenkraftwagen (ABl. L 12 vom 18.1.2000, S. 16); Richtlinie 2001/81/EG des Europäischen Parlaments und des Rates vom 23.10.2001 über nationale Emissionshöchstmengen für bestimmte Luftschadstoffe (ABl. L 309 vom 27.11.2001, S. 22); Richtlinie 2002/49/EG des Europäischen Parlaments und des Rates vom 25.6.2002 über die Bewertung und Bekämpfung von Umgebungslärm (ABl. L 189 vom 18.7.2002, S. 12); Verordnung (EG) Nr. 782/2003 des Europäischen Parlaments und des Rates vom 14.4.2003 über das Verbot zinnorganischer Verbindungen auf Schiffen (ABl. L 115 vom 9.5.2003, S. 1); Richtlinie 2004/35/EG des Europäischen Parlaments und des Rates vom 21.4.2004 über Umwelthaftung zur Vermeidung und Sanierung von Umweltschäden (ABl. L 143 vom 30.4.2004, S. 56); Richtlinie 2005/35/EG des Europäischen Parlaments und des Rates vom 7.9.2005 über die Meeresverschmutzung durch Schiffe und die Einführung von Sanktionen für Verstöße (ABl. L 255 vom 30.9.2005, S. 11); Verordnung (EG) Nr. 166/2006 des Europäischen Parlaments und des Rates vom 18.1.2006 über die Schaffung eines Europäischen Schadstofffreisetzungs- und -verbringungsregisters und zur Änderung der Richtlinien 91/689/EWG und 96/61/EG des Rates (ABl. L 33 vom 4.2.2006, S. 1); Richtlinie 2009/33/EG des Europäischen Parlaments und des Rates vom 23.4.2009 über die Förderung sauberer und energieeffizienter Straßenfahrzeuge (ABl. L 120 vom 15.5.2009, S. 5); Verordnung (EG) Nr. 443/2009 des Europäischen Parlaments und des Rates vom 23.4.2009 zur Festsetzung von Emissionsnormen für neue Personenkraftwagen im Rahmen des Gesamtkonzepts der Gemeinschaft zur Verringerung der CO_2-Emissionen von Personenkraftwagen und leichten Nutzfahrzeugen (ABl. L 140 vom 5.6.2009, S. 1); Verordnung (EG) Nr. 1005/2009 des Europäischen Parlaments und des Rates vom 16.9.2009 über Stoffe, die zum Abbau der Ozonschicht führen (ABl. L 286 vom 31.10.2009, S. 1); Richtlinie 2009/126/EG des Europäischen Parlaments und des Rates vom 21.10.2009 über Phase II der Benzindampf-Rückgewinnung beim Betanken von Kraftfahrzeugen an Tankstellen (ABl. L 285 vom 31.10.2009, S. 36); Verordnung (EU) Nr. 510/2011 des Europäischen Parlaments und des Rates vom 11.5.2011 zur Festsetzung von Emissionsnormen für neue leichte Nutzfahrzeuge im Rahmen des Gesamtkonzepts der Union zur Verringerung der CO_2-Emissionen von Personenkraftwagen und leichten Nutzfahrzeugen (ABl. L 145 vom 31.5.2011, S. 1); Richtlinie 2014/94/EU des Europäischen Parlaments und des Rates vom 22.10.2014 über den Aufbau der Infrastruktur für alternative Kraftstoffe (ABl. L 307 vom 28.10.2014, S. 1); Verordnung (EU) 2015/757 des Europäischen Parlaments und des Rates vom 29.4.2015 über die Überwachung von Kohlendioxidemissionen aus genommen die Normen zu erneuerbaren Energien und Energieeffizienz, die von § 2 Abs. 1 Nr. 3 lit. j HinSchG erfasst werden. Dies umfasst europäische Regelungen über Umweltstraftaten, Regelungen hinsichtlich von Umwelt und Klima, Regelungen für nachhaltige Bewirtschaftung und Abfallwirtschaft, zur Bekämpfung von Meeres- und Luftverschmutzung, von Lärmbelästigung, für den Schutz und die Bewirtschaftung von Gewässern und Böden, für den

---

dem Seeverkehr, die Berichterstattung darüber und die Prüfung dieser Emissionen und zur Änderung der Richtlinie 2009/16/EG (ABl. L 123 vom 19.5.2015, S. 55); Richtlinie (EU) 2015/2193 des Europäischen Parlaments und des Rates vom 25.11.2015 zur Begrenzung der Emissionen bestimmter Schadstoffe aus mittelgroßen Feuerungsanlagen in die Luft (ABl. L 313 vom 28.11.2015, S. 1); Richtlinie 2007/60/EG des Europäischen Parlaments und des Rates vom 23.10.2007 über die Bewertung und das Management von Hochwasserrisiken (ABl. L 288 vom 6.11.2007, S. 27); Richtlinie 2008/105/EG des Europäischen Parlaments und des Rates vom 16.12.2008 über Umweltqualitätsnormen im Bereich der Wasserpolitik und zur Änderung und anschließenden Aufhebung der Richtlinien des Rates 82/176/EWG, 83/513/EWG, 84/156/EWG, 84/491/EWG und 86/280/EWG sowie zur Änderung der Richtlinie 2000/60/EG (ABl. L 348 vom 24.12.2008, S. 84); Verordnung (EG) Nr. 1936/2001 des Rates vom 27.9.2001 mit Kontrollmaßnahmen für die Befischung bestimmter Bestände weit wandernder Arten (ABl. L 263 vom 3.10.2001, S. 1); Verordnung (EG) Nr. 812/2004 des Rates vom 26.4.2004 zur Festlegung von Maßnahmen gegen Walbeifänge in der Fischerei und zur Änderung der Verordnung (EG) Nr. 88/98 (ABl. L 150 vom 30.4.2004, S. 12); Verordnung (EG) Nr. 1007/2009 des Europäischen Parlaments und des Rates vom 16.9.2009 über den Handel mit Robbenerzeugnissen (ABl. L 286 vom 31.10.2009, S. 36); Verordnung (EG) Nr. 734/2008 des Rates vom 15.7.2008 zum Schutz empfindlicher Tiefseeökosysteme vor den schädlichen Auswirkungen von Grundfanggeräten (ABl. L 201 vom 30.7.2008, S. 8); Richtlinie 2009/147/EG des Europäischen Parlaments und des Rates vom 30.11.2009 über die Erhaltung der wildlebenden Vogelarten (ABl. L 20 vom 26.1.2010, S. 7); Verordnung (EU) Nr. 995/2010 des Europäischen Parlaments und des Rates vom 20.10.2010 über die Verpflichtungen von Marktteilnehmern, die Holz und Holzerzeugnisse in Verkehr bringen (ABl. L 295 vom 12.11.2010, S. 23); Verordnung (EU) Nr. 1143/2014 des Europäischen Parlaments und des Rates vom 22.10.2014 über die Prävention und das Management der Einbringung und Ausbreitung invasiver gebietsfremder Arten (ABl. L 317 vom 4.11.2014, S. 35); Regeln für chemische Stoffe, die in der Verordnung (EG) Nr. 1907/2006 des Europäischen Parlaments und des Rates vom 18.12.2006 zur Registrierung, Bewertung, Zulassung und Beschränkung chemischer Stoffe (REACH), zur Schaffung einer Europäischen Chemikalienagentur, zur Änderung der Richtlinie 1999/45/EG und zur Aufhebung der Verordnung (EWG) Nr. 793/93 des Rates, der Verordnung (EG) Nr. 1488/94 der Kommission, der Richtlinie 76/769/EWG des Rates sowie der Richtlinien 91/155/EWG, 93/67/EWG, 93/105/EG und 2000/21/EG der Kommission (ABl. L 396 vom 30.12.2006, S. 1) festgelegt sind; Regeln für ökologische/biologische Erzeugnisse, die in der Verordnung (EU) 2018/848 des Europäischen Parlaments und des Rates vom 30.5.2018 über die ökologische/biologische Produktion und die Kennzeichnung von ökologischen/biologischen Erzeugnissen sowie zur Aufhebung der Verordnung (EG) Nr. 834/2007 des Rates (ABl. L 150 vom 14.6.2018, S. 1) festgelegt sind.

Schutz der Natur und die biologische Vielfalt, ferner Regelungen für chemische Stoffe und für ökologische/biologische Erzeugnisse.

Deutsche Regelungen im Anwendungsbereich dieser Norm sind das Umweltverträglichkeitsprüfungsgesetz (UVPG),[114] das Umweltinformationsgesetz (UIG),[115] das Umwelt-Rechtsbehelfsgesetz (UmwRG),[116] das Bundes-Klimaschutzgesetz (KSG),[117] das Umweltauditgesetz (UAG),[118] das Umweltschadensgesetz (UschadG),[119] das Umwelthaftungsgesetz (UmweltHG),[120] das Bundesnaturschutzgesetz (BNatSchG),[121] das Bundesbodenschutzgesetz (BBodSchG),[122] das Raumordnungsgesetz (ROG),[123] das Wasserhaushaltsgesetz (WHG),[124] das Verpackungsgesetz (VerpackG),[125] sowie die Bundes-Bodenschutz- und AltlastenVO (BBodSchV),[126] die Elektro- und Elektronik-Altgeräte-BehandlungsVO (EAG-BehandV),[127] die GrundwasserVO (GrwV),[128] **29**

---

114 Gesetz über die Umweltverträglichkeitsprüfung in der Fassung der Bekanntmachung vom 18.3.2021 (BGBl. I S. 540), geändert durch Artikel 2 des Gesetzes vom 22.3.2023 (BGBl. 2023 I Nr. 88).

115 Umweltinformationsgesetz in der Fassung der Bekanntmachung vom 27.10.2014 (BGBl. I S. 1643), geändert durch Artikel 2 des Gesetzes vom 25.2.2021 (BGBl. I S. 306).

116 Umwelt-Rechtsbehelfsgesetz in der Fassung der Bekanntmachung vom 23.8.2017 (BGBl. I S. 3290), geändert durch Artikel 2 des Gesetzes vom 14.3.2023 (BGBl. 2023 I Nr. 71).

117 Bundes-Klimaschutzgesetz vom 12.12.2019 (BGBl. I S. 2513), geändert durch Artikel 1 des Gesetzes vom 18.8.2021 (BGBl. I S. 3905).

118 Umweltauditgesetz in der Fassung der Bekanntmachung vom 4.9.2002 (BGBl. I S. 3490), geändert durch Artikel 17 des Gesetzes vom 10.8.2021 (BGBl. I S. 3436).

119 Umweltschadensgesetz in der Fassung der Bekanntmachung vom 5.3.2021 (BGBl. I S. 346).

120 Umwelthaftungsgesetz vom 10.12.1990 (BGBl. I S. 2634), geändert durch Artikel 6 des Gesetzes vom 17.7.2017 (BGBl. I S. 2421).

121 Bundesnaturschutzgesetz vom 29.7.2009 (BGBl. I S. 2542), geändert durch Artikel 3 des Gesetzes vom 8.12.2022 (BGBl. I S. 2240).

122 Bundes-Bodenschutzgesetz vom 17.3.1998 (BGBl. I S. 502), geändert durch Artikel 7 des Gesetzes vom 25.2.2021 (BGBl. I S. 306).

123 Raumordnungsgesetz vom 22.12.2008 (BGBl. I S. 2986), geändert durch Artikel 1 des Gesetzes vom 22.3.2023 (BGBl. 2023 I Nr. 88).

124 Wasserhaushaltsgesetz vom 31.7.2009 (BGBl. I S. 2585), geändert durch Artikel 5 des Gesetzes vom 3.7.2023 (BGBl. 2023 I Nr. 176).

125 Verpackungsgesetz vom 5.7.2017 (BGBl. I S. 2234), geändert durch Artikel 2 des Gesetzes vom 11.5.2023 (BGBl. 2023 I Nr. 124).

126 Bundes-Bodenschutz- und Altlastenverordnung vom 9.7.2021 (BGBl. I S. 2598, 2716).

127 Elektro- und Elektronik-Altgeräte-Behandlungsverordnung vom 21.6.2021 (BGBl. I S. 1841).

128 Grundwasserverordnung vom 9.11.2010 (BGBl. I S. 1513), geändert durch Artikel 1 der Verordnung vom 12.10.2022 (BGBl. I S. 1802).

die EinwegkunststoffkennzeichnungsVO (EWKKennzV),[129] die See-Umweltverhaltens VO (SeeUmwVerhV),[130] die KleinfeuerungsanlagenVO (1. BimSchV)[131] und die StörfallVO (12. BimSchV).[132] Auf Länderebene zählen hierzu insbesondere die Wassergesetze, die Feuerungsverordnung, die Bodenschutzgesetze und die Naturschutzgesetze.

10. Strahlenschutz und kerntechnische Sicherheit (§ 2 Abs. 1 Nr. 3 lit. i HinSchG)

30 Neben den in der WBRL direkt genannten europäischen Rechtsakten – vgl. Art. 2 Abs. 1 lit. a Ziff. vi i.V.m. den im Anhang, Teil F, zur WBRL genannten Richtlinien und Verordnungen der Europäischen Atomgemeinschaft[133] – fallen in den Schutzbereich dieser Regelung das AtomG,[134] das Strahlenschutzge-

---

129 Einwegkunststoffkennzeichnungsverordnung vom 24.6.2021 (BGBl. I S. 2024).

130 See-Umweltverhaltensverordnung vom 13.8.2014 (BGBl. I S. 1371), geändert durch Artikel 3 der Verordnung vom 13.12.2019 (BGBl. I S. 2739).

131 Verordnung über kleine und mittlere Feuerungsanlagen vom 26.1.2010 (BGBl. I S. 38), geändert durch Artikel 1 der Verordnung vom 13.10.2021 (BGBl. I S. 4676).

132 Störfall-Verordnung in der Fassung der Bekanntmachung vom 15.3.2017 (BGBl. I S. 483), geändert durch Artikel 107 der Verordnung vom 19.6.2020 (BGBl. I S. 1328).

133 Richtlinie 2009/71/Euratom des Rates vom 25.6.2009 über einen Gemeinschaftsrahmen für die nukleare Sicherheit kerntechnischer Anlagen (ABl. L 172 vom 2.7.2009, S. 18); Richtlinie 2013/51/Euratom des Rates vom 22.10.2013 zur Festlegung von Anforderungen an den Schutz der Gesundheit der Bevölkerung hinsichtlich radioaktiver Stoffe in Wasser für den menschlichen Gebrauch (ABl. L 296 vom 7.11.2013, S. 12); Richtlinie 2013/59/Euratom des Rates vom 5.12.2013 zur Festlegung grundlegender Sicherheitsnormen für den Schutz vor den Gefahren einer Exposition gegenüber ionisierender Strahlung und zur Aufhebung der Richtlinien 89/618/Euratom, 90/641/Euratom, 96/29/Euratom, 97/43/Euratom und 2003/122/Euratom (ABl. L 13 vom 17.1.2014, S. 1); Richtlinie 2011/70/Euratom des Rates vom 19.7.2011 über einen Gemeinschaftsrahmen für die verantwortungsvolle und sichere Entsorgung abgebrannter Brennelemente und radioaktiver Abfälle (ABl. L 199 vom 2.8.2011, S. 48); Richtlinie 2006/117/Euratom des Rates vom 20.11.2006 über die Überwachung und Kontrolle der Verbringungen radioaktiver Abfälle und abgebrannter Brennelemente (ABl. L 337 vom 5.12.2006, S. 21); Verordnung (Euratom) 2016/52 des Rates vom 15.1.2016 zur Festlegung von Höchstwerten an Radioaktivität in Lebens- und Futtermitteln im Falle eines nuklearen Unfalls oder eines anderen radiologischen Notfalls und zur Aufhebung der Verordnung (Euratom) Nr. 3954/87 und der Verordnungen (Euratom) Nr. 944/89 und (Euratom) Nr. 770/90 der Kommission (ABl. L 13 vom 20.1.2016, S. 2); Verordnung (Euratom) Nr. 1493/93 des Rates vom 8.6.1993 über die Verbringung radioaktiver Stoffe zwischen den Mitgliedstaaten (ABl. L 148 vom 19.6.1993, S. 1).

134 Atomgesetz in der Fassung der Bekanntmachung vom 15.7.1985 (BGBl. I S. 1565), geändert durch Artikel 1 des Gesetzes vom 4.12.2022 (BGBl. I S. 2153).

setz,[135] die StrahlenschutzVO,[136] der NiSVO,[137] außerdem die Atomrechtliche VerfahrensVO,[138] Atomrechtliche ZuverlässigkeitsüberprüfungsVO,[139] die Atomrechtliche Sicherheitsbeauftragten- und MeldeVO,[140] die Atomrechtliche AbfallverbringungsVO[141] sowie die entsprechenden strafrechtlichen Vorschriften der §§ 307 und 309 bis 312 StGB, die wiederum auch bereits von § 2 Abs. 1 Nr. 1 HinSchG erfasst werden.

11. Erneuerbare Energien und Energieeffizienz (§ 2 Abs. 1 Nr. 3 lit. j HinSchG)

Zum Schutzbereich gehören diejenigen Rechtsnormen des europäischen Rechts, auf die in Art. 2 Abs. 1 lit. a Ziff. v i.V.m. Anhang E WBRL verwiesen wird und die sich nur auf die Förderung von Energie aus erneuerbaren Quellen und Energieeffizienz beziehen.[142] Deutsches Recht im Schutzbereich dieser Norm ist das Kraft-Wärme-Kopplungsgesetz,[143] das Erneuerbare-Energien-Ge- 31

135 Strahlenschutzgesetz vom 27.6.2017 (BGBl. I S. 1966), zuletzt geändert durch die Bekanntmachung vom 3.1.2022 (BGBl. I S. 15).

136 Strahlenschutzverordnung vom 29.11.2018 (BGBl. I S. 2034, 2036; 2021 I S. 5261), zuletzt geändert durch Artikel 1 der Verordnung vom 8.10.2021 (BGBl. I S. 4645).

137 Verordnung zum Schutz vor schädlichen Wirkungen nichtionisierender Strahlung bei der Anwendung am Menschen vom 29.11.2018 (BGBl. I S. 2034, 2187; 2021 I S. 5261).

138 Atomrechtliche Verfahrensverordnung vom 3.2.1995 (BGBl. I Seite 180), zuletzt geändert durch Artikel 14 der Verordnung vom 29.11.2018 (BGBI. I Seite 2034).

139 Atomrechtliche Zuverlässigkeitsüberprüfungs-Verordnung vom 1.7.1999 (BGBl. I Seite 1525), zuletzt geändert durch Artikel 15 der Verordnung vom 29.11.2018 (BGBl. I Seite 2034).

140 Atomrechtliche Sicherheitsbeauftragten- und Meldeverordnung vom 14.10.1992 (BGBl. I Seite 1766), zuletzt geändert durch Artikel 18 der Verordnung vom 29.11.2018 (BGBl. I Seite 2034).

141 Atomrechtliche Abfallverbringungsverordnung vom 30.4.2009 (BGBl. I Seite 1000), zuletzt geändert durch Artikel 16 der Verordnung vom 29.11.2018 (BGBl. I. Seite 2034).

142 Begr. RegE, Bes. Teil, zu § 2, S. 67; dies sind: Richtlinie 2009/28/EG des Europäischen Parlaments und des Rates vom 23.4.2009 zur Förderung der Nutzung von Energie aus erneuerbaren Quellen und zur Änderung und anschließenden Aufhebung der Richtlinien 2001/77/EG und 2003/30/EG (ABl. L 140 vom 5.6.2009, S. 16); Richtlinie 2012/27/EU des Europäischen Parlaments und des Rates vom 25.10.2012 zur Energieeffizienz, zur Änderung der Richtlinien 2009/125/EG und 2010/30/EU und zur Aufhebung der Richtlinien 2004/8/EG und 2006/32/EG (ABl. L 315 vom 14.11.2012, S. 1); Richtlinie (EU) 2018/2001 des Europäischen Parlaments und des Rates vom 11.12.2018 zur Förderung der Nutzung von Energie aus erneuerbaren Quellen (ABl. L 328 vom 21.12.2018, S. 82).

143 Kraft-Wärme-Kopplungsgesetz vom 21.12.2015 (BGBl. I S. 2498), geändert durch Artikel 9 des Gesetzes vom 20.12.2022 (BGBl. I S. 2512).

setz,[144] das Windenergie-auf-See-Gesetz,[145] die Erneuerbare-Energien-VO,[146] das Gebäudeenergiegesetz (GEG),[147] das Energiedienstleistungsgesetz (EDL-G),[148] das Biokraftstoffquotengesetz (BioKraftQuG, Artikelgesetz),[149] die Biokraftstoff-NachhaltigkeitsVO[150] sowie die Biomassestrom-Nachhaltigkeits-VO.[151]

12. Lebensmittel- und Futtermittelsicherheit, Tiergesundheit (§ 2 Abs. 1 Nr. 3 lit. k HinSchG)

32 Entsprechend der vorgenannten Systematik sind die in Art. 2 Abs. 1 lit. a Ziff. vii i.V.m. Anhang G WBRL genannten europäischen Richtlinien und Verordnungen[152] vom Schutzbereich der Vorschrift umfasst. Die Begründung zum

---

144 Erneuerbare-Energien-Gesetz vom 21.7.2014 (BGBl. I S. 1066), geändert durch Artikel 4 des Gesetzes vom 26.7.2023 (BGBl. 2023 I Nr. 202).

145 Windenergie-auf-See-Gesetz vom 13.10.2016 (BGBl. I S. 2258, 2310), geändert durch Artikel 14 des Gesetzes vom 22.3.2023 (BGBl. 2023 I Nr. 88).

146 Verordnung zur Durchführung des Erneuerbare-Energien-Gesetzes und des Windenergie-auf-See-Gesetzes vom 17.2.2015 (BGBl. I S. 146), geändert durch Artikel 7 des Gesetzes vom 20.12.2022 (BGBl. I S. 2512).

147 Gebäudeenergiegesetz vom 8.8.2020 (BGBl. I S. 1728), geändert Artikel 18a des Gesetzes vom 20.7.2022 (BGBl. I S. 1237).

148 Gesetz über Energiedienstleistungen und andere Energieeffizienzmaßnahmen vom 4.11.2010 (BGBl. I S. 1483), geändert durch Artikel 5 des Gesetzes vom 8.8.2020 (BGBl. I S. 1728).

149 Gesetz zur Einführung einer Biokraftstoffquote durch Änderung des Bundes-Immissionsschutzgesetzes und zur Änderung energie- und stromsteuerrechtlicher Vorschriften vom 18.12.2006 (BGBl. I S. 3180).

150 Biokraftstoff-Nachhaltigkeitsverordnung vom 2.12.2021 (BGBl. I S. 5126, 5143).

151 Biomassestrom-Nachhaltigkeitsverordnung vom 2.12.2021 (BGBl. I S. 5126), geändert durch Artikel 1 der Verordnung vom 13.12.2022 (BGBl. I S. 2286).

152 Verordnung (EG) Nr. 178/2002 des Europäischen Parlaments und des Rates vom 28.1.2002 zur Festlegung der allgemeinen Grundsätze und Anforderungen des Lebensmittelrechts, zur Errichtung der Europäischen Behörde für Lebensmittelsicherheit und zur Festlegung von Verfahren zur Lebensmittelsicherheit (ABl. L 31 vom 1.2.2002, S. 1) enthaltenen Grundsätze und Anforderungen; Verordnung (EU) 2016/429 des Europäischen Parlaments und des Rates vom 9.3.2016 zu Tierseuchen und zur Änderung und Aufhebung einiger Rechtsakte im Bereich der Tiergesundheit („Tiergesundheitsrecht") (ABl. L 84 vom 31.3.2016, S. 1); Verordnung (EG) Nr. 1069/2009 des Europäischen Parlaments und des Rates vom 21.10.2009 mit Hygienevorschriften für nicht für den menschlichen Verzehr bestimmte tierische Nebenprodukte und zur Aufhebung der Verordnung (EG) Nr. 1774/2002 (Verordnung über tierische Nebenprodukte) (ABl. L 300 vom 14.11.2009, S. 1); Verordnung (EU) 2017/625 des Europäischen Parlaments und des Rates vom 15.3.2017 über amtliche Kontrollen und andere amtliche Tätigkeiten zur Gewährleistung der Anwendung des Lebens- und Futtermittelrechts und der Vorschriften über Tiergesundheit und Tierschutz, Pflanzengesundheit und Pflanzenschutzmittel, zur

RegE nennt ausdrücklich die Regelungen des Täuschungsschutzes gem. Art. 16 der bereits genannten Verordnung (EG) Nr. 178/2002 als von zentraler Bedeutung für den Begriff der Lebensmittel- und Futtermittelsicherheit.[153] Nationale Vorschriften im Schutzbereich der Regelung sind das Lebensmittel- und Futtermittelgesetzbuch[154] und das Tierschutzgesetz,[155] ferner die FuttermittelVO,[156] die FuttermittelkontrolleurVO,[157] die Mitteilungs- und Übermittlungs-VO,[158] die LebensmittelhygieneVO,[159] die DiätVO,[160] die Rückstands-Höchst-

---

Änderung der Verordnungen (EG) Nr. 999/2001, (EG) Nr. 396/2005, (EG) Nr. 1069/2009, (EG) Nr. 1107/2009, (EU) Nr. 1151/2012, (EU) Nr. 652/2014, (EU) 2016/429 und (EU) 2016/2031 des Europäischen Parlaments und des Rates, der Verordnungen (EG) Nr. 1/2005 und (EG) Nr. 1099/2009 des Rates sowie der Richtlinien 98/58/EG, 1999/74/EG, 2007/43/EG, 2008/119/EG und 2008/120/EG des Rates und zur Aufhebung der Verordnungen (EG) Nr. 854/2004 und (EG) Nr. 882/2004 des Europäischen Parlaments und des Rates, der Richtlinien 89/608/EWG, 89/662/EWG, 90/425/EWG, 91/496/EEG, 96/23/EG, 96/93/EG und 97/78/EG des Rates und des Beschlusses 92/438/EWG des Rates (Verordnung über amtliche Kontrollen) (ABl. L 95 vom 7.4.2017, S. 1); Richtlinie 98/58/EG des Rates vom 20.7.1998 über den Schutz landwirtschaftlicher Nutztiere (ABl. L 221 vom 8.8.1998, S. 23); Verordnung (EG) Nr. 1/2005 des Rates vom 22.12.2004 über den Schutz von Tieren beim Transport und damit zusammenhängenden Vorgängen sowie zur Änderung der Richtlinien 64/432/EWG und 93/119/EG und der Verordnung (EG) Nr. 1255/97 (ABl. L 3 vom 5.1.2005, S. 1); Verordnung (EG) Nr. 1099/2009 des Rates vom 24.9.2009 über den Schutz von Tieren zum Zeitpunkt der Tötung (ABl. L 303 vom 18.11.2009, S. 1); Richtlinie 1999/22/EG des Rates vom 29.3.1999 über die Haltung von Wildtieren in Zoos (ABl. L 94 vom 9.4.1999, S. 24); Richtlinie 2010/63/EU des Europäischen Parlaments und des Rates vom 22.9.2010 zum Schutz der für wissenschaftliche Zwecke verwendeten Tiere (ABl. L 276 vom 20.10.2010, S. 33).

153 Begr. RegE, Bes. Teil, zu § 2, S. 67.

154 Lebensmittel- und Futtermittelgesetzbuch in der Fassung der Bekanntmachung vom 15.9.2021 (BGBl. I S. 4253), geändert durch Artikel 7 des Gesetzes vom 27.9.2021 (BGBl. I S. 4530).

155 Tierschutzgesetz in der Fassung der Bekanntmachung vom 18.5.2006 (BGBl. I S. 1206, 1313), geändert durch Artikel 105 des Gesetzes vom 10.8.2021 (BGBl. I S. 3436).

156 Futtermittelverordnung in der Fassung der Bekanntmachung vom 29.8.2016 (BGBl. I S. 2004), geändert durch Artikel 1 der Verordnung vom 16.7.2020 (BGBl. I S. 1700).

157 Futtermittelkontrolleur-Verordnung vom 28.3.2003 (BGBl. I S. 464), geändert durch Artikel 2 § 3 Absatz 25 des Gesetzes vom 1.9.2005 (BGBl. I S. 2618).

158 Verordnung zu Mitteilungs- und Übermittlungspflichten zu gesundheitlich nicht erwünschten Stoffen vom 28.12.2011, (BGBl. I 2012 S. 58).

159 Lebensmittelhygiene-Verordnung in der Fassung der Bekanntmachung vom 21.6.2016 (BGBl. I S. 1469), geändert durch Artikel 2 der Verordnung vom 3.1.2018 (BGBl. I S. 99).

160 Diätverordnung in der Fassung der Bekanntmachung vom 28.4.2005 (BGBl. I S. 1161), geändert durch Artikel 2 der Verordnung vom 2.6.2021 (BGBl. I S. 1362).

mengenVO,[161] die KontaminantenVO,[162] die Lebensmittelinformations-ErgänzungsVO[163] sowie die Los-KennzeichnungsVO.[164] Nach der Begründung zum Regierungsentwurf[165] sind auch nationale Regelungen zum Inverkehrbringen und der Verwendung von Pflanzenschutzmitteln vom Anwendungsbereich umfasst, somit das Pflanzenschutzgesetz,[166] die Pflanzenschutz-GeräteVO,[167] die Pflanzenschutz-AnwendungsVO,[168] die PflanzenschutzmittelVO,[169] die Pflanzenschutz-SachkundeVO,[170] die PflanzenbeschauVO,[171] die AnbaumaterialVO,[172] die BienenschutzVO,[173] die VO über die Anwendung von Pflanzenschutzmitteln mit Luftfahrzeugen,[174] die VO über das Inverkehrbringen und die Aussaat von mit bestimmten Pflanzenschutzmitteln behandeltem Maissaatgut,[175] die Al-

161 Rückstands-Höchstmengenverordnung in der Fassung der Bekanntmachung vom 21.10.1999 (BGBl. I S. 2082; 2002 I S. 1004), geändert durch Artikel 1 der Verordnung vom 16.7.2020 (BGBl. I S. 1699).

162 Kontaminanten-Verordnung vom 19.3.2010 (BGBl. I S. 286, 287), geändert durch Artikel 1 der Verordnung vom 1.7.2020 (BGBl. I S. 1540).

163 Vorläufige Verordnung zur Ergänzung unionsrechtlicher Vorschriften betreffend die Information der Verbraucher über die Art und Weise der Kennzeichnung von Stoffen oder Erzeugnissen, die Allergien und Unverträglichkeiten auslösen, bei unverpackten Lebensmitteln vom 28.11.2014 (BGBl. I S. 1994).

164 Los-Kennzeichnungs-Verordnung vom 23.6.1993 (BGBl. I S. 1022), geändert durch Artikel 4 des Gesetzes vom 25.7.2013 (BGBl. I S. 2722).

165 Begr. RegE, Bes. Teil, zu § 2, S. 59.

166 Pflanzenschutzgesetz vom 6.2.2012 (BGBl. I S. 148; 1281), geändert durch Artikel 2 Absatz 15 des Gesetzes vom 20.12.2022 (BGBl. I S. 2752).

167 Pflanzenschutz-Geräteverordnung vom 27.6.2013 (BGBl. I S. 1953, 1962), geändert durch Artikel 1 der Verordnung vom 18.4.2019 (BGBl. I S. 507).

168 Pflanzenschutz-Anwendungsverordnung vom 10.11.1992 (BGBl. I S. 1887), geändert durch Artikel 2 der Verordnung vom 1.6.2022 (BGBl. I S. 867).

169 Pflanzenschutzmittelverordnung vom 15.1.2013 (BGBl. I S. 74).

170 Pflanzenschutz-Sachkundeverordnung vom 27.6.2013 (BGBl. I S. 1953), geändert durch Artikel 376 der Verordnung vom 31.8.2015 (BGBl. I S. 1474).

171 Pflanzenbeschauverordnung in der Fassung der Bekanntmachung vom 3.4.2000 (BGBl. I S. 337), geändert durch Artikel 1 der Verordnung vom 3.5.2017 (BAnz AT 4.5.2017 V1).

172 Anbaumaterialverordnung vom 21.11.2018 (BGBl. I S. 1964), geändert durch Artikel 5 der Verordnung vom 24.11.2020 (BGBl. I S. 2540).

173 Bienenschutzverordnung vom 22.7.1992 (BGBl. I S. 1410), geändert durch Artikel 6 der Verordnung vom 27.6.2013 (BGBl. I S. 1953).

174 Verordnung über die Anwendung von Pflanzenschutzmitteln mit Luftfahrzeugen vom 27.6.2013 (BGBl. I S. 1953, 1970).

175 Verordnung über das Inverkehrbringen und die Aussaat von mit bestimmten Pflanzenschutzmitteln behandeltem Maissaatgut vom 11.2.2009 (BAnz. 2009 Nr. 23 S. 519), geändert durch Artikel 5 der Verordnung vom 27.6.2013 (BGBl. I S. 1953).

tes Land PflanzenschutzVO[176] sowie die VO zur Bekämpfung der Feuerbrandkrankheit.[177] Mit der gleichen Begründung sind von der Norm auch Regelungen des Geoschutzes, also des Schutzes von geografischen Angaben und Namen traditioneller Spezialitäten umfasst. Neben den bereits erwähnten europarechtlichen Normen sind im deutschen Recht noch das Markengesetz,[178] die MarkenVO,[179] das Lebensmittelspezialitätengesetz[180] und die LebensmittelspezialitätenVO[181] betroffen. Hinsichtlich von Vermarktungsregelungen kommen hinzu das Handelsklassengesetz[182] sowie weitere produktspezifische Regelungen wie das Weingesetz,[183] die WeinVO,[184] die Wein-ÜberwachungsVO,[185] das Fleischgesetz,[186] die Tierische Lebensmittel-HygieneVO,[187] die Tierische Lebensmittel-ÜberwachungsVO,[188] die Mineral- und TafelwasserVO[189] und die TrinkwasserVO.[190] Hinsichtlich der Kennzeichnung von ökologischen Erzeugnissen ist die

176 Altes Land Pflanzenschutzverordnung vom 11.3.2015 (BAnz AT 16.3.2015 V2), geändert durch Artikel 2 der Verordnung vom 20.6.2016 (BGBl. I S. 1373).

177 Feuerbrandverordnung vom 20.12.1985 (BGBl. I S. 2551), geändert durch Artikel 10 der Verordnung vom 10.10.2012 (BGBl. I S. 2113).

178 Markengesetz vom 25.10.1994 (BGBl. I S. 3082; 1995 I S. 156); 1996 I S. 682), geändert durch Artikel 5 des Gesetzes vom 10.8.2021 (BGBl. I S. 3490).

179 Markenverordnung vom 11.5.2004 (BGBl. I S. 872), geändert durch Artikel 6 des Gesetzes vom 10.8.2021 (BGBl. I S. 3490).

180 Lebensmittelspezialitätengesetz vom 29.10.1993 (BGBl. I S. 1814), geändert durch Artikel 2 des Gesetzes vom 14.11.2022 (BGBl. I S. 2030).

181 Lebensmittelspezialitätenverordnung vom 21.12.1993 (BGBl. I S. 2428), geändert durch Artikel 1 der Verordnung vom 27.1.2016 (BGBl. I S. 157).

182 Handelsklassengesetz in der Fassung der Bekanntmachung vom 23.11.1972 (BGBl. I S. 2201), geändert durch Artikel 4 des Gesetzes vom 16.1.2016 (BGBl. I S. 52).

183 Weingesetz in der Fassung der Bekanntmachung vom 18.1.2011 (BGBl. I S. 66), geändert durch Artikel 12 des Gesetzes vom 10.8.2021 (BGBl. I S. 3436).

184 Weinverordnung in der Fassung der Bekanntmachung vom 21.4.2009 (BGBl. I S. 827), geändert durch Artikel 1 der Verordnung vom 21.10.2022 (BGBl. I S. 1873).

185 Wein-Überwachungsverordnung in der Fassung der Bekanntmachung vom 14.5.2002 (BGBl. I S. 1624), geändert durch Artikel 2 der Verordnung vom 21.10.2022 (BGBl. I S. 1873).

186 Fleischgesetz vom 9.4.2008 (BGBl. I S. 714, 1025), geändert durch Artikel 102 des Gesetzes vom 20.11.2019 (BGBl. I S. 1626).

187 Tierische Lebensmittel-Hygieneverordnung in der Fassung der Bekanntmachung vom 18.4.2018 (BGBl. I S. 480 (619)), geändert durch Artikel 2 der Verordnung vom 11.1.2021 (BGBl. I S. 47).

188 Tierische Lebensmittel-Überwachungsverordnung in der Fassung der Bekanntmachung vom 3.9.2018 (BGBl. I S. 1358), geändert durch Artikel 3 der Verordnung vom 19.6.2020 (BGBl. I S. 1480).

189 Mineral- und Tafelwasser-Verordnung vom 1.8.1984 (BGBl. I S. 1036), geändert durch Artikel 25 der Verordnung vom 5.7.2017 (BGBl. I S. 2272).

190 Trinkwasserverordnung in der Fassung der Bekanntmachung vom 10.3.2016 (BGBl. I S. 459), geändert durch Artikel 1 der Verordnung vom 22.9.2021 (BGBl. I S. 4343).

Regelung der EU-Öko-Basis-VO[191] vom 30.5.2018 relevant für den Schutzbereich hinsichtlich hinweisgebender Personen.

13. Qualitäts- und Sicherheitsstandards von Human- und Tierarzneien, menschlichen Organen und Medizinprodukten sowie grenzüberschreitender Patientenversorgung (§ 2 Abs. 1 Nr. 3 lit. l HinSchG)

33 Der Schutzbereich dieser Norm betrifft den gesamten Bereich der öffentlichen Gesundheit, ausgehend von den in Art. 2 Abs. 1 lit. a Ziff. viii i.V.m. Anhang H WBRL genannten europäischen Rechtsnormen,[192] wobei die dort genannte Richtlinie zu Herstellung, Aufmachung und Verkauf von Tabakerzeugnissen

---

191 Verordnung (EU) 2018/848 des Europäischen Parlaments und des Rates vom 30.5.2018 über die ökologische/biologische Produktion und die Kennzeichnung von ökologischen/biologischen Erzeugnissen sowie zur Aufhebung der Verordnung (EG) Nr. 834/2007 des Rates, ABl. L 150 vom 14.6.2018, S. 1.

192 Richtlinie 2002/98/EG des Europäischen Parlaments und des Rates vom 27.1.2003 zur Festlegung von Qualitäts- und Sicherheitsstandards für die Gewinnung, Testung, Verarbeitung, Lagerung und Verteilung von menschlichem Blut und Blutbestandteilen und zur Änderung der Richtlinie 2001/83/EG (ABl. L 33 vom 8.2.2003, S. 30); Richtlinie 2004/23/EG des Europäischen Parlaments und des Rates vom 31.3.2004 zur Festlegung von Qualitäts- und Sicherheitsstandards für die Spende, Beschaffung, Testung, Verarbeitung, Konservierung, Lagerung und Verteilung von menschlichen Geweben und Zellen (ABl. L 102 vom 7.4.2004, S. 48); Richtlinie 2010/53/EU des Europäischen Parlaments und des Rates vom 7.7.2010 über Qualitäts- und Sicherheitsstandards für zur Transplantation bestimmte menschliche Organe (ABl. L 207 vom 6.8.2010, S. 14); Verordnung (EG) Nr. 141/2000 des Europäischen Parlaments und des Rates vom 16.12.1999 über Arzneimittel für seltene Leiden (ABl. L 18 vom 22.1.2000, S. 1); Richtlinie 2001/83/EG des Europäischen Parlaments und des Rates vom 6.11.2001 zur Schaffung eines Gemeinschaftskodexes für Humanarzneimittel (ABl. L 311 vom 28.11.2001, S. 67); Verordnung (EU) 2019/6 des Europäischen Parlaments und des Rates vom 11.12.2018 über Tierarzneimittel und zur Aufhebung der Richtlinie 2001/82/EG (ABl. L 4 vom 7.1.2019, S. 43); Verordnung (EG) Nr. 726/2004 des Europäischen Parlaments und des Rates vom 31.3.2004 zur Festlegung von Gemeinschaftsverfahren für die Genehmigung und Überwachung von Human- und Tierarzneimitteln und zur Errichtung einer Europäischen Arzneimittel-Agentur (ABl. L 136 vom 30.4.2004, S. 1); Verordnung (EG) Nr. 1901/2006 des Europäischen Parlaments und des Rates vom 12.12.2006 über Kinderarzneimittel und zur Änderung der Verordnung (EWG) Nr. 1768/92, der Richtlinien 2001/20/EG und 2001/83/EG sowie der Verordnung (EG) Nr. 726/2004 (ABl. L 378 vom 27.12.2006, S. 1); Verordnung (EG) Nr. 1394/2007 des Europäischen Parlaments und des Rates vom 13.11.2007 über Arzneimittel für neuartige Therapien und zur Änderung der Richtlinie 2001/83/EG und der Verordnung (EG) Nr. 726/2004 (ABl. L 324 vom 10.12.2007, S. 121); Verordnung (EU) Nr. 536/2014 des Europäischen Parlaments und des Rates vom 16.4.2014 über klinische Prüfungen mit Humanarzneimitteln und zur Aufhebung der Richtlinie 2001/20/EG (ABl. L 158 vom 27.5.2014, S. 1); Richtlinie 2011/24/EU des Europäischen Parlaments und des Rates vom 9.3.2011 über die Ausübung der Patienten-

vom deutschen Gesetzgeber dem Schutzbereich des § 2 Abs. 1 Nr. 3 lit. m HinSchG zugeordnet wurde. Der RegE ergänzt mit dem Verweis auf die Verordnung (EU) 2017/745 vom 5.4.2017 über Medizinprodukte eine weitere, nicht in der WBRL genannte Rechtsnorm.[193] Die deutschen Normen im Schutzbereich der Regelung sind das Transfusionsgesetz (TFG),[194] das Transplantationsgesetz (TPG),[195] das Arzneimittelgesetz (AMG),[196] die Arzneimittelverschreibungs VO (AMVV),[197] das Medizinprodukterecht-Durchführungsgesetz (MPDG),[198] die Medizinprodukte-BetreiberVO (MPBetreibV),[199] das Heilmittel-Werbegesetz (HWG)[200] sowie das Tierarzneimittelgesetz (TAMG).[201] Für die grenzüberschreitende Patientenversorgung gilt ausschließlich das bereits erwähnte europäische Recht. Kritik wurde an der Unbestimmtheit des Begriffs der Qualitäts- und Sicherheitsstandards geübt sowie an einer Abgrenzung zu den Bußgeldtatbeständen des Arzneimittelgesetzes, die nicht sämtlich den Gesundheitsschutz bezwecken.[202]

---

rechte in der grenzüberschreitenden Gesundheitsversorgung (ABl. L 88 vom 4.4.2011, S. 45).

193 Begr. RegE, Bes. Teil, zu § 2, S. 67; Verordnung (EU) 2017/745 des Europäischen Parlaments und des Rates vom 5.4.2017 über Medizinprodukte, zur Änderung der Richtlinie 2001/83/EG, der Verordnung (EG) Nr. 178/2002 und der Verordnung (EG) Nr. 1223/2009 und zur Aufhebung der Richtlinien 90/385/EWG und 93/42/EWG des Rates (ABl. L 117 vom 5.5.2017, S. 1).

194 Transfusionsgesetz in der Fassung der Bekanntmachung vom 28.8.2007 (BGBl. I S. 2169), geändert durch Artikel 11 des Gesetzes vom 19.5.2020 (BGBl. I S. 1018).

195 Transplantationsgesetz in der Fassung der Bekanntmachung vom 4.9.2007 (BGBl. I S. 2206), geändert durch Artikel 15d des Gesetzes vom 11.7.2021 (BGBl. I S. 2754).

196 Arzneimittelgesetz in der Fassung der Bekanntmachung vom 12.12.2005 (BGBl. I S. 3394), geändert durch Artikel 1 des Gesetzes vom 19.7.2023 (BGBl. 2023 I Nr. 197).

197 Arzneimittelverschreibungsverordnung vom 21.12.2005 (BGBl. I S. 3632), geändert durch Artikel 2 der Verordnung vom 19.10.2022 (BGBl. I S. 1810).

198 Medizinprodukterecht-Durchführungsgesetz vom 28.4.2020 (BGBl. I S. 960), geändert durch Artikel 3f des Gesetzes vom 28.6.2022 (BGBl. I S. 938).

199 Medizinprodukte-Betreiberverordnung in der Fassung der Bekanntmachung vom 21.8.2002 (BGBl. I S. 3396), geändert durch Artikel 7 der Verordnung vom 21.4.2021 (BGBl. I S. 833).

200 Heilmittelwerbegesetz in der Fassung der Bekanntmachung vom 19.10.1994 (BGBl. I S. 3068), geändert durch Artikel 7 des Gesetzes vom 19.7.2023 (BGBl. 2023 I Nr. 197).

201 Tierarzneimittelgesetz vom 27.9.2021 (BGBl. I S. 4530), geändert durch Artikel 1 des Gesetzes vom 21.12.2022 (BGBl. I S. 2852).

202 Stellungnahme Bundesverband der Pharmazeutischen Industrie e. V. v. 11.5.2022, S. 5, https://www.bmj.de/SharedDocs/Gesetzgebungsverfahren/Stellungnahmen/2022/Downloads/0511_Stellungnahme_BPI_HinSchG-E.pdf;jsessionid=F9DB8C09523BD92DC08806769082DEBB.2_cid324?__blob=publicationFile&v=2, zuletzt abgerufen am 14.4.2023.

14. Herstellung, Werbung und Verkauf von Tabakerzeugnissen (§ 2 Abs. 1 Nr. 3 lit. m HinSchG)

34 Die europäische Norm, die vom Schutzzweck umfasst ist, ist in Art. 2 Abs. 1 lit. a Ziff. viii i.V.m. Anhang H am Ende unter 4. der WBRL genannt.[203] Ergänzend hierzu gehören zum Schutzbereich das deutsche Tabakerzeugnisgesetz[204] sowie die TabakerzeugnisVO.[205]

15. Verbraucherschutz und Verbraucherrechte bei Verträgen zwischen Unternehmern und Verbrauchern sowie zum Verbraucherschutz bei Finanzdienstleistungen, Preisangaben und Wettbewerbsverstößen (§ 2 Abs. 1 Nr. lit. 3 n HinSchG)

35 Die für den Schutzzweck relevanten europäischen Normen sind in Art. 2 Abs. 1 lit. a Ziff. ix i.V.m. Anhang I WBRL aufgeführt.[206] Zu dem für den

203 Richtlinie 2014/40/EU des Europäischen Parlaments und des Rates vom 3.4.2014 zur Angleichung der Rechts- und Verwaltungsvorschriften der Mitgliedstaaten über die Herstellung, die Aufmachung und den Verkauf von Tabakerzeugnissen und verwandten Erzeugnissen und zur Aufhebung der Richtlinie 2001/37/EG (ABl. L 127 vom 29.4.2014, S. 1).

204 Tabakerzeugnisgesetz vom 4.4.2016 (BGBl. I S. 569), geändert durch Artikel 3 des Gesetzes vom 19.11.2020 (BGBl. I S. 2456).

205 Tabakerzeugnisverordnung vom 27.4.2016 (BGBl. I S. 980), geändert durch Artikel 4 des Gesetzes vom 22.10.2020 (BGBl. I S. 2229).

206 Richtlinie 98/6/EG des Europäischen Parlaments und des Rates vom 16.2.1998 über den Schutz der Verbraucher bei der Angabe der Preise der ihnen angebotenen Erzeugnisse (ABl. L 80 vom 18.3.1998, S. 27); Richtlinie (EU) 2019/770 des Europäischen Parlaments und des Rates vom 20.5.2019 über bestimmte vertragsrechtliche Aspekte der Bereitstellung digitaler Inhalte und digitaler Dienstleistungen (ABl. L 136 vom 22.5.2019, S. 1); Richtlinie (EU) 2019/771 des Europäischen Parlaments und des Rates vom 20.5.2019 über bestimmte vertragsrechtliche Aspekte des Warenkaufs, zur Änderung der Verordnung (EU) 2017/2394 und der Richtlinie 2009/22/EG sowie zur Aufhebung der Richtlinie 1999/44/EG (ABl. L 136 vom 22.5.2019, S. 28); Richtlinie 1999/44/EG des Europäischen Parlaments und des Rates vom 25.5.1999 zu bestimmten Aspekten des Verbrauchsgüterkaufs und der Garantien für Verbrauchsgüter (ABl. L 171 vom 7.7.1999, S. 12); Richtlinie 2002/65/EG des Europäischen Parlaments und des Rates vom 23.9.2002 über den Fernabsatz von Finanzdienstleistungen an Verbraucher und zur Änderung der Richtlinie 90/619/EWG des Rates und der Richtlinien 97/7/EG und 98/27/EG (ABl. L 271 vom 9.10.2002, S. 16); Richtlinie 2005/29/EG des Europäischen Parlaments und des Rates vom 11.5.2005 über unlautere Geschäftspraktiken von Unternehmen gegenüber Verbrauchern im Binnenmarkt und zur Änderung der Richtlinie 84/450/EWG des Rates, der Richtlinien 97/7/EG, 98/27/EG und 2002/65/EG des Europäischen Parlaments und des Rates sowie der Verordnung (EG) Nr. 2006/2004 des Europäischen Parlaments und des Rates (Richtlinie über unlautere Geschäftspraktiken) (ABl. L 149 vom 11.6.2005, S. 22); Richtlinie 2008/48/EG des Europäischen Parlaments und des Ra-

Schutzzweck relevanten Normen gehören nach ausdrücklicher Feststellung der Begründung zum RegE die verbraucherschützenden Regelungen des BGB, also die §§ 241a, 312 bis 312m, 355 bis 361, 474 bis 479, 481 bis 487, 491 bis 512, 655a bis 655e, 661a, 675t BGB. Ausdrücklich nimmt die Begründung zum RegE den gesundheitlichen Verbraucherschutz aus, dessen Regeln bereits in § 2 Abs. 1 Nr. 3 lit. k HinSchG genannt sind. Vom Deutschen Reiseverband e.V. war ausdrücklich moniert worden, dass vom Verbraucherschutz nach § 2 Abs. 1 Nr. 3 lit. n HinSchG im nationalen Recht auch die EU-Pauschalreiserichtlinie v. 25.11.2015[207] sowie die EU-Passagierrechteverordnungen,[208] wie z.B. die Fluggastrechteverordnung v. 11.2.2004,[209] umfasst sind, obwohl diese nicht ausdrücklich in Anhang I der WBRL genannt sind. Folglich forderte der Deutsche Reiseverband e.V. eine kongruente Umsetzung ohne Einbezug der genannten EU-Normen im Reiserecht.[210]

---

tes vom 23.4.2008 über Verbraucherkreditverträge und zur Aufhebung der Richtlinie 87/102/EWG des Rates (ABl. L 133 vom 22.5.2008, S. 66); Richtlinie 2011/83/EU des Europäischen Parlaments und des Rates vom 25.10.2011 über die Rechte der Verbraucher, zur Abänderung der Richtlinie 93/13/EWG des Rates und der Richtlinie 1999/44/EG des Europäischen Parlaments und des Rates sowie zur Aufhebung der Richtlinie 85/577/EWG des Rates und der Richtlinie 97/7/EG des Europäischen Parlaments und des Rates (ABl. L 304 vom 22.11.2011, S. 64); Richtlinie 2014/92/EU des Europäischen Parlaments und des Rates vom 23.7.2014 über die Vergleichbarkeit von Zahlungskontoentgelten, den Wechsel von Zahlungskonten und den Zugang zu Zahlungskonten mit grundlegenden Funktionen (ABl. L 257 vom 28.8.2014, S. 214).

207 Richtlinie 2015/2302 des Europäischen Parlaments und des Rates vom 25.11.2015 über Pauschalreisen und verbundene Reiseleistungen, zur Änderung der Verordnung (EG) Nr. 2006/2004 und der Richtlinie 2011/83/EU des Europäischen Parlaments und des Rates sowie zur Aufhebung der Richtlinie 90/314/EWG des Rates (ABl. L 326/1 vom 11.12.2015).

208 Neben der FluggastrechteVO noch: Verordnung (EG) Nr. 1107/2006 des Europäischen Parlaments und des Rats vom 5.7.2006 über die Rechte von behinderten Flugreisenden und Flugreisenden mit eingeschränkter Mobilität (ABl. L 204 vom 26.7.2006); Verordnung (EG) Nr. 1008/2008 des Europäischen Parlaments und des Rates vom 24.9.2008 über gemeinsame Vorschriften für die Durchführung von Luftverkehrsdiensten in der Gemeinschaft (ABl. L 293/3 vom 31.10.2008).

209 Verordnung (EG) Nr. 261/2004 des Europäischen Parlaments und des Rates vom 11.2.2004 über eine gemeinsame Regelung für Ausgleichs und Unterstützungsleistungen für Fluggäste im Fall der Nichtbeförderung und bei Annullierung oder großer Verspätung von Flügen und zur Aufhebung der Verordnung (EWG) Nr. 295/91 (ABl. L 46 vom 17.2.2004).

210 Stellungnahme Deutscher Reiseverband e.V. v. 5.5.2022, S. 1, https://www.bmj.de/SharedDocs/Gesetzgebungsverfahren/Stellungnahmen/2022/Downloads/0505_Stellungnahme_drv_HinSchG-E.pdf;jsessionid=F9DB8C09523BD92DC08806769082DEBB.2_cid324?__blob=publicationFile&v=2, zuletzt abgerufen am 12.4.2023.

16. Datenschutz und Schutz der Privatsphäre bei elektronischer Kommunikation (§ 2 Abs. 1 Nr. 3 lit. o HinSchG)

36 Die europäische Norm im Schutzbereich ist die Datenschutzrichtlinie für elektronische Kommunikation, die in Art. 2 Abs. 1 lit. a Ziff. x i.V.m. Anhang J der WBRL aufgeführt ist.[211] Ebenso zum Schutzbereich gehören die Regelungen des Telekommunikation-Telemedien-Datenschutz-Gesetzes vom 23.6.2021,[212] ferner die §§ 7, 7a UWG.[213]

17. Schutz personenbezogener Daten nach der DSGVO (§ 2 Abs. 1 Nr. 3 lit. p HinSchG)

37 Diese Norm bezieht sich ausdrücklich auf den Schutzbereich der Datenschutz-Grundverordnung (DSGVO), auf die in Art. 2 Abs. 1 Nr. 3 x) i.V.m. Anhang J WBRL verwiesen wird.[214] Auch das Bundesdatenschutzgesetz dürfte hiervon umfasst sein. Die Fundstellenangabe im Text der Regelung wurde durch eine im Amtsblatt der EU am 4.3.2021 veröffentlichte Berichtigung der DSGVO ergänzt.[215]

18. Sicherheit in der Informationstechnik (§ 2 Abs. 1 Nr. 3 lit. q HinSchG)

38 Art. 2 Abs. 1 lit. a Ziff. x i.V.m. Anhang J nennt zum Schutzzweck der Norm ausdrücklich die Richtlinie (EU) 2016/1148.[216] Zum deutschen Recht im

211 Richtlinie 2002/58/EG des Europäischen Parlaments und des Rates vom 12.7.2002 über die Verarbeitung personenbezogener Daten und den Schutz der Privatsphäre in der elektronischen Kommunikation (Datenschutzrichtlinie für elektronische Kommunikation) (ABl. L 201 vom 31.7.2002, S. 37).

212 Telekommunikation-Telemedien-Datenschutz-Gesetz vom 23.6.2021 (BGBl. I S. 1982; 2022 I S. 1045), geändert durch Artikel 4 des Gesetzes vom 12.8.2021 (BGBl. I S. 3544; 2022 I 1045).

213 Gesetz gegen den unlauteren Wettbewerb in der Fassung der Bekanntmachung vom 3.3.2010 (BGBl. I S. 254), geändert durch Artikel 20 des Gesetzes vom 24.6.2022 (BGBl. I S. 959).

214 Verordnung (EU) 2016/679 des Europäischen Parlaments und des Rates vom 27.4.2016 zum Schutz natürlicher Personen bei der Verarbeitung personenbezogener Daten, zum freien Datenverkehr und zur Aufhebung der Richtlinie 95/46/EG (Datenschutz-Grundverordnung) (ABl. L 119 vom 4.5.2016, S. 1).

215 Beschlussempfehlung und Bericht des Rechtsausschusses v. 14.12.2022, S. 57, BT-Drs. 20/4909.

216 Richtlinie (EU) 2016/1148 des Europäischen Parlaments und des Rates vom 6.7.2016 über Maßnahmen zur Gewährleistung eines hohen gemeinsamen Sicherheitsniveaus von Netz- und Informationssystemen in der Union (NIS-Richtlinie) (ABl. L 194 vom 19.7.2016, S. 1).

Schutzbereich gehören das BSI-Gesetz,[217] die BSI-KritisVO,[218] das Telekommunikationsgesetz (TKG)[219] und das Energiewirtschaftsgesetz (EnWG).[220]

19. Rechte von Aktionären von Aktiengesellschaften (§ 2 Abs. 1 Nr. 3 lit. r HinSchG)

Die Begründung zum RegE[221] nennt als europarechtliche Norm im Schutzzweck von Art. 2 Abs. 1 lit. a Ziff. ii i.V.m. Anhang B xi) die 1. EU-Aktionärsrechterichtlinie (1. ARRL) vom 11.7.2007.[222] Bemerkenswert ist, dass weder in der Begründung zum RegE noch in der WBRL auf die 2. EU-Aktionärsrechterichtlinie (2. ARRL) vom 17.5.2017[223] eingegangen wird. Da es aber auch bei der 2. ARRL um Verbesserung der Mitwirkungsrechte von Aktionären sowie um eine Erleichterung der grenzüberschreitenden Informationsmöglichkeiten und Ausübung von Aktionärsrechten geht, dürfte auch die 2. ARRL im Schutzbereich der Norm sein. 39

Deutsche Regelungen im Schutzbereich der Norm sind somit die Änderungen des AktG aufgrund des ARUG I vom 30.7.2009, also insbesondere §§ 27 Abs. 3 und 4, 33a, 37a, 38 Abs. 3, 52, 71, 118, 121, 124a, 125, 128, 135, 175, 176, 183, 183a, 184, 195, 205, 241, 242, 243 Abs. 3, 246a, 293f, 319, 327c Abs. 5 AktG. Weiterhin sind hiervon auch die Änderungen des AktG aufgrund des ARUG II vom 12.12.2019 umfasst, somit insbesondere die §§ 67, 67a–67f, 87a, 111a–111c, 113, 118, 120a, 124, 125, 129, 134a–134d, 162, 261a AktG. Ausdrücklich nimmt die Begründung des RegE[224] Bezug auf die Europäische Aktiengesellschaft (SE) unter Verweis auf Art. 3 Abs. 1 der SE-VO,[225] nach 40

---

217 BSI-Gesetz vom 14.8.2009 (BGBl. I S. 2821), geändert durch Artikel 12 des Gesetzes vom 23.6.2021 (BGBl. I S. 1982).

218 BSI-Kritisverordnung vom 22.4.2016 (BGBl. I S. 958), geändert durch Artikel 1 der Verordnung vom 6.9.2021 (BGBl. I S. 4163).

219 Telekommunikationsgesetz vom 23.6.2021 (BGBl. I S. 1858), geändert durch Artikel 9 des Gesetzes vom 20.7.2022 (BGBl. I S. 1166).

220 Energiewirtschaftsgesetz vom 7.7.2005 (BGBl. I S. 1970, 3621), geändert durch Artikel 2 des Gesetzes vom 25.11.2022 (BGBl. I S. 2102).

221 Begr. RegE, Bes. Teil, zu § 2, S. 68.

222 Richtlinie 2007/36/EG des Europäischen Parlaments und des Rates vom 11.7.2007 über die Ausübung bestimmter Rechte von Aktionären in börsennotierten Gesellschaften (ABl. L 184 vom 14.7.2007, S. 17).

223 Richtlinie (EU) 2017/828 des Europäischen Parlaments und des Rates vom 17.5.2017 zur Änderung der Richtlinie 2007/36/EG im Hinblick auf die Förderung der langfristigen Mitwirkung der Aktionäre (ABl. L 132 vom 20.5.2017, S. 1).

224 Begr. RegE, Bes. Teil, zu § 2, S. 69.

225 Verordnung (EG) Nr. 2157/2001 des Rates vom 8.10.2001 über das Statut der Europäischen Gesellschaft (SE) (Abl. L 294 vom 10.11.2001, S. 1).

dem die SE als Aktiengesellschaften gelten. Demzufolge fällt auch die SE-VO in den Schutzbereich der Norm, ferner das SE-Ausführungsgesetz.[226]

20. Abschlussprüfung bei Unternehmen von öffentlichem Interesse, § 316a HGB (§ 2 Abs. 1 Nr. 3 lit. s HinSchG)

41 Zum Schutzbereich gehört die EU-VO 537/2014,[227] auf die in Art. 2 Abs. 1 lit. a Ziff. ii i.V.m. Anhang B Ziff. vii WBRL verwiesen wird. Ebenso im deutschen Recht die die vorgenannte EU-VO ergänzende Vorschrift des § 316a HGB, eingeführt mit Wirkung zum 1.7.2021.[228]

21. Rechnungslegung von diversen kapitalmarktorientierten Unternehmen sowie Unternehmen im Finanzdienstleistungsbereich von öffentlichem Interesse (§ 2 Abs. 1 Nr. 3 lit. t HinSchG)

42 Nach der ausdrücklichen Erwähnung von Art. 2 Abs. 1 lit. a Ziff. ii i.V.m. Anhang B Ziff. i, ix und xii WBRL fallen in den Schutzbereich zunächst die Rechnungslegungsvorschriften für kapitalmarktorientierte Unternehmen sowie für Zahlungs- und E-Geld-Institute.[229] Die für letztere relevanten deutschen Normen des § 340 Abs. 5 HGB und des Zahlungsdiensteaufsichtsgesetz[230] fallen ebenfalls in den Schutzbereich. Die Begründung zum RegE rechtfertigt die

226 SE-Ausführungsgesetz vom 22.12.2004 (BGBl. I S. 3675), geändert durch Artikel 62 des Gesetzes vom 10.8.2021 (BGBl. I S. 3436).

227 Verordnung (EU) Nr. 537/2014 des Europäischen Parlaments und des Rates vom 16.4.2014 über spezifische Anforderungen an die Abschlussprüfung bei Unternehmen von öffentlichem Interesse und zur Aufhebung des Beschlusses 2005/909/EG der Kommission (ABl. L 158 vom 27.5.2014, S. 77).

228 Gesetz zur Stärkung der Finanzmarktintegrität (Finanzmarktintegritätsstärkungsgesetz – FISG) vom 3.6.2021, BGBl. I S. 1534, in Kraft getreten am 1.7.2021.

229 Richtlinie 2009/110/EG des Europäischen Parlaments und des Rates vom 16.9.2009 über die Aufnahme, Ausübung und Beaufsichtigung der Tätigkeit von E-Geld-Instituten, zur Änderung der Richtlinien 2005/60/EG und 2006/48/EG sowie zur Aufhebung der Richtlinie 2000/46/EG (ABl. L 267 vom 10.10.2009, S. 7); Richtlinie (EU) 2015/2366 des Europäischen Parlaments und des Rates vom 25.11.2015 über Zahlungsdienste im Binnenmarkt, zur Änderung der Richtlinien 2002/65/EG, 2009/110/EG und 2013/36/EU und der Verordnung (EU) Nr. 1093/2010 sowie zur Aufhebung der Richtlinie 2007/64/EG (ABl. L 337 vom 23.12.2015, S. 35); Richtlinie 2004/109/EG des Europäischen Parlaments und des Rates vom 15.12.2004 zur Harmonisierung der Transparenzanforderungen in Bezug auf Informationen über Emittenten, deren Wertpapiere zum Handel auf einem geregelten Markt zugelassen sind, und zur Änderung der Richtlinie 2001/34/EG (ABl. L 390 vom 31.12.2004, S. 38).

230 Zahlungsdiensteaufsichtsgesetz vom 17.7.2017 (BGBl. I S. 2446; 2019 I S. 1113), geändert durch Artikel 5 des Gesetzes vom 25.6.2021 (BGBl. I S. 2083).

Einbeziehung der Rechnungslegungsvorschriften für Kreditinstitute und Versicherungsunternehmen mit der Tatsache, dass diese Unternehmen nach der Richtlinie 2013/34/EU vom 26.6.2013 (Bilanz-Richtlinie)[231] ebenfalls als Unternehmen von öffentlichem Interesse deklariert werden, sodass bei Nichtberücksichtigung ein Wertungswiderspruch bestünde.

Weiterhin wird auch der Verstoß von Rechnungslegungsvorschriften bei Finanzdienstleistungsinstituten gem. § 1 Abs. 1a Kreditwesengesetz (KWG),[232] Wertpapierinstituten gem. § 2 Abs. 1 Wertpapierinstitutsgesetz (WpIG)[233] sowie Pensionsfonds gem. § 236 Abs. 1 Versicherungsaufsichtsgesetz (VAG)[234] einbezogen. Nach der Begründung zum RegE sei diese Einbeziehung notwendig, damit für die einbezogenen Unternehmen die gleichen strengen Rechnungslegungsvorschriften der §§ 340 ff. HGB gelten wie für die zwingend nach der Richtlinie 2009/110/EG und dem Zahlungsdiensteaufsichtsgesetz einzubeziehenden Zahlungs- und E-Geld-Institute.[235] Demzufolge sind die deutschen Regelungen im Schutzzweck der Norm die entsprechenden Rechnungslegungsvorschriften der §§ 264d, 340 ff. und 341 ff. HGB. Verstöße von Rechnungslegungsvorschriften bei anderen als den genannten Unternehmen fallen nur dann unter das HinSchG, wenn diese strafbewehrt sind, somit dann unter § 2 Abs. 1 Nr. 1 HinSchG.[236] 43

V. Verstöße gegen bundesrechtliche Regelungen zur Vergabe öffentlicher Aufträge und Konzessionen ab Erreichen der relevanten Schwellenwerte (§ 2 Abs. 1 Nr. 4 HinSchG)

§ 2 Abs. 1 lit. a Ziff. i i.V.m. Anhang A Ziff. 1 WBRL nennt die europarechtlichen Normen hinsichtlich des Schutzbereiches dieser Vorschrift, die insbesondere Verfahrensregeln für die Vergabe von öffentlichen Aufträgen und Konzes- 44

231 Richtlinie 2013/34/EU des Europäischen Parlaments und des Rates vom 26.6.2013 über den Jahresabschluss, den konsolidierten Abschluss und damit verbundene Berichte von Unternehmen bestimmter Rechtsformen und zur Änderung der Richtlinie 2006/43/EG des Europäischen Parlaments und des Rates und zur Aufhebung der Richtlinien 78/660/EWG und 83/349/EWG des Rates (ABl. L 182 vom 20.6.2013, S. 19), geändert durch Richtlinie (EU) 2021/2101 (ABl. L 429 vom 1.12.2021, S. 1).

232 Kreditwesengesetz in der Fassung der Bekanntmachung vom 9.9.1998 (BGBl. I S. 2776), geändert durch Artikel 12 des Gesetzes vom 22.2.2023 (BGBl. 2023 I Nr. 51).

233 Wertpapierinstitutsgesetz vom 12.5.2021 (BGBl. I S. 990), geändert durch Artikel 14 des Gesetzes vom 22.2.2023 (BGBl. 2023 I Nr. 51).

234 Versicherungsaufsichtsgesetz vom 1.4.2015 (BGBl. I S. 434), geändert durch Artikel 9 des Gesetzes vom 31.5.2023 (BGBl. 2023 I Nr. 140).

235 Begr. RegE, Bes. Teil, zu § 2, S. 69.

236 Begr. RegE, Bes. Teil, zu § 2, a. a. O.

sionen und für die Vergabe von Aufträgen betreffen,[237] die bei Erreichen der Schwellenwerte i. S. d. § 106 GWG relevant werden. Ergänzend wird in Anhang A Ziff. 2 WBRL auf die Regelungen zu Nachprüfungsverfahren, also die vergaberechtliche Kontrolle der Auftragsvergabe öffentlicher Auftraggeber, verwiesen.[238] Die Begründung des RegE[239] führt als relevantes deutsches Recht im Schutzbereich ausdrücklich die deutschen Umsetzungsvorschriften, somit Teil 4 des GWB, somit die §§ 97 bis 184 GWB, sowie die VergabeVO (VgV)[240] auf. Öffentliche Aufträge und Konzessionen, die die Sicherheit von oder die Erzeugung oder den Handel von Waffen, Munition oder Kriegsmaterial durch EU-Mitgliedstaaten betreffen (Art. 346 AEUV), fallen nach der Begründung des RegE ebenso wenig in den Schutzbereich der Norm wie Verstöße gegen landesrechtliche Vorschriften zu Vergaberecht und Regelungen zur Vergabe der Bundesverwaltung.[241]

---

237 Richtlinie 2014/23/EU des Europäischen Parlaments und des Rates vom 26.2.2014 über die Konzessionsvergabe (ABl. L 94 vom 28.3.2014, S. 1); Richtlinie 2014/24/EU des Europäischen Parlaments und des Rates vom 26.2.2014 über die öffentliche Auftragsvergabe und zur Aufhebung der Richtlinie 2004/18/EG (ABl. L 94 vom 28.3.2014, S. 65); Richtlinie 2014/25/EU des Europäischen Parlaments und des Rates vom 26.2.2014 über die Vergabe von Aufträgen durch Auftraggeber im Bereich der Wasser-, Energie- und Verkehrsversorgung sowie der Postdienste und zur Aufhebung der Richtlinie 2004/17/EG (ABl. L 94 vom 28.3.2014, S. 243); Richtlinie 2009/81/EG des Europäischen Parlaments und des Rates vom 13.7.2009 über die Koordinierung der Verfahren zur Vergabe bestimmter Bau-, Liefer- und Dienstleistungsaufträge in den Bereichen Verteidigung und Sicherheit und zur Änderung der Richtlinien 2004/17/EG und 2004/18/EG (ABl. L 216 vom 20.8.2009, S. 76).

238 Richtlinie 92/13/EWG des Rates vom 25.2.1992 zur Koordinierung der Rechts- und Verwaltungsvorschriften für die Anwendung der Gemeinschaftsvorschriften über die Auftragsvergabe durch Auftraggeber im Bereich der Wasser-, Energie- und Verkehrsversorgung sowie im Telekommunikationssektor (ABl. L 76 vom 23.3.1992, S. 14); Richtlinie 89/665/EWG des Rates vom 21.12.1989 zur Koordinierung der Rechts- und Verwaltungsvorschriften für die Anwendung der Nachprüfungsverfahren im Rahmen der Vergabe öffentlicher Liefer- und Bauaufträge (ABl. L 395 vom 30.12.1989, S. 33).

239 Begr. RegE, Bes. Teil, zu § 2, S. 70.

240 Vergabeverordnung vom 12.4.2016 (BGBl. I S. 624), geändert durch Artikel 2 des Gesetzes vom 9.6.2021 (BGBl. I S. 1691).

241 Begr. RegE, Bes. Teil, zu § 2, a. a. O.

VI. Verstöße, die bereits vom in § 4d Abs. 1 Finanzdienstleistungsaufsichtsgesetz geregelten Hinweisgeberverfahren bei Verstößen gegen Rechtsnormen, für die das BaFin zuständig ist, erfasst sind (§ 2 Abs. 1 Nr. 5 HinSchG)

Diese Regelung setzt zwar inhaltlich die Meldung von Verstößen gegen die in Art. 2 Abs. 1 lit. a Ziff. ii i.V.m. Anhang B WBRL genannten europäischen Normen um. Tatsächlich besteht hinsichtlich dieser Normen bei der BaFin bereits gem. § 4d Finanzdienstleistungsaufsichtsgesetz (FinDAG)[242] ein seit Juli 2016 eingerichtetes Hinweisgeberschutzsystem.[243] Da die BaFin bei dieser speziellen Materie sachnäher ist, bleibt sie diesbezüglich nach dem Meldesystem gem. § 21 HinSchG zuständig.[244] **45**

Neben der in § 4d Abs. 1 FinDAG genannten Meldung von Verstößen gegen europäische Normen, die in Anhang B WBRL enthalten sind, betrifft dies auch die Meldung von Verstößen gegen das Kreditwesengesetz (KWG), das Zahlungsdiensteaufsichtsgesetz (ZAG), das Versicherungsaufsichtsgesetz (VAG), das Wertpapierhandelsgesetz (WpHG),[245] das Kapitalanlagegesetzbuch (KAGB)[246,247] sowie gegen die zahlreichen Rechtsverordnungen nach den vorgenannten Gesetzen,[248] ferner wird von § 4d FinDAG auch die Meldung von Verstößen gegen die zahlreichen Allgemeinverfügungen der BaFin umfasst.[249] Dieses Hinweisgeberschutzsystem der BaFin soll nach dem ausdrücklichen Willen des Gesetzgebers nach der Gesetzesbegründung beibehalten werden, indem es in das HinSchG integriert und als Teil der Funktion der BaFin als externe Meldestelle nach § 21 Nr. 4 HinSchG etabliert wird.[250] **46**

---

242 Finanzdienstleistungsaufsichtsgesetz vom 22.4.2002 (BGBl. I S. 1310), geändert durch Artikel 21 des Gesetzes vom 24.6.2022 (BGBl. I S. 959).

243 https://www.bafin.de/DE/PublikationenDaten/Jahresbericht/Jahresbericht2016/Kapitel2/Kapitel2_2/Kapitel2_2_4/kapitel2_2_4_artikel.html, zuletzt abgerufen am 2.12.2022.

244 Begr. RegE, Bes. Teil, zu § 2, S. 62.

245 Wertpapierhandelsgesetz in der Fassung der Bekanntmachung vom 9.9.1998 (BGBl. I S. 2708), geändert durch Artikel 10 des Gesetzes vom 19.12.2022 (BGBl. I S. 2606).

246 Kapitalanlagegesetzbuch vom 4.7.2013 (BGBl. I S. 1981), geändert durch Artikel 15 des Gesetzes vom 22.2.2023 (BGBl. 2023 I Nr. 51).

247 https://www.bundestag.de/resource/blob/426710/1d4f287e7c5f9977b5fed581a2bb37d4/WD-4-064-16-pdf-data.pdf, zuletzt abgerufen am 2.12.2022.

248 Überblick bei: https://www.bafin.de/DE/RechtRegelungen/Rechtsgrundlagen/Verordnungen/verordnungen_node.html, zuletzt abgerufen am 2.12.2022.

249 https://www.bafin.de/DE/RechtRegelungen/Verfuegungen/verfuegungen_artikel.html, zuletzt abgerufen am 2.12.2022.

250 Begr. RegE, Bes. Teil, zu § 2, S. 70.

VII. Verstöße gegen das Steuerrecht für Körperschaften und Personenhandelsgesellschaften (§ 2 Abs. 1 Nr. 6 HinSchG)

47 Nach den Vorgaben von Art. 2 Abs. 1 lit. c 2. Alt. WBRL sollte der Schutzzweck die Meldung von Verstößen gegen „Körperschaftsteuer-Vorschriften" umfassen. Die Beschränkung auf die Verletzung steuerlicher Vorschriften allein bei Körperschaften, also Kapitalgesellschaften, eingetragenen Genossenschaften, eingetragenen Vereinen und anderen Körperschaften – dies betrifft insbesondere die Regelungen zur Körperschaftsteuer – wäre aber eine sachliche Ungleichbehandlung hinsichtlich der Unternehmen, die als Personengesellschaft strukturiert sind, z. B. in der häufigen Rechtsform der GmbH & Co. KG, oder bei einzelkaufmännischen Unternehmen. Die Gesetzesbegründung weist daher ausdrücklich auf den Umstand hin, dass auch große mittelständische Unternehmen, „anders als in anderen Mitgliedsstaaten", häufig als Personengesellschaften organisiert sind.[251]

48 Die Gesetzesbegründung argumentiert diesbezüglich mit der Relevanz einer gleichermaßen vorhandenen Umsatzsteuerpflichtigkeit bei Personengesellschaften als Grund für die Schaffung einer Gleichbehandlung, was die Bedeutung der Gewerbesteuer oder der betrieblichen Steuern wie Lohnsteuer, Grundsteuer oder Kfz-Steuer für Anlagevermögen von Personengesellschaften nicht berücksichtigt. Die Einbeziehung der Personenhandelsgesellschaften wurde insbesondere von der Bundessteuerberaterkammer kritisiert und als nicht europarechtskonform betrachtet, zudem würden steuerstrafrechtliche Verstöße bereits von § 2 Abs. 1 Nr. 1 HinSchG erfasst werden.[252] Dennoch hat der deutsche Gesetzgeber von der gem. Art. 2 Abs. 2 WBRL dem nationalen Gesetzgeber zugebilligten Befugnis, den Schutzbereich der WBRL auszudehnen, Gebrauch gemacht. Folglich bezieht die deutsche Regelung auch Personenhandelsgesellschaften ein. Dies sind die Personengesellschaften nach dem HGB, somit die offene Handelsgesellschaft (OHG) gem. §§ 105 ff. HGB und die Kommanditgesellschaft gem. §§ 161 ff. HGB.

49 Damit wird eine weitgehende Gleichstellung bei der Verletzung steuerlicher Vorschriften bei vielen Unternehmen, gleich welcher Rechtsform, erreicht, mit der bemerkenswerten Ausnahme, dass steuerliche Vorschriften für einzelkaufmännische Unternehmen vom Wortlaut her nicht umfasst sind. Ebenso besteht bei der Anwendung steuerlicher Vorschriften für die OHG eine Grauzone zur Anwendbarkeit der – vom Gesetz nicht erfassten – BGB-Gesellschaft, da auch

251 Begr. RegE, Bes. Teil, zu § 2, a. a. O.

252 Stellungnahme Bundessteuerberaterkammer v. 6.5.2022, S. 2, https://www.bmj.de/SharedDocs/Gesetzgebungsverfahren/Stellungnahmen/2022/Downloads/0506_Stellungnahme_BStBK_HinSchG-E.pdf;jsessionid=E5573FE4917EF97014CB1F9D93E46B62.2_cid289?__blob=publicationFile&v=3, zuletzt abgerufen am 20.8.2022.

eine BGB-Gesellschaft, die ein vollkaufmännisches Gewerbe betreibt, zwar rechtlich eine OHG darstellt, dies aber nur durch eine deklaratorische Eintragung in das Handelsregister offenkundig wird. Der Anwendungsbereich in diesen Grenzfällen ist daher nicht klar feststellbar.

Die für die Besteuerung von Unternehmen in der Rechtsform der Körperschaf- 50
ten und Personenhandelsgesellschaften relevanten Rechtsnormen, bei denen die Meldung eines Verstoßes im Schutzbereich der Vorschrift ist, umfasst somit sämtliche steuerlichen Regelungen in Deutschland zu Ertragssteuern (Einkommensteuer, Körperschaftsteuer, Gewerbesteuer), wohl auch den Solidaritätszuschlag als Ergänzungsabgabe, die Umsatzsteuer, sämtliche Verbrauchssteuern wie Kaffee-, Energie-, Bier-, Tabak-, Branntwein-, Schaumwein- und Alkopopsteuer, und als einzige Substanzsteuer auch die (betriebliche) Grundsteuer. Auch das Erbschaft- und Schenkungsteuergesetz ist im Schutzbereich der Norm, da Körperschaften – nicht aber die nicht rechtsfähigen Personenhandelsgesellschaften – Begünstigte eines Erbfalls oder einer Schenkung sein können.

VIII. Verstöße aufgrund von missbräuchlichen steuerschädlichen Vereinbarungen mit steuerlichen Vorteilen für Körperschaften und Personenhandelsgesellschaften (§ 2 Abs. 1 Nr. 7 HinSchG)

Nach Art. 2 Abs. 1 lit. c 3. Alt. WBRL war der Schutzbereich auf die Meldung 51
von Vereinbarungen beschränkt, die einen steuerlichen Vorteil vorsahen, der „dem Ziel oder dem Zweck des geltenden Körperschaftsteuerrechts zuwiderläuft“. Entsprechend der Vorgehensweise bei § 2 Abs. 1 Nr. 6 HinSchG sah auch hier der deutsche Gesetzgeber eine sachliche Ungleichbehandlung, wenn nicht auch Vereinbarungen mit steuerlichen Vorteilen für Personenhandelsgesellschaften in den Schutzbereich der Norm einbezogen werden, und hat daher von seiner Möglichkeit einer Ausdehnung des Schutzbereichs gem. Art. 2 Abs. 2 WBRL Gebrauch gemacht. Im Unterschied zu § 2 Abs. 1 Nr. 6 WBRL ist hier nicht die Meldung von Gesetzesverstößen geschützt, sondern von entsprechenden Vereinbarungen, die somit nicht explizit Gesetze verletzen. Die Gesetzesbegründung geht daher richtigerweise davon aus, dass § 2 Abs. 1 Nr. 7 HinSchG im Verhältnis zu § 2 Abs. 1 Nr. 6 HinSchG „vorgelagert“,[253] somit als lex specialis zu betrachten ist. Kritik erfuhr der Referentenentwurf des § 2 Abs. 1 Nr. 7 HinSchG durch *Gerdemann*, der berechtigterweise darauf hinweist, dass das Tatbestandsmerkmal der „Rechtsmissbräuchlichkeit“ rechtssystematisch irreführend sei, da in der Verstoßdefinition des § 3 Abs. 2 Satz 2 HinSchG eine Erfassung rechtsmissbräuchlichen Verhaltens bereits angeord-

253 Begr. RegE, Bes. Teil, zu § 2, a. a. O.

net sei.[254] Eine Anpassung durch den Gesetzgeber erfolgte in der Endfassung auf diese Kritik hin nicht, lediglich § 3 Abs. 2 HinSchG wurde ohne inhaltliche Änderungen anders gegliedert – statt Ziff. 1 und Ziff. 2 nunmehr als Fließtext.

52 Die Gesetzesbegründung führt somit insbesondere Regelungen an, die einen unangemessenen rechtlichen Gestaltungsmissbrauch gem. § 42 AO darstellen. Diese Referenz auf § 42 AO ist zwar zutreffend, zeigt aber damit das Dilemma der Anwendung dieser Norm auf. Einem Hinweisgeber dürfte es naturgemäß schwerfallen, zwischen steuerlicher Optimierung einerseits und unangemessenem steuerlichen Gestaltungsmissbrauch auf der anderen Seite zu differenzieren, wenn diese Person nicht selbst eine entsprechende Gestaltung vornimmt. Die Privilegierung des Hinweisgebers hängt somit von einer durch die Finanzverwaltung, die Finanzgerichte oder die Strafgerichte ggf. sehr spät getroffenen Qualifikation einer Gestaltung als rechtsmissbräuchlich ab – die Cum/Ex-Fälle mögen hierfür ein Beispiel sein[255] – und schafft somit für den Hinweisgeber erhebliche Unsicherheiten. Es wäre wünschenswert, wenn der Gesetzgeber diese Norm stärker konkretisiert.

IX. Verstöße gegen Artikel 101 und 102 des AEUV sowie Verstöße gegen § 81 Abs. 2 Ziff. 1, Ziff. 2 lit. a, Ziff. 5 sowie Abs. 3 GWB (§ 2 Abs. 1 Nr. 8 HinSchG)

53 Nachdem diese Regelung im Referentenentwurf vom 4.5.2022 noch unter § 2 Abs. 1 Nr. 7 HinSchG zusammen mit Verstößen aufgrund missbräuchlicher steuerlicher Vorteile gefasst worden war, fasste der Entwurf der Bundesregierung vom 22.7.2022 diese Materie nun in einer eigenen Norm zusammen. Zwar hat diese Norm ihre Grundlage nicht unmittelbar in einer gesonderten Regelung der WBRL, diese Materie ist aber gleichwohl im Rahmen des Art. 2 Abs. 1 lit. c WBRL erfasst, da hier von „Unionsvorschriften über Wettbewerb" die Rede ist. Zwar scheint sich Art. 2 Abs. 1 lit. c WBRL aufgrund der expliziten Nennung von Art. 26 Abs. 2 AEUV ausschließlich auf die 4 EU-Grundfreiheiten des freien Verkehrs von Waren, Personen, Dienstleistungen und Kapital zu beziehen. Zudem wird auch in § 2 Abs. 2 Nr. 2 HinSchG der Wortlaut von Art. 2 Abs. 1 lit. c WBRL fast wortgleich übernommen. Allerdings erwähnt Erwägungsgrund 17 der WBRL ausdrücklich auch Europäisches Wettbewerbs-

---

254 Stellungnahme *Gerdemann* v. 11.5.2022, S. 2, https://www.bmj.de/SharedDocs/Gesetzgebungsverfahren/Stellungnahmen/2022/Downloads/0511_Stellungnahme_gerdemann_HinSchG-E.pdf;jsessionid=E5573FE4917EF97014CB1F9D93E46B62.2_cid289?__blob=publicationFile&v=2, zuletzt abgerufen am 10.8.2022.

255 Hierzu *Fischer*, Anmerkung zu LG Bonn v. 18.3.2020 62 KLs 1/19, NWB 2020, 3041 ff.

recht und dezidiert auch Art. 101 und 102 AEUV als schutzwürdige Rechte, bei deren Verletzung Hinweisgeber zu schützen sind. Im Zweifel hat auch hier der deutsche Gesetzgeber gem. Art. 2 Abs. 2 WBRL von seiner Befugnis Gebrauch gemacht, den Schutzbereich über die WBRL hinaus auszudehnen und dezidiert zu regeln, indem die entsprechenden kartellrechtlichen Regelungen des europäischen und deutschen Rechts ausdrücklich genannt werden.

Die Regelung umfasst sämtliche Verstöße gegen europäisches Kartellrecht, so **54** die Vorschriften zum Kartellverbot gem. Art. 101 AEUV sowie zum Missbrauch einer marktbeherrschenden Stellung gem. Art. 102 AEUV. Ebenso umfasst die Regelung mit dem Verweis auf bestimmte Bußgeldvorschriften des GWB, also § 81 Abs. 2 Ziff. 1, Ziff. 2 lit. a, Ziff. 5 und Abs. 3 i.V.m. §§ 1, 19 und 20 GWB, auch das deutsche Kartellrecht. Die Gesetzesbegründung weist ausdrücklich auf den Gleichlauf des deutschen Kartellrechts mit dem unionsrechtlichen Kartellrecht hin.[256] Erfasst sind die nachfolgenden Bußgeldtatbestände, die nicht dem Schutz von Leben, Leib oder Gesundheit oder der Rechte von Beschäftigten dienen und daher nicht schon von § 2 Abs. 1 Nr. 2 HinSchG erfasst sind.

Es sind dies die Tatbestände der Verstöße gegen ein Kartellverbot, des Miss- **55** brauchs einer marktbeherrschenden Stellung oder einer Marktstellung oder einer überlegenen Marktmacht, einer unbilligen Behinderung oder unterschiedlichen Behandlung, der Ablehnung der Aufnahme eines Unternehmens, der Ausübung eines Zwangs, der Zufügung eines wirtschaftlichen Nachteils oder des Vollzugs eines Zusammenschlusses (§ 81 Abs. 1 Ziff.1 GWB), ferner Verstöße gegen diesbezügliche vollziehbare Anordnungen (§ 81 Abs. 1 Ziff. 2 lit. a GWB) oder vollziehbaren Auflagen (§ 81 Abs. 1 Ziff. 5 GWB) sowie die Ahndung von Aufforderungen von Liefersperren oder Bezugssperren, der Androhung oder Zufügung von Nachteilen oder dem Versprechen oder Gewähren von Vorteilen oder der Ahndung von unrichtigen Angaben bei Wettbewerbsregelung oder der Anmeldung von Zusammenschlüssen (§ 81 Abs. 3 GWB). Wenn die Gesetzesbegründung hier von „paralleler Erfassung“ des deutschen und des europäischen Wettbewerbsrechts spricht,[257] dann dürfte in erster Linie das klassische Kartellrecht gemeint sein. Das deutsche Wettbewerbsrecht i.S.d. Werberechts nach dem UWG findet im Gesetzeswortlaut keinerlei Erwähnung.

256 Begr. RegE, Bes. Teil, zu § 2, S. 71.
257 Begr. RegE, Bes. Teil, zu § 2, a.a.O.

X. Verstöße gegen Digital Markets Act (DMA) – Verordnung (EU) 2022/1925 des Europäischen Parlaments und des Rates vom 14.9.2022 (§ 2 Abs. 1 Nr. 9 HinSchG)

56 Die genannte VO (EU) 2022/1925 v. 14.9.2022[258] (Digital Markets Act, DMA) ergänzte in Art. 51 DMA den Schutzbereich der WBRL,[259] indem der DMA in Anhang J WBRL ergänzt wird.[260] Um diese Änderung im HinSchG abzubilden, wurde der sachliche Anwendungsbereich des HinSchG diesbezüglich durch die Beschlussempfehlung des Rechtsausschusses vom 14.12.2022[261] erweitert. Zudem regelt Art. 43 des DMA ausdrücklich, dass die WBRL auf die Meldung von Verstößen gegen den Digital Markets Act Anwendung findet. Somit erstreckt sich bereits aufgrund unmittelbar anwendbarem europäischem Verordnungsrecht der sachliche Anwendungsbereich auf den Digital Markets Act.[262]

XI. Verfassungsfeindliche Äußerungen von Beamtinnen und Beamten (§ 2 Abs. 1 Nr. 10 HinSchG)

57 Auch diese Regelung wurde durch die erwähnte Beschlussempfehlung des Rechtsausschusses vom 14.12.2022 in das HinSchG eingefügt. Systematisch bedeutet diese Erweiterung des Anwendungsbereichs einen Bruch mit den Regelungen des § 2, da hier nicht die Information über „Verstöße" in den Schutzbereich für Hinweisgeber einbezogen wird. Vielmehr sind Hinweisgeber nunmehr auch bei Meldungen über verfassungsfeindliche Äußerungen von Beamtinnen und Beamten, die unterhalb einer Strafbarkeitsschwelle liegen, geschützt. Als Beispiel hierfür führt die Beschlussempfehlung des Rechtsausschusses z. B. Äußerungen in Chats an, der Begriff der Äußerungen wird demzufolge weit ausgelegt und erfasst Äußerungen jedweder Art, somit schriftliche, mündliche oder anders entäußerte Erklärungen, z. B. durch Gebärden.[263]

---

258 Verordnung (EU) 2022/1925 des Europäischen Parlaments und des Rates vom 14.9.2022 über bestreitbare und faire Märkte im digitalen Sektor und zur Änderung der Richtlinien (EU) 2019/1937 und (EU) 2020/1828 (Gesetz über digitale Märkte) (ABl. L 265 vom 12.10.2022, S. 1, Digital Markets Act (DMA).

259 *Baade/Hößl*, DStR 2023, 1213, 1215.

260 Beschlussempfehlung und Bericht des Rechtsausschusses vom 14.12.2022, S. 57, BT-Drs. 20/4909.

261 BT-Drs. 20/4909, https://dserver.bundestag.de/btd/20/049/2004909.pdf, zuletzt abgerufen am 19.12.2022.

262 Beschlussempfehlung und Bericht des Rechtsausschusses vom 14.12.2022, S. 57, BT-Drs. 20/4909.

263 Beschlussempfehlung und Bericht des Rechtsausschusses vom 14.12.2022, S. 57, BT-Drs. 20/4909.

Anlass für diese kurzfristig eingeführte Ergänzung waren Großrazzien gegen sog. „Reichsbürger" Ende 2022 im Hinblick auf verfassungsfeindliche Aktivitäten,[264] bei denen es auch zu Ermittlungen gegen Personen kam, die dem Beamtenrecht unterliegen. Beamte unterliegen den Grundsätzen des Berufsbeamtentums gem. Art. 33 Abs. 5 GG, die sie im Rahmen ihrer Treuepflicht dazu verpflichten, für die freiheitlich demokratische Grundordnung (FDGO) einzustehen. Der Beschlussentwurf des Rechtsausschusses erwähnt als einfachgesetzliche Grundlagen für die Pflicht zur Verfassungstreue noch § 33 Abs. 1 Satz 3 BeamtenstatusG sowie § 60 Abs. 1 Satz 3 BBG. **58**

Eine diesbezügliche Pflichtverletzung wird angesichts der erwähnten Aktivitäten der „Reichsbürger" explizit darin gesehen, wenn ein Beamter die Existenz der Bundesrepublik Deutschland in Abrede stellt. Exemplarisch hierzu erwähnt die Beschlussempfehlung des Rechtsauschusses[265] die Entscheidung des BVerwG vom 2.12.2021 hinsichtlich der Entfernung eines Beamten des BND, der einen „Staatsangehörigkeitsausweis" eines „Königreichs Bayern" beantragte.[266] *Bruns* legt diese Regelung aufgrund des Schutzbereichs des Art. 12 GG im Interesse der Vermeidung einer Kultur eines „Denunziantentums" einschränkend aus auf Aktionen, die „den Staat in seinen Grundfesten erschüttern sollen wie etwa Aufrufe zur Entmachtung der Regierung".[267] **59**

Systematisch hätte diese Regelung sinnvoller definiert werden können als Meldung über Verstöße gegen die FDGO aufgrund von Äußerungen von Beamten, allerdings hätte der Hinweisgeber bei einer solchen Formulierung eine höhere Unsicherheit hinsichtlich der Auslegung und Reichweite der beamtenrechtlichen Pflichten zur Verfassungstreue getragen. Die insofern abweichende Formulierung ist daher hinzunehmen. **60**

XII. Verstöße gegen die finanziellen Interessen der EU durch Betrugsstraftaten gegen die EU i.S.v. Art. 325 AEUV (§ 2 Abs. 2 Nr. 1 HinSchG)

Grundlage dieser Regelung ist Art. 2 Abs. 1 lit. b WBRL, der inhaltlich in § 2 Abs. 2 Nr. 1 HinSchG übernommen wurde. Der dort aufgeführte Art. 325 AEUV setzt sich zum Ziel, finanzielle Schädigungen der EU durch „Betrüge- **61**

264 *Nitschke/Krebs*, NVwZ 2023, 1053, 1057.

265 BT-Drs. 20/4909, https://dserver.bundestag.de/btd/20/049/2004909.pdf, zuletzt abgerufen am 19.12.2022.

266 BVerwG v. 2.12.2021, 2 A 7.21, https://www.bverwg.de/021221U2A7.21.0, zuletzt abgerufen am 30.3.2023.

267 *Bruns*, in: Rolfs/Giesen/Meßling/Udsching, BeckOK Arbeitsrecht, § 2 HinschG Rn. 5, 43.

reien" oder sonstige rechtswidrige Handlungen zu bekämpfen und die Mitgliedstaaten entsprechend diesbezüglich zu koordinieren. Zwar enthält Art. 2 der WBRL keinerlei Regelungen beim sachlichen Anwendungsbereich zu Verstößen gegen Art. 325 AEUV. Allerdings führt Erwägungsgrund 15 der WBRL sehr ausführlich die Bedeutung der Betrugsbekämpfung aus und nennt die entsprechenden europäischen Verordnungen und Richtlinien, die die Bekämpfung von finanziell schädlichem Verhalten zum Gegenstand haben.[268] Ebenso sind vom Schutzzweck auch künftige Unionsakte – Verordnungen und Richtlinien – umfasst, die zur Bekämpfung von Verstößen i. S. d. Art. 325 AEUV erlassen werden.[269]

62 Zum Schutzzweck gehören auch die deutschen Umsetzungsgesetze, insbesondere bei der Umsetzung der Richtlinie (EU) 2017/1371, die durch das EU-Finanzschutzstärkungsgesetz (EUFinSchStG)[270] sowie durch Änderungen im StGB umgesetzt wurden. Da es sich hierbei ausnahmslos um Strafvorschriften handelt, sind diese bereits von § 2 Abs. 1 Nr. 1 HinSchG erfasst. Die Gesetzesbegründung legt jedoch im Wege einer teleologischen Auslegung die Formulierung des Art. 325 AEUV „Betrügereien und sonstige gegen die finanziellen Interessen der Union gerichteten rechtswidrigen Handlungen" weit aus und erstreckt die Anwendbarkeit auf sämtliche Schein- und Umgehungstatbestände, ohne dass ein ausdrücklicher Rechtsverstoß vorliegen müsste. Dies umfasse auch eine „fahrlässige Missachtung unionsrechtlicher Normen".[271] Diese Auslegung ist allerdings nur scheinbar sehr weit, da sie sich nur auf eine fahrlässige Begehung erstreckt und damit nicht kongruent mit vorsätzlich und fahrlässig begehbaren Straftaten nach deutschem Recht ist. Nach der Gesetzesbegrün-

---

268 Verordnung (EG, Euratom) Nr. 2988/95 des Rates vom 18.12.1995 über den Schutz der finanziellen Interessen der Europäischen Gemeinschaften (ABl. L 312 vom 23.12.1995, S. 1); Verordnung (EU, Euratom) Nr. 883/2013 des Europäischen Parlaments und des Rates vom 11.9.2013 über die Untersuchungen des Europäischen Amtes für Betrugsbekämpfung (OLAF) und zur Aufhebung der Verordnung (EG) Nr. 1073/1999 des Europäischen Parlaments und des Rates und der Verordnung (Euratom) Nr. 1074/1999 des Rates (ABl. L 248 vom 18.9.2013, S. 1); Richtlinie (EU) 2017/1371 des Europäischen Parlaments und des Rates vom 5.7.2017 über die strafrechtliche Bekämpfung von gegen die finanziellen Interessen der Union gerichtetem Betrug (ABl. L 198 vom 28.7.2017, S. 29); für Mitgliedstaaten, für die Richtlinie (EU) 2017/1371 nicht gilt – dies ist nach Erwägungsgrund 38 dieser Richtlinie nur Dänemark –, gilt nach wie vor das Übereinkommen aufgrund von Artikel K.3 des Vertrags über die Europäische Union über den Schutz der finanziellen Interessen der Europäischen Gemeinschaften vom 26.7.1995 (ABl. C 316 vom 27.11.1995, S. 49), einschließlich der dazugehörigen Protokolle vom 27.9.1996 (ABl. C 313 vom 23.10.1996, S. 2), 29.11.1996 (ABl. C 151 vom 20.5.1997, S. 2) und 19.6.1997 (ABl. C 221 vom 19.7.1997, S. 2).

269 Begr. RegE, Bes. Teil, zu § 2, S. 71.

270 EU-Finanzschutzstärkungsgesetz vom 19.6.2019 (BGBl. I S. 844).

271 Begr. RegE, Bes. Teil, zu § 2, S. 71/72.

dung bezieht sich dies auch auf vorsätzlich oder fahrlässig begehbare Ordnungswidrigkeiten, was von § 2 Abs. 1 Nr. 2 HinSchG nicht erfasst ist. Hier besteht somit ein klarer Anwendungsvorrang vor § 2 Abs. 1 Nr. 2 HinSchG.

XIII. Verstöße gegen Binnenmarktvorschriften i.S.d. Art. 26 Abs. 2 AEUV, die die vier Grundfreiheiten der EU ebenso umfassen wie Wettbewerbs- und Beihilferegelungen (§ 2 Abs. 2 Nr. 2 HinSchG)

Diese Regelung setzt Art. 2 Abs. 1 lit. c 1. Alt. WBRL nahezu wortgleich um. 63
Sie umfasst die bereits erwähnten vier Grundfreiheiten der EU, die Freiheit des Verkehrs von Waren, Personen, Dienstleistungen und Kapital. Die Binnenmarktvorschriften als Schutzzweck werden in Erwägungsgrund 16, insbesondere aber in Erwägungsgrund 105 WBRL näher präzisiert. Erwägungsgrund 105 stellt insbesondere auf Unionsakte ab, die nach Art. 114 AEUV zur Verwirklichung des Binnenmarktes erlassen werden, sowie auf weitere Ermächtigungsregelungen im AEUV für sekundäres Unionsrecht zur Verwirklichung des Binnenmarktes.[272]

Die weiterhin in der Norm erwähnten Wettbewerbs- und Beihilferegelungen 64
sind mit Art. 101 und 102 AEUV bereits in § 2 Abs. 1 Nr. 8 HinSchG erfasst. Aus Erwägungsgrund 17 folgt, dass zum Schutzzweck der Norm neben Art. 101 und 102 AEUV auch die Art. 106, 107 und 108 sowie das auf dieser Grundlage erlassene sekundäre Unionsrecht gehören. Zudem nimmt Erwägungsgrund 17 auch Bezug auf eine bei der Aufdeckung von Wettbewerbsverstößen angewandte Kronzeugenregelung gem. Art. 4a der Verordnung (EG) Nr. 773/2004.[273]

Insgesamt macht die Erwähnung des Wettbewerbsrechts in Art. 2 Abs. 1 lit. c 65
WBRL den hohen Stellenwert eines funktionierenden Wettbewerbsrechts zur Verwirklichung und Sicherstellung des EU-Binnenmarkts deutlich.

---

272 Art. 16, Art. 43 Abs. 2, Art. 50, Art. 53 Abs. 1, Art. 91, Art. 100, Art. 168 Abs. 4, Art. 169, Art. 192 Abs. 1, Art. 325 Abs. 4 AEUV sowie Art. 31 des Euratom-Vertrags.

273 Verordnung (EG) Nr. 773/2004 der Kommission vom 7.4.2004 über die Durchführung von Verfahren auf der Grundlage der Artikel 81 und 82 EG-Vertrag durch die Kommission (ABl. L 123 vom 27.4.2004, S. 18).

§ 3 Begriffsbestimmungen

(1) Für dieses Gesetz gelten die Begriffsbestimmungen der folgenden Absätze.

(2) Verstöße sind Handlungen oder Unterlassungen im Rahmen einer beruflichen, unternehmerischen oder dienstlichen Tätigkeit, die rechtswidrig sind und Vorschriften oder Rechtsgebiete betreffen, die in den sachlichen Anwendungsbereich nach § 2 fallen. Hierzu können auch missbräuchliche Handlungen oder Unterlassungen gehören, die dem Ziel oder dem Zweck der Regelungen in den Vorschriften oder Rechtsgebieten zuwiderlaufen, die in den sachlichen Anwendungsbereich nach § 2 fallen.

(3) Informationen über Verstöße sind begründete Verdachtsmomente oder Wissen über tatsächliche oder mögliche Verstöße, die bei dem Beschäftigungsgeber, bei dem die hinweisgebende Person tätig ist oder war, oder bei einer anderen Stelle, mit der die hinweisgebende Person aufgrund ihrer beruflichen Tätigkeit im Kontakt steht oder stand, bereits begangen wurden oder sehr wahrscheinlich erfolgen werden, sowie über Versuche der Verschleierung solcher Verstöße.

(4) Meldungen sind Mitteilungen von Informationen über Verstöße an interne Meldestellen (§ 12) oder externe Meldestellen (§§ 19 bis 24).

(5) Offenlegung bezeichnet das Zugänglichmachen von Informationen über Verstöße gegenüber der Öffentlichkeit.

(6) Repressalien sind Handlungen oder Unterlassungen im Zusammenhang mit der beruflichen Tätigkeit, die eine Reaktion auf eine Meldung oder eine Offenlegung sind und durch die der hinweisgebenden Person ein ungerechtfertigter Nachteil entsteht oder entstehen kann.

(7) Folgemaßnahmen sind die von einer internen Meldestelle nach § 18 oder von einer externen Meldestelle nach § 29 ergriffenen Maßnahmen zur Prüfung der Stichhaltigkeit einer Meldung, zum weiteren Vorgehen gegen den gemeldeten Verstoß oder zum Abschluss des Verfahrens.

(8) Beschäftigte sind

1. **Arbeitnehmerinnen und Arbeitnehmer,**
2. **die zu ihrer Berufsbildung Beschäftigten,**
3. **Beamtinnen und Beamte,**
4. **Richterinnen und Richter mit Ausnahme der ehrenamtlichen Richterinnen und Richter,**
5. **Soldatinnen und Soldaten,**

6. Personen, die wegen ihrer wirtschaftlichen Unselbständigkeit als arbeitnehmerähnliche Personen anzusehen sind; zu diesen gehören auch die in Heimarbeit Beschäftigten und die ihnen Gleichgestellten,

7. Menschen mit Behinderung, die in einer Werkstatt für behinderte Menschen oder bei einem anderen Leistungsanbieter nach § 60 des Neunten Buches Sozialgesetzbuch beschäftigt sind.

(9) Beschäftigungsgeber sind, sofern mindestens eine Person bei ihnen beschäftigt ist,

1. natürliche Personen sowie juristische Personen des öffentlichen und des privaten Rechts,

2. rechtsfähige Personengesellschaften und

3. sonstige, nicht in den Nummern 1 und 2 genannte rechtsfähige Personenvereinigungen.

(10) Private Beschäftigungsgeber sind Beschäftigungsgeber mit Ausnahme juristischer Personen des öffentlichen Rechts und solcher Beschäftigungsgeber, die im Eigentum oder unter der Kontrolle einer juristischen Person des öffentlichen Rechts stehen.

Schrifttum: *Baade/Hößl*, Arbeits- und compliancerechtlicher Handlungsbedarf unter dem neuen Hinweisgeberschutzgesetz (Teil I), DStR 2023, 1213; *Gerdemann*, Neuer Entwurf für ein Hinweisgeberschutzgesetz, ZRP 2022, 98, 100; *Gortan*, Berechnung der Beschäftigtenzahl und Begriff der Organisationseinheit im RefE des HinSchG, NZA 2022, 838; *Lütke/Gramlich*, Hinweisgeberschutz – zur Notwendigkeit von „good governance" und „best pratices", GmbHR 2021, R 320; *Miege/Ahrens*, Referentenentwurf der Koalition zum Hinweisgeberschutzgesetz – Stellungnahme des Deutschen Instituts für Compliance (DICO e.V.), CCZ 2022, 171; *Passarge*, Erfolgreiche Struktur von Hinweisgebersystemen – Praktische Aspekte und das Zusammenspiel mit anderen Gesetzen CB 2021, 453; *Schmolke*, Die neue Whistleblower-Richtlinie ist da! Und nun? Zur Umsetzung der EU-Richtlinie zum Schutz von Hinweisgebern in das deutsche Recht, NZG 2020, 5.

Übersicht

	Rn.
I. Allgemeines	1
II. Die Regelungen im Einzelnen	2
1. Verstöße	2
2. Informationen über Verstöße	6
3. Meldungen	7
5. Offenlegung	8
6. Repressalien	9
7. Folgemaßnahmen	10
8. Beschäftigte	11
9. Beschäftigungsgeber	12
10. Privater Beschäftigungsgeber	15

I. Allgemeines

1 Die Definitionen des § 3 HinSchG fußen nur zum Teil auf Art. 5 RL (EU) 2019/1937. Der nationale Gesetzgeber hat Definitionen der Richtlinie weggelassen und neue hinzugefügt. Die Begriffe „interne Meldung“ und „externe Meldung“ sind im HinSchG nicht speziell definiert, anders als in der Richtlinie, Art. 5 Nr. 4 und 5 RL (EU) 2019/1937. Die Richtlinie sieht ferner Definitionen für die Begriffe „Mittler“, Art. 5 Nr. 8 RL (EU) 2019/1937, „beruflicher Kontext“, Art. 5 Nr. 9 RL (EU) 2019/1937, „betroffene Person“, Art. 5 Nr. 10 RL (EU) 2019/1937, „Rückmeldung“, Art. 5 Nr. 13 RL (EU) 2019/1937, und „zuständige Behörde“, Art. 5 Nr. 14 RL (EU) 2019/1937, vor. Das HinSchG kommt teilweise ohne diese Begriffe aus („Mittler“) oder wählt einen anderen Begriffszugang („beruflicher Kontext“ oder „zuständige Behörde“). Der Begriff „Hinweisgeber“ wird bereits in § 1 Abs. 1 HinSchG legaldefiniert. Begriffe, die sich in der Richtlinie nicht finden lassen, sind „Beschäftigte“, „Beschäftigungsgeber“ und „private Beschäftigungsgeber“. Gleichermaßen in beiden Regelwerken werden die Begriffe „Hinweisgeber“, „Verstöße“, „Informationen über Verstöße“, „Meldungen“, „Offenlegung“, „Repressalien“ und „Folgemaßnahmen“ definiert.

II. Die Regelungen im Einzelnen

1. Verstöße

2 Mit § 3 Abs. 2 HinSchG wird Art. 5 Nr. 1 RL (EU) 2019/1937 umgesetzt.[1] Handlungen und Unterlassungen im Rahmen einer beruflichen, unternehmerischen oder dienstlichen Tätigkeit, die rechtswidrig sind, sind Verstöße. Mit dieser Formulierung wird klargestellt, dass nur Meldungen oder Offenlegung solcher Verstöße nach dem HinSchG geschützt sind, die im Zusammenhang mit einer beruflichen, unternehmerischen oder dienstlichen Tätigkeit stehen.[2] Meldungen oder Offenlegung rein privaten Fehlverhaltens fallen dagegen nicht unter den Schutz.[3]

3 Anders als nach § 5 Nr. 2 GeschGehG, wo auch die Aufdeckung sonstigen Fehlverhaltens[4] die Offenlegung von Geschäftsgeheimnissen rechtfertigt, ist

1 BT-Drs. 20/3442, S. 64.

2 *Gerdemann*, ZRP 2022, 98, 100; *Miege/Ahrens*, CCZ 2022, 171, 174, plädierten für eine gewisse Erheblichkeit.

3 *Baade/Hößl*, DStR 2023, 1213, 1215.

4 *Passarge*, CB 2021, 453, 455.

der Begriff hier enger.[5] Damit will der Gesetzgeber erreichen, dass Meldungen wegen „unethischen“ Verhaltens nicht unter den Schutz des HinSchG fallen.[6]

4 § 3 Abs. 2 Satz 2 HinSchG soll die Praktiken erfassen, die der Gesetzgeber bei der Regelung der betreffenden Fachmaterie nicht im Blick hatte, die aber miteinbezogen worden wären, wenn er eine Vorstellung von den möglichen Umgehungsversuchen gehabt hätte. Erfasst werden solche missbräuchliche Praktiken, die die EuGH-Rechtsprechung zwar in formaler Hinsicht nicht als rechtswidrig ansieht, aber mit dem Ziel oder Zweck der einschlägigen Rechtsvorschriften nicht vereinbar sind. Basis dafür ist die sog. Halifax-Entscheidung, mit der der allgemeine Grundsatz des Verbots missbräuchlicher Praktiken entwickelt wurde. Eine missbräuchliche oder betrügerische Berufung auf das Unionsrecht ist nicht gestattet. Zudem darf die Anwendung des Unionsrechts nicht so weit gehen, dass die missbräuchlichen Praktiken von Wirtschaftsteilnehmern gedeckt werden, d. h. diejenigen Umsätze, die nicht im Rahmen normaler Handelsgeschäfte, sondern nur zu dem Zweck getätigt werden, missbräuchlich in den Genuss von im Gemeinschaftsrecht vorgesehenen Vorteilen zu kommen.[7]

5 Auch nur die bloße Folge der Feststellung, dass im Fall von Betrug oder Rechtsmissbrauch die objektiven Voraussetzungen für die Erlangung des ersuchten Vorteils in Wirklichkeit nicht erfüllt sind und daher für die Versagung keine spezielle Rechtsgrundlage erforderlich ist, reicht nach der ständigen Rechtsprechung des EuGH aus, um ein Recht oder einen Vorteil wegen missbräuchlicher oder betrügerischer Tätigkeiten zu versagen.[8] Erwägungsgrund 42 der HinSch-RL gebietet es, derartiges missbräuchliches Verhalten oder Unterlassen zu erfassen, um eine ernsthafte Schädigung des öffentlichen Interesses wirksam aufdecken und verhindern zu können.

2. Informationen über Verstöße

6 Art. 5 Nr. 2 HinSch-RL wird mit § 3 Abs. 3 HinSchG umgesetzt. Der Begriff Informationen über Verstöße ist weit zu verstehen. Neben Verstößen sind auch begründete Verdachtsmomente und neben tatsächlichen auch potenzielle Verstöße erfasst. Damit fallen auch begründete Verdachtsmomente über einen potenziellen, im Ergebnis sich aber nicht bestätigenden Verstoß unter den Begriff „Informationen über Verstöße“. Der Gesetzgeber sieht es als erforderlich an, dass auch Personen geschützt werden müssen, die zwar keine eindeutigen Be-

5 *Baade/Hößl*, DStR 2023, 1213, 1214; *Lütke/Gramlich*, GmbHR 2021, R 320, R 321.
6 *Schmolke*, NZG 2020, 5, 10.
7 EuGH, Rs. C-255/02, Rn. 68, 69 m. w. N. (Halifax).
8 EuGH, Rs. C-251/16, Rn. 32 (Cussens u. a.).

weise beibringen, aber begründete Bedenken oder einen begründeten Verdacht äußern.

3. Meldungen

7 Auch der in der Praxis eher seltene Fall der Offenlegung wird von der Definition des § 3 Abs. 4 HinSchG erfasst. Zentrale Voraussetzung für den Schutz hinweisgebender Personen ist das Erstatten einer Meldung an eine interne oder externe Meldestelle. Selbstverständlich müssen dafür die im entsprechenden Abschnitt genannten Voraussetzungen erfüllt sein. Die Definition der Meldung dient nur dem einfacheren Verständnis des Gesetzestextes. Voraussetzungen und Folgen von Mitteilungen an interne und externe Meldestellen werden an verschiedenen Stellen des HinSchG parallel oder gemeinsam geregelt. Art. 5 Nr. 1 HinSch-RL wird mit § 3 Abs. 4 HinSchG in nationales Recht umgesetzt.

5. Offenlegung

8 Nach § 3 Abs. 5 HinSchG bedeutet Offenlegen das Zugänglichmachen von Informationen über Verstöße gegenüber der Öffentlichkeit. Die eigentlichen Voraussetzungen sind aber in § 32 HinSchG geregelt. Umgesetzt wird Art. 5 Nr. 6 HinSch-RL.

6. Repressalien

9 Als Repressalien sieht der Gesetzgeber alle Handlungen und Unterlassungen in einem beruflichen Zusammenhang an, die eine Reaktion auf eine Meldung oder Offenlegung sind und durch die der hinweisgebenden Person ungerechtfertigte Nachteile entstehen oder entstehen können. Damit setzt der Gesetzgeber Art. 5 Nr. 11 der HinSch-RL um. Die Materialien weisen ausdrücklich darauf hin, dass der Begriff sehr weit zu verstehen ist. Jede benachteiligende Handlung oder Unterlassung im beruflichen Kontext ist eingeschlossen. Beschäftigungsgeber sollen aber nicht daran gehindert werden, beschäftigungsbezogene Entscheidungen zu treffen, die nicht auf die Meldung oder Offenlegung zurückzuführen sind. Die Kausalität zwischen der Meldung oder Offenlegung eines Verstoßes und der Benachteiligung ist Tatbestandsmerkmal einer Repressalie. Das heißt, ohne Kausalität zwischen Meldung oder Offenlegung eines Verstoßes und der Benachteiligung ist der Begriff der Repressalie gem. § 3 Abs. 6 HinSchG nicht erfüllt.[9]

---

9 BT-Drs. 20/3442, S. 65 f.

7. Folgemaßnahmen

Alle Tätigkeiten interner und externer Meldestellen, die infolge einer eingegangenen Meldung ergriffen werden können, werden unter dem Begriff der Folgenmaßnahmen zusammengefasst. Art. 5 Nr. 12 HinSch-RL enthält die Aufzählung, die als Ausgangspunkt für denkbare Folgemaßnahmen gilt. Anders als beim Begriff nach der HinSch-RL sind nach § 3 Abs. 7 HinSchG nur diejenigen Maßnahmen erfasst, die die jeweilige Meldestelle selbst ergreifen kann. Strafverfolgungsmaßnahmen, die der Staatsanwaltschaft vorbehalten sind, fallen daher nicht unter den nationalen Begriff der Folgemaßnahmen. Für die internen Meldestellen ergeben sich die einzelnen Folgemaßnahmen aus § 18 HinSchG und aus § 29 HinSchG für die externen Meldestellen. 10

8. Beschäftigte

Der Begriff der Beschäftigten findet sich in § 3 Abs. 8 HinSchG. Der Kreis der Personen, die nach § 16 Abs. 1 HinSchG über interne Meldestellen eine Meldung vornehmen können, ist damit festgelegt. Ferner findet sich der Begriff der Beschäftigten bei den Schwellenwerten nach § 12 HinSchG. Neben Arbeitnehmerinnen und Arbeitnehmern sind Beschäftigte i.S.d. HinSchG auch Personen in der Berufsbildung, Beamtinnen und Beamte, Richterinnen und Richter, Soldatinnen und Soldaten sowie Personen, die wegen ihrer wirtschaftlichen Unselbständigkeit als arbeitnehmerähnliche Personen anzusehen sind. Zu ihren zählen auch die in Heimarbeit Beschäftigten und ihnen Gleichgestellte i.S.d. Heimarbeitsgesetzes. Menschen mit Behinderungen, die in einer Werkstatt für behinderte Menschen oder bei einem anderen Leistungsanbieter nach § 60 SGB IX beschäftigt sind und von § 3 Nr. 1 und 6 HinSchG erfasst werden, fallen ebenfalls unter § 3 Nr. 7 HinSchG. 11

9. Beschäftigungsgeber

Der Begriff des Beschäftigungsgebers wird in § 3 Abs. 9 HinSchG sehr weit gefasst. So möchte der Gesetzgeber ein weitgehendes und einheitliches Schutzniveau erreichen und sicherstellen, dass Hinweisen weitgehend intern nachgegangen werden kann. Unter den Begriff fallen neben den natürlichen und juristischen Personen des öffentlichen und privaten Rechts die rechtsfähigen Personengesellschaften und sonstige rechtsfähige Personenvereinigungen.[10] Zu den juristischen Personen des privaten Rechts führen die Materialien den eingetragenen Verein, die eingetragene Genossenschaft, die Aktiengesell- 12

10 *Gortan*, NZA 2022, 838.

schaft, die Kommanditgesellschaft auf Aktien, die Gesellschaft mit beschränkter Haftung und Stiftungen des Privatrechts beispielhaft an.[11]

13 Die juristischen Personen des öffentlichen Rechts sind die Gebietskörperschaften, Personalkörperschaften sowie Verbandskörperschaften auf Bundes- und Landesebene. Aber auch Anstalten wie die Landesrundfunkanstalten sowie öffentlich-rechtliche Stiftungen, die evangelische und katholische Kirche mit ihren Kirchengemeinden und sonstige gemäß Art. 140 GG, Art. 137 Abs. 5 der Weimarer Reichsverfassung als Körperschaften des öffentlichen Rechts oder nach entsprechenden Bestimmungen des Landesrechts anerkannte oder als Vereine des BGB konstituierte Kirchen und sonstige Religionsgemeinschaften führen die Materialien beispielhaft an.

14 Die jeweiligen Träger sind Beschäftigungsgeber bei Jobcentern in Form der gemeinsamen Einrichtungen nach § 44b SGB II.[12]

10. Privater Beschäftigungsgeber

15 Wer privater Beschäftigungsgeber ist und damit nach § 14 Abs. 2 HinSchG interne Meldestellen gemeinsam betreiben sowie unter die Übergangsregelung des § 42 HinSchG fallen kann, regelt § 3 Abs. 10 HinSchG. Art. 8 Abs. 9 UAbs. 1 HinSch-RL wird mit dieser Vorschrift in nationales Recht umgesetzt.

16 Die private Beschäftigungsgebereigenschaft fehlt Beschäftigungsgebern, die im vollständigen Eigentum einer juristischen Person des öffentlichen Rechts stehen, wenn beispielsweise eine juristische Person des öffentlichen Rechts sämtliche Anteile der Gesellschaft hält. Dies soll auch dann gelten, wenn Beschäftigungsgeber zwar nicht im vollständigen Eigentum einer juristischen Person des öffentlichen Rechts stehen, in denen diese jedoch die Mehrheit der Anteile hält oder zu einer Minderheitsbeteiligung Umstände hinzutreten, die die Ausübung eines beherrschenden Einflusses zumindest für eine gewisse Dauer ermöglichen, wie z. B. die Identität der Leitungspersonen. Eine bloße Präsenzmehrheit auf einer Hauptversammlung aufgrund geringer Teilnahme des Aktionärspublikums soll dagegen nicht ausreichen, um einen beherrschenden Einfluss bzw. Einflussmöglichkeit anzunehmen. Auch wenn statt einer mehrere juristische Personen des öffentlichen Rechts zusammen das Eigentum haben oder die Kontrolle ausüben können, gilt Gleiches.[13]

---

11 BT-Drs. 20/3442, S. 66.
12 BT-Drs. 20/3442, S. 66.
13 BT-Drs. 20/3442, S. 66.

§ 4 Verhältnis zu sonstigen Bestimmungen

(1) Diesem Gesetz gehen spezifische Regelungen über die Mitteilung von Informationen über Verstöße in den folgenden Vorschriften vor:

1. **§ 6 Absatz 5 und § 53 des Geldwäschegesetzes,**
2. **§ 25a Absatz 1 Satz 6 Nummer 3 des Kreditwesengesetzes und § 13 Absatz 1 des Wertpapierinstitutsgesetzes,**
3. **§ 58 des Wertpapierhandelsgesetzes,**
4. **§ 23 Absatz 6 des Versicherungsaufsichtsgesetzes,**
5. **§ 28 Absatz 1 Satz 2 Nummer 9 und § 68 Absatz 4 Satz 3 des Kapitalanlagegesetzbuchs,**
6. **§§ 3b und 5 Absatz 8 des Börsengesetzes,**
7. **§ 55b Absatz 2 Nummer 7 der Wirtschaftsprüferordnung,**
8. **Artikel 32 der Verordnung (EU) Nr. 596/2014 des Europäischen Parlaments und des Rates vom 16. April 2014 über Marktmissbrauch (Marktmissbrauchsverordnung) und zur Aufhebung der Richtlinie 2003/6/EG des Europäischen Parlaments und des Rates und der Richtlinien 2003/124/EG, 2003/125/EG und 2004/72/EG der Kommission (ABl. L 173 vom 12.6.2014, S. 1; L 287 vom 21.10.2016, S. 320; L 348 vom 21.12.2016, S. 83), die zuletzt durch die Delegierte Verordnung (EU) 2021/1783 (ABl. L 359 vom 11.10.2021, S. 1) geändert worden ist, in der jeweils geltenden Fassung,**
9. **Artikel 4 und 5 der Verordnung (EU) Nr. 376/2014 des Europäischen Parlaments und des Rates vom 3. April 2014 über die Meldung, Analyse und Weiterverfolgung von Ereignissen in der Zivilluftfahrt, zur Änderung der Verordnung (EU) Nr. 996/2010 des Europäischen Parlaments und des Rates und zur Aufhebung der Richtlinie 2003/42/EG des Europäischen Parlaments und des Rates und der Verordnungen (EG) Nr. 1321/2007 und (EG) Nr. 1330/2007 der Kommission (ABl. L 122 vom 24.4.2014, S. 18), die zuletzt durch die Delegierte Verordnung (EU) 2020/2034 (ABl. L 416 vom 11.12.2020, S. 1) geändert worden ist, in der jeweils geltenden Fassung, und der aufgrund des § 32 Absatz 1 Nummer 1 des Luftverkehrsgesetzes erlassenen Rechtsverordnungen,**
10. **§§ 127 und 128 des Seearbeitsgesetzes,**
11. **§ 14 Absatz 1 des Schiffssicherheitsgesetzes in Verbindung mit Abschnitt D Nummer 8 der Anlage zum Schiffssicherheitsgesetz und den aufgrund der §§ 9, 9a und 9c des Seeaufgabengesetzes erlassenen Rechtsverordnungen für Beschwerden, die die Sicherheit eines Schiffes unter ausländischer Flagge einschließlich der Sicherheit und Gesundheit seiner Besatzung, der**

Lebens- und Arbeitsbedingungen an Bord und der Verhütung von Verschmutzung durch Schiffe unter ausländischer Flagge betreffen, und

12. aufgrund des § 57c Satz 1 Nummer 1 und des § 68 Absatz 2 in Verbindung mit Absatz 3 und mit den §§ 65, 66 und 67 Nummer 1 und 8 und den §§ 126, 128 und 129 des Bundesberggesetzes erlassenen Rechtsverordnungen.

Soweit die spezifischen Regelungen in Satz 1 keine Vorgaben machen, gelten die Bestimmungen dieses Gesetzes.

(2) Das Verbraucherinformationsgesetz, das Informationsfreiheitsgesetz sowie Regelungen der Länder über den Zugang zu amtlichen Informationen finden keine Anwendung auf die Vorgänge nach diesem Gesetz. Satz 1 gilt nicht für die Regelungen des Bundes und der Länder über den Zugang zu Umweltinformationen.

(3) Die §§ 81h bis 81n des Gesetzes gegen Wettbewerbsbeschränkungen bleiben unberührt.

(4) Die Regelungen des Strafprozessrechts werden von den Vorgaben dieses Gesetzes nicht berührt.

Schrifttum: *Beck/Samm/Kokemoor*, Kreditwesengesetz mit CRR, 231. Lfg. 6/2023; *Brobeil*, Die Auswirkungen der Richtlinie (EU) 2019/1937 auf Arbeitnehmer-Hinweisgeber, 2022; *Bruns*, Das neue Hinweisgeberschutzgesetz, NJW 2023, 1609; *Bubenzer/Peetz/Mallach*, Nomos-Bundesrecht Erläuterungen Seearbeitsgesetz, 1. Online-Aufl. 2016; *Chwolka/Oelrich/Otte*, Zur Ausgestaltung von Whistleblowing-Systemen in Wirtschaftsprüfungsgesellschaften, WPg 2022, 11; *Colneric/Gerdemann*, Die Umsetzung der Whistleblower-Richtlinie in deutsches Recht, HSI-Schriftenreihe Band 34; *Emde/Dornseifer/Dreibus*, KAGB, Kapitalanlagegesetzbuch, Kommentar, 3. Aufl. 2023; *Erbs/Kohlhaas*, Strafrechtliche Nebengesetze, 246. EL 2023; *Fischer/Schulte-Mattler*, Kommentar zu Kreditwesengesetz, VO (EU) Nr. 575/2013 (CRR) und Ausführungsvorschriften, 6. Aufl. 2023; *Frey/Pelz*, Beck'scher Online-Kommentar GwG, 14. Edition 2023; *Fuhlrott/Henckel*, Hinweisgeberschutzgesetz: Handlungsbedarf für Unternehmen und Personalabteilungen, ArbRAktuell 2022, 441; *Hense/Ulrich*, WPO Kommentar. Kommentar zum Berufsrecht der Wirtschaftsprüfer und vereidigten Buchprüfer unter Berücksichtigung der EU-Abschlussprüferverordnung, 4. Aufl. 2022; *Hopt/Binder/Böcking*, Handbuch Corporate Governance von Banken und Versicherungen, 2. Aufl. 2020; *Paschke/Jessen*, Effektivere Rechtsdurchsetzung im schiffsbezogenen Umweltrecht durch Whistleblower?, RdTW 2015, 1; *Renz, Rhode-Liebenau*, Die Hinweisgeber-Regelung des § 25a KWG, BB 2014, 692; *Reufels/Osmakova*, Der neue Entwurf des Hinweisgeberschutzgesetzes – Gelungene Umsetzung der EU-Whistelblower-Richtlinie?, ArbRB 2022, 147; *Rolfs/Giesen/Meßling/Udsching*, Beck'scher Online-Kommentar Arbeitsrecht, 68. Edition 2023; *Schoch*, Das neue Hinweisgeberschutzgesetz aus Sicht der Finanzbranche, BKR 2023, 154; *Schwark/Zimmer*, Kapitalmarktrechtskommentar, 5. Aufl. 2020; *Schwennicke/Auerbach*, Kommentar zum Kreditwesengesetz (KWG) mit Zahlungsdiensteaufsichtsgesetz (ZAG), 4. Aufl. 2021; *Seibt/Buck-Heeb/Harnos*, Beck'scher Online-Kommentar Wertpapierhandelsrecht, 8. Edition 2023; *Weitnauer/Boxberger/Anders*, Kapitalanlagegesetzbuch, 3. Aufl. 2021; *Zentes/Glaab*, Frankfurter Kommentar zum GwG, 3. Aufl. 2022.

Übersicht

Rn.

I. Überblick 1
II. Die Vorrang- und Ergänzungsregelung in Abs. 1 2
1. Hintergrund: Sektorspezifischer Hinweisgeberschutz und horizontale HinSch-RL. 2
2. Subsidiarität und Auffangfunktion des HinSchG in Bezug auf sektorale Hinweisgeberschutzregime . 4
a) Vorrangregelung (Abs. 1 Satz 1) 5
b) Auffangklausel (Abs. 1 Satz 2) . 7
aa) Auslegung im Lichte der Entwurfsbegründung. 8
bb) Vorgaben der HinSch-RL . 12
cc) Bewertung 19
3. Verhältnis zu sonstigen sektorspezifischen Regelungen . . 21
4. Einzelkommentierung: Verhältnis zu sonstigen Bestimmungen, Abs. 1 24
a) Nr. 1: § 6 Abs. 5 und § 53 GwG 25
aa) § 6 Abs. 5 GwG. 25
bb) § 53 GwG. 30
b) Nr. 2: § 25a Abs. 1 Satz 6 Nr. 3 KWG und § 13 Abs. 1 WpIG . 34
aa) § 25a Abs. 1 Satz 6 Nr. 3 KWG 34
bb) § 13 Abs. 1 WpIG 40
c) Nr. 3: § 58 WpHG 44
d) Nr. 4: § 23 Abs. 6 VAG 45
e) Nr. 5: § 28 Abs. 1 Satz 2 Nr. 9 und § 68 Abs. 4 Satz 3 KAGB. 46
aa) § 28 Abs. 1 Satz 2 Nr. 9 KAGB 46
bb) § 68 Abs. 4 Satz 3 KAGB. 50
f) Nr. 6: § 3b BörsG und § 5 Abs. 8 BörsG 54
aa) § 3b BörsG. 54
bb) § 5 Abs. 8 BörsG. 58
g) Nr. 7: § 55b Abs. 2 Nr. 7 WPO 62
aa) Sachlicher Anwendungsbereich 63
bb) Persönlicher Anwendungsbereich 64
cc) Verhältnis zu § 4 HinSchG. 65
h) Nr. 8: Art. 32 der VO (EU) Nr. 596/2014 (Marktmissbrauchsverordnung/MAR) 66
aa) Persönlicher Anwendungsbereich 67
bb) Sachlicher Anwendungsbereich 68
cc) Verhältnis zu § 4 HinSchG. 69
i) Nr. 9: Art. 4 und 5 der VO (EU) Nr. 376/2014 und aufgrund von § 32 Abs. 1 Nr. 1 des LuftVG erlassene Rechtsverordnungen . 70
aa) Art. 4 und 5 der VO (EU) Nr. 376/2014 70
bb) Die aufgrund des § 32 Abs. 1 Nr. 1 des Luftverkehrsgesetzes erlassenen Rechtsverordnungen. 75
j) Nr. 10: §§ 127 und 128 SeeArbG 76
aa) Persönlicher Anwendungsbereich 78
bb) Sachlicher Anwendungsbereich 79
cc) Verhältnis zu § 4 HinSchG. 80
k) Nr. 11: § 14 Abs. 1 des SchSG i.V.m. Anl. Abschnitt D Nr. 8 und die aufgrund der §§ 9, 9a und 9c des Seeaufgabengesetzes erlassenen Rechtsverordnungen 82
aa) § 14 Abs. 1 SchSG i.V.m. Anl. Abschnitt D Nr. 8 83
bb) Die aufgrund der §§ 9, 9a und 9c des SeeAufgG erlassenen Rechtsverordnungen 88

l) Nr. 12: Rechtsverordnungen auf Grundlage des Bundesberggesetzes 92
aa) § 22 ABBergV 93
bb) § 61 OffshoreBergV 95
III. Abgrenzung gegenüber Informationsfreiheitsgesetzen, Abs. 2 97
IV. Verhältnis zur kartellrechtlichen Kronzeugenregelung, Abs. 3 100
V. Besonderheiten im Strafprozess, Abs. 4 101

I. Überblick

1 Regelungsgegenstand des § 4 ist ausweislich der amtlichen Überschrift das „Verhältnis [des HinSchG] zu sonstigen Bestimmungen". Die Vorschrift setzt mit ihrem Abs. 1 die unionsrechtlichen Vorgaben aus Art. 3 Abs. 1 in Verbindung mit Anh. Teil II der HinSch-RL um[1] und gestaltet die Beziehungen des horizontal angelegten HinSchG zu einem abschließenden Katalog von sektorspezifischen Hinweisgebersystemen (Abs. 1 Satz 1) weiter aus. Die Absätze 2 bis 4 hingegen widmen sich der Interaktion des HinSchG mit einzelnen spezifischen Rechtsmaterien. Abs. 2 ordnet für Vorgänge nach dem HinSchG im Interesse des Identitätsschutzes einen grundsätzlichen Anwendungsausschluss für gesetzliche Informationszugangsansprüche an. Abs. 3 hat die vom HinSchG unberührte Fortgeltung der kartellrechtlichen Kronzeugenregelungen zum Gegenstand. Der in Art. 3 Abs. 3 lit. d HinSch-RL wurzelnde[2] Abs. 4 schließlich stellt klar, dass die Regelungen des Strafprozessrechts von den Vorgaben des HinSchG unberührt bleiben.

II. Die Vorrang- und Ergänzungsregelung in Abs. 1

1. Hintergrund: Sektorspezifischer Hinweisgeberschutz und horizontale HinSch-RL

2 Den Mehrwert eines funktionsfähigen Hinweisgeberschutzes für die Identifizierung, Aufklärung und Sanktionierung von Rechtsverstößen hat der Unionsgesetzgeber schon lange vor der Einführung der HinSch-RL sektorspezifisch erschlossen. Ihren Ausgangspunkt nahm die Aktivierung privaten Sonderwissens für die Rechtsdurchsetzung nicht zufällig auf dem Sektor der Finanzdienstleistungen. Denn gerade hier hatte die Finanzkrise massive Defizite bei der Einhaltung und Durchsetzung des geltenden Unionsrechts zu Tage treten lassen. In einer Mitteilung aus dem Jahr 2010 gelangte die Kommission zu dem Schluss, dass Instrumente zum effektiven Schutz von Hinweisgebern

1 BT-Drs. 20/3442, S. 66 (zu § 4).
2 BT-Drs. 20/3442, S. 68 (zu § 4).

die Aufdeckung von Verstößen oder die Sammlung von Beweismitteln erleichtern und so „zu einer wirksameren Anwendung des EU-Rechts zum Nutzen aller Finanzmarktteilnehmer beitragen“ könnten.[3] In der Folge wurden in einer ganzen Anzahl von finanzmarktspezifischen Rechtsinstrumenten Mechanismen zum Schutz von Hinweisgebern eingeführt, so insbesondere durch Bereitstellung interner wie externer Meldekanäle und Vorkehrungen zur Unterbindung von Repressalien.[4] Den „Wert des Hinweisgeberschutzes als Durchsetzungsinstrument“[5] hat sich der Unionsgesetzgeber zwischenzeitlich auch auf den Gebieten der Verkehrssicherheit,[6] des Wettbewerbs und des Umweltschutzes partiell zunutze gemacht und sektorspezifische Hinweisgeberschutzsysteme vorgesehen.

Die HinSch-RL markiert gegenüber diesem iterativen Ansatz („von Sektor zu Sektor“[7]) eine Kehrtwende. Um die bisherige Fragmentierung hinweisgeberschützender Regelungen auf Unionsebene zu überwinden und das „Potenzial des Hinweisgeberschutzes“ zur vollen Entfaltung zu bringen,[8] etabliert die HinSch-RL ein horizontal wirkendes Hinweisgeberschutzregime für zentrale Politikbereiche (vgl. Art. 2 Abs. 1 lit. a und Anh. Teil I HinSch-RL).[9] Dabei hat sich der Unionsgesetzgeber gegen eine Vollkonsolidierung auch der bereits regulierten Bereiche entschieden und mit Art. 3 Abs. 1 Satz 2 HinSch-RL lediglich eine Ergänzung der in Anh. Teil II HinSch-RL aufgeführten sektorspezifischen Bestandsrechtsakte vorgesehen, die als solche unangetastet geblieben sind (vgl. Art. 3 Abs. 1 Satz 1 und Erwägungsgrund 20 Satz 1 HinSch-RL).[10] 3

3 Vgl. Kommission, Mitt. COM(2010) 716 endg., S. 17.

4 Für einen Überblick vgl. BT-Drs. 20/3442, S. 31 (A.I.); vgl. auch ErwG 20 Satz 1 der HinSch-RL; als Prototyp einer solchen Regelung kann auf Art. 71 der RL 2013/36 verwiesen werden, siehe dazu ErwG Satz 3 HinSch-RL.

5 Kommission, Begr. z. HinSchRL-E, COM(2018) 218 final, S. 4.

6 BT-Drs. 20/3442, S. 59 (zu § 2 Nr. 3 lit. e); hierzu auch ErwG 9 HinSch-RL.

7 Gutachten des Jurist. Dienstes des Rates zum HinSch-RL-E, Rats-Dok. 14620/18 v. 14.12.2018, S. 2 (Ziff. 2).

8 Kommission, Begr. z. HinSchRL-E, COM(2018) 218 final, S. 4.

9 Die in Anh. Teil 1 zusammengefassten Politikbereiche verbindet eine „erhebliche EU-Dimension“, ein Durchsetzungsdefizit, eine unzureichende Meldungserstattung und das Potenzial für schwere Schäden des öffentlichen Interesses bei Verstößen, siehe Kommission, Begr. z. HinSchRL-E, COM(2018) 218 final, S. 4, 8.

10 Vgl. Rats-Dok. 14620/18, v. 14.12.2018, S. 2 (Ziff. 2).

2. Subsidiarität und Auffangfunktion des HinSchG in Bezug auf sektorale Hinweisgeberschutzregime

4 Abs. 1 setzt die Vorgaben des Art. 3 Abs. 1 HinSch-RL in deutsches Recht um.[11] Ihm kommt eine doppelte Funktion zu: Zum einen dient die Vorschrift mit der Vorrangregelung in Satz 1 der Bewahrung sektorspezifischer Fachexpertise und in der Praxis etablierter Verfahren und Zuständigkeiten in Bezug auf die Katalogmaterien. Zum anderen stellt die Norm in Satz 2 aber auch eine Auffangordnung bereit, um dem Schutzniveau des HinSchG zu möglichst breiter Geltung zu verhelfen.

a) Vorrangregelung (Abs. 1 Satz 1)

5 Regelungstechnisch verweist Abs. 1 Satz 1 anders als die HinSch-RL (dort Art. 2 Abs. 1 lit. a i.V.m. Anh. Teil II) nicht auf einen Anhang, sondern integriert den hieraus abgeleiteten Katalog von zwölf Vorbehaltsmaterien unmittelbar in den Normtext. Der Richtlinienlogik folgend löst Abs. 1 Satz 1 das Konkurrenzverhältnis des HinSchG zu den sektorspezifischen Bestandsregimen der Nr. 1–12 dahin auf, dass letzteren in ihrem Anwendungsbereich der uneingeschränkte Vorrang gegenüber den Vorgaben des HinSchG gebührt („gehen […] vor"). Gestützt wird diese Weichenstellung auf die Erwägung, dass die in der Praxis sektorspezifisch etablierten Meldestellen regelmäßig bereits „große Expertise und tiefes Fachwissen"[12] akkumuliert haben, die durch die Verlagerung auf allgemeine Meldestellen nicht verlorengehen sollen.[13] Bereits eingerichtete Stellen sollen nach dem Willen des Gesetzgebers mit ihrer jeweiligen Sonderzuständigkeit daher fortbestehen.[14]

6 Vorrang gegenüber dem HinSchG können die in Satz 1 aufgeführten „spezifischen Regelungen" freilich nur innerhalb ihres Anwendungsbereichs beanspruchen, da anderenfalls weder ein aufzulösendes Konkurrenzverhältnis noch bewahrungswürdige Expertise etablierter Meldestellen im Raum steht.[15] Die

---

11 BT-Drs. 20/3442, S. 66 (zu § 4).

12 ParlStS *Strasser*, BT-PlenarProt. 20/62 v. 19.10.2022, S. 7028[C]; BT-Drs. 20/3442, S. 67 (zu § 4).

13 BT-Drs. 20/3442, S. 67 (zu § 4); siehe auch COM(2018) 218 final, S. 8 zu der Erwartung, dass die Mitgliedstaaten die Vorgaben der HinSch-RL weitgehend auf „Grundlage bereits bestehender, durch den geltenden sektorspezifischen Rechtsrahmen geschaffener Strukturen umsetzen können."

14 BT-Drs. 20/3442, S. 34 (A.II.2.).

15 Vgl. insoweit BT-Drs. 20/3442, S. 89 (zu § 31) mit der (selbstverständlichen) Feststellung, dass die Vorrangregelung des § 4 Abs. 1 Satz 1 HinSchG nur dann zur Anwendung kommt, „wenn eine doppelte sachliche Zuständigkeit besteht".

Vorrangregelung in Satz 1 gilt daher nur insoweit, als die hinweisgebende Person erstens nach dem spezifischen Meldesystem geschützt ist und zweitens der zugrunde liegende Verstoß in den sachlichen Anwendungsbereich des spezifischen Systems fällt.[16] Ist der Anwendungsbereich des spezifischen Meldesystems in persönlicher und/oder sachlicher Hinsicht hingegen schon nicht eröffnet, kommt – im Rahmen seines Anwendungsbereichs (§§ 1, 2 HinSchG) – das allgemeine Hinweisgeberschutzsystem zur Anwendung.[17]

b) Auffangklausel (Abs. 1 Satz 2)

Nach Abs. 1 Satz 2 kommt das horizontale Hinweisgeberschutzsystem des HinSchG außerdem zur Anwendung, „[s]oweit" die sektorspezifischen Regelungen des Abs. 1 Satz 1 innerhalb ihres Anwendungsbereichs „keine Vorgaben machen". Mit dieser Öffnungsklausel wird nach der Erläuterung der Entwurfsbegründung festgelegt, dass die Bestimmungen des HinSchG im Anwendungsbereich der sektorspezifischen Rechtsakte ergänzend heranzuziehen sind, sofern deren Vorgaben „nur Teilbereiche des Hinweisgeberschutzsystems umfassen".[18] Wie weit die dem Satz 2 zugedachte relative („soweit") Ergänzungsfunktion reicht und (ab) wann umgekehrt „Vorgaben" der sektorspezifischen Regelung einer Anwendung des HinSchG entgegenstehen, erschließt sich aus dem Regelungszusammenhang nicht unmittelbar. Entscheidend ist dabei die Auslegung des mit „soweit" formulierten Vorbehalts und die Reichweite der Verdrängungswirkung durch sektorspezifische „Vorgaben". 7

aa) Auslegung im Lichte der Entwurfsbegründung

Nimmt man die Regierungsbegründung beim Wort, so scheint Abs. 1 Satz 2 im Ergebnis auf eine weitreichende Subsidiarität des HinSchG zugunsten der – noch so rudimentären – sektorspezifischen Meldesysteme nach Abs. 1 Satz 1 hinauszulaufen. Raum für eine ergänzende Anwendung des HinSchG im Anwendungsbereich der sektorspezifischen Rechtsakte soll im Ausgangspunkt nur bestehen, sofern deren Vorgaben nur Teilbereiche des Hinweisgeberschutzsystems umfassen.[19] Wann nach ihrem Verständnis ein sektorspezifisch unbesetzter und daher der Ergänzung fähiger „Teilbereich" vorliegt, erläutert die Begründung in einem weiteren Schritt. Die Ergänzungsfunktion nach Abs. 1 Satz 2 soll danach „insbesondere" in Fällen zum Tragen kommen, in denen die sektorspezifischen Regelungen nur ein internes oder nur ein externes Melde- 8

16 BT-Drs. 20/3442, S. 67 (zu § 4).
17 BT-Drs. 20/3442, S. 67 (zu § 4).
18 BT-Drs. 20/3442, S. 67 (zu § 4).
19 BT-Drs. 20/3442, S. 67 (zu § 4); auf einer Linie damit *Bruns*, NJW 2023, 1609, 1611, der darauf abstellt, ob „in sich geschlossene Regelungen" vorliegen.

verfahren vorsehen.[20] In derartigen Konstellationen soll das HinSchG für den Teilbereich des sektorspezifisch nicht vorgesehenen Meldeverfahrens ergänzend zur Anwendung gelangen. Sofern die sektoralen Regelungen indes für ein internes und/oder externes Meldeverfahren Vorgaben statuieren, bleibt „daneben kein Raum für die Anwendung des HinSchG betreffend das [jeweils geregelte] Meldeverfahren" – und zwar selbst dann nicht, wenn das HinSchG „detailliertere Vorgaben" vorsieht.[21]

9 Das Vorhandensein eines internen oder externen Meldesystems bzw. einer sonstigen Teilbereichsregelung nach dem sektorspezifischen Rechtsakt sperrt daher unabhängig von seinem Schutzniveau nach dem in der Entwurfsbegründung zum Ausdruck gebrachten Verständnis die Anwendbarkeit des HinSchG für das jeweilige Meldesystem. Als singuläres „Redaktionsversehen"[22] wird man diese sehr restriktiven Ausführungen indes wohl nicht verwerfen können. Auch im Zusammenhang mit den Erläuterungen zu den internen und externen Meldestellen haben die Entwurfsverfasser nämlich zum Ausdruck gebracht, dass eine Anwendung des HinSchG nicht in Betracht kommt, soweit die sektorspezifischen Instrumente nach § 4 Abs. 1 Satz 1 Vorgaben für ein solches Meldeverfahren formulieren.[23]

10 Diese strenge Lesart kann zu zweifelhaften Ergebnissen führen, nimmt man etwa ein sektorspezifisches Meldesystem in den Blick, dessen persönlicher Anwendungsbereich ausschließlich „Mitarbeiter" im engeren Sinne umfasst (vgl. z. B. § 25a Abs. 1 Satz 6 Nr. 3 KWG). Denn im Gegensatz dazu erfasst § 1 Abs. 1 HinSchG auch Personen, die Verstöße in Zusammenhang mit ihrer beruflichen Tätigkeit oder im Vorfeld einer beruflichen Tätigkeit melden möchten – es sind mithin auch Personen geschützt, die keine Mitarbeiter sind.[24] Während letztere bei Meldung von beruflich erlangten Erkenntnissen im Zusammenhang mit den Katalogmaterien des § 4 Abs. 1 Satz 1 vom Schutzprogramm des HinSchG in vollem umfangen profitieren würden, wären Mitarbeiter nach Lesart der Entwurfsbegründung auf die kargen und rudimentären Sicherungen nach § 25a Abs. 1 Satz 6 Nr. 3 KWG (dazu noch Rn. 11, 38) zurückgeworfen. Ein

20 BT-Drs. 20/3442, S. 67 (zu § 4).

21 BT-Drs. 20/3442, S. 67 (zu § 4); ebenso *Bekritsky*, in: Seibt/Buck-Heeb/Harnos, BeckOK WpHR, VO (EU) 596/2014 Art. 32 Rn. 11: „Sofern sektorspezifische Vorschriften […] ein internes Meldeverfahren regeln, bleibt insoweit kein Raum für das HinSchG, selbst wenn das HinSchG detailliertere Vorgaben enthält."

22 Vgl. *Schoch*, BKR 2023, 154, 157.

23 Siehe BT-Drs. 20/3442, S. 84 (zu § 21): „Eine Meldung richtet sich in diesen Fällen nach den spezialgesetzlichen Vorgaben"; ähnl., wenn auch weniger eindeutig BT-Drs. 20/3442, S. 78 (zu § 12).

24 BT-Drs. 20/3442, S. 56 (zu § 1 Abs. 1): „Der persönliche Anwendungsbereich […] ist sehr weit gesteckt."; ebd., S. 57: „weite Generalklausel".

Dritter genösse damit einen deutlich weitreichenderen Schutz, als er einem Mitarbeiter aufgrund des sektorspezifisch bereitgestellten und damit als „Teilbereich“ für die Ergänzung gesperrten Meldesystems zuteilwürde. Die Unternehmen hätten derweil beide Meldesysteme vorzuhalten.

Zu ähnlich inkonsistenten Ergebnissen führte das Verständnis der Entwurfsverfasser auch in Konstellationen, in denen der sachliche Anwendungsbereich des HinSchG (§ 2) mit dem der sektorspezifischen Vorschrift, etwa § 25a Abs. 1 Satz 6 Nr. 3 KWG, nur partiell korrespondiert. Innerhalb des sachlichen Anwendungsbereichs des § 25a Abs. 1 Satz 6 Nr. 3 KWG verbliebe grundsätzlich kein Raum für die Anwendung der Vorschriften des HinSchG in Bezug auf interne Meldesysteme.[25] Soweit die Meldung hingegen nicht in den sachlichen Anwendungsbereich von § 25a Abs. 1 Satz 6 Nr. 3 KWG fällt, etwa im Fall bestimmter bußgeldbewährter Verstöße gegen Leib und Leben, käme das HinSchG mit seinen regelmäßig hinweisgeberfreundlicheren und detaillierteren Bestimmungen in vollem Umfang zur Anwendung.[26] In der Folge würde gerade in denjenigen Bereichen, in denen der Stellenwert von Hinweisgeberschutzsystemen früh identifiziert und in denen deshalb bereits vor dem HinSchG ein sektorspezifisches Melderegime etabliert wurde, ein weitaus geringerer Schutzstandard für Hinweisgeber gelten, als ihn der durch das HinSchG an sich eingeführte Mindeststandard vorsieht. Dies gilt in besonderem Maße für das Schutzniveau von Personen, die Gegenstand der Meldung sind (vgl. §§ 1 Abs. 2, 8 Abs. 1 Satz 1 Nr. 1, 17 Abs. 2 Satz 3 HinSchG)[27] und auf die sektorspezifische Instrumente nur in seltenen Fällen[28] überhaupt Rücksicht nehmen. 11

bb) Vorgaben der HinSch-RL

Für ein weitreichenderes Verständnis der dem HinSchG zugedachten Ergänzungsfunktion auf den bereits „besetzten“ Sektoren („soweit“) streitet demgegenüber der Regelungszweck des HinSchG und insbesondere eine Auslegung im Lichte der HinSch-RL. Deren Wortlaut, Regelungszweck und Genese legen ein großzügiges Verständnis nahe. 12

Ihre Initiative zur Schaffung eines Rechtsrahmens für einen horizontal ausgerichteten Hinweisgeberschutz hat die Kommission von Anfang an mit dem An- 13

25 So ausdrücklich *Bekritsky*, in: Seibt/Buck-Heeb/Harnos, BeckOK WpHR, VO (EU) 596/2014 Art. 32 Rn. 11.

26 Vgl. *Schoch*, BKR 2023, 154, 156.

27 In Bezug auf die Wahrung der Identität betroffener Personen sieht das HinSchG das gleiche Schutzniveau vor wie für die Identität der hinweisgebenden Personen, siehe BT-Drs. 20/3442, S. 76 (zu § 9).

28 Vgl. aber § 53 Abs. 3 Satz 2 und Abs. 7 GwG sowie Art. 18 Abs. 2 RL 2009/16/EG.

spruch verbunden, den im Wege sektorspezifischer Instrumente bereits etablierten Schutz weiter zu „stärk[en]“, die betreffenden Rechtsakte durch „zusätzliche Vorschriften und Garantien“ zu „ergänzen“ und „mit Blick auf ein hohes Schutzniveau unter Beibehaltung ihrer Eigenheiten“ mit der Neuregelung in Einklang zu bringen.[29] Im eigentlichen Richtlinienentwurf hatte dieses Petitum allerdings zunächst nur unvollkommenen Ausdruck gefunden. Eine echte Ergänzungsfunktion gegenüber den sektorspezifischen Hinweisgeberregimen war dem neuen Rechtsrahmen nämlich lediglich für „Sachverhalte“ im Zusammenhang „mit dem Schutz von Hinweisgebern“ zugedacht worden, die als solche nicht durch sektorspezifische Rechtsvorschriften nach Anh. Teil II „geregelt“ waren (Art. 1 Abs. 2 Satz 2 HinSch-RL-E).[30]

14 Wegen ihrer Unschärfe[31] stieß die im Ursprungsentwurf angelegte Abgrenzungsformel bei den Beratungen des Dossiers im Rat auf die Kritik der Mitgliedstaaten. Sie lasse das Verhältnis der HinSch-RL-E als „lex generalis“ zu den sektorspezifischen Rechtsakten im Unklaren, laufe damit der Rechtssicherheit zuwider und lasse Überschneidungen befürchten.[32] Auf eine Nachschärfung des Wortlauts drängten aus denselben Gründen auch diverse Ausschüsse im Europäischen Parlament. So regten der Ausschuss für konstitutionelle Fragen[33] und der Haushaltskontrollausschuss[34] gleichlautend an, den prinzipiellen Anwendungsvorrang sektoraler Instrumente nur „in den Fällen [anzuerkennen], in denen die sektorspezifischen Rechtsvorschriften einen bes-

29 Zu alledem Kommission, Begr. z. HinSchRL-E, COM(2018) 218 final, S. 4; siehe auch ebd., S. 7: „Nur durch ein Tätigwerden der EU kann darüber hinaus für Kohärenz gesorgt und sichergestellt werden, dass die bestehenden sektorspezifischen EU-Vorschriften über den Hinweisgeberschutz angeglichen werden.“

30 COM(2018) 218 final, S. 20 f. (zu Art. 1).

31 Siehe etwa Government of Hungary, in: Compilation of Replies, Rats-Dok. WK 14210/2018 v. 20.11.2018, S. 88.

32 Vgl. Council, Presidency Note v. 18.9.2018, Council-Doc. 12191/18, S. 2: „Member States expressed doubts about the relation of this Directive, as lex generalis, with existing Union sectoral legislation and asked for clarifications in order to ensure legal certainty and clarity and avoid overlaps.“; Comment of the Federal Republic of Germany on Annex 1 to the Commission Proposal, in: Compilation of Replies, Council-Doc. WK 14210/2018 v. 20.11.2018, S. 16: „Germany still holds the view that the relationship with the other provisions on whistleblower protection in the various EU legal acts (Part II of the Annex) should be clearer and formulated in a more understandable manner“; ähnl. Ministry of Justice of Finland, 15.8.2018, in: Compilation of Comments, Council-Doc. WK 10535/2018 v. 17.9.2018, S. 16.

33 Ausschuss für konstitutionelle Fragen (AFCO), Änderungsantrag Nr. 37, EP-Plenarsitzungsdokument A8-0398/2018 v. 26.11.2018, S. 570.

34 Haushaltskontrollausschuss, Änderungsvorschlag Nr. 57, EP-Plenarsitzungsdokument A8-0398/2018 v. 26.11.2018, S. 319.

seren Schutz vorsehen als den durch diese Richtlinie garantierten".[35] Im Rat wurde vor allem auf eine Stärkung der Ergänzungsfunktion der HinSch-RL-E gedrungen („as far as possible"), um einen flächendeckenden Mindeststandard für den Hinweisgeberschutz[36] gerade auch im Anwendungsbereich der sektorspezifischen Instrumente sicherzustellen.[37]

Im Rahmen von bilateralen Erörterungen mit dem Rat[38] legte die Kommission ein Arbeitspapier zur „Komplementarität" zwischen der HinSch-RL-E und der VO (EU) Nr. 376/2014 über die Meldung von Ereignissen in der Zivilluftfahrt vor,[39] deren Vorrang das HinSchG in § 4 Abs. 1 Satz 1 Nr. 9 anordnet. Obwohl Art. 5 der VO (EU) Nr. 376/2014 sowohl ein internes als auch ein externes Meldesystem vorsieht, sollen danach die Bestimmungen der HinSch-RL nach dem Verständnis der Kommission in weitgehendem Umfang ergänzend herangezogen werden, so etwa in Bezug auf die Vorschriften über die Offenlegung (Art. 15 HinSch-RL), zur weiteren Ausgestaltung des Verfahrens für interne (Art. 9) und externe Meldungen (Art. 11–14), den Schutz der Vertraulichkeit (Art. 9 Abs. 1 lit. a, Art. 12 Abs. 1 lit. a, Art. 13 lit. d, Art. 16, Art. 23 Abs. 1 lit. d) und den Schutz vor Repressalien (Art. 19–21).[40] 15

Auf dieser Grundlage einigten sich der Rat, das Parlament und die Kommission im Wege des informellen Trilogs auf eine vom Rat vorgeschlagene[41] Fas- 16

35 Noch weitergehend Ausschuss für Wirtschaft und Währung (ECON), Änderungsantrag Nr. 30, EP-Plenarsitzungsdokument A8-0398/2018 v. 26.11.2018, S. 186: „Falls die in Teil 2 des Anhangs aufgeführten sektorspezifischen Rechtsvorschriften der Union strengere Schutzbestimmungen über die Meldung von Verstößen enthalten, haben diese Geltung."

36 Zum Verständnis der Schutzbestimmungen der HinSchRL als „horizontale Mindestvorschriften" siehe Gutachten des Jurist. Dienstes des Rates zum HinSch-RL-E, 14620/18 v. 14.12.2018, S. 2 (Ziff. 2).

37 Vgl. etwa Government of Hungary, in: Compilation of Replies, Rats-Dok. WK 14210/2018 v. 20.11.2018, S. 62: „[...] so that these instruments are fully aligned with its minimum standards whilst maintaining any specificities they provide for, tailored to the relevant sectors"; dagegen und für eine restlose Streichung der Auffangklausel hingegen zunächst Ministry of Justice of Sweden, 10.8.2018, in: Compilation of Comments, Council-Doc. WK 10535/2018 v. 17.9.2018, S. 21.

38 General Secretariat of the Council, Outcome of Proceedings, Council-Doc. 15698/18 v. 20.12.2018, S. 1 (Ziff. 2).

39 Vgl. European Commission, Complementarity between the Directive on Whistleblower Protection and the Regulation on occurrences in civil aviation, WK 15653/2018 INIT, 20.12.2018, 6 Seiten.

40 European Commission, Complementarity between the Directive on Whistleblower Protection and the Regulation on occurrences in civil aviation, WK 15653/2018 INIT, 20.12.2018, S. 2–4.

41 Vgl. Presidency Note v. 10.12.2018, Council-Doc. 15178/18, S. 42, Presidency Note v. 14.3.2019, Council-Doc. 7242/19, S. 39.

sung zur Klarstellung der Ergänzungsfunktion.[42] Nach der in den späteren Art. 3 Abs. 1 Satz 2 HinSch-RL überführten Formel findet die Richtlinie auch im Anwendungsbereich der in Anh. Teil II enumerativ aufgeführten sektorspezifischen Rechtsakte bereits „insoweit“ (engl. „to the extent“) Anwendung, „als die betreffende Frage“ (und nicht wie im Ursprungsentwurf der gesamte „Sachverhalt“) im jeweiligen Rechtsakt „nicht verbindlich geregelt ist“.

17 Die insoweit bestehenden Räume sind zur Sicherstellung eines der HinSch-RL entsprechenden Schutzniveaus zu nutzen. Nach Art. 1 der HinSch-RL enthält die Richtlinie die „Festlegung gemeinsamer Mindeststandards, die ein hohes Schutzniveau“ für Hinweisgeber „sicherstellen“. Auch Art. 2 Satz 1 und Erwägungsgrund 5 Satz 1, Nr. 16 Satz 1 und Nr. 108 Satz 1 sprechen dementsprechend übereinstimmend von „gemeinsamen Mindeststandards“ für den Schutz von Hinweisgebern bzw. „zur Gewährleistung eines wirksamen Hinweisgeberschutzes“. Erwägungsgrund 9 Satz 3 der HinSch-RL hält hieran anknüpfend fest, dass die auf den Sektoren des Luft- und Seeverkehrs auf unionsrechtlicher Basis bereits etablierten Hinweisgeberschutzsysteme durch die Schutzstandards der Richtlinie „ergänzt werden müssen“. Auch für den Bereich der Finanzdienstleistungen fordert Erwägungsgrund 20 Satz 4 die Ergänzung bereits eingeführter sektorspezifischer Hinweisgeberschutzsysteme, „sodass sie in vollem Umfang den Mindeststandards entsprechen“. Der Richtliniengeber bringt damit zum Ausdruck, dass das zentrale Anliegen, einen Mindeststandard auf dem Gebiet des Hinweisgeberschutzes zu etablieren, auch im Bereich bestehender sektorspezifischer Melderegime realisiert werden soll.[43] Diese sind – unter Beibehaltung der bestehenden Strukturen – so durch die Richtlinie zu komplementieren, dass ihr Schutzniveau in vollem Umfang den Mindeststandards entspricht.[44]

18 Der HinSchG-Gesetzgeber hat diesen Vorgaben mit Art. 9 im Übrigen auch punktuell durch gesetzliche Eingriffe entsprochen und damit die Rechtsanwendung partiell erleichtert. Mit der Begründung, dass das interne Meldesystem nach § 23 Abs. 6 VAG bislang „keine Konkretisierungen im Hinblick auf das Verfahren“ vorsah, hat er es „zur Vermeidung von Wertungswidersprüchen“ an

---

42 Siehe European Parliament, Negotiation Table 1st Trilogue NEGO_CT(2018)0106, Version 1.2, 8.1.2019, S. 122 f.

43 Der österreichische Umsetzungsgesetzgeber etwa geht in seiner Erläuterung zu § 4 Abs. 1 ÖstHinSchG (ÖstBGBl. I Nr. 6/2023) von dem Grundsatz aus, „dass die schon bewährten Hinweisgebersysteme unverändert fortgeführt werden sollen, soweit sie mit der Richtlinie vereinbar sind“, siehe die Erl. zum Nationalrats-Antrag 3087/A v. 15.12.2022 (XXVII. GP), S. 30 (zu § 4).

44 Siehe auch *Colneric/Gerdemann*, HSI-Schriftenreihe, Band 34, S. 24; *Brobeil*, Auswirkungen der RL (EU) 2019/1937, S. 39.

das interne Verfahren nach dem HinSchG angeglichen und damit ausdrücklich „gestärkt“.[45]

cc) Bewertung

Zwar kommt im Rahmen der Normauslegung neben Wortlaut und Systematik anerkanntermaßen auch den Gesetzgebungsmaterialien und damit der Regierungsbegründung „eine nicht unerhebliche Indizwirkung“ zu.[46] Der danach ermittelte Wille der am Gesetzgebungsverfahren Beteiligten darf bei der Interpretation allerdings nur unterstützend[47] und nur insoweit ausschlaggebend berücksichtigt werden, als er auch im eigentlichen Normtext konkreten Niederschlag gefunden hat.[48] Zwar steht der Wortlaut des Abs. 1 Satz 2 („soweit […] keine Vorgaben machen“) der strengen Auslegung der Entwurfsverfasser nicht zwingend entgegen. Er lässt aber mindestens ebenso gut Raum für ein weites Verständnis, wonach mit „Vorgaben“ nicht das Vorhandensein eines Meldesystems als solches, sondern dessen konkrete normative Ausgestaltung in ihren Einzelfacetten umschrieben ist, jenseits derer stets Ergänzungsmöglichkeiten bestehen. Vor allem befindet sich die strenge Lesart der Entwurfsbegründung in einem offensichtlichen Widerspruch zu dem oben dargestellten Anliegen der HinSch-RL, ein flächendeckendes Mindestschutzniveau auch auf den bereits sektorspezifisch „besetzten“ Feldern zu etablieren.[49] Insoweit gilt es die bei der Auslegung von Umsetzungsrecht bestehenden grammatikalischen Spielräume im Sinne eines Optimierungsgebots dahin auszuschöpfen, dass dem Regelungsanliegen der Richtlinie zur größtmöglichen Geltung verholfen **19**

45 BT-Drs. 20/3442, S.102 (zu Art. 9 Nr. 1); *Bekritsky*, in: Seibt/Buck-Heeb/Harnos, BeckOK WpHR, VO (EU) 596/2014 Art. 32 Rn. 11 will hieraus einen Umkehrschluss des Inhalts ziehen, dass der Gesetzgeber einen Gleichlauf dieser Regelungen im Übrigen bewusst nicht angestrebt habe.

46 BVerfG, Urt. v. 19.3.2013 – 2 BvR 2628, BVerfGE 133, 168 (205 f. Rn. 66); Beschl. v. 6.6.2018 – 1 BvL 7/14, BVerfGE 149, 126 (154 f. Rn. 74).

47 Dies übersehend im vorliegenden Zusammenhang *Bekritsky*, in: Seibt/Buck-Heeb/Harnos, BeckOK WpHR, VO (EU) 596/2014 Art. 32 Rn. 11 unter Hinweis auf den „eindeutigen Wille des Gesetzgebers“.

48 BVerfG, Urt. v. 16.2.1983 – 2 BvE 1/83 u. a., BVerfGE 62, 1 (45); Beschl. v. 1.4.2014 – 2 BvF 1/12, BVerfGE 136, 69 (100 Rn. 93); Beschl. v. 16.8.2001 – 1 BvL 6/01, NVwZ-RR 2002, 117, 188: „Es ist nicht maßgeblich, was der Gesetzgeber zu regeln meinte, sondern was er geregelt hat“; BAG, Urteil v. 6.4.2011 – 7 AZR 716/09, NZA 2011, 905, 907 Rn. 19; BFH, Urt. v. 28.7.2011 – VI R 7/10, DStR 2011, 1559, 1561 Rn. 20.

49 In diesem Sinne unter ausdrücklicher Bezugnahme auf die Fassung der Begründung auch Sachverst. *Schloussen*, Wortprot. über die 27. Sitzung des BT-Rechtsausschusses am 19.10.2022, Prot.-Nr. 20/27, S. 24: „[…] ich finde, dass die derzeitige Ausgestaltung in der Begründung zu § 4 unionsrechtswidrig ist.“

wird (Art. 288 AEUV i.V.m. Art 4 Abs. 3 EUV).[50] § 4 Abs. 1 Satz 2 HinSchG ist daher in richtlinienkonformer Auslegung dahin auszulegen, dass eine ergänzende Anwendung des HinSchG auch dann möglich und geboten ist, wenn das sektorspezifische Rechtsinstrument nach Abs. 1 Satz 1 zwar bestimmte Meldesysteme vorsieht, als solches aber insgesamt oder hinsichtlich einzelner Aspekte hinter dem Schutzniveau des HinSchG zurückbleibt. In der Praxis erscheint es deshalb empfehlenswert, auch für die in den sektorspezifischen Regelungen nur unvollkommen geregelten Teilbereiche ergänzend die detaillierteren Regelungen des HinSchG anzuwenden, um so die Erreichung des vom HinSchG erstrebten Mindeststandards zu gewährleisten.[51]

20 Die vorstehenden Ausführungen zeigen, dass die in § 4 Abs. 1 HinSchG getroffene Subsidiaritäts- bzw. Auffangregelung rechtstechnisch missglückt ist, da sie jedenfalls in Verbindung mit der Gesetzesbegründung das Potenzial für erhebliche Missverständnisse und Inkonsistenzen birgt.[52] Dessen ungeachtet bürdet die geltende Fassung dem Rechtsanwender die Aufgabe auf, konkurrierende Meldesysteme in jedem Einzelfall wertend voneinander abzugrenzen bzw. zu integrieren. Gerade kleinere Unternehmen werden sich bei der Frage, in welchen Teilbereichen die bestehenden Systeme um Elemente des HinSchG zu ergänzen sind, vor erhebliche Herausforderungen gestellt sehen.[53] Eine mögliche Abhilfe könnte in der Konsolidierung aller Regelungen für den Schutz von Hinweisgebern in einem einheitlichen Gesetz bestehen, das die Anforderungen der sektorspezifischen Regelungen integriert und den in den Meldestellen konzentrierten praktischen Sachverstand einbindet.[54]

---

50 EuGH, Urt. v. 5.10.2004 – C-397/01, NJW 2004, 3547, 3549 Rn. 113; Urt. v. 10.4.1984 – Rs. 14/83, NJW 1984, 2021, 2022; BVerfG, Beschl. v. 26.9.2011 – 2 BvR 2216/06, NJW 12, 669, 670 Rn. 46; Beschl. v. 8.4.1987 – 2 BvR 687/85, BVerfGE E 75, 223 (237).

51 So auch *Schoch*, BKR 2023, 154, 157; wohl auch *Gabriel*, in: Frey/Pelz, BeckOK GwG, § 6 Rn. 107.

52 Vgl. auch MdB *Plum*, BT-Plenarprot. Nr. 20/57 v. 29.9.2022, S. 6390[A]: „[…] bleibt das Verhältnis des Entwurfs zu bestehenden Meldesystemen vollkommen unabgestimmt."

53 So Verband der Auslandsbanken in Deutschland e.V., Stgn. z. HinSchG-RefE v. 11.5.2022, S. 2; DIHK, Stgn. z. HinSchG-E v. 28.9.2022, S. 6 = BT-Rechtsausschuss, Anl. z. Prot.-Nr. 20/27, S. 88, 93; siehe auch *Fuhlrott/Henkel*, ArbRAktuell 2022, 441, 442: „erhebliche[r] Koordinierungsaufwand".

54 DIHK, Stgn. z. HinSchG-E v. 28.9.2022, S. 6 = BT-Rechtsausschuss, Anl. z. Prot.-Nr. 20/27, S. 88, 93; zur Forderung einer Gesamtregelung auch MdB *Plum*, BT-Plenarprot. Nr. 20/57 v. 29.9.2022, S. 6390[A].

3. Verhältnis zu sonstigen sektorspezifischen Regelungen

Der aus Anh. Teil I HinSch-RL abgeleitete Vorrangkatalog sektorspezifischer Meldesysteme in § 4 Abs. 1 Satz 1 ist abschließend.[55] Der Gesetzgeber hat die im Verlauf der parlamentarischen Beratungen an ihn herangetragenen Forderungen nach Erweiterung des Katalogs vorrangiger Rechtsinstrumente um Normen nationalrechtlichen Ursprungs (insbesondere auf dem Gebiet des Arbeitsrechts[56]) bewusst nicht aufgegriffen. Dies wirft die Frage nach dem Verhältnis solcher nicht in den Kanon des Abs. 1 Satz 1 aufgenommener Meldesysteme[57] zum HinSchG auf. 21

Schon der Regierungsbegründung war insoweit zu entnehmen, dass solche – bereits etablierten oder noch entstehenden – Meldesysteme „weiterhin neben den Meldewegen des HinSchG" bestehen sollen.[58] Forderungen nach einer weitergehenden Klarstellung des Verhältnisses des horizontalen Meldesystems zu den nicht in Abs. 1 Satz 1 aufgeführten sektorspezifischen Regimen[59] hat die Bundesregierung als überflüssig zurückgewiesen.[60] Nicht in den Katalog des Abs. 1 Satz 1 aufgenommene sektorspezifische Systeme stehen in Ermangelung gesetzlicher Vorrang- oder Subsidiaritätsregelungen daher in freier Konkurrenz zum HinSchG.[61] Weder legt eine „enge Auslegung" ein Verständnis nahe, wonach entsprechende Sonderregime gegenüber dem HinSchG „nachrangig" und daher im Falle von Überschneidungen „obsolet" sein sollen.[62] Noch bedurfte es umgekehrt der Absicherung des HinSchG durch Aufnahme expliziter Unberührtheitsklauseln in die betreffenden Spezialgesetze, 22

55 Vgl. Gegenäußerung der BReg zu der Stgn. des BR, BT-Drs. 20/3709, S. 1 (zu Nr. 1).

56 Zu der Forderung, die „bewährten arbeitsrechtlichen Meldesysteme" (§ 17 Abs. 2 ArbSchG und § 84 BetrVG) mit Geltungsvorrang gegenüber dem HinSchG auszustatten, vgl. BDA, Stgn. z. HinSchG-E v. Aug. 2022, S. 4 (Ziff. 5) = BT-Rechtsausschuss, Anl. z. Prot.-Nr. 20/27, S. 70, 73; DIHK, Stgn. z. HinSchG-E v. 28.9.2022, S. 6 = BT-Rechtsausschuss, Anl. z. Prot.-Nr. 20/27, S. 88, 93; siehe auch Zentralverband des dt. Handwerks (ZDH), Stgn. zum HinSchG-RefE, Mai 2022, S. 1 f.

57 Vgl. etwa § 8 des Lieferkettensorgfaltspflichtengesetzes (LkSG) v. 16.7.2021, BGBl. I, S. 2959.

58 BT-Drs. 20/3442, S. 67 (zu § 4).

59 Insbesondere Stgn. des BR, BT-Drs. 20/3442, Anl. 3, S. 112 (zu § 4); siehe auch MdB *Plum*, BT-Plenarprot. Nr. 20/57 v. 29.9.2022, S. 6390[A].

60 Gegenäußerung der BReg zu der Stgn. des BR, BT-Drs. 20/3709, S. 1 (zu Nr. 1) und ParlStS *Strasser*, BT-PlenarProt. 20/62 v. 19.10.2022, S. 7028[C].

61 So mit Bezug auf § 8 LkSG ParlStS *Strasser*, BT-PlenarProt. 20/62 v. 19.10.2022, S. 7028[C]; siehe auch Gegenäußerung der BReg zu der Stgn. des BR, BT-Drs. 20/3709, S. 1 (zu Nr. 1): „stehen […] nebeneinander".

62 So namentlich die Befürchtung des Bundesrates, siehe Stgn. des BR, BT-Drs. 20/3442, Anl. 3, S. 112 (zu § 4).

wie sie der HinSch-Gesetzgeber mit Art. 2 (allerdings nur) in Bezug auf § 17 Abs. 2 Satz 3 ArbSchG „klarstellend“ festgeschrieben hat.[63]

23 Ist sowohl der Anwendungsbereich des HinSchG (§§ 1, 2) als auch der des sektorspezifischen Meldesystems eröffnet, soll der hinweisgebenden Person ein Wahlrecht zukommen, ob sie die Meldung nach den Vorschriften des Fachrechts oder nach der lex generalis des HinSchG vornehmen will.[64] So hätte im Fall einer Meldung, die unter § 17 Abs. 2 ArbSchG fällt, die meldende Person gegebenenfalls zu wählen, ob sie auf dieses spezifische Meldesystem oder das allgemeine Meldesystem des HinSchG zurückgreift.[65] In den Genuss der Schutzvorschriften des HinSchG sollen Hinweisgeber in einer solchen Konkurrenzsituation aber nur dann gelangen, wenn sie „nach den Vorschriften des HinSchG melden“.[66] Greifen sie auf das bewährte sektorspezifische Meldesystem zurück, bleibt es bei dem dortigen Schutzniveau. Auf Seiten der Verpflichteten müssen in der Konsequenz bis auf Weiteres beide Meldesysteme parallel vorgehalten werden – eine Konsequenz, die mit erheblichem Mehraufwand einhergeht und an der die Verbände bereits in den Ausschussanhörungen erhebliche Kritik geäußert hatten.[67]

4. Einzelkommentierung: Verhältnis zu sonstigen Bestimmungen, Abs. 1

24 Im Folgenden werden die vorstehend entwickelten Maßstäbe auf den Katalog der sektorspezifischen Meldesysteme nach § 4 Abs. 1 Satz 1 Nr. 1–12 HinSchG übertragen. Die Verweisungen betreffen die in den genannten Rechtsakten enthaltenen „spezifischen Regelungen über die Mitteilung von Informationen über Verstöße“ und sollen nach dem Verständnis des Gesetzgebers „jeweils ein Meldesystem für potenzielle oder tatsächliche Verstöße unter Wahrung der Vertraulichkeit der Identität der meldenden Person vor[sehen]“.[68] Bis auf die dynamischen Verweise auf unmittelbar geltendes Unions-

63 BT-Drs. 20/3442, S. 112 (zu Art. 2): „Die Änderung stellt klar […]“.

64 BT-Drs. 20/3442, S. 67 (zu § 4); Gegenäußerung der BReg zu der Stgn. des BR, BT-Drs. 20/3709, S. 1 (zu Nr. 1).

65 Vgl. bzgl. der Wahlfreiheit *Bruns*, in: Rolfs/Giesen/Meßling/Udsching, BeckOK Arbeitsrecht, HinSchG, § 4 Rn. 5.

66 Gegenäußerung der BReg zu der Stgn. des BR, BT-Drs. 20/3709, S. 1 (zu Nr. 1); ähnl. bereits BT-Drs. 20/3442, S. 67 (zu § 4).

67 Transparency International, Stgn. z. HinSchG-E v. 14.10.2022, S. 10 (Ziff. 10) = BT-Rechtsausschuss, Anl. z. Prot.-Nr. 20/27, S. 105, 113: „Parallele Meldekanäle sollten im Interesse aller Beteiligten vermieden werden“; DIHK, Stgn. z. HinSchG-E v. 28.9.2022, S. 6 = BT-Rechtsausschuss, Anl. z. Prot.-Nr. 20/27, S. 88, 93.

68 BT-Drs. 20/3442, S. 67 (§ 4).

recht[69] in Nr. 8 und Nr. 9 („in der jeweils geltenden Fassung"), handelt es sich um statische Verweisungen auf die konkret in Bezug genommenen Rechtsakte bzw. Verordnungsermächtigungen. Soweit die in einigen Nummern (Nr. 9, 11 und 12) pauschal und ohne jede Konkretisierung in Bezug genommenen Rechtsverordnungen bislang nicht erlassen worden sind, ist auch insoweit eine spätere Modifikation des sektorspezifischen Hinweisgeberschutzes denkbar, die sich auf die Anwendung des Abs. 1 Satz 2 auswirken kann.

a) Nr. 1: § 6 Abs. 5 und § 53 GwG

aa) § 6 Abs. 5 GwG

§ 6 Abs. 5 GwG erlegt sämtlichen „Verpflichteten" i. S. d. § 2 GwG (u. a. Kreditinstituten, Finanzdienstleistern und Versicherungsunternehmen) die Pflicht auf, „angemessene Vorkehrungen" zu treffen, damit Mitarbeiter und Personen in einer vergleichbaren Position Verstöße gegen geldwäscherechtliche Vorschriften bei einer oder mehreren Meldestellen (vgl. die Verwendung des Plurals „geeignete Stellen") unter „Wahrung der Vertraulichkeit ihrer Identität" melden können. Die Vorschrift sieht damit die Einführung eines „Whistleblowing-Systems"[70] vor, das der Qualität und dem Umfang der gewerblichen Tätigkeit („im Hinblick auf ihre Art und Größe") angemessen ist. Sie dient der Umsetzung von Art. 61 Abs. 3 der Richtlinie 2015/849/EU[71] und damit wie dieser insbesondere dem Schutz der meldenden Person vor „Bedrohungen oder Anfeindungen".[72] Nach der Entwurfsbegründung soll die von den Verpflichteten hierfür vorzusehende Stelle die externe Meldestelle nach § 53 GwG bzw. die auf Grundlage von § 4d FinDAG (vgl. nunmehr § 21 HinSchG) auf diesem Sektor aktivierte BaFin ergänzen.[73] Die Bestimmung der für den Empfang der Meldungen zuständigen Stelle steht im Ermessen des Verpflichteten.[74] Einschränkend wird man im Rahmen einer richtlinienkonformen Auslegung lediglich eine unternehmensinterne Stelle als zur Entgegennahme von Meldungen „geeignet" i. S. v. § 6 Abs. 5 GwG anzusehen haben.[75] Zwar trifft § 6 Abs. 5 GwG in dieser Hinsicht keine explizite Festlegung und stünde damit der Beauftragung privater „externer" Einrichtungen nicht ohne Weiteres entge- 25

69 Vgl. ErwG 19 Satz 4 HinSch-RL. Zu den Konsequenzen vgl. BT-Drs. 20/3442, S. 58 (zu § 2).

70 Dazu näher *Kaetzler*, in: Zentes/Glaab, GwG, § 6 Rn. 155 ff.

71 BT-Drs. 18/11555, S. 112 (zu § 6).

72 Siehe insbes. ErwG 41 RL 2015/849/EU.

73 BT-Drs. 18/11555, S. 112 (zu § 6); zu dieser Komplementärfunktion auch BaFin, Anwendungs- und Auslegungshinweise (AuA) zum GwG, 10/2021, S. 24 (Ziff. 3.8).

74 BT-Drs. 18/11555, S. 112 (zu § 6).

75 A. A. *Kaetzler*, in: Zentes/Glaab, GwG, § 6 Rn. 160 Fn. 176 m. w. N.

gen, solange diese Gewähr für die Einhaltung der aus § 6 Abs. 5 GwG folgenden Anforderungen bieten. Allerdings enthalten sowohl die zugrunde liegende Richtlinienbestimmung (Art. 61 Abs. 3 der Richtlinie 2015/849/EU) als auch die Regierungsbegründung[76] eine Einschränkung auf „interne" Meldewege. Eine entsprechende Einschränkung wird dementsprechend auch in der Verwaltungspraxis der Aufsichtsbehörden (etwa der BaFin,[77] der Bundesländer[78] oder der Bundesrechtsanwaltskammer[79]) vorausgesetzt. Als geeignete interne Stellen sollen danach etwa der Geldwäschebeauftragte oder sein Stellvertreter, das für die Risikoanalyse verantwortliche „Mitglied der Führungsebene" (etwa Gesellschafter oder die Büroleitung) und/oder die interne Revision in Betracht kommen.[80] Aus einer richtlinienkonformen Auslegung folgt zudem, dass es sich bei dem einzurichtenden „speziellen" Meldekanal um einen „unabhängigen" handeln soll (Art. 61 Abs. 3 der Richtlinie 2015/849/EU).

(1) Sachlicher Anwendungsbereich

26 In sachlicher Hinsicht erschöpft sich die in § 6 Abs. 5 GwG enthaltene Anordnung in der Einrichtung bzw. Einsetzung einer Stelle zur Entgegennahme und Bearbeitung von Verstößen gegen „geldwäscherechtliche Vorschriften". Erfasst sind damit schon nach dem Wortlaut ausschließlich Meldungen in Bezug auf Verstöße gegen das GwG und sonstige geldwäscherechtliche Vorgaben, also namentlich solche nach § 2 Abs. 1 Nr. 3 lit. a HinSchG[81] und – mit Blick auf § 261 StGB – auch nach § 2 Abs. 1 Nr. 1 HinSchG. Die Meldung von sonstigen Verstößen i. S. d. § 2 Abs. 1 HinSchG unterfällt dem sektorspezifischen Hinweisgeberschutzsystem des § 6 Abs. 5 GwG hingegen nicht.

(2) Persönlicher Anwendungsbereich

27 Der persönliche Anwendungsbereich des § 6 Abs. 5 GwG erstreckt sich auf Mitarbeiterinnen und Mitarbeiter sowie „Personen in einer vergleichbaren Po-

---

76 Siehe BT-Drs. 18/11555, S. 112 (zu § 6): „[…] Möglichkeit, intern Verstöße […] melden zu können"; und nochmals ebd., S. 112: „interne Stelle".

77 BaFin, AuA zum GwG, 10/2021, S. 25 (Ziff. 3.8).

78 RP Hessen, Gemeinsame Auslegungs- und Anwendungshinweise (AuA) der Länder zum GwG für Güterhändler, Immobilienmakler und andere Nichtfinanzunternehmen, Stand: 5/2023, S. 25 (Ziff. 3.3.7.).

79 BRAK, Auslegungs- und Anwendungshinweise zum GwG, 7. Aufl. 2022, S. 47 (Ziff. 120): „kanzleiinterne Person".

80 Vgl. RP Hessen, Gemeinsame Auslegungs- und Anwendungshinweise (AuA) der Länder zum GwG für Güterhändler, Immobilienmakler und andere Nichtfinanzunternehmen, Stand: 5/2023, S. 25 (Ziff. 3.3.7.); BRAK, AuA zum GwG, 7. Aufl. 2022, S. 47 (Ziff. 120).

81 Vgl. BT-Drs. 20/3442, S. 58 (zu § 2 Abs. 1 Nr. 3 lit. a).

sition". Von Letzterem umfasst sind nach übereinstimmender Lesart der zur Auslegung und Anwendung des GwG berufenen Stellen solche Personen, die im Rahmen der Geschäftstätigkeit des Verpflichteten „für diesen tätig sind", jedoch nicht in einem Beschäftigungsverhältnis zum Verpflichteten stehen (wie z.B. freiberuflich Tätige oder Leiharbeitskräfte).[82] Der persönliche Anwendungsbereich reicht also weniger weit als der in § 1 Abs. 1 HinSchG[83] festgelegte.

(3) Verhältnis zu § 4 Abs. 1 HinSchG

Spezielle Vorgaben zur konkreten Ausgestaltung des Meldesystems statuiert § 6 Abs. 5 GwG nicht. Der Gesetzesbegründung zu § 6 Abs. 5 GwG ist dementsprechend zu entnehmen, dass die Umsetzung u.a. des Meldeweges oder die Sicherstellung der Vertraulichkeit dem Verpflichteten weitestgehend freigestellt sein soll.[84] Damit steht es u.a. im Ermessen des Verpflichteten zu entscheiden, welchen Meldeweg er den Mitarbeitern anbieten will und wie die Vertraulichkeit sichergestellt wird. **28**

Soweit in Bezug auf eine konkrete Meldung die sachlichen Anwendungsbereiche sowohl des § 6 Abs. 5 GwG als auch des HinSchG eröffnet sind, genießt das bereits eingeführte sektorspezifische Verfahren nach § 4 Abs. 1 Satz 1 HinSchG den Vorrang. Nach den oben (Rn. 19) entwickelten Maßstäben ist dieses nur sehr rudimentär ausgebildete Hinweisgeberschutzsystem gem. § 4 Abs. 1 Satz 2 allerdings umfassend um Elemente des HinSchG zu ergänzen, um ein mit diesem vergleichbares Schutzniveau für Hinweisgeber und die von der Meldung betroffene Person zu garantieren.[85] Das betrifft insbesondere die strengeren Anforderungen an die Vertraulichkeit (§ 8), die Dokumentation (§ 11), den restriktiven Umgang mit persönlichen Daten (z.B. § 16 Abs. 2), Regeln für die Organisation der internen Meldestelle, das Verfahren und Folgemaßnahmen (§§ 13–18), die Bestimmungen über den Ausschluss der Verantwortlichkeit (§ 35) und das Verbot von Repressalien (§ 36) einschließlich der anknüpfenden Durchsetzungsmechanismen (etwa Beweislastregel sowie Schadensersatz, §§ 36f. HinSchG). **29**

---

82 Vgl. BRAK, AuA zum GwG, 7. Aufl. 2022, S. 47 (Ziff. 120); BaFin, AuA zum GwG, S. 25 (Ziff. 3.8); RP Hessen, Gemeinsame Auslegungs- und Anwendungshinweise (AuA) der Länder zum GwG für Güterhändler, Immobilienmakler und andere Nichtfinanzunternehmen, Stand: 5/2023, S. 25 (Ziff. 3.3.7.); *Häberle*, in: Erbs/Kohlhaas, Strafrechtliche Nebengesetze, GwG, § 6 Rn. 9.

83 Vgl. BT-Drs. 20/3442, S. 56 (zu § 1 Abs. 1).

84 Vgl. BT-Drs. 18/11555, S. 112 (§ 6); so auch BaFin, AuA zum GwG, S. 24f. (Ziff. 3.8).

85 Im Ergebnis wohl auch *Kaetzler*, in: Zentes/Glaab, GwG, § 6 Rn. 8; *Gabriel*, in: Frey/Pelz, BeckOK, GwG, § 6 Rn. 107, 117c.

bb) § 53 GwG

30 Anders als § 6 Abs. 5 sieht § 53 GwG („Hinweise auf Verstöße“) ein vergleichsweise weit entwickeltes sektorspezifisches Meldesystem vor. Die Vorschrift dient der Umsetzung von Art. 61 Abs. 1 und Abs. 2 der Richtlinie 2015/849/EU und trägt der Einsicht Rechnung, dass Hinweisgeber „wertvolle Beiträge“ bei der Aufdeckung individuellen oder kollektiven Fehlverhaltens leisten und damit zur Eindämmung und Korrektur negativer Folgen hieraus beitragen können.[86] Abs. 1 Satz 1 der Vorschrift verpflichtet die Aufsichtsbehörden (vgl. § 50 GwG) zur Errichtung eines externen Meldesystems zur Annahme von (auch anonymen, Abs. 1 Satz 3) Hinweisen zu potenziellen oder tatsächlichen Verstößen gegen Rechtsvorschriften in ihrem Zuständigkeitsbereich. Hierfür ist ein geschützter Kommunikationsweg einzurichten (§ 53 Abs. 1 Satz 2).[87] Die Identität des Hinweisgebers darf ohne dessen ausdrückliche Zustimmung grundsätzlich nicht preisgegeben werden (Abs. 3 Satz 1); gleiches gilt für die vom Hinweis betroffene Person (Abs. 3 Satz 2). Ausnahmen gelten bei der Weitergabe im Zuge nachfolgender Verwaltungs- oder Gerichtsverfahren oder auf gerichtliche Anforderung (Abs. 3 Satz 3). § 53 Abs. 5 Satz 1 statuiert ein weitreichendes Verbot von arbeitsrechtlichen, strafrechtlichen oder schadensersatzrechtlichen Benachteiligungen für gutgläubige (vgl. Abs. 5 Satz 2) Hinweisgeber, dessen Wirkung seit dem 1.1.2020[88] über die Bereitstellung eines gesonderten Beschwerdeweges (Abs. 5a) abgesichert wird. Abs. 6 legt fest, dass das Hinweisrecht nach § 53 Abs. 1 GwG einer vertraglichen Einschränkung nicht zugänglich ist (Satz 1) und erklärt hiervon abweichende vertragliche Vereinbarungen für unwirksam. Abs. 7 stellt klar, dass das Meldeverfahren die allgemeinen straf- bzw. verwaltungsprozessualen Verfahrensrechte der von einem Hinweis betroffenen Person (insbesondere Anhörungs- und Akteneinsichtsrechte) unberührt lässt.[89] Durch den mit dem HinSchG neu eingeführten § 53 Abs. 8 GwG wird klargestellt, dass für den Fall, dass die BaFin die zuständige Aufsichtsbehörde i. S. d. § 50 GwG ist, das externe Meldeverfahren des § 4d FinDAG gilt und die Vorgaben des § 53 Abs. 3–7 GwG keine Anwendung finden. § 53 GwG kommt folglich nur noch für Unternehmen zur Anwendung, die nicht von der BaFin beaufsichtigt werden.

86 BT-Drs. 18/11555, S. 161 (zu § 53).
87 Zu den Voraussetzungen BT-Drs. 19/13827, S. 104 (zu Art. 1 Nr. 39).
88 Siehe Art. 1 Nr. 41 G v. 12.12.2019, BGBl. I, S. 2602; dazu BT-Drs. 19/13827, S. 104 (zu Art. 1 Nr. 39).
89 BT-Drs. 18/11555, S. 161 (zu § 53).

(1) Sachlicher Anwendungsbereich

31 § 53 GwG sieht ein externes Verfahren zur Meldung von tatsächlichen und potenziellen Verstößen gegen geldwäscherechtliche Vorschriften vor, d.h. gegen das GwG, darauf beruhende Rechtsverordnungen und andere geldwäscherechtliche Vorschriften, deren Nichteinhaltung durch die Aufsichtsbehörden geahndet werden können.

(2) Persönlicher Anwendungsbereich

32 Zum gesetzlich geschützten Personenkreis gehören gem. § 53 Abs. 3 Satz 1 GwG die hinweisgebende Person selbst und gem. § 53 Abs. 3 Satz 2 GwG die Person, die Gegenstand eines Hinweises ist. Besondere Schutzvorschriften (Abs. 5 und 6) gelten für hinweisgebende Mitarbeiter beaufsichtigter Unternehmen und für Mitarbeiter von Unternehmen, auf die solche Tätigkeiten ausgelagert werden.

(3) Verhältnis zu § 4 Abs. 1 HinSchG

33 Soweit in Bezug auf eine konkrete Meldung die sachlichen Anwendungsbereiche sowohl des § 53 GwG als auch des HinSchG eröffnet sind, genießt das bereits eingeführte sektorspezifische Verfahren nach § 4 Abs. 1 Satz 1 HinSchG den Vorrang. Nach den oben (Rn. 19) entwickelten Maßstäben ist das differenzierte externe Meldesystem nach § 53 GwG gem. § 4 Abs. 1 Satz 2 HinSchG punktuell um weitere Schutzaspekte anzureichern, um ein mit diesem vergleichbares Schutzniveau für Hinweisgeber und die von der Meldung betroffene Person zu garantieren. Dies gilt etwa für die weiteren Anforderungen an die Wahrung der Vertraulichkeit nach § 8 Abs. 1 Satz 2 und Abs. 2 HinSchG, mit denen der Schutz des § 53 Abs. 3 GwG ergänzt wird, oder für § 25 HinSchG, der Anforderungen an die Unabhängigkeit der externen Meldestelle stellt. Auch § 27 HinSchG über externe Meldekanäle ist ergänzend heranzuziehen, wobei die in § 53 Abs. 1 Satz 3 GwG vorbehaltlos eröffnete Möglichkeit der anonymen Meldung nicht durch § 27 Abs. 1 Satz 3 und 4 HinSchG relativiert werden darf. Ebenfalls weitgehend anwendbar sind die §§ 28–31 HinSchG über das Verfahren bei externen Meldungen ebenso wie – mit gewissen Einschränkungen – die §§ 33, 35–38 HinSchG. Das Beschwerdeverfahren nach § 53 Abs. 5a GwG bleibt unberührt. Dasselbe gilt für § 53 Abs. 5 Satz 1 GwG, der in seiner Wirkung über das Verbot von Repressalien in § 36 Abs. 1 HinSchG noch hinausgeht und u.a. einen umfassenden Ausschluss arbeits-, straf- und zivilrechtlicher Sanktionen anordnet.

b) Nr. 2: § 25a Abs. 1 Satz 6 Nr. 3 KWG und § 13 Abs. 1 WpIG

aa) § 25a Abs. 1 Satz 6 Nr. 3 KWG

34 In Konkretisierung der allgemeinen organisatorischen Anforderungen an eine ordnungsgemäße Geschäftsführung verpflichtet § 25a Abs. 1 Satz 6 Nr. 3 KWG Institute i. S. d. § 1 Abs. 1 lit. b KWG, d. h. Kredit- und Finanzdienstleistungsinstitute, ein internes Meldeverfahren vorzusehen. Der Prozess soll Mitarbeiter „unter Wahrung der Vertraulichkeit ihrer Identität" in den Stand versetzen, Verstöße gegen eine Anzahl von Rechtsakten sowie etwaige strafbare Handlungen „innerhalb des Unternehmens an geeignete Stellen zu berichten". Die in ihrer Ursprungsfassung auf das CRD IV-Umsetzungsgesetz vom 28.8.2013[90] zurückgehende Bestimmung setzt Art. 71 Abs. 3 CRD IV-RL[91] um und greift gleichzeitig die Anforderungen der EBA Guidelines on Internal Governance (GL 44), III, Titel II, Leitlinie 17 vom 27.9.2011[92] über „[i]nterne Frühwarnmechanismen" auf.[93] Letztere wurden durch die EBA Guidelines on Internal Governance (EBA/GL/2017/11) überarbeitet, welche nunmehr detailliertere Maßnahmen zum Schutz von Hinweisgebern vorsehen.[94] Nach der Entwurfsbegründung soll als „geeignete Stelle" ein Empfänger sowohl innerhalb[95] als auch außerhalb des Instituts eingerichtet werden können. Beauftragt das Institut im Wege der Auslagerung eine Stelle außerhalb des Instituts, so ist dafür Sorge zu tragen, dass die Vertraulichkeit der Identität der berichtenden Mitarbeiter gewahrt bleibt.[96] Im Übrigen bleibt den Instituten überlassen, welche interne Stelle für den Empfang der jeweiligen Meldungen zuständig ist und wie die Vertraulichkeit der betroffenen Mitarbeiter sichergestellt wird.[97]

35 Darüber hinaus formuliert § 25a Abs. 1 Satz 6 Nr. 3 KWG keine Vorgaben zur Ausgestaltung des Meldeverfahrens. Die Norm definiert nach dem Verständnis des Gesetzgebers lediglich einen Mindeststandard; die konkrete Ausgestaltung des nach § 25a Abs. 1 Satz 6 Nr. 3 KWG einzurichtenden internen Meldever-

90 BGBl. I, S. 3395.

91 RL 2013/36/EU, ABl. L 176 v. 27.6.2013, S. 338.

92 Europäische Bankenaufsichtsbehörde, EBA BS 2011 116 endg. v. 27.11.2011, https://www.eba.europa.eu/.

93 BT-Drs. 17/10974, S. 86 (zu § 25a); siehe auch *Braun*, in: Fischer/Schulte-Mattler, KWG, § 25a Rn. 687; *Reppenthien*, in: Beck/Samm/Kokemoor, KWG mit CRR, § 25a KWG, Rn. 213.

94 Europäische Bankenaufsichtsbehörde, EBA/GL/2017/11 final v. 26.9.2017, Leitlinien 117 bis 123, https://www.eba.europa.eu/.

95 In Betracht kommen Anlaufstellen außerhalb der regulären Berichtswege, etwa die Compliance-Funktion oder die Innenrevision, siehe Leitlinie 17.2 der EBA BS 2011 116 endg. v. 27.11.2011 und nunmehr Leitlinie 118 der EBA/GL/2017/11 final v. 26.9.2017.

96 So ausdrücklich BT-Drs. 17/10974, S. 86 (zu § 25a).

97 *Braun*, in: Fischer/Schulte-Mattler, KWG, Rn. 69.

fahrens hingegen ist an Art, Umfang, Komplexität und Risikogehalt der Geschäftstätigkeit auszurichten.[98] Die Vorschrift ist jedoch im Lichte der Anforderungen des Art. 71 Abs. 3 i.V.m. Abs. 2 CRD-IV auszulegen. Danach hat das interne Meldesystem mindestens spezielle Verfahren für den Empfang der Meldungen über Verstöße, einen angemessenen Schutz gegen Vergeltungsmaßnahmen, Diskriminierungen oder andere Arten ungerechtfertigter Behandlung, den Schutz personenbezogener Daten und die Vertraulichkeit vorzusehen. Die EBA Guidelines on Internal Governance sehen darüber hinaus weitere Vorgaben etwa hinsichtlich der Dokumentation, des Schutzes des Hinweisgebers vor Repressalien und interner Eskalationsprozesse vor.[99] Dabei ist in Rechnung zu stellen, dass es sich bei den EBA Guidelines zwar nicht um verbindliche Vorschriften im engeren Sinne handelt,[100] sondern um Auslegungshilfen, die sich an die nationalen Aufsichtsbehörden richten und von ihnen im Wege des „Comply or Explain"-Mechanismus umzusetzen sind. Sie entfalten daher eine faktische Bindungswirkung für Kreditinstitute und nicht nur bloßen Appellcharakter.[101]

(1) Sachlicher Anwendungsbereich

Der nach § 25a Abs. 1 Satz 6 Nr. 3 KWG einzurichtende Prozess ist in sachlicher Hinsicht eröffnet für Verstöße gegen die CRR, MiFIR, MAR, WpProspektVO, das KWG und das WpHG einschließlich der auf ihrer Grundlage erlassenen Rechtsverordnungen sowie für sonstige strafbare Handlungen.[102] 36

(2) Persönlicher Anwendungsbereich

Die Vorschrift schützt lediglich Mitarbeiter des Instituts und reicht damit in persönlicher Hinsicht deutlich weniger weit als das HinSchG. Allerdings soll es Instituten unbenommen sein, das System auf freiwilliger Basis auch für externe Hinweisgeber (z.B. Kunden, Geschäftspartner, Lieferanten und sonstige Dritte) zu öffnen, indem es z.B. über den Internetauftritt des Institutes publik und zugänglich gemacht wird.[103] 37

98 BT-Drs. 17/10974, S. 86 (zu § 25a); i.d.S. auch *Langen/Donner*, in: Schwennicke/Auerbach, KWG mit ZAG, Rn. 114; *Reppenthien*, in: Beck/Samm/Kokemoor, KWG mit CRR, § 25a KWG, Rn. 213.

99 Vgl. Leitlinien 120ff. der EBA/GL/2017/11 final v. 26.9.2017.

100 Vgl. EuGH, Urt. v. 15.7.2021 – Rs. C-911/19, ECLI:EU:C:2021:599, Rn. 39ff.

101 *Breuer*, in: Hopt/Binder/Böcking, Handbuch Corporate Governance von Banken und Versicherungen, § 12 Rn. 64.

102 Der Bezug auf sonstige strafbare Handlungen geht über die Vorgaben des Art. 71 Abs. 3 CRD IV hinaus, vgl. *Langen/Donner*, in: Schwennicke/Auerbach, KWG, § 25a Rn. 12.

103 *Reppenthien*, in: Beck/Samm/Kokemoor, KWG mit CRR, § 25a KWG, Rn. 215; *Renz/Rohde-Liebenau*, BB 2014, 692, 694.

(3) Verhältnis zu § 4 Abs. 1 HinSchG

38 Soweit in Bezug auf eine konkrete Meldung die sachlichen und persönlichen Anwendungsbereiche sowohl des § 25a Abs. 1 Satz 6 Nr. 3 KWG als auch des HinSchG (§§ 1, 2 HinSchG) eröffnet sind, genießt das bereits eingeführte sektorspezifische Verfahren nach § 4 Abs. 1 Satz 1 im Ausgangspunkt den Vorrang. Nach der oben (Rn. 19) entwickelten Abgrenzungsmethodik ist zu ermitteln, in welchen Teilbereichen das interne Meldesystem nach § 25a Abs. 1 Satz 6 Nr. 3 KWG einer Ergänzung durch die Vorgaben des HinSchG bedarf.[104] Der Regelung in § 25a Abs. 1 Satz 6 Nr. 3 KWG selbst ist nicht viel mehr zu entnehmen, als dass die Vertraulichkeit der Identität des Meldenden zu wahren ist. Die konkrete Ausgestaltung des Verfahrens wurde bisher den Verpflichteten überlassen, wobei Art. 71 CRD IV und die EBA/GL/2017/11 Anforderungen an die Ausgestaltung vorsehen (vgl. Rn. 34). Die Vorgaben aus Art. 71 Abs. 3 i.V.m. Abs. 2 CRD IV sind jedoch programmsatzartig formuliert und statuieren keine konkreten Schutzstandards, die sich an den Detailvorgaben des HinSchG messen lassen könnten. Insoweit sind wie im Falle des § 6 Abs. 5 GwG (vgl. Rn. 29) die für das spezifische Meldeverfahren geltenden Vorgaben umfänglich um Elemente des HinSchG zu ergänzen, um ein mit diesem vergleichbares Schutzniveau für Hinweisgeber und die von der Meldung betroffene Person zu garantieren.[105]

39 Hinweisgebende Personen können im Übrigen das externe Meldeverfahren gem. § 4d FinDAG in Anspruch nehmen, welches unberührt bleibt und nicht durch § 4 Abs. 1 HinSchG verdrängt wird. § 4d FinDAG wurde allerdings durch das HinSchG selbst umfassend geändert (vgl. Anhang Art. 7 Rn. 1).

bb) § 13 Abs. 1 WpIG

40 Wertpapierinstitute sind nach § 13 Abs. 1 WpIG verpflichtet, ein internes Meldeverfahren für mögliche Verstöße gegen „Aufsichtsrecht" oder strafbare Handlungen innerhalb des Unternehmens für Mitarbeiter einzuführen. Die Identität der Hinweisgeber ist dabei vertraulich zu behandeln. Das Verfahren in § 13 WpIG findet seinen europarechtlichen Ursprung in Art. 22 Abs. 2 RL (EU) 2019/2034[106].[107] Im Übrigen wird weder durch § 13 WpIG noch durch Rechtsverordnungen oder Verwaltungspraxis der BaFin klargestellt, welche

104 Ebenso *Schoch*, BKR 2023, 154, 157; a. A. *Bekritsky*, in: Seibt/Buck-Heeb/Harnos, BeckOK WpHR, VO (EU) 596/2014 Art. 32 Rn. 11: „Sofern sektorspezifische Vorschriften wie § 25a Abs. 1 S. 6 Nr. 3 KWG ein internes Meldeverfahren regeln, bleibt insoweit kein Raum für das HinSchG, selbst wenn das HinSchG detailliertere Vorgaben enthält."

105 Anders begründet, im Ergebnis aber übereinstimmend *Schoch*, BKR 2023, 154, 157.

106 ABl. L 314 v. 5.12.2019, S. 64.

107 BT-Drs. 19/26929, S. 134 (zu § 13).

Vorgaben für das interne Meldeverfahren bestehen und ob sich Wertpapierinstitute an § 25a Abs. 1 Satz 3 Nr. 6 KWG orientieren sollen. Auch der Gesetzesbegründung zu § 13 WpIG sind keine weitergehenden Hinweise zu entnehmen.[108] Da allerdings Art. 22 Abs. 2 der Richtlinie (EU) 2019/2034 auf dessen Abs. 1 verweist, welcher dieselben Voraussetzung an die Ausgestaltung von Meldesystemen enthält wie Art. 71 CRD IV, können die hierzu getroffenen Aussagen entsprechend herangezogen werden (vgl. Rn. 38).

(1) Sachlicher Anwendungsbereich

Der sachliche Anwendungsbereich erstreckt sich dabei auf die Meldung von Verstößen gegen „Aufsichtsrecht". Während die ursprüngliche Fassung des Gesetzesentwurfs insoweit noch einen Verweis auf WpIG und WpHG einschließlich darauf beruhender Rechtsverordnungen vorgesehen hatte,[109] erhielt die Vorschrift auf die Beschlussempfehlung des Finanzausschusses ihre endgültige Fassung. Begründet wurde die Einführung der Generalklausel mit dem Anspruch, „den Vorgaben für Hinweisgeberverfahren in verschiedenen europäischen Richtlinien und Verordnungen umfassend nachzukommen und zukünftigen Änderungsbedarf bei Einführung neuer aufsichtsrechtlicher Vorgaben für Wertpapierinstitute zu vermeiden".[110] **41**

(2) Persönlicher Anwendungsbereich

§ 13 Abs. 1 WpIG sieht ein internes Meldeverfahren lediglich für Mitarbeiter vor. **42**

(3) Verhältnis zu § 4 Abs. 1 HinSchG

Insofern wird auf die Kommentierung zu § 25a Abs. 1 Satz 6 Nr. 3 KWG (siehe oben Rn. 38) verwiesen. **43**

c) Nr. 3: § 58 WpHG

Der durch Gesetz vom 3.6.2021[111] neu gefasste § 58 WpHG verpflichtet Datenbereitstellungsdienste in entsprechender Anwendung von § 25a Abs. 1 Satz 6 Nr. 3 KWG zur Errichtung eines „Hinweisgeberverfahrens". § 58 WpHG wurde durch Umsetzung von Art. 73 Abs. 2 der Richtlinie 2014/65/EU (Mi- **44**

108 Vgl. BT-Drs. 19/26929, S. 134 (zu § 13).
109 Siehe BT-Drs. 19/26929, S. 32, 134 (zu § 13).
110 BT-Drs. 19/28480, S. 216 (zu § 12).
111 BGBl. I, S. 1568; zu den Hintergründen BT-Drs. 19/27410, S. 56 (zu Art. 3 Nr. 3).

FID II) in das WpHG eingefügt.[112] Aufgrund der ausdrücklichen Bezugnahme auf § 25a Abs. 1 Satz 6 Nr. 3 KWG kann auf die entsprechenden Ausführungen verwiesen werden (vgl. Rn. 38).

d) Nr. 4: § 23 Abs. 6 VAG

45 Durch Änderung des § 23 Abs. 6 VAG wurde der Erlass des HinSchG mit Art. 9 des Gesetzes für einen besseren Schutz hinweisgebender Personen vom 31.5.2023[113] bereits nachvollzogen. Danach haben nach dem VAG beaufsichtigte Unternehmen einen Prozess gemäß dem HinSchG für interne Meldungen vorzusehen, der es Mitarbeitern unter Wahrung der Vertraulichkeit ihrer Identität ermöglicht, potenzielle oder tatsächliche Verstöße gegen das VAG, auf dem VAG beruhende Rechtsverordnungen, die MAR oder die PRIIPs-Verordnung sowie sonstige strafbare Handlungen nach Maßgabe des HinSchG zu melden. Während die zur Umsetzung der Vorgaben aus Art. 32 Abs. 3 der VO Nr. 596/2014 eingefügte[114] Verpflichtung zur Einführung eines internen Hinweisgeberschutzsystems in § 23 Abs. 6 VAG a. F.[115] keine konkreten Vorgaben an dessen Ausgestaltung vorsah,[116] verweist die Norm nunmehr expressis verbis auf das Verfahren „nach dem Hinweisgeberschutzgesetz" und nimmt mit Nr. 5 zusätzlich auf den Anwendungsbereich des HinSchG für Meldungen an eine externe Meldestelle Bezug. Die Angleichung des internen Meldesystem nach dem VAG an das interne Verfahren nach dem HinSchG haben die Entwurfsverfasser mit dem Anliegen begründet, mögliche Wertungswidersprüche zwischen den versicherungsaufsichtsrechtlichen Regelungen und denen des HinSchG zu vermeiden.[117] Infolge der Verweisung auf das HinSchG fehlt es bereits an vom HinSchG (abweichenden) „spezifische[n] Regelungen über die Mitteilung von Informationen über Verstöße" i. S. v. § 4 Abs. 1 Satz 1 HinSchG, die Voraussetzung für eine Ergänzung nach Satz 2 wären.

e) Nr. 5: § 28 Abs. 1 Satz 2 Nr. 9 und § 68 Abs. 4 Satz 3 KAGB

aa) § 28 Abs. 1 Satz 2 Nr. 9 KAGB

46 Gem. § 28 Abs. 1 Satz 2 Nr. 9 KAGB haben Kapitalverwaltungsgesellschaften einen Prozess einzurichten, der es Mitarbeitern unter Wahrung der Vertraulich-

112 Vgl. BT-Drs. 18/10936, S. 232 (zu § 58 und § 59).
113 BGBl. 2023 I, Nr. 140.
114 BT-Drs. 18/7482, S. 75 (zu Art. 7).
115 I.d.F. des Gesetzes v. 30.6.2016, BGBl. I, S. 1514.
116 Zu dieser Bewertung BT-Drs. 20/3442, S.102 (zu Art. 9 Nr. 1); für einige rudimentäre Vorgaben siehe BT-Drs. 18/7482, S. 75 (zu Art. 7).
117 BT-Drs. 20/3442, S.102 (zu Art. 9 Nr. 1).

keit ihrer Identität ermöglicht, potenzielle oder tatsächliche Verstöße gegen das KAGB, darauf beruhende Rechtsverordnungen oder gegen unmittelbar geltende Vorschriften der EU zu melden. Dieses sektorspezifische Meldeverfahren setzt Art. 99d Abs. 5 der Richtlinie 2009/65/EG um und ist aufgrund vergleichbarer Interessenlage nicht nur von OGAW-Kapitalverwaltungsgesellschaften, sondern von allen AIF-Kapitalgesellschaften vorzuhalten.[118] Sein Wortlaut orientiert sich an § 25a Abs. 1 Satz 6 Nr. 3 KWG (vgl. Rn. 34 ff.). Kapitalverwaltungsgesellschaften können eine geeignete Stelle sowohl innerhalb als auch außerhalb der Kapitalverwaltungsgesellschaft einrichten.[119]

(1) Sachlicher Anwendungsbereich

Die Vorschrift sieht die Pflicht zur Einführung eines internen Meldesystems für Verstöße gegen sämtliche aufsichtsrechtliche Regelungen vor, die auf Fondsprodukte, andere Finanzprodukte und zu Nachhaltigkeitsanforderungen anwendbar sind.[120] **47**

(2) Persönlicher Anwendungsbereich

Der persönliche Anwendungsbereich von § 28 Abs. 1 Satz 2 Nr. 9 KAGB erstreckt sich lediglich auf „Mitarbeiter" der Kapitalverwaltungsgesellschaft. **48**

(3) Verhältnis zu § 4 Abs. 1 HinSchG

Soweit in Bezug auf eine konkrete Meldung die sachlichen Anwendungsbereiche sowohl des § 28 Abs. 1 Satz 2 Nr. 9 KAGB als auch des HinSchG eröffnet sind, gebührt dem Letzteren nach § 4 Abs. 1 Satz 1 der grundsätzliche Vorrang. Mit Ausnahme des – allerdings weiter spezifizierten (vgl. demgegenüber § 8 HinSchG) – Vertraulichkeitspostulats enthält die sektorspezifische Vorschrift indes keinerlei Detailvorgaben zu Organisation, Verfahren oder Schutzinstrumenten im Meldeprozess. Insoweit sind wie im Falle des § 6 Abs. 5 GwG (vgl. Rn. 28 f.) die für das spezifische Verfahren vor internen Meldestellen geltenden Vorgaben gem. § 4 Abs. 1 Satz 2 HinSchG umfänglich um Elemente des HinSchG zu ergänzen mit dem Ziel, ein mit diesem vergleichbares Schutzniveau für Hinweisgeber und die von der Meldung betroffene Person zu garantieren. **49**

---

118 BT-Drs. 18/6744, S. 47 (zu § 28); *Herresthal*, in: Weitnauer/Boxberger/Anders, KAGB, § 28 Rn. 27.

119 Beauftragt die Kapitalverwaltungsgesellschaft eine Stelle außerhalb des Unternehmens, so gelten die allgemeinen Anforderungen dieses Gesetzes an die Auslagerung, BT-Drs. 18/6744, S. 47 (zu § 28).

120 Vgl. *Steck/Schmidt/Stockhorst*, in: Emde/Dornseifer/Dreibus, KAGB, § 28 Rn. 66.

bb) § 68 Abs. 4 Satz 3 KAGB

50 Die Vorschrift verpflichtet Kreditinstitute in ihrer Eigenschaft als Verwahrstelle, ein internes Kontrollsystem mit Meldestellen i. S. d. § 25a Abs. 1 Satz 6 Nr. 3 KWG zu etablieren. Sie dient der Umsetzung von Art. 99d Abs. 5 der RL 2009/65/EG in Bezug auf Verwahrstellen. Ihr Wortlaut orientiert sich an § 25a Abs. 1 Satz 6 Nr. 3 KWG, auf den die Begründung bezüglich der „geeigneten Stellen" ausdrücklich Bezug nimmt.[121] Im Übrigen soll es – wie auch im Rahmen von § 25a Abs. 1 Satz 6 Nr. 3 KWG – der Verwahrstelle überlassen bleiben, ob sie eine interne Stelle mit der Funktion betraut oder die Funktion auf einen externen Anbieter auslagert.[122] Beauftragt das Institut im Wege der Auslagerung eine Stelle außerhalb des Instituts, so ist wie bei § 25a Abs. 1 Satz 6 Nr. 3 KWG dafür Sorge zu tragen, dass die Vertraulichkeit der Identität der berichtenden Mitarbeiter gewahrt bleibt.[123]

(1) Sachlicher Anwendungsbereich

51 Die Vorschrift sieht die Pflicht zur Einführung eines internen Meldeprozesses für potenzielle oder tatsächliche Verstöße gegen das KAGB und die auf Grund dieses Gesetzes erlassenen Rechtsverordnungen sowie etwaige strafbare Handlungen innerhalb der Verwahrstelle vor.

(2) Persönlicher Anwendungsbereich

52 Der persönliche Anwendungsbereich von § 28 Abs. 1 Satz 2 Nr. 9 KAGB erstreckt sich lediglich auf Mitarbeiter der Verwahrstelle.

(3) Verhältnis zu § 4 Abs. 1 HinSchG

53 Es kann auf die Ausführungen zu § 28 Abs. 1 Satz 2 Nr. 9 KAGB (vgl. Rn. 43) verwiesen werden.

f) Nr. 6: § 3b BörsG und § 5 Abs. 8 BörsG

aa) § 3b BörsG

54 Gem. § 3b Abs. 1 Satz 1 BörsG trifft die Börsenaufsichtsbehörde als externe Meldestelle „geeignete Vorkehrungen", um die Meldung von möglichen oder tatsächlichen Verstößen zu ermöglichen. Die Meldungen können nach Satz 2

---

121 BT-Drs. 18/6744, S. 50 (zu § 68); vgl. auch *Dreibus*, in: Emde/Dornseifer/Dreibus, KAGB, § 68 Rn. 11.

122 BT-Drs. 17/10974, S. 86 (zu § 25a); *Dreibus*, in: Emde/Dornseifer/Dreibus, KAGB, § 68 Rn. 11 mit Verweis auf *Braun*, in: Fischer/Schulte-Mattler KWG, § 25a Rn. 42.

123 So ausdrücklich BT-Drs. 17/10974, S. 86 (zu § 25a).

„auch anonym abgegeben werden“. Die mit dem Zweiten Finanzmarktnovellierungsgesetz (2. FiMaNoG)[124] eingefügte Regelung dient der Umsetzung von Art. 24 Abs. 1 und 2 der VO (EU) 2015/2365.[125] Sie trägt der Einsicht Rechnung, dass auch die Börsenaufsichtsbehörden zuständige Behörden im Sinne der VO (EU) 2015/2365 sind und damit verpflichtet, Verfahren zur Meldung von Verstößen gegen deren Art. 4 und 15 einzurichten. Der Wortlaut der Norm ist dem des § 4d FinDAG a.F. nachempfunden.[126] Nach § 3b Abs. 3 Satz 1 BörsG darf die Identität der meldenden Person (soweit bekannt) nicht ohne deren ausdrückliche Einwilligung offengelegt werden. Eine Ausnahme gilt gem. § 3b Abs. 3 Satz 2 BörsG im Zusammenhang mit weiteren Ermittlungen oder nachfolgenden Verwaltungs- oder Gerichtsverfahren bei entsprechender Anordnung im Wege gerichtlicher Entscheidung. Da der Gesetzgeber das Schutzbedürfnis des Meldenden vor der Preisgabe seiner Daten höher bewertet hat als den Anspruch auf Zugang zu öffentlichen Informationen nach den Informationsfreiheitsgesetzen der Länder,[127] hat er die Anwendung dieser Gesetze in § 3b Abs. 4 BörsG – insoweit übereinstimmend mit § 4 Abs. 2 Satz 1 HinSchG – ausdrücklich ausgeschlossen.[128] Sofern die Meldung nicht vorsätzlich oder grob fahrlässig falsch erfolgte, wird ein hinweisgebender Mitarbeiter des beaufsichtigten Unternehmens oder einer beaufsichtigten Person (einschließlich entsprechender Auslagerungskonstellationen) durch Abs. 5 vor arbeitsrechtlichen oder strafrechtlichen Konsequenzen geschützt und auch von der zivilrechtlichen Schadensersatzpflicht freigestellt. Das Melderecht darf vertraglich nicht abbedungen werden (Abs. 6 Satz 1).

(1) Sachlicher Anwendungsbereich

Nach der Vorschrift können Verstöße gegen das BörsG, die MiFIR, die Verordnung (EU) Nr. 2015/2365 sowie auf diesen beruhenden Rechtsverordnungen und gegen sonstige Vorschriften, deren Einhaltung die Börsenaufsicht zu überwachen hat, Gegenstand des externen Meldeverfahrens sein. **55**

(2) Persönlicher Anwendungsbereich

Zum gesetzlich geschützten Personenkreis gehören gem. § 3b Abs. 3 Satz 1 BörsG die hinweisgebende Person selbst und gem. § 3b Abs. 3 Satz 2 BörsG die Person, die Gegenstand eines Hinweises ist. Besondere Schutzvorschriften **56**

124 Art. 7 Nr. 1 des Gesetzes v. 23.6.2017, BGBl. I, S. 1693.
125 BT-Drs. 18/10936, S. 265 (zu § 3b).
126 BT-Drs. 18/10936, S. 265 (zu § 3b).
127 Siehe insoweit die Fundstellennachw. bei *Kumpan*, in: Schwark/Zimmer, BörsG § 3b Rn. 12 mit Fn. 74–85.
128 BT-Drs. 18/10936, S. 265 (zu § 3b).

(Abs. 5 und 6) gelten für Mitarbeiter eines von der Börsenaufsichtsbehörde beaufsichtigten Arbeitgebers oder Mitarbeiter von Unternehmen, auf die solche Tätigkeiten ausgelagert werden.

(3) Verhältnis zu § 4 HinSchG

57 Soweit in Bezug auf eine konkrete Meldung die sachlichen Anwendungsbereiche sowohl des § 3b BörsG als auch des HinSchG eröffnet sind, gebührt dem letzteren nach § 4 Abs. 1 Satz 1 der Vorrang. Die Vorgaben in § 3b BörsG sind im Vergleich zu anderen Vorgaben im Finanzsektor relativ detailliert und entsprechen weitgehend denen des § 53 GwG. Nach den oben (Rn. 19) entwickelten Maßstäben ist das differenzierte Meldesystem des § 3b BörsG gem. § 4 Abs. 1 Satz 2 HinSchG punktuell um weitere Schutzaspekte anzureichern, um ein mit diesem vergleichbares Schutzniveau für Hinweisgeber und die von der Meldung betroffene Person zu garantieren. Auf die Ausführungen zu § 53 GwG (Rn. 33) wird Bezug genommen.

bb) § 5 Abs. 8 BörsG

58 Gem. § 5 Abs. 8 BörsG haben Börsenträger einen Prozess einzurichten, der es Mitarbeitern unter Wahrung der Vertraulichkeit ihrer Identität ermöglicht, potenzielle oder tatsächliche Verstöße in einem internen Hinweisgebersystem („geeignete Stellen") zu melden. Die Vorschrift dient der Umsetzung von Art. 32 Abs. 3 MAR und Art. 28 Abs. 4 der VO (EU) Nr. 1286/2014[129].[130]

(1) Sachlicher Anwendungsbereich

59 Die Norm sieht ein internes Meldeverfahren vor für die Meldung von möglichen oder tatsächlichen Verstößen gegen die VO (EU) Nr. 596/2014, die VO (EU) 2015/2365, die VO (EU) Nr. 600/2014, die VO (EU) Nr. 1286/2014, gegen das BörsG, gegen das WpHG oder gegen die auf Grund des WpHG erlassenen Rechtsverordnungen.

(2) Persönlicher Anwendungsbereich

60 Auch § 5 Abs. 8 BörsG umfasst lediglich Mitarbeiter.

(3) Verhältnis zu § 4 HinSchG

61 Soweit in Bezug auf eine konkrete Meldung die sachlichen Anwendungsbereiche sowohl des § 5 Abs. 8 BörsG als auch des HinSchG eröffnet sind, gebührt

129 ABl. L 352 v. 9.12.2014, S. 1.
130 BT-Drs. 18/7482, S. 74 (zu § 5).

dem letzteren nach § 4 Abs. 1 Satz 1 der grundsätzliche Vorrang. Mit Ausnahme des – allerdings weiter spezifizierten (vgl. demgegenüber § 8 HinSchG) – Vertraulichkeitspostulats („unter Wahrung der Vertraulichkeit") enthält die sektorspezifische Vorschrift indes keinerlei Detailvorgaben zu Organisation, Verfahren oder Schutzinstrumenten im Meldeprozess. Insoweit sind wie im Falle des § 6 Abs. 5 GwG (vgl. Rn. 28 f.) die für das spezifische Verfahren vor internen Meldestellen geltenden Vorgaben gem. § 4 Abs. 1 Satz 2 HinSchG umfänglich um Elemente des HinSchG zu ergänzen, um ein mit diesem vergleichbares Schutzniveau für Hinweisgeber und die von der Meldung betroffene Person zu garantieren.

g) Nr. 7: § 55b Abs. 2 Nr. 7 WPO

Der durch das Abschlussprüferaufsichtsreformgesetz (APAReG) vom 31.3.2016[131] neu eingeführte § 55b Abs. 2 Satz 2 Nr. 7 WPO verpflichtet Wirtschaftsprüfer in ihrer Eigenschaft als Abschlussprüfer nach § 316 HGB zur Bereitstellung eines vertraulichen Meldesystems für Mitarbeiter zur Meldung potenzieller oder tatsächlicher Verstöße. Die Bestimmung fußt auf den Vorgaben von Art. 30e Abs. 3 der AbschlussprüferRL 2006/43/EU[132] und folgt dem Modell des § 25a Abs. 1 Satz 6 Nr. 3 KWG.[133] Das danach vorzusehende Verfahren muss die Vertraulichkeit der Identität des meldenden Mitarbeiters wahren und die Meldung an „geeignete" Stellen „innerhalb der Praxis" ermöglichen. Auf spezifischere Vorgaben an die Ausgestaltung des internen Hinweisgebersystems hat der Gesetzgeber bewusst verzichtet.[134] Das konkrete Meldesystem soll nach den Vorstellungen der Entwurfsverfasser vielmehr an Art, Umfang, Komplexität und Risikogehalt der Tätigkeit ausgerichtet werden können.[135] Einige Mindestanforderungen („zumindest sicherzustellen") für die Umsetzung von § 55b Abs. 2 Satz 2 Nr. 7 WPO sind in § 59 (Beschwerden und Vorwürfe) der Berufssatzung für Wirtschaftsprüfer/vereidigte Buchprüfer (BS WP/vBP) vom 21.6.2016[136] niedergelegt,[137] die wiederum in Erläuterun- **62**

---

131 BGBl. I, S. 518.

132 ABl. L 157 v. 9.6.2006, S. 87.

133 BT-Drs. 18/6282, S. 79 (zu Art. 1 Nr. 39).

134 BT-Drs. 18/6282, S. 79 (zu Art. 1 Nr. 39): „Weitergehender Regelungen bedarf es nicht." Instrukt. zur Ausgestaltung von Whistleblowing-Systemen in Wirtschaftsprüfungsgesellschaften *Chwolka/Oelrich/Otte*, WPg 2022, 11 ff.

135 So BT-Drs. 18/6282, S. 79 (zu Art. 1 Nr. 39).

136 BAnz AT v. 22.7.2016, B1.

137 Danach ist u. a. Sorge dafür zu tragen, „dass die Vertraulichkeit der Identität des berichtenden Mitarbeiters gewahrt bleibt" (§ 59 Nr. 2 BS WP/vBP), Hinweise von Mitarbeitern nicht zu persönlichen Nachteilen führen dürfen (Nr. 3) und bei begründeten Hinweisen erforderliche Maßnahmen ergriffen werden (Nr. 4).

gen des Vorstands der Wirtschaftsprüfungskammer[138] weiter konkretisiert werden. Über den klaren Wortlaut des Gesetzestextes („innerhalb der Praxis") hinaus soll die „geeignete Stelle" auch „außerhalb der Praxis" eingerichtet werden können.[139] Von der gesetzlichen Einrichtung eines externen Meldesystems hat die WPO abgesehen. Die Regierungsbegründung geht insoweit allerdings davon aus, dass Arbeitnehmer bei Meldungen von Missständen an die „zuständigen Behörden" durch die allgemeinen kündigungsrechtlichen Vorschriften, das arbeitsrechtliche Maßregelungsverbot (§ 612a BGB) und durch Richterrecht hinreichend geschützt sind.[140]

aa) Sachlicher Anwendungsbereich

63 In sachlicher Hinsicht erstreckt sich das Verfahren auf Verstöße gegen die VO (EU) Nr. 537/2014 oder gegen Berufspflichten sowie etwaige strafbare Handlungen oder Ordnungswidrigkeiten.

bb) Persönlicher Anwendungsbereich

64 Das Verfahren richtet sich nach dem klaren Wortlaut von § 55b Abs. 2 Satz 2 Nr. 7 WPO ausschließlich an „Mitarbeiter" einer Wirtschaftsprüferpraxis.

cc) Verhältnis zu § 4 HinSchG

65 Mit Ausnahme des – allerdings nicht weiter spezifizierten (vgl. demgegenüber § 8 HinSchG) – Vertraulichkeitspostulats („unter Wahrung der Vertraulichkeit") enthält die sektorspezifische Vorschrift keinerlei Detailvorgaben zu Organisation, Verfahren oder Schutzinstrumenten im Meldeprozess. Insoweit sind wie im Falle des § 6 Abs. 5 GwG (vgl. Rn. 28f.) die für das spezifische Verfahren vor internen Meldestellen geltenden Vorgaben gem. § 4 Abs. 1 Satz 2 HinSchG umfänglich um Elemente des HinSchG zu ergänzen, damit ein mit diesem vergleichbares Schutzniveau für Hinweisgeber und die von der Meldung betroffene Person gewährleistet werden kann. Dass der WPO-Gesetzgeber von der Einführung eines externen Meldesystems für Verstöße gegen wirtschaftsprüferliche Pflichten bewusst abgesehen hat,[141] steht der Anwendung der §§ 19ff. HinSchG auf HinSchG-relevante Verstöße (vgl. etwa § 2 Abs 1 Nr. 1 HinSchG i.V.m. §§ 133a, 133b WPO) nicht entgegen. Denn mangels ent-

---

138 Erläuterungen zu § 59 BS WP/vBP, abgedr. bei *Hense/Ulrich*, WPO Kommentar, Anh. 5.

139 BT-Drs. 18/6282, S. 79 (zu Art. 1 Nr. 39). In diesem Fall ist allerdings Sorge dafür zu tragen, dass die Vertraulichkeit der Identität der berichtenden Mitarbeiter gewahrt bleibt, vgl. ebd.

140 BT-Drs. 18/6282, S. 79 (zu Art. 1 Nr. 39).

141 BT-Drs. 18/6282, S. 79 (zu Art. 1 Nr. 39).

sprechender Regelung fehlt es insoweit bereits an vorrangigen „spezifischen Regelungen über die Mitteilung von Informationen über Verstöße" i. S. v. Abs. 1 Satz 1.

h) Nr. 8: Art. 32 der VO (EU) Nr. 596/2014 (Marktmissbrauchsverordnung/MAR)

Der dynamisch in Bezug genommene („in der jeweils geltenden Fassung") **66**
Art. 32 MAR führt ein sektorspezifisches Hinweisgeberschutzsystem im Hinblick auf tatsächliche oder mögliche Verstöße gegen die MAR ein. Das MAR-Hinweisgeberschutzregime trägt der Einsicht Rechnung, dass die zuvor bestehenden Mechanismen zum Schutz von Hinweisgebern unzureichend entwickelt waren und potenzielle Hinweisgeber aus Furcht vor Repressalien von Meldungen regelmäßig abgesehen haben (siehe auch Erwägungsgrund 74 Satz 2 MAR).[142] Um Aufsichtsbehörden den Zugang zu notwendigen Erkenntnissen „aus erster Hand" zu erleichtern und potenzielle Täter zugleich abzuschrecken,[143] verknüpfte der Unionsgesetzgeber die Einführung eines „angemessenen Schutzes für Informanten" mit der „Möglichkeit finanzieller Anreize" für Hinweisgeber[144] (vgl. Art. 32 Abs. 4 MAR). In Art. 32 Abs. 2 MAR werden Mindestschutzstandards im Zusammenhang mit der Entgegennahme von Meldungen durch externe Meldestellen („zuständige Behörden", vgl. Art. 32 Abs. 1 MAR) definiert, die von der Kommission auf Grundlage der Ermächtigung in Abs. 5 weiter konkretisiert worden sind.[145] Eine – allerdings auf finanzmarktregulierte Unternehmen beschränkte – Verpflichtung zur Einführung „angemessener interner Verfahren" für die Meldung von Verstößen gegen die MAR enthält Abs. 3. Der in Art. 32 Abs. 1–3 MAR enthaltene Umsetzungsauftrag an die Mitgliedstaaten („die Mitgliedstaaten sorgen dafür"; „die Mitgliedstaaten verpflichten") ist vom deutschen Gesetzgeber mit Erlass des § 4d FinDAG bzw. des § 25a Abs. 1 Satz 6 Nr. 3 KWG (für Kreditinstitute) eingelöst worden.

---

142 Commission Staff Working Paper, SEC(2011) 1217 final, S. 25 („Lack of protection for whistle blowers"): „As a result, market participants who may be aware of market abuse may not feel confident to report their suspicions, as they risk discrimination or loss of employment."

143 Vgl. Commission Staff Working Paper, SEC(2011) 1217 final, S. 49: „provides regulators with primary information and assistance in market abuse cases"; „acts as a deterrent against potential market abuse"; siehe auch Kommission, Begründung zum MAR-Entw., KOM(2011) 651 endg. S. 15 (Ziff. 3.4.5.2), wonach „Meldungen von Hinweisgebern eine nützliche Quelle für Informationen aus erster Hand sein [können]".

144 Kommission, Begründung zum MAR-Entw., KOM(2011) 651 endg. S. 15 (Ziff. 3.4.5.2).

145 Vgl. die Durchführungs-RL (EU) 2015/2392 v. 17.12.2015, ABl. L 332 v. 18.12.2015, S. 126.

aa) Persönlicher Anwendungsbereich

67 Zwar treffen Art. 32 Abs. 1–2 MAR keine direkte Aussage darüber, wer das externe Meldesystem in Anspruch nehmen kann. Zugeschnitten jedenfalls ist er auf Mitarbeiter: Gemäß Art. 32 Abs. 2 lit. b MAR kommt jedenfalls ein angemessener Schutz vor Vergeltungsmaßnahmen, Diskriminierung oder anderen Arten ungerechter Behandlung nur solchen Personen zugute, die im Rahmen ihrer Erwerbstätigkeit auf der Grundlage eines Arbeitsvertrags beschäftigt sind und das externe Meldesystem in Anspruch nehmen. Abs. 3 verpflichtet demgegenüber unmittelbar nur „Arbeitgeber" in finanzdienstleistungsregulierten Bereichen, und zwar in Bezug auf Meldungen „ihre[r] Mitarbeiter".

bb) Sachlicher Anwendungsbereich

68 Gegenstand des Art. 32 MAR sind ausschließlich Meldungen von Verstößen gegen die MAR selbst (Abs. 1 und 3: „Verstöße gegen diese Verordnung"; vgl. auch Erwägungsgrund 74).

cc) Verhältnis zu § 4 HinSchG

69 Obgleich Art. 32 MAR sowohl einen internen (im Falle des Abs. 3) wie auch einen externen Meldemechanismus vorsieht, bleibt die Regelungstiefe der normativen Vorgaben überschaubar. Insbesondere betreffend den Schutz unternehmensexterner Hinweisgeber sowie die Ausgestaltung der Meldesysteme im Einzelnen bleibt Raum für den allgemeinen Hinweisgeberschutz. Das HinSchG ist mithin ergänzend heranzuziehen, sofern der jeweilige Sachverhalt auch in dessen Anwendungsbereich fällt – sowohl im Hinblick auf das externe als auch das interne Meldesystem.[146] So lässt sich der in Abs. 2 lit. b abstrakt geforderte Schutz vor Vergeltungsmaßnahmen und Diskriminierung mit den konkreten Vorgaben §§ 36, 37 HinSchG einlösen. Der Schutz personenbezogener Daten des Hinweisgebers und der betroffenen Person in allen Phasen des Verfahrens (Abs. 2 lit. c) lässt sich anhand von § 8 Abs. 1 Satz 2 und Abs. 2 HinSchG weiter konkretisieren. Ergänzend herangezogen werden können ferner die Vorgaben an die Dokumentation (§ 11), die Regeln für die Organisation der internen wie der externen Meldestelle, das Verfahren und Folgemaßnahmen (§§ 13–18, §§ 24–26, § 28–30).

146 A. A. offenbar *Bekritsky*, in: Seibt/Buck-Heeb/Harnos, BeckOK WpHR, VO (EU) 596/2014, Art. 32 Rn. 4.

i) Nr. 9: Art. 4 und 5 der VO (EU) Nr. 376/2014 und aufgrund von § 32 Abs. 1 Nr. 1 des LuftVG erlassene Rechtsverordnungen

aa) Art. 4 und 5 der VO (EU) Nr. 376/2014

Art. 4 und 5 der Verordnung (EU) Nr. 376/2014 vom 3.4.2014[147] eröffnen Einzelpersonen die Möglichkeit, Angaben zu Ereignissen im Zusammenhang mit der Flugsicherheit zu melden.[148] Ergänzend zu dem in Art. 4 festgeschriebenen System zur Erfassung meldepflichtiger Ereignisse sieht Art. 5 die Einrichtung von Systemen zur Erstattung freiwilliger Meldungen vor, die dazu dienen, Ereignisse zu erfassen, die nicht unter die Meldepflicht fallen.[149] 70

Art. 4 Abs. 1 („Meldepflicht") erlegt den in Abs. 6 aufgeführten Personen (insbesondere Piloten, Lotsen, Boden- und Wartungspersonal) eine Meldepflicht auf für näher spezifizierte „Ereignisse" (vgl. Art. 2 Nr. 7), die ein erhebliches Risiko für die Flugsicherheit darstellen können. Zu diesem Zweck haben jede Organisation (Art. 2 Abs. 8), jeder Mitgliedstaat und die Europäische Agentur für Flugsicherheit ein System zur Erfassung meldepflichtiger Ereignisse einzurichten (Abs. 2–4). Demgegenüber erlegt Art. 5 („Freiwillige Meldungen") jeder Organisation, jedem Mitgliedstaat und der Agentur die Errichtung eines flankierenden Systems zur Erstattung freiwilliger Meldungen in Bezug auf Ereignisse auf, die vom Meldenden als tatsächliche oder potenzielle Gefahr für die Flugsicherheit betrachtet werden (Abs. 1–3). Ziel ist die Erlangung nichtmeldepflichtiger Auskünfte durch nicht auskunftspflichtige Personen (Abs. 4). Gemäß Art. 6 Abs. 1 hat jede Organisation eine oder mehrere Personen mit der Erfassung, Auswertung und Verarbeitung von entsprechenden Meldungen „auf unabhängige Weise" zu beauftragen. Dasselbe gilt gem. Abs. 3 für die Mitgliedstaaten und gem. Abs. 4 für die Agentur. Nach Art. 15 Abs. 1 haben die Mitgliedstaaten die erforderlichen Maßnahmen zu ergreifen, um die Vertraulichkeit der ihr nach den Artikeln 4 und 5 zugegangenen Angaben zu Ereignissen zu gewährleisten. Und Art. 16 Abs. 9 gewährt Angestellten und Vertragspersonal, das Ereignisse nach den Art. 4 und 5 meldet, Schutz vor Repressalien seitens des Arbeitgebers oder der Luftgesellschaft. 71

(1) Sachlicher Anwendungsbereich

Art. 5 bezieht sich auf die freiwillige Erstattung von sicherheitsbezogenen Vorkommnissen in der Zivilluftfahrt, die nicht unter das System zur Erfassung meldepflichtiger Ereignisse fallen oder die vom Meldenden als tatsächliche oder potenzielle Gefahr für die Flugsicherheit betrachtet werden. 72

---

147 ABl. L 122 v. 24.4.2014, S. 18.

148 ErwG 8 Satz 2 VO (EU) Nr. 376/2014.

149 Kommission, Begr. z. VO-E, COM(2012) 776 final v. 18.12.2012, S. 7 (Ziff. 3.1.1).

(2) Persönlicher Anwendungsbereich

73 Art. 5 zielt gem. Abs. 4 lit. b vorrangig auf die Meldung von Ereignissen und sicherheitsbezogenen Informationen durch Personen, die nicht in Art. 4 Abs. 6 aufgeführt sind (Piloten, Lotsen, Boden- und Wartungspersonal etc.).

(3) Verhältnis zu § 4 HinSchG

74 Soweit in Bezug auf eine konkrete Meldung die Anwendungsbereiche sowohl des Art. 5 VO (EU) Nr. 376/2014 als auch des HinSchG eröffnet sind, genießt das bereits eingeführte sektorspezifische Verfahren nach § 4 Abs. 1 Satz 1 HinSchG den grundsätzlichen Vorrang.[150] Obgleich Art. 5 VO (EU) Nr. 376/2014 sowohl einen internen (Abs. 1) als auch einen externen (Abs. 2–3) Meldemechanismus vorsieht, reicht sein Schutzniveau nicht an das des HinSchG heran. Er „muss" deshalb gem. § 4 Abs. 1 Satz 2 HinSchG um Elemente des HinSchG ergänzt werden, wie der Richtliniengeber (gerade auch) in Bezug auf die VO (EU) Nr. 376/2014 bereits festgehalten hatte.[151] Dementsprechend ist die Kommission in ihrem Arbeitspapier zur exemplarischen Abgrenzung zwischen der HinSch-RL-E und der VO (EU) Nr. 376/2014 zu dem Schluss gelangt, dass die Bestimmungen der HinSch-RL in weitgehendem Umfang ergänzend herangezogen werden sollten,[152] so etwa in Bezug auf die Vorschriften über die Offenlegung (§ 32 HinSchG), zur weiteren Ausgestaltung des Verfahrens für interne (§§ 14–18) und externe Meldungen (§§ 24–26), Folgemaßnahmen (§ 28–30), den Schutz der Vertraulichkeit (§ 8) und den Schutz vor Repressalien (§§ 36–38).

bb) Die aufgrund des § 32 Abs. 1 Nr. 1 des Luftverkehrsgesetzes erlassenen Rechtsverordnungen

75 Unter den zahlreichen aufgrund von § 32 Abs. 1 Satz 1 Nr. 1 LuftVG erlassenen Verordnungen enthalten einige wenige Regeln über spezifische Meldepflichten im Verhältnis zu den Luftsicherheitsbehörden. So befassen sich die §§ 7, 9 der Luftverkehrs-Ordnung (LuftVO[153]) mit der Meldung von Unfällen und Störungen bzw. sonst sicherheitsrelevanten Ereignissen. Luftfahrzeugführer und sonstige mit dem Flugbetrieb betraute Personen und Stellen werden dabei mit der Rechtspflicht belegt, entsprechende Vorfälle bei der Bundesstelle

150 BT-Drs. 20/3442, S. 59 (zu § 2 Nr. 3 lit. f).

151 ErwG 9 Satz 3 HinSch-RL: „Die bestehenden Elemente des Hinweisgeberschutzes […] müssen ergänzt werden".

152 Vgl. European Commission, Working Paper: Complementarity between the Directive on Whistleblower Protection and the Regulation on occurrences in civil aviation, WK 15653/2018 INIT, 20.12.2018, S. 1–4.

153 I.d.F. d. Bek. v. 29.10.2015, BGBl. I, S. 1894.

für Flugunfalluntersuchung bzw. dem Luftfahrtbundesamt zu melden. Die Entgegennahme freiwilliger privater Meldungen und die Einführung eines Hinweisgeberschutzes ist indes nicht Thema dieser sektorspezifischen Bestimmungen, die im Wesentlichen der Gefahrenabwehr und -prävention dienen. Es fehlt insoweit also bereits an „spezifischen Regelungen über die Mitteilung von Informationen über Verstöße“, die im Sinne von § 4 Abs. 1 Satz 1 Vorrang gegenüber dem HinSchG beanspruchen könnten. Bis zur Schaffung einer den Vorrang auslösenden Verordnung auf Grundlage von § 32 Abs. 1 Nr. 1 LuftVG kommt damit das allgemeine Hinweisgeberschutzsystem des HinSchG neben den auf dieser Grundlage bereits erlassenen sektorspezifischen Meldeverpflichtungen zur Anwendung.[154]

j) Nr. 10: §§ 127 und 128 SeeArbG

Die mit Gesetz vom 20.4.2013[155] eingeführten §§ 127, 128 SeeArbG räumen Besatzungsmitgliedern ein sämtliche Arbeits- und Lebensbedingungen an Bord umschließendes Beschwerderecht ein.[156] Sie gestalten zu diesem Zweck ein spezielles internes und externes Beschwerdeverfahren aus und dienen der Umsetzung der Norm A5.1.5 und der Leitlinie B5.1.5[157] des Seearbeitsübereinkommens der Internationalen Arbeitsorganisation (IAO) vom 23.2.2006[158] sowie der Richtlinie 2013/54/EU[159] über bestimmte Verantwortlichkeiten der Flaggenstaaten.[160] Der Reeder (oder in seinem Auftrag der Kapitän) hat nach § 127 Abs. 2 SeeArbG dafür Sorge zu tragen, dass „mindestens eine“ geeignete[161] Person an Bord des betreffenden Schiffes als Vertrauensperson auf „vertraulicher Grundlage unparteiischen Rat“ erteilt und bei der Wahrnehmung des Beschwerderechts gem. § 127 Abs. 1 SeeArbG „behilflich sein kann“. § 127 Abs. 4 SeeArbG statuiert ein explizites Benachteiligungsverbot, mit dem zugleich das arbeitsrechtliche Maßregelungsverbot des § 612a BGB bereichsspe- **76**

154 Vgl. BT-Drs. 20/3442, S. 67 (zu § 4): „Das allgemeine Hinweisgeberschutzsystem des HinSchG kommt dann neben diesen in Absatz 1 nicht genannten sektorspezifischen Meldeverpflichtungen, -wegen und -verfahren zur Anwendung.“

155 BGBl. I, S. 868.

156 BT-Drs. 17/10959, S. 104 (zu Unterabschn. 2).

157 Hierzu BT-Drs. 17/10959, S. 104 (zu § 127) und S. 105 (zu § 128).

158 BGBl. II, 2013, S. 765.

159 ABl. L 329 v. 10.12.2013, S. 1.

160 Vgl. BT-Drs. 18/5269, S. 40 (zu Art. 8 Nr. 14) – für die Ergänzungen in § 128 Abs. 5, 6 und 7 SeeArbG durch das Gesetz v. 25.11.2015, BGBl. I, S. 2095.

161 Zu dieser im Normtext nicht aufgegriffenen Maßgabe BT-Drs. 17/10959, S. 105 (zu § 127): „Bestimmt werden können alle geeigneten an Bord beschäftigten Personen, einschließlich der Mitglieder der Bordvertretung.“

zifisch konkretisiert wird.[162] Danach dürfen dem Beschwerdeführer und etwaigen Vertrauenspersonen „[w]egen der Erhebung einer Beschwerde“ keine Nachteile entstehen. Beschwerderechte sowie Entschädigungs- und Schadensersatzansprüche nach anderen gesetzlichen Vorschriften[163] bleiben ausdrücklich unberührt (§ 127 Abs. 5 SeeArbG).

77 Die nähere Ausgestaltung des zweigleisigen Beschwerdeverfahrens ist § 128 SeeArbG vorbehalten. Das in den Abs. 1 bis 3 angelegte interne Beschwerdesystem sieht hierfür ein abgestuftes Meldeverfahren vor,[164] nach dem die Beschwerde zunächst an den unmittelbaren Vorgesetzten gerichtet werden „soll“ (§ 128 Abs. 1), der sie im Falle der Nichtabhilfe binnen angemessener Frist dem Kapitän vorzulegen hat (§ 128 Abs. 2 Satz 1). Hilft auch dieser der – im Seetagebuch zu dokumentierenden (§ 128 Abs. 3) – Beschwerde nicht ab, hat er sie auf Verlangen des Beschwerdeführers an den Reeder zu eskalieren (§ 128 Abs. 2 Satz 4). „Gleichwohl“ kann die Beschwerde nach Abs. 4 auch unmittelbar bei dem Kapitän (Nr. 1) oder beim Reeder (Nr. 2) eingereicht werden.[165] Unbenommen bleibt dem Beschwerdeführer zudem die (auch anonyme[166]) unmittelbare Anrufung der in Abs. 4 Nr. 3–5 enumerierten externen Meldestellen, namentlich der Berufsgenossenschaft, der deutschen Auslandsvertretungen in den Hafenstädten und „anderen geeigneten externen Stellen“,[167] die die Beschwerde jeweils „vertraulich“ zu behandeln haben (§ 128 Abs. 5 Satz 1). § 128 Abs. 5 Satz 2 geht über den bloßen Quellenschutz hinaus und stellt bereits die Unterrichtung des Reeders über den Umstand, dass überhaupt eine Untersuchung infolge einer Beschwerde erfolgt, unter den grundsätzlichen[168] Vorbehalt einer Einwilligung des Beschwerde-

---

162 Hierzu und zu möglichen Anwendungsfällen (Minderung des Arbeitsentgelts wegen Versäumnis von Arbeitszeit durch Wahrnehmung der Rechte und Pflichten aus den Abs. 1–3) vgl. BT-Drs. 17/10959, S. 105 (zu § 127).

163 Siehe dazu BT-Drs. 17/10959, S. 105 (zu § 127).

164 Zu den gesetzgeberischen Motiven für diese Ausgestaltung (Konfliktbeilegung „auf niedrigster Stufe“, Ermutigung zu möglichst frühzeitiger Beanstandung von Missständen) siehe BT-Drs. 17/10959, S. 105 (zu § 128).

165 Dem Beschwerdeführer kommt insoweit ein Wahlrecht in Bezug auf die interne Meldestufe zu. Die unmittelbare Anrufung einer höheren Meldestelle kann insbesondere bei Beschwerden direkt gegen den Vorgesetzten oder Kapitän geboten sein, siehe BT-Drs. 17/10959, S. 105 (zu § 128).

166 Hierzu und den sich daraus ergebenden Konsequenzen für die Ermittlungen der externen Meldestelle vgl. BT-Drs. 18/5269, S. 40 (zu Art. 8 Nr. 14); für die Zulässigkeit anonymer Meldungen auch *Paschke/Jessen*, RdTW 2015, 1, 3.

167 Vor Augen stehen dem Gesetzgeber insoweit nicht-staatliche Institutionen wie beispielsweise die Internationale Transportarbeiter-Föderation (ITF) oder Seemannsmissionen, siehe BT-Drs. 17/10959, S. 105 (zu § 128).

168 Siehe aber § 128 Abs. 5 Satz 3 SeeArbG.

führers[169] gegenüber der externen Meldestelle.[170] Unter den externen Meldestellen hat der Gesetzgeber der Berufsgenossenschaft als „zentrale[r] staatliche[r] Beschwerdeannahmestelle für Besatzungsmitglieder“[171] eine exponierte Rolle zugedacht.[172] Sie wird in § 128 Abs. 7 und 8 als externe Meldestelle nach Abs. 4 Nr. 3 qualifiziert in den Blick genommen. Sie hat sicherzustellen, dass Beschwerden von Besatzungsmitgliedern jederzeit entgegengenommen und untersucht werden und ihnen „nach Möglichkeit abgeholfen wird“. Ihr stehen insoweit dieselben hoheitlichen Eingriffsbefugnisse zu Gebote wie bei der Flaggenstaatkontrolle (vgl. § 143 SeeArbG).[173] Sie kann sich bei der Untersuchung und Abhilfe von Beschwerden – insbesondere im Ausland[174] – der Unterstützung anerkannter Organisationen und anderer sachverständiger Personen bedienen, deren Kosten – unabhängig vom Ausgang der Prüfung – vom Reeder zu tragen sind (§ 128 Abs. 9).

aa) Persönlicher Anwendungsbereich

Das Beschwerderegime der §§ 127, 128 SeeArbG steht ausschließlich „Besatzungsmitgliedern“ zur Verfügung (siehe § 127 Abs. 1 SeeArbG). Der Begriff wird in § 3 Abs. 1 SeeArbG legaldefiniert und umfasst alle an Bord des Schiffes tätigen Personen, unabhängig von ihrem Anstellungsstatus.[175] **78**

---

169 Eine solche kann auch konkludent mit der Beschwerde erklärt worden sein, siehe BT-Drs. 18/5269, S. 40 (zu Art. 8 Nr. 14).

170 Mit dieser Ergänzung trägt der Gesetzgeber dem Anliegen des Seearbeitsübereinkommens und der Richtlinie 2013/54/EU Rechnung, Besatzungsmitgliedern zum Schutz vor eventuellen Nachteilen zu ermöglichen, Beschwerden gegebenenfalls unmittelbar an zuständige Stellen außerhalb des Einflussbereiches des Reeders zu richten und diesem gegenüber unerkannt zu bleiben, siehe BT-Drs. 18/5269, S. 40 (zu Art. 8 Nr. 14).

171 Hierzu und zu den Hintergründen BT-Drs. 17/10959, S. 105 (zu § 128).

172 Siehe insoweit auch § 128 Abs. 6 SeeArbG, wonach Beschwerden bei Auslandsvertretungen des Bundes „unverzüglich“ an die Berufsgenossenschaft weiterzuleiten sind.

173 Zur Überprüfung der vom Beschwerdeführer vorgetragenen Beschwerdegründe kann sie deshalb Schiffe betreten, Untersuchungen vornehmen und die erforderlichen Maßnahmen zur Beilegung der Beschwerde ergreifen, siehe BT-Drs. 17/10959, S. 105 (zu § 128).

174 Vgl. BT-Drs. 18/5269, S. 40 (zu Art. 8 Nr. 14).

175 Siehe weitergehend BT-Drs. 17/10959, S. 61 f. (zu § 3). Hiervon grundsätzlich nicht umfasst (und daher auch nicht beschwerdebefugt) sind nach § 3 Abs. 3 Satz 1 SeeArbG u. a. Personen, die als Lotsinnen oder Lotsen, staatliche Kontrolleure, zur Durchführung von Reparaturen oder Wartungsarbeiten, als Offshore-Arbeiter, Künstler oder Wissenschaftler vorübergehend, als Studenten oder Schüler oder als Sicherheitskräfte privater Sicherheitsunternehmen an Bord tätig sind.

bb) Sachlicher Anwendungsbereich

79 Das Beschwerderecht nach § 127 Abs. 1 SeeArbG ist in sachlicher Hinsicht beschränkt auf mögliche[176] Verstöße gegen das SeeArbG unmittelbar und die auf Grund dieses Gesetzes erlassenen Rechtsverordnungen.[177] Es ist auch eröffnet im Falle einer „Benachteiligung oder ungerechte[n] Behandlung".[178] Es erstreckt sich nicht auf Verstöße gegen andere Rechtsvorschriften außerhalb des Seearbeitsrechts, auch wenn sie in thematischem Zusammenhang mit den innerstaatlichen Rechtsvorschriften zur Umsetzung des Seearbeitsübereinkommens stehen mögen.[179] Ausweislich der Bezugnahme in § 127 Abs. 1 auf sämtliche Meldestellen nach § 128 Abs. 1, 2 und 4 SeeArbG gilt diese Beschränkung unabhängig davon, ob die Beschwerde über den internen oder einen externen Meldekanal eingereicht wird.

cc) Verhältnis zu § 4 HinSchG

80 Die auf der RL 2013/54/EU beruhenden §§ 127, 128 SeeArbG entfalten wie die Art. 4 und 5 der VO (EU) Nr. 376/2014 eine beachtliche Regelungstiefe. Soweit in Bezug auf eine konkrete Meldung die sachlichen Anwendungsbereiche sowohl des §§ 127, 128 SeeArbG als auch des HinSchG eröffnet sind, genießt das bereits eingeführte sektorspezifische Verfahren nach § 4 Abs. 1 Satz 1 HinSchG den grundsätzlichen Vorrang.[180] Gleichwohl reichen die Meldewege nach §§ 127, 128 an das Schutzniveau des HinSchG nicht heran, sodass auch sie gem. § 4 Abs. 1 Satz 2 HinSchG um Elemente des HinSchG er-

176 Siehe BT-Drs. 17/10959, S. 104 (zu § 127).

177 Vgl. hierzu die verstreuten Verordnungsermächtigungen in §§ 20, 27, 55, 92, 96, 113, 118, 119, 135 und 136 SeeArbG und die jeweils auf einer dieser Grundlagen erlassenen Verordnungen v. 5.7.2013 (BGBl. I, S. 2228), v. 18.7.2013 (BGBl. I, S. 2575 und S. 2578), v. 25.7.2013 (BGBl. I, S. 2795 und S. 2800), v. 10.9.2013 (BGBl. I, S. 3565), v. 14.8.2014 (BGBl. I, S. 1383), v. 8.1.2019 (BGBl. I, S. 9), v. 17.10.2019 (BGBl. I, S. 1453), v. 11.6.2021 (BGBl. I, S. 1819), v. 12.5.2022 (BGBl. I, S. 777 und S. 2097).

178 Der Begriff „Benachteiligung" geht dabei über die in Regel 5.1.5 Abs. 2 Seearbeitsübereinkommen verwendete Terminologie („Schikanierung") bewusst hinaus und hat nach dem Willen des Gesetzgebers daher eine Ausweitung des Beschwerderechts über das konventionsrechtlich geschuldete Minimum zur Folge, siehe BT-Drs. 17/10959, S. 104 (zu § 127).

179 BT-Drs. 17/10959, S. 104 (zu § 127); siehe auch *Bubenzer/Peetz/Mallach*, Nomos-BR SeeArbG, § 127 Rn. 2 mit exemplarischem Hinweis auf Normen des Schiffssicherheits- oder Meeresumweltschutzrechts und auf über die gesetzlichen Mindeststandards hinausgehende einzel- oder tarifvertragliche Zusicherungen; zu entspr. Überlegungen de lege ferenda *Paschke/Jessen*, RdTW 2015, 1 ff.

180 Hierzu mit Blick auf die RL 2013/54/EU auch BT-Drs. 20/3442, S. 59 (zu § 2 Nr. 3 lit. e).

gänzt werden „müssen", wie der Richtliniengeber in Bezug auf die dem SeeArbG zugrunde liegende RL 2013/53/EU selbst festgestellt hat.[181]

So bleibt etwa das in § 127 Abs. 4 SeeArbG ausgesprochene Benachteiligungsverbot hinter § 36 HinSchG mit seiner Erstreckung auch auf Androhung und Versuch (Abs. 1 Satz 2) und der Beweislastumkehr (Abs. 2) zurück. Soweit im Falle von Repressalien Schadensersatzansprüche nach § 127 Abs. 5 SeeArbG lediglich „unberührt" bleiben sollen, kann diese durch den selbständigen Schadensersatzanspruch aus § 37 HinSchG sinnvoll ergänzt werden. Die – ohnehin nur für externe Meldestellen nach § 128 Abs. 4 Nr. 3–5 SeeArbG angeordnete – Vertraulichkeit (§ 128 Abs. 5 SeeArbG) kann durch § 8 Abs. 1 Satz 2 und Abs. 2 HinSchG weiter abgesichert werden. Dass das interne Meldesystem des § 128 Abs. 1–3 SeeArbG als offenes Beschwerdeverfahren ausgestaltet ist, läuft dem Schutzanliegen des HinSchG nicht zuwider, das keine Verpflichtung zur Annahme anonymer Meldungen vorsieht (vgl. § 16 Abs. 1 Satz 5 HinSchG). Allerdings ist die bislang nur für das externe Verfahren garantierte Vertraulichkeit (Umkehrschluss aus § 128 Abs. 5 Satz 1 SeeArbG) auch im internen Verfahren zu etablieren. Mindestens zweifelhaft erscheint, ob es sich bei dem Kapitän als Hauptbeschwerdeinstanz (vgl. § 128 Abs. 2, 3) in jeder Hinsicht um eine unabhängige[182] interne Meldestelle (§ 15 Abs. 1 HinSchG) handelt. § 128 Abs. 4 garantiert immerhin die Wahlfreiheit zwischen internem und externem Verfahren und entspricht damit dem Schutzanspruch des § 7 HinSchG. Von der Ergänzung unberührt bleiben selbstverständlich die seearbeitsrechtlichen Sonderregelungen, wie die Bestellung von Vertrauenspersonen nach § 127 Abs. 2 und 3 SeeArbG, die Pflicht des Reeders zur schriftlichen Unterrichtung über die an Bord gültigen Beschwerderegelungen (§ 127 Abs. 6 SeeArbG) oder die Pflicht des Reeders zur unbedingten Tragung der Überprüfungskosten (§ 128 Abs. 7 Satz 2 SeeArbG). **81**

k) Nr. 11: § 14 Abs. 1 des SchSG i.V.m. Anl. Abschnitt D Nr. 8 und die aufgrund der §§ 9, 9a und 9c des Seeaufgabengesetzes erlassenen Rechtsverordnungen

§ 4 Abs. 1 Satz 1 Nr. 11 HinSchG bildet eine Ausnahme unter den Titeln des Vorrangkatalogs. Wegen der ausdrücklichen Beschränkung des Verweises auf „Beschwerden, die die Sicherheit eines Schiffes unter ausländischer Flagge betreffen", wird der Anwendungsvorrang des Abs. 1 Satz 1 lediglich in Bezug auf solche Schiffe ausgelöst. **82**

181 ErwG 9 Satz 3 HinSch-RL.

182 § 15 dient der Vermeidung von Interessenkonflikten, s. BT-Drs. 20/3442, S. 80 (zu § 15).

aa) § 14 Abs. 1 SchSG i.V.m. Anl. Abschnitt D Nr. 8

83 § 14 Abs. 1 SchSG vom 9.9.1998[183] stellt allgemeine Grundsätze auf für die Überprüfung von Schiffen unter ausländischer Flagge. Danach hat die grundsätzlich dem Flaggenstaat obliegende und daher nur ausnahmsweise zulässige[184] Überprüfung unter anderem unter Einhaltung der unionsrechtlichen Vorschriften über die Hafenstaatkontrolle[185] zu erfolgen. Letztere werden in Abschnitt D Nr. 8 der Anlage[186] zum SchSG durch (statische[187]) Bezugnahme auf eine Reihe von Einzelbestimmungen zu staatlichen Überprüfungsbefugnissen, -pflichten und -modalitäten im Hafenstaatkontrollrecht weiter konkretisiert. Wegen ihres Detaillierungsgrades hat der Gesetzgeber mit § 5 SchSG die unmittelbare Geltung der in Abschnitt D der Anlage aufgeführten Richtlinienbestimmungen im nationalen Recht angeordnet.[188]

84 Der von der Anordnung in § 5 SchSG mit Abschnitt D der Anlage umfasste Art. 18 der RL 2009/16/EG sieht ein sozialpolitisch motiviertes[189] hafenstaatkontrollrechtliches Beschwerdeverfahren vor der „zuständigen Behörde" in Bezug auf die Lebens- und Arbeitsbedingungen an Bord vor. Beschwerdeberechtigt sind nach Art. 2 Nr. 14 (siehe auch Erwägungsgrund 14 der RL) Personen oder Organisationen, die ein berechtigtes Interesse hinsichtlich der Sicherheit des Schiffes, der Gesundheit seiner Besatzung, der Lebens- und Arbeitsbedingungen an Bord und der Verhütung von Verschmutzung haben. Nach Art. 18 Abs. 1 sind derlei Beschwerden einer raschen Erstbeurteilung zuzuführen. Eine begründete Beschwerde hat die zuständige Behörde „in angemessener Weise" zu bearbeiten und den hiervon Betroffenen rechtliches Gehör zu gewähren (Art. 18 Abs. 2). Der Beschwerdeführer ist über die Maßnahmen der Weiterverfolgung seiner Beschwerde zu unterrichten (Erwägungsgrund 14). Die Identität des Beschwerdeführers darf weder dem Kapitän noch dem Eigner des Schiffes offenbart werden (Art. 18 Abs. 4 Satz 1). Auch darüber hinaus hat der Besichtiger geeignete Maßnahmen zu ergreifen, um die Vertraulichkeit der Beschwerden von Seeleuten zu wahren (Abs. 4 Satz 2).

85 Die über § 5 SchSG mit Abschnitt D der Anlage ebenfalls für unmittelbar anwendbar erklärten Art. 18a Abs. 1 bis 6 und 8 behandeln das Verfahren zur

---

183 BGBl. I, S. 2860.

184 BT-Drs. 13/9722, S. 22 (zu § 14).

185 Vgl. insbes. Art. 18 der RL 2009/16/EG, ABl. L 131 v. 28.5.2009, S. 57 i.d.F. v. Art. 14 der RL (EU) 2017/2110, ABl. L 315 v. 30.11.2017, S. 61.

186 I.d.F. v. Art. 1 Abs. 3 lit. c VO v. 3.3.2020, BGBl. I, S. 412.

187 Vgl. § 1 Abs. 2 Satz 1 SchSG: „jeweils angegebene Fassung".

188 Siehe hierzu die amtl. Fußnote * zu § 5 SchSG, BGBl. 1995 I S. 2860 und ausf. BT-Drs. 13/9722, S. 18 (zu § 5).

189 Kommission, KOM(2005) 588 endg. v. 23.11.2005, S. 3.

Beilegung von Beschwerden an Land im Rahmen des Seearbeitsüberkommens von 2006.[190]

Der 2013 in die RL 2009/16/EG eingeführte Art. 18a[191] trägt den Besonderheiten des im Seearbeitsübereinkommen festgelegten Beschwerdeverfahrens gegenüber dem Verfahren nach Art. 18 Rechnung.[192] Art. 18a Abs. 1 räumt Seeleuten das Recht ein, bei der zur Hafenstaatkontrolle ermächtigten Person („Besichtiger“, Art. 1 Abs. 1 Nr. 8 der RL) im Anlaufhafen Verletzungen der Anforderungen des Seerechtsübereinkommens zu melden. Der Besichtiger führte darauf „erste Untersuchungen“ (Abs. 1 Satz 2) und gegebenenfalls auch „gründlichere Überprüfungen“ (Abs. 2 Satz 2) durch und bemüht sich „gegebenenfalls um eine Beilegung der Beschwerde an Bord“ (Abs. 3). Stellt der Besichtiger eine Nichterfüllung der Anforderungen vor, steht ihm das Instrumentarium des Art. 19 (Mängelbeseitigung und Festhalten) zur Verfügung (Abs. 4). Unter bestimmten Voraussetzungen bezieht der Besichtiger den Flaggenstaat in die Entwicklung von Abhilfemaßnahmen ein (Abs. 5) oder eskaliert den Vorgang an den Generaldirektor des Internationalen Arbeitsamts (Abs. 6). Über die Verweisung in Abs. 8 Satz 1 findet der Vertraulichkeitsschutz aus Art. 18 Abs. 4 Anwendung. 86

Soweit in Bezug auf eine konkrete Meldung die Anwendungsbereiche sowohl der Art. 18 und 18a RL 2009/16/EG als auch des HinSchG eröffnet sind, genießt das bereits eingeführte sektorspezifische Verfahren nach § 4 Abs. 1 Satz 1 den grundsätzlichen Vorrang. Da das Schutzniveau beider Verfahren hinter dem des HinSchG allerdings substanziell zurückbleibt, sind sie – wohl entgegen der Regierungsbegründung[193] – durch ergänzende Anwendung der entsprechenden Vorschriften des HinSchG sinnwahrend zu ergänzen. So ist Art. 18 Abs. 4 der RL einer sinnvollen Ergänzung durch § 8 HinSchG zugänglich – insbesondere in Bezug auf die Rechte der von der Meldung betroffenen Person. Dies gilt etwa auch für die Vorschriften über die Dokumentation (§ 11 HinSchG), die Offenlegung (§ 32 HinSchG), zur weiteren Ausgestaltung des Verfahrens für externe Meldungen (§§ 24–26, 28–30), und insbesondere den Schutz vor Repressalien (§§ 36–38). Die verfahrensbezogenen Vorgaben aus Art. 18a Abs. 1–6 in Verbindung mit Art. 19 der RL werden durch die § 28–30 HinSchG ergänzt. 87

190 Hierzu BT-Drs. 17/10959, S. 104 (zu § 127) und S. 105 (zu § 128).

191 Siehe hierzu die RL 2013/38/EU v. 12.8.2013 zur Änderung der RL 2009/16/EG, ABl. L 218 v. 14.8.2013, S. 1.

192 Kommission, COM(2012) 129 final v. 23.3.2012, S. 9 (3.1.2).

193 So mit Bezug auf die Art. 18, 18a der RL 2009/16/EG wohl BT-Drs. 20/3442, S. 67 (zu § 4): „[...] gehen die spezifischen Regelungen der Richtlinie [2009/16/EG] den Vorgaben des Hinweisgeberschutzgesetzes vor.“

bb) Die aufgrund der §§ 9, 9a und 9c des SeeAufgG erlassenen Rechtsverordnungen

88 § 4 Abs. 1 Satz 1 Nr. 11 HinSchG nimmt weitergehend Bezug auf die nach §§ 9, 9a und 9c des Seeaufgabengesetzes (SeeAufG[194]) erlassenen Rechtsverordnungen „für Beschwerden mit Bezug auf die Sicherheit eines Schiffes unter ausländischer Flagge und die Verhütung von Verschmutzung durch solche Schiffe". Im Einzelnen sind aufgrund der §§ 9, 9a, 9c SeeAufgG folgende Meldesysteme eingeführt worden:

89 Die auf §§ 9, 9a, 9c SeeAufG gestützte Schiffssicherheitsverordnung (SchSV) vom 18.9.1998[195] ordnet in ihrer Anlage 1 (zu § 5) D.I.2. die entsprechende Anwendung der für Schiffe unter Bundesflagge geltenden Meldepflichten nach § 7 der Verordnung über die Sicherung der Seefahrt (SeeFSicherV) vom 27.7.1993[196] auf Schiffe unter ausländischer Flagge an. Diese ebenfalls auf die Ermächtigung in § 9 SeeAufG gestützte[197] Meldepflicht gegenüber der Bundesstelle für Seeunfalluntersuchung in § 7 SeeFSicherV trifft in persönlicher Hinsicht den privaten Schiffsführer und in sachlicher Hinsicht das Schiff betreffende Meldungen schaden- oder gefahrverursachender Vorkommnisse. Die Regelungssystematik ist methodisch an die luftverkehrsrechtliche Vorlage in § 7 LuftVO (dazu oben Rn. 75) angelehnt,[198] etwa in Bezug auf die Liste der erforderlichen Angaben oder die Bezeichnung der Gruppe schadensträchtiger Ereignisse.

90 Eine vergleichbare – wenn auch thematisch engere – Meldepflicht folgt aus der auf § 9c SeeAufgG gestützten See-Umweltverhaltensverordnung vom 13.8.2014[199] (SeeUmwVerhV). Diese Verordnung begründet in ihrem § 12 die Zuständigkeit des Wasserstraßen- und Schifffahrtsamtes für Meldungen gem. Anlage V Regel 10 Abs. 6 der MARPOL-Übereinkunft vom 12.3.1996.[200] In letzterer wird eine Meldepflicht für den unfallbedingten Verlust sowie das Einbringen von Fanggerät festgelegt, wenn davon eine erhebliche Bedrohung der Meeresumwelt oder der Schifffahrt ausgeht. Unter Beachtung der einschränkenden Formulierung des § 4 Abs. 1 Satz 1 Nr. 11 HinSchG würde der Vorrang der Meldepflicht vor dem HinSchG nur gelten, soweit das Schiff unter ausländischer Flagge fährt.

---

194 I.d.F. v. 17.6.2016, BGBl. I, S. 1489.
195 BGBl. I, S. 3013, 3023, i.d.F. v. Art. 2 VO v. 3.3.2020, BGBl. I, S. 412.
196 BGBl. I, S. 1417.
197 Siehe BT-Drs. 14/6455, S. 46 (zu § 6a).
198 Siehe BT-Drs. 14/6455, S. 46 (zu § 6a).
199 BGBl. I, S. 1371.
200 BGBl. 1996 II S. 399, Anlagen-Bd.

Beide Regelungen erschöpfen sich in der Ausgestaltung gefahrenabwehrrechtlicher Meldepflichten auf dem Gebiet des Schiffsverkehrs. Hinweisgeberschützende Regelungstendenzen lassen sie nicht im Ansatz erkennen.[201] Es fehlt dementsprechend wie im Falle des § 7 LuftVO (oben Rn. 75) an „spezifischen Regelungen über die Mitteilung von Informationen über Verstöße", die im Sinne von § 4 Abs. 1 Satz 1 HinSchG Vorrang gegenüber dem HinSchG beanspruchen könnten. Damit kommt das allgemeine Hinweisgeberschutzsystem des HinSchG bis auf Weiteres neben den auf Grundlage der §§ 9, 9a und 9c des SeeAufgG bereits erlassenen sektorspezifischen Meldeverpflichtungen zur Anwendung.[202] **91**

l) Nr. 12: Rechtsverordnungen auf Grundlage des Bundesberggesetzes

Nach § 4 Abs. 1 Satz 1 Nr. 12 gehen dem HinSchG schließlich spezifische Regelungen über die Mitteilung von Informationen über Verstöße in Rechtsverordnungen vor, die aufgrund des § 57c Satz 1 Nr. 1 und des § 68 Abs. 2 in Verbindung mit Abs. 3 und mit den §§ 65, 66 und 67 Nrn. 1 und 8 und den §§ 126, 128 und 129 des Bundesberggesetzes erlassen wurden (oder zukünftig werden). Auf diesen Ermächtigungsgrundlagen fußende Bestimmungen mit hinweisgeberschützendem Gehalt finden sich in § 22 ABBergV[203] und § 61 OffshoreBergV.[204] **92**

aa) § 22 ABBergV

§ 22 der Allgemeinen Bundesbergverordnung (ABBergV) vom 23.10.1995[205] geht im Wesentlichen auf einzelne Bestimmungen der RL 89/391/EWG[206] zurück.[207] Die Norm stellt zugunsten von Beschäftigten einen Katalog von Rechten im Zusammenhang mit Fragen der Arbeitssicherheit und des Gesundheitsschutzes bereit. Neben einem Remonstrationsrecht gegenüber dem Arbeitgeber und einem Recht zur Einstellung der Arbeit in akuten Gefahrenlagen **93**

201 Bezeichnenderweise stellt die Regierungsbegründung im Zusammenhang mit der exemplarischen Darstellung des Vorrangtitels aus § 4 Abs. 1 Satz 1 Nr. 11 zwar auf das Hinweisgeberschutzsystem der Art. 18 und 18a der RL 2009/16/EG ab, bleibt wegen der auf §§ 9, 9a und 9c des SeeAufG gestützten Verordnungen aber jede Konkretisierung schuldig, siehe BT-Drs. 20/3442, S. 67 (zu § 4).

202 Vgl. BT-Drs. 20/3442, S. 67 (zu § 4): „Das allgemeine Hinweisgeberschutzsystem des HinSchG kommt dann neben diesen in Absatz 1 nicht genannten sektorspezifischen Meldeverpflichtungen, -wegen und -verfahren zur Anwendung."

203 Vgl. den Rechtsgrundlagennachw. in BGBl. 1995 I S. 1466.

204 Vgl. den Rechtsgrundlagennachw. in BGBl. 2016 I S. 1866.

205 BGBl. I, S. 1466.

206 ABl. L 183 v. 29.6.1989, S. 1.

207 Im Einzelnen BR-Drs. 470/94, S. 30 (zu § 22).

(Satz 1 Nr. 1 und 3) zählt hierzu insbesondere das Petitionsrecht nach § 22 Satz 1 Nr. 2 ABBergV als externes Meldeverfahren.[208] Danach dürften sich Beschäftigte an die zuständige Behörde und den technischen Aufsichtsdienst wenden, wenn sie auf Grund konkreter Anhaltspunkte der Auffassung sind, dass die vom Unternehmer getroffenen Maßnahmen und bereitgestellten Mittel nicht ausreichen, um die Sicherheit und den Gesundheitsschutz im Arbeitsvollzug zu gewährleisten. Voraussetzung ist, dass der Unternehmer ihren darauf gerichteten (vorherigen) Beschwerden nicht abgeholfen hat. Gem. § 22 Satz 2 ABBergV dürften den Beschäftigten durch die Inanspruchnahme der Rechte nach Satz 1 keine Nachteile entstehen.[209]

94 Während die Norm in persönlicher Hinsicht ausschließlich „Beschäftigte" anspricht und damit hinter dem persönlichen Anwendungsbereich des HinSchG zurückbleibt, ist der in § 22 Satz 1 Nr. 2 lediglich thematisch und nicht normativ umrissene sachliche Anwendungsbereich mit der „Sicherheit und de[m] Gesundheitsschutz bei der Arbeit" denkbar weit gefasst. Mit Ausnahme des sehr generisch gefassten („keine Nachteile") Verbots von Repressalien (§ 22 Satz 2 ABBergV, vgl. demgegenüber § 36 HinSchG) weist das Petitionsrecht nicht einmal die elementaren Charakteristika eines Hinweisgeberschutzsystems auf. So fehlt jeder Hinweis auf die Wahrung der Vertraulichkeit der Identität (vgl. § 8 HinSchG). Insoweit sind die für das spezifische Verfahren vor externen Meldestellen geltenden Vorgaben gem. § 4 Abs. 1 Satz 2 HinSchG umfänglich um Elemente des HinSchG zu ergänzen, um ein mit diesem vergleichbares Schutzniveau für Hinweisgeber zu garantieren. Das in § 22 Satz 1 Nr. 2 ABBergV als Bedingung für die Anrufung der zuständigen Behörde lediglich vorausgesetzte Recht zur (vorherigen) „Beschwerde" ist durch die uneingeschränkte Anwendung der §§ 12 ff. HinSchG zu konkretisieren und in ein internes Meldeverfahren fortzuentwickeln.

bb) § 61 OffshoreBergV

95 Die ungleich jüngere Offshore-Bergverordnung (OffshoreBergV) vom 3.8.2016[210] sieht in § 61 („Vertrauliche Meldung") ein gegenüber § 22 ABBergV ausdifferenziertes Meldesystem vor. Das Melderegime dient der Umsetzung von Art. 22 der RL 2013/30/EU[211] und soll nach dem Willen des Verordnungsgebers dazu beitragen, dass „keine relevanten Sicherheitsbedenken bei Offshore- Erdöl- und -Erdgasaktivitäten übersehen oder außer Acht gelassen

208 Zu dieser Rubrizierung siehe BR-Drs. 470/94, S. 30 (zu § 22).
209 Vgl. BR-Drs. 470/94, S. 30 (zu § 22).
210 BGBl. I, S. 1866.
211 ABl. L 178 v. 28.6.2013, S. 66.

werden".[212] § 61 Abs. 1 Satz 1 OffshoreBergV sieht bei „Bedenken hinsichtlich der Sicherheit und des Umweltschutzes" ein Melderecht gegenüber der zuständigen Behörde vor. Die Meldung erfolgt anders als nach § 22 Satz 1 Nr. 2 ABBergV „vertraulich unter Wahrung der Anonymität". Ebenfalls abweichend von § 22 Satz 1 Nr. 2 ABBergV[213] setzt die Anrufung der zuständigen Stelle eine vorherige Beschwerde beim Arbeitgeber nicht zwingend voraus.[214] Der Unternehmer hat den meldeberechtigten Personenkreis gem. § 61 Abs. 2 OffshoreBergV über die Möglichkeit der vertraulichen Meldung zu informieren (Satz 1) und hierauf in Schulungen und Bekanntmachungen hinzuweisen (Satz 2). Auf die vertrauliche Meldung an die Behörde gestützte arbeitsrechtliche oder sonstige berufliche Sanktionen gegen die meldende Person sind gem. § 61 Abs. 3 OffshoreBergV unzulässig, wenn das Verhalten dieser Person nicht „grob missbräuchlich" gewesen ist. Mit dieser sich bereits aus arbeitsrechtlichen Grundsätzen ergebenden Klarstellung soll Gewähr dafür geleistet werden, dass das Instrument der vertraulichen Meldung nicht aufgrund der Besorgnis um persönliche Nachteile im Betrieb leerläuft.[215]

In persönlicher Hinsicht richtet sich § 61 Abs. 1 Satz 1 OffshoreBergV an die **96** Beschäftigten sowie darüber hinaus auch an die „andere[n] im Betrieb eingesetzte[n] Personen". In sachlicher Hinsicht bezieht sich das Meldesystem ebenso wie § 22 Satz 1 Nr. 2 ABBergV auf das weite Feld der „Bedenken hinsichtlich der Sicherheit und des Umweltschutzes". Mit dem Verbot von Repressalien sowie der Zusicherung eines vertraulichen und anonymen Meldeverfahrens weist § 61 OffshoreBergV allerdings deutlich stärkere Züge eines Hinweisgeberschutzregimes auf. Die genannten Garantien bleiben indes in wesentlicher Hinsicht unbestimmt und sind nicht annähernd geeignet, ein dem HinSchG vergleichbares Schutzniveau zu vermitteln. Daher sind die für das spezifische Verfahren vor externen Meldestellen geltenden Vorgaben gem. § 4 Abs. 1 Satz 2 HinSchG auch insoweit flächendeckend um Elemente des HinSchG zu ergänzen, um ein mit diesem vergleichbares Schutzniveau für Hinweisgeber zu garantieren. Wegen des internen Meldeverfahrens gilt das zu § 22 Satz 1 Nr. 2 ABBergV Ausgeführte (Rn. 93 f.).

212 BR-Drs. 274/16, S. 133 (zu § 61).

213 Die Vorschrift bleibt nach § 61 Abs. 1 Satz 2 OffshoreBergV ausdrücklich unberührt.

214 Meldeberechtigte Personen haben nach § 61 Abs. 1 Satz 2 OffshoreBergV vor Anrufung der zuständigen Behörde lediglich „zu prüfen, ob ein Gespräch mit dem Arbeitgeber als bessere Maßnahme in Betracht kommt".

215 BR-Drs. 274/16, S. 133 (zu § 61).

III. Abgrenzung gegenüber Informationsfreiheitsgesetzen, Abs. 2

97 Im Gleichlauf mit bereits eingerichteten sektorspezifischen Hinweisgeberschutzregimen[216] schließt § 4 Abs. 2 Satz 1 HinSchG die Anwendbarkeit des Informationsfreiheitsgesetzes des Bundes (IFG) sowie des Verbraucherinformationsgesetzes (VIG) für Vorgänge nach diesem Gesetz grundsätzlich aus. Dem liegt hier wie dort die der Konkretisierung im Einzelfall vorgelagerte gesetzgeberische Abwägungsentscheidung zugrunde, dass das Schutzbedürfnis der hinweisgebenden Person vor der Preisgabe ihrer Daten höher zu bewerten ist als der jedermann zustehende Anspruch auf Zugang zu öffentlichen Informationen.[217] Wegen der globalen Erstreckung des Anwendungsausschlusses auf sämtliche „Vorgänge nach diesem Gesetz“[218] profitieren von der gesetzgeberischen Vorrangentscheidung auch Personen, die nicht Hinweisgeber, sondern selbst Gegenstand einer Meldung sind. Der Anwendungsausschluss erstreckt sich zudem konsequenterweise auch auf „Regelungen der Länder über den Zugang zu amtlichen Informationen“, also namentlich die in aktuell dreizehn Bundesländern[219] auf landesrechtlicher Grundlage erlassenen Informationsfreiheits- und Transparenzgesetze.

98 Eine Rückausnahme vom grundsätzlichen Anwendungsausschluss gilt gem. § 4 Abs. 2 Satz 2 indes für Regelungen des Bundes und der Länder über den Zugang zu Umweltinformationen.[220] Die Entwurfsbegründung[221] verweist insoweit auf die dem Umweltinformationsrecht zugrunde liegenden „europa- und völkerrechtlichen Vorgaben“,[222] die einen abschließenden Katalog an Ausschlussgründen enthalten[223] und jenseits dessen einer kategorischen Suspendierung des Informationszugangs wie im allgemeinen Informationsfreiheitsrecht entgegenstehen. Der erforderliche Interessenausgleich mit dem Schutz-

216 Vgl. § 3b Abs. 4 BörsG, § 53 Abs. 4 GwG, § 4d Abs. 5 FinDAG a.F.; zu Letzterem BVerwG, Urt. v. 30.10.2019 – 10 C 20/19, NVwZ 2020, 885f. Rn. 12.

217 Vgl. BT-Drs. 20/3442, S. 67f. (zu § 4); zu § 3b Abs. 4 BörsG i.W. gleichlautend bereits BT-Drs. 18/10936, S. 265 (zu § 3b); zu § 53 Abs. 4 GwG siehe BT-Drs. 18/11555, S. 162 (zu § 53); zu § 4d Abs. 5 FinDAG a.F. BT-Drs. 18/7482, S. 77 (zu § 4d).

218 Vgl. demgegenüber § 3b Abs. 4 BörsG mit der Beschränkung der Ausschlusswirkung auf die „Meldung von Verstößen nach Absatz 1“.

219 Für einen Überblick vgl. *Wiebauer*, in: Landmann/Rohmer, GewO, 90. EL Dez. 2022, § 23 ArbSchG Rn. 64.

220 Vgl. für die Bundesebene das Umweltinformationsgesetz (UIG) i.d.F. d. Bek. v. 27.10.2014, BGBl. I, S. 1643.

221 BT-Drs. 20/3442, S. 68 (zu § 4).

222 Das UIG dient der Umsetzung der RL 2003/4/EG, ABl. L 41 v. 14.2.2003, S. 26, und der Vorgaben der Aarhus-Konvention v. 25.6.1998 betreffend den Zugang zu Umweltinformationen, BGBl. 2006 II S. 1252; siehe BT-Drs. 15/3406, S. 11 (sub A.I.).

223 Vgl. OVG Münster, Urt. v. 30.8.2016 – 15 A 2024/13, NVwZ-RR 2017, 525, 527 Rn. 44.

bedürfnis hinweisgebender oder meldungsgegenständlicher Personen ist daher bei der Konkretisierung der Informationszugangsregeln im Einzelfall zu suchen. Insoweit soll sich nach der Entwurfsbegründung aus den Ablehnungsgründen zum Schutz öffentlicher oder privater Belange in §§ 8 und 9 UIG und den entsprechenden Rechtsvorschriften der Länder[224] ein „gleichwertiger Schutz“[225] herleiten lassen.

Von Bedeutung ist dabei einerseits der Ablehnungsgrund des Schutzes personenbezogener Daten i. S. v. § 9 Abs. 1 Satz 1 Nr. 1 UIG, zu denen die Identität sowohl des Hinweisgebers als auch der von der Meldung betroffenen Person gezählt werden kann.[226] In Betracht kommt mit Blick auf den Hinweisgeber zusätzlich der Ausschlusstatbestand in § 9 Abs. 2 UIG für Umweltinformationen, die „private Dritte“ einer informationspflichtigen Stelle freiwillig, d. h. auf eigene Veranlassung und ohne Rechtspflicht überlassen haben, und deren Offenbarung nachteilige Auswirkungen auf die Interessen der Dritten hätte.[227] Darüber hinaus soll nach dem Verständnis der Entwurfsverfasser „in aller Regel“ der (relative) Ablehnungsgrund der „internen Mitteilungen“ gem. § 8 Abs. 2 Nr. 2 UIG einschlägig sein.[228] Hierunter fallen nach der in der Entwurfsbegründung referenzierten aktuellen Rechtsprechung des EuGH[229] und des BVerwG[230] alle Informationen innerhalb einer informationspflichtigen Stelle, die den Binnenbereich der informationspflichtigen Stelle nicht verlassen haben. Nach dieser Rechtsprechung soll zudem auch eine „von einer externen“ Quelle eingegangene Information als „intern“ behandelt werden können, wenn sie der Öffentlichkeit zuvor nicht zugänglich gemacht worden ist oder hätte werden müssen und wenn sie den Binnenbereich dieser Behörde nicht verlässt.[231] Ob diese in der Praxis als systemwidrig kritisierte[232] Auslegung des § 8 Abs. 2 Nr. 2 UIG tatsächlich dazu führt, dass den Interessen von Hinweis- 99

---

224 Vgl. für Hessen etwa die übereinstimmenden Regelungen in §§ 7, 8 des HessUIG v. 14.12.2006, HessGVBl. I S. 659.

225 BT-Drs. 20/3442, S. 68 (zu § 4).

226 I. d. S. auch BT-Drs. 20/3442, S. 68 (zu § 4).

227 Die Vorschrift trägt der Einsicht Rechnung, dass freiwillige Informationen privater Dritter eine für die Verwirklichung des Umweltschutzes „wichtige behördliche Informationsquelle“ darstellen, die ohne besonderen Schutz gefährdet würden, vgl. BT-Drs. 15/3406, S. 20 (zu § 9 Abs. 2) mit Verweis auf BT-Drs. 12/7138, S. 12 f. (zu § 7 Abs. 4 UIG a. F.).

228 BT-Drs. 20/3442, S. 68 (zu § 4).

229 EuGH, Urt. v. 20.1.2021, Rs. C-619/19, NVwZ 2021, 310, 312 Rn. 42.

230 BVerwG, Urt. v. 22.3.2022 – 10 C 2.21, ZUR 2022, 489, 490.

231 EuGH, Urt. v. 20.1.2021, Rs. C-619/19, NVwZ 2021, 310, 312 Rn. 43; BVerwG, Urt. v. 22.3.2022 – 10 C 2.21, ZUR 2022, 489, 490.

232 *Micha/Engelbrecht-Greve/Sauer*, ZUR 2022, 491, 492: „Für die Praxis des Umweltinformationsrechts kann deshalb nur empfohlen werden, diese Aussage nicht zu sehr zu belasten und als besondere Ausnahme in einem speziellen Ausnahmefall zu verstehen.“; *Pen-*

gebern gegenüber UIG-Informationsansprüchen „in der Regel“ der Vorrang gebührt und ein „gleichwertiger Schutz“[233] gewährleistet ist, erscheint indes keineswegs gesichert. Jedenfalls bei Vorliegen eines überwiegenden öffentlichen Interesses kann eine Offenbarung auf dieser Grundlage nicht ausgeschlossen werden, § 8 Abs. 2 Halbs. 2 UIG.

IV. Verhältnis zur kartellrechtlichen Kronzeugenregelung, Abs. 3

100 § 22 HinSchG setzt das Bundeskartellamt als externe Meldestelle für Verstöße gegen die Art. 101, 102 AEUV und die korrespondierenden Vorschriften des nationalen Wettbewerbsrechts ein.[234] Vor diesem Hintergrund stellt der Gesetzgeber mit Abs. 3 klar, dass die Kronzeugenregelungen der §§ 81h bis 81n GWB – die unter bestimmten Voraussetzungen das Absehen von einer Geldbuße oder deren Ermäßigung vorsehen – unverändert Anwendung finden und durch das HinSchG nicht überlagert werden.[235]

V. Besonderheiten im Strafprozess, Abs. 4

101 Nach der Regelung in Abs. 4 bleiben die „Regelungen des Strafprozessrechts“ von den Vorgaben des HinSchG unberührt. Die Vorschrift dient der Umsetzung von Art. 3 Abs. 3 lit. d der HinSch-RL (siehe auch deren Erwägungsgrund 18 Satz 1) und soll nach der Vorstellung der Entwurfsverfasser den Schutz der Integrität von Ermittlungen und Verfahren sowie die Verteidigungsrechte[236] beschuldigter Personen sicherstellen.[237] Sie trägt insoweit der Einsicht Rechnung, dass die Möglichkeit einer Überprüfung der Glaubwürdigkeit des Zeugen als für den Strafprozess wesentliches Beweismittel insbesondere für die Verteidigung und aus Gründen der prozessualen Fairness aus rechtsstaatlichen Gründen „unabdingbar“ ist.[238] In der Konsequenz wird die Vertraulichkeit der Iden-

---

ski, ZUR 2021, 228: „nicht nachvollziehbar“; ebd.: „Hiermit würde der Sinn und Zweck des UIG im Ergebnis ausgehöhlt.“

233 BT-Drs. 20/3442, S. 68 (zu § 4).

234 Zu dem umfangreichen Erfahrungswissen des BKartA beim Einsatz von Hinweisgebersystemen – gerade auch über das Kronzeugenprogramm – siehe BT-Drs. 20/3442, S. 84 (zu § 22).

235 BT-Drs. 20/3442, S. 68 (zu § 4); ebd. S. 84 (zu § 22) zur Bedeutung des GWB-Kronzeugenregimes für die Aufdeckung und Ahndung von Kartellverstößen.

236 Vgl. bereits § 53 Abs. 7 Nr. 3 GwG mit der Klarstellung, dass die von einem Hinweis betroffene Person durch das Hinweisgeberschutzsystem in ihren Rechten aus §§ 137, 140, 141 und 147 StPO nicht eingeschränkt werden darf, dazu BT-Drs. 18/11555, S. 161 (zu § 53).

237 Vgl. BT-Drs. 20/3442, S. 68 (zu § 4).

238 BT-Drs. 20/3442, S. 68 (zu § 4).

tität der hinweisgebenden Person im Rahmen eines strafrechtlichen Ermittlungs- oder Hauptverfahrens nur ausnahmsweise und innerhalb der in der StPO selbst vorgesehenen Spielräume gewahrt. Die während der Entwurfsberatungen vor dem Rechtsausschuss des Bundestages erhobenen Forderungen nach ergänzenden Identitätsschutzmechanismen zugunsten des Hinweisgebers im Strafprozess[239] hat der Gesetzgeber bewusst nicht aufgegriffen.

Das Anliegen des Vertraulichkeitsschutzes erfährt mit dieser Weichenstellung **102**
eine nicht unerhebliche Einschränkung. Nach den vom HinSchG unberührten §§ 161 Abs. 1 Satz 1, 160 Abs. 4 StPO hat die Meldestelle die Identität des Hinweisgebers weiterhin auf eine einfache Anfrage der Strafverfolgungsbehörden zu offenbaren, ohne dass ihr insoweit Entscheidungsspielräume oder gar Ablehnungsmöglichkeiten eröffnet wären, siehe auch § 9 Abs. 2 Satz 1 Nr. 1 HinSchG.[240] Entsprechende Hinweise finden regelmäßig Eingang in die Ermittlungsakten und können dort sodann von dritter Seite (u. a. durch den Beschuldigten und seinen Verteidiger) nach allgemeinen strafprozessualen Regeln (§ 147 StPO bzw. §§ 474 ff. StPO) eingesehen werden.[241] Einen die Vertraulichkeit der Identität wahrenden Zeugenschutz[242] sieht die StPO nur bei begründeter Besorgnis einer Gefahr für Leben, Leib oder Freiheit des Zeugen oder einer anderen Person vor. Nach dem über §§ 161a Abs. 1 Satz 2, 163 Abs. 3 Satz 1 StPO auch bei Vernehmungen vor Staatsanwaltschaft und Polizei anwendbaren § 68 Abs. 3 Satz 1 StPO[243] kann ein Zeuge in einer solchen Gefährdungslage u. a. die Angabe seiner Identität insgesamt[244] verweigern und in gerichtlichen Vernehmungen nach Satz 3 entgegen § 176 Abs. 2 Satz 1 GVG zudem sein Gesicht verhüllen. Die zur Feststellung der Anschrift und der Identität des Zeugen erforderlichen Unterlagen sind dann nach § 68 Abs. 4 Satz 3

---

239 Siehe hierzu Transparency International, Stgn. z. HinSchG-E v. 14.10.2022, S. 4 (Ziff. 3) = BT-Rechtsausschuss, Anl. z. Prot.-Nr. 20/27, S. 105, 107; vgl. auch Sachverst. *Gerdemann*, Stgn. z. HinSchG-E, o. D., S. 9 = BT-Rechtsausschuss, Anl. z. Prot.-Nr. 20/27, S. 48, 56.

240 Vgl. dazu auch BT-Drs. 20/3442, S. 75 (zu § 9): „Die Verpflichtung zur Herausgabe dieser Daten ergibt sich sodann aus den allgemeinen Gesetzen, etwa der StPO. Der Meldestelle wird über diese Vorschrift kein Entscheidungsspielraum eröffnet."

241 Sachverst. *Gerdemann*, Stgn. z. HinSchG-E, o. D., S. 9 = BT-Rechtsausschuss, Anl. z. Prot.-Nr. 20/27, S. 48, 56.

242 Siehe auch Ziff. 130a RiStBV i. d. F. d. Bek. v. 28.3.2023, BAnz AT v. 19.6.2023 B1.

243 Die Vorschrift dient sowohl dem Schutz des Persönlichkeitsrechts von Zeugen als auch der Erlangung angstfreier und unverfälschter Aussagen und damit der strafprozessualen Wahrheitsermittlung, vgl. BT-Drs. 16/12098, S. 10 (Ziff. II).

244 Siehe BT-Drs. 12/989, S. 35 f. (zu § 68) – dort auch zu der Feststellung, dass die Nichtoffenlegung der Identität „zu einer weniger verläßlichen Grundlage zur Beurteilung der Glaubwürdigkeit des Zeugen führen kann", was im Rahmen der freien Beweiswürdigung zu berücksichtigen ist.

StPO bei der Staatsanwaltschaft zu verwahren und dürfen nach Satz 4 erst einsichtsfähig (§ 147 StPO) zu den Akten genommen werden, „wenn die Besorgnis der Gefährdung entfällt". Für bereits aktenmäßig erfasste Hinweise auf die Identität ist nach § 68 Abs. 5 Satz 2 StPO im Falle von Auskünften aus und Einsichtnahmen in Akten Vertraulichkeit sicherzustellen.[245] Jenseits der Voraussetzungen der § 68 Abs. 2 und 3 StPO ist ein Identitätsschutz für Zeugen – und damit auch für Hinweisgeber – im strafrechtlichen Ermittlungs- oder Hauptverfahren indes nicht vorgesehen.

245 Etwa durch Übersendung insoweit geschwärzter Zweitakten oder Überführung der betreffenden Teile in eine gesonderte Handakte, vgl. BT-Drs. 16/13671, S. 21 (zu Art. 1 Nr. 6).

§ 5 Vorrang von Sicherheitsinteressen sowie Verschwiegenheits- und Geheimhaltungspflichten

(1) Eine Meldung oder Offenlegung fällt nicht in den Anwendungsbereich dieses Gesetzes, wenn sie folgende Informationen beinhaltet:

1. **Informationen, die die nationale Sicherheit oder wesentliche Sicherheitsinteressen des Staates, insbesondere militärische oder sonstige sicherheitsempfindliche Belange des Geschäftsbereiches des Bundesministeriums der Verteidigung oder Kritische Infrastrukturen im Sinne der BSI-Kritisverordnung, betreffen,**
2. **Informationen von Nachrichtendiensten des Bundes oder der Länder oder von Behörden oder sonstigen öffentlichen Stellen des Bundes oder der Länder, soweit sie Aufgaben im Sinne des § 10 Nummer 3 des Sicherheitsüberprüfungsgesetzes oder im Sinne entsprechender Rechtsvorschriften der Länder wahrnehmen, oder**
3. **Informationen, die die Vergabe öffentlicher Aufträge und Konzessionen, die in den Anwendungsbereich des Artikels 346 des Vertrags über die Arbeitsweise der Europäischen Union fallen, betreffen.**

(2) Eine Meldung oder Offenlegung fällt auch nicht in den Anwendungsbereich dieses Gesetzes, wenn ihr entgegenstehen:

1. **eine Geheimhaltungs- oder Vertraulichkeitspflicht zum materiellen oder organisatorischen Schutz von Verschlusssachen, es sei denn, es handelt sich um die Meldung eines Verstoßes nach § 2 Absatz 1 Nummer 1 an eine interne Meldestelle (§ 12), mit den Aufgaben der internen Meldestelle wurde kein Dritter nach § 14 Absatz 1 betraut und die betreffende Geheimhaltungs- oder Vertraulichkeitspflicht bezieht sich auf eine Verschlusssache des Bundes nach § 4 Absatz 2 Nummer 4 des Sicherheitsüberprüfungsgesetzes oder auf eine entsprechende Verschlusssache nach den Rechtsvorschriften der Länder,**
2. **das richterliche Beratungsgeheimnis,**
3. **die Pflichten zur Wahrung der Verschwiegenheit durch Rechtsanwälte, Verteidiger in einem gesetzlich geordneten Verfahren, Kammerrechtsbeistände, Patentanwälte und Notare,**
4. **die Pflichten zur Wahrung der Verschwiegenheit durch Ärzte, Zahnärzte, Apotheker und Angehörige eines anderen Heilberufs, der für die Berufsausübung oder die Führung der Berufsbezeichnung eine staatlich geregelte Ausbildung erfordert, mit Ausnahme von Tierärzten, soweit es um Verstöße gegen von § 2 Absatz 1 Nummer 3 Buchstabe k erfasste Rechtsvorschrif-**

ten zum Schutz von gewerblich gehaltenen landwirtschaftlichen Nutztieren geht, oder

5. die Pflichten zur Wahrung der Verschwiegenheit durch Personen, die aufgrund eines Vertragsverhältnisses einschließlich der gemeinschaftlichen Berufsausübung, einer berufsvorbereitenden Tätigkeit oder einer sonstigen Hilfstätigkeit an der beruflichen Tätigkeit der in den Nummern 2, 3 und 4 genannten Berufsgeheimnisträger mitwirken.

Schrifttum: *Calliess/Ruffert*, EUV/AEUV, 6. Aufl. 2022; *Colneric/Gerdemann*, Die Umsetzung der Whistleblower-Richtlinie in deutsches Recht – Rechtsfragen und rechtspolitische Überlegungen, aktualisierte Onlinefassung, 2020; *Eschwey* (Hrsg.), Beck'scher Online-Kommentar BNotO, 8. Edition, Stand: 1.8.2023; *Gerdemann*, Neuer Entwurf für ein Hinweisgeberschutzgesetz, ZRP 2022, 98; *Immenga/Mestmäcker*, Wettbewerbsrecht, 6. Aufl. 2021; *Kölbel/Herold*, Whistleblowing und das Geheimwissen des Staates, GA 2022, 377; *Reufels/Soltysiak*, Das neue Whistleblowing-Recht, 2023.

Übersicht

Rn.

I. Normzweck 1
II. Sicherheitsinteressen (Abs. 1) 2
1. Allgemeines 2
2. Nationale Sicherheit oder wesentliche Sicherheitsinteressen des Staates (Nr. 1) 4
a) Keine klare Begriffsdefinition 5
b) Beratung hinweisgebender Personen 11
c) Pauschalausnahme 18
3. Nachrichtendienste und Behörden bzw. öffentliche Stellen von vergleichbarer Sicherheitsempfindlichkeit (Nr. 2) 22
a) Verfassungsrechtliche Bedenken 26
b) Pauschalausnahme 28
4. Art. 346 AEUV (Nr. 3) 33
5. Teleologische Reduktion 35
III. Verschlusssachen und berufliche Verschwiegenheitspflichten (Abs. 2) 39
1. Allgemeines 39
2. Verschlusssachen (Nr. 1) 41
a) Tatsächlicher Einstufungsakt als Verschlusssache maßgebend 43
b) Ausnahme für „VS-NUR FÜR DEN DIENSTGEBRAUCH" 51
3. Richterliches Beratungsgeheimnis (Nr. 2) 56
4. Juristische Berufe (Nr. 3) 58
5. Erbringer von Gesundheitsleistungen (Nr. 4) 63
6. An der beruflichen Tätigkeit der Berufsgeheimnisträger mitwirkende Personen (Nr. 5) 68

I. Normzweck

1 In § 5 HinSchG werden Informationen, die **Sicherheitsinteressen** berühren oder bestimmten **Verschwiegenheits- und Geheimhaltungspflichten** unterfallen, vom Anwendungsbereich des Gesetzes ausgenommen. Es handelt sich

um besonders sensible Bereiche, in denen das Geheimhaltungsinteresse das Interesse an der Offenlegung etwaiger Verstöße – nach Auffassung des Gesetzgebers – generell überwiegt. Eine Abwägung im Einzelfall findet nicht statt. Die in § 5 HinSchG enumerativ aufgeführten Bereichsausnahmen gehen zurück auf Art. 3 HinSch-RL.

II. Sicherheitsinteressen (Abs. 1)

1. Allgemeines

2 § 5 Abs. 1 HinSchG setzt der Gesetzesbegründung zufolge Art. 3 Abs. 2 HinSch-RL um.[1] Art. 3 Abs. 2 HinSch-RL besagt, dass die Richtlinie die Verantwortung der Mitgliedstaaten nicht berührt, die „nationale Sicherheit" zu gewährleisten und ihre „wesentlichen Sicherheitsinteressen" zu schützen.

3 Unter Berufung auf diese Regelung bestimmt Abs. 1, dass eine Meldung oder Offenlegung nicht in den Anwendungsbereich des Gesetzes fällt, die hinweisgebende Person also nicht geschützt ist, wenn sie einen sicherheitsrelevanten Bereich i. S. d. Nr. 1 bis Nr. 3 betrifft.

2. Nationale Sicherheit oder wesentliche Sicherheitsinteressen des Staates (Nr. 1)

4 § 5 Abs. 1 Nr. 1 HinSchG greift den Wortlaut der Richtlinie auf.[2] Informationen, welche die „nationale Sicherheit oder wesentliche Sicherheitsinteressen des Staates" betreffen, werden pauschal vom Anwendungsbereich des Gesetzes ausgenommen. Das wirft Fragen auf.

a) Keine klare Begriffsdefinition

5 Die Begriffe „nationale Sicherheit" sowie „wesentliche Sicherheitsinteressen des Staates" sind weder unionsrechtlich noch nach nationalem Recht klar definiert.[3] Auch ihr Verhältnis zueinander ist unklar, eine trennscharfe Abgrenzung scheint kaum möglich.

6 Der Europäische Gerichtshof hat die „nationale Sicherheit" in seiner „Quadrature du Net"-Entscheidung[4] zwar weiter umschrieben, seine Formulierungen

1 BT-Drs. 20/3442, S. 68.

2 Vgl. Art. 3 Abs. 2 HinSch-RL.

3 *Brockhaus/Gerdemann/Thönnes*, Immer noch lückenhaft – Zum aktuellen Regierungsentwurf für ein Whistleblower-Schutzgesetz, https://verfassungsblog.de/immer-noch-luckenhaft/, zuletzt abgerufen am 6.10.2023.

4 EuGH, 6.10.2020, C-511/18, C-512/18, C-520/18, NJW 2021, 531.

bleiben aber ihrerseits auslegungsbedürftig. In der Entscheidung heißt es, die nationale Sicherheit betreffe die „wesentlichen Funktionen des Staates und die grundlegenden Interessen der Gesellschaft“ und erfordere die „Verhütung und Repression von Tätigkeiten, die geeignet sind, die tragenden Strukturen eines Landes im Bereich der Verfassung, Politik oder Wirtschaft oder im sozialen Bereich in schwerwiegender Weise zu destabilisieren und insbesondere die Gesellschaft, die Bevölkerung oder den Staat als solchen unmittelbar zu bedrohen, wie insbesondere terroristische Aktivitäten“.[5]

7 Der Begriff der „wesentliche[n] Sicherheitsinteressen des Staates“ ist ebenfalls auslegungsbedürftig. Zwar ist die Formulierung dem deutschen Recht nicht fremd. Sie taucht etwa in § 117 Nr. 1 GWB auf („Schutz wesentlicher Sicherheitsinteressen der Bundesrepublik Deutschland“). Aber auch hier gibt es keine klare Definition.[6] Der Orientierung dienen Regelbeispiele, die in § 107 Abs. 2 Satz 2 und 3 GWB aufgenommen sind.[7]

8 Auch in § 5 Abs. 1 Nr. 1 HinSchG greift der Gesetzgeber im Bemühen um eine weitere Konkretisierung auf **Regelbeispiele** für die „nationale Sicherheit oder wesentliche Sicherheitsinteressen des Staates“ zurück und nennt „militärische oder sonstige sicherheitsempfindliche Belange des Geschäftsbereichs des Bundesministeriums der Verteidigung oder Kritische Infrastrukturen im Sinne der BSI-Kritisverordnung“. Die BSI-Kritisverordnung legt fest, welche Einrichtungen, Anlagen oder Teile davon aufgrund ihrer Bedeutung für die Versorgung der Bevölkerung und für das Funktionieren des Gemeinwesens als Kritische Infrastrukturen gelten.

9 Weitere Beispiele finden sich in der Gesetzesbegründung. Dort aufgeführt sind „Informationen aus nichtmilitärischen Bereichen der Bundeswehr, die Rückschlüsse auf schutzwürdige sicherheitsrelevante Sachverhalte zulassen“.[8] Darunter können etwa Informationen aus dem Beschaffungs- und Personalwesen der Bundeswehr fallen. Genannt werden ferner „Informationen zu Auslandseinsätzen und zur Bündnisverteidigung sowie Informationen, die von und mit verbündeten Streitkräften im Rahmen der tiefen Integration dieser Streitkräfte in die Bundeswehr geteilt werden“. Auch „Interessen kollektiver Sicher-

---

5 EuGH, 6.10.2020, C-511/18, C-512/18, C-520/18, NJW 2021, 531 Rn. 135.

6 *Dreher*, in: Immenga/Mestmäcker, Wettbewerbsrecht, § 117 GWB Rn. 7.

7 Gemäß § 107 Abs. 2 Satz 2 und 3 GWB können „wesentliche Sicherheitsinteressen“ bei einem Bezug zu den folgenden Bereichen berührt sein: „verteidigungsindustrielle Schlüsseltechnologien“, „sicherheitsindustrielle Schlüsseltechnologien“, „Grenzschutz“, „Bekämpfung des Terrorismus oder der organisierten Kriminalität“, „verdeckte Tätigkeiten der Polizei oder der Sicherheitskräfte“ sowie „Verschlüsselung“.

8 BT-Drs. 20/3442, S. 69.

heitssysteme“ können laut der Gesetzesbegründung nationale Sicherheitsinteressen berühren.[9]

Der Begriff „nationale Sicherheit“ erfasst laut dem Regierungsentwurf zudem „Informationen, deren Weitergabe den Bestand oder die Sicherheit der Bundesrepublik Deutschland oder eines ihrer Länder oder die verfassungsmäßige Ordnung in Ansehung der zentralen Grundprinzipien des freiheitlichen Verfassungsstaats (vergleiche § 92 StGB, § 4 Bundesverfassungsschutzgesetz, BVerfSchG) berühren können“.[10] **10**

b) Beratung hinweisgebender Personen

Für eine hinweisgebende Person wird es mitunter schwierig sein, einzuschätzen, ob eine bestimmte Information die „nationale Sicherheit oder wesentliche Sicherheitsinteressen des Staates“ betrifft. **11**

Für **externe Meldestellen** ist in § 24 Abs. 2 Satz 1 HinSchG eine umfassende **Beratungspflicht** vorgesehen. In der Gesetzesbegründung heißt es dazu: **12**

„Die externen Meldestellen haben einen Tätigkeitsschwerpunkt nicht erst mit Erstattung einer Meldung durch eine hinweisgebende Person, sondern bereits weit davor. Der Öffentlichkeit soll die Möglichkeit gegeben werden, sich an unabhängiger und verlässlicher Stelle umfassend über den Schutz nach Maßgabe dieses Gesetzes zu informieren. Dazu gehören auch die Ausnahmen vom Anwendungsbereich dieses Gesetzes nach § 5. Für eine (poteniell) hinweisgebende Person ist es von essentieller Bedeutung, Gewissheit über das im Fall einer Meldung ausgelöste Verfahren und mögliche Strafbarkeitsrisiken zu erhalten.“[11] **13**

Demnach hat die hinweisgebende Person die Möglichkeit, bei der externen Meldestelle im Vorfeld zu erfragen, ob sie eine bestimmte Meldung unter dem Schutz des Gesetzes abgeben kann. **14**

Wie in der Gesetzesbegründung anklingt, kann diese Frage auch für mögliche Strafbarkeitsrisiken von Bedeutung sein. Zu denken ist insbesondere an §§ 93 ff. StGB (Landesverrat und Gefährdung der äußeren Sicherheit) und an § 353b StGB (Verletzung des Dienstgeheimnisses und einer besonderen Geheimhaltungspflicht). Wenn die Meldung oder Offenlegung vom Schutz des **15**

---

9 BT-Drs. 20/3442, S. 69.
10 BT-Drs. 20/3442, S. 69.
11 BT-Drs. 20/3442, S. 85.

HinSchG gedeckt ist, muss das HinSchG bei der Prüfung der Straftatbestände als Strafbarkeitsausschluss gelten.[12]

16 Für **interne Meldestellen** ist **keine Pflicht zur Vorabberatung** über den Anwendungsbereich bzw. die Bereichsausnahmen des Gesetzes nach § 5 HinSchG vorgesehen. Grund dafür könnte sein, dass der Meldestelle die sensible Information vollumfänglich mitgeteilt werden muss, damit sie einschätzen kann, ob die „nationale Sicherheit oder wesentliche Sicherheitsinteressen des Staates" betroffen sind. Das scheint der Gesetzgeber bei internen Meldestellen – anders als bei externen Meldestellen – nicht zu wollen. Die Entscheidung ist nachvollziehbar. Künftig wird es geradezu unüberschaubar viele interne Meldestellen geben. Wäre es nun erlaubt, internen Meldestellen im Rahmen einer Vorabberatung Sachverhalte zu erläutern, die womöglich die „nationale Sicherheit oder wesentliche Sicherheitsinteressen des Staates" betreffen, würde der Sinn und Zweck des § 5 HinSchG unterlaufen: Informationen aus diesen sensiblen Bereichen sollen grundsätzlich nicht an nichtautorisierte Personen gelangen.

17 Beschäftigungsgeber können aber erwägen, potenziellen Hinweisgebern anzubieten, sich bei Unsicherheiten von einem Rechtsanwalt beraten zu lassen und die Kosten zu übernehmen. So würde vermieden, dass eine hinweisgebende Person die externe Meldestelle bevorzugt, weil diese eine Vorabberatung über den Anwendungsbereich des Gesetzes anbietet. Es würde – ganz im Sinne des § 7 Abs. 3 Satz 1 HinSchG – ein Anreiz dafür geschaffen, dass sich die hinweisgebende Person vor einer Meldung an eine externe Meldestelle zunächst an die jeweilige interne Meldestelle wendet.

c) Pauschalausnahme

18 Die Bereiche der nationalen Sicherheit und der wesentlichen Sicherheitsinteressen des Staates werden durch die gewählte Formulierung pauschal und vollständig abgeschirmt. Der Fall des weltbekannten Whistleblowers Edward Snowden zeigt indes, dass Missstände in diesen Bereichen häufig nur durch Whistleblowing aufgedeckt und behoben werden können.[13] Snowdens Enthüllungen hatten einen Einblick über das Ausmaß der weltweiten Überwachungs- und Spionagepraktiken von Geheimdiensten gegeben.

---

12 Vgl. hierzu *Kölbel/Herold*, GA 2022, 377, 390 f. zum HinSchG-E. Die Autoren zweifeln angesichts der weitreichenden Bereichsausnahmen des HinSchG indes an, ob und inwieweit das Gesetz im Bereich des „Government-Whistleblowings" tatsächlich als Strafbarkeitsausschluss zum Tragen kommen kann.

13 *Gerdemann*, ZRP 2022, 98, 99. Der Autor äußert, dass die Norm „auf den ersten Blick wie eine Art neuerlicher „Anti-Snowden-Klausel" wirkt".

Der deutsche Gesetzgeber hat sich dennoch für eine Pauschalausnahme entschieden. Unbestreitbar ist, dass die Sicherheit und das Wohl eines Staates nur gewahrt werden können, wenn bestimmte schutzwürdige Informationen geheim bleiben. So kann etwa Terrorismus nicht effektiv bekämpft werden, wenn die zur Terrorismusbekämpfung eingeleiteten Maßnahmen öffentlich bekannt werden. 19

Zweifelhaft ist aber, ob es einer Pauschalausnahme bedurft hätte. Andere Länder haben eine **differenziertere Lösung** gewählt. Dazu zählt etwa Irland. Das Thema „nationale Sicherheit" war bereits in Irlands Protected Disclosures Act 2014 geregelt. Der in Ergänzung erlassene Protected Disclosures Act 2022 sieht hier keine Veränderung vor. 20

Section 18 (3) des Protected Disclosures Act 2014 regelt, dass eine Meldung von Informationen betreffend die Bereiche Sicherheit, Verteidigung, internationale Beziehungen und Nachrichtendienste **grundsätzlich** nicht geschützt ist, **es sei denn**, sie erfolgt in einer näher bestimmten Art und Weise gemäß Sec. 6 (1)(a), 8, 9 oder 10. Das irische Gesetz schirmt den Bereich somit nicht pauschal ab, sondern sieht zumindest eine eingeschränkte Möglichkeit des Whistleblowings vor. 21

3. Nachrichtendienste und Behörden bzw. öffentliche Stellen von vergleichbarer Sicherheitsempfindlichkeit (Nr. 2)

Bei § 5 Abs. 1 Nr. 2 HinSchG handelt es sich laut der Gesetzesbegründung um eine an § 3 Nr. 8 IFG angelehnte Bereichsausnahme zur Konkretisierung des § 5 Abs. 1 Nr. 1 HinSchG.[14] Sie nimmt solche Informationen vom Anwendungsbereich des Gesetzes aus, die von Nachrichtendiensten des Bundes oder der Länder stammen oder von vergleichbar sicherheitsempfindlichen anderen Behörden bzw. öffentlichen Stellen des Bundes oder der Länder, soweit sie Aufgaben i.S.d. § 10 Nr. 3 SÜG (oder im Sinne entsprechender Rechtsvorschriften der Länder) wahrnehmen. 22

Die Bereichsausnahme gilt unabhängig davon, wer die Information gerade besitzt. Entscheidend ist allein ihre **Abstammung**.[15] Laut der Gesetzesbegründung soll die Norm generell einen Aufgabenbereich schützen, ohne dass eine nähere Klassifizierung einzelner Informationen nötig wird.[16] Das bedeutet: Jede Information, die von einer Behörde i.S.d. Nr. 2 stammt, ist vollumfänglich vom Anwendungsbereich des Gesetzes ausgenommen. 23

14 BT-Drs. 20/3442, S. 69.
15 BT-Drs. 20/3442, S. 69.
16 BT-Drs. 20/3442, S. 69.

24 Zu den Nachrichtendiensten des Bundes zählen das Bundesamt für Verfassungsschutz (BfV, Inlandsnachrichtendienst), der Bundesnachrichtendienst (BND, Auslandsnachrichtendienst) und der Militärische Abschirmdienst (MAD). Zusätzlich gibt es in jedem der 16 Bundesländer eine Landesbehörde für Verfassungsschutz.

25 Zu den über § 10 Nr. 3 SÜG in Bezug genommenen Behörden bzw. öffentlichen Stellen gehören gemäß § 1 SÜFV die Bundespolizei, das Bundeskriminalamt, die Bundeswehr, das Zollkriminalamt, der Generalbundesanwalt, die Zentralstelle für Finanztransaktionsuntersuchungen, die Zentrale Stelle für Informationstechnik im Sicherheitsbereich und das Bundesamt für Sicherheit in der Informationstechnik – jeweils, soweit sie bestimmte sicherheitsrelevante Aufgabenbereiche wahrnehmen. So ist etwa die Bundespolizei gemäß § 1 Nr. 1 SÜFV nur erfasst, soweit sie Aufgaben nach § 10 BPolG auf dem Gebiet der Funktechnik und funkbetrieblichen Auswertung wahrnimmt. Für den Rechtsanwender wird es mitunter schwierig sein, einzuschätzen, ob die relevante Information aus diesem oder einem anderen Aufgabenbereich der Bundespolizei stammt. Dasselbe Problem stellt sich bei den anderen Behörden und Stellen i. S. d. § 1 SÜFV.

a) Verfassungsrechtliche Bedenken

26 Die Ermächtigung der Bundesregierung, durch Rechtsverordnung (§ 1 SÜFV) festzulegen, welche Behörden oder sonstigen öffentlichen Stellen mit Nachrichtendiensten vergleichbar sicherheitsempfindlich sind, findet sich in § 34 SÜG. Auf diese Norm nimmt der in § 5 Abs. 1 Nr. 2 HinSchG genannte § 10 Nr. 3 SÜG ausdrücklich Bezug.

27 Aufgrund der dargelegten Regelungstechnik wird die Frage aufgeworfen, ob der für grundrechtswesentliche Angelegenheiten geltende **Parlamentsvorbehalt** gewahrt wird. Schließlich kann die Bundesregierung einseitig durch Verordnung bestimmen, welche (weiteren) Behörden aus dem Anwendungsbereich des HinSchG ausgeschlossen werden. § 34 SÜG regelt damit nicht mehr nur die Reichweite von Sicherheitsüberprüfungen, sondern bewirkt auch die Beschneidung subjektiver Schutzrechte hinweisgebender Personen.[17]

---

17 *Brockhaus/Gerdemann/Thönnes*, Immer noch lückenhaft – Zum aktuellen Regierungsentwurf für ein Whistleblower-Schutzgesetz, https://verfassungsblog.de/immer-noch-luckenhaft/, zuletzt abgerufen am 6.10.2023.

b) Pauschalausnahme

Auch § 5 Abs. 1 Nr. 2 HinSchG führt zu einem pauschalen Ausschluss bestimmter Informationen bzw. Informationsbereiche aus dem Anwendungsbereich des Gesetzes. **28**

Der Gesetzgeber verweist darauf, dass der Hinweisgeberschutz (zumindest) im Bereich der Nachrichtendienste schon jetzt durch § 8 PKGrG „aufgabenadäquat bereichsspezifisch" geregelt ist. Auf dem Gebiet der Datenschutzvorschriften sei ein Kontrollverfahren durch den Bundesbeauftragten für den Datenschutz und die Informationsfreiheit gewährleistet (vgl. insbesondere §§ 8 ff. BDSG, § 28 BVerfSchG).[18] **29**

In der Literatur wird angezweifelt, ob diese Verfahren ein mit dem HinSchG gleichwertiges Schutzniveau bieten.[19] Streng genommen erhebt der Gesetzgeber diesen Anspruch aber auch nicht. Die Formulierung „aufgabenadäquat bereichsspezifisch" impliziert, dass es sich um ein auf den Bereich der Nachrichtendienste angepasstes Kontrollverfahren handelt, das durchaus restriktiver ausgestaltet sein kann als der Hinweisgeberschutz nach dem HinSchG. **30**

Eine andere Frage ist, ob das Kontrollverfahren für Nachrichtendienste nach § 8 PKGrG praxistauglich ist.[20] Die daran geübte Kritik ist nicht von der Hand zu weisen: Laut eigener Informationen des Parlamentarischen Kontrollgremiums ist etwa im Berichtszeitraum von Oktober 2019 bis September 2021 lediglich eine einzige Eingabe nach § 8 Abs. 1 PKGrG eingegangen.[21] **31**

Unabhängig davon ist nicht einzusehen, warum Angestellte von Behörden und öffentlichen Stellen i. S. v. § 5 Abs. 1 Nr. 2 HinSchG keine Straftaten melden dürfen, solange diese keinen Bezug zu nationalen Sicherheitsinteressen aufweisen. In der Gesetzesbegründung findet sich zwar der berechtigte Hinweis, dass die von der Bereichsausnahme erfassten Behörden gerade die Aufgabe haben, die nationale Sicherheit zu gewährleisten. Dieser Umstand rechtfertige **32**

---

18 BT-Drs. 20/3442, S. 69.

19 Vgl. *Brockhaus/Gerdemann/Thönnes*, Immer noch lückenhaft – Zum aktuellen Regierungsentwurf für ein Whistleblower-Schutzgesetz, https://verfassungsblog.de/immer-noch-luckenhaft/, zuletzt abgerufen am 6.10.2023; Gesellschaft für Freiheitsrechte, Stellungnahme zum Entwurf eines Gesetzes für einen besseren Schutz hinweisgebender Personen sowie zur Umsetzung der Richtlinie zum Schutz von Personen, die Verstöße gegen das Unionsrecht melden, unter 2. b.

20 Kritisch *Gerdemann*, ZRP 2022, 98, 99.

21 BT-Drs. 20/310, S. 7 („Unterrichtung durch das Parlamentarische Kontrollgremium – Bericht über die Kontrolltätigkeit gemäß § 13 des Gesetzes über die parlamentarische Kontrolle nachrichtendienstlicher Tätigkeit des Bundes (Berichtszeitraum Oktober 2019 bis September 2021)").

eine Typisierung.[22] Aber auch innerhalb solcher Behörden gibt es Angelegenheiten, die keinerlei Bezug zu nationalen Sicherheitsinteressen haben.

4. Art. 346 AEUV (Nr. 3)

33 § 5 Abs. 1 Nr. 3 HinSchG nimmt Informationen aus dem Anwendungsbereich des Gesetzes aus, die im Zusammenhang stehen mit der Vergabe von öffentlichen Aufträgen und Konzessionen, welche unter Art. 346 AEUV fallende Verteidigungs- oder Sicherheitsaspekte beinhalten.[23]

34 Art. 346 AEUV legitimiert an sich unionsrechtswidrige, insbesondere dem Prinzip des freien Warenverkehrs, der Wettbewerbsfreiheit und der unionalen Handelspolitik zuwiderlaufende nationale Maßnahmen, soweit sie zur Wahrung wesentlicher Sicherheitsinteressen des Mitgliedstaats ergriffen werden.[24]

5. Teleologische Reduktion

35 Dem Wortlaut des § 5 Abs. 1 HinSchG zufolge fällt die Meldung oder Offenlegung nicht in den Anwendungsbereich des Gesetzes, „**wenn**“ sie eine Information aus den vorstehend erläuterten sicherheitsrelevanten Bereichen beinhaltet. Damit wäre die **gesamte Meldung schutzlos**, sobald sie – unter anderem – Informationen i. S. d. § 5 Abs. 1 Nr. 1–3 HinSchG enthält. Informationen i. S. d. § 5 Abs. 1 Nr. 1–3 HinSchG würden den Rest der Meldung regelrecht „infizieren“. Ein Beispiel verdeutlicht, dass dieses Ergebnis nicht gewollt sein kann:

36 Eine hinweisgebende Person offenbart in ihrer Meldung eine Information, die wesentliche Sicherheitsinteressen des Staates betrifft. Daneben verrät sie ein Geschäftsgeheimnis, das nicht unter § 5 Abs. 1 HinSchG fällt.

37 Nach dem Wortlaut des Gesetzes („wenn“) ist die Meldung in diesem Fall vollständig gemäß § 5 Abs. 1 Nr. 1 HinSchG vom Anwendungsbereich des Gesetzes ausgenommen. Die hinweisgebende Person könnte also auch wegen des Verstoßes gegen das GeschGehG belangt werden – selbst wenn die Offenbarung des Geschäftsgeheimnisses den Vorgaben des § 6 Abs. 1 HinSchG entspricht und für sich genommen erlaubt wäre (zu den Vorgaben des § 6 Abs. 1 HinSchG siehe § 6 Rn. 16 ff.).

38 Nach einer am Sinn und Zweck orientierten einschränkenden Auslegung der Norm (teleologische Reduktion) ist das Wort „**wenn**“ in § 5 Abs. 1 HinSchG als „**soweit**“ zu verstehen. Soweit der Hinweis Informationen i. S. d. § 5 Abs. 1

---

22 BT-Drs. 20/3442, S. 69.
23 BT-Drs. 20/3442, S. 69.
24 *Wegener*, in: Calliess/Ruffert, EUV/AEUV, Art. 346 AUEV Rn. 1.

Nr. 1–3 HinSchG enthält, sollte der Schutz des Gesetzes entfallen. Soweit der Hinweis aber weitergehende Informationen beinhaltet, sollte der Anwendungsbereich des Gesetzes potenziell eröffnet bleiben. Andernfalls würde der Schutz der hinweisgebenden Person von dem bloßen Zufall abhängen, ob sie die Informationen innerhalb eines Hinweises preisgibt oder auf zwei Hinweise aufteilt.

III. Verschlusssachen und berufliche Verschwiegenheitspflichten (Abs. 2)

1. Allgemeines

§ 5 Abs. 2 HinSchG dient laut der Gesetzesbegründung der Umsetzung von Art. 3 Abs. 3 lit. a, b und c HinSch-RL.[25] **39**

In Art. 3 Abs. 3 lit. a, b und c HinSch-RL wird klargestellt, dass die Richtlinie die Anwendung von Unionsrecht und nationalem Recht nicht berührt in Bezug auf a) den Schutz von Verschlusssachen, b) den Schutz anwaltlicher und ärztlicher Verschwiegenheitspflichten und c) in Bezug auf das richterliche Beratungsgeheimnis. Unter Berufung auf diese Regelung bestimmt Abs. 2, dass eine Meldung oder Offenlegung nicht in den Anwendungsbereich des Gesetzes fällt, die hinweisgebende Person also nicht geschützt ist, wenn sie einer Geheimhaltungs- oder Verschwiegenheitspflicht i. S. d. Nr. 1 bis Nr. 5 unterfällt. **40**

2. Verschlusssachen (Nr. 1)

In § 5 Abs. 2 Nr. 1 HinSchG werden grundsätzlich solche Informationen vom Anwendungsbereich des Gesetzes ausgenommen, die einer Geheimhaltungs- oder Vertraulichkeitspflicht zum materiellen oder organisatorischen Schutz von Verschlusssachen unterliegen. Dabei ist für den Bund die auf Grundlage des § 35 Abs. 1 SÜG erlassene Verschlusssachenanweisung (VSA) maßgeblich.[26] **41**

Die Vorgaben gelten auch für Verschlusssachen beispielsweise der Bundesländer, der Europäischen Union und der North Atlantic Treaty Organization (NATO), wenn deutsche Dienststellen zu deren Schutz verpflichtet sind, vgl. § 35 VSA.[27] **42**

---

25 BT-Drs. 20/3442, S. 69.
26 BT-Drs. 20/3442, S. 69.
27 BT-Drs. 20/3442, S. 70.

a) Tatsächlicher Einstufungsakt als Verschlusssache maßgebend

43 Verschlusssachen werden entsprechend ihrer Schutzbedürftigkeit in vier Geheimhaltungsgrade eingestuft: „STRENG GEHEIM", „GEHEIM", „VS-VERTRAULICH" oder „VS-NUR FÜR DEN DIENSTGEBRAUCH" (vgl. § 4 Abs. 2 SÜG).

44 Der Gesetzesbegründung zufolge führt allein die tatsächliche Einstufung als Verschlusssache dazu, dass eine Information vom Anwendungsbereich des Gesetzes ausgenommen ist.[28] Eine Überprüfung der materiellen Einstufungsvoraussetzungen nach § 4 Abs. 1 SÜG ist nicht vorgesehen.

45 Das birgt ein gewisses **Missbrauchspotenzial**. Missliebige Tatsachen können allein durch den Akt der Einstufung gegen Whistleblowing „immunisiert" werden.[29] Erschwerend kommt hinzu, dass von der Möglichkeit der Einstufung einer Information als Verschlusssache insbesondere in Deutschland extensiv Gebrauch gemacht wird. Laut der Antwort der Bundesregierung auf eine parlamentarische Anfrage der Bundestagsfraktion Bündnis 90/Die Grünen aus dem Jahr 2021 sind allein im Bundesinnenministerium seit 2008 insgesamt 190.020 Verschlusssachen registriert worden.[30]

46 Es wäre daher angezeigt, eine Information nur dann als eine den Anwendungsbereich ausschließende Verschlusssache anzusehen, wenn sie (1.) formell als Verschlusssache eingestuft ist und (2.) die materiellen Einstufungsvoraussetzungen nach § 4 Abs. 1 SÜG erfüllt.

47 § 5 Abs. 2 Nr. 1 HinSchG würde dann parallel laufen zu § 3 Nr. 4 IFG, auf den die Gesetzesbegründung ausdrücklich Bezug nimmt.[31] Die Gleichbehandlung der beiden Normen gebietet sich auch mit Blick auf den Sinn und Zweck, den das Bundesverwaltungsgericht in einem Urteil zu § 3 IFG treffend zusammengefasst hat:

48 „§ 3 IFG schützt nach der amtlichen Überschrift besondere öffentliche Belange gegen Nachteile, die ihnen drohen, falls eine Information bekannt wird. Die nur formale Einstufung als Verschlusssache ist losgelöst von den eventuell hinter ihr stehenden materiellen Geheimhaltungsbedürfnissen nicht schutzwürdig. *Den öffentlichen Belangen drohen keine Nachteile, wenn eine als Verschlusssache eingestufte Information bekannt wird, es sei denn, die Einstufung ent-*

28 BT-Drs. 20/3442, S. 70.

29 *Brockhaus/Gerdemann/Thönnes*, Immer noch lückenhaft – Zum aktuellen Regierungsentwurf für ein Whistleblower-Schutzgesetz, https://verfassungsblog.de/immer-noch-luckenhaft/, zuletzt abgerufen am 6.10.2023.

30 Vgl. BT-Drs. 19/31682, S. 15.

31 BT-Drs. 20/3442, S. 69.

spricht den materiellen Geheimhaltungsbedürfnissen, wie sie in § 3 Nr. 4 VSA i.V. mit § 4 SÜG geregelt sind.“[32]

Auch im Bereich des Whistleblowings drohen keine Nachteile, wenn Informationen bekannt werden, die nur formell, nicht aber materiell geheimhaltungsbedürftig sind. Mit Blick auf die klaren Worte des Bundesverwaltungsgerichts bleibt abzuwarten, ob die Auffassung des Gesetzgebers, es komme für die Anwendung des HinSchG allein auf den tatsächlichen Einstufungsakt an, Bestand haben wird. **49**

Würde man die Norm – richtigerweise – so auslegen, dass auch die materiellen Einstufungsvoraussetzungen vorliegen müssen, wären unabhängige Kontrollinstanzen zu schaffen, bei denen die hinweisgebende Person die Einstufung als Verschlusssache überprüfen lassen kann.[33] **50**

b) Ausnahme für „VS-NUR FÜR DEN DIENSTGEBRAUCH“

Eine Ausnahme ist lediglich für „VS-NUR FÜR DEN DIENSTGEBRAUCH“ i.S.d. § 4 Abs. 2 Nr. 4 SÜG vorgesehen. Die Meldung von entsprechenden Informationen kann geschützt sein, wenn es um einen **strafbewehrten Verstoß** geht und die Meldung an eine **interne Meldestelle** erfolgt, mit deren Aufgaben **kein Dritter nach § 14 Abs. 1 HinSchG betraut** ist. **51**

Es besteht damit kein Wahlrecht zwischen interner und externer Meldestelle nach § 7 HinSchG und auch eine Offenlegung nach § 32 HinSchG scheidet aus. Unklar ist, ob die Beschränkung auf den internen Meldeweg mit der Richtlinie vereinbar ist. Nach deren Grundentscheidung soll internes dem externen Whistleblowing gleichstehen.[34] **52**

Konsequenterweise ist der Regelung eine Vorgabe zu entnehmen für Behörden bzw. sonstige Stellen, die mit Verschlusssachen arbeiten: Sie dürfen die Aufgaben ihrer internen Meldestellen nicht (vollständig) nach § 14 Abs. 1 HinSchG **53**

---

32 BVerwG, 29.10.2009, 7 C 21/08, NVwZ 2010, 326 Rn. 17 (Hervorhebung durch die Verfasser).

33 Vgl. *Brockhaus/Gerdemann/Thönnes*, Immer noch lückenhaft – Zum aktuellen Regierungsentwurf für ein Whistleblower-Schutzgesetz, https://verfassungsblog.de/immer-noch-luckenhaft/, zuletzt abgerufen am 6.10.2023; Gesellschaft für Freiheitsrechte, Stellungnahme zum Entwurf eines Gesetzes für einen besseren Schutz hinweisgebender Personen sowie zur Umsetzung der Richtlinie zum Schutz von Personen, die Verstöße gegen das Unionsrecht melden, unter 2. e.; Plenarprotokoll 20/77, S. 9211: „Im Bereich der Verschlusssachen wollen wir prüfen, wie wir zügig eine unabhängige Kontrollinstanz aufbauen, die für Streitfragen hinsichtlich der materiellen Einstufung von Verschlusssachen zuständig ist.“ (*Carmen Wegge*, SPD).

34 *Colneric/Gerdemann*, Die Umsetzung der Whistleblower-Richtlinie in deutsches Recht, S. 147.

auf Dritte übertragen. Andernfalls liefe die Ausnahme leer. Gemäß Art. 8 Abs. 2 HinSch-RL müssen die einzurichtenden Kanäle und Verfahren aber eine Meldung von Informationen über Verstöße ermöglichen.

54 Bei Einhaltung der Tatbestandsvoraussetzungen ist die Meldung der hinweisgebenden Person nicht strafbar – insbesondere nicht nach §§ 93 ff. StGB sowie § 353b StGB.

55 Die Ausnahme für die Verschlusssachen der niedrigsten Geheimhaltungsstufe war im ersten Referentenentwurf noch nicht vorgesehen und hat nach heftiger Kritik an der pauschalen Abschirmung von Verschlusssachen Einzug in den zweiten Referentenentwurf gehalten.

3. Richterliches Beratungsgeheimnis (Nr. 2)

56 Gemäß § 5 Abs. 2 Nr. 2 HinSchG werden auch solche Informationen nicht vom Anwendungsbereich des Gesetzes erfasst, die unter das richterliche Beratungsgeheimnis fallen. Der Gesetzesbegründung zufolge sind auch truppendienstrichterliche Beratungen und die kollegiale Entscheidungsfindung der richterlich unabhängigen Mitglieder der Rechnungshöfe des Bundes und der Länder umfasst.[35]

57 Die Vorschrift sichert die Unantastbarkeit des richterlichen Beratungsgeheimnisses als Ausfluss der richterlichen Unabhängigkeit nach **Art. 97 Abs. 1 GG**.[36]

4. Juristische Berufe (Nr. 3)

58 Nach § 5 Abs. 2 Nr. 3 HinSchG ist eine Preisgabe von Informationen unter dem Schutz des HinSchG auch dann nicht möglich, wenn die Information Gegenstand der Verschwiegenheitspflicht von Rechtsanwälten, Verteidigern in einem gesetzlich geordneten Verfahren, Kammerrechtsbeiständen, Patentanwälten oder Notaren ist.

59 Der Begriff der Rechtsanwälte umfasst laut der Gesetzesbegründung auch Syndikusrechtsanwälte sowie ausländische Rechtsanwälte. Gleiches gelte für den Begriff der Patentanwälte, der auch ausländische Patentanwälte umfasse. Verteidiger i. S. d. Norm seien nicht bloß Verteidiger in Strafverfahren, sondern auch Verteidiger in Bußgeld-, Disziplinar-, Berufs- und Ehrengerichtsverfahren.[37]

---

35 BT-Drs. 20/3442, S. 70.
36 BT-Drs. 20/3442, S. 70.
37 BT-Drs. 20/3442, S. 70.

Bei allen genannten Berufsgeheimnisträgern bleibt insbesondere die Strafandrohung nach § 203 Abs. 1 und Abs. 4 StGB bestehen. 60

Die Auswahl der im Gesetz aufgenommenen Berufsgruppen war Gegenstand heftiger Diskussionen. Es wurde angemahnt, die Norm führe zu einem „Zwei-Klassen-Schweigerecht" (siehe dazu § 6 Rn. 70ff.). 61

Grundsätzlich stellt die Norm sicher, dass das Vertrauensverhältnis zu den genannten Berufsgruppen (weitgehend) unangetastet bleibt. Eine **Schutzlücke** bleibt jedoch, auf welche die Bundesnotarkammer beispielhaft für die Berufsgruppe der Notare in ihrer Stellungnahme zum Referentenentwurf hingewiesen hat: Notare dürfen der Verschwiegenheitspflicht unterfallende Informationen gegenüber der Kammer offenbaren – z. B. im Zuge einer Auskunft des Notars nach § 74 Abs. 1 BNotO oder im Zuge der Bitte eines Notars an die Kammer, ihm zur Behandlung einer bestimmten Angelegenheit einen Rat zu erteilen.[38] Die Beschäftigten der Notarkammer werden aber von § 5 Abs. 2 Nr. 3 HinSchG nicht erfasst. Sie dürfen Informationen unter Wahrung der Voraussetzungen des § 6 Abs. 2 HinSchG melden und offenlegen, ohne dabei ihre Verschwiegenheitspflicht aus § 69a BNotO zu verletzen (siehe dazu § 6 Rn. 76). Das führt dazu, dass sie die erlangte, ursprünglich aus dem notariellen Mandatsverhältnis stammende Information nach den Regeln und unter dem Schutz des HinSchG preisgeben dürfen.[39] 62

5. Erbringer von Gesundheitsleistungen (Nr. 4)

§ 5 Abs. 2 Nr. 4 HinSchG dient dem Schutz der Vertraulichkeit der Kommunikation zwischen Erbringern von Gesundheitsleistungen und Patienten sowie dem Schutz des Inhalts von Patientenakten. 63

Im Einklang mit Erwägungsgrund 26 der HinSch-RL sollen dabei nicht nur Ärzte, sondern auch Therapeuten erfasst sein. In der Gesetzesbegründung wird klargestellt, dass letztlich alle Berufsgruppen der Norm unterfallen, die Gesundheitsleistungen erbringen. Hierzu zählt der Gesetzgeber – gleichlaufend mit § 203 Abs. 1 Nr. 1 StGB – Ärzte, Zahnärzte, Apotheker und Angehörige anderer Heilberufe, die für die Berufsausübung oder die Führung der Berufsbezeichnung eine staatlich geregelte Ausbildung erfordern (z. B. Krankenschwestern oder -pfleger, Hebammen, Physiotherapeuten, Masseure und medi- 64

38 *von Stralendorff*, in: Eschwey, BeckOK BNotO, § 69a Rn. 4.

39 Bundesnotarkammer, Stellungnahme zum Referentenentwurf eines Gesetzes für einen besseren Schutz hinweisgebender Personen sowie zur Umsetzung der Richtlinie zum Schutz von Personen, die Verstöße gegen das Unionsrecht melden, S. 3 f.

zinische Bademeister, nicht aber Heilpraktiker oder Zahnlabore und deren Inhaber).[40]

65 Auch bei diesen Berufsgruppen bleibt insbesondere die Strafandrohung des § 203 Abs. 1 und Abs. 4 StGB bestehen.

66 Im Regierungsentwurf wird ausdrücklich betont, dass der Anwendungsbereich des HinSchG eröffnet bleibt, „soweit Meldungen etwa über Missstände in der Pflege **nicht Teil der Patientenakte oder der Kommunikation** zwischen dem Erbringer der Gesundheitsleistung und dem Patienten sind".[41]

67 Im Laufe des Gesetzgebungsverfahrens wurde die Norm um einen weiteren Aspekt ergänzt. Der Anwendungsbereich bleibt eröffnet für Tierärzte, soweit es in ihrer Meldung um „Verstöße gegen von § 2 Abs. 1 Nr. 3 lit. k HinSchG erfasste Rechtsvorschriften zum Schutz von gewerblich gehaltenen landwirtschaftlichen Nutztieren geht". Darunter fällt beispielsweise eine übermäßige Gabe von Antibiotika.[42] Damit ist sichergestellt, dass Tierärzte einen wesentlichen Beitrag zur Aufdeckung von Verstößen gegen Vorschriften zum **Tierschutz** leisten können.

6. An der beruflichen Tätigkeit der Berufsgeheimnisträger mitwirkende Personen (Nr. 5)

68 § 5 Abs. 2 Nr. 5 HinSchG bestimmt, dass auch solche Personen keinen Hinweis unter dem Schutz des Gesetzes geben dürfen, die an der beruflichen Tätigkeit der in den Nr. 2, 3 und 4 genannten Berufsgeheimnisträgern „mitwirken" – sei es durch gemeinschaftliche Berufsausübung oder im Rahmen einer berufsvorbereitenden bzw. sonstigen Hilfstätigkeit.

69 Hiervon umfasst sind laut der Gesetzesbegründung auch von Rechtsanwälten beauftragte Dienstleister (§ 43e BRAO) und Gesellschafter von Rechtsanwaltsgesellschaften.[43] Daneben betrifft die Norm etwa Rechtsanwaltsfachangestellte, Referendare oder Arzthelfer.[44]

---

40 BT-Drs. 20/3442, S. 71.

41 BT-Drs. 20/3442, S. 71.

42 Plenarprotokoll 20/77, S. 9209: „Wir haben an der Stelle einen weiteren Punkt ergänzt. Wir haben es auch ermöglicht, dass Tierärzte, die im gewerblichen Bereich tätig sind, auch Hinweise geben können. Wir haben vor wenigen Wochen über die massenhafte Gabe von Antibiotika gesprochen. Da stellt sich die Frage: Wie soll das denn eigentlich bekannt werden, außer durch einen Tierarzt, der natürlich weiß, was eine vernünftige Gabe von Antibiotika ist und was unvernünftig ist?" (Dr. *Till Steffen*, Bündnis 90/Die Grünen).

43 BT-Drs. 20/3442, S. 71.

44 *Reufels/Soltysiak*, Das neue Whistleblowing-Recht, S. 65.

Über die Wahrung der Verschwiegenheit entscheidet der Berufsgeheimnisträger, es sei denn, seine Entscheidung kann in absehbarer Zeit nicht herbeigeführt werden.[45] 70

Insbesondere bei **Berufsausübungsgesellschaften mit Angehörigen anderer** 71
Berufe (vgl. § 59c BRAO) kann es zu Abgrenzungsschwierigkeiten kommen – etwa, wenn sich ein Rechtsanwalt mit einem Steuerberater zusammenschließt. Grundsätzlich ist der Anwendungsbereich des HinSchG für Informationen, die der anwaltlichen Verschwiegenheitspflicht unterliegen, gemäß § 5 Abs. 2 Nr. 3 HinSchG ausgeschlossen. Ein Steuerberater hingegen darf unter Einhaltung der Vorgaben des § 6 Abs. 2 HinSchG Informationen melden oder offenlegen, die seiner Verschwiegenheitspflicht nach § 57 Abs. 1 StBerG unterfallen.

Der bloße Zusammenschluss mit dem Rechtsanwalt kann nicht als „Mitwir- 72
ken" im Sinne der Norm verstanden werden mit der Folge, dass der Steuerberater gemäß § 5 Abs. 2 Nr. 5 HinSchG pauschal vom Schutzbereich des Gesetzes ausgenommen wird. Ob eine Meldung oder Offenlegung des Steuerberaters unter dem Schutz des HinSchG möglich ist, muss davon abhängen, aus welchem Bereich innerhalb der Berufsausübungsgesellschaft die Information stammt. Stammt sie aus dem anwaltlichen Mandatsverhältnis, darf sie auch der in der Sozietät mitwirkende Steuerberater nicht preisgeben. Stammt sie aus anderen Bereichen, muss eine Meldung oder Offenlegung unter dem Schutz des Gesetzes grundsätzlich möglich sein.

45 BT-Drs. 20/3442, S. 71.

§ 6 Verhältnis zu sonstigen Verschwiegenheits- und Geheimhaltungspflichten

(1) Beinhaltet eine interne oder eine externe Meldung oder eine Offenlegung ein Geschäftsgeheimnis im Sinne des § 2 Nummer 1 des Gesetzes zum Schutz von Geschäftsgeheimnissen, so ist die Weitergabe des Geschäftsgeheimnisses an eine zuständige Meldestelle oder dessen Offenlegung erlaubt, sofern

1. die hinweisgebende Person hinreichenden Grund zu der Annahme hatte, dass die Weitergabe oder die Offenlegung des Inhalts dieser Informationen notwendig ist, um einen Verstoß aufzudecken, und

2. die Voraussetzungen des § 33 Absatz 1 Nummer 2 und 3 erfüllt sind.

(2) Vorbehaltlich der Vorgaben des § 5 dürfen Informationen, die einer vertraglichen Verschwiegenheitspflicht, einer Rechtsvorschrift des Bundes, eines Landes oder einem unmittelbar geltenden Rechtsakt der Europäischen Union über die Geheimhaltung oder über Verschwiegenheitspflichten, dem Steuergeheimnis nach § 30 der Abgabenordnung oder dem Sozialgeheimnis nach § 35 des Ersten Buches Sozialgesetzbuch unterliegen, an eine zuständige Meldestelle weitergegeben oder unter den Voraussetzungen des § 32 offengelegt werden, sofern

1. die hinweisgebende Person hinreichenden Grund zu der Annahme hatte, dass die Weitergabe oder die Offenlegung des Inhalts dieser Informationen notwendig ist, um einen Verstoß aufzudecken, und

2. die Voraussetzungen des § 33 Absatz 1 Nummer 2 und 3 erfüllt sind.

(3) Personen, die im Rahmen ihrer Tätigkeit für eine Meldestelle Informationen erlangen, die einer vertraglichen Verschwiegenheitspflicht, einer Rechtsvorschrift des Bundes über die Geheimhaltung oder über Verschwiegenheitspflichten, dem Steuergeheimnis nach § 30 der Abgabenordnung oder dem Sozialgeheimnis nach § 35 des Ersten Buches Sozialgesetzbuch unterliegen, haben ab dem Zeitpunkt des Eingangs der Informationen

1. diese Verschwiegenheits- oder Geheimhaltungsvorschriften vorbehaltlich des Absatzes 4 anzuwenden und

2. die schutzwürdigen Belange Betroffener in gleicher Weise zu beachten wie sie die hinweisgebende Person zu beachten hat, die die Informationen der Meldestelle mitgeteilt hat.

(4) Meldestellen dürfen Geheimnisse im Sinne der Absätze 1 und 2 nur insoweit verwenden oder weitergeben, wie dies für das Ergreifen von Folgemaßnahmen erforderlich ist.

(5) In Bezug auf Informationen, die einer vertraglichen Verschwiegenheitspflicht unterliegen, gelten die Absätze 3 und 4 ab dem Zeitpunkt, zu dem Kenntnis von der Verschwiegenheitspflicht besteht.

Schrifttum: *Bayreuther*, Whistleblowing und das neue Hinweisgeberschutzgesetz, NZA-Beilage 2022, 20; *Brammsen/Apel* (Hrsg.), GeschGehG, 2022; *Dann/Markgraf*, Das neue Gesetz zum Schutz von Geschäftsgeheimnissen, NJW 2019, 1774; *Erb/Schäfer* (Hrsg.), Münchener Kommentar zum Strafgesetzbuch, Bd. 1, 4. Aufl. 2020, Bd. 8, 3. Aufl. 2019; *Fuhlrott/Henckel*, Hinweisgeberschutzgesetz: Handlungsbedarf für Unternehmen und Personalabteilungen, ArbRAktuell 2022, 441; *Fuhlrott/Hiéramente* (Hrsg.), Beck'scher Online-Kommentar GeschGehG, 16. Edition, Stand: 15.6.2023; *Harte-Bavendamm*, Gesetz zum Schutz von Geschäftsgeheimnissen, 2020; *Hecker*, Die richtlinienkonforme und die verfassungskonforme Auslegung im Strafrecht, JuS 2014, 388; *Heermann/Schlingloff* (Hrsg.), Münchener Kommentar zum Lauterkeitsrecht, 3. Aufl. 2022; *Heinichen*, Konzernweite Umsatzzurechnung nach § 81 Abs. 4 S. 2 GWB 2005 – Verstoß gegen das Analogieverbot, NZWiSt 2013, 94; *v. Heintschel-Heinegg* (Hrsg.), Beck'scher Online-Kommentar StGB, 57. Edition, Stand: 1.5.2023; *Klaas*, Unternehmensinterne Verstöße und „Whistleblowing": Zum Grundrechtsschutz der Beteiligten und den Anforderungen an eine einfachrechtliche Regelung, CCZ 2019, 163; *Köhler/Bornkamm/Feddersen* (Hrsg.), Gesetz gegen den unlauteren Wettbewerb, 41. Aufl. 2023; *Partsch*, Bundesarchivgesetz, 2. Aufl. 2021; *Reufels/Soltysiak*, Das neue Whistleblowing-Recht, 2023; *Rolfs/Giesen/Meßling/Udsching* (Hrsg.), Beck'scher Online-Kommentar Arbeitsrecht, 68 Edition, Stand: 2.7.2023; *Reinfeld*, Das neue Gesetz zum Schutz von Geschäftsgeheimnissen, 2019; *Schoch*, Informationsfreiheitsgesetz, 2. Aufl. 2016; Schmitt, Geheimnisschutz und Whistleblowing, NZA-Beilage 2020, 50; *Voigt/Herrmann/Grabenschröer*, Das neue Geschäftsgeheimnisgesetz praktische Hinweise zu Umsetzungsmaßnahmen für Unternehmen, BB 2019, 142.

Übersicht

	Rn.
I. Überblick	1
II. Verhältnis zum GeschGehG (Abs. 1)	5
1. Grundzüge des GeschGehG	7
2. Ergänzung des GeschGehG durch das HinSchG	11
3. Voraussetzungen des Erlaubnistatbestandes	16
a) Hinreichender Grund für Annahme der Notwendigkeit (Nr. 1)	21
aa) Objektiv-subjektiver Maßstab	22
bb) Notwendigkeit der Weitergabe oder Offenlegung	25
b) Allgemeine Voraussetzungen für den Schutz hinweisgebender Personen (Nr. 2)	28
aa) Voraussetzungen des § 33 Abs. 1 Nr. 2 HinSchG	29
bb) Voraussetzungen des § 33 Abs. 1 Nr. 3 HinSchG	31
c) Weitergabe an zuständige Meldestelle	32
d) Voraussetzungen des § 32 HinSchG bei Offenlegung?	35
4. Rechtsfolge	45
a) Rechtliche Einordnung	46
b) Reichweite des Erlaubnistatbestandes	49
aa) Erfasstes Verhalten	49
bb) Erfasste Informationen	57
III. Verhältnis zu sonstigen Verschwiegenheits- und Geheimhaltungspflichten (Abs. 2)	60

1. Auswahl erfasster Geheimhaltungs- und Verschwiegenheitspflichten . 63
a) Vertragliche Verschwiegenheitspflichten 65
b) Bundesvorschriften über Geheimhaltung oder Verschwiegenheitspflichten 68
aa) Verschwiegenheitspflichten beratender Berufe 69
bb) Sonstige Verschwiegenheits- und Geheimhaltungspflichten 75
c) Landesvorschriften über Geheimhaltung oder Verschwiegenheitspflichten 78
d) Unmittelbar geltendes EU-Recht 80
2. Voraussetzungen des Erlaubnistatbestandes 82
a) Hinreichender Grund für Annahme der Notwendigkeit (Nr. 1) 84
b) Allgemeine Voraussetzungen für den Schutz hinweisgebender Personen (Nr. 2) 86
c) Weitergabe nur an zuständige Meldestelle 87
d) Voraussetzungen des § 32 HinSchG bei Offenlegung 88
3. Rechtsfolge 91
a) Rechtliche Einordnung 91
b) Reichweite 93
aa) Erfasstes Verhalten 93
bb) Erfasste Informationen 94
IV. Verschwiegenheits- und Geheimhaltungspflicht der bei Meldestellen tätigen Personen (Abs. 3 Nr. 1 – Abs. 5) 95
1. Voraussetzung der Verpflichtung von Meldestellenpersonen 101
a) Vorliegen einer genannten Geheimhaltungs- oder Verschwiegenheitspflicht 104
b) Bestehen der Pflicht für die hinweisgebende Person 111
c) Maßgeblicher Zeitpunkt für die Pflichtentstehung 114
aa) Gesetzliche Verschwiegenheits- und Geheimhaltungspflichten 118
bb) Vertragliche Verschwiegenheitspflichten. 123
2. Rechtsfolge 127
a) Grundsatz: Anwendung der Vorschriften 129
b) Ausnahme: Folgemaßnahmen 135
aa) Geheimnis i. S. v. Abs. 1 oder Abs. 2 138
bb) Erforderlichkeit für Folgemaßnahmen 141
V. Pflicht zur Beachtung der schutzwürdigen Belange Betroffener (Abs. 3 Nr. 2) 144

I. Überblick

1 § 6 HinSchG hat im Wesentlichen zwei Regelungsgegenstände: Abs. 1 und Abs. 2 normieren, dass der **Hinweisgeberschutz unter bestimmten Voraussetzungen Vorrang** hat vor dem Geschäftsgeheimnisschutz (Abs. 1) und vor allen anderen Verschwiegenheits- und Geheimhaltungsverpflichtungen, denen nicht durch § 5 HinSchG Vorrang eingeräumt wurde (Abs. 2). Daneben regeln Abs. 3 bis 5 die Rechtsverhältnisse von Personen, die für (interne und externe) Meldestellen tätig sind. Diesen Personen werden in Abs. 3 und Abs. 5 **eigene Verschwiegenheits- und Geheimhaltungspflichten** auferlegt. In Abs. 4 ist normiert, unter welchen Voraussetzungen Meldestellenpersonen geheime Informationen verwenden oder weitergeben dürfen.

Ergänzt werden die Abs. 1 und 2 von **§ 35 Abs. 2 HinSchG**:[1] § 6 HinSchG regelt lediglich, unter welchen Voraussetzungen die hinweisgebende Person nicht für Verletzungen des Geschäftsgeheimnisses oder bestimmter Verschwiegenheits- oder Geheimhaltungspflichten verantwortlich gemacht werden kann. Nach dem Willen des Gesetzgebers soll § 35 Abs. 2 HinSchG die Regelung in Konstellationen erfassen, die § 6 Abs. 1 HinSchG nicht erfasst.[2] 2

So regelt § 35 Abs. 2 HinSchG darüber hinaus, dass (bei Einhaltung der Vorgaben des HinSchG) auch Verstöße gegen das Urheberrecht, datenschutzrechtliche Vorschriften, § 186 StGB oder das allgemeine Persönlichkeitsrecht sanktionslos bleiben (siehe dazu im Einzelnen unter § 35 Rn. 43). Begeht die hinweisgebende Person etwa durch ihre Meldung nicht nur einen Verstoß gegen das GeschGehG, sondern auch einen Urheberrechtsverstoß, richtet sich der Schutz für den erstgenannten Verstoß nach § 6 Abs. 1 HinSchG und der Schutz für den letztgenannten Verstoß nach § 35 Abs. 2 HinSchG.[3] 3

Die Wortlaute der Regelungen in § 6 Abs. 1 HinSchG einerseits und in § 35 Abs. 2 HinSchG unterscheiden sich marginal.[4] Daraus dürfte sich jedoch kein unterschiedlicher Regelungsgehalt ergeben, sondern es dürfte sich um redaktionelle Ungenauigkeiten handeln. Wollte man dies anders sehen, wären für die Beurteilung, ob ein Verstoß gegen das GeschGehG vorliegt, allein die in § 6 Abs. 1 HinSchG genannten Voraussetzungen maßgeblich. 4

II. Verhältnis zum GeschGehG (Abs. 1)

§ 6 Abs. 1 HinSchG[5] regelt das Verhältnis von Hinweisgeberschutz zu den Regelungen des Gesetzes zum Schutz von Geschäftsgeheimnissen.[6] Hinweisgeberschutz einerseits und Geschäftsgeheimnisschutz andererseits stehen in einem Spannungsverhältnis zueinander. Während der Hinweisgeberschutz eher auf Transparenz und Informationsfreiheit abzielt, dient der Geschäftsgeheimnisschutz der Wahrung der Interessen Einzelner. 5

---

1 Siehe BT-Drs. 20/3442, S. 94.

2 Siehe BT-Drs. 20/3442, S. 94.

3 Zur berechtigten Kritik an diesem Konzept vgl. Deutsche Forschungsgemeinschaft, Stellungnahme zum Referentenentwurf des HinSchG, S. 10.

4 Die hinweisgebende Person muss nach § 35 Abs. 2 HinSchG die „Weitergabe" der „Informationen" für „erforderlich" halten, während er gem. § 6 Abs. 1 Nr. 1 HinSchG die „Weitergabe oder Offenlegung" „des Inhalts der Informationen" für „notwendig" halten muss.

5 § 6 Abs. 1 HinSchG dient der Umsetzung von Art. 21 Abs. 7 UAbs. 2 der HinSch-RL.

6 Das Geschäftsgeheimnisgesetz beruht auf der Geheimnisschutz-Richtlinie (EU) 2016/943 des Europäischen Parlaments und des Rates vom 8.6.2016.

6 § 6 Abs. 1 HinSchG erlaubt die Weitergabe von Geschäftsgeheimnissen, wenn die hinweisgebende Person die Voraussetzungen des **Erlaubnistatbestandes** erfüllt. Die Weitergabe oder die Offenlegung des Geschäftsgeheimnisses ist dann **„erlaubt" i. S. v. § 3 Abs. 2 GeschGehG**. Eine zivil- oder strafrechtliche Haftung scheidet aus.

1. Grundzüge des GeschGehG

7 Nach § 4 GeschGehG sind Erlangung, Nutzung und Offenlegung von Geschäftsgeheimnissen grundsätzlich verboten. Verstöße können nicht nur eine zivilrechtliche Unterlassungs- und Schadensersatzhaftung (§§ 6 ff. GeschGehG) auslösen, sondern unter Umständen auch strafrechtlich verfolgt werden (§ 23 GeschGehG).

8 Grob vereinfacht[7] sind Geschäftsgeheimnisse Informationen von wirtschaftlichem Wert, die nicht allgemein bekannt oder zugänglich sind, an deren Geheimhaltung ein berechtigtes Interesse besteht und die Gegenstand von Geheimhaltungsmaßnahmen sind (vgl. § 2 GeschGehG).

9 Der Begriff ist weit zu verstehen.[8] Eine Information ist etwa schon dann „Gegenstand von Geheimhaltungsmaßnahme[n]", wenn Arbeitsverträge Geheimhaltungsklauseln enthalten[9] oder Mitarbeiter in internen Richtlinien und Arbeitsanweisungen zur Geheimhaltung verpflichtet werden.[10]

10 Das Spannungsverhältnis zum Hinweisgeberschutz wächst dadurch, dass ein „berechtigtes Interesse an Geheimhaltung" nach zutreffender h. M.[11] auch an Informationen bestehen kann, die rechtswidrige Handlungen – etwa Straftaten – zum Gegenstand haben (sog. rechtswidrige Geheimnisse).[12]

---

7 Näheres unter *Brammsen*, in: Brammsen/Apel, GeschGehG, § 2 Rn. 20 ff.

8 *Brammsen*, in: Brammsen/Apel, GeschGehG, § 2 Rn. 7; *Alexander*, in: Köhler/Bornkamm/Feddersen, UWG, § 2 GeschGehG Rn. 24.

9 *Fuhlrott/Hiéramente*, in: Fuhlrott/Hiéramente, BeckOK GeschGehG, § 2 Rn. 39 ff.; *Voigt/Herrmann/Grabenschröer* BB 2019, 142, 145.

10 *Fuhlrott/Hiéramente*, in: Fuhlrott/Hiéramente, BeckOK GeschGehG, § 2 Rn. 37 f.

11 Siehe zum Meinungsstand übersichtlich *Fuhlrott/Hiéramente*, in: Fuhlrott/Hiéramente, BeckOK GeschGehG, § 2 Rn. 72 ff., sowie *Ohly/Kalbfus*, in: Harte-Bavendamm, GeschGehG, § 2 Rn. 69.

12 *Brammsen*, in: Brammsen/Apel, GeschGehG, § 2 Rn. 139; ebenso *Fuhlrott/Hiéramente*, in: Fuhlrott/Hiéramente, BeckOK GeschGehG, § 2 Rn. 73 m. w. N.

2. Ergänzung des GeschGehG durch das HinSchG

11 § 5 Nr. 2 GeschGehG sieht bereits einen Ausnahmetatbestand vor, der dem Schutz von hinweisgebenden Personen dienen soll.[13] Danach sind Erlangung, Nutzung und Offenlegung von Geschäftsgeheimnissen erlaubt, wenn dies zur Aufdeckung einer rechtswidrigen Handlung erfolgt und die Handlung geeignet ist, das allgemeine öffentliche Interesse zu schützen.

12 Die Regelungen in § 5 Nr. 2 GeschGehG einerseits und in § 6 Abs. 1 HinSchG **ergänzen sich** nach dem Willen des Richtlinien- und Gesetzgebers **gegenseitig**.[14] Denn § 5 Abs. 2 GeschGehG ist einerseits weiter, andererseits enger als die Regelung in § 6 Abs. 1 HinSchG.[15]

13 So dient eine Meldung etwa nicht allein deshalb dem Schutz des öffentlichen Interesses i. S. v. § 5 Nr. 2 GeschGehG, weil sie eine Straftat betrifft und die Aufdeckung von Straftaten im öffentlichen Interesse liegt.[16] Vielmehr soll der Ausnahmetatbestand grundsätzlich auf solche Meldungen beschränkt sein, die Schädigungen von Kollektivrechtsgütern oder öffentlichen Einrichtungen aufdecken.[17] Sind durch die aufgedeckte Tat hingegen allein Individualrechtsgüter betroffen, ist dies nach dem GeschGehG nur geschützt, wenn „eine Vielzahl von Individualrechtsgütern mit großer Intensität der Beeinträchtigung betroffen sind".[18] Insofern ist der Anwendungsbereich des HinSchG also weiter. Denn er erfasst ausnahmslos Meldungen über strafbewehrte Verstöße (§ 2 Abs. 1 Nr. 1 HinSchG).

14 Gleichzeitig darf eine hinweisgebende Person unter den Voraussetzungen des § 5 Nr. 2 GeschGehG Informationen nicht nur an die im HinSchG vorgesehenen Meldekanäle offenlegen, sondern unbeschränkt. Außerdem ist nach dem GeschGehG eine vom HinSchG nicht vorgesehene legale Meldung von Verstößen gegen berufsständische Normen möglich.[19]

15 Es darf bezweifelt werden, ob die Schaffung von mehreren Ausnahmetatbeständen in verschiedenen Gesetzen, die teils überlappende, teils überschießende Voraussetzungen und Rechtsfolgen haben,[20] gelungen ist.[21]

---

13 Vgl. dazu auch Erwägungsgrund 20 der Geheimnisschutz-RL.

14 Siehe BT-Drs. 20/3442, S. 71, sowie Erwägungsgrund 98 der HinSch-RL.

15 So auch *Fuhlrott/Henckel*, ArbRAktuell 2022, 441, 443.

16 *Alexander*, in: Köhler/Bornkamm/Feddersen, UWG, § 5 GeschGehG Rn. 40.

17 *Joecks/Miebach*, in: MünchKomm-StGB, § 23 GeschGehG Rn. 127.

18 *Joecks/Miebach*, in: MünchKomm-StGB, § 23 GeschGehG Rn. 127; *Dann/Markgraf*, NJW 2019, 1774, 1777 m. w. N.

19 *Hiéramente*, in: Fuhlrott/Hiéramente, BeckOK GeschGehG, § 5 Rn. 21; ebenso *Bayreuther*, NZA-Beilage 2022, 20, 24.

20 Siehe BT-Drs. 20/3442, S. 71.

21 Ebenso *Bayreuther*, NZA-Beilage 2022, 20, 24.

3. Voraussetzungen des Erlaubnistatbestandes

16 Damit die Meldung nach dem HinSchG zulässig ist, muss sie die **Voraussetzungen des Erlaubnistatbestandes** erfüllen.

17 Dazu muss sich die Meldung grundsätzlich auf Verstöße beziehen, die dem Anwendungsbereich des HinSchG unterfallen. Ausreichend ist es auch, wenn die hinweisgebende Person hinreichenden Grund zu der Annahme hatte, dass dies der Fall sei. Außerdem muss sich die hinweisgebende Person an eine zuständige Meldestelle wenden.

18 Weiter muss die hinweisgebende Person hinreichenden Grund zu der Annahme gehabt haben, dass die Meldung des Geschäftsgeheimnisses notwendig ist, um einen Verstoß aufzudecken, und dass die gemeldeten Informationen der Wahrheit entsprechen. Auf das Motiv der hinweisgebenden Person kommt es nicht an.[22]

19 Nach dem Wortlaut des Gesetzes ist im Falle der Offenlegung nicht erforderlich, dass die hinweisgebende Person die in § 32 HinSchG festgehaltenen Voraussetzungen einhält. Es ist zweifelhaft, ob dieses Ergebnis insgesamt Bestand haben kann (siehe dazu unter Rn. 36ff.).

20 Bei der Auslegung von § 6 Abs. 1 HinSchG ist zu beachten, dass die Vorschrift (u.a.) einen **Tatbestandsausschluss**[23] für einen Straftatbestand (§ 23 GeschGehG) normiert. Jedenfalls insoweit besteht daher kein Spielraum für Auslegungen, die über den Wortlaut der Norm hinausgehen; es gilt das **strafrechtliche Bestimmtheitsgebot** des Art. 103 Abs. 2 GG.[24] Dies folgt daraus, dass die Nichtanwendung einer täterbegünstigenden Bestimmung (hier: des Tatbestandsausschlusses) entgegen ihrem Wortlaut der Anwendung einer täterbelastenden Bestimmung über ihren Wortlaut hinaus gleichsteht.

a) Hinreichender Grund für Annahme der Notwendigkeit (Nr. 1)

21 Die hinweisgebende Person muss hinreichenden Grund zu der Annahme gehabt haben, dass die Weitergabe oder die Offenlegung der Informationen notwendig ist, um einen Verstoß aufzudecken.

---

22 Siehe BT-Drs. 20/3442, S. 71.

23 Sind die Voraussetzungen des § 6 Abs. 1 HinSchG erfüllt, ist die Weitergabe von Geschäftsgeheimnissen „erlaubt" i. S. v. § 3 Abs. 2 GeschGehG. In diesem Fall fehlt es an einer für den Tatbestand des § 23 GeschGehG erforderlichen Rechtsverletzung i. S. v. § 4 GeschGehG, vgl. *Alexander*, in: Köhler/Bornkamm/Feddersen, UWG, § 3 GeschGehG Rn. 68.

24 Vgl. *Schmitz*, in: MünchKomm-StGB, § 1 Rn. 74, sowie *v. Heintschel-Heinegg*, in: v. Heintschel-Heinegg, BeckOK StGB, § 1 Rn. 11.

aa) Objektiv-subjektiver Maßstab

Für die Notwendigkeit der Weitergabe oder Offenlegung der Information normiert das Gesetz einen **gemischt objektiv-subjektiven Maßstab**: Es kommt also nicht darauf an, ob die Weitergabe oder Offenlegung der Informationen objektiv notwendig war, um einen Verstoß aufzudecken. Entscheidend ist allein, ob die hinweisgebende Person **ex-ante aufgrund objektiver Anhaltspunkte**[25] davon ausgehen durfte, dass diese Notwendigkeit besteht. **22**

Stellt sich dann ex-post heraus, dass diese Annahme nicht zutraf, kann die hinweisgebende Person sich dennoch auf das HinSchG berufen. Erst wenn die hinweisgebende Person in grob fahrlässiger Weise fälschlich davon ausgegangen ist, die Weitergabe oder Offenlegung sei zur Aufdeckung eines Verstoßes notwendig, hatte sie keinen „hinreichenden Grund zu der Annahme" mehr und der Schutz des HinSchG entfällt.[26] **23**

An dem Vorstehenden ändert es nichts, dass die Gesetzesbegründung an mehreren Stellen[27] andeutet, entscheidend sei die objektive Notwendigkeit der Weitergabe bzw. Offenlegung. Eine entsprechende Lesart wäre – selbst, wenn sie auch in den Erwägungsgründen der HinSch-RL anklingt[28] – nicht mit Art. 21 Abs. 2 sowie Art. 21 Abs. 7 UAbs. 2 der HinSch-RL vereinbar.[29] **24**

bb) Notwendigkeit der Weitergabe oder Offenlegung

Es müssen hinreichende Gründe für die Annahme vorgelegen haben, dass die Weitergabe oder Offenlegung „notwendig" ist, um einen Verstoß aufzudecken. **25**

Es darf also aus der Ex-ante-Sicht der hinweisgebenden Person **keinen anderen Weg** gegeben haben, den Verstoß aufzudecken. Hätte also auf Grundlage der der hinweisgebenden Person vorliegenden Informationen der Verstoß auch anders aufgedeckt werden können als durch die Weitergabe bzw. Offenlegung des Geschäftsgeheimnisses, ist der Erlaubnistatbestand nicht erfüllt. **26**

---

25 BT-Drs. 20/3442, S. 92 zu § 35 Abs. 2 HinSchG, der dasselbe Tatbestandsmerkmal enthält, verweist hinsichtlich der Anforderungen an den hinreichenden Grund zu der Annahme, dass die Meldung oder Offenlegung erforderlich war, auf die Begründung zu § 33 Abs. 1 Nr. 2 HinSchG, vgl. BT-Drs. 20/3442, S. 94.

26 Vgl. dazu mit zutreffender Begründung *Klaas*, CCZ 2019, 163, 167; für einen großzügigen Auslegungsmaßstab spricht sich – ebenfalls mit zutreffender Begründung – auch *Gerdemann*, Stellungnahme zum Referentenentwurf des HinSchG, S. 11, aus.

27 So etwa BT-Drs. 20/3442, S. 72, 94.

28 Vgl. Erwägungsgrund 98 der HinSch-RL.

29 Dort heißt es, dass die Meldung oder Offenlegung geschützt ist, sofern die hinweisgebende Person „hinreichenden Grund zu der Annahme [hatte], dass die Meldung oder Offenlegung der Information notwendig war, um einen Verstoß gemäß dieser Richtlinie aufzudecken".

27 Aus der bewusst gewählten Formulierung „**sofern**“ folgt, dass eine Meldung in verschiedene Informationen aufgespalten werden kann. Zulässig ist die Weitergabe bzw. Offenlegung nur, soweit hinreichender Grund für die Annahme der Notwendigkeit bestand.[30] Enthält die Meldung also auch Geschäftsgeheimnisse, bezüglich derer die hinweisgebende Person keinen hinreichenden Grund für die Annahme der Notwendigkeit hatte, ist die Meldung insoweit nicht geschützt (siehe dazu im Einzelnen unter Rn. 57 ff.).

b) Allgemeine Voraussetzungen für den Schutz hinweisgebender Personen (Nr. 2)

28 Darüber hinaus müssen – zumindest teilweise – die in § 33 Abs. 1 HinSchG genannten **allgemeinen Voraussetzungen** für den Schutz hinweisgebender Personen erfüllt sein.

aa) Voraussetzungen des § 33 Abs. 1 Nr. 2 HinSchG

29 Die hinweisgebende Person muss im Zeitpunkt der Meldung oder Offenlegung hinreichenden Grund zu der Annahme gehabt haben, dass die von ihr gemeldeten oder offengelegten Informationen der **Wahrheit** entsprechen.

30 Auch hier normiert das Gesetz einen gemischt objektiv-subjektiven Maßstab: Es kommt weder darauf an, ob die Informationen tatsächlich der Wahrheit entsprachen, noch allein darauf, ob die hinweisgebende Person von der Wahrheit der Informationen ausging. Entscheidend ist allein, dass die hinweisgebende Person aufgrund objektiver Anhaltspunkte davon ausgehen durfte (und davon ausging), dass die Informationen der Wahrheit entsprachen. Zu Einzelheiten siehe § 33 Rn. 37 ff.

bb) Voraussetzungen des § 33 Abs. 1 Nr. 3 HinSchG

31 Die gemeldeten Informationen müssen grundsätzlich **Verstöße** betreffen, die in den **Anwendungsbereich des HinSchG** fallen. Ausreichend ist jedoch, wenn die hinweisgebende Person zum Zeitpunkt der Meldung oder Offenlegung hinreichenden Grund zu der Annahme hatte, dass diese Voraussetzung gegeben ist. In diesem Fall gilt auch hier ein gemischt **objektiv-subjektiver Maßstab** (siehe dazu Rn. 22 ff.). Zu Einzelheiten siehe § 33 Rn. 79 ff.

30 Vgl. dazu auch BT-Drs. 20/3442, S. 94.

c) Weitergabe an zuständige Meldestelle

Eine Meldung ist nur dann erlaubt, wenn die hinweisgebende Person sich an eine **zuständige (interne oder externe) Meldestelle** wendet. Die Voraussetzung ist nicht auf den ersten Blick ersichtlich, da sie sich nicht im Aufzählungsteil von § 6 Abs. 1 HinSchG befindet. **32**

Die Zuständigkeit der externen Meldestellen ergibt sich aus den §§ 19ff. HinSchG. **33**

Aus § 3 Abs. 2 und Abs. 3 HinSchG ergibt sich, dass eine Meldestelle zuständig ist, wenn der gemeldete Verstoß durch Personen begangen worden sein soll, die ihre berufliche, unternehmerische oder dienstliche Tätigkeit für den Beschäftigungsgeber ausüben, der die Meldestelle betreibt bzw. in dessen Auftrag sie betrieben wird. **34**

d) Voraussetzungen des § 32 HinSchG bei Offenlegung?

Grundsätzlich darf eine hinweisgebende Person Informationen gegenüber der Öffentlichkeit nur unter den Voraussetzungen des § 32 HinSchG zugänglich machen: Sie muss entweder zunächst (erfolglos) eine externe Meldung erstattet haben oder hinreichenden Grund zu der Annahme gehabt haben, dass dies aus bestimmten Gründen nicht zumutbar ist. **35**

Allerdings gilt diese Einschränkung – zumindest nach dem Wortlaut von § 6 Abs. 1 HinSchG – für die Offenlegung von Geschäftsgeheimnissen nicht. Anders als in § 6 Abs. 2 HinSchG **fehlt** in § 6 Abs. 1 HinSchG **ein Verweis auf § 32 HinSchG**. Das würde bedeuten, dass eine hinweisgebende Person Informationen zu Verstößen unmittelbar an die Öffentlichkeit geben darf, auch wenn die Informationen ein Geschäftsgeheimnis beinhalten – jedenfalls soweit sie hinreichenden Grund für die Annahme hatte, dass gerade die Offenlegung notwendig zur Aufdeckung des Verstoßes ist. **36**

Daran ändert es nichts, dass es in § 32 Abs. 1 HinSchG heißt, dass Personen „unter die Schutzmaßnahmen dieses Gesetzes [fallen], wenn“ sie die dort genannten Voraussetzungen erfüllen. Denn die in § 6 Abs. 1 HinSchG angeordnete Rechtsfolge (also die Durchbrechung des GeschGehG) ist gerade keine im Abschnitt 4 „Schutzmaßnahmen“ geregelte „Schutzmaßnahme“. **37**

Die Voraussetzungen von § 32 HinSchG lassen sich auch nicht dadurch in § 6 Abs. 1 HinSchG hineinlesen, dass dort der Begriff „Offenlegung“ verwendet wird: Denn § 3 Abs. 5 HinSchG normiert, dass der Begriff „Offenlegung“ i.S.d. Gesetzes „das Zugänglichmachen von Informationen über Verstöße gegenüber der Öffentlichkeit“ bezeichnet. Dort ist gerade nicht normiert, dass mit dem Begriff „Offenlegung“ nur das öffentliche Zugänglichmachen von In- **38** formationen über Verstöße gemeint ist, das die Voraussetzungen des § 32 HinSchG erfüllt.

39 Schließlich ergibt sich auch aus § 33 Abs. 1 Nr. 1 HinSchG nichts anderes: Danach ist Voraussetzung für die Anwendbarkeit einzelner Schutzvorschriften, dass eine hinweisgebende Person „eine Offenlegung *gemäß § 32*"[31] vorgenommen hat. Allerdings verweist § 6 Abs. 1 HinSchG gerade nicht auf § 33 Abs. 1 **Nr. 1** HinSchG, sondern nur auf § 33 Abs. 1 Nr. 2 und Nr. 3 HinSchG.

40 Die Gesetzesbegründung gibt keinen Aufschluss darüber, ob es sich um eine bewusste Regelung oder um ein gesetzgeberisches Versehen handelt. Zwar spricht die Tatsache, dass das Gesetz die Voraussetzungen von § 32 HinSchG im unmittelbar nächsten Absatz explizit in Bezug nimmt, gegen die Annahme eines gesetzgeberischen Versehens. Auf der anderen Seite ist wohl kaum davon auszugehen, dass der Gesetzgeber die hier beschriebenen Folgen tatsächlich herbeiführen wollte.

41 Es sprechen daher gute Gründe für die Annahme einer planwidrigen Regelungslücke und – aufgrund der vergleichbaren Interessenlage mit § 6 Abs. 2 HinSchG – für eine **Analogie**. Dies gilt jedenfalls, **soweit es um nicht-strafrechtliche Folgen** einer Verletzung des GeschGehG durch eine Offenlegung geht.

42 Soweit es jedoch um die Frage geht, ob eine hinweisgebende Person sich **strafbar** gemacht hat, indem sie ein Geschäftsgeheimnis unter Missachtung der Voraussetzungen des § 32 HinSchG offengelegt hat, wird eine Auslegung am **Wortlaut** des Gesetzes erfolgen müssen. Dieser macht die Straflosigkeit der hinweisgebenden Person nicht davon abhängig, ob sie die Vorgaben des § 32 HinSchG eingehalten hat.

43 Etwas anderes ergibt sich auch nicht durch eine richtlinienkonforme Auslegung des Gesetzes. Denn zum einen vermag auch der sog. „effet utile"-Grundsatz keinen Verstoß gegen das Analogieverbot zu rechtfertigen.[32] Zum anderen ist auch eine Auslegung, wonach die Offenlegungsvoraussetzungen des § 32 HinSchG bei der Offenlegung von Geschäftsgeheimnissen nicht zu beachten sind, mit der HinSch-RL vereinbar:

44 In Art. 15 Abs. 1 HinSch-RL ist zwar festgelegt, dass eine hinweisgebende Person Anspruch auf Schutz im Rahmen der Richtlinie hat, wenn sie bei einer Offenlegung die in § 32 HinSchG normierten Voraussetzungen beachtet. Allerdings zielt die Richtlinie auf eine **Mindestharmonisierung** ab, nicht auf eine

31 Hervorhebung durch die Verfasser.

32 Vgl. etwa *Hecker*, JuS 2014, 388 f., oder *Heinichen*, NZWiSt 2013, 94, 96.

Vollharmonisierung.[33] Die Richtlinie formuliert also Mindestanforderungen an den Schutz von hinweisgebenden Personen, die die Mitgliedsstaaten nicht unterschreiten dürfen. Die Mitgliedstaaten sind nicht daran gehindert, über diese Mindestanforderungen hinauszugehen und hinweisgebende Personen auch bei darüber hinausgehenden Verhaltensweisen zu schützen.

4. Rechtsfolge

Erfüllt die hinweisgebende Person die in § 6 Abs. 1 HinSchG genannten Voraussetzungen, ist die Weitergabe oder die Offenlegung des Geschäftsgeheimnisses **erlaubt**. 45

a) Rechtliche Einordnung

Die Weitergabe oder Offenlegung unterfällt bei Vorliegen der Voraussetzungen des § 6 Abs. 1 HinSchG der Regelung in § 3 Abs. 2 GeschGehG:[34] Es liegt dann kein Verstoß gegen eines der Handlungsverbote des § 4 GeschGehG vor.[35] 46

Zivilrechtliche Ansprüche (etwa auf Schadensersatz oder Unterlassung, vgl. §§ 6ff. GeschGehG) sind dann **ausgeschlossen**. Das gemeinsame Tatbestandsmerkmal aller zivilrechtlichen Ansprüche – die Eigenschaft als „Rechtsverletzer" i.S.v. § 2 Nr. 5 GeschGehG – liegt nicht vor. 47

Auch eine **strafrechtliche Verantwortung** nach § 23 GeschGehG ist in diesem Fall **ausgeschlossen**. Alle Tathandlungen des § 23 GeschGehG verlangen einen Verstoß gegen ein Handlungsverbot des § 4 GeschGehG. 48

b) Reichweite des Erlaubnistatbestandes

aa) Erfasstes Verhalten

Nach § 6 Abs. 1 HinSchG können die „Weitergabe" und die „Offenlegung" eines Geschäftsgeheimnisses erlaubt sein. Damit sind „Meldungen" – also die Mitteilung von Informationen über Verstöße an interne oder externe Meldestellen, vgl. § 3 Abs. 4 HinSchG – sowie Offenlegungen i.S.v. § 3 Abs. 5 HinSchG gemeint. 49

Wenn es notwendig erscheint, die Informationen „weiterzugeben", ist natürlich auch nur die Weitergabe (= interne oder externe Meldung) der Informationen 50

---

33 Vgl. etwa Erwägungsgrund 5 der HinSch-RL sowie BT-Drs. 20/3442, S. 32.

34 BT-Drs. 20/3442, S. 71.

35 *Reinfeld*, Das neue Gesetz zum Schutz von Geschäftsgeheimnissen, § 3 Rn. 52; *Kamlah*, in: MünchKomm-UWG, § 3 GeschGehG Rn. 1.

erlaubt – und nicht auch die Offenlegung.[36] Die Offenlegung ist also nur erlaubt, soweit die hinweisgebende Person auch gerade hinreichenden Grund zu der Annahme hatte, dass diese notwendig ist, um den Verstoß aufzudecken.

51 Damit ist jeweils nur die Tätigkeit der hinweisgebenden Person beim „Geben" des Hinweises erlaubt. Das ist problematisch, weil nach § 4 GeschGehG auch die **Erlangung** und die **Nutzung** eines Geschäftsgeheimnisses grundsätzlich verboten sind. Das kann zum einen die hinweisgebende Person selbst treffen, die das Geschäftsgeheimnis notwendigerweise vor dessen Weitergabe/Offenlegung „erlangen" muss. Zum anderen kann dies die Tätigkeit der Meldestelle betreffen, die das Geschäftsgeheimnis mit dem Eingang der Meldung „erlangt" und es – etwa beim Ergreifen von Folgemaßnahmen – „nutzt".[37]

52 Eine Auslegung, nach der diese Verhaltensweisen verboten bleiben, wäre nicht richtlinienwidrig: So wie das HinSchG regelt Art. 21 Abs. 7 UAbs. 2 HinSch-RL nur, dass die Meldung oder Offenlegung bei Vorliegen der Voraussetzungen als rechtmäßig gilt.

53 Dennoch gilt: Die Tätigkeit der Mitarbeiter von Meldestellen ist von dem Verbot nicht erfasst, soweit sie der Erfüllung von Pflichten nach dem HinSchG dient. Für die „Nutzung" und „Offenlegung" von Geschäftsgeheimnissen im Rahmen von Folgemaßnahmen i. S. v. § 3 Abs. 7 HinSchG folgt dies bereits aus § 6 Abs. 4 HinSchG. Für die Erlangung der Geschäftsgeheimnisse lässt sich der in **§ 202d Abs. 3 StGB zum Ausdruck kommende Rechtsgedanke** heranziehen. Eine Klarstellung im Gesetzestext wäre dennoch begrüßenswert.

54 Soweit die Tätigkeit eines Meldestellenmitarbeiters allerdings nicht mehr vom HinSchG gedeckt ist, bleibt das Handlungsverbot des § 4 GeschGehG bestehen. Das wäre etwa der Fall, wenn eine Meldestelle ein Geschäftsgeheimnis nutzt, nachdem sie ihre eigene Unzuständigkeit für die Meldung erkannt hat. Auch kommt in Betracht, dass die Meldestelle das Geschäftsgeheimnis in einer Art und Weise verwendet oder weitergibt, die für das Ergreifen von Folgemaßnahmen nicht erforderlich ist (vgl. dazu auch § 6 Abs. 4 HinSchG).

55 Bei der Frage, ob die **„Erlangung" des Geschäftsgeheimnisses durch die hinweisgebende Person** geschützt ist, ist zu differenzieren: Verletzt die hinweisgebende Person durch die Erlangung ausschließlich Vorschriften des GeschGehG, die eine zivilrechtliche Haftung begründen würden, ist die hinweisgebende Person vor dieser gem. § 35 Abs. 1 HinSchG geschützt.

---

36 Dem steht nicht die missverständliche Formulierung im Gesetz („oder") entgegen, das als „respektive" zu lesen ist.

37 „Nutzung" ist „jede Verwendung des Geschäftsgeheimnisses, solange es sich nicht um eine Offenlegung handelt", BT-Drs. 19/4724, S. 27.

Erfüllt die Erlangung des Geschäftsgeheimnisses hingegen die Voraussetzungen des Straftatbestandes des § 23 GeschGehG, entfällt der Schutz gem. § 35 Abs. 1 HinSchG a. E. gänzlich: In diesem Fall ist die hinweisgebende Person für die Erlangung des Geschäftsgeheimnisses nicht nur strafrechtlich, sondern auch zivilrechtlich[38] voll verantwortlich. Dabei ist zu beachten, dass eine Strafbarkeit nach § 23 GeschGehG insbesondere entfallen kann, wenn die Erlangung des Geschäftsgeheimnisses nach § 5 Nr. 2 GeschGehG[39] erlaubt ist. **56**

bb) Erfasste Informationen

Die Meldung oder Offenlegung ist insoweit geschützt, wie die Voraussetzungen des § 6 Abs. 1 HinSchG vorliegen. Meldungen sind also gegebenenfalls **in einzelne Teile aufzuspalten** und das Vorliegen der Voraussetzungen ist für jeden einzelnen Teil zu prüfen.[40] **57**

Die Meldung oder Offenlegung ist also nur geschützt, soweit die hinweisgebende Person von der Notwendigkeit der Meldung bzw. der Offenlegung ausgehen durfte, soweit sie von der Wahrheit der mitgeteilten Informationen ausgehen durfte und soweit sie davon ausgehen durfte, dass die Meldung einen Verstoß betrifft, der in den Anwendungsbereich des Gesetzes fällt. Das soll folgendes Beispiel verdeutlichen: **58**

> A ist Angestellter in einem IT-Consulting-Unternehmen. Ihm fällt auf, dass sein Arbeitgeber gelegentlich inhaltlich unrichtige Abrechnungen erstellt. So weisen die Abrechnungen für die höherrangigen Berater mit höheren Stundensätzen eine überhöhte Anzahl von geleisteten Arbeitsstunden aus. Er wendet sich an eine externe Meldestelle. Darin beschreibt er seine Vorwürfe und fügt Unterlagen zu den Diskrepanzen zwischen abgeleisteten und abgerechneten Stunden bei. Zur Untermauerung seiner Meldung fügt er außerdem exemplarisch fünf vollständige Beratungsverträge bei, die sein Arbeitgeber mit verschiedenen Kunden geschlossen hat. Gegen den A wird

---

38 Vgl. BT-Drs. 20/3442, S. 94: „Wenn hinweisgebende Personen eine Straftat wie beispielsweise einen Hausfriedensbruch nach § 123 StGB, das Ausspähen von Daten nach § 202a StGB, das Abfangen von Daten nach § 202b StGB […] begehen, bleibt ihre Strafbarkeit von einer mit den erlangten Informationen erfolgten Meldung oder Offenlegung ebenso unberührt wie eine etwaige zivilrechtliche oder verwaltungsrechtliche Verantwortlichkeit."

39 § 5 Nr. 2 GeschGehG: „Die Erlangung, die Nutzung oder die Offenlegung eines Geschäftsgeheimnisses fällt nicht unter die Verbote des § 4, wenn dies […] erfolgt […] zur Aufdeckung einer rechtswidrigen Handlung oder eines beruflichen oder sonstigen Fehlverhaltens, wenn die Erlangung, Nutzung oder Offenlegung geeignet ist, das allgemeine öffentliche Interesse zu schützen."

40 Vgl. dazu auch BT-Drs. 20/3442, S. 71, 94.

wegen beider Inhalte ein Verfahren wegen Verletzung des Geschäftsgeheimnisses (§ 23 GeschGehG) eingeleitet.

59 Die Meldung ist grundsätzlich nur soweit geschützt, wie A davon ausgehen durfte, dass die Offenlegung notwendig ist, um den Verstoß aufzudecken. Bezüglich der Informationen zu den Diskrepanzen zwischen abgeleisteten und abgerechneten Stunden ist das der Fall; die Beifügung der vollständigen Beratungsverträge dürfte – wohl für den A erkennbar – dazu nicht notwendig gewesen sein. Sofern dieser Teil der Meldung daher Geschäftsgeheimnisse enthält (und deren Preisgabe nicht nach § 5 Nr. 2 GeschGehG erlaubt ist), bleibt der Weg für eine Strafbarkeit nach § 23 GeschGehG hier offen.

III. Verhältnis zu sonstigen Verschwiegenheits- und Geheimhaltungspflichten (Abs. 2)

60 § 6 Abs. 2 HinSchG erlaubt unter bestimmten Voraussetzungen die Weitergabe von Informationen trotz bestehender Geheimhaltungs- oder Verschwiegenheitspflichten. Diese Pflichten werden also durch den Erlaubnistatbestand des § 6 Abs. 2 HinSchG durchbrochen.

61 Erfasst sind dabei **alle Geheimhaltungs- und Verschwiegenheitspflichten, die nicht § 5 HinSchG unterfallen**. Eine hinweisgebende Person verletzt diese Pflichten durch ihre Meldung nicht, wenn sie die in § 6 Abs. 2 HinSchG festgehaltenen Voraussetzungen einhält.

62 Die Voraussetzungen des Erlaubnistatbestandes sind im Wesentlichen dieselben wie bei § 6 Abs. 1 HinSchG. In § 6 Abs. 2 HinSchG ist allerdings ausdrücklich normiert, dass im Falle einer Offenlegung die Durchbrechung der Geheimhaltungs- und Verschwiegenheitspflichten nur zulässig ist, wenn die Voraussetzungen des § 32 HinSchG eingehalten sind.

1. Auswahl erfasster Geheimhaltungs- und Verschwiegenheitspflichten

63 § 6 Abs. 2 HinSchG erlaubt die Durchbrechung von allen Geheimhaltungs- und Verschwiegenheitspflichten, die nicht in § 5 Abs. 2 HinSchG genannt sind.[41] Hier wird also die **Regel zu der in § 5 Abs. 2 HinSchG normierten Ausnahme** festgehalten. Entsprechend diesem Regel-Ausnahme-Prinzip wird nachfolgend lediglich eine Auswahl erfasster Geheimhaltungs- und Verschwiegenheitspflichten genannt.

64 Das Gesetz nennt vertragliche Verschwiegenheitspflichten, Rechtsvorschriften des Bundes, Rechtsvorschriften des Landes und unmittelbar geltendes EU-

41 Vgl. auch BT-Drs. 20/3442, S. 71.

Recht über die Geheimhaltung oder über Verschwiegenheitspflichten. Die **explizite Nennung** von zwei Rechtsvorschriften des Bundes – nämlich des Steuergeheimnisses nach **§ 30 AO** und des Sozialgeheimnisses nach **§ 35 SGB I** – dient **lediglich** einer vom Gesetzgeber **für erforderlich gehaltenen Klarstellung**. Diese stark grundrechtsrelevanten Vorschriften können nach Auffassung des Gesetzgebers nicht über eine auslegungsbedürftige Generalklausel eingeschränkt werden.[42]

a) Vertragliche Verschwiegenheitspflichten

Vertragliche Verschwiegenheitspflichten sind alle nach dem Grundsatz der Privatautonomie zwischen zwei oder mehr Parteien geschlossenen Vereinbarungen über Verschwiegenheits- oder Geheimhaltungsvorschriften. Das erfasst insbesondere auch so genannte NDAs (non-disclosure agreements). **65**

Die Gesetzesbegründung nennt ausdrücklich als Beispiel die häufig von Rechtsdienstleistern nach § 10 RDG vereinbarten Verschwiegenheitspflichten.[43] Unter den Begriff der „Rechtsdienstleister" fallen etwa Inkassodienstleister oder Rentenberater (§ 10 Abs. 1 Satz 1 RDG). **66**

Ebenfalls erfasst ist die Verschwiegenheitspflicht des Arbeitnehmers als vertragliche Nebenpflicht des Arbeitsvertrages aus §§ 611a, 241 Abs. 2 BGB. Danach ist der Arbeitnehmer grundsätzlich verpflichtet, die Betriebs- und Geschäftsgeheimnisse einschließlich der ihm aufgrund seiner Tätigkeit bekannt gewordenen privaten Geheimnisse des Arbeitgebers zu wahren.[44] Zwar schied bereits vor Inkrafttreten des HinSchG eine Nebenpflichtverletzung des Arbeitnehmers aus, wenn es sich nach Abwägung der betroffenen Grundrechte um eine rechtmäßige Grundrechtsausübung durch Whistleblowing handelte.[45] Das HinSchG schafft hier jedoch mehr Rechtssicherheit für die hinweisgebende Person. **67**

b) Bundesvorschriften über Geheimhaltung oder Verschwiegenheitspflichten

Die Gesetzesbegründung enthält eine umfangreiche Aufzählung von bundesrechtlich normierten Verschwiegenheits- und Geheimhaltungspflichten, die unter Wahrung der Voraussetzungen des § 6 Abs. 2 HinSchG durchbrochen werden dürfen. Die Aufzählung umfasst berufsbezogene Verschwiegenheits- und Geheimhaltungspflichten verschiedener beratender Berufe sowie sonstige Verschwiegenheits- und Geheimhaltungspflichten. **68**

---

42 Vgl. auch BT-Drs. 20/3442, S. 72.
43 Vgl. auch BT-Drs. 20/3442, S. 72.
44 BAG, 8.5.2014, 2 AZR 249/13, NZA 2014, 1258, 1260.
45 *Schmitt*, NZA-Beilage 2020, 50.

aa) Verschwiegenheitspflichten beratender Berufe

69 Als dem Hinweisgeberschutz untergeordnete Verschwiegenheitspflichten nennt die Gesetzesbegründung die Pflichten von **Steuerberatern** und Steuerbevollmächtigten (§ 57 Abs. 1 StBerG), Lohnsteuerhilfevereinen (§ 26 Abs. 1 StBerG) und **Wirtschaftsprüfern** (§ 43 WPO).[46] Ebenfalls erfasst sind jeweils die aus diesen Verschwiegenheitspflichten abgeleiteten Verschwiegenheitspflichten, insbesondere die Pflichten der bei den vorgenannten Personen beschäftigten oder von diesen beauftragten Personen (vgl. etwa §§ 62, 62a, 64 Abs. 2 StBerG oder §§ 50, 50a, 55, 56 WPO).[47]

70 Dass der Gesetzgeber dem Hinweisgeberschutz den Vorrang vor diesen beruflichen Verschwiegenheitspflichten eingeräumt hat, hat im Gesetzgebungsverfahren **deutliche Kritik** erfahren.[48] Diese zielt insbesondere auf die unterschiedliche Behandlung der beruflichen Verschwiegenheitspflichten von Rechtsanwälten einerseits (vgl. § 5 Abs. 2 Nr. 3 HinSchG) und von Steuerberatern und Wirtschaftsprüfern andererseits.

71 Erfährt etwa der Steuerberater eines Unternehmens im Rahmen seines Mandates, dass das Unternehmen Angestellte als Scheinselbstständige führt (u.a. Vorenthalten und Veruntreuen von Arbeitsentgelt, § 266a StGB), darf der Steuerberater diese Informationen – unter den Voraussetzungen von § 6 Abs. 2 HinSchG – an eine externe Meldestelle geben. Ein Rechtsanwalt in derselben Position dürfte dies aufgrund von § 5 Abs. 2 Nr. 3 HinSchG nicht; seine berufliche Verschwiegenheitspflicht gilt also uneingeschränkt.

72 Diese Ungleichbehandlung wird aus verschiedenen Gründen für unzulässig gehalten.[49] Dementsprechend wurde – im Ergebnis ohne Erfolg – von verschiedenen Stellen eine Gleichstellung insbesondere von Steuerberatern und Wirtschaftsprüfern mit den Rechtsanwälten gefordert.[50] Die Forderungen zielten

---

46 BT-Drs. 20/3442, S. 72.

47 BT-Drs. 20/3442, S. 72.

48 Institut der Wirtschaftsprüfer, Stellungnahme zum Referentenentwurf des HinSchG, S. 2 mit Hinweis auf Art. 3 GG; Bundessteuerberaterkammer, Stellungnahme zum Referentenentwurf des HinSchG, S. 3 f.; Deutscher Steuerberaterverband e. V., Stellungnahme zum Referentenentwurf des HinSchG, S. 2.

49 Vgl. etwa mit überzeugender Argumentation die Forderung des Wirtschaftsausschusses des Bundesrates in BR-Drs. 372/1/22, S. 4; Deutscher Steuerberaterverband e. V., Stellungnahme zum Referentenentwurf des HinSchG, S. 2; Institut der Wirtschaftsprüfer, Stellungnahme zum Referentenentwurf des HinSchG, S. 2; Bundessteuerberaterkammer, Stellungnahme zum Referentenentwurf des HinSchG, S. 3 f.

50 BR-Drs. 372/1/22, S. 4; Deutscher Steuerberaterverband e. V., Stellungnahme zum Referentenentwurf des HinSchG, S. 2; Institut der Wirtschaftsprüfer, Stellungnahme zum Referentenentwurf des HinSchG, S. 2; Bundessteuerberaterkammer, Stellungnahme zum Referentenentwurf des HinSchG, S. 3 f.

auf eine Gleichstellung dadurch, dass auch Steuerberater und Wirtschaftsprüfer vom Anwendungsbereich des Gesetzes ausgenommen werden, sodass deren berufliche Schweigepflicht durch das HinSchG unangetastet bleibt.

Abgrenzungsschwierigkeiten bei Mehrfachberufsträgern ergeben sich daraus – anders als teilweise behauptet[51] – allerdings nicht: Ist eine hinweisgebende Person gleichzeitig Rechtsanwalt und Wirtschaftsprüfer, ist sie eben auch Rechtsanwalt. Das hat zur Folge, dass sie sich bei der Weitergabe von Informationen aus einem entsprechenden Mandat nicht auf das HinSchG berufen kann (vgl. § 5 Abs. 2 Nr. 3 HinSchG). **73**

Auch im Falle von inter- bzw. multidisziplinären Sozietäten kommt es für die Zulässigkeit der Informationsweitergabe im Grundsatz auf die **Rechtsstellung der individuell handelnden Person** an.[52] Dabei ist jedoch zu beachten, dass die hinweisgebende Person – etwa ein Steuerberater, der sich in einer interprofessionellen Berufsausübungsgesellschaft mit einem Rechtsanwalt befindet – aufgrund der in § 5 Abs. 2 Nr. 5 HinSchG enthaltenen Regelung originär unter § 5 HinSchG fallen kann (siehe dazu § 5 Rn. 72). **74**

bb) Sonstige Verschwiegenheits- und Geheimhaltungspflichten

Das Gesetz selbst nennt das Steuer- und das Sozialgeheimnis (§ 30 AO bzw. § 35 SGB I) als Geheimhaltungspflichten, die unter den Voraussetzungen von § 6 Abs. 2 HinSchG durchbrochen werden können. **75**

Daneben führt die Gesetzesbegründung noch die Verschwiegenheitspflichten von Beamten (§ 67 BBG) und Soldaten (§ 14 SG) sowie die Vorschriften zur Vertraulichkeit im Vergabeverfahren (§ 5 VgV, § 5 SektVO und § 4 KonzVgV) an.[53] Außerdem nennt die Gesetzesbegründung die Verschwiegenheitspflichten von Vorständen von Berufskammern (§§ 76, 184 BRAO, § 83 StBerG, § 69a BNotO, § 71 PAO, §§ 64, 66b WPO).[54] **76**

Unter die Generalklausel[55] des § 6 Abs. 2 HinSchG fallen ebenfalls die Verschwiegenheitspflicht von BaFin-Beschäftigten (§ 9 KWG, § 8 WpHG), die Schweigepflicht der im Dienste der Deutschen Bundesbank stehenden Perso- **77**

51 Vgl. Institut der Wirtschaftsprüfer, Stellungnahme zum Referentenentwurf des HinSchG, S. 2.

52 Auf Abgrenzungsschwierigkeiten weist hin Institut der Wirtschaftsprüfer, Stellungnahme zum Referentenentwurf des HinSchG, S. 2.

53 Vgl. auch BT-Drs. 20/3442, S. 72.

54 BT-Drs. 20/3442, S. 72; zu etwaigen Inkonsistenzen und Wertungswidersprüchen deshalb, weil bspw. der Vorstand der Bundesnotarkammer seine Verschwiegenheitspflicht durchbrechen darf, während Notare dies nicht dürfen, siehe § 5 Rn. 62.

55 Vgl. BT-Drs. 20/3442, S. 72.

nen (§ 32 BBankG) sowie die Pflicht zur Wahrung der Betriebs- und Geschäftsgeheimnisse durch die Kartellbehörde (§ 72 Abs. 2 GWB) und die Vergabekammer (§ 111 Abs. 2 GWB).[56] Dasselbe gilt für die Verschwiegenheitspflichten von Vorstands- und Aufsichtsratsmitgliedern einer AG nach §§ 93 Abs. 1 Satz 3, 116 Satz 2 AktG sowie die von § 85 GmbHG vorausgesetzte Verschwiegenheitspflicht des GmbH-Geschäftsführers.

c) Landesvorschriften über Geheimhaltung oder Verschwiegenheitspflichten

78 Die landesrechtlich normierten Geheimhaltungs- und Verschwiegenheitspflichten, die unter Wahrung der Voraussetzungen des § 6 Abs. 2 HinSchG durchbrochen werden dürfen, entstammen häufig dem durch die Länder geregelten Berufsrecht:

79 Erfasst sind etwa die Vorschriften zu Verschwiegenheitspflichten von oder im Zusammenhang mit Landesbeamten (bspw. § 26 Landesbeamtengesetz Berlin), Hochschulen (bspw. § 56 Sächsisches Hochschulfreiheitsgesetz), Schiedsstellen (bspw. § 10 Niedersächsisches Schlichtungsgesetz), Sparkassen (bspw. § 19 Sparkassengesetz Schleswig-Holstein), Architekten (bspw. § 36 Architektengesetz Niedersachsen) oder dem Strafvollzug (bspw. § 107 Strafvollzuggesetz Nordrhein-Westfalen).

d) Unmittelbar geltendes EU-Recht

80 Art. 339 AEUV verpflichtet die Mitglieder der Organe der Union, die Mitglieder der Ausschüsse sowie die Beamten und sonstige Bedienstete der EU zur Verschwiegenheit. Sie dürfen grundsätzlich keine Auskünfte preisgeben, die ihrem Wesen nach unter das Berufsgeheimnis fallen.

81 Weitere unmittelbar geltende Rechtsakte der Europäischen Union über die Geheimhaltung oder über Verschwiegenheitspflichten enthalten Art. 8 der Verordnung über amtliche Kontrollen, Art. 38 Abs. 5 DSGVO, Art. 49 Europäische-Aktiengesellschaft-VO und Art. 76 Arzneimittelagentur-VO.

2. Voraussetzungen des Erlaubnistatbestandes

82 Greift eine Meldung oder Offenlegung in eine der von § 6 Abs. 2 HinSchG in Bezug genommenen Pflichten ein, muss die hinweisgebende Person die nachfolgenden Voraussetzungen erfüllen, um rechtmäßig zu handeln.

---

56 Vgl. die Aufzählung bei *Schoch*, in: Schoch, IFG, § 1 Rn. 379 f.

Im Wesentlichen entsprechen diese Voraussetzungen denen des § 6 Abs. 1 HinSchG (siehe dazu unter Rn. 16ff.). Anders als bei § 6 Abs. 1 HinSchG ist hier jedoch explizit normiert, dass eine Offenlegung nur unter den Voraussetzungen des § 32 HinSchG erfolgen darf. 83

a) Hinreichender Grund für Annahme der Notwendigkeit (Nr. 1)

Ebenso wie bei einer Meldung oder Offenlegung nach § 6 Abs. 1 HinSchG muss die hinweisgebende Person hinreichenden Grund zu der Annahme gehabt haben, dass die Weitergabe oder die Offenlegung des Inhalts dieser Informationen notwendig ist, um einen Verstoß aufzudecken. 84

Es gilt das unter Rn. 21 ff. Gesagte: Der in der Gesetzesbegründung anklingende objektive Maßstab gilt nicht. Stattdessen ist aus der Ex-ante-Sicht der hinweisgebenden Person zu beurteilen, inwieweit ein hinreichender Grund für die Annahme der Notwendigkeit der Informationsweitergabe vorlag. 85

b) Allgemeine Voraussetzungen für den Schutz hinweisgebender Personen (Nr. 2)

Auch hier müssen die in § 33 Abs. 1 Nr. 2 und 3 HinSchG festgehaltenen allgemeinen Voraussetzungen für den Hinweisgeberschutz gegeben sein (siehe dazu bereits unter Rn. 28 ff.). 86

c) Weitergabe nur an zuständige Meldestelle

Die Informationsweitergabe ist nur rechtmäßig, wenn sie bei einer nach §§ 19ff. HinSchG zuständigen externen oder internen Meldestelle erfolgt (siehe dazu bereits unter Rn. 32 ff.). 87

d) Voraussetzungen des § 32 HinSchG bei Offenlegung

Anders als bei § 6 Abs. 1 HinSchG ist im Rahmen von § 6 Abs. 2 HinSchG **explizit normiert**, dass eine **Offenlegung** – also das Zugänglichmachen von Informationen über Verstöße gegenüber der Öffentlichkeit, vgl. § 3 Abs. 5 HinSchG – nur unter den **Voraussetzungen des § 32 HinSchG** erfolgen darf. 88

Die hinweisgebende Person muss daher vor einer Offenlegung grundsätzlich eine externe Meldung nach §§ 27ff. HinSchG erstattet haben und es muss innerhalb der Frist des § 28 Abs. 4 HinSchG (maximal drei Monate nach Eingang der Meldung, bei umfangreicher Bearbeitung bis zu sechs Monate) keine geeignete Folgemaßnahme nach § 29 HinSchG ergriffen worden sein oder keine Rückmeldung über diese erfolgt sein. 89

90 Ohne eine vorangegangene externe Meldung ist eine Offenlegung nur dann zulässig, wenn die hinweisgebende Person hinreichenden Grund zu der Annahme hatte, dass die unmittelbare Offenlegung aus den in § 32 Abs. 1 Nr. 2 HinSchG genannten Gründen erforderlich war. Entgegen der zu Missverständnissen einladenden Regelung in § 32 Abs. 2 HinSchG müssen die offengelegten Informationen nicht objektiv richtig gewesen sein. Es genügt – entsprechend der allgemeinen Regel (vgl. § 33 Abs. 1 Nr. 1, Nr. 2 HinSchG) –, dass die hinweisgebende Person hinreichenden Grund zu der Annahme hatte, die Informationen würden der Wahrheit entsprechen (siehe dazu im Einzelnen unter § 32 Rn. 37).

3. Rechtsfolge

a) Rechtliche Einordnung

91 Erfüllt die hinweisgebende Person die Voraussetzungen des § 6 Abs. 2 HinSchG, ist die Weitergabe oder Offenlegung von Informationen, die eigentlich einer Geheimhaltungs- oder Verschwiegenheitspflicht unterliegen, erlaubt.

92 Soweit die Verletzung der Geheimhaltungs- oder Verschwiegenheitspflicht **grundsätzlich strafbewehrt** ist, wirkt die Erfüllung des Erlaubnistatbestandes **tatbestandsausschließend**. Für eine **zivilrechtliche** Unterlassungs- oder Schadensersatzhaftung **fehlt es an einer Rechtsverletzung**.

b) Reichweite

aa) Erfasstes Verhalten

93 Sowohl die Meldung i. S. v. § 3 Abs. 4 HinSchG, also die Mitteilung von Informationen über Verstöße an Meldestellen, als auch die Offenlegung i. S. v. § 3 Abs. 5 HinSchG, also das Zugänglichmachen von Informationen über Verstöße gegenüber der Öffentlichkeit, sind von dem Erlaubnistatbestand erfasst. Dabei gilt das unter Rn. 49 ff. Gesagte. Die Alternative der Offenlegung ist mithin nur erlaubt, wenn die hinweisgebende Person hinreichenden Grund zu der Annahme hatte, dass gerade die Offenlegung notwendig zur Aufdeckung des Verstoßes ist.

bb) Erfasste Informationen

94 Das Verhalten ist jedoch nur soweit geschützt, wie die Voraussetzungen des § 6 Abs. 2 HinSchG für die einzelnen weitergegebenen oder offengelegten Informationen vorliegen. Bei jeder Weitergabe oder Offenlegung ist mithin nach den einzelnen Informationen zu differenzieren (vgl. dazu unter Rn. 57 ff.).

IV. Verschwiegenheits- und Geheimhaltungspflicht der bei Meldestellen tätigen Personen (Abs. 3 Nr. 1 – Abs. 5)

§ 6 Abs. 3 bis 5 HinSchG regeln die Rechtsverhältnisse der für interne und externe Meldestellen tätigen Personen (Meldestellenpersonen). Die Regelung beruht teilweise auf Art. 16 Abs. 4 HinSch-RL, geht aber (weit) über das von der Richtlinie geforderte Maß hinaus.[57] **95**

Die Norm ordnet an, dass bestimmte Verschwiegenheits- oder Geheimhaltungspflichten der hinweisgebenden Person auch für Meldestellenpersonen gelten, wenn sie im Rahmen ihrer Tätigkeit entsprechende Informationen erlangen (Abs. 3 Nr. 1 HinSchG). Ist die hinweisgebende Person etwa Steuerberater und enthält die Meldung Informationen, auf die sich dessen berufliche Verschwiegenheitspflicht grundsätzlich bezieht, sind die Meldestellenpersonen nun ebenfalls zur Verschwiegenheit verpflichtet. **96**

Handelt es sich um eine vertraglich vereinbarte Verschwiegenheitspflicht, sind die Meldestellenpersonen nur dann zur Verschwiegenheit verpflichtet, wenn sie von der vertraglichen Verschwiegenheitspflicht wissen (Abs. 5). **97**

Wenn es sich um ein „Geheimnis im Sinne" von § 6 Abs. 1 oder Abs. 2 HinSchG handelt, dürfen die Meldestellenpersonen diese Informationen allerdings insoweit verwenden oder weitergeben, wie dies für das Ergreifen von Folgemaßnahmen erforderlich ist (Abs. 4). Es handelt sich also um einen **Erlaubnistatbestand zur Verwendung und Weitergabe der Informationen für Meldestellenpersonen**. **98**

Verletzt eine Meldestellenperson eine bestehende Verschwiegenheits- oder Geheimhaltungspflicht, stellt dies **dienstpflichtwidriges** (im Fall von Amtsträgern) bzw. **vertragswidriges** (im Fall von privaten Meldestellenpersonen) Verhalten dar. Für Amtsträger kommt eine **strafrechtliche Haftung** nach § 203 Abs. 2 Nr. 1 StGB oder nach § 353b Abs. 1 Nr. 1 StGB in Betracht. **99**

Bei internen Meldestellen gelten diese Regelungen nicht nur für Angehörige des Unternehmens, die für die Meldestelle tätig sind, sondern **auch für Dritte, die mit den Aufgaben der internen Meldestelle betraut** sind (vgl. dazu § 14 Abs. 1 HinSchG). Dies ergibt sich aus dem weiten Wortlaut der Norm, der von Personen spricht, die „im Rahmen ihrer Tätigkeit für eine Meldestelle" Informationen erlangen. **100**

---

57 Zum einen fordert Art. 16 Abs. 4 HinSch-RL nur eine Regelung für Personen, die für externe Meldestellen tätig sind (vgl. „zuständigen Behörden"). Zum anderen fordert sie nur eine Regelung zum Schutz von Geschäftsgeheimnissen, nicht von sonstigen Geheimnissen, vgl. dazu auch BT-Drs. 20/3442, S. 73.

1. Voraussetzung der Verpflichtung von Meldestellenpersonen

101 Damit eine Meldestellenperson zur Verschwiegenheit bzw. Geheimhaltung verpflichtet ist, muss zunächst eine der im Gesetz genannten Verschwiegenheits- oder Geheimhaltungspflichten vorliegen (dazu unter Rn. 104 ff.). Dabei ist zu beachten, dass das Gesetz in § 6 Abs. 3 HinSchG nicht alle Verschwiegenheits- und Geheimhaltungspflichten nennt, die gem. § 6 Abs. 2 HinSchG dem Hinweisgeberschutz grundsätzlich untergeordnet werden.

102 Eine Verpflichtung der Meldestellenperson liegt nicht bereits dann vor, wenn irgendjemand bezüglich der erlangten Informationen zur Verschwiegenheit oder Geheimhaltung verpflichtet ist. Die Verpflichtung muss gerade die hinweisgebende Person selbst treffen (dazu unter Rn. 111 ff.).

103 Schließlich kommt es für die Frage, ab wann die Meldestellenperson ihrerseits verpflichtet ist, auf die konkret in Rede stehende Pflicht an: Das Gesetz trifft unterschiedliche Regelungen für gesetzliche Pflichten einerseits und vertragliche Pflichten andererseits.

a) Vorliegen einer genannten Geheimhaltungs- oder Verschwiegenheitspflicht

104 Eine Pflichtenstellung der Meldestellenperson kommt nur in Betracht, soweit eine der in § 6 Abs. 3 HinSchG genannten Geheimhaltungs- oder Verschwiegenheitspflichten vorliegt.

105 Hinsichtlich vertraglicher Verschwiegenheitspflichten enthält das Gesetz keine Einschränkung, sodass alle vertraglichen Verschwiegenheitspflichten (siehe dazu unter Rn. 65 ff.) erfasst sind.

106 Anders liegt der Fall bei den gesetzlich angeordneten Verschwiegenheits- und Geheimhaltungspflichten. Anstatt hier – so wie bei § 6 Abs. 2 HinSchG geschehen – Rechtsvorschriften jeglicher Herkunft aufzunehmen, beschränkt sich das Gesetz ausdrücklich auf Rechtsvorschriften des Bundes.[58] Insbesondere **Landes- und Unionsvorschriften** sind **nicht** von der Regelung **umfasst**.[59]

107 Meldet also etwa eine Schiedsperson Informationen, die ihrer Verschwiegenheitspflicht unterliegen (vgl. bspw. § 10 NSchlG), ist die Meldestellenperson bezüglich dieser Informationen nach dem Wortlaut des Gesetzes nicht zur Verschwiegenheit verpflichtet. Entsprechendes gilt für die übrigen landes- und

58 Auch hier erfolgt die explizite Nennung des Steuergeheimnisses nach § 30 AO und des Sozialgeheimnisses nach § 35 SGB I nur aufgrund eines Klarstellungsbedürfnisses des Gesetzgebers; auch diese Vorschriften sind selbstredend Bundesvorschriften.

59 So jedoch *Reufels/Soltysiak*, in: Reufels/Soltysiak, Das neue Whistleblowing-Recht, S. 68.

unionsrechtlich normierten Verschwiegenheits- und Geheimhaltungspflichten (vgl. dazu unter Rn. 78 ff.).

Es ist nicht ersichtlich, ob es sich hierbei um eine bewusste Regelung handelt. Die Tatsache, dass das Gesetz im unmittelbar vorstehenden Absatz eine andere Regelung enthält, spricht gegen die Annahme eines gesetzgeberischen Versehens. Gleichzeitig heißt es in der Gesetzesbegründung, es sei „sachgerecht", die „Einschränkung der Nutzung von Geschäftsgeheimnissen, die die HinSch-RL verbindlich vorgibt, auf die Nutzung sonstiger Geheimnisse auszudehnen".[60] **108**

Es dürfte sich um eine **planwidrige Regelungslücke** handeln. Wegen der vergleichbaren Interessenlage liegt die Annahme einer Analogie nahe. Soweit die Pflichtenstellung der Meldestellenpersonen allerdings **strafrechtliche Folgen** für Amtsträger begründet (siehe dazu unter Rn. 131), muss eine Analogie aufgrund von Art. 103 Abs. 2 GG ausscheiden. **109**

Bezüglich der auf Bundesvorschriften beruhenden Verschwiegenheits- und Geheimhaltungspflichten unterscheidet die Norm nicht zwischen den in § 5 HinSchG genannten Pflichten einerseits (keine rechtmäßige Meldung möglich) und den in § 6 Abs. 1 und Abs. 2 HinSchG genannten Pflichten andererseits (rechtmäßige Meldung unter den jeweiligen Voraussetzungen möglich). Meldestellenpersonen sind also **unabhängig davon zur Verschwiegenheit** verpflichtet, ob sie geheime Informationen von einem **Rechtsanwalt** (§ 5 Abs. 2 Nr. 3 HinSchG) oder von einem **Steuerberater** (§ 6 Abs. 2 HinSchG) erlangt haben. Unterschiede ergeben sich allerdings hinsichtlich der Frage, ob diese Informationen für Folgemaßnahmen genutzt werden dürfen (siehe dazu unter Rn. 138 ff.). **110**

b) Bestehen der Pflicht für die hinweisgebende Person

Damit eine Meldestellenperson ihrerseits zur Verschwiegenheit/Geheimhaltung verpflichtet ist, genügt es nicht, dass die erlangte Information generell-abstrakt ein Geheimnis darstellt. Es ist vielmehr erforderlich, dass gerade die hinweisgebende Person selbst bezüglich der mitgeteilten Information zur Verschwiegenheit/Geheimhaltung verpflichtet ist. **111**

In der Gesetzesbegründung heißt es, die Pflichten der Meldestellenperson folgen den Pflichten, „die im Grundsatz für die hinweisgebende Person gelten und für die die Absätze 1 und 2 Ausnahmen normieren".[61] Danach richte sich **112**

60 BT-Drs. 20/3442, S. 73.
61 BT-Drs. 20/3442, S. 73.

der „Umfang der Geheimhaltungspflicht" „nach dem Umfang der jeweils zugrundeliegenden Verschwiegenheits- und Geheimhaltungspflicht".[62]

113 Die Meldestellenpersonen sind daher dann nicht zur Verschwiegenheit oder Geheimhaltung verpflichtet, wenn sie eine Information nur mittelbar von einer zur Verschwiegenheit oder Geheimhaltung verpflichteten Person erlangen.

c) Maßgeblicher Zeitpunkt für die Pflichtentstehung

114 Bezüglich der Frage, ab wann die Meldestellenpersonen zur Verschwiegenheit/Geheimhaltung verpflichtet sind, differenziert das Gesetz zwischen gesetzlich normierten Verschwiegenheits- und Geheimhaltungspflichten einerseits und vertraglichen Verschwiegenheitspflichten andererseits.

115 Gesetzlich normierte Pflichten sollen im „Zeitpunkt des Eingangs der Informationen" auf die Meldestellenpersonen übergehen. Das ändert jedoch nichts daran, dass eine einzelne Meldestellenperson erst dann zur Verschwiegenheit oder Geheimhaltung verpflichtet sein kann, wenn sie von der konkreten Information Kenntnis erlangt hat.

116 Bei vertraglichen Verschwiegenheitspflichten muss hinzukommen, dass bei der jeweiligen Meldestellenperson „Kenntnis von der Verschwiegenheitspflicht besteht".

117 Unabhängig von der Quelle der in Rede stehenden Pflicht gilt, dass eine private Kenntniserlangung der Information nicht ausreicht, um eine Pflichtenstellung zu begründen. Denn dann hat die Meldestellenperson die Information nicht „im Rahmen ihrer Tätigkeit für eine Meldestelle" erlangt.

aa) Gesetzliche Verschwiegenheits- und Geheimhaltungspflichten

118 Das Gesetz spricht davon, dass die Meldestellenpersonen ab dem „Zeitpunkt des Eingangs der Informationen" zur Verschwiegenheit oder Geheimhaltung verpflichtet sind. Allerdings können nach dem Wortlaut der Norm nur „Personen, die […] Informationen erlangen" verpflichtet sein.

119 Für die Frage der Pflichtenstellung ist eine **höchstpersönliche Betrachtung** angezeigt. Die Antwort auf die Frage, ob eine Verpflichtung besteht, kann daher für verschiedene Personen in derselben Meldestelle unterschiedlich ausfallen. Dies ergibt sich neben dem Wortlaut der Norm auch daraus, dass § 6 Abs. 3 HinSchG eine Verpflichtung von Meldestellenpersonen – nicht von Meldestellen selbst – anordnet.

62 BT-Drs. 20/3442, S. 73.

Erlangt also eine in einer Meldestelle tätige Person eine geheime Information, führt das nicht dazu, dass nun alle bei dieser Meldestelle tätigen Personen zur Verschwiegenheit oder Geheimhaltung verpflichtet wären. Ebenso führt allein der Eingang einer Information, ohne dass diese von irgendjemandem wahrgenommen wird, nicht dazu, dass irgendjemand in der Meldestelle nunmehr zur Verschwiegenheit oder Geheimhaltung verpflichtet wäre. **120**

Die Formulierung, die Verpflichtung bestehe „ab dem Zeitpunkt des Eingangs“ der Information, ist lediglich in Abgrenzung zur Regelung in § 6 Abs. 5 HinSchG zu verstehen, wo zusätzlich die Kenntnis der Verschwiegenheitspflicht vorliegen muss. Eine solche Kenntnis ist im Rahmen von § 6 Abs. 3 HinSchG für die Pflichtentstehung nicht erforderlich. **121**

Eine **andere Frage** ist, ob die **Rechtsfolge** eines Verstoßes gegen die Verschwiegenheits- oder Geheimhaltungspflicht **vorsätzliches Handeln erfordert**. Soweit das der Fall ist, können diese Rechtsfolgen freilich auch im Rahmen von § 6 Abs. 3 HinSchG nur ausgelöst werden, wenn die handelnde Meldestellenperson Kenntnis von den Umständen hatte, die die Verschwiegenheits- oder Geheimhaltungspflicht der hinweisgebenden Person begründen – etwa von deren beruflicher Stellung. **122**

bb) Vertragliche Verschwiegenheitspflichten

Bei vertraglichen Verschwiegenheitspflichten ist allein die Erlangung einer Information im Rahmen der Tätigkeit nicht ausreichend, um eine Pflichtenstellung zu begründen. Zusätzlich ist hier nach § 6 Abs. 5 HinSchG die Kenntnis von der vertraglichen Verschwiegenheitspflicht erforderlich. **123**

Erforderlich ist eine positive Kenntnis der Verschwiegenheitspflicht. Für eine Verpflichtung von Meldestellenpersonen, sich aktiv nach dem Bestehen einer vertraglichen Verschwiegenheitspflicht zu erkundigen, enthält das Gesetz keine Grundlage. **124**

Unklar ist, ob die höchstpersönliche Kenntnis der vertraglichen Verschwiegenheitspflicht erforderlich ist, oder ob die Kenntnis innerhalb der Meldestelle zurechenbar ist. Die Norm verlangt lediglich, dass „Kenntnis von der Verschwiegenheitspflicht besteht“ und ist insofern – anders als bei § 6 Abs. 3 HinSchG – offen. Auch die Begründung zum Regierungsentwurf trägt nicht zur Aufklärung bei, wenn es dort heißt, dass „die zuständigen Personen Kenntnis von der vertraglichen Vereinbarung haben müssen“.[63] **125**

Im Ergebnis sprechen jedoch die besseren Argumente dafür, die **persönliche Kenntnis** von der vertraglichen Verschwiegenheitspflicht **zu verlangen**: Zum **126**

63 BT-Drs. 20/3442, S. 73.

einen geht es letztlich um eine persönliche Pflichtenstellung einzelner Meldestellenpersonen, sodass eine persönliche Betrachtungsweise sachnäher ist. Zum anderen werden dadurch unterschiedliche Auslegungsmaßstäbe in § 6 Abs. 3 HinSchG einerseits und in § 6 Abs. 5 HinSchG andererseits vermieden.

2. Rechtsfolge

127 Sind die Voraussetzungen der Verpflichtung gegeben, hat dies grundsätzlich zur Folge, dass die Verschwiegenheits- und Geheimhaltungspflicht nun auch die Meldestellenperson trifft (siehe dazu unter Rn. 129 ff.).

128 Eine teilweise Ausnahme gilt nach Abs. 4, soweit es sich um ein „Geheimnis im Sinne“ von § 6 Abs. 1 oder Abs. 2 HinSchG handelt. Solche Informationen dürfen die Meldestellenpersonen insoweit verwenden oder weitergeben, wie dies für das Ergreifen von Folgemaßnahmen erforderlich ist.

a) Grundsatz: Anwendung der Vorschriften

129 Ist der Tatbestand erfüllt, sind die Verschwiegenheits- und Geheimhaltungspflichten auf die Meldestellenperson anwendbar. Weder das Gesetz noch die Begründung zum Regierungsentwurf stellen eindeutig klar, was genau unter der Anwendung der Vorschriften zu verstehen ist. Handelt die Meldestellenperson entgegen der Verschwiegenheits- und Geheimhaltungspflicht, stellt dies nach dem HinSchG **keinen eigenständigen Ordnungswidrigkeitentatbestand** dar: Anders als etwa bei einem Verstoß gegen das Vertraulichkeitsgebot aus § 8 Abs. 1 Satz 1 HinSchG enthält § 40 HinSchG keine entsprechende Regelung.

130 Für bei externen Meldestellen tätige Amtsträger dürfte die Einhaltung der Verschwiegenheits- und Geheimhaltungspflichten mit der Erfüllung des Tatbestandes eine **Dienstpflicht** darstellen. Eine Verletzung der Pflichten kann daher disziplinarrechtlich geahndet werden.

131 Die Gesetzesbegründung stellt klar, dass ein Verstoß gegen die Verschwiegenheits- und Geheimhaltungspflichten für Amtsträger außerdem „regelmäßig strafbewehrt“ wäre, nämlich nach § 203 Abs. 2 Nr. 1 StGB (bei privaten Geheimnissen) oder nach § 353b Abs. 1 Nr. 1 StGB (bei öffentlichen Geheimnissen). Ein Verstoß gegen landes- oder unionsrechtliche Verschwiegenheits- oder Geheimhaltungspflichten der hinweisgebenden Person kann eine Strafbarkeit aufgrund des Wortlautes der Norm nicht begründen (siehe dazu unter Rn. 106 ff.).

132 Bei Personen, die aufgrund eines zivilrechtlichen Vertrages für eine interne Meldestelle eines privatrechtlich organisierten Unternehmens tätig sind, gehört die Einhaltung der Verschwiegenheits- und Geheimhaltungspflichten ab dem im Gesetz bestimmten Zeitpunkt zu ihren **vertraglichen Pflichten**. Eine Verletzung kann daher eine Vertragspflichtverletzung darstellen.

Anders als bei Amtsträgern liegt bei **privatrechtlichen Meldestellenpersonen nicht ohne Weiteres ein strafbewehrter Verstoß** vor. Denn insbesondere die Tatbestände des § 203 Abs. 1 StGB knüpfen an eine **bestimmte berufliche Stellung des Täters** (bspw. Arzt, Rechtsanwalt, Steuerberater) an. Allein die Anwendung der Verschwiegenheits- und Geheimhaltungspflichten auf die Meldestellenperson führt nicht dazu, dass die Meldestellenperson auch die erforderliche Täterqualität zur Erfüllung dieser Tatbestände besäße. Für dieses Ergebnis bräuchte es eine ausdrückliche Regelung. **133**

In Abwesenheit einer entsprechenden ausdrücklichen Regelung finden auch die **Beschlagnahmeverbote und Zeugnisverweigerungsrechte**, die den in § 203 Abs. 1 StGB genannten Berufsangehörigen zukommen (vgl. etwa §§ 97, 53 StPO), **auf Meldestellenpersonen keine Anwendung**. **134**

b) Ausnahme: Folgemaßnahmen

Die Anwendung der Verschwiegenheits- und Geheimhaltungspflichten steht gemäß § 6 Abs. 3 Nr. 1 HinSchG unter dem Vorbehalt von § 6 Abs. 4 HinSchG. **135**

Dort ist geregelt, dass „Geheimnisse im Sinne" von § 6 Abs. 1 oder Abs. 2 HinSchG insoweit verwendet und weitergegeben werden dürfen, wie dies für das Ergreifen von Folgemaßnahmen erforderlich ist. Es handelt sich um einen Erlaubnistatbestand, der Meldestellenpersonen teilweise die Verwendung und Weitergabe von Informationen erlaubt, die grundsätzlich einer Verschwiegenheits- oder Geheimhaltungspflicht unterliegen. **136**

Der Begriff der „Verwendung" der Geheimnisse meint die meldestelleninterne Nutzung der Information zur Bearbeitung der Meldung (§§ 17, 28 HinSchG) und insbesondere zum Ergreifen von Folgemaßnahmen (§§ 18, 29 HinSchG). In Abgrenzung dazu meint die „Weitergabe" das Zuleiten der geheimen Information an eine Person oder Stelle, die außerhalb der Meldestelle steht. **137**

aa) Geheimnis i. S. v. Abs. 1 oder Abs. 2

Damit der Erlaubnistatbestand greift, muss es sich um ein Geheimnis i. S. v. § 6 Abs. 1 oder Abs. 2 HinSchG handeln. Die Meldestellenperson darf also nur solche Geheimnisse verwenden oder weitergeben, die die hinweisgebende Person in Einklang mit § 6 Abs. 1 HinSchG oder § 6 Abs. 2 HinSchG gemeldet hat. Ratio legis ist, dass eine Verwendung oder Weitergabe nur insoweit er- **138** laubt sein soll, **wie die Informationen** überhaupt erlaubterweise **bei der Meldestelle vorhanden sein dürfen**.

139 Verstößt die Meldung daher gegen § 6 Abs. 1 HinSchG oder § 6 Abs. 2 HinSchG, muss eine Verwendung und Weitergabe ausscheiden. Das ist vor allem der Fall, wenn das gemeldete Geheimnis nicht § 6 HinSchG, sondern § 5 Abs. 2 HinSchG unterfällt – etwa, wenn eine Ärztin in unzulässiger Weise ein Berufsgeheimnis offenbart.

140 Dasselbe gilt, wenn es sich zwar um ein in § 6 Abs. 1 oder Abs. 2 HinSchG genanntes Geheimnis handelt, die Meldung aber nicht die sonstigen dort vorgesehenen Voraussetzungen erfüllt – etwa, wenn erkennbar war, dass die gemeldeten Informationen nicht der Wahrheit entsprechen (§ 6 Abs. 1 Nr. 2 und Abs. 2 Nr. 2 HinSchG, jeweils i.V.m. § 33 Abs. 1 Nr. 2 HinSchG).

bb) Erforderlichkeit für Folgemaßnahmen

141 Liegt ein Geheimnis i.S.v. § 6 Abs. 1 oder Abs. 2 HinSchG vor, darf dieses nur insoweit verwendet oder weitergegeben werden, wie dies für das Ergreifen von Folgemaßnahmen erforderlich ist. Diese Restriktion wirkt sich **weniger bei der Nutzung** der geheimen Information als **vielmehr bei deren Weitergabe** aus.

142 Denn um bestimmen zu können, ob überhaupt Folgemaßnahmen zu ergreifen sind und – falls ja – welche Folgemaßnahme angemessen ist (vgl. § 17 Abs. 1 Nr. 6 HinSchG sowie § 28 Abs. 2 Satz 2 HinSchG), ist eine vorherige umfassende Bearbeitung der Meldung nach §§ 17, 28 HinSchG erforderlich. Im Ergebnis ist die Meldestelle daher zur internen Nutzung der geheimen Information befugt, soweit dies für die Wahrnehmung ihrer Aufgaben erforderlich ist.

143 **Genau zu prüfen** ist hingegen, ob die **Weitergabe** der geheimen Information auch wirklich erforderlich ist, um die von der Meldestelle für angemessen befundene Folgemaßnahme zu ergreifen. Kann die Folgemaßnahme auch ergriffen werden, ohne die geheime Information zu offenbaren – etwa durch Schwärzungen oder Anonymisierungen –, muss deren Offenbarung unterbleiben.

V. Pflicht zur Beachtung der schutzwürdigen Belange Betroffener (Abs. 3 Nr. 2)

144 Meldestellenpersonen sind nicht nur verpflichtet, die Geheimhaltungs- oder Verschwiegenheitspflicht der hinweisgebenden Person anzuwenden. Sie müssen außerdem ab dem im Gesetz bestimmten Zeitpunkt (siehe dazu unter Rn. 114ff.) die „schutzwürdigen Belange Betroffener“ in gleicher Weise beachten, wie dies die hinweisgebende Person tun muss (§ 6 Abs. 3 Nr. 2 HinSchG).

Als „Betroffener“ gilt jede (natürliche oder juristische) Person, auf die sich die Meldung der hinweisgebenden Person bezieht, die also Objekt der Meldung ist.[64] In der Diktion des HinSchG handelt es sich also um Personen, die Gegenstand der Meldung sind, sowie um die sonstigen in der Meldung genannten Personen (vgl. § 8 Abs. 1 Nr. 2 und Nr. 3 HinSchG). 145

Nach der Rechtsprechung des Bundesverwaltungsgerichts zu Normen des Bundesarchivgesetzes – auf die die Begründung zum Regierungsentwurf Bezug nimmt[65] – können sich schutzwürdige Interessen von Betroffenen ergeben aus „dem Schutz des Lebens, der körperlichen Unversehrtheit, der Freiheit und der freien Entfaltung der Persönlichkeit einschließlich des Rechts auf informationelle Selbstbestimmung (Art. 2 I iVm Art. 1 I GG) […], wenn ernsthaft zu befürchten ist, dass diese Rechtsgüter im Fall einer Offenlegung der persönlichen Angaben einer Gefährdung ausgesetzt sind“.[66] Soweit die hinweisgebende Person also verpflichtet ist, solche Belange Betroffener zu beachten, unterliegen die Meldestellenpersonen derselben Verpflichtung. 146

Die Norm ist § 6 Abs. 3 Nr. 2 BArchG nachgebildet. Danach muss das Bundesarchiv, wenn es Unterlagen von einer öffentlichen Stelle erhält, die schutzwürdigen Belange Betroffener in gleicher Weise beachten wie die abgebende Stelle. Ob die Nachbildung gelungen ist, darf bezweifelt werden, da die im BArchG geregelten Situationen einerseits (grundrechtsverpflichtete abgebende öffentliche Stelle) und die im HinSchG geregelten Situationen andererseits (hinweisgebende Person) kaum miteinander vergleichbar sind. 147

Es ist auch nicht unmittelbar ersichtlich, welcher eigenständige Regelungsgehalt der Vorschrift zukommen soll. In § 8 HinSchG ist geregelt, dass Meldestellen die Identität der Betroffenen grundsätzlich vertraulich zu behandeln haben (siehe dazu unter § 8 Rn. 20); in § 9 Abs. 4 HinSchG sind abschließende Ausnahmen von diesem Grundsatz geregelt (dazu unter § 9 Rn. 40 ff.). Dass Meldestellenpersonen geheime Informationen grundsätzlich vertraulich behandeln müssen, ergibt sich aus § 6 Abs. 3 Nr. 1, Abs. 4 HinSchG. Ein Anwendungsbereich für die Vorschrift verbleibt daher, soweit ersichtlich, nur in besonders gelagerten Ausnahmefällen. 148

Die Regelung kommt – anders als §§ 8 f. HinSchG – nur zur Anwendung, wenn die Meldung Informationen enthält, die einer der in § 6 Abs. 3 HinSchG genannten Geheimhaltungs- oder Verschwiegenheitspflicht der hinweisgeben- 149

64 Vgl. dazu auch *Partsch*, Bundesarchivgesetz, § 6 Rn. 74.
65 BT-Drs. 20/3442, S. 73.
66 BVerwG, 30.1.2019, 6 A 1/17, NJW 2019, 2186.

den Person unterfallen (siehe dazu unter Rn. 104 ff.). Nur in diesem Fall müssen die Meldestellenpersonen bezüglich eines jeden Betroffenen prüfen, inwieweit die hinweisgebende Person dessen schutzwürdige Belange zu beachten hat.

150 Das kann etwa dann der Fall sein, wenn die hinweisgebende Person gegenüber den Betroffenen einer Meldung (Rücksichtnahme-)Pflichten einhalten muss, die dem Schutz von deren schutzwürdigen Belangen (Leben, Freiheit, informationelle Selbstbestimmung etc.) dienen. Denkbar ist etwa, dass die hinweisgebende Person besonderen datenschutzrechtlichen Löschpflichten zu personenbezogenen Daten eines Betroffenen unterliegt. In diesem Fall unterläge die Meldestelle ab dem im Gesetz bestimmten Zeitpunkt denselben Verpflichtungen.

151 Auch kommt in Betracht, dass die hinweisgebende Person einer besonderen Verpflichtung unterliegt, Leib und Leben eines Betroffenen zu schützen. Das soll folgendes Beispiel verdeutlichen:

> Der Arbeitgeber des Vertriebsmitarbeiters A hat dem A aufgrund eines Suchtproblems eine Beratung bei der Suchtberatungsstelle S vermittelt. Mit der S hat der Arbeitgeber in vergleichbaren Fällen schon öfter zusammengearbeitet. Der dort tätige Suchtberater SB erfährt im Rahmen der Beratung, dass A regelmäßig und seit Jahren unter dem Einfluss von Betäubungsmitteln sein Dienstfahrzeug führt. Außerdem erfährt er, dass A gelegentlich suizidale Gedanken hat. SB wendet sich in Übereinstimmung mit den Vorgaben von § 6 Abs. 2 HinSchG an die interne Meldestelle beim Arbeitgeber des A.

152 In diesem Fall müssen die Meldestellenpersonen die schutzwürdigen Belange des A ebenso beachten wie der Suchtberater. Denn die Meldung enthält Informationen, für die grundsätzlich eine Schweigepflicht (§ 203 Abs. 1 Nr. 4 StGB) gilt. Aufgrund der Suizidalität des A ist der Suchtberater verpflichtet, im Umgang mit A besondere Vorsicht walten zu lassen. Diese Verpflichtung trifft nunmehr auch die Meldestellenpersonen. Wie das Beispiel zeigt, dürfte die Vorschrift eher in Ausnahmekonstellationen einen eigenständigen Anwendungsbereich erlangen.

153 **Kein schutzwürdiges** und von der Meldestellenperson zu beachtendes **Interesse** ist das Interesse einer Person, dass **grundsätzlich geheime Informationen** über einen tatsächlich von dieser Person begangenen Verstoß **nicht weitergegeben werden**, soweit die Meldung rechtmäßig erstattet wurde. Denn dieses Interesse ist nach der durch das HinSchG getroffenen Wertung gerade nicht schutzwürdig.

So ist die Meldestelle im obigen Beispiel nicht generell daran gehindert, die erhaltenen Informationen für Folgemaßnahmen zu verwenden und weiterzugeben. Denn die Meldestelle ist nur soweit zur Beachtung der Belange des A verpflichtet, wie dies die hinweisgebende Person (hier der Suchtberater) ist. Dieser durfte die Informationen gemäß § 6 Abs. 2 HinSchG allerdings gerade weitergeben – das Interesse des A an Verschwiegenheit ist ihm gegenüber also nicht schutzwürdig. Dies folgt aus der in § 6 Abs. 2 HinSchG enthaltenen gesetzgeberischen (Wert-)Entscheidung. Danach ist die Verschwiegenheitspflicht von Suchtberatungsstellen den Zielen des HinSchG unterzuordnen. **154**

Im Umkehrschluss gilt daher auch: Stammt die Meldung nicht von einem Suchtberater, sondern vom behandelnden Betriebsarzt des Arbeitgebers, dürfte die Meldestelle die Informationen nicht verwenden oder weitergeben. Denn gegenüber dem Betriebsarzt hat der A ein schutzwürdiges Interesse an Verschwiegenheit – dieser darf geheime Informationen gemäß § 5 Abs. 2 Nr. 4 HinSchG ja gerade nicht weitergeben. Hier ist die Wertentscheidung also dahingehend ausgefallen, dass das Interesse an der Verschwiegenheit von Ärzten den Hinweisgeberschutz überwiegt. Dieses Ergebnis (= von einem Betriebsarzt gemeldete Informationen dürfen nicht verwendet werden) ergibt sich allerdings bereits aus der Regelung in § 6 Abs. 3 Nr. 1, Abs. 4 HinSchG (siehe dazu unter Rn. 139) **155**

Soweit ausnahmsweise eigenständige, nicht durch andere Vorschriften erfasste schutzwürdige Belange Betroffener zu beachten sind, gilt: Die Meldestelle darf sich also auch dann nicht über die schutzwürdigen Belange Betroffener hinwegsetzen, wenn die Meldung im Einklang mit den Vorgaben des HinSchG erfolgt ist (siehe Rn. 138) und dies zum Ergreifen von Folgemaßnahmen erforderlich ist (siehe Rn. 141). Denn anders als bei § 6 Abs. 3 Nr. 1 HinSchG fehlt es in § 6 Abs. 3 Nr. 2 HinSchG an dem Zusatz „vorbehaltlich des Absatzes 4“. **156**

Abschnitt 2
Meldungen

Unterabschnitt 1
Grundsätze

§ 7 Wahlrecht zwischen interner und externer Meldung

(1) Personen, die beabsichtigen, Informationen über einen Verstoß zu melden, können wählen, ob sie sich an eine interne Meldestelle (§ 12) oder eine externe Meldestelle (§§ 19 bis 24) wenden. Diese Personen sollten in den Fällen, in denen intern wirksam gegen den Verstoß vorgegangen werden kann und sie keine Repressalien befürchten, die Meldung an eine interne Meldestelle bevorzugen. Wenn einem intern gemeldeten Verstoß nicht abgeholfen wurde, bleibt es der hinweisgebenden Person unbenommen, sich an eine externe Meldestelle zu wenden.

(2) Es ist verboten, Meldungen oder die auf eine Meldung folgende Kommunikation zwischen hinweisgebender Person und Meldestelle zu behindern oder dies zu versuchen.

(3) Beschäftigungsgeber, die nach § 12 Absatz 1 und 3 zur Einrichtung interner Meldestellen verpflichtet sind, sollen Anreize dafür schaffen, dass sich hinweisgebende Personen vor einer Meldung an eine externe Meldestelle zunächst an die jeweilige interne Meldestelle wenden. Diese Beschäftigungsgeber stellen für Beschäftigte klare und leicht zugängliche Informationen über die Nutzung des internen Meldeverfahrens bereit. Die Möglichkeit einer externen Meldung darf hierdurch nicht beschränkt oder erschwert werden.

Schrifttum: *Bayreuther*, Das neue Hinweisgeberschutzgesetz, DB 2023, 1537; *Brobeil*, Die Auswirkungen der Richtlinie (EU) 2019/1937 auf Arbeitnehmer-Hinweisgeber, 2021; *Breßler/Kuhnke/Schulz/Stein*, Inhalte und Grenzen von Amnestien bei Internal Investigations, NZG 2009, 721; *Bruns*, Das neue Hinweisgeberschutzgesetz, NJW 2023, 1609; *Buchert*, Der Irrweg der EU-Kommission – Zu den Überlegungen über die Einführung einer staatlichen Whistleblower-Prämie, CCZ 2013, 144; *Dilling*, Cat's Gold-Plating – Der neue Referentenentwurf zum Hinweisgeberschutzgesetz, CCZ 2022, 145; *Dilling*, Der Referentenentwurf zum Hinweisgeberschutzgesetz – Steine statt Brot für Whistleblower und betroffene Personen, CCZ 2021, 60; *Dzida/Granetzny*, Die neue EU-Whistleblowing-Richtlinie und ihre Auswirkungen auf Unternehmen, NZA 2020, 1201; *Dzida/Seibt*, Neues Hinweisgeberschutzgesetz: Analyse und Antworten auf Praxisfragen, NZA 2023, 657; *Engelhoven/Gatz*, Das neue Hinweisgeberschutzgesetz: die Änderungen im parlamentarischen Verfahren im Überblick, DB 2023, 1397; *Erb/Schäfer* (Hrsg.), Münchener Kommentar zum StGB, Bd. 4, 4. Aufl. 2021; *Erman* (Begr.), BGB Kommentar, 16. Aufl. 2020; *Fehr*, Datenschutzrechtliche Anforderungen an die Implementierung eines Hinweisgebersystems im Lichte des HinSchG und der DSGVO, DB 2023, 180; *Fischer*, Hinweisgebersysteme im Lichte der EU-Richtlinie 2019/1937 unter besonderer Betrachtung der Vertraulichkeitszusicherung, 2023; *Fleischer/Schmolke*, Finanzielle Anreize für Whistleblower im Europäischen Kapitalmarktrecht?, NZG 2012, 361; *Gerdemann*, Referentenentwurf für ein deutsches Hinweisgeberschutzgesetz, ZRP 2021, 37; *Göpfert/Merten/Siegrist*, Mitarbeiter als „Wissensträger" – Ein Beitrag zur aktuellen Compliance-Diskussion, NJW 2008, 1703; *Granetzny/Krause*, Was kostet ein gutes Gewissen? – Förderung von Whistleblowing durch Prämien nach US-Vorbild?, CCZ 2020, 29; *Grüneberg* (Hrsg.), Bürgerliches Gesetzbuch, 82. Aufl. 2023; *Hauser/Bretti-Rainalter/Blumer*, Whistleblowing Report 2021: Die umfassende Studie über Whistleblowing in europäischen Unternehmen; *Kahlenberg/Schwinn*, Amnestieprogramme bei Compliance-Untersuchungen im Unternehmen, CCZ 2012, 81; *Kindhäuser/Neumann/Paeffgen/Saliger*, Nomos Kommentar zum Strafgesetzbuch, 23. Aufl. 2023; *Koch*, Aktiengesetz, 17. Aufl. 2023; *Kölbel/Herold*, Whistleblowing in der empirischen Forschung, in: Kölbel et al. (Hrsg.), Zur anstehenden Regulierung von Whistleblowing in Deutschland, LMU SFB 1369 Working Paper, 01/2020, 4; *Kort*, Organpflichten beim Whistleblowing: Paradigmenwechsel durch die Hinweisgeber-Richtlinie?, in: FS Windbichler, 2020, 837; *Krug/Skoupil*, Befragungen im Rahmen von internen Untersuchungen, NJW 2017, 2374; *Lüneborg*, Das Hinweisgeberschutzgesetz – die (un)endliche Geschichte, ZIP 2023, 941; *Lüneborg*, Der Regierungsentwurf des Hinweisgeberschutzgesetzes: Kein großer Wurf, RFamU 2022, 399; *Müller*, Whistleblowing – ein Kündigungsgrund?, NZA 2002, 424; *Müller/Volkers*, Hinweisgeberschutz und Kartellrecht – Was bedeuten die deutschen Umsetzungsbemühungen für die Kartellrechtscompliance?, NZKart 2022, 555; *Nielebock*, jurisPR-ArbR 23/2022 Anm. 1; *Quast/Ohrloff*, Der Regierungsentwurf des Hinweisgeberschutzgesetzes, CCZ 2022, 303; *Redder*, Die kommunalen Auswirkungen des neuen Hinweisgeberschutzgesetzes, KommJur 2023, 201; *Prinz/Winkeljohann* (Hrsg.), Beck'sches Handbuch der GmbH, 6. Aufl. 2021; *Reufels/Osmakova*, Der neue Entwurf des Hinweisgeberschutzgesetzes – Gelungene Umsetzung der EU-Whistleblower-Richtlinie?, ArbRB 2022, 147; *Reuter*, Das Hinweisgeberschutzgesetz ist da – Was Unternehmen jetzt tun müssen, BB 2023, 1539; *Rolfs/Giesen/Meßling/Udsching*, Beck'scher Online-Kommentar zum Arbeitsrecht, 68. Edition 2023; *Schmolke*, Die neue Whistleblower-Richtlinie ist da! Und nun?, NZG 2020, 5; *Schmolke*, Whistleblowing als Regelungsaufgabe, ZGR 2019, 876; *Schoch/Kumar*, Der neue Entwurf eines Hinweisgeberschutzgesetzes, CB 2022, 181; *Schoch*, Das neue Hinweisgeberschutzgesetz aus Sicht der Finanzbranche – Worauf können und müssen sich Kreditinstitute schon heute einstellen?, BKR 2023, 154; *Steinhauser/Kreis*, Die Umsetzung der EU-Whistleblowing-Richtlinie als Herausforderung für Gesetzgeber und Unternehmen, EuZA 2021, 422; *Steinle/Langguth*, Hinweisgeberrichtlinie und Kartellbekämpfung, CB 2022, 461; *Thüsing*, Effektiver Hinweisgeberschutz mit Augenmaß – Erste Gedanken zum neuen RefE eines Hinweisgeberschutzgesetzes (HinSchG), DB 2022, 1066; *Thüsing/Musiol*, Fragen und Antworten zum Hinweisgeberschutzgesetz, DRiZ 2022, 486; *Thüsing/Musiol*, Hinweise zum Hinweisgeberschutzgesetz, BB 2022, 2420; *Thüsing/Musiol/Peisker*, Die Umsetzung der Hinweisgeberschutzrichtlinie, ZGI 2023, 63; *Ulrich*, Neuere Tendenzen im arbeitsrechtlichen Kündigungsschutz (Teil II), DB 1988, 1444; *Wrase/Fabritius*, Prämien für Hinweisgeber bei Kartellverstößen?, CCZ 2011, 69.

Übersicht

	Rn.
I. Überblick	1
II. § 7 Abs. 1 – Wahlrecht des Hinweisgebers	2
1. Abs. 1 Satz 1	4
a) Wahlrecht – Prinzip der Gleichrangigkeit der Meldestellen	5
b) Wahlfreiheit – Abkehr von der bisherigen Rechtsprechungslinie	7
2. Abs. 1 Satz 2	13
a) Gesetzgebungshistorie	14
b) Keine Einschränkung des Wahlrechts	15
3. Abs. 1 Satz 3	16
a) Keine Einschränkung bei Ausübung des Wahlrechts	17
b) Konditionale Bindung an die Ausübung des Wahlrechts	19
aa) Keine externe Meldemöglichkeit bei Abhilfe des Verstoßes	20
bb) Bindungswirkung während eines laufenden internen Meldeverfahrens	22
cc) Grenzen der Bindungswirkung	25
4. Richtlinienkonformität	30
III. § 7 Abs. 2 – Behinderungsverbot	34
1. Behinderung	35
2. Versuch der Behinderung	36
3. Rechtsfolge	37
IV. § 7 Abs. 3 – Anreizschaffung	39
1. Gesetzgebungshistorie	40
2. Ausgestaltung von Anreizen	41
a) Abs. 3 Satz 1 – Regelungsauftrag an den Beschäftigungsgeber	41
b) Praxisempfehlungen	43
aa) Hinweisgeberfreundliche Unternehmens- und Führungskultur	44
bb) Möglichkeit anonymer Meldungen	46
cc) Amnestieangebote	48
dd) Öffnung der Meldekanäle zugunsten Dritter	51
ee) Monetäre Anreize	52
3. Abs. 3 Satz 2 – Informationsbereitstellung	55
4. Abs. 3 Satz 3 – Verbot der Beschränkung oder Erschwerung externer Meldungen	59

I. Überblick

1 § 7 Abs. 1 Satz 1 räumt Personen, die beabsichtigen, Informationen über einen Verstoß zu melden,[1] ein Wahlrecht ein: Sie können sich entweder an eine interne oder eine externe Meldestelle wenden. § 7 Abs. 1 Satz 2 enthält einen (weder verpflichtenden noch justiziablen) Appell des Gesetzgebers, dass sich Hinweisgeber vorzugsweise an interne Meldestellen wenden sollten, soweit davon auszugehen ist, dass diese wirksam gegen den Verstoß vorgehen und dem Hinweisgeber keine Repressalien drohen. Entscheidet sich der Hinweisgeber für den internen Meldeweg, bleibt es ihm nach § 7 Abs. 1 Satz 3 unbenommen, sich an eine externe Meldestelle zu wenden, wenn dem zunächst intern gemeldeten Verstoß nicht abgeholfen wurde. § 7 Abs. 2 normiert sodann ein Verbot der (auch nur versuchten) Meldungs- und Kommunikationsbehinderung. In § 7

1 Zur Vereinfachung werden diese Personen im Folgenden auch als „Hinweisgeber" bezeichnet.

Abs. 3 fordert der Gesetzgeber schließlich die Beschäftigungsgeber auf, Anreize für die vorrangige Nutzung interner Meldestellen zu schaffen (Satz 1) sowie klare und leicht zugängliche Informationen über die Nutzung des internen Meldeverfahrens bereitzustellen (Satz 2), wobei hierdurch die Möglichkeit einer externen Meldung – und somit das eingeräumte Wahlrecht – weder beschränkt noch erschwert werden darf (Satz 3).

II. § 7 Abs. 1 – Wahlrecht des Hinweisgebers

2 § 7 Abs. 1 normiert in seinem Satz 1 das Wahlrecht des Hinweisgebers, Informationen über einen Verstoß entweder an eine interne Meldestelle beim Beschäftigungsgeber (siehe hierzu §§ 12 ff.) oder an eine externe Meldestelle (siehe hierzu §§ 19 ff.) zu übermitteln (hierzu Rn. 4 ff.). In Abkehr von der bisherigen Rechtsprechung auf nationaler[2] und europäischer[3] Ebene ist der Hinweisgeber folglich nicht mehr dazu verpflichtet,[4] im Wege einer einzelfallbezogenen Abwägung zu entscheiden, ob ihm eine innerbetriebliche Anzeige zumutbar ist und dieser der Vorrang vor einer externen Meldung gebührt, sondern er hat ein unbeschränktes Wahlrecht, sich für einen der Meldewege (intern oder extern) zu entscheiden. Anknüpfend an das in Satz 1 verankerte Wahlrecht greift der Gesetzgeber in § 7 Abs. 1 Satz 2 die schon in der HinSch-RL[5] angelegte Annahme auf, dass sich Hinweisgeber regelmäßig wohler fühlten, wenn sie Informationen intern melden, und mehrheitlich zu internen Meldungen neigten. Auch sei eine interne Meldung der beste Weg, um Informationen an diejenigen Personen heranzutragen, die frühzeitig und wirksam Gefahren für das öffentliche Interesse abwenden oder hierzu beitragen können. Daher sollte der Hinweisgeber nach dem (weder verpflichtenden noch justiziablen) Appell des Gesetzgebers eine interne Meldung immer dann bevorzugen, wenn dem gemeldeten Verstoß intern wirksam nachgegangen werden kann

---

2 Vgl. BAG, 31.7.2014, 2 AZR 505/13, NZA 2015, 245; BAG, 7.12.2006, 2 AZR 400/05, NZA 2007, 502; BAG, 3.7.2003, 2 AZR 235/02, NZA 2004, 427; LAG München, 29.7.2020, 11 Sa 332/20, juris; LAG Rheinland-Pfalz, 15.4.2019, 3 Sa 411/18, BeckRS 2019, 20971; LAG Düsseldorf, 4.3.2016, 10 TaBV 102/15, BeckRS 2016, 68431; LAG Köln, 5.7.2012, 6 Sa 71/12, ZWH 2013, 84; LAG Schleswig-Holstein, 20.3.2012, 2 Sa 331/11, BB 2012, 1862.

3 Vgl. EGMR, 14.2.2023, 21884/18 – Halet v. Luxemburg; EGMR, 16.2.2021, 23922/19 – Gawlik v. Liechtenstein; EGMR, 28.3.2017, 51706/11 – Marunić v. Croatia; EGMR, 21.10.2014, 73571/19 – Matúz v. Hungary; EGMR, 21.7.2011, 28274/08 – Heinisch v. Germany; EGMR, 12.2.2008, 14277/04 – Guja v. Moldova.

4 Einen „gewissen Bruch mit der bisherigen nationalen Judikatur" attestiert auch *Lüneborg*, ZIP 2023, 941, 944; ähnlich *Kort*, in: FS Windbichler, 837, 846 ff. u. 852; *Schoch*, BKR 2023, 154, 155.

5 Vgl. insoweit Erwägungsgrund 33 Satz 2 und 3 HinSch-RL.

und der Hinweisgeber keine Repressalien zu befürchten hat.[6] Dieser bloße Appell an den Hinweisgeber ändert jedoch nichts an der im Ausgangspunkt bestehenden Wahlfreiheit (hierzu Rn. 4ff., 15). Abs. 1 Satz 3 knüpft an dieses unbeschränkte Wahlrecht an und statuiert, dass es bei Wahl des internen Meldeweges dem Hinweisgeber (nur) dann, wenn einem intern gemeldeten Verstoß *nicht* abgeholfen wurde, unbenommen bleibt, sich an eine externe Meldestelle zu wenden. Hieraus folgt nach zutreffendem Verständnis, dass der Hinweisgeber nach erfolgter interner Meldung, mithin also nach Ausübung seines Wahlrechts, an diese Wahl bis auf Weiteres gebunden ist; den externen Weg kann er (erst dann) beschreiten, wenn *keine Remedur* des Verstoßes erfolgte (hierzu Rn. 19ff.). Insoweit ist jedoch fraglich, ob die Regelung des § 7 Abs. 1 Satz 3 mit den Vorgaben der HinSch-RL vereinbar ist (hierzu Rn. 30ff.).

Im Einzelnen: 3

1. Abs. 1 Satz 1

Das in § 7 Abs. 1 Satz 1 statuierte Prinzip der Gleichrangigkeit der internen und externen Meldestellen und das damit einhergehende Wahlrecht zwischen interner und externer Meldung (hierzu Rn. 5f.) ist eine der großen Neuerungen, die durch die Verabschiedung des HinSchG Eingang in das deutsche Recht fand, stellt es doch eine Abkehr von der bisherigen Rechtsprechungslinie zum Rangverhältnis zwischen interner und externer Meldung dar (hierzu Rn. 7f.). 4

a) Wahlrecht – Prinzip der Gleichrangigkeit der Meldestellen

§ 7 Abs. 1 Satz 1 sieht vor, dass derjenige, der beabsichtigt, einen Verstoß zu melden, wählen kann, ob er sich an eine interne oder eine externe Meldestelle wendet. Die Gesetzesbegründung verweist auf den klarstellenden Charakter der Vorschrift in Umsetzung von Art. 10 HinSch-RL und führt aus, dass sich der Hinweisgeber unmittelbar an eine externe Meldestelle wenden kann, es ihm aber auch offensteht, sich zunächst an eine interne Meldestelle und danach an eine externe Meldestelle zu wenden.[7] Dem Hinweisgeber soll damit die Möglichkeit eröffnet werden, diejenige Meldestelle zu wählen, die „sich ange- 5

---

6 So auch bereits Art. 7 Abs. 2 HinSch-RL sowie Erwägungsgrund 47 HinSch-RL.

7 Gesetzentwurf der Bundesregierung: Entwurf eines Gesetzes für einen besseren Schutz hinweisgebender Personen sowie zur Umsetzung der Richtlinie zum Schutz von Personen, die Verstöße gegen das Unionsrecht melden, BT-Drs. 20/3442, S. 73; zur Wahlfreiheit *Bruns*, in: Rolfs/Giesen/Meßling/Udsching, BeckOK Arbeitsrecht, § 7 HinSchG, Rn. 6; *Bayreuther*, DB 2023, 1537, 1542; *Bruns*, NJW 2023, 1609, 1612; *Fehr*, DB 2023, 180, 180f.; *Redder*, KommJur 2023, 201, 202; *Reuter*, BB 2023, 1539, 1541.

sichts der fallspezifischen Umstände am besten eignet".[8] Der Gesetzgeber setzt insoweit die Vorgaben des Art. 6 Abs. 1 lit. b i.V.m. Art. 7 und Art. 10 HinSch-RL um.[9]

6 Art. 7 Abs. 1 Satz 1 bezieht sich allein auf die erstmalige Meldung des betreffenden Verstoßes, weil er ausdrücklich nur denjenigen Personen, „die beabsichtigen, Informationen über einen Verstoß zu melden", das Wahlrecht einräumt. Zwar könnte man auch in Bezug auf eine Person, die bereits eine interne Meldung erstattet hat und nun gedenkt, extern zu melden, annehmen, dass sie „beabsichtig[t], Informationen über einen Verstoß zu melden"; denn die Vorschrift spricht nicht expressis verbis von der Absicht, „erstmals" einen Verstoß zu melden. In dieser Konstellation ergäbe es aber keinen Sinn, der hinweisgebenden Person ein Wahlrecht einzuräumen, weil ihr, nachdem sie einen der Meldewege bereits beschritten hatte, faktisch nur noch ein Meldekanal verbleibt. Zudem deutet die anstelle der sonst verwendeten Wortwahl „hinweisgebende Person" gewählte Formulierung „Personen, die beabsichtigen, Informationen über einen Verstoß zu melden" darauf hin, dass es hier um die erstmalige Meldung eines Verstoßes geht. Die Regelung knüpft somit an einen Zeitpunkt an, zu dem noch keine Meldung – intern oder extern – erfolgt ist. Dem Hinweisgeber steht es zu diesem Zeitpunkt frei, sich für eine Meldung bei einer internen oder einer externen Meldestelle zu entscheiden. Die Auswahl eines der Meldewege bedarf keiner Rechtfertigung. Es ist daher irrelevant, welche Beweggründe den Hinweisgeber zu dieser Entscheidung motivieren.[10] Insbesondere ist es nicht von Bedeutung, ob der Hinweisgeber den von seinem Beschäftigungsgeber bereitgestellten Meldekanal für wirksam hält oder nicht. Auch im ersten Fall ist er dazu berechtigt, unmittelbar eine externe Meldestelle aufzusuchen.

b) Wahlfreiheit – Abkehr von der bisherigen Rechtsprechungslinie

7 Die Umsetzung der Richtlinienvorgabe in § 7 Abs. 1 Satz 1 und die damit einhergehende Wahlfreiheit zwischen interner und externer Meldestelle führt insofern zu einer Abkehr von der bisherigen Rechtsprechungslinie, als bislang eine einzelfallbezogene Abwägung dahingehend vorzunehmen war, ob dem Hinweisgeber eine innerbetriebliche Anzeige zumutbar ist und dement-

8 Gesetzentwurf der Bundesregierung, BT-Drs. 20/3442, S. 73; so auch ausdrücklich Erwägungsgrund 33 HinSch-RL.

9 Vgl. *Schmolke*, NZG 2020, 5, 6 f.

10 Vgl. Gesetzentwurf der Bundesregierung, BT-Drs. 20/3442, S. 90 u. 92; *Bruns*, in: Rolfs/Giesen/Meßling/Udsching, BeckOK Arbeitsrecht, § 7 HinSchG Rn. 7; *Fischer*, Hinweisgebersysteme im Lichte der EU-Richtlinie 2019/1937 unter besonderer Betrachtung der Vertraulichkeitszusicherung, S. 84; *Gerdemann*, ZRP 2021, 37, 39.

sprechend der internen Meldung der Vorrang gebührt. Wenngleich hiernach der internen Meldung kein ausnahmsloser/genereller Vorrang zukam, hat sich die Rechtsprechung doch dahingehend herausgebildet, dass – stets vom Einzelfall ausgehend – in der ganz überwiegenden Zahl der Fälle ein solcher Vorrang der internen Meldung anzunehmen war.[11]

Ein solcher Vorrang wurde von den deutschen Gerichten aus der in § 241 Abs. 2 BGB verankerten allgemeinen Rücksichtnahmepflicht des Arbeitnehmers gegenüber dem Arbeitgeber hergeleitet.[12] Diese verpflichtet den Arbeitnehmer, auf die geschäftlichen Interessen des Arbeitgebers Rücksicht zu nehmen und sie in einem zumutbaren Maß zu wahren.[13] **8**

Eine spezifischere Ausgestaltung erfuhr diese allgemeine Rücksichtnahmepflicht aus § 241 Abs. 2 BGB durch die Grundrechte.[14] Nach bisheriger Rechtsprechung musste im Falle einer Kollision des dem Arbeitgeber als Ausfluss seiner Betätigungsfreiheit aus Art. 12 Abs. 1 GG zustehenden Rechts, vom Arbeitnehmer die Einhaltung eines gewissen Maßes an Rücksicht auf seine Interessen zu verlangen, und der Grundrechte des Arbeitnehmers – im Kontext des Whistleblowing vornehmlich aus Art. 2 Abs. 1 GG i.V.m. dem in Art. 20 Abs. 3 GG verankerten Rechtsstaatsprinzip sowie in der Regel auch aus Art. 5 Abs. 1 GG – eine grundrechtskonforme Auslegung des § 241 Abs. 2 BGB erfolgen.[15] Im Rahmen der praktischen Konkordanz sollten die kollidierenden Grundrechte in ihrer Wechselwirkung gesehen und so begrenzt werden, dass die geschützten Rechtspositionen für alle Beteiligten möglichst weitgehend gewahrt bleiben.[16] **9**

Hieraus hat sich im „Whistleblowing“-Kontext eine Rechtsprechungslinie entwickelt, die grundsätzlich den Vorrang interner Meldungen an den Arbeitgeber vorsah.[17] Der Arbeitnehmer war aus dem Loyalitäts- und Treuegedanken he- **10**

---

11 Vgl. BAG, 31.7.2014, 2 AZR 505/13, NZA 2015, 245; BAG, 3.7.2003, 2 AZR 235/02, NZA 2004, 427; LAG Köln, 5.7.2012, 6 Sa 71/12, BeckRS 2012, 75713.

12 BAG, 3.7.2003, 2 AZR 235/02, NZA 2004, 427.

13 Vgl. BAG, 3.7.2003, 2 AZR 235/02, NZA 2004, 427; BGH, 23.2.1989, IX ZR 236/86, NJW-RR 1989; LAG München, 20.7.2020, 11 Sa 332/20; vgl. auch *Edenfeld*, in: Erman BGB, § 611 Rn. 482 ff.; *Müller*, NZA 2002, 424, 437 f.; *Schmolke*, ZGR 2019, 876, 894.

14 Vgl. BAG, 31.7.2014, 2 AZR 505/13, NZA 2015, 245; BAG, 3.7.2003, 2 AZR 235/02, NZA 2004, 427; BAG, 10.10.2002, 2 AZR 472/01, NJW 2003, 1685; BAG, 9.12.1982, 2 AZR 620/80, NJW 1984, 1142; BAG, 3.12.1955, 1 AZR 150/54, NJW 1955, 606.

15 Vgl. BAG, 31.7.2014, 2 AZR 505/13, NZA 2015, 245; BAG, 3.7.2003, 2 AZR 235/02, NZA 2004, 427, 430; BAG, 10.10.2002, 2 AZR 472/01, NJW 2003, 1685, 1686 f.

16 Siehe nur BAG, 3.7.2003, 2 AZR 235/02, NZA 2004, 427; BAG, 10.10.2002, 2 AZR 472/01, NZA 2003, 483.

17 Vgl. BAG, 31.7.2014, 2 AZR 505/13, NZA 2015, 245; BAG, 7.12.2006, 2 AZR 400/05, NZA 2007, 502; BAG, 3.7.2003, 2 AZR 235/02, NZA 2004, 427; LAG München,

raus verpflichtet, dem Arbeitgeber zunächst die Möglichkeit einzuräumen, sich selbst des Hinweises und seiner Aufklärung sowie ggf. der Abstellung des Verstoßes anzunehmen, bevor legitimerweise eine externe Meldung erfolgen durfte.[18]

11 Im Jahr 2011 hat der EGMR in einer Grundsatzentscheidung im Verfahren Heinisch v. Deutschland[19] Feststellungen zur Abwägung zwischen Arbeitgeber- und Arbeitnehmerinteressen getroffen. Im Ausgangspunkt hat auch der EGMR festgehalten, dass den Arbeitnehmer eine Pflicht zur Loyalität, Zurückhaltung und Vertraulichkeit gegenüber dem Arbeitgeber trifft. In diesem Kontext verwies der EGMR auf seine bestehende Rechtsprechung.[20] Die dort entwickelten Grundsätze sehen eine Abwägung des Arbeitnehmerrechts auf Freiheit zur Meinungsäußerung durch Offenlegung rechtswidrigen oder strafbaren Verhaltens seines Arbeitgebers einerseits mit dessen Recht auf Schutz seines guten Rufs und seiner geschäftlichen Interessen andererseits vor. Im Rahmen dieser Abwägung sei der je nach Einzelfall geschuldete Umfang der Loyalitätspflicht des Arbeitnehmers zu determinieren. Die Meldung von Hinweisen an die Öffentlichkeit (im konkreten Fall an die Staatsanwaltschaft) sei nur als ultima ratio vorgesehen.[21] Die Rechtsprechungslinie des EGMR wurde in der

---

29.7.2020, 11 Sa 332/20, juris; LAG Rheinland-Pfalz, 15.4.2019, 3 Sa 411/18, BeckRS 2019, 20971; LAG Düsseldorf, 4.3.2016, 10 TaBV 102/15, BeckRS 2016, 68431; LAG Köln, 5.7.2012, 6 Sa 71/12, ZWH 2013, 84; LAG Schleswig-Holstein, 20.3.2012, 2 Sa 331/11, BB 2012, 1862; in der Sonderkonstellation des § 17 Abs. 2 ArbSchG hat dieser Vorrang bisher auch spezialgesetzlich seinen Niederschlag gefunden, vgl. *Schmolke*, NZG 2020, 5, 6 f.

18 In Ausnahmefällen wurde allerdings auch hier unter Abwägung und Gewichtung der jeweiligen Arbeitnehmerinteressen eine direkte externe Meldung für möglich gehalten. Fallgruppen, bei denen bisher aufgrund der Unzumutbarkeit einer vorherigen innerbetrieblichen Meldung eine umgehende externe Meldung für zulässig erachtet wurde, betrafen z. B. Konstellationen, in denen der Hinweisgeber Kenntnis von Straftaten erhalten hatte, durch deren Nichtanzeige er sich selbst einer Strafverfolgung ausgesetzt hätte, wenn es sich um schwerwiegende Straftaten oder vom Arbeitgeber selbst begangene Straftaten handelte; vgl. BAG, 3.7.2003, 2 AZR 235/02, NZA 2004, 427; vgl. auch *Ulrich*, DB 1988, 1444, 1448.

19 EGMR, 21.7.2011, 28274/08 – Heinisch v. Germany; nachfolgend: EGMR 14.2.2023, 21884/18 – Halet v. Luxemburg; EGMR, 16.2.2021, 23922/19 – Gawlik v. Liechtenstein; EGMR, 28.3.2017, 51706/11 – Marunić v. Croatia; EGMR, 21.10.2014, 73571/19 – Matúz v. Hungary.

20 Vgl. EGMR, 12.2.2008, 14277/04 – Guja v. Moldova; EGMR, 15.2.2005, 68416/01 – Steel and Morris v. The United Kingdom; EGMR, 23.4.1992, 11798/85 – Castells v. Spain.

21 EGMR, 21.7.2011, 28274/08 – Heinisch v. Germany.

Folge auch von den deutschen Gerichten aufgegriffen.[22] In jüngerer Vergangenheit scheint der EGMR den Spielraum für die Nichtinanspruchnahme oder die nicht vollständige Inanspruchnahme interner Meldekanäle zunehmend zu erweitern.[23]

Für den Hinweisgeber waren die richterrechtlichen Vorgaben mit erheblichen Unsicherheiten verbunden. Er war im Zeitpunkt der Entscheidung, ob er eine externe Meldung vornehmen soll, aufgrund der einzelfallbezogenen Abwägungskriterien regelmäßig nicht in der Lage, verlässlich einzuschätzen, ob er sich dabei rechtskonform verhält oder gegen seine Loyalitätspflichten verstößt. Eine Fehlentscheidung barg die Gefahr arbeitsrechtlicher Konsequenzen in sich. Diese den Hinweisgeber treffende Unsicherheit wird durch das in § 7 Abs. 1 Satz 1 statuierte Wahlrecht aufgehoben. **12**

2. Abs. 1 Satz 2

Eine Einschränkung der aus Satz 1 folgenden Wahlfreiheit ergibt sich auch nicht aus § 7 Abs. 1 Satz 2. Dieser Regelung kommt kein verpflichtender, sondern ein bloßer Appellcharakter zu. **13**

a) Gesetzgebungshistorie

Da die Gleichrangigkeit und die hierdurch eröffnete Wahlfreiheit zwischen interner und externer Meldestelle kontrovers diskutiert[24] und insbesondere von den Oppositionsparteien kritisiert wurden,[25] hat § 7 mehrere Veränderungen im Rahmen des Gesetzgebungsverfahrens erfahren.[26] Satz 2 war bis zuletzt in **14**

---

22 Vgl. BAG, 31.7.2014, 2 AZR 505/13, NZA 2015, 245; BAG, 14.12.2011, 10 AZR 283/10, NZA 2012, 501; BAG, 21.9.2011, 7 AZR 150/10, NZA 2012, 317; LAG Düsseldorf, 4.3.2016, 10 TaBV 102/15, BeckRS 2016, 68431.

23 Vgl. EGMR, 14.2.2023, 21884/18 – Halet v. Luxemburg; EGMR, 16.2.2021, 23922/19 – Gawlik v. Liechtenstein, jeweils unter Hinweis auf Recommendation CM/Rec(2014)7 of the Committee of Ministers of the Council of Europe on the protection of whistleblowers, der sich keinerlei Rangordnung zwischen den verschiedenen Meldekanälen (interne Meldung, externe Meldung, Offenlegung) entnehmen lässt. Zur Rechtsprechungsentwicklung vgl. *Steinhauser/Kreis*, EuZA 2021, 422, 424 f.

24 Ablehnend: *Lüneborg*, ZIP 2023, 941, 944; *Steinle/Langguth*, CB 2022, 461, 464; differenziert: *Steinhauser/Kreis*, EuZA 2021, 422, 436, die ein Rangverhältnis zwar für „begrüßenswert", indes für mit dem Wortlaut und der Systematik der HinSchRL unvereinbar erachten.

25 Siehe etwa Dr. Günter Krings (CDU/CSU), Plenarprotokoll 20/103, S. 12439 (D).

26 Vgl. Referentenentwurf des Bundesministeriums der Justiz und für Verbraucherschutz vom 26.11.2020, S. 10 u. 51 f.; Gesetzentwurf der Bundesregierung, BT-Drs. 20/3442, S. 13; Beschlussempfehlung des Vermittlungsausschusses zu dem Gesetz für einen besse-

den (Regierungs-)Entwürfen des HinSchG nicht enthalten und fand erst im Zuge der – nach der Zustimmungsversagung durch den Bundesrat[27] erarbeiteten – Beschlussempfehlung des Vermittlungsausschusses Eingang in den Gesetzestext.[28]

b) Keine Einschränkung des Wahlrechts

15 Zwar sieht § 7 Abs. 1 Satz 2 vor, dass der Hinweisgeber, wenn intern wirksam gegen den Verstoß vorgegangen werden kann und er keine Repressalien zu befürchten hat, eine interne Meldung bevorzugen *sollte*. Schon die Formulierung im Konjunktiv II zeigt jedoch, dass Satz 2 kein eigenständiger Regelungsgehalt innewohnt, sondern er sich vielmehr in einem – legislatorisch höchst ungewöhnlichen – nicht verpflichtenden und nicht justiziablen Appell an den Hinweisgeber erschöpft. Der Gesetzgeber hat sich bewusst gegen eine Soll-Vorschrift, d. h. gegen ein Regel-Ausnahme-Verhältnis und ein damit verbundenes Rang- oder Stufenverhältnis zwischen interner und externer Meldestelle im Sinne des Vorrangs der internen Meldung, entschieden.[29] Vielmehr kann der Hinweisgeber nach freiem Ermessen – und ohne jede Erklärung – entscheiden, ob er sich an eine interne oder eine externe Meldestelle wendet.[30] Hiervon macht Satz 2 keine Ausnahme. Ein mögliches Entscheidungskriterium kann (muss aber nicht) sein, welche Meldestelle sich „angesichts der fallspezifischen Umstände am besten eignet".[31] Der legislatorisch misslungene Satz 2 soll dabei offenbar die Regelung des Art. 7 Abs. 2 HinSch-RL aufgreifen, die den Mitgliedstaaten aufgibt, sich dafür einzusetzen, dass Meldungen über interne Kanäle gegenüber externen Meldungen bevorzugt werden, wenn intern wirksam gegen den Verstoß vorgegangen werden kann und der Hinweisgeber keine Repressalien befürchtet. Art. 7 Abs. 2 HinSch-RL überträgt dem nationalen Gesetzgeber die Verantwortung, konkret dafür Sorge zu tragen, dass der Hinweisgeber bei Ausübung seines Wahlrechts interne Meldestellen bevorzugt. Diesem Auftrag kommt der deutsche Gesetzgeber allerdings nicht nach. Vielmehr richtet er lediglich einen Appell an den Hinweisgeber und überträgt

---

ren Schutz hinweisgebender Personen sowie zur Umsetzung der Richtlinie zum Schutz von Personen, die Verstöße gegen das Unionsrecht melden, BT-Drs. 20/6700, S. 2.

27 Unterrichtung durch den Bundesrat, BT-Drs. 20/5688.

28 Beschlussempfehlung des Vermittlungsausschusses, BT-Drs. 20/6700, S. 2; vgl. auch *Bruns*, NJW 2023, 1609, 1612.

29 Vgl. *Engelhoven/Gatz*, DB 2023, 1397, 1398; a. A. *Nielebock*, jurisPR-ArbR 23/2023 Anm. 1, die Satz 2 als europarechtswidrigen Versuch begreift, die Wahlmöglichkeiten einzuschränken.

30 So auch *Bruns*, in: Rolfs/Giesen/Meßling/Udsching, BeckOK Arbeitsrecht, § 7 HinSchG Rn. 7.

31 Erwägungsgrund 33 Satz 4 HinSch-RL.

in Abs. 3 Satz 1 sodann dem Beschäftigungsgeber die nicht näher konkretisierte Aufgabe zur Schaffung von Anreizen (hierzu Rn. 39ff.).

3. Abs. 1 Satz 3

Auch aus Abs. 1 Satz 3 folgt keine Einschränkung des Wahlrechts zwischen interner und externer Meldestelle. Anknüpfend an den Regelungsgehalt des Satzes 1, der die *Ausübung* des Wahlrechts betrifft (vgl. Rn. 4ff.), knüpft Satz 3 an eine Situation an, in der sich der Hinweisgeber bereits an die interne Meldestelle gewandt und dadurch ein internes Verfahren nach § 17 angestoßen hat. Eine solche Ausübung des Wahlrechts führt nach vorzugswürdigem Verständnis der Vorschrift dazu, dass der Hinweisgeber bis auf Weiteres an seine Wahl des internen Meldeverfahrens gebunden ist. Eine Beschreitung des externen Meldewegs kommt (erst) dann (wieder) in Betracht, wenn dem intern gemeldeten Verstoß *nicht abgeholfen* wurde. Mit anderen Worten: Der Weg einer externen Meldung ist versperrt, wenn dem Verstoß intern abgeholfen wurde (hierzu Rn. 19ff.). 16

a) Keine Einschränkung bei Ausübung des Wahlrechts

Zwar hat der Wortlaut des Satzes 3 im Rahmen des Gesetzgebungsprozesses für Kritik gesorgt.[32] Ein Rang- oder Stufenverhältnis[33] zwischen interner und externer Meldung bei Ausübung des Wahlrechts kann aus ihm jedoch nicht abgeleitet werden. 17

Aus der Formulierung „wenn einem intern gemeldeten Verstoß nicht abgeholfen wurde“ lässt sich nicht herleiten, dass hieraus ein zwingender Vorrang der internen Meldung folgt. Vielmehr knüpft Satz 3 explizit daran an, dass eine interne Meldung bereits erfolgt ist, der Hinweisgeber das ihm unbeschränkt zustehende Wahlrecht zwischen interner und externer Meldung also zugunsten ersterer ausgeübt hat. Die Regelung enthält jedoch keine Aussage darüber, ob die interne Meldung, an die Satz 3 anknüpft, vorrangig zu wählen war. Dies ist 18

---

32 Stellungnahme des Deutschen Gewerkschaftsbundes (DGB) zum Referentenentwurf des Bundesministeriums der Justiz zum Entwurf eines Gesetzes für einen besseren Schutz hinweisgebender Personen sowie zur Umsetzung der Richtlinie zum Schutz von Personen, die Verstöße gegen das Unionsrecht melden vom 11.5.2022, S. 5, in der kritisiert wird, dass der Wortlaut des § 7 Abs. 1 Satz 2 [heute Satz 3] unklar formuliert sei und die missverständliche Interpretation eines Stufensystems zwischen den einzelnen Meldestellen zulasse.

33 Eine dahingehend missverständliche – mit der Richtlinie unvereinbare – Formulierung rügen etwa: *Dilling*, CCZ 2022, 145, 147; *Gerdemann*, ZRP 2021, 37, 38; vgl. andererseits *Steinhauser/Kreis*, EuZA 2021, 422, 430, die das Stufenverhältnis in der Richtlinie angedeutet sehen.

auch aus systematischer Sicht nachvollziehbar, statuiert doch Satz 1, dass im Ausgangspunkt, also im Zeitpunkt der Ausübung des Wahlrechts, kein Rang- oder Stufenverhältnis besteht. Die Regelung des § 7 Abs. 1 Satz 1 ergäbe keinen Sinn, wenn das darin vorgesehene freie Wahlrecht alsdann durch § 7 Abs. 1 Satz 3 gänzlich beseitigt würde; Satz 1 liefe leer. Satz 3 regelt anknüpfend an Satz 1 lediglich, dass dann, wenn der Hinweisgeber den Weg einer internen Meldung gewählt hat, eine Meldung an eine externe Meldestelle (nur) unter bestimmten Umständen in Betracht kommt. Ein Rang- oder Stufenverhältnis bei Ausübung des Wahlrechts lässt sich daher aus Satz 3 nicht ableiten. Weder dessen Wortlaut noch dessen systematische Stellung rechtfertigen eine solche Auslegung. Im Übrigen steht auch die ausdrücklich geäußerte Intention des Gesetzgebers dieser Sichtweise entgegen. Dieser stellt in den Gesetzesmaterialien die Gleichrangigkeit von internen und externen Meldewegen heraus.[34]

b) Konditionale Bindung an die Ausübung des Wahlrechts

19 Entschließt sich der Hinweisgeber zur Beschreitung des internen Meldewegs, statuiert Abs. 1 Satz 3 eine konditionale Bindung an die getroffene Wahl, sodass der Hinweisgeber nicht ohne Weiteres dazu berechtigt ist, sich anschließend an eine externe Meldestelle zu wenden.[35] Dieser Weg ist ihm nur dann (wieder) eröffnet, *wenn* dem intern gemeldeten Verstoß *nicht abgeholfen* wurde. Wurde dem Verstoß intern abgeholfen, ist eine externe Meldung nach § 7 Abs. 1 Satz 3 unzulässig.

aa) Keine externe Meldemöglichkeit bei Abhilfe des Verstoßes

20 Legt man für Konstellationen, in denen eine interne Meldung erfolgt ist, den Wortlaut von Satz 3 zugrunde, sieht dieser vor, dass eine externe Meldung erst dann wieder möglich ist, „wenn dem intern gemeldeten Verstoß nicht abgeholfen wurde“. Demnach folgt aus dem Wortlaut von § 7 Abs. 1 Satz 3, dass im Falle einer internen Meldung nicht mehr ohne Weiteres eine externe Meldung erfolgen kann. Vielmehr steht diese Möglichkeit unter einer Bedingung, scil. der unterbliebenen internen Abhilfe des gemeldeten Verstoßes. Daraus folgt – e contrario –, dass in Konstellationen, in denen anknüpfend an die interne Meldung einem Verstoß abgeholfen wurde, eine externe Meldung ausscheiden muss.[36] Der insoweit in Bezug genommene Begriff der (internen) Abhilfe wird weder im HinSchG noch in der Gesetzesbegründung definiert. Für die Annahme, dass einem gemeldeten Verstoß intern i. S. v. § 7 Abs. 1 Satz 3 abgeholfen

34 So ausdrücklich Beschlussempfehlung und Bericht des Rechtsausschusses, BT-Drs. 20/4909, S. 53; so auch Gesetzentwurf der Bundesregierung, BT-Drs. 20/3442, S. 73.

35 So auch *Müller/Volkers*, NZKart 2022, 555, 559.

36 So auch *Dzida/Seibt*, NZA 2023, 657, 661.

wurde, ist nach vorzugswürdigem Verständnis der Vorschrift vorauszusetzen, dass der gemeldete Verstoß, also die Zuwiderhandlung, abgestellt wird. Hierzu kann im Einzelfall gehören, dass auch die Folgen des Verstoßes beseitigt werden. Nicht umfasst sind demgegenüber etwa arbeitsrechtliche Maßnahmen gegenüber dem/den für den Verstoß Verantwortlichen. Für diese Auslegung spricht, dass der Bezugspunkt der Abhilfe in § 7 Abs. 1 Satz 3 allein der *Verstoß* (i.S.v. § 3 Abs. 2 Satz 1) ist. Diese sprachliche Verknüpfung ist auch teleologisch nachvollziehbar, denn die Abstellung von Zuwiderhandlungen stellt das dringlichste Anliegen des HinSchG dar.

Die derart statuierte Einschränkung des Hinweisgebers nach erfolgter interner **21**
Meldung und daran anknüpfender Abhilfe des Verstoßes überzeugt auch. In dieser Konstellation ist nämlich nicht ersichtlich, weshalb der Hinweisgeber das Recht haben sollte, ein (erneutes) Verfahren über eine externe Meldestelle anzustoßen, wenn dem Verstoß bereits intern abgeholfen wurde. Gestützt wird diese Auslegung in systematischer Hinsicht durch § 22 Abs. 1 Satz 2, wonach in der Sonderkonstellation eines Kartellrechtsverstoßes § 7 Abs. 1 Satz 3 „mit der Maßgabe Anwendung [findet], dass sich die hinweisgebende Person jederzeit und unabhängig vom Ausgang des Verfahrens über die interne Meldung an das Bundeskartellamt wenden kann“.[37] Im Umkehrschluss bedeutet dies, dass in allen anderen Fällen der Ausgang des Verfahrens über die interne Meldung darüber entscheidet, ob eine externe Meldung (wieder) möglich wird oder nicht. Spätestens mit Ausgang des internen Verfahrens zeigt sich, ob dem gemeldeten Verstoß tatsächlich abgeholfen wurde, und somit, ob eine weitere externe Meldung (mangels Abhilfe) möglich (und angezeigt) ist.

bb) Bindungswirkung während eines laufenden internen Meldeverfahrens

Für die Zeit bis zur Feststellung, ob dem gemeldeten Verstoß abgeholfen wur- **22**
de, ist der Hinweisgeber, der den internen Meldeweg gewählt hat, nach der Regelung des § 7 Abs. 1 Satz 3 an seine Wahl gebunden. § 7 Abs. 1 Satz 3 zielt nach dessen vorzugswürdiger Auslegung darauf ab, dass der Hinweisgeber, der

---

37 In der Gesetzesbegründung wird erläutert, dass es in den Sonderkonstellationen des Kartellrechtsverstoßes zur umfassenden und effektiven Durchsetzung des Kartellverbots in Abkehr von § 7 Abs. 1 Satz 3 erforderlich sei, dem Hinweisgeber eine jederzeitige externe Meldemöglichkeit zu eröffnen, ohne dass er den Ausgang des von ihm angestoßenen internen Meldeverfahrens abwarten muss. Begründet wird dies u.a. damit, dass im Falle eines Verstoßes gegen das Kartellverbot die Einstellung der Beteiligung eines Unternehmens am Kartell (desjenigen, in dem der Hinweisgeber intern gemeldet hat) nicht dazu führt, dass dem Kartellrechtsverstoß in seiner Gesamtheit abgeholfen wird, sind doch gerade noch weitere Unternehmen am Kartell beteiligt; Gesetzentwurf der Bundesregierung, BT-Drs. 20/3442, S. 84. Auch insoweit wird die effektive Abhilfe des Verstoßes in den Mittelpunkt der Betrachtung gestellt.

sich an die interne Meldestelle gewandt hat, den vom HinSchG vorgesehenen Prozess, insbesondere die in den §§ 17 und 18 normierten Verfahrensschritte und Folgemaßnahmen der internen Meldestelle, abwarten muss und sich währenddessen nicht (auch noch) an eine externe Meldestelle wenden kann (Bindungswirkung der ausgeübten Wahl).[38] Der externe Meldeweg ist ihm (bis auf Weiteres) versperrt. Die gegenteilige Auslegung, die das Wort „wenn" in § 7 Abs. 1 Satz 3 i. S. v. „solange" liest und die Regelung damit dahingehend interpretiert, dass es dem Hinweisgeber unbenommen ist, parallel eine externe Meldung – ungeachtet des Verlaufs des von ihm angestoßenen internen Meldeverfahrens – zu erstatten,[39] vermag nicht zu überzeugen. Hiergegen spricht bereits ein etymologisches Argument: Zwar kann die Konjunktion „wenn" nicht nur konditional (i. S. v. „unter der Bedingung, dass"), sondern auch temporal verwendet werden. Jedoch beschränkt sich ihre letztere Verwendung entweder auf mehrfache (regelmäßige) Wiederholungen (i. S. v. „sooft") oder drückt Geschehnisse aus, bei deren Umschreibung alternativ das Synonym „sobald" zur Anwendung käme. Eine Bedeutung von „solange" (i. S. v. „für die Dauer der Zeit, während der") kommt der Konjunktion „wenn" hingegen nicht zu.[40] Im Übrigen widerlegt das HinSchG selbst die gegenteilige Sichtweise: So wird in § 22 Abs. 1 Satz 2 für die Sonderkonstellation, in der ausnahmsweise das Bundeskartellamt als externe Meldestelle zuständig ist, ausdrücklich geregelt, dass § 7 Abs. 1 Satz 3 „mit der Maßgabe Anwendung [findet], dass sich die hinweisgebende Person jederzeit […] an das Bundeskartellamt wenden kann". In der Gesetzesbegründung wird hierzu ausgeführt, dass es der hinweisgebenden Person nach § 22 Abs. 1 Satz 2 (ausnahmsweise) möglich sein soll, sich in der Sonderkonstellation eines Kartellrechtsverstoßes jederzeit an das Bundeskartellamt als externe Meldestelle zu wenden, auch „wenn sie bereits ihr Wahlrecht nach § 7 Absatz 1 Satz 1 für den internen Meldekanal ausgeübt hat".[41] Aufgrund der Sondersituation bei Meldung eines Kartellrechtsverstoßes (u. a. Beteiligung mehrerer Unternehmen) soll es auch bei erfolgter interner Meldung nicht erforderlich sein, „den Abschluss des dadurch in Gang gesetzten internen Meldeverfahrens ab[zu]warten".[42] Eine dem § 22 Abs. 1 Satz 2 entsprechende Regelung findet sich in §§ 19–21 zu den externen Meldestellen beim Bundesamt für Justiz und bei der Bundesanstalt für Finanzdienstleis-

---

38 *Müller/Volkers*, NZKart 2022, 555, 559.

39 So wohl *Bruns*, in: Rolfs/Giesen/Meßling/Udsching, BeckOK Arbeitsrecht, § 7 HinSchG Rn. 8, der darauf abstellt, dass der Hinweisgeber „jederzeit auch ohne Grund zur externen Meldestelle wechseln bzw. diese zusätzlich einbinden" kann.

40 Vgl. Dudenredaktion (Hrsg.), Suchwort: „wenn", Duden online, https://www.duden.de/rechtschreibung/wenn (zuletzt abgerufen: 31.8.2023).

41 Gesetzentwurf der Bundesregierung, BT-Drs. 20/3442, S. 84.

42 Gesetzentwurf der Bundesregierung, BT-Drs. 20/3442, S. 84.

tungsaufsicht nicht. Spätestens aus einem Umkehrschluss zur Sonderregelung des § 22 Abs. 1 Satz 2 wird deutlich, dass § 7 Abs. 1 Satz 3 zum Ziel hat, nach Ausübung des Wahlrechts eine Bindungswirkung der getroffenen Wahl für die Dauer des dadurch angestoßenen internen Meldeverfahrens zu statuieren.

Eine solche Bindungswirkung erscheint sach- und interessengerecht. Der Hinweisgeber hat durch die interne Meldung zum Ausdruck gebracht, dass er seinen Beschäftigungsgeber als zur Bearbeitung der Meldung geeignet einstuft und Vertrauen in die internen Meldeprozesse hat. Mehr noch: Der Hinweisgeber hat durch Initiierung des internen Meldeprozesses ein Vertrauen des Beschäftigungsgebers dahingehend geschaffen, dass dieser den gemeldeten Verstoß intern, d.h. selbstständig, aufklären könne und mithin (vorerst) nicht damit rechnen müsse, dass externe Meldestellen im Hinblick auf denselben Verstoß eingeschaltet werden. Einem Hinweisgeber, der sich zunächst an die interne Meldestelle gewandt und in vertrauensstiftender Weise einen internen Meldeprozess angestoßen hat, ist es – unter Berücksichtigung der schon in der bisherigen Rechtsprechung anerkannten Rücksichtnahmepflichten des Arbeitnehmers (hierzu Rn. 8) – zumutbar, den (ordnungsgemäßen) Ablauf des von ihm angestoßenen internen Meldeprozesses, der in den §§ 17ff. näher beschrieben wird, abzuwarten, bevor er sich an eine externe Meldestelle wendet. Hiermit wird ein angemessener Ausgleich zwischen den der Betätigungsfreiheit des Beschäftigungsgebers entspringenden Rücksichtnahme- und Loyalitätspflichten des Beschäftigten und den Interessen und Rechten des Beschäftigten hergestellt (vgl. hierzu Rn. 9), ohne das im Ausgangspunkt bestehende freie Wahlrecht einzuschränken. **23**

Insgesamt führt Abs. 1 Satz 3 die Regelung des Abs. 1 Satz 1 und 2 fort. Schon mit Blick auf die Ausübung des Wahlrechts nach Satz 1 appelliert der Gesetzgeber in Satz 2 an den Hinweisgeber, eine Meldung an eine interne Meldestelle zu bevorzugen, wenn davon auszugehen ist, dass dort wirksam gegen den Verstoß vorgegangen werden kann und er keine Repressalien zu befürchten hat. Ist eine interne Meldung erfolgt, beschreiben §§ 17ff., wie mit dieser umzugehen ist. Solange sich der Beschäftigungsgeber an diese Vorgaben hält, besteht kein Erfordernis einer zusätzlichen externen Meldung, um wirksam gegen den Verstoß vorzugehen und diesem abzuhelfen. **24**

cc) Grenzen der Bindungswirkung

§ 7 Abs. 1 Satz 3 ist konditional zu verstehen: Die Bindungswirkung hängt davon ab, ob dem intern gemeldeten Verstoß abgeholfen wurde. Entscheidend für den Wegfall der Bindungswirkung ist mithin die Feststellung (des Zeitpunkts) der mangelnden Abhilfe, also der Insuffizienz des internen Meldeverfahrens. **25**

Das HinSchG enthält dafür keine expliziten Kriterien.[43] Ausschlaggebend ist folglich ausgehend vom Sinn und Zweck der Einräumung der Bindungswirkung, wann man dem Beschäftigungsgeber vorhalten kann, die ihm vom Hinweisgeber gegebene Chance, dem Verstoß ausschließlich intern nachzugehen und in der Folge abzuhelfen, versäumt zu haben. Die Feststellung dieses Zeitpunkts muss in Anlehnung an die Wertungen des HinSchG erfolgen.

26 Die Bindungswirkung entfällt demzufolge jedenfalls, sobald der Beschäftigungsgeber gegen die Anforderungen, die das HinSchG an ein ordnungsgemäßes internes Meldeverfahren stellt, verstößt. Es reicht daher nach vorzugswürdiger Ansicht für den Entfall der Bindungswirkung aus, dass der Beschäftigungsgeber die Sieben-Tage-Frist des § 17 Abs. 1 Nr. 1 nicht einhält oder dem Hinweisgeber kommuniziert wird, dass eine Bearbeitung der (substanziierten) Meldung seitens des Beschäftigungsgebers grundlos für obsolet gehalten wird. Dies betrifft mithin nicht solche Konstellationen, in denen das interne Meldeverfahren aus Mangel an Beweisen geschlossen wird (§ 18 Nr. 3), sondern Situationen, in denen der Beschäftigungsgeber zwar den Eingang der Meldung bestätigt, aber unmissverständlich zum Ausdruck bringt, der Meldung nicht nachzugehen. Nichts anderes gilt für den fruchtlosen Ablauf der Frist von drei Monaten im Sinne des § 17 Abs. 2 Satz 1, wenn der Hinweisgeber nach Bestätigung des Meldungseingangs keine Rückmeldung erhält.

27 Die Bindungswirkung endet jedenfalls auch dann, wenn der Hinweisgeber infolge der internen Meldung Repressalien erfährt, ihm solche in Aussicht gestellt werden oder der in § 8 vorgesehene Vertraulichkeitsschutz missachtet wird. Um eine solche Durchbrechung der Bindungswirkung zu begründen, ist eine lediglich unfundierte Vermutung oder Behauptung ins Blaue hinein, dass ein Verstoß gegen das Repressalienverbot oder das Vertraulichkeitsgebot vorliegt, indes nicht ausreichend. Da das HinSchG aber einen möglichst umfassenden Schutz des Hinweisgebers vorsieht, sind hierfür andererseits auch keine unverhältnismäßig hohen Maßstäbe anzusetzen. Der Hinweisgeber sollte tatsächliche Anhaltspunkte vorweisen können, die die Annahme einer Verletzung nahelegen.

28 Des Weiteren stellt sich die Frage, ob die in § 7 Abs. 1 Satz 3 statuierte Bindungswirkung einer (starren) Befristung unterliegt. Dies wäre zwar im Interesse des Hinweisgebers, der nach Ablauf einer gewissen, konkret festgelegten Zeit die zusätzliche Möglichkeit hätte, den Verstoß auch extern zu melden, und würde auch der Rechtssicherheit dienen. Eine solch starre Befristung der Bindungswirkung lässt sich dem HinSchG jedoch nicht entnehmen. Aus der Gesamtbetrachtung des HinSchG dürfte vielmehr abzuleiten sein, dass die

43 Anders § 32 Abs. 1 Nr. 1 für die Offenlegung.

Bindungswirkung fortdauert, solange der Beschäftigungsgeber dem gemeldeten Verstoß intern adäquat nachgeht. Dies zeigt sich auch, wenn man einen Vergleich zu den Regelungen zur Offenlegung vornimmt. § 32 Abs. 1 lit. a knüpft die Zulässigkeit der Offenlegung daran an, dass innerhalb einer bestimmten Frist keine geeigneten Folgemaßnahmen i. S. v. § 29 durch die externe Meldestelle ergriffen wurden. Als Folgemaßnahmen sieht § 29 u.a. Auskunftsverlangen sowie die Abgabe an eine zuständige Behörde zwecks weiterer Untersuchungen vor. Auch mit Blick auf § 7 Abs. 1 Satz 3 wäre es nicht folgerichtig, das Recht des den Verstoß intern meldenden Hinweisgebers, zusätzlich eine externe Meldung zu erstatten, ungeachtet dessen wieder aufleben zu lassen, ob der Beschäftigungsgeber dem intern gemeldeten Verstoß ordnungsgemäß nachgeht. Solange der Beschäftigungsgeber anknüpfend an die interne Meldung noch Folgemaßnahmen im Sinne des § 18 verfolgt, insbesondere eine interne Untersuchung durchführt (§ 18 Nr. 1), und diese Folgemaßnahmen geeignet sind, dem gemeldeten Verstoß abzuhelfen, muss eine externe Meldung daher ausscheiden.

Vor diesem Hintergrund ist es von zentraler Bedeutung, den Hinweisgeber möglichst präzise über geplante sowie bereits ergriffene Folgemaßnahmen zu informieren. Nach vorzugswürdiger Ansicht sollte dies zur Gewährleistung bestmöglicher Transparenz über die in § 17 Abs. 2 Satz 1 vorgegebene einmalige Rückmeldung hinausgehend erfolgen und – in Übereinstimmung mit Erwägungsgrund 57 Satz 4 HinSch-RL – auch Informationen „über die Fortschritte und Ergebnisse der Untersuchung“ umfassen.[44] 29

4. Richtlinienkonformität

Problematisch ist, ob § 7 Abs. 1 Satz 3, dem zufolge bei interner Abhilfe des Verstoßes die anschließende Erstattung einer externen Meldung unzulässig ist und die getroffene Wahl der internen Meldung im Übrigen eine Bindungswirkung nach sich zieht, mit der HinSch-RL vereinbar ist. 30

Die HinSch-RL ist insoweit nicht eindeutig. Es sprechen allerdings beachtliche Argumente dafür, die Regelung des § 7 Abs. 1 Satz 3 als richtlinienwidrig einzuordnen.[45] Die HinSch-RL sieht eine § 7 Abs. 1 Satz 3 vergleichbare, die 31

---

44 Auch § 31 Abs. 6 Satz 1, der den Abschluss des externen Meldeverfahrens betrifft, sieht vor, dass die externe Meldestelle dem Hinweisgeber „das Ergebnis der durch die Meldung ausgelösten Untersuchungen nach deren Abschluss mit[teilt], soweit dies mit gesetzlichen Verschwiegenheitspflichten vereinbar ist“.

45 Für eine Richtlinienwidrigkeit: *Brobeil*, Die Auswirkungen der Richtlinie (EU) 2019/1937 auf Arbeitnehmer-Hinweisgeber, S. 314 f.; *Dilling*, CCZ 2022, 145, 147; *Gerdemann*, ZRP 2021, 37, 38. Zu beachten ist, dass im Falle einer Richtlinienwidrigkeit eine richtlinienkonforme Auslegung angesichts des eindeutigen Wortlauts des § 7 Abs. 1

Meldefreiheit beschränkende Regelung nicht vor. Sie enthält keine explizite Aussage dahingehend, dass eine externe Meldung ausscheidet, wenn dem Verstoß bereits intern abgeholfen wurde. Ebenso wenig lässt sich der HinSch-RL eine ausdrückliche Regelung dahingehend entnehmen, dass die Erstattung einer internen Meldung zur (vorübergehenden) Unzulässigkeit des externen Meldewegs führt. Umgekehrt sieht Art. 10 HinSch-RL, der die externe Meldung betrifft, vor, dass Hinweisgeber „Informationen über Verstöße unter Nutzung der Kanäle und Verfahren gemäß den Artikeln 11 und 12 [melden], nachdem sie zuerst über interne Meldekanäle Meldung erstattet haben, oder indem sie direkt über externe Meldekanäle Meldung erstatten". Diese Formulierung lässt sich so verstehen, dass der Hinweisgeber eine externe Meldung auch dann – und ohne weitere Voraussetzungen, wie das Erfordernis des Scheiterns des internen Meldeverfahrens – erstatten darf, wenn er den Verstoß zunächst intern gemeldet hat. Hinzu tritt, dass die HinSch-RL eine derartige Sperrwirkung nur im Verhältnis der internen und der externen Meldung zu der Offenlegung vorsieht (Art. 15 Abs. 1 lit. a HinSch-RL). Angesichts dieser Erwägungen erwiese sich § 7 Abs. 1 Satz 3 als mit der HinSch-RL unvereinbar und wäre angesichts des Anwendungsvorrangs des EU-Rechts nicht anzuwenden.[46] Mangels anderweitiger Regelung würde dann, anknüpfend an die Wahlfreiheit gemäß § 7 Abs. 1 Satz 1, dem Hinweisgeber auch nach interner Meldung (oder parallel zu dieser) jederzeit freistehen, sich an die externe Meldestelle zu wenden.[47]

32 Auf der anderen Seite schränkt § 7 Abs. 1 Satz 3 die primäre, in § 7 Abs. 1 Satz 1 vorgesehene Wahlfreiheit des Hinweisgebers *nicht* ein, sondern schließt die externe Meldemöglichkeit ausschließlich für den Fall der internen Abhilfe (im Wesentlichen also der Erledigung des Anliegens des Hinweisgebers) aus und löst im Übrigen auch eine lediglich konditionale Bindungswirkung aus, die von der bewussten, vertrauensbegründenden Wahl der internen Meldestelle durch den Hinweisgeber ausgeht. Mit Blick auf die dargestellte Interessenlage der beteiligten Akteure (siehe in Rn. 23) ließe sich daher auch mit Blick auf die HinSch-RL argumentieren, dass diese Einschränkungen der externen Meldemöglichkeit sowohl interessengerecht als auch verhältnismäßig sind.[48]

Satz 3 und des klar zum Ausdruck gebrachten Willens des Gesetzgebers nicht in Betracht käme. Im Falle der Richtlinienwidrigkeit müsste § 7 Abs. 1 Satz 1 dahingehend ausgelegt werden, dass er nicht nur die erstmalige Meldung eines Verstoßes regelt, sondern auch dessen parallele bzw. anschließende externe Meldung gestattet.

46 Zum unionsrechtlichen Anwendungsvorrang vgl. *Ruffert*, in: Callies/Ruffert, EUV/AEUV, Art. 1 AEUV Rn. 16 ff.

47 So i. E. auch *Gerdemann*, ZRP 2021, 37, 38.

48 Zudem stellt Erwägungsgrund 33 der HinSch-RL unter Verweis auf die bisherige EGMR-Rechtsprechung darauf ab, dass es erforderlich sei, die Interessen des Arbeitgebers an der

Art. 10 HinSch-RL, dem zufolge eine externe Meldung zulässig ist, „nachdem […] zuerst" eine interne Meldung erstattet worden ist, wäre vor diesem Hintergrund so zu lesen, dass er die in § 7 Abs. 1 Satz 3 statuierten Einschränkungen zulässt, solange der Beschäftigungsgeber dem intern gemeldeten Verstoß ordnungsgemäß nachgeht. Gestützt wird diese Auslegung durch die mit der Konjunktion „nachdem" zum Ausdruck gebrachte Vorzeitigkeit der internen Meldung; denn bei strenger Auslegung des Wortlauts des Art. 10 HinSch-RL erscheint eine parallele Meldung nicht vorgesehen. Aus Art. 10 HinSch-RL geht überdies nicht zwingend hervor, dass eine externe Meldung stets im Anschluss an eine interne Meldung in Betracht kommt, d.h. unabhängig davon, ob intern Abhilfe durch geeignete Maßnahmen geschaffen wird. Für diese Lesart kann insbesondere Erwägungsgrund 33 Satz 4 HinSch-RL angeführt werden, nach dem „der Hinweisgeber den Meldekanal [sollte] wählen können, der sich angesichts der fallspezifischen Umstände am besten eignet". Diesem Erwägungsgrund und der in Bezug genommenen Eignung, dem Verstoß angesichts der fallspezifischen Umstände erfolgversprechend nachzugehen, könnte man entnehmen, dass der Fall einer parallel erfolgenden internen und externen Meldung nicht dem Geist der HinSch-RL entspricht, sondern eine anschließende externe Meldung nur dann gewünscht ist (und vorgesehen sein soll), wenn sich die bereits erstattete interne Meldung als nicht erfolgversprechend, scil. ungeeignet, herausstellt.

Da ein nicht vernachlässigbares Risiko besteht, dass der EuGH § 7 Abs. 1 Satz 3 auf Basis der eingangs dieses Abschnitts dargestellten Erwägungen als richtlinienwidrig ansehen könnte, sollten Einrichtungsverpflichtete erwägen, Hinweisgebern in ihren internen Whistleblowing-Richtlinien ein unbeschränktes externes Melderecht nicht abzusprechen. **33**

III. § 7 Abs. 2 – Behinderungsverbot

§ 7 Abs. 2 enthält einen Verbotstatbestand, der die Behinderung einer Meldung oder der auf eine Meldung folgenden Kommunikation zwischen hinweisgebender Person und Meldestelle oder den Versuch dessen untersagt. Die Vorschrift statuiert ein Handlungsverbot in Umsetzung von Art. 23 Abs. 1 lit. a und c HinSch-RL. Dieser verlangt, dass die Mitgliedstaaten wirksame, angemessene und abschreckende Sanktionen für natürliche oder juristische Personen festle- **34**

Verwaltung des Unternehmens und dem Schutz der eigenen Interessen mit den Interessen der Öffentlichkeit sowie den demokratischen Grundsätzen wie Transparenz und Verantwortlichkeit in Einklang zu bringen. Diese im Zusammenhang mit der Offenlegung von Meldungen stehende Klarstellung muss auch bei der Frage der externen Meldung nach bereits erfolgter interner Meldung Berücksichtigung finden.

gen, die Meldungen behindern, dies versuchen oder mutwillig Gerichtsverfahren gegen von der Richtlinie geschützte Personen anstrengen.

1. Behinderung

35 Vom Verbotstatbestand ist jede Behinderung erfasst, mit der entweder die hinweisgebende Person von vornherein von einer Meldung abgehalten oder im Nachhinein die Kommunikation zwischen der Meldestelle und der hinweisgebenden Person vereitelt oder erschwert werden soll. Das umfasst insbesondere Drohungen und Einschüchterungsversuche, aber ausweislich Art. 23 Abs. 1 lit. c HinSch-RL sowie der Gesetzesbegründung des HinSchG[49] auch die missbräuchliche Einleitung von Gerichtsverfahren zu dem Zweck, Hinweisgeber von einer Meldung oder deren weiterer Verfolgung abzuhalten. An die Missbräuchlichkeit solcher Gerichtsverfahren sind hohe Anforderungen zu stellen; entsprechend sieht auch die Gesetzesbegründung solche Konstellationen nur dann als gegeben an, wenn die Einleitung des Gerichtsverfahrens eine sittenwidrige vorsätzliche Schädigung im Sinne des § 826 BGB oder eine Nötigung im Sinne des § 240 StGB begründen würde.[50]

2. Versuch der Behinderung

36 Der Verbotstatbestand des Abs. 2 erfasst auch den Versuch der Behinderung einer Meldung oder der daran anknüpfenden Kommunikation mit der Meldestelle. Es ist mithin nicht erforderlich, dass eine tatsächliche Behinderung der Meldung oder der Kommunikation zwischen Hinweisgeber und Meldestelle eintritt. Anhand einer Einzelfallbetrachtung ist zu klären, wann ein Versuch anzunehmen ist. In Anlehnung an das strafrechtliche Kriterium des unmittelbaren Ansetzens[51] kann hier darauf abgestellt werden, ob es durch das Verhal-

---

49 Gesetzentwurf der Bundesregierung, BT-Drs. 20/3442, S. 73.

50 Gesetzentwurf der Bundesregierung, BT-Drs. 20/3442, S. 73; hierbei ist zu beachten, dass es grundsätzlich legitim ist und der durch das Gewaltmonopol des Staates festgelegten Vorgehensweise entspricht, eigene Ansprüche über gerichtliche Verfahren durchzusetzen. Wer mit einer Klage droht oder diese erhebt, handelt nur dann verwerflich im Sinne des § 240 Abs. 2 StGB, wenn eine Konnexität zwischen dem Nötigungsmittel (Verfahren) und dem Nötigungszweck (Behinderung einer Mitteilung) besteht, also der Einsatz des Nötigungsmittels nicht mehr als sozialadäquat bezeichnet werden kann; vgl. BGH, 5.9.2013, 1 StR 162/13, NJW 2014, 401; OLG Karlsruhe, 18.4.1996, 3 Ss 138/95, NStZ-RR 1996, 296; *Sinn*, in: MünchKomm-StGB, § 240 Rn. 136 f.; *Toepel*, in: NK-StGB, § 240 Rn. 172 f.

51 Definition nach BGH in st. Rspr. siehe nur BGH, 14.1.2020, 4 StR 397/19, NStZ 2020, 353, 354: „Ein unmittelbares Ansetzen zur Tatbestandsverwirklichung besteht in einem Verhalten des Täters, das nach seiner Vorstellung in ungestörtem Fortgang ohne weitere Zwischenakte zur – vollständigen – Tatbestandsverwirklichung führt oder im unmittelba-

ten des Handelnden aus dessen Sicht ohne weiteres eigenes Zutun zu einer Behinderung gekommen wäre.

3. Rechtsfolge

Jeder, der *vorsätzlich* gegen § 7 Abs. 2 verstößt, handelt gemäß § 40 Abs. 2 Nr. 1 oder im Versuchsfall nach § 40 Abs. 5 i.V.m. Abs. 2 Nr. 1 ordnungswidrig. Diese Ordnungswidrigkeit kann gemäß § 40 Abs. 6 mit einem Bußgeld bis zu EUR 50.000 geahndet werden. Eine *fahrlässige* Behinderung wird vom Bußgeldtatbestand des § 7 Abs. 2 i.V.m. § 40 Abs. 2 Nr. 1, Abs. 6 Satz 1 *nicht* erfasst.[52] **37**

Die an § 7 Abs. 2 anknüpfende Bußgeldvorschrift richtet sich im Ausgangspunkt gegen die das Behinderungsverbot missachtende natürliche Person. Vermittelt über §§ 30 Abs. 1, 130 Abs. 1, Abs. 2 OWiG kann eine Verletzung des Behinderungsverbots, insbesondere eine solche durch Leitungspersonen des jeweiligen Beschäftigungsgebers, zu einer Unternehmensgeldbuße i.H.v. bis zu EUR 500.000 führen.[53] **38**

IV. § 7 Abs. 3 – Anreizschaffung

§ 7 Abs. 3 bekräftigt den in Abs. 1 Satz 2 zum Ausdruck kommenden Appell des Gesetzgebers, dass vorrangig interne Meldewege genutzt werden sollten. Beschäftigungsgeber sollen demnach Anreize für eine interne Meldung schaffen (Satz 1). Wesentlich sind klare und leicht zugängliche Informationen über die Nutzung interner Meldeverfahren, zu deren Bereitstellung Beschäftigungsgeber nach Satz 2 verpflichtet werden. Satz 3 normiert klarstellend, dass die Möglichkeit externer Meldungen durch die Anreize für eine interne Meldung oder interne Vorgaben und Regelungen nicht beschränkt werden darf. **39**

1. Gesetzgebungshistorie

Der deutsche Gesetzgeber hat sich mit der ausdrücklichen Aufnahme einer Pflicht für Beschäftigungsgeber, Anreize für die Nutzung des internen Meldeverfahrens zu schaffen, während des Gesetzgebungsprozesses schwergetan. Während der ursprüngliche Referentenentwurf der großen Koalition Ende **40**

---

ren räumlichen und zeitlichen Zusammenhang in die Tatbestandsverwirklichung einmündet."

52 Vgl. Gesetzentwurf der Bundesregierung, BT-Drs. 20/3442, S. 98.

53 § 40 Abs. 6 Satz 2 statuiert die Anwendung von § 30 Abs. 2 Satz 3 OWiG im Falle eines Verstoßes gegen das Behinderungsverbot, was zu einer Verzehnfachung des Höchstmaßes der Unternehmensgeldbuße führt.

2020 noch eine der heutigen Regelung entsprechende Vorschrift enthielt,[54] fiel diese zunächst dem Diskontinuitätsgrundsatz im Zuge der Neukonstituierung des Bundestages anlässlich der Wahlen 2021 zum Opfer. Der neue Referenten- und der anschließende Regierungsentwurf begnügten sich mit dem lapidaren Hinweis in der Gesetzesbegründung, dass Anreize zu schaffen im eigenen Interesse der Beschäftigungsgeber liege, damit Beschäftigte nicht im ersten Schritt eine externe Meldestelle kontaktierten.[55] Als Reaktion auf die teils heftige Kritik aus Literatur[56] und Praxis[57] fand Abs. 3 in seiner heutigen Fassung mit der Beschlussempfehlung des Rechtsausschusses[58] Eingang in den Gesetzestext.

---

54 § 7 Abs. 3 des Referentenentwurfs des Bundesministeriums der Justiz und für Verbraucherschutz vom 26.11.2020, S. 10, https://www.whistleblower-net.de/wp-content/uploads/2021/02/2020_11_26-Referentenentwurf-Whistleblowing-BMJV-1.pdf, zuletzt abgerufen: 7.8.2023.

55 Vgl. Referentenentwurf des Bundesministeriums der Justiz vom 13.4.2022: Entwurf eines Gesetzes für einen besseren Schutz hinweisgebender Personen sowie zur Umsetzung der Richtlinie zum Schutz von Personen, die Verstöße gegen das Unionsrecht melden, S. 84; Gesetzentwurf der Bundesregierung, BT-Drs. 20/3442, S. 77.

56 Vgl. *Thüsing*, Stellungnahme zum Regierungsentwurf eines Gesetzes für einen besseren Schutz hinweisgebender Personen sowie zur Umsetzung der Richtlinie zum Schutz von Personen, die Verstöße gegen das Unionsrecht melden, BT-Drs. 20/3442, S. 2; *Steinle/Langguth*, CB 2022, 461, 462; *Thüsing*, DB 2022, 1066, 1067; *Thüsing/Musiol*, BB 2022, 2420.

57 Vgl. Stellungnahme des Deutschen Industrie- und Handelskammertages (DIHK) zum Referentenentwurf eines Gesetzes für einen besseren Schutz hinweisgebender Personen sowie zur Umsetzung der Richtlinie zum Schutz von Personen, die Verstöße gegen das Unionsrecht melden vom 13.5.2022, S. 7; Stellungnahme BDI vom 11.5.2022, S. 4 f.; Stellungnahme BDA Mai 2022, S. 6; Stellungnahme der Bundesrechtsanwaltskammer (BRAK) zum Referentenentwurf des Bundesjustizministeriums der Justiz zu einem Gesetz für einen besseren Schutz hinweisgebender Personen sowie zur Umsetzung der Richtlinie zum Schutz von Personen, die Verstöße gegen das Unionsrecht melden (sog. HinSchG), Mai Nr. 22/2022, S. 3 f.; Stellungnahme Verband für Fach- und Führungskräfte (DFK) zum Referentenentwurf des Bundesministeriums der Justiz Entwurf eines Gesetzes für einen besseren Schutz hinweisgebender Personen sowie zur Umsetzung der Richtlinie zum Schutz von Personen, die Verstöße gegen das Unionsrecht melden, S. 3 f.; Stellungnahme des Zentralverbands des Deutschen Handwerks (ZDH) zum Entwurf eines Gesetzes für einen besseren Schutz hinweisgebender Personen sowie zur Umsetzung der Richtlinie zum Schutz von Personen, die Verstöße gegen das Unionsrecht melden, S. 4.

58 Beschlussempfehlung und Bericht des Rechtsausschusses, BT-Drs. 20/4909, S. 19.

2. Ausgestaltung von Anreizen

a) Abs. 3 Satz 1 – Regelungsauftrag an den Beschäftigungsgeber

Absatz 3 Satz 1 verpflichtet Beschäftigungsgeber grundsätzlich dazu, Anreize **41** für Beschäftigte zu schaffen, vorrangig interne Meldeverfahren zu nutzen. Es handelt sich insoweit um eine Soll-Vorschrift, doch liegt es – wie auch der deutsche Gesetzgeber betont[59] – im ureigenen Interesse der Beschäftigungsgeber, solche Rahmenbedingungen zu schaffen, die dazu führen, dass sich Beschäftigte freiwillig erstrangig an die internen Meldestellen wenden, bevor sie andere Kanäle wählen. Andernfalls drohten eine unmittelbare externe Meldung und damit verbunden eine Verselbstständigung des (externen) Verfahrens sowie ggf. erhebliche Reputationsrisiken. Damit delegiert der Gesetzgeber seinen eigenen Handlungsauftrag aus Art. 7 Abs. 2 HinSch-RL qua Soll-Vorschrift an die Beschäftigungsgeber.[60] Von eigenen Anreizsetzungen, etwa solchen, zu denen Beschäftigungsgeber selbst nicht in der Lage sind, hat der Gesetzgeber trotz entsprechender Forderungen[61] größtenteils abgesehen.[62]

Auch die konkrete Ausgestaltung der Anreizsetzung hat der Gesetzgeber be- **42** wusst offengehalten, um den vielfältigen wirtschaftlichen Bedingungen in den

---

59 Vgl. Referentenentwurf des Bundesministeriums der Justiz und für Verbraucherschutz vom 26.11.2020, S. 36, https://www.whistleblower-net.de/wp-content/uploads/2021/02/2020_11_26-Referentenentwurf-Whistleblowing-BMJV-1.pdf, zuletzt abgerufen: 7.8.2023; Referentenentwurf des Bundesministeriums der Justiz vom 13.4.2022: Entwurf eines Gesetzes für einen besseren Schutz hinweisgebender Personen sowie zur Umsetzung der Richtlinie zum Schutz von Personen, die Verstöße gegen das Unionsrecht melden, S. 84; Antwort des Parlamentarischen Staatssekretärs Benjamin Strasser vom 6.9.2022, BT-Drs. 20/3356, S. 66; Beschlussempfehlung und Bericht des Rechtsausschusses, BT-Drs. 20/4909, S. 53; Gesetzentwurf der Fraktionen SPD, BÜNDNIS 90/DIE GRÜNEN und FDP: Entwurf eines Gesetzes für einen besseren Schutz hinweisgebender Personen sowie zur Umsetzung der Richtlinie zum Schutz von Personen, die Verstöße gegen das Unionsrecht melden, BT-Drs. 20/5992, S. 58.

60 Vgl. *Dzida/Seibt*, NZA 2023, 657, 660; *Lüneborg*, ZIP 2023, 941, 944; *Schoch/Kumar*, CB 2022, 181, 184.

61 Vgl. *Thüsing*, Stellungnahme zu BT-Drs. 20/3442, S. 2; *Schoch/Kumar*, CB 2022, 181, 184; *Steinle/Langguth*, CB 2022, 461, 462; *Thüsing*, DB 2022, 1066, 1067; *Thüsing/Musiol*, DRiZ 2022, 486, 488; *Thüsing/Musiol*, BB 2022, 2420; anhaltende Kritik von *Dzida/Seibt*, NZA 2023, 657, 660; *Lüneborg*, ZIP 2023, 941, 944; *Thüsing/Musiol/Peisker*, ZGI 2023, 63.

62 Zu nennen sind hier lediglich der Appell des Gesetzgebers an den Hinweisgeber in § 7 Abs. 1 Satz 2 sowie die in § 28 Abs. 1 Satz 3 vorgesehene Möglichkeit, dass die externe Meldestelle in geeigneten Fällen auf die Möglichkeit der internen Meldung verweist. Der in § 7 Abs. 1 Satz 2 zum Ausdruck kommende Appell des Gesetzgebers kann dabei richtigerweise bereits nicht als Anreizschaffung betrachtet werden; dazu Rn. 15.

jeweiligen Unternehmen Rechnung zu tragen.[63] Daher sieht der Gesetzestext selbst keine Vorgaben und keine konkreten Beispiele für die mögliche Anreizsetzung durch den Beschäftigungsgeber vor. Aus den Gesetzgebungsmaterialien ergibt sich lediglich, dass der Gesetzgeber u. a. die Etablierung einer guten Kommunikationskultur sowie die Förderung der sozialen Verantwortung der Unternehmen vor Augen hatte; insgesamt müsse ein Klima geschaffen werden, in dem Hinweisgeber als Personen gelten, die wesentlich zur Selbstverbesserung der Organisation beitragen.[64] Da die Gesetzesbegründung zu weiteren Konkretisierungen dieser floskelhaften Andeutungen schweigt, wird sich die Praxis an diesen weiten Maßstäben zu orientieren haben. Bei allen diesbezüglichen Maßnahmen gilt es, die Einschränkung durch Satz 3 zu beachten: Der Zugang zu externen Meldestellen darf durch die Anreizschaffung nicht eingeschränkt werden (hierzu Rn. 59).

b) Praxisempfehlungen

43 Ausgehend von der vagen Richtschnur des Gesetzgebers können Beschäftigungsgeber mit Blick auf die Steigerung der Attraktivität der internen Meldestelle neben der Etablierung einer hinweisgeberfreundlichen Unternehmens- und Führungskultur (hierzu Rn. 44 f.) anonyme Meldungen zulassen (hierzu Rn. 46 f.), Amnestieangebote zur Verfügung stellen (hierzu Rn. 48 ff.), die interne Meldestelle auch für außerhalb des Beschäftigungsgebers stehende Dritte öffnen (hierzu Rn. 51) oder ggf. monetäre Anreize setzen (hierzu Rn. 52 ff.). Ob und welche der Maßnahmen implementiert werden, ist der Entscheidung des jeweiligen Einrichtungsverpflichteten überlassen.

aa) Hinweisgeberfreundliche Unternehmens- und Führungskultur

44 Im Zentrum sollte die Etablierung einer hinweisgeberfreundlichen Unternehmens- und Führungskultur stehen. Dies erfordert von der Leitungsebene ausgehende klare und gelebte Botschaften dahingehend, dass Meldungen erwünscht sind, ernst genommen und nachhaltig verfolgt werden.[65] Die hinweisgebende Person darf sich nicht als „Denunziant" fühlen, sondern sollte durch Leitungspersonen zu einem verantwortungsvollen Verhalten ermutigt werden. So können Vorbehalte gegenüber internen Meldungen abgebaut und das Ver-

---

63 Beschlussempfehlung und Bericht des Rechtsausschusses, BT-Drs. 20/4909, S. 53; Antwort des Parlamentarischen Staatssekretärs Benjamin Strasser vom 6.9.2022, BT-Drs. 20/3356, S. 66.

64 Erwägungsgrund 47 HinSch-RL; Beschlussempfehlung und Bericht des Rechtsausschusses, BT-Drs. 20/4909, S 53.

65 Vgl. *Brobeil*, Die Auswirkungen der Richtlinie (EU) 2019/1937 auf Arbeitnehmer-Hinweisgeber, S. 134; *Engelhoven/Gatz*, DB 2023, 1397, 198.

trauen in die interne Konfliktbewältigung und -lösung gestärkt werden. Zudem sollte Hinweisgebern hinreichend verdeutlicht werden, dass sie aufgrund von Meldungen keine Repressalien zu befürchten haben.

Insgesamt ist darauf zu achten, dass diese Kommunikation nicht nur von höchster Führungsebene ausgeht, sondern auch von den mittleren und unteren Managementebenen im Rahmen der alltäglichen Arbeit erfolgt und die damit einhergehende Kultur gelebt wird (umfassende Speak-Up-Kultur auf allen Hierarchieebenen). Diese Kultur muss sich dabei nicht nur in den jeweiligen internen Richtlinien widerspiegeln, im Rahmen von Schulungen den Beschäftigten nähergebracht sowie im Wege interner Kommunikation transportiert, sondern vor allem in der täglichen Arbeit (vor-)gelebt werden. **45**

bb) Möglichkeit anonymer Meldungen

Ergänzend sollte in Betracht gezogen werden, anonyme Meldungen zu ermöglichen.[66] In manchen Fällen wird der Hinweisgeber seine Identität, beispielsweise aufgrund der Brisanz der Vorwürfe oder der Befürchtung von Repressalien, nicht offenlegen wollen. Entscheidet er sich dennoch dafür, einen Verstoß zu melden, so liegt es im Zweifel näher, sich in diesen Fallkonstellationen an eine externe Meldestelle zu wenden, sollte die Option einer anonymen internen Meldung nicht bestehen. **46**

Der deutsche Gesetzgeber hatte zunächst eine verpflichtende Bearbeitung von anonymen Meldungen vorgesehen.[67] Erst auf Betreiben des Vermittlungsausschusses rückte er von diesem Vorhaben ab und beschränkte sich auf die Einführung einer entsprechenden Sollte-Formulierung in § 16 Abs. 1 Satz 4 (siehe hierzu näher: § 16).[68] Gleichwohl ist die Einräumung der Möglichkeit einer anonymen Meldung empfehlenswert und entspricht vielfach schon der gelebten Praxis.[69] Dies liegt auch darin begründet, dass die Eröffnung anonymer Meldekanäle eine Voraussetzung für die Zertifizierungen nach den ISO-Normen 37301 und 37001 ist. **47**

---

66 Vgl. *Bruns*, in: Rolfs/Giesen/Meßling/Udsching, BeckOK Arbeitsrecht, § 16 HinSchG Rn. 4; Anonymität wirkt jedoch nur nach einem Teil der Studien meldungsfördernd, vgl. *Kölbel/Herold*, LMU Working Paper SFB 1369, 01/2020, S. 4, 9 m. w. N.

67 Beschlussempfehlung und Bericht des Rechtsausschusses, BT-Drs. 20/4909, S. 24.

68 Beschlussempfehlung des Vermittlungsausschusses, BT-Drs. 20/6700, S. 2.

69 Im Rahmen einer Umfrage im Jahr 2021 gaben über 70% der in Deutschland befragten Unternehmen, die bereits ein Hinweisgebermeldesystem eingerichtet hatten, an, anonyme Meldungen zu ermöglichen, vgl. *Hauser/Bretti-Rainalter/Blumer*, Whistleblowing Report 2021 der Fachhochschule Graubünden, S. 51.

cc) Amnestieangebote

48 Für Hinweisgeber, die an dem betreffenden Verstoß selbst beteiligt sind, können Amnestieangebote einen erheblichen Anreiz für eine vorrangige interne Meldung bilden.[70] Unter dem Begriff „Amnestieangebote" lassen sich vielfältige Zusicherungen des Beschäftigungsgebers fassen; in Betracht kommen u. a. der Verzicht auf die Geltendmachung von Schadensersatzansprüchen (pactum de non petendo), der Verzicht auf den Ausspruch einer Beendigungskündigung (ordentliche und/oder außerordentliche Beendigungskündigung) des Arbeitsverhältnisses oder die Übernahme von zur Verteidigung erforderlichen Rechtsanwaltskosten.[71] Ausgeklammert werden muss – mangels Disponibilität – der Schutz vor strafrechtlicher Verfolgung als solcher, wobei es dem Beschäftigungsgeber offensteht, ob er eine Strafanzeige oder einen Strafantrag stellt.[72]

49 Mit Blick auf Amnestieangebote gilt es stets zu berücksichtigen, dass diese gesetzlichen, insbesondere arbeits-, gesellschafts- und strafrechtlichen Grenzen unterliegen.[73] Amnestie kann nicht per se in Aussicht gestellt werden. Der konkrete Abschluss einer Amnestie- oder Kooperationsvereinbarung muss immer im Einzelfall und auf Basis einer Gesamtabwägung erfolgen. Derartige Vereinbarungen sind nur zulässig, wenn gewichtige Gründe des Gesellschaftswohls gegen eine Verfolgung und Sanktionierung sprechen, wobei persönliche Gesichtspunkte des Hinweisgebers in der Regel außer Acht zu lassen sind.[74] Das Aufklärungsinteresse hat das Sanktionsinteresse gegenüber dem beteiligten Hinweisgeber zu überwiegen und die Amnestie muss ein angemessenes Mittel zur Sachverhaltsaufklärung darstellen.[75]

50 Aus diesen Grundsätzen folgt, dass ein generelles und bedingungsloses Inaussichtstellen von Kooperations- oder Amnestievereinbarungen im Falle einer internen Meldung ausscheiden muss. Denkbar ist jedoch eine Kommunikation dahingehend, dass im Falle einer (frühzeitigen) internen Meldung der Abschluss einer Kooperations- oder Amnestievereinbarung geprüft wird. Hierbei ist sicherzustellen, dass Amnestieangebote grundsätzlich nur auf zeitlich begrenzter Basis zur Verfügung stehen sollten, damit eine möglichst frühe Meldung angeregt wird. Überdies wird dadurch gewährleistet, dass Hinweisgeber

---

70 *Brobeil*, Die Auswirkungen der Richtlinie (EU) 2019/1937 auf Arbeitnehmer-Hinweisgeber, S. 131.

71 Siehe nur *Kahlenberg/Schwinn*, CCZ 2012, 81, 83; *Krug/Skoupil*, NJW 2017, 2374, 2377.

72 *Brobeil*, Die Auswirkungen der Richtlinie (EU) 2019/1937 auf Arbeitnehmer-Hinweisgeber, S. 132.

73 Siehe nur *Breßler/Kuhnke/Schulz/Stein*, NZG 2009, 721.

74 Vgl. BGH, 21.4.1997, II ZR 175/95, NJW 1997, 1926.

75 BGH, 21.4.1997, II ZR 175/95, NJW 1997, 1926; *Göpfert/Merten/Siegrist*, NJW 2008, 1703, 1704.

sich aus intrinsischer Motivation melden und nicht nur, weil sie eine (unmittelbar) bevorstehende Entdeckung ihrer Beteiligung befürchten.[76]

dd) Öffnung der Meldekanäle zugunsten Dritter

Denkbar ist zudem, die interne Meldestelle über den von § 16 Abs. 1 Satz 1 vorgeschriebenen Personenkreis (Beschäftigte und überlassene Leiharbeitnehmer) hinaus zu öffnen. Bereits § 16 Abs. 1 Satz 3 regt dies an und sieht vor, dass die interne Meldestelle auch Dritten zugänglich gemacht werden kann, die im Rahmen ihrer beruflichen Tätigkeit mit dem zur Einrichtung der internen Meldestelle verpflichteten Beschäftigungsgeber oder der Organisationseinheit in Kontakt stehen. Dies betrifft in erster Linie Mitarbeiter von Geschäftspartnern, Zulieferern oder gewerblichen Kunden. Erfolgt keine derartige Öffnung der internen Meldestelle, besteht für diese Personen keine Alternative zur unmittelbaren Meldung an eine externe Meldestelle. Gleichzeitig können auch diese Personen unter Umständen wertvolle Hinweise auf etwaiges Fehlverhalten geben. Im Falle einer solchen Öffnung der internen Meldekanäle ist zu beachten, dass die gemäß § 7 Abs. 3 Satz 2 den eigenen Beschäftigten zu gewährenden, klar und leicht zugänglichen Informationen über die Nutzung der internen Meldeverfahren (hierzu sogleich unter Rn. 55 ff.) auch mit den Dritten, denen der interne Meldeweg offenstehen soll, geteilt werden sollten; eine rein interne Veröffentlichung dieser Informationen (beispielsweise im Intranet) wird hier aus naheliegenden Gründen regelmäßig nicht ausreichen. **51**

ee) Monetäre Anreize

Auch finanzielle Aspekte etwa in Form von Prämien können Anreiz für die Nutzung des internen Meldeverfahrens bieten. Finanzielle Anreize durch den Staat sind im HinSchG nicht vorgesehen, denkbar sind im Rahmen von § 7 Abs. 3 Satz 1 jedoch solche durch die Einrichtungsverpflichteten. Eine solche Form der Anreizsetzung seitens der Beschäftigungsgeber ist weder durch die Richtlinie noch durch das HinSchG verboten,[77] sofern davon keine (vertragliche) Verpflichtung zur Nutzung der internen Meldekanäle ausgeht und damit **52**

---

76 *Brobeil*, Die Auswirkungen der Richtlinie (EU) 2019/1937 auf Arbeitnehmer-Hinweisgeber, S. 132.

77 Vgl. *Brobeil*, Die Auswirkungen der Richtlinie (EU) 2019/1937 auf Arbeitnehmer-Hinweisgeber, S. 134; *Fischer*, Hinweisgebersysteme im Lichte der EU-Richtlinie 2019/1937 unter besonderer Betrachtung der Vertraulichkeitszusicherung, S. 165; *Dzida/Granetzny*, NZA 2020, 1201, 1206 f.; *Thüsing/Musiol*, DRiZ 2022, 486, 488 f.; a. A. nur *Bruns*, NJW 2023, 1609, 1614, der darin sogar einen unzulässigen mittelbaren Nachteil im Vergleich zu externen Meldungen sieht; ähnlich auch *Kort*, in: FS-Windbichler, 837, 855.

die Grenzen von Satz 3 gewahrt werden. Allerdings ist der positive Effekt auf die Meldebereitschaft von hinweisgebenden Personen umstritten.[78]

53 Im Finanzsektor hat der EU-Gesetzgeber im Rahmen der Marktmissbrauchs-Verordnung (Marktmissbrauchs-VO) bereits vor Verabschiedung der HinSch-RL die Option finanzieller Anreize von staatlicher Seite explizit vorgesehen.[79] Diese Vorgehensweise ist im europäischen Raum, anders als etwa in den Vereinigten Staaten, in denen Whistleblower-Prämien durch die öffentliche Hand gängige Praxis sind,[80] bisher aber eher unüblich. Wohl auch deshalb sieht die Richtlinie eine solche nicht zwingend vor, sondern belässt es in Art. 7 Abs. 2 HinSch-RL bei der allgemeinen Aufforderung an die Mitgliedstaaten, sich für eine vorrangige Meldung über interne Meldekanäle einzusetzen. Der deutsche Gesetzgeber hat von staatlichen Prämien trotz dahingehender Überlegungen im Koalitionsvertrag der Ampelparteien[81] und im Gesetzgebungsverfahren[82] abgesehen, obwohl dies eines der Mittel gewesen wäre, der Handlungsaufforderung der Richtlinie nachzukommen.[83] Damit hält der deutsche Gesetzgeber an seiner bisherigen Linie fest: Auch im Kontext der Marktmissbrauchs-VO hat das Bundesfinanzministerium von einer Umsetzung durch eine entsprechende Rechtsverordnung bisher abgesehen.[84]

---

78 Ausführlich zur Debatte: *Brobeil*, Die Auswirkungen der Richtlinie (EU) 2019/1937 auf Arbeitnehmer-Hinweisgeber, S. 122 ff.; befürwortend: *Dzida/Granetzny*, NZA 2020, 1201; *Kölbel/Herold*, ZGR 2020, 961, 988; *Schmolke*, ZGR 2019, 876, 918; *Schmolke*, NZA 2020, 5, 11; *Wrase/Fabritius*, CCZ 2011, 69, 70; ablehnend: *Fischer*, Hinweisgebersysteme im Lichte der EU-Richtlinie 2019/1937 unter besonderer Betrachtung der Vertraulichkeitszusicherung, S. 165 f.; *Buchert*, CCZ 2013, 144, 146.

79 Art. 32 Abs. 4 Marktmissbrauchs-VO: „Im Einklang mit nationalem Recht können die Mitgliedstaaten finanzielle Anreize für Personen, die relevante Informationen über mögliche Verstöße gegen diese Verordnung bereitstellen, unter der Voraussetzung gewähren, dass diese Personen nicht bereits zuvor anderen gesetzlichen oder vertraglichen Verpflichtungen zur Meldung solcher Informationen unterliegen, sowie unter der Voraussetzung, dass die Informationen neu sind und dass sie zur Verhängung einer verwaltungsrechtlichen oder einer strafrechtlichen Sanktion oder einer anderen verwaltungsrechtlichen Maßnahme für einen Verstoß gegen diese Verordnung führen."

80 Vgl. *Granetzny/Krause*, CCZ 2020, 29.

81 Koalitionsvertrag SPD, Bündnis 90/Die Grünen und FDP 2021 – 2025 „Mehr Fortschritt wagen", S. 88.

82 Befürwortend: Stellungnahme der BRAK Mai Nr. 22/2022, S. 4 f.; ablehnend: Stellungnahme Deutsches Aktieninstitut Referentenentwurf des Bundesministeriums der Justiz zum Hinweisgeberschutzgesetz, S. 4; Stellungnahme DIHK vom 13.5.2022, S. 16.

83 So auch *Schmolke*, NZG 2020, 5, 11.

84 Stellungnahme der BRAK Mai Nr. 22/2022, S. 4 f., *Schmolke*, NZG 2020, 5, 11, der hierin einen passenden Kandidaten für den Einsatz von finanziellen Anreizen für Whistleblower auf „einem begrenzten Testfeld" sieht.

Gegen eine staatliche Prämie wird vor allem eingewendet, dass die Qualität der Meldungen sinken und die Missbrauchsgefahr steigen könnte, weil die Aussicht einer Prämie – bei steigender Höhe – zu zweifelhaften und im schlechtesten Fall zu Falschmeldungen führe.[85] Zudem sei zu befürchten, dass die Wirkung konträr zum zentralen Gedanken der Anreizsetzung – der Schaffung einer guten Kommunikationskultur und der Förderung der sozialen Verantwortung – verlaufe: Der Hinweisgeber handele nicht mehr aus sozialer Verantwortung, sondern aus monetärem Interesse; zudem sehe er sich zwangsläufig dem (reputationsschädigenden) Vorwurf ausgesetzt, ausschließlich eigennützig des Geldes wegen gehandelt zu haben.[86] Ähnliche Vorbehalte werden auch gegen unternehmensinterne Prämienzahlungen angeführt, die eine vergleichbare Wirkung auf die Unternehmenskultur haben könnten.[87] Allerdings muss bei aller berechtigter Kritik auch konzediert werden, dass ein finanziell incentiviertes internes Meldesystem dazu beitragen kann, Hinweisgeber zur Nutzung interner Meldekanäle zu bewegen und daran anknüpfend eine effektive interne Aufklärungsarbeit in Gang zu setzen.[88] **54**

3. Abs. 3 Satz 2 – Informationsbereitstellung

Abs. 3 Satz 2 verlangt die Bereitstellung klarer und leicht zugänglicher Informationen über die Nutzung des internen Meldeverfahrens. Hierbei gilt es, den potenziellen Hinweisgebern alle relevanten Informationen über den Gang zur internen Meldestelle und den nachfolgenden Ablauf des Verfahrens so verständlich, transparent und akzessibel wie möglich zur Verfügung zu stellen. **55**

Dies beginnt mit dem leichten Zugang zu Informationen, wie es § 7 Abs. 3 Satz 2 verlangt.[89] Nähere Vorgaben zum Erfordernis der leichten Zugänglichkeit sind § 7 Abs. 3 Satz 2 nicht zu entnehmen. Das Wie der Bereitstellung der Informationen ist somit dem Ausgestaltungsermessen des Einrichtungsver- **56**

---

85 Vgl. *Brobeil*, Die Auswirkungen der Richtlinie (EU) 2019/1937 auf Arbeitnehmer-Hinweisgeber, S. 125; *Buchert*, CCZ 2013, 144, 146; *Dzida/Granetzny* NZA 2020, 1201, 1207; *Schmolke*, ZGR 2019, 876, 914 und 916 f.; *Thüsing/Musiol*, DRiZ 2022, 486, 489.

86 Vgl. *Brobeil*, Die Auswirkungen der Richtlinie (EU) 2019/1937 auf Arbeitnehmer-Hinweisgeber, S. 125; *Buchert*, CCZ 2013, 144, 146; *Thüsing/Musiol*, DRiZ 2022, 486, 489.

87 Vgl. *Granetzny/Krause*, CCZ 2020, 29, 36; *Thüsing/Musiol*, DRiZ 2022, 486, 488 f.

88 Die BRAK verweist in ihrer Stellungnahme Mai Nr. 22/2022 auf den Fall „Bradley Birkenfeld", der in den USA von seinem damaligen Arbeitgeber UBS 104 Mio. EUR für die Meldung zweifelhafter Steuerpraktiken erhalten hat und wodurch die Beziehungen mit 11 weiteren Schweizer Banken grundlegend überprüft worden sind, S. 5; *Fleischer/Schmolke*, NZG 2012, 361, 367.

89 Der Begriff des leichten Zugangs zu Informationen ist bisher beispielsweise aus Art. 12 Abs. 1 Satz 1 DSGVO bekannt; vgl. *Bruns*, in: Rolfs/Giesen/Meßling/Udsching, BeckOK Arbeitsrecht, § 7 HinSchG Rn. 14.

pflichteten überlassen. Entsprechende Informationen können in analoger Form, durch Aushang an einer für den angesprochenen Personenkreis gut sichtbaren Stelle, oder in digitaler Form, z. B. durch Veröffentlichung auf der Unternehmenswebsite oder im Intranet, erfolgen.[90] Darüber hinaus sollten die Meldemöglichkeiten und -verfahren auch in Schulungen, Kursen und Fortbildungen zu den Themen Ethik und Integrität, Recht und Compliance o. Ä. kommuniziert und trainiert werden.[91] Letztlich gilt es, die „klare und leicht zugängliche" Informationsbereitstellung nach den Bedürfnissen, Bedingungen und Besonderheiten des jeweiligen Unternehmens auszugestalten. Dementsprechend müssen bei der Entscheidung über die Art und Weise der Informationsbereitstellung die Größe des jeweiligen Beschäftigungsgebers, dessen typische Arbeitsabläufe (arbeiten beispielsweise zahlreiche Beschäftigte aus dem Home-Office oder sind als Mitarbeiter des Außendienstes selten am Hauptstandort zugegen, wird eine rein analoge Informationsbereitstellung regelmäßig nicht ausreichend sein) und der Empfängerhorizont der Beschäftigten eine zentrale Rolle spielen. Folglich sollten insbesondere Unternehmen, die viele Arbeitnehmer beschäftigen, deren Muttersprache nicht Deutsch ist, darauf achten, dass Informationen sowie Hilfestellungen zur internen Meldung ebenso in den einschlägigen Fremdsprachen zur Verfügung gestellt werden. Bei der Verwendung digitaler Hinweisgebersysteme ist dies regelmäßig auch mit keinem erheblichen administrativen oder finanziellen Aufwand für den Beschäftigungsgeber verbunden.[92] Stets sollte die Anwenderfreundlichkeit und Verständlichkeit im Vordergrund stehen.

57 Dabei dürfen sich die Bemühungen des Beschäftigungsgebers nicht in der reinen Information über das Vorhandensein eines internen Meldekanals erschöpfen. Das Informationsmaterial hat Beschäftigten und anderen berechtigten Personen vielmehr detailliert aufzuzeigen, ob, wo, wann und auf welche Weise Meldungen erstattet werden können.[93] Dabei gehören neben Informationen zur Verfahrensweise bei einer Meldung auch Angaben zu Zuständigkeiten und formellen Aspekten der Meldungserstattung zu den elementaren Informationen, die bereitgestellt werden sollten. Insbesondere die Gewährleistung der Unabhängigkeit der Meldestelle im Verhältnis zur Unternehmensleitung und der Personalabteilung sowie die Sicherung der Vertraulichkeit während des Verfahrens sollten näher dargestellt werden, um den hinweisgebenden Personen Sicherheit zu vermitteln und damit auch die primäre Nutzung der internen

---

90 Vgl. Erwägungsgrund 59 HinSch-RL; *Brobeil*, Die Auswirkungen der Richtlinie (EU) 2019/1937 auf Arbeitnehmer-Hinweisgeber, S. 133.

91 So auch Erwägungsgrund 59 HinSch-RL; *Engelhoven/Gatz*, DB 2023, 1397, 1398; *Kölbel/Herold*, LMU Working Paper SFB 1369, 01/2020, S. 4 u. 9.

92 Vgl. *Quast/Ohrloff*, CCZ 2022, 303, 306.

93 Erwägungsgrund 59 HinSch-RL.

Meldestelle zu fördern.[94] Erst mit dem gebotenen Maß an Transparenz wird Vertrauen in die internen Prozesse geschaffen und ein potenzieller Hinweisgeber zu einer internen Meldung motiviert.

Insgesamt ist – neben der Informationsbereitstellung – anzuraten, aus sich heraus ein Arbeitsumfeld zu schaffen, das einer unkomplizierten internen Meldemöglichkeit förderlich ist. Dazu kann ein Informationssystem gehören, innerhalb dessen über die bloße Bereitstellung der Informationen hinaus eine Einrichtung geschaffen wird, die allfällige Fragen seitens der Beschäftigten und anderer berechtigter Personen über die interne Meldestelle oder das Verfahren – auch vor einer Meldung – beantwortet. 58

4. Abs. 3 Satz 3 – Verbot der Beschränkung oder Erschwerung externer Meldungen

Zwar überträgt der Gesetzgeber den Beschäftigungsgebern die Aufgabe, Anreize zur primären Nutzung der internen Meldekanäle zu schaffen, und räumt ihnen dabei ein weites Ausgestaltungsermessen ein. Selbiges endet aber – wie Satz 3 explizit klarstellt –, wenn die Anreize die Möglichkeit einer externen Meldung, mithin also den Zugang zu externen Meldestellen, beschränken oder erschweren würden, etwa durch interne Vorgaben oder Vereinbarungen.[95] Abs. 3 Satz 3 setzt Art. 24 HinSch-RL um. Solche internen Vorgaben oder Vereinbarungen können schon terminologisch nicht mehr als „Anreize" i. S. d. Abs. 3 Satz 1 verstanden werden, setzt eine Anreizsetzung doch voraus, dass derjenige, dem ein Anreiz gesetzt werden soll, eine Wahlmöglichkeit zusteht. Dies unterstreichend stellt Abs. 3 Satz 3 heraus, dass Beschränkungen oder Erschwerungen der externen Meldemöglichkeit unzulässig sind. Die Vorschrift knüpft an das grundsätzliche Behinderungsverbot in Abs. 2 an und stellt klar, dass dieses auch im Rahmen der Ausgestaltung eines Anreizsystems vom Einrichtungsverpflichteten zu beachten ist. 59

94 Dementsprechend stellen Beschlussempfehlung und Bericht des Rechtsausschusses (BT-Drs. 20/4909, S. 53 f.) klar, dass die Informationsbereitstellung dazu beitragen kann, die Bereitschaft, zunächst interne Meldestellen zu nutzen, zu steigern.

95 Beschlussempfehlung und Bericht des Rechtsausschusses, BT-Drs. 20/4909, S. 54.

§ 8 Vertraulichkeitsgebot

(1) Die Meldestellen haben die Vertraulichkeit der Identität der folgenden Personen zu wahren:

1. **der hinweisgebenden Person, sofern die gemeldeten Informationen Verstöße betreffen, die in den Anwendungsbereich dieses Gesetzes fallen, oder die hinweisgebende Person zum Zeitpunkt der Meldung hinreichenden Grund zu der Annahme hatte, dass dies der Fall sei,**
2. **der Personen, die Gegenstand einer Meldung sind, und**
3. **der sonstigen in der Meldung genannten Personen.**

Die Identität der in Satz 1 genannten Personen darf ausschließlich den Personen, die für die Entgegennahme von Meldungen oder für das Ergreifen von Folgemaßnahmen zuständig sind, sowie den sie bei der Erfüllung dieser Aufgaben unterstützenden Personen bekannt werden.

(2) Das Gebot der Vertraulichkeit der Identität gilt unabhängig davon, ob die Meldestelle für die eingehende Meldung zuständig ist.

Schrifttum: *Bruns*, Das neue Hinweisgeberschutzgesetz, NJW 2023, 1609; *Dilling*, Der Referentenentwurf zum Hinweisgeberschutzgesetz – Steine statt Brot für Whistleblower und betroffene Personen, CCZ 2021, 60; *Dürig/Herzog/Scholz*, Grundgesetz-Kommentar, Werkstand: 97. EL Januar 2022; *Einfeldt*, Pflicht von Whistleblowern zur sorgfältigen Faktenprüfung vor einer Anzeige, ArbRB 2021, 67; *Epping/Hillgruber* (Hrsg.), Beck'scher Online-Kommentar Grundgesetz, Stand: 51. Edition; *Kohler*, Schutz für Whistleblower, Freiheit der Meinungsäußerung, ISR 2023, 225; *Metzner/Gloeckner*, „Reality Check" der EU-Whistleblower Richtlinie – Ist die Einführung eines lokalen Hinweisgebersystems wirklich erforderlich?, CCZ 2021, 256; *Miege/Ahrens*, Referentenentwurf der Koalition zum Hinweisgeberschutzgesetz – Stellungnahme des Deutschen Instituts für Compliance (DICO e. V.), CCZ 2022, 171; *Reufels/Soltysiak*, Das neue Whistleblowing-Recht, 2023; *Rolfs/Giesen/Meßling/Udsching* (Hrsg.), Beck'scher Online-Kommentar Arbeitsrecht, 68. Edition, Stand: 2.7.2023; *Reufels/Volmari*, Neues zur Meinungsfreiheit im Arbeitsverhältnis, ArbRB 2021, 86; *Steinhauser/Saalwächter-Hirsch/Trouvain*, Das deutsche Hinweisgeberschutzgesetz – Was lange währt, wird endlich gut?, ESG 2023, 9.

Übersicht

	Rn.
I. Normzweck und Systematik	1
II. Grundsatz der Vertraulichkeit	4
III. Geschützter Personenkreis	7
1. Hinweisgebende Personen nach § 8 Abs. 1 Satz 1 Nr. 1 HinSchG	8
2. Personen, die Gegenstand einer Meldung sind, nach § 8 Abs. 1 Satz 1 Nr. 2 HinSchG	14
3. Sonstige in der Meldung genannte Personen nach § 8 Abs. 1 Satz 1 Nr. 3 HinSchG	15
IV. Reichweite des Schutzes	19
1. Schutzumfang: Vertraulichkeit der Identität	20
2. Adressaten des Vertraulichkeitsgebots	23

I. Normzweck und Systematik

§ 8 HinSchG stellt einen der wesentlichen Grundsätze des Hinweisgeberschutzgesetzes auf, nämlich den **Grundsatz der Vertraulichkeit**.[1] Er steht in einem engen Zusammenhang mit der Ausnahmevorschrift des § 9 HinSchG, die etliche Ausnahmen zu diesem Grundsatz normiert. Das Verhältnis des § 8 zu § 9 HinSchG ist somit ein **Regel-Ausnahme-Verhältnis**. Das bedeutet, dass eine Ausnahme vom Grundsatz des § 8 HinSchG innerhalb des Hinweisgeberschutzgesetzes nur dann in Betracht kommt, wenn diese in § 9 HinSchG normiert ist. **1**

Anders verhält sich dies, wenn dem Hinweisgeberschutzgesetz externe Normen eine Maßnahme einfordern oder erlauben, die vom hier normierten Gebot der Vertraulichkeit abweicht. Dies gilt vor allem im Falle der StPO, deren Regelungen von § 4 Abs. 4 HinSchG (siehe § 4 HinschG Rn. 102) ausdrücklich für vom Hinweisgeberschutzgesetz nicht berührt erklärt werden. So kann durchaus eine hinweisgebende Person, freilich in den Grenzen der StPO, auch gegen das hier normierte Gebot der Vertraulichkeit Zeuge in einem Strafprozess sein (müssen).[2] **2**

Andererseits lässt sich aufgrund dieses Regel-Ausnahme-Verhältnisses sowie der zahlreichen Ausnahmen auch konstatieren, dass das **Vertraulichkeitsgebot nicht absolut** ist.[3] **3**

II. Grundsatz der Vertraulichkeit

Der Grundsatz der Vertraulichkeit ist **elementarer Bestandteil** nicht nur des Hinweisgeberschutzes im Sinne des Hinweisgeberschutzgesetzes, sondern eines jeden Hinweisgebersystems.[4] Er schützt sowohl die hinweisgebenden Personen und weitere von einem Hinweis betroffene Personen als auch den Prozess des Hinweisgebens selbst, da dieser durch die Aufdeckung der Identität einer involvierten Person in seinem Zweck gefährdet werden kann.[5] **4**

Der Grundsatz der Vertraulichkeit wird nicht erst einfachgesetzlich durch das Hinweisgeberschutzgesetz eingeführt, sondern hat seine Fundierung im **Allge-** **5**

---

1 Streng genommen spricht die Norm vom „Vertraulichkeitsgebot"; dies wird in der folgenden Kommentierung synonym mit „Grundsatz der Vertraulichkeit" gebraucht.

2 *Reufels/Soltysiak*, Das neue Whistleblowing-Recht, S. 60, 96.

3 *Bruns*, NJW 2023, 1609, 1614; sehr kritisch den Schutzumfang des Vertraulichkeitsgebots betreffend *Dilling*, CCZ 2021, 60, 62.

4 *Reufels/Soltysiak*, Das neue Whistleblowing-Recht, S. 96.

5 Hierauf weist die Gesetzesbegründung an mehreren Stellen hin und spricht dabei davon, dass das Hinweisgeberschutzsystem „wirksam und funktionstüchtig" sein müsse, siehe BT-Drs. 20/3442, S. 35, 73 und in Bezug auf einen funktionstüchtigen Meldeweg: S. 91.

meinen Persönlichkeitsrecht nach Art. 2 Abs. 1 i.V.m. Art. 1 Abs. 1 GG.[6] Zum Allgemeinen Persönlichkeitsrecht gehört nach ständiger Rechtsprechung des Bundesverfassungsgerichts auch ein Grundsatz der Vertraulichkeit.[7] Dieser bezieht sich zwar vornehmlich auf informationstechnische Systeme und häufig wird dementsprechend auch vom Grundsatz der Vertraulichkeit und Integrität informationstechnischer Systeme gesprochen.[8] Zudem richtet sich der Schutz dieser Ausprägung des Allgemeinen Persönlichkeitsrecht in erster Linie gegen staatliche Eingriffe. Es ist aber von der Rechtsprechung des Bundesverfassungsgerichts anerkannt, dass der Grundsatz der Integrität und Vertraulichkeit informationstechnischer Systeme auch Wirkung gegenüber nichtstaatlichen Dritten entfaltet und der Grundsatz somit auch mit einer staatlichen Schutzpflicht korrespondiert.[9] Zudem lässt sich der hinter dem Gebot der Vertraulichkeit im verfassungsrechtlichen Sinne stehende Gedanke der individuellen Selbstbestimmung auch auf das Hinweisgeberschutzgesetz übertragen. Denn ein Hinweisgeber, der mit seinem Hinweis ja nicht vornehmlich private Interessen verfolgt, sondern gerade einen Verstoß aufdecken will, handelt zumindest auch im Interesse des Gemeinwohls und ist damit im Vergleich zu einer unter den Schutzbereich des Allgemeinen Persönlichkeitsrechts fallenden Person, die lediglich private Interesse verfolgt, erst recht schutzwürdig. Das gilt in einer verobjektivierten und funktionellen Betrachtungsweise selbst dann, wenn die hinweisgebende Person mit der Meldung auch private Interessen verfolgt. Private Interessen bei der Meldung sollen nach der Gesetzesbegründung, abgesehen von „Böswilligkeit" und „Missbrauch", keine Rolle bei der Bewertung der Schutzwürdigkeit spielen.[10]

6 Auch einfachgesetzlich war der Grundsatz der Vertraulichkeit als Kernelement des **Datenschutzrechts** bereits vor Inkrafttreten des Hinweisgeberschutzgesetzes normiert, beispielsweise in Art. 5 Abs. 1 lit. f DSGVO. Auch dort findet sich die Verbindung mit dem Grundsatz der Integrität. Der Grundsatz der Vertraulichkeit und Integrität bestimmt sich nach dieser Vorschrift als „Schutz vor unbefugter oder unrechtmäßiger Verarbeitung und vor unbeabsichtigtem Verlust, unbeabsichtigter Zerstörung oder unbeabsichtigter Schädigung (…)".

---

6 Außerdem gibt es auch einen Bezug zum Grundrecht der Meinungsfreiheit, siehe in Bezug auf die Rechtsprechung des EGMR v. 14.2.2023 – Nr. 21884/18 zu Art. 10 Abs. 1 EMRK *Kohler*, ISR 2023, 225; *Reufels/Volmari*, ArbRB 2021, 86; *Einfeldt*, ArbRB 2021, 67.

7 BVerfGE 120, 274.

8 So auch BVerfGE 120, 274, Leitsatz 1; siehe auch *Lang*, in: Epping/Hillgruber, BeckOK GG, Art. 2 Rn. 46.

9 BVerfGE 158, 170; *Di Fabio*, in: Dürig/Herzog/Scholz, GG, Art. 2 Abs. 1 Rn. 189–191.

10 Siehe BT-Drs. 20/3442, S. 92: „Die subjektiven Beweggründe der hinweisgebenden Person für die Meldung spielen keine Rolle."

III. Geschützter Personenkreis

Nach § 8 Abs. 1 Satz 1 HinSchG sind drei Personengruppen vom Vertraulichkeitsgebot geschützt: hinweisgebende Personen unter den Voraussetzungen des Nr. 1; Personen, die Gegenstand der Meldung sind, nach Nr. 2; sonstige in der Meldung genannte Personen nach Nr. 3. Die Vorschrift trägt damit der Zielsetzung und dem persönlichen Anwendungsbereich des Hinweisgeberschutzgesetzes Rechnung, die sich nicht nur nach § 1 Abs. 1 HinSchG auf hinweisgebende Personen beziehen, sondern nach § 1 Abs. 2 HinSchG auch auf Personen, die Gegenstand einer Meldung oder Offenlegung sind, und Personen, die von einer Meldung oder Offenlegung betroffen sind (siehe § 1 HinschG Rn. 14). 7

1. Hinweisgebende Personen nach § 8 Abs. 1 Satz 1 Nr. 1 HinSchG

Der in § 8 Abs. 1 Satz 1 Nr. 1 HinSchG genannte Personenkreis der hinweisgebenden Personen ist der naheliegende und wichtigste unter den geschützten Personenkreisen. Der Begriff der **hinweisgebenden Person** ist in § 1 Abs. 1 HinSchG legaldefiniert. Demnach sind hinweisgebende Personen natürliche Personen, die im Zusammenhang mit ihrer beruflichen Tätigkeit oder im Vorfeld einer beruflichen Tätigkeit Informationen über Verstöße erlangt haben und diese an die nach diesem Gesetz vorgesehenen Meldestellen melden oder offenlegen. 8

Dabei gilt es zunächst festzuhalten, dass sich der Schutz des Hinweisgeberschutzgesetzes und somit auch der Grundsatz der Vertraulichkeit nur auf **natürliche Personen** bezieht. 9

§ 8 Abs. 1 Satz 1 Nr. 1 HinSchG findet ausweislich seines Wortlauts nicht auf alle hinweisgebenden Personen Anwendung, sondern nur auf diejenigen, die die **in Nr. 1 normierten Voraussetzungen** erfüllen. Entweder muss demnach die gemeldete Information einen Verstoß betreffen, der in den Anwendungsbereich des Hinweisgeberschutzgesetzes fällt, oder die hinweisgebende Person muss zum Zeitpunkt der Meldung hinreichenden Grund zur Annahme gehabt haben, dass dies der Fall sei. Hier kommt zunächst einmal zum Ausdruck, dass nicht jede denkbare Information unter dem Schutz des Vertraulichkeitsgebots steht, sondern nur eine solche mit einem hinreichenden Bezug zum Hinweisgeberschutzgesetz. Der Schutz einer hinweisgebenden Person, die einen tatsächlich gegebenen Verstoß meldet, wird außerdem vor dem Hintergrund des Vertraulichkeitsgebots gleichgestellt mit dem Schutz einer hinweisgebenden Person, die einen Verstoß meldet, der nicht tatsächlich gegeben ist, bezüglich dessen sie aber einen hinreichenden Grund zur Annahme hatte. Dies erklärt sich mit der (auch) **subjektiven Schutzdimension** des Vertraulichkeitsgebots 10 sowie der Überlegung eines möglichst wirksamen und funktionstüchtigen Hinweisgeberschutzsystems.[11]

11 Vor allem vor dem Hintergrund des Rückbezugs des Vertraulichkeitsgebots auf das Allgemeine Persönlichkeitsrecht wird deutlich, dass es sich beim Vertraulichkeitsgebot nicht nur um einen objektivrechtlichen Grundsatz handelt. Diese objektivrechtliche Dimension legt zunächst einmal die Formulierung „Die Meldestellen haben (…)" des § 8 HinSchG nahe. Dem korrespondiert aber, ähnlich den Grundrechten, eine **subjektivrechtliche (Schutz-)Dimension** zugunsten der hinweisgebenden Personen. Diese kommt bereits in § 1 Abs. 1 HinSchG zum Ausdruck, der als Zielsetzung des Gesetzes den Schutz hinweisgebender Personen ausgibt.

12 Der Schutz irrender hinweisgebender Personen ist außerdem Ausfluss des gesetzgeberischen Ziels, ein **möglichst wirksames und funktionstüchtiges Hinweisgeberschutzsystem**[12] zu schaffen. Eine Person, die Grund zur Annahme hat, dass ein meldefähiger Verstoß vorliegt, soll eine entsprechende Meldung unter dem Schutz des Vertraulichkeitsgebots auch durchführen können, ohne befürchten zu müssen, dass sie sich womöglich unverschuldet geirrt hat. Dies würde im Zweifel zu einer Heraufstufung der subjektiven Hürden, eine Meldung vorzunehmen, führen und liefe damit der Zielsetzung, dass tatsächlich auch Meldungen vorgenommen werden, zuwider.

13 Entsprechend ist nur eine Person geschützt, die hinreichenden Grund zur Annahme eines Verstoßes hat, die sich also unverschuldet irrt. Bei einem **verschuldeten Irrtum** über einen Verstoß findet das **Vertraulichkeitsgebot keine Anwendung**.

2. Personen, die Gegenstand einer Meldung sind, nach § 8 Abs. 1 Satz 1 Nr. 2 HinSchG

14 Auch geschützt sind **Personen, die Gegenstand einer Meldung sind**. Deren Schutz ist ebenfalls bereits am Anfang des Hinweisgeberschutzgesetzes, namentlich in § 1 Abs. 2 HinSchG geregelt. Diese Vorschrift entspricht § 4d Abs. 3 Satz 2 FinDAG a. F., der zusammen mit dem Inkrafttreten des Hinweisgeberschutzgesetzes aufgehoben wurde.[13]

---

11 BT-Drs. 20/3442, S. 73.

12 BT-Drs. 20/3442, S. 73.

13 BT-Drs. 20/3442, S. 74, verweist ausdrücklich auf die Parallele zu § 4d Absatz 3 Satz 2 FinDAG a. F.

3. Sonstige in der Meldung genannte Personen nach § 8 Abs. 1 Satz 1 Nr. 3 HinSchG

Der dritte geschützte Personenkreis sind sonstige in der Meldung genannten Personen. Diese Nr. 3 ist schon ausweislich ihrer Wortlauts („sonstige“) als **Auffangtatbestand** zu den ersten beiden Nummern konzipiert. Zunächst ist also einmal zu prüfen, ob nach Nr. 1 oder Nr. 2 Schutz besteht. Erst dann ist auf Nr. 3 zurückzugreifen. 15

Mit Blick auf den betreffenden Personenkreis soll Nr. 3 nach der gesetzgeberischen Intention **weit verstanden** werden. Es ist gleich, ob es sich um beteiligte oder unbeteiligte Dritte handelt. Diese können Beobachter von Verstößen oder sonstwie von der Meldung betroffen sein.[14] Bei den Personen kann es sich beispielsweise um **Kollegen, Vorgesetzte oder Arbeitgeber** handeln.[15] 16

Mit einem vergleichenden Blick auf die Vorschrift des § 1 Abs. 2 HinSchG ist auf den ersten Blick unklar, ob nach § 8 Abs. 1 Satz 1 Nr. 3 HinSchG nur Personen geschützt sein sollen, die **ausdrücklich** in einer Meldung **genannt** sind. Dies legt der Wortlaut der Nr. 3 nahe, der von „in der Meldung genannten Personen“ spricht. § 1 Abs. 2 HinSchG legt hingegen als Zielsetzung den Schutz sonstiger Personen fest, „die von einer Meldung oder Offenlegung betroffen sind“. Der Schutz nach § 1 Abs. 2 HinSchG ist somit vom Wortlaut her weiter gefasst als derjenige nach § 8 Abs. 1 Satz 1 Nr. 3 HinSchG. Es ist aber dennoch davon auszugehen, dass vom Vertraulichkeitsgebot auch nicht ausdrücklich genannte, aber betroffene Personen geschützt sein sollen. Dafür sprechen sowohl die gesetzgeberische Begründung des § 8 HinSchG als auch der Sinn und Zweck des Vertraulichkeitsgebots. Die gesetzgeberische Begründung fasst den Anwendungsbereich des Vertraulichkeitsgebots ausdrücklich weit und will die Nr. 3, gegen den Wortlaut der Norm, auch angewendet wissen auf Personen, die „in sonstiger Weise von der Meldung betroffen“[16] sind. Der Schutz des Vertraulichkeitsgebots soll sich, ebenfalls ausdrücklich nach der gesetzgeberischen Begründung, sowohl gegen falsche Verdächtigungen und Verleumdungen (die man noch mit „genannt“ assoziieren könnte) als auch gegen eine Einflussnahme auf potenzielle Zeugen richten.[17] Die Gefahr einer solchen Einflussnahme besteht grundsätzlich auch bei nicht ausdrücklich genannten, aber sonst betroffenen Personen. 17

---

14 BT-Drs. 20/3442, S. 74.

15 BT-Drs. 20/3442, S. 74.

16 BT-Drs. 20/3442, S. 74; ebenso *Reufels/Soltysiak*, Das neue Whistleblowing-Recht, S. 97, die aber nicht auf den Unterschied im Wortlaut eingehen.

17 BT-Drs. 20/3442, S. 74.

18 Somit ist § 8 Abs. 1 Satz 1 Nr. 3 HinSchG weit zu verstehen und entgegen dem insofern unklaren Wortlaut nicht nur auf ausdrücklich genannte, sondern **auch auf von einer Meldung betroffene Personen** anzuwenden.

IV. Reichweite des Schutzes

19 Nach dem ausdrücklichen Willen des Gesetzgebers soll der Schutz des Vertraulichkeitsgebots besonders **weit reichen.**[18] Er soll in allen Stadien des Hinweisgeber-Verfahrens gelten, unabhängig davon, ob eine interne oder externe Meldestelle involviert ist,[19] und – wie in § 8 Abs. 2 HinSchG ausdrücklich geregelt – unabhängig von der Zuständigkeit der Meldestelle, bei der die Information eingeht. § 8 Abs. 1 Satz 2 HinSchG schränkt zudem den Kreis der Personen, denen die Identität der nach § 8 Abs. 1 Satz 1 HinSchG zu schützenden Personen bekannt werden darf, auf zuständige und diese unterstützende Personen ein.

1. Schutzumfang: Vertraulichkeit der Identität

20 Nach dem Wortlaut der Norm ist Schutzgegenstand des Vertraulichkeitsgebots die Vertraulichkeit der Identität. Diese ist nach § 8 Abs. 1 Satz 1 HinSchG „zu wahren“. Nach § 8 Abs. 1 Satz 2 HinSchG darf „Die Identität (…)“ nur dem dort umgrenzten Personenkreis „bekannt werden“. Nach dem Willen des Gesetzgebers ist das Tatbestandmerkmal der **Identität** der Person dabei **weit zu verstehen**. Umfasst sein sollen nicht nur die Information über die Identität als solche, sondern alle Informationen, aus denen die Identität einer Person abgeleitet werden kann.[20] Diese Lesart entspricht den Vorgaben der Hinweisgeberschutz-Richtlinie,[21] die in Art. 16 Abs. 1 Satz 2 ausdrücklich „alle anderen Informationen, aus denen die Identität des Hinweisgebers direkt oder indirekt abgeleitet werden kann“ unter das Vertraulichkeitsgebot fasst. Warum ein entsprechender Passus trotz dieser Vorgaben und des eindeutigen Willens des Gesetzgebers, diese Vorgaben umzusetzen, nicht ausdrücklich in das HinSchG aufgenommen wurde, ist unklar.

21 Ein **Beispiel** für eine solche Information, die nicht direkt die Identität des Hinweisgebers beinhaltet, aus der diese aber abgeleitet werden kann, wäre eine **spezifische Position in einem Unternehmen, die nur einmal besetzt ist.**[22] Die Tatsache, dass beispielsweise der CFO einen bestimmten Verstoß gemeldet

---

18 Kritisch hierzu *Miege/Ahrens*, CCZ 2022, 171, 176 f.
19 BT-Drs. 20/3442, S. 73.
20 BT-Drs. 20/3442, S. 74.
21 Richtlinie (EU) 2019/1937.
22 *Reufels/Soltysiak*, Das neue Whistleblowing-Recht, S. 97.

hat, wäre somit auch vom Vertraulichkeitsgebot umfasst. Auch ist es möglich, dass die Art der Information Rückschlüsse zulässt, zum Beispiel dann, wenn bestimmte Informationen nur einem so eng umfassten Personenkreis bekannt sind, dass allein die Tatsache der Meldung dieser Information schon nahelegt, wer die hinweisgebende Person sein könnte.[23] Auch dann findet das Vertraulichkeitsgebot Anwendung.

Nicht vom Vertraulichkeitsgebot umfasst ist hingegen die Information des Vorliegens einer **Meldung als solcher**. So ist es durchaus möglich und mit dem Vertraulichkeitsgebot vereinbar, dass die Meldestelle an die Geschäftsführung oder den Vorstand über das Vorliegen einer Meldung berichtet,[24] solange sichergestellt ist, dass durch diesen Bericht nicht die Identität der hinweisgebenden Person bekannt wird. Ebenso ist prinzipiell ein konzernweiter Bericht im Rahmen einer entsprechenden konzerninternen Berichtspflicht mit dem Vertraulichkeitsgebot vereinbar, solange die Identität der hinweisgebenden Person gewahrt bleibt.[25] 22

2. Adressaten des Vertraulichkeitsgebots

Auch der **Adressatenkreis des Vertraulichkeitsgebots** wird **weit gefasst**, womit der **Kreis der Personen, die Kenntnis** über die Identität der hinweisgebenden Person **erhalten, möglichst klein** gehalten wird. Wo § 8 Abs. 1 Satz 1 HinSchG noch recht unspezifisch von „Die Meldestellen" spricht, wird der dem Vertraulichkeitsgebot verpflichtete Personenkreis in § 8 Abs. 1 Satz 2 HinSchG klarer gefasst. Es bezieht sich auf für die Entgegennahme der Meldung oder das Ergreifen von Folgemaßnahmen zuständige Personen sowie Personen, die bei der Erfüllung dieser Aufgabe unterstützen. § 8 Abs. 2 HinSchG ergänzt diesen Personenkreis für den Fall, dass eine Meldung irrigerweise bei einer nicht zuständigen Stelle eingeht. Auch dann gilt das Vertraulichkeitsgebot. Diesem recht weit gefassten Adressatenkreis des Vertraulichkeitsgebots korrespondiert ein Schutzgedanke zugunsten der Hinweisgeber. Die Identität der hinweisgebenden Person darf nämlich, so § 8 Abs. 1 Satz 2 HinSchG, „ausschließlich" dem dort genannten Personenkreis bekannt werden, mithin Personen, die nicht unter die dort genannten Kategorien fallen, nicht. 23

---

23 *Metzner/Gloeckner*, CCZ 2021, 256, 257, weisen darauf hin, dass dies gerade bei vergleichsweise kleinen Einheiten zu Problemen führen kann, da hier bestimmte Informationen besonders leicht einer bestimmten Person zugeordnet werden können.

24 *Bruns*, in: Rolfs/Giesen/Meßling/Udsching, BeckOK Arbeitsrecht, § 8 HinSchG Rn. 22.

25 *Bruns*, in: Rolfs/Giesen/Meßling/Udsching, BeckOK Arbeitsrecht, § 8 HinSchG Rn. 22; *Steinhauser/Saalwächter-Hirsch/Trouvain*, ESG 2023, 9, 11; siehe hierzu auch BT-Drs. 20/3442, S. 79.

24 § 8 Abs. 1 Satz 2 HinSchG stellt klar, dass nicht automatisch jeder Mitarbeiter einer Meldestelle Kenntnis von der Identität einer hinweisgebenden Person erlangen darf. Vielmehr muss es sich um einen für die Entgegennahme der Meldung oder für das Ergreifen von Folgemaßnahmen **zuständigen Mitarbeiter** handeln.

25 Außerdem sind **unterstützende Personen** an das Vertraulichkeitsgebot gebunden. Hierunter fallen beispielsweise Büro- und IT-Kräfte.[26] Hier ist es für die **Praxis** ratsam, trotz der ausdrücklichen Einbeziehung von unterstützendem Personal in den Geltungsbereich des Vertraulichkeitsgebots den Kreis der unterstützenden Personen, die im Rahmen eines ordentlichen Geschäftsgangs Kenntnis von der Identität einer hinweisgebenden Person erlangen, eher klein zu halten. Außerdem empfiehlt es sich, unternehmensintern die entsprechenden Mitarbeiter mit einer **gesonderten Vertraulichkeitsvereinbarung** vertraglich auf das Vertraulichkeitsgebot zu verpflichten.[27]

26 § 8 Abs. 2 HinSchG stellt schließlich im Hinblick auf das Vertraulichkeitsgebot die Meldung bei einer zuständigen Stelle mit der Meldung gleich, die irrigerweise bei einer unzuständigen Stelle eingeht. Die Mitarbeiter einer unzuständigen Stelle sind ebenso an das Vertraulichkeitsgebot gebunden wie diejenigen einer zuständigen Stelle. Diese Gleichstellung ist, wie bereits die Erweiterung des geschützten Personenkreises auf hinweisgebenden Personen, die hinreichenden Grund zur Annahme eines Verstoßes haben im Sinne des § 8 Abs. 1 Nr. 1 HinSchG, Ausfluss des gesetzgeberischen Ziels, ein möglichst wirksames und funktionstüchtiges Hinweisgeberschutzsystem zu schaffen[28] (siehe oben Rn. 12). Die hinweisgebende Person soll nicht aus Angst, die Zuständigkeit der Meldestelle zu verkennen, von einer Meldung absehen. Sie soll sich im Falle eines Irrtums nicht infolge einer Nichtanwendung des Vertraulichkeitsgebots Repressalien ausgesetzt sehen. Zuletzt ist § 8 Abs. 2 HinSchG ein weiteres Indiz für die (auch) subjektiv-rechtliche Dimension des Vertraulichkeitsgebots.

---

26 BT-Drs. 20/3442, S. 74.

27 So auch *Reufels/Soltysiak*, Das neue Whistleblowing-Recht, S. 97, und *Bruns*, in: Rolfs/Giesen/Meßling/Udsching, BeckOK Arbeitsrecht, § 8 HinSchG Rn. 20.

28 BT-Drs. 20/3442, S. 73.

§ 9 Ausnahmen vom Vertraulichkeitsgebot

(1) Die Identität einer hinweisgebenden Person, die vorsätzlich oder grob fahrlässig unrichtige Informationen über Verstöße meldet, wird nicht nach diesem Gesetz geschützt.

(2) Informationen über die Identität einer hinweisgebenden Person oder über sonstige Umstände, die Rückschlüsse auf die Identität dieser Person erlauben, dürfen abweichend von § 8 Absatz 1 an die zuständige Stelle weitergegeben werden

1. in Strafverfahren auf Verlangen der Strafverfolgungsbehörden,
2. aufgrund einer Anordnung in einem einer Meldung nachfolgenden Verwaltungsverfahren, einschließlich verwaltungsbehördlicher Bußgeldverfahren,
3. aufgrund einer gerichtlichen Entscheidung,
4. von der Bundesanstalt für Finanzdienstleistungsaufsicht als externe Meldestelle nach § 21 an die zuständigen Fachabteilungen innerhalb der Bundesanstalt für Finanzdienstleistungsaufsicht sowie bei in § 109a des Wertpapierhandelsgesetzes genannten Vorgängen an die in § 109a des Wertpapierhandelsgesetzes genannten Stellen oder
5. von dem Bundeskartellamt als externe Meldestelle nach § 22 an die zuständigen Fachabteilungen innerhalb des Bundeskartellamtes sowie in den Fällen des § 49 Absatz 2 Satz 2 und Absatz 4 und § 50d des Gesetzes gegen Wettbewerbsbeschränkungen an die jeweils zuständige Wettbewerbsbehörde.

Die Meldestelle hat die hinweisgebende Person vorab über die Weitergabe zu informieren. Hiervon ist abzusehen, wenn die Strafverfolgungsbehörde, die zuständige Behörde oder das Gericht der Meldestelle mitgeteilt hat, dass durch die Information die entsprechenden Ermittlungen, Untersuchungen oder Gerichtsverfahren gefährdet würden. Der hinweisgebenden Person sind mit der Information zugleich die Gründe für die Weitergabe schriftlich oder elektronisch darzulegen.

(3) Über die Fälle des Absatzes 2 hinaus dürfen Informationen über die Identität der hinweisgebenden Person oder über sonstige Umstände, die Rückschlüsse auf die Identität dieser Person erlauben, weitergegeben werden, wenn

1. die Weitergabe für Folgemaßnahmen erforderlich ist und
2. die hinweisgebende Person zuvor in die Weitergabe eingewilligt hat.

Die Einwilligung nach Satz 1 Nummer 2 muss für jede einzelne Weitergabe von Informationen über die Identität gesondert und in Textform vorliegen. Die Regelung des § 26 Absatz 2 des Bundesdatenschutzgesetzes bleibt unberührt.

(4) Informationen über die Identität von Personen, die Gegenstand einer Meldung sind, und von sonstigen in der Meldung genannten Personen dürfen abweichend von § 8 Absatz 1 an die jeweils zuständige Stelle weitergegeben werden

1. **bei Vorliegen einer diesbezüglichen Einwilligung,**
2. **von internen Meldestellen, sofern dies im Rahmen interner Untersuchungen bei dem jeweiligen Beschäftigungsgeber oder in der jeweiligen Organisationseinheit erforderlich ist,**
3. **sofern dies für das Ergreifen von Folgemaßnahmen erforderlich ist,**
4. **in Strafverfahren auf Verlangen der Strafverfolgungsbehörde,**
5. **aufgrund einer Anordnung in einem einer Meldung nachfolgenden Verwaltungsverfahren, einschließlich verwaltungsbehördlicher Bußgeldverfahren,**
6. **aufgrund einer gerichtlichen Entscheidung,**
7. **von der Bundesanstalt für Finanzdienstleistungsaufsicht als externe Meldestelle nach § 21 an die zuständigen Fachabteilungen innerhalb der Bundesanstalt für Finanzdienstleistungsaufsicht sowie bei in § 109a des Wertpapierhandelsgesetzes genannten Vorgängen an die in § 109a des Wertpapierhandelsgesetzes genannten Stellen oder**
8. **von dem Bundeskartellamt als externe Meldestelle nach § 22 an die zuständigen Fachabteilungen innerhalb des Bundeskartellamtes sowie in den Fällen des § 49 Absatz 2 Satz 2 und Absatz 4 und § 50d des Gesetzes gegen Wettbewerbsbeschränkungen an die jeweils zuständige Wettbewerbsbehörde.**

Schrifttum: *Bayreuther*, Whistleblowing und das neue Hinweisgeberschutzgesetz, NZA-Beilage 2022, 20; *Branahl*, Whistleblower zwischen Loyalitätspflichten und öffentlichem Informationsinteresse, HFR 2012, 1; *Deiseroth/Derleder*, Whistleblower und Denunziatoren, ZRP 2008, 248; *Forst*, Die Richtlinie der Europäischen Union zum Schutz von Personen, die Verstöße gegen das Unionsrecht melden (Whistleblowing-Richtlinie), EuZA 2020, 283; *Gortan*, Berechnung der Beschäftigtenanzahl und Begriff der Organisationseinheit im RefE des HinSchG, NZA 2022, 838; *Miege/Ahrens*, Referentenentwurf der Koalition zum Hinweisgeberschutzgesetz – Stellungnahme des Deutschen Instituts für Compliance (DICO e.V.), CCZ 2022, 171; *Paal/Pauly* (Hrsg.), Datenschutz-Grundverordnung, Bundesdatenschutzgesetz, 3. Aufl. 2021; *Reufels/Soltysiak*, Das neue Whistleblowing-Recht, 2023; *Rolfs/Giesen/Meßling/Udsching* (Hrsg.), Beck'scher Online-Kommentar Arbeitsrecht, 68. Edition, Stand: 2.7.2023; *Siemes*, Die hinreichend begründete Annahme des Whistleblowers nach Art. 6 Abs. 1 lit. A Richtlinie (EU) 2019/1937 – Auslegung und Umsetzung, CCZ 2022, 293; *Steinhauser/Kreis*, Die Umsetzung der EU-Whistleblower-Richtlinie als Herausforderung für Gesetzgeber und Unternehmen, EuZA 2021, 422; *Thüsing/Musiol/Peisker*, Die Umsetzung der Hinweisgeberschutzrichtlinie: Ein Stück in drei Akten), ZGI 2023, 63; *Vitt*, Nachforschungs- und Sorgfaltspflichten des Whistleblowers? (Teil I), BB 2022, 1780; *Wolff/Brink* (Hrsg.), Beck'scher Online Kommentar Datenschutzrecht, 45. Edition, Stand: 1.8.2023.

Übersicht

	Rn.
I. Normzweck und Systematik	1
II. § 9 Abs. 1 HinSchG: Vorsatz und grobe Fahrlässigkeit	4
III. Weitergabe von Informationen über die hinweisgebende Person nach § 9 Abs. 2 HinSchG	11
1. Normzweck und Systematik	11
2. Weitergabe in Strafverfahren nach § 9 Abs. 2 Satz 1 Nr. 1 HinSchG	14
3. Weitergabe im Verwaltungsverfahren nach § 9 Abs. 2 Satz 1 Nr. 2 HinSchG	16
4. Weitergabe aufgrund gerichtlicher Entscheidung nach § 9 Abs. 2 Satz 1 Nr. 3 HinSchG	18
5. Weitergabe durch die BaFin nach § 9 Abs. 2 Satz 1 Nr. 4 HinSchG	20
6. Weitergabe durch das Bundeskartellamt nach § 9 Abs. 2 Satz 1 Nr. 5 HinSchG	23
7. Informationspflicht im Falle der Weitergabe nach § 9 Abs. 2 Satz 2 bis 4 HinSchG	25
IV. Weitergabe für Folgemaßnahmen nach § 9 Abs. 3 HinSchG	28
1. Normzweck und Systematik	28
2. Freiwillige Einwilligung trotz Drucksituation	30
3. Informiertheit der Einwilligung	32
4. Folgemaßnahmen ohne Einwilligung	35
V. Weitergabe von Informationen über dritte Personen nach § 9 Abs. 4 HinSchG	40
1. Normzweck und Systematik	40
2. Die Ausnahmetatbestände im Einzelnen	42

I. Normzweck und Systematik

1 § 9 HinSchG steht in einem engen Zusammenhang mit der den Grundsatz der Vertraulichkeit normierenden Vorschrift des § 8 HinSchG. Das Verhältnis des § 8 zu § 9 HinSchG ist ein **Regel-Ausnahme-Verhältnis**. Das bedeutet, dass eine Ausnahme vom Grundsatz des § 8 HinSchG innerhalb des Hinweisgeberschutzgesetzes nur dann in Betracht kommt, wenn diese in § 9 HinSchG normiert ist. Außerdem müssen die Ausnahmetatbestände aufgrund ihrer Vielzahl bereits bei der Frage der Definition des Vertraulichkeitsgebots berücksichtigt werden.

2 Innerhalb der Regelung des § 9 HinSchG und seiner vier Absätze ist nach zweierlei Gesichtspunkten zu differenzieren: Zunächst nach dem **betroffenen Personenkreis**: Die Absätze 1 bis 3 beziehen sich auf die hinweisgebende Person selbst, wohingegen sich Abs. 4 auf Personen, die Gegenstand einer Meldung sind, sowie sonstige in der Meldung genannte Personen bezieht. Außerdem ist zu differenzieren nach dem **Grund der Ausnahme**: Abs. 1 bezieht sich auf Vorsatz und grobe Fahrlässigkeit, ohne einen bestimmten Zweck oder eine bestimmte Stelle zu nennen; Abs. 2 bezieht sich auf die Weitergabe von Informationen an bestimmte institutionalisierte Stellen, die ein öffentliches Interesse an diesen Informationen haben; Abs. 3 bezieht sich als Auffangtatbe-

stand zu Abs. 2 auf Fälle der sonstigen Erforderlichkeit für Folgemaßnahmen und der Einwilligung; Abs. 4 hingegen ist im Hinblick auf die dort genannten Personen eine Mischung aus Einwilligung (Nr. 1), die Verknüpfung mit bestimmten institutionalisierten Stellen mit öffentlichem Interesse an der Informationspreisgabe (Nr. 4 bis 8) und eher weit formulierten Auffangtatbeständen (Nr. 2 und 3).

3 Insgesamt lässt sich konstatieren, dass die Ausnahmetatbestände **weit gefasst** sind.[1]

II. § 9 Abs. 1 HinSchG: Vorsatz und grobe Fahrlässigkeit

4 Nicht vom Vertraulichkeitsgebot geschützt sind hinweisgebende Personen, die vorsätzlich oder grob fahrlässig unrichtige Informationen über Verstöße melden. Sprachlich ist diese Vorschrift etwas unsauber formuliert, weil es – streng genommen – nicht um eine unrichtige Information über einen Verstoß geht, sondern um die Meldung einer unrichtigen Information per se.[2]

5 Der **personelle Anwendungsbereich** der Ausnahmevorschrift des Abs. 1 bezieht sich auf die **hinweisgebenden Personen** selbst.

6 Die Nichtanwendung des Vertraulichkeitsgebots auf hinweisgebende Personen, die vorsätzlich oder grob fahrlässig falsch melden, trägt dem in § 33 Abs. 1 Nr. 2 HinSchG normierten Grundsatz Rechnung, dass das Schutzregime des HinSchG **nur auf hinweisgebende Personen** Anwendung findet, die **hinreichenden Grund zur Annahme** haben, dass die von ihnen gemeldeten oder offengelegten Informationen der Wahrheit entsprechen.[3] Insbesondere verdienen Personen im Sinne des § 9 Abs. 1 HinSchG nicht den nach § 36 HinSchG garantierten Schutz vor Repressalien. Im Gegenteil: Es besteht sogar ein Interesse daran, den Personen, die aufgrund einer vorsätzlich oder grob fahrlässig falschen Meldung einen Schaden erleiden, die Möglichkeit einzuräumen, gegen die meldende Person **Schadensersatzansprüche** geltend zu machen.[4] Dies geht faktisch nur, wenn die Identität der meldenden Person bekannt ist. Dieser Schutzgedanke bezweckt zum einen den Schutz der falsch verdächtigten Personen. Er hat aber auch eine stabilisierende Wirkung, bezogen auf das

---

1 Dies wurde im Gesetzgebungsverfahren durchaus kritisch diskutiert, siehe zum Beispiel *Miege/Ahrens*, CCZ 2022, 171, 176 f.

2 *Bayreuther*, NZA-Beilage 2022, 20, 25, weist zu Recht darauf hin, dass dieser Ausnahmetatbestand wohl besser als (negative) Tatbestandsvoraussetzung des Vertraulichkeitsgebots, somit in § 8 HinSchG hätte geregelt werden sollen.

3 BT-Drs. 20/3442, S. 75; zum Konflikt einer hinweisgebenden Person zwischen Loyalitätspflichten und öffentlichem Informationsinteresse generell *Branahl*, HFR 2012, 1.

4 BT-Drs. 20/3442, S. 75.

Hinweisgeberschutzsystem. Dieses kann nur effizient funktionieren, wenn es ernsthaften Verdachtsfällen dient, ernsthaft in dem Sinne, dass zumindest ein grob fahrlässiger Irrtum nicht vorliegt. Es soll **nicht als Denunziationsplattform** missbraucht werden.[5]

Im Umkehrschluss ergibt sich aus dieser Vorschrift, dass hinweisgebende Personen, die in einer fahrlässigen Weise, die unter der Schwelle der groben Fahrlässigkeit liegt, also **bei leichter und mittlerer Fahrlässigkeit** trotz falscher Angaben **vom Vertraulichkeitsgebot geschützt** sind. Der hinweisgebenden Person ist es nicht zumutbar, selbst ermittelnd tätig zu werden, um einen begründeten Verdacht zu einer Sicherheit zu erhärten. Ihr soll es insbesondere nicht aufgebürdet werden, Belege oder Beweise zu sammeln, bevor sie eine entsprechende Meldung erstattet.[6] Dies ist ebenfalls ein Ausfluss des gesetzgeberischen Ziels, ein möglichst wirksames und funktionstüchtiges Hinweisgeberschutzsystem[7] zu schaffen. Der Schutz einer hinweisgebenden Person durch das Vertraulichkeitsgebot auch bei einem fahrlässigen Irrtum trägt dazu bei, die Hemmschwelle, eine Meldung vorzunehmen, möglichst gering zu halten. **7**

Problematisch an der Einbeziehung auch der groben Fahrlässigkeit in den Ausnahmetatbestand nach Abs. 1 ist, dass die dem HinSchG zugrundeliegende **Richtlinie** (EU) 2019/1937 in Art. 32 Abs. 2 dem nationalen Gesetzgeber aufgibt, Sanktionen für hinweisgebende Personen festzulegen, „denen nachgewiesen wird, dass sie wissentlich falsche Informationen gemeldet oder offengelegt haben". In dieser Vorschrift wird **nur auf** die Wissentlichkeit, also den **Vorsatz, nicht aber auf die grobe Fahrlässigkeit** abgestellt. Gestützt wird diese Beobachtung von den Erwägungsgründen 32 Satz 2 und 101 Satz 2 der Richtlinie (EU) 2019/1937, die ebenfalls auf Wissen und Wollen,[8] also den Vorsatz abstellen. Daher wird mitunter vertreten, die Vorschrift des § 9 Abs. 1 HinSchG müsse richtlinienkonform dahingehend ausgelegt werden, dass sich die Ausnahme vom Vertraulichkeitsgebot nur auf vorsätzliche Falschmeldungen beziehe.[9] **8**

---

5 Grundlegend und kritisch *Deiseroth/Derleder*, ZRP 2008, 248; *Thüsing/Musiol/Peisker*, ZGI 2023, 63, 67, sehen eine „Asymmetrie zwischen Schadensersatzansprüchen des Hinweisgebers und gegen den Hinweisgeber".

6 BT-Drs. 20/3442, S. 75.

7 BT-Drs. 20/3442, S. 73.

8 Erwägungsgrund 32 Satz 2 der Richtlinie (EU) 2019/1937 spricht von „willentlich und wissentlich", Erwägungsgrund 102 Satz 3 von „wissentlich".

9 So *Bruns*, in: Rolfs/Giesen/Meßling/Udsching, BeckOK Arbeitsrecht, § 9 HinSchG Rn. 2 und § 38 HinSchG Rn. 3 u. a. mit einem Verweis auf Art. 25 Abs. 1 der Richtlinie (EU) 2019/1937, der nur eine nationalgesetzliche Abweichung zugunsten der hinweisgebenden Person zulässt; differenzierend mit Bezug auf den Regierungsentwurf zum HinSchG *Siemes*, CCZ 2022, 293.

9 Gegen die Notwendigkeit einer richtlinienkonformen Auslegung spricht indes, dass die erwähnten Erwägungsgründe ebenfalls von einer „Schutzvorkehrung gegen böswillige oder missbräuchliche Meldungen“ (so Erwägungsgrund 32 Satz 2 der Richtlinie (EU) 2019/1937) sowie von einer Abschreckung von „böswilligen Meldungen“ (so Erwägungsgrund 102 Satz 2 der Richtlinie (EU) 2019/1937) sprechen. Zumindest das Merkmal der Missbräuchlichkeit lässt eine Einbeziehung auch der groben Fahrlässigkeit zu. Außerdem verweist Erwägungsgrund 32 Satz 3 der Richtlinie (EU) 2019/1937 auf den guten Glauben der hinweisgebenden Person als wesentliches Moment ihrer Schutzwürdigkeit. Von „gutem Glauben“ wird man im Falle einer grob fahrlässigen Falschmeldung nicht mehr ausgehen können.[10] Zudem soll nach Erwägungsgrund 43 Satz 3 der Richtlinie (EU) 2019/1937 „Personen, die Informationen melden, (...) bei denen es sich um unbegründete Spekulationen oder Gerüchte handelt, kein Schutz gewährt werden.“ Auch diese Formulierung lässt an der Schutzwürdigkeit von Personen, die grob fahrlässig falschmelden, zweifeln.[11] Es lässt sich festhalten, dass sich trotz begründbarer Bedenken an der Richtlinienkonformität eine Ausnahme bei **grober Fahrlässigkeit** im Rahmen der europarechtlichen Vorgaben bewegt.

10 Den eben diskutierten Bedenken daran, auch grobe Fahrlässigkeit in den Ausnahmetatbestand nach § 9 Abs. 1 HinSchG aufzunehmen, wird man aber zumindest insofern Rechnung tragen müssen, als man bei der Abgrenzung zwischen (noch nach dem Vertraulichkeitsgebot) schützenswerter Fahrlässigkeit und nicht mehr schützenswerter grober Fahrlässigkeit die Schutzinteressen der hinweisgebenden Person und die Wirksamkeit und Funktionstüchtigkeit des Hinweisgebersystems berücksichtigt. Dies gilt erst recht, weil nach dem jetzigen Rechtsstand nicht abschließend und rechtssicher klar ist, wer zu welchem Zeitpunkt und nach welchen Kriterien genau entscheidet, ob eine hinweisgebende Person einfach oder grob fahrlässig unrichtige Informationen meldet. Diese Beurteilung ist fehleranfällig.[12] Keinesfalls darf eine Unsicherheit darüber, ob eine unrichtige Information auf Grundlage eines einfachen oder grob fahrlässigen Irrtums gemeldet wurde, im Vorfeld einer Meldung als Abschreckung auf eine potenziell hinweisgebende Person wirken. Deshalb gilt bei der Abgrenzung von einfacher und grober Fahrlässigkeit: **im Zweifel für die hinweisgebende Person**.

---

10 So auch *Steinhauser/Kreis*, EuZA 2021, 422, 427.

11 Ähnlich, mit Verweis auf Erwägungsgrund 43 Satz 3 der Richtlinie (EU) 2019/1937 *Forst*, EuZA 2020, 283, 297.

12 *Vitt*, BB 2022, 1780, 1784.

III. Weitergabe von Informationen über die hinweisgebende Person nach § 9 Abs. 2 HinSchG

1. Normzweck und Systematik

Die in § 9 Abs. 2 HinSchG aufgeführten Ausnahmetatbestände knüpfen nicht, wie § 9 Abs. 1 HinSchG, an ein subjektives Element bei der hinweisgebenden Person an, sondern an ein **Interesse bestimmter Behörden** im weiteren Sinne und damit ein **öffentliches Interesse** an einer Weitergabe der Information über die Identität. Anders als in § 9 Abs. 3 HinSchG kann eine Weitergabe auch **ohne Einwilligung** der hinweisgebenden Person erfolgen. **11**

Die Ausnahmetatbestände dienen der Umsetzung der Vorgaben des Art. 16 Abs. 2 der Richtlinie (EU) 2019/1937. Dieser stellt es dem nationalen Gesetzgeber offen, Ausnahmen vom Vertraulichkeitsgebot zu normieren, „wenn dies nach Unionsrecht oder nationalem Recht eine notwendige und verhältnismäßige Pflicht im Rahmen der Untersuchungen durch nationale Behörden oder von Gerichtsverfahren darstellt, so auch im Hinblick auf die Wahrung der Verteidigungsrechte der betroffenen Person". In dieser Formulierung der Richtlinie wird klar, dass auch den Ausnahmetatbeständen des § 9 Abs. 2 HinSchG eine **Abwägung** zugrunde liegt: zwischen dem Schutz der Identität der hinweisgebenden Person, dem öffentlichen Interesse an den in den Nr. 1 bis 5 genannten Ermittlungen oder Verfahren und der Wahrung der Verteidigungsrechte der betroffenen Person.[13] Diese Abwägung muss die Meldestelle, die die Information gem. Nr. 1 bis 5 weitergibt, jedoch nicht mehr im Einzelfall treffen. Die Abwägung ist bereits seitens des Gesetzgebers in die Formulierung der fünf Ausnahmetatbestände des § 9 Abs. 2 HinSchG eingeflossen. Zudem obliegt die Abwägung im Einzelfall der die Information ersuchenden Stelle.[14] **12**

Die Ausnahmetatbestände betreffen als Teil des HinSchG dabei **lediglich die Befugnisse der Meldebehörden** zur ausnahmsweisen Weitergabe von Informationen. Sie sind untrennbar mit dem Vertraulichkeitsgebot des § 8 HinSchG verknüpft (siehe oben § 8 Rn. 1). Die Verpflichtung zur Herausgabe der Daten, deren Prüfung die eben erwähnte Abwägung beinhaltet, richtet sich nicht nach dem Hinweisgeberschutzgesetz, sondern nach den allgemeinen Gesetzen, beispielsweise der StPO.[15] Dem korrespondiert die Regelung des § 4 Abs. 4 HinSchG, nach dem die Regelungen des Strafprozessrechts nicht berührt werden. **13**

---

13 *Reufels/Soltysiak*, Das neue Whistleblowing-Recht, S. 99.

14 BT-Drs. 20/3442, S. 75.

15 BT-Drs. 20/3442, S. 75; *Reufels/Soltysiak*, Das neue Whistleblowing-Recht, S. 99.

2. Weitergabe in Strafverfahren nach § 9 Abs. 2 Satz 1 Nr. 1 HinSchG

14 Der erste Ausnahmetatbestand ist dann gegeben, wenn eine Strafverfolgungsbehörde in Strafverfahren eine Weitergabe der Information über die Identität des Hinweisgebers verlangt. Dies wird in aller Regel die **Staatsanwaltschaft** sein. Ein solches Verlangen muss initiativ von der Strafverfolgungsbehörde ausgehen.[16] Die Meldestelle darf also nicht von sich aus Informationen preisgeben oder auch nur die Weitergabe von Informationen anbieten. Die Meldestelle ist jedoch berechtigt, **proaktiv Strafanzeige** zu erstatten, wenn die erhaltene Information dies erfordert (beispielsweise wenn die Meldestelle von Tatsachen erfährt, die den Verdacht schwerwiegender Straftaten begründen). Hierbei hat sie jedoch, sofern möglich, auf eine Weitergabe der Identität des Hinweisgebers zu verzichten (§ 10 HinSchG i.V.m. Art. 5 Abs. 1 lit. c DSGVO). Das Auskunftsverlangen der Strafverfolgungsbehörden muss ferner einen Zusammenhang mit einem Strafverfahren aufweisen, es genügt also nicht, dass die Strafverfolgungsbehörde die Information ohne einen Anlass verlangt, wozu ihr auch im Regelfall die Rechtsgrundlage fehlen würde.

15 Die Meldestellte prüft allerdings nicht, ob das Verlangen im konkreten Fall (über den sie in der Regel auch keine genauere Kenntnis haben wird) verhältnismäßig ist. Diese Prüfung obliegt der Strafverfolgungsbehörde. Sie richtet sich rechtlich nach den einschlägigen Gesetzen, beispielsweise der StPO. Sollte die Meldestelle Zweifel haben, ob Sie einem Auskunftsersuchen der Strafverfolgungsbehörden nachkommen darf, kann sie anregen, dass die Strafverfolgungsbehörde einen Beschlagnahmebeschluss erwirkt. Einem solchen Beschluss kann die Meldestelle dann nachkommen und die begehrten Daten herausgeben, ohne nachteilige Rechtsfolgen befürchten zu müssen. Sollte sich die Weitergabe von Informationen nachträglich als rechtswidrig herausstellen, fiele der Meldestelle jedenfalls kein Verschulden zur Last.

3. Weitergabe im Verwaltungsverfahren nach § 9 Abs. 2 Satz 1 Nr. 2 HinSchG

16 Der zweite Ausnahmetatbestand bezieht sich auf **Anordnungen in Verwaltungsverfahren**, die der Meldung nachfolgen. Ausdrücklich hierunter fallen verwaltungsbehördliche Bußgeldverfahren. Die Formulierung der Norm lässt offen, von welcher Stelle die Anordnung hierzu erlassen wird („aufgrund einer Anordnung"). Da aber aufgrund der Eingangsformulierung des § 9 Abs. 2 HinSchG Informationen nur an die zuständige Stelle weitergegeben werden

16 *Bruns*, in: Rolfs/Giesen/Meßling/Udsching, BeckOK Arbeitsrecht, § 9 HinSchG Rn. 8.

dürfen, liegt es nahe, dass diese Anordnung auch nur von der für das Verwaltungsverfahren zuständigen Stelle erlassen werden darf.

Auch hier gilt, dass die Meldestelle diese Anordnung weder auf ihre Verhältnismäßigkeit hin überprüft noch die rechtlichen Grundlagen beispielsweise des OWiG oder anderer einschlägiger verwaltungsrechtlicher Gesetze prüft. **17**

4. Weitergabe aufgrund gerichtlicher Entscheidung nach § 9 Abs. 2 Satz 1 Nr. 3 HinSchG

Der dritte Ausnahmetatbestand bezieht sich auf **gerichtliche Entscheidungen.** **18**
Hierbei ist im Vergleich zu den Nrn. 1 und 2 auffällig, dass die gerichtliche Entscheidung nicht weiter spezifiziert wird. Der Ausnahmetatbestand der Nr. 3 ist somit **weiter** gefasst als die vorgehenden Nummern. Insbesondere ist die gerichtliche Entscheidung weder an einen speziellen Zweck noch ein bestimmtes Rechtsgebiet, ebenso nicht an einen bestimmten Gerichtsstand gebunden. Es wird sich zwar häufig um ein Gericht der ordentlichen Gerichtsbarkeit handeln, der Wortlaut ist aber allen Gerichtsbarkeiten gegenüber offen.

Bei der Definition einer gerichtlichen Entscheidung wird man sich an § 160 **19**
Abs. 3 Nr. 6 ZPO orientieren können, der **Urteile, Beschlüsse und Verfügungen** zu den gerichtlichen Entscheidungen zählt.[17] **Nicht ausreichend** ist hingegen ein **protokollierter Vergleichsbeschluss** im Sinne des § 278 Abs. 6 ZPO, obwohl dieser formell als Beschluss ergeht.[18] Das liegt daran, dass in diesem Fall das Gericht lediglich formalisiert beschließt, was die Parteien untereinander ausgemacht haben. Die Parteien in einem Zivilprozess sind aber nicht an den Verhältnismäßigkeitsgrundsatz nach Art. 20 Abs. 3 GG gebunden.

5. Weitergabe durch die BaFin nach § 9 Abs. 2 Satz 1 Nr. 4 HinSchG

Der vierte Ausnahmetatbestand bezieht sich auf den Fall, in dem die Bundes- **20**
anstalt für Finanzdienstleistungsaufsicht **(BaFin) als externe Meldestelle** im Sinne des § 21 HinSchG tätig wird. Hier ist eine Weitergabe von Information erlaubt, wenn diese innerhalb der BaFin an eine andere zuständige Fachabteilung oder im Falle der Überwachung von Unternehmensabschlüssen nach dem Wertpapierhandelsgesetz an die in § 109a WpHG genannten Stellen weitergegeben wird.

Die dort genannten Stellen sind neben der BaFin die Abschlussprüferaufsichts- **21**
stelle beim Bundesamt für Wirtschafts- und Ausfuhrkontrolle, das Bundesmi-

17 Also gerichtliche Entscheidungen im materiellen Sinne: *Reufels/Soltysiak*, Das neue Whistleblowing-Recht, S. 100.
18 *Bruns*, in: Rolfs/Giesen/Meßling/Udsching, BeckOK Arbeitsrecht, § 9 HinSchG Rn. 8.

nisterium der Finanzen, das Bundesministerium der Justiz und für Verbraucherschutz sowie das Bundesministerium für Wirtschaft und Energie.

22 Grund für diese Regelung ist, dass im Falle der Weitergabe an eine andere Fachabteilung die Informationen **intern bleiben**. Der Verweis auf § 109a WpHG stellt eine Harmonisierung mit dem dort normierten Informationsaustausch sicher.

6. Weitergabe durch das Bundeskartellamt nach § 9 Abs. 2 Satz 1 Nr. 5 HinSchG

23 Der fünfte Ausnahmetatbestand bezieht sich auf den Fall, in dem das **Bundeskartellamt als externe Meldestelle** im Sinne des § 22 HinSchG fungiert. Hier ist eine Weitergabe von Information erlaubt, wenn diese innerhalb des Bundeskartellamts an eine andere zuständige Fachabteilung oder in den Fällen des § 49 Abs. 2 Satz 2, Abs. 4 GWB oder § 50d GWB an die jeweils zuständige Wettbewerbsbehörde weitergegeben wird. § 49 Abs. 2 Satz 2, Abs. 4 GWB betrifft Fälle, in denen die Zuständigkeit in wettbewerbsrechtlichen Verfahren vom Bundeskartellamt auf eine oberste Landesbehörde übertragen wird. Hier ist es auch erlaubt, eine Information im Sinne des Hinweisgeberschutzgesetzes weiterzugeben. § 50d GWB betrifft schließlich den Informationsaustausch im Netzwerk europäischer Wettbewerbsbehörden.

24 Der Grund für die Möglichkeit der Weitergabe an andere zuständige Fachabteilungen des Bundeskartellamts ist der gleiche wie bei der Weitergabe innerhalb der BaFin: Die **Informationen bleiben intern**. Die Verweise auf das GWB stellen eine Harmonisierung mit dem deutschen und europäischen Wettbewerbsrecht sicher.

7. Informationspflicht im Falle der Weitergabe nach § 9 Abs. 2 Satz 2 bis 4 HinSchG

25 Im Falle einer Informationsweitergabe nach den zuvor genannten Nummern hat die Meldestelle **die hinweisgebende Person vorab**, also vor der Weitergabe der Information, über die Weitergabe zu **informieren**. Dies inkludiert eine Mitteilung der Gründe für die Weitergabe, die der hinweisgebenden Person schriftlich oder elektronisch darzulegen sind. Dies trägt dem Gedanken der **Transparenz** Rechnung. Insbesondere soll die hinweisgebende Person in die Lage versetzt werden, sich auf eine mögliche Kontaktierung durch die entsprechende Stelle einzustellen und sich Unterstützung oder Beratung suchen zu können.[19]

19 BT-Drs. 20/3442, S. 76.

Von einer Mitteilung an die hinweisgebende Person ist nach Satz 3 **abzusehen**, wenn die Strafverfolgungsbehörde, die zuständige Behörde oder das Gericht der Meldestelle mitgeteilt hat, dass durch die Information die entsprechenden Ermittlungen, Untersuchungen oder Gerichtsverfahren **gefährdet** würden. Dies könnte zum Beispiel dann der Fall sein, wenn angenommen wird, dass die hinweisgebende Person Beweise vernichtet, Ermittlungen behindern[20] oder sich absetzen[21] könnte. **26**

Die Formulierung der Norm stellt klar, dass die **Meldestelle** in den Fällen des § 9 Abs. 2 Nr. 1 bis 3 HinSchG **keinen eigenen Entscheidungsspielraum** hat, und zwar weder bei der Frage, ob sie die Information weitergibt, noch bei der Frage, ob im Falle des Satz 3 („mitgeteilt hat“) von einer Information der hinweisgebenden Person über die Weitergabe abgesehen wird. Die Abwägung, ob eine Gefährdung für Ermittlungen, Untersuchungen oder Gerichtsverfahren vorliegt, liegt bei der die Information ersuchenden Behörde und richtet sich nach den für diese Behörde einschlägigen Gesetzen, beispielsweise nach der StPO. **27**

IV. Weitergabe für Folgemaßnahmen nach § 9 Abs. 3 HinSchG

1. Normzweck und Systematik

Nach § 9 Abs. 3 HinSchG dürfen Informationen über die Identität der hinweisgebenden Person oder über sonstige Umstände, die Rückschlüsse auf die Identität dieser Person erlauben, weitergegeben werden, wenn die Weitergabe für **Folgemaßnahmen** erforderlich ist **und** die hinweisgebende Person zuvor in die Weitergabe **eingewilligt** hat. **28**

Diese Regelung bezieht sich damit auf Fälle, in denen geschützte Informationen mit Einwilligung der hinweisgebenden Person weitergegeben werden. Sofern es sich bei der hinweisgebenden Person um einen Beschäftigten der Meldestelle handelt, muss die Freiwilligkeit der Einwilligung an § 26 Abs. 2 BDSG gemessen werden. Hiermit stellt der Gesetzgeber sicher, dass nur tatsächlich freiwillig abgegebene Einwilligungen eine Weitergabe geschützter Informationen rechtfertigen können. **29**

2. Freiwillige Einwilligung trotz Drucksituation

Nach allgemeinen datenschutzrechtlichen Grundsätzen ist bei der Beurteilung, ob die Einwilligung freiwillig abgegeben wurde, die Drucksituation der ein- **30**

20 BT-Drs. 20/3442, S. 76.
21 *Reufels/Soltysiak*, Das neue Whistleblowing-Recht, S. 100.

willigenden Person zu berücksichtigen.[22] **Nicht jede Drucksituation führt indes zur fehlenden Freiwilligkeit** und damit zur Unwirksamkeit der Einwilligung. Dass eine Einwilligung trotz des strukturellen Ungleichgewichts zwischen Meldestelle und hinweisgebender Person grundsätzlich möglich ist,[23] zeigt schon ihre Aufnahme in den Gesetzestext. Im Kontext des HinSchG wird es an der Freiwilligkeit der Einwilligung mithin lediglich dann mangeln, wenn die Meldestelle die hinweisgebende Person **unangemessen unter Druck gesetzt** hat.

31 Um eine Einwilligung überhaupt einholen zu können, muss die Meldestelle berechtigt sein, bei der hinweisgebenden Person nachzufragen, ob sie mit einer bestimmten Informationsweitergabe einverstanden ist. Hierbei darf sie auch **wahrheitsgemäße sachliche Hinweise** geben, selbst wenn diese zu einer gewissen Drucksituation führen können. Zulässig wäre in entsprechenden Fällen beispielsweise der Hinweis, dass eine interne Ermittlung bzw. jegliche Folgemaßnahmen nur möglich sind, wenn die hinweisgebende Person mit der Offenlegung ihrer Identität einverstanden ist. Gerade in Fällen, in denen die hinweisgebende Person die einzige Betroffene oder der einzige Zeuge des behaupteten Fehlverhaltens ist (z.B. die einzige weibliche Beschäftigte in einem bestimmten Team wirft dem Vorgesetzten sexualisierte Belästigung vor), liegt es in der Natur der Sache, dass keine sinnvolle Ermittlung möglich ist, ohne dass bestimmte Personen befragt werden und hierdurch vom Hinweis und von der Identität der hinweisgebenden Person erfahren, selbst wenn die Meldestelle weder Hinweis noch Identität ausdrücklich offenlegt. In solchen Fällen ist es nicht nur zulässig, sondern geradezu geboten, dass die Meldestelle die hinweisgebende Person auf diesen Umstand aufmerksam macht und sie fragt, ob sie mit einer solchen Offenlegung einverstanden ist oder ob das Verfahren ohne weitere Ermittlung eingestellt werden soll. Die damit zwangsläufig einhergehende **Drucksituation berührt nicht die Freiwilligkeit** einer ggf. erteilten Einwilligung, weil sie **in der Natur der Sache liegt und nicht künstlich von der Meldestelle erzeugt** wurde.

3. Informiertheit der Einwilligung

32 Die Einwilligung kann nur dann wirksam abgegeben werden, wenn die hinweisgebende Person vorab informiert wurde, worin sie einwilligen soll. Dies

---

22 *Gräber/Nolden*, in: Paal/Pauly, DS-GVO BDSG, § 26 BDSG Rn. 30.

23 Zum Streitstand bzgl. der grundsätzlichen Möglichkeit einer freiwilligen Einwilligung im Beschäftigungskontext vgl. *Riesenhuber*, in: BeckOK Datenschutzrecht, § 26 BDSG Rn. 43.1.

ergibt sich aus dem Verweis in § 9 Abs. 3 Satz 3 HinSchG auf § 26 Abs. 2 Satz 4 BDSG.

An der erforderlichen Informiertheit fehlt es insbesondere, wenn die Meldestelle die hinweisgebende Person **aktiv in die Irre führt**. Die Meldestelle kann sich deshalb nicht die Einwilligung erschleichen, indem sie bestimmte Zusicherungen macht, die unzutreffend sind (etwa dass der Beschuldigte niemals von ihrer Identität erfahren wird oder dass die Meldestelle bestimmte Informationen vertraulich speichern und niemals weitergeben wird, obwohl sie zu einer Weitergabe gesetzlich verpflichtet sein kann). **33**

Eine Irreführung führt indes nur dann zu einer fehlenden Informiertheit und damit zur Unwirksamkeit der Einwilligung, wenn sie von der Meldestelle **aktiv verursacht** wurde. Ein **etwaiger Irrtum** bei der hinweisgebenden Person, der nicht von der Meldestelle verursacht wurde (und der Meldestelle ggf. nicht einmal bekannt ist), ist dagegen **unschädlich**. Die Meldestelle ist weder Rechtsbeistand der hinweisgebenden Person noch ist sie durch das HinSchG gesetzlich verpflichtet, die hinweisgebende Person unaufgefordert und vollumfänglich über alle rechtlichen Vorgaben und Konsequenzen aufzuklären. Im Grundsatz ist es Sache der hinweisgebenden Person, sich über die Konsequenzen ihres Handelns zu informieren. Die Meldestelle ist damit berechtigt, die hinweisgebende Person in entsprechenden Fällen auf einschlägige Beratungsangebote zu verweisen. **34**

4. Folgemaßnahmen ohne Einwilligung

Entgegen der etwas missverständlichen Formulierung des § 9 Abs. 3 HinSchG können Folgemaßnahmen der Meldestelle **auch ohne Einwilligung** der hinweisgebenden Person **zulässig** sein, selbst wenn ein **Risiko** besteht, dass hierdurch geschützte Informationen (bspw. die Identität der hinweisgebenden Person) offengelegt werden. **35**

In vielen Fällen bergen Folgemaßnahmen (insb. typische Ermittlungsschritte wie interne Befragungen) das **abstrakte Risiko**, dass bestimmte Personen aus dem Kontext mehr oder weniger richtige bzw. zuverlässige Rückschlüsse ziehen können, **wer eine bestimmte Meldung abgegeben hat**. Dieses Risiko ist regelmäßig nicht nur **unvermeidbar**, sondern von der Meldestelle nicht einmal konkret einschätzbar, weil ihr häufig die Kenntnis über interne soziale Geflechte in der betroffenen Abteilung fehlen wird. **36**

Dieses absolut übliche Risiko kann nicht dazu führen, dass die Meldestelle ohne Einwilligung der hinweisgebenden Person keinerlei Folgemaßnahmen ergreifen kann. Andernfalls wären Meldestellen weitgehend handlungsunfähig und könnten in vielen Fällen nichts ohne Zustimmung der hinweisgebenden **37**

Person tun. Eine solche Stellung hätte das HinSchG der hinweisgebenden Person ausdrücklicher einräumen müssen, wenn dies den Vorstellungen des Gesetzgebers entsprochen hätte. Es spricht aber viel dafür, dass eine solche Stellung nicht den Vorstellungen des Gesetzgebers entspricht, weil sie nicht sachgerecht ist und die Rechtsgüter der Meldestelle erheblich gefährden würde.

38 Wenn beispielsweise in einem Industriewerk ein Teamleiter und ein Referent für Brandschutz zuständig sind und der Referent der Meldestelle einen Hinweis auf ein akutes, schwerwiegendes Brandrisiko gibt, muss die Meldestelle berechtigt sein, dieses Risiko kurzfristig abzustellen. Diese Maßnahme kann auch nicht von der Einwilligung des Referenten abhängen, weil ohne diese Maßnahme eine Vielzahl von Menschenleben gefährdet wäre. Die Meldestelle muss in diesem Fall das Risiko hinnehmen, dass der Teamleiter möglicherweise vermuten könnte, dass sein Referent auf das Risiko aufmerksam gemacht hat.

39 Richtigerweise ist § 9 Abs. 3 HinSchG deshalb dahingehend auszulegen, dass er **nur die ausdrückliche Offenlegung** der Identität der hinweisgebenden Person durch die Meldestelle ohne entsprechende Einwilligung **per se ausschließt**. Die Meldestelle darf allerdings Folgemaßnahmen ergreifen, auch wenn diese ein **Risiko** beinhalten, dass andere Personen aus dem Kontext Rückschlüsse ziehen bzw. Vermutungen aufstellen könnten, wer was gemeldet hat. **Je schwerwiegender das mit der Folgemaßnahme geschützte Rechtsgut, desto höher darf das Risiko sein**, dass andere Personen zutreffende Rückschlüsse auf Urheber und Inhalt einer Meldung ziehen.

V. Weitergabe von Informationen über dritte Personen nach § 9 Abs. 4 HinSchG

1. Normzweck und Systematik

40 Die Ausnahmetatbestände nach § 9 Abs. 4 HinSchG befassen sich im Unterschied zu den vorstehenden Absätzen dieser Vorschrift nicht mit der hinweisgebenden Person selbst, sondern mit Dritten, namentlich mit der **Weitergabe von Informationen über Personen, die Gegenstand einer Meldung sind, sowie von sonstigen in der Meldung genannten Personen**. Die Notwendigkeit der Existenz von Ausnahmetatbeständen auch für diesen Personenkreis ergibt sich aus der Tatsache, dass vom Vertraulichkeitsgebot nicht nur nach § 8 Abs. 1 Satz 1 Nr. 1 HinSchG die hinweisgebenden Personen, sondern nach § 8 Abs. 1 Satz 1 Nrn. 2 und 3 HinSchG auch die genannten Dritten (siehe § 8 HinschG Rn. 7 ff.) geschützt sind. Auch hinsichtlich Dritter besteht das Bedürfnis nach einer Schaffung von Ausnahmetatbeständen. Die Abwägung der von diesen Ausnahmetatbeständen betroffenen Rechtsgüter ist insofern anders zu beurteilen als im Fall der Weitergabe einer Information über die hinweisgebende Person, weil diese nach dem Schutzzweck des Hinweisgeberschutzgesetzes einen besonderen Schutz verdient. Die in § 8 Abs. 1 HinSchG genannten **Dritten** sind aber freilich **nicht schutzlos**. Auch sie können sich auf ihr Allgemeines Persönlichkeitsrecht und datenschutzrechtliche Positionen berufen. Der Gesetzgeber will **„im Grundsatz" ein gleiches Schutzniveau** für diese dritten Personen gewährleisten.[24]

In praktischer Hinsicht wird es sich bei den genannten dritten Personen hauptsächlich um die durch den Hinweis **Verdächtigten** sowie um **Zeugen** handeln.[25] **41**

2. Die Ausnahmetatbestände im Einzelnen

Einige der acht in § 9 Abs. 4 HinSchG genannten Ausnahmetatbestände sind den in § 9 Abs. 2 HinSchG normierten nachgebildet. Dies trifft namentlich zu auf die Nrn. 4 bis 8 des § 9 Abs. 4 HinSchG, die wörtlich den § 9 Abs. 2 Satz 1 Nr. 1 bis 5 entsprechen.[26] Hier ergeben sich keine relevanten Unterschiede zu § 9 Abs. 2 (siehe oben Rn. 14 ff.). **42**

§ 9 Abs. 4 Nr. 1 HinSchG erlaubt eine Weitergabe von Informationen über die genannten dritten Personen im Falle der **Einwilligung** durch die betroffenen Personen. Dies entspricht dem Grunde nach dem Ausnahmetatbestand des § 9 Abs. 3 HinSchG (siehe § 9 HinschG Rn. 28 ff.). Ein entscheidender Unterschied besteht allerdings darin, dass § 9 Abs. 4 Nr. 1 HinSchG eine Einwilligung als hinreichend für die Weitergabe normiert, wohingegen § 9 Abs. 3 HinSchG neben formalen Voraussetzungen noch die Erforderlichkeit als Kriterium normiert. Daraus lässt sich schließen, dass die Weitergabe von Informationen über die hinweisgebenden Person im Falle der Einwilligung voraussetzungsreicher ist als die Weitergabe von Informationen über Dritte. Dies erklärt sich mit dem besonderen Schutzgedanken des Hinweisgeberschutzgesetzes gegenüber der hinweisgebenden Person. **43**

§ 9 Abs. 4 Nr. 2 HinSchG erlaubt internen Meldestellen die Weitergabe von Informationen, wenn dies im Rahmen **interner Untersuchungen** beim Beschäftigungsgeber oder in der jeweiligen Organisationseinheit[27] erforderlich ist. **44**

---

24 BT-Drs. 20/3442, S. 76.

25 *Bruns*, in: Rolfs/Giesen/Meßling/Udsching, BeckOK Arbeitsrecht, § 9 HinSchG Rn. 15.

26 Mit der geringfügigen Ausnahme, dass § 9 Abs. 2 Satz 1 Nr. 1 HinSchG von „Strafverfolgungsbehörden" spricht, § 9 Abs. 4 Nr. 4 HinSchG hingegen von „Strafverfolgungsbehörde", wobei es sich vermutlich nur um ein redaktionelles Versehen handelt.

27 Zum problematischen Begriff der Organisationseinheit *Gortan*, NZA 2022, 838, 839, der den Begriff als „gesetzgeberische(s) Versehen" bezeichnet.

Hier ist die Erforderlichkeit der Weitergabe zu prüfen. Die Möglichkeit der Weitergabe erklärt sich in diesem Fall dadurch, dass die Information intern bleibt. Die Norm findet Anwendung auf interne Untersuchungen beim jeweiligen Beschäftigungsgeber oder in der jeweiligen Organisationseinheit. Daraus lässt sich schließen, dass der Anwendungsbereich für den Fall interner Untersuchungen weit gefasst sein soll. Er soll sich auf private Organisationsformen ebenso erstrecken wie auf die öffentliche Hand, auf einzelne Betriebe wie auch übergeordnete Organisationseinheiten.[28]

45 § 9 Abs. 4 Nr. 3 HinSchG schließlich lässt eine Weitergabe von Informationen an die zuständige Stelle zu, wenn dies für das Ergreifen von Folgemaßnahmen erforderlich ist. Hier findet sich ein markanter Unterschied zu den Voraussetzungen der Weitergabe von Informationen über die hinweisgebende Person. Diese ist nämlich entweder nach § 9 Abs. 2 Satz 1 Nr. 1, 2 oder 3 HinSchG nur auf Verlangen offizieller Stellen wie Strafverfolgungsbehörden oder im Falle des § 9 Abs. 3 HinSchG nur in Kombination mit der Einwilligung der hinweisgebenden Person möglich.

46 Hier ist nun eine **von der Meldestelle ausgehende Weitergabe** im Falle der Erforderlichkeit möglich. Sogar eine aktive, von der Meldestelle ausgehende Einbindung der Strafverfolgungsbehörde soll nach der Gesetzesbegründung möglich sein.[29] Dies gilt nach der Gesetzesbegründung insbesondere dann, wenn die Weitergabe für das Ergreifen von Folgemaßnahmen erforderlich ist.

---

28 *Bruns*, in: Rolfs/Giesen/Meßling/Udsching, BeckOK Arbeitsrecht, § 9 HinSchG Rn. 15.
29 BT-Drs. 20/3442, S. 76.

§ 10 Verarbeitung personenbezogener Daten

Die Meldestellen sind befugt, personenbezogene Daten zu verarbeiten, soweit dies zur Erfüllung ihrer in den §§ 13 und 24 bezeichneten Aufgaben erforderlich ist. Abweichend von Artikel 9 Absatz 1 der Verordnung (EU) 2016/679 ist die Verarbeitung besonderer Kategorien personenbezogener Daten durch eine Meldestelle zulässig, wenn dies zur Erfüllung ihrer Aufgaben erforderlich ist. In diesem Fall hat die Meldestelle spezifische und angemessene Maßnahmen zur Wahrung der Interessen der betroffenen Person vorzusehen; § 22 Absatz 2 Satz 2 des Bundesdatenschutzgesetzes ist entsprechend anzuwenden.

Schrifttum: *Kort*, Neuer Beschäftigtendatenschutz und Industrie 4.0, RdA 2018, 24; *Müller-Glöge/Preis/Schmidt* (Hrsg.), Erfurter Kommentar zum Arbeitsrecht, 19. Aufl. 2019; *Specht/Mantz* (Hrsg.), Handbuch Europäisches und deutsches Datenschutzrecht, 2019; *Wolff/Brink* (Hrsg.), Beck'scher Online Kommentar Datenschutzrecht, 45. Edition, Stand: 1.8.2023.

Übersicht

	Rn.
I. Normzweck und Systematik	1
1. Gesetzgebungskompetenz	1
2. Erforderlichkeit	4
3. Verantwortlicher	6

I. Normzweck und Systematik

1. Gesetzgebungskompetenz

Es liegt in der Natur der Sache, dass Meldestellen zur Erfüllung ihrer Aufgaben auf Informationen angewiesen sind und diese Informationen in den meisten Fällen personenbezogen sein werden. Der Umgang mit solchen Informationen unterfällt damit den Anforderungen des Datenschutzrechts (Art. 2 DSGVO). 1

Nach allgemeinen datenschutzrechtlichen Grundsätzen ist die Verarbeitung personenbezogener Daten nur zulässig, wenn hierfür eine einschlägige Rechtsgrundlage vorliegt (Art. 6 DSGVO). Ausweislich des Wortlauts soll § 10 HinSchG eine solche Rechtsgrundlage darstellen („… sind befugt, personenbezogene Daten zu verarbeiten …"). 2

Im Gesetzgebungsverfahren wurde kritisiert, dass dem Bundesgesetzgeber für eine solche Regelung die **Gesetzgebungskompetenz** fehlt, weil die DSGVO eine unmittelbar geltende Verordnung darstellt und keine Öffnungsklausel für eine solche Regelung enthält (insbesondere weil § 10 HinSchG nicht nur die Verarbeitung von Beschäftigtendaten erlaubt, sondern auch von sonstigen per- 3 sonenbezogenen Daten, sodass nicht immer ein Rückgriff auf die Öffnungsklausel des Art. 88 DSGVO möglich ist).[1] Hierbei dürfte es sich allenfalls um ein theoretisches Problem handeln. Die Existenz und die Aufgaben der Meldestellen sind – ebenso wie die DSGVO – unionsrechtlich vorgegeben, sodass in der Praxis völlig außer Frage stehen dürfte, dass die Meldestellen im Rahmen ihrer Aufgabenerfüllung personenbezogene Daten verarbeiten dürfen (ggf. sogar müssen). Ob § 10 HinSchG eine eigenständige Rechtsgrundlage darstellt oder lediglich deklaratorischer Natur[2] ist, während die Rechtsgrundlage in allgemeinen Vorschriften (insb. Art. 6 Abs. 1 lit. b oder lit. f,[3] ggf. i.V.m. Art. 9 Abs. 2 lit. b oder lit. g[4] DSGVO)[5] zu finden ist, dürfte auch in der Sache ohne Bedeutung bleiben, da nach allen genannten Vorschriften jene Datenverarbeitungen zulässig sind, die zur Erfüllung der Aufgaben der Meldestelle erforderlich sind (im Einzelnen siehe sogleich unter 2.). Für Verantwortliche bietet es sich deshalb an, den Weg des geringsten Risikos zu wählen und auf **Art. 6, 9 DSGVO als Rechtsgrundlage** zurückzugreifen, weil deren Anwendbarkeit (anders als jene von § 10 HinSchG) außer Zweifel steht.

---

1 Stellungnahme DAV, https://www.bmj.de/SharedDocs/Gesetzgebungsverfahren/Stellungnahmen/2022/Downloads/0517_Stellungnahme_DAV_HinSchG-E.pdf;jsessionid=457E49B03ED17AA6B38CBAC3E6371011.1_cid334?__blob=publicationFile&v=3; Stellungnahme KPMG, https://www.bmj.de/SharedDocs/Gesetzgebungsverfahren/Stellungnahmen/2022/Downloads/0511_Stellungnahme_kpmg_HinSchG-E.pdf; jsessionid=457E49B03ED17AA6B38CBAC3E6371011.1_cid334?__blob=publicationFile &v=2 (beide Links zuletzt abgerufen am 8.10.2023).

2 Auch der Bundesrat ging im Gesetzgebungsverfahren davon aus, dass sich die Zulässigkeit der Datenverarbeitung nach den allgemeinen Vorgaben der DSGVO richten konnte und es nicht zwingend einer Regelung im HinSchG bedurfte, BT-Drs. 20/3442, S. 113.

3 Der bislang vorrangig angewendete § 26 BDSG dürfte nach der Entscheidung des EuGH, Urt. v. 30.3.2023, C-34/21, nunmehr unanwendbar sein. In der Sache ändert sich hierdurch allerdings wenig, da sowohl § 26 BDSG als auch Art. 6 Abs. 1 lit. b DSGVO auf die Erforderlichkeit zur Vertragserfüllung abstellen und im Übrigen auch aus Art. 6 Abs. 1 lit. f DSGVO dieselben Wertungen herauszulesen sein dürften, die die Rechtsprechung im Rahmen der bislang nach § 26 BDSG vorgenommenen Interessenabwägung etabliert hat.

4 Der Rechtsausschuss geht davon aus, dass in der Regel Art. 9 Abs. 2 lit. g DSGVO die einschlägige Rechtsgrundlage für die Verarbeitung besonderer Kategorien personenbezogener Daten sein soll, BT-Drs. 20/4909, S. 54. Hierfür verweist er auf Erwägungsgrund 3 der HinSch-RL, wonach Verstöße „erhebliche Risiken für das Gemeinwohl bergen, indem sie ernsthafte Gefahren für das öffentliche Interesse schaffen". Daraus ergebe sich, dass Art. 9 Abs. 2 lit. g DSGVO einschlägig sein soll.

5 Für Behörden und andere öffentlichen Stellen, die Aufgaben nach dem HinSchG wahrnehmen, kommt statt Art. 6 Abs. 1 lit. f DSGVO insbesondere Art. 6 Abs. 1 lit. e DSGVO i.V.m. §§ 13, 24 HinSchG als Rechtsgrundlage in Betracht. Auch hiernach werden jedoch jene Datenverarbeitungen zulässig sein, die zur Aufgabenerfüllung erforderlich sind, sodass der rechtliche Maßstab im Ergebnis vergleichbar ist.

2. Erforderlichkeit

4 Die Aufgaben der Meldestellen ergeben sich für interne Meldestellen aus § 13 HinSchG (im Einzelnen hierzu § 13 HinschG Rn. 3) und für externe Meldestellen aus § 24 HinSchG (siehe hierzu § 24 HinschG Rn. 1 ff.). Datenschutzrechtlich zulässig sind jene Datenverarbeitungen, die zur Erfüllung dieser Aufgaben **erforderlich** sind.

5 Nach allgemeinen Grundsätzen ist eine Datenverarbeitung erforderlich, wenn sie zur Erfüllung gesetzlicher oder vertraglicher Pflichten oder zur Wahrnehmung gesetzlicher oder vertraglicher Rechte benötigt wird.[6] Erforderlichkeit bedeutet in diesem Kontext gerade **keine unbedingte Erforderlichkeit im Sinne einer Alternativlosigkeit, sondern eine Verhältnismäßigkeitsprüfung** im Sinne einer Abwägung zwischen den beiderseitigen Interessen.[7] Nach diesen Grundsätzen beschränkt eine Maßnahme der Meldestelle das allgemeine Persönlichkeitsrecht der hinweisgebenden Person in verhältnismäßiger Weise, wenn sie zur Erreichung des mit ihr angestrebten Zwecks geeignet, erforderlich und angemessen ist.[8] Die Meldestelle ist folglich nicht daran gebunden, bei der Organisation ihrer Arbeitsläufe ausschließlich denjenigen Weg zu wählen, auf dem die wenigsten Daten anfallen,[9] sondern darf sich im Rahmen dessen bewegen, was nach den soeben dargestellten Grundsätzen verhältnismäßig ist.

3. Verantwortlicher

6 Die Formulierung des Bundesgesetzgebers, dass „die Meldestellen“ zur Verarbeitung personenbezogener Daten befugt seien, ist unpräzise. Die Meldestellen werden in aller Regel keine eigenständigen Verantwortlichen im datenschutzrechtlichen Sinne sein (Art. 4 Nr. 7 DSGVO).[10] Folgerichtig brauchen nicht die Meldestellen eine Befugnis zur Datenverarbeitung, sondern die Verantwortlichen, an die sie angegliedert sind. Richtigerweise ist § 10 HinSchG daher so

---

6 VG Lüneburg, Urt. v. 19.3.2019, 4 A 12/19, Rn. 30.

7 Vgl. BAG, 20.6.2013, 2 AZR 546/12, BAGE 145, 278 = NZA 2014, 143 zum alten Recht und die Begründung zum Regierungsentwurf, BT-Drs. 18/11325, S. 97, zur Fortgeltung unter neuem Recht; ebenso *Kort*, RdA 2018, 24; *Specht/Mantz*, Handbuch Europäisches und deutsches Datenschutzrecht, S. 288.

8 BAG, 20.6.2013, 2 AZR 546/12, BAGE 145, 278; vgl. zur Abwägung im Einzelnen *Franzen*, in: Erfurter Kommentar zum Arbeitsrecht, § 26 BDSG Rn. 10, 11.

9 VG Lüneburg, Urt. v. 19.3.2019, 4 A 12/19, Rn. 30; *Riesenhuber*, in: BeckOK Datenschutzrecht, § 26 BDSG Rn. 114.

10 So auch der Referentenentwurf zum HinSchG, S. 86, https://www.bmj.de/SharedDocs/Downloads/DE/Gesetzgebung/RefE/RefE_Hinweisgeberschutz.pdf?__blob=publicationFile&v=4.

zu verstehen, dass **die Verantwortlichen durch ihre Meldestellen zur Datenverarbeitung befugt sind**. Soweit nicht auf § 10 HinSchG, sondern mit der hier vertretenen Ansicht auf Art. 6, 9 DSGVO als Rechtsgrundlage für Datenverarbeitungen abgestellt wird, ergibt sich diese Interpretation bereits unmittelbar aus den allgemeinen DSGVO-Regelungen.

§ 11 Dokumentation der Meldungen

(1) Die Personen, die in einer Meldestelle für die Entgegennahme von Meldungen zuständig sind, dokumentieren alle eingehenden Meldungen in dauerhaft abrufbarer Weise unter Beachtung des Vertraulichkeitsgebots (§ 8).

(2) Bei telefonischen Meldungen oder Meldungen mittels einer anderen Art der Sprachübermittlung darf eine dauerhaft abrufbare Tonaufzeichnung des Gesprächs oder dessen vollständige und genaue Niederschrift (Wortprotokoll) nur mit Einwilligung der hinweisgebenden Person erfolgen. Liegt eine solche Einwilligung nicht vor, ist die Meldung durch eine von der für die Bearbeitung der Meldung verantwortlichen Person zu erstellende Zusammenfassung ihres Inhalts (Inhaltsprotokoll) zu dokumentieren.

(3) Erfolgt die Meldung im Rahmen einer Zusammenkunft gemäß § 16 Absatz 3 oder § 27 Absatz 3, darf mit Zustimmung der hinweisgebenden Person eine vollständige und genaue Aufzeichnung der Zusammenkunft erstellt und aufbewahrt werden. Die Aufzeichnung kann durch Erstellung einer Tonaufzeichnung des Gesprächs in dauerhaft abrufbarer Form oder durch ein von der für die Bearbeitung der Meldung verantwortlichen Person erstelltes Wortprotokoll der Zusammenkunft erfolgen.

(4) Der hinweisgebenden Person ist Gelegenheit zu geben, das Protokoll zu überprüfen, gegebenenfalls zu korrigieren und es durch ihre Unterschrift oder in elektronischer Form zu bestätigen. Wird eine Tonaufzeichnung zur Anfertigung eines Protokolls verwendet, so ist sie zu löschen, sobald das Protokoll fertiggestellt ist.

(5) Die Dokumentation wird drei Jahre nach Abschluss des Verfahrens gelöscht. Die Dokumentation kann länger aufbewahrt werden, um die Anforderungen nach diesem Gesetz oder nach anderen Rechtsvorschriften zu erfüllen, solange dies erforderlich und verhältnismäßig ist.

Übersicht

Rn.
I. Normzweck 1
II. § 11 Abs. 1 HinSchG: Dokumentationspflicht 2
III. § 11 Abs. 2 HinSchG: Aufzeichnung und Wortprotokoll bei telefonischen Meldungen..................... 4
IV. § 11 Abs. 3 HinSchG: Aufzeichnung und Wortprotokoll bei Zusammenkünften............ 10
V. § 11 Abs. 4 HinSchG: Überprüfung des Protokolls 13
VI. § 11 Abs. 5 HinSchG: Aufbewahrungsdauer 18
1. Folgeverfahren 22
2. Noch nicht abgelaufene Verjährungsfrist 23
3. Datensicherung................ 24
4. Rechtsverfahren 27
5. Berufsrechtliche Vorgaben....... 32

I. Normzweck

1 § 11 HinSchG setzt Art. 18 HinSch-RL in nationales Recht um und sieht Regelungen zu Dokumentationsanforderungen vor.

II. § 11 Abs. 1 HinSchG: Dokumentationspflicht

2 § 11 Abs. 1 HinSchG sieht eine umfassende Dokumentationspflicht für Meldestellen vor. Diese Dokumentationspflicht umfasst nach dem Wortlaut von § 11 Abs. 1 HinSchG zunächst **nur die eingehenden Meldungen**.

3 Sinnvollerweise sollten Meldestellen **auch sämtliche weiteren Maßnahmen dokumentieren**, die sie nach Eingang der Meldungen ergreifen. Soweit dies nicht zur Erfüllung der Rechenschaftspflicht nach Art. 5 Abs. 2 DSGVO erforderlich ist, ist dies aufgrund der Beweislastumkehr in § 36 Abs. 2 HinSchG jedenfalls zur Verteidigung gegen mögliche Ansprüche nach § 37 HinSchG sinnvoll und auch datenschutzrechtlich zulässig.[1]

III. § 11 Abs. 2 HinSchG: Aufzeichnung und Wortprotokoll bei telefonischen Meldungen

4 § 11 Abs. 2 HinSchG dient der Umsetzung von Art. 18 Abs. 2 und 3 der HinSch-RL. Die Vorschrift enthält eine Spezialregelung für telefonische (bzw. mittels sonstiger Sprachübermittlung eingehende) Meldungen.

5 Dass eine **Tonaufzeichnung** des Gesprächs nur mit Einwilligung der hinweisgebenden Person zulässig ist, entspricht der allgemeinen Regelung für Aufzeichnungen des nichtöffentlich gesprochenen Wortes (§ 201 StGB) und ändert somit nichts an der ohnehin bestehenden Rechtslage.

6 Dass ein Wortprotokoll nur mit Einwilligung der hinweisgebenden Person zulässig ist, ist dagegen eine neue Regelung. Nach allgemeinen Grundsätzen (siehe § 10 HinschG Rn. 5) ließe sich jedenfalls argumentieren, dass die Anfertigung eines Wortprotokolls zur Erfüllung der Aufgaben der Meldestelle erforderlich und damit datenschutzrechtlich zulässig ist. Diese Möglichkeit verhindert § 11 Abs. 2 HinSchG, indem die Zulässigkeit der Anfertigung eines Wortprotokolls ausdrücklich an die Einwilligung der hinweisgebenden Person geknüpft wird.

7 Der Gleichklang von Tonaufzeichnung und Wortprotokoll („Tonaufzeichnung des Gesprächs oder dessen vollständige und genaue Niederschrift“) zeigt, dass

---

1 Zur Rechtsgrundlage für die Verarbeitung personenbezogener Daten durch die Meldestelle vgl. die Kommentierung bei § 10 HinSchG.

der Gesetzgeber eher **restriktiv mit dem Begriff Wortprotokoll** umgeht. Ein Wortprotokoll liegt nach dieser Formulierung nur vor, wenn es um eine wirklich **vollständige Niederschrift** des Gesagten geht. Eine ausführliche Zusammenfassung fällt nicht hierunter; diese stellt ein Inhaltsprotokoll nach § 11 Abs. 2 Satz 3 HinSchG dar. Die Abgrenzung kann im Einzelfall schwierig sein. Auch ein Inhaltsprotokoll wird regelmäßig wörtliche Zitate des Gesagten enthalten, gerade an den besonders relevanten Stellen. Hierdurch kann es angesichts der restriktiven Formulierung des Gesetzgebers jedoch nicht zum Wortprotokoll werden, auch nicht teilweise. Ein Wortprotokoll liegt somit erst dann vor, wenn das Gespräch über weite Teile wortgenau wiedergegeben wird.

Mit § 11 Abs. 2 Satz 2 HinSchG regelt der Gesetzgeber zudem eine **Pflicht der Meldestelle zur Erstellung eines Protokolls**. Dies ergibt sich aus dem insoweit eindeutigen Wortlaut („Liegt eine solche Einwilligung nicht vor, ist die Meldung (…) zu dokumentieren.“) Die Erstellung eines Protokolls ist somit bei einer telefonischen bzw. mittels sonstiger Sprachübermittlung eingehenden Meldung nicht mehr optional. Zwar sieht § 40 HinSchG kein Bußgeld für eine Verletzung dieser Pflicht vor, allerdings könnten der Meldestelle bei unterlassener Protokollerstellung Nachteile aufgrund der Beweislastumkehr in § 36 Abs. 2 HinSchG entstehen. 8

Aus dem Wortlaut und der Überschrift der Norm ergibt sich, dass die genannten Pflichten nur für den Fall gelten, dass die hinweisgebende Person ihre Meldung mittels Telefon bzw. Sprachübermittlung einreicht. Daraus ergibt sich im Umkehrschluss, dass diese Pflichten **keine Anwendung** finden (1) auf **Folgegespräche** mit der hinweisgebenden Person, die nach einer anderweitigen (z.B. schriftlichen) Einreichung einer Meldung stattfinden, sowie (2) auf **Gespräche mit anderen Personen**, insb. mit Zeugen. Gleichwohl bietet es sich an, auch in diesen Fällen eine detaillierte Dokumentation sicherzustellen. Eine gesetzliche Pflicht hierzu besteht allerdings nicht. 9

IV. § 11 Abs. 3 HinSchG: Aufzeichnung und Wortprotokoll bei Zusammenkünften

§ 11 Abs. 3 HinSchG dient der Umsetzung von Art. 18 Abs. 4 der HinSch-RL. Er entspricht weitgehend dem § 11 Abs. 2 HinSchG.[2] 10

Anders als § 11 Abs. 2 HinSchG spricht § 11 Abs. 3 HinSchG im ersten Satz lediglich von „Aufzeichnung“, nicht von „Tonaufzeichnung“. § 11 Abs. 3 Satz 2 HinSchG konkretisiert sodann, dass die Aufzeichnung in Form einer Tonaufzeichnung oder in Form eines Wortprotokolls erfolgen kann. Aus dieser For- 11

2 Die dortige Kommentierung gilt damit sinngemäß auch für § 11 Abs. 3 HinSchG.

mulierung kann jedoch nicht abgeleitet werden, dass alle sonstigen Formen der Aufzeichnung unzulässig wären. Insbesondere kann es Situationen geben, in der eine **Videoaufzeichnung** sinnvoll ist. Soweit eine solche Situation vorliegt und alle Beteiligten mit der Videoaufzeichnung einverstanden sind, kann die Meldestelle eine solche Aufzeichnung zulässigerweise vornehmen. Der § 11 Abs. 3 HinSchG beschränkt diese Möglichkeit nur insoweit, als die Videoaufzeichnung weder der hinweisgebenden Person noch den Beschäftigten der Meldestelle aufgezwungen werden kann.

12 Ebenfalls im Gegensatz zu § 11 Abs. 2 HinSchG sieht § 11 Abs. 3 HinSchG keine Pflicht zur Erstellung eines Protokolls vor. Aus Sicht der Meldestelle ist es aber sinnvoll, sämtliche Maßnahmen zu dokumentieren, sodass bei persönlichen Zusammenkünften die Anfertigung eines Inhaltsprotokolls sinnvoll und datenschutzrechtlich zulässig[3] ist.

V. § 11 Abs. 4 HinSchG: Überprüfung des Protokolls

13 Der § 11 Abs. 4 HinSchG dient der Umsetzung von Art. 18 Abs. 2–4 der HinSch-RL.

14 Die Vorschrift regelt bestimmte Beteiligungsrechte der hinweisgebenden Person bei der Erstellung des Protokolls. Der eindeutige Wortlaut der Norm („… ist Gelegenheit zu geben“) zeigt, dass die hinweisgebende Person nicht verpflichtet ist, das Protokoll zu überprüfen oder zu bestätigen.

15 Die Regelung in § 11 Abs. 4 HinSchG setzt zunächst voraus, dass die Meldestelle ein Protokoll erstellt. Hierzu ist sie bei telefonischen Meldungen nach § 11 Abs. 2 Satz 2 HinSchG verpflichtet, im Übrigen jedenfalls berechtigt (siehe oben Rn. 12).

16 Sofern die Meldestelle ein Protokoll erstellt, hat sie es der hinweisgebenden Person zugänglich zu machen. Die hinweisgebende Person ist sodann berechtigt, hierzu Anmerkungen zu geben (d.h. Korrekturwünsche zu äußern oder Stellung zu nehmen). Hierauf muss sich ihr Mitwirkungsrecht nach § 11 Abs. 4 HinSchG beschränken, obwohl die Formulierung der Norm insoweit missverständlich von „korrigieren“ spricht. Es liegt aber in der Natur der Sache, dass der hinweisgebenden Person **kein Korrekturrecht** in dem Sinne zukommen kann, dass sie das Protokoll nach eigenem Gutdünken verändern und in eine finale Version bringen kann. Stattdessen muss ihr **Recht darauf beschränkt sein, Korrekturwünsche zu äußern oder Stellung zu bestimmten Passagen zu nehmen**. Das Protokoll ist nämlich ein Dokument der Melde-

---

3 Zur Rechtsgrundlage für die Verarbeitung personenbezogener Daten durch die Meldestelle vgl. die Kommentierung bei § 10 HinSchG.

stelle und die hinweisgebende Person kann nicht berechtigt sein, der Meldestelle vorzuschreiben, wie sie die getätigten Äußerungen zu verstehen hat.

Nach Sichtung der Anmerkungen obliegt es sodann der Meldestelle, die Korrekturwünsche oder Stellungnahme einzuarbeiten und eine neue Version des Protokolls zu erstellen oder die Anmerkungen zur Kenntnis zu nehmen und an der eigenen Version festzuhalten. **17**

VI. § 11 Abs. 5 HinSchG: Aufbewahrungsdauer

§ 11 Abs. 5 HinSchG sieht vor, dass die Dokumentation mindestens 3 Jahre nach Abschluss des Verfahrens[4] aufzubewahren ist. Hiermit konkretisiert sie die Vorgabe aus Art. 18 Abs. 1 Satz 2 der HinSch-RL, wonach Meldungen nicht länger aufbewahrt werden, „als dies erforderlich und verhältnismäßig ist, um die von der Richtlinie auferlegten Anforderungen oder andere Anforderungen nach Unionsrecht oder nationalem Recht zu erfüllen". **18**

Entgegen der irreführenden Formulierung handelt es sich bei § 11 Abs. 5 HinSchG rechtssystematisch um eine **Mindestspeicherdauer**. Dass die Dokumentation zu löschen ist, sobald ihre Aufbewahrung nicht mehr erforderlich ist, ergibt sich nämlich bereits aus Art. 5 Abs. 1 lit. e DSGVO und war einer Regelung durch den Bundesgesetzgeber mithin gar nicht zugänglich. Gleichermaßen regelbar und regelungsbedürftig war jedoch, wie lange genau die Dokumentation aufzubewahren ist. Insofern ist es begrüßenswert, dass der Bundesgesetzgeber von der Möglichkeit Gebrauch gemacht hat, die allgemeine Vorgabe des Unionsgesetzgebers (Aufbewahrungsdauer so lange, wie „dies erforderlich und verhältnismäßig ist") zu einer festen Regel-Aufbewahrungsfrist (drei Jahre nach Abschluss des Verfahrens) zu konkretisieren. **19**

Im Gesetzgebungsverfahren wurde teils eine längere, teils eine kürzere Aufbewahrungsfrist gefordert.[5] Die Drei-Jahre-Frist orientiert sich nunmehr an der regelmäßigen Verjährungsfrist (§ 195 BGB).[6] **20**

Satz 2 der Norm stellt klar, dass eine **längere Aufbewahrungsdauer im Einzelfall zulässig** sein kann. Hierfür kommen verschiedene Fallkonstellationen in Betracht. **21**

---

4 Zum Zeitpunkt des Abschlusses des Verfahrens vgl. die Kommentierung zu § 31 Rn. 1 ff. HinSchG.

5 BT-Drs. 20/4909, S. 54.

6 BT-Drs. 20/4909, S. 54.

1. Folgeverfahren

22 Nach der Gesetzesbegründung kann die Dokumentation länger aufbewahrt werden, wenn eine weitere Meldung zu einem Sachverhalt eingeht, zu dem **bereits ein Verfahren nach dem HinSchG abgeschlossen** wurde.[7]

2. Noch nicht abgelaufene Verjährungsfrist

23 Da sich die Aufbewahrungsfrist aus § 11 Abs. 5 HinSchG an der regelmäßigen Verjährungsfrist orientiert, ist eine längere Aufbewahrung außerdem zulässig, wenn die **Verjährungsfrist noch nicht abgelaufen** ist. Dies kann insbesondere dann passieren, wenn ein Verfahren im Laufe eines bestimmten Kalenderjahres abgeschlossen wird und dadurch der Fristlauf nach § 11 Abs. 5 HinSchG beginnt, aber die gleich lange regelmäßige Verjährungsfrist erst mit Ende des entsprechenden Kalenderjahres beginnt (§ 199 Abs. 1 BGB). In diesem Fall muss die Meldestelle berechtigt sein, die Dokumentation einige Monate länger aufzubewahren, bis auch die Verjährungsfrist abgelaufen ist. Würde man das anders sehen, könnten hinweisgebende Personen stets den Ablauf der Aufbewahrungsfrist nach § 11 Abs. 5 HinSchG abwarten und danach (aber vor Ablauf der regelmäßigen Verjährungsdauer) beliebige Ansprüche gegen die Meldestelle bzw. gegen den Beschäftigungsgeber geltend machen. Dieser wäre aufgrund von § 36 Abs. 2 HinSchG beweisbelastet und vollkommen schutzlos gegen alle Ansprüche, weil er die Unterlagen zur Meldung gelöscht hätte. Dieses Ergebnis kann nicht vom Gesetzgeber gewünscht sein.

3. Datensicherung

24 Eine längere Aufbewahrungsdauer ist außerdem zulässig, soweit Daten nur noch für Zwecke der Datensicherung gespeichert werden („**Backups**“).

25 In der Regel erstellen Verantwortliche Backups ihrer Daten und Systeme, welche sodann rollierend überschrieben werden. Das bedeutet, dass datenschutzrechtliche Löschkonzepte regelmäßig so funktionieren, dass ein bestimmter Zeitpunkt definiert wird, an dem die zu löschenden Daten von den operativen Systemen entfernt werden. Es liegt in der Natur der Sache, dass die zu löschenden Daten auch nach diesem Zeitpunkt noch beim Verantwortlichen gespeichert werden, weil es Backups der operativen Systeme gibt, die vor diesem Zeitpunkt angefertigt wurden. Dies ist nach Art. 6 Abs. 1 lit. c i.V.m. Art. 32 Abs. 1 DSGVO datenschutzrechtlich zulässig, sofern das Backup nur zu Datensicherungszwecken existiert, eine Nutzung zu anderen Zwecken ausge-

---

7 BT-Drs. 20/3442, S. 76.

schlossen ist und die betroffenen Daten aufgrund des rollierenden Überschreibens zeitnah auch aus den Backups gelöscht werden (vgl. auch § 34 Abs. 1 Nr. 2 BDSG).

An dieser allgemeinen datenschutzrechtlichen Wertung ändert § 11 Abs. 5 HinSchG nichts. Auch hiernach ist eine längere Aufbewahrungsdauer als drei Jahre zulässig, wenn dies zur Erfüllung von Anforderungen nach anderen Rechtsvorschriften erforderlich ist. Die Pflicht zur Umsetzung technischer Maßnahmen zur Gewährleistung der Datensicherheit nach Art. 32 Abs. 1 DSGVO umfasst regelmäßig auch eine Pflicht zur Speicherung von Backups und stellt deshalb eine „Anforderung nach anderen Rechtsvorschriften" im Sinne des § 11 Abs. 5 HinSchG dar. Es ist deshalb (unter den o.g. Voraussetzungen) weiterhin zulässig, wenn Verantwortliche nach Ablauf der drei Jahre die Dokumentation gem. § 11 Abs. 5 HinSchG von ihren operativen Systemen löschen, aber wenige Wochen bzw. Monate länger in ihren Backup-Systemen verarbeiten, bis die Daten auch dort gelöscht werden. 26

4. Rechtsverfahren

Eine längere Aufbewahrungsdauer ist ferner zulässig, wenn ein **rechtsförmliches Verfahren** (Klageverfahren, Schiedsverfahren, behördliche Verfahren etc.) **läuft, lief, oder konkret bevorsteht**. 27

Es ist eine Vielzahl von Konstellationen denkbar, in denen die Dokumentation relevant für solche Verfahren ist. Hinweise nach dem HinSchG können zu rechtsförmlichen Verfahren gegen die beschuldigte Person, gegen die hinweisgebende Person, gegen den Verantwortlichen, gegen andere Unternehmen oder gegen sonstige Stellen führen. 28

Soweit ein solches Verfahren **gerade läuft**, kann der Verantwortliche nicht verpflichtet sein, die diesem Verfahren zugrundeliegende Dokumentation zu löschen. Der Begriff der „Anforderungen" in § 11 Abs. 5 Satz 2 HinSchG kann deshalb nicht im Sinne einer unbedingten Erforderlichkeit bzw. Alternativlosigkeit verstanden werden, sondern muss Raum für eine **Interessenabwägung** eröffnen (siehe § 10 HinschG Rn. 5). Das zeigt auch der letzte Halbsatz, wonach die längere Aufbewahrung „erforderlich und verhältnismäßig" sein muss – eine solche Abwägung wäre weder notwendig noch möglich, wenn der Gesetzgeber den Begriff der „Anforderungen" im Sinne einer unbedingten Erforderlichkeit verstanden hätte. 29

Soweit ein solches Verfahren in der Vergangenheit **lief**, kann eine längere Aufbewahrungsfrist ebenfalls gerechtfertigt sein. Wenn beispielsweise im Zusammenhang mit dem HinSchG-Verfahren ein rechtskräftiges Urteil von oder gegen den Verantwortlichen erwirkt wurde, kann dieses noch lange nach Ablauf 30 der Drei-Jahre-Frist vollstreckt werden. Auch in diesem Fall wird der Verantwortliche regelmäßig ein legitimes Interesse daran haben, die Dokumentation länger aufzubewahren. Ähnlich wie im allgemeinen Datenschutzrecht wird jedoch im Rahmen der nach § 11 Abs. 5 Satz 2 HinSchG vorzunehmenden Interessenabwägung vom Verantwortlichen zu fordern sein, dass er sowohl zu Anfang als auch in regelmäßigen Abständen hiernach überprüft, welche Teile der Dokumentation er weiterhin benötigt.

31 Auch soweit ein solches Verfahren **bevorsteht**, kann eine längere Aufbewahrungsfrist gerechtfertigt sein. Hierfür müssen aber Tatsachen die Annahme rechtfertigen, dass ein entsprechendes Verfahren konkret bevorsteht. Dass ein abstraktes Risiko solcher Verfahren besteht, ist nämlich bereits der Grund für die dreijährige Regelaufbewahrungsfrist und kann deshalb nicht die Rechtfertigung für eine darüber hinausgehende Aufbewahrung darstellen. Es sind gleichwohl verschiedene Konstellationen denkbar, in denen ein rechtsförmliches Verfahren auch nach Ablauf der Drei-Jahre-Frist konkret bevorstehen kann. Beispielsweise wäre eine längere Aufbewahrungsdauer gerechtfertigt, wenn ein Verantwortlicher ankündigt, hinsichtlich bestimmter Sachverhalte auf die Einrede der Verjährung zu verzichten, um den Betroffenen eine gerichtliche Klärung zu ermöglichen (so bspw. die Volkswagen AG bzgl. bestimmter Abgasverfahren[8] und einige Erzbistümer bzgl. bestimmter Missbrauchsverfahren[9]).

5. Berufsrechtliche Vorgaben

32 Eine längere Aufbewahrungsdauer ist außerdem bei bestimmten Berufsträgern möglich, soweit dies gesetzlich vorgeschrieben ist. Der relevanteste Anwendungsfall hierfür werden in der Praxis **Rechtsanwälte** sein, die den Verantwortlichen bei der Bearbeitung von HinSchG-Verfahren unterstützen.

33 Bei Einschaltung von Rechtsanwälten ist zunächst nach deren Rolle zu unterscheiden.

34 Soweit **Rechtsanwälte als Meldestelle** tätig werden, dürfte § 11 Abs. 5 HinSchG als *lex specialis* den allgemeinen Aufbewahrungsfristen aus BRAO und BORA ebenso vorgehen, wie § 11 Abs. 5 HinSchG bei Unternehmen den allgemeinen Aufbewahrungsfristen aus HGB und AO vorgeht.

---

8 Siehe https://www.spiegel.de/wirtschaft/unternehmen/diesel-skandal-bei-vw-martin-winterkorn-verzichtet-auf-verjaehrung-a-1208800.html (zuletzt abgerufen am 14.9.2023).

9 Siehe https://www.erzbistum-koeln.de/news/Erzbischof-verzichtet-auf-Einrede-der-Verjaehrung/; https://www.sueddeutsche.de/muenchen/katholische-kirche-missbrauch-traunstein-schadenersatz-1.5738927 (beide Links zuletzt abgerufen am 8.10.2023).

Soweit **Rechtsanwälte nicht als Meldestelle** tätig werden, sondern lediglich eine andere Meldestelle beratend unterstützen, gilt dies jedoch nicht. In diesem Fall fallen Rechtsanwälte nicht unter den Wortlaut von § 11 Abs. 5 HinSchG, sodass für sie die allgemeinen Vorgaben gelten (insb. § 50 BRAO). Dies bedeutet jedoch nur, dass Rechtsanwälte Unterlagen aus ihrer Beratungstätigkeit ggf. länger speichern dürfen als der betroffene Verantwortliche. Inwieweit der Verantwortliche nach Löschung seiner eigenen Dokumentation noch Auskunft von seinem (ehemaligen) Rechtsanwalt verlangen kann, hängt dagegen vom jeweiligen Einzelfall ab. Es besteht jedenfalls kein Automatismus, dass der Verantwortliche jederzeit auf die bei seinem Rechtsanwalt gespeicherte Dokumentation zugreifen kann, nur weil sie beim Rechtsanwalt noch vorliegt.[10] 35

10 Vgl. BGH, Urt. v. 15.10.2020, IX ZR 243/19.

Unterabschnitt 2
Interne Meldungen

§ 12 Pflicht zur Einrichtung interner Meldestellen

(1) Beschäftigungsgeber haben dafür zu sorgen, dass bei ihnen mindestens eine Stelle für interne Meldungen eingerichtet ist und betrieben wird, an die sich Beschäftigte wenden können (interne Meldestelle). Ist der Bund oder ein Land Beschäftigungsgeber, bestimmen die obersten Bundes- oder Landesbehörden Organisationseinheiten in Form von einzelnen oder mehreren Behörden, Verwaltungsstellen, Betrieben oder Gerichten. Die Pflicht nach Satz 1 gilt sodann für die Einrichtung und den Betrieb der internen Meldestelle bei den jeweiligen Organisationseinheiten. Für Gemeinden und Gemeindeverbände und solche Beschäftigungsgeber, die im Eigentum oder unter der Kontrolle von Gemeinden und Gemeindeverbänden stehen, gilt die Pflicht zur Einrichtung und zum Betrieb interner Meldestellen nach Maßgabe des jeweiligen Landesrechts.

(2) Die Pflicht nach Absatz 1 Satz 1 gilt nur für Beschäftigungsgeber mit jeweils in der Regel mindestens 50 Beschäftigten.

(3) Abweichend von Absatz 2 gilt die Pflicht nach Absatz 1 Satz 1 unabhängig von der Zahl der Beschäftigten für

1. **Wertpapierdienstleistungsunternehmen im Sinne des § 2 Absatz 10 des Wertpapierhandelsgesetzes,**
2. **Datenbereitstellungsdienste im Sinne des § 2 Absatz 40 des Wertpapierhandelsgesetzes,**
3. **Börsenträger im Sinne des Börsengesetzes,**
4. **Institute im Sinne des § 1 Absatz 1b des Kreditwesengesetzes und Institute im Sinne des § 2 Absatz 1 des Wertpapierinstitutsgesetzes,**
5. **Gegenparteien im Sinne des Artikels 3 Nummer 2 der Verordnung (EU) 2015/2365 des Europäischen Parlaments und des Rates vom 25. November 2015 über die Transparenz von Wertpapierfinanzierungsgeschäften und der Weiterverwendung sowie zur Änderung der Verordnung (EU) Nr. 648/2012 (ABl. Nr. L 337 vom 23.12.2015, S. 1), die zuletzt durch die Verordnung (EU) 2021/23 (ABl. Nr. L 22 vom 22.1.2021, S. 1) geändert worden ist, in der jeweils geltenden Fassung,**
6. **Kapitalverwaltungsgesellschaften gemäß § 17 Absatz 1 des Kapitalanlagegesetzbuchs sowie**
7. **Unternehmen gemäß § 1 Absatz 1 des Versicherungsaufsichtsgesetzes mit Ausnahme der nach den §§ 61 bis 66a des Versicherungsaufsichtsgesetzes**

tätigen Unternehmen mit Sitz in einem anderen Mitgliedstaat der Europäischen Union oder einem anderen Vertragsstaat des Abkommens über den Europäischen Wirtschaftsraum.

(4) Die nach Absatz 1 Satz 1 verpflichteten Beschäftigungsgeber erteilen der internen Meldestelle die notwendigen Befugnisse, um ihre Aufgaben wahrzunehmen, insbesondere, um Meldungen zu prüfen und Folgemaßnahmen zu ergreifen. Ist der Beschäftigungsgeber der Bund oder ein Land, gilt Satz 1 für die jeweiligen Organisationseinheiten entsprechend.

Schrifttum: *Baade/Hößl*, Arbeits- und compliancerechtlicher Handlungsbedarf unter dem neuen Hinweisgeberschutzgesetz (Teil I), DStR 2023, 1213; *Bader/Fischermeier/Gallner* u. a., KR-Kommentar, Gemeinschaftskommentar zum Kündigungsschutzgesetz und zu sonstigen kündigungsschutzrechtlichen Vorschriften, 13. Aufl. 2022; *Bayreuther*, Das neue Hinweisgeberschutzgesetz, DB 2023, 1537; *Bayreuther*, Der Leiharbeitnehmer im Kündigungsrecht, NZA 2016, 1304; *Bayreuther*, Hinweisgeberschutz und Betriebsverfassung, NZA 2023, 666; *Bayreuther*, Whistleblowing und das neue Hinweisgeberschutzgesetz, NZA-Beilage 2022, 20; *Besgen*, Whistleblowing und neues Hinweisgeberschutzgesetz – Handlungsempfehlungen für Arbeitgeber, B+P 2023, 163; *Bittmann/Molkenbur*, Einführung eines „Krisenmanagements“ bei Unternehmen im Hinblick auf mögliche Strafverfahren, wistra 2009, 373; *Buchwald*, Hinweisgebersystem im international tätigen Mittelstand – Ausgestaltung von Hinweisgebersystemen vor dem Hintergrund der EU-Whistleblower-Richtlinie, ZRFC 2021, 63; *Colneric/Gerdemann*, Die Umsetzung der Whistleblower-Richtlinie in deutsches Recht, 2020; *Drenckhan*, Checkliste: In fünf Schritten zum Hinweisgebersystem, CB 2021, 459; *Dzida/Granetzny*, Die neue EU-Whistleblowing-Richtlinie und ihre Auswirkungen auf Unternehmen, NZA 2020, 1201; *Dzida/Seibt*, Neues Hinweisgeberschutzgesetz: Analyse und Antworten auf Praxisfragen, NZA 2023, 657; *Einwiller/Sackmann/Zerfaß*, Handbuch Mitarbeiterkommunikation Interne Kommunikation in Unternehmen, 2021; *Engelhoven/Gatz*, Das neue Hinweisgeberschutzgesetz: die Änderungen im parlamentarischen Verfahren im Überblick, DB 2023, 1397; *Fassbach/Hülsberg*, Corporate Governance, BOARD 2022, 28; *Fassbach/Hülsberg*, Die D&O-Versicherung im Gefüge der Compliance Management Systeme (CMS), CB 2018, 1; *Federmann/Racky/Kalb/Modrzyk*, Die Whistleblower-Richtlinie der EU: Die neuen Regeln und deren Auswirkungen auf Unternehmen des privaten Sektors, DB 2019, 1665; *Fehr*, Datenschutzrechtliche Anforderungen an die Implementierung eines Hinweisgebersystems im Lichte des HinSchG und der DSGVO, DB 2023, 180; *Fissenewert*, Das Hinweisgeberschutzgesetz – Anmerkungen zum Gesetz und seiner Anwendung aus Governance-Sicht, ZGC 2022, 254; *Fuhlrott/Henckel*, Hinweisgeberschutzgesetz: Handlungsbedarf für Unternehmen und Personalabteilungen, ArbRAktuell 2022, 441; *Gerdemann*, Neuer Entwurf für ein Hinweisgeberschutzgesetz, ZRP 2022, 98; *Ghassemi-Tabar*, Deutscher Corporate Governance Kodex: DCGK, 2. Aufl. 2023; *Goette/Habersack/Kalss*, Münchener Kommentar zum AktG, 6. Aufl. 2023; *Gortan*, Berechnung der Beschäftigtenanzahl und Begriff der Organisationseinheit im RefE des HinSchG, NZA 2022, 838; *Grigoleit*, Kommentar zum Aktiengesetz, 2. Aufl. 2020; *Habersack/Henssler*, Mitbestimmungsrecht, 4. Aufl. 2018; *Harbarth*, Anforderungen an die Compliance-Organisation in börsennotierten Unternehmen, ZHR 179 (2015), 136; *Henssler/Spindler/Stilz*, beck-online. Großkommentar zum Aktiengesetz, Stand 1.4.2023; *Hille*, Die Kooperation von Unternehmen mit deutschen Strafverfolgungsbehörden, 2020; *Homann*, EU-Hinweisgeberrichtlinie: Wie Unternehmen die Direktive effektiv umsetzen, CB 2021, 336; *Henssler*, beck-online. Großkommentar zum Handels- und Gesellschaftsrecht, Stand 1.7.2023; *Höpfner/Picker/Temming*, beck-online. Großkommentar zum Kündigungsrecht, Stand 1.6.2023; *IWW Institut*, Sommer-Spezial 2023: Das Hinweisgeberschutzgesetz und was das für ArbG und ArbN bedeutet, Teil 1, AA 2023, 124; *Johann/Sangi*, Lieferkettensorgfaltspflichtengesetz, Handkommentar, 1. Aufl. 2023; *Junker/Dietrich*, Schwellenwerte in arbeitsrechtlichen Gesetzen, NZA 2003, 1057; *Koch*, Kommentar zum Aktiengesetz, 17. Aufl. 2023; *Kölbel/Herold*, Grundfragen zur Einrichtung unternehmenseigener Hinweisgebersysteme: Der Forschungsstand zu deren Funktionen und Funktionalität, ZGR 2020, 961; *Laber/Niewiadomski*, Das neue Hinweisgeberschutzgesetz – ein Überblick, öAT 2023, 70; *Linck/Krause/Bayreuther*, Kündigungsschutzgesetz, 16. Aufl. 2019; *Lüneborg*, Das Hinweisgeberschutzgesetz – die (un)endliche Geschichte, ZIP 2023, 941; *Lüneborg*, Der Regierungsentwurf des Hinweisgeberschutzgesetzes: Kein großer Wurf, NZG 2022, 1273; *Müller-Glöge/Preis/Schmidt*, Erfurter Kommentar zum Arbeitsrecht, 23. Aufl. 2023; *Naber/Ahrens*, Befragung von Mitarbeitern im Rahmen von Internal Investigations – Vorgehensweise und aktuelle Herausforderungen, CCZ 2020, 36; *Nießen*, Neuerungen beim Hinweisgeberschutz, RFamU 2022, 399; *Posser/Wolff/Decker*, Beck'scher Online-Kommentar zur VwGO, 65. Edition Stand 1.4.2023; *Redder*, Die kommunalen Auswirkungen des neuen Hinweisgeberschutzgesetzes, KommJur 2023, 201; *Reufels/Soltysiak*, Das neue Whistleblowing-Recht, Das Hinweisgeberschutzgesetz in der betrieblichen und behördlichen Praxis, 2023; *Reuter*, Das Hinweisgeberschutzgesetz ist da – Was Unternehmen jetzt tun müssen, BB 2023, 1539; *Rolfs/Giesen/Meßling/Udsching*, Beck'scher Online-Kommentar zum Arbeitsrecht, 68. Edition Stand: 2.7.2023; *Rüdiger/Adelberg*, Datenschutzrechtliche Herausforderungen des neuen Hinweisgeberschutzgesetzes, K&R 2023, 172; *Schmidt*, Regelungsoptionen des Gesetzgebers zum Whistleblower-Schutz in Umsetzung der Richtlinie 2019/1937, 2022; *Schmitt*, Geheimnisschutz und Whistleblowing – Aktuelle Rechtslage und Überlegungen zur Umsetzung in Deutschland, NZA-Beilage 2020, 50; *Schoch*, Das neue Hinweisgeberschutzgesetz aus Sicht der Finanzbranche – Worauf können und müssen sich Kreditinstitute schon heute einstellen?, BKR 2023, 154; *Schoch/Schneider*, Verwaltungsrecht – Verwaltungsverfahrensgesetz: VwVfG, 3. Aufl. 2022; *Schwennicke/Auerbach*, Kreditwesengesetz (KWG) mit Zahlungsdiensteaufsichtsgesetz (ZAG), 4. Aufl. 2021; *Sombrowski/Oelrich/Günther*, Best Practices bei Hinweisgebersystemen – Eine Analyse zur Ausgestaltung und Berichterstattung bei DAX-40-Unternehmen, WPg 2023, 464; *Steinhauser/Kreis*, Die Umsetzung der EU-Whistleblower-Richtlinie als Herausforderung für Gesetzgeber und Unternehmen, EuZA 2021, 422; *Steinhauser/Saalwächter-Hirsch/Trouvain*, Das deutsche Hinweisgeberschutzgesetz – Was lange währt, wird endlich gut?, ESG 2023, 9; *Teichmann/Weber*, Die Whistleblowing-Richtlinie, ihr Missbrauchspotential und Implikationen für Compliance-Beauftragte, CB 2022, 157; *Weichert*, Was das Hinweisgeberschutzgesetz bedeutet, CuA 2023, Nr. 3, 14; *Wiedmann/Hoppmann*, Whistleblowing im DAX – Auswirkungen von HinSchG, LkSG, CSRD und CS3D-E, CCZ 2023, 11; *Zimmer/Millfahrt*, Die Rolle des Betriebsrats beim Hinweisgeberschutzgesetz, BB 2023, 1269.

Übersicht

Rn.
I. Überblick 1
II. Einrichtungsverpflichtete 5
1. Beschäftigungsgeber (Abs. 1) 5
a) Private und öffentliche Beschäftigungsgeber (Abs. 1 Satz 1) 7
b) Bund oder Land als Beschäftigungsgeber (Abs. 1 Satz 2 und 3) 10
aa) Begriff der Organisationseinheiten 11

bb) Keine Unionsrechtswidrigkeit von Organisationseinheiten ... 13
cc) Gemeinden, Gemeindeverbände und Beschäftigungsgeber, die im Eigentum von Gemeinden stehen (Abs. 1 Satz 4) ... 15
2. Schwellenwert (Abs. 2) ... 18
a) Beschäftigte ... 19
b) In der Regel 50 Beschäftigte ... 22
aa) Befristet bzw. zeitweilig Beschäftigte ... 26
bb) Teilzeitarbeitnehmer ... 28
cc) Leiharbeitnehmer ... 32
3. Sonstige Verpflichtete (Abs. 3) ... 35
III. Einrichten und Betreiben interner Meldestellen ... 37
IV. Notwendige Befugnisse einer internen Meldestelle zur Wahrnehmung ihrer Aufgaben (Abs. 4) ... 43
V. Praxisempfehlungen ... 47
VI. Konsequenzen eines Verstoßes ... 54

I. Überblick

§ 12 HinSchG enthält die Verpflichtung für Beschäftigungsgeber, interne Meldestellen einzurichten. Grundsätzlich trifft diese Pflicht nach Abs. 2 nur Beschäftigungsgeber mit in der Regel mehr als 50 Beschäftigten. Unternehmen, die unabhängig von der Anzahl der Beschäftigten interne Meldestellen einrichten müssen, sind in Abs. 3 genannt. Abs. 4 verpflichtet Beschäftigungsgeber, die internen Meldestellen mit den erforderlichen Befugnissen auszustatten. Mit der Norm setzt der deutsche Gesetzgeber die Vorgaben aus Art. 8 Abs. 1, 3 und 4 der HinSch-RL um. 1

Sowohl der europäische als auch der deutsche Gesetzgeber messen internen Meldestellen erhebliche und vorrangige Bedeutung gegenüber externen Meldestellen zu (vgl. u.a. Erwägungsgrund 33 und 47 HinSch-RL und § 7 Abs. 3 HinSchG, nach dem verpflichtete Beschäftigungsgeber Anreize für die Nutzung interner Meldestellen schaffen sollen). Begründet wird dies zutreffend insbesondere damit, dass Verstöße dort gemeldet werden sollen, wo sie am schnellsten aufgeklärt und abgestellt werden können.[1] Hinweisgebende Personen haben dennoch ein Wahlrecht zwischen interner und externer Meldung (§ 7 Abs. 1 HinSchG).[2] 2

Während die flächendeckende Verpflichtung von Unternehmen zur Einrichtung eines Hinweisgebersystems in Deutschland ein Novum darstellt, zeigt ein Blick in die Praxis, dass sich die Einrichtung eines Hinweisgebersystems bereits in vielen Unternehmen als „Best Practice" etabliert hat.[3] Beispielsweise 3

1 BT-Drs. 20/3442, S. 37; vgl. dazu auch Erwägungsgrund 47 HinSch-RL.
2 So auch *Engelhoven/Gatz*, DB 2023, 1397, 1398; *Lüneborg*, ZIP 2023, 941, 944; *Reuter*, BB 2023, 1539, 1541; *Weichert*, CuA 2023, 11.
3 Vgl. *Sombrowski/Oelrich/Günther*, WPg 2023, 464, 465 f.; vgl. *Lüneborg*, ZIP 2023, 941; mit Beschränkung auf größere Unternehmen *Dzida/Seibt*, NZA 2023, 657, 658.

haben bereits alle Dax-40-Unternehmen ein Hinweisgebersystem.[4] Auch unter den mittelständischen Unternehmen verfügt bereits etwa die Hälfte der Unternehmen über eine interne Meldestelle.[5] Dies ist auch nicht überraschend. Neben bereits vorhandenen spezialgesetzlichen Vorgaben für insbesondere Banken und andere am Kapitalmarkt tätige Unternehmen (siehe hierzu Rn. 35)[6] ist es auch aus Compliance-Gesichtspunkten empfehlenswert, ab einer gewissen Unternehmensgröße oder bei erhöhter Risikolage ein Hinweisgebersystem einzurichten.[7] Denn Hinweisgebersysteme – als wichtigste Informationsquelle über Rechtsverletzungen im Unternehmen – sind zentraler Baustein der Risikoidentifizierung und damit Teil eines effektiven und wirksamen Compliance-Management-Systems.[8] Die Identifizierung von Fehlverhalten sowie dessen Aufklärung und Abstellung sind wichtige Mittel der Prävention, um (vergleichbares) Fehlverhalten in Zukunft zu verhindern.[9] Hinweisgebersysteme schaffen dabei ein geschütztes Umfeld, in dem Missstände gemeldet werden können.[10] Zudem zeigen Führungsorgane mithilfe der Einführung eines Hinweisgebersystems, dass ihnen die Meldung und Aufklärung unternehmensinternen Fehlverhaltens sowie die Compliance des Unternehmens wichtige Anliegen sind („tone from the top").[11]

4 Auch wenn viele Unternehmen aus diesen Gründen bereits ein Hinweisgebersystem eingerichtet haben,[12] dürfte die durch das HinSchG begründete Einrichtungsverpflichtung Unternehmen vor organisatorische und finanzielle Herausforderungen stellen. In organisatorischer Hinsicht müssen Unternehmen bestehende Hinweisgebersysteme nun an die Anforderungen des HinSchG anpassen (zu Ausnahmen siehe Rn. 36). In finanzieller Hinsicht rechnet der Gesetzgeber für die Wirtschaft mit einmaligen Einrichtungskosten

---

4 *Sombrowski/Oelrich/Günther*, WPg 2023, 464, 467.

5 *Sombrowski/Oelrich/Günther*, WPg 2023, 464, 465.

6 Siehe dazu eingehend *Schoch*, BKR 2023, 154 f.; *Besgen*, B+P 2023, 163.

7 So empfahl auch der Deutsche Corporate Governance Kodex bereits vor Inkrafttreten des Hinweisgeberschutzgesetzes die Einrichtung eines Hinweisgebermeldesystems, *Ghassemi-Tabar*, in: JIG, DCGK A04 Rn. 1.

8 Vgl. *Ghassemi-Tabar*, in: JIG, DCGK A04 Rn. 1; vgl. dazu auch *Fissenewert*, ZCG 2022, 254 f.; *Federmann/Racky/Kalb/Modrzyk*, DB 2019, 1665, 1671; *Steinhauser/Kreis*, EuZA 2021, 422, 442.

9 *Hille*, Die Kooperation von Unternehmen mit deutschen Strafverfolgungsbehörden, S. 36 m. w. N.

10 *Homann*, CB 2021, 336.

11 Allgemein in Bezug auf Compliance-Systeme *Fleischer*, in: Henssler/Spindler/Stilz, BeckOGK AktG, § 91 Rn. 76 f.; *Harbarth*, ZHR 179 (2015), 136, 158; *Homann*, CB 2021, 336, 337.

12 *Lüneborg*, ZIP 2023, 941.

in Höhe von 191 Mio. EUR und Betriebskosten in Höhe von 200,9 Mio. EUR.[13]

II. Einrichtungsverpflichtete

1. Beschäftigungsgeber (Abs. 1)

Gemäß § 12 Abs. 1 HinSchG haben Beschäftigungsgeber mindestens eine interne Meldestelle einzurichten und zu betreiben, an die sich Beschäftigte wenden können. Der Begriff des Beschäftigungsgebers ist in § 3 Abs. 9 HinSchG legal definiert. Danach sind Beschäftigungsgeber, sofern mindestens eine Person bei ihnen beschäftigt ist, natürliche und juristische Personen des öffentlichen und privaten Rechts, rechtsfähige Personengesellschaften sowie sonstige, nicht bereits von den vorherigen Kategorien erfasste, rechtsfähige Personenvereinigungen (siehe § 3 Rn. 12 ff.). 5

Der Begriff des Beschäftigungsgebers umfasst sowohl private als auch – im Folgenden bezeichnet als – öffentliche Beschäftigungsgeber. Mit Blick auf § 12 HinSchG und den Zeitpunkt der Verpflichtung zur Einrichtung einer internen Meldestelle wird jedoch zwischen privaten und öffentlichen Beschäftigungsgebern unterschieden. Während öffentliche Beschäftigungsgeber (und private Beschäftigungsgeber mit mehr als 249 Beschäftigten) bereits mit Inkrafttreten des Gesetzes verpflichtet sind, interne Meldestellen zu schaffen, sind private Beschäftigungsgeber mit 50 bis 249 Beschäftigten gemäß § 42 HinSchG erst ab dem 17.12.2023 verpflichtet. 6

a) Private und öffentliche Beschäftigungsgeber (Abs. 1 Satz 1)

Der Begriff des **privaten Beschäftigungsgebers** ist in § 3 Abs. 10 HinSchG legal definiert, wobei sich die Definition in einer Abgrenzung erschöpft. Private Beschäftigungsgeber sind danach Beschäftigungsgeber mit Ausnahme juristischer Personen des öffentlichen Rechts und solcher Beschäftigungsgeber, die im Eigentum oder unter der Kontrolle einer juristischen Person des öffentlichen Rechts stehen. Privat sind Beschäftigungsgeber also dann, wenn sie nicht öffentlich sind. **Öffentlich** sind Beschäftigungsgeber nach der Gesetzesbegründung insbesondere, wenn eine juristische Person des öffentlichen Rechts sämtliche oder die mehrheitlichen Anteile der Gesellschaft hält,[14] also mehr als 50 Prozent. Als weitere Möglichkeit nennt die Gesetzesbegründung den Fall, dass eine juristische Person des öffentlichen Rechts zwar nicht mehrheitlich beteiligt ist, aber weitere „Umstände hinzutreten, die die Ausübung eines 7

13 BT-Drs. 20/3442, S. 44.
14 BT-Drs. 20/3442, S. 66.

beherrschenden Einflusses zumindest für eine gewisse Dauer ermöglichen" (siehe dazu § 3 Rn. 15f.).

8 Verpflichtet sind daher beispielsweise alle Kapital- und Personengesellschaften, wie die AG, KG, GmbH, GmbH & Co. KG sowie die (rechtsfähige) GbR, unabhängig davon, ob sie in privater oder öffentlicher Hand sind. Nicht rechtsfähige juristische Personengemeinschaften werden durch dieses Gesetz hingegen nicht verpflichtet.

9 Des Weiteren sind auch alle **juristischen Personen des öffentlichen Rechts**, also Anstalten, (u.a. Gebiets-, Personal- und Verbands-)Körperschaften und Stiftungen des öffentlichen Rechts[15] einrichtungsverpflichtet, soweit auch die übrigen Voraussetzungen des § 12 HinSchG erfüllt sind. Verpflichtet sind daher beispielsweise Bund und Länder als Gebietskörperschaften, Universitäten, Handelskammern, öffentlich-rechtliche Sparkassen oder die Deutsche Bundesbank. Nicht (direkt) verpflichtet sind hingegen Behörden wie beispielsweise Ministerien, das Bundeskriminalamt, das Kraftfahrt-Bundesamt oder (Haupt-)Zollämter, da es sich gerade nicht um juristische Personen des öffentlichen Rechts handelt[16] und sie deshalb auch keine Beschäftigungsgeber im Sinne des § 3 Abs. 9 HinSchG sind (zur Bildung von Organisationseinheiten siehe Rn. 11ff.).

b) Bund oder Land als Beschäftigungsgeber (Abs. 1 Satz 2 und 3)

10 Sonderregeln gelten nach § 12 Abs. 1 Satz 2 und 3 HinSchG, wenn der Bund oder ein Land Beschäftigungsgeber ist. In diesem Fall bestimmen die obersten Bundes- oder Landesbehörden Organisationseinheiten in Form von mehreren Behörden, Verwaltungsstellen, Betrieben oder Gerichten. Die jeweilige Organisationseinheit ist dann ebenfalls zur Einrichtung von internen Meldestellen verpflichtet (§ 12 Abs. 1 Satz 3 HinSchG). Hierdurch sollen an die Verwaltungs- und Organisationsstruktur angepasste Lösungen ermöglicht und innerhalb des Bundes und der Länder leicht bzw. niedrigschwellig erreichbare interne Meldestelle geschaffen werden, ohne zu kleinteilige oder ineffiziente Strukturen zu schaffen.[17]

aa) Begriff der Organisationseinheiten

11 Organisationseinheiten sind im HinSchG nicht definiert. Nach § 12 Abs. 1 Satz 2 HinSchG sollen aus einzelnen oder mehreren Behörden, Verwaltungs-

---

15 BT-Drs. 20/3442, S. 66; *Fissenewert*, ZCG 2022, 254, 256; IWW-Institut, AA, 2023, 124.

16 BVerwG, 28.8.2022, 9 VR 11/02, NVwZ 2003, 216, 217 für Behörden; für Gerichte siehe OLG Hamm, 8.1.2010, 11 U 27/06, BeckRS 2010, 1415.

17 BT-Drs. 20/3442, S. 77.

stellen, Betrieben oder Gerichten Organisationseinheiten gebildet werden können.[18] Die Gesetzesbegründung geht von insgesamt etwa 25.000 in der Verwaltung einzurichtenden Meldestellen aus, einhergehend mit einmaligen Einrichtungskosten in Höhe von 57,9 Mio. EUR und jährlichen Betriebskosten von 213,7 Mio. EUR.[19]

Vor dem Hintergrund des Ziels, einerseits niedrigschwellige Erreichbarkeiten zu schaffen, andererseits aber ineffiziente und kleinteilige Strukturen zu vermeiden, ist es für die Bildung der Organisationseinheiten ratsam, diese eher großzügig festzulegen. Denn zu kleinteilige Strukturen könnten zu Zuständigkeitsunsicherheiten führen.[20] Für Gerichte erscheint es beispielsweise sinnvoll, interne Meldestellen nur an den Oberlandesgerichten (bzw. für die Fachgerichtsbarkeiten bspw. an den Landesarbeits-, Landessozialgerichten und den Oberverwaltungsgerichten) für den jeweiligen Gerichtsbezirk zu schaffen. Für Behörden erscheint es zumindest bei eher kleineren Ministerien wie bspw. dem Bundesministerium für Ernährung und Landwirtschaft sinnvoll, eine interne Meldestelle bei dem Ministerium für dieses selbst und alle nachgeordneten Behörden einzurichten. Bei personalstarken bzw. größeren Ministerien wie dem Bundesministerium des Innern und für Heimat dürfte es angebracht sein, neben einer internen Meldestelle für das Ministerium selbst bei den größeren Bundesoberbehörden (z. B. der Bundespolizei oder dem Bundeskriminalamt) jeweils eine eigene interne Meldestelle zu installieren. Kleinere Bundesoberbehörden könnten hingegen zu einer Organisationseinheit mit dem jeweiligen Ministerium zusammengefasst werden. **12**

bb) Keine Unionsrechtswidrigkeit von Organisationseinheiten

In der Literatur finden sich vereinzelt Stimmen, die § 12 Abs. 1 Satz 2 HinSchG (also das Bilden von Organisationseinheiten) für unionsrechtswidrig erachten.[21] Kritisiert wird, das Bilden von Organisationseinheiten ermögliche dem Bund und den Ländern, die Einrichtungsverpflichtung bzw. konkret das „Bezugsobjekt der Einrichtungspflicht" entgegen den Vorgaben der HinSch- **13**

---

18 Auch nach § 18 Abs. 4f Satz 5 UStG können mehrere zusammengeschlossene Behörden Organisationseinheiten sein (BT-Drs. 19/22850, S. 123), nach § 18 Abs. 4f Satz 1 UStG sind Organisationseinheiten im Sinne des UStG jedoch in der Regel einzelne Behörden.

19 BT-Drs. 20/3442, S. 49 f.

20 Vgl. für die Einrichtung einer zentralen externen Meldestelle BT-Drs. 20/3442, S. 83.

21 *Gerdemann*, ZRP 2022, 98, 101; zustimmend *Nießen*, RFamU 2022, 399, 402; *Gerdemann*, Stellungnahme zum Gesetzesentwurf der Bundesregierung „Entwurf eines Gesetzes für einen besseren Schutz hinweisgebender Personen sowie zur Umsetzung der Richtlinie zum Schutz von Personen, die Verstöße gegen das Unionsrecht melden", S. 12 f., https://www.bundestag.de/resource/blob/914478/83be0d66d79fa13bc255cf0745795631/Stellungnahme_Gerdemann-data.pdf (zuletzt abgerufen am 1.9.2023).

RL selbst definieren und damit beeinflussen zu können, da nach Art. 8 Abs. 9 HinSch-RL „sämtliche rechtsfähige Organisationseinheiten“ verpflichtet seien.[22] Dies ist jedoch ebenso wenig zutreffend wie die mögliche Folge der Unionsrechtswidrigkeit. Nach Art. 8 Abs. 1, Abs. 9 HinSch-RL sind nicht „Organisationseinheiten“ einrichtungsverpflichtet, sondern – und dies ist nicht lediglich ein terminologischer Unterschied – „juristische Personen“ des öffentlichen Sektors, soweit sie mehr als 50 Beschäftigte bzw. 10.000 Einwohner haben. Die zu Organisationseinheiten zusammenzufassenden Behörden, Verwaltungsstellen, Betriebe[23] oder Gerichte sind jedoch gerade keine juristischen Personen des öffentlichen Rechts.[24] Sie sind Organe der juristischen Personen. Sie werden für juristische Personen tätig, sind selbst aber keine.[25] Daher sind diese auch nach Art. 8 HinSch-RL nicht zur Einrichtung interner Meldestellen verpflichtet, sondern nur ihre Rechtsträger, also der Bund oder die Länder als Gebietskörperschaften des öffentlichen Rechts. Entsprechend unerheblich ist die Beschäftigtenzahl der Behörden, Gerichte, Betriebe oder Verwaltungsstellen. Der deutsche Gesetzgeber hat sich daher zur niedrigschwelligen Erreichbarkeit entschieden, weitere, unterhalb der juristischen Personen des öffentlichen Rechts liegende Organisationseinheiten zu ermöglichen und dadurch zusätzliche – also über die Anforderungen der HinSch-RL hinausgehende – interne Meldestellen zu schaffen. Juristische Personen des öffentlichen Rechts oder des privaten Rechts im Eigentum oder unter der Kontrolle einer juristischen Person des öffentlichen Rechts (dies ist beispielsweise für die Bundesdruckerei GmbH der Fall) sind hingegen selbstständig einrichtungsverpflichtet; die Bildung von Organisationseinheiten scheidet aus.

14 Eine mögliche Unionsrechtswidrigkeit ist daher nicht erkennbar.

cc) Gemeinden, Gemeindeverbände und Beschäftigungsgeber, die im Eigentum von Gemeinden stehen (Abs. 1 Satz 4)

15 Die Einrichtungsverpflichtung für Gemeinden und Gemeindeverbände (als Gebietskörperschaften) sowie Beschäftigungsgeber, die im Eigentum oder unter der Kontrolle von Gemeinden und Gemeindeverbänden stehen, richtet sich gemäß § 12 Abs. 1 Satz 4 HinSchG nach dem jeweiligen Landesrecht. Hinter-

22 *Gerdemann*, ZRP 2022, 98, 101; *Nießen*, RFamU 2022, 399, 402.

23 Gemeint sind hier nur Betriebe, bei denen der Bund oder ein Land Beschäftigungsgeber ist und die Teil der öffentlichen Verwaltung sind, also z. B. der Landesbetrieb Straßenbau Nordrhein-Westfalen oder das Bundeseisenbahnvermögen.

24 Vgl. BVerwG, 28.8.2002, 9 VR 11/02, NVwZ 2003, 216, 217; für Gerichte siehe OLG Hamm, 8.1.2010, 11 U 27/06, BeckRS 2010, 1415.

25 *Kintz*, in: Posser/Wolff/Decker, BeckOK VwGO, § 78 Rn. 17; *Schoch*, in: Schoch/Schneider, VwVfG, § 1 Rn. 135.

grund ist das Durchgriffsverbot aus Art. 84 Abs. 1 Satz 7 GG, wonach dem Bund eine unmittelbare Aufgabenübertragung an Gemeinden und Gemeindeverbände nicht möglich ist.[26] Nach Forderung im Gesetzgebungsverfahren[27] gilt dies nach einer Änderung des Regierungsentwurfes nun auch für kommunal beherrschte Unternehmen.[28]

Nach Art. 8 Abs. 9 UAbs. 2 HinSch-RL können durch das Landesrecht Gemeinden mit unter 10.000 Einwohnern oder weniger als 50 Beschäftigten dabei von der Verpflichtung zur Einrichtung einer internen Meldestelle ausgenommen werden. Art. 8 Abs. 9 UAbs. 3 HinSch-RL sieht vor, dass interne Meldekanäle von Gemeinden oder von gemeinsamen Behördendiensten von Gemeinden[29] gemeinsam betrieben werden können. Insoweit privilegiert die HinSch-RL Gemeinden als juristische Personen des öffentlichen Rechts gegenüber anderen juristischen Personen des öffentlichen Rechts, die grundsätzlich keine gemeinsamen internen Meldestellen schaffen dürfen. **16**

Als erstes Bundesland legte **Hessen** ein knappes Gesetz im Sinne des § 12 Abs. 1 Satz 4 HinSchG vor.[30] Danach sind Gemeinden und Landkreise mit mehr als 50 Beschäftigten oder mehr als 10.000 Einwohnern zur Einrichtung interner Meldestellen verpflichtet, vgl. § 2 Abs. 1, § 3 Nr. 1 HHinMeldG. Gemäß § 4 HHinMeldG besteht dabei für Gemeinden und Landkreise die Möglichkeit, Meldestellen gemeinsam einzurichten und zu betreiben (vgl. Art. 8 Abs. 9 UAbs. 3 HinSch-RL). Auch **Bayern** hat mittlerweile eine Regelung geschaffen und Art. 56 der Gemeindeordnung geändert. Dieser sieht vor, dass § 12 Abs. 1 Satz 1 und Abs. 4 sowie die §§ 13 bis 18 HinSchG für Gemeinden mit mehr als 10.000 Einwohnern und mehr als 50 regelmäßig Beschäftigten gelten, vgl. Art. 56 Abs. 4 Satz 1 BayGO. Die Gemeinden können gemäß **17**

---

26 BT-Drs. 20/3442, S. 77; *Redder*, KommJur 2023, 201, 203; *Bruns*, in: Rolfs/Giesen/Meßling/Udsching, BeckOK Arbeitsrecht, § 12 HinSchG Rn. 5.

27 BT-Drs. 20/3442, S. 114; BR-Drs. 372/22 (B), S. 4 mit der Bitte zur Prüfung; Stellungnahme der Bundesvereinigung der kommunalen Spitzenverbände zum Referentenentwurf eines Gesetzes für einen besseren Schutz hinweisgebender Personen sowie zur Umsetzung der Richtlinie zum Schutz von Personen, die Verstöße gegen das Unionsrecht melden (Hinweisgeberschutzgesetz) vom 11.5.2022, S. 2f., https://www.bmj.de/SharedDocs/Downloads/DE/Gesetzgebung/Stellungnahmen/2022/0511_Stellungnahme_spitzenverbaende_HinSchG-E.pdf?__blob=publicationFile&v=3., zuletzt abgerufen am 1.9.2023.

28 So auch *Bruns*, in: Rolfs/Giesen/Meßling/Udsching, HinSchG § 12 Rn. 6.

29 Trotz des etwas missverständlichen Wortlautes der deutschen Fassung des Art. 8 Abs. 9 UAbs. 3 HinSch-RL („Gemeinden […] oder von gemeinsamen Behördendiensten") ist nach einer vergleichenden Betrachtung der verschiedenen Sprachfassungen der Richtlinie das gemeinsame Betreiben von Meldestellen auf Gemeinden und auf gemeinsame Behördendienste **der Gemeinden** beschränkt. Sonstige gemeinsame Behördendienste außerhalb von Gemeinden sind hingegen nicht erfasst.

30 LT-Drs. 20/11079 (Hessen).

Art. 56 Abs 4 Satz 3 BayGO eine geeignete staatliche Meldestelle im Geschäftsbereich des Staatsministeriums des Innern, für Sport und Integration als Dritten im Sinne des § 14 Abs. 1 Satz 1 HinSchG mit den Aufgaben der internen Meldestelle betrauen.

2. Schwellenwert (Abs. 2)

18 § 12 Abs. 2 HinSchG beschränkt – in Umsetzung von Art. 8 Abs. 3, 9 UAbs. 2 HinSch-RL – die Pflicht zum Einrichten und Betreiben interner Meldestellen auf Beschäftigungsgeber mit „jeweils in der Regel mindestens 50 Beschäftigten“. Dadurch werden Kleinstbetriebe von der Verpflichtung nach § 12 Abs. 1 Satz 1 HinSchG ausgenommen.[31]

a) Beschäftigte

19 Beschäftigte sind gemäß § 3 Abs. 8 HinSchG Arbeitnehmer, Auszubildende, Beamte und Richter, Soldaten, Personen, die wegen ihrer wirtschaftlichen Unselbständigkeit als arbeitnehmerähnlich anzusehen sind, sowie Menschen mit Behinderung, die in einer Werkstatt für Behinderte oder bei einem anderen Leistungsanbieter nach § 60 SGB IX beschäftigt sind (siehe im Einzelnen § 3 Rn. 11). Diese Aufzählung ist abschließend. Nach der Gesetzesbegründung wurde aufgrund des in der HinSch-RL verwendeten „europarechtlichen Arbeitnehmerbegriffs“ im Sinne des Art. 45 Abs. 1 AEUV ein umfassender Ansatz für den Beschäftigtenbegriff gewählt.[32]

20 Nach dem Erwägungsgrund 37 HinSch-RL fallen auch Beschäftigte im Ausland eines inländischen Beschäftigungsgebers unter den Beschäftigtenbegriff und sind im Rahmen des § 12 Abs. 2 HinSchG zu berücksichtigen.[33]

21 Die Frage, wer zu den Beschäftigten im Sinne des § 3 Abs. 8 HinSchG des jeweiligen Beschäftigungsgebers zählt, ist unabhängig von der Frage der Berücksichtigung beim Schwellenwert („in der Regel mindestens 50“) zu beurteilen. Auch Beschäftigte, die beim Schwellenwert nicht zu berücksichtigen sind, fallen unter den Schutz des HinSchG.

---

31 Erwägungsgrund 50 HinSch-RL.

32 BT-Drs. 20/3442, S. 34; für ein sehr weites Verständnis auch: *Laber/Niewiadomski*, öAT 2023, 70, 72.

33 So auch *Bruns*, in: Rolfs/Giesen/Meßling/Udsching, BeckOK Arbeitsrecht, § 1 HinSchG Rn. 14 und § 12 HinSchG Rn. 9.

b) In der Regel 50 Beschäftigte

§ 12 Abs. 2 HinSchG gibt im Hinblick auf den Schwellenwert vor, dass die Pflicht zur Einrichtung und zum Betrieb interner Meldestellen nur für Beschäftigungsgeber mit „in der Regel mindestens 50 Beschäftigten" gilt. Die Anzahl von mindestens 50 Beschäftigten entspricht dabei Art. 8 Abs. 3 und 9 UAbs. 2 HinSch-RL. Bei der Anzahl der Beschäftigten werden Beschäftigte anderer Konzerngesellschaften nicht zugerechnet, weil diese als juristische Personen selbst Beschäftigungsgeber sind.[34] **22**

Der Gesetzeswortlaut **„in der Regel"** findet hingegen keine Verwendung in der HinSch-RL. Dennoch dürfte damit kein Widerspruch zur HinSch-RL bestehen,[35] weil diese keine Berechnung nach einem gewissen Stichtag vorgibt. Darüber hinaus entspricht die Formulierung „in der Regel" auch dem praktischen Bedürfnis nach Rechtssicherheit, da dadurch schwankende Beschäftigungszahlen angemessen berücksichtigt werden können.[36] Die „In-der-Regel"-Betrachtung ist dabei zudem keineswegs neu, der deutsche Gesetzgeber knüpft damit vielmehr an eine bereits bekannte Formulierung aus anderen Gesetzen (z.B. § 23 Abs. 1 KSchG, § 1 MitbestG und § 1 Nr. 1 LkSG) an.[37] **23**

Zur Bestimmung der **regelmäßigen Beschäftigtenzahl** ist nach der Gesetzesbegründung nicht auf einen bestimmten Stichtag abzustellen.[38] Nach der dort referenzierten Rechtsprechung des BAG ist vielmehr die Beschäftigungszahl maßgeblich, die für den Betrieb im Allgemeinen kennzeichnend ist.[39] Um diese zu ermitteln, bedarf es nach der Gesetzesbegründung und der ständigen Rechtsprechung des BAG und der Rechtsprechung des BGH eines Rückblicks auf die bisherige personelle Stärke/Situation und einer Einschätzung der zukünftigen personellen Entwicklung.[40] Diese Betrachtung ist für jedes Unternehmen im Einzelfall vorzunehmen.[41] Nach der Rechtsprechung wird für den **24**

---

34 *Wiedmann/Hoppmann*, CCZ 2023, 11, 13.

35 Im Ergebnis auch *Colneric/Gerdemann*, Die Umsetzung der Whistleblower-Richtlinie, S. 43 f.

36 Vgl. *Schmidt*, Regelungsoptionen des Gesetzgebers zum Whistleblower-Schutz in Umsetzung der Richtlinie 2019/1937, S. 201.

37 So auch *Colneric/Gerdemann*, Die Umsetzung der Whistleblower-Richtlinie, S. 43 f.

38 BT-Drs. 20/3442, S. 77.

39 BAG, 24.1.2013, 2 AZR 140/12, NZA 2013, 726; BAG, 31.1.1991, 2 AZR 356/90, NZA 1991, 562.

40 BAG, 11.5.2023, 6 AZR, 157/22, ZRI 2023, 682, 683; BAG, 4.11.2015, 7 ABR 42/13, NZA 2016, 559, 564; BAG, 24.1.2013, 2 AZR 140/12, NZA 2013, 726; BAG, 18.10.2011, 1 AZR 335/10, NZA 2012, 221, 222; BAG, 24.2.2005, 2 AZR 373/03, NZA 2005, 764, 765; BAG 31.1.1991, 2 AZR 356/90, NZA 1991, 562; BGH, 25.6.2019, NZA 2019, 1232, 1234; BT-Drs. 20/3442, S. 77.

41 BAG, 16.11.2004, 1 AZR 642/03, NJOZ 2005, 4140, 4141.

Rückblick dabei ein Zeitraum zwischen sechs Monaten und zwei Jahren als angemessen erachtet.[42] Nicht berücksichtigt werden sollen Zeiten außergewöhnlich niedrigen oder hohen Geschäftsanfalls.[43] Für die Prognose ist zudem zu berücksichtigen, ob das Unternehmen bereits eine geplante Verkleinerung oder Vergrößerung der Beschäftigtenanzahl beschlossen hat; bloße Erwartungen reichen hingegen nicht aus.[44]

25 Diese Grundsätze gelten nach der Rechtsprechung des BAG dabei auch für **Saisonbetriebe**, also solche Betriebe, die nur für eine gewisse Zeit im Jahr einen erhöhten Personalbedarf haben,[45] beispielsweise Spargelhöfe. Eine Ausnahme besteht lediglich bei reinen **Kampagnenbetrieben**, die nur während eines Teils des Jahres arbeiten,[46] z. B. Eisdielen, weil in diesen Fällen die für den Betrieb allgemein kennzeichnende Personalstärke sinnvollerweise nur während der Kampagne bewertet werden kann.

aa) Befristet bzw. zeitweilig Beschäftigte

26 Bei befristet bzw. zeitweilig Beschäftigten stellt sich die Frage, ob und wann diese zu der regelmäßigen Beschäftigtenanzahl eines Unternehmens zählen. Nach der Rechtsprechung des BAG u. a. zum MitbestG und BetrVG werden befristet bzw. zeitweilig Beschäftigte bei der Feststellung der regelmäßigen Beschäftigungszahl mitgezählt, wenn sie zu einem Großteil des Jahres beschäftigt werden.[47] Dies sei anzunehmen, wenn die jährliche Beschäftigungsdauer **sechs Monate** überschreite.[48] Liegt die Beschäftigungsdauer unter sechs

---

42 BAG, 4.11.2015, 7 ABR 42/13, NZA 2016, 559, 564; BGH, 25.6.2019, NZA 2019, 1232, 1234.

43 BAG, 11.5.2023, 6 AZR, 157/22, ZRI 2023, 682, 683; BAG, 4.11.2015, 7 ABR 42/13, NZA 2016, 559, 564; BAG, 24.2.2005, 2 AZR 373/03, NZA 2005, 764, 765; BAG, 31.1.1991, 2 AZR 356/90, NZA 1991, 562; BGH, 25.6.2019, NZA 2019, 1232, 1234; *Kreutzberg-Kowalczyk*, in: Bader/Fischermeier/Gallner, KR, § 23 KSchG Rn. 52; *Kiel*, in: Müller-Glöge/Preis/Schmidt, ErfK, § 23 KSchG Rn. 9; *Bayreuther*, in: Linck/Krause/Bayreuther, KSchG, § 23 Rn. 29.

44 Siehe dazu die Gesetzesbegründung zum LkSG BT-Drs. 19/28649, S. 33; *Johann/Wildfeuer*, in: Johann/Sangi, HK-LkSG, § 1 LkSG Rn. 19.

45 BAG, 16.11.2004, 1 AZR 642/03, NJOZ 2005, 4140, 4143.

46 BAG, 16.11.2004, 1 AZR 642/03, NJOZ 2005, 4140, 4141; *Johann/Wildfeuer*, in: Johann/Sangi, HK-LkSG, § 1 LkSG Rn. 20.

47 BAG, 12.11.2008 – 7 ABR 73/07, BeckRS 2009, 58799; BAG, 7.5.2008, 7 ABR 17/07, NZA 2008, 1142, 1144; BAG, 16.11.2004, 1 AZR 642/03, NJOZ 2005, 4140, 4142; vgl. zu Leiharbeitnehmern BAG, 4.11.2015, 7 ABR 42/13, NZA 2016, 559, 564; BAG, 18.10.2011, 1 AZR 335/10, NZA 2012, 221, (LS. 3).

48 BAG, 12.11.2008 – 7 ABR 73/07, BeckRS 2009, 58799; BAG, 7.5.2008, 7 ABR 17/07, NZA 2008, 1142, 1144; BAG, 16.11.2004, 1 AZR 642/03, NJOZ 2005, 4140, 4141; vgl.

Monaten, kennzeichnen die Beschäftigten den Betrieb im Allgemeinen daher nicht und sind nicht zu berücksichtigen.

Diese Grundsätze lassen sich bezüglich befristet bzw. zeitweilig Beschäftigter auch auf das HinSchG übertragen.[49] Hierfür spricht der Sinn und Zweck des Schwellenwertes zur Einrichtungspflicht interner Meldestellen sowie die Verwendung der „In-der-Regel"-Formulierung. Kleinstunternehmen sollen von der Einrichtungsverpflichtung ausgenommen werden, weil das Risiko für Fehlverhalten typischerweise geringer ist als in größeren Unternehmen. Zudem schafft die Verwendung von „in der Regel" eine praxistaugliche Lösung für Unternehmen, weil gerade die regelmäßige bzw. standardmäßige Beschäftigtenanzahl maßgeblich ist und kurzfristige Schwankungen nicht berücksichtigt werden (siehe Rn. 23 ff.). Eine Abweichung von den Grundsätzen des BAG dürfte nur dort angezeigt sein, wo Unternehmen – was die Ausnahme darstellen dürfte – eine Stelle kontinuierlich mit unterschiedlichen befristet bzw. zeitweilig Beschäftigten abdecken, also beispielsweise eine Stelle regelmäßig nach sechs Monaten neu besetzt wird. In diesem Fall erscheint eine Berücksichtigung der Stelle bei der regelmäßigen Beschäftigtenzahl angezeigt.[50] **27**

bb) Teilzeitarbeitnehmer

Bei Teilzeitarbeitnehmern stellt sich die Frage, ob diese entsprechend ihres Arbeitsanteils nur teilweise im Rahmen des Schwellenwertes berücksichtigt werden.[51] Die Gesetzesbegründung verweist insofern allgemein zur Bestimmung der regelmäßigen Beschäftigtenzahl auf Urteile zu § 23 KSchG.[52] § 23 Abs. 1 Satz 4 KSchG sieht dahingehend vor, dass Teilzeitarbeitnehmer nur entsprechend des Umfangs ihrer wöchentlichen Arbeitszeit berücksichtigt werden. In anderen arbeitsrechtlichen Schwellenwerten, beispielsweise im BetrVG, nach § 1 MitbestG sowie § 17 KSchG, werden Teilzeitarbeitnehmer hingegen unabhängig vom Umfang der Arbeitsleistung, also vollständig, berücksichtigt.[53] **28**

---

zu Leiharbeitnehmern BAG, 4.11.2015, 7 ABR 42/13, NZA 2016, 559, 564; BAG, 18.10.2011, 1 AZR 335/10, NZA 2012, 221 (LS. 3).

49 Vgl. mit gleichem Ergebnis auch *Bruns*, in: Rolfs/Giesen/Meßling/Udsching, BeckOK Arbeitsrecht, § 12 HinSchG Rn. 10; *Gortan*, NZA 2022, 838 f.

50 So auch mit Blick auf Leiharbeitnehmer BAG, 24.1.2013, 2 AZR 140/12, NZA 2013, 726, 728.

51 Siehe zu den Fragen u. a. auch *Gortan*, NZA 2022, 838, 839.

52 BT-Drs. 20/3442, S. 77 mit Verweis BAG, 24.1.2013, 2 AZR 140/12, NZA 2013, 726 und BAG, 31.1.1991, 2 AZR 356/90, NZA 1991, 562.

53 Für das MitbestG vgl. *Annuß*, in: Goette/Habersack/Kalss, MünchKomm-AktG, § 1 MitbestG Rn. 11; zu § 9 BetrVG LAG Hamm Beschl. v. 11.5.1979 – 3 TaBV 9/79, BeckRS 1979, 30810642; *Besgen*, in: Rolfs/Giesen/Meßling/Udsching, BeckOK Arbeitsrecht, § 9 BetrVG Rn. 5.

29 Insoweit stellt sich die Frage, ob im Rahmen der Schwellenwertbestimmung nach § 12 Abs. 2 HinSchG Teilzeitarbeitnehmer „nach Köpfen" oder nur anteilig berücksichtigt werden sollten. Unter Berücksichtigung des Wortlauts und des Sinn und Zwecks des HinSchG spricht vieles für eine vollständige Berücksichtigung von Teilzeitarbeitnehmern. Zum einen sieht der Wortlaut des § 12 Abs. 2 HinSchG eine anteilige Berücksichtigung im Gegensatz zu § 23 Abs. 1 Satz 4 KSchG und anderen arbeitsrechtlichen Vorschriften[54] nicht vor. Es liegt daher nahe, dass der Gesetzgeber eine solche Regelung, wäre sie beabsichtigt gewesen, entsprechend im § 12 Abs. 2 HinSchG kodifiziert hätte.[55] Ungeachtet dessen scheint es dem Gesetzgeber darum zu gehen, bei der Bemessung des Schwellenwerts im Zuge des § 12 Abs. 2 HinSchG möglichst die Stammbeschäftigten zu berücksichtigen und hierzu eine langfristige Betrachtung der Beschäftigtenzahl vorzunehmen.[56] Im Gegensatz zu den meisten Leiharbeitnehmern und befristet bzw. zeitweilig Beschäftigten sind Teilzeitarbeitnehmer in der Regel Stammbeschäftigte und sollten daher vollständig berücksichtigt werden.[57]

30 Schließlich spricht auch eine unionsrechtskonforme Auslegung für eine Berücksichtigung von Leiharbeitnehmern „nach Köpfen". So sieht der Wortlaut des Art. 8 Abs. 3 HinSch-RL eine Einrichtungsverpflichtung für juristische Personen mit 50 Arbeitnehmern vor.[58] Weil Teilzeitarbeitnehmer von dem in Art. 8 Abs. 3 HinSch-RL verwendeten europarechtlichen Arbeitnehmerbegriff uneingeschränkt umfasst sind und eine anteilige Berücksichtigung von Teilzeitarbeitnehmern in dessen Wortlaut keinen Anklang findet, ist für eine anteilige Berücksichtigung von Teilzeitarbeitnehmern bei der Schwellenwertbestimmung des § 12 Abs. 2 HinSchG entsprechend ihrer quotierten Wochenarbeitszeit kein Raum.[59]

31 Zwar mag diese Auslegung zur Folge haben, dass Betriebe mit Teilzeitbeschäftigten eher zur Einrichtung interner Meldestellen verpflichtet sind als vergleichbare Betriebe mit ausschließlich Vollzeitbeschäftigten, weil diese

---

54 Bspw. § 622 Abs. 5 Nr. 2 BGB, § 11 S. 1 ASiG; siehe eingehend dazu *Junker*, NZA 2003, 1057, 1060 f.

55 In diese Richtung auch ohne Bezug auf das HinSchG *Henssler*, in: Habersack/Henssler, § 3 MitbestG Rn. 23 „Soll eine Teilzeitstelle nur entspr. ihrem Anteil angerechnet werden, so wird dies explizit angeordnet […]".

56 Vgl. *Gortan*, NZA 2022, 838 f.

57 Vgl. *Gortan*, NZA 2022, 838 f.

58 *Schmidt*, Regelungsoptionen des Gesetzgebers zum Whistleblower-Schutz in Umsetzung der Richtlinie 2019/1937, S. 201; *Gortan*, NZA 2022, 838, 839; für eine unionsrechtskonforme Auslegung auch *Baade/Hößl*, DStR 2023, 1213, 1217.

59 *Gortan*, NZA 2022, 838, 839; im Ergebnis auch *Reuter*, BB 2023, 1539; *Bayreuther*, DB 2023, 1537, 1538; *Engelhoven/Gatz*, DB 2023, 1397, 1401.

zwangsläufig mehr Personal einsetzen müssen.[60] Gleichwohl erscheint dies geboten. Denn mit der Anzahl eingesetzten Personals steigt potenziell auch das Risiko meldenswerten Fehlverhaltens. Die Verpflichtung, interne Meldestellen einzurichten, ist daher gesetzlich gewünschte Folge.

cc) Leiharbeitnehmer

Im Hinblick auf Leiharbeitnehmer wird diskutiert, ob und unter welchen Voraussetzungen diese beim Schwellenwert des **Entleihers** zu berücksichtigen sind, zu dem Leiharbeitnehmer kein Arbeitsverhältnis haben. Nach den Grundsätzen der Rechtsprechung insbesondere zum KSchG, BetrVG und § 9 MitbestG sind Leiharbeitnehmer für die Ermittlung der regelmäßigen Beschäftigtenanzahl beim Entleiher zu berücksichtigen, soweit mit ihnen ein regelmäßiger Beschäftigungsbedarf abgedeckt wird.[61] Dies ist anzunehmen, wenn der Leiharbeitnehmer nicht zur (in der Regel kurzfristigen) Bewältigung von Auftragsspitzen, sondern wie ein gewöhnlicher Beschäftigter eingesetzt wird, also wenn ihre Beschäftigung „dem ‚Regelzustand' des Betriebs entspricht" und bestimmte Arbeitsplätze stets mit Leiharbeitnehmern besetzt werden.[62] Dies wird von der Rechtsprechung des BAG bzw. des BGH regelmäßig angenommen, wenn Leiharbeitnehmer länger als **sechs Monate** im Betrieb des Entleihers eingesetzt sind.[63] Nach Rechtsprechung des BGH wird ein Arbeitsplatz mit einer Dauer von über sechs Monaten dabei auch mitgezählt, wenn dieser mit wechselnden Leiharbeitnehmern besetzt wird (arbeitsplatzbezogene Betrachtung).[64] 32

Diese Grundsätze lassen sich mit dem Sinn und Zweck des HinSchG vereinbaren und sollten daher auch für die Schwellenwertbestimmung nach § 12 33

60 *Baade/Hößl*, DStR 2023, 1213, 1217.

61 BAG, 2.8.2017, 7 ABR 51/15, NZA 2017, 1343, 1345; BAG, 4.11.2015, 7 ABR 42/13, NZA 2016, 559, 564; BAG, 24.1.2013, 2 AZR 140/12, NZA 2013, 726, 727 f.; BAG, 18.10.2011, 1 AZR 335/10, NZA 2012, 221, 222; BAG, 16.11.2004, 1 AZR 642/03, NJOZ 2005, 4140, 4141; *Giesen*, in: Höpfner/Picker/Temming, BeckOGK KSchG, § 23 Rn. 91.

62 BAG, 18.1.2017, 7 ABR 60/15, NZA 2017, 865, 866; BAG, 4.11.2015, 7 ABR 42/13, NZA 2016, 559, 564 f.; BAG, 24.1.2013, 2 AZR 140/12, NZA 2013, 726, 727 f.; *Schmidt*, Regelungsoptionen des Gesetzgebers zum Whistleblower-Schutz in Umsetzung der Richtlinie 2019/1937, S. 202; *Gortan*, NZA 2022, 838, 839.

63 So in Bezug auf das BetrVG BAG, 18.10.2011, 1 AZR 335/10, NZA 2012, 221; zum AÜG BGH, 25.6.2019, II ZB 21/18, NJW 2019, 2856 mit einer arbeitsplatzbezogenen Betrachtung; insofern siehe auch § 14 Abs. 2 Satz 6 AÜG, nach dem Leiharbeitnehmer bei der Schwellenwertberechnung jenseits der dort genannten Ausnahmen im mitbestimmungsrechtlichen Kontext bei dem Entleihbetrieb zu berücksichtigen sind, sofern deren Einsatzdauer sechs Monate übersteigt.

64 BGH, 25.6.2019, II ZB 21/18, NJW 2019, 2856.

Abs. 2 HinSchG gelten.[65] Hierfür spricht insbesondere, dass sich Beschäftigungsgeber ansonsten durch den Einsatz von Leiharbeitnehmern der Verpflichtung entziehen könnten, interne Meldestellen einzurichten.[66] Auch die zeitliche Komponente der Einsatzdauer von sechs Monaten beim Entleiher ist im Einklang mit der höchstrichterlichen Rechtsprechung zu befristet Beschäftigten (siehe Rn. 26 ff.) und im Gleichlauf zur Berücksichtigung von Leiharbeitnehmern im Anwendungsbereich des LkSG (vgl. § 1 Abs. 2 LkSG) und im mitbestimmungsrechtlichen Kontext gemäß § 14 Abs. 2 Satz 6 AÜG sinnvoll.[67]

34 Unabhängig davon sind Leiharbeitnehmer im Rahmen des Schwellenwertes nach § 12 Abs. 2 HinSchG auch beim **Verleiher** zu berücksichtigen.[68] Unter den oben genannten Voraussetzungen kann es also Situationen geben, in denen Leiharbeitnehmer doppelt – sowohl beim Ent- als auch beim Verleiher – zu berücksichtigen sind.

3. Sonstige Verpflichtete (Abs. 3)

35 § 12 Abs. 3 HinSchG erstreckt die Pflicht zur Einrichtung interner Meldestellen auf bestimmte Beschäftigungsgeber unabhängig von der Anzahl der Beschäftigten und setzt damit Art. 8 Abs. 4 HinSch-RL um. Hierbei handelt es sich um die nachfolgend aufgeführten Unternehmen, die bereits nach geltendem Recht zur Einrichtung und zum Betrieb interner Meldestellen verpflichtet sind.[69]

36 Gemäß § 4 Abs. 1 HinSchG gelten für diese Unternehmen die spezialgesetzlichen Regelungen, soweit diese Vorgaben für interne Meldestellen enthalten. Enthalten spezialgesetzliche Regelungen also beispielsweise Regelungen zu internen Meldesystemen, finden die Regelungen des HinSchG insoweit keine Anwendung. Nur wenn die spezialgesetzlichen Regelungen keine Vorgaben enthalten oder im Falle eines Hinweises der sachliche Anwendungsbereich des

---

65 Für eine Berücksichtigung von Leiharbeitnehmern auch *Bayreuther*, DB 2023, 1537, 1538, allerdings ohne auf die Rechtsprechung des BAG einzugehen und mit dem Vorbehalt des langfristigen Einsatzes; *Gortan*, NZA 2022, 838, 839. Gegen eine Berücksichtigung *Engelhoven/Gatz*, DB 2023, 1397, 1401.

66 *Schmidt*, Regelungsoptionen des Gesetzgebers zum Whistleblower-Schutz in Umsetzung der Richtlinie 2019/1937, S. 202.

67 Vgl. mit Bezug auf das AÜG auch *Bayreuther*, DB 2023, 1537, 1538, ohne einen exakten Zeitraum zu benennen („längerfristig").

68 *Bruns*, in: Rolfs/Giesen/Meßling/Udsching, BeckOK Arbeitsrecht, § 12 HinSchG Rn. 9; vgl. zum KSchG auch *Bayreuther*, NZA 2016, 1304, 1305.

69 BT-Drs. 20/3442, S. 42; *Bruns*, in: Rolfs/Giesen/Meßling/Udsching, BeckOK Arbeitsrecht, § 12 HinSchG Rn. 11.

spezifischen Meldesystems nicht eröffnet ist, gelten die Bestimmungen des HinSchG.[70] Haben die in Abs. 3 genannten Unternehmen daher bislang nur eine Meldestelle für spezifische Rechtsverletzungen, müssen sie eine weitere interne Meldestelle für den Anwendungsbereich des HinSchG schaffen oder den Zuständigkeits- bzw. Anwendungsbereich der bereits vorhandenen Meldestelle ausweiten.

1. Wertpapierdienstleistungsunternehmen im Sinne des § 2 Abs. 10 des WpHG. Eine Verpflichtung zur Einrichtung interner Meldestellen ergibt sich hier aus § 25a Abs. 1 Satz 6 Nr. 3 KWG und § 13 Abs. 1 WpIG.
2. Datenbereitstellungsdienste im Sinne des § 2 Abs. 40 des WpHG. Die Pflicht zur Einrichtung von Meldestellen ergibt sich für diese Unternehmen aus § 58 WpHG.
3. Börsenträger im Sinne des BörsG. Die Verpflichtung zur Einrichtung von Meldestellen ergibt sich insoweit aus § 5 Abs. 8 BörsG.
4. Institute im Sinne des § 1 Abs. 1b KWG und Institute im Sinne des § 2 Abs. 1 des WpIG. Die Verpflichtung für diese Unternehmen ergibt sich aus § 25a Abs. 1 Satz 6 Nr. 3 KWG und § 13 Abs. 1 WpIG.
5. Gegenparteien im Sinne des Artikels 3 Nummer 2 der Verordnung (EU) 2015/2365 des Europäischen Parlaments und des Rates vom 25. November 2015 über die Transparenz von Wertpapierfinanzierungsgeschäften und der Weiterverwendung sowie zur Änderung der Verordnung (EU) Nr. 648/2012 (ABl. Nr. L 337 vom 23.12.2015, S. 1), die zuletzt durch die Verordnung (EU) 2021/23 (ABl. Nr. L 22 vom 22.1.2021, S. 1) geändert worden ist, in der jeweils geltenden Fassung. Eine Verpflichtung zur Einrichtung einer internen Meldestelle für zentrale Gegenparteien ergibt sich aus § 25a Abs. 1 Satz 1 und 6 Nr. 3 KWG.[71]
6. Kapitalverwaltungsgesellschaften gemäß § 17 Abs. 1 des KAGB. Die Pflicht zur Einrichtung von Meldestellen ergibt sich für diese Unternehmen aus § 28 Abs. 1 Satz 1 Nr. 9 KAGB.
7. Unternehmen gemäß § 1 Abs. 1 des VAG mit Ausnahme der nach den §§ 61 bis 66a des VAG tätigen Unternehmen mit Sitz in einem anderen Mitgliedstaat der Europäischen Union oder einem anderen Vertragsstaat des Abkommens über den Europäischen Wirtschaftsraum. Eine Verpflich-

70 BT-Drs. 20/3442, S. 67.

71 Da es sich bei der Tätigkeit als zentrale Gegenpartei um ein Bankgeschäft handelt (vgl. § 1 Abs. 1 Satz 2 Nr. 12 KWG), sind zentrale Gegenparteien Institute im Sinne des § 1 Abs. 1 Satz 1 KWG (siehe zum Begriff der Institute auch *Schwennicke*, in: Schwennicke/Auerbach, KWG, § 1 Rn. 1).

tung zur Einrichtung interner Meldesysteme ergibt sich für diese aus § 23 Abs. 6 VAG.

III. Einrichten und Betreiben interner Meldestellen

37 § 12 Abs. 1 Satz 1 HinSchG verpflichtet Beschäftigungsgeber, interne Meldestellen einzurichten und zu betreiben. Gemäß § 42 HinSchG sind private Beschäftigungsgeber mit 50 bis 249 Beschäftigten erst ab dem 17.12.2023 verpflichtet, interne Meldestellen einzurichten (und damit auch zu betreiben). Die übrigen privaten Beschäftigungsgeber sowie öffentliche Beschäftigungsgeber sind hingegen bereits ab Inkrafttreten des Gesetzes verpflichtet.

38 Der **Begriff der internen Meldestelle** ist in § 12 Abs. 1 HinSchG als Stelle für interne Meldungen, an die sich Beschäftigte wenden können, legal definiert. Etwas plastischer formuliert, ist eine interne Meldestelle die organisatorische Einheit innerhalb des Einrichtungsverpflichteten, also die Abteilung, Person oder Arbeitseinheit, die für den Betrieb des Meldekanals (§ 16 HinSchG), die Bearbeitung interner Meldungen (§ 17 HinSchG) und Folgemaßnahmen (§ 18 HinSchG) zuständig ist (vgl. § 13 Abs. 1 HinSchG).

39 Im Hinblick auf die **Ausgestaltung** der internen Meldestelle besteht für Einrichtungsverpflichtete dabei ein gewisser Spielraum (siehe zu Praxisempfehlungen Rn. 47 ff.).[72] Das HinSchG lässt Verpflichteten beispielsweise offen, ob sie Meldestellen mit **eigenen Mitarbeitern** betreiben oder **Dritte** (wie z. B. Rechtsanwälte oder Berater) mit den Aufgaben einer internen Meldestelle betrauen (siehe § 14 Rn. 15 ff.). Sollten sich Verpflichtete entscheiden, die interne Meldestelle selbst zu betreiben, soll die Besetzung – zutreffend – gemäß Erwägungsgrund 56 der HinSch-RL von der Struktur des jeweiligen Unternehmens abhängen. Es soll jedoch sichergestellt sein, dass die Stelle unabhängig und frei von Interessenkonflikten ist (vgl. dazu auch § 15 Rn. 2 ff.). In der Praxis wird sich hier gerade bei größeren Unternehmen eine Abteilung/Einheit vergleichbar der internen Revision anbieten. Für kleinere Unternehmen soll es zulässig sein, dass beispielsweise der Leitende einer Compliance- oder Personalabteilung oder der Integrations-, Rechts- oder Datenschutzbeauftragte in „Doppelfunktion" auch die Aufgaben der Meldestelle wahrnimmt.[73] „Kleinere Unternehmen" dürften dabei regelmäßig bei 50 bis 249 Beschäftigten vorliegen.[74]

---

72 Vgl. insoweit auch die Erwägungsgründe 53, 56 HinSch-RL.
73 Erwägungsgrund 56 HinSch-RL; BT-Drs. 20/3442, S. 79.
74 BT-Drs. 20/3442, S. 79, 80, 100, die im Rahmen der Sonderregelungen für Beschäftigungsgeber mit 50 bis 249 Beschäftigten jeweils von kleinere(n) Beschäftigungsgebern bzw. Unternehmen spricht.

40 Im Übrigen ist davon auszugehen, dass die **personelle Größe der internen Meldestelle** unter anderem von der Größe des Beschäftigungsgebers bzw. der Organisationseinheit abhängt.[75] Aufgrund der zu erwartenden geringeren Frequenz der Nutzung der internen Meldestelle bei kleineren Beschäftigungsgebern dürfte der personelle Bedarf hier also geringer sein als bei größeren Beschäftigungsgebern.[76] Neben der Größe spielt aber auch die Gefahrgeneigtheit der Tätigkeit des Beschäftigungsgebers für die Größe der internen Meldestelle eine Rolle. Ähnlich zur Compliance-Risikoanalyse bieten sich als weitere Kriterien das Tätigkeitsfeld, der Geschäfts- oder Produktbereich sowie geografische Aspekte (z.B. Zusammenarbeit mit Ländern mit hohen Korruptionsrisiken) an.[77] Auch in den vergangenen Jahren bereits bestehende Compliance-Vorfälle und etwaige Meldungen hierzu sollten berücksichtigt werden.[78]

41 Praktische Herausforderungen stellen sich insoweit insbesondere für Beschäftigungsgeber, die bisher noch keine Meldestelle hatten. Hier dürfte es trotz der oben genannten Kriterien schwer fallen, genau zu prognostizieren, wie hoch die Frequentierung der Meldestelle sein wird, und damit auch, wie viel Personal erforderlich ist. In der Praxis dürfte sich für diese Beschäftigungsgeber, unabhängig davon, ob ihre Tätigkeit/Geschäftsbereich ein hohes Compliance-Risiko aufweist, anbieten, die interne Meldestelle zunächst nur mit geringer personeller Größe auszustatten. Sollte sich beim Betrieb zeigen, dass weitere Ressourcen erforderlich sind, sollten Unternehmen dann jedoch zügig weitere Stellen schaffen.

42 Weitere Vorgaben zu den notwendigen Befugnissen der internen Meldestelle enthält § 12 Abs. 4 HinSchG (siehe dazu Rn. 43 ff.) und zur Organisation der Meldestelle § 14 HinSchG (siehe dazu § 14 Rn. 2 ff.). Anforderungen an die Ausgestaltung der Meldekanäle, also im Wesentlichen die Erreichbarkeit der internen Meldestelle, trifft § 16 HinSchG (siehe dazu § 16 Rn. 19 ff.).

IV. Notwendige Befugnisse einer internen Meldestelle zur Wahrnehmung ihrer Aufgaben (Abs. 4)

43 § 12 Abs. 4 HinSchG verpflichtet Beschäftigungsgeber und Organisationseinheiten, internen Meldestellen die zur Wahrnehmung ihrer Aufgaben notwendigen Befugnisse einzuräumen.

---

75 *Bruns*, in: Rolfs/Giesen/Meßling/Udsching, BeckOK Arbeitsrecht, § 15 HinSchG Rn. 2.

76 *Bruns*, in: Rolfs/Giesen/Meßling/Udsching, BeckOK Arbeitsrecht, § 15 HinSchG Rn. 2.

77 Ausführlich dazu *Homann*, CB 2021, 336, 337.

78 *Kölbel/Herold*, ZGR 2020, 961, 971, der auch weitere Kriterien zur Analyse des „Risikoprofils“ nennt.

44 Maßgeblich für die Frage der notwendigen Befugnisse ist daher der Aufgabenkreis der internen Meldestelle, welcher in § 13 HinSchG genauer definiert wird (siehe § 13 Rn. 3). Hiernach gehört zu den Aufgaben die Einrichtung von Meldekanälen nach § 16 HinSchG, die Bearbeitung eingegangener Hinweise nach den Verfahrensgrundsätzen des § 17 HinSchG sowie das Ergreifen von Folgemaßnahmen nach § 18 HinSchG. Zu den Folgemaßnahmen gehört gemäß § 18 Nr. 1 HinSchG unter anderem das Durchführen interner Untersuchungen (siehe § 18 Rn. 9), die vorrangig von der internen Meldestelle selbst durchzuführen sind.[79] Hierzu sind regelmäßig unter anderem Befragungen relevanter Personen und die Sichtung von Dokumenten erforderlich. Insoweit benötigen interne Meldestellen umfassende **Informations- und Auskunftsrechte**, inklusive des Rechts, Unterlagen von anderen betriebsinternen Einheiten herausverlangen zu können. Erforderlich ist dafür, dass interne Meldestellen befugt sind, das diesbezügliche Weisungsrecht des Arbeitgebers (§ 106 GewO) gegenüber den Beschäftigten auszuüben.[80] Soweit erforderlich, sollten zudem notwendige Vollmachten erteilt werden.[81]

45 Insbesondere bei Beschäftigungsgebern oder Organisationseinheiten, die bisher nicht über vergleichbare Stellen verfügt haben, dürfte es ratsam sein, im Wege einer Rundmail betriebsintern bekannt zu machen, dass die Meldestelle zu einem solchen Vorgehen berechtigt ist und angefragte Personen/Einheiten zu kooperieren haben. So werden etwaige betriebsinterne Konflikte zwischen interner Meldestelle und anderen von vornherein ausgeschlossen bzw. minimiert.

46 Die mit den Aufgaben der internen Meldestelle betrauten Personen nehmen ihre Aufgaben gemäß § 15 Abs. 1 Satz 1 HinSchG zudem **unabhängig** wahr, sodass diese weisungsfrei sein müssen (siehe § 15 Rn. 17).[82] Die interne Meldestelle sollte daher direkt dem Leitungsorgan unterstellt sein und an dieses bzw. ein Mitglied des Leitungsorgans berichten.[83]

---

79 Nach der Gesetzesbegründung können interne Meldestellen, sofern sie keine Möglichkeit haben, den gemeldeten Verstoß weiter zu prüfen, interne Untersuchungen an andere Einheiten/Abteilungen innerhalb des Beschäftigungsgebers bzw. der Organisationseinheit oder an eine zuständige Behörde delegieren (siehe § 18 Nr. 4 HinSchG), soweit die Vorgaben betreffend die Vertraulichkeit sowie der sonstigen für die internen Meldestellen geltenden Grundsätze beachtet werden, BT-Drs. 20/3442, S. 82. Siehe hierzu auch § 18 Rn. 10.

80 Zum Weisungsrecht siehe *Hille*, Die Kooperation von Unternehmen mit deutschen Strafverfolgungsbehörden, S. 61 m. w. N. Zur Frage der Delegierbarkeit eines Weisungsrechts siehe *Hille*, Die Kooperation von Unternehmen mit deutschen Strafverfolgungsbehörden, S. 63; *Bittmann/Molkenbur*, wistra 2009, 373, 376; *Naber/Ahrens*, CCZ 2020, 36.

81 *Reufels/Soltysiak*, Das neue Whistleblowing-Recht, § 5 Rn. 12.

82 Vgl. *Bruns*, in: Rolfs/Giesen/Meßling/Udsching, BeckOK Arbeitsrecht, § 12 HinSchG Rn. 14.

83 Vgl. Erwägungsgrund 56 HinSch-RL für kleinere Unternehmen; DIN ISO 37002:2021, S. 22.

V. Praxisempfehlungen

Im Hinblick auf die **Ausgestaltung** der internen Meldestelle besteht für Einrichtungsverpflichtete Ermessensspielraum.[84] Nachfolgend sind daher Empfehlungen für die Einrichtung und den Betrieb der internen Meldestelle aufgeführt.[85] In der Regel dürfte es sich dabei anbieten, Regelungen zur internen Meldestelle und zum Hinweisgebersystem (beispielsweise zu Prozessen und Verantwortlichkeiten) in internen Richtlinien/Arbeitsanweisungen festzuhalten.[86] Hierbei sind etwaige Mitbestimmungsrechte des Betriebs- bzw. Personalrats (§ 87 BetrVG bzw. § 80 BPersVG) zu berücksichtigen (siehe bzgl. Mitbestimmungsrechten bei Entscheidungen über die interne Meldestelle § 14 Rn. 13 f.).[87] 47

Einrichtungsverpflichteten ist bei der Einrichtung und dem Betrieb der internen Meldestelle zu empfehlen, sich an der ISO-Norm 37002:2021 „Hinweismanagementsysteme – Leitlinien" aus März 2022 zu orientieren.[88] Hierbei handelt es sich um „Leitlinien für die Festlegung, Umsetzung und Aufrechterhaltung eines wirksamen Hinweismanagementsystems" für Unternehmen bzw. Organisationen.[89] Diese Leitlinien sind dabei weder bindend noch zwingend, die Orientierung an diesen kann jedoch das Risiko für Sanktionen oder Schadensersatzansprüche reduzieren.[90] Sollte das HinSchG abweichende Vorgaben machen, gehen diese der ISO-Norm vor. 48

Die ISO-Norm 37002:2021 enthält unter anderem Anhaltspunkte zur **Festlegung des Anwendungsbereichs** des Hinweisgebersystems.[91] Dies betrifft insbesondere die Frage, wer wegen welchen Verstößen Meldungen erstatten kann. Betreffend den sachlichen Anwendungsbereich enthält § 2 HinSchG den (recht unübersichtlichen) „Pflichtkatalog", den die interne Meldestelle abdecken muss. Da es Hinweisgebern schwer fallen dürfte, zu bewerten, ob der zu mel- 49

84 Vgl. insoweit auch die Erwägungsgründe 53, 56 HinSch-RL.

85 Zu Checklisten siehe *Homann*, CB 2021, 336; *Drenckhan*, CB 2021, 459 und eingehend *Reufels/Soltysiak*, Das neue Whistleblowing-Recht, § 11 Rn. 4 mit Erläuterung zu Vor- und Nachteilen verschiedener Optionen in Rn. 5.

86 Dies empfiehlt auch Deutsches Institut für Compliance e. V. (DICO), Standard 11 – Hinweisgebersysteme, 2021, 2.2.3.

87 Mit weiteren Ausführungen dazu *Bruns*, in: Rolfs/Giesen/Meßling/Udsching, BeckOK Arbeitsrecht, § 12 HinSchG Rn. 21 ff.; siehe dazu auch eingehend *Zimmer/Millfahrt*, BB 2023, 1269, 1270 f.; *Bayreuther*, NZA 2023, 666, 667 f.

88 So auch *Bruns*, in: Rolfs/Giesen/Meßling/Udsching, BeckOK Arbeitsrecht, § 12 HinSchG Rn. 15; *Fassbach/Hülsberg*, BOARD, 2022, 28.

89 DIN ISO 37002:2021, S. 7.

90 Vgl. *Bruns*, in: Rolfs/Giesen/Meßling/Udsching, BeckOK Arbeitsrecht, § 12 HinSchG Rn. 15; vgl. für vergleichbare Regelungen *Fassbach/Hülsberg*, CB 2018, 1, 2.

91 DIN ISO 37002:2021, S. 18.

dende Verstoß Teil des Anwendungsbereichs des HinSchG und damit der Meldestelle ist, ist zu empfehlen, die interne Meldestelle für Hinweise wegen potenzieller Pflichtverletzungen bzw. potenziellen Fehlverhaltens aller Art zu öffnen.[92] Daneben sollte für die Meldestelle und die Hinweisgeber klar geregelt werden, wer Hinweise melden kann (siehe dazu § 16 Rn. 4 ff.).

50 Des Weiteren sollte die interne Meldestelle auch festlegen, wie Hinweise abgegeben werden können (siehe dazu § 16 Rn. 19 ff.) und nach welchen Prozessen diese bearbeitet und abgeschlossen werden (siehe dazu § 17 Rn. 5 ff.) sowie wie Hinweisgeber in den Prozess einzubeziehen und welche Informationen mitzuteilen sind (siehe dazu § 17 Rn. 13 ff.).[93] Dabei sollte der Zugang zur internen Meldestelle möglichst niedrigschwellig und barrierefrei ausgestaltet sein (siehe § 16 Rn. 22 ff.).[94] In Bezug auf Hinweisgeber ist daneben eine transparente Kommunikation und eine möglichst weitgehende Einbindung empfehlenswert.[95]

51 Ein weiterer wichtiger Aspekt ist, die interne Meldestelle so auszugestalten, dass die **Vertraulichkeit** gegeben ist und gewahrt bleibt.[96] Demzufolge ist der Schutz der Identität aller von der Meldung betroffener Personen und des Hinweisgebers selbst zu garantieren (siehe dazu vertiefend mit den relevanten Einschränkungen § 8 Rn. 7 ff.). Auch der Kreis an Personen mit Zugriff auf den Inhalt der Meldungen ist möglichst zu beschränken (siehe dazu auch § 16 Rn. 32 ff.). Sollte die interne Meldestelle mit mehr als einer Person besetzt sein, ist zum Schutz der Vertraulichkeit dafür zu sorgen, dass nur die jeweils für die Meldung zuständigen und unterstützenden Personen Zugriff auf die Meldung sowie alle weiteren diesbezüglichen Unterlagen haben („Need-to-know-Prinzip", vgl. auch § 16 Rn. 33).[97] Da die Gewährleistung der Vertraulichkeit im obigen Sinne mit einer datenschutzkonformen Ausgestaltung Hand in Hand geht, sollten Verpflichtete dies bei der Ausgestaltung der Meldesysteme entsprechend berücksichtigen.[98]

---

92 So im Ergebnis auch *Bruns*, in: Rolfs/Giesen/Meßling/Udsching, BeckOK Arbeitsrecht, § 12 HinSchG Rn. 19.

93 Vgl. DIN ISO 37002:2021, S. 19, 32.

94 *Bruns*, in: Rolfs/Giesen/Meßling/Udsching, BeckOK Arbeitsrecht, § 12 HinSchG Rn. 19; *Homann*, CB 2021, 336, 338; *Wiedmann/Hoppmann*, CCZ 2023, 11, 15.

95 Vgl. *Buchwald*, ZRFC, 2021, 63, 66.

96 Vgl. DIN ISO 37002:2021, S. 30 f., 38 f.

97 *Homann*, CB 2021, 336, 339; dazu auch Deutsches Institut für Compliance e. V. (DICO), Standard 11 – Hinweisgebersysteme, 2021, 2.2.5; *Lüneborg*, ZIP 2023, 941, 950.

98 Siehe dazu eingehend *Bruns*, in: Rolfs/Giesen/Meßling/Udsching, BeckOK Arbeitsrecht, § 12 HinSchG Rn. 20; *Rüdiger/Adelberg*, K&R 2023, 172 f.; *Fehr*, DB 2023, 180 f.

52 Nach Einrichtung der internen Meldestelle ist ein Testlauf zu empfehlen,[99] um die Funktionsfähigkeit und Effizienz des Meldesystems zu testen. Vergleichbar zu Compliance-Management-Systemen sollten Hinweisgebersysteme zudem **evaluiert und weiterentwickelt bzw. verbessert** werden.[100] In der Praxis bietet es sich daher an, nach Abschluss des Hinweisgeberprozesses von den am Prozess beteiligten Personen Feedback zum Ablauf und zur Qualität des Bearbeitungsvorgangs einzuholen.[101] Erkenntnisse sollten im Wege von „Lessons learned"-Sitzungen aufgearbeitet und das Hinweisgebersystem angepasst werden.

53 Um einen möglichst transparenten und wirksamen Hinweisgeberprozess zu entwickeln, empfiehlt es sich daneben, dass die Leitungsebene des Verpflichteten die Einführung der internen Meldestelle, Kontaktmöglichkeiten, zuständige Personen und sonstige wesentliche Informationen (z. B. (anonyme) Meldemöglichkeiten, Schutz für Hinweisgeber, Vorgehensweise der Meldestelle) über die beim jeweiligen Verpflichteten gängigen Kommunikationswege **intern kommuniziert**.[102] Dies stärkt einerseits die Akzeptanz des Meldesystems und fördert die „Speak-up-Kultur".[103] Außerdem schafft es bei den Hinweisgebern einen Anreiz, zunächst interne Meldewege zu nutzen, da sie mit den beteiligten Personen und damit auch mit dem einhergehenden Prozess vertraut sind und keine Zuständigkeitsunsicherheiten entstehen dürften. Eine derartige Kommunikation an die Beschäftigten sollte regelmäßig wiederholt und auch neuen Beschäftigten beim Einstieg zur Verfügung gestellt werden.[104] Zudem können zur Unterstreichung der Effektivität des Systems zu späterer Zeit auch Ergebnisse und Entwicklungen des Hinweisgebersystems turnusmäßig kommuniziert werden, also insbesondere die Anzahl und die Art der gemeldeten Fälle sowie getroffene Maßnahmen bei Verstößen.[105]

---

99 *Homann*, CB 2021, 336, 339.

100 Siehe dazu ausführlich DIN ISO 37002:2021, S. 41 ff.; dazu auch Deutsches Institut für Compliance e. V. (DICO), Standard 11 – Hinweisgebersysteme, 2021, 2.3.

101 Vgl. dazu *Reufels/Soltysiak*, Das neue Whistleblowing-Recht, § 11 Rn. 3.

102 *Homann*, CB 2021, 336, 337 f.; *Mazzei/Ravazzani/Wolfgruber*, in: Einwiller/Zerfaß/Sackmann, Handbuch Mitarbeiterkommunikation, S. 492 f.; vgl. dazu auch *Wiedmann/Hoppmann*, CCZ 2023, 11, 15, wonach die Akzeptanz des Meldesystems vom Wissen der „Betroffenen" über u. a. die Funktionsweise abhänge.

103 *Homann*, CB 2021, 336, 337; *Wiedmann/Hoppmann*, CCZ 2023, 11, 15.

104 *Homann*, CB 2021, 336, 339.

105 Vgl. *Mazzei/Ravazzani/Wolfgruber*, in: Einwiller/Zerfaß/Sackmann, Handbuch Mitarbeiterkommunikation, S. 492 f.; vgl. auch *Wiedmann/Hoppmann*, CCZ 2023, 11, 22.

VI. Konsequenzen eines Verstoßes

54 Wer entgegen § 12 Abs. 1 Satz 1 HinSchG nicht dafür sorgt, eine interne Meldestelle einzurichten und zu betreiben, handelt gemäß § 40 Abs. 2 Nr. 2 HinSchG ordnungswidrig (vgl. § 40 Rn. 12 ff., § 42 Rn. 4). Gemäß § 42 Abs. 2 HinSchG ist § 40 Abs. 2 Nr. 2 HinSchG dabei erst ab dem 1.12.2023 anzuwenden. Für Beschäftigungsgeber mit in der Regel 50 bis 249 Beschäftigten kann dies aufgrund der Übergangsregelung in § 42 Abs. 1 Satz 1 HinSchG und mangels vorher bestehender Pflicht nach § 12 Abs. 1 HinSchG erst ab dem 17.12.2023 gelten.

55 Erforderlich ist **vorsätzliches Handeln**, fahrlässige Verstöße werden nach dem Wortlaut des § 40 Abs. 2 HinSchG nicht erfasst (§ 10 OWiG). Die Geldbuße beträgt gemäß § 40 Abs. 6 Satz 1 Hs. 2 HinSchG in den Fällen des § 40 Abs. 2 Nr. 2 HinSchG bis zu 20.000 EUR.

§ 13 Aufgaben der internen Meldestellen

(1) Die internen Meldestellen betreiben Meldekanäle nach § 16, führen das Verfahren nach § 17 und ergreifen Folgemaßnahmen nach § 18.

(2) Die internen Meldestellen halten für Beschäftigte klare und leicht zugängliche Informationen über externe Meldeverfahren gemäß Unterabschnitt 3 und einschlägige Meldeverfahren von Organen, Einrichtungen oder sonstigen Stellen der Europäischen Union bereit.

Schrifttum: *Brobeil*, Die Auswirkungen der Richtlinie (EU) 2019/1937 auf Arbeitnehmer-Hinweisgeber, 2022.

Übersicht

	Rn.
I. Überblick	1
II. § 13 Abs. 1 – Aufgaben der internen Meldestellen	3
III. § 13 Abs. 2 – Informationsbereithaltung	4
1. Von der Informationspflicht erfasste externe Meldeverfahren	6
a) Externe Meldeverfahren gemäß Abschnitt 2 Unterabschnitt 3	7
b) Meldeverfahren auf Ebene der Europäischen Union	10
2. Anforderungen an eine „klare“ Informationsbereithaltung	12
a) Inhalt und Umfang der bereitzuhaltenden Informationen	13
b) Sprache	15
c) Keine Pflicht, externe Meldeverfahren zu bewerben oder ihre Nutzung nahezulegen	18
3. Anforderungen an die leichte Zugänglichkeit von Informationen	20

I. Überblick

§ 13 benennt die Aufgaben der internen Meldestellen und verweist hierbei in seinem Abs. 1 zunächst auf die §§ 16 ff. In Umsetzung des Art. 9 Abs. 1 lit. g HinSch-RL normiert § 13 Abs. 2 sodann eine Informationspflicht der internen Meldestellen über externe Meldeverfahren. Der Gesetzesbegründung zufolge soll die verpflichtende Informationsbereitstellung über externe Meldeverfahren dem Hinweisgeber als Entscheidungsgrundlage für eine effektive Ausübung seines Wahlrechts i. S. d. § 7 Abs. 1 dienen.[1] § 13 Abs. 2 ergänzt demnach die Regelung in § 7 Abs. 3 Satz 2, die den Beschäftigungsgeber zur Informationsbereitstellung über das interne Meldeverfahren verpflichtet (hierzu ausführlich § 7 Rn. 55 ff.). 1

1 Gesetzentwurf der Bundesregierung: Entwurf eines Gesetzes für einen besseren Schutz hinweisgebender Personen sowie zur Umsetzung der Richtlinie zum Schutz von Personen, die Verstöße gegen das Unionsrecht melden, BT-Drs. 20/3442, S. 47 und 78.

2 Im Einzelnen:

II. § 13 Abs. 1 – Aufgaben der internen Meldestellen

3 Abs. 1 zählt die einzelnen Aufgaben der internen Meldestelle auf: Dieser obliegt der Betrieb von Meldekanälen i. S. d. **§ 16**, die Führung des an den Eingang von Meldungen anknüpfenden Verfahrens gemäß **§ 17** sowie das Ergreifen von Folgemaßnahmen nach **§ 18**.[2] Diese Regelung erschöpft sich in einer Aufzählung der Aufgaben und in einer Verweisung auf die einschlägigen Bestimmungen. Ein weitergehender inhaltlicher Regelungsgehalt folgt erst aus den in Bezug genommenen Regelungen der §§ 16 ff. Insoweit kann an dieser Stelle auf die Ausführungen zu diesen Paragrafen verwiesen werden.

III. § 13 Abs. 2 – Informationsbereithaltung[3]

4 Abs. 2 kommt insofern ein eigenständiger Regelungsgehalt zu, als er für interne Meldestellen eine Informationspflicht gegenüber den Beschäftigten statuiert. Für diese sind Informationen zu den im HinSchG selbst geregelten externen Meldeverfahren i. S. d. §§ 19 ff. sowie zu den einschlägigen Meldeverfahren auf Ebene der Europäischen Union bereitzuhalten (hierzu Rn. 7 ff.). Das Bereithalten von Informationen hat dabei klar (hierzu Rn. 12 ff.) und leicht zugänglich (hierzu Rn. 15) zu erfolgen.

5 Die in § 13 Abs. 2 statuierte Informationspflicht knüpft an die Regelung des § 7 Abs. 3 Satz 2 an (hierzu ausführlich § 7 Rn. 55 ff.), der Beschäftigungsgeber dazu verpflichtet, klare und leicht zugängliche Informationen über die Nutzung des internen Meldeverfahrens bereitzustellen und in diesem Rahmen über das Wahlrecht zwischen interner und externer Meldung aufzuklären.[4] Um dem Hinweisgeber eine fundierte Entscheidung zwischen einer internen und

2 Siehe auch Gesetzentwurf der Bundesregierung, BT-Drs. 20/3442, S. 44 und 78.

3 § 13 Abs. 2 spricht – im Gegensatz zu § 7 Abs. 3 Satz 2 (dort: Bereitstellung von Informationen) – vom Bereithalten von Informationen. Obschon der Begriff der „Informationsbereithaltung“ sprachlich ein Minus zur „Informationsbereitstellung“ sein dürfte, dürfte ein inhaltlicher Unterschied damit nicht intendiert sein. Vielmehr handelt es sich offenbar um eine sprachliche Unschärfe. Art. 9 Abs. 1 lit. g HinSch-RL, den § 13 Abs. 2 umsetzt, spricht – wiederum anders – von der „Informationserteilung“. Im Ergebnis dürfte mit allen Begriffen dasselbe gemeint sein. Die Gesetzesbegründung verwendet im Rahmen von § 13 Abs. 2 (ebenso wie § 7 Abs. 3 Satz 2) den Begriff der „Informationsbereitstellung“, Gesetzentwurf der Bundesregierung, BT-Drs. 20/3442, S. 47 und 78.

4 Mit Blick auf die sehr ähnlichen Formulierungen in der HinSch-RL: *Brobeil*, Die Auswirkungen der Richtlinie (EU) 2019/1937 auf Arbeitnehmer-Hinweisgeber, S. 295 f.

einer externen Meldung zu ermöglichen,[5] erstreckt § 13 Abs. 2 die Informationspflicht auch auf externe Meldeverfahren.

1. Von der Informationspflicht erfasste externe Meldeverfahren

Wenngleich dies in der Gesetzesbegründung nicht explizit klargestellt wird, dient § 13 Abs. 2 der Umsetzung von Art. 9 Abs. 1 lit. g HinSch-RL, der ausdrücklich eine Informationserteilung über die in der HinSch-RL vorgesehenen externen Meldekanäle sowie hinsichtlich solcher bei Organen, Einrichtungen oder sonstigen Stellen der Europäischen Union fordert. Gegenstand der in § 13 Abs. 2 statuierten Informationspflicht sind demnach nicht nur die in den §§ 19ff. geregelten externen Meldeverfahren (hierzu Rn. 7ff.), sondern auch Meldeverfahren von Organen, Einrichtungen oder sonstigen Stellen der Europäischen Union, soweit diese für den jeweiligen Beschäftigungsgeber einschlägig sind (hierzu Rn. 10ff.). 6

a) Externe Meldeverfahren gemäß Abschnitt 2 Unterabschnitt 3

Im Zentrum des Abs. 2 steht die Verpflichtung zur Information über „externe Meldeverfahren gemäß [Abschnitt 2] Unterabschnitt 3" des HinSchG. Dieser Unterabschnitt 3 beinhaltet die §§ 19ff. Dort werden die verschiedenen externen Meldestellen (§§ 19–23), deren Aufgaben (§ 24), fachliche Unabhängigkeit (§ 25) sowie Berichtspflichten (§ 26) aufgeführt. 7

Als externe Meldestellen genannt werden in den §§ 19–23: 8

- eine durch den Bund beim Bundesamt für Justiz errichtete Stelle für externe Meldungen, die zuständig ist, wenn keine externe Meldestelle nach den §§ 20 bis 23 zuständig ist (§ 19),
- jeweils durch die Länder eingerichtete eigene externe Meldestellen für Meldungen, die die jeweilige Landesverwaltung und die jeweiligen Kommunalverwaltungen betreffen (§ 20),
- die Bundesanstalt für Finanzdienstleistungsaufsicht (BaFin), die in speziell festgelegten Fällen die zuständige externe Meldestelle ist (§ 21),
- das Bundeskartellamt, das bei Meldungen von Informationen über Verstöße nach § 2 Abs. 1 Nr. 8 (kartellrechtliche Verstöße u.a. gegen Art. 101 und 102 AEUV) zuständig ist (§ 22), sowie
- eine weitere durch den Bund eingerichtete externe Meldestelle für externe Meldungen, die die externe Meldestelle des Bundes nach § 19 betreffen (§ 23).

5 Gesetzentwurf der Bundesregierung, BT-Drs. 20/3442, S. 78.

9 Für nichtstaatliche Beschäftigungsgeber außerhalb des Finanzsektors sind in erster Linie die externe Meldestelle beim Bundesamt für Justiz und das Bundeskartellamt maßgeblich, sodass auch nur zu diesen (sowie zu den einschlägigen Meldeverfahren auf EU-Ebene, hierzu Rn. 10 ff.) Informationen bereitzuhalten sind.[6] Zwar beschränkt der Wortlaut des § 13 Abs. 2 die Informationsbereithaltung lediglich mit Blick auf die Meldeverfahren von EU-Organen und -Einrichtungen explizit auf solche, die für die jeweilige interne Meldestelle „einschlägig" sind, aber auch mit Blick auf die im HinSchG vorgesehenen externen Meldestellen müssen nur zu solchen Informationen bereitgehalten werden, die für den Informationsempfänger als externe Meldestelle in Betracht kommen. Dies ergibt sich aus dem auch in der Gesetzesbegründung herausgestellten Sinn und Zweck der Informationspflicht, die dazu beitragen soll, dass der Hinweisgeber sein Wahlrecht zwischen interner und externer Meldestelle auf fundierter Informationsbasis ausüben kann.[7] Hierfür benötigt der Hinweisgeber lediglich Informationen bezüglich derjenigen externen Meldestellen, die ihm auch offenstehen. Mit Informationen über nicht einschlägige externe Meldeverfahren wäre dem Hinweisgeber nicht gedient. Im Gegenteil könnten solche Informationen Verwirrung stiften und die effektive Erstattung einer externen Meldung durch den Hinweisgeber ggf. sogar erschweren. Dementsprechend verlangt auch die HinSch-RL in ihrem Art. 9 Abs. 1 lit. g allein eine Informationserteilung „über die Verfahren für externe Meldungen an die **zuständigen** Behörden".

b) Meldeverfahren auf Ebene der Europäischen Union

10 Nach § 13 Abs. 2 ist neben „externen Meldeverfahren gemäß [Abschnitt 2] Unterabschnitt 3" des HinSchG auch über die einschlägigen Meldeverfahren von Organen, Einrichtungen oder sonstigen Stellen der Europäischen Union zu informieren. Der Gesetzestext selbst enthält keine nähere Eingrenzung der Meldeverfahren auf europäischer Ebene. Erwägungsgrund 69 HinSch-RL und die Gesetzesbegründung nennen jedoch die externen Meldekanäle folgender Institutionen:[8]

6 Die übrigen externen Meldestellen sind entweder für Beschäftigungsgeber aus dem Finanzsektor (BaFin) oder für Organisationseinheiten der Landes- oder Kommunalverwaltung bzw. für die externe Meldestelle beim Bundesamt für Justiz relevant.
7 Gesetzentwurf der Bundesregierung, BT-Drs. 20/3442, S. 78.
8 Gesetzentwurf der Bundesregierung, BT-Drs. 20/3442, S. 78.

- **Europäische Kommission**: An die Europäische Kommission können sich Hinweisgeber vor allem mit Informationen bezüglich Kartellabsprachen oder anderer wettbewerbswidriger Praktiken wenden.[9]
- Europäisches Amt für Betrugsbekämpfung (**OLAF**):[10] Die externen Meldewege des OLAF zielen insbesondere auf Meldungen von „Betrug oder sonstigen schwerwiegenden Unregelmäßigkeiten mit potenziell negativen Auswirkungen zulasten der EU-Mittel" oder „eines schwerwiegenden Fehlverhaltens von Mitgliedern oder Bediensteten der EU-Organe und -Einrichtungen" ab.[11]
- Europäische Agentur für die Sicherheit des Seeverkehrs (**EMSA**):[12] Insoweit ist zu beachten, dass die EMSA entgegen den Ausführungen in Erwägungsgrund 69 HinSch-RL und der Gesetzesbegründung zum HinSchG[13] auf ihrem Internetauftritt einzig über ein allgemeines Kontaktformular verfügt.[14] Überdies wird darauf hingewiesen, dass etwaige Meldungen über Meeresverschmutzung nicht an die EMSA, sondern an die am nächsten gelegene nationale Behörde zu richten seien.[15]
- Europäische Agentur für Flugsicherheit (**EASA**):[16] An die EASA können sich Hinweisgeber wenden, die Meldungen bezüglich eines Verstoßes ge-

9 Vgl. die Hinweisgeberinformation der Europäischen Kommission, abrufbar unter: https://competition-policy.ec.europa.eu/cartels/whistle-blower_en, zuletzt abgerufen am 11.8.2023.

10 Die Errichtung des Europäischen Amtes für Betrugsbekämpfung sowie dessen grundlegende Funktionen beruhen auf 1999/352/EG, EGKS, Euratom: Beschluss der Kommission vom 28. April 1999 zur Errichtung des Europäischen Amtes für Betrugsbekämpfung (OLAF).

11 Vgl. die Hinweisgeberinformation des OLAF, abrufbar unter: https://anti-fraud.ec.europa.eu/olaf-and-you/report-fraud_de, zuletzt abgerufen am 11.8.2023.

12 Die Errichtung der Europäischen Agentur für die Sicherheit des Seeverkehrs sowie ihre Aufgaben wurden in der Verordnung (EG) Nr. 1406/2002 des Europäischen Parlaments und des Rates vom 27. Juni 2002 zur Errichtung einer Europäischen Agentur für die Sicherheit des Seeverkehrs festgelegt.

13 Gesetzentwurf der Bundesregierung, BT-Drs. 20/3442, S. 78.

14 Vgl. das allgemeine Kontaktformular der EMSA, abrufbar unter: https://www.emsa.europa.eu/contact/contacts.html, zuletzt abgerufen am 14.8.2023.

15 Vgl. die Information der EMSA, abrufbar unter: https://www.emsa.europa.eu/newsroom/176-activities/354-why-does-emsa-exist-what-does-emsa-do-what-benefits-does-the-agency-provide37.html, zuletzt abgerufen am 14.8.2023.

16 Die Rechtsgrundlage der Europäischen Agentur für Flugsicherheit und der von ihr wahrgenommenen Funktionen ist die Verordnung (EU) 2018/1139 des Europäischen Parlaments und des Rates vom 4. Juli 2018 zur Festlegung gemeinsamer Vorschriften für die Zivilluftfahrt und zur Errichtung einer Agentur der Europäischen Union für Flugsicherheit sowie zur Änderung der Verordnungen (EG) Nr. 2111/2005, (EG) Nr. 1008/2008, (EU)

gen unionsrechtliche Regelungen zur Sicherheit der Zivilluftfahrt erstatten möchten. Die EASA präzisiert dies wie folgt: „This includes acts or omissions that are unlawful and relate to areas falling within the scope of competencies of the Agency; or defeat the object or the purpose of EU aviation rules acts falling within the scope of Regulation (EU) 2018/1139“.[17]

- Europäische Wertpapier- und Marktaufsichtsbehörde (**ESMA**):[18] Die ESMA nimmt Informationen zu Verstößen gegen die nationalen Gesetze zur Umsetzung der OGAW-Richtlinie[19] sowie zu potenziellen Verstößen gegen die Ratingverordnung CRA III,[20] gegen Titel VI der EMIR-Verordnung[21] in ihrer durch die Verordnung (EU) 2019/834[22] aktualisierten Fassung und gegen die Verbriefungsverordnung[23] entgegen.[24]

Nr. 996/2010, (EU) Nr. 376/2014 und der Richtlinien 2014/30/EU und 2014/53/EU des Europäischen Parlaments und des Rates, und zur Aufhebung der Verordnungen (EG) Nr. 552/2004 und (EG) Nr. 216/2008 des Europäischen Parlaments und des Rates und der Verordnung (EWG) Nr. 3922/91 des Rates.

17 Vgl. die Hinweisgeberinformation der EASA, abrufbar unter: https://www.easa.europa.eu/en/confidential-safety-reporting, zuletzt abgerufen am 11.8.2023.

18 Der Aufbau und die Tätigkeit der Europäischen Wertpapier- und Marktaufsichtsbehörde beruhen auf der Verordnung (EU) Nr. 1095/2010 des Europäischen Parlaments und des Rates vom 24. November 2010 zur Errichtung einer Europäischen Aufsichtsbehörde (Europäische Wertpapier- und Marktaufsichtsbehörde), zur Änderung des Beschlusses Nr. 716/2009/EG und zur Aufhebung des Beschlusses 2009/77/EG der Kommission.

19 Richtlinie 2009/65/EG des Europäischen Parlaments und des Rates vom 13. Juli 2009 zur Koordinierung der Rechts- und Verwaltungsvorschriften betreffend bestimmte Organismen für gemeinsame Anlagen in Wertpapieren.

20 Verordnung (EU) Nr. 462/2013 des Europäischen Parlaments und des Rates vom 21. Mai 2013 zur Änderung der Verordnung (EG) Nr. 1060/2009 über Ratingagenturen.

21 Verordnung (EU) Nr. 648/2012 des Europäischen Parlaments und des Rates vom 4. Juli 2012 über OTC-Derivate, zentrale Gegenparteien und Transaktionsregister.

22 Verordnung (EU) 2019/834 des Europäischen Parlaments und des Rates vom 20. Mai 2019 zur Änderung der Verordnung (EU) Nr. 648/2012 in Bezug auf die Clearingpflicht, die Aussetzung der Clearingpflicht, die Meldepflichten, die Risikominderungstechniken für nicht durch eine zentrale Gegenpartei geclearte OTC-Derivatekontrakte, die Registrierung und Beaufsichtigung von Transaktionsregistern und die Anforderungen an Transaktionsregister.

23 Verordnung (EU) 2017/2402 des Europäischen Parlaments und des Rates vom 12. Dezember 2017 zur Festlegung eines allgemeinen Rahmens für Verbriefungen und zur Schaffung eines spezifischen Rahmens für einfache, transparente und standardisierte Verbriefung und zur Änderung der Richtlinien 2009/65/EG, 2009/138/EG, 2011/61/EU und der Verordnungen (EG) Nr. 1060/2009 und (EU) Nr. 648/2012.

24 Vgl. die Hinweisgeberinformation der ESMA, abrufbar unter: https://www.esma.europa.eu/investor-corner/make-complaint#whistleblowers, zuletzt abgerufen am 14.8.2023.

– Europäische Arzneimittel-Agentur (**EMA**):[25] Hinweisgeber können sich an die EMA wenden, wenn sie Hinweise zu Handlungen oder Unterlassen melden, die rechtswidrig sind oder den Zweck der Genehmigung, Überwachung und Kontrolle von Human- oder Tierarzneimitteln vereiteln und in die Zuständigkeit der EMA fallen.[26]

Sowohl der Sinn und Zweck der Informationspflicht in § 13 Abs. 2 als auch der Wortlaut des Erwägungsgrunds 69 HinSch-RL legen nahe, dass der Gesetzgeber die Aufzählung (auch wenn er dies in der Gesetzesbegründung nicht explizit klarstellt[27]) als nicht abschließend versteht. Unternehmen sollten dies insbesondere vor dem Hintergrund beachten, dass das HinSchG sie verpflichtet, Hinweisgebern umfassende Informationen über alle für ihren Wirtschaftszweig relevanten Meldekanäle auf europäischer Ebene bereitzustellen. Diese Entwicklungsoffenheit des HinSchG führt dementsprechend dazu, dass Unternehmen konstant im Blick behalten müssen, inwiefern in ihrem jeweiligen Geschäftsbereich neue Meldekanäle hinzukommen. Schon heute bestehen weitere Meldekanäle auf europäischer Ebene, über die – im Falle der Einschlägigkeit – zu informieren ist: **11**

– So hält die Europäische Zentralbank (**EZB**) einen Meldeweg bereit, über den man nicht nur Verstöße der EZB, sondern auch der nationalen Bankenaufsichtsbehörden oder der beaufsichtigten Unternehmen gegen einschlägiges Unionsrecht melden kann.[28]

25 Die Rechtsgrundlage der generellen Tätigkeit der Europäischen Arzneimittel-Agentur ist die Verordnung (EG) Nr. 726/2004 des Europäischen Parlaments und des Rates vom 31. März 2004 zur Festlegung von Gemeinschaftsverfahren für die Genehmigung und Überwachung von Human- und Tierarzneimitteln und zur Errichtung einer Europäischen Arzneimittel-Agentur.

26 Vgl. die Hinweisgeberinformation der EMA, abrufbar unter: https://www.ema.europa.eu/en/about-us/how-we-work/external-whistleblowing-policy, zuletzt abgerufen am 11.8.2023; vgl. insoweit auch die von der EMA veröffentlichten Whistleblowing Procedures, EMA/283205/2013 Rev. 1, abrufbar unter: https://www.ema.europa.eu/en/documents/other/revised-policy-emas-handling-information-external-reporting-persons-about-alleged-breaches-related_.pdf, zuletzt abgerufen am 11.8.2023.

27 Dies kritisierend: Deutscher Industrie- und Handelskammertag, Stellungnahme zum Entwurf eines Gesetzes für einen besseren Schutz hinweisgebender Personen sowie zur Umsetzung der Richtlinie zum Schutz von Personen, die Verstöße gegen das Unionsrecht melden – Referentenentwurf des Bundesministeriums der Justiz, S. 10.

28 Dies erfolgt direkt über die Whistleblower-Plattform der EZB, abrufbar unter: https://whistleblowing.bankingsupervision.europa.eu, zuletzt abgerufen am 11.8.2023.

- Die **Europäische Ombudsstelle**[29] untersucht – sofern ein vorheriger Lösungsversuch gescheitert ist – Beschwerden über Missstände in der Verwaltungstätigkeit der Organe, Einrichtungen und Agenturen der EU. Ein Missstand soll dann vorliegen, „wenn ein Organ oder eine Einrichtung nicht nach dem Gesetz oder den Grundsätzen guter Verwaltungspraxis handelt oder die Menschenrechte verletzt".[30]
- Der Europäische Datenschutzbeauftragte (**EDPS**)[31] eröffnet die Möglichkeit einer Beschwerde von Einzelpersonen über die Verarbeitung personenbezogener Daten durch EU-Institutionen. Die Beschwerdebefugnis ist dabei auf Personen beschränkt, (i) deren personenbezogene Daten von einer EU-Institution verarbeitet werden oder (ii) die bei einer EU-Institution beschäftigt sind und eine Verletzung von Datenschutzvorschriften durch eine EU-Institution rügen wollen, auch wenn sie nicht persönlich betroffen sind. Ferner ist darauf hinzuweisen, dass der EDPS die Meldung gegenüber den Datenschutzbeauftragten der jeweiligen EU-Institution für vorzugswürdig („sollte") erachtet.[32]
- Des Weiteren besteht die Möglichkeit einer Strafanzeige bei der Europäischen Staatsanwaltschaft (**EUStA**).[33] Diese ist jedoch (zumindest derzeit) einzig für Straftaten zuständig, welche die finanziellen Interessen der EU beeinträchtigen.[34]

---

29 Die Rechtsgrundlagen der generellen Tätigkeit der Europäischen Ombudsstelle finden sich in Art. 228 AEUV sowie der Verordnung (EU, Euratom) 2021/1163 des Europäischen Parlaments und des Rates vom 24. Juni 2021 zur Festlegung der Regelungen und allgemeinen Bedingungen für die Ausübung der Aufgaben des Bürgerbeauftragten (Statut des Europäischen Bürgerbeauftragten) und zur Aufhebung des Beschlusses 94/262/EGS, EG, Euratom.

30 Vgl. die Hinweisgeberinformation der Europäischen Ombudsstelle, abrufbar unter: https://www.ombudsman.europa.eu/de/make-a-complaint, zuletzt abgerufen am 14.8.2023.

31 Die Rechtsgrundlage der generellen Tätigkeit des EDPS ergibt sich aus Kapitel VI der Verordnung (EU) 2018/1725 des Europäischen Parlaments und des Rates vom 23. Oktober 2018 zum Schutz natürlicher Personen bei der Verarbeitung personenbezogener Daten durch die Organe, Einrichtungen und sonstigen Stellen der Union, zum freien Datenverkehr und zur Aufhebung der Verordnung (EG) Nr. 45/2001 und des Beschlusses Nr. 127/2002/EG.

32 Vgl. die Hinweisgeberinformation des EDPS, abrufbar unter: https://edps.europa.eu/data-protection/our-role-supervisor/complaints_de, zuletzt abgerufen am 14.8.2023.

33 Die Rechtsgrundlage der Tätigkeit der EUStA findet sich in der Verordnung (EU) 2017/1939 des Rates vom 12. Oktober 2017 zur Durchführung einer Verstärkten Zusammenarbeit zur Errichtung der Europäischen Staatsanwaltschaft (EUStA).

34 Vgl. die Hinweisgeberinformation der EUStA, abrufbar unter: https://www.eppo.europa.eu/de/anzeige-einer-straftat-bei-der-eusta, zuletzt abgerufen am 14.8.2023.

– Seitens des Bundesamts für Justiz wird schließlich auf das Petitionsrecht eines jeden Unionsbürgers gegenüber dem **Europäischen Parlament** hingewiesen.[35] Ein solches Recht ergibt sich aus Art. 227 AEUV. Ob die Eingabe von Petitionen tatsächlich als „Meldeverfahren" einzustufen ist, erscheint allerdings fraglich. Gleiches gilt, soweit seitens des Bundesamts für Justiz auf das Beschwerderecht bei der Europäischen Kommission gegen Verstöße von nationalen Behörden gegen das EU-Recht rekurriert wird.

2. Anforderungen an eine „klare" Informationsbereithaltung

§ 13 Abs. 2 postuliert, dass die internen Meldestellen für Beschäftigte klare Informationen über die externen Meldeverfahren bereithalten. Zwecks Bestimmung dieser Anforderungen ist auf das Ziel der Verpflichtung zur Informationsbereithaltung zu rekurrieren. Jenes besteht darin, dass Hinweisgeber bei der Wahl zwischen interner und externer Meldung eine „fundierte Entscheidung" treffen können.[36] **12**

a) Inhalt und Umfang der bereitzuhaltenden Informationen

Hinsichtlich des Inhalts und Umfangs der bereitzuhaltenden Informationen stellt sich vor allem die Frage, ob bereits die Nennung der verschiedenen externen Meldestellen ausreicht oder zusätzlich noch entsprechende Kontaktdaten angegeben werden müssen und darüber hinaus auch über den Ablauf der externen Meldeverfahren bei den verschiedenen Meldestellen zu informieren ist.[37] Schon der Wortlaut des § 13 Abs. 2, der explizit „Informationen über externe Melde**verfahren**" in Bezug nimmt und nicht nur auf Informationen über externe Meldestellen verweist, legt nahe, dass neben der Nennung der externen Meldestellen auch grundlegende Informationen zum betreffenden Meldeverfahren bereitzuhalten sind. Auch die ratio legis, wonach die Informationen dem Hinweisgeber bei seiner Wahl zwischen interner und externer Meldung eine „fundierte Entscheidung" ermöglichen müssen,[38] setzt nicht nur die Nennung der externen Meldestellen voraus, sondern macht es auch erforderlich, **13**

---

35 Vgl. die Informationen der Hinweisgeberstelle des BfJ, abrufbar unter: https://www.bundesjustizamt.de/DE/MeldestelledesBundes/Fragen/Fragen_node.html?cms_docId=96700#AnkerDokument96692, zuletzt abgerufen am 14.8.2023.

36 Gesetzentwurf der Bundesregierung, BT-Drs. 20/3442, S. 47 und 78.

37 Vgl. Deutscher Industrie- und Handelskammertag, Stellungnahme zum Entwurf eines Gesetzes für einen besseren Schutz hinweisgebender Personen sowie zur Umsetzung der Richtlinie zum Schutz von Personen, die Verstöße gegen das Unionsrecht melden – Referentenentwurf des Bundesministeriums der Justiz, S. 10.

38 Gesetzentwurf der Bundesregierung, BT-Drs. 20/3442, S. 47 und 78.

dass darüber hinaus nähere Informationen über die jeweiligen Verfahren und deren Ablauf zu erteilen sind. Dies wird – ausgehend von der Zielsetzung, dem Hinweisgeber die Entscheidung möglichst einfach zu machen – auch die Angabe der entsprechenden Kontaktdaten inkludieren müssen.

14 Mit Blick auf diese grundlegende, auch das jeweilige Meldeverfahren in seinen Grundzügen umfassende Informationspflicht ist § 24 zu beachten. Dieser schreibt in seinem Abs. 3 vor, dass externe Meldestellen „in einem gesonderten, leicht erkennbaren und leicht zugänglichen Abschnitt ihres Internetauftritts" u. a. Erläuterungen zum Meldeverfahren (Nr. 2) sowie ihre Kontaktdaten, insbesondere die E-Mail-Adresse und Telefonnummer (Nr. 6) veröffentlichen müssen. Daran anknüpfend verpflichtet § 24 Abs. 4 externe Meldestellen dazu, „klare und leicht zugängliche Informationen über ihre jeweiligen Meldeverfahren bereit[zuhalten], auf die interne Meldestellen zugreifen oder verweisen können, um ihrer Pflicht nach § 13 Abs. 2 nachzukommen". § 24 Abs. 4 sieht somit die Möglichkeit vor, dass die internen Meldestellen auf die von den externen Meldestellen bereitzuhaltenden Informationen explizit verweisen. Beschäftigungsgeber werden ihrer Informationspflicht daher vielfach durch die Aufnahme von Links zur maßgeblichen, das externe Meldeverfahren beschreibenden Website der externen Meldestellen nachkommen können. Das Bundesamt für Justiz hat auf seiner Website[39] bereits umfassende Informationen zu seiner Zuständigkeit und zu dem Meldeverfahren zur Verfügung gestellt, sodass insoweit ein hinreichend klarer Verweis (samt Verlinkung) auf die Website der externen Meldestelle beim Bundesamt für Justiz ausreicht.

b) Sprache

15 Zu beachten ist, dass unter „klar" (und auch unter „leicht zugänglich") auch das sprachliche Element fällt, sodass die Informationsbereithaltung unter Umständen auch auf Englisch oder in weiteren Sprachen erfolgen muss.[40] Dies ist in Abhängigkeit von den besonderen Gegebenheiten des jeweiligen Beschäftigungsgebers (bzw. der jeweiligen Organisationseinheit) zu bewerten und kommt insbesondere dann in Betracht, wenn die offizielle Unternehmensspra-

---

39 https://www.bundesjustizamt.de/DE/MeldestelledesBundes/MeldestelledesBundes_node.html, zuletzt abgerufen am 11.8.2023.

40 Diese Frage aufwerfend: Verband der Auslandsbanken in Deutschland e. V., Stellungnahme des Verbands der Auslandsbanken in Deutschland (VAB) zum Referentenentwurf vom 13. April 2022 über ein Gesetz für einen besseren Schutz hinweisgebender Personen sowie zur Umsetzung der Richtlinie zum Schutz von Personen, die Verstöße gegen das Unionsrecht melden, S. 5.

che nicht (nur) Deutsch ist oder im Unternehmen zahlreiche Beschäftigte tätig sind, die der deutschen Sprache nicht (in Gänze) mächtig sind.[41]

Problematisch ist mit Blick auf die Sprache der Informationsbereithaltung, 16 dass sich in Bezug auf die externen Meldekanäle auf europäischer Ebene auf den Websites der entsprechenden Institutionen teils nur Informationen auf Englisch finden lassen. Die empfohlene praktische Lösung dieses Problems für Unternehmen ist, den Link zur (englischsprachigen) Website sowie eine kurze Zusammenfassung, mit welchen Meldungen man sich an die jeweilige Meldestelle wenden kann, auf Deutsch (und den ggf. sonst noch einschlägigen Sprachen) auf der (internen) Website des Unternehmens zu veröffentlichen.

Dass – jenseits der Frage nach der zu verwendenden Sprache – das „Gebot der 17 Klarheit“ auch die Klarheit der sprachlichen Darstellung und Kommunikation umfasst, bedarf keiner näheren Erklärung. Die Informationen über externe (und ebenso über interne, vgl. § 7 Abs. 3 Satz 2) Meldeverfahren müssen prägnant und – für den Laien – verständlich sein. Eine überbordend technische oder juristische Fachsprache wird diesem Gebot in der Regel nicht gerecht.

c) Keine Pflicht, externe Meldeverfahren zu bewerben oder ihre Nutzung nahezulegen

Aus dem Ziel, Hinweisgebern eine „fundierte Entscheidung“ zwischen inter- 18 ner und externer Meldung zu ermöglichen,[42] lässt sich ableiten, dass hiermit lediglich ihre Wahlfreiheit (vgl. § 7) geschützt und daher über etwaige externe Meldewege informiert werden soll. Dies bedeutet auf der anderen Seite auch, dass nicht für die Wahl einer externen Meldung geworben werden muss.[43] Vielmehr obliegt es dem Beschäftigungsgeber nach § 7 Abs. 3, konkrete Anreize dafür zu schaffen, dass sich Hinweisgeber vorrangig an eine interne Mel-

---

41 Der Deutsche Gewerkschaftsbund fordert beispielsweise, dass i. S. d. Inklusion auch eine Veröffentlichung in einfacher Sprache erfolgt und Beschäftigten mit rudimentären Deutschkenntnissen die Informationen in ihrer Erstsprache zur Verfügung gestellt werden; Deutscher Gewerkschaftsbund, Stellungnahme des Deutschen Gewerkschaftsbundes zum Referentenentwurf des Bundesministeriums der Justiz zum Entwurf eines Gesetzes für einen besseren Schutz hinweisgebender Personen sowie zur Umsetzung der Richtlinie zum Schutz von Personen, die Verstöße gegen das Unionsrecht melden, S. 6.

42 Gesetzentwurf der Bundesregierung, BT-Drs. 20/3442, S. 47 und 78.

43 Vgl. auch Deutsches Institut für Compliance e. V., Stellungnahme zum Entwurf eines Gesetzes für einen besseren Schutz hinweisgebender Personen sowie zur Umsetzung der Richtlinie zum Schutz von Personen, die Verstöße gegen das Unionsrecht melden (HinSchG-E), S. 7 f.

destelle wenden, wobei die Möglichkeit der externen Meldung hierdurch nicht beschränkt oder erschwert werden darf.[44]

19 Folgerichtig ist es zulässig, die interne Meldestelle im Rahmen der internen Kommunikation sowie in den nach § 7 Abs. 3 Satz 2 bereit zu stellenden Informationen in den Mittelpunkt zu stellen und aktiv zu bewerben, solange daneben auch ein hinreichend klarer Hinweis auf die einschlägigen externen Meldestellen verbleibt.

3. Anforderungen an die leichte Zugänglichkeit von Informationen

20 Nach dem Wortlaut des § 13 Abs. 2 hat die Informationsbereithaltung auch „leicht zugänglich" zu erfolgen. Der Gesetzgeber verzichtet – ebenso wie schon bei § 7 Abs. 3 Satz 2 – auf eine Präzisierung des Art. 9 Abs. 1 lit. g HinSch-RL wörtlich entnommenen Begriffs der „leichten Zugänglichkeit" von Informationen. Die Gesetzesbegründung führt als Beispiele hierfür „alle zugängliche[n] und bekannte[n] Website[s], das Intranet oder auch klassische Aushänge" an, wobei die Informationsbereitstellung stets unter der Zielsetzung gesehen werden muss, dass dem Hinweisgeber eine „fundierte Entscheidung" zwischen interner und externer Meldung zu ermöglichen ist.[45]

21 Über die Nutzung dieser Wege, und insbesondere des Intranets, kann gewährleistet werden, dass die Informationen allen Beschäftigten fortwährend zur Verfügung stehen und vor allem auch neue Mitarbeiter direkt auf diese zugreifen können. Darüber hinaus bieten sich zusätzlich regelmäßige Schulungen, Workshops und Informationsveranstaltungen an, in denen auch die einschlägigen externen Meldekanäle vorgestellt werden.

22 Ist der interne Meldekanal gemäß § 16 Abs. 1 Satz 3 so ausgestaltet, dass er neben den Beschäftigten auch Dritten offensteht, die im Rahmen ihrer beruflichen Tätigkeiten mit dem jeweiligen zur Einrichtung der internen Meldestelle verpflichteten Beschäftigungsgeber oder der jeweiligen Organisationseinheit in Kontakt stehen, sollten die Informationen im Einklang mit Erwägungsgrund 89 HinSch-RL so zur Verfügung gestellt werden, dass sie dem gesamten Personenkreis, dem der interne Meldekanal offensteht, ohne Weiteres zugänglich sind.[46] In solchen Konstellationen wird regelmäßig die Nutzung des Intranets oder das Aushängen der relevanten Informationen im Unternehmen nicht ausreichend sein; in Betracht könnte jedoch eine Informationsbereitstellung auf der öffentlichen Unternehmenswebsite kommen.

---

44 Auch die HinSch-RL sieht in ihrem Erwägungsgrund 47 explizit vor, dass „Hinweisgeber grundsätzlich darin bestärkt werden [sollten], zunächst die internen Meldekanäle zu nutzen"; dies aufgreifend Gesetzentwurf der Bundesregierung, BT-Drs. 20/3442, S. 98.

45 Gesetzentwurf der Bundesregierung, BT-Drs. 20/3442, S. 47 und 78.

46 Gesetzentwurf der Bundesregierung, BT-Drs. 20/3442, S. 78.

§ 14 Organisationsformen interner Meldestellen

(1) Eine interne Meldestelle kann eingerichtet werden, indem eine bei dem jeweiligen Beschäftigungsgeber oder bei der jeweiligen Organisationseinheit beschäftigte Person, eine aus mehreren beschäftigten Personen bestehende Arbeitseinheit oder ein Dritter mit den Aufgaben einer internen Meldestelle betraut wird. Die Betrauung eines Dritten mit den Aufgaben einer internen Meldestelle entbindet den betrauenden Beschäftigungsgeber nicht von der Pflicht, selbst geeignete Maßnahmen zu ergreifen, um einen etwaigen Verstoß abzustellen. Ist der Beschäftigungsgeber der Bund oder ein Land, gilt Satz 2 für die jeweiligen Organisationseinheiten entsprechend.

(2) Mehrere private Beschäftigungsgeber mit in der Regel 50 bis 249 Beschäftigten können für die Entgegennahme von Meldungen und für die weiteren nach diesem Gesetz vorgesehenen Maßnahmen eine gemeinsame Stelle einrichten und betreiben. Die Pflicht, Maßnahmen zu ergreifen, um den Verstoß abzustellen, und die Pflicht zur Rückmeldung an die hinweisgebende Person verbleiben bei dem einzelnen Beschäftigungsgeber.

Schrifttum: *Baade/Hößl*, Arbeits- und compliancerechtlicher Handlungsbedarf unter dem neuen Hinweisgeberschutzgesetz (Teil I), DStR 2023, 1213; *Bayreuther*, Hinweisgeberschutz und Betriebsverfassung, NZA 2023, 666; *Bayreuther*, Whistleblowing und das neue Hinweisgeberschutzgesetz, NZA-Beilage 2022, 20; *Bruns*, Das neue Hinweisgeberschutzgesetz, NJW 2023, 1609; *Bürkle*, Zur Unionsrechtskonformität zentraler Konzernmeldestellen für Hinweisgeber, CCZ 2022, 335; *Dilling*, Die Konzernlösung gemäß § 14 Abs. 1 Satz 1 HinSchG im Spannungsfeld zwischen europarechtlichen Vorgaben und den praktischen Bedürfnissen der von der Umsetzung betroffenen Unternehmensverbände, CCZ 2023, 91; *Dilling*, Cat's Gold-Plating – Der neue Referentenentwurf zum Hinweisgeberschutzgesetz, CCZ 2022, 145; *Dzida/Seibt*, Neues Hinweisgeberschutzgesetz: Analyse und Antworten auf Praxisfragen, NZA 2023, 657; *Engels*, Whistleblower-Schutz in Unternehmen, ARP 2022, 20; *Fassbach/Hülsberg/Spamer*, Hinweisgeberschutz durch Vertrauensanwälte, CB 2022, 151; *Federmann/Racky/Kalb/Modrzyk*, Die Whistleblower-Richtlinie der EU: Die neuen Regeln und deren Auswirkungen auf Unternehmen des privaten Sektors, DB 2019, 1665; *Fest*, Whistleblowing – Fragen des Hinweisgeberschutzes aus gesellschaftsrechtlicher Perspektive, ZIP 2022, 2265; *Fissenewert*, Erste Hilfe zum Hinweisgeberschutzgesetz, 2023; *Forst*, Die Richtlinie der Europäischen Union zum Schutz von Personen, die Verstöße gegen das Unionsrecht melden (Whistleblowing-Richtlinie), EuZA 2020, 283; *Franzen/Gallner/Oetker*, Kommentar zum europäischen Arbeitsrecht, 4. Aufl. 2022; *Fuhlrott/Henckel*, Hinweisgeberschutzgesetz: Handlungsbedarf für Unternehmen und Personalabteilungen, ArbRAktuell 2022, 441; *Gerdemann*, Neuer Entwurf für ein Hinweisgeberschutzgesetz, ZRP 2022, 98; *Gerdemann*, Unmittelbar bevorstehende Pflichten zur Einrichtung verwaltungsinterner Whistleblowing-Stellen, NVwZ 2021, 1721; *Gerdemann/Spindler*, Die Europäische Whistleblower-Richtlinie und ihre Folgen für das deutsche Gesellschaftsrecht, ZIP 2020, 1896; *Grigoleit*, Kommentar zum Aktiengesetz, 2. Aufl. 2020; *Holle*, Konzernweite Hinweisgebersysteme nach der Whistleblowing-Richtlinie, ZIP 2021, 1950; *Hopt*, Interne Untersuchungen, Whistleblowing und externes Monitoring, ZGR 2020, 373; *Kappen/Cho/Gaertner*, Konzernlösung des HinSchG-E – unionsrechtswidrig?, CB 2022, 237; *Koch*, Kommentar zum Aktiengesetz, 17. Aufl. 2023; *Leibold*, Überblick: Betrieblicher Datenschutzbeauftragter als interne Meldestelle iSd HinSchG-E – ein Interessenkonflikt?, ZD-Aktuell 2022, 01333; *Lüneborg*, Das Hinweisgeberschutzgesetz – die (un)endliche Geschichte, ZIP 2023, 941; *Lüneborg*, Der Regierungsentwurf des Hinweisgeberschutzgesetzes: Kein großer Wurf, NZG 2022, 1273; *Metzner/Gloeckner*, „Reality Check" der EU-Whistleblower Richtlinie – Ist die Einführung eines lokalen Hinweisgebersystems wirklich erforderlich, CCZ 2021, 256; *Metzner/Hommel*, Praktische Herausforderungen im Konzern durch die EU-Hinweisgeberrichtlinie, CCZ 2022, 117; *Moosmayer*, Compliance, 4. Aufl. 2021; *Nießen*, Neuerungen beim Hinweisgeberschutz, RFamU 2022, 399; *Oberthür*, Der neue Hinweisgeberschutz – Gesetzgebung in der Zielgeraden, ArbRB 2022, 378; *Passarge*, Erfolgreiche Struktur von Hinweisgebersystemen – Praktische Aspekte und das Zusammenspiel mit anderen Gesetzen, CB 2021, 453; *Prinz/Winkeljohann*, Beck'sches Handbuch der GmbH, 6. Aufl. 2021; *Pütz*, Hinweisgeberschutzgesetz, 2023; *Quast/Ohrloff*, Der Regierungsentwurf des Hinweisgeberschutzgesetzes, CCZ 2022, 303; *Reufels/Soltysiak*, Das neue Whistleblowing-Recht, 2023; *Reuter*, Das Hinweisgeberschutzgesetz ist da – Was Unternehmen jetzt tun müssen, BB 2023, 1539; *Rolfs/Giesen/Meßling/Udsching*, Beck'scher Online-Kommentar zum Arbeitsrecht, 68. Edition Stand: 2.7.2023; *Ruhmannseder/Behr/Krakow*, Hinweisgebersysteme, 2. Aufl. 2021; *Schmolke*, Whistleblowing im Konzern – Einige Gedanken zu den rechtlichen Rahmenbedingungen konzernweiter Hinweisgebersysteme, in: FS Windbichler, 2020, S. 1021; *Schoch/Kumar*, Der neue Entwurf eines Hinweisgeberschutzgesetzes, CB 2022, 181; *Steinhauser/Kreis*, Die Umsetzung der EU-Whistleblower-Richtlinie als Herausforderung für Gesetzgeber und Unternehmen, EuZA 2021, 422; *Steinhauser/Saalwächter-Hirsch/Trouvain*, Das deutsche Hinweisgeberschutzgesetz – Was lange währt, wird endlich gut?, ESG 2023, 9; *Steinhauser/Saalwächter-Hirsch/Trouvain*, Das deutsche Hinweisgeberschutzgesetz – Was lange währt, wird endlich gut?, ESG 2023, 329; *Streinz*, EUV/AEUV, 3. Aufl. 2018; *Teichmann/Weber*, Die Whistleblowing-Richtlinie, ihr Missbrauchspotential und Implikationen für Compliance-Beauftragte, CB 2022, 157; *Wiedmann/Hoppmann*, Whistleblowing im DAX – Auswirkungen von HinSchG, LkSG, CSRD und CS3D-E, CCZ 2023, 11; *Zimmer/Humphrey*, Petzen? Ja, bitte!, BB 2022, 372; *Zimmer/Millfahrt*, Die Rolle des Betriebsrats beim Hinweisgeberschutzgesetz, BB 2023, 1269.

Übersicht

Rn.
I. Überblick ... 1
II. § 14 Abs. 1 ... 2
1. Betrauung mit Aufgaben einer internen Meldestelle ... 3
2. Personales Ausgestaltungsermessen ... 6
3. Taugliche interne Meldestellen: beschäftigte Personen, Arbeitseinheiten, Dritte ... 7
a) Beschäftigte Personen oder Arbeitseinheiten als interne Meldestelle ... 8
aa) Begriff der beschäftigten Person ... 9
bb) Begriff der aus mehreren beschäftigten Personen bestehenden Arbeitseinheit ... 11
cc) Mitbestimmungsrechte des Betriebsrats ... 13
b) Betrauung eines Dritten mit den Aufgaben einer internen Meldestelle ... 15
aa) Dritter i. S. d. § 14 Abs. 1 Satz 1 Var. 3 ... 17

(1) Regelungsgehalt des HinSchG 19
(2) Richtlinien-konformität 24
bb) Umfang der Betrauung Dritter i. S. d. § 14 Abs. 1 Satz 1 Var. 3 33
(1) Regelungsgehalt des HinSchG 34
(2) Richtlinien-konformität 35
cc) Organisatorische Ausgestaltung der von einem Dritten betriebenen internen Meldestelle 37
(1) Betrauung und Tätigkeit eines Dritten für mehrere Einrichtungsverpflichtete. 38
(2) Praxisanwendung im Konzern 43
(3) Richtlinienkonformität 46
4. Exkurs: Folgen einer etwaigen Richtlinienwidrigkeit 49
III. § 14 Abs. 2 51
1. Regelungsgehalt des HinSchG . . . 52
a) Normzweck 52
b) Adressaten der Regelung. 53
c) Einrichtung und Betrieb einer gemeinsamen Meldestelle. 56
d) Letztverantwortung des jeweiligen Einrichtungsverpflichteten (insb. § 14 Abs. 2 Satz 2) . . 62
2. Richtlinienkonformität. 63

I. Überblick

§ 14 regelt, wer die Aufgaben einer internen Meldestelle wahrnehmen kann. **1**
Der Kreis der in Betracht kommenden Subjekte ist weit gefasst: eine beschäftigte Person, eine aus mehreren beschäftigten Personen bestehende Arbeitseinheit, ein Dritter. Die Vorschrift knüpft an §§ 12 f. an. Während § 12 die gesetzliche Verpflichtung, interne Meldestellen einzurichten, normiert und § 13 die Aufgaben der internen Meldestellen festlegt, bestimmt § 14, *wer* mit der Wahrnehmung der Aufgaben einer solchen internen Meldestelle betraut werden kann. § 14 Abs. 1 soll der Gesetzesbegründung zufolge der Umsetzung von Art. 9 Abs. 1 lit. c sowie Art. 8 Abs. 5 HinSch-RL dienen.[1] Art. 8 Abs. 5 HinSch-RL statuiert, durch wen Meldekanäle bereitgestellt werden können; Art. 9 Abs. 1 lit. c HinSch-RL regelt die Benennung zuständiger Personen oder Abteilungen für die Durchführung von Folgemaßnahmen bei internen Meldungen.[2] § 14 Abs. 2 knüpft daran an und dient der Umsetzung von Art. 8 Abs. 6 HinSch-RL, der sich mit der Möglichkeit einer Ressourcenteilung mit Blick auf den Aufbau und Betrieb interner Meldestellen durch mehrere juristische Personen des Privatsektors auseinandersetzt.

1 Gesetzentwurf der Bundesregierung: Entwurf eines Gesetzes für einen besseren Schutz hinweisgebender Personen sowie zur Umsetzung der Richtlinie zum Schutz von Personen, die Verstöße gegen das Unionsrecht melden, BT-Drs. 20/3442, S. 78 f.
2 Zum Begriff der Meldung § 3 Abs. 4.

II. § 14 Abs. 1

2 § 14 Abs. 1 Satz 1 knüpft unmittelbar an die in § 12 Abs. 1 statuierte Pflicht, eine interne Meldestelle einzurichten, an und gibt vor, dass die einzurichtende interne Meldestelle von dem Beschäftigungsgeber[3] oder von der Organisationseinheit[4] aufgesetzt und diesem oder dieser zuzuordnen sein muss. Dies kann durch die Betrauung eigener Mitarbeiter oder die Betrauung (präziser: Beauftragung) eines Dritten (hierzu Rn. 7 ff.) erfolgen. Dem verpflichteten Beschäftigungsgeber oder der verpflichteten Organisationseinheit kommt bei der Auswahl der geeigneten Personen und der Organisation der Binnenstruktur der internen Meldestelle ein weites Ausgestaltungsermessen zu (hierzu Rn. 6 ff.). Vor dem Hintergrund, dass sich insbesondere mit Blick auf die Frage der Betrauung eines Dritten ein Auslegungsstreit entwickelt hat, wird im Detail aufgezeigt werden, wer tatsächlich als tauglicher Betrauter in Betracht kommen kann und in welchem Umfang und welcher organisatorischen Ausgestaltung eine solche Betrauung erfolgen kann (hierzu Rn. 17 ff., 33 ff., 37 ff.).

1. Betrauung mit Aufgaben einer internen Meldestelle

3 Die Einrichtung einer internen Meldestelle erfolgt dadurch, dass eines der in § 14 Abs. 1 Satz 1 genannten Subjekte „mit den Aufgaben einer internen Meldestelle betraut wird“. Welche Aufgaben hierzu gehören, ergibt sich aus § 13, dem zufolge die internen Meldestellen Meldekanäle nach § 16 betreiben, das Verfahren nach § 17 führen und Folgemaßnahmen nach § 18 ergreifen (vgl. § 13 Abs. 1). Des Weiteren sind die internen Meldestellen dazu verpflichtet, klare und leicht zugängliche Informationen über externe Meldeverfahren bereitzuhalten (vgl. § 13 Abs. 2). Die interne Meldestelle ist also im Grundsatz für den vollständigen Aufbau- und Ablaufprozess im Zusammenhang mit der Meldung von Verstößen (d.h. von der Bewerbung der internen Meldestelle über die Entgegennahme und Bearbeitung der Meldung bis hin zu der Ergreifung von Folgemaßnahmen, einschließlich der Durchführung interner Untersu-

3 Beschäftigungsgeber sind gemäß § 3 Abs. 9 natürliche Personen sowie juristische Personen des öffentlichen und des privaten Rechts, rechtsfähige Personengesellschaften und sonstige rechtsfähige Personenvereinigungen, sofern mindestens eine Person bei ihnen beschäftigt ist. Für weitere Ausführungen wird auf die Kommentierung zu § 3 Abs. 9 sowie § 12 Abs. 1 verwiesen.

4 Der Begriff der Organisationseinheit ist – im Gegensatz zu jenem des Beschäftigungsgebers – nicht legal definiert, vielmehr sind die jeweils verpflichteten Organisationseinheiten von den obersten Bundes- oder Landesbehörden zu bestimmen und setzen sich aus einzelnen oder mehreren Behörden, Verwaltungsstellen, Betrieben oder Gerichten zusammen; vgl. auch *Gerdemann*, ZRP 2022, 98, 99 f.; *Gerdemann*, NVwZ 2021, 1721, 1722. Für weitere Ausführungen wird auf die Kommentierung zu § 12 Abs. 1 verwiesen.

chungen) verantwortlich.[5] Eine „Betrauung“ erfordert, dass der Person oder Arbeitseinheit die Kompetenz übertragen wird, die genannten Aufgaben wahrzunehmen. Das HinSchG enthält keine weiteren Vorgaben hinsichtlich des Aktes der Betrauung.

Bei der Betrauung eigener Mitarbeiter muss ein erkennbarer Akt der Übertragung der Zuständigkeit erfolgen, ohne dass das HinSchG selbst konkrete Anforderungen an diesen stellt. Vor dem Hintergrund, dass die interne Meldestelle für eine gewisse Dauer bei einer bestimmten Person oder Arbeitseinheit angesiedelt werden soll, um auf diese Weise ein sachgerechtes Arbeiten und den Aufbau der erforderlichen Expertise zu ermöglichen,[6] und zudem die Unabhängigkeit und Weisungsfreiheit[7] der internen Meldestelle sichergestellt sein muss, ist es erforderlich, dass der Betrauungsakt (auch) die Rechte und Pflichten, Berichtswege und Aufgabenbereiche des/der Mitarbeiter der internen Meldestelle statuiert. **4**

Im Falle der Betrauung (präziser: Beauftragung)[8] eines Dritten wird vor dem Hintergrund der ratio legis des HinSchG jedenfalls eine vertragliche Vereinbarung (in Form einer Beauftragung) zwischen diesem und dem Einrichtungsverpflichteten zu fordern sein, die dem Hinweisgeberschutz Rechnung trägt. Beispielsweise enthalten Vereinbarungen mit externen Beratern wie Rechtsanwälten häufig Regelungen zum Schutz der Identität des Hinweisgebers, etwa den Verzicht des Einrichtungsverpflichteten auf ein dahingehendes Auskunftsrecht und die (lediglich inter partes wirkende) Verpflichtung, den Rechtsanwalt nur mit Zustimmung des Hinweisgebers von seiner anwaltlichen Schweigepflicht zu entbinden.[9] Zudem muss sichergestellt werden, dass der beauftragte Dritte seiner Tätigkeit als interne Meldestelle unabhängig und ohne Interessenkonflikte (hierzu im Einzelnen § 15) nachkommen kann; Weisungen des Einrichtungsverpflichteten, die den Umgang mit einzelnen Meldungen betreffen und die Unabhängigkeit sowie Interessenkonfliktfreiheit gefährden, sind unzulässig.[10] Das HinSchG schützt die mit den Aufgaben einer internen Meldestelle betrauten Personen jedoch nicht davor, abberufen zu werden.[11] **5**

---

5 Zu der Frage, inwieweit auch einem Dritten der vollständige Aufgabenumfang einer internen Meldestelle zugewiesen werden kann, ausführlich unter Rn. 33 ff.
6 Gesetzentwurf der Bundesregierung, BT-Drs. 20/3442, S. 78.
7 *Bruns*, NJW 2023, 1609, 1612; insoweit auch bereits Erwägungsgrund 56 HinSch-RL.
8 So durchweg der Wortlaut des Gesetzentwurfs der Bundesregierung, BT-Drs. 20/3442, S. 79.
9 *Fassbach/Hülsberg/Spamer*, CB 2022, 151, 153.
10 *Bayreuther*, NZA-Beilage 2022, 20, 23; *Fuhlrott/Henckel*, ArbRAktuell 2022, 441, 443.
11 *Bayreuther*, NZA-Beilage 2022, 20, 23.

2. Personales Ausgestaltungsermessen

6 § 14 Abs. 1 zählt abschließend auf, wer die Aufgaben einer internen Meldestelle wahrnehmen kann: beschäftigte Personen, Arbeitseinheiten, Dritte. Der zur Einrichtung einer internen Meldestelle Verpflichtete darf nach freiem Ermessen[12] entscheiden, wen er für diese Funktion einsetzt. Ausweislich der Gesetzesbegründung gibt der Gesetzgeber bewusst nicht vor, welche Personen und Arbeitseinheiten[13] mit den Aufgaben der internen Meldestelle zu betrauen sind. Als für die Ermessensausübung wesentliche Gesichtspunkte kommen etwa die Organisationsstruktur sowie die Größe und Art der ausgeübten Tätigkeiten in Betracht.[14] In der Gesetzesbegründung wird betont, dass den Einrichtungsverpflichteten zwar die größtmögliche Freiheit bei der Erfüllung dieser Anforderungen eingeräumt werden solle.[15] Als unerlässliche Anforderung für die Funktionsfähigkeit sieht der Gesetzgeber aber die Sicherstellung der Unabhängigkeit und Interessenkonfliktfreiheit der internen Meldestelle an.[16] Zu beachten ist zudem, dass die mit der Wahrnehmung der Aufgaben der internen Meldestelle betrauten Personen über die notwendige Fachkunde verfügen (vgl. § 15 Abs. 2 Satz 1).[17] Darüber hinaus sollen die Aufgaben einer internen Meldestelle „für eine gewisse Dauer" einer beschäftigten Person, Arbeitseinheit oder einem Dritten zugewiesen werden.[18] Auf diese Art und Weise soll ein sachgerechtes Arbeiten ermöglicht werden.

3. Taugliche interne Meldestellen: beschäftigte Personen, Arbeitseinheiten, Dritte

7 Trotz des Ausgestaltungsermessens des Einrichtungsverpflichteten normiert § 14 Abs. 1 abstrakt, wen der Einrichtungsverpflichtete mit den Aufgaben einer internen Meldestelle betrauen darf.

---

12 Hierzu auch *Reufels/Soltysiak*, Das neue Whistleblowing-Recht, § 5 B. Rn. 18.

13 Die Gesetzesbegründung spricht an der Stelle von „Organisationseinheiten" (vgl. Gesetzentwurf der Bundesregierung, BT-Drs. 20/3442, S. 78), was angesichts des Wortlauts des § 14 Abs. 1 terminologisch nicht überzeugen kann. Gemäß § 12 Abs. 1 Satz 3 werden interne Meldestellen bei Organisationseinheiten eingerichtet und betrieben, wobei ihre Aufgaben von Arbeitseinheiten wahrgenommen werden können.

14 So auch Erwägungsgrund 56 HinSch-RL.

15 Gesetzentwurf der Bundesregierung, BT-Drs. 20/3442, S. 78.

16 Gesetzentwurf der Bundesregierung, BT-Drs. 20/3442, S. 78; siehe ausführlich zur Unabhängigkeit und Interessenkonfliktfreiheit die Kommentierung zu § 15.

17 Siehe ausführlich zur notwendigen Fachkunde die Kommentierung zu § 15.

18 Gesetzentwurf der Bundesregierung, BT-Drs. 20/3442, S. 78.

a) Beschäftigte Personen oder Arbeitseinheiten als interne Meldestelle

Mit den Aufgaben einer internen Meldestelle kann eine bei dem jeweiligen Einrichtungsverpflichteten „beschäftigte Person" (hierzu Rn. 9f.) oder eine „aus mehreren beschäftigten Personen bestehende Arbeitseinheit" des jeweiligen Einrichtungsverpflichteten (hierzu Rn. 11ff.) betraut werden. Es handelt sich hier um Subjekte, die dem Einrichtungsverpflichteten selbst zugehörig sind. Die Einbeziehung des Betriebsrats ist hierbei in der Regel nicht erforderlich (hierzu Rn. 13ff.). **8**

aa) Begriff der beschäftigten Person

§ 14 Abs. 1 Satz 1 Var. 1 spricht von einer „beschäftigten Person"; ein Unterschied zu dem sonst im HinSchG verwendeten Begriff des „Beschäftigten" erscheint nicht beabsichtigt. Beschäftigte sind nach § 3 Abs. 8 Arbeitnehmerinnen und Arbeitnehmer, die zu ihrer Berufsbildung Beschäftigten, Beamtinnen und Beamte, Richterinnen und Richter mit Ausnahme der ehrenamtlichen Richterinnen und Richter, Soldatinnen und Soldaten, Personen, die wegen ihrer wirtschaftlichen Unselbständigkeit als arbeitnehmerähnliche Personen anzusehen sind, wobei zu diesen auch die in Heimarbeit Beschäftigten und die ihnen Gleichgestellten gehören, Menschen mit Behinderung, die in einer Werkstatt für behinderte Menschen oder bei einem anderen Leistungsanbieter nach § 60 Sozialgesetzbuch Neuntes Buch beschäftigt sind. **9**

Zwar kann der Einrichtungsverpflichtete somit grundsätzlich aus einer breiten Gruppe wählen. Zu beachten bleibt aber, dass die mit der Wahrnehmung der Aufgaben der internen Meldestelle betraute(n) Person(en) über die notwendige Fachkunde verfügen müssen (vgl. § 15 Abs. 2 Satz 1). Dementsprechend wird in der Gesetzesbegründung – unter Verweis auf Erwägungsgrund 56 HinSch-RL – beispielhaft auf Integritätsbeauftragte, Rechts- oder Datenschutzbeauftragte oder Auditverantwortliche verwiesen.[19] Insbesondere bei kleinen Unternehmen kommt auch eine Doppelfunktion in Betracht, sofern die Unabhängigkeit, Vertraulichkeit und Freiheit von Interessenkonflikten sichergestellt werden können.[20] Bei mittelständischen und großen Unternehmen wird eine Betrauung einer Einzelperson in Doppelfunktion in aller Regel bereits am Umfang und der Komplexität der Tätigkeit scheitern. **10**

---

19 Gesetzentwurf der Bundesregierung, BT-Drs. 20/3442, S. 79.

20 Gesetzentwurf der Bundesregierung, BT-Drs. 20/3442, S. 79; differenzierend und zurückhaltender mit Blick auf die Möglichkeit der Betrauung eines Datenschutzbeauftragten als interne Meldestelle hingegen *Leibold*, ZD-Aktuell 2022, 01333; siehe ausführlich zu den für eine interne Meldestelle geeigneten Personen die Kommentierung zu § 15.

bb) Begriff der aus mehreren beschäftigten Personen bestehenden Arbeitseinheit

11 Insbesondere bei größeren Unternehmen wird es regelmäßig erforderlich sein, mehrere Personen mit den Aufgaben einer internen Meldestelle zu betrauen, um dem Umfang und der Komplexität des jeweiligen Unternehmens und damit etwaiger Meldungen angemessen Rechnung zu tragen. Dies macht es erforderlich, dass einzelne Aufgaben einer internen Meldestelle auf mehrere Personen aufgeteilt werden. Diesen Fall regelt § 14 Abs. 1 Satz 1 Var. 2, indem er die Betrauung einer aus mehreren beschäftigten Personen bestehenden Arbeitseinheit vorsieht. Der Begriff der Arbeitseinheit ist nicht gesetzlich definiert. Seine Bedeutung ergibt sich jedoch aus dem Gesetzes- und Sinnzusammenhang: Eine Arbeitseinheit setzt sich aus zwei oder mehr Personen, die bei demselben Beschäftigungsgeber oder bei derselben Organisationseinheit beschäftigt sind und im Rahmen ihrer Beschäftigung gemeinsame Aufgaben wahrnehmen, zusammen. Wer Beschäftigte sind, folgt wiederum aus der oben dargestellten Legaldefinition des § 3 Abs. 8 (siehe hierzu Rn. 9). Als Arbeitseinheit i. S. d. § 14 Abs. 1 Satz 1 Var. 2 kommt daher etwa eine Unterabteilung innerhalb der Compliance- oder Rechtsabteilung in Betracht.

12 § 14 Abs. 1 Satz 1 Var. 2 ermöglicht es nicht nur, dass alle Aufgaben der internen Meldestelle einer einzelnen Arbeitseinheit zugewiesen werden. Erlaubt ist auch eine Aufteilung auf mehrere Arbeitseinheiten. So können etwa die Eingangsstelle für Meldungen und die untersuchende Stelle durch jeweils eigenständige Arbeitseinheiten getrennt betrieben werden.[21] Denkbar ist mit Blick auf die Aufklärung einer Meldung und das Ergreifen von Folgemaßnahmen auch eine Aufteilung der Zuständigkeiten in Abhängigkeit von der Art des gemeldeten Verstoßes.[22] In der Praxis ist etwa bei den HR-Bereich betreffenden Meldungen zu beobachten, dass sie häufig von einer allgemein für die Entgegennahme von Meldungen zuständigen Stelle sortiert und anschließend von einer eigenständigen Arbeitseinheit im HR-Bereich bearbeitet werden, während für die Bearbeitung von sonstigen Meldungen andere Arbeitseinheiten zuständig sind, z. B. Special Investigations. § 14 Abs. 1 Satz 1 Var. 2 steht einer solchen Ausgestaltung nicht entgegen, solange anhand klarer Prozesse und Zuständigkeiten ein in sich konsistentes System festgelegt wird und die an die interne Meldestelle gestellten Anforderungen, insbesondere die Unabhän-

---

21 So ausdrücklich bereits die HinSch-RL, soweit sie in Art. 9 Abs. 1 lit. c HinSch-RL klarstellt, dass die Abteilung, die für die Folgemaßnahmen zu den Meldungen zuständig ist, die gleiche Abteilung sein „kann", die auch für die Entgegennahme der Meldung verantwortlich ist; vgl. auch *Berger*, in: Ruhmannseder/Behr/Krakow, Hinweisgebersysteme, Rn. 220.

22 Vgl. auch *Wiedmann/Hoppmann*, CCZ 2023, 11, 22.

gigkeit, mit Blick auf alle involvierten Arbeitseinheiten uneingeschränkt erfüllt sind.

cc) Mitbestimmungsrechte des Betriebsrats

13 Etwaige Mitbestimmungsrechte des Betriebsrats scheiden bei der Entscheidung über die personelle Ausgestaltung einer internen Meldestelle i.S.d. § 14 grundsätzlich aus.[23] Zwar sind die Einrichtung und die Ausgestaltung interner Meldestellen mitbestimmungspflichtig, da die insofern relevanten Prozesse das Ordnungsverhalten der Arbeitnehmer betreffen und demzufolge der Anwendungsbereich des § 87 Abs. 1 Nr. 1 BetrVG eröffnet ist.[24] Im Hinblick auf die *personelle* Besetzung der internen Meldestelle ist § 87 Abs. 1 Nr. 1 BetrVG indessen nicht einschlägig. Dem Arbeitgeber steht vielmehr ein weites Ausgestaltungsermessen zu, weil die Frage nach der personellen Besetzung einer Position zur mitbestimmungsfreien Organisationsbefugnis des Arbeitgebers zählt.[25]

14 Ebenso scheidet die Beteiligung des Betriebsrats über §§ 95 Abs. 3, 99 BetrVG bei der Besetzung der Meldestelle mit eigenen Beschäftigten aus;[26] denn hierdurch würde ein Mitbestimmungsrecht etabliert, das nach dem oben Gesagten gerade nicht vorgesehen ist.[27] Die Mitbestimmung des Betriebsrats kann allenfalls in bestimmten Ausnahmesituationen angezeigt sein, z.B. wenn sich Interessenkonflikte durch die Tätigkeit in der internen Meldestelle ergeben oder weil der Benachteiligungstatbestand des § 99 Abs. 2 Nr. 4 BetrVG einschlägig ist.[28] Auch bei Schulungsmaßnahmen für die mit der internen Meldestelle betrauten Personen ist ein Betriebsrat zu beteiligen (siehe die Kommentierung zu § 15).

---

23 *Baade/Hößl*, DStR 2023, 1213, 1219; *Bayreuther*, NZA 2023, 666, 668.

24 *Bayreuther*, NZA-Beilage 2022, 20, 21; *Baade/Hößl*, DStR 2023, 1213, 1218; *Bayreuther*, NZA 2023, 666, 666 f.; *Bruns*, in: Rolfs/Giesen/Meßling/Udsching, BeckOK Arbeitsrecht, § 12 HinSchG Rn. 22; a.A.: *Zimmer/Millfahrt*, BB 2023, 1269, 1270 ff., die die Einrichtung für nicht mitbestimmungspflichtig halten; *Wiedmann/Hoppmann*, CCZ 2023, 11, 14, die die Auffassung vertreten, es handele sich um einen Fall des § 87 Abs. 1 Nr. 6 BetrVG.

25 *Baade/Hößl*, DStR 2023, 1213, 1218 f.; *Bayreuther*, NZA 2023, 666, 668; entsprechend für eine Beschwerdestelle i.S.d. § 13 AGG: BAG, 21.7.2009, 1 ABR 42/08, NZA 2009, 1049 Rn. 27.

26 Vgl. *Bayreuther*, NZA 2023, 666, 668; a.A.: *Bruns*, in: Rolfs/Giesen/Meßling/Udsching, BeckOK Arbeitsrecht, § 14 HinSchG Rn. 3.

27 *Bayreuther*, NZA 2023, 666, 668.

28 *Bayreuther*, NZA 2023, 666, 668 f.

b) Betrauung eines Dritten mit den Aufgaben einer internen Meldestelle

15 Als eine weitere Ausgestaltungsoption sieht § 14 Abs. 1 Satz 1 Var. 3 vor, dass ein Dritter, also ein gegenüber dem Beschäftigungsgeber oder der Organisationseinheit Externer,[29] mit den Aufgaben einer internen Meldestelle betraut werden kann. Diese Möglichkeit steht nicht nur Beschäftigungsgebern, sondern auch Organisationseinheiten zu, was systematisch aus § 14 Abs. 1 Satz 2 und 3 folgt.

16 Die Möglichkeit der Betrauung eines Dritten mit den Aufgaben einer internen Meldestelle ist eine der kontroversesten Regelungen des HinSchG. Es stellt sich die Frage, wer als Dritter in Betracht kommt (hierzu Rn. 17 ff.),[30] mit welchen Aufgaben der Dritte betraut werden darf (hierzu Rn. 33 ff.) und wie die von einem Dritten bereitgestellte Meldestelle ausgestaltet sein muss (hierzu Rn. 37 ff.).[31] Alle drei Punkte werfen für sich die Folgefrage auf, ob die jeweiligen Vorgaben des HinSchG im Einklang mit der HinSch-RL stehen.[32]

aa) Dritter i. S. d. § 14 Abs. 1 Satz 1 Var. 3

17 Die Frage, wer tauglicher Dritter i. S. d. § 14 Abs. 1 Satz 1 Var. 3 ist, beantwortet das HinSchG eindeutig: Nicht nur die in den Erwägungsgründen der HinSch-RL[33] genannten Anbieter von Meldeplattformen, externen Berater, Prüfer, Gewerkschafts- und Arbeitnehmervertreter sieht das HinSchG als taugliche Dritte an, sondern – ausweislich der Gesetzesbegründung[34] – auch andere Konzerngesellschaften. Im Ergebnis steht dieses Verständnis des deutschen Gesetzgebers – anders als von der Europäischen Kommission in ihren Schreiben dargelegt[35] – im Einklang mit den Vorgaben der HinSch-RL.

---

29 Dies ist mit dem Begriff der externen Meldestelle (§§ 19 ff.) nicht zu verwechseln.

30 Bereits mit Blick auf die HinSch-RL selbst im Kontext von Konzernunternehmen m. w. N.: *Forst*, EuZA 2020, 283, 293 f.; *Passarge*, CB 2021, 453, 457; *Steinhauser/Kreis*, EuZA 2021, 422, 441; *Zimmer/Humphrey*, BB 2022, 372, 375 f.; *Bürkle*, CCZ 2022, 335 ff.; *Federmann/Racky/Kalb/Modrzyk*, DB 2019, 1665, 1666.

31 Bereits mit Blick auf die HinSch-RL selbst im Kontext von Konzernunternehmen m. w. N.: *Forst*, EuZA 2020, 283, 293 f.; *Steinhauser/Kreis*, EuZA 2021, 422, 441; *Zimmer/Humphrey*, BB 2022, 372, 375 f.

32 Hierzu *Dzida/Seibt*, NZA 2023, 657, 662; *Bruns*, NJW 2023, 1609, 1616; *Steinhauser/Saalwächter-Hirsch/Trouvain*, ESG 2023, 9, 11; *Bayreuther*, NZA-Beilage 2022, 20, 23; *Baade/Hößl*, DStR 2023, 1213, 1217 f.; *Gerdemann*, ZRP 2022, 98, 100 f.; *Quast/Ohrloff*, CCZ 2022, 303, 305; *Reuter*, BB 2023, 1539, 1543; *Dilling*, CCZ 2022, 145, 148; *Nießen*, RFamU 2022, 399, 402; *Lüneborg*, NZG 2022, 1273, 1273.

33 Vgl. Erwägungsgrund 54 HinSch-RL.

34 Gesetzentwurf der Bundesregierung, BT-Drs. 20/3442, S. 79.

35 Schreiben der Europäischen Kommission vom 2.6.2021 (JUST/C2/MM/rp/(2021)3939215), S. 2 f., vom 29.6.2021 (JUST/C2/MM/rp/ (2021)4667786), S. 1 ff., und vom 16.7.2021 (JUST/C2/MM/rp (2021)5129001), S. 2.

Im Einzelnen: **18**

(1) Regelungsgehalt des HinSchG

Nach § 14 Abs. 1 Satz 1 Var. 3 können „Dritte“ mit den Aufgaben einer internen Meldestelle betraut werden. **19**

aaa) Ausgangspunkt: Ombudspersonen, externe Berater, Prüfer, Gewerkschafts- und Arbeitnehmervertreter, Anbieter von Meldeplattformen

Der Begriff des Dritten[36] erfährt im Wortlaut der Regelung keine weitergehende Konkretisierung. Aufschluss hierüber gibt die Gesetzesbegründung: Hiernach können – in der Praxis vielfach eingesetzte – Ombudspersonen, etwa externe Rechtsanwälte, beauftragt werden.[37] Daneben verweist der Gesetzgeber in der Gesetzesbegründung auf Erwägungsgrund 54 HinSch-RL und benennt als weitere Dritte externe Berater, Prüfer, Gewerkschafts- und Arbeitnehmervertreter. Erwägungsgrund 54 HinSch-RL verweist ergänzend hierzu auf Anbieter von Meldeplattformen.[38] **20**

bbb) Konzernunternehmen als Dritte im Sinne von § 14 Abs. 1 Satz 1 Var. 3

Ergänzend zu den eng an den Formulierungen der HinSch-RL orientierten Beispielen führt der deutsche Gesetzgeber in der Gesetzesbegründung aus, dass es sich bei dem „Dritten“ auch um eine andere Konzerngesellschaft, etwa die Muttergesellschaft, handeln könne.[39] Solche Stellen seien vor dem Hintergrund des konzernrechtlichen Trennungsprinzips[40] gleichermaßen als „Dritte“ anzusehen, sodass diese – vergleichbar einem Rechtsanwalt[41] – vom jeweils verpflichteten (Konzern-)Unternehmen mit der Einrichtung und dem Betrieb einer internen Meldestelle beauftragt werden können. Auch in diesen Fällen ist es aber – wie in der Parallelkonstellation der Beauftragung eines Rechtsanwalts – erforderlich, dass „die originäre Verantwortung dafür, einen festgestellten Verstoß zu beheben und weiterzuverfolgen, immer bei dem jeweiligen beauftragenden Tochterunternehmen verbleibt“.[42] Wie bei jedem anderen Dritten im Sinne von § 14 Abs. 1 Satz 1 Var. 3 muss zudem eine bei einer anderen **21**

---

36 Hierzu auch *Reufels/Soltysiak*, Das neue Whistleblowing-Recht, § 5 B. Rn. 20.

37 Gesetzentwurf der Bundesregierung, BT-Drs. 20/3442, S. 79.

38 Siehe zu den Anforderungen an Dritte die Kommentierung zu § 15.

39 Gesetzentwurf der Bundesregierung, BT-Drs. 20/3442, S. 79. Eine dahin gehende Klarstellung im Gesetzeswortlaut fordernd etwa *Schoch/Kumar*, CB 2022, 181, 186.

40 Vgl. *Grigoleit*, in: Grigoleit, Aktiengesetz, § 15 Rn. 6.

41 Gesetzentwurf der Bundesregierung, BT-Drs. 20/3442, S. 79.

42 Gesetzentwurf der Bundesregierung, BT-Drs. 20/3442, S. 79; siehe auch *Dilling*, CCZ 2022, 145, 148; *Steinhauser/Saalwächter-Hirsch/Trouvain*, ESG 2023, 329, 331; *Nießen*, RFamU 2022, 399, 402.

Konzerngesellschaft eingerichtete interne Meldestelle eine „unabhängige und vertrauliche“ Stelle sein.[43]

22 Insgesamt ist das HinSchG eindeutig: Bereits aus dem Wortlaut des § 14 Abs. 1 Satz 1 Var. 3 ergibt sich keine Einschränkung dahingehend, wer als Dritter in Betracht kommen darf. Inhärente Voraussetzung ist lediglich, dass die allgemeinen Anforderungen an interne Meldestellen sichergestellt werden. Klarstellend weist die Gesetzesbegründung darauf hin, dass auch andere Konzernunternehmen als Dritte in Betracht kommen. Dies überzeugt; denn es ist nicht einsichtig, warum derartige Stellen (anders als andere Dritte) per se ungeeignet sein sollen, als Dritter gemäß § 14 Abs. 1 Satz 1 Var. 3 zu agieren.[44]

23 Auch aus Praxissicht ist diese Auslegung zielführend. Sie ermöglicht, insbesondere in Konstellationen, in denen das Konzernunternehmen von mehreren selbständigen Tochter- und Schwesterunternehmen mit der Einrichtung und dem Betrieb interner Meldestellen betraut wird, eine Akkumulation von technischer und fachlicher Expertise beim Umgang mit Meldungen.[45] Diesen Aspekt betonte der Rechtsausschuss des Bundestags in seiner Begründung zur Beschlussempfehlung und stellte insoweit klar, dass die „Konzentration der Expertise“ von großer Bedeutung sei, „um eine schnelle und professionelle Fallbearbeitung zu gewährleisten“.[46]

(2) Richtlinienkonformität

24 Dieses weite, auch Konzernunternehmen einbeziehende Verständnis eines „Dritten“ im Sinne von § 14 Abs. 1 Satz 1 Var. 3 ist mit den Vorgaben der HinSch-RL vereinbar. Die restriktive Auslegung der Europäischen Kommis-

43 So auch Gesetzentwurf der Bundesregierung, BT-Drs. 20/3442, S. 79; siehe auch *Kappen/Cho/Gaertner*, CB 2022, 237, 237.

44 Die Klarstellung in der Gesetzesbegründung lässt sich darauf zurückführen, dass die Europäische Kommission mit Blick auf die HinSch-RL eine restriktivere Position einnimmt und Konzernunternehmen per se nicht als Dritte i. S. d. Art. 8 Abs. 5 HinSch-RL ansehen möchte; hierzu sogleich unter bb). Bedauerlicherweise hat sich der Gesetzgeber mit der Auffassung der Europäischen Kommission nicht explizit auseinandergesetzt.

45 Im Gesetzentwurf der Bundesregierung, BT-Drs. 20/3442 heißt es auf Seite 79 insoweit ausdrücklich: „Die Expertise für die Bearbeitung von Meldungen läge dann konzentriert bei der internen Meldestelle, die beispielsweise über technische Meldekanäle und Personal verfügt und auch interne Ermittlungen in den jeweils betroffenen Konzernteilen durchführen kann, wohingegen die Verantwortung und die Verpflichtung zum Abstellen des Rechtsverstoßes beim jeweiligen Tochterunternehmen lägen.“; so auch *Baade/Hößl*, DStR 2023, 1213, 1217 f.; ähnlich *Reufels/Soltysiak*, Das neue Whistleblowing-Recht, § 5 B. Rn. 22; im Ergebnis auch *Pütz*, Hinweisgeberschutzgesetz, S. 15.

46 Beschlussempfehlung und Bericht des Rechtsausschusses, BT-Drs. 20/4909, S. 51.

sion, nach der Konzernunternehmen als „Dritte" im Sinne der HinSch-RL ausscheiden, vermag mit Blick auf Art. 8 Abs. 5 HinSch-RL nicht zu überzeugen.

aaa) Ausgangspunkt: Regelungsgehalt der HinSch-RL

Im Ausgangspunkt sieht die HinSch-RL in Art. 8 Abs. 5 vor, dass Meldekanäle **25** „extern von einem Dritten bereitgestellt werden" können. Eine Konkretisierung des Begriffs des „Dritten" erfolgt wie im HinSchG nicht. Allein Erwägungsgrund 54 HinSch-RL greift den Begriff nochmals auf und statuiert: „Bei solchen Dritten könnte es sich um externe Anbieter von Meldeplattformen, externe Berater, Prüfer, Gewerkschaftsvertreter oder Arbeitnehmervertreter handeln". Zu der Frage, inwieweit Konzernunternehmen als Dritte in Frage kommen, verhalten sich weder der Richtlinientext noch die Erwägungsgründe.

bbb) Auslegung der Europäischen Kommission

Zu der Frage der Tauglichkeit von Konzernunternehmen als Dritte im Sinne **26** von Art. 8 Abs. 5 Hinsch-RL hat die Europäische Kommission mehrfach Stellung genommen und sich – ausgehend von der (irrigen) Annahme, dass eine Beauftragung eines anderen Konzernunternehmens zwangsläufig mit der vollständigen Zentralisierung der internen Meldestelle bei einer Konzerngesellschaft einhergehe – für ein restriktives Verständnis ausgesprochen.[47] Zwar handele es sich bei Konzernunternehmen um unterschiedliche Rechtssubjekte („distinct legal entities"), diese würden aber über den Konzernverbund eine derartige Verbindung („link") zueinander aufweisen, dass sie nicht als Dritte im Verhältnis zueinander zu qualifizieren seien.[48] Aus Sicht der Europäischen Kommission verdeutliche zudem Erwägungsgrund 54 Satz 2 HinSch-RL, dass bei anderen Konzerngesellschaften eingerichtete Stellen als Dritte ausscheiden würden; denn den aufgeführten Beispielen (u. a. Anbieter von Meldeplattformen und externe Berater) sei gemein, dass es ihnen an jeder Verbindung mit dem Einrichtungsverpflichteten mangele.[49] Wenngleich diese Auslegung der Europäischen Kommission nicht rechtsverbindlich ist, kommt ihr allein auf-

47 Schreiben der Europäischen Kommission vom 2.6.2021 (JUST/C2/MM/rp/(2021)3939215), 29.6.2021 (JUST/C2/MM/rp/ (2021)4667786) und 16.7.2021 (JUST/C2/MM/rp (2021)5129001); vgl. auch *Kappen/Cho/Gaertner*, CB 2022, 237, 238 ff.; *Gerdemann*, ZRP 2022, 98, 100 f.

48 Schreiben der Europäischen Kommission vom 2.6.2021 (JUST/C2/MM/rp/(2021)3939215), S. 2 ff., und vom 16.7.2021 (JUST/C2/MM/rp (2021)5129001), S. 2.

49 Schreiben der Europäischen Kommission vom 16.7.2021 (JUST/C2/MM/rp (2021)5129001), S. 2: „Although this is not an exhaustive list, the common feature of these examples is that they are all actors which operate independently of any link (of subordination/liability) with the corporate group".

grund ihrer Funktion, die sie als Organ der Europäischen Union („Hüterin der Verträge“) einnimmt, erhebliche praktische Relevanz zu.[50]

ccc) Stellungnahme

27 Die Auslegung der Europäischen Kommission vermag nicht zu überzeugen. Nach Art. 8 Abs. 1 und 3 HinSch-RL muss jede juristische Person des privaten Sektors mit mindestens 50 Arbeitnehmern eine interne Meldestelle[51] einrichten. Aus dieser Regelung geht nicht hervor, ob die Meldestelle in die Innenstruktur des Einrichtungsverpflichteten einzubetten ist oder von einem Dritten, etwa einer bei einer anderen Konzerngesellschaft lokalisierten Stelle, betrieben werden kann.[52] Art. 8 Abs. 1 und 3 HinSch-RL regelt lediglich, dass jeder Einrichtungsverpflichtete über eine ihm zuordenbare Meldestelle, die seinen Arbeitnehmern die Meldung von Verstößen ermöglicht (vgl. Art. 8 Abs. 2 HinSch-RL) sowie bestimmten Verfahrensanforderungen genügt, verfügen muss. Jenseits dessen räumt die HinSch-RL – wie auch das HinSchG – den Unternehmen einen Ermessensspielraum hinsichtlich der Ausgestaltung der internen Meldestellen ein.[53]

28 Eine Einschränkung dieses Ausgestaltungsermessens ergibt sich auch nicht aus der Formulierung „extern“ in Art. 8 Abs. 5 Satz 1 HinSch-RL sowie in Erwägungsgrund 54 HinSch-RL.[54] Die Bezugnahme auf eine „externe“ Bereitstellung durch „Dritte“ soll lediglich klarstellen, dass die Funktion von einer Stelle wahrgenommen wird, die nicht intern ist, d.h. nicht der Binnenorganisation des Einrichtungsverpflichteten angehört. Dies ist bei Stellen, die einer anderen Konzerngesellschaft zugehörig sind, gerade nicht der Fall.[55] Letztlich unterstreicht das Adjektiv „extern“ die außenstehende – unbeteiligte – Eigenschaft des Dritten; dieser steht außerhalb der Rechtsbeziehung „Einrichtungsverpflichteter – Hinweisgeber“ und wird von Ersterem nur mit der Einrichtung und dem Betrieb der internen Meldestellen beauftragt. Ob hierfür ein externer Berater oder eine andere Konzerngesellschaft beauftragt wird, ist für die Taug-

50 Insbesondere die Möglichkeit der Einleitung eines Vertragsverletzungsverfahrens bei Umsetzungsmängeln; vgl. *Fest*, ZIP 2022, 2265, 2269.

51 Die HinSch-RL spricht vom „internen Meldekanal“.

52 Siehe auch *Bürkle*, CCZ 2022, 335, 337; *Fest*, in: Franzen/Gallner/Oetker, Kommentar zum europäischen Arbeitsrecht, Art. 8 RL (EU) 2019/1937 Rn. 15; *Reuter*, BB 2023, 1539, 1543; a.A. *Gerdemann/Spindler*, ZIP 2020, 1896, 1905.

53 *Hopt*, ZGR 2020, 373, 400; vgl. etwa auch Erwägungsgrund 56 HinSch-RL.

54 Im Erg. wie hier etwa Bundesverband der Deutschen Industrie e.V., Stellungnahme: Referentenentwurf eines Gesetzes für einen besseren Schutz hinweisgebender Personen sowie zur Umsetzung der Richtlinie zum Schutz von Personen, die Verstöße gegen das Unionsrecht melden: Entwurf Hinweisgeberschutzgesetz – HinSchG-E, S. 10.

55 Vgl. *Bürkle*, CCZ 2022, 335, 337 f.

lichkeit des „Dritten" kein relevantes Kriterium. Auch in letzterer Konstellation verbleibt „die originäre Verantwortung dafür, einen festgestellten Verstoß zu beheben und weiterzuverfolgen, immer bei dem jeweiligen beauftragenden Tochterunternehmen".[56] Eine Einschränkung folgt ebenso wenig aus Erwägungsgrund 54 Satz 2 HinSch-RL, weil dieser lediglich *beispielhaft* potenzielle Dritte aufzählt, wie schon aus der Formulierung „Bei diesen Dritten könnte es sich um [...]" deutlich wird.

Schließlich ist nicht ersichtlich, dass die von der Europäischen Kommission vertretene Einschränkung vom Richtliniengeber intendiert war. Ausgehend von den Zielen der HinSch-RL ist kein sachlicher Grund erkennbar, Meldestellen, die bei anderen Konzerngesellschaften eingerichtet sind, von dem Kreis tauglicher „Dritter" auszunehmen.[57] Für den Schutz des Hinweisgebers bedarf es entgegen der Auffassung der Europäischen Kommission des Ausschlusses von Konzernunternehmen als taugliche Dritte nicht.[58] Diese stellt zwar darauf ab, dass insbesondere etwaige nationale Umsetzungsunterschiede (u. a. mit Blick auf den sachlichen Anwendungsbereich) bei Involvierung einer (ausländischen) Konzerngesellschaft unberücksichtigt bleiben könnten; zudem könne die in der HinSch-RL vorgesehene Möglichkeit eines physischen Treffens zwischen Hinweisgeber und Meldestelle wegen mangelnder geographischer Nähe unterlaufen oder zumindest erschwert werden.[59] Es ist jedoch nicht ersichtlich, warum eine von einer anderen Konzerngesellschaft bereitgestellte interne Meldestelle weniger geeignet sein könnte, physische Treffen zu ermöglichen, als die in Erwägungsgrund 54 HinSch-RL ausdrücklich genannten externen Berater oder Anbieter von Meldeplattformen. Soweit auf etwaige nationale Umsetzungsunterschiede abgestellt wird, ist bereits die Ausgangsthese falsch: Aus der Tatsache, dass eine andere (ausländische) Konzerngesellschaft als Dritte mit den Aufgaben der internen Meldestelle betraut wird, folgt nicht, **29**

---

56 Gesetzentwurf der Bundesregierung, BT-Drs. 20/3442, S. 79; siehe auch *Dilling*, CCZ 2022, 145, 148; *Steinhauser/Saalwächter-Hirsch/Trouvain*, ESG 2023, 329, 331; *Nießen*, RFamU 2022, 399, 402.

57 Im Erg. auch *Forst*, EuZA 2020, 283, 293 f.; Deutscher Anwaltverein, Stellungnahme des Deutschen Anwaltvereins durch die Ausschüsse Arbeitsrecht, Corporate Social Responsibility und Compliance, Informationsrecht sowie Strafrecht zum Referentenentwurf eines Gesetzes für einen besseren Schutz hinweisgebender Personen sowie zur Umsetzung der Richtlinie zum Schutz von Personen, die Verstöße gegen das Unionsrecht melden, S. 28 f.; *Fest*, in: Franzen/Gallner/Oetker, Kommentar zum europäischen Arbeitsrecht, Art. 8 RL (EU) 2019/1937 Rn. 39; *Schmolke*, in: FS Windbichler, S. 1021, 1023 f.

58 Schreiben der Europäischen Kommission vom 2.6.2021 (JUST/C2/MM/rp/ (2021) 3939215); der Europäischen Kommission in diesem Kontext im Erg. zustimmend *Dilling*, CCZ 2023, 91, 94.

59 Schreiben der Europäischen Kommission vom 2.6.2021 (JUST/C2/MM/rp/ (2021) 3939215), S. 2.

dass das einschlägige nationale Umsetzungsrecht nicht angewandt wird. § 14 Abs. 1 Satz 1 Var. 1 ermöglicht zwar die Beauftragung eines Dritten mit der Einrichtung einer internen Meldestelle, aber der beauftragte Dritte darf nicht losgelöst vom (beauftragenden) Einrichtungsverpflichteten agieren;[60] er muss die nationalen Vorgaben, die für den Einrichtungsverpflichteten gelten, vollumfänglich und zu jeder Zeit einhalten. Dies gilt unabhängig davon, ob ein externer Berater oder ein Konzernunternehmen mit der Wahrnehmung der Aufgaben der internen Meldestelle für den Einrichtungsverpflichteten beauftragt wird. Die Beauftragung des Dritten entbindet den Einrichtungsverpflichteten also gerade nicht von der Pflicht, sicherzustellen, dass er über eine den für ihn geltenden nationalen Vorschriften entsprechende interne Meldestelle verfügt.

30 Erwägungsgrund 55 HinSch-RL zeigt, dass sich die HinSch-RL keinesfalls ablehnend oder auch nur skeptisch gegenüber Meldungen verhält, die Arbeitnehmer eines verbundenen Unternehmens erstatten; Unternehmen sollen vielmehr auch Meldungen, die Tochterunternehmen oder verbundene Unternehmen einer „Gruppe" betreffen, bearbeiten können.

31 Des Weiteren muss beachtet werden, dass die Nutzung von Konzernstrukturen beim Aufbau interner Meldestellen Vorteile mit sich bringt.[61] Die Akkumulation der internen Meldestellen im Konzern erfüllt in effektiver Weise die von der HinSch-RL gestellten Anforderungen an eine effiziente Ausgestaltung eines Meldesystems und einer wirksamen Untersuchungskultur. Gründe dafür sind u. a. die über Jahre gewachsene und gebündelte personelle, fachliche und informationstechnologische Kompetenz bei der Auswertung und Aufarbeitung von Meldungen sowie die Möglichkeit der Aufarbeitung (komplexer) gesellschafts- und landesübergreifender Fälle.[62]

---

60 Gesetzentwurf der Bundesregierung, BT-Drs. 20/3442, S. 79.

61 Berufsverbands der Compliance Manager (BCM) e. V., Positionspapier zum Referentenentwurf des Bundesministeriums der Justiz – Entwurf eines Gesetzes für einen besseren Schutz hinweisgebender Personen sowie zur Umsetzung der Richtlinie zum Schutz von Personen, die Verstöße gegen das Unionsrecht melden, S. 6; *Zimmer/Humphrey*, BB 2022, 372, 374 ff.

62 *Metzner/Gloeckner*, CCZ 2021, 256, 259; *Metzner/Hommel*, CCZ 2022, 117, 118; Deutsches Institut für Compliance, Stellungnahme zum Entwurf eines Gesetzes für einen besseren Schutz hinweisgebender Personen sowie zur Umsetzung der Richtlinie zum Schutz von Personen, die Verstöße gegen das Unionsrecht melden (HinSchG-E), S. 3 f.; Berufsverband der Compliance Manager (BCM) e. V., Positionspapier zum Referentenentwurf des Bundesministeriums der Justiz – Entwurf eines Gesetzes für einen besseren Schutz hinweisgebender Personen sowie zur Umsetzung der Richtlinie zum Schutz von Personen, die Verstöße gegen das Unionsrecht melden, S. 6; insoweit auch: Stellungnahme des Rechtsausschusses des Bundestags, BT-Drs. 20/4909, S. 51.

Insgesamt steht die HinSch-RL somit der vom deutschen Gesetzgeber gewählten Umsetzung, nach der auch Konzerngesellschaften als Dritte i.S.d. § 14 Abs. 1 Satz 1 Var. 3 fungieren können, nicht entgegen. Die hiervon abweichende Auslegung der Europäischen Kommission findet weder im Wortlaut noch im Sinn und Zweck der Richtlinie einen belastbaren Anknüpfungspunkt. Streng zu trennen ist hiervon die Frage, *wie* eine andere Konzerngesellschaft als Dritter die interne Meldestelle für den Einrichtungsverpflichteten einrichten und betreiben muss. Die Europäische Kommission verknüpft dabei (irrigerweise) die Ermöglichung, Konzernunternehmen als Dritte i.S.d. Art. 8 Abs. 5 HinSch-RL einzuordnen, mit der vollständigen Zentralisierung der Meldestelle, d.h. der Bereitstellung nur eines Meldekanals auf Ebene z.B. der Muttergesellschaft, auf den die Tochtergesellschaften allesamt verweisen.[63] Eine solche Zentralisierung der Meldestelle ist jedoch weder mit der HinSch-RL noch mit dem HinSchG vereinbar, zugleich aber auch nicht zwangsläufig gegeben, wenn man Konzernunternehmen als Dritte i.S.d. § 14 Abs. 1 Satz 1 Var. 3 akzeptiert. Vielmehr handelt es sich hierbei um eine Frage der organisatorischen Ausgestaltung der Betrauung des Dritten (hierzu Rn. 37ff.). **32**

bb) Umfang der Betrauung Dritter i.S.d. § 14 Abs. 1 Satz 1 Var. 3

Die Betrauung (präziser: Beauftragung) eines Dritten ist nicht auf die bloße Entgegennahme von Meldungen beschränkt, sondern kann vielmehr alle Aufgaben einer internen Meldestelle umfassen. Eine solche vollumfängliche Aufgabenübertragung ist europarechtskonform. Aus den von der Europäischen Kommission herangezogenen Erwägungsgründen zur HinSch-RL lässt sich nichts Gegenteiliges folgern. **33**

(1) Regelungsgehalt des HinSchG

Nach dem Wortlaut des HinSchG können Dritte „mit den Aufgaben einer internen Meldestelle" betraut werden, was alle in § 13 referenzierten Aufgaben, also den Betrieb der internen Meldestelle nach § 16, die Verfahrensführung nach § 17 sowie das Ergreifen von Folgemaßnahmen nach § 18 umfasst.[64] Mit Blick auf das übertragbare Aufgabenspektrum wird keine Differenzierung zwischen Konstellationen, in denen die interne Meldestelle von eigenen Beschäftigten betrieben wird, und solchen Konstellationen, in denen eine Beauftragung Dritter erfolgt, vorgenommen. Auch ausweislich der Gesetzesbegründung des HinSchG sind keine Einschränkungen an die Dritten übertragbaren **34**

63 In der Literatur so wohl etwa auch *Fest*, ZIP 2022, 2265, 2269.
64 Vgl. auch *Dzida/Seibt*, NZA 2023, 657, 662; *Schoch/Kumar*, CB 2022, 181, 183.

Aufgaben zu machen.[65] Beispielhaft unterstreicht die Gesetzesbegründung in Bezug auf die Ergreifung von Folgemaßnahmen, dass es insoweit einer Kooperation zwischen dem beauftragten Dritten und dem Einrichtungsverpflichteten als Beauftragenden bedarf.[66] Folglich setzt die Gesetzesbegründung wie selbstverständlich voraus, dass auch die Ergreifung von Folgemaßnahmen im Grundsatz durch einen Dritten erfolgen kann und demnach eine Beschränkung der Aufgabenübertragung, insbesondere auf die reine Entgegennahme von Meldungen, nicht in Betracht kommt.

(2) Richtlinienkonformität

35 Diese Reichweite des § 14 Abs. 1 in Hinblick auf die Aufgabenübertragung an Dritte ist auch richtlinienkonform. Den Prüfungsmaßstab bildet insofern Art. 8 Abs. 5 Satz 1 HinSch-RL, nach dem Meldekanäle „intern von einer hierfür benannten Person oder Abteilung betrieben oder extern von einem Dritten bereitgestellt werden [können]". Diese Regelung wird von der Europäischen Kommission dahingehend restriktiv ausgelegt, dass der Dritte, der die Meldestelle bereitstellt, lediglich dazu ermächtigt werden könne, Meldungen entgegenzunehmen.[67] Darüber hinausgehende Aufgaben, z. B. die Ergreifung erforderlicher Folgemaßnahmen im Anschluss an die Entgegennahme der Meldung (wie die Durchführung einer internen Untersuchung), dürften dem Dritten demgegenüber nicht anvertraut werden. Diese erhebliche Beschränkung der Rolle Dritter geht nach Auffassung der Europäischen Kommission auf Erwägungsgrund 54 HinSch-RL zurück, nach dessen Satz 1 „[a]uch Dritte ermächtigt werden [könnten], Meldungen von Verstößen im Namen von juristischen Personen des privaten und öffentlichen Sektors entgegenzunehmen […]".[68]

36 Die Ansicht der Europäischen Kommission überzeugt nicht und verdient daher keine Zustimmung. Die Formulierung „Meldekanäle können […] bereitgestellt werden" in Art. 8 Abs. 5 Satz 1 HinSch-RL lässt sich weit verstehen, scil. als Übernahme aller Aufgaben einer internen Meldestelle, wozu gemäß Art. 9 Abs. 1 HinSch-RL auch Folgemaßnahmen, etwa interne Nachforschungen, i. S. v. Art. 4 Nr. 12 HinSch-RL gehören. Wäre es tatsächlich die Intention des Richtliniengebers gewesen, den Umfang der an Dritte delegierbaren Aufgaben einzuschränken, hätte er Art. 8 Abs. 5 Satz 1 HinSch-RL klar in diesem Sinne

---

65 Gesetzentwurf der Bundesregierung, BT-Drs. 20/3442, S. 78 ff.

66 Gesetzentwurf der Bundesregierung, BT-Drs. 20/3442, S. 78.

67 Schreiben der Europäischen Kommission vom 2.6.2021 (JUST/C2/MM/rp/ (2021) 3939215), S. 3, und vom 16.7.2021 (JUST/C2/MM/rp/ (2021)5129001), S. 2 f.; wohl auch *Teichmann/Weber*, CB 2022, 157, 160.

68 Schreiben der Europäischen Kommission vom 2.6.2021 (JUST/C2/MM/rp/ (2021) 3939215), S. 3, und vom 16.7.2021 (JUST/C2/MM/rp/ (2021)5129001), S. 2 f.

(etwa entsprechend dem Wortlaut von Erwägungsgrund 54 Satz 1 HinSch-RL) formulieren können. Zwar verweist Art. 8 Abs. 5 Satz 1 HinSch-RL explizit nur auf die Bereitstellung von „Meldekanälen“, enthält also – im Unterschied zu Art. 8 Abs. 1 HinSch-RL und Art. 8 Abs. 7 HinSch-RL – keine gesonderte Bezugnahme auf „Verfahren“ bzw. „interne Meldeverfahren“. Daraus kann aber nicht – argumentum e contrario – geschlussfolgert werden, dass Art. 8 Abs. 5 Satz 1 HinSch-RL die Rolle Dritter auf die Entgegennahme von Meldungen reduzieren will. Die HinSch-RL ist in terminologischer Hinsicht nicht konsequent. Bereits die amtliche Überschrift von Art. 8 HinSch-RL lautet „Pflicht zur Einrichtung interner Meldekanäle“, womit unstreitig nicht nur die bloße Entgegennahme von Meldungen abgedeckt sein soll. Ferner spricht beispielsweise Erwägungsgrund 50 HinSch-RL lediglich von der Einrichtung interner Meldekanäle, während er auch entsprechende interne Verfahren meint. Überdies sieht Art. 8 Abs. 5 Satz 2 HinSch-RL vor, dass die in Art. 9 Abs. 1 HinSch-RL genannten Garantien und Anforderungen, wozu etwa auch Folgemaßnahmen gehören, gleichermaßen bei der Einbindung Dritter gelten. Aus diesem umfassenden Verweis auf Art. 9 Abs. 1 HinSch-RL folgt, dass Art. 8 Abs. 5 Satz 1 HinSch-RL eine Betrauung des Dritten mit weitergehenden Funktionen als nur der Entgegennahme von Meldungen zulässt. Auch Erwägungsgrund 54 Satz 1 HinSch-RL rechtfertigt – entgegen der Auffassung der Europäischen Kommission – keine andere Lesart von Art. 8 Abs. 5 Satz 1 HinSch-RL. Aus diesem Erwägungsgrund ergibt sich nicht, dass Dritte „nur“ zur Entgegennahme von Meldungen von Verstößen ermächtigt werden können. Auch Art. 9 Abs. 1 lit. c HinSch-RL, der die Benennung einer unparteiischen Person oder Abteilung fordert, die für die Folgemaßnahmen zu Meldungen zuständig ist, sieht keinen Ausschluss von Dritten vor. Vielmehr muss der Terminus der „unparteiischen Person“ weit verstanden werden und umfasst auch die in Art. 8 Abs. 5 HinSch-RL aufgeführten Dritten. Schließlich reflektiert die umfassende Einbeziehung Dritter auch den Regelungszweck der HinSch-RL: Beauftragte Dritte verfügen regelmäßig über besondere Sachkunde und gewährleisten eine objektive Untersuchung der Meldung. Ein Grund, ihre Rolle einzuschränken, ist somit nicht ersichtlich.

cc) Organisatorische Ausgestaltung der von einem Dritten betriebenen internen Meldestelle

Auch bei Betrauung, präziser Beauftragung, eines Dritten liegt der gesetzlichen Konzeption zufolge die Letztverantwortung bei dem jeweiligen Einrichtungsverpflichteten. Ein Dritter kann zwar für mehrere Einrichtungsverpflichtete gleichzeitig tätig sein. Die Beauftragung darf aber nicht dazu führen, dass die Beauftragenden auf eine einzige (d.h. vollständig zentralisierte), bei dem Dritten eingerichtete Meldestelle verweisen können. Vielmehr muss der **37**

Dritte eine hinreichende organisatorische Trennung der von ihm für die jeweiligen Einrichtungsverpflichteten betriebenen Meldekanäle gewährleisten. Diese allgemeinen Grundsätze sind auch auf Konzernkonstellationen anwendbar. Daraus folgt, dass mehrere interne – jeweils voneinander unabhängige, organisatorisch getrennte – Meldestellen gebündelt bei einem Konzernunternehmen eingerichtet und betrieben werden dürfen, um Aufgaben einer internen Meldestelle für eine jeweils andere Konzerngesellschaft zu übernehmen. Diese konzernrechtliche Betrauungsgestaltung steht – im Gegensatz zu einer singulären, zentralisierten Meldestelle – im Einklang mit Art. 8 Abs. 6 Satz 1 HinSch-RL.

(1) Betrauung und Tätigkeit eines Dritten für mehrere Einrichtungsverpflichtete

38 Die in § 14 Abs. 1 genannten Subjekte werden mit den Aufgaben einer internen Meldestelle „betraut". Bei der Betrauung Dritter bedeutet dies eine Beauftragung[69] dergestalt, dass diese die Einrichtung und den Betrieb der internen Meldestelle des Einrichtungsverpflichteten für diesen, also in dessen Auftrag, wahrnehmen. Die Letztverantwortung für die Einrichtung und den Betrieb der internen Meldestelle im Einklang mit den rechtlichen Anforderungen verbleibt also bei dem Einrichtungsverpflichteten selbst.[70] Dies gilt übrigens nicht nur für die Pflichten aus dem HinSchG, sondern auch für die davon unabhängigen allgemeinen Compliance-Pflichten, also die Pflicht der Leitungsorgane, substantiierte Hinweise auf Fehlverhalten aufzuklären, abzustellen und zu ahnden.[71]

39 Diesen Grundsatz hat der Gesetzgeber für die Konstellation, in der ein Dritter bei der Erfüllung der dem jeweiligen Einrichtungsverpflichteten obliegenden Pflichten mitwirkt, ausschnitthaft klargestellt: Nach § 14 Abs. 1 Satz 2 und 3 entbindet die Betrauung eines Dritten mit Einrichtung und Betrieb einer internen Meldestelle den Einrichtungsverpflichteten nicht von seiner Pflicht, geeignete Maßnahmen zu ergreifen, um einen etwaigen Verstoß abzustellen. Der Einrichtungsverpflichtete muss aber auch jenseits dieser die allgemeinen Compliance-Pflichten (deklaratorisch) aufgreifenden Regelung sicherstellen, dass alle dem HinSchG entspringenden (und ihn treffenden) Pflichten erfüllt werden. In der Gesetzesbegründung wird folgerichtig klargestellt, dass der Dritte nicht losgelöst von dem ihn beauftragenden, verpflichteten Unternehmen oder

69 Zum Begriff der Beauftragung bereits in Rn. 5.

70 *Bayreuther*, NZA-Beilage 2022, 20, 23.

71 Siehe zu den allgemeinen Compliance-Pflichten im Unternehmen: *Moosmayer*, in: Moosmayer, Compliance, § 1 Rn. 1 ff.; LG München I, 10.12.2013, 5 HK O 1387/10, NZG 2014, 345, 347; *Reichert/Ulrich*, in: Beck'sches Handbuch der GmbH, § 20 Rn. 28 f.; *Koch*, in: Aktiengesetz, § 76 Rn. 16.

der Institution agieren kann und es vor allem für Folgemaßnahmen zur Prüfung der Stichhaltigkeit einer Meldung der Kooperation zwischen dem beauftragten Dritten und dem beauftragenden Einrichtungsverpflichteten bedarf.[72] Die Gesetzesbegründung bedient sich dabei des Rechtsbegriffs der „Beauftragung", der klarstellen soll, dass der Dritte insoweit auf Rechnung des Einrichtungsverpflichteten tätig ist und die Letztverantwortung den Einrichtungsverpflichteten trifft.

Daraus folgt für Fälle der Beauftragung eines Dritten, dass es sich bei der von diesem eingerichteten und betriebenen internen Meldestelle um eine solche handeln muss, die dem ihn beauftragenden Einrichtungsverpflichteten eindeutig zugeordnet werden kann. Der Dritte, etwa der in der Gesetzesbegründung genannte externe Rechtsanwalt, ist aber nicht daran gehindert, die Aufgaben einer internen Meldestelle für mehrere Einrichtungsverpflichtete (jeweils getrennt) wahrzunehmen. In der Praxis ist es ferner üblich, dass als Ombudspersonen tätige, auf dem Gebiet spezialisierte externe Rechtsanwälte interne Meldestellen für mehrere Unternehmen (jeweils getrennt) bereitstellen. Ein solches Modell ist vor dem Hintergrund der ratio legis des HinSchG grundsätzlich nicht zu beanstanden; denn der Dritte muss ohnehin bestimmte Voraussetzungen erfüllen, unter anderem über die notwendige Fachkunde verfügen (§ 15 Abs. 2 Satz 1), unabhängig sein (§ 15 Abs. 1 Satz 1), Vertraulichkeit gewährleisten (§ 8) und darf keinen Interessenkonflikten unterliegen (§ 15 Abs. 1 Satz 3). Für die Erfüllung dieser Anforderungen (insbesondere Unabhängigkeit, Interessenkonfliktfreiheit sowie Fachkunde) ist der Beschäftigungsgeber verantwortlich.[73] Dies gilt auch im Fall der Betrauung Dritter mit den Aufgaben einer internen Meldestelle. **40**

Aus § 14 Abs. 2 folgt e contrario, dass es Einrichtungsverpflichteten nach § 14 Abs. 1 nicht gestattet ist, einen Dritten mit der Einrichtung und dem Betrieb einer einzigen – gemeinsamen – Meldestelle zu betrauen; denn § 14 Abs. 2 räumt die Möglichkeit, eine gemeinsame (Melde-)Stelle einzurichten und zu betreiben, nur Unternehmen mittlerer Größe ein. Würde man die Schaffung einer gemeinsamen Meldestelle bereits nach § 14 Abs. 1 für zulässig halten, liefe § 14 Abs. 2 leer. Dies wäre ein in systematischer Hinsicht unzulängliches Ergebnis und liefe auch dem Willen des Gesetzgebers zuwider, nach dessen Vorstellung § 14 Abs. 2 „über Absatz 1 hinausgehende Erleichterungen" vorsieht.[74] Hinzu kommt, dass die Pflicht nach § 12 Abs. 1, eine (eigene) interne Meldestelle einzurichten und zu betreiben, jeden Einrichtungsverpflichteten selbst trifft. Die Möglichkeit, einen Dritten mit der Übernahme der Aufgaben **41**

---

72 Gesetzentwurf der Bundesregierung, BT-Drs. 20/3442, S. 79.

73 Siehe die Kommentierung zu § 15.

74 Gesetzentwurf der Bundesregierung, BT-Drs. 20/3442, S. 80.

einer internen Meldestelle gemäß § 14 Abs. 1 Satz 1 zu beauftragen, ändert die den Einrichtungsverpflichteten treffende Einrichtungspflicht aus § 12 Abs. 1 nicht ab.

42 Ausgehend von der Konstellation eines externen Rechtsanwalts, der interne Meldestellen für mehrere Unternehmen bereitstellen kann, sind an die Eigenständigkeit der in die Hände eines Dritten gelegten Meldestellen mehrerer Einrichtungsverpflichteter jedoch keine allzu hohen Anforderungen zu stellen. Ein Rechtsanwalt kann – wie auch in seiner sonstigen Mandatstätigkeit – von verschiedenen Mandanten eigenständig beauftragt werden und für diese dann jeweils (nach außen erkennbar) eigenständige interne Meldestellen einrichten und betreiben. Zentral für das Vorliegen einer ausreichenden Eigenständigkeit ist aber, dass der Betrieb der jeweiligen Meldestelle nur vom Willen des entsprechenden Einrichtungsverpflichteten abhängig sein darf, mit der Folge, dass Entscheidungen eines Einrichtungsverpflichteten keinen Einfluss auf den Betrieb der einem anderen zuordenbaren Meldestelle haben. Dies geht mit dem Erfordernis einer organisatorischen Trennung dergestalt einher, dass der Dritte in Bezug auf Meldungen betreffend einen Einrichtungsverpflichteten erkennbar nur als interne Meldestelle dieses Einrichtungsverpflichteten in Erscheinung tritt, was unter anderem eine entsprechende Funktionsbezeichnung notwendig macht.[75] Des Weiteren sind für die einzelnen internen Meldestellen jeweils eigenständige, auf den Einrichtungsverpflichteten zugeschnittene Whistleblowing-Regelwerke vorzusehen. Als (berufsrechtliche) Selbstverständlichkeit ist zudem vorauszusetzen, dass der Dritte alle Meldungen getrennt behandelt und eine separate Aktenführung gewährleistet. Auf der anderen Seite ist nicht zu verlangen, dass der Dritte für den Betrieb jeder der internen Meldestellen einen anderen Sachbearbeiter einsetzt oder eine räumliche Trennung vornimmt, also separate Räume bereitstellt. Insofern würde es sich lediglich um äußere Unterscheidungsmerkmale handeln, die angesichts der ratio legis des HinSchG nicht zweckdienlich erscheinen.[76] Wenngleich dies nicht zwingend ist, dürfte es demgegenüber sinnvoll sein, separate Kommunikati-

---

75 Siehe auch *Oberthür*, ArbRB 2022, 378, 379; *Forst*, EuZA 2020, 283, 293 f.; *Steinhauser/Saalwächter-Hirsch/Trouvain*, ESG 2023, 9, 11: „Bei der Bearbeitung durch eine zentrale Meldestelle ist eine Binnentrennung nach den jeweiligen Tochtergesellschaften zu gewährleisten“; vormals wohl anders *Steinhauser/Kreis*, EuZA 2021, 422, 441: „Wird innerhalb eines Konzernverbunds eine Abteilung einer Gesellschaft eingesetzt und haben einzelne Konzernunternehmen mehr als 249 Arbeitnehmer, wäre es überzogen zu fordern, dass jede juristische Person eine selbständige Organisation vorhalten muss oder dass diese internen Meldekanäle organisatorisch voneinander getrennt sind, etwa durch unterschiedliche Telefonnummern und E-Mail-Adressen oder abgegrenzte Teams et cetera.“

76 Abweichend *Holle*, ZIP 2021, 1950, 1953; weniger apodiktisch demgegenüber wohl *Forst*, EuZA 2020, 283, 294.

onswege, etwa eigenständige E-Mail-Adressen, zu schaffen. Auf diese Art und Weise würde eine zuverlässige Zuordnung und Abgrenzung von Meldungen erleichtert.

(2) Praxisanwendung im Konzern

Die vorstehenden, an der Konstellation eines externen Rechtsanwalts als Dritter i. S. v. § 14 Abs. 1 Satz 1 aufgezeigten Grundsätze gelten ebenso für den Fall, dass ein Konzernunternehmen, etwa die Muttergesellschaft, die Aufgaben einer internen Meldestelle für andere Konzernunternehmen, etwa die einzelnen Tochtergesellschaften, wahrnimmt.[77] Da auch die Muttergesellschaft in dieser Konstellation als Dritter i. S. v. § 14 Abs. 1 Satz 1 anzusehen ist (hierzu bereits Rn. 21 ff.), besteht kein Grund, diesen Fall abweichend zu behandeln. Dementsprechend wird auch in der Gesetzesbegründung zu Recht hervorgehoben, dass solche Konzern-Meldestellen „der Unterstützung etwa durch externe Anwaltskanzleien entsprechen [würden]".[78] Daraus folgt zugleich, dass die Einrichtung einer *gemeinsamen* Meldestelle – in Form der singulären, zentralisierten Meldestelle – nach § 14 Abs. 1 auch in Bezug auf Konzernsachverhalte *unzulässig* ist.[79] Als missverständlich erweist sich in diesem Zusammenhang die Gesetzesbegründung, soweit darin ausgeführt wird, es sei nach § 14 Abs. 1 zulässig, „bei einer anderen Konzerngesellschaft (zum Beispiel Mutter-, Schwester-, oder Tochtergesellschaft) eine unabhängige und vertrauliche Stelle als „Dritter" im Sinne von Artikel 8 Absatz 5 HinSch-RL [einzurichten], die auch für mehrere selbständige Unternehmen in dem Konzern tätig sein kann".[80] Diese Erläuterung impliziert (entgegen der Aussage der Gesetzesbegründung, dass § 14 Abs. 2 gegenüber § 14 Abs. 1 zusätzliche Erleichterungen vorsehe), dass es eine einzige (gemeinsame), bei einem Konzernunternehmen eingerichtete Meldestelle geben dürfe, die für mehrere einrichtungsverpflichtete Konzernunternehmen als singuläre, zentralisierte Meldestelle fungiert. Eine solche Auslegung wäre indes, wie bereits in Rn. 41 dargelegt, aus systematischen Gründen mit § 14 Abs. 2 unvereinbar. Ein relevanter Wert für die Auslegung **43**

---

77 Für die Bestellung einer unabhängigen Ombudsperson durch alle Konzerngesellschaften *Dilling*, CCZ 2022, 145, 148: „Eine einfache und kostensparende Lösung kann darin bestehen, dass alle zur Einrichtung von Meldestellen verpflichteten Konzerngesellschaften jeweils dieselbe (unabhängige) Ombudsperson als interne Meldestelle bestellen."

78 Gesetzentwurf der Bundesregierung, BT-Drs. 20/3442, S. 79.

79 A.A. *Lüneborg*, NZG 2022, 1273, 1273; *Reuter*, BB 2023, 1539, 1543; *Baade/Hößl*, DStR 2023, 1213, 1217 f.; *Bruns*, NJW 2023, 1609, 1616.

80 Gesetzentwurf der Bundesregierung, BT-Drs. 20/3442, S. 79; kritisch zu der Aussage des Gesetzgebers auch *Gerdemann*, ZRP 2022, 98, 100 f., der vor diesem Hintergrund die Regelung für zu weit und richtlinienwidrig hält; ebenso *Nießen*, RFamU 2022, 399, 402.

von § 14 Abs. 1 kommt dieser Aussage, die in Anbetracht der übrigen Aussagen der Gesetzesbegründung ohnehin unklar ist, nicht zu.

44 Zusammenfassend lässt sich mit Blick auf Konzernstrukturen Folgendes festhalten: *Erstens* können die Aufgaben einer internen Meldestelle auch von einer Einheit wahrgenommen werden, die einem anderen Konzernunternehmen angehört. *Zweitens* ist es nach § 14 Abs. 1 zulässig, dass ein und dasselbe Konzernunternehmen die Aufgaben der internen Meldestelle für mehrere Konzernunternehmen übernimmt. Es handelt sich dabei aber nicht um eine gemeinsame Meldestelle jener Konzernunternehmen, sondern um gebündelte (aber dennoch in ihrer Existenz und Ausgestaltung unabhängige) interne Meldestellen der jeweiligen Einrichtungsverpflichteten.[81] Vor diesem Hintergrund ist *drittens* die vorstehend beschriebene organisatorische Trennung erforderlich. Die sachbearbeitenden Personen müssen zwar nicht verschieden sein und es bedarf keiner räumlichen Trennung, aber es bedarf der Einhaltung der in Rn. 42 genannten Garantien. So muss jede der Meldestellen ausschließlich der Herrschaftsgewalt des beauftragenden Konzernunternehmens unterliegen sowie nach außen hin als interne Meldestelle dieses Konzernunternehmens auftreten. Dabei ist es unter Praktikabilitäts- und Effektivitätsgesichtspunkten zulässig, dass die Konzernunternehmen ihre (bei dem Mutterunternehmen angesiedelten) internen Meldestellen ähnlich ausgestalten (z. B. in Bezug auf die Whistleblowing-Regelwerke).

45 Der hier vertretene Ansatz der organisatorischen Trennung im Konzern konsolidiert damit – vor allem in Gegenüberstellung zu der alternativen Einrichtung interner Meldestellen innerhalb jeder einzelnen Konzerngesellschaft – die normativen Anforderungen des HinSchG an die Aufgabenerfüllung durch ein einziges Konzernunternehmen mit den tatsächlichen Bedürfnissen der Konzerngesellschaften vor dem Gesichtspunkt der Kosteneffizienz und Akkumulierung von Sachkunde.

(3) Richtlinienkonformität

46 Sofern § 14 Abs. 1 die vorstehend dargelegte Bündelung mehrerer interner Meldestellen unterschiedlicher Einrichtungsverpflichteter bei ein und demselben Dritten, etwa einer Einheit bei einem Konzernunternehmen, zulässt, steht diese Auslegung auch im Einklang mit den Vorgaben der HinSch-RL.

47 Die von der HinSch-RL gemäß Art. 8 Abs. 1 und 3 HinSch-RL vorgesehene Verpflichtung zur Einrichtung einer (eigenständigen) internen Meldestelle durch jeden Einrichtungsverpflichteten wird auch in der Konstellation der Beauftragung eines Dritten mit der Einrichtung und dem Betrieb einer (organisa-

81 Siehe *Gerdemann*, ZRP 2022, 98, 100 f.; *Holle*, ZIP 2021, 1950, 1953.

torisch abgegrenzten) internen Meldestelle für den jeweiligen Einrichtungsverpflichteten erfüllt. Anders als ein weitergehendes Verständnis, welches auch für Unternehmen mit zumindest 250 Beschäftigten einen Rückgriff auf eine singuläre, zentralisierte Meldestelle eines anderen Konzernunternehmens erlauben würde, widerspricht die vorliegende Auslegung des § 14 Abs. 1 Satz 1 auch nicht Art. 8 Abs. 6 Satz 1 HinSch-RL, nach dem (nur) juristische Personen des privaten Sektors mit 50 bis 249 Arbeitnehmern für die Entgegennahme von Meldungen und für etwaig durchzuführende Untersuchungen (hierzu in Rn. 67 ff.) ihre Ressourcen teilen (hierzu in Rn. 56) können. Ein Teilen von Ressourcen liegt nämlich dann nicht vor, wenn die von einer Einheit bei einem Konzernunternehmen bereitgestellten Meldekanäle angesichts ihrer organisatorischen Trennung als eigenständige interne Meldestellen der einzelnen beauftragenden Konzernunternehmen zu qualifizieren sind. Im Einzelnen:

Aus Art. 8 Abs. 6 Satz 1 HinSch-RL folgt im Wege eines Umkehrschlusses, **48**
dass es juristischen Personen des Privatsektors mit mindestens 250 Arbeitnehmern verwehrt ist, für die Entgegennahme von Meldungen und für möglicherweise durchzuführende Untersuchungen Ressourcen zu teilen.[82] Soweit zum Teil vertreten wird, aus der Vorschrift ergebe sich, dass jedenfalls juristische Personen mit 50 bis 249 Arbeitnehmern Ressourcen teilen könnten und diese Möglichkeit juristischen Personen mit mindestens 250 Arbeitnehmern nicht genommen werden solle,[83] so vermag dies nicht zu überzeugen. Dieses Verständnis widerspricht dem klaren Richtlinientext, für dessen ratio legis sich anführen lässt, dass der Richtliniengeber (nur) juristische Personen mit 50 bis 249 Arbeitnehmern hinsichtlich der Ressourcen- und Kosteneffizienz privilegieren, ihnen also eine diesbezügliche Gestaltungsmöglichkeit einräumen wollte, die jenseits von Art. 8 Abs. 6 Satz 1 HinSch-RL nicht besteht. Sollten juristische Personen mit mindestens 250 Arbeitnehmern gleichermaßen zum Teilen von Ressourcen berechtigt sein, würde es sich um keine Privilegierung juristischer Personen mit 50 bis 249 Arbeitnehmern handeln. Ob diese nur für bestimmte juristische Personen geltende Bestimmung sinnvoll und praxisgerecht ist, mag in der Tat höchst fragwürdig sein, aber rechtspolitische Bedenken gegen die Regelung rechtfertigen es nicht, sich über die eindeutige Richt-

---

82 Vgl. auch *Colneric*, Stellungnahme zum Referentenentwurf eines Gesetzes für einen besseren Schutz hinweisgebender Personen sowie zur Umsetzung der Richtlinie zum Schutz von Personen, die Verstöße gegen das Unionsrecht melden, S. 2; *Federmann/Racky/Kalb/Modrzyk*, DB 2019, 1665, 1666; *Gerdemann/Spindler*, ZIP 2020, 1896, 1905; *Quast/Ohrloff*, CCZ 2022, 303, 305.

83 So etwa *Fest*, in: Franzen/Gallner/Oetker, Kommentar zum europäischen Arbeitsrecht, Art. 8 RL (EU) 2019/1937 Rn. 15; *Passarge*, CB 2021, 453, 457; *Schmolke*, in: FS für Windbichler, 2020, S. 1021, 1023; wohl auch *Steinhauser/Kreis*, EuZA 2021, 422, 441.

linienregelung hinwegzusetzen. Entgegen verbreiteter Meinung[84] erteilt auch Erwägungsgrund 55 HinSch-RL[85] keinen Freibrief für zentralisierte konzernweite Meldestellen. Ein solches Verständnis widerspräche bereits Art. 8 Abs. 6 HinSch-RL, gegenüber dem sich der Erwägungsgrund nicht durchsetzen kann.[86] Überdies folgt aus Erwägungsgrund 55 HinSch-RL lediglich, dass die interne Meldestelle etwa eines Mutterunternehmens auch Meldungen von Arbeitnehmern ihrer Tochterunternehmen entgegennehmen und bearbeiten sollte (d.h. freiwillig und zusätzlich). Dass das Tochterunternehmen bei (freiwilliger) Eröffnung der eigenen internen Meldestelle durch das Mutterunternehmen für die Arbeitnehmer des Tochterunternehmens keine Pflicht mehr trifft, eine eigenständige interne Meldestelle einzurichten, ergibt sich daraus nicht. Vielmehr soll mit der freiwilligen Eröffnung eine zusätzliche Meldemöglichkeit geschaffen werden, die neben diejenige des Tochterunternehmens tritt, jene aber nicht verdrängt. Damit wäre es ausgehend von Art. 8 Abs. 6 HinSch-RL richtlinienwidrig, § 14 Abs. 1 dahingehend zu interpretieren, dass er das Teilen von Ressourcen im oben genannten Umfang, also den Rückgriff auf die singuläre interne Meldestelle eines anderen (Konzern-)Unternehmens durch Einrichtungsverpflichtete ohne bestimmte Beschäftigtenzahl, zulässt.

4. Exkurs: Folgen einer etwaigen Richtlinienwidrigkeit

49 Die obigen Ausführungen zeigen, dass sich mit Blick auf die Frage, inwieweit bei Konzernunternehmen eingerichtete Stellen als Dritte i.S.v. § 14 Abs. 1 Satz 1 fungieren können, mit welchen Aufgaben der internen Meldestelle solche Dritten betraut werden können und wie die Betrauung organisatorisch im Einzelnen ausgestaltet sein muss, ein umfangreicher Streitstand entwickelt hat.[87] Dieser fußt in erster Linie auf der restriktiven und jegliche praxistaug-

---

84 Etwa *Passarge*, CB 2021, 453, 457; *Schmolke*, in: FS für Windbichler, 2020, S. 1021, 1023 f.; siehe auch *Bruns*, NJW 2023, 1609, 1616.

85 Erwägungsgrund 55 HinSch-RL lautet: „Interne Meldeverfahren sollten juristische Personen des privaten Sektors in die Lage versetzen, nicht nur den Meldungen ihrer Arbeitnehmer bzw. der Arbeitnehmer ihrer Tochterunternehmen oder verbundenen Unternehmen (im Folgenden „Gruppe") unter vollständiger Wahrung der Vertraulichkeit nachzugehen, sondern soweit möglich auch den Meldungen der Arbeitnehmer von Vertretern und Lieferanten der Gruppe sowie von Personen, die im Rahmen ihrer beruflichen Tätigkeit mit dem Unternehmen und der Gruppe Informationen erhalten".

86 EuGH, 19.11.1998, C-162/97, BeckRS 2004, 74578, Rn. 54: „Begründungserwägungen [...] sind rechtlich nicht verbindlich [...]."

87 *Forst*, EuZA 2020, 283, 293 f.; *Passarge*, CB 2021, 453, 457; *Steinhauser/Kreis*, EuZA 2021, 422, 441; *Zimmer/Humphrey*, BB 2022, 372, 375 f.; *Bürkle*, CCZ 2022, 335 ff.; *Dzida/Seibt*, NZA 2023, 657, 662; *Bruns*, NJW 2023, 1609, 1616; *Steinhauser/Saalwächter-Hirsch/Trouvain*, ESG 2023, 9, 11; *Bayreuther*, NZA-Beilage 2022, 20, 23;

liche Konzernlösung ausschließenden Auslegung der Vorgaben der HinSch-RL durch die Europäische Kommission,[88] die zu Recht stark kritisiert wurde.[89] Die Auslegung der Europäischen Kommission ist jedoch nicht bindend, vielmehr obliegt eine abschließende Auslegung von Unionsrechtsakten gemäß Art. 267 Abs. 1 lit. b AEUV allein dem EuGH. Gleichwohl ist zu beachten, dass der Europäischen Kommission die Möglichkeit zukommt, bei (vermeintlichen) Umsetzungsmängeln ein Vertragsverletzungsverfahren einzuleiten.[90]

Die obigen Darstellungen zeigen jedoch, dass sich die Vorgaben des HinSchG praxistauglich, konsistent und – zumindest nach hier vertretener Bewertung – mit der HinSch-RL vereinbar auslegen lassen. Eine Richtlinienwidrigkeit ist demnach nicht gegeben. Sollte der EuGH im Falle seiner Befassung mit dieser Thematik – das restriktive Verständnis der Europäischen Kommission aufgreifend – zu einem anderen Ergebnis gelangen, hätte dies im ersten Schritt lediglich mittelbare Auswirkungen auf die Einrichtungsverpflichteten; denn ein Vertragsverletzungsverfahren würde sich gegen die Bundesrepublik Deutschland richten.[91] Diese müsste auf Basis eines entsprechenden Urteils in der Folge das HinSchG anpassen, sodass sich Unternehmen erst danach an den neuen, angepassten Regelungen ausrichten müssten. Ein (unmittelbares) Vorgehen gegen Unternehmen, die im Einklang mit dem HinSchG tätig werden, käme bis dahin nicht in Betracht. **50**

III. § 14 Abs. 2

Nach § 14 Abs. 2 Satz 1 können mehrere private Beschäftigungsgeber mit in der Regel 50 bis 249 Beschäftigten für die Entgegennahme von Meldungen und für die weiteren nach dem HinSchG vorgesehenen Maßnahmen eine gemeinsame Stelle einrichten und betreiben. **51**

Gerdemann, ZRP 2022, 98, 100 f.; *Reuter*, BB 2023, 1539, 1543; *Federmann/Racky/Kalb/Modrzyk*, DB 2019, 1665, 1666.

88 Schreiben der Europäischen Kommission vom 2.6.2021 (JUST/C2/MM/rp/(2021)3939215) und vom 16.7.2021 (JUST/C2/MM/rp/ (2021)5129001).

89 *Reuter*, BB 2023, 1539, 1543; *Bürkle*, CCZ 2022, 337 f.; *Zimmer/Humphrey*, BB 2022, 372, 375 f.; *Metzner/Gloeckner*, CCZ 2021, 256, 259; *Metzner/Hommel*, CCZ 2022, 117, 118; Deutscher Anwaltverein, Stellungnahme des Deutschen Anwaltvereins durch die Ausschüsse Arbeitsrecht, Corporate Social Responsibility und Compliance, Informationsrecht sowie Strafrecht zum Referentenentwurf eines Gesetzes für einen besseren Schutz hinweisgebender Personen sowie zur Umsetzung der Richtlinie zum Schutz von Personen, die Verstöße gegen das Unionsrecht melden, S. 28 f.

90 *Fest*, ZIP 2022, 2265, 2269.

91 Allgemein zum Vertragsverletzungsverfahren: *Ehricke*, in: Streinz, EUV/AEUV, Art. 258 AEUV Rn. 1 ff.

1. Regelungsgehalt des HinSchG

a) Normzweck

52 Die Vorschrift setzt Art. 8 Abs. 6 HinSch-RL um und sieht nach der Gesetzesbegründung Erleichterungen für mittlere Unternehmen vor. Sie bezweckt, es diesen Unternehmen zu ermöglichen, „Ressourcen zu schonen und eine kostengünstige und wenig aufwendige Lösung zu finden".[92] Es soll durch die eingeräumte Privilegierung eine ökonomische Überlastung dieser Unternehmen[93] verhindert werden.

b) Adressaten der Regelung

53 Adressaten der (bundesrechtlichen)[94] Regelung sind expressis verbis nur private Beschäftigungsgeber i. S. v. § 3 Abs. 10 (zum Begriff bereits Rn. 2), also nicht Beschäftigungsgeber, die juristische Personen des öffentlichen Rechts sind. Diese Beschränkung auf private Beschäftigungsgeber entspricht der mit der Vorschrift umzusetzenden Regelung des Art. 8 Abs. 6 HinSch-RL, die sich insofern ausdrücklich an juristische Personen des privaten Sektors richtet. Jeder der privaten Beschäftigungsgeber darf „in der Regel" (hierzu ausführlich in § 12 Rn. 22 ff.) maximal 249 Beschäftigte haben, um von den Erleichterungen profitieren zu können.

54 Die Einbeziehung privater Beschäftigungsgeber, die in der Regel weniger als 50 Beschäftigte haben, aber dennoch (freiwillig) eine interne Meldestelle einrichten und betreiben, ist – ausgehend vom Sinn und Zweck der Regelung, private Beschäftigungsgeber mit in der Regel maximal 249 Beschäftigten in ökonomischer Hinsicht zu privilegieren – zulässig (argumentum a maiore ad minus).

55 Eine Mindestzahl der privaten Beschäftigungsgeber ist nicht vorgegeben, sodass bereits zwei private Beschäftigungsgeber von § 14 Abs. 2 Gebrauch ma-

---

92 Gesetzentwurf der Bundesregierung, BT-Drs. 20/3442, S. 80.

93 Zu Ressourcen und Kosten auch *Reufels/Soltysiak*, Das neue Whistleblowing-Recht, § 5 B. Rn. 24.

94 Aufgrund des in Art. 84 Abs. 1 Satz 7 GG normierten (und in § 12 Abs. 1 Satz 4 Anerkennung findenden) Durchgriffsverbots obliegt es dem jeweiligen Landesgesetzgeber, in Umsetzung des Art. 8 Abs. 9 UAbs. 3 HinSch-RL Gemeinden und Gemeindeverbänden ebenso die Möglichkeit des gemeinsamen Betriebs einer internen Meldestelle einzuräumen; vgl. hierzu etwa § 4 Satz 1 des Entwurfs eines hessischen Hinweisgebermeldestellengesetzes (LT-Drs. 20/11079). Der in § 14 Abs. 2 Satz 2 zum Ausdruck kommende Grundgedanke der Letztverantwortung ist dabei gleichwohl zu beachten; so i.E. auch *Bruns*, in: Rolfs/Giesen/Meßling/Udsching, BeckOK Arbeitsrecht, § 14 HinSchG Rn. 12; *Reufels/Soltysiak*, Das neue Whistleblowing-Recht, § 5 B. Rn. 24.

chen können. Ebenso wenig ist eine Höchstzahl der privaten Beschäftigungsgeber, die eine gemeinsame Meldestelle einrichten und betreiben können, vorgesehen. Eine gemeinsame Meldestelle könnte folglich von einer sehr hohen, etwa dreistelligen, Zahl privater Beschäftigungsgeber eingerichtet und betrieben werden. Freilich muss dabei gewährleistet werden, dass die gemeinsame Meldestelle, für deren Funktionsfähigkeit jeder der beteiligten Einrichtungsverpflichteten für sich betrachtet verantwortlich zeichnet, die ihr gesetzlich zugedachten Aufgaben ordnungsgemäß erfüllen kann. Die Beschäftigungsgeber können einem Konzern angehören, umgekehrt können sich gleichermaßen auch Beschäftigungsgeber auf § 14 Abs. 2 berufen, die in keiner Beziehung zueinanderstehen.[95]

c) Einrichtung und Betrieb einer gemeinsamen Meldestelle

Nach § 14 Abs. 2 Satz 1 sind die privilegierten Beschäftigungsgeber dazu berechtigt, für die Entgegennahme von Meldungen und für die weiteren nach dem HinSchG vorgesehenen Maßnahmen eine gemeinsame Stelle einzurichten und zu betreiben.[96] **56**

Wenngleich der Gesetzgeber von einer „Stelle“ spricht, ist nicht ersichtlich, dass mit dieser Begriffswahl eine inhaltliche Abweichung von dem andernorts (etwa in § 14 Abs. 1) verwendeten Begriff der „Meldestelle“ einhergehen sollte. Das Aufgabenspektrum, das der gemeinsamen Meldestelle i. S. d. § 14 Abs. 2 Satz 1 zugewiesen werden kann, umfasst explizit die Entgegennahme von Meldungen und die weiteren nach dem HinSchG vorgesehenen Maßnahmen. Gemeint sind mithin alle Aufgaben einer internen Meldestelle, also insbesondere auch die Ergreifung von Folgemaßnahmen wie die Durchführung interner Untersuchungen (hierzu Rn. 3, 67). Wenngleich in § 14 Abs. 2 Satz 2 klargestellt wird, dass die Pflicht zur Abstellung des Verstoßes und jene zur Rückmeldung an den Hinweisgeber beim Einrichtungsverpflichteten verbleiben, bedeutet dies keine Einschränkung des übertragbaren Aufgabenspektrums (vgl. § 14 Abs. 1 Satz 2). Vielmehr rekurriert die Regelung – zumindest teilweise – auf die jenseits des HinSchG bestehenden Compliance-Pflichten[97] der Leitungsorgane einer juristischen Person. Regelmäßig wird nur der Einrichtungsverpflichtete in der Lage sein, den Verstoß abzustellen. Die Pflicht, eine Rückmeldung zu geben, muss nicht eigenhändig vom Einrichtungsverpflichteten erfüllt werden (hierzu im Übrigen Rn. 22). **57**

95 So auch zutreffend etwa *Lüneborg*, ZIP 2023, 941, 945.
96 Hierzu kurz *Fissenewert*, Erste Hilfe zum Hinweisgeberschutzgesetz, S. 27.
97 Siehe zu den allgemeinen Compliance-Pflichten im Unternehmen: *Moosmayer*, in: Moosmayer, Compliance, § 1 Rn. 1 ff.

58 Das HinSchG sieht keine spezifischen Anforderungen an die Einheit vor, die die Funktion der gemeinsamen Stelle übernehmen soll. Die Auswahlentscheidung unterliegt insofern dem Ausgestaltungsermessen (hierzu Rn. 6) der beteiligten privilegierten Beschäftigungsgeber. Es ist etwa möglich, eine Meldestelle zu designieren, die bei einem der beteiligten Beschäftigungsgeber bereits existiert oder erst eingerichtet wird, oder auf einen Dritten zurückzugreifen.

59 Ausgehend von der Terminologie des § 14 Abs. 2, der den Betrieb und die Einrichtung einer „gemeinsamen" Meldestelle durch mehrere private Beschäftigungsgeber erlaubt, stellt sich aus Praxissicht die Frage der konkreten Ausgestaltung einer solchen Stelle. Während es nach § 14 Abs. 1 zulässig ist, einen Dritten mit den Aufgaben einer internen Meldestelle zu beauftragen, und der Dritte bei Wahrung einer organisatorischen Trennung (hierzu Rn. 38 ff., inbs. Rn. 42) gleichzeitig mehrere interne Meldestellen für unterschiedliche Einrichtungsverpflichtete bereitstellen kann, sieht § 14 Abs. 2 eine weitergehende Erleichterung vor und gestattet es grundsätzlich, eine *singuläre* Meldestelle zu schaffen, die den daran partizipierenden privaten Beschäftigungsgebern zugerechnet wird und unter deren gemeinsamem Einfluss steht.[98] Dies bedeutet, dass die Beschäftigungsgeber Entscheidungen über die Ausgestaltung dieser singulären Meldestelle gemeinsam treffen. Für Einzelheiten dieser gemeinsamen Entscheidungsfindung bedarf es einer Vereinbarung der Beschäftigungsgeber.

60 Vor diesem Hintergrund ist es (bereits ausgehend vom Wortlaut von § 14 Abs. 2) nicht erforderlich, für eine organisatorische Trennung im gleichen Ausmaß zu sorgen, wie in Rn. 44 für das Bündelungsmodell nach § 14 Abs. 1 dargestellt. Die gemeinsame Meldestelle kann damit insbesondere unter ein und derselben Bezeichnung und nach Maßgabe ein und desselben Regelwerkes operieren. Es erscheint zudem nicht erforderlich, getrennte Kommunikationswege zu schaffen.[99] Diese vor allem durch den Gedanken der Kostenminimierung getragene Privilegierung darf allerdings nicht dazu führen, dass bestimmte Anforderungen wie das Vertraulichkeits- oder Unabhängigkeitsgebot ausgehöhlt oder konterkariert werden. Eine solche Gefahr geht mit dem Modell einer gemeinsamen (singulären) Meldestelle, für die eine organisatorische Trennung im in Rn. 44 dargestellten Sinne nicht zu verlangen ist, indes nicht per se einher. Dass die Meldestelle gleichzeitig für mehrere Beschäftigungsgeber agiert, bedeutet nämlich nicht, dass sie beispielsweise nicht unabhängig oder interessenkonfliktfrei (siehe zu diesen Anforderungen § 15) ist.

---

98 Vgl. *Holle*, ZIP 2021, 1950, 1952 in Bezug auf die Bestimmungen der HinSch-RL.
99 Siehe *Holle*, ZIP 2021, 1950, 1953.

Trotz des großzügigen Wortlauts der Regelung erscheint ein Mindestmaß an interner Strukturierung und organisatorischer Trennung der gemeinsamen Meldestelle unumgänglich und aus der Perspektive der beteiligten Beschäftigungsgeber auch wünschens- und erstrebenswert. Beispielsweise müssen eingehende Meldungen sowie die Ergebnisse etwaiger Folgemaßnahmen dem jeweiligen Beschäftigungsgeber klar zuordenbar sein und für meldewillige Arbeitnehmer muss ohne Weiteres feststellbar sein, dass es sich um die interne Meldestelle ihres Beschäftigungsgebers handelt. Ferner sind nicht zuletzt vor dem Hintergrund der erforderlichen Zuordenbarkeit sowie der Wahrung der Vertraulichkeit eine eigenständige Fallbearbeitung und eine separate Aktenführung zu gewährleisten. **61**

d) Letztverantwortung des jeweiligen Einrichtungsverpflichteten (insb. § 14 Abs. 2 Satz 2)

Auch bei Betrieb einer gemeinsamen Meldestelle nach § 14 Abs. 2 besteht die Letztverantwortung für das gesetzmäßige Funktionieren der internen Meldestelle bei jedem einzelnen Einrichtungsverpflichteten. Die Einrichtungspflicht aus § 12 wird durch die Privilegierung nach § 14 Abs. 2 nicht aufgehoben. Hinsichtlich der Abstellung des Verstoßes und der Pflicht zur Rückmeldung an den Hinweisgeber hat der Gesetzgeber die Verantwortlichkeit jedes einzelnen Einrichtungsverpflichteten in § 14 Abs. 2 Satz 1 klargestellt. Da die gemeinsame Meldestelle selbst in der Lage ist, dem jeweiligen Hinweisgeber eine Rückmeldung zu geben, reicht es insoweit aus, dass jeder Beschäftigungsgeber dafür Sorge trägt, dass die Meldestelle die Rückmeldung erteilt. **62**

2. Richtlinienkonformität

§ 14 Abs. 2 ist richtlinienkonform. Er entspricht Art. 8 Abs. 6 HinSch-RL. **63**

In persönlicher Hinsicht räumt Art. 8 Abs. 6 HinSch-RL die Möglichkeit des Teilens von Ressourcen juristischen Personen des privaten Sektors mit 50 bis 249 Arbeitnehmern ein. Berechtigt sind auch solche juristischen Personen, die demselben Konzern angehören; Art. 8 Abs. 6 Satz 1 HinSch-RL enthält keine Einschränkung in dieser Hinsicht.[100] Dies entspricht auch der Ansicht der Europäischen Kommission.[101] Hat eine Konzerngesellschaft demgegenüber mehr **64**

---

100 *Engels*, ARP 2022, 20, 22; *Gerdemann/Spindler*, ZIP 2020, 1896, 1905; *Kappen/Cho/Gaertner*, GWuR 2021, 99, 101.

101 Schreiben der Europäischen Kommission vom 2.6.2021 (JUST/C2/MM/rp/(2021)3939215), S. 3 f.: „Only medium-sized companies can benefit from this possibility, but this applies both to distinct companies with no link to each other and to companies that belong to the same group (while being distinct legal entities)".

als 249 Arbeitnehmer, kann sie sich nicht auf diese Regelung berufen. Dass § 14 Abs. 2 auf die Beschäftigtenzahl, über die der Einrichtungsverpflichtete „in der Regel" verfügt, verweist, ist unschädlich, weil diese Umsetzung von Art. 8 Abs. 6 HinSch-RL gedeckt ist (hierzu bei § 12 Rn. 23).

65 § 14 Abs. 2 ist auch richtlinienkonform, soweit er die Einrichtung und den Betrieb einer *gemeinsamen Meldestelle* zulässt. Art. 8 Abs. 6 Satz 1 HinSch-RL lässt dem Wortlaut nach „das Teilen von Ressourcen" zu. Die Einrichtung und der Betrieb einer gemeinsamen Meldestelle sind als Ausformung einer solchen Ressourcenteilung anzusehen. Dass „das Teilen von Ressourcen" hinter der Einrichtung und dem Betrieb einer gemeinsamen Meldestelle zurückbleibt, ist nicht ersichtlich.[102] Der Begriff des Teilens von Ressourcen ist in der HinSch-RL nicht definiert worden. Auch die Europäische Kommission hat in ihren Stellungnahmen von einer Begriffsdefinition abgesehen. Bezugspunkt der Ressourcenteilung sind nach dem Wortlaut von Art. 8 Abs. 6 Satz 1 HinSch-RL die Entgegennahme von Meldungen und möglicherweise durchzuführende Untersuchungen. Hiervon ausgehend betrifft die Bestimmung die Konstellation, dass zumindest zwei juristische Personen des Privatsektors zur Entgegennahme von Meldungen und Durchführung von Untersuchungen auf gemeinsames Personal, gemeinsame Sachmittel sowie eine gemeinsame Struktur zurückgreifen (Ressourcenteilung). Folgerichtig ist es in dieser Konstellation zulässig, eine gemeinsame Meldestelle zu etablieren. Es ist zwar unbefriedigend, dass der Richtliniengeber die näherliegende Formulierung „gemeinsame Meldestelle" nicht verwendet. Inhaltlich lässt sich aber ein Rang- oder Stufenverhältnis zwischen dem Betrieb einer gemeinsamen Meldestelle und dem Teilen von Ressourcen nicht ausmachen, ohne dass man auf gekünstelte Kriterien zurückgreifen müsste.[103]

66 Freilich handelt eine solche gemeinsame Meldestelle in jedem Einzelfall im Auftrag und auf Rechnung des jeweiligen Einrichtungsverpflichteten. Die Letztverantwortung für die Gewährleistung einer funktionsfähigen internen Meldestelle verbleibt stets bei den einzelnen Gesellschaften. Dies unterstreicht Art. 8 Abs. 6 Satz 2 HinSch-RL, nach dem die Möglichkeit des Teilens von Ressourcen *unbeschadet* der den juristischen Personen durch die HinSch-RL

---

102 In der Literatur werden die divergierenden Formulierungen nicht aufgegriffen. Man geht, soweit ersichtlich, ohne Weiteres davon aus, dass es sich beim Wortlaut des § 14 Abs. 2 insofern um eine richtlinienkonforme Umsetzung von Art. 8 Abs. 6 HinSch-RL handelt; etwa *Dilling*, CCZ 2023, 91, 94. *Kappen/Cho/Gaertner*, CB 2022, 237, 238 heben den Unterschied zwar hervor, knüpfen daran aber ausdrücklich keine Konsequenz.

103 Insofern ist es auch unerheblich, dass der Richtliniengeber in Art. 8 Abs. 9 UAbs. 3 HinSch-RL von einem gemeinsamen Betrieb interner Meldekanäle durch Gemeinden und von „geteilten internen Meldekanälen" spricht. Es offenbart sich an dieser Stelle vielmehr, dass die HinSch-RL in terminologischer Hinsicht nicht konsistent ist.

auferlegten Verpflichtung, Vertraulichkeit zu wahren, Rückmeldung zu geben und gegen den gemeldeten Verstoß vorzugehen, gilt. Auch in dieser Hinsicht ist § 14 Abs. 2 mit der HinSch-RL vereinbar.

Schließlich steht § 14 Abs. 2 mit Art. 8 Abs. 6 HinSch-RL im Einklang, sofern **67** er den Umfang der auf die gemeinsame Meldestelle übertragbaren Aufgaben betrifft. Nach § 14 Abs. 2 kann die gemeinsame Meldestelle *alle* nach dem HinSchG vorgesehenen Aufgaben wahrnehmen (hierzu in Rn. 57). Der Wortlaut von Art. 8 Abs. 6 HinSch-RL weist demgegenüber eine engere Formulierung auf, indem er auf „die Entgegennahme von Meldungen und für möglicherweise durchzuführende Untersuchungen" verweist. Bei näherer Betrachtung handelt es sich aber nur um eine scheinbare Beschränkung. Der in der HinSch-RL nicht definierte Begriff „möglicherweise durchzuführende Untersuchungen" erscheint weit genug, um alle Tätigkeiten im Zusammenhang mit einer Meldung von Verstößen zu erfassen, die von einer internen Meldestelle ausgeführt werden können (N.B.: regelmäßig nicht die Abstellung des Verstoßes). Aufgrund der thematischen Nähe zu der durchzuführenden Untersuchung dürften insbesondere auch Rückmeldungen an den Hinweisgeber als Annexkompetenz erfasst sein, wobei § 14 Abs. 2 Satz 2 eine Pflicht des Einrichtungsverpflichteten zur eigenhändigen Rückmeldung nicht entnommen werden kann (hierzu bereits in Rn. 62).

§ 15 Unabhängige Tätigkeit; notwendige Fachkunde

(1) Die mit den Aufgaben einer internen Meldestelle beauftragten Personen sind bei der Ausübung ihrer Tätigkeit unabhängig. Sie dürfen neben ihrer Tätigkeit für die interne Meldestelle andere Aufgaben und Pflichten wahrnehmen. Es ist dabei sicherzustellen, dass derartige Aufgaben und Pflichten nicht zu Interessenkonflikten führen.

(2) Beschäftigungsgeber tragen dafür Sorge, dass die mit den Aufgaben einer internen Meldestelle beauftragten Personen über die notwendige Fachkunde verfügen. Ist der Beschäftigungsgeber der Bund oder ein Land, gilt Satz 1 für die jeweiligen Organisationseinheiten entsprechend.

Schrifttum: *Baade/Hößl*, Arbeits- und compliancerechtlicher Handlungsbedarf unter dem neuen Hinweisgeberschutzgesetz (Teil I), DStR 2023, 1213; *Bachmann/Grundmann/Mengel/Krolop* (Hrsg.), Festschrift für Christine Windbichler, 2020; *Baur/Hansch*, Der betriebliche Datenschutzbeauftragte, ZD 2019, 99; *Baur/Holle*, Hinweisgebersysteme aus gesellschaftsrechtlicher Perspektive, AG 2017, 379; *Bayreuther*, Das neue Hinweisgeberschutzgesetz, DB 2023, 1537; *Bayreuther*, Hinweisgeberschutz und Betriebsverfassung, NZA 2023, 666; *Bayreuther*, Whistleblowing und das neue Hinweisgeberschutzgesetz, NZA-Beilage 2022, 20; *Behr/Haas/Ellinger*, Der RegE zum Hinweisgeberschutzgesetz – die 15 wichtigsten Fragen für Unternehmen, DB 2022, 2137; *Bings*, Änderungen des DCGK betreffen Compliance Management Systeme, CCZ 2017, 118; *Bittmann/Brockhaus/von Coelln/Heuking*, Regelungsbedürftige Materien in einem zukünftigen „Gesetz über Interne Ermittlungen", NZWiSt 2019, 1; *Bürkle*, Corporate Compliance – Pflicht oder Kür für den Vorstand der AG?, BB 2005, 565; *Bürkle*, Weitergabe von Informationen über Fehlverhalten in Unternehmen (Whistleblowing) und Steuerung auftretender Probleme durch ein Compliance-System, DB 2004, 2158; *Campos Nave/Bonenberger*, Korruptionsaffären, Corporate Compliance und Sofortmaßnahmen für den Krisenfall, BB 2008, 734; *Clodius/Warda*, Einrichtung und Betrieb von Hinweisgebersystemen – ein Praxisleitfaden, CB 2021, 137; *Dilling*, Der Schutz von Hinweisgebern und betroffenen Personen nach der EU-Whistleblower-Richtlinie, CCZ 2019, 214; *Drenckhan*, Checkliste: In fünf Schritten zum Hinweisgebersystem, CB 2021, 459; *Dzida/Seibt*, Neues Hinweisgeberschutzgesetz: Analyse und Antworten auf Praxisfragen, NZA 2023, 657; *Ehmann/Selmayr* (Hrsg.), Datenschutzgrundverordnung, 2. Aufl. 2018; *Fassbach/Hülsberg*, Beschäftigtendatenschutz im Hinweisgeberverfahren: Interessenkonflikt zwischen Hinweisgeberschutz und Auskunftsrecht des Beschuldigten, GWR 2020, 255; *Fassbach/Hülsberg*, Die D&O-Versicherung im Gefüge der Compliance Management Systeme (CMS), CB 2018, 1; *Fehr*, Whistleblowing und Datenschutz – ein unlösbares Spannungsfeld?, ZD 2022, 256; *Fehr/Refenius*, Hinweisgeberschutzgesetz: Interne Meldestellenbeauftragte, CB 2023, 289; *Fissenewert*, Erste Hilfe zum Hinweisgeberschutzgesetz, 2023; *Fleischer*, Handbuch des Vorstandsrechts, 2006; *Fleischer/Goette* (Hrsg.), Münchener Kommentar zum GmbHG, 4. Aufl. 2023; *Fleischer/Schmolke*, Whistleblowing und Corporate Governance – Zur Hinweisgeberverantwortung von Vorstandsmitgliedern und Wirtschaftsanwälten, WM 2012, 1013; *Forgó/Helfrich/Schneider*, Betrieblicher Datenschutz, 3. Aufl. 2019; *Franzen/Gallner/Oetker* (Hrsg.), Kommentar zum europäischen Arbeitsrecht, 4. Aufl. 2022; *Freidank*, Integration eines Hinweisgebersystems in die Corporate Governance von Aktiengesellschaften, DStR 2022, 1871; *Gerdemann*, Revolution des Whistleblowing-Rechts oder Pfeifen im Walde?, RdA 2019, 16; *Gerdemann*, Transatlantic Whistleblowing, 2018; *Goette/Arnold*, Handbuch Aufsichtsrat, 2021; *Goette/Habersack/Kalss* (Hrsg.), Münchener Kommentar zum AktG, 5. Aufl. 2019/6. Aufl. 2023; *Grützner/Jakob*, Compliance von A–Z, 2. Aufl. 2015; *Haouache*, Unternehmensbeauftragte und Gesellschaftsrecht der AG und GmbH, 2003; *Hauschka*, Compliance, Compliance-Manager, Compliance-Programme: Eine geeignete Reaktion auf gestiegene Haftungsrisiken für Unternehmen und Management?, NJW 2004, 257; *Hauschka/Moosmayer/Lösler* (Hrsg.), Corporate Compliance, Handbuch der Haftungsvermeidung im Unternehmen, 3. Aufl. 2016; *Hirte/Mülbert/Roth/Hopt/Wiedemann* (Hrsg.), Großkommentar zum Aktiengesetz, 2014; *Hoffmann/Schieffer*, Pflichten des Vorstands bei der Ausgestaltung einer ordnungsgemäßen Compliance-Organisation, NZG 2017, 401; *Hoffmann-Becking/Hüffer/Reichert*, Liber Amicorum für Martin Winter, 2011; *Holle*, Legalitätskontrolle im Kapitalgesellschafts- und Konzernrecht, 2014; *Hopt*, Interne Untersuchungen, Whistleblowing und externes Monitoring, ZGR 2020, 373; *Institut der Wirtschaftsprüfer in Deutschland (IDW)* (Hrsg.), WP Handbuch, Wirtschaftsprüfung und Rechnungslegung, 17. Aufl. 2021; *Knierim/Rübenstahl/Tsambikakis*, Internal Investigations, 2012; *Koch*, Aktiengesetz, Kommentar, 16. Aufl. 2022/17. Aufl. 2023; *Koch*, Compliance-Pflichten im Unternehmensverbund?, WM 2009, 1013; *Kremer/Bachmann/Favoccia/von Werder*, Deutscher Corporate Governance Kodex, Kommentar, 8. Aufl. 2021; *Leibold*, Überblick: Betrieblicher Datenschutzbeauftragter als interne Meldestelle i. S. d. HinSchG-E – ein Interessenkonflikt?, ZD-aktuell 2022, 01333; *Liese*, Much Adoe About Nothing? oder: Ist der Vorstand einer Aktiengesellschaft verpflichtet, eine Compliance-Organisation zu implementieren?, BB Special 5, 2008, 17; *Lösler*, Compliance im Wertpapierdienstleistungskonzern, 2003; *Lösler*, Das moderne Verständnis von Compliance im Finanzmarktrecht, NZG 2005, 104; *Lüneborg/Resch*, Die Ersatzfähigkeit von Kosten interner Ermittlungen und sonstiger Rechtsberatung im Rahmen der Organhaftung, NZG 2018, 209; *Lutter*, Der Aufsichtsrat im Konzern, AG 2006, 517; *Marsch-Barner*, Corporate Whistleblowing, ZHR 181 (2017), 847; *Mense/Klie*, Deutscher Corporate Governance Kodex 2017 – Auswirkungen der aktuellen Änderungen für die Praxis, BB 2017, 771; *Metzner/Gloeckner*, „Reality Check" der EU-Whistleblower Richtlinie – Ist die Einführung eines lokalen Hinweisgebersystems wirklich erforderlich?, CCZ 2021, 256; *Momsen/Grützner*, Gesetzliche Regelung unternehmensinterner Untersuchungen – Gewinn an Rechtsstaatlichkeit oder unnötige Komplikation?, CCZ 2017, 242; *Moosmayer*, Compliance, Praxisleitfaden für Unternehmen, 4. Aufl. 2021; *Moosmayer/Petrasch*, Gesetzliche Regelungen für Internal Investigations, ZHR 182 (2018), 504; *Mosbacher/Dierlamm*, Betriebsangehöriger als Überwachungsgarant, NStZ 2010, 268; *Nägele/Apel/Stolz/Drescher/Sefrin*, Die Entwicklung des Datenschutzrechts im vierten Jahr der DSGVO (Teil 2): Überblick über die Praxis der Aufsichtsbehörden, DB 2022, 2008; *Paal/Götz*, Rechtsfragen bei der Benennung eines externen Datenschutzbeauftragten für mehrere Unternehmen, DSB 2022, 136; *Paal/Nikol*, Zur Möglichkeit der personellen Identität von interner Meldestelle und Datenschutzbeauftragtem, DSB 2022, 324; *Preußner*, Risikomanagement im Schnittpunkt von Bankaufsichtsrecht und Gesellschaftsrecht, NZG 2004, 57; *Pütz*, Hinweisgeberschutzgesetz, Gesetzestext – Begründung – Praxishinweise, 2023; *Reufels/Soltysiak*, Das neue Whistleblowing-Recht, 2023; *Rolfs/Giesen/Meßling/Udsching* (Hrsg.), Beck'scher Online-Kommentar Arbeitsrecht, 68. Edition, Stand: 2.7.2023; *Römermann*, Münchener Anwaltshandbuch GmbH-Recht, 4. Aufl. 2018; *Schauf*, Rolle und Kompetenzen des GmbH-Geschäftsführers in einer Matrixstruktur, BB 2017, 2883; *Schneider/Brouwer/Scholz-Fröhling*, Der Mehrfachbeauftragte – Vorüberlegungen zu einem allgemeinen Recht des Beauftragten, CCZ 2023, 133; *Schoch/Kumar*, Der neue Entwurf eines Hinweisgeberschutzgesetzes, CB 2022, 181; *Stuke/Fehr*, Whistleblowing und seine betrieblichen Fallstricke – Eine Handlungsempfehlung für ein professionelles Hinweisgebermanagement, BB 2021, 2740; *Taeger/Gabel*

(Hrsg.), DSGVO/BDSG/TTDSG, 4. Aufl. 2022; *Teichmann/Weber*, Die Whistleblowing-Richtlinie, ihr Missbrauchspotential und Implikationen für Compliance-Beauftragte, CB 2022, 157; *Thüsing/Fütterer/Jänsch*, Zu den datenschutzrechtlichen Grenzen des Whistleblowings, RDV 2018, 133, 135; *Volkmann*, Haftung des GmbH-Geschäftsführers bei Planung, Errichtung und Betrieb von Offshore Windparks, insbesondere in Matrixstrukturen, GmbHR 2016, 1068; *von Werder/Bartz*, Die aktuellen Änderungen des Deutschen Corporate Governance Kodex, DB 2017, 769; *Vordermayer/von Heintschel-Heinegg/Schnabl* (Hrsg.), Handbuch für den Staatsanwalt, 6. Aufl. 2018; *Wabnitz/Janovsky/Schmitt*, Handbuch Wirtschafts- und Steuerstrafrecht, 5. Aufl. 2020; *Wybitul*, Der neue gesetzliche Hinweisgeberschutz – eine Herausforderung für den Datenschutz, BB 2022, Heft 37, Umschlagteil, I; *Zimmer/Millfahrt*, Die Rolle des Betriebsrats beim Hinweisgeberschutzgesetz, BB 2023, 1269.

Übersicht

Rn.

I. Überblick ... 1
II. Unabhängigkeit der beauftragten Person (§ 15 Abs. 1) ... 2
1. Ziele und Adressat der Regelung ... 2
2. Größe des Beschäftigungsgebers ... 3
3. Besetzung der internen Meldestelle mit eigenen Beschäftigten ... 6
a) Mitarbeiter in Doppelfunktion ... 6
b) Korruptions- bzw. Integritätsbeauftragter als interne Meldestelle ... 9
c) Integration des Hinweisgebersystems in das Compliance-Management-System ... 11
aa) Zulässigkeit der Integration ... 11
bb) Voraussetzungen der Integration ... 14
cc) Leiter der Compliance-Abteilung bzw. Auditverantwortlicher als geeigneter Funktionsträger ... 18
d) Vorstandsmitglied bzw. Mitglied der Geschäftsführung als interne Meldestelle ... 24
e) Aufsichtsrat bzw. Aufsichtsratsmitglied als interne Meldestelle ... 29
f) Leiter der Personal- bzw. Rechtsabteilung als interne Meldestelle ... 30
g) Datenschutzbeauftragter als interne Meldestelle ... 32
aa) Qualifikationen und Funktion des Datenschutzbeauftragten ... 32
bb) Ähnlichkeit der Funktionen des Datenschutzbeauftragten und der internen Meldestelle ... 34
cc) Grundsatz: Zulässigkeit der Doppelfunktion ... 36
dd) Ausnahme: Interessenkonflikte des Datenschutzbeauftragten ... 41
ee) Empfehlungen für die Praxis ... 48
III. Notwendige Fachkunde der beauftragten Person (§ 15 Abs. 2) ... 52
1. Ziele und Verantwortlichkeit für die Fachkunde ... 52
2. Anforderungen an die Fachkunde ... 53
a) Keine gesetzlichen Vorgaben ... 53
b) Erforderliche Fachkunde im Zeitverlauf ... 56
aa) Fachkunde zu Beginn der Tätigkeit ... 56
bb) Fachkunde während der Tätigkeit ... 61
c) Beteiligung des Betriebsrats bei Schulungen ... 62
d) Beauftragung von Dritten ... 63
IV. Keine Sanktionen ... 64

I. Überblick

1 § 15 knüpft unmittelbar an § 14 an, indem in § 15 Abs. 1 die Unabhängigkeit der Person verlangt wird, die als interne Meldestelle nach § 14 fungiert. Insbesondere müssen Interessenkonflikte vermieden werden. Diese können sich daraus ergeben, dass die Person auch andere Aufgaben und Pflichten beim Beschäftigungsgeber wahrnimmt, was ausdrücklich erlaubt ist. § 15 Abs. 2 verpflichtet die Beschäftigungsgeber dazu, für die notwendige Fachkunde der Person zu sorgen, die als interne Meldestelle eingesetzt wird.

II. Unabhängigkeit der beauftragten Person (§ 15 Abs. 1)

1. Ziele und Adressat der Regelung

2 § 15 Abs. 1 enthält zwei Ziele, die zueinander in einem Komplementärverhältnis stehen können: Das erste Ziele besteht in der Unabhängigkeit der Person, die mit den Aufgaben einer internen Meldestelle beauftragt wird (Satz 1). Ausdrücklich erlaubt Satz 2, dass diese Person parallel andere Aufgaben und Pflichten wahrnimmt. Ist dies der Fall, kommt ein zweites (komplementäres) Ziel hinzu, nämlich die Vermeidung von Interessenkonflikten (Satz 3). Derartige Konflikte können gerade dann entstehen, wenn die beauftragte Person nicht ausschließlich die interne Meldestelle besetzt, sondern weitere Tätigkeiten ausübt. Adressat und damit verpflichtet zur Erfüllung der Anforderungen des § 15 Abs. 1 ist der Beschäftigungsgeber.

2. Größe des Beschäftigungsgebers

3 Hinsichtlich der Unabhängigkeit der mit der internen Meldestelle beauftragten Person differenziert die Begründung des Regierungsentwurfs zwischen kleineren und großen Beschäftigungsgebern.[1] Dies darf nicht falsch verstanden werden: Sinn und Zweck des § 15 ist die Unabhängigkeit der internen Meldestelle. Diese Unabhängigkeit darf nicht abhängig von der Größe des jeweiligen Unternehmens relativiert werden. Zudem ist die Unabhängigkeit im Einzelfall zu prüfen[2] und darf damit nicht pauschal beurteilt werden. Mit Blick auf teils engere, auch persönliche Verbindungen zwischen Mitarbeitern kleinerer Unternehmen kann gerade in solchen kleineren Betrieben die Unabhängigkeit des Mitarbeiters gefährdet sein, der die Aufgabe der internen Meldestelle über-

---

1 Entwurf eines Gesetzes für einen besseren Schutz hinweisgebender Personen sowie zur Umsetzung der Richtlinie zum Schutz von Personen, die Verstöße gegen das Unionsrecht melden, Gesetzentwurf der Bundesregierung, BT-Drs. 20/3442 (im Folgenden: RegE), S. 80; zum Referentenentwurf: *Schoch/Kumar*, CB 2022, 181.

2 *Pütz*, Hinweisgeberschutzgesetz, S. 17.

nimmt. Die Begründung des Regierungsentwurfs muss dahingehend verstanden werden, dass davon auszugehen ist, dass in kleineren Unternehmen, auch vor dem Hintergrund einer möglichen geringeren Anzahl von Mitarbeitern, weniger Meldungen eingehen. Freilich kann dies derzeit noch nicht empirisch belegt werden. Es kann auch so sein, dass in einem konkreten Unternehmen aufgrund eines einzigen Vorfalls im Zusammenhang mit der Compliance zahlreiche Meldungen in kurzer Zeit eingehen. Dies führt eventuell zu einer starken Belastung der internen Meldestelle. Die Begründung des Regierungsentwurfs geht denn auch davon aus, dass bei kleineren Beschäftigungsgebern oftmals (aber nicht zwingend) der Bedarf nicht so groß ist, dass ein Beschäftigter ausschließlich für das Betreiben der internen Meldestelle zuständig ist. Dann könne diese Person gleichzeitig andere Aufgaben wahrnehmen, was § 15 Abs. 1 Satz 2 ausdrücklich zulässt.[3] Erst recht müssen die Beschäftigungsgeber dann aber sicherzustellen, dass die in der Meldestelle eingesetzten Beschäftigungsnehmer in keinen Interessenkonflikt geraten (§ 15 Abs. 1 Satz 3).[4] Zudem besteht die Gefahr, dass die anderen Aufgaben die Funktionstüchtigkeit der internen Meldestelle durch zusätzliche Arbeitsbelastung beeinträchtigen. Zur Erfüllung der gesetzlichen Verpflichtung zur Einrichtung einer internen Meldestelle in Gestalt einer unabhängigen Person ist für die Praxis daher anzuraten, nach Möglichkeit eine Person mit dieser Aufgabe zu betrauen, die keine weiteren Aufgaben erfüllen muss.

4 Dies gilt vor allem für große Beschäftigungsgeber.[5] Zudem können bei solchen Beschäftigungsgebern sogar mehrere Personen für das Betreiben der internen Meldestelle notwendig sein.[6] Klarzustellen ist, dass der Gesetzgeber nicht zwischen Rechtsformen von Beschäftigungsgebern unterscheidet. So können z. B. Gesellschaften mit beschränkter Haftung (GmbH) ebenso wie Aktiengesellschaften (AG) zur Einrichtung einer internen Meldestelle und damit auch zur Erfüllung der zwingenden Vorgaben des § 15 verpflichtet sein.

5 Bei kleineren Unternehmen stellt sich die Frage, ob es bei einer zu erwartenden geringen Anzahl von Hinweisen sinnvoll ist, eigene Beschäftigte mit der Bearbeitung von Hinweisen zu beauftragen und diese entsprechend zu qualifizieren. Es wird in der Regel effizienter sein, einen Dritten mit der Übernahme der internen Meldestelle zu beauftragen.[7]

---

3 RegE, BT-Drs. 20/3442, S. 80.
4 So auch *Bruns*, in: Rolfs/Giesen/Meßling/Udsching, BeckOK Arbeitsrecht, § 15 HinSchG Rn. 2.
5 Dahingehend RegE, BT-Drs. 20/3442, S. 92.
6 RegE, BT-Drs. 20/3442, S. 80.
7 *Fissenewert*, Erste Hilfe zum Hinweisgeberschutzgesetz, S. 31.

3. Besetzung der internen Meldestelle mit eigenen Beschäftigten

a) Mitarbeiter in Doppelfunktion

Entscheidet sich der Beschäftigungsgeber, die interne Meldestelle[8] mit eigenen Beschäftigten zu besetzen, müssen diese nicht ausschließlich in dieser Funktion beschäftigt werden (siehe § 15 Abs. 1 Satz 2). Damit kommen Mitarbeiter in Doppelfunktion[9] als interne Meldestelle in Betracht.[10] Stets ist aber sicherzustellen, dass die betreffenden Arbeitnehmer in ihrer Amtsführung unabhängig sind und es, soweit sie auch andere Arbeiten ausführen, dadurch zu keinen Interessenkonflikten mit ihrer hinweisgeberrechtlichen Tätigkeit kommt (siehe § 15 Abs. 1 Satz 3). Trifft der Arbeitgeber Weisungen, die sich auf die Amtsführung beziehen, darf der Arbeitnehmer diesen nicht nachkommen. Weist der Arbeitgeber den Arbeitnehmer zur Übernahme anderer Arbeiten an, die diesen in einen melderechtlichen Interessenkonflikt bringen, muss er deren Erfüllung ablehnen. Den Meldepersonen steht kein Abberufungs- und kein besonderer Kündigungsschutz zu. Sie erfahren auch keinen spezifischen Rechtsschutz durch das HinSchG, insbesondere sind sie nicht in den Kreis der „weiteren", durch § 34 geschützten Personen einbezogen. Werden sie wegen ihrer Amtsführung arbeitsvertraglich benachteiligt, steht ihnen aber § 612a BGB zur Seite und natürlich schließt der allgemeine und besondere Kündigungsschutz jede Form einer repressiven Kündigung aus. Individualrechtlich darf der Arbeitgeber Arbeitnehmern im Rahmen seines Direktionsrechts Meldeaufgaben nur zuweisen, wenn diese (auch) hierfür eingestellt wurden. Dagegen kann der Arbeitgeber „gewöhnliche" Mitarbeiter etwa der Rechts- oder Personalabteilung nicht einfach auf eine entsprechende Position (teil-)versetzen. Bei der Meldetätigkeit handelt es sich um einen völlig eigenständigen Tätigkeitsbereich, sodass es insoweit einer Änderungskündigung bedarf. Anderes kann freilich für Beschäftigte, etwa in einer Compliance-Abteilung, gelten. Versetzungen und Einstellungen in die Meldestelle unterliegen der Mitbestimmung des Betriebsrats nach §§ 99, 95 Abs. 3 BetrVG.[11] 6

Obgleich eine Person ohne weitere Aufgaben die Idealbesetzung der internen Meldestelle verkörpert, ist es nach der Begründung des Regierungsentwurfs bei kleineren Beschäftigungsgebern z. B. denkbar, die Person des Korruptionsbeauftragten, des Integritätsbeauftragten oder des Datenschutzbeauftragten 7

---

8 Zu internen Meldestellen auch *Dzida/Seibt*, NZA 2023, 657, 662.

9 Zu Mehrfachbeauftragten: *Schneider/Brouwer/Scholz-Fröhling*, CCZ 2023, 133.

10 Zur personellen Besetzung der internen Meldestelle auch *Baade/Hößl*, DStR 2023, 1213, 1217 f.

11 *Bayreuther*, DB 2023, 1537, 1539; zu den betriebsverfassungsrechtlichen Fragen ausführlich *Bayreuther*, NZA 2023, 666.

mit der Aufgabe der internen Meldestelle zu betrauen.[12] Nach der zugrunde liegenden Richtlinie[13] hängt es von der Struktur des Unternehmens ab, welche Personen oder Abteilungen innerhalb einer juristischen Person des privaten Sektors am besten geeignet sind, Meldungen entgegenzunehmen und Folgemaßnahmen zu ergreifen; ihre Funktion sollte jedenfalls dergestalt sein, dass ihre Unabhängigkeit gewährleistet und Interessenkonflikte ausgeschlossen würden. In kleineren Unternehmen könnte diese Aufgabe durch einen Mitarbeiter in Doppelfunktion erfüllt werden, der direkt der Unternehmensleitung berichten könne, etwa ein Leiter der Compliance- oder Personalabteilung, ein Integritätsbeauftragter, ein Rechts- oder Datenschutzbeauftragter, ein Finanzvorstand, ein Auditverantwortlicher oder ein Vorstandsmitglied.[14]

8 Entsprechend der WBRL äußert sich der Regierungsentwurf nicht dazu, welche Personen am besten als interne Meldestelle geeignet sind.[15] Jedenfalls sollte die interne Meldestelle für eine gewisse Dauer bei ein und derselben Person eingerichtet werden, um ein sachgerechtes Arbeiten zu ermöglichen, das Vertrauen hinweisgebender Personen in die Meldestelle und eine gewisse Expertise der Meldestelle verlangt.[16] Unabhängig von der organisatorischen Ausgestaltung der internen Meldestelle empfiehlt es sich für die Praxis, eine Stellvertreter-Funktion zu etablieren, nämlich den Mitarbeiter der Meldestelle selbst sowie einen Stellvertreter. Nur auf diese Weise kann der kontinuierliche Betrieb der Meldestelle gewährleistet werden, z.B. während Urlaubszeiten oder im Krankheitsfall.[17]

b) Korruptions- bzw. Integritätsbeauftragter als interne Meldestelle

9 Zunächst kommt der Korruptions- bzw. Integritätsbeauftragte als interne Meldestelle in Betracht. Bereits vor Inkrafttreten des HinSchG wurde dem Korruptionsbeauftragten gerade einer AG bei der Einbindung von Whistleblowern in das Compliance-System eine zentrale Rolle zugewiesen.[18] So sollte ein Compliance-System auch die Möglichkeit eröffnen, dass sich Mitarbeiter mit Hinweisen über (vermeintliche oder tatsächliche) Unregelmäßigkeiten in der AG direkt und notfalls auch anonym über eine Whistleblower-Helpline an den

12 RegE, BT-Drs. 20/3442, S. 80.

13 Richtlinie (EU) 2019/1937 des Europäischen Parlaments und des Rates vom 23.10.2019 zum Schutz von Personen, die Verstöße gegen das Unionsrecht melden, ABl. EU Nr. L 205 vom 26.11.2019, S. 17 (sog. Whistleblowing-Richtlinie, im Folgenden kurz: WBRL).

14 Erwägungsgrund Nr. 54 der WBRL.

15 *Baade/Hößl*, DStR 2023, 1213, 1217.

16 RegE, BT-Drs. 20/3442, S. 78.

17 *Fehr/Refenius*, CB 2023, 289, 290.

18 *Fleischer*, Handbuch des Vorstandsrechts, § 8 Rn. 44.

Compliance Officer wenden können; dieser Informationskanal wirkt, wie Compliance generell, präventiv gegenüber Delikten aus dem Bereich der Wirtschaftskriminalität.[19] Schon vor dem Inkrafttreten des HinSchG wurde erkannt, dass eine derartige Whistleblower-Helpline dem Mitarbeiter eine kostenlose externe Beratung durch einen Rechtsanwalt oder eine interne Beratung durch den Compliance-Officer vermitteln kann. Für die interne Helpline spricht die niedrigere Hemmschwelle für den Whistleblower, der ja den externen Rechtsanwalt im Regelfall nicht kennt, sowie die Tatsache, dass eine interne Anlaufstelle mit den unternehmensspezifischen Gegebenheiten besser vertraut ist. Die Information eines externen Anwalts, der dann anschließend seinerseits das Unternehmen unterrichtet, führt auch zu Verzögerungen. Der Whistleblower sollte deshalb zunächst den persönlichen Kontakt zum Compliance-Officer im Unternehmen suchen, zumindest bevor er Stellen außerhalb des Unternehmens über die aus seiner Sicht kritischen Vorgänge unterrichtet. Dadurch können die Mitarbeiter zunächst unternehmensintern wirksam und diskret Abhilfe schaffen. Damit werden zudem arbeitsrechtliche Unwägbarkeiten für Mitarbeiter und Unternehmen vermieden sowie eine für das Unternehmen und eventuell für die Sicherheit der Arbeitsplätze negative Publizität verhindert. Um diesen Informationskanal aufrecht zu erhalten, sollte der Compliance-Officer den Mitarbeiter über den weiteren Verlauf der Angelegenheit unterrichten, soweit nicht zwingende Gründe (zum Beispiel der Datenschutz) entgegenstehen.[20]

Als Erkenntnisquelle für mögliche Strafverfahren können gerade Hinweise **10**
von Korruptionsbeauftragten dienen. Aus unternehmensinternen Ermittlungen („internal investigations"), wie sie mit der Verbreitung von Compliance-Maßnahmen in Unternehmen einhergehen, können weitere Anhaltspunkte für einen Anfangsverdacht gewonnen werden. Da Arbeitnehmer vertraglich dem Arbeitgeber gegenüber verpflichtet sind, an derartigen internen Ermittlungen mitzuwirken, können die Berichte sehr aufschlussreich und als Beweismittel relevant sein.[21] Vor dem Hintergrund, dass es beim Whistleblowing in der Praxis vielfach um mögliche Korruptionsdelikte geht, liegt es auf der Hand, dass gerade der Korruptions- bzw. Integritätsbeauftragte eine für die interne Meldestelle geeignete Person verkörpert.

19 *Bürkle*, BB 2005, 565, 566.
20 *Bürkle*, DB 2004, 2158, 2160 f.
21 *Bannenberg*, in: Wabnitz/Janovsky/Schmitt, Handbuch Wirtschafts- und Steuerstrafrecht, Kap. 13 Rn. 114; zur Problematik: *Serini/Witzigmann*, in: Vordermayer/von Heintschel-Heinegg/Schnabl, Handbuch für den Staatsanwalt, 2. Teil, Kap. 6 Rn. 346 ff.

c) Integration des Hinweisgebersystems in das Compliance-Management-System

aa) Zulässigkeit der Integration

11 Unabhängig von der Rechtsform des Unternehmens liegt es nahe, ein Hinweisgebersystem in ein bestehendes Compliance-Management-System zu integrieren.[22] Dies ist auch gängige Praxis[23] und rechtlich zulässig,[24] auch wenn § 18 Nr. 4a den Eindruck erweckt, es müsse sich bei der Meldestelle um eine selbstständige Arbeitseinheit des Beschäftigungsgebers handeln.[25] Unternehmen, die noch kein Compliance-Management-System haben, sollten ein solches alsbald einrichten.[26]

12 In einer AG gehört Compliance zu den Leitungsaufgaben des Gesamtvorstands (siehe § 91 Abs. 2 AktG). Daher scheidet eine vollständige Delegation der Einhaltung von insbesondere gesetzlichen Vorschriften an einzelne Vorstandsmitglieder aus.[27] Grundsatz 5 des DCGK wiederholt die Pflicht des Vorstands börsennotierter Unternehmen, für die Einhaltung der gesetzlichen Bestimmungen sowie der unternehmensinternen Richtlinien zu sorgen und auf deren Beachtung durch die Konzernunternehmen hinzuwirken, wobei dies mittlerweile auch als Compliance bezeichnet wird. Teil dieser Pflicht ist nach Grundsatz 5 Satz 2 des DCGK auch die Einführung eines an der Risikolage des Unternehmens ausgerichteten Compliance-Management-Systems, wobei sich die Offenlegung von dessen Grundzügen nunmehr aus Empfehlung A.5 des DCGK in Verbindung mit Grundsatz 5 des DCGK ergibt.[28] Als konkretes Compliance-Element schlägt A.2 Satz 2 Hs. 1 des DCGK darüber hinaus entsprechend zunehmender Praxis die Implementierung von „Whistleblowing“-Verfahren

---

22 Bislang war ein freiwilliges Hinweisgebersystem „die Kirsche auf der Sahne“ (*Fissenewert*, Erste Hilfe zum Hinweisgeberschutzgesetz, S. 12).

23 *Clodius/Warda*, CB 2021, 137, 137.

24 Siehe Erwägungsgrund 56 der WBRL; RegE, BT-Drs. 20/3442, S. 64; siehe auch *Gerdemann*, RdA 2019, 16, 19 f.

25 *Bayreuther*, DB 2023, 1537, 1539.

26 *Fissenewert*, Erste Hilfe zum Hinweisgeberschutzgesetz, S. 12.

27 *Fleischer*, Handbuch des Vorstandsrechts, § 8 Rn. 44; ebenso *Hauschka*, NJW 2004, 257, 260; ferner *Haouache*, Unternehmensbeauftragte und Gesellschaftsrecht der AG und GmbH, S. 141 ff.; *Lösler*, Compliance im Wertpapierdienstleistungskonzern, S. 182 ff.; *Lösler*, NZG 2005, 104, 107.

28 Begründung zum DCGK 2022, S. 5, abrufbar unter: https://www.dcgk.de//files/dcgk/usercontent/de/download/kodex/220517_Begruendung_DCGK_2022.pdf, zuletzt abgerufen am 25.10.2022; noch zur Empfehlung A.2 im DCGK 2020: *Bachmann*, in: Kremer/Bachmann/Favoccia/von Werder, DCGK, A.2 Rn. 1 ff.

vor.[29] Während diese Vorgaben als „Soll"-Vorschriften zwar Einfluss auf den Inhalt der Entsprechenserklärungen der betroffenen Gesellschaften (siehe § 161 AktG) haben, lassen sich aus ihnen naturgemäß keine Rückschlüsse auf die Auslegung des § 91 Abs. 2 AktG ziehen.[30]

Bei der GmbH folgt aus § 43 Abs. 1 GmbHG, dass das Handeln des Geschäftsführers im Einklang mit der geltenden Rechtslage stehen muss (sog. Legalitätspflicht). Er ist jedoch nicht nur hinsichtlich seines eigenen Handelns zur Wahrung des Rechts verpflichtet, sondern hat zugleich auch durch geeignete organisatorische Maßnahmen für eine unternehmensweite Legalitätskontrolle Sorge zu tragen.[31] Die Einrichtung eines funktionierenden Compliance-Management-Systems gehört daher zur Gesamtverantwortung des Geschäftsführers.[32] **13**

bb) Voraussetzungen der Integration

Die interne Meldestelle muss organisatorisch und personell so von der Compliance-Abteilung im Übrigen abgegrenzt sein, dass bis zur Entscheidung über Folgemaßnahmen erst einmal nur diejenigen Personen auf Meldungen Zugriff haben, die auch zur Entgegennahme von Hinweisen berufen sind (§ 16 Abs. 2).[33] Bei der personellen Ausgestaltung des Hinweisgebersystems sollten dabei vor allem folgende Faktoren beachtet werden:[34] **14**

---

29 *von Werder/Bartz*, DB 2017, 769, 773; *Bings*, CCZ 2017, 118, 119; *Mense/Klie*, BB 2017, 771, 774; ein konkretes Whistleblowingsystem wird durch die eher vage gehaltende Norm freilich nicht empfohlen: *Baur/Holle*, AG 2017, 379, 380 ff.; *Marsch-Barner*, ZHR 181 (2017), 847, 849 ff.; *Gerdemann*, Transatlantic Whistleblowing, Rn. 256.

30 So allgemein auch *Kort*, in: Hirte/Mülbert/Roth/Hopt/Wiedemann, Großkommentar zum Aktiengesetz, § 91 Rn. 152 ff.; *Liese*, BB Special 5, 2008, 17, 20; *Koch*, WM 2009, 1013, 1020; *Holle*, Legalitätskontrolle im Kapitalgesellschafts- und Konzernrecht, S. 12 f.; unklar *Preußner*, NZG 2004, 57, 60; anders wohl *Campos Nave/Bonenberger*, BB 2008, 734, 735, zur Eingliederung des Compliance-Systems in die interne Revision; *Spindler*, in: Goette/Habersack/Kalss, MünchKomm-AktG, 6. Aufl. 2023, § 91 Rn. 79.

31 *Spindler*, in: Goette/Habersack/Kalss, MünchKomm-AktG, 5. Aufl. 2019, § 76 Rn. 16; *Fleischer*, in: Fleischer/Goette, MünchKomm-GmbHG, § 43 Rn. 142; *Schauf*, BB 2017, 2883, 2884; *Volkmann*, GmbHR 2016, 1068, 1070.

32 Vgl. zur Einhaltung der Legalitätspflicht durch Einrichtung einer Compliance-Organisation durch den Vorstand einer AG LG München I, 10.12.2013, NZG 2014, 345. Die Feststellungen des LG München I zur Legalitätspflicht des Vorstands einer AG sind aufgrund der vergleichbaren Interessenlage auch auf den GmbH-Geschäftsführer zu übertragen. Vgl. dazu auch *Hoffmann/Schieffer*, NZG 2017, 401; *Theusinger/Jung*, in: Römermann, Münchener Anwaltshandbuch GmbH-Recht, § 24 Rn. 8.

33 *Bayreuther*, DB 2023, 1537, 1539.

34 *Buchert/Jacob-Hofbauer*, in: Knierim/Rübenstahl/Tsambikakis, Internal Investigations, Rn. 17 ff.; Deutsches Institut für Compliance e. V. (DICO), Standard 11 – Hinweisgebersysteme, 2021, S. 6, 9.

15 Die Abteilung, die für das Betreiben des Hinweisgebersystems zuständig ist, sollte mit ausreichenden personellen Ressourcen ausgestattet werden.[35] Es empfiehlt sich, nicht weniger als zwei Personen für die Betreuung des Hinweisgebersystems zu benennen, um einen kontinuierlichen Zugang zum System und die zeitnahe Bearbeitung kritischer Hinweise sicherzustellen. Eine anfängliche, regelmäßige Analyse zur Angemessenheit der Ressourcen kann anhand von Kennziffern wie der Anzahl der eingehenden Meldungen oder des Status des Rückstands bei der Aufarbeitung der Fälle durchgeführt werden. Die regelmäßige Analyse solcher Kennzahlen erleichtert es auch bei einem Anstieg der eingehenden Hinweise, zeitnah zusätzliche personelle oder finanzielle Ressourcen beantragt und genehmigt zu bekommen. Auch Rahmenverträge mit externen Beratern können helfen, temporäre Anstiege zu bewältigen.[36]

16 Die Personen, die das Hinweisgebersystem betreiben und unterstützen, sollten klar definierte Rollen und Verantwortlichkeiten haben, die die Zusammenarbeit der jeweiligen Akteure erleichtern und es ihnen ermöglichen, Hinweise effektiv zu bewerten, zu untersuchen, zu eskalieren, aufzuarbeiten und zu sanktionieren. Insbesondere sollten die Rollen und Verantwortlichkeiten dokumentiert und den jeweiligen Akteuren bekannt sein. Zudem sollte sichergestellt sein, dass die Stelle, die für die Vollständigkeit der Untersuchungsergebnisse und die Abgabe disziplinarischer Empfehlungen im Zusammenhang mit dem Hinweisgebersystem verantwortlich ist, Zugriff auf die Ermittlungen hat.[37] Sie sollte Zugang zu relevanten und vollständigen Informationen zur Untersuchung wie auch zu deren Ergebnissen haben und in der Lage sein, die jeweiligen untersuchenden Einheiten anzuweisen. Dabei sollte klar definiert sein, welche Abteilungen oder Personen im Rahmen des Hinweisgebersystems mit der internen Untersuchung von Hinweisen beauftragt werden. Diese Untersuchungseinheiten sind gegenüber der für das Hinweisgebersystem verantwortlichen Stelle weisungsgebunden, soweit sie in diesem Rahmen tätig werden.[38]

17 Nach § 15 Abs. 1 Satz 1 müssen die mit den Aufgaben einer internen Meldestelle beauftragten Personen bei der Ausübung ihrer Tätigkeit unabhängig sein. Bei Einrichtung einer internen Meldestelle besteht hierbei der grundlegende Konflikt zwischen der Weisungsgebundenheit des Mitarbeiters (spie-

---

35 US Department of Justice – Criminal Division, Evaluation of Corporate Compliance Programs (Update June 2020), S. 7.

36 *Clodius/Warda*, CB 2021, 137, 138.

37 *Buchert/Jacob-Hofbauer*, in: Knierim/Rübenstahl/Tsambikakis, Internal Investigations, Rn. 76 ff.

38 *Buchert/Jacob-Hofbauer*, in: Knierim/Rübenstahl/Tsambikakis, Internal Investigations, Rn. 77 ff.; *Clodius/Warda*, CB 2021, 137, 138.

gelbildlich dem Direktionsrecht des Arbeitgebers) und dessen geforderter Unabhängigkeit. Um diesen Konflikt und damit mögliche Interessenkonflikte (siehe § 15 Abs. 1 Satz 3) so weit wie möglich zu lösen, sollten die mit den Aufgaben einer internen Meldestelle beauftragten Personen organisatorisch in der Unternehmenshierarchie möglichst hoch angesiedelt sein und sowohl aus disziplinarischer als auch aus fachlicher Sicht als Stabsstelle unmittelbar der Geschäftsleitung unterstellt werden. Damit erhält die beauftragte Person ausschließlich Weisungen vom Leitungsorgan und berichtet auch nur an dieses.[39] Wie sich bereits aus § 611a BGB (Arbeitsvertrag) ergibt, sind Arbeitnehmer niemals vollständig unabhängig, sondern vielmehr weisungsgebunden. Um die Unabhängigkeit der als interne Meldestelle fungierenden Person so weit wie möglich sicherzustellen, ist also darauf zu achten, dass diese Person lediglich dem leitenden Organ und keiner anderen Stelle im Unternehmen gegenüber weisungsgebunden ist. Dies sollte im Arbeitsvertrag ausdrücklich geregelt werden.

cc) Leiter der Compliance-Abteilung bzw. Auditverantwortlicher als geeigneter Funktionsträger

Gerade für AGs bietet es sich an, den Leiter der Compliance-Abteilung bzw. **18**
den Auditverantwortlichen als interne Meldestelle einzusetzen. Eine derartige Vorgehensweise wird regelmäßig dann in Betracht zu ziehen sein, wenn der Vorstand ab einer bestimmten Unternehmensgröße die Ressortzuständigkeit für die Einrichtung, Weiterentwicklung und Überwachung des Hinweisgebersystems bezüglich seiner Legalitätskontrollpflicht nicht mehr in angemessener Form gewährleisten kann.[40] Zur Sicherung der Unabhängigkeit des Compliance-Bereichs bei der Ausübung seiner Tätigkeit und zur weitgehenden Verhinderung von Interessenkonflikten der dort beschäftigten Personen sollte dieser organisatorisch in der Unternehmenshierarchie möglichst hoch angesiedelt sein und sowohl aus disziplinarischer als auch aus fachlicher Sicht als Stabsstelle unmittelbar dem Vorstand (zum Beispiel dem Vorstandsvorsitzenden, dem Finanzvorstand oder gegebenenfalls dem Vorstand für Compliance) unterstellt werden. Damit erhält die Compliance-Abteilung ausschließlich Weisungen vom Leitungsorgan und berichtet auch nur an dieses. Für den Einsatz eines Compliance-Officers als verantwortlichen Hinweisempfänger sprechen seine spezifische Fachkunde und Kompetenz, sein vertrauter Umgang mit der Com-

---

39 Ebenso, aber speziell für AG: *Mosbacher/Dierlamm*, NStZ 2010, 268, 269; *Freidank*, DStR 2022, 1871.

40 *Rothenburg*, in: Goette/Arnold, Handbuch Aufsichtsrat, § 4 Rn. 244; *Freidank*, DStR 2022, 1871, 1873.

pliance sowie sein Pflichtbewusstsein im Hinblick auf die Verhinderung von Verstößen gegen Gesetze und regulatorische Anforderungen.[41]

19 Allerdings besteht das Problem, dass der Compliance-Officer gegenüber dem Vorstand verpflichtet ist, diesem regelmäßig Auskunft über seine Kenntnisse und Tätigkeiten, die im Rahmen seiner Aufgabe als Hinweisempfänger anfallen, zu geben. Hierdurch besteht für den Vorstand die Möglichkeit, durch Rückgriff auf sein Direktionsrecht den Compliance-Officer zur Offenlegung der Identitäten von Hinweisgebern zu zwingen. Daher sollte mittels vertraglicher Vereinbarung zwischen Compliance-Officer und Leitungsorgan sichergestellt werden, dass letzteres bezüglich der Identitäten von Hinweisgebern auf sein arbeitsvertragliches Auskunftsrecht verzichtet.[42] Darüber hinaus besteht ein hohes Risiko, dass Meldungen, die dolose Handlungen des Vorstands („Top Management Fraud") betreffen (z.B. gemeldete Bilanzdelikte oder Verstöße gegen Umweltauflagen), nicht verfolgt werden, indem Verfahren nach § 17 nicht durchgeführt und erforderliche Folgemaßnahmen nach § 18 unterbleiben, da die Compliance-Abteilung im Allgemeinen und der Compliance-Officer im Besonderen weisungsgebunden sind. Abhilfe schaffen hier zum einen die fachliche und disziplinarische Unterstellung des Compliance-Bereiches unter verschiedene Vorstandsmitglieder, die Beauftragung eines unabhängigen Dritten (z.B. einer Wirtschaftsprüfungsgesellschaft) anstelle des Compliance-Bereiches oder des Aufsichtsrats bzw. des Prüfungsausschusses mit der Einrichtung mindestens einer internen Meldestelle und der Erfüllung ihrer Aufgaben. Andererseits können aufgrund ihrer nicht zuletzt präventiven Wirkung laufende Prüfungen des Compliance-Management-Systems durch die Interne Revision oder eine Wirtschaftsprüfungsgesellschaft Unregelmäßigkeiten in der Aufbau- und Ablauforganisation des Hinweisgebersystems verhindern. Da eine Pflicht zur Einbeziehung der Ergebnisse zu Einrichtung, Weiterentwicklung und Überwachung des Hinweisgebersystems in die Berichterstattung des Vorstands an den Aufsichtsrat gemäß § 90 Abs. 1 AktG umstritten ist,[43] empfiehlt sich der Erlass einer entsprechenden Informationsordnung durch den Aufsichtsrat nach § 77 Abs. 2 Satz 1 AktG.[44] Hierdurch wird die Übermitt-

---

41 *Mosbacher/Dierlamm*, NStZ 2010, 268, 269; *Freidank*, DStR 2022, 1871, 1873; zum Missbrauchspotenzial: *Teichmann/Weber*, CB 2022, 157.

42 *Buchert*, in: Hauschka/Moosmayer/Lösler, Corporate Compliance, § 42 Rn. 12; *Freidank*, DStR 2022, 1871, 1873.

43 *Koch*, AktG, § 90 Rn. 4a; *Spindler*, in: Goette/Habersack/Kalss, MünchKomm-AktG, 5. Aufl. 2019, § 90 Rn. 19.

44 *Koch*, AktG, § 77 Rn. 21.

lung wichtiger Informationen zur Durchführung der Überwachungs- und Beratungsaufgaben des Aufsichtsrats sichergestellt.[45]

Nach § 111 Abs. 1 AktG muss der Aufsichtsrat primär das Leitungsorgan, also den Vorstand überwachen. Dabei ist der Aufsichtsrat verpflichtet, das vom Vorstand eingerichtete Hinweisgebersystem, das Bestandteil eines Compliance-Management-Systems sein kann, auf seine Ordnungs-, Recht-, Zweckmäßigkeit und Wirtschaftlichkeit[46] hin zu überprüfen. Vor diesem Hintergrund können die Grundsätze zur Prüfung des Compliance-Management-Systems auf das Hinweisgebersystem übertragen werden. Diese Prüfung muss darauf abzielen, dem Aufsichtsrat mit hinreichender Sicherheit Aussagen über insbesondere folgende Bereiche zu ermöglichen:[47] **20**

– ob eine angemessene Dokumentation des Hinweisgebersystems mit allen wesentlichen Bestandteilen unter Berücksichtigung des HinSchG erstellt wurde;[48]
– ob das dokumentierte und installierte Hinweisgebersystem in der Lage ist, Meldekanäle nach § 16 zu betreiben, Verfahren nach § 17 durchzuführen und Folgemaßnahmen nach § 18 zu ergreifen;
– ob der Schutz der Hinweisgeber gesichert ist, sowie, ob das Hinweisgebersystem während des Prüfungszeitraums wirksam war.[49]

Als Grundelemente eines Hinweisgebersystems können nachstehende Komponenten genannt werden:[50] Hinweisgeberkultur, Hinweisgeberziele, Hinweisgeberrisiken, Hinweisgeberprogramm, Hinweisgeberaufbau- und -ablauforganisation, Hinweisgeberkommunikation, Hinweisgeberüberwachung sowie Hinweisgeberzweckmäßigkeit und -wirtschaftlichkeit. Die aufgeführten Punkte verdeutlichen, dass eine Prüfung lediglich der Organisation des Hinweisgebersystems nicht genügt, sondern der Aufsichtsrat im Rahmen seiner Überwachungsaufgabe vielmehr gehalten ist, regelkonformes Verhalten des Vorstands **21**

---

45 Siehe DCGK, Deutscher Corporate Governance Kodex, Stand 28.4.2022, Grundsatz 16, abrufbar unter: https://www.dcgk.de/files/usercontent/de/download/kodex/220627_Deutscher_Corporate, zuletzt abgerufen am 25.7.2022; *Freidank*, DStR 2022, 1871, 1873.

46 *Habersack*, in: Goette/Habersack/Kalss, MünchKomm-AktG, 5. Aufl. 2019, § 111 Rn. 42; *Koch*, AktG, § 111 Rn. 20.

47 Siehe IDW PS 980, Grundsätze ordnungsmäßiger Prüfung von Compliance Management Systemen, Stand: Juni 2022, Tz. 14; *Freidank*, DStR 2022, 1871, 1873 f.

48 Eine Darstellung wichtiger Compliance-Management-System-Rahmenkonzepte findet sich etwa in IDW PS 980, Anlage, S. 35 ff.

49 *Freidank*, DStR 2022, 1871, 1874.

50 Siehe IDW PS 980, Grundsätze ordnungsmäßiger Prüfung von Compliance Management Systemen, Stand: Juni 2022, Rn. 23.

und die hinreichende Effizienz der von ihm ausgeübten Compliance-Kontrolle zu untersuchen.[51] Die Prüfung des Hinweisgebersystems stellt auf der Grundlage eines geschäftsrisikoorientierten Prüfungsansatzes[52] mithin eine Systemprüfung dar, die darauf ausgerichtet sein muss, Beurteilungen über Konzeption, Angemessenheit, Wirksamkeit, Aufbau, Funktion sowie festgestellte Regelverstöße des Hinweisgebersystems vorzunehmen.[53] Die Ergebnisse der Prüfung des Hinweisgebersystems sind in Arbeitspapieren zu dokumentieren und in einem Prüfungsbericht zusammenzufassen, der auch ein Urteil des Aufsichtsrats über die ordnungsmäßige Beschreibung, angemessene Konzeptionierung und bzw. oder hinreichende Wirksamkeit des Hinweisgebersystems enthalten muss.[54]

22 Allerdings bietet es sich an, die Prüfung des Hinweisgebersystems gemäß § 107 Abs. 3 Satz 1 AktG einem Ausschuss zu übertragen, wobei insbesondere ein nach § 107 Abs. 3 Satz 2 AktG vorgesehener Prüfungsausschuss (Audit Committee) in Betracht kommt, der in aller Regel auch die Überwachung des Compliance-Management-Systems vornimmt.[55] Zudem hat der Aufsichtsrat in seinem schriftlichen Bericht an die Hauptversammlung nach § 171 Abs. 2 Satz 2 AktG, der nach § 325 Abs. 2 Nr. 1 HGB zu veröffentlichen ist, mitzuteilen, „(…) in welcher Art und in welchem Umfang er die Geschäftsführung der Gesellschaft während des Geschäftsjahrs geprüft hat (…)“. Sofern im Rahmen der Prüfung des Hinweisgebersystems besondere Überwachungsmaßnahmen erforderlich waren (z. B. bei der Untersuchung, ob der Hinweisgeberschutz hinreichend gesichert ist), sind Anlass und Durchführung solcher Maßnahmen in den Bericht des Aufsichtsrats aufzunehmen.[56]

23 Wie für eine AG kommt auch in einer GmbH der Leiter der Compliance-Abteilung als interne Meldestelle in Betracht. Um dessen Unabhängigkeit zu sichern und damit mögliche Interessenkonflikte zu vermeiden, muss gewährleistet sein, dass der Leiter der Compliance-Abteilung unmittelbar der Geschäftsführung unterstellt wird. Dies sollte ausdrücklich im Arbeitsvertrag des Leiters geregelt werden. Somit ist sichergestellt, dass dem Leiter der Compliance-Abteilung in Angelegenheiten möglicher Meldungen von Hinweisgebern keine

---

51 *Koch*, AktG, § 111 Rn. 5.

52 Siehe IDW WP Handbuch, Wirtschaftsprüfung und Rechnungslegung, Kapitel L Rn. 16–106.

53 Siehe IDW PS 980, Grundsätze ordnungsmäßiger Prüfung von Compliance Management Systemen, Stand: Juni 2022, Rn. 40–48.

54 Siehe IDW PS 980, Grundsätze ordnungsmäßiger Prüfung von Compliance Management Systemen, Stand: Juni 2022, Rn. 64–71; *Freidank*, DStR 2022, 1871, 1874.

55 *Habersack*, in: Goette/Habersack/Kalss, MünchKomm-AktG, 5. Aufl. 2019, § 107 Rn. 110; *Koch*, AktG, § 107 Rn. 37.

56 *Koch*, AktG, § 171 Rn. 20; *Freidank*, DStR 2022, 1871, 1874.

wirksamen Weisungen von anderen Stellen bzw. Organen außerhalb der Geschäftsführung erteilt werden können.

d) Vorstandsmitglied bzw. Mitglied der Geschäftsführung als interne Meldestelle

Der Unionsgesetzgeber nennt in der WBRL als geeignete Personen für die interne Meldestelle auch den Finanzvorstand und ein Vorstandsmitglied.[57] Weshalb gerade der Finanzvorstand besonders für die Übernahme der Funktion der internen Meldestelle geeignet sein soll, lässt sich nicht überzeugend beantworten. Zudem ist der Finanzvorstand ein Vorstandsmitglied, weshalb die Nennung des Finanzvorstands überflüssig ist. **24**

Unabhängig davon sind aber Vorstandsmitglieder keine für die interne Meldestelle geeigneten Personen. Denn gerade bei Vorstandsmitgliedern besteht die Gefahr von Regelverstößen. Da der Vorstand nach § 76 Abs. 1 AktG die Gesellschaft unter eigener Verantwortung zu leiten und die organschaftliche Vertretungsmacht für die AG hat (siehe § 78 Abs. 1 Satz 1 AktG), kann es auch und gerade auf Vorstandsebene zu Korruptionsdelikten kommen, die mit einem Vertragsschluss einhergehen können (z. B. Bestechlichkeit und Bestechung im geschäftlichen Verkehr, § 299 StGB). Zwar berichtet der Vorstand unmittelbar dem Aufsichtsrat (§ 90 AktG) und der Aufsichtsrat hat die Geschäftsführung des Vorstands zu überwachen (§ 111 Abs. 1 AktG), doch reicht dies nicht aus, um die Unabhängigkeit i. S. d. § 15 Abs. 1 Satz 1 zu gewährleisten. Denn diese Unabhängigkeit darf nicht lediglich als Freiheit von Weisungen verstanden werden, sondern ist nach Sinn und Zweck des § 15 Abs. 1 auszulegen. Der Sinn und Zweck der Vorschrift besteht darin, auf Grundlage wahrer Unabhängigkeit effektiv die Aufgaben der internen Meldestelle zu erfüllen. Es kann also bei Vorstandsmitgliedern regelmäßig nicht sichergestellt werden, dass ihre anderen Aufgaben und Pflichten zu keinen Interessenkonflikten führen (siehe § 15 Abs. 1 Sätze 2, 3). **25**

An der Ungeeignetheit von Vorstandsmitgliedern für die Funktion der internen Meldestelle ändert auch § 111 Abs. 4 Satz 1 AktG nichts, nach dem Maßnahmen der Geschäftsführung dem Aufsichtsrat nicht übertragen werden können. Denn nach § 111 Abs. 4 Satz 2 AktG hat[58] die Satzung oder der Aufsichtsrat zu bestimmen, dass bestimmte Arten von Geschäften nur mit seiner Zustimmung vorgenommen werden dürfen. Das Gesetz relativiert damit das Geschäftsführungsverbot des § 111 Abs. 4 Satz 1 AktG, um dem Aufsichtsrat die **26**

57 Erwägungsgrund Nr. 54 der WBRL.
58 Es handelt sich hierbei schon nach dem Wortlaut als Grenze der Auslegung um eine Pflicht (im Ergebnis ebenso *Koch*, AktG, § 111 Rn. 58).

vorbeugende Überwachung der Geschäftsführung unter Sicherstellung hinreichender Informationen zu erleichtern und ihn an der Geschäftsführung unmittelbar teilhaben zu lassen.[59] Damit besteht die Gefahr, dass durch Bestimmung der Satzung oder des Aufsichtsrats Zustimmungsvorbehalte zugunsten des Aufsichtsrats etabliert werden und dadurch die für die Erfüllung des § 15 notwendige Unabhängigkeit des Vorstandsmitglieds nicht vorliegt.

27 Anders kann dies sein, wenn Zustimmungsvorbehalte zur Sicherung spezifischer Corporate-Governance-Belange eingesetzt werden; die grundlegende Bedeutung folgt dann nicht aus dem finanziellen Volumen, sondern aus dem besonderen Charakter dieser Geschäfte. Möglicher Gegenstand eines Zustimmungsvorbehalts sind etwa Maßnahmen, bei deren Vornahme der Vorstand typischerweise unter einem Interessenkonflikt leidet.[60] Ein solcher Konflikt kann sich daraus ergeben, dass das Vorstandsmitglied sowohl ein Interesse an der positiven wirtschaftlichen Entwicklung der Gesellschaft hat, die durch die Aufdeckung von Regelverstößen gefährdet sein kann, und als auch seine (vorauszusetzende) Unabhängigkeit als interne Meldestelle wahren muss.

28 Ebenso wenig wie ein Mitglied des Vorstands einer AG ist ein GmbH-Geschäftsführer eine geeignete Person zur Besetzung der internen Meldestelle. Denn gerade auf Leitungsebene (siehe § 35 GmbHG) können relevante Verstöße vorkommen. An der Ungeeignetheit des Geschäftsführers für die interne Meldestelle ändert die Abberufungskompetenz der Gesellschafterversammlung (§ 46 Nr. 5 GmbHG) nichts. Denn eine mögliche Abberufung z. B. wegen der Nichtentgegennahme von Meldungen käme zu spät, um die Wirksamkeit einer Meldung im Sinn des HinSchG zu gewährleisten. Auch über § 46 Nr. 6 GmbHG kann man zu keinem anderen Ergebnis kommen, da die Kontrolle des Geschäftsführers durch die Gesellschaftersammlung keine Prävention dergestalt ermöglicht, dass der Geschäftsführer seine gesetzlichen Pflichten als interne Meldestelle vollumfänglich wahrnimmt.

e) Aufsichtsrat bzw. Aufsichtsratsmitglied als interne Meldestelle

29 Bei einer AG ist der Aufsichtsrat ein zwingend durch die Hauptversammlung zu bestellendes Organ (§ 30 Abs. 1 Satz 1, § 101 Abs. 1 Satz 1 AktG). Vorgeschlagen wird, der Vorstand solle den Aufsichtsrat bzw. ein Aufsichtsratsmit-

---

59 *Habersack*, in: Goette/Habersack/Kalss, MünchKomm-AktG, 6. Aufl. 2023, § 111 Rn. 114.

60 Zu solchen Zustimmungsvorbehalten siehe *Habersack*, in: Goette/Habersack/Kalss, MünchKomm-AktG, 5. Aufl. 2019, § 111 Rn. 125.

glied mit der Entgegennahme von Hinweisen beauftragen.[61] Dies ist jedoch abzulehnen, da der Aufsichtsrat zum einen kein Weisungsrecht gegenüber dem Vorstand bezüglich seiner Leitungsaufgaben besitzt und zum anderen nicht dazu befugt ist, Informationen von Mitarbeitern einzufordern und entgegenzunehmen.[62] Vielmehr ist primär der Vorstand für Compliance-Maßnahmen verantwortlich.[63] Sofern der Aufsichtsrat diese Regelungen missachtet, besteht zudem die Gefahr, dass er seine Loyalitätspflicht gegenüber dem Vorstand verletzt und damit die Vertrauensbeziehung nachhaltig schädigt.[64] Im Ergebnis sind weder der Aufsichtsrat noch die Aufsichtsratsmitglieder für die Übernahme der internen Meldestelle geeignet.

f) Leiter der Personal- bzw. Rechtsabteilung als interne Meldestelle

Neben dem Leiter der Compliance-Abteilung kommt auch der Leiter der Per- **30**
sonalabteilung als für die interne Meldestelle beauftragte Person in Betracht. Die Personalabteilung als solche eignet sich grundsätzlich für die Einrichtung der internen Meldestelle, da diese Abteilung für die Beziehungen zwischen Mitarbeitern und Unternehmen zuständig ist. Wenn bereits im Rahmen eines Compliance-Management-Systems die Personalabteilung als Stelle zum Einreichen von Hinweisen auf mögliche Compliance-Verstöße benannt wurde, kann es sinnvoll sein, eben diese Abteilung nun als interne Meldestelle nach dem HinSchG fungieren zu lassen.[65] Um die Voraussetzungen des § 15 Abs. 1 zu erfüllen, kann allerdings nicht die Personalabteilung als solche, sondern nur deren Leiter als interne Meldestelle eingesetzt werden. Denn nur er kann arbeitsrechtlich direkt der Geschäftsleitung unterstellt werden. Auf diesem Weg können seine Unabhängigkeit rechtlich gesichert und mögliche Interessenkonflikte vermieden werden.

Auch die Rechtsabteilung ist grundsätzlich geeignet für die Einrichtung der in- **31**
ternen Meldestelle, da es bei Hinweisen auf mögliche Compliance-Verstöße in der Regel um juristische Fragen geht. Wie bei der Personalabteilung darf aber

---

61 Siehe *Rothenburg*, in: Goette/Arnold, Handbuch Aufsichtsrat, § 4 Rn. 262; wohl a. A. *Kort*, in: Festschrift für Christine Windbichler, S. 837, 850; eingehend dazu *Gerdemann*, Transatlantic Whistleblowing, Rn. 264 ff.

62 So auch *Lutter*, AG 2006, 517, 502 f.; *Freidank*, DStR 2022, 1871, 1875.

63 *Baur/Holle*, AG 2017, 379, 383; *Casper*, in: Hoffmann-Becking/Hüffer/Reichert, Liber Amicorum für Martin Winter, S. 77, 96; *Fleischer/Schmolke*, WM 2012, 1013, 1017; *Hopt*, ZGR 2020, 373, 390; *Fest*, in: Franzen/Gallner/Oetker, Kommentar zum europäischen Arbeitsrecht, Richtlinie (EU) 2019/1937, Art. 8 Rn. 36.

64 *Freidank*, DStR 2022, 1871, 1875.

65 Zur Personalabteilung als geeigneter Stelle für die Einreichung von Hinweisen auf mögliche Compliance-Verstöße: *Moosmayer*, Compliance, § 4 Rn. 181.

auch bei der Rechtsabteilung nicht die Abteilung als solche, sondern nur deren Leiter als interne Meldestelle fungieren.

g) Datenschutzbeauftragter als interne Meldestelle

aa) Qualifikationen und Funktion des Datenschutzbeauftragten

32 Auch der Datenschutzbeauftragte kommt als interne Meldestelle in Betracht. Er ist aufgrund seiner Fachkunde qualifiziert in Fragen der Vertraulichkeit, des Umgangs mit personenbezogenen Daten und der Überwachung der Tätigkeit des Verantwortlichen.[66] Im Gegensatz zur internen Meldestelle steht der Datenschutzbeauftragte aber primär beratend an der Seite des Unternehmens und überwacht die Einhaltung von Datenschutzvorschriften. Aufgrund der Arbeit mit personenbezogenen Daten und der Überwachung des Unternehmens muss der Datenschutzbeauftragte verschwiegen sein (siehe Art. 38 Abs. 5 DSGVO). Von besonderer Bedeutung ist die Unabhängigkeit des Datenschutzbeauftragten, welche in Art. 38 Abs. 3 DSGVO verankert ist.[67]

33 Statt eines betrieblichen (*internen*) kann auch ein *externer* Datenschutzbeauftragter eingesetzt werden. Weisungsfreiheit und Unabhängigkeit umfassen die Freiheit jedes Datenschutzbeauftragten, selbst zu entscheiden, wie er seine Aufgaben priorisiert und welche Vorgänge er überprüft. Der Datenschutzbeauftragte soll in seiner Entscheidung und Bewertung unabhängig vom Unternehmen sein sowie seine eigene Rechtsauffassung frei bilden können.[68]

bb) Ähnlichkeit der Funktionen des Datenschutzbeauftragten und der internen Meldestelle

34 Die Funktionen des Datenschutzbeauftragten und der internen Meldestelle ähneln sich: Der Datenschutzbeauftragte kontrolliert und überwacht die Einhaltung der datenschutzrechtlichen Vorgaben, die interne Meldestelle dient als vertraulicher Anlaufpunkt für die Beschäftigten. Beiden Tätigkeiten ist gemein, dass die Person des Datenschutzbeauftragten bzw. der internen Meldestelle nicht originär auf der Seite des Beschäftigungsgebers steht, sondern eine neutrale Position einnimmt.[69]

35 § 8 formuliert die Vertraulichkeit der internen Meldestelle als oberstes Gebot. Ähnlich lautet Art. 38 Abs. 5 DSGVO, nach dem der Datenschutzbeauftragte bei der Erfüllung seiner Aufgaben an die Wahrung der Geheimhaltung oder

---

66 *Paal/Nikol*, DSB 2022, 324, 327.
67 *Paal/Götz*, DSB 2022, 136, 137.
68 *Paal/Nikol*, DSB 2022, 324, 325.
69 So auch *Paal/Nikol*, DSB 2022, 324, 326 f.

der Vertraulichkeit gebunden ist. Zudem ist sowohl bei internen Meldestellen (siehe § 15) als auch bei Datenschutzbeauftragten (siehe Art. 38 Abs. 3 DSGVO) die Unabhängigkeit der jeweiligen Tätigkeit zu gewährleisten. Ferner müssen beide Funktionsträger innerhalb ihrer jeweiligen Zuständigkeit (mögliche) Verstöße bzw. Meldungen untersuchen, aufklären und auf eine Abstellung etwaiger Verstöße hinwirken (§§ 17f. bzw. Art. 39 DSGVO).[70]

cc) Grundsatz: Zulässigkeit der Doppelfunktion

Weder die DSGVO (konkret vor allem Art. 38 Abs. 6 Satz 2) noch die WBRL (hier vor allem ihr Erwägungsgrund Nr. 56 Satz 1 Hs. 2) steht der Doppelfunktion einer Person als *externer* Datenschutzbeauftragter einerseits und als interne Meldestelle andererseits grundsätzlich entgegen. Vielmehr stellt zunächst Art. 38 Abs. 6 Satz 1 DSGVO klar, dass der Datenschutzbeauftragte andere Aufgaben und Pflichten wahrnehmen kann.[71] **36**

Auch *interne* Datenschutzbeauftragte können grundsätzlich als interne Meldestelle fungieren. Denn Erwägungsgrund Nr. 56 Satz 2 der WBRL lässt bei „kleineren Unternehmen" die Doppelfunktion ausdrücklich zu. Die Begrenzung auf „kleinere Unternehmen" dürfte vornehmlich der praktischen Überlegung geschuldet sein, dass derartige Unternehmen regelmäßig weniger Budget, Personal und Ressourcen haben. Der deutsche Gesetzgeber schloss sich diesen Erwägungen weitgehend an. So erlaubt es § 15 Abs. 1 Satz 2 Personen, die mit den Aufgaben einer internen Meldestelle betraut sind, auch andere Aufgaben und Pflichten wahrzunehmen. Nach der Begründung des § 15 Abs. 1 kann insbesondere der Datenschutzbeauftragte mit der Aufgabe der internen Meldestelle betraut werden. Dies sei bei kleineren Beschäftigungsgebern gerechtfertigt, da für eine ausschließliche Tätigkeit im Rahmen der internen Meldestelle kein Bedarf bestehe.[72] Im Ergebnis lässt also auch der deutsche Gesetzgeber zumindest bei kleineren Beschäftigungsgebern den Datenschutzbeauftragten als interne Meldestelle zu.[73] **37**

Auch die besondere Stellung des internen Datenschutzbeauftragten, wie z.B. sein besonderer Kündigungsschutz,[74] gilt nur für diese Stellung und wirkt sich nicht auf seine Tätigkeit als interne Meldestelle aus. Denn es handelt sich um zwei verschiedene und voneinander unabhängige Aufgabenbereiche. Daher sind diese auch getrennt voneinander zu beurteilen und ziehen unterschied- **38**

70 *Paal/Nikol*, DSB 2022, 324, 325.
71 *Paal/Nikol*, DSB 2022, 324, 325.
72 *Paal/Nikol*, DSB 2022, 324, 325f.
73 Ebenso *Leibold*, ZD-aktuell 2022, 01333.
74 Siehe § 38 Abs. 2 i.V.m. § 6 Abs. 4 BDSG für Datenschutzbeauftragte nicht-öffentlicher Stellen bzw. § 6 Abs. 4 BDSG für Datenschutzbeauftragte öffentlicher Stellen.

liche Rechte sowie Pflichten nach sich. Insgesamt bestehen zudem keine generellen Bedenken wegen der zeitlichen Vereinbarkeit beider Funktionen, da diese nur im Einzelfall problematisch sein kann, nicht aber als solche gegen die Doppelfunktion spricht.[75]

39 Der grundsätzlichen Zulässigkeit des (*internen* wie *externen*) Datenschutzbeauftragten als interne Meldestelle schloss sich im Gesetzgebungsverfahren z. B. der Berufsverband der Datenschutzbeauftragten Deutschlands (BvD) an. Er wies darauf hin, dass der Datenschutzbeauftragte, wie es in der DSGVO dargestellt werde, die Tätigkeit als interne Meldestelle übernehmen könne. Damit könnten insbesondere kleine und mittlere Unternehmen die gesetzlichen Anforderungen pragmatisch erfüllen. Die Tätigkeit als interne Meldestelle sei mit den gesetzlichen Aufgaben von benannten Datenschutzbeauftragten gem. Art. 39 DSGVO grundsätzlich kompatibel, dürfe jedoch nicht mit diesen vermischt werden. Für die Wahrnehmung beider Funktionen durch eine Person eigneten sich Datenschutzbeauftragte insbesondere auf Grund ihrer Qualifikation. Bei der Ausübung der jeweiligen Funktion sei aber auf eine strikte Rollentrennung zu achten, und die Rahmenbedingungen seien so zu gestalten, dass Interessenkonflikte vermieden werden könnten. Hierbei sei hervorzuheben, dass insbesondere Datenschutzbeauftragte aufgrund der ihnen durch die DSGVO zugewiesenen Rolle, die auch eine Unabhängigkeit in der Ausübung ihrer Tätigkeit beinhaltet, geeignet seien, eine solche Funktion neben anderen, interessenkonfliktfreien Tätigkeiten im Unternehmen auszuüben. Zudem seien sie mit den Anforderungen der Vertraulichkeit und Geheimhaltung bzw. Verschwiegenheit vertraut.[76]

40 Der Verband Deutscher Verkehrsunternehmen (VDV) schlug vor, „den Kreis der möglichen internen Meldestellen deutlich zu erweitern und als Korrektiv für eine nicht auszuschließende Betroffenheit eine Doppelbesetzung aus zwei Personen mit gegensätzlichen Zuständigkeiten zu erwägen (Beispiel: eine Führungskraft und ein Betriebsrat, der IT-Verantwortliche und der Datenschutzbeauftragte)“.[77] Der Berufsverband der Compliance Manager (BCM) wünschte sich, dass eine klare Definition der Rolle des Datenschutzbeauftragten im Rahmen der Hinweisbearbeitung seitens des Gesetzgebers normiert werde, um Si-

---

75 Ebenso *Paal/Nikol*, DSB 2022, 324, 327.

76 BvD, Stellungnahme zum „Entwurf eines Gesetzes für einen besseren Schutz hinweisgebender Personen sowie zur Umsetzung der Richtlinie zum Schutz von Personen, die Verstöße gegen das Unionsrecht melden“ (HinSchG-E), Stand: 4.5.2022, S. 2f.

77 VDV, Stellungnahme zum Entwurf eines Gesetzes für einen besseren Schutz hinweisgebender Personen sowie zur Umsetzung der Richtlinie zum Schutz von Personen, die Verstöße gegen das Unionsrecht melden, Stand: 11.5.2022, S. 2.

cherheit für Datenschutzbeauftragte und Unternehmen zu schaffen.[78] Das HinSchG enthält aber weder eine Vorgabe zur Doppelbesetzung der internen Meldestelle noch eine Definition der Rolle des Datenschutzbeauftragten im Rahmen der Hinweisbearbeitung.

dd) Ausnahme: Interessenkonflikte des Datenschutzbeauftragten

Da weder das HinSchG noch die WBRL selbst die Besetzung der internen Meldestelle mit dem (*internen* bzw. *externen*) Datenschutzbeauftragten anspricht, ist die Zulässigkeit des Datenschutzbeauftragten für diese Funktion ausschließlich nach der DSGVO zu beurteilen. Erwägungsgrund Nr. 56 sieht insbesondere den Datenschutzbeauftragten als mögliche Besetzung der internen Meldestelle vor. Doch sind Erwägungsgründe unionaler Rechtsakte unverbindlich, können aber bei der Auslegung des Rechtsakts herangezogen werden. Steht ein Erwägungsgrund im Widerspruch zum verfügenden Teil des Rechtsakts, muss dieser Erwägungsgrund unbeachtlich bleiben.[79] Konkret bedeutet dies, dass sich Datenschutzbeauftragte nicht zwingend aufgrund ihres Amts für die interne Meldestelle eignen. 41

Letztlich entscheidet die DSGVO über die Eignung, vor allem über die notwendige Unabhängigkeit des *internen* bzw. *externen* Datenschutzbeauftragten. Diesem können gemäß Art. 38 Abs. 6 Satz 1 DSGVO neben seiner eigentlichen Tätigkeit noch weitere Aufgaben übertragen werden. Dies ist aber nur zulässig, soweit es nicht zu Interessenkonflikten mit den Tätigkeiten eines Datenschutzbeauftragten führt (siehe Art. 38 Abs. 6 Satz 2 DSGVO).[80] Entscheidend ist nach Erwägungsgrund Nr. 97 Satz 4 der DSGVO, dass der Datenschutzbeauftragte seine Pflichten und Aufgaben in vollständiger Unabhängigkeit ausüben kann. 42

Ein aus der fehlenden Unabhängigkeit folgender Interessenkonflikt (siehe § 15 Abs. 1 Satz 2) besteht etwa dann, wenn die anderen Aufgaben und Pflichten den (*internen* bzw. *externen*) Datenschutzbeauftragten dazu veranlassen könnten, in die Rechte und Freiheiten der betroffenen Personen einzugreifen.[81] Dies wäre dann der Fall, wenn der Datenschutzbeauftragte Zwecke und Mittel der 43

78 BCM, Positionspapier zum Referentenentwurf des Bundesministeriums der Justiz, Stand: 11.5.2022, S. 9.

79 EuGH, 19.11.1998, C-162/97, BeckRS 2004, 74578, Rn. 54: „Begründungserwägungen (…) sind rechtlich nicht verbindlich und können nicht zur Rechtfertigung einer Abweichung von den Bestimmungen des betreffenden Rechtsaktes angeführt werden.“; *Leibold*, ZD-Aktuell 2022, 01333.

80 *Nägele/Apel/Stolz/Drescher/Sefrin*, DB 2022, 2008, 2016.

81 *Scheja*, in: Taeger/Gabel, DSGVO/BDSG/TTDSG, Art. 38 DSGVO Rn. 75.

Datenverarbeitung festlegte,[82] denn dann überwachte sich der Datenschutzbeauftragte quasi selbst.[83] Droht ein solcher Interessenkonflikt, muss eine strenge Rollenverteilung zwischen dem Datenschutzbeauftragten in seiner originären Funktion und in seiner Rolle als interne Meldestelle vorgenommen werden. Teile der Literatur raten gar zu einer Besetzung der Positionen des Datenschutzbeauftragten und der internen Meldestelle mit unterschiedlichen Personen,[84] was zwar größere personelle Ressourcen bindet, sich aber für die Praxis sehr empfiehlt.

44 Im Gegensatz zur Festlegung der Zwecke und Mittel der Datenverarbeitung sah die Art. 29-Datenschutzgruppe es als unschädlich an, dass dem (*internen* bzw. *externen*) Datenschutzbeauftragten die Aufgabe übertragen wird, unter der Verantwortung des Verantwortlichen ein Verzeichnis der Verarbeitungsvorgänge zu führen.[85] Hierzu ist die dem Datenschutzbeauftragten gesetzlich zugewiesene Aufgabe des Art. 39 Abs. 1 lit. a, b DSGVO zu beachten. Hiernach obliegt dem Datenschutzbeauftragten in erster Linie die Unterrichtung und Beratung des Verantwortlichen oder des Auftragsverarbeiters und der Beschäftigten, die Verarbeitungen durchführen, hinsichtlich ihrer Pflichten nach der DSGVO sowie nach sonstigen Datenschutzvorschriften der EU bzw. ihrer Mitgliedstaaten sowie die Überwachung der Einhaltung der DSGVO, anderer

82 Darauf weist der Deutsche Anwaltverein hin (Stellungnahme des Deutschen Anwaltvereins durch die Ausschüsse Arbeitsrecht, Corporate Social Responsibility und Compliance, Informationsrecht sowie Strafrecht zum Referentenentwurf eines Gesetzes für einen besseren Schutz hinweisgebender Personen sowie zur Umsetzung der Richtlinie zum Schutz von Personen, die Verstöße gegen das Unionsrecht melden, Stand: Mai 2022, S. 34); siehe auch *Scheja*, in: Taeger/Gabel, DSGVO/BDSG/TTDSG, Art. 38 DSGVO Rn. 75.

83 Art. 29-Datenschutzgruppe, Leitlinien in Bezug auf Datenschutzbeauftragte („DSB"), WP 243 rev.01, S. 28; die Leitlinien wurden vom Europäischen Datenschutzausschuss adaptiert; vgl. LfD Niedersachsen, Infothekhttps://lfd.niedersachsen.de/startseite/infothek/edsa_leitlinien/vom-edsa-bestaetigte-leitlinien-158964.html; *Heberlein*, in: Ehmann/Selmayr, Datenschutzgrundverordnung, Art. 38 Rn. 22; siehe auch Belgische Datenschutzbehörde, Beschluss vom 16.12.2021 – DOS-2020-03763, ZD-Aktuell 2022, 01068: Hier hatte der Datenschutzbeauftragte auch die Leitung von drei Abteilungen mit Entscheidungsbefugnissen über die Verarbeitung personenbezogener Daten inne, was nach Ansicht der Datenschutzbehörde zu einem Interessenkonflikt nach Art. 38 Abs. 6 S. 2 DSGVO führte.

84 *Fehr*, ZD 2022, 256; ebenso *Stuke/Fehr*, BB 2021, 2740; ähnlich in Bezug auf das Verhältnis von Datenschutzbeauftragtem und Compliance-Beauftragtem *Baumgartner/Hansch*, ZD 2019, 99, 100: „Schließlich kann es in Einzelfällen (etwa in Whistleblowing-Konstellationen) auch zu widerstreitenden Interessen zwischen der Funktion des Compliance-Beauftragten und des Datenschutzbeauftragten kommen, die ebenfalls für eine Funktionstrennung streiten."

85 Art. 29-Datenschutzgruppe, Leitlinien in Bezug auf Datenschutzbeauftragte („DSB"), WP 243 rev.01, S. 30.

unionaler oder mitgliedstaatlicher Datenschutzvorschriften sowie der Strategien des Verantwortlichen oder des Auftragsverarbeiters für den Schutz personenbezogener Daten einschließlich der Zuweisung von Zuständigkeiten, der Sensibilisierung und Schulung der an den Verarbeitungsvorgängen beteiligten Mitarbeiter und der diesbezüglichen Überprüfungen. Zum Aufgabenfeld des Datenschutzbeauftragten zählen daher grundsätzlich die Unterrichtung, Beratung und Überwachung des Verantwortlichen.

Dieser Aufgabe könnte der Datenschutzbeauftragte nicht ausreichend gerecht **45** werden, wenn er etwa im Rahmen eines Hinweises im Meldesystem von einer Datenschutzverletzung Kenntnis erlangte. Verstöße gegen die DSGVO fallen in den Anwendungsbereich des HinSchG.[86] Die gemeldeten Daten des Hinweisgebers sind regelmäßig personenbezogene i. S. d. Art. 4 Nr. 1 DSGVO.[87] In seiner Funktion als interne Meldestelle könnte der Datenschutzbeauftragte die Aufklärung der Datenschutzverletzung nach der DSGVO grundsätzlich nicht betreiben, obwohl er in der Funktion des Datenschutzbeauftragten zur Überwachung der Einhaltung der DSGVO verpflichtet ist. Als interne Meldestelle wäre der Datenschutzbeauftragte hingegen dazu verpflichtet, unter Umständen in die Rechte und Freiheiten von betroffenen Personen einzugreifen. Dies ergibt sich aus § 18 Nr. 1, 4 lit. a, wonach die interne Meldestelle selbst oder durch eine gesonderte Einheit eine interne Untersuchung einleiten kann.[88]

Ein Interessenkonflikt kann sich auch aus dem Gebot der Vertraulichkeit des **46** (*internen* bzw. *externen*) Datenschutzbeauftragten (siehe Art. 38 Abs. 5 DSGVO) ergeben. Im Grundsatz gilt das Vertraulichkeitsgebot nach § 8 auch für die interne Meldestelle. Jedoch macht, im Gegensatz zur DSGVO, § 9 verschiedene Ausnahmen vom Vertraulichkeitsgebot. Damit wäre der Datenschutzbeauftragte je nach Funktion an die Vertraulichkeit gebunden (DSGVO) oder nicht (§ 9).[89] Auch die Datenschutzkonferenz geht in ihrer Orientierungshilfe zu Whistleblower-Hotlines wohl vom Grundgedanken aus, dass es sich bei Whistleblowing-Systemen um Verfahren handelt, bei denen der Datenschutzbeauftragte lediglich als Beratungsinstanz ordnungsgemäß und frühzeitig in alle mit dem Schutz personenbezogener Daten zusammenhängenden

---

86 *Wybitul*, BB 2022, Heft 37, S. I.

87 *Thüsing/Fütterer/Jänsch*, RDV 2018, 133, 135.

88 *Leibold*, ZD-Aktuell 2022, 01333.

89 Siehe auch zum Verhältnis zum Compliance-Beauftragten *Schröder*, in: Forgó/Helfrich/Schneider, Betrieblicher Datenschutz, Teil VI, Kap. 3 Rn. 84: „Während der Compliance-Beauftragte die Preisgabe der Namen eventuell für die weitere Sachverhaltsaufklärung bräuchte, wäre er als Datenschutzbeauftragter nach Art. 38 Abs. 5 DSGVO zur Verschwiegenheit verpflichtet."

Fragen einzubinden ist und nicht selbst als Meldestelle fungiert.[90] Bei einem Whistleblowing-System handelt es sich damit um ein Verfahren, bei denen der Datenschutzbeauftragte nach Art. 38 Abs. 1 DSGVO ordnungsgemäß und frühzeitig in alle mit dem Schutz personenbezogener Daten zusammenhängenden Fragen einzubinden ist.[91]

47 Interessenkonflikte des (*internen* bzw. *externen*) Datenschutzbeauftragten können sich darüber hinaus im Rahmen der Geltendmachung eines Auskunftsanspruchs nach Art. 15 DSGVO offenbaren.[92] Ein solcher Interessenkonflikt droht, wenn sich Hinweise (auch) auf die Umsetzung und Einhaltung der datenschutzrechtlichen Vorgaben beziehen.[93]

ee) Empfehlungen für die Praxis

(1) Bessere Geeignetheit des **externen Datenschutzbeauftragten**

48 Trotz der grundsätzlichen Zulässigkeit der Doppelfunktion des *internen* Datenschutzbeauftragten als interne Meldestelle ist ein *externer* Datenschutzbeauftragter besser für diese Funktion geeignet. Denn bei *externen* Datenschutzbeauftragten ist nicht von einem Interessenkonflikt im Sinn des § 15 Abs. 1 Satz 3 auszugehen. Dies lässt sich damit begründen, dass der *externe* Datenschutzbeauftragte meist nicht eigenständig über die Folgemaßnahmen und Konsequenzen für das Unternehmen entscheidet, sondern Verdachtsmomente oder Wissen über tatsächliche oder mögliche Verstöße an eine bei dem Beschäftigungsgeber zuständige Arbeitseinheit weiterleitet.[94] Für die bessere Geeignetheit eines *externen* Datenschutzbeauftragten als interne Meldestelle spricht auch, dass durch Externe mangels organisatorischer und struktureller Verflechtung sowie arbeitsrechtlicher Abhängigkeit ohne die Befürchtung von (unzulässigen, aber gleichwohl denkbaren) arbeitsrechtlichen oder anderweitigen in-

---

90 Datenschutzkonferenz, Orientierungshilfe der Datenschutzaufsichtsbehörden zu Whistleblowing-Hotlines: Firmeninterne Warnsysteme und Beschäftigtendatenschutz, Stand: 14.11.2018, S. 12; ebenso Landesbeauftragter für Datenschutz und Informationsfreiheit Baden-Württemberg, Datenschutz bei internen Ermittlungen und Hinweisgebersysteme, Stand: 2021, S. 22.

91 *Fassbach/Hülsberg*, GWR 2020, 255; *Schröder*, in: Forgó/Helfrich/Schneider, Betrieblicher Datenschutz, Teil VI, Kap. 3 Rn. 68; ähnlich Europäischer Datenschutzbeauftragter, Leitlinien zur Verarbeitung personenbezogener Daten im Rahmen eines Verfahrens zur Meldung von Missständen („Whistleblowing"), Stand: Dezember 2019, S. 14.

92 Zu diesem Auskunftsanspruch: BGH, 22.2.2022, VI ZR 14/21, NJW-RR 2022, 764; *Paal/Nikol*, DSB 2022, 324, 326.

93 *Paal/Nikol*, DSB 2022, 324, 326.

94 *Paal/Nikol*, DSB 2022, 324, 327.

ternen Druckmaßnahmen die angestrebte Unabhängigkeit und Vermeidung von Interessenkonflikten besser gewährleistet werden kann.[95]

(2) Doppelbesetzung

Obgleich der *externe* Datenschutzbeauftragte im Vergleich zum *internen* besser für die Besetzung der internen Meldestelle geeignet ist, sollte weder der *interne* noch der *externe* Datenschutzbeauftragte allein mit der Funktion der internen Meldestelle betraut werden. Auf diese Weise kann einem möglichen Interessenkonflikt entgegengewirkt werden. Der Datenschutzbeauftragte ist in erster Linie eine Beratungs- und Überwachungsinstanz; seine Einbindung bietet sich an, wenn lediglich anonymen Hinweisen nachgegangen werden soll. Es sollte aus diesem Grund im Rahmen eines klar definierten Rollenkonzepts festgelegt werden, wer welchen Hinweisen nachzugehen hat. Dazu ist eine Doppelbesetzung aus zwei Personen mit gegensätzlichen Zuständigkeiten anzuraten, wozu der Datenschutzbeauftragte zählen kann. Die dahinterliegenden Vorgänge sowie eine Handlungsanweisung sollten dokumentiert werden.[96] Wurde dennoch ausschließlich der Datenschutzbeauftragte mit der Funktion der internen Meldestelle betraut und liegt ein Interessenkonflikt vor, darf der Datenschutzbeauftragte einen bereits eingegangenen Hinweis nicht weiter bearbeiten und muss diesen an die zu bestimmende interne Meldestelle zur weiteren Bearbeitung abgeben. **49**

Gelangt eine Datenschutzaufsichtsbehörde zu der Überzeugung, dass ein Interessenkonflikt besteht, drohen für den Verantwortlichen Bußgelder nach Art. 83 Abs. 4 DSGVO. Dies zeigen zwei Fälle aus Belgien und Deutschland: In Belgien stellte die Datenschutzbehörde einen Interessenkonflikt fest, da der Datenschutzbeauftragte einer Bank zugleich Leiter von Abteilungen war, in denen personenbezogene Daten verarbeitet wurden. Auf Grund dieses Interessenkonflikts verhängte die belgische Datenschutzbehörde gegen den Verantwortlichen ein Bußgeld in Höhe von 75.000 EUR.[97] Ein weitaus höheres Bußgeld, welches noch nicht rechtskräftig ist, verhängte die Berliner Beauftragte für Datenschutz und Informationsfreiheit gegen die Tochtergesellschaft eines Berliner E-Commerce-Konzerns. Wegen eines Interessenkonflikts des *internen* Datenschutzbeauftragten wurde ein Bußgeld in Höhe von 525.000 EUR verhängt.[98] Laut der bisher vorliegenden Pressemitteilung hatte das verantwortliche Unternehmen einen Datenschutzbeauftragten benannt, der Entscheidungen **50**

95 *Paal/Nikol*, DSB 2022, 324, 327.
96 *Behr/Haas/Ellinger*, DB 2022, 2137, 2141.
97 Belgische Datenschutzbehörde, 16.12.2021, DOS-2020-03763, ZD-Aktuell 2022, 01068.
98 Siehe ZD-Aktuell 2022, 01338.

unabhängig kontrollieren sollte, die er selbst in einer anderen Funktion getroffen hatte. Der benannte Datenschutzbeauftragte war gleichzeitig Geschäftsführer zweier Dienstleistungsgesellschaften, die im Auftrag genau jenes Unternehmens personenbezogene Daten verarbeiteten, für die er als Datenschutzbeauftragter tätig war.[99]

51 Obgleich Interessenkonflikte des (*internen* bzw. *externen*) Datenschutzbeauftragten zu vermeiden sind, können ähnliche Konflikte bei allen Personen auftreten, die als interne Meldestelle fungieren. Bezieht sich z. B. ein Hinweis (auch) auf die Tätigkeit der internen Meldestelle selbst, besteht ein Interessenkonflikt der internen Meldestelle, unabhängig davon, ob die Meldestelle mit einem Datenschutzbeauftragten oder einer anderen Person besetzt ist.[100]

III. Notwendige Fachkunde der beauftragten Person (§ 15 Abs. 2)

1. Ziele und Verantwortlichkeit für die Fachkunde

52 Die Person, mit der die interne Meldestelle besetzt wird, muss über die notwendige Fachkunde verfügen, die für die Bearbeitung von Hinweisen erforderlich ist.[101] Die Fachkunde soll die Funktionsfähigkeit der internen Meldestelle sowie die Einhaltung des Vertraulichkeitsgebots des § 8 Abs. 1 sichern.[102] Für die Gewährleistung der Fachkunde ist der Beschäftigungsgeber (§ 15 Abs. 2 Satz 1) bzw. die Organisationseinheit (§ 15 Abs. 2 Satz 2) verantwortlich.[103]

2. Anforderungen an die Fachkunde

a) Keine gesetzlichen Vorgaben

53 Da weder die WBRL,[104] deren Erwägungsgründe noch das HinSchG eine (Mindest-)Qualifikation der Person vorsehen, die als interne Meldestelle fungiert,[105] müssen Anforderungen an die Fachkunde aus dem Sinn und Zweck des § 15 Abs. 2 entwickelt werden. Einfacher zu beurteilen ist die notwendige

99 Siehe Pressemitteilung vom 20.9.2022; *Leibold*, ZD-Aktuell 2022, 01333.

100 *Paal/Nikol*, DSB 2022, 324, 326.

101 Hierzu auch: *Bittmann/Brockhaus/von Coelln/Heuking*, NZWiSt 2019, 1, 8 f.; *Moosmayer/Petrasch*, ZHR 182 (2018), 504, 525 ff.; *Lüneborg/Resch*, NZG 2018, 209; *Fassbach/Hülsberg*, CB 2018, 1, 3.

102 RegE, BT-Drs. 20/3442, S. 80.

103 *Reufels/Soltysiak*, Das neue Whistleblowing-Recht, § 5 B. Rn. 27.

104 Kritisch *Dilling*, CCZ 2019, 214, 223.

105 Siehe auch *Fest*, in: Franzen/Gallner/Oetker, Kommentar zum europäischen Arbeitsrecht, Richtlinie (EU) 2019/1937 Art. 8 Rn. 36; kritisch: *Dilling*, CCZ 2019, 214, 221.

Fachkunde bei externen Meldestellen i. S. d. §§ 19 ff.: Für solche Meldestellen verlangt § 25 Abs. 2 Satz 1, dass die für die Bearbeitung von Meldungen zuständigen Personen regelmäßig für diese Aufgabe geschult werden. Die (unverbindlichen) Erwägungsgründe der WBRL sehen vor, dass die zuständigen Behördenmitarbeiter speziell geschult und mit den geltenden Datenschutzvorschriften vertraut sind, damit sie die Meldungen bearbeiten und die Kommunikation mit dem Hinweisgeber sowie geeignete Folgemaßnahmen sicherstellen können.[106] Zudem wird es als notwendig erachtet, dass die für die Bearbeitung der Meldungen zuständigen Mitarbeiter bei der Übermittlung von Daten innerhalb und außerhalb der zuständigen Behörde ihre berufliche Schweigepflicht sowie die Pflicht zur Wahrung der Vertraulichkeit einhalten.[107]

Für interne Meldungen nach Art. 9 der WBRL gibt es keine dem Art. 12 Abs. 5 der WBRL ähnliche Regelung, nach der entsprechende Mitarbeiter speziell geschult werden. Anders als bei externen Meldungen verlangt die WBRL bei internen Meldungen also nicht, dass nur kompetente und besonders geschulte Personen als interne Meldestelle fungieren.[108] Der deutsche Gesetzgeber hat die WBRL insoweit nicht überschießend umgesetzt, als auch das HinSchG keine inhaltlichen Vorgaben für die Fachkunde der internen Meldestelle (siehe § 15 Abs. 2) macht. **54**

Geht man vom Gesetzeswortlaut aus, ist damit zwischen den Anforderungen an die Fachkunde interner und externer Meldestellen zu differenzieren. Obgleich das Schulungserfordernis für Mitarbeiter der externen Meldestelle in § 25 Abs. 2 Satz 1 ausdrücklich geregelt ist, sind Rückschlüsse auf die Qualifikation der Mitarbeiter interner Meldestellen nicht zulässig. Vielmehr unterstreicht diese Divergenz die Schwierigkeit der Aufgabe, die bei internen Meldestellen nicht anders aussieht als bei externen.[109] Sinn und Zweck des § 15 Abs. 2 (wie des § 25 Abs. 2 Satz 1) sind die zweckgerichtete Bearbeitung von Hinweisen. Diese Bearbeitung muss unabhängig davon gewährleistet sein, ob es sich um eine interne oder externe Meldestelle handelt. Die notwendige teleologische Auslegung, die auch für interne Meldestellen (Mindest-)Qualifikationen fordert, geht deshalb nicht über den Wortlaut des § 15 Abs. 2 hinaus, weil diese Vorschrift keine wie auch immer gearteten Vorgaben für die Qualifikation der Meldestelle macht. **55**

106 Erwägungsgrund Nr. 74 der WBRL.
107 Erwägungsgrund Nr. 77 der WBRL.
108 *Dilling*, CCZ 2019, 214, 221.
109 *Bruns*, in: Rolfs/Giesen/Meßling/Udsching, BeckOK Arbeitsrecht, § 15 HinSchG Rn. 5.

b) Erforderliche Fachkunde im Zeitverlauf

aa) Fachkunde zu Beginn der Tätigkeit

56 Zunächst ist daher sicherzustellen, dass die Person, die als interne Meldestelle fungiert, zu Beginn ihrer Tätigkeit über die erforderliche Fachkunde verfügt.[110] Um das Hinweisgebersystem wirksam betreiben zu können, müssen die betrauten Personen über relevante Kenntnisse, Erfahrungen und Fähigkeiten verfügen.[111] Idealerweise wird bereits beim Stellenprofil für interne Besetzungen oder Neueinstellungen darauf geachtet, dass die Person, die für die Hinweise zuständig sein soll, über ausreichende juristische sowie Kenntnisse der Forensik verfügt.[112] Unter dem Begriff Forensik werden im Allgemeinen Arbeitsgebiete zusammengefasst, die in systematischer Weise deliktische Handlungen identifizieren und analysieren.[113]

57 Es ist aber nicht erforderlich, dass die Meldeperson eine einwandfreie Subsumtion des gemeldeten Verstoßes unter den sachlichen Anwendungsbereich des § 2 vornehmen kann, denn dann müsste jede Meldestelle mit mehreren fachlich unterschiedlich ausgerichteten Juristen besetzt sein.[114] Die interne Meldestelle muss aber die Hinweise einordnen und bearbeiten können.[115] In der Regel wird sich eine Meldung dem sachlichen Anwendungsbereich des HinSchG zuordnen lassen. Die größere Gefahr besteht für Unternehmen darin, dass bei der Aufarbeitung eines Hinweises zu Unrecht kein Rechtsverstoß festgestellt wird und damit wichtige Hinweise unbeachtet bleiben, weil der Sachbearbeiter die Situation falsch eingeschätzt hat.[116]

58 Interne Untersuchungen, die basierend auf Hinweisen auf mögliches Fehlverhalten eingeleitet werden, sind nicht nur aufgrund der rechtlichen Fragestellungen[117] komplex, sondern auch weil sie in unterschiedlichsten Zusammenhängen und Erscheinungsformen auftreten.[118] Entscheidende Erfolgskriterien sind dann die Erfahrung der entsprechenden Abteilungen, wie mit komplexen Fällen und Untersuchungen umgegangen wird, sowie die erforderliche Objek-

110 *Reufels/Soltysiak*, Das neue Whistleblowing-Recht, § 5 B. Rn. 27.
111 Siehe International Chamber of Commerce (ICC), ICC Guidelines on Whistleblowing, S. 5.
112 *Clodius/Warda*, CB 2021, 137, 138.
113 *Grützner/Jakob*, Compliance von A–Z, „Forensik".
114 *Bayreuther*, NZA-Beilage 2022, 20, 23; *Bayreuther*, DB 2023, 1537, 1539.
115 Skeptisch *Metzner/Gloeckner*, CCZ 2021, 256, 258, wonach eine solche Kompetenz in kleinen Unternehmenseinheiten „kaum vorhanden" sei; *Bruns*, in: Rolfs/Giesen/Meßling/Udsching, BeckOK Arbeitsrecht, § 15 HinSchG Rn. 4.
116 *Behr/Haas/Ellinger*, DB 2022, 2137, 2141.
117 *Metzner/Gloeckner*, CCZ 2021, 256, 258.
118 Vgl. *Moosmayer*, Compliance, Rn. 312, sowie *Momsen/Grützner*, CCZ 2017, 242.

tivität, der es zu einer gründlichen Sachverhaltsaufklärung und professionellen Bewertung des Falles bedarf.[119] Deshalb sollten größere Unternehmen eigene Abteilungen allein zu diesem Zweck einrichten. Diese Kompetenz ist in kleinen Unternehmenseinheiten kaum vorhanden und wenn die Aufgaben, die das Hinweisgebersystem mit sich bringt, zusätzlich von Personen in Doppelfunktion erfüllt werden müssen, können diese an ihre Kapazitätsgrenzen stoßen.[120] Die Effektivität und die Qualität der Bearbeitung von Hinweisen und das Ergreifen von Folgemaßnahmen könnten dann nicht auf einem ausreichend hohen Niveau gewährleistet werden. Es besteht unter Umständen die Gefahr, dass die von den Vorwürfen betroffenen Personen oder der Hinweisgeber durch eine mangelhafte Sachverhaltsaufklärung nicht geschützt werden und fälschlicherweise im Unternehmen als „Täter" oder „Denunziant" bezichtigt werden.[121] Dies aber will das HinSchG gerade vermeiden.

Daher sollte die Person, die als interne Meldestelle fungiert, hinreichend über die Funktion, die Kompetenzen und die Unabhängigkeit der Meldestelle informiert werden. Vor allem muss sie die wesentlichen Eckdaten des Vertraulichkeitsgebots der §§ 8 ff. beherrschen.[122] Sind diese Fähigkeiten nicht bereits vorhanden, müssen geeignete Schulungen[123] angeboten und wahrgenommen werden. Hierfür bietet es sich an, ein formalisiertes Schulungskonzept mit Mindestanforderungen zu entwerfen, zu dokumentieren und zu implementieren. Schulungsinhalte können dabei die Richtlinien und Prozesse des Systems oder Informationen zu einzelnen Risiko- oder Rechtsbereichen umfassen.[124] Insbesondere sollten Erfahrungen in der Gesprächsführung sowie Erfahrungen mit der Bewertung der Glaubhaftigkeit und Glaubwürdigkeit des Hinweises bzw. der hinweisgebenden Person vermittelt werden.[125] **59**

Es sollte sichergestellt sein, dass das Schulungskonzept zum Hinweisgebersystem sämtliche Abteilungen einschließt, die für dessen Betrieb relevant sind. Für die Untersuchungseinheiten bietet sich ein erweitertes Training mit Bezug zu internen Untersuchungen an (unter anderem Durchführung und Dokumentation von Interviews).[126] **60**

---

119 Vgl. *Moosmayer/Petrasch*, ZHR 2018, 504, 519.

120 *Lüneborg/Resch*, NZG 2018, 209, 211.

121 *Dilling*, CCZ 2019, 214, 222; *Metzner/Gloeckner*, CCZ 2021, 256, 258.

122 *Bayreuther*, DB 2023, 1537, 1539.

123 Siehe zumindest kurz RegE, BT-Drs. 20/3442, S. 92; zu solchen Schulungen auch *Drenckhan*, CB 2021, 459, 466.

124 *Buchert/Jacob-Hofbauer*, in: Knierim/Rübenstahl/Tsambikakis, Internal Investigations, Rn. 77 ff.; *Clodius/Warda*, CB 2021, 137, 139.

125 *Pütz*, Hinweisgeberschutzgesetz, S. 17.

126 *Buchert/Jacob-Hofbauer*, in: Knierim/Rübenstahl/Tsambikakis, Internal Investigations, Rn. 77 ff.; *Clodius/Warda*, CB 2021, 137, 139.

bb) Fachkunde während der Tätigkeit

61 Ist die interne Meldestelle erstmalig besetzt, können während der Tätigkeit aufgrund neuer Entwicklungen oder Änderungen in der Handhabung des Hinweisgebersystems weiterführende Maßnahmen zur Kenntniserlangung erforderlich werden. Zudem handelt es sich beim Hinweisgeberschutz um eine komplexe und komplizierte Rechtsmaterie, bei der gesetzliche Änderungen und Rechtsprechung zu erwarten sind.[127] Hierzu sind regelmäßige (Auffrischungs-)Schulungen durch den Beschäftigungsgeber anzubieten[128] und durch den Beschäftigten, der die interne Meldestelle übernommen hat, wahrzunehmen.

c) Beteiligung des Betriebsrats bei Schulungen

62 Besteht beim Beschäftigungsgeber ein Betriebsrat, ist dieser bei Schulungsmaßnahmen nach §§ 96 ff. BetrVG zu beteiligen. Die in § 15 Abs. 2 Satz 1 geforderte Verschaffung der nötigen Fachkunde für die meldungsbearbeitende Tätigkeit ist eine Maßnahme der betrieblichen Berufsbildung i. S. d. §§ 96 ff. BetrVG.[129] Dem Betriebsrat kommt insoweit vor allem ein als Initiativ- und Zustimmungsrecht gestaltetes Mitbestimmungsrecht aus § 98 Abs. 1 BetrVG zu.[130]

d) Beauftragung von Dritten

63 Falls Dritte (z. B. Ombudspersonen wie externe Rechtsanwälte)[131] mit der Aufnahme von Hinweisen beauftragt sind, müssen auch hier angemessene Kenntnisse, Fähigkeiten und Erfahrungen sichergestellt werden. Um dies zu gewährleisten, empfiehlt es sich, einen klar definierten Prozess sowie Mindeststandards für die Auswahl und die Beauftragung von Dritten zu entwickeln. Hierzu gehören Onboarding- und Schulungsunterlagen zum Compliance-Management-System und zum Hinweisgebersystem des Unternehmens, aber auch klare Beschreibungen von Aufgaben und Kontrollen der externen Eingangskanäle, z. B. die Festlegung des Aufgabenbereichs, die Verpflichtung zur zeitnahen Weitergabe, die Festlegung der Berichtswege, die Verpflichtung zum Schutz von Anonymität der Hinweisgeber, die Pflicht gegenüber dem Hinweisgeber, auf Offenlegung der Meldung hinzuwirken, die zeitliche Erreichbarkeit und

---

127 *Bruns*, in: Rolfs/Giesen/Meßling/Udsching, BeckOK Arbeitsrecht, § 15 HinSchG Rn. 5.
128 *Reufels/Soltysiak*, Das neue Whistleblowing-Recht, § 5 B. Rn. 27.
129 *Mauer*, in: Rolfs/Giesen/Meßling/Udsching, BeckOK Arbeitsrecht, § 98 BetrVG Rn. 1.
130 *Zimmer/Millfahrt*, BB 2023, 1269, 1270; *Bruns*, in: Rolfs/Giesen/Meßling/Udsching, BeckOK Arbeitsrecht, § 15 HinSchG Rn. 6.
131 Siehe ausführlich zum Begriff des Dritten die Kommentierung zu § 14.

Vertretung, die Festlegung von Form und Inhalt der Berichte, gegebenenfalls bereits erste Bewertungen, Regelungen zum Umgang mit Mitteilungen an Strafverfolgungsbehörden sowie zur Unabhängigkeit und Verschwiegenheit.[132]

IV. Keine Sanktionen

Ordnungswidrig handelt insbesondere, wer wissentlich entgegen § 32 Abs. 2 **64**
eine unrichtige Information offenlegt (§ 40 Abs. 1). Ordnungswidrig handelt auch, wer eine Meldung bzw. Kommunikation zwischen der hinweisgebenden Person und der Meldestelle behindert, wer nicht dafür sorgt, dass eine interne Meldestelle eingerichtet und betrieben wird oder wer eine Repressalie ergreift (§ 40 Abs. 2 Nr. 1–3). Zudem handelt insbesondere ordnungswidrig, wer entgegen § 8 Abs. 1 Satz 1 die Vertraulichkeit nicht wahrt. Die Nichterfüllung der Vorgaben des § 15 ist demgegenüber nicht sanktionsbewehrt.

132 *Clodius/Warda*, CB 2021, 137, 138.

§ 16 Meldekanäle für interne Meldestellen

(1) Nach § 12 zur Einrichtung interner Meldestellen verpflichtete Beschäftigungsgeber richten für diese Meldekanäle ein, über die sich Beschäftigte und dem Beschäftigungsgeber überlassene Leiharbeitnehmerinnen und Leiharbeitnehmer an die internen Meldestellen wenden können, um Informationen über Verstöße zu melden. Ist der Beschäftigungsgeber der Bund oder ein Land, gilt Satz 1 für die jeweiligen Organisationseinheiten entsprechend. Der interne Meldekanal kann so gestaltet werden, dass er darüber hinaus auch natürlichen Personen offensteht, die im Rahmen ihrer beruflichen Tätigkeiten mit dem jeweiligen zur Einrichtung der internen Meldestelle verpflichteten Beschäftigungsgeber oder mit der jeweiligen Organisationseinheit in Kontakt stehen. Die interne Meldestelle sollte auch anonym eingehende Meldungen bearbeiten. Es besteht allerdings keine Verpflichtung, die Meldekanäle so zu gestalten, dass sie die Abgabe anonymer Meldungen ermöglichen.

(2) Die Meldekanäle sind so zu gestalten, dass nur die für die Entgegennahme und Bearbeitung der Meldungen zuständigen sowie die sie bei der Erfüllung dieser Aufgaben unterstützenden Personen Zugriff auf die eingehenden Meldungen haben.

(3) Interne Meldekanäle müssen Meldungen in mündlicher oder in Textform ermöglichen. Mündliche Meldungen müssen per Telefon oder mittels einer anderen Art der Sprachübermittlung möglich sein. Auf Ersuchen der hinweisgebenden Person ist für eine Meldung innerhalb einer angemessenen Zeit eine persönliche Zusammenkunft mit einer für die Entgegennahme einer Meldung zuständigen Person der internen Meldestelle zu ermöglichen. Mit Einwilligung der hinweisgebenden Person kann die Zusammenkunft auch im Wege der Bild- und Tonübertragung erfolgen.

Schrifttum: *Baade/Hößl*, Arbeits- und compliancerechtlicher Handlungsbedarf unter dem neuen Hinweisgeberschutzgesetz (Teil I), DStR 2023, 1213; *Bayreuther*, Das neue Hinweisgeberschutzgesetz, DB 2023, 1537; *Bayreuther*, Whistleblowing und das neue Hinweisgeberschutzgesetz, NZA-Beilage 2022, 20; *Behr/Haas/Ellinger*, Der RegE zum Hinweisgeberschutzgesetz – die 15 wichtigsten Fragen für Unternehmen, DB 2022, 2137; *Brockhaus*, Praktische und berufsrechtliche Grenzen bei der anwaltlichen Tätigkeit als Ombudsperson, CB 2023, 8; *Bruns*, Das neue Hinweisgeberschutzgesetz, NJW 2023, 1609; *Buchwald*, Hinweisgebersystem im international tätigen Mittelstand – Ausgestaltung von Hinweisgebersystemen vor dem Hintergrund der EU-Whistleblower-Richtlinie, ZRFC 2021, 63; *Dilling*, Cat's Gold-Plating – Der neue Referentenentwurf zum Hinweisgeberschutzgesetz, CCZ 2022, 145; *Dilling*, Der Referentenentwurf zum Hinweisgeberschutzgesetz – Steine statt Brot für Whistleblower und betroffene Personen, CCZ 2021, 60; *Dzida/Granetzny*, Die neue EU-Whistleblowing-Richtlinie und ihre Auswirkungen auf Unternehmen, NZA 2020, 1201; *Dzida/Seibt*, Neues Hinweisgeberschutzgesetz: Analyse und Antworten auf Praxisfragen, NZA

2023, 657; *Engelhoven/Gatz*, Das neue Hinweisgeberschutzgesetz: die Änderungen im parlamentarischen Verfahren im Überblick, DB 2023, 1397; *Fassbach/Hülsberg/Spamer*, Hinweisgeberschutz durch Vertrauensanwälte, CB 2022, 151; *Federmann/Racky/Kalb/Modrzyk*, Die Whistleblower-Richtlinie der EU: Die neuen Regeln und deren Auswirkungen auf Unternehmen des privaten Sektors, DB 2019, 1665; *Fest*, Whistleblowing – Fragen des Hinweisgeberschutzes aus gesellschaftsrechtlicher Perspektive, ZIP 2022, 2265; *Fissenewert*, Das Hinweisgeberschutzgesetz – Anmerkungen zum Gesetz und seiner Anwendung aus Governance-Sicht, ZCG 2022, 254; *Forst*, Die Richtlinie der Europäischen Union zum Schutz von Personen, die Verstöße gegen das Unionsrecht melden (Whistleblowing-Richtlinie), EuZA 2020, 283; *Fuchs/Ritz/Rosenow*, SGB IX – Kommentar zum Recht behinderter Menschen, 7. Aufl. 2021; *Fuhlrott/Henckel*, Hinweisgeberschutzgesetz: Handlungsbedarf für Unternehmen und Personalabteilungen, ArbRAktuell 2022, 441; *Ghassemi-Tabar*, Deutscher Corporate Governance Kodex: DCGK, 2. Aufl. 2023; *Gola*, Hinweisgeberschutz nach dem HinSchG, dem LkSG und weiteren bereichsspezifischen Melderegelungen – ein Überblick, RDV 2023, 213; *Grigoleit*, Kommentar zum Aktiengesetz, 2. Aufl. 2020; *Homann*, EU-Hinweisgeberrichtlinie: Wie Unternehmen die Direktive effektiv umsetzen, CB 2021, 336; *Kalisz*, Barrierefreiheit von Bankprodukten und -dienstleistungen oder warum Kreditinstitute zukünftig auch besser als Gesetzgeber formulieren können müssen, BKR 2023, 292; *Koch*, Kommentar zum Aktiengesetz, 17. Aufl. 2023; *Kölbel/Herold*, Grundfragen zur Einrichtung unternehmenseigener Hinweisgebersysteme: Der Forschungsstand zu deren Funktion und Funktionalität, ZGR 2020, 961; *Kunz/Henssler/Nebeling/Beck*, Praxis des Arbeitsrechts: Arbeitsrecht – Steuerrecht – Sozialversicherungsrecht, 7. Aufl. 2023; *Lüneborg*, Das Hinweisgeberschutzgesetz – die (un)endliche Geschichte, ZIP 2023, 941; *Lüneborg*, Das neue Hinweisgeberschutzgesetz, GmbHR 2023, 765; *Lüneborg*, Neue Pflichten zur Einrichtung von Hinweisgebersystemen – Integrierte Umsetzung in der Unternehmenspraxis, DB 2022, 375; *Nolte/Schoch*, Die Bedeutung des neuen Hinweisgeberschutzgesetzes für die Praxis – Teil 1, jurisPR-compl 2/2023 Anm. 4; *Quast/Ohrloff*, der Regierungsentwurf des Hinweisgeberschutzgesetzes, CCZ 2022, 303; *Reufels/Soltysiak*, Das neue Whistleblowing-Recht, Das Hinweisgeberschutzgesetz in der betrieblichen und behördlichen Praxis, 2023; *Reuter*, Das Hinweisgeberschutzgesetz ist da – Was Unternehmen jetzt tun müssen, BB 2023, 1539; *Rolfs/Giesen/Meßling/Udsching*, Beck'scher Online-Kommentar zum Arbeitsrecht, 68. Edition Stand: 2.7.2023; *Schmidt-Trenz/Stober*, Jahrbuch Recht und Ökonomik des Dritten Sektors 2011/2012 (RÖDS) Compliance im Dritten Sektor, 2012; *Schmitt*, Geheimnisschutz und Whistleblowing – Aktuelle Rechtslage und Überlegungen zur Umsetzung in Deutschland, NZA Beilage 2020, 50; *Steinhauser/Kreis*, Die Umsetzung der EU-Whistleblower-Richtlinie als Herausforderung für Gesetzgeber und Unternehmen, EuZA 2021, 422; *Steinhauser/Saalwächter-Hirsch/Trouvain*, Das deutsche Hinweisgeberschutzgesetz – Was lange währt, wird endlich gut?, ESG 2023, 9; *Teichmann/Weber*, Die Whistleblowing-Richtlinie, ihr Missbrauchspotential und Implikationen für Compliance-Beauftragte, CB 2022, 157; *Thüsing/Musiol/Peisker*, Die Umsetzung der Hinweisgeberschutzrichtlinie – Ein Stück in drei Akten, ZGI 2023, 63; *Vollmann*, Compliance in der öffentlichen Verwaltung, 2021; *Wiedmann/Hoppmann*, Whistleblowing im DAX – Auswirkungen von HinSchG, LkSG, CSRD und CS3D-E, CCZ 2023, 11.

Übersicht

	Rn.
I. Überblick	1
II. Interne Meldekanäle	4
1. Zugangsberechtigte (Abs. 1 Satz 1–3)	4
a) Beschäftigte und Leiharbeitnehmer	4
b) Externe Personen	6
2. Anonyme Meldungen (Abs. 1 Satz 4 und 5)	10
a) Bearbeitung anonymer Hinweise	11
b) Keine gesetzliche Pflicht, anonyme Meldungen zu ermöglichen	14
3. Kontaktmöglichkeiten (Abs. 3)	19
a) Ausgestaltung der Kontaktwege	20
b) Persönliche Zusammenkunft mit dem Hinweisgeber	28
III. Entgegennahme und Bearbeitung der Meldungen (Zugriffsrechte) (Abs. 2)	32
1. Zuständige Personen	33
2. Zugang für Hilfspersonen	35

I. Überblick

1 Nach § 16 Abs. 1 Satz 1 und 2 HinSchG müssen die nach § 12 Abs. 1 HinSchG verpflichteten Beschäftigungsgeber und Organisationseinheiten[1] interne Meldekanäle einrichten. Abs. 2 und 3 enthalten dabei allgemeine Mindestvorgaben zur Ausgestaltung der internen Meldekanäle. Dass es Aufgabe der internen Meldestelle ist, den internen Meldekanal zu betreiben, folgt hingegen bereits aus § 13 Abs. 1 HinSchG (siehe hierzu § 13 Rn. 3 ff.). Mit der Norm des § 16 HinSchG setzt der deutsche Gesetzgeber die Vorgaben aus Art. 8 Abs. 2, Art. 9 Abs. 1 Buchstabe a und Abs. 2 der HinSch-RL um.

2 Ausweislich der Gesetzesbegründung entschied der Gesetzgeber bewusst, den verpflichteten Beschäftigungsgebern bezüglich der Ausgestaltung der internen Meldekanäle lediglich einen groben Rahmen vorzugeben, mit dem Ziel, diesen in der praktischen Umsetzung ausreichend Gestaltungsfreiheit für die Umstände des Einzelfalls einzuräumen.[2] Als zu berücksichtigende Parameter führt die Gesetzesbegründung beispielhaft die Größe des verpflichteten Beschäftigungsgebers, die Anzahl zu erwartender Meldungen, die Sensibilität der möglicherweise betroffenen Materie sowie die Berücksichtigung von weiteren spezialgesetzlichen Vorgaben[3] an.[4]

1 Zum Begriff des Beschäftigungsgebers i. S. d. § 12 HinSchG, siehe ausführlich unter § 12 Rn. 5 ff.; zum Begriff der Organisationseinheiten siehe § 12 Rn. 11 ff..

2 BT-Drs. 20/3442, S. 80 f.

3 Beispielsweise in § 23 Abs. 6 VAG, § 25a Abs. 1 Satz 6 Nr. 3 KWG, § 28 Abs. 1 Satz 2 Nr. 9 des KAGB, § 5 Abs. 8 des BörsG und § 55b Abs. 2 Nr. 7 WPO.

4 BT-Drs. 20/3442, S. 80.

Nach Art. 6 Abs. 2 der HinSch-RL steht es den Mitgliedstaaten zudem frei, zu entscheiden, ob Beschäftigungsgeber zur Entgegennahme und Weiterverfolgung anonymer Meldungen von Verstößen verpflichtet sind. Aufgrund intensiver Diskussionen im Rahmen des Gesetzgebungsprozesses[5] ist der in diesem Zusammenhang im Vermittlungsausschuss entstandene Kompromiss[6] zum Umgang mit anonymen Meldungen besonders hervorzuheben: Nach § 16 Abs. 1 Satz 4 HinSchG „sollte(n)" interne Meldestelle diese bearbeiten, es besteht nach Satz 5 allerdings keine Verpflichtung, die Meldekanäle so zu gestalten, dass diese anonyme Meldungen ermöglichen. Letzteres entsprach bereits dem ursprünglichen Entwurf der Bundesregierung aus September 2022.[7] Im Gegensatz zur jetzigen Fassung des Abs. 1 Satz 4 sah der Regierungsentwurf jedoch eine prioritäre Bearbeitung von nicht anonymen Meldungen vor.[8] Die zwischenzeitliche Entwurfsfassung aus Dezember 2022 enthielt demgegenüber eine Verpflichtung zur Einrichtung interner Meldekanäle unter Ermöglichung anonymer Meldungen.[9] 3

II. Interne Meldekanäle

1. Zugangsberechtigte (Abs. 1 Satz 1–3)

a) Beschäftigte und Leiharbeitnehmer

Gemäß § 16 Abs. 1 Satz 1 und 2 HinSchG muss der interne Meldekanal zumindest Beschäftigten und dem Beschäftigungsgeber bzw. der Organisationseinheit überlassenen Leiharbeitnehmern offenstehen. Während sich die Zugangsberechtigung von Beschäftigten bereits kraft Natur der Sache ergibt, mag es auf den ersten Blick verwundern, dass Abs. 1 Satz 1 – insbesondere im Gegensatz zu § 12 Abs. 1 HinSchG – Leiharbeitnehmer gesondert aufführt. Leiharbeitnehmer fallen unstreitig unter den im HinSchG verwendeten Begriff des Beschäftigten. Es handelt sich bei ihnen jedoch um Beschäftigte des Ver- und nicht des Entleihers. In der Praxis werden Leiharbeitnehmer vom Entleiher indes typischerweise wie eigene Arbeitnehmer eingesetzt.[10] Sie erlangen 4

---

5 Siehe dazu eingehend *Lüneborg*, ZIP 2023, 941 f., 943, 948; *Engelhoven/Gatz*, DB 2023, 1397, 1399; BT-Drs. 20/5688 bzw. BR-Drs. 20/23 (B) (Ablehnung des Gesetzesentwurfes der BReg); zum Entwurf der BReg siehe BT-Drs. 20/5992; zum Ausgangsentwurf siehe BT-Drs. 20/3442; zum „Kompromiss" siehe BT-Drs. 20/6700, S. 2; BT-Drs. 20/4909, S. 49 f.

6 BT-Drs. 20/6700, S. 2.

7 BT-Drs. 20/3442, S. 17, 81.

8 BT-Drs. 20/3442, S. 17, 81.

9 Vgl. BT-Drs. 20/5992, S. 15 f., 66 f.

10 So auch BT-Drs. 20/3442, S. 80.

daher nicht nur Kenntnis von etwaigen Missständen beim Ver-, sondern auch beim Entleiher. Mit Blick auf das Telos des HinSchG ist es daher nur folgerichtig, Leiharbeitnehmern verpflichtend auch Zugang zum internen Meldekanal des Entleihers zu gewähren.

5 Hiervon zu trennen ist die Fragestellung, ob Leiharbeitnehmer bei der Berechnung der Personalstärke des verpflichteten Beschäftigungsgebers bzw. der Organisationseinheit sowohl beim Ver- als auch beim Entleiher berücksichtigt werden müssen. Dies ist zwar im Einzelfall zu bejahen (siehe hierzu ausführlich § 12 Rn. 32 ff.), hat jedoch keine Auswirkungen auf die Frage der Zugangsberechtigung nach § 16 Abs. 1 Satz 1 HinSchG.

b) Externe Personen

6 Nach § 16 Abs. 1 Satz 3 HinSchG „kann" der interne Meldekanal derart ausgestaltet werden, dass dieser neben Beschäftigten und Leiharbeitnehmern auch natürlichen Personen offensteht, die im Rahmen ihrer beruflichen Tätigkeiten mit dem jeweiligen zur Einrichtung der internen Meldestelle Verpflichteten in Kontakt stehen. In Umsetzung von Art. 8 Abs. 2 HinSch-RL eröffnet der deutsche Gesetzgeber den Verpflichteten somit die Möglichkeit, die Ausgestaltung des internen Meldekanals an die konkreten Umstände des Einzelfalls anzupassen.[11]

7 Voraussetzung für die Öffnung des internen Meldekanals für andere natürliche Personen ist lediglich, dass diese im Rahmen ihrer beruflichen Tätigkeiten mit dem Verpflichteten in Kontakt stehen. Nach der Gesetzesbegründung können dies beispielsweise Selbstständige, die für die betroffene Stelle arbeiten, Personen, die für Auftragnehmer, Unterauftragnehmer oder Lieferanten arbeiten, oder Personen, deren Beschäftigtenverhältnis zwischenzeitlich beendet worden ist, sein.[12]

8 Auch wenn es Verpflichteten frei steht, den Kreis der Zugangsberechtigten auf Beschäftigte und Leiharbeitnehmer zu beschränken, erscheint es grundsätzlich ratsam, die Zugangsberechtigung zum internen Meldekanal entsprechend Abs. 1 Satz 3 zu erweitern.[13] Entschließen sich externe Personen dazu, auf Missstände bei einem (dritten) Beschäftigungsgeber hinzuweisen, besteht ein erhöhtes Risiko, dass sich diese zuvörderst an externe Meldestellen wenden.

---

11 Vgl. BT-Drs. 20/3442, S. 80 f.

12 BT-Drs. 20/3442, S. 81 mit Verweis auf Art. 8 Abs. 2 HinSch-RL verweisend auf Art. 4 Abs. 1 Buchstaben b bis d und Abs. 2 HinSch-RL; vgl. auch Erwägungsgrund 55 HinSch-RL; so auch *Bruns*, in: Rolfs/Giesen/Meßling/Udsching, BeckOK Arbeitsrecht, § 16 HinSchG Rn. 3.

13 So auch *Teichmann/Weber*, CB 2022, 157, 160.

Infolgedessen ist es dem betroffenen Beschäftigungsgeber bzw. der betroffenen Organisationseinheit oftmals verwehrt, den in Frage stehenden Sachverhalt zunächst intern – ohne parallel ermittelnde staatliche Aufsichtsbehörden und/oder Presseberichterstattung und damit einhergehende Reputationsschäden – aufzuklären.[14] Steht der interne Meldekanal als niedrigschwelliges Angebot hingegen auch externen Personen offen, wird ein Anreiz für diese geschaffen, vorrangig die interne Meldestelle zu kontaktieren.

Zu beachten ist ebenfalls, dass auch aus Perspektive des europäischen und deutschen Gesetzgebers die Nutzung der internen Meldestelle und somit des internen Meldekanals zu präferieren ist, vgl. Erwägungsgrund 33 der HinSch-RL und § 7 Abs. 1 Satz 2 HinSchG.[15] § 7 Abs. 3 Satz 1 HinSchG gibt den verpflichteten Beschäftigungsgebern zudem auf, Anreize dafür zu schaffen, dass sich hinweisgebende Personen vor einer Meldung an eine externe Meldestelle zunächst an die jeweilige interne Meldestelle wenden. Diesem gesetzgeberischen Regelungsauftrag können verpflichtete Beschäftigungsgeber u.a. mit der Öffnung des internen Meldekanals für externe Personen nachkommen (siehe hierzu ausführlich § 7 Rn. 51). 9

2. Anonyme Meldungen (Abs. 1 Satz 4 und 5)

Nach § 16 Abs. 1 Satz 4 HinSchG „sollte“ die interne Meldestelle auch anonym eingehende Meldungen bearbeiten. Es besteht allerdings keine Verpflichtung, die Meldekanäle so zu gestalten, dass sie die Abgabe anonymer Meldungen ermöglichen, § 16 Abs. 1 Satz 5 HinSchG. Unabhängig davon umfasst der Schutzbereich des HinSchG auch anonyme Hinweisgeber, deren Identität später bekannt wird, sofern der persönliche und sachliche Anwendungsbereich des HinSchG eröffnet ist (vgl. Art. 6 Abs. 3 HinSch-RL).[16] 10

a) Bearbeitung anonymer Hinweise

Die Bearbeitung anonymer Hinweise ist grundsätzlich Aufgabe der internen Meldestelle. Während im Gesetzgebungsprozess die genaue Ausgestaltung dieser Aufgabe lange Zeit umstritten war (siehe hierzu oben Rn. 3), enthält die 11

14 Vgl. *Teichmann/Weber*, CB 2022, 157, 160; so auch Deutsches Institut für Compliance e.V. (DICO), Standard 11 – Hinweisgebersysteme, 2021, 1.2; *Steinhauser/Kreis*, EuZA 2021, 422, 439.

15 Mit Einschränkung auf den europäischen Gesetzgeber auch *Lüneborg*, ZIP 2023, 941, 944; ausführlich zu einem etwaigen Vorrang interner Meldungen auch *Schmitt*, NZA-Beilage 2020, 50, 56.

16 BT-Drs. 20/3442, S. 81.

letztlich in Kraft getretene Fassung eine „Sollte-Vorschrift": Die interne Meldestelle „sollte" auch anonym eingehende Meldungen bearbeiten. Der Gesetzgeber hat sich somit gegen eine klassische „Soll-Vorschrift", d.h. ein eindeutiges Regel-Ausnahme-Verhältnis, und für eine abgeschwächte Formulierung im Konjunktiv entschieden. Nichtsdestotrotz dürfte gesetzgeberische Intention gewesen sein, die Bearbeitung von anonymen Hinweisen als Regelfall vorzusehen. Dies wird insbesondere im Vergleich zum Wortlaut des Regierungsentwurfes aus September 2022 deutlich, welcher eine Bearbeitung von anonymen Meldungen lediglich vorsah, soweit dadurch die vorrangige Bearbeitung nicht anonymer Meldungen nicht gefährdet wird.[17] Ein derartiges Vorrangverhältnis besteht nach dem Wortlaut von Abs. 1 Satz 4 nicht mehr.

12 Der Gesetzgeber räumt dem verpflichteten Beschäftigungsgeber mit dem Wortlaut der Norm „sollte […] bearbeiten" dennoch unstreitig auch ein Ermessen für den Einzelfall ein und somit die Möglichkeit des Absehens von der Bearbeitung eines anonymen Hinweises. Ein derartiger Einzelfall kann – parallel zu nicht anonymen Meldungen – jedoch bereits aus gesellschaftsrechtlichen Gründen nur dann vorliegen, wenn sich aus dem anonymen Hinweis keine stichhaltigen Anhaltspunkte für ein Fehlverhalten in der Sphäre des verpflichteten Beschäftigungsgebers bzw. der verpflichteten Organisationseinheit ergeben. Denn die Pflicht zur Bearbeitung von substantiierten anonymen Hinweisen folgt bereits aus der gesellschaftsrechtlichen Legalitätspflicht bzw. Legalitätskontrollpflicht für Unternehmen und ihre Führungsorgane.[18] Relevante Verdachtsmomente müssen identifiziert, intern angemessen kommuniziert, aufgeklärt und abgestellt werden.[19] Dies gilt unabhängig davon, ob der zugrunde liegende Hinweis anonym oder nicht anonym bei der internen Meldestelle eingegangen ist.[20] Ist ein anonymer Hinweis also stichhaltig, sollte ihm genauso nachgegangen werden wie einem vergleichbaren nicht anonymen Hinweis.

13 Für öffentliche Beschäftigungsgeber, die nicht privatrechtlich organisiert sind, folgt eine vergleichbare Pflicht zur Organisations-Compliance aus

---

17 BT-Drs. 20/3442, S. 81.

18 *Nolte/Schoch*, jurisPR-Compl 3/2023 Anm. 4; *Dilling*, CCZ 2022, 145, 148f.; *Thüsing/Musiol/Peisker*, ZGI 2023, 63, 64; *Lüneborg*, DB 2022, 375, 381; *Gola*, RDV 2023, 213, 218; *Fassbach/Hülsberg/Spamer*, CB 2022, 151, 152.

19 *Koch*, in: Koch, AktG, § 93 Rn. 17; *Grigoleit*, in: Grigoleit, AktG, § 76 Rn. 57; LG München I, 10.12.2013, 5 HK O 1387/10, NZG 2014, 345, 347.

20 Vgl. *Nolte/Schoch*, jurisPR-Compl 3/2023 Anm. 4; *Dilling*, CCZ 2022, 145, 149f.; *Lüneborg*, DB 2022, 375, 381; *Fassbach/Hülsberg/Spamer*, CB 2022, 151, 152.

Art. 20 Abs. 3 GG und der daraus folgenden Gesetzesbindung der Verwaltung.[21]

b) Keine gesetzliche Pflicht, anonyme Meldungen zu ermöglichen

Gemäß § 16 Abs. 1 Satz 5 HinSchG sind interne Meldestellen nicht verpflichtet, Meldekanäle dergestalt einzurichten, dass sie die Abgabe anonymer Meldungen ermöglichen. Als Argumente gegen eine diesbezügliche Einrichtungspflicht wurden in der politischen und fachwissenschaftlichen Debatte vermehrt das drohende Missbrauchspotenzial, der vermehrte Aufwand sowie die damit einhergehenden Kosten für die verpflichteten Beschäftigungsgeber angeführt.[22] Studien zeigen jedoch, dass der Anteil an etwaigen missbräuchlichen Meldungen bei Unternehmen, die anonyme Meldungen zulassen, nicht höher liegt als bei Unternehmen, die anonyme Meldungen nicht ermöglichen.[23] **14**

Auch wenn keine Verpflichtung besteht, anonyme Meldungen zu ermöglichen, scheint der Gesetzgeber zu dieser Ausgestaltung der Meldekanäle zu tendieren. In der Gesetzesbegründung zum Regierungsentwurf betont er die positiven Aspekte interner Meldungen und erklärt etwaige Gefahren, wenn das Meldesystem nicht für anonyme Meldungen geöffnet wird.[24] Ein Blick in die Praxis zeigt, dass vor dem Inkrafttreten des HinSchG bereits 70% der in Deutschland befragten Unternehmen die Abgabe von anonymen Meldungen ermöglichten, sofern sie über ein Hinweisgebersystem verfügten.[25] Darüber hinaus ist es auch aus den nachfolgenden Gründen zu empfehlen, den internen Meldekanal dergestalt einzurichten, dass die Abgabe anonymer Meldungen möglich ist.[26] **15**

---

21 Vgl. *Vollmann*, Compliance in der öffentlichen Verwaltung, S. 236 m.w.N.; *Stober*, in: Schmidt-Trenz, Compliance im Dritten Sektor, RÖDS 2011/2012, 9, S. 17, der von einer „Organisationscompliance" aus Art 20 Abs. 3 GG spricht.

22 *Lüneborg*, ZIP 2023, 941, 948; BT-Drs. 20/4909, S. 49 f.; vgl. *Engelhoven/Gatz*, DB 2023, 1397, 1399; RefE zum HinSchG, S. 37, https://www.bmj.de/SharedDocs/Down loads/DE/Gesetzgebung/RefE/RefE_Hinweisgeberschutz.pdf?__blob=publicationFile&v=4, zuletzt abgerufen am 1.9.2023; kritisch zu derartigen Argumenten *Dilling*, CCZ 2021, 60, 62 f.

23 EQS Group, Whistleblowing Report 2021, S. 61 f., wonach im Jahr 2020 der Anteil an missbräuchlichen Meldungen bei den befragten Unternehmen in Deutschland 10,7% betrug; so auch *Lüneborg*, DB 2022, 375, 381.

24 BT-Drs. 20/3442, S. 81.

25 EQS Group, Whistleblowing Report 2021, S. 51.

26 Für eine Einrichtung eines anonymisierten Meldekanals auch *Lüneborg*, DB 2022, 375, 381; *Dilling*, CCZ 2022, 145, 148 f.; Deutsches Institut für Compliance e.V. (DICO), Standard 11 – Hinweisgebersysteme, 2021, 2.1.3; *Reufels/Soltysiak*, Das neue Whistleblowing-Recht, § 5 Rn. 30; *Dilling*, CCZ 2021, 60, 62 f.; *Steinhauser/Kreis*, EuZA 2021, 422, 440; dazu tendierend auch *Bayreuther*, NZA-Beilage 2022, 20, 22.

16 Zum einem dürfte die Ermöglichung anonymer Meldungen einen **Anreiz im Sinne des § 7 Abs. 3 Satz 1 HinSchG** für Hinweisgeber schaffen, Missstände intern statt extern zu melden.[27] Eine Studie zeigt, dass sich 58 % der Hinweisgeber für die Abgabe einer anonymen Erstmeldung entschieden haben.[28] Gestützt wird dies durch eine weitere Befragung aus dem Jahr 2020: Eröffneten Unternehmen die Möglichkeit zur Abgabe von anonymen Meldungen, gingen ca. die Hälfte der Erstmeldungen anonym ein.[29] Grund hierfür dürfte insbesondere sein, dass Hinweisgeber bei Offenlegung ihrer Identität befürchten, Benachteiligungen ausgesetzt zu werden.[30]

17 Zum anderen sprechen aus Perspektive des verpflichteten Beschäftigungsgebers **schadenspräventive Erwägungen** für eine derartige Ausgestaltung des internen Meldekanals.[31] Ein effektives und funktionierendes Compliance-Management-System wird von der Rechtsprechung bei der Verhängung von Geldbußen oder anderen Sanktionsmaßnahmen als mildernder Umstand berücksichtigt.[32] Hinweisgebersysteme – als wichtigste Informationsquelle über Rechtsverletzungen im Unternehmen – sind zentraler Baustein der Risikoidentifizierung und damit Teil eines effektiven und wirksamen Compliance-Management-Systems.[33] Die Möglichkeit, anonyme Meldungen über den internen Meldekanal abzugeben, dürfte die Effektivität des Meldesystems – im Einklang mit dem gesetzgeberischen Regelungsauftrag in § 7 Abs. 3 HinSchG (siehe hierzu ausführlich unter § 7 Rn. 46 ff.) – ohne Weiteres steigern, da die Hemmschwelle zur Abgabe von Meldungen sinkt.[34] Hinzu kommt, dass die Einrichtung eines internen Meldekanals mit Inkrafttreten des HinSchG zur gesetzlichen Pflicht geworden ist, sodass die Gerichte für die Anerkennung dessen als mildernder Umstand ein „Mehr" als die Einhaltung der gesetzlichen Pflichtvorgaben fordern dürften. Mit der Einrichtung eines internen Meldekanals, welcher auch anonyme Meldungen ermöglicht, haben verpflichtete Be-

27 Vgl. *Bayreuther*, NZA-Beilage 2022, 20, 22, 24.

28 EQS Group, Whistleblowing Report 2019, S. 59.

29 EQS Group, Whistleblowing Report 2021, S. 66.

30 *Lüneborg*, ZIP 2023, 941, 948; *Dilling*, CCZ 2022, 145, 149; in diese Richtung gehend auch die Formulierungshilfe der Bundesregierung vom 14.3.2023, S. 79.

31 So auch *Dilling*, CCZ 2022, 145, 149.

32 Siehe BGH, 27.4.2022, 5 StR 278/21, NZWiSt 2022, 410 (LS. 3); BGH, 9.5.2017, 1 StR 265/16, NZWiSt 2018, 379, 387.

33 Vgl. *Ghassemi-Tabar*, in: JIG, DCGK, A04 Rn. 1; vgl. dazu auch *Fissenewert*, ZCG 2022, 254 f.; *Steinhauser/Kreis*, EuZA 2021, 422, 442.

34 *Lüneborg*, ZIP 2023, 941, 948; *Reuter*, BB 2023, 1539, 1541; *Engelhoven/Gatz*, DB 2023, 1397, 1399; *Bruns*, in: Rolfs/Giesen/Meßling/Udsching, BeckOK Arbeitsrecht, § 16 HinSchG Rn. 4; *Steinhauser/Saalwächter-Hirsch/Trouvain*, ESG 2023, 9, 10; *Homann*, CB 2021, 336, 338; *Gola*, RDV 2023, 213, 218; vgl. BT-Drs. 20/3442, S. 81.

schäftigungsgeber im Falle einer drohenden Sanktion somit weitere Argumente für Sanktionsmilderungen in der Hand.

Hiervon strikt zu trennen ist indes die Frage, ob ein interner Meldekanal, der die Abgabe von anonymen Meldungen nicht ermöglicht, weiterhin eine **geeignete Aufsichtsmaßnahme** im Sinne des § 130 Abs. 1 OWiG darstellt. Dies ist zu bejahen. Aufgrund der Tatsache, dass sich der Gesetzgeber gegen eine derartige Verpflichtung entschieden hat, folgt bereits aus dem Grundsatz der Einheit der Rechtsordnung, dass auch ein interner Meldekanal, der keine anonymen Meldungen ermöglicht, eine geeignete Aufsichtsmaßnahme im Sinne des § 130 Abs. 1 OWiG darstellt.[35] **18**

3. Kontaktmöglichkeiten (Abs. 3)

§ 16 Abs. 3 HinSchG eröffnet den verpflichteten Beschäftigungsgebern bzw. Organisationseinheiten einen weiten Spielraum für die Ausgestaltung der Kontaktwege und normiert lediglich Mindestanforderungen an die bereitzustellenden Kontaktmöglichkeiten. Der Gesetzesbegründung lässt sich entnehmen, dass der deutsche Gesetzgeber damit insbesondere diejenigen Beschäftigungsgeber entlasten wollte, die aufgrund des HinSchG erstmalig ein Hinweisgebersystem einrichten und entsprechende Strukturen zunächst aufbauen müssen.[36] **19**

a) Ausgestaltung der Kontaktwege

Nach § 16 Abs. 3 Satz 1 HinSchG müssen interne Meldekanäle den Zugangsberechtigten die Meldung in mündlicher oder in Textform ermöglichen. Das Wort „oder" steht hierbei für eine Wahlmöglichkeit des Verpflichteten zwischen den beiden Kanälen.[37] Es genügt demnach den gesetzlichen Anforderungen, wenn Verpflichtete die Abgabe einer Meldung entweder mündlich **oder** in Textform ermöglichen.[38] Sofern die Möglichkeit einer mündlichen Meldung eröffnet wird, muss diese per Telefon **oder** mittels einer anderen Art der Sprachübermittlung abgegeben werden können (Abs. 3 Satz 2). **20**

---

35 *Dzida/Seibt*, NZA 2023, 657, 662; *Bayreuther*, DB 2023, 1537, 1540; a. A. *Dilling*, CCZ 2022, 145, 149.

36 BT-Drs. 20/3442, S. 81; so auch *Bruns*, in: Rolfs/Giesen/Meßling/Udsching, BeckOK Arbeitsrecht, § 16 HinSchG Rn. 9.

37 *Lüneborg*, ZIP 2023, 941, 946f.; *Lüneborg*, GmbHR 2023, 765, 767. A.A. *Bruns*, in: Rolfs/Giesen/Meßling/Udsching, BeckOK Arbeitsrecht, § 16 HinSchG Rn. 10 unter Berufung auf das europarechtliche Auslegungsgebot des effet utile; ohne Begründung auch *Quast/Ohrloff*, CCZ 2022, 303, 305.

38 BT-Drs. 20/3442, S. 81.

21 Eine anderweitige Auslegung von Abs. 3 Satz 1 und 2 ist auch nicht aus Perspektive des Europarechts geboten. Art. 9 Abs. 2 HinSch-RL überlässt es den Mitgliedstaaten, ob diese den Verpflichteten eine Wahlmöglichkeit zwischen der Meldung in mündlicher und in Textform einräumen („Meldung in schriftlicher **oder** mündlicher bzw. in beiden Formen"). Dementsprechend formuliert auch Erwägungsgrund 53, dass Meldekanäle es Personen ermöglichen sollten, „schriftlich Meldung zu erstatten und […], einzureichen, **oder** mündlich Meldung zu erstatten, über eine Telefon-Hotline **oder** ein anderes System für gesprochene Nachrichten, **oder beides**". Die Eröffnung einer echten Wahlmöglichkeit durch den europäischen Gesetzgeber wird zudem anhand eines Vergleiches mit dem Wortlaut des Art. 12 Abs. 2 Satz 1 HinSch-RL und § 27 Abs. 3 Satz 1 HinSchG deutlich, welcher für externe Meldekanäle vorsieht, dass diese Meldungen in schriftlicher **und** mündlicher Form ermöglichen müssen.

22 Ziel sollte es jedoch sein, ein möglichst niedrigschwelliges Angebot für die Zugangsberechtigten zu schaffen, damit Hinweisgeber Meldungen möglichst intern abgeben.[39] Verpflichteten ist daher zu raten, unterschiedliche Meldekanäle miteinander zu kombinieren und dem Hinweisgeber die Wahl des konkreten Kommunikationskanals zu überlassen. Zur Beantwortung der Fragestellung, welche Meldekanäle im Einzelfall zu Organisation, Unternehmenskultur und -struktur passen, empfiehlt sich eine Auseinandersetzung mit den folgenden – nicht abschließenden – Parametern:[40]

(i) Personalstärke des Verpflichteten;

(ii) Anzahl, Themenschwerpunkte und Sensibilität der zu erwartenden Meldungen;

(iii) Kreis der Zugangsberechtigten (externe Personen, Internationalität/Mehrsprachigkeit, Barrierefreiheit; Zugriff auf technische Ressourcen/technische Infrastruktur);

(iv) Ermöglichung von anonymen Meldungen (ja/nein);

(v) zeitliche Erreichbarkeit und Sichtbarkeit des internen Meldekanals;

(vi) (notwendige) Kommunikation mit dem Hinweisgeber.[41]

23 In der Praxis gehören zu den gebräuchlichen Kommunikationswegen in **Textform** regelmäßig Beschwerdebriefkästen, E-Mail-Postfächer, Apps oder ver-

---

39 So auch *Dzida/Granetzny*, NZA 2020, 1201, 1205.
40 Siehe hierzu auch *Homann*, CB 2021, 336, 337 f.
41 Vgl. *Teichmann/Weber*, CB 2022, 157, 159 f.; vgl. dazu auch Deutsches Institut für Compliance e. V. (DICO), Standard 11 – Hinweisgebersysteme, 2021, 2.2.1.

gleichbare Online-Plattformen, die auch das Hochladen von Anhängen ermöglichen sollten.[42] Auch wenn die Einrichtung eines Beschwerdebriefkastens für Beschäftigungsgeber bzw. Organisationseinheiten wenig Aufwand bedeutet, bietet es sich mit Blick auf niedrigschwellige Erreichbarkeiten in der Regel – unabhängig von der Personalstärke – an, parallele digitale Lösungen zu ermöglichen. Digitale Lösungen sind insbesondere aufgrund der zu gewährleistenden Vertraulichkeit der Meldungen, den gesetzlich vorgesehenen Zugriffsbeschränkungen (siehe hierzu Rn. 32 ff.) und der Ermöglichung von (anonymer) Kommunikation mit dem Hinweisgeber vorteilhaft. Vor allem mit Blick auf die notwendige – gegebenenfalls andauernde – **Kommunikation mit dem Hinweisgeber** reduzieren digitale Lösungen das Risiko einer Offenlegung der Identität des Hinweisgebers außerhalb der internen Meldestelle. Im Falle der Einrichtung von anonymen Meldekanälen eröffnen digitale Lösungen zudem die Möglichkeit, die Anonymität des Hinweisgebers auch im Rahmen der sich an den Hinweis anschließenden Kommunikation zu wahren.[43] Digitale Lösungen lassen sich zudem ohne weiteren personellen Aufwand für den Beschäftigungsgeber bzw. die Organisationseinheit durchgehend und somit – von etwaigen notwendigen Wartungsarbeiten abgesehen – ohne zeitliche Einschränkungen betreiben.

Für Verpflichtete, die über **Beschäftigte ohne regelmäßigen Zugang zu Arbeitscomputern** bzw. -laptops verfügen, bietet sich die Einrichtung eines digitalen Dienstes an, welcher vom Smartphone ohne einen gesonderten dienstlichen Account abrufbar ist. Denkbar ist beispielsweise eine Online-Plattform, die mithilfe eines QR-Codes aufrufbar ist, welcher verbunden mit einer Information über das Hinweisgebersystem in den jeweiligen Betriebsstätten ausgehängt werden kann. Sollte eine Absicherung der Zugangsbegrenzung erforderlich sein, um sicherzustellen, dass nur Berechtigte Zugang zum Meldesystem erhalten, könnte dies über Anmeldedaten, z. B. die Personalnummer, erfolgen.[44] 24

Sollten sich Verpflichtete dazu entscheiden, ein **mündliches Meldesystem** mittels einer Telefonhotline einzurichten, ist es ratsam, eine zugeordnete ge- 25

42 Vgl. Erwägungsgrund 53 der HinSch-RL; *Lüneborg*, GmbHR 2023, 765, 767; vgl. *Baade/Hößl*, DStR 2023, 1213, 1218; *Lüneborg*, ZIP 2023, 941, 946 f.; *Reufels/Soltysiak*, Das neue Whistleblowing-Recht, § 11 Rn. 3.

43 In der Praxis werden bspw. geschützte Postfächer verwendet, die eine vollständig anonymisierte Kommunikation mit dem Hinweisgeber ermöglichen. Bei Versand des Hinweises wird automatisch serverseitig eine IP-Anonymisierung und im Browser des Hinweisgebers eine Datenverschlüsselung vorgenommen. Die weitere Kommunikation erfolgt sodann über das geschützte Postfach. Siehe als Beispiel hierzu https://vorarlberg.at/-/hinweisgebersystem-land-vorarlberg, zuletzt abgerufen am 1.9.2023.

44 Dies gilt selbstverständlich lediglich für nicht anonyme Meldungen.

bührenfreie Nummer einzurichten und die Gespräche nur auf Wunsch des Hinweisgebers bzw. mit seiner Einwilligung aufzuzeichnen.[45] Als Alternative zum telefonischen Meldeweg können Beschäftigungsgeber bzw. Organisationseinheiten gemäß § 16 Abs. 3 Satz 2 HinSchG auch andere Arten der Sprachübermittlung nutzen. Hier kommen vor allem webbasierte Lösungen, auf denen entsprechende Sprachnachrichten hinterlassen werden können, in Betracht. Letzteres dürfte sich vor allem anbieten, wenn Verpflichtete davon ausgehen, dass es sich bei den eingehenden Meldungen vermehrt um **sensible Themen** handeln könnte. Der Hinweisgeber kann bei Nutzung einer webbasierten Lösung den Hinweis mündlich übermitteln, ohne in die – potenziell als Hemmschwelle wirkende – direkte Kommunikation mit einer weiteren Person eintreten zu müssen.

26 Sind Beschäftigte im Ausland tätig und/oder ist davon auszugehen, dass potenziell Zugangsberechtigte zum internen Meldekanal über unterschiedliche Sprachkenntnisse verfügen, so ist zwingend darauf zu achten, dass eine **Mehrsprachigkeit** der Kontaktwege sichergestellt ist.[46] Daneben sollten auch anderweitige **potenzielle (sprachliche) Barrieren** für Zugangsberechtigte vermieden werden, sodass Informationen in möglichst einfacher Sprache sowie unter Umständen in Brailleschrift für blinde Beschäftigte bereitgestellt werden sollten.[47] Öffentliche Stellen innerhalb der EU sind dabei bereits aufgrund der EU-Richtlinie für die Umsetzung digitaler Barrierefreiheit verpflichtet, Internetseiten und Anwendungen barrierefrei zu gestalten.[48] Vorgaben zur Barrierefreiheit enthalten insoweit § 12a Abs. 2 BGG i.V.m. § 12d BGG und der Verordnung BTV 2.0 und ab dem 28.6.2025 auch das Barrierefreiheitsstärkungsgesetz.[49]

27 Für alle Kontaktmöglichkeiten gilt, dass die **Vertraulichkeit** der Kontaktwege abgesichert (dazu auch unter Rn. 32 ff.) und die verschiedenen Kommunikati-

45 DIN ISO 37002:2021, S. 34; auch eine gebührenfreie Nummer vorschlagend *Reufels/Soltysiak*, Das neue Whistleblowing-Recht, § 11 Rn. 4.

46 So auch *Homann*, CB 2021, 336, 337 f.; vgl. *Behr/Haas/Ellinger*, DB 2022, 2137, 2139 („keine Sprachbarrieren"); vgl. dazu auch Deutsches Institut für Compliance e.V. (DICO), Standard 11 – Hinweisgebersysteme, 2021, 2.2.1; vgl. dazu auch *Wiedmann/Hoppmann*, CCZ 2023, 11, 15, 22.

47 Vgl. dazu auch *Wiedmann/Hoppmann*, CCZ 2023, 11, 15 „Zugangshindernisse wie unter anderem mangelnde Kenntnis des Mechanismus, Sprache, Lese- und Schreibvermögen […] sollten beseitigt werden".

48 *Homann*, CB 2021, 336, 338; in Bezug auf Kreditinstitute siehe auch *Kalisz*, BKR 2023, 292.

49 Vgl. dazu eingehend: *Ritz/Hlava/Ramm*, in: Fuchs/Ritz/Rosenow, SGB IX, § 12a BGG Rn. 4 f.

onswege sichtbar und zugänglich sein müssen.[50] Hinweisgeber müssen die bereitgestellten Kontaktwege also einfach auffinden und nutzen können.[51] Es ist daher dringend zu empfehlen, die Einrichtung und/oder Erweiterung des internen Meldekanals über die beim jeweiligen Verpflichteten gängigen Kommunikationswege (erneut) zu publizieren und sicherzustellen, dass die Zugangsberechtigten hiervon Kenntnis erlangen.[52] Je nach Organisationsform des Verpflichteten kann sich beispielsweise eine Vorstellung des internen Meldekanals auf einer Betriebsversammlung anbieten. Die Kommunikation an die Beschäftigten sollte dabei regelmäßig wiederholt und Informationen zu den Meldekanälen neuen Beschäftigten beim Einstieg zur Verfügung gestellt werden (siehe dazu insgesamt auch § 12 Rn. 47 ff.).[53] Erweitert der Verpflichtete den Zugang zum internen Meldekanal um externe Personen i. S. d. § 16 Abs. 1 Satz 3 HinSchG, sollten auch diese proaktiv in die Kommunikation eingebunden werden.[54]

b) Persönliche Zusammenkunft mit dem Hinweisgeber

§ 16 Abs. 3 Satz 3 HinSchG enthält einen Sonderfall der Interaktion mit dem Hinweisgeber, wonach auf dessen Ersuchen eine „persönliche Zusammenkunft" zwecks Abgabe der Meldung zu ermöglichen ist. Die persönliche Zusammenkunft hat dabei innerhalb einer angemessenen Zeit zu erfolgen. Mit Einwilligung des Hinweisgebers kann die Zusammenkunft auch in virtueller Form mittels Bild- und Tonübertragung erfolgen (Satz 4). Ausweislich der Gesetzesbegründung soll der persönlichen Zusammenkunft insbesondere dann herausragende Bedeutung zukommen, wenn ein Dritter (beispielsweise ein Rechtsanwalt als Ombudsperson) mit den Aufgaben einer internen Meldestelle betraut ist.[55] **28**

Abs. 3 Satz 3 enthält keine verbindliche zeitliche Vorgabe, das Treffen soll lediglich „**innerhalb einer angemessenen Zeit**" stattfinden. Diese Formulierung eröffnet den Verpflichteten einen gewissen zeitlichen Spielraum und die Möglichkeit der Berücksichtigung der Umstände des Einzelfalls. Vereinzelt **29**

---

50 DIN ISO 37002:2021, S. 33 f.

51 DIN ISO 37002:2021, S. 33 f.

52 *Homann*, CB 2021, 336, 339; vgl. *Buchwald*, ZRFC 2021, 63, 66 „im Anschluss an die initiative Kommunikation sollte nach einer gewissen Zeit zudem ein Reminder erfolgen"; Deutsches Institut für Compliance e. V. (DICO), Standard 11 – Hinweisgebersysteme, 2021, 1.2.

53 *Homann*, CB 2021, 336, 339.

54 Vgl. dazu *Reufels/Soltysiak*, Das neue Whistleblowing-Recht, § 11 Rn. 3 sowie Erwägungsgrund 59 HinSch-RL.

55 BT-Drs. 20/3442, S. 82.

wird ein Zeitraum von nicht länger als zwei Wochen empfohlen,[56] wobei es in der Praxis schwierig erscheint, eine pauschale Zeitspanne vorzugeben. Vorzugswürdig ist eine Betrachtung des Einzelfalls, orientiert an der Dringlichkeit und Sensibilität der Thematik sowie der Distanz zwischen Betriebssitz und Wohnsitz. Je größer die Zeitspanne zwischen Ersuchen des Hinweisgebers und Zustandekommen der persönlichen Zusammenkunft jedoch ist, desto mehr bedarf es einer Begründung des Verpflichteten und umso höher ist das Risiko, dass der Hinweisgeber von einer Meldung gänzlich absieht oder sich dazu entscheidet, den potenziellen Missstand extern zu melden.

30 Um eine zeitliche Verzögerung des Treffens aufgrund logistischer Herausforderungen zu vermeiden, besteht für überregionale oder international tätige Beschäftigungsgeber bzw. Organisationseinheiten die Möglichkeit, die Aufgabe der internen Meldestelle an eine Person vor Ort zu **delegieren**.[57] Die Person vor Ort unterliegt den gleichen Verschwiegenheitspflichten wie die regulären Mitarbeiter der internen Meldestelle.[58] Der Verpflichtete muss sicherstellen, dass die Person geeignet – und im besten Fall auch geschult – für das Gespräch mit dem Hinweisgeber ist. Kommt es in der Praxis zu einer derartigen Pflichtendelegation, ist dem Verpflichteten daher dringend zu empfehlen, die Person vor Ort vor dem Treffen zu schulen und auf die damit einhergehenden Pflichten hinzuweisen sowie diese Maßnahmen zu dokumentieren.

31 Die „persönliche" Zusammenkunft kann des Weiteren auch durch **Bild- und Tonübertragung**, d.h. Videokonferenztechnik, erfolgen, soweit der Hinweisgeber seine Einwilligung hierzu erklärt (§ 16 Abs. 3 Satz 4 HinSchG). Voraussetzung dessen ist selbstverständlich die Datenschutzkonformität des Vorgehens sowie die Sicherung der Vertraulichkeit des Gesprächs.[59] In der Praxis empfiehlt es sich, die Einwilligung der hinweisgebenden Person aus Beweiszwecken schriftlich zu dokumentieren.[60] Die Möglichkeit der virtuellen Zusammenkunft hilft dabei ebenfalls, Verzögerungen durch logistische Herausforderungen zu vermeiden. Aus Effizienzgesichtspunkten ist es daher empfehlenswert, Hinweisgebern, die eine persönliche Zusammenkunft wünschen, die Alternative der virtuellen Zusammenkunft anzubieten. Die Wahl verbleibt jedoch beim Hinweisgeber.

---

56 *Bruns*, in: Rolfs/Giesen/Meßling/Udsching, BeckOK Arbeitsrecht, § 16 HinSchG Rn. 11; *Forst*, EuZA 2020, 283, 294.

57 BT-Drs. 20/3442, S. 82.

58 BT-Drs. 20/3442, S. 82.

59 Allgemein zur Vertraulichkeit und Datenschutzkonformität der Meldestelle vgl. *Baade/Hößl*, DStR 2023, 1213, 1218.

60 *Reufels/Soltysiak*, Das neue Whistleblowing-Recht, § 5 Rn. 36.

III. Entgegennahme und Bearbeitung der Meldungen (Zugriffsrechte) (Abs. 2)

Die internen Meldekanäle sind gemäß § 16 Abs. 2 HinSchG so zu gestalten, dass nur die für die Entgegennahme und Bearbeitung der Meldung zuständigen sowie die sie bei der Erfüllung dieser Aufgaben unterstützenden Personen Zugriff auf die eingehenden Meldungen haben. Die Norm ergänzt damit die allgemeine Vertraulichkeitsregelung des § 8 HinSchG und setzt Art. 9 Abs. 1 lit. a HinSch-RL um.[61] **32**

1. Zuständige Personen

Unter den Begriff der „zuständigen Personen" i. S. d. Abs. 2 fallen in der Regel allein die Mitarbeiter der internen Meldestelle, die für die Entgegennahme und Bearbeitung der Hinweise verantwortlich sind. Den Verpflichteten steht es nach dem HinSchG jedoch offen, Meldestellen mit eigenen Mitarbeitern zu besetzen oder Dritte (wie z. B. Rechtsanwälte oder Berater) mit den Aufgaben einer internen Meldestelle zu betrauen (siehe § 14 Rn. 15 ff.). Je nach gewählter Struktur bedarf es daher unterschiedlicher Maßnahmen zur Sicherung der Zugriffsbeschränkung auf die internen Meldekanäle („Need-to-know-Prinzip"). Wird die interne Meldestelle von Mitarbeitern des Verpflichteten betrieben, bedarf es z. B. einer Sicherung der Vertraulichkeit der Meldung durch (digitale) Zugangskonzepte und -rechte. **33**

Sinn und Zweck der Zugriffsbeschränkung – als Ausprägung des allgemeinen Vertraulichkeitsgebots[62] – ist eine Stärkung des Schutzes des Hinweisgebers, der vom Hinweis betroffenen Personen sowie eine Förderung des Vertrauens in das Hinweisgebersystem.[63] Neben der zu schützenden Identität des Hinweisgebers und Dritten kann es jedoch ebenso des Schutzes etwaiger sensibler Informationen bedürfen, die durch den Hinweisgeber übermittelt werden. Die Zugriffsbeschränkung des § 16 Abs. 2 HinSchG ist damit auch im ureigenen Interesse des Verpflichteten, den Kreis der Personen, die Kenntnis von möglichen Missständen erlangen, weitmöglichst zu beschränken. **34**

2. Zugang für Hilfspersonen

Der Gesetzgeber sieht neben den für die Entgegennahme und Bearbeitung zuständigen Personen auch ausnahmsweise ein Zugriffsrecht auf eingehende **35**

61 BT-Drs. 20/3442, S. 81.
62 Siehe hierzu § 8 HinSchG.
63 Vgl. BT-Drs. 20/3442, S. 73 f., 81; DIN ISO 37002:2021, S. 38f.; *Reufels/Soltysiak*, Das neue Whistleblowing-Recht, § 5 Rn. 33.

Meldungen für sogenannte „Hilfspersonen" vor (§ 16 Abs. 2 HinSchG). Der Gesetzesbegründung lässt sich insoweit entnehmen, dass die Zugriffsmöglichkeiten für Hilfspersonen aufgrund der beabsichtigen Wahrung der Vertraulichkeit restriktiv auszulegen sind: Der Zugriff der Hilfspersonen darf lediglich im Rahmen der bezweckten Unterstützungstätigkeit erfolgen und nur insoweit, als dies für die Unterstützungstätigkeit notwendig ist.[64] Damit grenzt der Gesetzgeber die Zugriffsberechtigung sowohl in sachlicher als auch in zeitlicher Hinsicht ein:

(i) Der Zugriff muss im sachlichen Zusammenhang mit der Unterstützungstätigkeit stehen; er darf lediglich zu diesem Zweck erfolgen und nur soweit es für diesen Zweck notwendig ist.

(ii) Der Zugriff darf in zeitlicher Hinsicht ebenfalls nur für den notwendigen Zeitraum der Unterstützungstätigkeit erfolgen.

36 Die Gesetzesbegründung verweist als Beispiel auf IT-Dienstleister, die Meldekanäle technisch betreuen.[65] Auf die Praxis übertragen bedeutet dies, dass dem IT-Dienstleister grundsätzlich kein umfassendes Zugriffsrecht auf Meldungen bzw. die Datenablagesysteme eingeräumt werden darf, sondern im Einzelfall zu prüfen ist, ob dieses für die angefragte Unterstützungsleistung notwendig ist. Zum Beispiel ist es im Falle einer generellen Systemstörung in der Regel nicht notwendig, dass der IT-Dienstleister Zugriff auf die eingehenden Meldungen hat. Anders liegt der Fall, wenn die zuständigen Personen Hinweise nicht korrekt angezeigt bekommen, Anhänge nicht laden können oder der Kommunikationskanal mit dem Hinweisgeber gestört ist. Ein weiteres Beispiel für zugriffsberechtigte Hilfspersonen sind Assistenzrollen, die beispielsweise bei der Terminkoordination unterstützen.[66]

---

64 BT-Drs. 20/3442, S. 81.
65 BT-Drs. 20/3442, S. 81.
66 BT-Drs. 20/3442, S. 74.

§ 17 Verfahren bei internen Meldungen

(1) Die interne Meldestelle

1. **bestätigt der hinweisgebenden Person den Eingang einer Meldung spätestens nach sieben Tagen,**
2. **prüft, ob der gemeldete Verstoß in den sachlichen Anwendungsbereich nach § 2 fällt,**
3. **hält mit der hinweisgebenden Person Kontakt,**
4. **prüft die Stichhaltigkeit der eingegangenen Meldung,**
5. **ersucht die hinweisgebende Person erforderlichenfalls um weitere Informationen und**
6. **ergreift angemessene Folgemaßnahmen nach § 18.**

(2) Die interne Meldestelle gibt der hinweisgebenden Person innerhalb von drei Monaten nach der Bestätigung des Eingangs der Meldung oder, wenn der Eingang nicht bestätigt wurde, spätestens drei Monate und sieben Tage nach Eingang der Meldung eine Rückmeldung. Die Rückmeldung umfasst die Mitteilung geplanter sowie bereits ergriffener Folgemaßnahmen sowie die Gründe für diese. Eine Rückmeldung an die hinweisgebende Person darf nur insoweit erfolgen, als dadurch interne Nachforschungen oder Ermittlungen nicht berührt und die Rechte der Personen, die Gegenstand einer Meldung sind oder die in der Meldung genannt werden, nicht beeinträchtigt werden.

Schrifttum: *Ahrens/Miege*, Whistleblowing: Erster Entwurf der Koalition zum Hinweisgeberschutzgesetz, MMR-Aktuell 2022, 448308; *Baunack/Nielebock*, jurisPR-ArbR 41/2022, Anm. 1; *Bayreuther*, Whistleblowing und das neue Hinweisgeberschutzgesetz, NZA-Beilage 2022, 20; *Brobeil*, Die Auswirkungen der Richtlinie (EU) 2019/1937 auf Arbeitnehmer-Hinweisgeber, 2022; *Brockhaus*, Praktische und berufsrechtliche Grenzen bei der anwaltlichen Tätigkeit als Ombudsperson, CB 2023, 8; *Dilling*, Der Referentenentwurf zum Hinweisgeberschutzgesetz – Steine statt Brot für Whistleblower und betroffene Personen, CCZ 2021, 60; *Dilling*, Cat's Gold-Plating – Der neue Referentenentwurf zum Hinweisgeberschutzgesetz, CCZ 2022, 145; *Fest*, Whistleblowing – Fragen des Hinweisgeberschutzes aus gesellschaftsrechtlicher Perspektive, ZIP 2022, 2265, 2269; *Gerdemann*, Neuer Entwurf für ein Hinweisgeberschutzgesetz, ZRP 2022, 98; *Hamm-Düppe*, EU-Hinweisgeberrichtlinie: Sind die praktischen Umsetzungsherausforderungen lösbar? – Ein Praxisbericht zur Umsetzung der EU-Hinweisgeberrichtlinie im Konzern aus deutscher Sicht, CCZ 2022, 409, 410; *Hansch*, Hinweisgeberschutz in Deutschland: Beim zweiten Mal wird alles besser?, DSB 2022, 201; *Hau/Poseck*, Beck'scher Online-Kommentar BGB, 66. Ed. 2023; *Ibel*, Whistleblower-Schutz – aktuelle Entwicklungen, MMR 2021, 929; *Mosbacher/Dierlamm*, Betriebsangehöriger als Überwachungsgarant, Anmerkung zu BGH, Urteil vom 17.7.2009 – 5 StR 394/08 (LG Berlin), NStZ 20210, 268; *Nießen*, Neuerungen beim Hinweisgeberschutz, RFamU 2022, 399; *Nolte/Michaelis*, Der Entwurf des Verbandssanktionengesetzes: neue Compliance-Pflichten für Vorstände und Geschäftsführer?, BB 2020, 1154; *Quast/Ohrloff*, Der Regierungsentwurf des Hinweisgeberschutzgesetzes, CCZ 2022, 303; *Reufels/Osmakova*, Der neue Entwurf des Hinweisgeberschutzgesetzes – Gelungene Umsetzung der EU-Whistleblower-Richtlinie?, ArbRB 2022, 147; *Schmidt*, Regelungsoptionen des deutschen Gesetzgebers zum Whistleblower-Schutz in Umsetzung der EU-Richtlinie 2019/1937, 2022; *Schoch/Kumar*, Der neue Entwurf eines Hinweisgeberschutzgesetzes, CB 2022, 181; *Steinhauser/Kreis*, Die Umsetzung der EU-Whistleblower-Richtlinie als Herausforderung für Gesetzgeber und Unternehmen, EuZA 2021, 422; *Stoffers*, Anmerkung zu BGH, Urteil vom 17.7.2009 – 5 StR 394/08 (LG Berlin), NJW 2009, 3176; *Thüsing*, Effektiver Hinweisgeberschutz mit Augenmaß – Erste Gedanken zum neuen RefE eines Hinweisgeberschutzgesetzes (HinSchG), DB 2022, 1066.

Übersicht

Rn.
I. Entstehungsgeschichte ... 1
II. Hintergrund und Ziel der Regelung ... 2
III. Absatz 1 – Verfahren nach Meldungseingang ... 5
1. Eingangsbestätigung, Nr. 1 ... 6
a) Form der Eingangsbestätigung ... 8
b) Praxishinweis zur Bestätigung bei anonymer Meldung ... 9
2. Prüfung der Anwendbarkeit, Nr. 2 ... 11
3. Kontakthalten mit der hinweisgebenden Person, Nr. 3 ... 13
a) Begriff des „Kontakthaltens“ ... 13
b) Praxishinweis zum „Kontakthalten“ ... 15
4. Stichhaltigkeitsprüfung, Nr. 4 ... 16
5. Weitergehende Informationserfragung, Nr. 5 ... 17
6. Folgemaßnahmen, Nr. 6 ... 18
7. Praxishinweise zum Verfahrensgang ... 19
IV. Absatz 2 – Rückmeldung an den Hinweisgeber ... 21
1. Pflicht zur Rückmeldung nach § 17 Abs. 2 Satz 1 HinSchG ... 21
a) Die Rückmeldepflicht ... 22
b) Einhaltung der Rückmeldefrist ... 23
2. Begründungspflicht nach § 17 Abs. 2 Satz 2 HinSchG ... 26
a) Sinn und Zweck der Begründungspflicht ... 27
b) Umfang der Begründungspflicht ... 28
3. Ausnahmen von der Rückmeldepflicht nach § 17 Abs. 2 Satz 3 HinSchG ... 29
a) Ausnahmegründe ... 30
b) Partielle vs. vollumfängliche Suspendierung der Rückmeldepflicht ... 31
4. Praxishinweise zur Rückmeldepflicht ... 32
V. Folgen von Verstößen gegen § 17 HinSchG ... 34
VI. Praxishinweise zu den Verfahren bei internen Meldungen ... 36
1. Auswirkungen einer internen Meldung mit Hinblick auf das Wahlrecht zwischen interner und externer Meldung ... 36
2. Möglichkeit, das Verfahren an Dritte (etwa Anwaltskanzleien) auszulagern ... 38
3. Handhabung des Verfahrens bei Unternehmensgruppen ... 39
4. Schulungen der Mitarbeiter:innen der internen Meldestelle zum Verfahrensablauf, ggf. auch durch Dritte ... 41
5. Friktionen mit anderen Beschwerdestellen/CMS-Systemen im Unternehmen ... 42
6. Einführung einer Meldepflicht und Mitspracherecht des Betriebs-/Personalrats ... 45
7. Verhältnis zur Offenlegung nach § 32 HinSchG ... 46
8. Umgang mit hinweisgebender Person, die bewusst missbräuchlich meldet/unwahre Tatsachen ... 47

I. Entstehungsgeschichte

1 Für das Verständnis des in § 17 HinSchG geregelten Verfahrens der internen Meldestelle ist von Bedeutung, dass der deutsche Gesetzgeber zur Umsetzung der **unionsrechtlichen Vorgaben** zwei Anläufe benötigte. Der erste Entwurf zur Umsetzung der EU-HinSchRL[1] scheiterte auch daran, dass der wirtschaftliche Umsetzungsaufwand als zu hoch eingestuft wurde. Daher ist der letztlich verabschiedete Entwurf von dem Bestreben geprägt, die Implementierungs- und Betriebskosten für die Meldekanäle bei effektiver Umsetzung der Richtlinienvorgaben möglichst gering zu halten.[2]

II. Hintergrund und Ziel der Regelung

2 § 17 HinSchG dient der Umsetzung des Art. 9 der europäischen HinSchRL. Dabei legt § 17 Abs. 1 HinSchG das **Verfahren** fest, das die **interne Meldestelle**, deren Einrichtung in § 12 HinSchG vorgesehen ist, nach Eingang einer Meldung durchzuführen hat. Zudem bezweckt die Norm über die in § 17 Abs. 2 HinSchG vorgesehene **Rückmeldepflicht**, das **Vertrauen** in die Wirksamkeit des Hinweisgeberschutzes zu **stärken** und das Funktionieren des internen Meldekanals abzusichern.[3] Für ein effektives Meldeverfahren ist zudem entscheidend, dass die hinweisgebende Person die Gewissheit hat, dass ihre Meldung vertraulich behandelt wird. Die interne Meldestelle nimmt daher sämtliche ihrer Aufgaben unter Wahrung der **Vertraulichkeit** der hinweisgebenden Person vor (vgl. dazu § 8 Rn. 20 ff.).[4] Weiterhin dient die Bereitstellung eines effektiven internen Meldeverfahrens auch der **Vermeidung** einer **externen Meldung** oder Offenlegung.[5]

3 Besondere Bedeutung erlangt der Ablauf des Verfahrens der internen Stelle dadurch, dass der **deutsche Gesetzgeber zwar anerkennt**, dass es **keinen pauschalen Vorrang** der **internen vor der externen Meldung** gibt, aber **dennoch** eine **Bindungswirkung** annimmt, wenn die hinweisgebende Person den internen Meldeweg wählt.[6] Eine Ausnahme stellen lediglich kartellrechtliche Verstö-

---

1 Richtlinie (EU) 2019/1937 des Europäischen Parlaments und des Rates vom 23.10.2019 zum Schutz von Personen, die Verstöße gegen das Unionsrecht melden, Abl. Nr. L 305/17.

2 Dazu dezidiert *Gerdemann*, ZRP 2022, 98, 100.

3 RegE, S. 82.

4 RegE, S. 82.

5 RegE, S. 82.

6 Dies ergibt sich im Umkehrschluss aus der Gesetzesbegründung zu § 22 HinSchG, dort heißt es: „Satz 2 ermöglicht es der hinweisgebenden Person, sich bei Kartellverstößen jederzeit an das BKartA zu wenden. Auch wenn sie bereits ihr Wahlrecht nach § 7 Absatz 1 Satz 1 für den internen Meldekanal ausgeübt hat, muss sie nicht den Abschluss des dadurch

ße dar, vgl. § 22 Abs. 1 Satz 2 HinSchG. Die hinweisgebende Person ist so lange an ihre Wahl gebunden, wie das Verfahren nach § 17 Abs. 1 HinSchG korrekt durchgeführt wird. Erst wenn dem gemeldeten Verstoß intern nicht abgeholfen wird, darf zusätzlich eine externe Meldung erfolgen (vgl. § 7 Rn. 25 ff.).

4 Zudem wird das anfänglich bestehende Wahlrecht wohl nur zugunsten einer internen Meldung ausfallen, wenn dieser Meldeweg vom potenziellen Hinweisgeber als effektiv eingeschätzt wird. Daher sollten Unternehmen ein erhebliches Interesse an der Implementierung eines effektiven internen Meldeverfahrens haben. Eine externe Meldung oder gar medienwirksame Offenlegung von Verstößen kann hingegen zu deutlich gewichtigeren (Reputations-) Schäden führen, wohingegen das Unternehmen bei einer internen Meldung die Kontrolle über die Art und Weise der Aufklärung eines potenziellen Verstoßes behält. Dadurch kann das Unternehmen die öffentliche Wahrnehmung stärker mitgestalten und etwaige Verstöße im Idealfall ohne wirtschaftliche Einbußen oder staatliche Involvierung eigenständig abstellen.

III. Absatz 1 – Verfahren nach Meldungseingang

5 § 17 Abs. 1 HinSchG enthält eine Auflistung von Verfahrensschritten, die durch den Eingang der Meldung in Gang gesetzt werden. Grundsätzlich muss in jedem Fall, in dem der Anwendungsbereich eröffnet ist, das Verfahren durchgeführt werden. Die Nummern gelten also **kumulativ**. Dennoch kann es im Einzelfall vorkommen, dass nicht alle Verfahrensschritte erforderlich sind, etwa wenn keine Rückfragen an die hinweisgebende Person bestehen, sodass kein Anlass für eine weitergehende Informationserfragung vorliegt.

1. Eingangsbestätigung, Nr. 1

6 Der Eingang der Meldung muss bestätigt werden. Dafür kann etwa eine standardisierte Textvorlage genutzt werden, weshalb der Gesetzgeber hier lediglich einen Erfüllungsaufwand von 5 Minuten pro Fall veranschlagt.[7] Die Annahme eines solch geringen Erfüllungsaufwands spricht dafür, dass der Gesetzgeber einen schlichten Eingangshinweis bei der internen Meldestelle als ausreichend erachtet.

7 Unklar bleibt, warum die für die externen Meldestellen in § 28 Abs. 1 Satz 2 HinSchG vorgesehenen Ausnahmen für die Eingangsbestätigung (vgl. dazu § 28 Rn. 1) bei der internen Meldestelle fehlen. Bei externen Meldestellen

---

in Gang gesetzten internen Meldeverfahrens abwarten. Damit soll eine umfassende und effektive Durchsetzung des Kartellverbots sichergestellt werden", RegE S. 84.

7 RegE, S. 47.

kann eine solche Ausnahme beispielsweise vorliegen, wenn eine Eingangsbestätigung die Vertraulichkeit der Identität der hinweisgebenden Person gefährden würde, etwa weil alle Mitarbeiter:innen des Unternehmens Zugriff auf die gleiche E-Mail-Adresse haben.[8] Ein solches Gefährdungspotenzial für die Anonymität des Hinweisgebers besteht bei internen Meldestellen in gleicher Weise.

a) Form der Eingangsbestätigung

Eine bestimmte Form der Eingangsbestätigung ist im HinSchG nicht vorgesehen. **8**

b) Praxishinweis zur Bestätigung bei anonymer Meldung

Aus praktischer Hinsicht bietet es sich an, stets eine schriftliche bzw. elektronische Eingangsbestätigung an die hinweisgebende Person zu übermitteln und eine Kopie für die eigenen Unterlagen aufzubewahren. Dadurch kann ein ggf. später notwendig werdender Nachweis über die Erfüllung der Pflicht zum Betrieb eines ordnungsgemäßen internen Meldekanals erleichtert werden. **9**

Sofern die Ausgestaltung der internen Meldestelle auch anonyme Hinweise zulässt, wozu sie nach § 16 Abs. 1 Satz 5 HinSchG nicht verpflichtet ist, sollten konsequenterweise entsprechende technische Voraussetzungen geschaffen werden, um den Eingang anonymer Meldungen zu bestätigen, ohne die Anonymität der hinweisgebenden Person zu gefährden. Vgl. zu den Ausgestaltungsmöglichkeiten der internen Meldestelle § 16 Rn. 14 ff. **10**

2. Prüfung der Anwendbarkeit, Nr. 2

Die interne Meldestelle prüft den sachlichen Anwendungsbereich nach § 2 HinSchG (vgl. dazu § 2). **11**

Grundsätzlich ist der sachliche Anwendungsbereich – neben weiteren spezifischen Anwendungsfällen[9] – gem. § 2 Abs. 1 HinSchG bei allen **Verstößen** eröffnet, die **straf- oder bußgeldbewehrt** sind. Allerdings kann es in der Praxis **12**

---

8 Kritisch dazu die Stellungnahme des Deutschen Industrie- und Handelskammertags zum Entwurf eines Gesetzes für einen besseren Schutz hinweisgebender Personen sowie zur Umsetzung der Richtlinie zum Schutz von Personen, die Verstöße gegen das Unionsrecht melden, S. 13 (hiernach Stellungnahme DIHK), https://www.enorm.bund.de/SharedDocs/Gesetzgebungsverfahren/Stellungnahmen/2022/Downloads/0513_Stellungnahme_DIHK_HinSchG-E.pdf;jsessionid=7E7CF8D14562796799DD4D7A4D9F36E5.1_cid289?__blob=publicationFile&v=2, zuletzt aufgerufen am 1.8.2023.

9 Für einen Überblick vgl. *Reufels/Osmakova*, ArbRB 2022, 147, 148.

unter Compliance-Gesichtspunkten empfehlenswert sein, dass die Meldestelle sämtliche Hinweise bearbeitet, die auch nach der allgemeinen Legalitätspflicht zu überprüfen sind, sodass etwa auch Verstöße gegen interne Vorgaben (wie einen Code of Conduct) aufgeklärt werden.[10] Demgegenüber müssen Meldungen, die erkennbar rein privates Fehlverhalten betreffen (bspw. Mitarbeiter X hat eine uneheliche Affäre mit einer betriebsfremden erwachsenen Person) nicht aufgearbeitet werden.

3. Kontakthalten mit der hinweisgebenden Person, Nr. 3

a) Begriff des „Kontakthaltens"

13 Der Begriff des „Kontakthaltens" wird im HinSchG nicht legal definiert und auch die Gesetzesbegründung äußert sich nicht, sodass die Konturlosigkeit des Begriffs zu Recht kritisiert wird.[11] Insbesondere wird zutreffend moniert, dass eine über die Eingangsbestätigung und Rückmeldung hinausgehende anlasslose Kommunikation nicht nur einen erheblichen Mehraufwand bedeutet, sondern auch nicht im Schutzinteresse der hinweisgebenden Person in Bezug auf die Vertraulichkeit ihrer Identität liegt.[12]

14 Eine Auslegung des „Kontakthaltens" anhand der unionsrechtlichen Vorgaben bringt allerdings mehr Klarheit. In Art. 9 Abs. 1 lit. c der HinSchRL ist für die Durchführung des internen Verfahrens u.a. vorgesehen, dass eine Ansprechperson oder Abteilung benannt wird, wobei es sich um die gleiche Person oder Abteilung handeln kann, die die Meldung entgegengenommen hat. Diese soll mit der hinweisgebenden Person in Kontakt bleiben, erforderlichenfalls um weitere Informationen ersuchen und ihr Rückmeldung geben. Diese Formulierung spricht dafür, dass auf unionsrechtlicher Ebene eine **klare Kontaktper-**

---

10 Vgl. auch *Dilling*, CCZ 2021, 60, 61 f.; *Ibel*, MMR 2021, 929, 930.

11 Vgl. Stellungnahme des Bundesverbands der Deutschen Industrie zum Regierungsentwurf eines Gesetzes für einen besseren Schutz hinweisgebender Personen sowie zur Umsetzung der Richtlinie zum Schutz von Personen, die Verstöße gegen das Unionsrecht melden, S. 14 (hiernach Stellungnahme BDI), https://www.enorm.bund.de/SharedDocs/Gesetzgebungsverfahren/Stellungnahmen/2022/Downloads/0511_Stellungnahme_BDI_HinSchG-E.pdf;jsessionid=7E7CF8D14562796799DD4D7A4D9F36E5.1_cid289?__blob=publicationFile&v=4, zuletzt aufgerufen am 1.8.2023; Stellungnahme des Bundesverbands der Unternehmensjuristen zum Referentenentwurf des Bundesministeriums der Justiz Entwurf eines Gesetzes für einen besseren Schutz hinweisgebender Personen sowie zur Umsetzung der Richtlinie zum Schutz von Personen, die Verstöße gegen das Unionsrecht melden, S. 7 (hiernach Stellungnahme BUJ), https://www.enorm.bund.de/SharedDocs/Gesetzgebungsverfahren/Stellungnahmen/2022/Downloads/0511_Stellungnahme_BUJ_HinSchG-E.pdf;jsessionid=7E7CF8D14562796799DD4D7A4D9F36E5.1_cid289?__blob=publicationFile&v=2, zuletzt aufgerufen am 1.8.2023.

12 Stellungnahme BUJ, S. 7; Stellungnahme BDI, S. 13.

son bzw. **Kontaktadresse** bei internen Verfahren erwünscht ist, die einen weiteren Austausch mit der hinweisgebenden Person ermöglicht. Dabei wird die Meldungserstattung als Beginn des Kontakts eingestuft, der dann nicht einfach anlasslos abgebrochen werden darf, sondern vielmehr nach Bedarf im konkreten Einzelfall fortzuführen ist.

b) Praxishinweis zum „Kontakthalten"

In der Praxis sollte eine Kontaktperson bzw. Kontaktadresse in der Meldungsbestätigung angegeben werden. Diese prüft anhand des Einzelfalls, ob Gründe für einen Kontakt über die erforderliche Rückmeldung hinaus vorhanden sind. Als Grund für ein „Kontakthalten" wäre denkbar, dass die hinweisgebende Person zu beantwortende Rückfragen stellt oder weitere Hinweise bzw. Unterlagen übergibt, die durch die interne Meldestelle entgegenzunehmen sind. 15

4. Stichhaltigkeitsprüfung, Nr. 4

Die genauen Anforderungen, die an die Überprüfung auf Stichhaltigkeit zu stellen sind, lassen sich dem Gesetz nicht entnehmen. Naheliegend erscheint ein Vorgehen wie bei der Untersuchung von allgemeinen Compliance-Verstößen, sodass die interne Meldestelle einschätzen sollte, ob die Vorwürfe in der geschilderten Form **plausibel** erscheinen.[13] Das ist etwa dann nicht der Fall, wenn sie sich nicht mit objektiven Fakten in Einklang bringen lassen oder Grundsätzen der Logik widersprechen, z. B. wenn der Vorwurf besteht, dass eine Person, die nachweislich nie beim Unternehmen gearbeitet hat, einen Verstoß gegen Arbeitsabläufe begangen haben soll. Zu der Einschätzung, ob eine Meldung plausibel ist, sollten die Mitarbeiter:innen der internen Meldestelle einen Vermerk erstellen, der auch die Gründe für ihre Einschätzung enthält. Dabei ist das Verfahren bei mangelnder Plausibilität einzustellen. 16

5. Weitergehende Informationserfragung, Nr. 5

Die Möglichkeit zur weiteren Informationserfragung ist in Nr. 5 geregelt. Sie stellt im Verhältnis zu Nr. 3, die bei einem „Kontakthalten" eine Einbringung der hinweisgebenden Person voraussetzt, klar, dass bei weiterem Informationsbedarf auch anlasslose Rückfragen gestattet sind. Dabei ist eine besondere Sensibilität in Bezug auf die Vertraulichkeit der Identität der hinweisgebenden Person erforderlich. 17

13 Vgl. dazu *Nolte/Michaelis*, BB 2020, 1154, 1157, die darlegen, dass bei vagen Anhaltspunkten die Plausibilitätsprüfung als erste Stufe der Aufarbeitung anerkannt ist.

6. Folgemaßnahmen, Nr. 6

18 Das Ergreifen **angemessener** Folgemaßnahmen umfasst, sofern sich nicht zu einer Abgabe oder Beendigung des Verfahrens entschlossen wurde, die eigentliche interne Untersuchung und Aufarbeitung der Meldung. Anders als das Lieferkettensorgfaltspflichtenschutzgesetz, das in § 3 Abs. 2 LkSG Kriterien zur Bestimmung der Angemessenheit von Sorgfaltsmaßnahmen benennt, enthalten die Begriffsbestimmungen des § 3 HinSchG keine vergleichbare Definition. Zu der Frage, wann die Folgemaßnahmen dem jeweiligen Einzelanfall angemessen sind, vgl. § 18 Rn. 4ff.

7. Praxishinweise zum Verfahrensgang

19 In der Praxis empfiehlt es sich, einen klaren Prozess für die Mitarbeiter:innen der internen Meldestelle zu definieren, der darlegt, wie die einzelnen Arbeitsschritte bei Eingang der Meldung üblicherweise abzuarbeiten sind. Bei der Abarbeitung sollten diese intern mit Zeitangaben dokumentiert werden, ggf. kann dies in einem einheitlichen Arbeitsvorgang mit der Dokumentationspflicht aus § 11 HinSchG (vgl. § 11 Rn. 3) erfolgen.

20 Ein **Outsourcing** des Betriebs der internen Meldestelle ist zulässig, soweit bei der Bearbeitung einzelne Aspekte kein konkretes, firmeninternes Hintergrundwissen erfordern. Insbesondere die § 17 Abs. 1 Nr. 1–3 HinSchG sind daher vollständig auf externe Dienstleister (etwa externe Anwaltskanzleien laut Regierungsentwurf[14]) übertragbar. Hingegen kann es bei der Stichhaltigkeitsprüfung (Nr. 4) und der weitergehenden Informationserfragung (Nr. 5) je nach den Umständen des Einzelfalls notwendig sein, dass der externe Dienstleister bei der Abarbeitung unternehmensinternes Wissen des Auftraggebers einbindet.

IV. Absatz 2 – Rückmeldung an den Hinweisgeber

1. Pflicht zur Rückmeldung nach § 17 Abs. 2 Satz 1 HinSchG

21 Grundsätzlich sieht § 17 Abs. 2 Satz 1 HinSchG vor, dass neben der Eingangsbestätigung eine Rückmeldung der internen Hinweisstelle erfolgt, die auch Informationen zu bereits ergriffenen und geplanten Folgemaßnahmen enthält. Dabei stellt die Formulierung des § 17 Abs. 2 Satz 1 HinSchG, welche explizit eine separate Rückmeldefrist bei nichterfolgter Eingangsbestätigung vorsieht, klar, dass der Gesetzgeber auch bei nicht erfolgter Eingangsbestätigung eine Rückmeldung verlangt. Auch in den Fällen, in denen einer Meldung nicht wei-

14 RegE, S. 79.

ter nachgegangen und das Verfahren sofort abgeschlossen wird, ist eine Rückmeldung mit dieser Information vom Gesetzgeber vorgesehen.[15]

a) Die Rückmeldepflicht

Die Rückmeldung kann sowohl auf elektronischem als auch auf postalischem Weg erfolgen,[16] wobei der elektronische weniger kostenintensiv ist und damit die Dokumentation erleichtern dürfte. Der Gesetzgeber geht davon aus, dass 30 Minuten für eine einzelfallbezogene Rückmeldung ausreichen.[17] Ob dies eine realistische Einschätzung für einen Arbeitsvorgang ist, der nicht mittels einer Vorlage erfolgt, sondern auf den konkreten Einzelfall zugeschnitten werden muss, darf bezweifelt werden, da neben den erfolgten auch die geplanten Folgemaßnahmen sowie deren Gründe in der Rückmeldung enthalten sein sollen. Das vom Gesetzgeber vorgesehene 30-minütige Bearbeitungszeitfenster spricht indes dafür, dass die Anforderungen an die Begründungsdichte nicht überspannt werden dürfen. **22**

b) Einhaltung der Rückmeldefrist

Nach § 17 Abs. 2 Satz 1 HinSchG ist ein Zeitfenster von **max. drei Monaten nach Bestätigung des Meldungseingangs** (Var. 1) oder bei nicht erfolgter Eingangsbestätigung von drei Monaten und sieben Tagen (Var. 2) vorgesehen, wobei es den Beschäftigungsgebern offensteht, kürzere Fristen für die interne Meldestelle festzulegen.[18] Bemängelt wird, dass in § 17 Abs. 2 HinSchG, anders als in § 28 Abs. 4 HinSchG für externe Meldestellen (vgl. hierzu § 28 Rn. 7) keine Möglichkeit zur Fristverlängerung – auch nicht für komplexe Fälle – vorgesehen ist.[19] Problematisch erscheint, wie bei komplexeren Sachverhalten vorzugehen ist, wenn absehbar ist, dass in den drei Monaten der Prüfvorgang samt Auswahl bzw. Planung entsprechender Folgemaßnahmen nicht abgeschlossen sein wird und eine Begründung, die den Vorgaben des § 17 Abs. 2 Satz 2 HinSchG entspricht, nicht innerhalb der Rückmeldefrist erfolgen kann. Auch wenn die Nichteinhaltung der Rückmeldefrist nicht in der Sanktionsvorschrift des § 40 HinSchG aufgeführt ist, sollte in jedem Fall vermieden werden, dass die hinweisgebende Person an der Effektivität des Verfahrens zweifelt. Zudem legt der Wortlaut des § 17 Abs. 2 Satz 2 HinSchG, der auch „geplante Folgemaßnahmen" aufführt, nahe, dass in derartigen Fällen ein **Zwi-** **23**

---

15 RegE, S. 48.
16 Vgl. RegE, S. 48.
17 RegE, S. 48.
18 RegE, S. 82.
19 Vgl. Stellungnahme BDI, S. 13; Stellungnahme DIHK, S. 13. Ferner stufen *Quast/Ohrloff*, CCZ 2022, 303, 306, die Fristenregelung als zu starr ein.

schenbericht[20] zu dem Stand des Prüfvorgangs ausreichend ist, solange kein Ausnahmefall i.S.d. § 17 Abs. 2 Satz 3 HinSchG vorliegt. Dies steht auch im Einklang mit dem Sinn und Zweck der Rückmeldepflicht. Denn nur eine solche, ggf. auch sehr knappe Rückmeldung, dass das Verfahren noch nicht abgeschlossen ist und weiter geprüft wird, bietet dem Hinweisgeber die Gewissheit, dass sein Anliegen bearbeitet wird.

24 Das Gesetz trifft keine Aussage dazu, ob bei weiterem Fortgang des internen Verfahrens sodann noch eine finale Rückmeldung notwendig ist. Daher wird die interne Meldestelle ihrer rechtlichen Verpflichtung zur Rückmeldung mit dem Zwischenbericht genügt haben. Andererseits wird dann auch davon auszugehen sein, dass die hinweisgebende Person mit dem Erhalt des Zwischenberichts von der Bindung an das Wahlrecht frei wird und sich anschließend auch an die externe Meldestelle wenden kann.

25 Für die Praxis erscheint es ratsam, in Fällen, in denen das interne Verfahren drei Monate nach Eingang der Meldung nicht abgeschlossen ist, auf die hinweisgebende Person zuzugehen. Das Unternehmen kann mit der hinweisgebenden Person eine Absprache treffen, wonach sich die interne Meldestelle verpflichtet, der hinweisgebenden Person eine weitere Rückmeldung nach Abschluss des Verfahrens zu geben, während sich im Gegenzug die hinweisgebende Person verpflichtet, bis zum Erhalt der Rückmeldung eine externe Rückmeldung zu unterlassen.

2. Begründungspflicht nach § 17 Abs. 2 Satz 2 HinSchG

26 Nach § 17 Abs. 2 Satz 2 HinSchG muss die Rückmeldung die bisher erfolgten bzw. geplanten Folgemaßnahmen benennen und eine darauf bezogene Begründung enthalten.

a) Sinn und Zweck der Begründungspflicht

27 Der Gesetzgeber geht wie bereits erwähnt davon aus, dass durch die Begründung für das Ergreifen bestimmter Folgemaßnahmen das **Vertrauen** in die Wirksamkeit des Hinweisgeberschutzes und das Funktionieren des internen Meldekanals **gestärkt** wird, wodurch weitere – aus Sicht des Unternehmens ungewünschte – Folgemeldungen oder eine Offenlegung vermieden werden sollen.[21]

---

20 Kritisch dazu die Stellungnahme des BDI, S. 12, der die Auffassung vertritt, dass solche Zwischenberichte zu viele Ressourcen binden, und eine Klarstellung des Gesetzgebers fordert, dass in komplexen Fällen die Rückmeldefrist verlängert werden kann.

21 RegE, S. 82.

b) Umfang der Begründungspflicht

Es wird zu Recht kritisiert, dass die konkrete Reichweite des Begründungsumfangs unklar bleibt.[22] Zutreffend wird darauf hingewiesen, dass eine zu umfassende Begründung die lückenlose Aufklärung behindern und einen erheblichen Mehraufwand verursachen kann,[23] insbesondere dann, wenn noch unklar ist, ob ein Ausnahmetatbestand des § 17 Abs. 2 Satz 3 HinSchG (vgl. hierzu weiter unten Rn. 30f.) greift. Insofern gilt es, die **Informationsinteressen** des Hinweisgebers und die damit einhergehende Stärkung des Vertrauens in die Effektivität des internen Meldekanals gegen das **Aufklärungsinteresse** des Unternehmens **abzuwiegen**, wobei in Grenzfällen in Einklang mit der Wertung des § 17 Abs. 2 Satz 3 HinSchG (siehe § 17 Rn. 30, Stichwort: Vorrang der Sachverhaltsaufklärung) eine eher generisch gehaltene Rückmeldung zu empfehlen ist. Daneben ist auch ein Missbrauch des Meldekanals zur Informationserlangung denkbar, etwa wenn die hinweisgebende Person selbst in den gemeldeten Verstoß verwickelt ist. Entsprechend ist der genaue Begründungsaufwand immer anhand der Umstände des Einzelfalls zu ermitteln, wobei das Unternehmen auch die Gefahr einer externen Meldung bei ganz pauschalen Begründungen im Blick behalten sollte. **28**

3. Ausnahmen von der Rückmeldepflicht nach § 17 Abs. 2 Satz 3 HinSchG

Die interne Meldestelle trifft nicht in jeder Konstellation eine (vollumfängliche) Pflicht zur Rückmeldung. **29**

a) Ausnahmegründe

Der Gesetzgeber erkennt im Rahmen des HinSchG zwar den Hinweisgeberschutz als berechtigtes und wichtiges Anliegen an, sieht aber zugleich das Spannungsverhältnis zu anderen rechtlich geschützten Interessen. Nach § 17 Abs. 2 Satz 3 HinSchG wird dem **Interesse der Allgemeinheit und der betroffenen Stelle an der Aufklärung des Sachverhaltes, dem Interesse der Strafverfolgungs- und Verwaltungsbehörden an der Verfolgung des Sachverhalts und auch den Rechten der Person, die Gegenstand einer Meldung ist**, **Vorrang** gegenüber den Informationsrechten des Hinweisgebers einge- **30**

22 So etwa Stellungnahme des BDI, S. 12. Kritisch auch *Schmidt*, Regelungsoptionen des deutschen Gesetzgebers zum Whistleblower-Schutz in Umsetzung der EU-Richtlinie 2019/1937, S. 253, die sogar Konkretisierungsvorschläge aufführt.

23 Vgl. hierzu etwa Stellungnahme des BUJ, S. 7. Ferner *Schmidt*, Regelungsoptionen des deutschen Gesetzgebers zum Whistleblower-Schutz in Umsetzung der EU-Richtlinie 2019/1937, S. 252.

räumt.[24] Sofern etwa noch Beweismittel gesammelt werden, könnte bereits die Rückmeldung an die hinweisgebende Person, dass strafrechtliche Ermittlungen eingeleitet wurden, zu einem Bekanntwerden des Ermittlungsverfahrens führen und etwaige Betroffene vorwarnen.

b) Partielle vs. vollumfängliche Suspendierung der Rückmeldepflicht

31 Laut der Gesetzesbegründung soll in den Ausnahmefällen eine knappe Rückmeldung erfolgen, die beispielsweise keine oder nur eine verkürzte Begründung enthält.[25] Damit präferiert der Gesetzgeber zwar eine **partielle Suspendierung** der Rückmeldebegründungspflicht, allerdings eröffnet er durch den Wortlaut „insoweit" und die offene Formulierung in der Gesetzesbegründung auch eine volle Suspendierung, wenn dies im Einzelfall erforderlich sein sollte.

4. Praxishinweise zur Rückmeldepflicht

32 Die Effektivität und Überzeugungskraft der Rückmeldung werden das weitere Vorgehen des Hinweisgebers in der Praxis maßgeblich beeinflussen. Sofern eine externe Meldung verhindert werden soll, ist daher eine reibungslose Kommunikation von elementarer Bedeutung. Es sollte daher ausreichend Personal vorhanden sein, um Ausfälle bei der internen Meldestelle etwa durch Krankheit oder Urlaub abzudecken, oder eine Auslagerung an Dritte erwogen werden, um die Rückmeldefrist einhalten zu können.

33 Sofern die Meldestelle von einer Suspendierung der Rückmeldepflicht ausgeht, sollten die hierzu angestellten Erwägungen dokumentiert werden.

V. Folgen von Verstößen gegen § 17 HinSchG

34 Mit der Einführung einer speziellen Bußgeldvorschrift in § 40 HinSchG hat der Gesetzgeber klar zum Ausdruck gebracht, welche Verstöße er für so gravierend hält, dass sie sanktioniert werden sollen. Verstöße gegen § 17 HinSchG sind in § 40 HinSchG gerade nicht aufgeführt. In der Gesetzesbegründung heißt es: „§ 130 OWiG gilt ebenfalls und sanktioniert das vorsätzliche oder fahrlässige Unterlassen der gehörigen Aufsicht durch den Inhaber eines Betriebs oder Unternehmens. Sofern eine betriebsbedingte Zuwiderhandlung gegen die Bußgeldvorschriften dieses Paragrafen eingetreten ist und feststeht, dass eine gehörige Aufsicht dies zumindest wesentlich erschwert hätte, kann

24 RegE, S. 82.
25 Vgl. RegE. S. 82.

hierüber eine Sanktionierung der Inhaberin oder des Inhabers erfolgen."[26] Diese Passage zeigt eindeutig, dass der Gesetzgeber nur die in § 40 HinSchG genannten Verstöße sanktioniert wissen wollte. § 40 HinSchG ist folglich eine abschließende Regelung, sodass ein Rückgriff auf die allgemeine Vorschrift des § 130 OWiG für andere als die dort genannten Verstöße ausgeschlossen ist.

Dies bedeutet indes nicht, dass Verstöße gegen § 17 HinSchG folgenlos bleiben. Ein Verstoß gegen die Verfahrensvorschriften entlässt die hinweisgebende Person aus ihrer Bindung an den gewählten internen Meldeweg und **berechtigt** sie gemäß § 7 Abs. 1 Satz 3 HinSchG, **zusätzlich eine externe Meldung abzugeben** (vgl. § 7 Rn. 26). **35**

VI. Praxishinweise zu den Verfahren bei internen Meldungen

1. Auswirkungen einer internen Meldung mit Hinblick auf das Wahlrecht zwischen interner und externer Meldung

Auch wenn laut der HinSchRL[27] Anreize zur Nutzung der internen Meldekanäle zu schaffen sind,[28] kann eine hinweisgebende Person nach § 7 Abs. 1 Satz 1 HinSchG zwischen einer internen und externen Meldung zu Beginn frei wählen. Allerdings sollte sie gemäß § 7 Abs. 1 Satz 2 HinSchG in Fällen, in denen intern wirksam gegen den Verstoß vorgegangen werden kann und sie keine Repressalien befürchtet, die Meldung an eine interne Meldestelle bevorzugen. Hierbei handelt es sich jedoch lediglich um einen unverbindlichen Appell des Gesetzgebers (vgl. § 7 Rn. 26ff.). **36**

Hat die hinweisgebende Person anfänglich den internen Meldeweg gewählt, so bleibt sie zunächst daran **gebunden**.[29] Erst wenn einem intern gemeldeten Verstoß nicht abgeholfen wurde, bleibt es ihr gemäß § 7 Abs. 1 Satz 3 HinSchG unbenommen, sich an eine externe Meldestelle zu wenden (vgl. hierzu aus- **37**

---

26 RegE, S. 97.

27 Richtlinie (EU) 2019/1937 des Europäischen Parlaments und des Rates vom 23.10.2019 zum Schutz von Personen, die Verstöße gegen das Unionsrecht melden, Abl. Nr. L 305/17.

28 In Bezug auf die Ausgestaltung des HinSchG wird das Fehlen entsprechender Anreize für eine vorrangige Nutzung des internen Meldeverfahrens bemängelt. So etwa bei *Schoch/Kumar*, CB 2022, 181, 184; *Thüsing*, DB 2022, 1066, 1067.

29 Dies ergibt sich im Umkehrschluss aus der Gesetzesbegründung zu § 22 HinSchG, dort heißt es: „Satz 2 ermöglicht es der hinweisgebenden Person, sich bei Kartellverstößen jederzeit an das BKartA zu wenden. Auch wenn sie bereits ihr Wahlrecht nach § 7 Absatz 1 Satz 1 für den internen Meldekanal ausgeübt hat, muss sie nicht den Abschluss des dadurch in Gang gesetzten internen Meldeverfahrens abwarten. Damit soll eine umfassende und effektive Durchsetzung des Kartellverbots sichergestellt werden", RegE S. 84.

führlicher § 7 Rn. 26 ff.). Grundsätzlich muss also der **Abschluss des internen Verfahrens abgewartet** werden,[30] **soweit dieses korrekt durchgeführt wird**.

2. Möglichkeit, das Verfahren an Dritte (etwa Anwaltskanzleien) auszulagern

38 Es besteht die Möglichkeit, das Verfahren der internen Meldestelle an Dritte auszulagern, wobei das Unternehmen in diesem Zusammenhang seinen Auswahl- und Kontrollpflichten nachkommen sollte (vgl. § 14 Rn. 33 ff.). Die maßgeblichen Erwägungen im Zusammenhang mit der Wahrnehmung der Auswahl- und Kontrollpflichten sollten aus einer Compliance-Perspektive schriftlich dokumentiert werden, um Haftungsrisiken weitgehend zu minimieren. Auch wenn der Gesetzgeber im Gesetzesentwurf ausdrücklich Anwaltskanzleien als denkbare Dritte anführt,[31] wird diesbzgl. vor **unauflösbaren Interessenkonflikten** zwischen der vertraulichen Beratung der hinweisgebenden Person einerseits und der schadensminimierenden Aufklärung des Sachverhaltes für das Unternehmen andererseits gewarnt.[32]

3. Handhabung des Verfahrens bei Unternehmensgruppen

39 Insbesondere bei Unternehmensgruppen stellt sich die Frage, ob eigene Meldeverfahren bei Tochterkonzernen zu etablieren sind oder sich Tochterkonzerne im Wege eines Konzernprivilegs darauf berufen können, dass es einen Meldeweg beim Mutterkonzern gibt. Zwar sieht der deutsche Gesetzestext mit § 14 Abs. 1 HinSchG aktuell ein derartiges **Konzernprivileg** vor, allerdings könnte diese Ausgestaltung im **Widerspruch zu den unionsrechtlichen Vorgaben stehen** (vgl. § 14 Rn. 26).[33]

40 Daneben gilt es in der Praxis zu beachten, dass entsprechende Aufklärungsmöglichkeiten für Verstöße auch bei den Tochterkonzernen bestehen sollten, da jedenfalls die Verantwortung für denkbare Folgemaßnahmen i. S. d. § 18 HinSchG nicht delegierbar ist.

---

30 Vgl. RegE S. 84.

31 RegE, S. 79.

32 Ausführlicher dazu *Bayreuther*, NZA-Beilage 2022, 20, 23. Detailliert auch *Brockhaus*, CB 2023, 8, 9 ff.

33 Minutes of the fifth meeting of the Commission expert group on Directive (EU) 2019/1937 v. 14.6.2021, Punkt 3.a., https://ec.europa.eu/transparency/expert-groups-register/screen/meetings/consult?lang=en&meetingId=28015&fromExpertGroups=true, zuletzt aufgerufen am 1.8.2023. Die Expertenkommission auf EU-Ebene argumentiert, dass eine Meldestelle auf Tochterkonzernebene die Effizienz des Meldekanals und die Nähe zur hinweisgebenden Person besser absichert, die möglichst leichten Zugang zum Meldekanal haben soll. Für eine Unionsrechtswidrigkeit auch *Fest*, ZIP 2022, 2265, 2271.

4. Schulungen der Mitarbeiter:innen der internen Meldestelle zum Verfahrensablauf, ggf. auch durch Dritte

Nach § 15 Abs. 2 Satz 1 HinSchG haben die Beschäftigungsgeber dafür Sorge zu tragen, dass die mit den Aufgaben einer internen Meldestelle beauftragten Personen über die notwendige Fachkunde verfügen. Zur Sicherstellung der entsprechenden Fachkunde empfiehlt der Gesetzgeber dem Beschäftigungsgeber, entsprechende Schulungen ggf. auch durch Fachleute anzubieten. In der Praxis sollte deren Durchführung dokumentiert werden[34] (vgl. dazu ausführlicher § 15 Rn. 53 ff.). 41

5. Friktionen mit anderen Beschwerdestellen/CMS-Systemen im Unternehmen

In der Praxis wird die Frage auftauchen, ob die Möglichkeit besteht, dass Mitarbeiter:innen der internen Meldestelle weitere Aufgaben im Unternehmen wahrnehmen und auch bei anderen Beschwerdestellen oder Compliance-Vorrichtungen mitwirken, wie etwa nach § 8 LkSG. 42

Grundsätzlich ist eine derartige **Mehrfachfunktion** nicht per se ausgeschlossen[35] und es dürfte im Hinblick auf mittelständische Betriebe auch nicht zu erwarten sein, dass ausreichend Personal zur Verfügung steht, um mehrere unabhängige Meldekanäle zu betreiben. Allerdings darf kein Konflikt mit den Schutzinteressen des HinSchG, insbesondere hinsichtlich der Vertraulichkeit und Effektivität der Aufklärung sowie der in § 15 HinSchG geforderten Unabhängigkeit der Mitarbeiter:innen der Hinweisstelle bestehen. Auch eine Beschwerdestelle nach § 8 LkSG muss die Vertraulichkeit hinsichtlich der Identität des Beschwerdeführers wahren. 43

Damit bestehen grundsätzlich keine Bedenken, die genannten Funktionen bei einer Person zu bündeln, sofern sie in unabhängiger Weise unter Wahrung der Vertraulichkeit ausgeführt werden.[36] 44

---

34 Vgl. RegE, S. 45.

35 So auch *Ahrens/Miege*, MMR-Aktuell 2022, 448308 Nr. 4; *Hansch*, DSB 2022, 201, 203; *Hamm-Düppe*, CCZ 2022, 409, 410; *Nießen*, RFamU 2022, 399, 402.

36 Vgl. auch *Fest*, ZIP 2022, 2265, 2269, der sogar empfiehlt, die Aufgaben der internen Meldestelle einer bestehenden Compliance-Abteilung oder dem Compliance-Officer zu übertragen.

6. Einführung einer Meldepflicht und Mitspracherecht des Betriebs-/ Personalrats

45 Vereinzelt wird überlegt, ob über die gesetzlichen Pflichten nach dem HinSchG hinaus unternehmensintern, etwa im Arbeitsvertrag, Meldepflichten für die Beschäftigten eingeführt werden können.[37] Jedenfalls wird dann zu Recht darauf hingewiesen, dass nicht nur die rechtliche Implementierung in Arbeitsverträgen komplex ist,[38] sondern auch, dass diesbezüglich eine „Frage des Verhaltens der Arbeitnehmer im Betrieb" nach § 87 Abs. 1 Nr. 1 BetrVG vorliegen dürfte, sodass der Betriebsrat bei einer solchen Entscheidung mitbestimmungspflichtig wäre.[39]

7. Verhältnis zur Offenlegung nach § 32 HinSchG

46 Die Offenlegung, d.h. die Weitergabe von Informationen über Verstöße an die Öffentlichkeit i.S.d. § 32 HinSchG soll das letzte Mittel sein, auf das die hinweisgebende Person zurückgreift (vgl. § 32 Rn. 5). Damit legt die Formulierung des § 32 Abs. 1 Nr. 1 HinSchG den Rückschluss nahe, dass eine Offenlegung bei einer ausschließlich erfolgten internen Meldung nicht nach § 32 Abs. 1 Nr. 1 HinSchG möglich ist,[40] sondern nur in den in § 32 Abs. 1 Nr. 2 HinSchG genannten Notsituationen (vgl. § 32 Rn. 20ff.) erfolgen darf. Dies dürfte umso mehr angesichts der vom Gesetzgeber statuierten Bindungswirkung bei erfolgter interner Meldung gelten.

8. Umgang mit hinweisgebender Person, die bewusst missbräuchlich meldet/unwahre Tatsachen

47 In der Praxis sind Konstellationen denkbar, in denen die hinweisgebende Person unwahre Tatsachen meldet oder gar das interne Meldeverfahren bewusst missbraucht, etwa im Rahmen einer persönlichen Fehde. Diesbezüglich stellt § 33 Abs. 1 Nr. 2 HinSchG klar, dass der Schutz der §§ 35–37 HinSchG (Ausschluss rechtlicher Konsequenzen für die Informationsbeschaffung; Ausschluss von Repressalien durch den Arbeitgeber; Schadensersatzanspruch bei unrechtmäßigen Repressalien) nur greift, wenn die Informationen zutreffend sind oder die hinweisgebende Person hinreichenden Grund zur Annahme hatte, dass die von ihr gemeldeten oder offengelegten Informationen der Wahrheit

37 *Nießen*, RFamU 2022, 399, 403.
38 *Thüsing*, DB 2022, 1066, 1069.
39 *Nießen*, RFamU 2022, 399, 403.
40 *Reufels/Osmakova*, ArbRB 2022, 147, 149.

entsprachen. Damit sind Personen, die bewusst oder grob fahrlässig Informationen falsch melden, nicht geschützt und können sogar nach **§ 38 HinSchG** (vgl. hierzu § 38 Rn. 1 ff.) für kausale Schäden auf **Schadensersatz** in Anspruch genommen werden.[41]

---

41 Ausführlicher dazu *Bayreuther*, NZA-Beilage 2022, 20, 29.

§ 18 Folgemaßnahmen der internen Meldestellen

Als Folgemaßnahmen können interne Meldestellen insbesondere

1. interne Untersuchungen bei dem Beschäftigungsgeber oder bei der jeweiligen Organisationseinheit durchführen und betroffene Personen und Arbeitseinheiten kontaktieren,

2. die hinweisgebende Person an andere zuständige Stellen verweisen,

3. das Verfahren aus Mangel an Beweisen oder aus anderen Gründen abschließen oder

4. das Verfahren zwecks weiterer Untersuchungen abgeben an

a) eine bei dem Beschäftigungsgeber oder bei der jeweiligen Organisationseinheit für interne Ermittlungen zuständige Arbeitseinheit oder

b) eine zuständige Behörde.

Schrifttum: *Brobeil*, Die Auswirkungen der Richtlinie (EU) 2019/1937 auf Arbeitnehmer-Hinweisgeber, 2022; *Colneric/Gerdemann*, Die Umsetzung der Whistleblower-Richtlinie in deutsches Recht – Rechtsfragen und rechtspolitische Überlegungen, aktualisierte Onlinefassung, 2020; *Croonenbrock/Hansen*, Die europäische Whistleblower-Richtlinie: Eine (nahende) Compliance-Herausforderung für die Unternehmenspraxis, ArbRAktuell 2022, 139; *Dilling*, Cat's Gold-Plating – Der neue Referentenentwurf zum Hinweisgeberschutzgesetz, CCZ 2022, 145; *Dilling*, Der Referentenentwurf zum Hinweisgeberschutzgesetz – Steine statt Brot für Whistleblower und betroffene Personen, CCZ 2021, 60; *Dzida/Granetzny*, Die neue EU-Whistleblowing-Richtlinie und ihre Auswirkungen auf Unternehmen, NZA 2020, 1201; *Knauer/Kudlich/Schneider*, Münchener Kommentar zur StPO, 1. Aufl. 2016; *Nolte/Michaelis*, Der Entwurf des Verbandssanktionengesetzes: neue Compliance-Pflichten für Vorstände und Geschäftsführer?, BB 2020, 1154; *Schmidt*, Regelungsoptionen des deutschen Gesetzgebers zum Whistleblower-Schutz in Umsetzung der EU-Richtlinie 2019/1937, 2022; *Scholz*, Hinweisgeberschutz zwischen Legalitäts- und Legalitätskontrollpflicht – Zu den Konsequenzen des HinSchG für die gesellschafts- und ordnungswidrigkeitenrechtliche Compliance-Verantwortung, AG 2022, 553.

Übersicht

Rn.
I. Sinn und Zweck der Regelung 1
II. Definition der Folgemaßnahmen 2
III. Allgemeine Aspekte zur Art und Durchführung der Folgemaßnahmen . 3
1. Angemessene Folgemaßnahmen im Spannungsfeld zur Vertraulichkeit. 4
2. Angemessenheit der Folgemaßnahmen 6
IV. Der Katalog der Folgemaßnahmen in § 18 HinSchG 8
1. Interne Untersuchung gem. § 18 Nr. 1 HinSchG 9
2. Verweisung an andere zuständige Stelle gem. § 18 Nr. 2 HinSchG .. 10
3. Abschluss des Verfahrens gem. § 18 Nr. 3 HinSchG 12

a) Einstellung aus Mangel an Beweisen ... 12
b) Einstellung aus anderen Gründen ... 13
4. Verfahrensabgabe gem. § 18 Nr. 4 HinSchG ... 14
a) Abgabe an zuständige Arbeitseinheit nach § 18 Nr. 4 lit. a HinSchG ... 15
b) Abgabe an die zuständige Behörde gem. § 18 Nr. 4 lit. b HinSchG ... 16
V. Praxishinweise ... 18
1. Abarbeitung mehrerer Verdachtsmeldungen/Aufstellung eines internen Gewichtungskatalogs ... 18
2. Folgemaßnahmen bei Outsourcing der internen Meldestelle an Dritte ... 19
3. Mitspracherecht des Betriebs-/Personalrats ... 20
4. Schnittstelle zum Datenschutzrecht ... 21

I. Sinn und Zweck der Regelung

1 Der Einsatz der Folgemaßnahmen soll dazu beizutragen, etwaige **Verstöße abzustellen**,[1] um dem (Unions-)Recht zu umfassender Geltung zu verhelfen. In diesem Zusammenhang verwundert es auf den ersten Blick, dass der Gesetzgeber sich in § 18 HinSchG mit einer Aufzählung von möglichen Folgemaßnahmen begnügt und damit das Verfahren sehr offen gestaltet; zumal Verstöße bzw. das Ergreifen ungeeigneter Folgemaßnahmen in § 40 HinSchG nicht mit einem Bußgeld bewehrt sind. Es wird die berechtigte Sorge geäußert, dass unter der Konturlosigkeit der Norm die Effektivität der Aufarbeitung leiden kann.[2]

II. Definition der Folgemaßnahmen

2 Die Legaldefinition der Folgemaßnahmen ist in § 3 Abs. 7 HinSchG enthalten. Danach sind unter dem Begriff „alle Tätigkeiten interner oder externer Meldestellen zu verstehen, die zur Prüfung der Stichhaltigkeit einer Meldung, zum weiteren Vorgehen gegen den gemeldeten Verstoß oder zum Abschluss des Verfahrens ergriffen werden“. Der Mehrwert dieser sehr **pauschalen Definition** ist kaum ersichtlich. Es fehlen qualitative Mindeststandards, sodass eine Schwächung der Effektivität der Aufklärungsarbeit interner Meldestellen zu besorgen ist.[3] Klargestellt wird durch die Definition allein, dass ein **Zusam-**

---

1 RegE, S. 82.

2 So schon zutreffend die Stellungnahme von Transparency International Deutschland e. V. zum Referentenentwurf des Bundesministeriums der Justiz für einen besseren Schutz hinweisgebender Personen sowie zur Umsetzung der Richtlinie zum Schutz von Personen, die Verstöße gegen das Unionsrecht melden, S. 9 f. (hiernach Stellungnahme Transparency International), 0510_Stellungnahme_Transparency_Inter_HinSchG-E.pdf;jsessionid=7E7CF8D14562796799DD4D7A4D9F36E5.1_cid289 (bund.de), zuletzt aufgerufen am 1.8.2023.

3 Stellungnahme Transparency International, S. 10.

menhang zwischen Folgemaßnahme und gemeldeten Verstoß bestehen muss. Dies hat den Vorteil, dass bei Eröffnung des sachlichen Anwendungsbereichs jede nach einer erfolgten Meldung durch eine interne Meldestelle eingeleitete Handlungsmaßnahme in den Schutzbereich des HinSchG fällt, da sogar die Verfahrenseinstellung als Folgemaßnahme aufgeführt wird. Lediglich solche Maßnahmen, die die jeweilige Meldestelle nicht selbst ergreifen kann (insbesondere Strafverfolgungsmaßnahmen, die der Staatsanwaltschaft vorbehalten sind) oder Maßnahmen, die außerhalb des (eher weiten) sachlichen Anwendungsbereichs des HinSchG liegen (vgl. § 2 Rn. 1 ff.), fallen nicht unter den sehr weiten Begriff der Folgemaßnahme.

III. Allgemeine Aspekte zur Art und Durchführung der Folgemaßnahmen

3 § 18 HinSchG dient als **nicht abschließender** Leitfaden für die Vornahme der Folgemaßnahmen,[4] die alle unter **Wahrung der Vertraulichkeit der Identität** der hinweisgebenden Person (vgl. hierzu insbesondere das Vertraulichkeitsgebot in § 8 Rn. 4 ff. und die entsprechenden Ausnahmen dazu in § 9 Rn. 1 ff.) erfolgen.

1. Angemessene Folgemaßnahmen im Spannungsfeld zur Vertraulichkeit

4 Grundsätzlich sichert der Gesetzgeber mit dem Vertraulichkeitsgebot in § 8 HinSchG hinweisgebenden Personen den Schutz ihrer Identität zu, damit diese keine Nachteile befürchten müssen. Von diesem Vertraulichkeitsgebot sind auch solche Informationen umfasst, die indirekt Aufschluss über die Identität der hinweisgebenden Person geben, wie etwa die konkrete Position im Unternehmen, Privatanschrift, Alter oder Dauer der Betriebszugehörigkeit.[5] Durch den geringen Kreis eingeweihter Personen werden Hinweisgeber effektiv geschützt.[6] Das Vertraulichkeitsgebot sorgt zudem für eine höhere Meldebereitschaft und gewährleistet damit auch, dass Verstöße besser aufgearbeitet werden können. Denn je weniger hinweisgebende Personen persönliche Nachteile wegen der Kenntnis ihrer Identität durch eine Vielzahl von Personen befürchten müssen, desto größer ist ihre Meldebereitschaft. Letztlich können effektive Folgemaßnahmen nur ergriffen werden, wenn Verstöße den Verantwortlichen zur Kenntnis gelangen, d. h. gemeldet werden.

---

4 So auch *Schmidt*, Regelungsoptionen des deutschen Gesetzgebers zum Whistleblower-Schutz in Umsetzung der EU-Richtlinie 2019/1937, S. 259.

5 RegE, S. 75; vgl. auch *Brobeil*, Die Auswirkungen der Richtlinie (EU) 2019/1937 auf Arbeitnehmer-Hinweisgeber, S. 259.

6 RegE, S. 74.

5 Trotz der aufgezeigten hohen Bedeutung des Vertraulichkeitsgebots für den Hinweisgeberschutz wird es für das Ergreifen angemessener Folgemaßnahmen mitunter unerlässlich sein, die Identität der hinweisgebenden Person offenzulegen. Dabei gilt es zu beachten, dass § 9 HinSchG explizite Ausnahmen für das Vertraulichkeitsgebot enthält. Für die Durchführung von Folgemaßnahmen ist allerdings – sofern kein Fall des § 9 Abs. 2 HinSchG einschlägig ist – nach § 9 Abs. 3 Nr. 1 HinSchG eine Informationsweitergabe ohne Zustimmung der hinweisgebenden Person nicht möglich. Vielmehr ist die Informationsweitergabe für die Folgemaßnahme nur dann zulässig, wenn neben der Einwilligung der hinweisgebenden Person auch die Weitergabe für die Folgemaßnahme erforderlich ist (vgl. § 9 Rn. 28).

2. Angemessenheit der Folgemaßnahmen

6 Nach § 18 HinSchG kommt der internen Meldestelle ein **Ermessen bei der Auswahl** der Folgemaßnahmen zu, wobei grundsätzlich kein Ermessen hinsichtlich des „Ob" der Folgemaßnahmen besteht, vgl. § 17 Abs. 1 Nr. 6 HinSchG. Dabei nennt das HinSchG selbst keine konkreten Anforderungen, wie die Folgemaßnahmen auszuwählen sind. Der § 17 Abs. 1 Nr. 6 HinSchG statuiert lediglich, dass die Folgemaßnahmen angemessen sein müssen. Der Begriff der Angemessenheit selbst wird nicht im HinSchG definiert. Nach der Gesetzesbegründung ist die **Angemessenheit** externer Folgemaßnahmen anhand objektiver Kriterien zu bestimmen und **abhängig von den fallspezifischen Umständen und von der Art der Vorschriften, gegen die verstoßen wurde**.[7] Eine weitere Konkretisierung ist weder dem Gesetz noch der dazugehörigen Begründung zu entnehmen. Zur weiteren Konkretisierung könnte ein Rückgriff auf die **Parallelwertung zur Aufklärungspflicht der Geschäftsleitung**[8] hilfreich sein, die im Einklang mit der allgemeinen Legalitätspflicht auszuüben ist.[9] Demnach wären die Folgemaßnahmen umso umfassender auszugestalten, je gravierender und plausibler der gemeldete Verstoß ist. Auch dürften die jeweiligen Umstände des Unternehmens (etwa ob es in dem betroffenen Bereich schon Vorfälle gab, ob es sich um einen branchentypischen Risikobereich handelt oder welche Personalebenen betroffen sind u.Ä.) zu berücksichtigen sein, sodass die Auswahl der Folgemaßnahmen letztlich am Einzelfall auszurichten ist.

---

7 RegE, S. 90.

8 Dazu ausführlicher *Nolte/Michaelis*, BB 2020, 1154, 1157.

9 So weist etwa *Scholz*, AG 2022, 553, 554 darauf hin, dass die Einrichtungspflicht eines internen Meldekanals nichts anderes als die Konkretisierung der Legalitätskontrollpflicht sei.

7 Hierbei haben die Unternehmen im Rahmen ihrer allgemeinen Legalitätspflicht ohnehin dafür Sorge zu tragen, fortdauernde Gesetzesverstöße abzustellen und risikoorientiert Maßnahmen zu ergreifen, um Verstößen vorzubeugen. Insofern dürfte es aus Compliance-Sicht sinnvoll sein, im Zweifelsfall umfassendere Folgemaßnahmen zu treffen, um Verstöße so weitreichend wie möglich aufzuklären und abzustellen. Daneben kann eine umfassende Klärung der Situation auch dazu beitragen, einer externen Meldung, die eine hinweisgebende Person bei aus ihrer Sicht unzureichender Abhilfe tätigen kann, vorzubeugen. Die eingeleiteten Maßnahmen und die Begründung für deren Auswahl sind umfassend schriftlich zu dokumentieren.

IV. Der Katalog der Folgemaßnahmen in § 18 HinSchG

8 Der Ermessensspielraum bei der Auswahl der Folgemaßnahmen soll gewährleisten, dass die internen Meldestellen, die je nach Unternehmensgröße über sehr unterschiedliche Ressourcen verfügen, ihr Vorgehen anhand der ihnen zur Verfügung stehenden Mittel auswählen können.[10] Sofern die interne Meldestelle eine Folgemaßnahme wählt, die nicht im Katalog des § 18 HinSchG enthalten ist, muss diese sich in ihrer Intensität und Ausrichtung an den dort aufgeführten Maßnahmen orientieren.[11]

1. Interne Untersuchung gem. § 18 Nr. 1 HinSchG

9 Die interne Untersuchung ist aus Compliance-Sicht das Herzstück der Folgemaßnahmen bei einer internen Meldestelle. Allerdings wird der Begriff im Hinweisgeberschutzgesetz nicht legaldefiniert.[12] Es bleibt daher offen, ob die „interne Untersuchung“ nach § 18 Nr. 1 HinSchG inhaltlich mehr umfasst als die in Erwägungsgrund Nr. 57 HinSch-RL genannte „Einleitung interner Nachforschungen“.[13] Der deutsche Gesetzgeber leistet insoweit keine weitere

10 RegE, S. 82 f.

11 RegE, S. 83.

12 Kritisch hierzu die Stellungnahme des Bundesverbands der Unternehmensjuristen zum Referentenentwurf des Bundesministeriums der Justiz zum Entwurf eines Gesetzes für einen besseren Schutz hinweisgebender Personen sowie zur Umsetzung der Richtlinie zum Schutz von Personen, die Verstöße gegen das Unionsrecht melden, S. 2 (hiernach Stellungnahme BUJ), https://www.enorm.bund.de/SharedDocs/Gesetzgebungsverfahren/Stellungnahmen/2022/Downloads/0511_Stellungnahme_BUJ_HinSchG-E.pdf?__blob=publicationFile&v=2, zuletzt aufgerufen am 1.8.2023.

13 Stellungnahme der Bundesrechtsanwaltskammer zum Referentenentwurf des Bundesjustizministeriums der Justiz zu einem Gesetz für einen besseren Schutz hinweisgebender Personen sowie zur Umsetzung der Richtlinie zum Schutz von Personen, die Verstöße gegen das Unionsrecht melden (sog. HinSchG), S. 10, (hiernach Stellungnahme BRK),

Aufklärungsarbeit. Es bleibt unklar, welchen Umfang die internen Untersuchungen haben sollten und welche Verfahrensrechte den betroffenen Personen zustehen.[14] An dieser Stelle hätte das nicht umgesetzte VerSanG-E[15] zur Klärung des Begriffs beitragen können.[16] So gab etwa § 17 Abs. 1 Nr. 5 VerSanG-E über den Umweg der Sanktionsmilderung vor, welche internen Untersuchungen mildernd bei Verbandsstrafen zu berücksichtigen seien. Danach wurde die Beachtung eines fairen Verfahrens bei internen Untersuchungen honoriert. Dazu wurden in § 17 Abs. 1 Nr. 5 VerSanG-E die folgenden Verfahrensrechte genannt, die kumulativ für ein faires Verfahren erfüllt sein mussten: Belehrungspflichten zugunsten der Befragten, dass ihre Auskünfte in einem Strafverfahren gegen sie verwendet werden können (Buchstabe a), ein Beistandsrecht (etwa durch Zuziehung eines anwaltlichen Beistands oder eines Mitglieds des Betriebsrats zu dem Gespräch) (Buchstabe b) und die Einräumung des Rechts auf Auskunftsverweigerung bei der Gefahr der Selbstbelastung (Buchstabe c). Durch die mangelnde Umsetzung fehlen nach wie vor gesetzliche Standards für interne Untersuchungen. Dies ist umso misslicher, als in der Praxis im Rahmen unternehmensinterner Untersuchungen häufig alle relevanten Dokumente ausgewertet und Gespräche mit den Mitarbeitern geführt werden,[17] sodass die Frage der Verfahrensrechte äußerst praxisrelevant ist.

2. Verweisung an andere zuständige Stelle gem. § 18 Nr. 2 HinSchG

Weder die Gesetzesbegründung noch die Begriffsbestimmungen in § 3 HinSchG geben Auskunft darüber, wann eine andere zuständige Stelle i. S. d. § 18 Nr. 2 HinSchG vorliegt, sodass nicht ohne Weiteres ersichtlich ist, welche Organisationseinheiten als „andere zuständige Stellen" einzustufen sind,[18] zu- **10**

---

https://www.enorm.bund.de/SharedDocs/Gesetzgebungsverfahren/Stellungnahmen/2022/Downloads/0517_Stellungnahme_BRAK_HinSchG-E.pdf;jsessionid=7E7CF8D14562796799DD4D7A4D9F36E5.1_cid289?__blob=publicationFile&v=2, zuletzt aufgerufen am 1.8.2023.

14 *Dilling*, CCZ 2021, 60, 64 f.; *Dilling*, CCZ 2022, 145, 149.

15 Vgl. BT-Drs. 19/23568.

16 So auch *Dilling*, CCZ 2022, 145, 149.

17 *Brobeil*, Die Auswirkungen der Richtlinie (EU) 2019/1937 auf Arbeitnehmer-Hinweisgeber, S. 60.

18 Kritisch dazu die Stellungnahme zum Referentenentwurf eines Gesetzes für einen besseren Schutz hinweisgebender Personen sowie zur Umsetzung der Richtlinie zum Schutz von Personen, die Verstöße gegen das Unionsrecht melden, Prof. Dr. *Ninon Colneric*, S. 3, (hiernach Stellungnahme Prof. *Colneric*), https://www.enorm.bund.de/SharedDocs/Gesetzgebungsverfahren/Stellungnahmen/2022/Downloads/0506_Stellungnahme_Prof._Dr._Ninon_Colneric_HinSchG-E.pdf;jsessionid=7E7CF8D14562796799DD4D7A4D9F36E5.1_cid289?__blob=publicationFile&v=2, zuletzt aufgerufen am 1.8.2023.

mal betriebsinterne Compliance-Einheiten bereits von § 18 Nr. 4 lit. a HinSchG erfasst sind. Auch die Abgabe an zuständige Behörden kann nicht gemeint sein, da diese in § 18 Nr. 4 lit. b HinSchG aufgeführt sind. Der einzige Unterschied zwischen dem § 18 Nr. 2 HinSchG und dem § 18 Nr. 4 HinSchG scheint darin zu liegen, dass bei § 18 Nr. 2 HinSchG der Hinweisgeber allein an die andere Stelle verwiesen wird und sich selbst an diese Stelle wenden muss, während bei § 18 Nr. 4 HinSchG die interne Stelle das Verfahren zunächst annimmt und es dann intern an die andere Stelle weiterleitet, ohne dass der Hinweisgeber weiter tätig werden muss.

11 Da die internen Stellen in § 18 Nr. 4 HinSchG ursprünglich nicht enthalten waren, liegt es nicht fern, dass diese ursprünglich als andere zuständige Stellen i.S.d. § 18 Nr. 2 HinSchG erfasst waren und im Zuge der Aufnahme in § 18 Nr. 4 HinSchG eine Anpassung vergessen wurde.

3. Abschluss des Verfahrens gem. § 18 Nr. 3 HinSchG

a) Einstellung aus Mangel an Beweisen

12 Wann ein Verfahren aus Mangel an Beweisen einzustellen ist, wird ebenfalls nicht im HinSchG geregelt. Es bietet sich eine **Annäherung** an den Begriff über die **Einstellung mangels hinreichenden Tatverdachts aus § 170 StPO** an, wonach bei fehlenden tatsächlichen Anhaltspunkten für das Vorliegen einer Straftat das Verfahren einzustellen ist. Ein Ermittlungsverfahren ist erst dann einstellungsreif i.S.d. § 170 Abs. 2 StPO, wenn alle zumutbaren, ggf. auch aufwändigen Ermittlungen durchgeführt wurden und sich dabei keine überwiegende Wahrscheinlichkeit einer abzuurteilenden Straftat ergeben hat (sog. Ausermittlungsniveau).[19] Bezugspunkt dürfte bei einem Verfahren nach § 18 Nr. 3 HinSchG sein, ob zureichende Anhaltspunkte für einen Verstoß vorliegen, der in den sachlichen Anwendungsbereich des HinSchG fällt, wobei alle zur Verfügung stehenden Möglichkeiten auszuschöpfen sind.

b) Einstellung aus anderen Gründen

13 Auch für die Frage, wann ein Verfahren aus anderen Gründen einzustellen ist, gibt einem das HinSchG wenig Auslegungshilfen an die Hand. Andere Gründe könnten vorliegen, wenn zwar ausreichend Anhaltspunkte für einen einmaligen, abgestellten Verstoß vorliegen, aber etwa der betroffene Mitarbeiter in der Zwischenzeit bereits das Unternehmen verlassen hat und keine Wiederholung eines gleichgelagerten Falls zu befürchten ist. Die Einstellungsfrage dürfte stets eine **Abwägungsentscheidung** darstellen, bei der neben den Unterneh-

---

19 Vgl. *Kölbel*, in: Knauer/Kudlich/Schneider, MünchKomm-StPO, § 170 Rn. 6 ff.

mensinteressen[20] (z. B. wirtschaftlicher Aufwand der weiteren Verfahrensbetreibung, Bindung personeller Ressourcen) auch die Durchsetzung des Unionsrechts maßgebliches Leitkriterium ist. In der Praxis sollte diese Abwägungsentscheidung im Fall einer Einstellung aus Opportunitätsgründen stets sorgfältig geprüft und dokumentiert werden.

4. Verfahrensabgabe gem. § 18 Nr. 4 HinSchG

14 Die Abgabe des Verfahrens an eine zuständige Arbeitseinheit oder Behörde gem. § 18 Nr. 4 HinSchG soll nach der Intention des Gesetzgebers **ultima ratio** sein, d. h. nur genutzt werden, wenn intern keine Möglichkeit besteht, den gemeldeten Verstoß weiter zu überprüfen oder abzustellen.[21] Da es sich bei den anderen Stellen bei Weitergabe nach § 18 Nr. 4 HinSchG nicht um Meldestellen i. S. d. des HinSchG handelt, stellt sich die Frage, ob und inwieweit die Schutzstandards des HinSchG greifen.[22]

a) Abgabe an zuständige Arbeitseinheit nach § 18 Nr. 4 lit. a HinSchG

15 Nach § 18 Nr. 4 lit. a HinSchG kann die interne Meldestelle das Verfahren zwecks weiterer Untersuchungen an eine bei dem Beschäftigungsgeber oder bei der jeweiligen Organisationseinheit für interne Ermittlungen zuständige Arbeitseinheit abgeben. In Betracht kommen etwa Compliance-Abteilungen oder der/die Datenschutzbeauftragte.

b) Abgabe an die zuständige Behörde gem. § 18 Nr. 4 lit. b HinSchG

16 Nach § 18 Nr. 4 lit. b HinSchG kann die interne Meldestelle außerdem das Verfahren zwecks weiterer Untersuchungen an eine zuständige Behörde abgeben. Zuständige Behörden im Sinne dieses Gesetzes sind Stellen nach dem

---

20 Für die Ermittlung der Unternehmensinteressen kann eine Parallele zur ARAG/Garmenbeck-Rechtsprechung des BGH in BGH, 21.4.1997, II ZR 175/95, NJW 1997, 1926 gezogen werden, wonach maßgeblicher Orientierungspunkt für Prüfung und Beschlussfassung des Aufsichtsrats über die Geltendmachung von Schadensersatzansprüchen ausschließlich das Unternehmenswohl ist.

21 RegE, S. 82; als weitergehende Ermittlungsmöglichkeiten kommen z. B. bestimmte Zwangsmaßnahmen in Betracht, die nur die Staatsanwaltschaft durchführen kann, etwa Beschlagnahmen und Durchsuchungen privater technischer Geräte.

22 Vgl. dazu Stellungnahme von *Nico Herold* zum Gesetzentwurf der Bundesregierung, Entwurf eines Gesetzes für einen besseren Schutz hinweisgebender Personen sowie zur Umsetzung der Richtlinie zum Schutz von Personen, die Verstöße gegen das Unionsrecht melden (hiernach:_Stellungnahme *Herold*), S. 9, https://www.bundestag.de/resource/blob/916878/a7dc7e432ca40fc7e04fb264ed7a0d77/Stellungnahme_Herold-data.pdf; zuletzt aufgerufen am 1.8.2023.

funktionellen Behördenbegriff des § 1 Abs. 4 VwVfG.[23] Es stellt sich die Frage, wann die interne Meldestelle bei einer Abgabe an die Staatsanwaltschaft die Identität der hinweisgebenden Person offenlegen darf, ohne das Risiko eines Verstoßes gegen das Vertraulichkeitsgebot aus § 8 HinSchG einzugehen. Nach § 9 Abs. 2 Nr. 1 HinSchG ist zumindest auf Verlangen der Staatsanwaltschaft eine Auskunft zulässig. Weniger klar ist, ob auch eine Herausgabe ohne ein explizites Auskunftsverlangen der Staatsanwaltschaft zulässig ist. Da dies nicht ausdrücklich im HinSchG gestattet wird, sollte in der Praxis stets ein entsprechendes Auskunftsverlangen ersucht werden, bevor ggf. die Identität der hinweisgebenden Person preisgegeben wird.

17 Weiterhin werden die Regelungen der StPO von den Vorgaben des HinSchG nach § 4 Abs. 4 HinSchG nicht berührt, sodass insbesondere **die Vertraulichkeit der Identität** der hinweisgebenden Person im Rahmen eines laufenden Ermittlungs- oder Hauptverfahrens **nur nach den Vorgaben der StPO** zugesichert werden kann.[24] Hinweisgebende Personen müssen damit rechnen, dass sie als Zeugen als wesentliche Beweismittel eingestuft werden, deren Angaben in einem denkbaren Strafverfahren zur Ermittlung der Wahrheit von ausschlaggebender Bedeutung sind,[25] sodass ihre Identität eventuell offengelegt werden kann.

V. Praxishinweise

1. Abarbeitung mehrerer Verdachtsmeldungen/Aufstellung eines internen Gewichtungskatalogs

18 Das HinSchG geht davon aus, dass nicht anonyme Meldungen besser zur Aufklärung von Verstößen geeignet sind und im Gegensatz zu anonymen Meldungen schlechter für unlautere Absichten missbraucht werden können. § 16 Abs. 1 Satz 5 HinSchG statuiert ausdrücklich, dass die Meldestellen nicht dazu verpflichtet sind, die Abgabe anonymer Meldungen zu ermöglichen. Falls allerdings trotzdem anonyme Meldungen eingehen, sollten auch diese gleichrangig zu nicht anonymen Meldungen bearbeitet werden, § 16 Abs. 1 Satz 4 HinSchG. Hat die interne Stelle mehrere Verdachtsmeldungen abzuarbeiten und kann eine parallele Abarbeitung aufgrund begrenzter Ressourcen nicht gewährleistet werden, erscheint es angezeigt, die vorliegenden Verdachtsmeldungen zu gewichten (u. a. unter Berücksichtigung der Schwere des in Rede stehenden Verstoßes, Plausibilität und Substanz der bisherigen Feststellungen etc.), dies zu dokumentieren und anschließend entsprechend der Gewichtung

23 RegE, S. 82.
24 RegE, S. 68.
25 RegE, S. 68.

die Verdachtsmeldungen abzuarbeiten. Treten im Verlauf weitere Meldungen hinzu, sind diese in die Priorisierung aufzunehmen.

2. Folgemaßnahmen bei Outsourcing der internen Meldestelle an Dritte

Die Auslagerung der internen Meldestelle an einen Drittanbieter entbindet das Unternehmen nicht von den **eigenen Kontrollpflichten** (siehe § 14 Abs. 1 Satz 2 HinSchG). Danach sollte sich die Geschäftsleitung Verdachtsfälle vorlegen lassen und dann zumindest die Folgemaßnahmen nach § 18 HinSchG überwachen und dokumentieren, da die Verantwortung für die Abstellung des Verstoßes beim Beschäftigungsgeber bzw. der Organisationseinheit verbleibt.[26] **19**

3. Mitspracherecht des Betriebs-/Personalrats

Bei bestimmten Folgemaßnahmen, etwa der Aussprache einer Abmahnung bzw. Kündigung und wenn der Verstoß in dem rechtswidrigen Verhalten eines Mitarbeiters begründet liegt, kann der Betriebs- bzw. Personalrat zu beteiligen sein. In solchen Konstellationen könnte regelmäßig eine Verfahrensabgabe nach § 18 Nr. 4 HinSchG angezeigt sein. **20**

4. Schnittstelle zum Datenschutzrecht

Die interne Meldestelle wird im Rahmen ihrer Tätigkeit insbesondere beim Ergreifen von Folgemaßnahmen personenbezogene Daten verarbeiten, sodass datenschutzrechtliche Vorgaben zu beachten sind.[27] Ausweislich der Gesetzesbegründung haben die Meldestellen insbesondere die geltenden Vorschriften der **DSGVO** und des **BDSG** zu beachten.[28] Ein Aspekt, der die Arbeit der internen Meldestelle potenziell beeinträchtigen könnte, ist, dass die verdächtige Person nach Art. 14 DSGVO grundlegend darüber zu informieren ist, dass ihre Daten verarbeitet werden, und auch das Recht hat, die Quelle, aus der diese Informationen stammen, zu erfahren.[29] Dies steht in einem Spannungsverhältnis zum Vertraulichkeitsgebot in Bezug auf die hinweisgebende Person.[30] Diesbezüglich wird vertreten, dass die nationale Umsetzung diese Rechte beschränken **21**

---

26 Vgl. RegE, S. 79.

27 Vgl. dazu auch *Brobeil*, Die Auswirkungen der Richtlinie (EU) 2019/1937 auf Arbeitnehmer-Hinweisgeber, S. 279; *Croonenbrock/Hansen*, ArbRAktuell 2022, 139, 141.

28 RegE, S. 74.

29 *Dzida/Granetzny*, NZA 2020, 1201, 1206; *Schmidt*, Regelungsoptionen des deutschen Gesetzgebers zum Whistleblower-Schutz in Umsetzung der EU-Richtlinie 2019/1937, S. 260 f.

30 Hierzu ausführlicher *Dzida/Granetzny*, NZA 2020, 1201, 1205 f.

müsse.[31] Diese Ansicht vertritt auch der Gesetzgeber in der Gesetzesbegründung, indem er erklärt, dass die Übermittlung personenbezogener Daten nur eingeschränkt zugelassen werden kann, wenn das Vertraulichkeitsgebot des § 8 HinSchG nicht konterkariert werden soll (vgl. hierzu ausführlicher § 8 Rn. 20 f.).[32]

---

31 *Colneric/Gerdemann*, Die Umsetzung der Whistleblower-Richtlinie in deutsches Recht – Rechtsfragen und rechtspolitische Überlegungen, S. 40.
32 RegE, S. 74.

Unterabschnitt 3
Externe Meldestellen

§ 19 Errichtung und Zuständigkeit einer externen Meldestelle des Bundes

(1) Der Bund errichtet beim Bundesamt für Justiz eine Stelle für externe Meldungen (externe Meldestelle des Bundes). Die externe Meldestelle des Bundes ist organisatorisch vom übrigen Zuständigkeitsbereich des Bundesamts für Justiz getrennt.

(2) Die Aufgaben der externen Meldestelle des Bundes werden unabhängig von den sonstigen Aufgaben des Bundesamts für Justiz wahrgenommen. Die Dienstaufsicht über die externe Meldestelle des Bundes führt die Präsidentin oder der Präsident des Bundesamts für Justiz. Die externe Meldestelle des Bundes untersteht einer Dienstaufsicht nur, soweit nicht ihre Unabhängigkeit beeinträchtigt wird.

(3) Der externen Meldestelle des Bundes ist die für die Erfüllung ihrer Aufgaben notwendige Personal- und Sachausstattung zur Verfügung zu stellen.

(4) Die externe Meldestelle des Bundes ist zuständig, soweit nicht eine externe Meldestelle nach den §§ 20 bis 23 zuständig ist.

Schrifttum: *Ahrens*, Whistleblowing: Erster Entwurf der Koalition zum Hinweisgeberschutzgesetz, MMR-Aktuell 2022, 448308; *Baade/Hößl*, Arbeits- und compliancerechtlicher Handlungsbedarf unter dem neuen Hinweisgeberschutzgesetz (Teil 1), DStR 2023, 1213; Teil 2, DStR 2023, 1265; *Badura*, Was hat es mit dem verzögerten Gesetzgebungsverfahren auf sich? Wo sind die Stolperfallen beim Hinweisgeberschutz?, ESGZ 2023, 24; *Bruns*, Das neue Hinweisgeberschutzgesetz, NJW 2023, 1609; *Dohrmann*, Die geplante Umsetzung der EU-Whistleblower-Richtlinie aus arbeitsrechtlicher Sicht, RdA 2021, 326; *Gerdemann/Spindler*, Die Europäische Whistleblower-Richtlinie und ihre Folgen für das deutsche Gesellschaftsrecht, ZIP 2020, 1896; *Grimm/Osmakova*, Das Hinweisgeberschutzgesetz in seiner endgültigen Fassung, ArbRB 2023, 176; *Handel*, Meldestellenbeauftragte – Rechte, Pflichten und Praxishinweise für Beauftragte nach dem Hinweisgeberschutzgesetz, 2023; *Lüneborg*, Das Hinweisgeberschutzgesetz – die (un)endliche Geschichte, ZIP 2023, 941; *Mävers*, Whistleblower-Richtlinie – Stand der Umsetzung, ArbRAktuell 2021, 379; *Schilling/Danner*, Hinweisgeber ohne Kronzeugenprivileg, CB 2022, 371, 373; *Schoch/Kumar*, Der neue Entwurf eines Hinweisgebeschutzgesetzes, CB 2022, 181; *Tietz*, Mehr Mut zur Anonymität wagen – Der Referentenentwurf des Hinweisgeberschutzgesetz, ZHW 2022, 154.

Neben den internen Meldestellen sind auch externe Meldestellen einzurichten. 1
Dem Hinweisgeber steht es frei, zu wählen, welchen Meldeweg er wählt. Der Gesetzgeber hat keine Pflicht zur vorzugsweisen Benutzung einer internen

Meldestelle eingeführt.[1] Die Trennung zwischen internen Meldestellen und externen Meldestellen wird auch kritisch gesehen, da die Anonymität bei der Meldung an eine interne Meldestelle eher gewährleistet sei als bei der Meldung an eine externe Meldestelle.[2] Es bleibt abzuwarten, ob diese Kritik gerechtfertigt ist.

2 Beim Bundesamt für Justiz (BfJ) wird auf Bundesebene die externe Meldestelle eingerichtet.[3] Die HinSch-RL schweigt dazu, wie viele externe Meldestellen nach nationalem Recht einzurichten sind.[4] Erwägungsgrund 64 führt lediglich an, dass es sich bei den zuständigen Behörden „um Justizbehörden, in den betreffenden Einzelbereichen zuständige Regulierungs- oder Aufsichtsstellen oder Behörden mit allgemeiner Zuständigkeit auf zentraler Ebene eines Mitgliedsstaats, Strafverfolgungsbehörden, Korruptionsbekämpfungsstellen oder Ombudsleute“ handeln könne. Damit obliegt es den Mitgliedstaaten, Whistleblowing-Behörden konkret zu bestimmen.[5]

3 Die Gesetzesmaterialien weisen als Vorteile für die Entscheidung, eine zentrale Anlaufstelle auf Bundesebene einzurichten, aus: Die Inanspruchnahme der Meldesysteme wird durch niedrigschwellige Zugänglichkeit begünstigt[6]; die zentrale Stelle i. S. eines „One-Stop-Shop“ führt dazu, dass sich hinweisgebende Personen nicht mit Zuständigkeitsfragen auseinandersetzen müssen und insoweit nicht entmutigt werden, Meldungen zu machen.[7] Zudem erfordert Erwägungsgrund 89 HinSch-RL, dass die Meldesysteme für (potenziell) hinweisgebende Personen einfach und ohne großen Aufwand zu identifizieren sein sollen. § 19 Abs. 1 Satz 2 HinSchG stellt sicher, dass die Einrichtung der externen Meldestelle in operativer Unabhängigkeit von den übrigen Aufgaben des BfJ erfolgt. Der Gesetzgeber beabsichtigt mit der niedrigschwelligen Zugänglichkeit über eine externe Meldestelle, die Inanspruchnahme zu begünstigen.[8]

---

1 *Grimm/Osmakova*, ArbRB 2023, 176; 177; *Badura*, ESGZ 2023, 24; 26; *Lüneborg*, ZIP 2023, 941, 943; *Mävers*, ArbRAktuell 2021, 379, 381.

2 *Tietz*, ZHW 2022, 154, 165.

3 *Baade/Hößl*, DStR 2023, 1213; *dies.*, DStR 2023, 1265, 1268; *Schoch/Kumar*, CB 2022, 181, 185; *Dohrmann*, RdA 2021, 326.

4 *Bruns*, NJW 2023, 1609, 1612.

5 *Gerdemann/Spindler*, ZIP 2020, 1896, 1900.

6 *Handel*, Meldestellenbeauftragte, S. 181; *Bayreuther*, DB 2023, 1537, 1542; *Bayreuther*, NZA-Beil. 1/2022, 20, 21; kritisch hierzu Transparency International, Stellungnahme zum RefE, S. 9; ebenfalls kritisch *Schilling/Danner*, CB 2022, 371, 373 mit Blick auf die Auswirkungen auf die Regelung des § 46b StGB.

7 BT-Drs. 20/3442, S. 83.

8 *Ahrens*, MMR-Aktuell 2022, 448308.

Nach § 19 Abs. 2 HinSchG ist eine Unabhängigkeit der externen Meldestelle des Bundes von den sonstigen Aufgaben des BfJ erforderlich, weil ansonsten die in Art. 8 Abs. 9 UAbs. 3, Art. 11 Abs. 2 lit. a und Art. 12 Abs. 1 der HinSch-RL vorgesehene Unabhängigkeit und Autonomie des externen Meldekanals für die Entgegennahme und Bearbeitung von Informationen über Verstöße nicht gewährleistet werden kann. Die erforderliche Trennung der Aufgabenbereiche im BfJ wird durch § 19 Abs. 2 HinSchG sichergestellt. Auch § 25 Abs. 1 Satz 2 HinSchG trägt dem Rechnung, indem die Aufsicht über die externe Meldestelle auf eine Rechtsaufsicht beschränkt ist. 4

Auf den Aufbau, die innere Ordnung, den Einsatz und die Verteilung von Personal- und Sachmitteln, die allgemeine Geschäftsführung und die Personalangelegenheiten der externen Meldestelle des Bundes erstreckt sich die Dienstaufsicht. Dieser Dienstaufsicht untersteht die externe Meldestelle des Bundes nur insoweit, als die durch die HinSch-RL vorgesehene Unabhängigkeit und Autonomie des externen Meldekanals gewährleistet bleibt. 5

Nach § 19 Abs. 3 HinSchG ist der externen Meldestelle des Bundes die geeigneten Sach- und Personalausstattung zur Verfügung zu stellen, damit die Aufgaben adäquat wahrgenommen werden können. 6

Nach § 19 Abs. 4 HinSchG ist die externe Meldestelle des Bundes mit umfassenden Zuständigkeiten ausgestattet, soweit nicht die Länder von der Öffnungsklausel des § 20 HinSchG Gebrauch machen und eigene Meldestellen einrichten. Ferner sind nach § 21 HinSchG bei der BaFin und nach § 22 HinSchG beim BKartA externe Meldestellen mit speziellem Zuständigkeitsbereich einzurichten. Eine derartige zentrale Anlaufstelle fördert die Effektivität des Hinweisgeberschutzes durch eine einfache Identifikation der Zuständigkeit.[9] 7

9 BT-Drs. 20/3442, S. 83.

§ 20 Errichtung und Zuständigkeit externer Meldestellen der Länder

Jedes Land kann eine eigene externe Meldestelle einrichten für Meldungen, die die jeweilige Landesverwaltung und die jeweiligen Kommunalverwaltungen betreffen.

Schrifttum: *Fuhlrott/Henckel*, Hinweisgeberschutzgesetz: Handlungsbedarf für Unternehmen und Personalabteilungen, ArbRAktuell 2022, 441.

1 Die Öffnungsklausel des § 20 HinSchG eröffnet den Ländern die Möglichkeit, entsprechend den Vorgaben des HinSchG für Beschäftigungsgeber des öffentlichen Rechts eigene Meldestellen einzurichten. Diese sollen dann für Hinweise gegenüber den Landesverwaltungen und Kommunalverwaltungen zuständig sein.[1] Richten die Länder keine eigene Meldestellen ein, so sind die externen Meldestellen des Bundes zuständig und daher mit umfassenden Zuständigkeiten ausgestattet.[2] § 20 HinSchG ist eine Vorschrift, die während des gesamten Gesetzgebungsverfahrens unverändert geblieben ist. Weder Rechtsausschuss noch Vermittlungsausschuss fassten diese Vorschrift an.

2 Das Land Hessen hat mit dem Hessischen Hinweisgebermeldestellengesetz (HHinMeldG) von der Öffnungsklausel des § 20 HinSchG Gebrauch gemacht und die Verpflichtung auf den Weg gebracht, dass Gemeinden und Landkreise verpflichtet sind, interne Meldestellen zu betreiben.[3] Regelungen über eine externe Meldestelle im Land Hessen enthält dieses Gesetz nicht. In Nordrhein-Westfalen ist ein Gesetz zur Ausführung des Gesetzes für einen besseren Schutz hinweisgebender Personen (Hinweisgeberschutzgesetz – HinSchG) im Gesetzgebungsverfahren.[4]

1 *Fuhlrott/Henckel*, ArbRAktuell 2022, 441, 443; *Handel*, Meldestellenbeauftragte, S. 183.
2 BT-Drs. 372/22, S. 34.
3 HHInMeldG vom 24.5.2023, GVBl. S. 348.
4 Drs. 18/1354.

§ 21 Bundesanstalt für Finanzdienstleistungsaufsicht als externe Meldestelle

Die Bundesanstalt für Finanzdienstleistungsaufsicht ist zuständige externe Meldestelle für

1. **Meldungen, die von § 4d des Finanzdienstleistungsaufsichtsgesetzes erfasst werden, einschließlich Meldungen, die Vorschriften des Wertpapiererwerbs- und Übernahmegesetzes betreffen,**
2. **Meldungen von Informationen über Verstöße**
   a) **nach § 2 Absatz 1 Nummer 3 Buchstabe a, soweit die Bundesanstalt für Finanzdienstleistungsaufsicht zuständige Behörde im Sinne des § 50 Absatz 1 Nummer 1 oder Nummer 2 des Geldwäschegesetzes ist, sowie**
   b) **nach § 2 Absatz 1 Nummer 3 Buchstabe r bis t.**

Für die über dieses Gesetz hinausgehende nähere Ausgestaltung der Organisation und des Verfahrens der Bundesanstalt für Finanzdienstleistungsaufsicht als externe Meldestelle gilt § 4d des Finanzdienstleistungsaufsichtsgesetzes.

Schrifttum: *Thönnes*, Der Hinweis auf den geheimen Rechtsbruch, NVwZ 2023, 1047.

Für Meldungen über Verstöße gegen nationale und europäische Vorschriften, 1
die in den Aufsichtsbereich der BaFin als Allfinanzaufsicht fallen, ist nach § 21 HinSchG das BaFin die externe Meldestelle.[1] § 2 Abs. 1 Nr. 5 HinSchG nimmt daher Bezug auf § 4d FinDAG. Auch die Bereiche nach § 2 Abs. 1 Nr. 3 lit. a, r, s und t HinSchG fallen in die Zuständigkeit der BaFin als externe Meldestelle, wodurch es zu Überlappungen mit § 4d FinDAG kommen kann.[2] Durch europäische Vorschriften ist die BaFin insbesondere durch die Vorgaben der Marktmissbrauchsverordnung zur Einrichtung eines vertraulichen Systems für die Aufnahme von Hinweisen verpflichtet, welches nicht nur hinweisgebenden Personen i. S. d. § 1 Abs. 1 HinSchG offensteht, sondern allen den entsprechenden Meldekanal nutzenden Personen.[3] Insoweit ist die Vorschrift nach § 4 Abs. 1 Nr. 8 Marktmissbrauchsverordnung als lex specialis anzusehen.[4] Deswegen errichtet und betreibt die BaFin in ihrem Zuständigkeitsbereich ein einheitliches System, welches die Vorgaben des Hinweisgeberschutzgesetzes

1 *Thönnes*, NVwZ 2023, 1047, 1048.
2 BT-Drs. 20/3442, S. 83.
3 BT-Drs. 20/3442, S. 83.
4 BT-Drs. 20/3442, S. 83.

erfüllt und für das die weiteren Vorgaben des § 4d FinDAG und der BaFin-Hinweisverordnung gelten.[5]

2 Allerdings ist § 4 Abs. 1 Marktmissbrauchsverordnung zu beachten. Soweit die dort genannten Vorschriften Vorgaben für externe Meldeverfahren beinhalten, gehen die dortigen Vorgaben dem HinSchG vor. Eine Meldung richtet sich in diesen Fällen nach den spezialgesetzlichen Vorgaben.[6]

5 BT-Drs. 20/3442, S. 84.
6 BT-Drs. 20/3442, S. 84.

§ 22 Bundeskartellamt als externe Meldestelle

(1) Das Bundeskartellamt ist zuständige externe Meldestelle für Meldungen von Informationen über Verstöße nach § 2 Absatz 1 Nummer 8 und 9. § 7 Absatz 1 Satz 3 findet mit der Maßgabe Anwendung, dass sich die hinweisgebende Person jederzeit und unabhängig vom Ausgang des Verfahrens über die interne Meldung an das Bundeskartellamt wenden kann.

(2) Die Befugnisse des Bundeskartellamts nach anderen Vorschriften bleiben unberührt.

Schrifttum: *Thönnes*, Der Hinweis auf den geheimen Rechtsbruch, NVwZ 2023, 1047.

Für Verstöße gegen Art. 101, 102 AEUV und die entsprechenden Vorschriften des nationalen Wettbewerbsrechts fungiert das BKartA nach § 22 Abs. 1 HinSchG als externe Meldestelle. Bei Sachverhalten, bei denen eine Straftat zugleich auch den Tatbestand des § 81 Abs. 1, Abs. 2 Nr. 1 und Abs. 3 GWB verwirklicht, kann die Meldung umfassend gegenüber dem BKartA als externer Meldestelle erfolgen.[1] **1**

Nach § 82 Abs. 2 Satz 1 Nr. 1 GWB ist das BKArtA für die Verfolgung von Submissionsabsprachen gegenüber Unternehmen zuständig und verpflichtet, im Falle einer Meldung die für die Verfolgung der natürlichen Person zuständige Staatsanwaltschaft zu informieren. Ausweislich der Materialien verfügt das BKartA über umfangreiche Erfahrung beim Einsatz von Hinweisgebersystemen – etwa über das Kronzeugenprogramm und das seit vielen Jahren vorhandene digitale Hinweisgebersystem, welches, unabhängig von der Möglichkeit, Meldungen mündlich oder in Textform zu übermitteln, für Hinweise, die in den Anwendungsbereich des Hinweisgeberschutzgesetzes fallen, sowie sonstige Hinweise einheitlich genutzt werden kann. Damit die Ermittlungen in den zuvor beschriebenen Sachverhalten nicht erschwert werden, ist das BKartA externe Meldestelle i.S.d. HinSchG. So werden die Vorgaben der HinSch-RL, insbesondere des Erwägungsgrundes 65, umgesetzt.[2] **2**

Hinweisgebende Personen können sich nach § 22 Abs. 1 Satz 2 HinSchG bei Kartellverstößen jederzeit an das BKartA wenden. Hat die hinweisgebende Person das Wahlrecht nach § 7 Abs. 1 Satz 1 HinSchG ausgeübt und den internen Meldekanal genutzt, muss sie nicht den Abschluss des dadurch in Gang gesetzten internen Meldeverfahrens abwarten, bevor sie sich an das BKartA **3**

1 BT-Drs. 20/3442, S. 84; *Thönnes*, NVwZ 2023, 1047, 1048.
2 BT-Drs. 20/3442, S. 84.

wenden kann.[3] Diese Systematik dient der umfassenden und effektiven Durchsetzung des Kartellverbots, so die Materialien. Diese führen weiter aus, dass typischerweise an Kartellverstößen immer mehrere Unternehmen beteiligt seien.[4] Die internen Meldungen können zwar dazu führen, dass das betroffene Unternehmen die Beteiligung am Kartell stillschweigend einstelle, aber die Existenz des Kartells im Übrigen wäre nicht aufgedeckt.[5] Die Verdunkelung des Sachverhaltes könne drohen. Ferner sei der Gefahr zu begegnen, dass hinweisgebende Personen als potenzielle Kronzeugen nicht mehr in Betracht kämen. Insoweit sei es wichtig, dass es der hinweisgebenden Person unbenommen bleibe, jederzeit auch das BKartA über den Verstoß zu informieren, ohne Repressalien befürchten zu müssen.[6] Dies stelle sicher, dass der gesamte Kartellrechtsverstoß aufgedeckt und geahndet werden könne.[7]

4 Selbstverständlich bleiben die besonderen Ermittlungsbefugnisse des BKartA nach dem GWB, dem Gesetz über Ordnungswidrigkeiten (OWiG) und der StPO unberührt. Dies stellt § 22 Abs. 2 HinSchG ausdrücklich klar.[8]

3 BT-Drs. 20/3442, S. 84.
4 BT-Drs. 20/3442, S. 84.
5 BT-Drs. 20/3442, S. 84.
6 BT-Drs. 20/3442, S. 84.
7 BT-Drs. 20/3442, S. 84.
8 BT-Drs. 20/3442, S. 84.

§ 23 Weitere externe Meldestellen

(1) Der Bund richtet eine weitere externe Meldestelle ein für externe Meldungen, die die externe Meldestelle des Bundes nach § 19 betreffen.

(2) Für Meldungen, die eine externe Meldestelle nach den §§ 20 bis 22 betreffen, ist weitere externe Meldestelle die externe Meldestelle des Bundes nach § 19.

Schrifttum: *Thönnes*, Der Hinweis auf den geheimen Rechtsbruch, NVwZ 2023, 1047.

Da die externe Meldestelle des Bundes selbst Gegenstand von Meldungen sein kann, ist nach § 23 Abs. 1 HinSchG vorgesehen, dass der Bund eine weitere externe Meldestelle für diese Art von Meldungen einrichtet. Dies wird zwar nach der HinSch-RL nicht explizit gefordert, gleichwohl fällt die externe Meldestelle auch unter den Anwendungsbereich des HinSchG.[1] **1**

Die Bestimmung über die weitere externe Meldestelle ist einer Rechtsverordnung vorbehalten, § 41 Nr. 2 HinSchG.[2] **2**

Nach § 23 Abs. 2 HinSchG ist in vergleichbarer Weise eine weitere externe Meldestelle für Meldungen betreffend die externen Meldestellen der BaFin, des BKartA und die externen Meldestellen der Länder einzurichten. Diese Aufgabe wird der externen Meldestelle des Bundes übertragen.[3] **3**

---

1 BT-Drs. 20/3442, S. 84; *Thönnes*, NVwZ 2023, 1047, 1048.

2 BT-Drs. 20/3442, S. 85.

3 BT-Drs. 20/3442, S. 85.

§ 24 Aufgaben der externen Meldestellen

(1) Die externen Meldestellen errichten und betreiben Meldekanäle nach § 27, prüfen die Stichhaltigkeit einer Meldung und führen das Verfahren nach § 28.

(2) Die externen Meldestellen bieten natürlichen Personen, die in Erwägung ziehen, eine Meldung zu erstatten, umfassende und unabhängige Informationen und Beratung über bestehende Abhilfemöglichkeiten und Verfahren für den Schutz vor Repressalien. Dabei informieren die externen Meldestellen insbesondere auch über die Möglichkeit einer internen Meldung.

(3) Die externen Meldestellen veröffentlichen in einem gesonderten, leicht erkennbaren und leicht zugänglichen Abschnitt ihres Internetauftritts

1. **die Voraussetzungen für den Schutz nach Maßgabe dieses Gesetzes,**
2. **Erläuterungen zum Meldeverfahren sowie die Art der möglichen Folgemaßnahmen nach § 29,**
3. **die geltende Vertraulichkeitsregelung für Meldungen und Informationen über die Verarbeitung personenbezogener Daten,**
4. **Informationen über die verfügbaren Abhilfemöglichkeiten und Verfahren zum Schutz vor Repressalien sowie die Verfügbarkeit einer vertraulichen Beratung von Personen, die in Erwägung ziehen, eine Meldung zu erstatten,**
5. **eine leicht verständliche Erläuterung dazu, unter welchen Voraussetzungen Personen, die eine Meldung an die externe Meldestelle richten, nicht wegen Verletzung der Verschwiegenheits- und Geheimhaltungspflichten haftbar gemacht werden können,**
6. **ihre Erreichbarkeiten, insbesondere E-Mail-Adresse, Postanschrift und Telefonnummer, sowie die Angabe, ob Telefongespräche aufgezeichnet werden.**

(4) Die externen Meldestellen halten klare und leicht zugängliche Informationen über ihre jeweiligen Meldeverfahren bereit, auf die interne Meldestellen zugreifen oder verweisen können, um ihrer Pflicht nach § 13 Absatz 2 nachzukommen. Die externe Meldestelle des Bundes hält zudem klare und leicht zugängliche Informationen über die in § 13 Absatz 2 genannten Meldeverfahren bereit, auf die interne Meldestellen zugreifen oder verweisen können, um ihrer Pflicht nach § 13 Absatz 2 nachzukommen.

Schrifttum: *Bruns*, das neue Hinweisgeberschutzgesetz, NJW 2023, 1609; *Dzida/Seibt*, Neues Hinweisgeberschutzgesetz: Analyse und Antworten auf Praxisfragen, NZA 2023, 657; *Fehr/Refenius*, Hinweisgeberschutzgesetz: Externe Meldestellen, CCZ 2023, 220; *Kremer/Bachmann/Favoccia/von Werder* (Hrsg.), Deutscher Corporate Governance Kodex, 9. Aufl.

2023; *Lauschke*, Compliance aktuell: Das Hinweisgeberschutzgesetz ist beschlossene Sache, BC 2023, 254; *Nießen*, Neuerungen beim Hinweisgeberschutz, RFamU 2022, 399; *Schoch/Kumar*, Der neue Entwurf eines Hinweisgeberschutzgesetzes, CB 2022, 181.

Übersicht

Rn.
I. Allgemeines 1
II. § 24 Abs. 1 HinSchG: Allgemeine Aufgaben der externen Meldestellen . 5
III. § 24 Abs. 2 HinSchG: Informations- und Beratungspflichten der externen Meldestellen 8
IV. § 24 Abs. 3 HinSchG: Besondere Informationspflichten der externen Meldestellen im Internetauftritt 17
V. § 24 Abs. 4 HinSchG: Zugriff interner Meldestellen auf Verfahrensinformationen externer Meldestellen 27

I. Allgemeines

Mit den Regelungen der §§ 24–27 HinSchG trifft der Gesetzgeber Regelungen zu Aufgaben, Ausgestaltung und Pflichten der externen Meldestellen. Diese bilden – neben den internen Meldestellen –, eine weitere gleichberechtigte Grundlage für den Schutz hinweisgebender Personen.[1] Dabei hat die natürliche Person unter den Voraussetzungen des § 7 HinSchG ein Wahlrecht, welche Meldestellen sie nutzt, um ihre Meldung abzugeben. Mit der natürlichen Person ist die hinweisgebende Person i. S. v. § 1 Abs. 1 HinSchG gemeint,[2] auf die diesbezügliche Kommentierung wird verwiesen. In den Fällen, in denen eine hinweisgebende Person eine Meldung bei einer internen Meldestelle aus Angst vor Repressalien vermeiden möchte, eine Meldung bei einer internen Meldestelle aus technisch-organisatorischen Gründen erschwert ist oder eine interne Meldestelle gänzlich fehlt, kann eine externe Meldestelle eine geeignete Anlaufstelle für einen Hinweisgeber sein. 1

Die Einrichtung von externen Meldestellen durch Behörden sind mit einem nicht unerheblichen finanziellen Aufwand verbunden. Das Deutsche Aktieninstitut schätzt unter Bezugnahme der Aufwandsschätzungen des Regierungsentwurfs zum HinSchG die Kosten nur beim BfJ in den ersten beiden Jahren auf ca. 5 Millionen EUR p.a. und in der eigentlichen und sich anschließenden Betriebsphase auf ca. 4 Millionen EUR p. a.[3] Die Kosten für die weiteren genannten möglichen Meldestellen dürften eine ähnliche Größenordnung haben, aller- 2

1 *Lauschke*, BC 2023, 254.
2 Begr. RegE, BT-Drs. 20/3442, S. 85.
3 Stellungnahme des Deutschen Aktieninstitut zum RefE HinSchG, https://www.bmj.de/SharedDocs/Downloads/DE/Gesetzgebung/Stellungnahmen/2022/0511_Stellungnahme_aktien institut_HinSchG-E.pdf?__blob=publicationFile&v=3, S. 9 (zuletzt abgerufen am 1.9.2023).

dings dürfte bei Behörden wie dem BaFin, das bereits aufgrund bestehender Aufgaben mit dem Hinweisgeberschutz bzw. Meldekanälen befasst ist, mit Synergieeffekten gerechnet werden können.

3 Zur detaillierten Regelung auch von Aufgaben und Verfahren bei der externen Meldestelle des Bundes, dem BfJ, wurde gem. § 41 Nr. 1 HinSchG am 7.8.2023 eine entsprechende Rechtsverordnung, die HEMBV, erlassen. Ferner bestimmt die HEMBV nach § 41 Nr. 2 HinSchG als weitere externe Meldestelle gem. § 23 Abs. 1 HinSchG das BKartA.[4]

4 Zur besseren Visualisierung des Systems der Aufgaben der externen Meldestellen nach § 24 HinSchG erfolgt nachfolgend eine Übersicht.

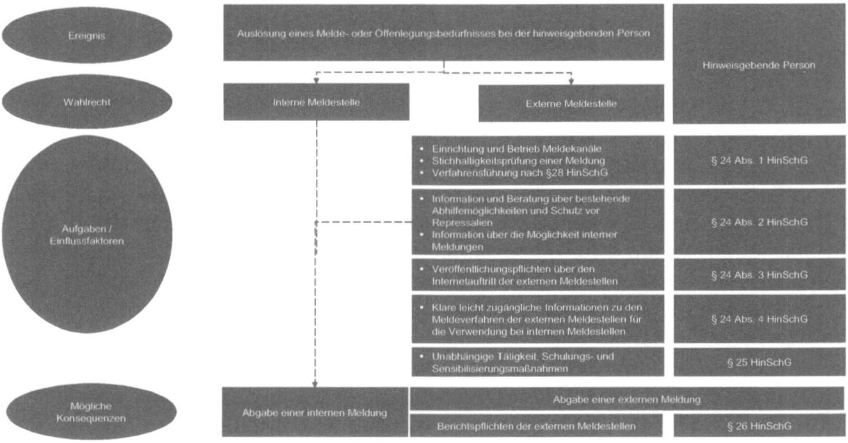

Abbildung 1: Übersicht der gesetzlichen Anforderungen und Aufgaben der §§ 24 bis 26 HinSchG an die externen Meldestellen (eigene Darstellung).

II. § 24 Abs. 1 HinSchG: Allgemeine Aufgaben der externen Meldestellen

5 § 24 Abs. 1 HinSchG regelt zunächst die allgemeinen Aufgaben externer Meldestellen, insbesondere die Einrichtung und den Betrieb von Meldekanälen für hinweisgebende Personen i. S. d. § 27 HinSchG, die Prüfung der Stichhaltigkeit der Meldung einschließlich der Veranlassung von Folgemaßnahmen gem. § 3

4 Hinweisgeberschutzgesetz-Externe-Meldestelle-des-Bundes-Verordnung v. 7.8.2023, BGBl. 2023 I Nr. 211.

Abs. 7 HinSchG[5] sowie das Verfahren bei externen Meldungen nach § 28 HinSchG.[6]

6 Der genannte Aufgabenbereich der externen Meldestellen ist vom Gesetzgeber sehr allgemein gehalten. Folglich wird insbesondere das BfJ vereinzelt als eine Meldestelle mit Erstfiltrierungs- und Koordinationsfunktion bezeichnet, das BfJ soll Erstansprechpartner sein mit dem Ziel, nach Durchführung einer Stichhaltigkeits- und Plausibilitätsprüfen den Hinweis an die entsprechende Fachbehörde weiterzuleiten.[7] Dies entspricht auch der Regelung des § 31 HinSchG.

7 Der Stichhaltigkeitsprüfung durch die externe Meldestelle gem. § 28 Abs. 2 HinSchG dürfte dabei eine besondere Bedeutung zukommen. Die Stichhaltigkeit einer Meldung ist dabei von der grundsätzlichen Korrektheit der Meldung i. S. d. HinSchG zu unterscheiden. Es ist die Aufgabe der Meldestelle, zu bewerten, ob der Hinweis grundsätzlich in den sachlichen Anwendungsbereich nach § 2 HinSchG fällt. Ist der sachliche Anwendungsbereich einer Meldung entsprechend zu bejahen, ist durch die externe Meldestelle nach § 24 Abs. 1 HinSchG die Stichhaltigkeit einer Meldung zu prüfen. Diese Stichhaltigkeitsprüfung ist im HinSchG nicht weiter definiert und lässt sich daher weit, dahingehend interpretieren, ob Umstände oder Informationen vorliegen, die keine Widerlegbarkeit der Meldung durch die Verantwortlichen der Meldestelle zulassen. Entsprechende Maßnahmen nach § 3 Abs. 7 i.V.m. §29 Abs. 1 HinSchG könnten als Folge der Stichhaltigkeitsprüfung eingeleitet werden.

III. § 24 Abs. 2 HinSchG: Informations- und Beratungspflichten der externen Meldestellen

8 Die externen Meldestellen haben den Schwerpunkt ihrer Tätigkeit nicht erst bei der Entgegennahme einer Meldung von einer hinweisgebenden Person, sondern bereits weit davor. Ihr Ziel ist es, der Öffentlichkeit die Möglichkeit zu bieten, sich an einer unabhängigen und verlässlichen Quelle umfassend über den Schutz gemäß des HinSchG zu informieren, einschließlich der Ausnahmen vom Anwendungsbereich gemäß § 5 HinSchG. Für Personen, die in Erwägung ziehen, eine Meldung abzugeben, ist es von entscheidender Bedeutung, Klarheit darüber zu erhalten, wie das Verfahren im Falle einer Meldung abläuft und welche möglichen strafrechtlichen Risiken bestehen.[8]

---

5 Begr. RegE, BT-Drs. 20/3442, S. 84.

6 *Fehr/Refenius*, CCZ 2023, 220, 222; vgl. zum weiteren Verfahren der externen Meldestellen *Nießen*, RFamU 2022, 399, 401.

7 *Schoch/Kumar*, CB 2022, 181, 185.

8 Begr. RegE, BT-Drs. 20/3442, S. 85.

9 Entsprechend der Vorgaben von Art. 20 Abs. 1 lit. a und lit. b, Abs. 3 WBRL sieht § 24 Abs. 2 Satz 1 HinSchG neben einer umfassenden Informationspflicht hinsichtlich einer hinweisgebenden Person auch eine Pflicht zur Beratung vor.[9] Dies dürfte dazu beitragen, dass bei einem potenziellen Hinweisgeber seine Hemmschwelle zur Abgabe einer entsprechenden Meldung ggf. abgebaut oder zumindest vermindert wird. Diese Regelung wird von Verbänden z. T. begrüßt, die aber ergänzend noch eine Verpflichtung von anderen Behörden (Staatsanwaltschaften oder Arbeitsschutzbehörden der Länder) und wohl auch eine Aufklärung bzw. Information hierüber fordern, bei Meldungen an diese in der Regel unzuständigen Behörden diese an externe Meldestellen weiterzuleiten.[10] Dies wurde vom Gesetzgeber jedoch nicht umgesetzt.

10 Die bereitgestellten Informationen und die Beratung haben sich als Mindestinhalt auf die Möglichkeiten der Abhilfe zu beziehen, hier dürften insbesondere die verfahrensbeendenden Tatbestände von § 31 Abs. 1 bis Abs. 4 HinSchG gemeint sein. Als weiteren Mindestinhalt nennt das Gesetz die Verfahren für den Schutz vor Repressalien. Dies bezieht sich auf die Regelungen des Abschnitts 4 des HinSchG, insbesondere auf die Regelungen der §§ 36 und 37 HinSchG. Der Begriff des „Verfahrens" dürfte hier nicht ausschließlich im juristischen Sinne als Verfahrensvorschriften gemeint sein, sondern umfassender als Beratung über die umfassenden Möglichkeiten des Schutzes eines Hinweisgebers vor Repressalien, wie sich auch aus den nachfolgend dargestellten Konkretisierungen durch das HEMBV ergibt.

11 Hier enthält § 6 Abs. 1 HEMBV eine Konkretisierung der zur Verfügung zu stellenden Informationen und der Beratung. Demzufolge sind zu informieren und ggf. zu beraten über:

- § 6 Ziff. 1 HEMBV: die Meldekanäle gem. § 2 Abs. 1 HEMBV, somit über elektronische Meldekanäle, über einen Meldeweg für postalische Meldungen und einen Meldeweg für telefonische Meldungen.
- § 6 Ziff. 2 HEMBV: die Möglichkeiten einer internen Meldung und ihrer Vorzüge; bemerkenswert hier ist ein erkennbarer Ansatz zu einer Beratungstendenz hin zu einer Meldung bei einer internen Meldestelle.
- § 6 Ziff. 3 HEMBV: den persönlichen Anwendungsbereich gem. § 1 HinSchG, insbesondere über den Kreis der hinweisgebenden Personen des § 1 Abs. 1 HinSchG sowie der Personen gem. § 1 Abs. 2 HinSchG.

---

9 *Dzida/Seibt*, NZA 2023, 657, 663.

10 Stellungnahme des Marburger Bundes zum RefE, https://www.bmj.de/SharedDocs/Downloads/DE/Gesetzgebung/Stellungnahmen/2022/0509_Stellungnahme_MarburgerBund_HinSchG-E.pdf?__blob=publicationFile&v=3, S. 2 (abgerufen am 1.9.2023).

- § 6 Ziff. 4 HEMBV: den sachlichen Anwendungsbereich gem. § 2 HinSchG, soweit das BfJ zuständig ist. Im Umkehrschluss sind Meldungen über Verstöße gegen § 2 Abs. 1 Nr. 5 HinSchG, für die das BaFin gem. § 21 Nr. 1 HinSchG zuständig ist, und gegen § 2 Abs. 1 Nr. 3 lit. a HinSchG, für da das BaFin gem. § 21 Nr. 2 zuständig ist, ausgeschlossen. Ebenso sind Meldungen über Verstöße gegen § 2 Abs. 1 Nr. 8 und 9 HinSchG, die gem. § 22 Abs. 1 HinSchG in die Zuständigkeit des BKartA fallen, ausgenommen.
- § 6 Ziff. 5 HEMBV: mögliche Folgemaßnahmen gem. § 29 HinSchG; dies umfasst die Maßnahmen des Auskunftsersuchens ebenso wie die Kontaktaufnahme zu Beschäftigungsgebern, die Verweisung an andere Meldestellen sowie den Abschluss oder die Abgabe des Verfahrens.
- § 6 Ziff. 6 HEMBV: die Voraussetzungen für den Schutz vor Repressalien, somit die §§ 33 und 34 HinSchG.
- § 6 Ziff. 7 HEMBV: verfügbare Abhilfemöglichkeiten und Verfahren für den Schutz vor Repressalien; hierbei handelt es sich um den gesetzlichen Mindestinhalt der Informationen und Beratung gem. § 24 Abs. 2 Satz 1 HinSchG.

Die Regelung des § 24 Abs. 2 Satz 1 HinSchG steht einer weitergehenden Zurverfügungstellung von Informationen oder Beratungsleistungen nicht entgegen. Allerdings stellt sich bei einer weitergehenden Beratung die Folgefrage der Haftung für Beratungsfehler durch die externe Meldestelle. Da die externe Meldestelle hoheitlich handelt, wären in diesem Falle Amtshaftungsansprüche denkbar, wobei das Haftungsprivileg des Handelnden gem. Art. 34 GG greift. **12**

Die Informationspflicht des § 24 Abs. 2 Satz 1 HinSchG bezieht sich ausdrücklich auf hinweisgebende Personen i. S. d. § 1 Abs. 1 HinSchG, nicht auf kollektive Vereinigungen oder Zusammenschlüsse natürlicher Personen (z. B. in Form von Interessengruppen, Verbänden oder sonstigen Organisationen) oder juristische Personen, somit nicht auf Personen i. S. d. § 1 Abs. 2 HinSchG. Dieser Umstand ist insbesondere vor dem Hintergrund des angestrebten verbesserten Schutzes hinweisgebender Personen nachvollziehbar, da angenommen werden kann, dass in einer Gruppe von mehreren Personen ein möglicher Schutz oder eine Anonymität der einzelnen Person grundsätzlich besser gewährleistet werden kann. **13**

Die Inhalte der Informations- und Beratungspflicht des § 24 Abs. 2 Satz 1 HinSchG sind auch gem. § 24 Abs. 3 Nr. 4 HinSchG entsprechend im Rahmen des Internetauftritts der externen Meldestelle für jeden potenziellen Hinweisgeber zu veröffentlichen. **14**

15 In § 24 Abs. 2 Satz 2 HinSchG wird diese Informations- und Beratungspflicht weiter konkretisiert, indem hinweisgebende Personen auf die bestehende Möglichkeit einer internen Meldung hinzuweisen sind. Hier wird aus § 6 Abs. 1 Nr. 2 HEMBV deutlich, dass nicht nur über die Möglichkeiten einer internen Meldung gem. § 17ff. HinSchG informiert und beraten werden soll, sondern auch über deren Vorzüge. Dies lässt eine Tendenz erkennen, dass ggf. von externen Meldestellen „weg“ und zu internen Meldestellen „hin“ beraten werden soll. Es bleibt abzuwarten, wie sich die Praxis der externen Meldestellen diesbezüglich entwickeln wird. Diese erkennbare Tendenz hin zur internen Meldestelle korrespondiert mit der Vorschrift des § 7 Abs. 3 HinSchG, nach der Beschäftigungsgeber Anreize dafür schaffen sollen, dass sich hinweisgebende Personen zunächst an eine interne Meldestelle wenden.[11]

16 Tatsächlich besteht bei Meldungen bei externen Meldestellen die Problematik, dass diese unternehmensinternen Sachverhalte ebenso wenig bekannt sein dürften wie entsprechende spezielle Rechtsnormen, auf den umfangreichen Katalog des § 2 HinSchG sei hier verwiesen. Im Gegensatz zu einer internen Meldestelle eines Unternehmens wird einer externen Meldestelle somit eine Stichhaltigkeitsprüfung der Meldung lediglich in dem Umfang gelingen können, in welchem der externen Meldestelle objektive und insbesondere zugängliche Umstände, Informationen und Daten zur Widerlegbarkeitsprüfung zur Verfügung stehen.

IV. § 24 Abs. 3 HinSchG: Besondere Informationspflichten der externen Meldestellen im Internetauftritt

17 Mit dieser Regelung setzt der Gesetzgeber die Vorgaben aus Art. 13 i.V.m. Art. 20 Abs. 1 lit. a und lit. b, Abs. 3 WBRL um.[12] Die in § 24 Abs. 3 HinSchG vorgesehenen detaillierten zu veröffentlichenden Informationen tragen damit zu weiterer Transparenz und damit zur Unterstützung der Entscheidungsfindung für hinweisgebende Personen im Sinne des Beratungsauftrags der externen Meldestellen bei. Dabei müssen die externen Meldestellen nach § 24 Abs. 3 Satz 1 HinSchG diese Veröffentlichungen in einer „gesonderten, leicht erkennbaren und leicht zugänglichen“ Weise sicherstellen. Diese Eigenschaften können auch als einen barrierefreien Zugang umschrieben werden.

18 § 24 Abs. 3 HinSchG setzt somit voraus, dass eine hinweisgebende Person auch Zugang zu den Internetauftritten der externen Meldestellen hat. Sofern

11 Hierzu auch *Kremer/Bachmann*, in: Kremer/Bachmann/Favoccia/von Werder, Deutscher Corporate Governance Kodex, Abs. 4A Empfehlungen und Anregung (Whistleblowing), Rn. 29.

12 Begr. RegE, BT-Drs. 20/3442, S. 85.

dies nicht der Fall ist, dürfte sich aus dem Begriff der „leichten Zugänglichkeit“ des § 24 Abs. 3 und Abs. 4 HinSchG ergeben, dass die externe Meldestelle weitere Veröffentlichungskanäle vorzuhalten hat, obwohl eine ausdrückliche gesetzliche Verpflichtung hierzu nicht im HinSchG geregelt ist.

Ein Mindestinhalt der zu veröffentlichenden Informationen wird in § 24 Abs. 3 HinSchG detailliert aufgeführt. Hierbei handelt es sich überwiegend um inhaltliche Informationen (Nr. 1–5), aber auch um formale Hinweise (Nr. 6). Der Katalog als Mindestinhalt ist nicht abschließend, sodass es der externen Meldestelle freisteht, weitere über den Katalog des § 24 Abs. 3 HinSchG hinausgehende Informationen zu veröffentlichen. **19**

Nr. 1 sieht hierbei eine Information über Voraussetzungen für den Schutz nach Maßgabe des HinSchG vor, also insbesondere eine Information über den Anwendungsbereich gem. den §§ 1 und 2 HinSchG sowie den Schutz vor Repressalien gem. §§ 33–39 HinSchG. **20**

Nr. 2 verpflichtet zur Veröffentlichung von Informationen mit Erläuterungen zum Meldeverfahren sowie die Art der möglichen Folgemaßnahmen nach § 29, dies dürfte sich, neben dem bereits im Gesetz erwähnten § 29 HinSchG, nicht nur auf das Verfahren bei externen Meldungen gem. § 28 HinSchG, sondern aufgrund der Pflicht zur Information über Meldungen bei internen Meldestellen gem. § 24 Abs. 2 Satz 2 HinSchG auch auf das Verfahren bei internen Meldungen gem. § 17 HinSchG beziehen. Zudem dürfte dies auch die Information über die Entgegennahme von anonym eingehenden Meldungen gem. § 4 Abs. 1 HEMBV umfassen sowie die weitergehenden, ab 1.7.2024 einzurichtenden Möglichkeiten einer anonymen Kontaktaufnahme gem. § 4 Abs. 2 HEMBV. **21**

Nr. 3 sieht vor, über die geltende Vertraulichkeitsregelung für Meldungen und Informationen über die Verarbeitung personenbezogener Daten zu informieren. Dies betriff insbesondere die Regelung in § 10 HinSchG über die Verarbeitung personenbezogener Daten, aber auch die Regelung über das Vertraulichkeitsgebot und dessen Ausnahmen in den §§ 8 und 9 HinSchG dürften hiervon umfasst sein. **22**

Ergänzend hierzu sieht § 3 Abs. 2 HEMBV vor, dass das BfJ als externe Meldestelle des Bundes „angemessene Verfahren“ für die Übermittlung personenbezogener Daten der Personen, die in § 8 As. 1 HinSchG genannt sind, einzurichten hat. **23**

Nach Nr. 4 sind Informationen über die verfügbaren Abhilfemöglichkeiten und Verfahren zum Schutz vor Repressalien sowie die Verfügbarkeit einer vertraulichen Beratung von Personen, die in Erwägung ziehen, eine Meldung zu erstatten, im Rahmen des Internetauftritt zu veröffentlichen. Während die Ab- **24** hilfemöglichkeiten einer Meldung vielfältig sein können – von der Weitergabe an eine Fachbehörde gem. § 31 Abs. 2 HinSchG bis zum Abschluss des Verfahrens gem. § 31 Abs. 3 und 4 HinSchG oder einer entsprechenden Abhilfe im Sinne einer Regelung durch das betroffene Unternehmen – bezieht sich das Verfahren zum Schutz vor Repressalien konkret auf die Regelungen der §§ 36 und 37 HinSchG. Mit dem Verweis auf die Durchführung einer vertraulichen Beratung wird die Beratungsfunktion gem. § 24 Abs. 2 Satz 1 HinSchG konkretisiert von einer „allgemeinen" Beratung hin zu einer individualisierten, vertraulichen Beratungsleistung.

25 Schließlich sieht Nr. 5 vor, dass die externe Meldestelle eine „leicht verständliche Erläuterung dazu, unter welchen Voraussetzungen Personen, die eine Meldung an die externe Meldestelle richten, nicht wegen Verletzung der Verschwiegenheits- und Geheimhaltungspflichten haftbar gemacht werden können", zu veröffentlichen hat. Hier dürfte es wohl um eine Erläuterung zu den Regelungen der §§ 5 und 6 HinSchG gehen. Die Hervorhebung, dass diese Erläuterung „leicht verständlich" sein soll, trägt dem Umstand Rechnung, dass ein Hinweisgeber im Hinblick auf die Verletzung von Verschwiegenheits- und Geheimhaltungspflichten ggf. erhebliche Haftungsrisiken haben könnte. Diese Thematik wäre daher auch besser in einer individualisierten und vertraulichen Beratung durch die externe Meldestelle aufgehoben. Hier stellen sich zudem weitere Folgefragen im Hinblick auf Qualität, Umfang und Haftung der externen Meldestellen hinsichtlich der vorgenannten individuellen Beratung eines potenziellen Hinweisgebers.

26 Über formale Anforderungen und Verfahrensfragen ist nach Nr. 6 zu informieren. Demnach hat die externe Meldestelle Informationen über „ihre Erreichbarkeit, insbesondere E-Mail-Adresse, Postanschrift und Telefonnummer, sowie die Angabe, ob Telefongespräche aufgezeichnet werden", bereitzustellen.

V. § 24 Abs. 4 HinSchG: Zugriff interner Meldestellen auf Verfahrensinformationen externer Meldestellen

27 § 24 Abs. 4 HinSchG erweitert die Informationspflichten der externen Meldestellen. Gem. § 13 Abs. 2 haben interne Meldestellen für Beschäftigte klare und leicht zugängliche Informationen über externe Meldeverfahren bereitzuhalten. Damit korrespondierend sieht § 24 Abs. 4 Satz 1 HinSchG vor, dass die externen Meldestellen Informationen zur Verfügung stellen müssen, auf die interne Meldestellen zugreifen können, um damit ihre Pflichten gem. § 13 Abs. 2 HinSchG erfüllen zu können. Die externen Meldestellen erleichtern den internen Meldestellen die Bereitstellung von Informationen über externe Meldewege für potenzielle Hinweisgebende. Die Begründung des Regierungsentwurfs nennt hier die Erstellung von Broschüren, die Einrichtung von Internetseiten, auf denen Verlinkungen zu den internen Meldestellen vorgenommen werden können, und andere Arbeitserleichterungen,[13] ohne den letzteren Begriff weiter zu konkretisieren. Dies soll sicherstellen, dass Hinweisgebende auf einfache und leicht auffindbare Weise Informationen über die verschiedenen Meldewege erhalten können,[14] sodass diesen die für die Ausübung ihres Wahlrechts erforderlichen Entscheidungsgrundlagen für die Ausübung ihres Wahlrechts gem. § 7 HinSchG vorliegen.

Während sich jedoch § 24 Abs. 4 Satz 1 auf sämtliche externe Meldestellen, somit neben dem BfJ auch das BaFin und das BKartA sowie die externen Meldestellen der Länder bezieht und diese verpflichtet, über ihre jeweiligen Meldeverfahren zu informieren, sieht § 24 Abs. 4 Satz 2 HinSchG eine zusätzliche Informationspflicht des BfJ vor, die sich auf sämtliche in § 13 Abs. 2 genannten Meldeverfahren beziehen. Aus dem Kontext zu § 24 Abs. 4 Satz 1 HinSchG ergibt sich, dass damit nicht die Information über diejenigen Meldeverfahren gemeint sein dürfte, die in § 13 Abs. 2 HinSchG als Meldeverfahren nach Unterabschnitt 3 (§§ 19–26 HinSchG) genannt werden, da diese schon von der allgemeinen Informationspflicht des § 24 Abs. 4 Satz 1 HinSchG umfasst ist, sondern die weiteren in § 13 Abs. 2 HinSchG genannten Meldeverfahren von Organen, Einrichtungen oder sonstigen Stellen der Europäischen Union. 28

13 Begr. RegE, BT-Drs. 20/3442, S. 85.
14 Begr. RegE, BT-Drs. 20/3442, S. 85.

§ 25 Unabhängige Tätigkeit; Schulung

(1) Die externen Meldestellen arbeiten im Rahmen ihrer Aufgaben und Befugnisse fachlich unabhängig und von den internen Meldestellen getrennt. Die Aufsicht über sie erstreckt sich auf die Beachtung von Gesetz und sonstigem Recht.

(2) Die für die Bearbeitung von Meldungen zuständigen Personen werden regelmäßig für diese Aufgabe geschult. Sie dürfen neben ihrer Tätigkeit für eine externe Meldestelle andere Aufgaben und Pflichten wahrnehmen. Es ist dabei sicherzustellen, dass derartige Aufgaben und Pflichten nicht zu einem Interessenkonflikt führen.

Schrifttum: *Lütke/Gramlich*, Hinweisgeberschutz – zur Notwendigkeit von „good governance" und „best pratices", GmbHR 2021, R 320; i. Ü. vgl. Schrifttum zu § 24 HinSchG.

Übersicht

	Rn.
I. § 25 Abs. 1 Satz 1 HinSchG: Wesentliche Anforderungen an die Unabhängigkeit der externen Meldestellen	1
II. § 25 Abs. 1 Satz 2 HinSchG: Beschränkung auf Rechtsaufsicht hinsichtlich der externen Meldestellen	6
III. § 25 Abs. 2 HinSchG: Schulung der Mitarbeiter der externen Meldestellen	9

I. § 25 Abs. 1 Satz 1 HinSchG: Wesentliche Anforderungen an die Unabhängigkeit der externen Meldestellen

1 In § 25 HinSchG regelt der Gesetzgeber die unabhängige Tätigkeit und Schulungen der externen Meldestellen. Die Regelung des § 25 Abs. 1 HinSchG ist inhaltlich ähnlich gehalten wie § 15 Abs. 1 HinSchG hinsichtlich der internen Meldestellen, ebenso wie bei der erforderlichen Mitarbeiterschulung § 25 Abs. 2 HinSchG eine Ähnlichkeit zu § 15 Abs. 2 HinSchG bezüglich der internen Meldestellen zu entdecken ist.[1]

2 § 25 Abs. 1 HinSchG sieht zum einen eine fachliche Unabhängigkeit von externen Meldestellen vor. Dies ist insbesondere als eine Unabhängigkeit von einer Fachaufsicht zu verstehen, was in der Regelung des § 25 Abs. 1 Satz 2 HinSchG mit der alleinigen Bezugnahme auf eine Rechtsaufsicht weiter konkretisiert wird. Aus Art. 12 Abs. 1 lit. a WBRL ist jedoch zu ersehen, dass sich

1 *Lütke/Gramlich*, GmbHR 2021, R 320, R 322.

diese fachliche Unabhängigkeit auf eine Unabhängigkeit von sämtlichen Mitarbeitern der die externe Meldestelle betreibende Behörde bezieht, die nicht zu einem Zugriff auf die durch die Meldung übermittelten Informationen befugt sind.[2]

Eine Interpretation des § 25 Abs. 1 Satz 1 HinSchG dahingehend, dass diese Norm eine fachliche Unabhängigkeit der externen Meldestellen untereinander vorsehe, scheint nicht zwingend geboten. Denn aus der klaren Zuständigkeitsregelung des § 19 Abs. 4 HinSchG folgt, dass ein Kompetenzkonflikt zwischen den externen Meldestellen BfJ, BaFin und BKartA nur bei irrtümlicher Meldung durch einen Hinweisgeber bei einer nicht zuständigen externen Meldestelle möglich wäre. So mag es möglich sein, dass eine Meldung gem. § 4d FinDAG beim BfJ vorgenommen wird. In diesem Fall hat das BfJ gem. § 31 Abs. 2 HinSchG die Meldung an das zuständige BaFin weiterzuleiten. **3**

Weiterhin sieht § 25 Abs. 1 Satz 1 HinSchG eine Trennung von den internen Meldestellen vor. Denn Bund und Länder sind als Beschäftigungsgeber gem. § 12 Abs. 1 Satz 1 i.V.m. Satz 2 HinSchG zur Einrichtung von internen Meldestellen verpflichtet. Folglich hat nicht nur eine Absonderung der internen Meldestelle des BfJ von dessen externer Meldestelle, sondern auch bei den gem. § 20 HinSchG bei den Ländern für den landes- und Kommunalbereich eingerichtete externe Meldestellen eine entsprechende Trennung von entsprechenden internen Meldestellen zu erfolgen.[3] **4**

Zur professionellen Verarbeitung von Meldungen bei externen Meldestellen ist ein gewisser technischen und organisatorischen Aufwand erforderlich, so dürfte ein Datenbankmanagement zur Verwaltung der Meldungen und Offenlegungen, ein Fristen- und Ressourcenmanagement zu Bearbeitung von Meldungen und ggf. Auskunftsersuchen an die betroffenen Institutionen erforderlich sein. Eine nachfolgend näher zu erläuternde fachliche Qualifizierung des Personals der externen Meldestellen ist ohnehin in § 25 Abs. 2 HinSchG ausdrücklich vorgesehen. **5**

II. § 25 Abs. 1 Satz 2 HinSchG: Beschränkung auf Rechtsaufsicht hinsichtlich der externen Meldestellen

Art. 11 Abs. 2 lit. a WBRL sieht die Unabhängigkeit und Autonomie des externen Meldekanals für die Entgegennahme und Bearbeitung von Meldungen bei externen Meldestellen vor. Um dies zu gewährleisten, wird die staatliche Aufsicht über die – ebenfalls vom Staat bzw. einer staatlichen Behörde (BaFin **6**

2 Begr. RegE, BT-Drs. 20/3442, S. 85.
3 *Bruns*, NJW 2023, 1609, 1612.

und BKartA) eingerichtete – externe Meldestelle auf eine Rechtsaufsicht beschränkt.[4] Im Einzelnen untersteht das BfJ gem. § 1 HEMBV der Rechtsaufsicht des Bundesjustizministeriums, das BaFin gem. § 2 FinDAG der Rechtsaufsicht des Bundesfinanzministeriums und das Bundeskartellamt als Bundesoberbehörde im Geschäftsbereich des Bundeswirtschaftsministeriums dessen Rechtsaufsicht.

7 Ergänzend hierzu führt die Begründung zum Regierungsentwurf aus, dass die Beschränkung auf die Rechtsaufsicht bei BaFin und BKartA nur für die entsprechenden Organisationseinheiten gelten kann, die die Aufgaben einer externen Meldestelle ausführen, die Beschränkung auf eine Rechtsaufsicht gilt somit nicht für die gesamten genannten Behörden, was sich jedenfalls für das BaFin aus dem ausdrücklichen Bezug der Begründung zum Regierungsentwurf auf § 2 FinDAG[5] ergibt. Nach dieser Regelung untersteht das BaFin der Recht- und Fachaufsicht des Bundesfinanzministeriums.

8 Die Dienstaufsicht über die vom BfJ eingerichtete externe Meldestelle ist bereits in § 19 Abs. 2 Satz 2 HinSchG geregelt, wobei auch hier nach § 19 Abs. 2 Satz 3 HinSchG entsprechend der Vorgaben des Art. 12 Abs. 1 lit. a WBRL die Unabhängigkeit der externen Meldestelle Vorrang vor einer Dienstaufsicht hat.

III. § 25 Abs. 2 HinSchG: Schulung der Mitarbeiter der externen Meldestellen

9 Nach den Vorgaben von Art. 12 Abs. 5 WBRL sollen die Mitarbeiter der externen Meldestellen „speziell" geschult sein. Dies bedeutet, dass externen Meldestellen Personal vorzuhalten haben, welche imstande sind, die Stichhaltigkeit, Prüfung und die mit dem Hinweisgeberschutzgesetz einhergehenden Pflichten in der operativen Umsetzung und Betreuung der hinweisgebenden Personen und deren Meldungen erfüllen zu können. In § 25 Abs. 2 Satz 1 HinSchG ist deshalb vorgesehen, dass die für die Bearbeitung von Meldungen zuständigen Mitarbeiter entsprechend zu schulen sind, und dass hierbei insbesondere die Vermeidung von Interessenkonflikten im Vordergrund steht. Angesichts des Inkrafttretens des HinSchG zum 2.7.2023 wird das Schulungserfordernis in der Rechtsliteratur als ambitioniert bezeichnet.[6] Die Schulung der entsprechenden Mitarbeiter der externen Meldestellen dürfte neben den Rechtsmaterien im Rahmen der sachlichen Zuständigkeit gem. § 2 HinSchG auch Verfahrens-

4 Begr. RegE, BT-Drs. 20/3442, S. 85.
5 Finanzdienstleistungsaufsichtsgesetz v. 22.4.2002 (BGBl. I S. 1310), geändert durch Art. 25 des Gesetzes vom 8.10.2023, BGBl. 2023 I Nr. 272.
6 *Bruns*, NJW 2023, 1609, 1612.

fragen bei der Bearbeitung und Weiterverfolgung der Meldungen, bei einer beratenden Tätigkeit auch weitergehende Schulungen zu Gesprächsführung und Psychologie umfassen.

Aus der Regelung des § 25 Abs. 2 Satz 2 HinSchG ist zu ersehen, dass die Träger von externen Meldestellen nicht zwingend neues Personal für die Einrichtung und den Betrieb einer externen Meldestelle einzustellen haben. Insbesondere die ausdrückliche Erwähnung „anderer Aufgaben und Pflichten“ der erforderlichen Mitarbeiter in § 25 Abs. 2 Satz 2 HinSchG zeigt, dass ein Rückgriff auf bestehende Personalressourcen ausreichend ist. 10

Weitere Voraussetzung ist allerdings nach § 25 Abs. 2 Satz 3 HinSchG, dass die Behörde, die die externe Meldestelle betreibt, sicherstellt, dass kein Interessenkonflikt bei den für die Entgegennahme externer Meldungen zuständigen Mitarbeitern vorliegt. Dies wäre denkbar, wenn ein für die Entgegennahme externer Meldungen zuständiger Mitarbeiter selbst Gegenstand eines entsprechenden Hinweises wegen einer Verletzung der in § 2 HinSchG genannten Regelungen wäre und der Hinweisgeber von einer Meldung bei einer internen Meldestelle absieht. Hier könnte das Entstehen von Interessenkonflikten durch behördeninterne Regelungen zur Selbstablehnung wegen „Befangenheit“ oder eine stärkere Kontrolle bei eingehenden Meldungen mit einem Vier-Augen- oder Sechs-Augen-Prinzip vermieden werden. 11

Ein Interessenkonflikt dürfte in der Regel allerdings ausscheiden, wenn ein für die Entgegenname externer Meldungen zuständiger Mitarbeiter selbst Hinweisgeber wäre. Denn in letzterem Fall hätte die Meldung eines Mitarbeiters einer externen Meldestelle, also dem BfJ, dem BaFin oder dem BKartA, bei einer gem. § 23 HinSchG einzurichtenden weiteren externen Meldestelle zu erfolgen, hierbei handelt es sich gem. § 7 HEMBV um das BKartA. Allerdings stellt sich dann die Folgefrage, bei welcher externen Meldestelle ein Mitarbeiter der externen Meldestelle des BKartA eine Meldung abgeben könnte, oder ob für diesen Fall nur eine Meldung bei der internen Meldestelle des BKartA möglich ist. Falls dies so wäre, erscheint fraglich, ob tatsächlich eine Interessenkollision ausgeschlossen werden könnte. 12

§ 26 Berichtspflichten der externen Meldestellen

(1) Die externen Meldestellen berichten jährlich in zusammengefasster Form über die eingegangenen Meldungen. Der Bericht darf keine Rückschlüsse auf die beteiligten Personen oder Unternehmen zulassen. Er ist der Öffentlichkeit zugänglich zu machen.

(2) Für den Bericht erfassen die externen Meldestellen die folgenden Daten und weisen sie im Bericht aus:

1. **die Anzahl der eingegangenen Meldungen,**
2. **die Anzahl der Fälle, in denen interne Untersuchungen bei den betroffenen Unternehmen oder Behörden eingeleitet wurden,**
3. **die Anzahl der Fälle, die Ermittlungen einer Staatsanwaltschaft oder ein gerichtliches Verfahren zur Folge hatten, und**
4. **die Anzahl der Fälle, die eine Abgabe an eine sonstige zuständige Stelle zur Folge hatten.**

(3) Die externe Meldestelle des Bundes nach § 19 übermittelt ihren Jahresbericht darüber hinaus dem Deutschen Bundestag, dem Bundesrat und der Bundesregierung und übermittelt eine Zusammenstellung der Berichte nach den Absätzen 1 und 2 der Europäischen Kommission.

Schrifttum: Vgl. zu § 24 HinSchG.

Übersicht

	Rn.
I. § 26 Abs. 1 HinSchG: Allgemeine Berichtspflichten der externen Meldestellen	1
II. § 26 Abs. 2 HinSchG: Inhalt der Berichte der externen Meldestellen	3
III. § 26 Abs. 3 HinSchG: Die besondere Rolle des BfJ im Rahmen des Berichtswesens	10

I. § 26 Abs. 1 HinSchG: Allgemeine Berichtspflichten der externen Meldestellen

1 Neben den Veröffentlichungspflichten und den Schulungsmaßnahmen der externen Meldestellen bestehen darüber hinaus im HinSchG Berichtspflichten der externen Meldestellen nach § 26 HinSchG. Nach der Gesetzesbegründung sollen die externen Meldestellen damit der Öffentlichkeit gegenüber Rechen-

schaft über ihre Tätigkeit ablegen,[1] als Folge dieser öffentlichen Rechenschaftspflicht wird die Transparenz des Verfahrens verbessert, sodass das Vertrauen einer potenziellen hinweisgebenden Person gestärkt werden dürfte.

Der Berichtsturnus erstreckt sich dabei auf eine jährlich zusammengefasste Form über die eingegangenen Meldungen nach § 26 Absatz 1 Satz 1 HinSchG. Sinn und Zweck dieser Berichtspflicht ist die Information der Öffentlichkeit über ihre Tätigkeit, nicht jedoch die Anprangerung betroffener Unternehmen oder Personen. § 26 Abs. 1 Satz 2 HinSchG sieht daher nicht nur eine Anonymisierung der entsprechenden Namen von Unternehmen oder Personen vor, sondern enthält auch die weitergehende Verpflichtung, dass sich aus den Berichten keinerlei Rückschlüsse auf beteiligte Personen und Unternehmen entnehmen lassen, um bestehende beziehungsweise mögliche Interessenskonflikte und Repressalien zu vermeiden. Berichte können somit den Sachverhalt nur in zusammengefasster und anonymisierter Form wiedergeben.[2] Über die Art und Weise der Veröffentlichung trifft das Gesetz keinerlei gesonderte Regelung. Denkbar erscheint es daher, dass eine Veröffentlichung über die bestehenden Internetseiten der externen Meldestellen ausreichend sein wird. 2

II. § 26 Abs. 2 HinSchG: Inhalt der Berichte der externen Meldestellen

In § 26 Abs. 2 HinSchG sieht der Gesetzgeber Mindestinhalte des Berichts vor. Es wird dabei insbesondere auf die Anzahl der eingegangenen Meldungen, die Anzahl der Fälle, in denen interne Untersuchungen bei den betroffenen Unternehmen oder Behörden eingeleitet wurden, die Anzahl der Fälle, die Ermittlungen einer Staatsanwaltschaft oder ein gerichtliches Verfahren zur Folge hatten und die Anzahl der Fälle, die eine Abgabe an eine sonstige zuständige Stelle zur Folge hatten. abgestellt. Somit enthalten die Berichte nach § 26 Abs. 1 HinSchG nicht nur quantitative Elemente, sondern umfassen auch einen differenzierten Überblick über Folgemaßnahmen und damit eine qualitative Betrachtungsweise. 3

Nach der Begründung zum Regierungsentwurf ermöglicht die Erfassung von Meldungen und den ergriffenen Folgemaßnahmen in statistischer Form, eine Identifizierung konkreter Bedarfe und gegebenenfalls Anpassungen in Bezug auf Ausstattung, Befugnisse und Zuständigkeiten auf der Ebene der Meldestellen vorzunehmen.[3] Zweck dieser Regelung ist insbesondere eine statistische 4

1 Begr. RegE, BT-Drs. 20/3442, S. 86.
2 Begr. RegE, BT-Drs. 20/3442, S. 86.
3 Begr. RegE, BT-Drs. 20/3442, S. 86.

Erfassung der eingegangenen Meldungen und der ergriffenen Folgemaßnahmen. Zudem ist die Erhebung der genannten statistischen Daten auch erforderlich, damit die Bundesrepublik Deutschland ihre Pflicht zur Vorlage der entsprechenden statistischen Daten nach § 27 Abs. 2 WBRL an die Europäische Kommission erfüllen kann.

5 Dabei weicht der Katalog des § 26 Abs. 2 HinSchG allerdings leicht vom Katalog des Art. 27 Abs. 2 WBRL ab.

6 Zwar entspricht Ziff. 1, die Angabe der „Anzahl der eingegangenen Meldungen", inhaltlich der Vorgabe des Art. 27 Abs. 2 lit. a WBRL.

7 Auch Ziff. 2, somit „die Anzahl der Fälle, in denen interne Untersuchungen bei den betroffenen Unternehmen oder Behörden eingeleitet wurden", ist inhaltlich in Art. 27 Abs. 2 lit. b WBRL enthalten.

8 Allerdings lässt sich Ziff. 3, mithin „die Anzahl der Fälle, die Ermittlungen einer Staatsanwaltschaft oder ein gerichtliches Verfahren zur Folge hatten", nicht unmittelbar aus Art. 27 Abs. 2 lit. b entnehmen, insbesondere nicht aus dem dort genannten Begriff der „Untersuchungen".

9 Die Veröffentlichung nach Ziff. 4, somit „die Anzahl der Fälle, die eine Abgabe an eine sonstige zuständige Stelle zur Folge hatten", lässt sich ebenfalls aus Art. 27 Abs. 2 lit. b WBRL herleiten („Ergebnisse der Untersuchungen"). Jedoch erscheint die gem. Art 27 Abs. 2 lit. c WBRL geforderte Angabe des geschätzten finanziellen Schadens sowie die Mitteilung der Höhe von (wieder)-eingezogenen Beträgen – gemeint sein dürften hier auch Strafgelder – nicht im Katalog des § 26 Abs. 2 HinSchG. Es stellt sich somit die Frage, wie die Bundesrepublik Deutschland mit dem Katalog des § 26 Abs. 2 HinSchG ihrer Pflicht zur Übermittlung statistischer Daten an die Europäische Kommission nachkommen kann.

III. § 26 Abs. 3 HinSchG: Die besondere Rolle des BfJ im Rahmen des Berichtswesens

10 Mit dieser Regelung wird ebenfalls Art. 27 Abs. 1 und 2 WBRL umgesetzt. Dem BfJ kommt als externe Meldestelle des Bundes nach § 26 Abs. 3 HinSchG eine besondere Rolle zu. Denn der vom BfJ erstellte Jahresbericht muss zusätzlich dem Deutschen Bundestag, dem Bundesrat und der Bundesregierung übermittelt werden. Auf europäischer Ebene soll darüber hinaus eine Zusammenstellung der Berichte nach § 26 Abs. 1 und 2 HinSchG an die Europäische Kommission übermittelt werden. Da der § 26 Abs. 3 HinSchG an dieser Stelle von einer Zusammenstellung der Berichte und somit dem Plural des Berichtswesens spricht, ist anzunehmen, dass eine Übermittlung an die Euro-

päische Kommission erst nach Vorliegen von mindestens zwei Jahresberichten und somit zwei Berichtsjahren erfolgen wird. Dabei können die Berichte aber ungekürzt übermittelt werden, eine Zusammenfassung der Berichte ist nach der Begründung zum Regierungsentwurf nicht erforderlich.[4]

---

4 Begr. RegE, BT-Drs. 20/3442, S. 86.

Unterabschnitt 4
Externe Meldungen

§ 27 Meldekanäle für externe Meldestellen

(1) Für externe Meldestellen werden Meldekanäle eingerichtet, über die sich hinweisgebende Personen an die externen Meldestellen wenden können, um Informationen über Verstöße zu melden. § 16 Abs. 2 gilt entsprechend. Die externe Meldestelle sollte auch anonym eingehende Meldungen bearbeiten. Vorbehaltlich spezialgesetzlicher Regelungen besteht allerdings keine Verpflichtung, die Meldekanäle so zu gestalten, dass sie die Abgabe anonymer Meldungen ermöglichen.

(2) Wird eine Meldung bei einer externen Meldestelle von anderen als den für die Bearbeitung zuständigen Personen entgegengenommen, so ist sie unverzüglich, unverändert und unmittelbar an die für die Bearbeitung zuständigen Personen weiterzuleiten.

(3) Externe Meldekanäle müssen Meldungen in mündlicher und in Textform ermöglichen. Mündliche Meldungen müssen per Telefon oder mittels einer anderen Art der Sprachübermittlung möglich sein. Auf Ersuchen der hinweisgebenden Person ist für eine Meldung innerhalb einer angemessenen Zeit eine persönliche Zusammenkunft mit den für die Entgegennahme einer Meldung zuständigen Personen der externen Meldestelle zu ermöglichen. Mit Einwilligung der hinweisgebenden Person kann die Zusammenkunft auch im Wege der Bild- und Tonübertragung erfolgen.

Schrifttum: *Busch*, Hinweisgeberschutzgesetz in Kraft getreten, Regierungsentwurf zur digitalen Dokumentation der Hauptverhandlung, WiStra 2023, R 9; *Busch/Hoven/Pieth/Rübenstahl*, Antikorruptions-Compliance, 2020; *Colneric/Gerdemann*, Die Umsetzung der Whistleblowerrichtlinie in deutsches Recht, Rechtsfragen und rechtspolitische Überlegungen, 2020; *Graser*, Whistleblowing: Arbeitnehmeranzeigen im US-Amerikanischen und deutschen Recht, 2000; *Grimm/Osmakova*, Das Hinweisgeberschutzgesetz in seiner endgültigen Fassung – Ein Überblick über die wichtigsten Änderungen, ArbRB 2023, 176; *Hessel/Potel/Töpper/Vietze*, Datenschutz bei Hinweisgebersystemen, DuD 07/2023, 440; *Holle*, Konzernweite Hinweisgebersysteme nach der Whistleblowing-Richtlinie, ZIP 2021, 1950; *Lüneborg*, Das Hinweisgeberschutzgesetz – die (un)endliche Geschichte, ZIP 2023, 941; *Quast/Ohrloff*, Der Regierungsentwurf des Hinweisgeberschutzgesetzes, CCZ 2022, 303; *Redder*, Der verfassungsrechtliche Schutz von Whistleblowern, 2020; *Rolfs/Giesen/Meßling/Udsching* (Hrsg.), Beck`scher Online-Kommentar Arbeitsrecht, 68. Edition, Stand: 2.7.2023; *Ruge/Krömer/Pawlak/Rabe v. Pappenheim*, Lexikon Arbeitsrecht öffentlicher Dienst, 16. Aufl. 2023; *Ruhmanseder/Behr/Krakow* (Hrsg.), Hinweisgebersysteme, 2. Aufl. 2021; *Schoch/Schneider* (Hrsg.), Verwaltungsrecht, 3. EL August 2022.

Übersicht

	Rn.
I. Überblick	1
II. Einrichtung der Meldekanäle (Abs. 1)	10
1. Sätze 1, 2: Begriff und Vertraulichkeit des (externen) Meldekanals	10
3. Sätze 3, 4: Anonyme Meldungen	14
III. Weiterleitung von Meldungen (Abs. 2)	18
IV. Externe Meldekanäle (Abs. 3)	20
1. Sätze 1, 2: Ausgestaltung des Meldungskanals	21
2. Satz 3: Persönliche Zusammenkunft	24
3. Satz 4: Zusammenkunft mittels Bild- und Tonübertragung	25

I. Überblick

Grundlage der Errichtung externer Meldestellen für § 27 HinSchG sind die in Kapitel III aufgeführten Art. 10 bis Art. 12 der HinSch-RL. 1

Mit den externen Meldestellen (§§ 19–23) soll für potenzielle Hinweisgeber eine zweite Anlaufstelle zur Meldung von Informationen über Verstöße (i. S. v. § 3 Abs. 3) geschaffen werden, welche neben der internen Meldestelle zuständig ist. Rechtlich stehen interne und externe Meldestellen für den Melder gleichberechtigt nebeneinander; zwischen ihnen kann dieser gem. § 7 Abs. 1 im Ausgangspunkt frei wählen.[1] 2

Nach der bisherigen Rechtslage oblag einem meldungswilligen Arbeitnehmer als Ausfluss des Rücksichtnahmegebots des § 241 Abs. 2 BGB regelmäßig die Pflicht, vorrangig eine betriebsinterne Aufklärung anzustoßen.[2] Erst als ultima ratio vor dem Hintergrund einer umfassenden Interessenabwägung sollte eine externe Meldung, insbesondere der Gang an die Öffentlichkeit, zulässig sein.[3] Infolgedessen waren potenzielle Hinweisgeber bei der Entscheidung, ob eine externe Meldung erfolgen kann oder intern bleiben muss, erheblicher Rechtsunsicherheit ausgesetzt.[4] Dem wird durch die Schaffung der externen Meldestelle i.V.m. deren Gleichstellung mit internen Meldekanälen und der Wahlfreiheit des Hinweisgebers abgeholfen. 3

Die derartige Ausgestaltung der externen Meldestelle stellt eine Weiterentwicklung der Regelungen des Art. 32 Marktmissbrauchsverordnung (MMVO)[5] 4

---

1 Begr. RegE, BT-Drs. 20/3442, S. 35; siehe im Detail die Kommentierung zu § 7, in deren Rahmen die Wahlmöglichkeit sowie die Bindungswirkung nach ausgeübter Wahl umfassend dargestellt werden.

2 Begr. RegE, BT-Drs. 20/3442, S. 30.

3 Begr. RegE, BT-Drs. 20/3442, S. 30 f. m. w. N.

4 Begr. RegE, BT-Drs. 20/3442, S. 31.

5 Verordnung (EU) 596/214.

dar.[6] Dort waren grundlegende Vorgaben zur Unabhängigkeit und Vertraulichkeit der Meldekanäle sowie zu einem gewissen Schutzniveau für Hinweisgeber bereits enthalten.

5 Die Erwägungsgründe der HinSch-RL, insbesondere die Nr. 35 ff., betonen die zentrale Rolle eines möglichst hohen Sicherheitsniveaus im Rahmen einer Meldung. Vor dem Hintergrund des „effet utile"-Grundsatzes des EU-Rechts sind die externen Kanäle daher so einzurichten und zu betreiben, dass neben dem Hinweisgeber persönlich auch ihm nahestehende Personen effektiv vor Repressalien (§ 3 Abs. 6) jeglicher Dritter, nicht allein also seitens des betreffenden Beschäftigungsgebers, geschützt werden. Ersterer Ansatz findet sich in Erwägungsgrund 40, letzterer in Erwägungsgrund 41 der HinSch-RL. Dieser Schutz wird in der Praxis primär durch Sicherstellung der Vertraulichkeit des Meldekanals umzusetzen sein; § 27 Abs. 1 S. 2 verweist insofern auf § 16 Abs. 2 (hierzu Rn. 32)

6 Zu beachten ist bei der Bereitstellung der Kanäle und der Bearbeitung der Eingaben die vollumfängliche Einhaltung der Vorschriften DSGVO und des BDSG.[7]

7 Die externe Meldestelle unterliegt umfassenderen Informationspflichten gegenüber der Allgemeinheit und Unterrichtungspflichten gegenüber dem Hinweisgeber als eine interne Meldestelle.[8] Erstere muss regelmäßig über die Möglichkeit und den Ablauf einer Meldung sowie den Hinweisgeberschutz informiert werden; letzterer muss auch über den Ausgang des Verfahrens unterrichtet werden.[9]

8 Die zentrale externe Meldestelle ist die externe Meldestelle des Bundes, welche beim BfJ verortet und gem. § 19 Abs. 4 (hierzu Rn. 7) zuständig ist, soweit nicht eine Meldestelle nach den §§ 20 bis 23 zuständig ist. Damit wird das BfJ grundsätzlich als sog. „One-Stop-Shop"[10] für alle externen Meldungen bestimmt.

9 Konkretisiert wird die Einrichtung und Organisation dieser Meldestelle und damit auch der dazugehörigen Meldekanäle durch die „Verordnung über die Organisation der nach dem Hinweisgeberschutzgesetz einzurichtenden exter-

---

6 *Colneric/Gerdemann*, Die Umsetzung der Whistleblowerrichtlinie in deutsches Recht, S. 49.

7 *Bruns*, in: Rolfs/Giesen/Meßling/Udsching, BeckOK Arbeitsrecht, § 27 HinSchG Rn. 1; siehe auch *Hessel/Potel/Töpper/Vietze*, DuD 2023, 440, 442.

8 *Colneric/Gerdemann*, Die Umsetzung der Whistleblowerrichtlinie in deutsches Recht, S. 50.

9 *Colneric/Gerdemann*, Die Umsetzung der Whistleblowerrichtlinie in deutsches Recht, S. 50.

10 *Busch*, WiStra 2023, R9–R11.

nen Meldestelle des Bundes (Hinweisgeberschutzgesetz-Externe-Meldestelle-des-Bundes-Verordnung – HEMBV) vom 7.8.2023.[11] Das BfJ hat mehrere Meldekanäle eingerichtet, insbesondere die Meldung über ein Online-Formular.[12]

II. Einrichtung der Meldekanäle (Abs. 1)

1. Sätze 1, 2: Begriff und Vertraulichkeit des (externen) Meldekanals

Mit den Vorgaben zur Einrichtung von externen Meldekanälen soll ein niedrigschwelliger Zugang zu den externen Meldestellen geschaffen werden. Meldekanäle in diesem Sinne sind einfache, datenschutzrechtlich konforme, sichere und von der breiten Öffentlichkeit über alle denkbaren digitalen und analogen Medien aufrufbare Angebote für Melder. 10

In der Praxis wird die Zugänglichkeit über das Internet besonders relevant sein. Die Angebote sind dafür mit einschlägigen Schlagworten über Suchmaschinen abrufbar zu gestalten und müssen aus sich heraus erklärend den Melder ausreichend informieren. Die externe Meldestelle beim BfJ ist mithilfe einer Suchmaschine und einem (je nach Suchmaschine auch zwei) weiteren Klick direkt ansteuerbar und erkennbar von der Webseite des BfJ abgekoppelt.[13] Sie stellt zunächst eine Reihe von Informationen über mögliche strafrechtliche Konsequenzen bei einer vorsätzlichen Falschmeldung, die Zuständigkeit der Meldestelle, die Wahrung der Vertraulichkeit und das weitere Verfahren bereit. Der potenzielle Hinweisgeber hat sodann die Kenntnisnahme der Hinweise und der Datenschutzerklärung zu bestätigen, bevor er in einem Formular den Hinweis tätigen und Dokumente hochladen kann. Es steht dem Meldenden frei, Kontaktdaten anzugeben und eine Eingangsbestätigung zu erhalten. 11

§ 27 Abs. 1 Satz 2 verweist anknüpfend an die Einrichtungspflicht des Satz 1 auf § 16 Abs. 2, welcher Anforderungen an die Ausgestaltung interner Meldekanäle statuiert (hierzu Rn. 32). § 16 Abs. 2 beschreibt insoweit, welche Personen Zugriff auf die eingehenden Meldungen haben dürfen, um auf diese Weise den im HinSchG (insb. § 8) vorgesehenen Vertraulichkeitsschutz auch strukturell abzusichern. Da die identischen Erwägungen auch bei externen Meldekanälen Geltung beanspruchen, soll § 16 Abs. 2 ausweislich der Regelung des § 27 Abs. 1 Satz 2 auch bei der Strukturierung externer Meldekanäle Anwendung finden. 12

---

11 BGBl. 2023, S. 1–3.

12 https://www.bundesjustizamt.de/DE/MeldestelledesBundes/MeldestelledesBundes_node.html; zuletzt abgerufen am 10.10.23.

13 https://formulare.bfj.bund.de/ffw/form/display.do?%24context=9207E464674C199CFADD; zuletzt abgerufen am 10.10.23.

13 Die Sätze 1 und 2 setzen Art. 12 Abs. 1 lit. a HinSch-RL um.[14]

3. Sätze 3, 4: Anonyme Meldungen

14 Abschließend geht § 27 Abs. 1 in seinen Sätzen 3 und 4 auf den Umgang mit anonymen Meldungen ein. Anonyme Meldungen sind dabei solche, im Rahmen derer der Hinweisgeber weder seinen Namen angibt noch in anderer Weise seine Identität offenlegt. Der Begriff der Vertraulichkeit der Meldung (u.a. nach Maßgabe des § 8) darf also nicht mit dem der Anonymität im hiesigen Sinne verwechselt werden.[15]

15 Zu beachten bezüglich der Bearbeitung anonymer Meldungen ist die nach diversen Streitigkeiten im mehrjährigen Gesetzgebungsverfahren[16] in Satz 3 eingeführte „Soll-Vorschrift". Nach den Grundsätzen des allgemeinen Verwaltungsrechts führt diese Regelungstechnik dazu, dass – soweit nicht ausnahmsweise wichtige Gründe entgegenstehen[17] – die anonym eingegangene Meldung in derselben Weise bearbeitet werden muss wie eine namentliche Meldung. Eine Ablehnung oder Verzögerung der Bearbeitung mit Verweis auf die Anonymität des Melders ist daher ebenso wenig zulässig wie eine pauschale Priorisierung von nicht anonymen Meldungen.[18] Hintergrund dieser (grundsätzlichen) Gleichstellung ist die deutliche Abkehr des HinSchG von der früher vorherrschenden Annahme einer „Illoyalität" eines Hinweisgebers gegenüber seinem Arbeitgeber bzw. Dienstherrn[19] und damit einhergehender arbeitsrechtlicher Unehrbarkeit. Diese Entwicklung wird verfassungsrechtlich untermauert, ist eine anonyme Meldung doch tatsächlich und rechtlich vom Schutzbereich des Art. 5 Abs. 1 Satz 1 GG umfasst.[20] Zu beachten ist in diesem Zusammenhang zudem, dass anonyme und namentliche Meldungen die gleiche Missbrauchsquote von ca. 10–15 % aufweisen.[21]

16 Aus alledem folgt indes nicht, dass der externe Meldekanal anonyme Meldungen vorsehen muss – eine solche Verpflichtung wurde im Gesetzgebungspro-

---

14 Begr. RegE, BT-Drs. 20/3442, S. 86.
15 *Grimm/Osmakova*, ArbRB 2023, 176, 178.
16 *Lüneborg*, ZIP 2023, 941, 948.
17 Vgl. nur *Geis*, in: Schoch/Schneider, Verwaltungsrecht, § 40 VwVfG Rn. 26.
18 So auch *Bruns*, in: Rolfs/Giesen/Meßling/Udsching, BeckOK Arbeitsrecht, § 27 HinSchG Rn. 3.
19 *Tute*, in: Busch/Hoven/Pieth/Rübenstahl, Antikorruptions-Compliance, 5. Teil, Kap. 39 Rn. 4.
20 *Redder*, Der verfassungsrechtliche Schutz von Whistleblowern, S. 259.
21 *Schacht/Walter*, in: Ruhmanseder/Behr/Krakow, Hinweisgebersysteme, Kap. 5 2b) KT 2 Rn. 30.

zess explizit verworfen.[22] Entsprechendes ist nunmehr in Satz 4 festgehalten. Etwas anderes gilt – wie in Satz 4 ebenfalls verdeutlicht – vorbehaltlich etwaiger spezialgesetzlicher Regelungen, die bereits unabhängig von den Vorgaben des HinSchG eine anonyme externe Meldemöglichkeit einfordern. Spezialgesetzlich erfolgten Regelungen zu anonymer Meldung bereits vor dem Inkrafttreten des HinSchG insbesondere in § 4d FindDAG, § 37 WPHG, § 53 GWG, § 5 Nr. 2 GeschGHG.

Auch außerhalb etwaiger spezialgesetzlicher Vorschriften ist die Einrichtung (auch) eines Angebots zur anonymen Meldung aber ohne Weiteres zulässig, wenn auch vom HinSchG nicht eingefordert. So weist das BfJ auch in seinen Informationen für Hinweisgeber explizit auf die Möglichkeit einer anonymen Meldung hin.[23] 17

III. Weiterleitung von Meldungen (Abs. 2)

§ 27 Abs. 2 setzt Art. 12 Abs. 3 HinSch-RL um[24] und sieht vor, dass eine Meldung, die von einer anderen als für die Bearbeitung zuständigen Person entgegengenommen wird, unverzüglich, unverändert und unmittelbar an die für die Bearbeitung zuständige Person weiterzuleiten ist. 18

Die unverzügliche und unveränderte Weiterleitung stellt den ordnungsgemäßen Ablauf des an die Meldung anknüpfenden Verfahrens sicher, indem es eine rechtzeitige Bearbeitung und unverfälschte Kenntnisnahme durch die für die Bearbeitung zuständige Person garantiert. Mit der Aufnahme der Unmittelbarkeit der Weiterleitung geht der Gesetzgeber über den Wortlaut des Art. 12 Abs. 3 HinSch-RL hinaus, um eine Weiterleitung über Dritte auszuschließen, und so die Vertraulichkeit der Meldung zu fördern.[25] 19

IV. Externe Meldekanäle (Abs. 3)

In Abs. 3 statuiert § 27 weitergehende Vorgaben bezüglich der strukturellen Ausgestaltung des externen Meldekanals, insbesondere mit Blick auf die Entgegennahme der Meldungen. 20

---

22 Vgl. *Grimm/Osmakova*, ArbRB 2023, 176, 177.

23 https://www.bundesjustizamt.de/DE/MeldestelledesBundes/ MeldungvonVerstoessen/ MeldungvonVerstoessen_node.html; zuletzt abgerufen am 10.10.23.

24 Begr. RegE, BT-Drs. 20/3442, S. 87.

25 Begr. RegE, BT-Drs. 20/3442, S. 87.

1. Sätze 1, 2: Ausgestaltung des Meldungskanals

21 Im Ausgangspunkt ist unter einem externen Meldekanal ein einfaches, datenschutzrechtlich konformes, sicheres und von der breiten Öffentlichkeit über digitale und analoge Medien aufrufbares Angebot für potenzielle Hinweisgeber zu verstehen.

22 Die Sätze 1 und 2 legen hierbei fest, dass externe Meldekanäle Meldungen (mindestens) mündlich und in Textform ermöglichen müssen, wobei erstere Meldungen per Telefon oder einer anderen Form der Sprachübermittlung möglich sein müssen.

23 Nach der Ratio der Vorschrift sind die Telefonnummern (direkte Durchwahl zur mit der Entgegennahme betrauten Person) bzw. sonstige datenschutzsichere Kontaktmöglichkeiten im Internet oder in sonstigen Medienangeboten zu veröffentlichen. Das BfJ weist vornehmlich auf die Möglichkeit einer Online-Meldung hin. Mit nur einem weiteren Klick erhält man allerdings auch Informationen zu den Möglichkeiten einer schriftlichen, telefonischen und persönlichen Meldung.[26]

2. Satz 3: Persönliche Zusammenkunft

24 Das Gesetz verlässt sich nicht auf einen funktionalen administrativen Automatismus und sieht daher ergänzend zu den Meldemöglichkeiten in mündlicher und Textform die Pflicht zur Realisierung einer persönlichen Vorsprachemöglichkeit bei dem zuständigen Sachbearbeiter vor. Damit sichert diese Vorschrift die unmittelbare Kommunikation und damit im Ergebnis die Effektivität des Umgangs mit Meldungseingängen. Dabei ist der für das HinSchG zentrale Schutz der Vertraulichkeit der Meldung[27] sicherzustellen. Das bedeutet in diesem Kontext, dass die Meldeabsichten bei Wahrnehmung des Termins nicht für Dritte erkennbar werden dürfen, was etwa durch Vermeidung von „Warteräumen“ und die Nutzung allgemein für den Bürgerkontakt vorgesehener Büros sichergestellt werden kann.

3. Satz 4: Zusammenkunft mittels Bild- und Tonübertragung

25 Eine Zusammenkunft ist gem. § 27 Abs. 3 Satz 4 auch im Wege einer Bild- und Tonübertragung möglich, wenn die hinweisgebende Person zustimmt. In solchen Konstellationen ist wiederum auf datenschutzrechtliche Konformität nach DSGVO und BDSG zu achten.

---

26 https://www.bundesjustizamt.de/DE/MeldestelledesBundes/ MeldungvonVerstoessen/MeldungvonVerstoessen_node.html; zuletzt abgerufen am 10.10.23.

27 Vgl. Begr. RegE, BT-Drs. 20/3442, S. 35.

§ 28 Verfahren bei externen Meldungen

(1) Die externen Meldestellen bestätigen den Eingang einer Meldung umgehend, spätestens jedoch sieben Tage nach Eingang der Meldung. Eine Eingangsbestätigung erfolgt nicht, wenn die hinweisgebende Person darauf ausdrücklich verzichtet oder wenn hinreichender Grund zu der Annahme besteht, dass die Eingangsbestätigung den Schutz der Identität der hinweisgebenden Person beeinträchtigen würde. In für ein internes Meldeverfahren geeigneten Fällen weisen die externen Meldestellen zusammen mit der Eingangsbestätigung die hinweisgebende Person auf die Möglichkeit einer internen Meldung hin.

(2) Die externen Meldestellen prüfen, ob der gemeldete Verstoß in den sachlichen Anwendungsbereich nach § 2 fällt und keine Ausnahmen vom Anwendungsbereich dieses Gesetzes nach § 5 greifen. Ist dies der Fall, prüfen sie die Stichhaltigkeit der Meldung und ergreifen angemessene Folgemaßnahmen nach § 29.

(3) Für die Akteneinsicht durch Beteiligte im Sinne dieses Gesetzes gilt § 29 des Verwaltungsverfahrensgesetzes. Bestehende Verschwiegenheits- und Geheimhaltungspflichten im Sinne des § 6 Abs. 3 sind zu beachten. Für die hinweisgebende Person gelten die Sätze 1 und 2 entsprechend; hierbei ist sicherzustellen, dass die Rechte der Personen, die Gegenstand einer Meldung sind oder die in der Meldung genannt werden, nicht beeinträchtigt werden.

(4) Die hinweisgebende Person erhält auf ihre Meldung hin innerhalb einer angemessenen Zeit eine Rückmeldung. Diese erfolgt spätestens nach drei Monaten. In Fällen, in denen die Bearbeitung umfangreich ist, beträgt diese Frist sechs Monate. Die Gründe für die Verlängerung der Frist sind der hinweisgebenden Person mitzuteilen. § 17 Abs. 2 Satz 2 und 3 gilt entsprechend.

(5) Meldungen über Verstöße von besonderer Schwere können vorrangig behandelt werden. Die Fristen des Abs. es 4 für eine Rückmeldung bleiben davon unberührt.

Schrifttum: *Bader/Ronellenfitsch* (Hrsg.), Beck'scher Online-Kommentar Verwaltungsverfahrensgesetz, 60. Edition, Stand: 1.7.2023; *Grimm/Osmakova*, Das Hinweisgeberschutzgesetz in seiner endgültigen Fassung – Ein Überblick über die wichtigsten Änderungen, ArbRB 2023, 176; *v. Heintschel-Heinegg* (Hrsg.), Münchener Kommentar zum Strafgesetzbuch, Bd. 1 , 4. Aufl. 2020; *Redder*, Der verfassungsrechtliche Schutz von Whistleblowern, 2020; *Rolfs/Giesen/Meßling/Udsching* (Hrsg.), Beck'scher Online-Kommentar Arbeitsrecht, 68. Edition, Stand: 2.7.2023.

Übersicht

	Rn.
I. Überblick	1
II. Eingangsbestätigung (Abs. 1)	2
1. Frist (Satz 1)	3
2. Unterbleiben der Eingangsbestätigung (Satz 2)	5
3. Hinweis auf die interne Meldestelle (Satz 3)	6
III. Verfahren nach Eingang (Abs. 2)	8
1. Satz 1: Anwendungsbereich	9
2. Satz 2: Stichhaltigkeit und Folgemaßnahmen	12
a) Stichhaltigkeitsprüfung	12
b) Folgemaßnahmen	15
IV. Akteneinsicht (Abs. 3)	17
1. Akteneinsicht nach § 29 VwVfG (Satz 1)	18
2. Vertraulichkeitsschutz (Satz 2)	22
3. Anwendbarkeit auf den Hinweisgeber (Satz 3 Hs. 2)	23
V. Rückmeldung (Abs. 4)	25
1. Rückmeldung (Satz 1)	26
2. Frist (Sätze 1–4)	27
3. Inhalt (Satz 5)	29
VI. Priorisierung (Abs. 5)	32

I. Überblick

1 § 28 regelt – im Wesentlichen chronologisch – den Ablauf eines Meldungsverfahrens (ausgenommen dessen Beendigung; siehe hierzu § 30) bei einer externen Meldestelle. Zunächst ist (grundsätzlich) dem Hinweisgeber der Eingang zu bestätigen, gegebenenfalls ist er auf die Möglichkeit der Meldung bei einer internen Meldestelle hinzuweisen (siehe Rn. 2). Die externe Meldestelle prüft sodann die Meldung im Hinblick auf den sachlichen Anwendungsbereich des HinSchG und die Stichhaltigkeit der Meldung (Abs. 2, siehe Rn. 8). Bis hierher deckt sich das Verfahren mit den Verfahrensanforderungen, die für internen Meldestellen gelten.[1] Zusätzlich wird im Laufe des Verfahrens eine Rückmeldung an den Hinweisgeber erforderlich (Abs. 4, siehe unten Rn. 25). Außerdem wird der externen Meldestelle die Möglichkeit eröffnet, Meldungen von besonderer Schwere zu priorisieren (Abs. 5, siehe dazu Rn. 32).

II. Eingangsbestätigung (Abs. 1)

2 § 28 Abs. 1 dient der Umsetzung von Art. 11 Abs. 2 lit. b HinSch-RL.[2] Die Regelungen dienen der Dokumentation des Meldungsvorgangs, der Information des Hinweisgebers über den Stand des Verfahrens und (ggfs.) dem Einschalten der internen Meldestelle.

---

1 *Bruns*, in: Rolfs/Giesen/Meßling/Udsching, BeckOK Arbeitsrecht, § 28 HinSchG Rn. 9.
2 Begr. RegE, BT-Drs. 20/3442, S. 87.

1. Frist (Satz 1)

§ 28 Abs. 1 Satz 1 erlegt der externen Meldestelle die Pflicht auf, unverzüglich, spätestens aber nach sieben Tagen, dem Hinweisgeber den Eingang der Meldung zu bestätigen. Hat der Hinweisgeber keinen präferierten Kommunikationsweg angegeben, steht die Auswahl im freien Ermessen der Behörde,[3] wobei der Zweck der Regelung, auch dem Hinweisgeber eine Dokumentation seines Hinweises zukommen zu lassen, beachtet werden muss. Hier bietet es sich an, eine Meldung in der Form zu bestätigen, in der diese ursprünglich getätigt wurde. Die Fristen berechnen sich nach den allgemeinen Vorschriften.[4] 3

Auch wenn es in der Praxis naheläge, die Schlüssigkeitsprüfung nach Abs. 2 (hierzu Rn. 8) bereits abgeschlossen oder zumindest begonnen zu haben, um im Zuge der Eingangsbestätigung ggfs. Rückfragen zum Inhalt der Meldung anbringen oder einen zusätzlichen Tatsachen- oder Beweisvortrag anfordern zu können, ließe sich ein solches Vorgehen wohl nicht mit der Pflicht zur umgehenden Eingangsbestätigung vereinbaren. Vielmehr beschränkt sich die Eingangsbestätigung auf den formalen Akt, der unabhängig von den weiteren Verfahrensschritten (Eröffnung des Anwendungsbereichs, hierzu Rn. 9, Stichhaltigkeitsprüfung, hierzu Rn. 12, etc.) zu erfolgen hat. 4

2. Unterbleiben der Eingangsbestätigung (Satz 2)

Nach § 28 Abs. 1 Satz 2 1. Alt. kann der Hinweisgeber auf die Eingangsmeldung verzichten. Die Eingangsmeldung kann nach der zweiten Alternative auch durch Entscheidung von Amts wegen unterbleiben, wenn ein hinreichender Grund für die Annahme besteht, dass die Eingangsmeldung den Identitätsschutz des Hinweisgebers beeinträchtigen würde. Aufgrund der insofern erforderlichen Prognose auf der Grundlage einer (je nach Umfang der erfolgten Meldung mehr oder weniger) dürftigen Informationslage, dürfte die Anwendung dieser Alternative in der Praxis Herausforderungen bereiten. 5

3. Hinweis auf die interne Meldestelle (Satz 3)

§ 28 Abs. 1 Satz 3 weist die Behörde an, in geeigneten Fällen im Rahmen der Eingangsbestätigung auf die Möglichkeit der Meldung bei der internen Meldestelle hinzuweisen. Geeignete Fälle sollen nach der Konzeption des Gesetzgebers jene sein, in denen eine effektive Abstellung durch die interne Stelle aussichtsreich erscheint und ein Eingreifen der externen Meldestelle oder et- 6

3 *Bruns*, in: Rolfs/Giesen/Meßling/Udsching, BeckOK Arbeitsrecht, § 28 HinSchG Rn. 9.
4 *Bruns*, in: Rolfs/Giesen/Meßling/Udsching, BeckOK Arbeitsrecht, § 28 HinSchG Rn. 9.

waiger Aufsichtsbehörden nicht erforderlich ist.[5] Dieses Vorgehen kann den Hinweisgeber in die Richtung der in einem solchen Fall als sinnvoller erachteten internen Meldung lenken, überlässt diesem aber die finale Entscheidung, welcher Meldekanal sich für seinen konkreten Fall am besten eignet[6] und/oder ihm opportuner erscheint.

7 Über den genauen Inhalt dieses Hinweises gibt § 28 Abs. 1 keine Auskunft. Allerdings setzt die Annahme einer (u.a.) an den Erfolgsaussichten der jeweiligen Meldungsart ausgerichtete Entscheidung durch den Hinweisgeber notwendigerweise voraus, dass dieser die Verfahrensabläufe und beteiligten Stellen beider Meldungsarten abwägen kann. Da der Hinweisgeber zu dem Zeitpunkt der Information jedoch nur den Weg der externen Meldung gewählt hat, müssen ihm folglich die Informationen über die interne Meldung bereitgestellt werden. Damit der Hinweisgeber aufgrund dieser Information eine informierte Entscheidung treffen kann, darf der Hinweis auf die interne Meldestelle nicht allgemein gehalten werden, sondern muss die für den Hinweisgeber im konkreten Fall zuständige Meldestelle möglichst genau benennen.

III. Verfahren nach Eingang (Abs. 2)

8 § 28 Abs. 2 setzt die in Art. 11 Abs. 2 lit. b und c HinSch-RL hinterlegten Vorgaben um und enthält den standardmäßigen Verfahrensablauf, der sich an den Eingang und die daran anknüpfende Eingangsbestätigung der Meldung anschließt. Die Meldestelle prüft zunächst, ob der gemeldete Verstoß – die Richtigkeit des Hinweises unterstellt – in den sachlichen Anwendungsbereich des HinSchG (hierzu § 2) fällt und keine Ausnahmen vom Anwendungsbereich des Gesetzes (dazu § 5) einschlägig sind (Satz 1). Ist dies der Fall, wird die Stichhaltigkeit der Meldung geprüft und es können angemessene Folgemaßnahmen ergriffen werden, für die auf § 29 verwiesen wird. In diesem Kontext besonders relevant ist die Möglichkeit, zusätzliche Auskünfte einzuholen (§ 29 Rn. 4).

1. Satz 1: Anwendungsbereich

9 Die Prüfung des sachlichen Anwendungsbereichs richtet sich nach § 2, der einen abschließenden Katalog von Verstößen beinhaltet, bei deren Meldung das HinSchG Anwendung findet. Spiegelbildlich enthält § 5 einen abschließenden Katalog, der aufführt, bei welchen enthaltenen Informationen (§ 5 Abs. 1, siehe hierzu § 5 Rn. 2) und bei welchen entgegenstehenden Geheim-

5 Begr. RegE, BT-Drs. 20/3442, S. 87.
6 Begr. RegE, BT-Drs. 20/3442, S. 87.

haltungs- und Verschwiegenheitspflichten (§ 5 Abs. 2, hierzu § 5 Rn. 39) eine Meldung nicht dem Anwendungsbereich des HinSchG unterfällt.

10 Da die Schlüssigkeit der Meldung erst in einem nachgeschalteten Verfahrensschritt geprüft wird, hat die Meldestelle für die Prüfung des sachlichen Anwendungsbereichs den in der Meldung vorgetragenen Sachverhalt als wahr zu unterstellen.

11 Nach der inneren Logik der Absätze 1 und 2 hat die Prüfung des sachlichen Anwendungsbereichs nach dem Eingang und (grundsätzlich) nach der Bestätigung des Eingangs der Meldung nach § 28 Abs. 1 Satz 1 zu erfolgen. Sie muss abgeschlossen sein, bevor die Schlüssigkeit der Meldung geprüft werden und ggfs. Folgemaßnahmen veranlasst werden können, da die Anwendbarkeit des HinSchG bzgl. der Meldung hierfür gem. § 28 Abs. 2 Satz 2 Voraussetzung ist („Ist dies der Fall […]“).

2. Satz 2: Stichhaltigkeit und Folgemaßnahmen

a) Stichhaltigkeitsprüfung

12 Die von § 28 Abs. 2 Satz 2 vorgesehene Stichhaltigkeitsprüfung wird vom Gesetz nicht näher umschrieben, insbesondere bleiben die Voraussetzungen an die Stichhaltigkeit weitgehend unklar. Die Gesetzesbegründung schweigt sich diesbezüglich ebenso aus wie die HinSch-RL.

13 Daher ist für die Bestimmung des Umfangs des Stichhaltigkeitsbegriffs auf die allgemeine Definition des Begriffs zurückzugreifen. Erforderlich, aber auch ausreichend ist, dass sich der vorgetragene Sachverhalt aus der Ex-ante-Sicht überzeugend, plausibel und in sich widerspruchsfrei darstellt.[7] Unbeachtlich sind daher alleinige Übermittlungen von subjektiven Meinungen des Melders im Sinne von Art. 5 GG. Soweit ersetzt eine persönliche Auffassung bzw. individuelle rechtliche Bewertung des Sachverhaltes durch den Melder keine Prüfung nach § 28 Abs. 2 Satz 2.

14 Es werden daher nur solche Meldungen als nicht stichhaltig im Sinne dieser Vorschrift zu qualifizieren sein, die aus sich heraus oder in Bezug auf ihre Umwelt ganz offensichtlich widersprüchlich[8] und/oder erkennbar unwahr sind. § 29 Abs. 1 eröffnet die Möglichkeit, durch Auskunftsverlangen weitere zur Überprüfung der Stichhaltigkeit der Meldung erforderlichen Informationen einzuholen. Allein bei einer derartig zu qualifizierenden Kommunikation wäre

---

7 Duden, https://www.duden.de/rechtschreibung/stichhaltig, zuletzt abgerufen am 16.10.2023.

8 *Bruns*, in: Rolfs/Giesen/Meßling/Udsching, BeckOK Arbeitsrecht, § 29 HinSchG Rn. 1.

von der Durchführung einer weiteren Ermittlung abzusehen; für alle anderen Mitteilungen besteht daher regelmäßig Anlass zur Ermittlung.

b) Folgemaßnahmen

15 Für mögliche Folgemaßnahmen (legaldefiniert in § 3 Abs. 7) verweist § 28 Abs. 2 Satz 2 auf § 29 HinSchG. Dessen Abs. 1 ermächtigt zur Anforderung von Auskünften von betroffenen natürlichen Personen, dem Beschäftigungsgeber sowie Dritten und Behörden (§ 29 Abs. 1 Satz 1, hierzu § 29 Rn. 4). § 29 Abs. 2 behandelt die möglichen (auch verfahrensbeendenden) Reaktionen der Meldestelle.

16 Einschränkungen bezüglich des Inhalts der Auskunftsaufforderungen normiert das Gesetzt nicht. Sie ergeben sich auch nicht aus der Ratio des Hinweisgeberschutzes. Die Beweggründe des Hinweisgebers sollen für die Entscheidung, ob diesem der Schutz des HinSchG zu Teil werden soll, unerheblich sein;[9] sogar eine Meldung aus eigensüchtigen Motiven soll das unverändert hohe Schutzniveau des HinSchG nach sich ziehen.[10] Daraus folgt jedoch nicht, dass im Rahmen eines Auskunftsverlangens nach § 29 Abs. 1 eine Frage nach der Motivation des Hinweisgebers oder möglicherweise bestehenden Spannungen zwischen diesem und der betroffenen Körperschaft unzulässig wäre.

IV. Akteneinsicht (Abs. 3)

17 § 28 Abs. 3 regelt das Recht der Beteiligten i. S. d. HinSchG (Satz 1) sowie der hinweisgebenden Person (Satz 3 Halbsatz 1) auf Akteneinsicht.

1. Akteneinsicht nach § 29 VwVfG (Satz 1)

18 Satz 1 verweist mit Blick auf das Akteneinsichtsrecht der Beteiligten i. S. d. HinSchG deklaratorisch auf das Recht auf Akteneinsicht gem. § 29 VwVfG.[11] Ebenso ist gem. § 29 Abs. 3 Satz 3 Hs. 1 der Hinweisgeber zur Akteneinsicht berechtigt. Dieser (potenzielle) Zugang von außerhalb der Meldestelle trägt zur Sicherung eines ordnungsgemäßen Verfahrens bei. Die Ausschlussgründe des § 29 Abs. 2 VwVfG finden Anwendung, denn der Verweis auf § 29 VwVfG in § 28 Abs. 3 Satz 1 ist umfassend und die Spezialregelung in § 28 Abs. 2 Satz 2 stellt keine verdrängende Sonderregelung dar, sondern ergänzt

---

9 Erwägungsgrund 32 Satz 5 HinSch-RL.
10 Begr. RegE, BT-Drs. 20/3442, S. 87.
11 Begr. RegE, BT-Drs. 20/3442, S. 87.

§ 29 Abs. 2 VwVfG um den Ausschlussgrund der Verschwiegenheits- und Geheimhaltungspflichten im Sinne des § 6 Abs. 3.[12]

Im Falle eines Verlangens auf Akteneinsicht seitens der in der Meldung genannten Personen steht regelmäßig die Pflicht der Behörde, die Meldung vertraulich zu behandeln, sowie das Interesse des Hinweisgebers an ebendieser Vertraulichkeit i. S. d. § 29 Abs. 2 VwVfG einer Identifizierung des Hinweisgebers entgegen. Dies soll allerdings regelmäßig dann nicht gelten, wenn der Hinweisgeber wissentlich oder grob fahrlässig eine falsche Meldung getätigt hat, was einen Gleichlauf mit der Wertung des § 9 Abs. 1 bedeutet.[13] 19

Liegt ein Fall des § 29 Abs. 2 VwVfG vor, darf bereits ausweislich dessen Wortlauts die Akteneinsicht nicht vollständig versagt werden, sondern nur in Bezug auf die von der Ausnahme betroffenen Auszüge.[14] Gegebenenfalls ist im Rahmen der Aktensicht nur ein Ausschnitt der Akte vorzulegen bzw. eine Schwärzung der vertraulichen Angaben durchzuführen. 20

Auf einen Anspruch aus dem Informationsfreiheitsgesetz kann gem. § 4 Abs. 2 nicht zurückgegriffen werden. Die Akteneinsicht nach § 474 StPO durch die Strafverfolgungsbehörden bleibt gem. § 4 Abs. 4 unberührt. 21

2. Vertraulichkeitsschutz (Satz 2)

Neben den Ausschlussgründen des § 29 Abs. 2 VwVfG grenzt § 28 Abs. 3 Satz 2 das Recht auf Akteneinsicht ein, um sicherzustellen, dass die Verschwiegenheits- und Geheimhaltungspflichten des § 6 Abs. 3 gewahrt werden. 22

3. Anwendbarkeit auf den Hinweisgeber (Satz 3 Hs. 2)

§ 29 Abs. 3 Satz 3 Hs. 1 erklärt die Sätze 1 und 2 für entsprechend auf den Hinweisgeber anwendbar. Das kann für den Hinweisgeber besonders dann relevant sein, wenn er den Status seiner Meldung abfragen möchte, etwa wenn eine Eingangsbestätigung gem. § 27 Abs. 1 Satz 2 2. Alt. nicht übermittelt wurde. 23

Um die von der Meldung betroffenen Personen zu schützen, betont § 28 Abs. 3 Satz 3 Hs. 2, dass im Falle der Akteneinsicht durch den Hinweisgeber sicherzustellen ist, dass die Rechte dieser Personen nicht beeinträchtigt werden. Insofern wird ein Ausgleich zwischen dem Informationsinteresse des Hinweisgebers und den Interessen der genannten Personen herbeigeführt. 24

12 Vgl. Begr. RegE, BT-Drs. 20/3442, S. 87.
13 Begr. RegE, BT-Drs. 20/3442, S. 87.
14 Vgl. *Herrmann*, in: BeckOK VwVfG, § 29 Rn. 21.

V. Rückmeldung (Abs. 4)

25 § 28 Abs. 4 setzt Art. 11 Abs. 2 lit. d HinSch-RL um.[15] § 28 Abs. 4 Satz 1 legt der Meldestelle die Pflicht auf, sich innerhalb einer angemessenen Zeit beim Hinweisgeber zurückzumelden; Satz 2 legt einen spätestmöglichen Zeitpunkt von drei Monaten nach der Tätigung der Meldung fest, während Satz 3 eine Ausnahme hiervon im Falle umfangreicher Fälle vorsieht. In diesem Fall sind die Gründe für die Verlängerung der Frist dem Hinweisgeber gem. Satz 4 mitzuteilen. In Satz 5 ist der Inhalt der Mitteilung geregelt: Es wird auf § 17 Abs. 2 Satz 2, 3 verwiesen.

1. Rückmeldung (Satz 1)

26 Die Rückmeldung ist nicht mit der Eingangsbestätigung nach Abs. 1 oder der Mitteilung des Ergebnisses nach Abschluss der Untersuchung nach § 31 Abs. 5 und 6 zu verwechseln.[16] Sie soll nach dem Gedanken des Erwägungsgrundes 66 der HinSch-RL eine Art Zwischenbericht darstellen und dem Hinweisgeber als Bestätigung dienen, dass seine Meldung sich weiter in Bearbeitung befindet, wodurch ausweislich Erwägungsgrund 67 der HinSch-RL eine Offenlegung vermieden werden soll.[17] Außerdem kann die Rückmeldung den durch einen Antrag auf Akteneinsicht des Hinweisgebers womöglich anfallenden zusätzlichen Aufwand eventuell verhindern.

2. Frist (Sätze 1– 4)

27 Eine Rückmeldung hat in angemessener Zeit zu erfolgen (§ 28 Abs. 4 Satz 1), spätestens aber innerhalb von drei Monaten (Satz 2). Für besonders umfangreiche Meldungsverfahren kann die Frist auf sechs Monate verlängert werden (Satz 3), wobei dem Hinweisgeber dies mitzuteilen ist und die Gründe für die Verlängerung der Frist darzulegen sind (Satz 4).

28 Wann ein Meldungsverfahren hinreichend umfangreich ist, um eine Fristverlängerung zu rechtfertigen, ist weder im Gesetz geregelt noch aus der Gesetzesbegründung ableitbar. Die Möglichkeit der Fristverlängerung auf sechs Monate ist als Ausnahme eng auszulegen.[18] Dafür spricht Erwägungsgrund 67 der HinSch-RL, der explizit die Relevanz einer möglichst frühzeitigen Rückmeldung betont. Hinzu kommt, dass die Rückmeldung als Zwischenbericht nicht

---

15 Begr. RegE, BT-Drs. 20/3442, S. 87.
16 Begr. RegE, BT-Drs. 20/3442, S. 87.
17 Begr. RegE, BT-Drs. 20/3442, S. 87.
18 So *Bruns*, in: Rolfs/Giesen/Meßling/Udsching, BeckOK Arbeitsrecht, § 28 HinSchG Rn. 14.

übermäßig arbeitsaufwendig sein sollte, sowie die Feststellung, dass die interne Meldestelle immer die dreimonatige Frist wird einhalten müssen (§ 17 Abs. 2 Satz 1).[19]

3. Inhalt (Satz 5)

Für den Inhalt der Rückmeldung verweist § 28 Abs. 4 Satz 5 auf § 17 Abs. 2 Satz 2, 3 in entsprechender Anwendung. Die Rückmeldung umfasst demnach eine Mitteilung und Begründung der geplanten und bereits durchgeführten Folgemaßnahmen (§ 17 Abs. 2 Satz 2).[20] Auch hier ist dies nur insofern zulässig, wie die Rechte der Personen, die Gegenstand der Meldung sind, nicht beeinträchtigt werden (§ 17 Abs. 2 Satz 3 Var. 3). Außerdem ist eine Mitteilung im Rahmen der Rückmeldung nicht zulässig, wenn dadurch Nachforschungen oder Ermittlungen berührt werden (§ 17 Abs. 2 Satz 3 Var. 1 und 2). **29**

Im Grundsatz ist davon auszugehen, dass eine möglichst umfassende Rückmeldung den gesetzgeberischen Zweck (keine Offenlegung, keine Akteneinsicht) besser erreicht als eine knappe Mitteilung. Insofern sind dem Hinweisgeber so viele Informationen wie möglich und so wenige wie nötig zu übersenden. **30**

Eine rechtliche Bewertung des gesamten Sachverhalts ist zur Erreichung der mit der Rückmeldung verfolgten gesetzgeberischen Ziele nicht nötig und wäre im Rahmen eines noch laufenden Verfahrens allgemein unüblich. Folglich ist diese regelmäßig nicht Teil der Rückmeldung an den Hinweisgeber; entsprechend hat dieser auch keinen Anspruch darauf, eine vorläufige rechtliche Bewertung in Bezug auf den gemeldeten Sachverhalt von der Meldestelle zu verlangen. **31**

VI. Priorisierung (Abs. 5)

§ 28 Abs. 5 ermöglicht den Meldestellen eine Priorisierung von Meldungen, die besonders schwerwiegende Verstöße betreffen können. **32**

Damit hat der Gesetzgeber von der fakultativ umsetzbaren Regelung des Art. 11 Abs. 5 HinSch-RL Gebrauch gemacht. Dieser sieht indes vor, dass von der Priorisierung nur „für den Fall, dass sehr viele Meldungen eingehen", Gebrauch gemacht werden kann, was auf eine Situation hindeutet, welche die Kapazitätsgrenzen der externen Meldestelle ausreizt. Diese Restriktion hat der deutsche Gesetzgeber nicht übernommen, sodass nach dem Wortlaut des § 28 **33**

---

19 *Bruns*, in: Rolfs/Giesen/Meßling/Udsching, BeckOK Arbeitsrecht, § 28 HinSchG Rn. 14.
20 Begr. RegE, BT-Drs. 20/3442, S. 87.

Abs. 5 jederzeit priorisiert werden kann, wenn auch der Gesetzgeber davon ausgeht, dass die Regelung nur im Falle einer hohen Auslastung Anwendung findet.[21]

34 Art. 11 Abs. 5 HinSch-RL erlaubt eine Priorisierung von Meldungen über besonders schwere Verstöße und anhand der Wichtigkeit der verletzten Bestimmung.[22] Dieses zweite Element hat der deutsche Gesetzgeber ebenso ausgelassen, wobei hier naheliegt, die Wichtigkeit der verletzten Norm als Aspekt der Schwere des Verstoßes insgesamt zu betrachten.

35 Nach welchen Kriterien die Schwere eines Verstoßes konkret zu bestimmen ist, bleibt unklar. Zu betrachten sind neben der Wichtigkeit der verletzen Norm auch Umfang und Dauer der Verletzung und der Wert gegebenenfalls gefährdeter Individualrechtsgüter. Heranzuziehen ist die rechtliche Hierarchie der Rechtsgüter im Gesetzessystem allgemein; mithin in der Abstufung Leben, Gesundheit, Freiheit und danach Rechtsgüter wie Persönlichkeits- und Urheberrechte, gefolgt von Eigentum und sonstigen Forderungen.[23] Im Einzelfall ist daher eine Abwägung der Rechtsgüter und die Höhe des Schadens sowie die Wahrscheinlichkeit des Eintritts eines Schadens vorzunehmen.

---

21 Begr. RegE, BT-Drs. 20/3442, S. 88.

22 Kritisch zur Umsetzung der HinSch-RL auch *Bruns*, in: Rolfs/Giesen/Meßling/Udsching, BeckOK Arbeitsrecht, § 28 HinSchG Rn. 15.

23 *Erb*, in: MünchKomm-StGB, § 34 Rn. 138, 139.

§ 29 Folgemaßnahmen der externen Meldestellen

(1) Die externen Meldestellen können nach pflichtgemäßem Ermessen Auskünfte von den betroffenen natürlichen Personen, von dem betroffenen Beschäftigungsgeber, von Dritten sowie von Behörden verlangen, soweit dies zur Überprüfung der Stichhaltigkeit der Meldung erforderlich ist. Für die Beantwortung des Auskunftsverlangens ist eine angemessene Frist zu gewähren. Für Auskunftsverlangen nach Satz 1 gelten das Zeugnisverweigerungsrecht nach den §§ 53 und 53a und das Auskunftsverweigerungsrecht nach § 55 der Strafprozessordnung entsprechend. Für die Beantwortung von Auskunftsverlangen wird auf Antrag eine Entschädigung entsprechend den Vorschriften des Justizvergütungs- und -entschädigungsgesetzes über die Entschädigung von Zeugen gewährt. § 23 Abs. 2 Satz 2 des Justizvergütungs- und -entschädigungsgesetzes gilt entsprechend.

(2) Als weitere Folgemaßnahmen können die externen Meldestellen nach pflichtgemäßem Ermessen

1. **betroffene Beschäftigungsgeber kontaktieren,**
2. **die hinweisgebende Person an andere zuständige Stellen verweisen,**
3. **das Verfahren aus Mangel an Beweisen oder aus anderen Gründen abschließen oder**
4. **das Verfahren an eine zuständige Behörde zwecks weiterer Untersuchungen abgeben.**

Schrifttum: *Bayreuther*, Das neue Hinweisgeberschutzgesetz, DB 2023, 1537; *Eufinger*, Behördliche Ermittlungen und die Rolle des Mitarbeiters – Balanceakt zwischen Treuepflicht und Wahrheitsermittlung, DB 2023, 1029; *Oberthür*, Hinweisgeberschutzgesetz, ArbRB 2022, 387; *Rolfs/Giesen/Meßling/Udsching* (Hrsg.), Beck'scher Online-Kommentar Arbeitsrecht, 68. Edition, Stand: 2.7.2023; *Schilling/Danner*, Hinweisgeber ohne Kronzeugenprivileg?, CB 2022, 371.

Übersicht

	Rn.
I. Überblick	1
II. Auskunftsverlangen (Abs. 1)	4
III. Reaktionsermessen (Abs. 2)	10

I. Überblick

Nach der Konzeption des HinSchG kommt der internen Meldestelle mehr als nur die Funktion einer „Poststelle" zu.[1] Zu den daher erforderlichen Kompe- 1

1 *Bayreuther*, DB 2023, 1537, 1540.

tenzen, die der Stelle eingeräumt werden müssen, gehören die Prüfungsmöglichkeiten der Stichhaltigkeit von Behauptungen in der Meldung ggfs. durch Besuch vor Ort sowie durch die Einholung notwendiger Auskünfte vom Arbeitgeber oder Dritter. Insoweit eröffnet § 29 Abs. 1 der externen Meldestelle die Möglichkeit, zur Überprüfung der Stichhaltigkeit von Meldungen umfassende Auskunftsverlangen zu stellen.

2 Offen bzw. nicht geregelt im HinSchG sind die Rechte und Pflichten der von der Meldestelle befragten Arbeitnehmer im Rahmen der Durchführung der Auskunftsverfahren nach § 29 Abs. 1.[2] Entsprechend ist auf die allgemeinen rechtlichen Regelungen im Arbeitsrecht sowie auf den in den spezifischen Zeugnisverweigerungsrechten bestimmten Umfang der zulässigen Auskunft zu verweisen.

3 § 29 Abs. 2 sieht sodann weitere Folgemaßnahmen vor, die die externe Meldestelle im Rahmen einer pflichtgemäßen Ermessensausübung ergreifen kann.

II. Auskunftsverlangen (Abs. 1)

4 § 29 Abs. 1 sieht vor, dass die externen Meldestellen nach pflichtgemäßem Ermessen Auskünfte von betroffenen natürlichen Personen, von dem Beschäftigungsgeber, von Dritten sowie von Behörden verlangen können, soweit dies zur Überprüfung der Stichhaltigkeit der Meldung erforderlich ist. Der angefragten Person ist dabei für die Beantwortung des Auskunftsverlangens eine angemessene Frist zu gewähren. Zur Wahrung der Rechte der Betroffenen bei Beantwortung des Auskunftsverlangen ordnet § 29 Abs. 1 Satz 2 die entsprechende Anwendung der §§ 53, 53a und 55 StPO an. In § 29 Abs. 1 Satz 3 wird ergänzend dazu die Möglichkeit eröffnet, dass entsprechend den Vorschriften des Justizvergütungs- und -entschädigungsgesetzes (JVEG) über die Zeugenentschädigung eine Entschädigung beantragt werden kann. Auch die entsprechende Anwendung des § 23 Abs. 1 Satz 2 JVEG hat der Gesetzgeber in § 29 Abs. 1 HinSchG vorgesehen.

5 Eine zu erwartende Herausforderung für die externe Meldestelle bleibt die Durchsetzung der Auskunftsverlangen gegenüber den betroffenen natürlichen Personen, dem Beschäftigungsgeber sowohl in privater als auch in öffentlich-rechtlicher Trägerschaft und den um Auskunft ersuchten Behörden. Zur Durchsetzung von notwendigen Auskünften ist zunächst eine angemessene Frist zur Erteilung der angeforderten Informationen zu setzen. Die Frist ist abhängig vom Einzelfall zu wählen und kann auf Antrag auch verlängert werden

2 *Oberthür*, ArbRB 2022, 378, 381.

kann, auch wenn dies in § 29 Abs. 1 nicht explizit aufgegriffen wird. Um eine effektive Arbeit der externen Meldestelle sicherzustellen, muss allerdings die Voraussetzung erfüllt sein, dass von der auskunftspflichtigen Stelle bzw. Person objektive Gründe für die Fristverlängerung vorgetragen werden und darüber hinaus durch die Verlängerung keine Gefährdung von Rechtsgütern begründet wird. Diese Faktoren sind im Einzelfall abzuwägen und entsprechend zu dokumentieren.

Zu beachten ist, dass sich – über das in § 29 Abs. 1 geregelte Auskunftsverlangen hinausgehend – die Kooperation mit Behörden im Übrigen nach § 30 HinSchG richtet. Auch was die Erteilung von Auskünften und Akteneinsicht durch Strafverfolgungsbehörden und Strafgerichte anbelangt, bleibt es bei einer Anwendung der §§ 474 ff. StPO.[3] 6

Das Anfordern von Auskünften steht im pflichtgemäßen Ermessen der externen Meldestelle. Dies hat zur Folge, dass die externe Meldestelle grundsätzlich im Rahmen dieser Ermessensausübung jede Art von Auskunft und – im Grundsatz – jeden beliebigen Inhalt anfragen kann, sofern dies zur Überprüfung der Stichhaltigkeit der Meldung erforderlich ist. 7

In § 29 Abs. 1 Satz 3 werden spezielle Zeugnisverweigerungsrechte aus der StPO zugunsten der Angefragten in Bezug genommen. Damit wird Art. 22 Abs. 1 der HinSch-RL umgesetzt.[4] Nicht erfasst von einem Auskunftsverweigerungsrecht nach Satz 2 sind jedoch arbeitsvertragliche und ggfs. vertragsstrafenbewehrte Vertraulichkeits- und Verschwiegenheitsklauseln. Dies gilt sowohl individualarbeitsrechtlich wie auch konzernrechtlich gegenüber beherrschenden Unternehmen. Hintergrund ist die fehlende Schutzbedürftigkeit des Klauselverwenders bzw. Arbeitgebers, da allein zur Beseitigung von Missständen eine Auskunftspflicht nach § 29 Abs. 1 besteht. Ein Verstoß gegen solche Klauseln durch die Beantwortung des Auskunftsverlangens der Meldestelle kommt daher nicht in Betracht und kann dementsprechend von der aufgeforderten Person oder Einrichtung dem Auskunftsverlangen auch nicht entgegengesetzt werden. 8

Nach § 29 Abs. 1 Satz 4 wird auf Antrag eine Entschädigung nach dem geltenden Justizvergütungs- und -entschädigungsgesetz für die zur Auskunft Aufgeforderten geleistet. Mit der gesonderten Anordnung der entsprechenden Anwendung des § 23 Abs. 2 Satz 2 JVEG wird bewirkt, dass dem Auskunftspflichtigen, der sich eines Arbeitnehmers oder einer anderen Person bedient, auch dafür Aufwendungen ersetzt werden. 9

3 Begr. RegE, BT-Drs. 20/3442, S. 88; § 4 Abs. 4 HinSchG.
4 Begr. RegE, BT-Drs. 20/3442, S. 88.

III. Reaktionsermessen (Abs. 2)

10 § 29 Abs. 2 sieht weitere, enumerativ aufgelistete Befugnisse der externen Meldestelle neben der Befugnis zur Anforderung einer Auskunft vor: nach pflichtgemäßen Ermessen können die externen Meldestellen betroffene Beschäftigungsgeber kontaktieren (Nr. 1), die hinweisgebende Person an andere zuständige Stellen verweisen (Nr. 2), das Verfahren aus Mangel an Beweisen oder aus anderen Gründen abschließen (Nr. 3) oder das Verfahren an eine zuständige Behörde zwecks weiterer Untersuchungen abgeben (Nr. 4).

11 Mit den vier möglichen Folgemaßnahmen eröffnet die Vorschrift der externen Meldestelle einen weiten Ermessensspielraum für den Umgang mit der jeweiligen Meldung und der Entscheidung über das weitere Vorgehen. Zu den Handlungsoptionen im Einzelnen:

12 Nr. 1: Ausweislich des Wortlauts „weitere Folgemaßnahme" ist die Kontaktierung von Beschäftigungsgebern durch die Behörde als weiterer Schritt neben der Einholung notwendiger Auskünfte nach Abs. 1 zu verstehen. Eine solche Kontaktaufnahme soll dabei insbesondere genutzt werden, um auf das Abstellen des gemeldeten Verstoßes durch den Beschäftigungsgeber, dem insoweit vielfach unmittelbare Handlungsmöglichkeiten zukommen, hinzuwirken.[5] Auch im Rahmen einer solchen Kontaktaufnahme ist jedoch das im HinSchG statuierte Vertraulichkeitsgebot zu wahren, sodass personenbezogene Daten nur innerhalb der engen Grenzen des § 9 übermittelt werden dürfen.[6]

13 Nr. 2: Die Verweismöglichkeit an andere zuständige Stellen ist weit zu verstehen: Es kann die Inanspruchnahme der internen Meldestelle, des Betriebsrates, der Schwerbehinderten- oder Jugendauszubildendenvertretung erfolgen. Zu beachten ist allein die Schutzrichtung des Gesetzes zur Wahrung der Anonymität und der beruflichen Integrität der Melder. Ein Verweis etwa an Vorgesetzte oder an die Geschäftsleitung mit einer Pflicht zur Offenbarung der Identität ist daher nicht zulässig.

14 Nr. 3: Sofern keine Tatsachen vorhanden sind, die einen Verstoß begründen könnten, muss das Verfahren beendet werden. Die Ermöglichung eines Abschlusses aus „anderen Gründen" eröffnet der externen Meldestelle allerdings – im Rahmen der Grenzen der pflichtgemäßen Ermessensausübung – einen weiten, kaum justitiablen Entscheidungsspielraum. Denkbare Gründe für die Einstellung sind exemplarisch etwa durchgeführte Abhilfen von gemeldeten (geringfügigen) Verstößen, entsprechende Reaktionen im Qualitätsmanagement, ebenso aber auch die Bewertung des Verstoßes als nur marginale und daher

---

5 Begr. RegE, BT-Drs. 20/3442, S. 88.
6 Begr. RegE, BT-Drs. 20/3442, S. 88.

nicht weiter zu verfolgende Verfehlungen durch die externe Meldestelle. Letzteres ist auch explizit in § 31 Abs. 3 vorgesehen.

Nr. 4: Der Verweis an eine andere zuständige Behörde erfasst sämtliche staatliche Einrichtungen, denen örtlich, sachlich und instanziell schwerpunktmäßig die Befassung mit dem gemeldeten Verstoß zuzuordnen ist. Erfasst sind daher sämtliche Eingriffsbehörden wie z.B. die Staatsanwaltschaft, die Steuerfahndung, die BaFin, das Jugendamt oder Gesundheits-, Bau-, Heimaufsichts-, Ordnungs-, Veterinär-, Jagd-, Fischerei-, Naturschutz-, Gewerbeaufsichts-, Waffenrechts-, Strahlenschutz-, Straßenverkehrs-, Umwelt-, Datenschutz- und Wasserschutzbehörden. Bei der Abgabe der Untersuchung an andere Behörden ist entsprechend die Entscheidung zu dokumentieren. 15

Entgegen einer in der Literatur vertretenen Auffassung[7] ist auch die Weiterleitung eines Straftatverdachts an die Staatsanwaltschaft zulässig.[8] Diese Zulässigkeit ergibt sich aus der Ratio des HinSchG zur gänzlichen Abhilfe des Missstandes; dies umfasst neben der Prävention zur Gefahrenabwehr auch die Einleitung von repressiven Maßnahmen zum Schutz von Rechtsgütern. Ggf. kann allein die Durchsetzung von repressiven Maßnahmen eine Fortsetzung aktuell praktizierter Straftaten verhindern. Die Auffassung, dass die strafrechtlichen bzw. strafprozessualen Besonderheiten (etwa § 46b StGB, § 147 StPO), die bei einer eigenen Strafbarkeit des Melders zu seinen Gunsten eingreifen, unterlaufen werden, überzeugt nicht. Dem Melder ist die Möglichkeit der Anonymitätswahrung oder vorherigen anwaltlichen Beratung eröffnet. Die Folgen der Meldung liegen daher in der Disposition des Melders allein und greifen nicht die Entscheidung der Behörde vor. Insbesondere widerspricht dieser Auffassung die Regelung in § 31 Abs. 2, Satz 1, 3. Alt. mit der ausdrücklichen Befugnis der Meldebehörde, die Meldung an die Verfolgungsbehörden weiterzugeben. 16

---

7 *Bruns*, in: Rolfs/Giesen/Meßling/Udsching, BeckOK Arbeitsrecht, § 28 HinSchG Rn. 6 und § 30 Rn. 2.

8 *Schilling/Danner*, CB 2022, 365.

§ 30 Zusammenarbeit mit anderen öffentlichen Stellen

Die externen Meldestellen sowie die sonstigen öffentlichen Stellen, die für die Aufklärung, Verhütung und Verfolgung von Verstößen im Anwendungsbereich dieses Gesetzes zuständig sind, arbeiten zur Durchführung dieses Gesetzes zusammen und unterstützen sich gegenseitig. Spezielle gesetzliche Regelungen zur Zusammenarbeit öffentlicher Stellen bleiben hiervon unberührt.

Schrifttum: *Rolfs/Giesen/Meßling/Udsching* (Hrsg.), Beck'scher Online-Kommentar Arbeitsrecht, 68. Edition, Stand: 1.9.2023.

Übersicht

	Rn.
I. Normzweck	1
II. Regelungsgehalt	2
III. Zusammenarbeitserfordernis (Satz 1)	3
IV. Spezialgesetzliche Regelungen (Satz 2)	4

I. Normzweck

1 § 30 soll gewährleisten, dass die betroffenen Stellen in der Lage sind, ihren gesetzlichen Verpflichtungen aus dem HinSchG umfassend nachzukommen. Der Vorschrift liegt die gesetzgeberische Erkenntnis zugrunde, dass angesichts der großen Bandbreite des sachlichen Anwendungsbereichs gem. § 2 HinSchG die zuständigen externen Meldestellen bei Ausführung des Gesetzes mit einer Vielzahl von (potenziellen) Rechtsverstößen aus verschiedensten Rechtsbereichen konfrontiert werden. Vor diesem Hintergrund hält der Gesetzgeber das Vorhandensein von effektiven Kooperationsmechanismen zwischen den externen Meldestellen und den Fach- und Aufsichtsbehörden der jeweils betroffenen Rechtsbereiche für erforderlich. Die bereits existierenden Amtshilfevorschriften der §§ 4 ff. VwVfG seien hierfür allein nicht ausreichend, da sie die Aufgaben- und Zuständigkeitsverteilung lediglich für einzelne Fälle durchbrechen und zudem stets ein Ersuchen voraussetzen, über das die andere Behörde entscheiden muss.[1] Im Gegensatz dazu soll durch die hier behandelte Norm, vorbehaltlich etwaiger spezieller gesetzlicher Regelungen i. S. v. Satz 2, eine umfassende Zusammenarbeit und Unterstützung zwischen den verpflichteten Stellen gewährleistet werden, die nicht auf Ausnahmefälle beschränkt ist.

1 BT-Drs. 20 /3442, S. 88.

II. Regelungsgehalt

Inhalt des § 30 HinSchG sind die Grundsätze der Zusammenarbeit der externen Meldestellen mit anderen Behörden.[2] 2

III. Zusammenarbeitserfordernis (Satz 1)

Satz 1 verpflichtet die externen Meldestellen i. S. d. §§ 19 ff. HinSchG sowie die sonstigen öffentlichen Stellen, die für die Aufklärung und Verfolgung von Verstößen im Anwendungsbereich des HinSchG zuständig sind, umfassend zur Zusammenarbeit und gegenseitigen Unterstützung im Rahmen der gesetzlichen Vorschriften.[3] Ausweislich der Gesetzesbegründung soll hierdurch ein über die in §§ 4 ff. VwVfG geregelten Möglichkeiten der Amtshilfe hinaus ein effektiver Kooperationsmechanismus geschaffen werden, der nicht – wie im Amtshilfeverfahren – per se ein förmliches Ersuchen, über das die ersuchte Behörde entscheiden muss, voraussetzt.[4] Vielmehr soll eine unmittelbare und effektive Kooperation zwischen den Behörden ermöglicht werden. Der Begriff *Zusammenarbeit und Unterstützung* ist daher und aufgrund der Charakterisierung als *umfassend* weit auszulegen, und erstreckt sich auf sämtliches Zusammenwirken zur Erfüllung der gesetzlichen Verpflichtungen aus dem HinSchG. Hierunter fällt insbesondere der Informationsaustausch, der sich allerdings nach der Gesetzesbegründung nicht auf personenbezogene Daten erstrecken darf.[5] 3

IV. Spezialgesetzliche Regelungen (Satz 2)

Satz 2 stellt klar, dass etwaige spezialgesetzliche Regelungen zur Zusammenarbeit öffentlicher Stellen durch § 30 nicht verdrängt werden.[6] 4

2 *Bruns*, in: Rolfs/Giesen/Meßling/Udsching, BeckOK Arbeitsrecht, § 30 HinSchG Rn. 1.
3 BT-Drs. 20 /3442, S. 88.
4 BT-Drs. 20 /3442, S. 88.
5 BT-Drs. 20 /3442, S. 88.
6 *Bruns*, in: Rolfs/Giesen/Meßling/Udsching, BeckOK Arbeitsrecht, § 30 HinSchG Rn. 1.

§ 31 Abschluss des Verfahrens

(1) Hat eine externe Meldestelle die Stichhaltigkeit einer Meldung geprüft und das Verfahren nach § 28 geführt, schließt sie das Verfahren ab.

(2) Ist eine externe Meldestelle nicht zuständig für eine Meldung oder ist es ihr nicht möglich, dem gemeldeten Verstoß innerhalb einer angemessenen Zeit weiter nachzugehen, so leitet sie die Meldung unverzüglich unter Wahrung der Vertraulichkeit der Identität der hinweisgebenden Person an die jeweilige für die Aufklärung, Verhütung und Verfolgung des Verstoßes zuständige Stelle weiter. Dies gilt auch für Meldungen, für deren Weiterverfolgung nach § 4 Abs. 1 die externe Meldestelle nicht zuständig ist. Über die Weiterleitung setzt die externe Meldestelle die hinweisgebende Person unverzüglich in Kenntnis. Ist die Weiterleitung unter Wahrung der Vertraulichkeit der Identität nicht möglich, ist § 9 Abs. 3 zu beachten.

(3) Kommt eine externe Meldestelle zu dem Ergebnis, dass ein gemeldeter Verstoß als geringfügig anzusehen ist, so kann sie nach pflichtgemäßem Ermessen das Verfahren abschließen.

(4) Betrifft eine Meldung einen Sachverhalt, zu dem bereits ein Verfahren nach diesem Gesetz abgeschlossen wurde, so kann eine externe Meldestelle nach pflichtgemäßem Ermessen das Verfahren abschließen, wenn die Meldung keine neuen Tatsachen enthält. Dies gilt nicht, wenn neue rechtliche oder sachliche Umstände ein anderes Vorgehen rechtfertigen.

(5) Schließt eine externe Meldestelle das Verfahren nach Abs. 3 oder Abs. 4 ab, teilt sie der hinweisgebenden Person die Entscheidung und die Gründe für die Entscheidung unverzüglich mit. Die externe Meldestelle soll die Entscheidung nach Satz 1 unter Wahrung der Vertraulichkeit der Identität der in § 8 Abs. 1 genannten Personen dem betroffenen Beschäftigungsgeber mitteilen, wenn dieser zuvor gemäß § 29 Abs. 2 Nummer 1 von der externen Meldestelle kontaktiert wurde.

(6) Eine externe Meldestelle teilt der hinweisgebenden Person das Ergebnis der durch die Meldung ausgelösten Untersuchungen nach deren Abschluss mit, soweit dies mit gesetzlichen Verschwiegenheitspflichten vereinbar ist. Abs. 5 Satz 2 ist anzuwenden.

(7) Für Streitigkeiten wegen der Entscheidungen einer externen Meldestelle nach den Absätzen 1 bis 6 ist der Verwaltungsrechtsweg gegeben. Vor Erhebung einer Klage bedarf es keiner Nachprüfung in einem Vorverfahren.

Schrifttum: *Schoch/Kumar*, Der neue Entwurf eines Hinweisgebeschutzgesetzes, CB 2022, 181.

Übersicht

	Rn.
I. Überblick	1
II. Grundfall des Verfahrensabschlusses (Abs. 1)	2
III. Weiterleitung bei sachlicher Unzuständigkeit (Abs. 2)	5
IV. Verfahrensabschluss bei Geringfügigkeit (Abs. 3)	10
IV. Verfahrensabschluss bei wiederholter Meldung (Abs. 4)	11
V. Mitteilungspflicht bei Abschluss aus Gründen der Geringfügigkeit und wiederholter Meldung (Abs. 5)	12
VI. Mitteilungspflicht hinsichtlich des Untersuchungsergebnisses (Abs. 6)	15
VII. Verwaltungsgerichtlicher Klageweg (Abs. 7)	17

I. Überblick

Während die Möglichkeit für die externe Meldestelle, weitere Auskünfte via Auskunftsverlangen oder Kooperation mit öffentlichen Stellen in § 28 Abs. 2, respektive § 30 Regelungen erfahren hat,[1] macht § 31 nähere Vorgaben zu den gesetzlich eingeräumten Möglichkeiten des Verfahrensabschlusses, d. h. insbesondere zu den Voraussetzungen hierfür und den daran anknüpfenden Mitteilungspflichten sowie den gegen die Entscheidung einlegbaren Rechtsmittel. Bis zum Abschluss des Verfahrens, etwa durch Weitergabe an eine sonstige zuständige Stelle wie die einschlägigen Fach-, Aufsichts- und/oder Strafverfolgungsbehörden, bleibt die Pflicht der externen Meldestelle zur kooperativen Zusammenwirkung mit öffentlichen Stellen gemäß § 30 indes bestehen.[2] 1

II. Grundfall des Verfahrensabschlusses (Abs. 1)

§ 31 Abs. 1 normiert ausweislich der Gesetzesbegründung den „Grundfall" des Verfahrensabschlusses.[3] Die Anordnung der Beendigung des Verfahrens nach dem HinSchG durch die externe Meldestelle stellt ihre Kompetenz und Verantwortungsbereiche verfahrenstechnisch klar. Voraussetzung für den Verfahrensabschluss i. S. d. Abs. 1 ist dem Wortlaut nach die abgeschlossene Prüfung der Stichhaltigkeit einer Meldung und Durchführung des Verfahrens nach § 28 (hierzu ausführlich § 28 Rn. 12). 2

Demnach ist die externe Meldestelle nicht als Verfolgungs- und Ordnungsbehörde zu verstehen, sondern hat sich auf die Prüfung eines Handlungsbedarfs im Sinne des sachlichen Anwendungsbereichs von § 2 zu beschränken. Anders 3

1 Gesetzentwurf der Bundesregierung: Entwurf eines Gesetzes für einen besseren Schutz hinweisgebender Personen sowie zur Umsetzung der Richtlinie zum Schutz von Personen, die Verstöße gegen das Unionsrecht melden, BT-Drs. 20/3442, S. 89.

2 Begr. RegE, BT-Drs. 20/3442, S. 89.

3 Begr. RegE, BT-Drs. 20/3442, S. 89.

als § 18 Nr. 1 und Nr. 4a für interne Meldestellen gibt es keine eigene Gestaltungs- bzw. Untersuchungskompetenz der externen Meldestelle; allein nähere Tatsachen zur Prüfung der Schlüssigkeit können im Zuge von Auskunftsersuchen angefordert werden. Daher ist nach Auskunftseinholung das Verfahren für die externe Meldestelle entweder mit einer Einstellung oder mit einer Weiterleitung an die jeweils zuständige Eingriffs-, Gefahrenabwehrbehörden bzw. Aufsichtsbehörden abzuschließen. Dieses Ergebnis ist dem Melder mitzuteilen.

4 Der externen Meldestelle kommt mithin ausweislich dieser Konzeption in erster Linie eine Eingangs-, Plausibilisierungs-, Erstfilterungs- und Koordinierungsfunktion zu. Die umfassende Aufarbeitung (einschließlich der etwaigen Sanktionierung) etwaiger Verstöße obliegt in der Folge den zuständigen Fachbehörden.[4]

III. Weiterleitung bei sachlicher Unzuständigkeit (Abs. 2)

5 § 31 Abs. 2 normiert die Weiterleitungspflicht der externen Meldestelle bei sachlicher Unzuständigkeit. Zweck dieser Regelung ist nach dem Willen des Gesetzgebers die Gewährleistung eines konsolidierten, effizienten Hinweisgeberschutzes durch Vermeidung von Doppelstrukturen.[5]

6 Nach Satz 1 leitet die externe Meldestelle die Meldung unverzüglich unter Wahrung der Vertraulichkeit der Identität der hinweisgebenden Person an die jeweilige für die Aufklärung, Verhütung und Verfolgung des Verstoßes zuständige Stelle weiter, wenn sie nicht zuständig für eine Meldung ist oder es ihr nicht möglich, dem gemeldeten Verstoß innerhalb einer angemessenen Zeit weiter nachzugehen. Satz 1 folgend umfasst die Vorschrift damit zunächst den Fall, dass eine fachliche Zuständigkeit überhaupt nicht begründet ist. Sowohl der Wortlaut der Vorschrift („leitet“) als auch der in der Gesetzesbegründung zum Ausdruck kommende Gesetzgeberwille („weiterzugeben hat“),[6] machen hierbei deutlich, dass der externen Meldestelle bei der Entscheidung zur Weiterleitung kein Ermessensspielraum zukommt. Unbestimmt bleiben indes die zeitlichen Kriterien, d.h. eine nähere Bestimmung der „angemessenen Zeit“ und der „unverzüglichen“ Weiterleitung. Hierüber schweigt sich auch die Gesetzesbegründung aus. Der effektive Schutz des Hinweisgebers legt eine restriktive Auslegung des Begriffspaares nahe. So scheint es hinsichtlich des Begriffes der Unverzüglichkeit naheliegend, auf die Legaldefinition des § 121

4 *Schoch/Kumar*, CB 2022, 181–186.
5 Begr. RegE, BT-Drs. 20/3442, S. 89.
6 Begr. RegE, BT-Drs. 20/3442, S. 89.

Abs. 1 BGB zu rekurrieren, der dies als „ohne schuldhaftes Zögern" beschreibt.

Satz 2 stellt darüberhinausgehend mit Verweis auf § 4 Abs. 1 klar, dass die Weiterleitungspflicht die externe Meldestelle auch für diese Konstellation gilt. Die in dieser Vorschrift abschließend aufgezählten sektorspezifischen Meldesysteme (hierzu ausführlich § 4) gehen dem allgemeinen Hinweisgeberschutzsystem der gesetzlichen Konzeption nach vor. Satz 2 soll damit parallele Nachforschungen vermeiden.[7] 7

Satz 3 ordnet die unverzügliche Inkenntnissetzung des Hinweisgebers von der Weiterleitung an. 8

Satz 4 stellt klar, dass bei der Weiterleitung der Wahrung der Vertraulichkeit der Identität dem Zweck des HinSchG folgend hohe Priorität beizumessen ist. Ausdrücklich verweist die Vorschrift nur auf § 9 Abs. 3, wonach Informationen über die Identität der hinweisgebenden Person weitergegeben werden dürfen, wenn die hinweisgebende Person zuvor in die Weitergabe eingewilligt hat. Die Möglichkeit der Weitergabe aus den in § 9 Abs. 2 normierten Gründe bleibt ausweislich der Gesetzesbegründung aber ebenfalls eröffnet.[8] 9

IV. Verfahrensabschluss bei Geringfügigkeit (Abs. 3)

Nach Abs. 3 kann eine externe Meldestelle das Verfahren nach pflichtgemäßem Ermessen auch abschließen, wenn sie zu dem Ergebnis gelangt, dass ein gemeldeter Verstoß als geringfügig anzusehen ist. Ratio dieser eine Wesentlichkeitsschwelle konstituierenden Regelung ist ausweislich der Gesetzesbegründung insbesondere („unter anderem") der Ausschluss von Bagatellfällen, d. h. kleineren Verstößen, die sich nicht oder kaum auswirken.[9] Dabei ist dem Gesetzgeber selbst bewusst, dass das Merkmal der Geringfügigkeit näherer Bestimmung bedarf. Diese soll seinem Willen zufolge durch Rechtsverordnung erfolgen.[10] Als denkbare Kriterien zur Bestimmung der Geringfügigkeit im Sinne der Vorschrift nennt die Gesetzesbegründung Auswirkung und Dauer des Verstoßes sowie eine bereits erfolgte Kompensation.[11] Entsprechend den Ausführungen zur in § 29 Abs. 2 Nr. 3 geregelten Einstellung des Verfahrens aus „anderen Gründen" (hierzu § 29 Rn. 14) ist die Erheblichkeitsschwelle zur Wahrung eines effektiven Hinweisgeberschutzes nicht zu niedrig anzusetzen; 10

7 Begr. RegE, BT-Drs. 20/3442, S. 89.
8 Begr. RegE, BT-Drs. 20/3442, S. 89.
9 Begr. RegE, BT-Drs. 20/3442, S. 89.
10 Begr. RegE, BT-Drs. 20/3442, S. 89.
11 Begr. RegE, BT-Drs. 20/3442, S. 89.

insbesondere soll auch unterhalb der Schwelle einer Strafverfolgung auf eine Beseitigung von Missständen hingewirkt werden.

IV. Verfahrensabschluss bei wiederholter Meldung (Abs. 4)

11 Abs. 4 betrifft die Konstellation der Meldung eines Sachverhalts, zu dem bereits ein Verfahren nach diesem Gesetz abgeschlossen wurde. In diesen Fällen kann eine externe Meldestelle nach pflichtgemäßem Ermessen das Verfahren abschließen, wenn die Meldung keine neuen Tatsachen enthält. Dies gilt nach Satz 2 nicht, wenn neue rechtliche oder sachliche Umstände ein anderes Vorgehen rechtfertigen. Beispielhaft seien für die erste Alternative geänderte Rechtsvorschriften genannt, etwa im Vergleich zum Ausgangssachverhalt nunmehr verschärfte Sicherheits- und Kontrollregelungen ebenso wie gänzlich neue Eingriffsbefugnisse. In Bezug auf die eine Wiederaufnahme gebietenden sachlichen Umstände ist festzuhalten, dass eine justitiable Abgrenzung zu den in Satz 1 genannten „neuen Tatsachen" nicht möglich ist; allein der besondere Wille des Gesetzgebers zur grundsätzlichen Wiederaufnahmemöglichkeit kann hiermit als unterstrichen angesehen werden.

V. Mitteilungspflicht bei Abschluss aus Gründen der Geringfügigkeit und wiederholter Meldung (Abs. 5)

12 Nach Abs. 5 Satz 1 hat die externe Meldestelle in den Fällen des Abschlusses wegen Geringfügigkeit, Abs. 3, und wiederholter Meldung, Abs. 4, dem Hinweisgeber unverzüglich ihre Entscheidung und die Gründe für diese Entscheidung mitzuteilen. Darüber hinaus soll sie nach Abs. 5 Satz 2 diese Entscheidung unter Wahrung der Vertraulichkeit der Identität der in § 8 Abs. 1 genannten Personen (hierzu ausführlich § 8) dem betroffenen Beschäftigungsgeber mitteilen, wenn sie diesen zuvor bereits gemäß § 29 Abs. 2 Nr. 1 kontaktiert hatte.

13 Hierdurch setzt der deutsche Gesetzgeber Art. 11 Abs. 3 Satz 3 und Abs. 4 Satz 2 HinSch-RL um. Die Vorschrift stellt im Einklang mit Erwägungsgrund 103 HinSch-RL insbesondere die gerichtliche Überprüfbarkeit der Entscheidung der externen Meldestelle sicher.[12] Weitere denkbare Handlungsoptionen, welche dem Hinweisgeber durch die zwingend vorgeschriebene Mitteilung ermöglicht werden, sind etwa der Entschluss zur Erteilung einer anonymen direkten Meldung an andere Eingriffsbehörden oder ggfs. die Anregung zur Durchführung von innerbetrieblichen Maßnahmen. Der Gewährleistung eines effektiven Rechtsschutzes dient auch die konkrete Ausgestaltung des Satz 1,

12 Begr. RegE, BT-Drs. 20/3442, S. 89.

welcher der externen Meldestelle schon seinem Wortlaut nach keinen Ermessensspielraum belässt. Rechtskonstruktiv handelt es sich bei der Entscheidung der externen Meldestelle zum Abschluss des Verfahrens um einen (belastenden) Verwaltungsakt i. S. d. § 35 VwVfG, der dem Betroffenen mitzuteilen ist.[13] Eine Pflicht zur Rechtsbehelfsbelehrung erwähnt das HinSchG selbst nicht. Die rechtliche Einstufung der Entscheidung als Verwaltungsakt legen indes nahe, dass die Pflicht zur Rechtsbehelfsbelehrung allgemein aus § 37 Abs. 6 Satz 1 VwVfG zu entnehmen ist. Die Folgen einer unterlassenen oder fehlerhaften Beifügung richten sich nach § 58 Abs. 2 VwGO – mit der Folge der Verlängerung der Frist für ein Rechtsmittel auf ggf. ein Jahr.

Die Mitteilung an den Beschäftigungsgeber ist hingegen als intendiertes Ermessen ausgestaltet und lässt damit – vorbehaltlich der vorherigen Kontaktierung i. S. d. § 29 Abs. 2 Nr. 1 – ein Ausbleiben der Mitteilung nur in atypischen Sonderfällen zu. **14**

VI. Mitteilungspflicht hinsichtlich des Untersuchungsergebnisses (Abs. 6)

Abs. 6 Satz 1 regelt die Pflicht der externen Meldestelle zur Mitteilung an den Hinweisgeber hinsichtlich des Ergebnisses der durch die Meldung ausgelösten Untersuchungen nach deren Abschluss, soweit dies mit gesetzlichen Verschwiegenheitspflichten vereinbar ist. Nach Abs. 6 Satz 2 gilt Abs. 5 Satz 2 entsprechend (hierzu bereits oben Rn. 12). **15**

Die Vorschrift setzt ausweislich der Gesetzesbegründung Art. 11 Abs. 2 lit. e HinSch-RL um.[14] Die von der Vorschrift verbindlich vorgesehene Mitteilung stellt ein Instrument dar, durch welches das Vertrauen in das Hinweisgebersystem geschaffen und unnötige Offenlegungen vermieden werden sollen.[15] Dieser Zweck gebietet entgegen des missverständlichen Wortlauts auch, dass sich die Mitteilungspflicht dem Gesetzgeberwillen zufolge nicht nur auf die von der externen Meldestelle selbst getroffenen Folgemaßnahmen bezieht, sondern vielmehr insbesondere auch auf die weiteren, von anderen öffentlichen Stellen veranlassten Maßnahmen.[16] In diesem Kontext verweist die Gesetzesbegründung abermals auf die Pflicht zur gegenseitigen Übermittlung von Informationen gemäß § 30.[17] Die sachliche Erstreckung auf die auch von anderen öffentlichen Stellen veranlasste Maßnahmen führt indes naturgemäß dazu, dass die **16**

---

13 Begr. RegE, BT-Drs. 20/3442, S. 90.
14 Begr. RegE, BT-Drs. 20/3442, S. 89.
15 Begr. RegE, BT-Drs. 20/3442, S. 90.
16 Begr. RegE, BT-Drs. 20/3442, S. 89.
17 Begr. RegE, BT-Drs. 20/3442, S. 89.

von der Vorschrift bezweckte Mitteilung erst nach Abschluss dieser ggf. eingeleiteten weiteren behördlichen Verfahren, zu erfolgen hat.[18] Adressat der Mitteilung ist – neben der ggf. zu erstattenden Mitteilung an den betroffenen Beschäftigungsgeber nach Abs. 5 Satz 2 – allein der Hinweisgeber; andere Personenkreise sind nicht erfasst; insbesondere sind diese praktisch nicht immer mit Rechtssicherheit zu identifizieren. Die Verschwiegenheitspflichten, die nach Abs. 6 Satz 1 zwingend zu wahren sind, sind im Übrigen entsprechend der Regelung in § 29 Abs. 2 VwVfG und aus den einschlägigen Datenschutzgesetzen des Bundes und der Länder durch Schwärzungen oder sonstige geeignete Mittel zu gewährleisten.

VII. Verwaltungsgerichtlicher Klageweg (Abs. 7)

17 Abs. 7 Satz 1 bestimmt schließlich, dass für Streitigkeiten wegen der Entscheidungen einer externen Meldestelle nach den vorangehenden Absätzen der Verwaltungsrechtsweg gegeben ist. Eines behördlichen Vorverfahrens bedarf es nach Abs. 7 Satz 2 hingegen nicht.

18 Die Vorschrift ist im Lichte des Erwägungsgrundes 103 HinSch-RL zu lesen, wonach die gegenständlichen Abschlussentscheidungen nicht zuletzt aufgrund Art. 47 GrCh der gerichtlichen Überprüfung zugänglich sein müssen.[19] Satz 1 konstituiert eine aufdrängende Sonderzuweisung, weshalb der Verwaltungsrechtsweg unabhängig von § 40 Abs. 1 Satz 1 VwGO stets eröffnet ist.[20] Hiermit soll eine Einheitlichkeit der Überprüfung gewährleistet werden, die im Übrigen aufgrund des übergreifenden sachlichen Anwendungsbereichs i.S.d. § 2 nicht sichergestellt wäre.[21] Gegenstand des gerichtlichen Vorgehens ist die einen Verwaltungsakt darstellende Entscheidung des Abschlusses der externen Meldestelle. Satz 2, der das Vorverfahren für entbehrlich erklärt, ist Gesetz i.S.d. § 68 Abs. 1 Satz 2 Var. 1 VwGO. Hierdurch sollen dem Betroffenen zusätzliche Kosten und Zeitaufwand erspart werden.[22] Im Übrigen sind für die Zulässigkeit der Klage keine verwaltungsprozessualen Besonderheiten zu beachten. Lediglich mit Verweis auf die Klagefrist sei aufgrund der Entbehrlichkeit des Widerspruchsverfahrens an dieser Stelle auf die Monatsfrist nach Zugang der Mitteilung hingewiesen, in deren Kontext regelmäßig als fristauslösend die Zugangsfiktion des Bescheides nach drei Tagen aus § 41 Abs. 2 VwVfG zu berücksichtigen sein wird.

---

18 Begr. RegE, BT-Drs. 20/3442, S. 89.
19 Begr. RegE, BT-Drs. 20/3442, S. 90.
20 Begr. RegE, BT-Drs. 20/3442, S. 90.
21 Begr. RegE, BT-Drs. 20/3442, S. 90.
22 Begr. RegE, BT-Drs. 20/3442, S. 90.

Abschnitt 3
Offenlegung

§ 32 Offenlegen von Informationen

(1) Personen, die Informationen über Verstöße offenlegen, fallen unter die Schutzmaßnahmen dieses Gesetzes, wenn sie

1. zunächst gemäß Abschnitt 2 Unterabschnitt 4 eine externe Meldung erstattet haben und
   a) hierauf innerhalb der Fristen für eine Rückmeldung nach § 28 Absatz 4 keine geeigneten Folgemaßnahmen nach § 29 ergriffen wurden oder
   b) sie keine Rückmeldung über das Ergreifen solcher Folgemaßnahmen erhalten haben oder

2. hinreichenden Grund zu der Annahme hatten, dass
   a) der Verstoß wegen eines Notfalls, der Gefahr irreversibler Schäden oder vergleichbarer Umstände eine unmittelbare oder offenkundige Gefährdung des öffentlichen Interesses darstellen kann,
   b) im Fall einer externen Meldung Repressalien zu befürchten sind oder
   c) Beweismittel unterdrückt oder vernichtet werden könnten, Absprachen zwischen der zuständigen externen Meldestelle und dem Urheber des Verstoßes bestehen könnten oder aufgrund sonstiger besonderer Umstände die Aussichten gering sind, dass die externe Meldestelle wirksame Folgemaßnahmen nach § 29 einleiten wird.

(2) Das Offenlegen unrichtiger Informationen über Verstöße ist verboten.

Schrifttum: *Baunack/Nielebock*, Der Entwurf eines Hinweisgeberschutzgesetzes (HinSchG), jurisPR-ArbR 41/2022 Anm. 1; *Bayreuther*, Whistleblowing und das neue Hinweisgeberschutzgesetz, NZA-Beilage 2022, 20; *Bayreuther*, Das neue Hinweisgeberschutzgesetz, DB 2023, 1537; *Benkert*, Neues Hinweisgeberschutzgesetz, NJW-Spezial 2023, 434; *Boekken/Düwell/Diller/Hanau* (Hrsg.), NK-Arbeitsrecht, 2. Aufl. 2022; *Brinkmann/Blank*, Umsetzungspflichten für Unternehmen aus der EU-Whistleblowing-Richtlinie, BB 2021, 2475; *Brobeil*, Die Auswirkungen der Richtlinie (EU) 2019/1937 auf Arbeitnehmer-Hinweisgeber, 2022; *Bruns*, Das neue Hinweisgeberschutzgesetz, NJW 2023, 1609; *Colneric/Gerdemann*, Die Umsetzung der Whistleblower-Richtlinie in deutsches Recht, 2020; *Dilling*, Cat's Gold-Plating – Der neue Referentenentwurf zum Hinweisgeberschutzgesetz, CCZ 2022, 145; *Dzida/Granetzny*, Die neue EU-Whistleblowing-Richtlinie und ihre Auswirkungen auf Unternehmen, NZA 2020, 1201; *Dzida/Seibt*, Neues Hinweisgeberschutzgesetz: Analyse und Antworten auf Praxisfragen, NZA 2023, 657; *Fehr/Refenius*, Hinweisgeberschutzgesetz: Externe Meldestellen, CCZ 2023, 220; *N. Fischer*, Hinweisgebersysteme im Lichte der EU-Richtlinie 2019/1937 unter besonderer Betrachtung der Vertraulichkeitszusicherung, 2023; *Fuhlrott/Henkel*, Hinweisgeberschutzgesetz: Handlungsbedarf für Unternehmen und Personalabteilungen, ArbRAktuell 2022, 441; *Garden/Hiéramente*, Die neue Whistleblowing-Richtlinie der EU – Handlungsbedarf für Unternehmen und Gesetzgeber, BB 2019, 963; *Gerdemann*, Referentenentwurf für ein deutsches Hinweisgeberschutzgesetz, ZRP 2021, 37; *Gerdemann*, Nachforschungsobliegenheiten für Whistleblower, NJW 2021, 2324; *Gerdemann*, Neuer Entwurf für ein Hinweisgeberschutzgesetz – Auf Konfrontationskurs zu EU-Kommission und Koalitionsvertrag, ZRP 2022, 98; *Gerdemann/Spindler*, Die europäische Whistleblower-Richtlinie und ihre Folgen für das deutsche Gesellschaftsrecht, ZIP 2020, 1896; *Ghassemi-Tabar/Cordes* (Hrsg.), Handbuch Vorstand und Aufsichtsrat, 2. Aufl. 2023; *Gramlich/Lütke*, Das Sanktionsregmie des HinSchG, wistra 2023, 321; *Graulich*, in: Lisken/Denninger (Hrsg.), Handbuch des Polizeirechts, 7. Aufl. 2021; *Hau/Poseck* (Hrsg.), Beck'scher Online-Kommentar BGB, 67. Edition 2023; *Junker*, Das Gesetz für einen besseren Schutz hinweisgebender Personen, EuZA 2023, 1; *Lisken/Denninger* (Hrsg.), Handbuch des Polizeirechts, 7. Aufl. 2021; *Lüneborg*, Das Hinweisgeberschutzgesetz – die (un)endliche Geschichte, ZIP 2023, 941; *F. Meyer*, LuxLeaks, Cum-Ex & Co – Neue Leitlinien des EGMR für Whistleblowing in transnationalen Kontexten und gesetzgeberischer Handlungsbedarf, JZ 2023, 261; *Mojsilov/Reuther*, Hinweisgeberschutzgesetz – ein Überblick, GuP 2023, 125; *Nolte/Schoch*, Die Bedeutung des neuen Hinweisgeberschutzgesetzes für die Praxis – Teil 1, jurisPR-Compl 3/2023 Anm. 4; *Nolte/Schoch*, Die Bedeutung des neuen Hinweisgeberschutzgesetzes für die Praxis – Teil 2, jurisPR-Compl 4/2023 Anm. 5; *Pottmeyer*, Das Hinweisgeberschutzgesetz, AW-Prax 2023, 325; *Quast/Ohrloff*, Der Regierungsentwurf des Hinweisgeberschutzgesetzes, CCZ 2022, 303; *Reufels/Soltysiak*, Das neue Whistleblowing-Recht, 2023; *Rolfs/Giesen/Meßling/Udsching* (Hrsg.), Beck'scher Online-Kommentar Arbeitsrecht, 69. Edition 2023; *Schilling/Danner*, Hinweisgeber ohne Kronzeugenprivileg?, CB 2022, 371; *C. Schmidt*, Regelungsoptionen des deutschen Gesetzgebers zum Whistleblower-Schutz in Umsetzung der EU-Richtlinie 2019/1937, 2022; *Schoch/Kumar*, Der neue Entwurf eines Hinweisgeberschutzgesetzes, CB 2022, 181; *Siemes*, Die hinreichend begründete Annahme des Whistleblowers nach Art. 6 Abs. 1 lit. a Richtlinie (EU) 2019/1937 – Auslegung und Umsetzung, CCZ 2022, 293; *Steinhauser/Kreis*, Die Umsetzung der EU-Whistleblower-Richtlinie als Herausforderung für Gesetzgeber und Unternehmen, EuZA 2021, 422; *Steinhauser/Saalwächter-Hirsch/Trouvain*, Das deutsche Hinweisgeberschutzgesetz – Was lange währt, wird endlich gut?, ESG 2023, 9; *Teichmann*, Whistleblowing oder Rufmord?, GA 2023, 279; *Thüsing*, Effektiver Hinweisgeberschutz mit Augenmaß – Erste Gedanken zum neuen RefE eines Hinweisgeberschutzgesetzes (HinSchG), DB 2022, 1066; *Thüsing/Musiol*, Hinweise zum Hinweisgeberschutzgesetz, BB 2022, 2420; *Thüsing/Musiol/Peisker*, Die Umsetzung der Hinweisgeberschutzrichtlinie – Ein Stück in drei Akten?, ZGI 2023, 63; *Vitt*, Nachforschungs- und Sorgfaltspflichten des Whistleblowers? (Teil I), BB 2022, 1780; *Vitt*, Nachforschungs- und Sorgfaltspflichten des Whistleblowers? (Teil II), BB 2022, 1844; *Zimmer/Humpfrey*, Petzen? Ja, bitte! Meldesysteme nach der Whistleblower-Richtlinie der EU, BB 2022, 372.

Übersicht

	Rn.
I. Überblick	1
II. Gesetzlich vorgesehene Offenlegung (§ 32 Abs. 1)	4
1. Offenlegen von Informationen	7
2. Offenlegen nach externer Meldung (§ 32 Abs. 1 Nr. 1)	10
a) Externe Meldung	12
b) Keine geeigneten Folgemaßnahmen in der Rückmeldungsfrist	13
c) Keine fristgemäße Rückmeldung über Folgemaßnahmen	16
d) Einschränkende Auslegung?	18
3. Offenlegen bei Annahme besonderer Umstände (§ 32 Abs. 1 Nr. 2)	20
a) Hinreichender Grund zu der Annahme besonderer Umstände	22
b) Besondere Umstände	26
aa) Qualifizierte Gefährdung des öffentlichen Interesses	27
bb) Repressalien bei externer Meldung	31
cc) Geringe Aussichten auf wirksame Folgemaßnahmen	33
III. Offenlegungsverbot (§ 32 Abs. 2)	37

I. Überblick

1 § 32 ist eine Kernvorschrift des HinSchG.[1] Sie enthält Regeln für den Fall, dass hinweisgebende[2] Personen Informationen über Verstöße offenlegen.

2 § 32 Abs. 1 bestimmt die Grundvoraussetzungen dafür, dass Personen, die Informationen über Verstöße offenlegen, den Schutz des HinSchG durch die §§ 35 ff. erlangen. Wer Informationen nicht nach Maßgabe dieser Vorschrift offenlegt, den schützt das HinSchG nicht.[3] Umgekehrt garantiert allein eine Offenlegung gemäß § 32 Abs. 1 noch nicht den Schutz des HinSchG. Anders als der Wortlaut der Vorschrift nahelegt, bestimmt sie nicht abschließend, wann das HinSchG Personen schützt, die Informationen offenlegen.[4] Dafür

---

1 Gesetzentwurf der Bundesregierung vom 19.9.2022: Entwurf eines Gesetzes für einen besseren Schutz hinweisgebender Personen sowie zur Umsetzung der Richtlinie zum Schutz von Personen, die Verstöße gegen das Unionsrecht melden, BT-Drs. 20/3442, S. 2; Formulierungshilfe der Bundesregierung zum Entwurf eines Gesetzes für einen besseren Schutz hinweisgebender Personen sowie zur Umsetzung der Richtlinie zum Schutz von Personen, die Verstöße gegen das Unionsrecht melden vom 14.3.2023 (Formulierungshilfe der Bundesregierung), S. 2; Stellungnahme des Bundesverbandes der Deutschen Industrie e. V. (BDI) zum Referentenentwurf eines Gesetzes für einen besseren Schutz hinweisgebender Personen sowie zur Umsetzung der Richtlinie zum Schutz von Personen, die Verstöße gegen das Unionsrecht melden vom 11.5.2022, S. 14.

2 Mit einer Kritik an dieser gesetzlichen Formulierung *Junker*, EuZA 2023, 1.

3 Gesetzentwurf der Bundesregierung, BT-Drs. 20/3442, S. 92; Formulierungshilfe der Bundesregierung, S. 94; *Bayreuther*, DB 2023, 1537, 1542; *Dzida/Seibt*, NZA 2023, 657, 663 f.

4 Missverständlich *Reufels/Soltysiak*, Das neue Whistleblowing-Recht, S. 93; *Pottmeyer*, AW-Prax 2023, 325, 329.

stellt § 33 Abs. 1 insgesamt drei Voraussetzungen auf:[5] Erstens muss eine Offenlegung nach § 32 Abs. 1 erfolgen. Zweitens muss die hinweisgebende Person zum Zeitpunkt der Offenlegung hinreichenden Grund zu der Annahme haben, dass die verbreiteten Informationen wahr sind (§ 33 Abs. 1 Nr. 2). Drittens muss die hinweisgebende Person zum Zeitpunkt der Offenlegung hinreichenden Grund zu der Annahme haben, dass die Informationen Verstöße betreffen, die in den Anwendungsbereich des HinSchG fallen (§ 33 Abs. 1 Nr. 3). Eine Offenlegung gemäß § 32 Abs. 1 ist damit nur eine notwendige, aber noch keine hinreichende Bedingung dafür, dass das HinSchG die hinweisgebende Person schützt.

3 § 32 Abs. 2 statuiert ein Verbot, unrichtige Informationen offenzulegen. Eine Pflicht, Informationen über Verstöße offenzulegen, kennt das Gesetz nicht.[6]

II. Gesetzlich vorgesehene Offenlegung (§ 32 Abs. 1)

4 § 32 Abs. 1 bestimmt, wann das Offenlegen von Informationen gesetzlich vorgesehen ist. Die geregelten Fälle lassen sich in zwei Kategorien unterteilen: § 32 Abs. 1 Nr. 1 betrifft Szenarien, in denen eine Person Informationen extern meldet, die externe Stelle die Meldung aber nicht wie gesetzlich vorgesehen bearbeitet. Konkret ist danach das Offenlegen von Informationen erlaubt, wenn die externe Meldestelle innerhalb der Fristen für eine Rückmeldung keine geeigneten Folgemaßnahmen ergriffen hat oder wenn die hinweisgebende Person keine Rückmeldung über Folgemaßnahmen erhalten hat. § 32 Abs. 1 Nr. 2 erlaubt das Offenlegen von Informationen bei qualifizierten Verdachtsmomenten. Eine vorherige interne oder externe Meldung ist in diesen Szenarien nicht erforderlich. Konkret dürfen hinweisgebende Personen Informationen offenlegen, wenn sie hinreichenden Grund zu der Annahme haben, dass das öffentliche Interesse qualifiziert gefährdet ist, dass bei einer externen Meldung Repressalien drohen oder dass die externe Meldestelle keine wirksamen Folgemaßnahmen einleiten wird.

---

5 *Dzida/Seibt*, NZA 2023, 657, 663 f.; *Bruns*, in: Rolfs/Giesen/Meßling/Udsching, BeckOK Arbeitsrecht, § 33 HinSchG Rn. 1 ff.; *ders.*, NJW 2023, 1609, 1612 f.; *Pottmeyer*, AW-Prax 2023, 325, 329.

6 Siehe etwa *N. Fischer*, Hinweisgebersysteme im Lichte der EU-Richtlinie 2019/1937 unter besonderer Betrachtung der Vertraulichkeitszusicherung, S. 121 f.

§ 32 Abs. 1 regelt eine **Ausnahme**.[7] Gemäß § 33 Abs. 1 wird eine Person, die Informationen über Verstöße offenlegt, nur unter den zusätzlichen Voraussetzungen des § 32 Abs. 1 durch das HinSchG geschützt. Dagegen beschränkt § 33 Abs. 1 den gesetzlichen Schutz nach einer internen oder externen Meldung nicht auf besondere Fälle. Systematisch ist der gesetzliche Schutz nach einer internen oder externen Meldung daher der Normalfall. Dagegen wurde das privilegierte Offenlegen von Informationen als Ausnahme konzipiert.[8] **5**

Mit § 32 Abs. 1 verfolgt der Gesetzgeber drei **Regelungsziele**: Erstens soll die Vorschrift Art. 15 HinSch-RL[9] umsetzen, der unionsrechtliche Vorgaben für die nationalen Regeln zum Offenlegen von Informationen enthält. Zweitens soll § 32 Abs. 1 Rechtssicherheit schaffen. Bislang fehlte eine allgemeine[10] Regelung dafür, wann hinweisgebende Personen Informationen offenlegen dürfen.[11] Für ein wenig Orientierung bei dieser Rechtsfrage haben bislang allenfalls die Rechtsprechung der Arbeitsgerichte[12] sowie die EGMR-Judika- **6**

7 Gesetzentwurf der Bundesregierung, BT-Drs. 20/3442, S. 35 u. 90; Formulierungshilfe der Bundesregierung, S. 40 u. 92; *Bayreuther*, DB 2023, 1537, 1542; *Quast/Ohrloff*, CCZ 2022, 303, 305; *Gramlich/Lütke*, wistra 2023, 321, 322; *Nolte/Schoch*, jurisPR-Compl 4/2023 Anm. 5. Zum Ausnahmecharakter der Offenlegung nach der alten Rechtslage *C. Schmidt*, Regelungsoptionen des deutschen Gesetzgebers zum Whistleblower-Schutz in Umsetzung der EU-Richtlinie 2019/1937, S. 75 ff.; *Reufels/Soltysiak*, Das neue Whistleblowing-Recht, S. 93; *Mojsilov/Reuther*, GuP 2023, 125, 130.

8 Gesetzentwurf der Bundesregierung, BT-Drs. 20/3442, S. 35 u. 90; Formulierungshilfe der Bundesregierung, S. 40 u. 92; *Nolte/Schoch*, jurisPR-Compl 4/2023 Anm. 5.

9 RL 2019/1937/EU des Europäischen Parlaments und des Rates vom 23.10.2019 zum Schutz von Personen, die Verstöße gegen das Unionsrecht melden (hier und im Folgenden: HinSch-RL), ABl. 2019 Nr. L 305, 17, geändert durch VO (EU) 2020/1503, ABl. 2020 Nr. L 347, 1; zu der HinSch-RL siehe etwa *Dzida/Granetzny*, NZA 2020, 1201; *Gerdemann/Spindler*, ZIP 2020, 1896; *Zimmer/Humpfrey*, BB 2022, 372; *Brinkmann/Blank*, BB 2021, 2475; zu Art. 15 HinSch-RL siehe *C. Schmidt*, Regelungsoptionen des deutschen Gesetzgebers zum Whistleblower-Schutz in Umsetzung der EU-Richtlinie 2019/1937, S. 135 ff.

10 Zu sektoral begrenzten Whistleblowing-Regeln siehe *Steinhauser/Kreis*, EuZA 2021, 422, 425.

11 Gesetzentwurf der Bundesregierung, BT-Drs. 20/3442, S. 1. Formulierungshilfe der Bundesregierung, S. 1. Mit Kritik an der unklaren Rechtslage und den sich daraus ergebenden Schwierigkeiten für hinweisgebende Personen *C. Schmidt*, Regelungsoptionen des deutschen Gesetzgebers zum Whistleblower-Schutz in Umsetzung der EU-Richtlinie 2019/1937, S. 75 ff.

12 In Auswahl: BAG, 31.7.2014, 2 AZR 505/13, NZA 2015, 245; BAG, 3.7.2003, 2 AZR 235/02, NZA 2004, 427. Mit einem Überblick zu der BAG-Judikatur zum „(externen) Whistleblowing" *C. Schmidt*, Regelungsoptionen des deutschen Gesetzgebers zum Whistleblower-Schutz in Umsetzung der EU-Richtlinie 2019/1937, S. 72 ff.

tur[13] gesorgt. Nun soll § 32 Abs. 1 vorhersehbar regeln, wann Informationen offengelegt werden dürfen. Drittens soll § 32 Abs. 1 das privilegierte Offenlegen von Informationen im Einklang mit der EGMR-Spruchpraxis zum Whistleblowing ermöglichen.[14] Um diese drei Ziele zu erreichen, hat der Gesetzgeber in § 32 Abs. 1 die Voraussetzungen bestimmt, unter denen eine Person Informationen über Verstöße offenlegen darf.[15]

1. Offenlegen von Informationen

7 § 32 Abs. 1 erlaubt in Ausnahmefällen, Informationen über Verstöße offenzulegen. Der Begriff „Offenlegung" ist in § 3 Abs. 5 legaldefiniert. Er bezeichnet das Zugänglichmachen von Informationen über Verstöße (§ 3 Abs. 2) gegenüber der Öffentlichkeit. Unerheblich soll sein, wie die Informationen öffentlich zugänglich gemacht werden. Denkbar seien zum Beispiel Medienberichte oder das Verbreiten über soziale Netzwerke.[16]

8 Die Voraussetzungen für den Schutz hinweisgebender Personen hängen davon ab, ob eine Weitergabe von Informationen als Offenlegung zu bewerten ist. Ist das der Fall, greift der gesetzliche Schutz nur, wenn die Offenlegung nach Maßgabe von § 32 Abs. 1 erfolgt. Nach einer gesetzlich nicht vorgesehenen Offenlegung ist es nicht mehr möglich, den Schutz durch das HinSchG zu erlangen. Auch wenn zu einem späteren Zeitpunkt die Voraussetzungen des § 32 Abs. 1 erfüllt sind, ist das erneute Verbreiten bereits öffentlich zugänglicher Informationen keine Offenlegung im Sinne des § 3 Abs. 5. Nach einer gesetzeswidrigen Offenlegung dürfte eine interne oder externe Meldung den Schutz

---

13 Siehe dazu in jüngerer Zeit das Grundsatzurteil des EGMR, 14.2.2023, 21884/18 – Halet v. Luxemburg m. Anm. *Redder*, NVwZ 2023, 657 u. m. instruktiver Bespr. *F. Meyer*, JZ 2023, 261.

14 Gesetzentwurf der Bundesregierung, BT-Drs. 20/3442, S. 35; Formulierungshilfe der Bundesregierung, S. 40.

15 Gesetzentwurf der Bundesregierung, BT-Drs. 20/3442, S. 1, 35 u. 90 ff.; Formulierungshilfe der Bundesregierung, S. 1, 40 u. 92; Stellungnahme der Gesellschaft für Freiheitsrechte (GFF) zum Referentenentwurf des Bundesministeriums der Justiz – Entwurf eines Gesetzes für einen besseren Schutz hinweisgebender Personen sowie zur Umsetzung der Richtlinie zum Schutz von Personen, die Verstöße gegen das Unionsrecht melden vom 22.4.2022, S. 3; Stellungnahme von *Dr. Simon Gerdemann* zum Referentenentwurf des Bundesministeriums der Justiz für ein Gesetz für einen besseren Schutz hinweisgebender Personen sowie zur Umsetzung der Richtlinie zum Schutz von Personen, die Verstöße gegen das Unionsrecht melden vom 11.5.2022, S. 13 f.

16 Gesetzentwurf der Bundesregierung, BT-Drs. 20/3442, S. 90; Formulierungshilfe der Bundesregierung, S. 92; *Bruns*, in: Rolfs/Giesen/Meßling/Udsching, BeckOK Arbeitsrecht, § 32 HinSchG Rn. 2; *Garden/Hiéramente*, BB 2019, 963, 967; *Reufels/Soltysiak*, Das neue Whistleblowing-Recht, S. 93: Information eines Fernsehsenders.

des HinSchG nicht auslösen.[17] Vor diesem Hintergrund riskiert zum Beispiel eine hinweisgebende Person den gesetzlichen Schutz, wenn sie Informationen über einen Verstoß im betriebsinternen Intranet verbreitet, ohne dabei die Schranken des § 32 Abs. 1 zu beachten. Je nach Einzelfall kann schon die betriebsinterne Verbreitung von Informationen als Offenlegung zu bewerten sein.[18]

Keine Offenlegung ist die Mitteilung eines Verstoßes gegenüber sogenannten **Drittbehörden**, also Behörden, die keine externen Meldestellen sind.[19] Dies gilt etwa für eine Strafanzeige wegen des Verstoßes gegenüber der Polizei oder Staatsanwaltschaft. Denn Informationen, die Behörden anvertraut werden, sind nicht öffentlich zugänglich.[20] Eine Strafanzeige kann daher unabhängig von den Schranken des § 32 Abs. 1 erfolgen. Zugleich gilt aber auch: Weil eine Strafanzeige weder als Offenlegung noch als externe Meldung zu qualifizieren ist,[21] löst sie den Schutz durch das HinSchG nicht aus. Diskutabel scheint es aber, den Schutz des HinSchG über eine analoge Anwendung des § 32 Abs. 1 zu gewähren, wenn eine hinweisgebende Person unter den Voraussetzungen des § 32 Abs. 1 von einer Offenlegung absieht und stattdessen die sachlich zuständige Behörde informiert. Denn wenn die hinweisgebende Person sogar durch die Offenlegung den Schutz des HinSchG erlangen kann (§ 33 Abs. 1), sollte das erst recht gelten, wenn sie ein milderes Mittel wählt und die zuständige Behörde informiert.[22] 9

2. Offenlegen nach externer Meldung (§ 32 Abs. 1 Nr. 1)

§ 32 Abs. 1 Nr. 1 betrifft Fälle, in denen eine Person Informationen extern meldet, die externe Stelle die Meldung aber nicht wie gesetzlich vorgesehen bearbeitet. Konkret ist das Offenlegen von Informationen erlaubt, wenn die externe Meldestelle innerhalb der Fristen für eine Rückmeldung keine geeigneten Fol- 10

17 Im Ergebnis *Dzida/Seibt*, NZA 2023, 657, 659.

18 *Dzida/Seibt*, NZA 2023, 657, 659.

19 Dazu *Bayreuther*, DB 2023, 1537, 1543; *Steinhauser/Kreis*, EuZA 2021, 422, 427 f., 437; *Colneric/Gerdemann*, Die Umsetzung der Whistleblower-Richtlinie in deutsches Recht, S. 64 f.

20 *Bayreuther*, DB 2023, 1537, 1543; Stellungnahme der Bundesrechtsanwaltskammer (BRAK) Nr. 22/2022 aus Mai 2022, S. 8, 9; wohl auch *Bruns*, in: Rolfs/Giesen/Meßling/Udsching, BeckOK Arbeitsrecht, § 32 HinSchG Rn. 3; *ders.*, NJW 2023, 1609, 1612; *Schilling/Danner*, CB 2022, 371, 374; *Steinhauser/Kreis*, EuZA 2021, 422, 437.

21 *Bayreuther*, DB 2023, 1537, 1543; *Schilling/Danner*, CB 2022, 371, 373 f. Erwägungsgrund 64 HinSch-RL lässt sich entnehmen, dass der europäische Gesetzgeber eine solche Einordnung ebenfalls nicht für zwingend erachtet hat.

22 Treffend *Bayreuther*, DB 2023, 1537, 1543; siehe auch *Steinhauser/Kreis*, EuZA 2021, 422, 437; *Baunack/Nielebock*, jurisPR-ArbR 41/2022 Anm. 1.

gemaßnahmen ergriffen hat oder wenn die hinweisgebende Person keine Rückmeldung über Folgemaßnahmen erhalten hat. Diese Regelung soll die Vorgaben von Art. 15 Abs. 1 lit. a HinSch-RL umsetzen.[23]

11 § 32 Abs. 1 Nr. 1 bestimmt ausschließlich, ob das Gesetz das unmittelbare Offenlegen der Informationen vorsieht. Der Schutz durch das HinSchG hat allerdings weitere Voraussetzungen (§ 33 Abs. 1). Zusätzlich muss die hinweisgebende Person zum Zeitpunkt der Offenlegung hinreichenden Grund zu der Annahme haben, dass die verbreiteten Informationen wahr sind und in den Anwendungsbereich des HinSchG fallen (§ 33 Abs. 1 Nr. 2 u. Nr. 3).

a) Externe Meldung

12 Grundvoraussetzung für eine gesetzlich vorgesehene Offenlegung nach § 32 Abs. 1 Nr. 1 ist eine externe Meldung (§§ 27 ff.). § 3 Abs. 4 definiert eine Meldung als Mitteilung von Informationen über Verstöße an interne oder externe Meldestellen. Als externe Meldestelle bezeichnet das Gesetz die Meldestellen des Bundes (§ 19 Abs. 1 Satz 1; § 23),[24] die Meldestellen der Länder (§ 20), die Bundesanstalt für Finanzdienstleistungsaufsicht (§ 21 Satz 1) und das Bundeskartellamt (§ 22 Abs. 1 Satz 1). Keine externe Meldung ist danach eine Strafanzeige gegenüber der Polizei oder der Staatsanwaltschaft.[25] Sofern eine externe Meldung erfolgt ist, erlaubt § 32 Abs. 1 Nr. 1 das Offenlegen von Informationen, wenn die informierte Behörde die Meldung nicht wie gesetzlich vorgesehen bearbeitet. Aus praktischer Sicht sollten hinweisgebende Personen, die eine Offenlegung in Betracht ziehen, im Fall einer externen Meldung sowohl die Abgabe der Meldung als auch den Zugang der Rückmeldung dokumentieren.[26] Nur so können sie nachweisen, dass die Voraussetzungen des § 32 Abs. 1 Nr. 1 im Zeitpunkt der Offenlegung erfüllt waren.

---

23 Gesetzentwurf der Bundesregierung, BT-Drs. 20/3442, S. 90; Formulierungshilfe der Bundesregierung, S. 92.

24 Einen Überblick zu der geplanten Besetzung bieten *Fuhlrott/Henckel*, ArbRAktuell 2022, 441, 443.

25 Treffend *Bayreuther*, DB 2023, 1537, 1543; *Schilling/Danner*, CB 2022, 371, 373 f.; so wohl auch *Teichmann*, GA 2023, 279, 288; zweifelnd *Bruns*, in: Rolfs/Giesen/Meßling/Udsching, BeckOK Arbeitsrecht, § 32 HinSchG Rn. 3; *ders.*, NJW 2023, 1609, 1612; siehe auch *Steinhauser/Kreis*, EuZA 2021, 422, 437.

26 *Bruns*, in: Rolfs/Giesen/Meßling/Udsching, BeckOK Arbeitsrecht, § 32 HinSchG Rn. 4.

b) Keine geeigneten Folgemaßnahmen in der Rückmeldungsfrist

Nach § 32 Abs. 1 Nr. 1 lit. a dürfen Informationen über Verstöße offengelegt werden, wenn die informierte Behörde innerhalb der gesetzlichen Frist für eine Rückmeldung keine geeigneten Folgemaßnahmen ergreift.[27] **13**

§ 28 Abs. 4 regelt die **Rückmeldungsfrist**. Danach erhält die hinweisgebende Person auf ihre Meldung grundsätzlich spätestens nach drei Monaten eine Rückmeldung (§ 28 Abs. 4 Satz 1 u. 2). Wenn die Bearbeitung umfangreich ist, beträgt die Frist sechs Monate (§ 28 Abs. 4 Satz 3). Je nach Einzelfall muss die informierte Behörde demnach innerhalb von drei oder sechs Monaten nach Eingang der Meldung eine geeignete Folgemaßnahme ergreifen. § 29 ermächtigt die externen Meldestellen zu abschließend aufgezählten[28] **Folgemaßnahmen** (näher hierzu § 29 Rn. 1 ff.). Nach pflichtgemäßem Ermessen können sie Auskünfte verlangen (§ 29 Abs. 1), betroffene Beschäftigungsgeber kontaktieren (§ 29 Abs. 2 Nr. 1), die hinweisgebende Person an eine zuständige Stelle verweisen (§ 29 Abs. 2 Nr. 2), das Verfahren aus Mangel an Beweisen abschließen (§ 29 Abs. 2 Nr. 3) oder es an eine zuständige Behörde zwecks weiterer Untersuchung abgeben (§ 29 Abs. 2 Nr. 4). **14**

Nach welchen Kriterien die **Eignung** der Folgemaßnahmen i. S. d. § 32 Abs. 1 Nr. 1 lit. a zu bewerten ist, bestimmt das Gesetz nicht. In den Materialien heißt es, die „Angemessenheit" der Folgemaßnahmen richte sich nach objektiven Kriterien und hänge von den fallspezifischen Umständen und von der Art der verletzten Vorschrift ab.[29] Klarstellend wird ergänzt, dass eine „angemessene" Folgemaßnahme auch die Entscheidung sein könne, das Verfahren abzuschließen, weil der gemeldete Verstoß eindeutig geringfügig sei und keine weiteren Folgemaßnahmen erfordere.[30] **15**

c) Keine fristgemäße Rückmeldung über Folgemaßnahmen

Nach § 32 Abs. 1 Nr. 1 lit. b dürfen hinweisgebende Personen Informationen über Verstöße offenlegen, wenn sie nach einer externen Meldung **keine Rückmeldung** über das Ergreifen geeigneter Folgemaßnahmen erhalten haben. **16**

---

27 Eine erhebliche Praxisrelevanz sieht *Gerdemann*, ZRP 2022, 98, 100. Die Regelung verhindere eine „formelhafte Rückmeldepraxis" und schaffe Anreize für die effektive Ermittlung gemeldeter Verstöße.

28 Gesetzentwurf der Bundesregierung, BT-Drs. 20/3442, S. 88; Formulierungshilfe der Bundesregierung, S. 89; *Nolte/Schoch*, jurisPR-Compl 3/2023 Anm. 4.

29 Gesetzentwurf der Bundesregierung, BT-Drs. 20/3442, S. 90; Formulierungshilfe der Bundesregierung, S. 92; *Bruns*, in: Rolfs/Giesen/Meßling/Udsching, BeckOK Arbeitsrecht, § 32 HinSchG Rn. 10 b; *Reufels/Soltysiak*, Das neue Whistleblowing-Recht, S. 93.

30 Gesetzentwurf der Bundesregierung, BT-Drs. 20/3442, S. 90; Formulierungshilfe der Bundesregierung, S. 92.

Nach § 28 Abs. 4 Satz 2 muss die Rückmeldung auf die Meldung spätestens nach drei Monaten erfolgen. Wenn die Bearbeitung umfangreich ist, beträgt die Frist sechs Monate (§ 28 Abs. 4 Satz 3). Erhält die hinweisgebende Person innerhalb von drei oder sechs Monaten keine Rückmeldung über geeignete Folgemaßnahmen, darf sie die gemeldeten Informationen offenlegen.

17 § 32 Abs. 1 Nr. 1 lit. b gestattet die Offenlegung nicht bei einer unbegründeten Rückmeldung. Wenn eine Rückmeldung fristgemäß erfolgt, diese aber den gesetzlichen Vorgaben für den Inhalt nicht genügt, also zum Beispiel die Fristverlängerung (§ 28 Abs. 4 Satz 4) oder die ergriffenen Maßnahmen nicht begründet werden (§ 28 Abs. 4 Satz 5 i.V.m. § 17 Abs. 2 Satz 2), bleibt dies folgenlos. Der Wortlaut der Vorschrift ist eindeutig. Die Offenlegung ist nur bei „keiner Rückmeldung" vorgesehen, nicht etwa bei einer unvollständigen oder unbegründeten Rückmeldung. Ferner finden sich in den Materialien keine Anhaltspunkte dafür, dass der Gesetzgeber auch in diesem Szenario eine gesetzlich privilegierte Offenlegung vorsehen wollte.

d) Einschränkende Auslegung?

18 § 32 Abs. 1 Nr. 1 ist erheblicher **Kritik** ausgesetzt. Im Kern wird bemängelt, dass die Norm die Rechte der Personen und Unternehmen nicht ausreichend berücksichtige, denen die Offenlegung möglicherweise unrichtiger Informationen schade.[31] Erfülle die externe Meldestelle die gesetzlichen Vorgaben bei der Bearbeitung einer Meldung nicht, drohe die Offenlegung mitunter unrichtiger Informationen über vermeintliche Verstöße. Dies benachteilige Unternehmen, Behörden oder Einzelpersonen, obwohl diese das „Ob" einer Offenlegung nicht beeinflussen könnten.[32] Kurz: Wegen § 32 Abs. 1 Nr. 1 würden sich „Versäumnisse" der externen Meldestelle unmittelbar zulasten von Unternehmen, Behörden und Personen auswirken.[33] Das Risiko dafür sei hoch. Denn – zum einen – sei die gesetzliche Frist von höchstens sechs Monaten knapp bemessen, um komplexe Sachverhalte zu bearbeiten.[34] Zum anderen drohe aus verschiedenen Gründen eine Überlastung der externen Meldestellen (Band-

---

31 Siehe etwa *Schoch/Kumar*, CB 2022, 181, 184; *Thüsing/Musiol*, BB 2022, 2420, 2422; *Bayreuther*, DB 2023, 1537, 1542 f.

32 *Bruns*, in: Rolfs/Giesen/Meßling/Udsching, BeckOK Arbeitsrecht, § 32 HinSchG Rn. 5; *Thüsing/Musiol*, BB 2022, 2420, 2422; *Bayreuther*, DB 2023, 1537, 1542.

33 *Thüsing/Musiol*, BB 2022, 2420, 2422; *Lüneborg*, ZIP 2023, 941, 945; *Schoch/Kumar*, CB 2022, 181, 185; *Cordes*, in: Ghassemi-Tabar/Cordes, Handbuch Vorstand und Aufsichtsrat, S. 1377.

34 *Bayreuther*, DB 2023, 1537, 1542; *Bruns*, in: Rolfs/Giesen/Meßling/Udsching, BeckOK Arbeitsrecht, § 32 HinSchG Rn. 5; *Schoch/Kumar*, CB 2022, 181, 184; *Thüsing/Musiol*, BB 2022, 2420, 2422.

breite möglicher Verstöße, unzureichende Ressourcen).[35] Vor diesem Hintergrund ist es nicht unbedenklich, dass § 32 Abs. 1 Nr. 1 lit. b das privilegierte Offenlegen von Informationen nach einer externen Meldung schon ermöglicht, wenn die hinweisgebende Person keine fristgemäße Rückmeldung über geeignete Folgemaßnahmen erhält.[36]

Aufgrund der beachtlichen Kritik an § 32 Abs. 1 Nr. 1, die Vorschrift schütze die Rechte der von einer Offenlegung Betroffenen nicht ausreichend, ist eine **einschränkende Auslegung** zu diskutieren.[37] Insofern ist festzuhalten, dass auch der EGMR in seiner Spruchpraxis zum Whistleblowing stets die Rechte derjenigen betont hat, denen öffentlich ein Verstoß vorgeworfen wird.[38] Darüber hinaus sollen die HinSch-RL[39] und das HinSchG[40] zumindest auch die von einer Offenlegung Betroffenen schützen. Deren Interessen werden durch § 32 Abs. 1 Nr. 1 aber nicht berücksichtigt. Zudem lässt sich bestreiten, dass die Vorschrift in allen Varianten Szenarien beschreibt, die eine Offenlegung angemessen erscheinen lassen. Es streiten daher gute Gründe dafür, § 32 Abs. 1 Nr. 1 restriktiv auszulegen. Jedenfalls in Extremfällen scheint eine Korrektur geboten. Um dies zu erreichen, wäre es denkbar, die Offenlegung nach § 32 Abs. 1 Nr. 1 unter den Vorbehalt der Verhältnismäßigkeit zu stellen.[41] **19**

3. Offenlegen bei Annahme besonderer Umstände (§ 32 Abs. 1 Nr. 2)

§ 32 Abs. 1 Nr. 2 erlaubt das Offenlegen von Informationen bei besonderen Verdachtsmomenten. Nicht erforderlich ist eine vorherige interne oder externe Meldung. Konkret dürfen Personen Informationen offenlegen, wenn sie hinreichenden Grund zu der Annahme haben, dass (i) das öffentliche Interesse qualifiziert gefährdet ist, (ii) bei einer externen Meldung Repressalien drohen oder (iii) die externe Meldestelle keine wirksamen Folgemaßnahmen einleiten wird. **20**

§ 32 Abs. 1 Nr. 2 bestimmt allein, ob das Gesetz das unmittelbare Offenlegen der Informationen vorsieht. Um den Schutz des HinSchG zu erlangen, muss die hinweisgebende Person allerdings weitere Voraussetzungen erfüllen (siehe **21**

---

35 *Thüsing*, DB 2022, 1066, 1068; ferner *Thüsing/Musiol*, BB 2022, 2422; *Thüsing/Musiol/Peisker*, ZGI 2023, 63; siehe auch *Bayreuther*, DB 2023, 1537, 1542.

36 *Schoch/Kumar*, CB 2022, 181, 185.

37 *Bayreuther*, DB 2023, 1537, 1542.

38 EGMR, 12.2.2008, 14277/04, Rn. 75 – Guja v. Moldawien; EGMR, 21.7.2011, 28274/08, Rn. 67 – Heinisch v. Deutschland; EGMR, 16.2.2021, 23922/19, Rn. 77 – Gawlik v. Liechtenstein.

39 Siehe Art. 22 HinSch-RL.

40 § 1 Abs. 2 HinSchG.

41 Dazu *Bayreuther*, DB 2023, 1537, 1542 f.; *ders.*, NZA-Beilage 2020, 20, 24; *Fehr/Refenius*, CCZ 2023, 220, 222.

§ 33 Abs. 1). Zusätzlich muss die hinweisgebende Person zum Zeitpunkt der Offenlegung hinreichenden Grund zu der Annahme haben, dass die verbreiteten Informationen wahr sind und in den Anwendungsbereich des HinSchG fallen (§ 33 Abs. 1 Nr. 2 u. Nr. 3).

a) Hinreichender Grund zu der Annahme besonderer Umstände

22 § 32 Abs. 1 Nr. 2 erlaubt die Offenlegung von Informationen, wenn die hinweisgebende Person „hinreichenden Grund zu der Annahme" hat, dass besondere Umstände vorliegen.[42] Es handelt sich um das zentrale Merkmal der Vorschrift.[43] Zum einen soll es die unmittelbare Offenlegung auf Ausnahmefälle begrenzen und so die Interessen der von der Offenlegung Betroffenen schützen. Damit sei gesichert, dass das HinSchG böswillige oder missbräuchliche Offenlegungen nicht privilegiere. Zum anderen soll § 32 Abs. 1 Nr. 2 gewährleisten, dass hinweisgebende Personen durch eine unmittelbare Offenlegung wirksam auf qualifizierte Verstöße oder besondere Umstände reagieren können.[44] Deshalb werden hinweisgebende Personen geschützt, wenn sie gutgläubig einen Sonderfall annehmen und unrichtige Informationen über Verstöße unmittelbar offenlegen.[45] Unerheblich sind dabei die Motive für die Offenlegung.[46]

---

42 Für eine erste Orientierung zum Begriff „hinreichender Grund" siehe *Bayreuther*, DB 2023, 1537, 1541 f.; *Steinhauser/Kreis*, EuZA 2021, 422, 427 f. u. 435; *Reufels/Soltysiak*, Das neue Whistleblowing-Recht, S. 94. Zu einer vergleichbaren Formulierung in Art. 6 Abs. 1 lit. a HinSch-RL, die durch § 33 umgesetzt wurde, siehe *Siemes*, CCZ 2022, 293.

43 Im Verhältnis zu der großen Bedeutung dieser Formulierung für das HinSchG finden sich dazu nur relativ wenige Hinweise. Eine orientierungsstiftende Legaldefinition fehlt. Angemerkt sei, dass das HinSchG diese oder ähnliche Formulierungen mehrfach verwendet (siehe nur § 3 Abs. 3, § 6 Abs. 1 Nr. 1, Abs. 2 Nr. 1, § 8 Abs. 1 Nr. 1, § 9 Abs. 1, § 33 Abs. 1 Nr. 2 und 3, § 35 Abs. 2); kritisch dazu *Bayreuther*, DB 2023, 1537, 1541 f.

44 Zum Vorstehenden Gesetzentwurf der Bundesregierung, BT-Drs. 20/3442, S. 90 u. 91; Formulierungshilfe der Bundesregierung, S. 92; siehe auch Erwägungsgrund 32 u. 43 HinSch-RL.

45 Gesetzentwurf der Bundesregierung, BT-Drs. 20/3442, S. 91; Formulierungshilfe der Bundesregierung, S. 92.

46 Gesetzentwurf der Bundesregierung, BT-Drs. 20/3442, S. 33 u. 92; Formulierungshilfe der Bundesregierung, S. 37 u. 94; *Steinhauser/Kreis*, EuZA 2021, 422, 435; *Steinhauser/Saalwächter-Hirsch/Trouvain*, ESG 2023, 9, 12; *N. Fischer*, Hinweisgebersysteme im Lichte der EU-Richtlinie 2019/1937 unter besonderer Betrachtung der Vertraulichkeitszusicherung, S. 84; *Gerdemann*, ZRP 2021, 37, 39; *Bruns*, in: Rolfs/Giesen/Meßling/Udsching, BeckOK Arbeitsrecht, § 32 HinSchG Rn. 6; *Thüsing*, DB 2022, 1066, 1067; *Mojsilov/Reuther*, GuP 2023, 125, 131.

23 Nach dem Wortlaut des § 32 Abs. 1 Nr. 2 muss der hinreichende Grund zu der Annahme eines Sonderfalles im Zeitpunkt der Offenlegung bestehen.[47] Das ist nach § 3 Abs. 5 in dem Moment der Fall, in dem Informationen über Verstöße öffentlich zugänglich gemacht werden. Zu diesem Zeitpunkt müssen Tatsachen die Annahme eines Sonderfalles „hinreichend" begründen. Ob die jeweiligen tatsächlichen Umstände als „hinreichender Grund zu der Annahme" eines Sonderfalles zu bewerten sind, muss aus **Ex-ante-Sicht** geprüft werden. Maßgeblich ist, ob ein **objektiver Dritter** aufgrund von Tatsachen einen Sonderfall angenommen hätte.[48] Nicht ausreichend sind bloße Spekulationen, haltlose Vermutungen oder das Vertrauen auf Gerüchte.[49]

24 Der Gesetzgeber stellt wegen der Folgen einer Offenlegung hohe Anforderungen an den „guten Glauben" im Sinne des § 32 Abs. 1 Nr. 2.[50] Die Offenlegung dürfe nicht leichtfertig ohne ein zumutbares Bemühen um Verifizierung erfolgen.[51] Nicht zumutbar seien solche Bemühungen bereits dann, wenn die hinweisgebende Person fürchte, dadurch entdeckt zu werden oder sich dadurch vor einer Offenlegung der Gefahr von Repressalien auszusetzen.[52] Ein höherer

---

47 *Reufels/Soltysiak*, Das neue Whistleblowing-Recht, S. 94; *Steinhauser/Kreis*, EuZA 2021, 422, 427 u. 435; *Steinhauser/Saalwächter-Hirsch/Trouvain*, ESG 2023, 9, 12. In § 32 Abs. 1 Nr. 2 heißt es: „Personen, die Informationen […] offenlegen, fallen unter die Schutzmaßnahmen dieses Gesetzes, wenn sie […] hinreichenden Grund zu der Annahme hatten, dass […]". § 33 Abs. 1 Nr. 2 stellt ausdrücklich auf den Zeitpunkt der Offenlegung ab.

48 Gesetzentwurf der Bundesregierung, BT-Drs. 20/3442, S. 91 u. 92; Formulierungshilfe der Bundesregierung, S. 92 u. 94; *Reufels/Soltysiak*, Das neue Whistleblowing-Recht, S. 94; *Steinhauser/Saalwächter-Hirsch/Trouvain*, ESG 2023, 9, 12; *Brobeil*, Die Auswirkungen der Richtlinie (EU) 2019/1937 auf Arbeitnehmer-Hinweisgeber, 2022, S. 157; zum Verdachtsgrad *Teichmann*, GA 2023, 279, 290.

49 Erwägungsgrund 43 HinSch-RL; Gesetzentwurf der Bundesregierung, BT-Drs. 20/3442, S. 92; Formulierungshilfe der Bundesregierung, S. 94; *Steinhauser/Saalwächter-Hirsch/Trouvain*, ESG 2023, 9, 12; *N. Fischer*, Hinweisgebersysteme im Lichte der EU-Richtlinie 2019/1937 unter besonderer Betrachtung der Vertraulichkeitszusicherung, S. 85.

50 Gesetzentwurf der Bundesregierung, BT-Drs. 20/3442, S. 91; Formulierungshilfe der Bundesregierung, S. 92; *Benkert*, NJW-Spezial 2023, 434, 435; *Bayreuther*, DB 2023, 1537, 1541 f.; *Reufels/Soltysiak*, Das neue Whistleblowing-Recht, S. 94; *Steinhauser/Saalwächter-Hirsch/Trouvain*, ESG 2023, 9, 12.

51 *Benkert*, NJW-Spezial 2023, 434, 435; *Bayreuther*, DB 2023, 1537, 1541 f.; *Thüsing*, DB 2022, 1066, 1067; *Thüsing/Musiol*, BB 2022, 2420, 2421; *Gerdemann*, NJW 2021, 2324, 2327; *Vitt*, BB 2022, 1844, 1847; zuvor bereits *Vitt*, BB 2022, 1780 ff.

52 Gesetzentwurf der Bundesregierung, BT-Drs. 20/3442, S. 92; Formulierungshilfe der Bundesregierung, S. 94; *Dzida/Seibt*, NZA 2023, 657, 663. Zu Recht kritisieren *Thüsing/Musiol* (BB 2022, 2420, 2421), dass die Gesetzesbegründung insoweit auf die Befürchtung der hinweisgebenden Person abstellt. Mit Blick auf die Folgen einer Offenlegung für Dritte ist auch hier ein objektiver Maßstab zu fordern. Es muss tatsächliche Anhaltspunkte dafür geben, dass Aufklärungsmaßnahmen nicht zumutbar waren.

Sorgfaltsstandard treffe die hinweisgebende Person, wenn im Fall der Offenlegung gravierende und irreparable Schäden für Unternehmen und natürliche Personen zu befürchten seien. Im Einzelfall könne es sogar zumutbar sein, vor der Offenlegung qualifizierten Rat einzuholen.[53]

25 Im Ergebnis gilt ein **flexibler Sorgfaltsstandard**. Je gravierender die antizipierten Folgen einer unmittelbaren Offenlegung sind, desto wahrscheinlicher muss ein gesetzlicher Sonderfall dieses Vorgehen rechtfertigen.[54] Je leichter und risikoloser die hinweisgebende Person die Annahme eines Sonderfalles überprüfen kann, desto eher ist ihr dies zuzumuten.[55] Maßgeblich sind die Umstände des Einzelfalles. Dieser Standard erlaubt es, die EGMR-Rechtsprechung zum Whistleblowing zu berücksichtigen.[56] Um das Merkmal des „hinreichenden Grundes" im Einzelfall zu konkretisieren und den geltenden Sorgfaltsmaßstab zu entwickeln, bietet sich eine Orientierung an den *Guja*-Kriterien des EGMR[57] sowie an der Hinweisgeber-Rechtsprechung des BAG an.[58] Zu beachten ist dabei, dass der hinreichende Grund im Rahmen des § 32 Abs. 1 Nr. 2 allein die Annahme der geregelten Sonderfälle stützen muss (zum Beispiel Repressalien im Falle einer externen Meldung). Davon zu unterscheiden ist die Frage, ob die hinweisgebende Person hinreichenden Grund zu der Annahme hatte, dass die von ihr offengelegten Informationen wahr sind oder der Verstoß in den Anwendungsbereich des HinSchG fällt (§ 33 Abs. 1 Nr. 2 u. Nr. 3).

---

53 Gesetzentwurf der Bundesregierung, BT-Drs. 20/3442, S. 91; Formulierungshilfe der Bundesregierung, S. 92; *Mojsilov/Reuther*, GuP 2023, 125, 131. Erwägungsgrund 89 HinSch-RL sieht die Einrichtung kostenloser Beratungsstellen vor.

54 *Bayreuther*, DB 2023, 1537, 1541 f.; *Teichmann*, GA 2023, 279, 283; ferner *Vitt*, BB 2022, 1780, 1784.

55 *Vitt*, BB 2022, 1780, 1784; anschaulich dazu *Bayreuther*, DB 2023, 1537, 1542: „Handelt es sich bei dem Informanten etwa um einen hochrangigen und besonders qualifizierten Arbeitnehmer, ist dieser zu einer weitaus genaueren Überprüfung des Sachverhalts verpflichtet als ein Beschäftigter im Produktionsbereich, der einen Vorgang nur beobachtet und nicht abschließend einordnen kann."

56 In Auswahl: EGMR, 12.2.2008, 14277/04, Rn. 75 – Guja *v.* Moldawien; EGMR, 21.7.2011, 28274/08 – Heinisch v. Deutschland; EGMR, 16.2.2021, 23922/19 – Gawlik v. Liechtenstein. Einen Überblick über die EGMR-Spruchpraxis bietet *Vitt*, BB 2022, 1780 ff.

57 Der EGMR prüft den Schutz von Whistleblowern über Art. 10 Abs. 2 EMRK anhand einer Gesamtabwägung u. a. folgender Kriterien: öffentliches Interesse an der offengelegten Information; alternative Kanäle für die Enthüllung; Beeinträchtigung des Beschäftigungsgebers; Schwere von Sanktion für den Whistleblower. Ausführlich und präzisierend zu den *Guja*-Kriterien in jüngerer Zeit EGMR, 14.2.2023, 21884/18 – Halet v. Luxemburg m. instruktiver Bespr. *F. Meyer*, JZ 2023, 261.

58 *Bayreuther*, DB 2023, 1537, 1541 f.; *Plum/Horcher*, in: Hau/Poseck, BeckOK BGB, § 626 Rn. 21a.

b) Besondere Umstände

Gemäß § 32 Abs. 1 Nr. 2 kann eine hinweisgebende Person Informationen unmittelbar offenlegen, wenn sie hinreichenden Grund zu der Annahme besonderer Umstände hat. Das Gesetz unterscheidet drei Fälle: qualifizierte Gefährdung des öffentlichen Interesses, Repressalien im Fall einer externen Meldung, geringe Aussichten auf wirksame Folgemaßnahmen. 26

aa) Qualifizierte Gefährdung des öffentlichen Interesses

§ 32 Abs. 1 Nr. 2 lit. a dürfte zum praktisch wichtigsten Anwendungsfall des 27 § 32 Abs. 1 Nr. 2 werden.[59] Die Vorschrift erlaubt die unmittelbare Offenlegung von Informationen, wenn hinreichender Grund zu der Annahme besteht, dass ein Verstoß das öffentliche Interesse wegen eines Notfalls, der Gefahr irreversibler Schäden oder vergleichbarer Umstände unmittelbar oder offenkundig – also qualifiziert – gefährdet. Diese Formulierung soll Art. 15 Abs. 1 lit. b Ziffer i HinSch-RL umsetzen.[60]

Der Gesetzestext nennt zwei Beispiele dafür, wann ein Verstoß das öffentliche 28 Interesse qualifiziert gefährdet (Notfall; Gefahr irreversibler, nicht unerheblicher Schäden): Als **Notfall** wird typischerweise ein plötzliches unerwartetes Ereignis bezeichnet, das die Gefahr erheblicher Schäden provoziert.[61] Als Beispiel für die **Gefahr irreversibler Schäden** nennt die HinSch-RL die drohende Verletzung der körperlichen Unversehrtheit.[62] Diese Beispiele haben – wie in Art. 15 Abs. 1 lit. b HinSch-RL ausdrücklich vorgesehen – im Wesentlichen erläuternden Charakter. Denn das Gesetz erlaubt die Offenlegung auch, wenn ein Verstoß das öffentliche Interesse „wegen vergleichbarer Umstände" qualifiziert gefährdet. Praktisch entscheidend für die Rechtsanwendung ist daher weniger die Verknüpfung zwischen Verstoß und qualifizierter Gefahr. Maßgeblich ist vielmehr, ob der (angenommene) Verstoß das öffentliche Interesse unmittelbar oder offenkundig gefährdet.[63]

---

59 *Bayreuther*, DB 2023, 1537, 1542.

60 Gesetzentwurf der Bundesregierung, BT-Drs. 20/3442, S. 91; Formulierungshilfe der Bundesregierung, S. 93.

61 Dazu in anderem Kontext etwa *Wichert*, in: Boecken/Düwell/Diller/Hanau, NK-ArbR, § 14 ArbZG Rn. 4.

62 Erwägungsgrund 80 HinSch-RL.

63 Gesetzentwurf der Bundesregierung, BT-Drs. 20/3442, S. 91; Formulierungshilfe der Bundesregierung, S. 93.

29 Das **Schutzgut des öffentlichen Interesses** wird in den Gesetzesmaterialien nicht erläutert.[64] Es dürfte auch im Kontext des HinSchG alle wichtigen Gemeinschaftsgüter erfassen (etwa öffentliche Sicherheit, öffentliche Gesundheit, Umweltschutz).[65] Ferner ist davon auszugehen, dass nicht jede Gefahr für ein Gemeinschaftsgut als Gefährdung des öffentlichen Interesses zu bewerten ist. Jedenfalls der Gesetzgeber verlangt insoweit die Gefahr eines nicht unerheblichen Schadens.[66]

30 Wann ein Verstoß das öffentliche Interesse **unmittelbar oder offenkundig gefährdet**, ist nicht legaldefiniert und wird in den Materialien nicht erläutert. Für die Auslegung bietet sich ein Seitenblick auf das Gefahrenabwehrrecht an: Eine **Gefahr** für ein Schutzgut ist anzunehmen, wenn bei fortlaufendem Geschehen in absehbarer Zeit mit hinreichender Wahrscheinlichkeit mit einem Schaden zu rechnen ist.[67] **Unmittelbar** ist eine Gefahr, wenn bei ungehindertem Geschehensablauf ein Schaden mit hoher Wahrscheinlichkeit, fast mit Gewissheit, entsteht. Gemeint ist das letzte Gefahrenstadium vor einem tatsächlichen Schaden.[68] Für die Gefahrenprognose gilt dabei: Je größer und folgenschwerer der antizipierte Schaden ist, desto geringer sind die Anforderungen.[69] **Offenkundig** ist eine Gefahr, wenn sie eindeutig erkennbar ist.[70]

bb) Repressalien bei externer Meldung

31 § 32 Abs. 1 Nr. 2 lit. b erlaubt die unmittelbare Offenlegung von Informationen, wenn hinreichender Grund zu der Annahme besteht, dass im Fall einer **externen**

---

64 *Bruns*, in: Rolfs/Giesen/Meßling/Udsching, BeckOK Arbeitsrecht, § 32 HinSchG Rn. 7; *ders.*, NJW 2023, 1609, 1613.

65 *Brobeil*, Die Auswirkungen der Richtlinie (EU) 2019/1937 auf Arbeitnehmer-Hinweisgeber, 2022, S. 144; *Bruns*, in: Rolfs/Giesen/Meßling/Udsching, BeckOK Arbeitsrecht, § 32 HinSchG Rn. 7; *ders.*, NJW 2023, 1609, 1613.

66 Siehe dazu Gesetzentwurf der Bundesregierung, BT-Drs. 20/3442, S. 91; Formulierungshilfe der Bundesregierung, S. 93. Konkret bezieht sich die Aussage nur auf die Beeinträchtigung der körperlichen Unversehrtheit. Sie dürfte indes auch für andere Rechtsgüter gelten.

67 Dazu *Bäcker*, in: Lisken/Denninger, Handbuch des Polizeirechts, Kap. D Rn. 80.

68 Zum Begriff der unmittelbaren Gefahr *Graulich*, in: Lisken/Denninger, Handbuch des Polizeirechts, Kap. E Rn. 147.

69 Zu der Je-desto-Formel siehe zum Beispiel *Bäcker*, in: Lisken/Denninger, Handbuch des Polizeirechts, Kap. D Rn. 101; aus der Rechtsprechung etwa BVerfG, 14.7.1999, 1 BvR 2226/94 oder BVerfG, 27.7.2005, 1 BvR 668/04.

70 *Brobeil*, Die Auswirkungen der Richtlinie (EU) 2019/1937 auf Arbeitnehmer-Hinweisgeber, S. 146.

Meldung[71] Repressalien zu befürchten sind. Die Vorschrift dient der Umsetzung von Art. 15 Abs. 1 lit. b Ziff. ii HinSch-RL.[72]

Repressalien sind Handlungen oder Unterlassungen im Zusammenhang mit der beruflichen Tätigkeit, die eine Reaktion auf eine Meldung oder eine Offenlegung sind und durch die der hinweisgebenden Person ein ungerechtfertigter Nachteil entsteht oder entstehen kann (§ 3 Abs. 6). Ein hinreichender Grund zu der Annahme von Repressalien im Fall einer externen Meldung besteht, wenn ein objektiver Dritter im Zeitpunkt der Offenlegung aufgrund von Tatsachen mit Repressalien gerechnet hätte. Dabei darf die Offenlegung nicht leichtfertig ohne ein zumutbares Bemühen um Verifizierung des Verdachts erfolgen. Nicht abgesenkt wird diese Offenlegungsvoraussetzung durch den Zusatz „zu befürchten sind".[73] Die Materialien enthalten darauf keine Hinweise. Auch die HinSch-RL verlangt für diesen Fall keine geringeren Offenlegungshürden. **32**

cc) Geringe Aussichten auf wirksame Folgemaßnahmen

§ 32 Abs. 1 Nr. 2 lit. c erlaubt die unmittelbare Offenlegung von Informationen, wenn hinreichender Grund zu der Annahme besteht, dass die Aussichten auf wirksame Folgemaßnahmen nach § 29 durch die externe Meldestelle gering sind, weil Beweismittel unterdrückt oder vernichtet werden könnten, Absprachen zwischen der zuständigen externen Meldestelle und dem Urheber des Verstoßes bestehen oder sonstige besondere Umstände diese Annahme stützen. Die Vorschrift soll Art. 15 Abs. 1 lit. b Ziff. ii HinSch-RL umsetzen.[74] **33**

Der Gesetzestext enthält Beispiele dafür, unter welchen Umständen die Aussichten auf wirksame Folgemaßnahmen gering sein können (Unterdrücken oder Vernichten von Beweismitteln; Absprachen zwischen zuständiger externer Meldestelle und dem Urheber des Verstoßes). Als **Absprache** ist in diesem **34**

71 § 3 Abs. 4 definiert eine Meldung als Mitteilung von Informationen über Verstöße an interne oder externe Meldestellen. Als externe Meldestelle bezeichnen die §§ 19 ff. die externen Meldestellen des Bundes (§ 19 Abs. 1 Satz 1; § 23), die externen Meldestellen der Länder (§ 20), die Bundesanstalt für Finanzdienstleistungsaufsicht (§ 21 Satz 1) und das Bundeskartellamt (§ 22 Abs. 1 Satz 1).

72 Gesetzentwurf der Bundesregierung, BT-Drs. 20/3442, S. 91; Formulierungshilfe der Bundesregierung, S. 93.

73 Kritisch zu einer Herabsetzung der subjektiven Anforderungen: Stellungnahme des Deutschen Anwaltvereins (DAV) Nr. 23/2022 vom 17.5.2022, S. 17; Stellungnahme der BRAK Nr. 22/2022 aus Mai 2022, S. 11; *Gerdemann*, ZRP 2021, 37, 38 f. kritisiert zudem eine mangelnde Definition des Kausalitätsmaßstabes zwischen der Meldung und der Repressalie.

74 Gesetzentwurf der Bundesregierung, BT-Drs. 20/3442, S. 91; Formulierungshilfe der Bundesregierung, S. 93.

Zusammenhang nicht jede Einigung zwischen dem Urheber des Verstoßes und der externen Meldestelle zu verstehen. Denn § 32 Abs. 1 Nr. 2 lit. c soll die Offenlegung (nur) dann erlauben, wenn die Aussicht auf wirksame Folgemaßnahmen gering erscheint. Demnach sind ausschließlich solche Abreden erheblich, die wirksame Folgemaßnahmen der externen Meldestelle beeinträchtigen. Konkret geht es um Abreden, die eine Aufarbeitung des Sachverhalts oder geeignete Folgemaßnahmen erschweren oder verhindern.[75]

35 Die im Gesetz aufgeführten Beispiele haben vornehmlich erläuternden Charakter. Denn § 32 Abs. 1 Nr. 2 lit. c erlaubt die Offenlegung auch, wenn **aufgrund sonstiger besonderer Umstände** geringe Aussichten auf wirksame Folgemaßnahmen bestehen. Praktisch entscheidend ist daher weniger die Ursache dafür, dass geringe Aussichten auf wirksame Folgemaßnahmen bestehen. Maßgeblich ist vielmehr, ob für eine solche Annahme ein hinreichender Grund besteht. Abzustellen ist dabei darauf, ob ein objektiver Dritter dies im Zeitpunkt der Offenlegung aufgrund der bekannten Tatsachen angenommen hätte.

36 Nach der Vorstellung des Gesetzgebers soll § 32 Abs. 1 Nr. 2 lit. c insbesondere auch solche Fälle erfassen, in denen gemeldeten Verstößen nur unzureichend nachgegangen wurde.[76] Das überzeugt nicht. Denn § 32 Abs. 1 Nr. 1 lit. a bestimmt die Voraussetzungen für die Offenlegung, wenn die informierte externe Stelle innerhalb der Rückmeldungsfrist nicht wie gesetzlich vorgesehen agiert. § 32 Abs. 1 Nr. 2 lit. c sollte demnach einzig die Fälle erfassen, in denen in der Rückmeldungsfrist geeignete Abhilfemaßnahmen erfolgen, die Meldung aber anschließend, also nach Fristablauf, nicht mehr oder lediglich unzureichend weiterverfolgt wird.[77]

III. Offenlegungsverbot (§ 32 Abs. 2)

37 § 32 Abs. 2 verbietet, unrichtige Informationen offenzulegen. Das Verbot soll die Reputation der Unternehmen, Behörden oder Personen schützen, die von einer Offenlegung betroffen sind.[78] § 32 Abs. 2 ist eine rein **symbolische Re-**

---

75 Im Ergebnis auch *Bruns*, in: Rolfs/Giesen/Meßling/Udsching, BeckOK Arbeitsrecht, § 32 HinSchG Rn. 18: „Diese Fallgruppe ist daher teleologisch dahingehend zu reduzieren, dass es allein um Absprachen geht, die in der Lage sind, die Aufklärung des gemeldeten Missstands zu vereiteln."

76 Gesetzentwurf der Bundesregierung, BT-Drs. 20/3442, S. 91; Formulierungshilfe der Bundesregierung, S. 93.

77 Zu dieser Variante siehe Gesetzentwurf der Bundesregierung, BT-Drs. 20/3442, S. 91; Formulierungshilfe der Bundesregierung, S. 93.

78 Gesetzentwurf der Bundesregierung, BT-Drs. 20/3442, S. 91; Formulierungshilfe der Bundesregierung, S. 93; *Bruns*, in: Rolfs/Giesen/Meßling/Udsching, BeckOK Arbeitsrecht, § 32 HinSchG Rn. 20.

gelung,[79] die Missverständnisse provoziert.[80] Denn das HinSchG schützt hinweisgebende Personen, die unrichtige Informationen offenlegen, wenn hinreichender Grund zu der Annahme bestand, dass die offengelegten Informationen wahr sind (§ 33 Abs. 1 Nr. 2 i.V.m. § 32 Abs. 1).[81]

In der Sache ist § 32 Abs. 2 überflüssig. Das Gesetz enthält verschiedene Re- **38**
gelungen für das Offenlegen unrichtiger Informationen; § 32 Abs. 2 ist dafür ohne Mehrwert. Nach § 40 Abs. 1 handelt ordnungswidrig, wer wissentlich entgegen § 32 Abs. 2 eine unrichtige Information offenlegt. Der Verweis auf § 32 Abs. 2 ist nicht weiterführend, weil bereits der Tatbestand der Bußgeldvorschrift das Offenlegen unrichtiger Informationen aufführt. Auch für die zivilrechtliche Haftung bei der Offenlegung unrichtiger Informationen hat § 32 Abs. 2 keine Bedeutung. Insoweit soll § 38 eine abschließende Regelung treffen.[82] Danach müssen hinweisgebende Personen den Schaden ersetzen, den eine vorsätzliche oder grob fahrlässige Offenlegung unrichtiger Informationen verursacht. Ein deliktischer Anspruch bei einfacher Fahrlässigkeit über § 823 Abs. 2 BGB i.V.m. § 32 Abs. 2 ist damit gesperrt.

---

79 Stellungnahme von Dr. *Simon Gerdemann* vom 11.5.2022, S. 12.

80 Siehe nur *Reufels/Soltysiak*, Das neue Whistleblowing-Recht, S. 95. Dort heißt es, § 32 Abs. 2 HinSchG nehme die Offenlegung unrichtiger Informationen aus dem Schutz des HinSchG heraus. Indes hängt der Schutz durch das HinSchG nicht vom Wahrheitsgehalt der offengelegten Informationen ab. Maßgeblich ist, ob im Zeitpunkt der Offenlegung hinreichender Grund zu der Annahme bestand, dass die offengelegten Informationen wahr sind (§ 33 Abs. 1 Nr. 2 i.V.m. § 32 Abs. 1). Zum Vorstehenden etwa Gesetzentwurf der Bundesregierung, BT-Drs. 20/3442, S. 92; Formulierungshilfe der Bundesregierung, S. 94; *Bayreuther*, DB 2023, 1537, 1540.

81 Gesetzentwurf der Bundesregierung, BT-Drs. 20/3442, S. 92; Formulierungshilfe der Bundesregierung, S. 94; *Bayreuther*, DB 2023, 1537, 1540; *Steinhauser/Kreis*, EuZA 2021, 422, 427 u. 435.

82 Gesetzentwurf der Bundesregierung, BT-Drs. 20/3442, S. 97; Formulierungshilfe der Bundesregierung, S. 100; *Bayreuther*, DB 2023, 1537, 1546; *Dilling*, CCZ 2022, 145, 150; *Teichmann*, GA 2023, 279, 289; mit eingehender Kritik *Thüsing*, DB 2022, 1066, 1068 f.; siehe auch *Thüsing/Musiol*, BB 2022, 2420, 2421.

Abschnitt 4
Schutzmaßnahmen

§ 33 Voraussetzungen für den Schutz hinweisgebender Personen

(1) Die §§ 35 bis 37 sind auf hinweisgebende Personen anwendbar, sofern

1. **diese intern gemäß § 17 oder extern gemäß § 28 Meldung erstattet haben oder eine Offenlegung gemäß § 32 vorgenommen haben,**
2. **die hinweisgebende Person zum Zeitpunkt der Meldung oder Offenlegung hinreichenden Grund zu der Annahme hatte, dass die von ihr gemeldeten oder offengelegten Informationen der Wahrheit entsprechen, und**
3. **die Informationen Verstöße betreffen, die in den Anwendungsbereich dieses Gesetzes fallen, oder die hinweisgebende Person zum Zeitpunkt der Meldung oder Offenlegung hinreichenden Grund zu der Annahme hatte, dass dies der Fall sei.**

(2) Die §§ 35 bis 37 sind unter den Voraussetzungen des Absatzes 1 auch anwendbar auf Personen, die zuständigen Organen, Einrichtungen oder sonstigen Stellen der Europäischen Union in den Anwendungsbereich dieses Gesetzes fallende Verstöße gegen das Unionsrecht melden.

Schrifttum: *Bayreuther*, Whistleblowing und das neue Hinweisgeberschutzgesetz, NZA-Beilage 2022, 20; *Brobeil*, Die Auswirkungen der Richtlinie (EU) 2019/1937 auf Arbeitnehmer-Hinweisgeber, Baden-Baden 2022; *Colneric/Gerdemann*, Die Umsetzung der Whistleblower-Richtlinie in deutsches Recht – Rechtsfragen und rechtspolitische Überlegungen, HSI-Schriftenreihe, Bd. 34, Frankfurt am Main 2020; *Dzida/Granetzny*, Die neue EU-Whistleblowing-Richtlinie und ihre Auswirkungen auf Unternehmen, NZA 2020, 1201; *Dzida/Seibt*, Neues Hinweisgeberschutzgesetz: Analyse und Antworten auf Praxisfragen, NZA 2023, 657; *Forst*, Die Richtlinie der Europäischen Union zum Schutz von Personen, die Verstöße gegen das Unionsrecht melden (Whistleblowing-Richtlinie), EuZA 2020, 283; *Franzen/Gallner/Oetker*, Kommentar zum europäischen Arbeitsrecht, 4. Aufl. 2022; *Fuhlrott/Henkel*, Hinweisgeberschutzgesetz: Handlungsbedarf für Unternehmen und Personalabteilungen, ArbAktuell 2022, 441; *Garden/Hiéramente*, Die neue Whistleblowing-Richtlinie der EU – Handlungsbedarf für Unternehmen und Gesetzgeber, BB 2019, 963; *Grüneberg*, Bürgerliches Gesetzbuch, 81. Aufl. 2022; *Klaas*, Unternehmensinterne Verstöße und „Whistleblowing": Zum Grundrechtsschutz der Beteiligten und den Anforderungen an eine einfachrechtliche Regelung, CCZ 2019, 163; *Müller-Glöge/Preis/Schmidt*, Erfurter Kommentar zum Arbeitsrecht, 23. Aufl. 2023; *Rolfs/Giesen/Meßling/Udsching*, Beck'scher Online-Kommentar Arbeitsrecht, 68. Ed., 2023; *Säcker/Rixecker/Oetker/Limperg*, Münchener Kommentar zum Bürgerlichen Gesetzbuch, Bd. 2, 9. Aufl. 2022; *Schoch/Kumar*, Der neue Entwurf eines Hinweisgeberschutzgesetzes, CB 2022, 181; *Siemes*, Die hinreichend begründete Annahme des Whistleblowers nach Art. 6 I lit. a Richtlinie (EU) 2019/1937 – Auslegung und Umsetzung,

CCZ 2022, 293; *Thüsing/Musiol*, Hinweise zum Hinweisgeberschutzgesetz, BB 2022, 2420; *Thüsing/Rombey*, Nachdenken über den Richtlinienvorschlag der EU-Kommission zum Schutz von Whistleblowern, NZG 2018, 1001.

Übersicht

	Rn.
I. Überblick	1
II. § 33 Abs. 1 Nr. 1	7
1. Vornahme einer Meldung oder Offenlegung	7
2. Meldung an eine Stelle außerhalb des Hinweisgeberschutzgesetzes	11
a) Externe Meldung gegenüber einer unzuständigen Meldestelle	16
b) Interne Meldung außerhalb der HinSchG	19
c) Meldung an zentrale Meldesysteme	29
III. § 33 Abs. 1 Nr. 2	32
1. Hinreichend begründete Annahme	35
2. Verschuldensgrad in Bezug auf Falschmeldungen	44
3. Bemühen um Verifizierung	49
IV. § 33 Abs. 1 Nr. 3	66
1. Anwendungsbereich des Hinweisgeberschutzgesetzes	69
2. Hinreichend begründete Annahme der Eröffnung des Anwendungsbereichs des Hinweisgeberschutzgesetzes	77
a) Erweiteter Anwendungsbereich i. R. interner Richtlinien	86
b) Beratungsleistungen externer Meldestellen	90
c) Inanspruchnahme von Rechtsberatung	92
3. § 33 Abs. 2	93
V. Darlegungs- und Beweislast	96
1. § 33 Abs. 1 Nr. 1	99
2. § 33 Abs. 1 Nr. 2	103
3. § 33 Abs. 1 Nr. 3 und Abs. 2	109

I. Überblick

1 § 33 dient der Umsetzung von Art. 6 der HinSch-RL in nationales Recht. Hinweisgebende Personen unterliegen nach § 33 Abs. 1 dem Schutz der §§ 35–37, wenn die folgenden drei Voraussetzungen des § 33 Abs. 1 Nr. 1 bis Nr. 3 kumulativ vorliegen:

2 **Erstens** muss die hinweisgebende Person eine Meldung nach § 33 Abs. 1 Nr. 1 entweder intern oder extern nach Maßgabe der §§ 17, 28 erstattet oder eine Offenlegung nach Maßgabe des § 32 vorgenommen haben (siehe Rn. 7 ff.).

3 **Zweitens** muss die gemeldete bzw. offengelegte Information wahr sein. Gemäß § 33 Abs. 1 Nr. 2 unterliegen jedoch auch Falschmeldungen dem Schutz der §§ 35 ff., wenn die hinweisgebende Person im Zeitpunkt der Meldung bzw. Offenlegung berechtigterweise annehmen durfte, dass die von ihr gemeldeten oder offengelegten Informationen der Wahrheit entsprechen (siehe Rn. 32 ff.).

Drittens müssen nach § 33 Abs. 1 Nr. 3 die Informationen der hinweisgebenden Person Verstöße betreffen, die in den Anwendungsbereich des Hinweisgeberschutzgesetzes fallen. Darüber hinaus können ausnahmsweise auch Meldungen oder Offenlegungen durch die §§ 35–37 geschützt sein, die einen Verstoß außerhalb des Anwendungsbereichs des Hinweisgeberschutzgesetzes zum Gegenstand haben, wenn die hinweisgebende Person zum Zeitpunkt der Meldung oder Offenlegung hinreichenden Grund zu der Annahme hatte, dass die gemeldeten oder offengelegten Informationen ein Verstoß betreffen, der in den Anwendungsbereich des Hinweisgeberschutzgesetzes fällt (siehe Rn. 66 ff.). **4**

Sofern die Voraussetzungen des § 33 nicht vorliegen, genießt die hinweisgebende Person keinen Schutz nach den §§ 35 ff. Auch die übrigen Schutzvorschriften des Hinweisgeberschutzgesetzes greifen in aller Regel nicht ein, da sie tatbestandlich regelmäßig auf die Voraussetzungen des § 33 Abs. 1 verweisen. **5**

Die hinweisgebende Person ist bei Nichtvorliegen der Voraussetzungen des § 33 Abs. 1 jedoch nicht schutzlos gestellt. Der Schutz der hinweisgebenden Person richtet sich dann nach allgemeinen Prinzipien, insbesondere dem Maßregelungsverbot nach § 612a BGB, wenngleich die allgemeinen Prinzipien vergleichsweise weniger weitreichenden Schutz bieten. **6**

II. § 33 Abs. 1 Nr. 1

1. Vornahme einer Meldung oder Offenlegung

§ 33 Abs. 1 Nr. 1 setzt Art. 6 Abs. 1 lit. b der HinSch-RL in nationales Recht um. **7**

Die Anwendbarkeit der §§ 35 ff. setzt zunächst voraus, dass die hinweisgebende Person eine interne oder externe Meldung nach Maßgabe der §§ 17, 28 abgegeben hat oder eine Offenlegung nach Maßgabe des § 32 vorgenommen hat. **8**

Demzufolge sind Personen, die – aus welchen Gründen auch immer – von der Vornahme einer Meldung oder einer (nachrangigen) Offenlegung absehen, nicht durch die §§ 35 ff. geschützt. Das gilt auch, wenn sich der Anfangsverdacht der Person, die beabsichtigt, eine Meldung bzw. Offenlegung vorzunehmen, im Rahmen des erforderlichen Verifizierungsbemühens nicht bestätigt oder nicht hinreichend begründen lässt und sie deshalb von einer Meldung bzw. Offenlegung absehen muss.[1] **9**

---

1 Wenn sich der Anfangsverdacht im Rahmen zumutbarer Verifizierungshandlungen nicht bestätigen lässt oder begründete Zweifel nicht ausreichend ausgeräumt werden konnten, kann gerade nicht mit hinreichendem Grund davon ausgegangen werden, dass die gemeldete Information der Wahrheit entspricht. In einem solchen Fall hat die hinweisgebende Per-

10 Darüber hinaus unterfallen unzulässige Offenlegungen, die nicht die Voraussetzungen des § 32 erfüllen, nicht dem Schutz der §§ 35ff.

2. Meldung an eine Stelle außerhalb des Hinweisgeberschutzgesetzes

11 Die §§ 35ff. sind nur auf solche Meldungen anwendbar, die an eine gemäß dem Hinweisgeberschutzgesetz vorgesehene Meldestelle erstattet wurden. Dies folgt unmittelbar aus dem Wortlaut des § 33 Abs. 1 Nr. 1, der eine Meldung an eine nach dem Hinweisgeberschutzgesetz eingerichtete interne oder externe Meldestelle fordert.[2] Insbesondere wird im Rahmen des § 33 Abs. 1 Nr. 1 (anders als in den Nummern 2 und 3) auch nicht die (wenn auch berechtigte) Annahme der hinweisgebenden Person geschützt, dass sie sich an eine zuständige interne oder externe Meldestelle wendet.

12 Nicht geschützt durch die §§ 35ff. werden demnach alle sonstigen Meldungen, die entweder an eine interne Stelle außerhalb des Hinweisgeberschutzgesetzes (beispielsweise an den Vorgesetzten oder den Betriebsrat) oder an eine unzuständige externe Meldestelle erstattet werden. Solche Meldungen fallen im Übrigen bereits nicht in den Anwendungsbereich des Hinweisgeberschutzgesetzes (§ 1 Abs. 1).

13 Eine erweiternde Auslegung, wonach § 33 Abs. 1 Nr. 1 auch solche Meldungen einschließt, die an eine Meldestelle außerhalb des Hinweisgeberschutzgesetzes erstattet wurden, scheitert an der fehlenden Schutzbedürftigkeit der hinweisgebenden Person. Ihr Schutz ist nach allgemeinen Prinzipien zu beurteilen, insbesondere sind Arbeitnehmer gegenüber ihrem Arbeitgeber unter den Voraussetzungen des § 612a BGB vor benachteiligenden Maßnahmen geschützt.

14 Die hinweisgebende Person kann jedoch **nachträglich** Hinweisgeberschutz nach dem Hinweisgeberschutzgesetz erlangen, indem sie (nachträglich) an die nach dem Hinweisgeberschutzgesetz vorgesehene interne oder externe Meldestelle meldet. Der Schutz der hinweisgebenden Person tritt dann mit Eingang der Meldung bei der zuständigen Meldestelle ex nunc ein.[3] Eine Ex-tunc-Wirkung, welche rückwirkenden Schutz bereits ab dem Zeitpunkt des Eingangs

---

son von der Vornahme der Meldung bzw. Offenlegung abzusehen. Sollte dennoch eine Meldung oder Offenlegung vorgenommen werden, scheitert der Schutz der hinweisgebenden Person jedenfalls an § 33 Abs. 1 Nr. 2 HinSchG (siehe dazu Rn. 32ff.).

2 Bei den Verweisen auf die jeweiligen Verfahrensvorschriften der internen bzw. externen Meldestelle (§§ 17 bzw. 28 HinSchG), anstatt auf die jeweilige Errichtungsnorm (§§ 16 bzw. 27 HinSchG), dürfte es sich um eine redaktionelle Ungenauigkeit handeln.

3 Vgl. *Colneric/Gerdemann*, Die Umsetzung der Whistleblower-Richtlinie in deutsches Recht, S. 60.

der Meldung bei der unzuständigen Meldestelle bewirken würde, würde die gesetzgeberische Wertung unterlaufen, dass nur solche Meldungen schutzwürdig nach dem Hinweisgeberschutzgesetz sind, wenn sie an die nach dem Hinweisgeberschutzgesetz eingerichtete Meldestelle erstattet wurden (§ 33 Abs. 1 Nr. 1, Abs. 2 i.V.m. § 1 Abs. 1 HinSchG).

Konsequenterweise können Arbeitgeber, die gemäß § 36 Abs. 2 vermutete Kausalität zwischen Meldung und Repressalie bereits dadurch widerlegen, dass die benachteiligende Maßnahme bereits vor Eingang der Meldung bei der (zuständigen) internen oder externen Meldestelle ergangen ist, da die Kausalität zwischen Repressalie und (geschützter) Meldung denklogisch ausgeschlossen ist, wenn die Repressalie bereits vor Eingang der Meldung erfolgte. Das Repressalienverbot nach § 36 Abs. 1 gilt jedoch umfassend und verbietet sämtliche gegen die hinweisgebende Person gerichtete Repressalien. Die hinweisgebende Person könnte deshalb das zeitliche Argument des Arbeitgebers entkräften, indem es ihr gelingt, zur Überzeugung des Gerichts darzulegen und zu beweisen, dass die Benachteiligung in einem hinreichenden Sachzusammenhang mit ihrer (nachträglichen) Meldung steht. Dies könnte beispielsweise der Fall sein, wenn die nachträgliche Meldung den gleichen Verstoß betrifft wie ihre Meldung an die unzuständige Stelle und der Arbeitgeber die Benachteiligung in Erwartung einer (nachträglichen) nach dem Hinweisgeberschutzgesetz geschützten Meldung vorgenommen hat. **15**

a) Externe Meldung gegenüber einer unzuständigen Meldestelle

Eine externe Meldung gegenüber einer zur Entgegennahme der Meldung unzuständigen Meldestelle oder Person ist nicht durch die §§ 35 ff. geschützt, da sie nicht die Voraussetzung des § 33 Abs. 1 Nr. 1, Abs. 2 i.V.m. § 1 Abs. 1 erfüllt. Zur Rechtsfolge siehe Rn. 12 f. **16**

Der Schutz der hinweisgebenden Person kann nachträglich entstehen, wenn die hinweisgebende Person entweder erneut eine Meldung bei der zuständigen externen oder internen Meldestelle erstattet oder ihre ursprüngliche Meldung an die zuständige externe Meldestelle weitergeleitet wird. **17**

Die unzuständige Meldestelle bzw. Person, die die Meldung entgegengenommen hat, ist gesetzlich dazu verpflichtet, die Meldung an die für die Bearbeitung zuständige Meldestelle bzw. Person unverzüglich weiterzuleiten (§§ 27 Abs. 2, 31 Abs. 2). Entsprechend der gesetzgeberischen Wertung entsteht der Schutz der hinweisgebenden Person jedoch erst mit Eingang der Meldung bei der zuständigen externen Meldestelle ex nunc (siehe dazu Rn. 14).[4] Das Risi- **18**

4 Vgl. *Colneric/Gerdemann*, Die Umsetzung der Whistleblower-Richtlinie in deutsches Recht, S. 60.

ko, dass die Meldung tatsächlich an die zuständige externe Meldestelle weitergeleitet wird, trägt damit die hinweisgebende Person selbst. Dieses Ergebnis stellt auch keine unbillige Belastung der hinweisgebenden Person dar. Zum einen kann die hinweisgebende Person in Zweifelsfällen zuvor eine Beratung der externen Meldestelle in Anspruch nehmen (§ 24 Abs. 2). Zum anderen kann die hinweisgebende Person den nachträglichen Schutz selbst durch eine erneute Meldung bei der zuständigen externen Meldestelle herstellen.

b) Interne Meldung außerhalb der HinSchG

19 Eine interne Meldung, die eine Person bei einer Stelle außerhalb des Hinweisgeberschutzgesetzes erstattet, erfüllt nicht die Voraussetzungen des § 33 Abs. 1 Nr. 1, Abs. 2 i.V.m. § 1 Abs. 1 und ist damit nicht durch die §§ 35ff. geschützt.

20 Demzufolge genießen solche Personen keinen Schutz nach §§ 35ff., die sich beispielsweise an den Betriebsrat, eine Vertrauensperson oder an den Vorgesetzten wenden, um einen Verstoß zu melden.[5]

21 Der Schutz der hinweisgebenden Person kann nachträglich entstehen, wenn die Person den Verstoß nachträglich bei der internen Meldestelle meldet. Der Schutz entsteht dann ex nunc ab Eingang der Meldung bei der internen Meldestelle (siehe dazu ausführlich Rn. 14). Anders als im Fall der externen Meldung an eine unzuständige Meldestelle wird der Schutz jedoch regelmäßig nicht durch eine nachträgliche Weiterleitung der Meldung an die zuständige interne Meldestelle erfolgen, da es keine vergleichbare[6] Regelung zur verpflichtenden Weiterleitung für intern unzuständige Stellen gibt (siehe dazu Rn. 18).

22 Jedoch dürfte es Arbeitgebern im Einzelfall nach Treu und Glauben versagt sein, sich auf die Unzuständigkeit der gewählten internen Stelle zu berufen (§ 242 BGB). Bei dem Gebot von Treu und Glauben handelt es sich grundsätzlich um eine für die hinweisgebende Person günstige Einrede. Demzufolge ist die hinweisgebende Person nach dem prozessualen Günstigkeitsprinzip darlegungs- und beweisbelastet.

23 Arbeitgeber dürften sich nach den Grundsätzen des widersprüchlichen Verhaltens (§ 242 BGB) im Rahmen des § 33 Abs. 1 Nr. 1 regelmäßig nicht auf die Unzuständigkeit der gewählten internen Stelle berufen können, wenn sie zuvor aufgrund ihres Verhaltens **hinreichende Vertrauenstatbestände** geschaffen

---

5 *Dzida/Seibt*, NZA 2023, 657, 663; a.A. *Bruns*, in: Rolfs/Giesen/Meßling/Udsching, BeckOK Arbeitsrecht, § 33 HinSchG Rn. 3.

6 Siehe §§ 27 Abs. 2, 31 Abs. 2 in Bezug auf externe Meldestellen.

haben, dass die gewählte Stelle zur Entgegennahme ihrer Meldung im Sinne des Hinweisgeberschutzgesetzes zuständig ist, und die hinweisgebende Person daraufhin eine Meldung vorgenommen hat.[7]

Beispielsweise wäre dies denkbar, wenn der Arbeitgeber Meldungen an andere Stellen ausdrücklich erlaubt und dem Schutz des Hinweisgeberschutzgesetzes unterstellt (z. B. in der internen Hinweisgeberrichtlinie). Es reicht jedoch nicht aus, wenn die hinweisgebende Person sich darauf beruft, dass sie vom Arbeitgeber nicht ausreichend über interne Meldemöglichkeiten im Sinne des Hinweisgeberschutzgesetzes informiert wurde oder er seine Informationspflichten gemäß § 7 Abs. 3 Satz 2 nicht ausreichend erfüllt hat. Vielmehr muss der Arbeitgeber nach den allgemeinen Prinzipien des § 242 BGB (aktiv) einen Vertrauenstatbestand geschaffen haben, reines Unterlassen genügt nicht. **24**

Arbeitgeber dürften sich regelmäßig auch schwertun, sich im Rahmen des § 33 Abs. 1 Nr. 1 **Fehler bei der Errichtung und dem Betrieb von internen Meldestellen** zu berufen, insbesondere wenn die Fehler für die hinweisgebende Person nicht erkennbar waren (§ 242 BGB). **25**

Grundsätzlich haben Arbeitgeber ein besonderes **Interesse** daran, dass Mitarbeitende mögliche **Compliance-Verstöße vorrangig intern** melden. Es liegt für Arbeitgeber deshalb nahe, beispielsweise in internen Hinweisgeberrichtlinien entsprechende Vorkehrungen zu treffen, dass Mitarbeitende auch im Falle einer Meldung an eine unzuständige Stelle geschützt werden. **26**

Beispielsweise können Arbeitgeber Meldungen an andere Stellen (z. B. Vorgesetzte) ausdrücklich erlauben und diese dem Schutz des Hinweisgeberschutzgesetzes unterstellen. Zu überlegen wäre für den Arbeitgeber dann, ob er den Personen vollen Schutz oder nur eingeschränkten Schutz gewähren will (beispielsweise unter Ausklammerung der sehr weitreichenden Beweislastumkehr nach § 36 Abs. 2). Die Gewährung eines (nur) eingeschränkten Schutzes dürfte zulässig sein, da ein eingeschränkter Schutz für den Arbeitnehmer in jedem Fall günstiger ist, da er über den gesetzlichen Schutzumfang hinausgeht. Wichtig ist dabei aber als Arbeitgeber darauf zu achten, dass der eingeschränkte Schutz für potenziell hinweisgebende Personen ausreichend erkennbar wird. Andernfalls besteht das Risiko, dass sich der Arbeitgeber nach Treu und Glauben nicht auf den eingeschränkten Schutz berufen kann (§ 242 BGB). Ferner können Arbeitgeber unzuständige Personen im Unternehmen dazu anhalten, entgegengenommene Meldungen im Rahmen des gesetzlich Erlaubten unverzüglich und unverändert an die zuständige interne Meldestelle weiterzuleiten. Dadurch wäre – vergleichbar wie im externen Meldungsfall – sichergestellt, dass der Schutzbereich des Hinweisgeberschutzgesetzes jedenfalls nachträg- **27**

7 Vgl. *Grüneberg*, in: Grüneberg, BGB, § 242 Rn. 56.

lich mit Eingang bei der zuständigen internen Meldestelle eröffnet ist. Eine verpflichtende Weiterleitung könnte gegebenenfalls Mitbestimmungsrechte nach § 87 Abs. 1 Nr. 1 BetrVG auslösen. Durch die Erweiterung des Schutzumfangs schafft der Arbeitgeber zusätzliche Anreize für Mitarbeitende, sich bevorzugt an interne Meldestellen zu wenden (§ 7 Abs. 3).

28 Zu berücksichtigen ist jedoch, dass der über das Hinweisgeberschutzgesetz hinaus zugesagte Schutz grundsätzlich nur im Verhältnis zwischen Arbeitgeber und hinweisgebender Person gilt, da der Arbeitgeber nicht einseitig über die Rechte Dritter disponieren kann (z.B. des Betroffenen). Beispielsweise kann der Arbeitgeber nicht einseitig den Haftungsausschluss der hinweisgebenden Person gegenüber Dritten erweitern (§ 35 Abs. 1 und 2). Insofern wäre jedoch eine (konkludente) (neben-)vertragliche Haftungsfreistellung durch den Arbeitgeber im Innenverhältnis zwischen Arbeitnehmer und Arbeitgeber denkbar.

c) Meldung an zentrale Meldesysteme

29 Das Problem der Meldung an eine Meldestelle außerhalb des Hinweisgeberschutzgesetzes dürfte vor allem auch für deutsche Arbeitgeber in Konzernstrukturen, die **(auch) zentrale Meldesysteme** eingerichtet haben, mit Blick auf die Stellungnahmen der EU-Kommission 2021[8] relevant werden. Die EU-Kommission vertrat in ihren Stellungnahmen, wenngleich sie damit auf starke Kritik gestoßen ist und ihre Stellungnahmen auch nicht bindend für die EU-Mitgliedstaaten sind, die klare Auffassung, dass zentral oder auf Konzernebene eingerichtete Meldesysteme nicht den Anforderungen der HinSch-RL an eine interne Meldestelle genügen.[9] Zentralisierte Meldesysteme könnten allenfalls zusätzlich zu einer internen Meldestelle der (anstellenden) Gesellschaft bestehen. Würde man der strengen Ansicht der EU-Kommission folgen und die Lesart der EU-Kommission auf das deutsche Hinweisgeberschutzgesetz übertragen, könnten sich Mitarbeitende – im Übrigen auch auf EU-Ebene – im Grundsatz nicht auf das Hinweisgeberschutzgesetz berufen (§ 33 Abs. 1 Nr. 1 i.V.m. § 1 Abs. 1). Dies würde im Ergebnis dazu führen, dass die Meldung an ein zentralisiertes Meldesystem für hinweisgebende Personen ein nicht unerhebliches Risiko bürgen würde, dass sie ihren (jedenfalls verbesserten) Hinweisgeberschutz unter dem Hinweisgeberschutzgesetz verlieren. Gleiches dürfte im Übrigen auch in Bezug auf die HinSch-RL gelten, da § 33 Abs. 1 Nr. 1 inhaltsgleich Art. 6 Abs. 1 lit. b der HinSch-RL umsetzt.

---

8 Stellungnahmen der Europäischen Kommission vom 2.6.2021, S. 1 und vom 29.6.2021, S. 2.

9 Vgl. *Dzida/Seibt*, NZA 2023, 657, 662; *Schoch/Kumar* CB 2022, 181, 182f.

Jedenfalls in Deutschland dürften Mitarbeitende insofern – zumindest nach derzeitiger Rechtslage – keinem größeren Schutzrisiko ausgesetzt sein. Denn der deutsche Gesetzgeber erachtet – entgegen der von der EU-Kommission vertretenen Ansicht – zentrale Hinweisgebersysteme als interne Meldestelle im Sinne des Hinweisgeberschutzgesetzes in der Organisationsform eines „Dritten" (§ 14 Abs. 1 HinSchG) ausdrücklich als zulässig. Dies hat zur Folge, dass damit Meldungen bei der zentralen Meldeeinheit weiter Schutz unter dem deutschen Hinweisgeberschutzgesetz genießen würden.[10] Auf Fehler bei der Errichtung und dem Betrieb einer internen Meldestelle in der Organisationsform eines „Dritten" dürfte sich der Arbeitgeber regelmäßig nicht berufen können (§ 242 BGB, siehe dazu Rn. 22 ff.). **30**

Problematisch könnten aus hinweisgeberschutzrechtlicher Sicht allenfalls solche Fälle werden, in denen der deutsche Arbeitgeber auch eine lokale Meldestelle auf Ebene der deutschen Anstellungsgesellschaft eingerichtet hat. Konnte die hinweisgebende Person im Vorfeld der Meldung ausreichend erkennen, dass es sich dabei um die einzige interne Meldestelle im Sinne des Hinweisgeberschutzgesetzes handelt, könnte sich die hinweisgebende Person nicht auf das Gebot von Treu und Glauben berufen (§ 242 BGB) und würde bei strenger Wortlautauslegung keinen Schutz unter dem Hinweisgeberschutzgesetz genießen. Auch für eine analoge Anwendung des § 33 Abs. 1 Nr. 1 bzw. § 1 Abs. 1 wäre hier mangels Schutzlücke kein Raum, da der Arbeitnehmer jedenfalls durch § 612a BGB geschützt wäre. **31**

III. § 33 Abs. 1 Nr. 2

Die gemeldeten oder offengelegten Informationen müssen der Wahrheit entsprechen.[11] Darüber hinaus wird auch das Melden oder Offenlegen von Fehlinformationen geschützt, wenn die hinweisgebende Person zum Zeitpunkt der Meldung oder Offenlegung **hinreichenden Grund zu der Annahme** hatte, dass die von ihr gemeldeten oder offengelegten Informationen der Wahrheit entsprechen (§ 33 Abs. 1 Nr. 2). Das Hinweisgeberschutzgesetz schützt damit den guten Glauben an die Wahrhaftigkeit der gemeldeten oder offengelegten Informationen. Nicht geschützt ist jedoch der gute Glaube an das Vorliegen der Tatbestandsvoraussetzungen einer schutzwürdigen Meldung oder Offenlegung. **32**

---

10 RegE, BT-Drs. 20/3442 v. 19.9.2022, S. 79; vgl. *Dzida/Seibt*, NZA 2023, 657, 662.

11 Vgl. *Colneric/Gerdemann*, Die Umsetzung der Whistleblower-Richtlinie in deutsches Recht, S. 60.

33 § 33 Abs. 1 Nr. 2 setzt dabei Art. 6 Abs. 1 lit. a Var. 1 der HinSch-RL in nationales Recht um.[12]

34 Im Vergleich zur **bisherigen Rechtslage** stellt dies eine deutliche Verbesserung des Schutzes von hinweisgebenden Personen dar. Die redliche hinweisgebende Person war bislang nicht geschützt. Der Hinweisgeberschutz in Deutschland richtete sich bis zum Inkrafttreten des Hinweisgeberschutzgesetzes zuvorderst nach dem allgemeinen Maßregelungsverbot des § 612a BGB. Danach sind Arbeitnehmer nur dann vor Benachteiligungen geschützt, wenn sie in zulässiger Weise ihre Rechte ausgeübt haben. Dabei ist im Rahmen der zulässigen Rechtsausübung allein auf die objektive Rechtslage abzustellen, weshalb Arbeitnehmer bei Verkennung der Tatsachen- oder Rechtslage zumeist nicht geschützt waren.[13]

1. Hinreichend begründete Annahme

35 Die gesetzgeberische Formulierung des § 33 Abs. 1 Nr. 2 geht grundsätzlich von einer Falschmeldung aus. Der Schutzbereich der §§ 35 ff. ist im Falle einer Falschmeldung nur dann eröffnet, wenn die hinweisgebende Person im Zeitpunkt der Meldung bzw. Offenlegung hinreichenden Grund zu der Annahme hatte, dass die gemeldeten oder offengelegten Informationen der Wahrheit entsprechen.

36 Der Wortlaut knüpft dabei nicht an die Wahrheit des Verstoßes, sondern an die gemeldeten oder offengelegten Informationen an.

37 Für die Beurteilung der hinreichend begründeten Annahme der Wahrheit der Information schließt sich der Gesetzgeber seiner Begründung nach zutreffender Weise einer **gemischt objektiv-subjektiven Betrachtungsweise** an.[14] Die Annahme der hinweisgebenden Person ist ex ante aus der Sicht eines objektiven Dritten zu beurteilen. Maßgeblicher Zeitpunkt ist dabei die Vornahme der Meldung bzw. Offenlegung.[15]

38 In **subjektiver Hinsicht** muss die hinweisgebende Person im Zeitpunkt der Erstattung der Meldung oder Vornahme der Offenlegung in gutem Glauben davon ausgegangen sein, dass die gemeldete Information der Wahrheit entspricht.[16] Anknüpfungspunkt für das Erfordernis der subjektiven Komponente

---

12 Vgl. *Brobeil*, Die Auswirkungen der Richtlinie (EU) 2019/1937 auf Arbeitnehmer-Hinweisgeber, S. 153.

13 *Preis*, in: ErfK-BGB, § 612a Rn 5; *Müller-Glöge*, in: MüKo-BGB, § 612a Rn 10; *Fuhlrott/Henkel*, ArbAktuell 2022, 441, 445.

14 Begr. RegE, BT-Drs. 20/3442 v. 19.9.2022, S. 92.

15 Erwägungsgrund 32 HinSch-RL; Begr. RegE, BT-Drs. 20/3442 v. 19.9.2022, S. 92.

16 Begr. RegE, BT-Drs. 20/3442 v. 19.9.2022, S. 92.

ist der Wortlaut („Annahme“).[17] Bösgläubige hinweisgebende Personen und bewusst unzutreffende und missbräuchliche Falschmeldungen sind damit nicht geschützt.[18]

In **objektiver Hinsicht** fordert der Gesetzgeber das Bestehen tatsächlicher Anhaltspunkte im Zeitpunkt der Meldung oder Offenlegung, die die Annahme der hinweisgebenden Person, dass die gemeldeten oder offengelegten Informationen der Wahrheit entsprechen, aus Sicht eines objektiven Dritten rechtfertigen.[19] Reine Spekulationen der hinweisgebenden Person sind nicht geschützt.[20] **39**

Im Ergebnis kommt es für den Schutz der hinweisgebenden Person nach §§ 35 ff. nicht darauf an, ob die gemeldeten oder offengelegten Informationen tatsächlich der Wahrheit entsprechen oder, dass die hinweisgebende Person im Zeitpunkt der Meldung oder Offenlegung von der Wahrheit der Informationen im Sinne einer absoluten Gewissheit ausging.[21] Entscheidend ist, dass die hinweisgebende Person aufgrund objektiver Anhaltspunkte davon ausgehen durfte (und auch davon ausging), dass dies der Fall sei. Andernfalls ist die Meldung oder Offenlegung nicht schutzwürdig und der Schutzbereich des Hinweisgeberschutzgesetzes gemäß §§ 35 ff. nicht eröffnet. **40**

Die klare Positionierung des deutschen Gesetzgebers in Bezug auf den Bewertungsmaßstab ist äußerst erfreulich, da sie keinen Raum für teilweise in der Literatur zu Art. 6 der HinSch-RL vertretene rein subjektive Betrachtungsweisen lässt.[22] Die vom deutschen Gesetzgeber herangezogene objektiv-subjektive Betrachtungsweise entspricht insofern auch der Wertung des europäischen Gesetzgebers und ist damit europarechtskonform. **41**

Zwar stellt der **europäische Gesetzgeber** – anders als der deutsche Gesetzgeber – das Erfordernis von objektiven Anhaltspunkten nicht ausdrücklich fest. Jedoch ist die Erforderlichkeit eines „hinreichenden Grundes“ zur Annahme bereits im Wortlaut des Art. 6 der HinSch-RL angelegt, an den die Rechtsliteratur die Notwendigkeit tatsächlicher Anhaltspunkte anknüpft.[23] Demzufolge wollte auch der europäische Gesetzgeber einen objektivierenden Ausgleich zwischen den Interessen der hinweisgebenden Person und den In- **42**

---

17 Vgl. *Siemes*, CCZ 2022, 293, 298, m. w. N.
18 Begr. RegE, BT-Drs. 20/3442 v. 19.9.2022, S. 92.
19 Begr. RegE, BT-Drs. 20/3442 v. 19.9.2022, S. 92.
20 Begr. RegE, BT-Drs. 20/3442 v. 19.9.2022, S. 92.
21 *Brobeil*, Die Auswirkungen der Richtlinie (EU) 2019/1937 auf Arbeitnehmer-Hinweisgeber, S. 170 f.
22 Vgl. *Siemes*, CCZ 2022, 293, 296, m. w. N.
23 Vgl. *Siemes*, CCZ 2022, 293, 298, m. w. N.

teressen der durch die Meldung bzw. Offenlegung betroffenen Person(en) schaffen.[24]

43 Für die Heranziehung der gemischt objektiv-subjektiven Betrachtungsweise spricht letztlich auch die in Erwägungsgrund 32 der HinSch-RL niedergelegte Wertung. Danach sollen nur solche hinweisgebenden Personen geschützt werden, die „angesichts der Umstände und verfügbaren Informationen" hinreichenden Grund zur Annahme der Wahrhaftigkeit der gemeldeten oder offengelegten Informationen hatten.[25] Hinweisgebende Personen sollen zwar einerseits ermutigt werden, Informationen zu melden bzw. offenzulegen, und umfassenden Schutz vor Repressalien auch dann genießen, wenn sich später im Rahmen der internen oder externen Untersuchungen herausstellt, dass die gemeldeten oder offengelegten Informationen doch nicht der Wahrheit entsprachen. Gleichzeitig sollen aber auch die persönlichen Interessen der von der Meldung betroffenen Person(en) geschützt werden, indem der europäische Gesetzgeber hinreichende Gründe für die Annahme verlangt, dass der gemeldete oder offengelegte Verstoß wahr ist. Dadurch soll sichergestellt werden, dass von der Meldung betroffene Personen nicht Opfer leichtfertiger und unzutreffender Anschuldigungen und Gegenstand interner bzw. externer Ermittlungen werden, wenn zum Zeitpunkt der Meldung Anhaltspunkte oder begründete Zweifel bestanden, die darauf hindeuteten, dass die gemeldeten bzw. offengelegten Informationen nicht der Wahrheit entsprechen.

2. Verschuldensgrad in Bezug auf Falschmeldungen

44 Hinweisgebende Personen, die **vorsätzlich unrichtige Informationen** melden oder offenlegen, werden unstreitig nicht von § 33 Abs. 1 Nr. 2 erfasst. Gleiches gilt für hinweisgebende Personen, die böswillig oder missbräuchlich Falschmeldungen erstatten oder eine unzulässige Offenlegung vornehmen.[26]

45 Nicht geklärt ist, in welchem Umfang fahrlässige Falschmeldungen oder -offenlegungen im Rahmen des § 33 Abs. 1 Nr. 2 geschützt werden. Die Beweggründe der hinweisgebenden Person für die Meldung spielen insofern keine Rolle.[27] Auch Handlungen aus eigensüchtigen Motiven und zum eigenen Vorteil können daher grundsätzlich Schutz im Sinne des § 33 Abs. 1 Nr. 2 genießen.[28]

---

24 Vgl. *Brobeil*, Die Auswirkungen der Richtlinie (EU) 2019/1937 auf Arbeitnehmer-Hinweisgeber, S. 155 f.

25 *Bayreuther*, NZA-Beilage 2022, 20, 23.

26 Vgl. Begr. RegE, BT-Drs. 20/3442 v. 19.9.2022, S. 90.

27 Erwägungsgrund 32 der HinSch-RL; Begr. RegE, BT-Drs. 20/3442 v. 19.9.2022, S. 92.

28 *Brobeil*, Die Auswirkungen der Richtlinie (EU) 2019/1937 auf Arbeitnehmer-Hinweisgeber, S. 170; *Dzida/Granetzny*, NZA 2020, 1201, 1204; kritisch: DAV, Stellungnahme zum

Eine **einfach fahrlässige** Falschmeldung bzw. -offenlegung führt nicht per se zum Ausschluss der Anwendbarkeit der §§ 35 ff.[29] **46**

Allerdings ist § 33 Abs. 1 Nr. 2 zutreffender Weise dahingehend auszulegen, dass § 33 Abs. 1 Nr. 2 nicht die **grob fahrlässige** Falschmeldung oder Offenlegung erfasst. Grob fahrlässige Falschmeldungen fallen damit nicht in den Anwendungsbereich des § 33 Abs. 1 Nr. 2. **47**

Zwar schweigen sowohl der deutsche als auch der europäische Gesetzgeber über die Behandlung von grob fahrlässigen Falschmeldungen im Rahmen des § 33 bzw. Art. 6 der HinSch-RL.[30] Eine Gesamtbetrachtung des Hinweisgeberschutzgesetzes lässt jedoch die eindeutige gesetzgeberische Wertung erkennen, dass grob fahrlässige Falschmeldungen grundsätzlich keinen Schutz nach dem Hinweisgeberschutzgesetz genießen und konsequenterweise auch nicht in den Anwendungsbereich der Schutzvorschriften der §§ 35 ff. fallen können.[31] Zum einen sind gemäß § 38 hinweisgebende Personen auch dann zum Ersatz von Schäden verpflichtet, wenn sie grob fahrlässig unrichtige Informationen melden bzw. offenlegen. Auch die Identität von Personen, die grob fahrlässig unrichtige Informationen über Verstöße melden, wird durch das Hinweisgeberschutzgesetz nicht geschützt (§ 9 Abs. 1), obwohl der Identitätsschutz einer der wichtigsten Schutzmechanismen des Hinweisgeberschutzgesetzes ist. Es wäre daher wertungswidersprüchlich, einer Person, die grob fahrlässig von der Wahrheit der gemeldeten bzw. offengelegten Informationen ausgeht, den vollen Schutz der §§ 35 ff. zu gewähren. **48**

3. Bemühen um Verifizierung

Die hinweisgebende Person muss sich im Vorfeld ihrer Meldung bzw. Offenlegung um Verifizierung bemühen, soweit ihr dies zumutbar ist. **49**

HinSchG-RefE v. 17.5.2022, S. 14 f.; *Thüsing/Rombey*, NZG 2018, 1001, 1005; a. A. *Garden/Hiéramente*, BB 2019, 963, 967; *Klaas*, CCZ 2019, 163, 167.

29 Vgl. *Brobeil*, Die Auswirkungen der Richtlinie (EU) 2019/1937 auf Arbeitnehmer-Hinweisgeber, S. 318; *Colneric/Gerdemann*, Die Umsetzung der Whistleblower-Richtlinie in deutsches Recht, S. 61; *Forst*, EuZA 2020, 283, 297; *Klaas*, CCZ 2019, 163, 167.

30 Vgl. *Brobeil*, Die Auswirkungen der Richtlinie (EU) 2019/1937 auf Arbeitnehmer-Hinweisgeber, S. 166.

31 *Brobeil*, Die Auswirkungen der Richtlinie (EU) 2019/1937 auf Arbeitnehmer-Hinweisgeber, S. 169; *Colneric/Gerdemann*, Die Umsetzung der Whistleblower-Richtlinie in deutsches Recht, S. 61; DGB, Stellungnahme zum HinSchG-RefE v. 11.5.2022, S. 8; vgl. *Dzida/Granetzny*, NZA 2020, 1201, 1204.

50 Der hinweisgebenden Person zumutbare Verifizierungspflichten aufzuerlegen, ist im Ergebnis auch sachgerecht. Die vereinzelt in der Literatur[32] vertretene Ansicht, dass hinweisgebenden Personen im Vorfeld ihrer Meldung oder Offenlegung keinerlei Verifizierungspflichten aufzuerlegen sind, ist im Hinblick auf die Betroffeneninteressen verfehlt und mit Blick auf die Gesetzesbegründung auch vom Gesetzgeber offensichtlich nicht gewollt.[33] Insofern schlägt auch das Argument fehl, dass Verifizierungshandlungen im Vorfeld einer Meldung oder Offenlegung generell unzumutbar seien, da potenziell hinweisgebende Personen vor Abgabe einer Meldung oder Offenlegung Verfolgungsmaßnahmen schutzlos ausgesetzt seien (§ 33 Abs. 1 Nr. 1 i.V.m. § 1 Abs. 1). Denn potenziell hinweisgebende Personen sind im Rahmen erfolgloser bzw. ergebnisloser Verifizierungsmaßnahmen nicht schutzlos gestellt, weil sie jedenfalls durch die allgemeinen Prinzipien geschützt sind, wie zum Beispiel durch das Maßregelungsverbot gemäß § 612a BGB (siehe dazu Rn. 6).

51 Dazu, welche Sorgfaltsanforderungen an die Verifizierung der gemeldeten oder offengelegten Informationen durch die hinweisgebende Person zu stellen sind, nimmt der Gesetzgeber nur kursorisch Stellung. Nicht schutzwürdig nach gesetzgeberischer Wertung sind leichtfertige Falschmeldungen oder -offenlegungen ohne Bemühen um Verifizierung, sofern ihnen dieses Bemühen zumutbar ist.[34]

52 In anderen Worten erachtet der Gesetzgeber eine Meldung oder Offenlegung als leichtfertig und damit nicht schutzwürdig, wenn sich im Nachgang herausstellt, dass die gemeldeten oder offengelegten Informationen nicht der Wahrheit entsprechen und die hinweisgebende Person dies im Vorfeld der Meldung oder Offenlegung im Rahmen von zumutbaren Verifizierungsmöglichkeiten hätte erkennen können, diese jedoch ungenutzt ließ.

53 Insofern stellt der deutsche Gesetzgeber gleichzeitig klar, dass an die Überprüfung des Wahrheitsgehalts der zu meldenden oder offenzulegenden Informationen **keine überhöhten Anforderungen** gestellt werden dürfen.[35] Dies erscheint auch interessengerecht, da die hinweisgebende Person erst dann den Hinweisgeberschutz nach den §§ 35 ff. genießt, wenn sie eine Meldung oder Offenlegung nach Maßgabe des § 33 Abs. 1 vorgenommen hat.

54 Das **Maß der zumutbaren Verifizierung** ist nach gesetzgeberischer Wertung dann erreicht, wenn die hinweisgebende Person fürchten muss, durch ihre

32 Vgl. zu dieser Ansicht: *Brobeil*, Die Auswirkungen der Richtlinie (EU) 2019/1937 auf Arbeitnehmer-Hinweisgeber, S. 320.
33 Begr. RegE, BT-Drs. 20/3442 v. 19.9.2022, S. 92.
34 Begr. RegE, BT-Drs. 20/3442 v. 19.9.2022, S. 92.
35 Begr. RegE, BT-Drs. 20/3442 v. 19.9.2022, S. 92.

Nachforschungen entdeckt zu werden und sich somit bereits vor einer Meldung oder Offenlegung der Gefahr drohender Repressalien aussetzt.[36] Welche konkreten Anforderungen an die **Entdeckungsgefahr** der hinweisgebenden Person gestellt werden, legt der Gesetzgeber nicht eindeutig fest.

Die Entdeckungsgefahr ist richtigerweise anhand objektiv-subjektiver Kriterien zu beurteilen, um einen sachgerechten Ausgleich zwischen den Interessen einer gutgläubigen hinweisgebenden Person an einem umfassenden Schutz vor Repressalien und den Interessen der von der Meldung oder Offenlegung betroffenen Person(en) daran, leichtfertigen Falschmeldungen nicht schutzlos ausgesetzt zu sein, zu schaffen. Es müssen deshalb tatsächliche Anhaltspunkte bestehen, die die Angst der hinweisgebenden Person vor Entdekkung rechtfertigen.[37] Das Erfordernis tatsächlicher Anhaltspunkte folgt daraus, dass der Gesetzgeber neben der subjektiven Furcht der hinweisgebenden Person vor Entdeckung fordert, dass sich die hinweisgebende Person durch ihre Nachforschungen der „Gefahr drohender Repressalien" aussetzt (§ 33 Abs. 1 Nr. 2). In anderen Worten schließt die subjektive Angst der hinweisgebenden Person vor Entdeckung nur dann das Bemühen um Verifizierung aus, wenn bereits im Verifizierungsstadium eine (tatsächliche) Gefahr vor Repressalien droht.[38] **55**

Die Bestimmung der Zumutbarkeit bestehender Verifizierungshandlungen allein nach subjektiven Kriterien ist weder vom Wortlaut her zwingend geboten noch sach- und interessengerecht.[39] Denn ein rein subjektiver Bewertungsmaßstab würde dazu führen, dass die Betroffenen regelmäßig weitestgehend schutzlos leichtfertigen Falschmeldungen ausgesetzt wären. Die hinweisgebende Person könnte sich regelmäßig den Folgen ihrer leichtfertigen Falschmeldung oder Offenlegung unwahrer Informationen dadurch entziehen, dass sie sich auf die subjektive Angst vor Entdeckung im Rahmen von vorherigen Nachforschungen beruft, die die betroffene Person kaum widerlegen kann.[40] Das Risiko einer leichtfertigen Meldung oder Offenlegung unwahrer Informationen würde einseitig zulasten der von der Falschmeldung betroffenen Person(en) gehen. Dieses Ergebnis ist nicht sachgerecht und kann weder vom deutschen noch vom europäischen Gesetzgeber gewollt sein. **56**

Nach gesetzgeberischer Wertung hat die hinweisgebende Person ihrer Verifizierung im Rahmen des Hinweisgeberschutzgesetzes jedenfalls **öffentlich verfügbare und jedermann zugängliche Quellen** zugrunde zu legen (beispiels- **57**

36 Begr. RegE, BT-Drs. 20/3442 v. 19.9.2022, S. 92.
37 Vgl. *Siemes*, CCZ 2022, 293, 302; *Thüsing/Musiol*, BB 2022, 2420, 2421.
38 Begr. RegE, BT-Drs. 20/3442 v. 19.9.2022, S. 92.
39 *Thüsing/Musiol*, BB 2022, 2420, 2421.
40 *Thüsing/Musiol*, BB 2022, 2420, 2421.

weise Internet oder Zeitungen).[41] Der Gesetzgeber hält dazu in seinen Ausführungen zu § 33 ausdrücklich fest, dass das Melden oder Offenlegen von Informationen, die in vollem Umfang öffentlich verfügbar sind, nicht durch die §§ 35 ff. geschützt wird.[42] Hätte die hinweisgebende Person vor Vornahme der Meldung oder Offenlegung beispielsweise im Rahmen einer Internetrecherche erkennen können, dass der Verstoß, den sie beabsichtigt zu melden, bereits öffentlich bekannt ist, ist die Meldung oder Offenlegung (jedenfalls) insoweit nicht von §§ 35 ff. geschützt, als sie keine neuen, über die öffentlich verfügbaren Informationen hinausgehende Informationen enthält.[43] Das ist interessengerecht, da der Verifizierung von öffentlich einsehbaren und zugänglichen Quellen kein erhöhtes Entdeckungspotenzial innewohnt. Daraus folgt jedoch nicht, dass die hinweisgebende Person im Kollegenkreis bekannt gewordene Informationen konkret erfragen muss. Es fehlt insofern an dem ausreichenden Öffentlichkeitsbezug, wenn die Informationen (wie im Beispiel) nur einem eingeschränkten Personenkreis bekannt waren.

58 Über die Überprüfung öffentlich zugänglicher Quellen hinaus hat die hinweisgebende Person außerhalb begründeter Entdeckungsgefahr entsprechend der durch den EGMR aufgestellten Grundsätze,[44] auch sonstige verfügbare Informationen und Erkenntnisquellen vor Abgabe einer Meldung oder Offenlegung **sorgfältig und genau zu prüfen** und ihrer Verifizierung auch solche Unterlagen zugrunde zu legen, die sie **im Rahmen des Zumutbaren und mit angemessenem Aufwand** beschaffen kann.[45] Letzteres gilt insbesondere dann, wenn es sich um schwerwiegende Verstöße handelt oder zusätzliche Erkenntnisquellen zu prüfen und gegebenenfalls zu beschaffen sind, die über die zur Verfügung stehenden Informationen hinausgehen und den Anfangsverdacht der hinweisgebenden Person ausräumen können.

59 Bis dato werden die Nachforschungspflichten von hinweisgebenden Personen maßgeblich auf die vom **EGMR in seinen Urteilen Heinisch/Deutschland**[46] **und Gawlik/Liechtenstein**[47] aufgestellten Grundsätze ge-

---

41 *Brobeil*, Die Auswirkungen der Richtlinie (EU) 2019/1937 auf Arbeitnehmer-Hinweisgeber, S. 72.
42 Begr. RegE, BT-Drs. 20/3442 v. 19.9.2022, S. 92.
43 Der Tatbestand des § 33 Abs. 1 Nr. 2 knüpft an die gemeldeten oder offengelegten „Informationen" an. Ist eine Meldung oder Offenlegung teilbar, kann der Teil der Meldung geschützt bleiben, der über die öffentlich verfügbaren Informationen hinausgeht.
44 EGMR, 21.7.2011 – 28274/08, NJW 2011, 3501 – Heinisch; EGMR, 16.2.2021, 23922/19, NJW 2021, 2343 – Gawlik.
45 Vgl. *Siemes*, CCZ 2022, 293, 301f.
46 EGMR, 21.7.2011 – 28274/08, NJW 2011, 3501 – Heinisch.
47 EGMR, 16.2.2021, 23922/19, NJW 2021, 2343 – Gawlik.

stützt.[48] Insofern legen weder der deutsche noch der europäische Gesetzgeber nahe, dass die darin aufgestellten Grundsätze überhöhte Anforderungen an die hinweisgebende Person stellen würden, zumal die Gawlik/Liechtenstein-Entscheidung des EGMR im Februar 2021 und damit knapp anderthalb Jahre nach Inkrafttreten der EU-Richtlinie ergangen ist.

In der Gawlik/Liechtenstein-Entscheidung hielt der EGMR fest, dass Whistleblower, die in gutem Glauben unrichtige Informationen gemeldet haben, nur dann schützenswert sind, wenn sie vor ihrer Meldung die ihnen zugänglichen Informationen, soweit nach den Umständen möglich, sorgfältig und zuverlässig geprüft haben. Stehen dem Whistleblower weitere Erkenntnisquellen offen, kann er, vor allem wenn es sich um schwerwiegende Vorwürfe handelt, zu deren Überprüfung vor Vornahme der Meldung verpflichtet sein, soweit das nach den Umständen möglich ist.[49] Konkret hätte der Beschwerdeführer in dem vom EGMR zu entscheidenden Fall seinen Verdacht auf wiederholte aktive Sterbehilfe durch den Chefarzt nicht allein auf die elektronischen Patientenakten stützen dürfen, sondern hätte auch die schriftlichen Patientenakten prüfen müssen, die dem Beschwerdeführer als stellvertretendem Chefarzt jederzeit zugänglich gewesen wären, bevor er Strafzeige gegen den Chefarzt erstattete. Dies galt in dem vom EGMR zu entscheidenden Fall insbesondere deshalb, da nur die schriftlichen Patientenakten die vollständigen Informationen über den Zustand der Patienten und ihrer Behandlung enthielten, aus denen der Beschwerdeführer sofort hätte erkennen können, dass sein Verdacht völlig unbegründet war. Dabei betont der EGMR, dass insbesondere Arbeitnehmer im Rahmen ihrer arbeitsvertraglichen Pflichten gegenüber ihren Arbeitgebern zu besonderer Loyalität, Zurückhaltung und Vertraulichkeit verpflichtet sind. **60**

Die aufgestellten Grundsätze des EGMR stimmen im Übrigen auch überwiegend mit der kündigungsrechtlichen Judikatur des BAG zur Mitteilung von Verdachtsmomenten überein. Auch das BAG verlangt von hinweisgebenden Personen eine hinreichend sorgfältige Prüfung, ob die betreffenden Informationen zutreffend sind, und stuft solche Personen, die vorsätzlich oder leichtfertig unwahre Angaben machen, ohne hinreichende Anhaltspunkte dafür gehabt zu haben, dass der behauptete Vorfall zutreffend ist, als nicht schützenswert ein.[50] **61**

Hat sich die (potenziell) hinweisgebende Person ausreichend um Verifizierung bemüht, sodass sie hinreichende Gründe zur Annahme hat, dass die ihrem Ver- **62**

---

48 Vgl. *Dzida/Seibt*, NZA 2023, 567, 664; *Siemes*, CCZ 2022, 293, 297, m. w. N.; a. A. *Bruns*, in: Rolfs/Giesen/Meßling/Udsching, BeckOK Arbeitsrecht, § 33 HinSchG Rn. 6 (niedrigerer Maßstab als EGMR).

49 EGMR, 16.2.2021 – 23922/19, NJW 2021, 2343, 2346.

50 BAG, 15.12.2016 – 2 AZR 42/16, NZA 2017, 703, Rn 14; *Bayreuther*, NZA-Beilage 2022, 20, 23.

dacht zugrunde liegenden Informationen wahr sind, und meldet sie den Verstoß oder legt ihn nach § 32 offen, genießt sie (vorbehaltlich der sonstigen Voraussetzungen des § 33 Abs. 1) vollen Schutz der §§ 35 ff. Auch die Verifizierungshandlungen sind als mit der Meldung oder Offenlegung verbundene Handlungen nach Maßgabe der §§ 35 ff. (insbesondere § 35) als mitgeschützt anzusehen.

63 Stellt sich im Rahmen der Verifizierung jedoch heraus, dass die dem Verdacht zugrunde liegenden Informationen unwahr sind oder konnten begründete Zweifel an der Wahrheit der Informationen nicht hinreichend ausgeräumt werden, hat die potenziell hinweisgebende Person von einer Meldung bzw. Offenlegung abzusehen. Eine trotzdem erfolgte Meldung bzw. Offenlegung wird nicht durch die §§ 35 ff. geschützt (§ 33 Abs. 1 Nr. 2).

64 Dabei stellt sich auf den ersten Blick die Frage, ob diejenige Person, die dennoch eine Meldung erstattet, rechtlich bessergestellt ist als diejenige, die von der Meldung absieht. Die Vornahme der Meldung würde bei strenger Wortlautanwendung nämlich dazu führen, dass jedenfalls der persönliche Anwendungsbereich und damit auch die übrigen Schutzvorschriften des Hinweisgeberschutzgesetzes eröffnet wären (§ 1 Abs. 1). Jedoch greifen in dieser Konstellation in aller Regel auch die übrigen Schutzvorschriften des Hinweisgeberschutzgesetzes nicht ein, da sie entweder tatbestandlich ebenfalls auf § 33 Abs. 1 verweisen oder den Schutz von missbräuchlichen Falschmeldungen von vornherein ausschließen (beispielsweise, weil die hinweisgebende Person die Unwahrheit der Informationen vor Abgabe der Meldung oder Offenlegung erkannt hat). Einer (potenziell) hinweisgebenden Person ist die Vornahme einer missbräuchlichen Falschmeldung oder -offenlegung auch deshalb nicht anzuraten, da sie regelmäßig zum Ersatz des Schadens verpflichtet wäre (§ 38) und eine missbräuchliche Meldungshandlung auch keinen Schutz nach allgemeinen Prinzipien genießt. Eine (bewusste) Falschmeldung kann keine zulässige Rechtsausübung darstellen (§ 612a BGB).

65 Im Hinblick auf das **Interesse von deutschen Arbeitgebern an einer umfassenden Aufklärung von möglichen Compliance-Verstößen** im Unternehmen kann es im Rahmen zumutbarer Verifizierungspflichten sinnvoll sein, die Anforderungen an die Verifizierung der hinweisgebenden Person intern vergleichsweise niedrig(er) auszugestalten und entsprechende Vorkehrungen zu treffen, indem beispielsweise im Rahmen interner Hinweisgeberrichtlinien hinweisgebenden Personen der Schutz der §§ 35 ff. nur dann versagt wird, wenn diese vorsätzlich oder missbräuchlich unzutreffende Informationen intern melden. Durch die im Vergleich zur Meldung bei einer externen Meldestelle niedrigeren Anforderungen an die Verifizierung schafft der Arbeitgeber gleichzeitig Anreize für Mitarbeitende, sich vorrangig an die interne Meldestelle zu wenden (§ 7 Abs. 3). Dabei ist aber zu berücksichtigen, dass der über das Hinweisgeberschutzgesetz hinaus zugesagte Schutz grundsätzlich nur im Verhältnis zwischen Arbeitgeber und hinweisgebender Person gilt, da der Arbeitgeber nicht einseitig über die Rechte Dritter disponieren kann (z.B. des Betroffenen). Beispielsweise kann der Arbeitgeber nicht einseitig den Haftungsausschluss von hinweisgebenden Personen gegenüber Dritten erweitern (§ 35 Abs. 1 und 2). Insofern wäre jedoch eine (konkludente) (neben-)vertragliche Haftungsfreistellung durch den Arbeitgeber im Innenverhältnis zwischen Arbeitnehmer und Arbeitgeber denkbar.

IV. § 33 Abs. 1 Nr. 3

Mit § 33 Abs. 1 Nr. 3 wird Art. 6 Abs. 1 lit. a Var. 2 der HinSch-RL in nationales Recht umgesetzt.[51] **66**

Der Schutzbereich der §§ 35 ff. ist nur dann eröffnet, wenn die gemeldeten **67** bzw. offengelegten Informationen Verstöße betreffen, die in den Anwendungsbereich des Hinweisgeberschutzgesetzes fallen (§ 33 Abs. 1 Nr. 3 Var. 1).

Darüber hinaus können ausnahmsweise auch Meldungen oder Offenlegungen **68** durch die §§ 35–37 geschützt sein, die einen Verstoß außerhalb des Anwendungsbereichs des Hinweisgeberschutzgesetzes zum Gegenstand haben, wenn die hinweisgebende Person zum Zeitpunkt der Meldung oder Offenlegung hinreichenden Grund zu der Annahme hatte, dass die gemeldeten oder offengelegten Informationen einen Verstoß betreffen, der in den Anwendungsbereich des Hinweisgeberschutzgesetzes fällt (siehe Rn. 77 ff.). § 33 Abs. 1 Nr. 3 Var. 2 erweitert dadurch den Schutz gutgläubiger hinweisgebender Personen auf gemeldete Verstöße außerhalb des Hinweisgeberschutzgesetzes.

1. Anwendungsbereich des Hinweisgeberschutzgesetzes

Der Gesetzgeber schützt gutgläubige hinweisgebende Personen, die einem **69** Rechtsirrtum in Bezug auf die Eröffnung des Anwendungsbereichs des Hinweisgeberschutzgesetzes unterliegen. Dazu muss die hinweisgebende Person aber im Zeitpunkt der Meldung oder Offenlegung hinreichenden Grund zur Annahme gehabt haben, dass die gemeldeten oder offengelegten Informationen Verstöße betreffen, die in den Anwendungsbereich des Hinweisgeberschutzgesetzes fallen.

51 Vgl. *Brobeil*, Die Auswirkungen der Richtlinie (EU) 2019/1937 auf Arbeitnehmer-Hinweisgeber, S. 153.

70 **Bezugspunkt** der begründeten Annahme dürfte richtigerweise der gemeldete Verstoß als solcher sein, und nicht die einzelne gemeldete Information.[52]

71 Nicht geklärt durch den Gesetzgeber ist, welche Anwendungsbereichsvorschriften vom Gutglaubensschutz konkret erfasst sind. Insofern dürfte es sich um eine redaktionelle Ungenauigkeit handeln, da der Gesetzgeber in seiner Gesetzesbegründung (anders als im Gesetzestext) ausschließlich auf Rechtsirrtümer in Bezug auf den sachlichen Anwendungsbereich des Hinweisgeberschutzgesetzes abstellt.

72 In der Konsequenz sind von § 33 Abs. 1 Nr. 3 Var. 2 zuvorderst begründete Rechtsirrtümer der hinweisgebenden Person in Bezug auf die Eröffnung des **sachlichen Anwendungsbereichs** des Hinweisgeberschutzgesetzes erfasst (§ 2 i.V.m. § 3 Abs. 2).[53]

73 Hingegen dürften Rechtsirrtümer der hinweisgebenden Person in Bezug auf **§ 5** von § 33 Abs. 1 Nr. 3 Var. 2 nicht erfasst sein.[54] § 5 regelt nicht den sachlichen Anwendungsbereich des Hinweisgeberschutzgesetzes im engeren Sinne, sondern stellt eine Bereichsausnahme des Hinweisgeberschutzgesetzes dar. Durch die Bereichsausnahme gewährt der Gesetzgeber den betroffenen Interessen aus Gründen des Staatswohls Vorrang, damit die aufgezählten Interessen unmittelbar und unbedingt vor Weitergabe durch Meldung oder Offenlegung geschützt sind. Dieser Vorrang würde durch die Ermöglichung von gutgläubigen Meldungen oder Offenlegungen unterlaufen, da in der Konsequenz eine gutgläubige hinweisgebende Person keinen Offenlegungsbeschränkungen im Rahmen ihrer Meldung unterläge (§ 35 Abs. 2 Var. 1).

74 § 33 Abs. 1 Nr. 3 Var. 2 schützt auch nicht die berechtigte Annahme der hinweisgebenden Person in Bezug auf das Vorliegen der Voraussetzungen einer zulässigen Offenlegung nach Maßgabe des **§ 32**, da § 32 keine Anwendungsbereichsvorschrift ist. Vielmehr regelt § 32 den Tatbestand einer zulässigen Offenlegung. Der Schutz von Tatbestandsirrtümern würde den eindeutigen Wortlaut des § 33 Abs. 1 Nr. 3 Var. 2 überschreiten. Eine unzulässige Offenle-

---

52 Der Wortlaut ist insofern irreführend. Dem Wortlaut nach stellt der Gesetzgeber primär auf die gemeldete Information ab. Gleichzeitig knüpft der Gesetzgeber den guten Glauben aber an den Verstoß selbst an. Auch mit Blick auf die Gesetzesbegründung, in der der Gesetzgeber den guten Glauben ausdrücklich auf den Verstoß bezieht, dürfte zutreffender Bezugspunkt daher der Verstoß als solcher sein, nicht die bloße Information.

53 Der Gesetzgeber stellt in seiner Begründung ausdrücklich (und ausschließlich) auf den guten Glauben daran, dass der Verstoß dem sachlichen Anwendungsbereich des Hinweisgeberschutzgesetzes unterliegt, ab.

54 Jedenfalls § 5 Abs. 2 Nr. 2 bis 5 sind bereits nicht vom Wortlaut des § 33 Abs. 1 Nr. 3 Var. 2 erfasst, da sie an die Person der hinweisgebenden Person anknüpfen und nicht an den Verstoß.

gung scheitert im Übrigen bereits an der Voraussetzung des § 33 Abs. 1 Nr. 1 (siehe hierzu Rn. 10).

Rechtsirrtümer hinsichtlich des **persönlichen Anwendungsbereichs** dürften in der Praxis im Rahmen des § 33 Abs. 1 Nr. 3 Var. 2 ebenfalls kaum eine Rolle spielen, da der Schutz von Meldungen oder Offenlegungen außerhalb des persönlichen Anwendungsbereichs in aller Regel bereits an anderen Tatbestandsmerkmalen scheitert. In solchen Fällen fehlt es nämlich in aller Regel bereits an der tatbestandlich vorausgesetzten Hinweisgebereigenschaft der meldenden oder offenlegenden Person (Eingangssatz des § 33 Abs. 1 i.V.m. § 1 Abs. 1). Jedenfalls dürfte der Schutz der §§ 35ff. aber am Vorliegen einer internen oder externen Meldung an eine nach dem Hinweisgeberschutzgesetz eingerichteten Meldestelle oder einer zulässigen Offenlegung nach § 32 scheitern (§ 33 Abs. 1 Nr. 1 i.V.m. § 1 Abs. 1). **75**

Bei einer Meldung an eine unzuständige interne oder externe Stelle gelten im Rahmen des § 33 Abs. 1 Nr. 3 Var. 2 die gleichen Erwägungen[55] wie in § 33 Abs. 1 Nr. 1 (siehe Rn. 11ff.). Der Arbeitgeber kann sich auch im Rahmen § 33 Abs. 1 Nr. 3 Var. 2 HinSchG nicht erfolgreich auf die Nichteröffnung des persönlichen Anwendungsbereichs des Hinweisgeberschutzgesetzes berufen, wenn die interne Meldestelle fehlerhaft errichtet wurde oder er zuvor aufgrund seines Verhaltens **hinreichende Vertrauenstatbestände** geschaffen hat, dass die gewählte Stelle zur Entgegennahme ihrer Meldung im Sinne des Hinweisgeberschutzgesetzes zuständig ist, und die hinweisgebende Person daraufhin eine Meldung vorgenommen hat (§ 242 BGB).[56] Zu den Einzelheiten siehe Rn. 22ff. **76**

55 Es wäre im Ergebnis nicht sachgerecht, die hinweisgebende Person, die im Rahmen des § 2 (sachlicher Anwendungsbereich) einem Rechtsirrtum unterliegt, besser zu stellen als die hinweisgebende Person, die im Rahmen des § 1 i.V.m. §§ 12ff. einem Rechtsirrtum unterliegt, wenn diese hinreichende Gründe zur Annahme hatte, dass es sich um eine interne Meldestelle im Sinne des Hinweisgeberschutzgesetzes handle. Beispielsweise wäre dies der Fall, wenn der Arbeitgeber zusätzlich eine Meldung an die interne Stelle ausdrücklich erlaubt und für die hinweisgebende Person aufgrund tatsächlicher Anhaltspunkte nicht hinreichend erkennbar war, dass es sich hierbei nicht (auch) um eine interne Meldestelle im Sinne des Hinweisgeberschutzgesetzes handelt (siehe dazu Rn. 19ff, 24). In Bezug auf die interne Meldestelle verlangt der Gesetzgeber der hinweisgebenden Person im Rahmen des § 1 Abs. 1 ebenfalls eine rechtliche Prüfung dahingehend ab, ob die gewählte interne Stelle den Anforderungen der §§ 12ff. entspricht oder nicht. Diese Frage ist für die hinweisgebende Person im Zweifelsfall nicht leichter zu beurteilen als die Frage, ob der gemeldete Verstoß dem sachlichen Anwendungsbereich unterliegt oder nicht.

56 Vgl. *Grüneberg*, in: Grüneberg, BGB, § 242 Rn. 56.

2. Hinreichend begründete Annahme

77 Die hinweisgebende Person muss im Zeitpunkt der Meldung oder Offenlegung hinreichenden Grund zur Annahme gehabt haben, dass die gemeldeten oder offengelegten Informationen Verstöße betreffen, die in den Anwendungsbereich des Hinweisgeberschutzgesetzes fallen.

78 Hinsichtlich der Sorgfaltsanforderungen an die hinweisgebende Person im Rahmen des § 33 Abs. 1 Nr. 3 Var. 2 verweist der Gesetzgeber auf seine Erläuterungen zu § 33 Abs. 1 Nr. 2.

79 Demzufolge ist die hinreichend begründete Annahme der hinweisgebenden Person, dass der Anwendungsbereich des Hinweisgeberschutzgesetzes eröffnet ist, nach zutreffender Ansicht ebenfalls nach **objektiv-subjektiven Maßstäben aus Ex-ante-Perspektive** zu beurteilen wie die berechtigte Annahme der Wahrheit der gemeldeten oder offengelegten Informationen (siehe dazu Rn. 35 ff.).[57] Maßgeblicher Zeitpunkt ist die Vornahme der Meldung bzw. Offenlegung.

80 In **subjektiver Hinsicht** muss die hinweisgebende Person im Zeitpunkt der Erstattung der Meldung bzw. Vornahme der Offenlegung in gutem Glauben davon ausgegangen sein, dass die gemeldeten Informationen in den Anwendungsbereich des Hinweisgeberschutzgesetzes fallen.[58]

81 Jedoch erweitert der Gesetzgeber im Rahmen des § 33 Abs. 1 Nr. 3 den subjektiven Beurteilungsmaßstab. Im Rahmen der subjektiven Beurteilung der hinweisgebenden Person, ob der Verstoß in den sachlichen Anwendungsbereich des Hinweisgeberschutzgesetzes fällt, ist etwaiges tätigkeitsspezifisches Wissen und Verständnis der hinweisgebenden Person zu berücksichtigen.[59]

82 In **objektiver Hinsicht** müssen im Zeitpunkt der Meldung bzw. Offenlegung hinreichende tatsächliche Anhaltspunkte bestanden haben, die die Annahme der hinweisgebenden Person, es handle sich um einen Verstoß, der vom Anwendungsbereich erfasst ist, rechtfertigen.

83 Ob die Annahme im Zeitpunkt der Meldung bzw. Offenlegung objektiv hinreichend begründet war, ist aus Sicht eines **juristischen Laien** zu beurteilen. Dadurch schränkt der deutsche Gesetzgeber den objektiven Beurteilungsmaßstab im Rahmen des § 33 Abs. 1 Nr. 3 ein. Das ist im Ergebnis auch sachgerecht, da § 33 Abs. 1 Nr. 3 der hinweisgebenden Person eine rechtliche Prüfung abverlangt, deren Anforderungen angesichts des umfangreichen und teilweise unübersichtlichen Katalogs des sachlichen Anwendungsbereichs nicht völlig

57 Begr. RegE, BT-Drs. 20/3442 v. 19.9.2022, S. 92.
58 Begr. RegE, BT-Drs. 20/3442 v. 19.9.2022, S. 92.
59 Begr. RegE, BT-Drs. 20/3442 v. 19.9.2022, S. 92.

unerheblich sind. Konkrete Rechtskenntnisse oder juristische Expertise der hinweisgebenden Person bleiben im Rahmen des tätigkeitsspezifischen Wissens aufgrund der Erweiterung des subjektiven Beurteilungsmaßstabs jedoch weiterhin berücksichtigungsfähig (siehe Rn. 81).

Durch den uneingeschränkten Verweis des Gesetzgebers auf seine Erläuterungen zu § 33 Abs. 1 Nr. 2 muss sich die hinweisgebende Person auch im Rahmen des § 33 Abs. 1 Nr. 3 Var. 2 um die **Verifizierung ihrer Annahme** bemühen, soweit ihr das Bemühen zumutbar ist (siehe dazu Rn. 49 ff.).[60] Stellt sich im Nachhinein heraus, dass die Meldung bzw. Offenlegung von Vornherein nicht in den Anwendungsbereich des Hinweisgeberschutzgesetzes fällt, und hätte die hinweisgebende Person dies im Rahmen der zumutbaren Verifizierungsmöglichkeiten auch erkennen können, entfällt der Schutz nach §§ 35 ff. **84**

Der Gesetzgeber gibt jedoch keine Auskunft darüber, in welchem Umfang der hinweisgebenden Person die Verifizierung in Bezug auf die Eröffnung des Anwendungsbereichs des Hinweisgeberschutzgesetzes zumutbar ist. Gemäß seinen Erläuterungen zu § 33 Abs. 1 Nr. 2 sind an die hinweisgebende Person keine überhöhten Anforderungen zu stellen.[61] Das gilt mit Bezug auf den eingeschränkten Beurteilungsmaßstab eines juristischen Laien umso mehr. **85**

a) Erweiteter Anwendungsbereich i. R. interner Richtlinien

Grundsätzlich können Arbeitgeber den Umfang der zu meldenden Verstöße im Rahmen interner Hinweisgeberrichtlinien weiter ausgestalten als im Hinweisgeberschutzgesetz vorgesehen (§ 2). Meldungen außerhalb des sachlichen Anwendungsbereichs des Hinweisgeberschutzgesetzes sind nach dem Wortlaut regelmäßig nicht durch das Hinweisgeberschutzgesetz geschützt (§ 33 Abs. 1 Nr. 3 i.V.m. § 2), wenn die hinweisgebende Person nicht berechtigt annehmen durfte, dass dies der Fall sei. **86**

Ein solcher berechtigter Grund kann dabei grundsätzlich auch in den internen Hinweisgeberrichtlinien des Arbeitgebers liegen, wenn der Arbeitgeber durch die Erweiterung des Umfangs der zu meldenden Verstöße eine hinreichende Tatsachengrundlage geschaffen hat. Das dürfte jedoch nur dann gelten, wenn der nicht anwendbare Schutz des Hinweisgeberschutzgesetzes für den Arbeitnehmer auch anderweitig nicht hinreichend erkennbar war. Der Gesetzgeber nimmt dazu keine Stellung. **87**

Insofern könnte man argumentieren, dass überhöhte Anforderungen an den Arbeitnehmer gestellt werden würden, vor seiner Meldung die internen Richtli- **88**

---

60 Begr. RegE, BT-Drs. 20/3442 v. 19.9.2022, S. 92
61 Begr. RegE, BT-Drs. 20/3442 v. 19.9.2022, S. 92.

nien in Bezug auf den sachlichen Anwendungsbereich des Hinweisgeberschutzgesetzes zu verifizieren. Es obliegt dem Arbeitgeber aufgrund arbeitsvertraglicher Rücksichtnahmepflichten, den fehlenden Schutz der Meldung in einem solchen Fall erkennbar zu machen. Eine solche Obliegenheit des Arbeitgebers schafft einen interessengerechten Ausgleich zwischen Arbeitgebern, die ihre Arbeitnehmer dazu ermutigen möchten, auch außerhalb des Anwendungsbereichs des Hinweisgeberschutzgesetzes Verstöße zu melden, und den Interessen der Arbeitnehmer, die dadurch nicht Gefahr laufen sollen, fälschlicherweise davon auszugehen, dass sie bei Vornahme einer solchen Meldung nach Maßgabe des Hinweisgeberschutzgesetzes geschützt wären. Dies dürfte insbesondere dann gelten, wenn der Arbeitnehmer nach den internen Richtlinien zur Vornahme der Meldung verpflichtet wird. Klärt der Arbeitgeber den Arbeitnehmer jedoch über den fehlenden Schutz hinreichend und erkennbar auf, und kann der Arbeitnehmer selbst abwägen, ob er den Verstoß melden möchte oder nicht, bestehen keine hinreichenden Gründe, die die Annahme des Arbeitnehmers an die Eröffnung des Anwendungsbereichs rechtfertigen können.

89 Arbeitgeber haben jedoch in aller Regel ein besonderes Interesse daran, dass Arbeitnehmer möglichst weitreichend Compliance-Verstöße melden, und zwar auch außerhalb des sachlichen Anwendungsbereichs des Hinweisgeberschutzgesetzes. Es liegt für Arbeitgeber deshalb nahe, Arbeitnehmern auch im Falle einer Meldung eines Verstoßes außerhalb des sachlichen Anwendungsbereichs (§ 2) einen dem Schutzniveau der §§ 35 ff. entsprechenden Schutz zuzusagen (beispielsweise in deren internen Richtlinien). Zu überlegen wäre in solchen Konstellationen, ob der Arbeitgeber den Arbeitnehmern den Schutz der §§ 35 ff. voll oder nur eingeschränkt zukommen lassen möchte (insbesondere im Hinblick auf die sehr weitreichende Beweislastumkehr des § 36 Abs. 2). Die Gewährung eines (nur) eingeschränkten Schutzes dürfte zulässig sein, da ein eingeschränkter Schutz für den Arbeitnehmer in jedem Fall günstiger ist, da er über den gesetzlichen Schutzumfang hinausgeht. Wichtig ist dabei aber, als Arbeitgeber darauf zu achten, dass der eingeschränkte Schutz für potenziell hinweisgebende Personen ausreichend erkennbar wird. Andernfalls besteht das Risiko, dass sich der Arbeitgeber nach Treu und Glauben nicht auf den eingeschränkten Schutz berufen kann (§ 242 BGB). Dadurch schafft der Arbeitgeber gleichzeitig zusätzliche Anreize für Arbeitnehmer, sich bevorzugt an interne Meldestellen zu wenden (§ 7 Abs. 3). Zu berücksichtigen ist jedoch, dass der über das Hinweisgeberschutzgesetz hinaus zugesagte Schutz grundsätzlich nur im Verhältnis zwischen Arbeitgeber und hinweisgebender Person gilt, da der Arbeitgeber nicht einseitig über die Rechte Dritter disponieren kann (z. B. des Betroffenen). Beispielsweise kann der Arbeitgeber nicht einseitig den Haftungsausschluss der hinweisgebenden Person gegenüber Dritten erweitern

(§ 35 Abs. 1 und 2). Insofern wäre jedoch eine (konkludente) (neben-)vertragliche Haftungsfreistellung durch den Arbeitgeber im Innenverhältnis zwischen Arbeitnehmer und Arbeitgeber denkbar.

b) Beratungsleistungen externer Meldestellen

Das Hinweisgeberschutzgesetz bietet natürlichen Personen, die in Erwägung **90** ziehen, eine Meldung zu erstatten, umfassende und unabhängige Beratung durch externe Meldestellen über bestehende Abhilfemöglichkeiten und Verfahren für den Schutz vor Repressalien an. Dabei informieren externe Meldestellen insbesondere auch über die Möglichkeit der internen Meldestellen (§ 24 Abs. 2). Die Beratung der externen Meldestelle dürfte, jedenfalls nach Intention des deutschen[62] und des europäischen[63] Gesetzgebers, auch die Beratung über die Eröffnung des Anwendungsbereichs des Hinweisgeberschutzgesetzes umfassen.

Eine verpflichtende Inanspruchnahme einer Beratung vor Abgabe der Mel- **91** dung bzw. Offenlegung zur Verifizierung der Eröffnung des Anwendungsbereichs im Rahmen des § 33 Abs. 1 Nr. 3 Var. 2 dürfte indes zu weit gehen. Sowohl der europäische[64] als auch der deutsche[65] Gesetzgeber haben sich gegen eine verpflichtende Beratung im Rahmen des § 24 Abs. 2 bzw. Art. 20 Abs. 1 lit. a der HinSch-RL entschieden. Beide Gesetzgeber betonen in ihren gesetzlichen Erwägungen, dass das Angebot potenziell hinweisgebende Personen ermutigen soll, Meldungen vorzunehmen, indem es die Möglichkeit schaffen soll, sich zuvor umfassend über den Hinweisgeberschutz informieren zu können. Es wäre daher wertungswidersprüchlich, die Inanspruchnahme von Beratungsleistungen als Voraussetzung für die Anwendbarkeit der wesentlichen Schutzvorschriften des Hinweisgeberschutzgesetzes (§§ 35 ff.) verpflichtend zu verlangen.

c) Inanspruchnahme von Rechtsberatung

Im Rahmen des § 33 Abs. 1 Nr. 3 Var. 2 wäre es zwar naheliegend, der hin- **92** weisgebenden Person die Inanspruchnahme von Rechtsberatung abzuverlangen, da sie sich gerade um Verifizierung einer rechtlichen Prüfung bemühen muss. Insofern wären das Entdeckungsrisiko und die Gefahr benachteiligender Maßnahmen aufgrund der gesetzlichen Verschwiegenheitspflichten des Rechtsberaters auch nahezu ausgeschlossen. Zwar mag die Inanspruchnahme

62 Begr. RegE, BT-Drs. 20/3442 v. 19.9.2022, S. 85.
63 Siehe Erwägungsgrund 89 der HinSch-RL.
64 Siehe Erwägungsgrund 89 der HinSch-RL.
65 Begr. RegE, BT-Drs. 20/3442 v. 19.9.2022, S. 85.

von Rechtsberatungsleistungen der hinweisgebenden Person in einzelnen Fällen zumutbar sein. Die Inanspruchnahme von Rechtsberatungsleistungen dürfte jedoch in aller Regel überhöhte Anforderungen an die hinweisgebende Person stellen. Zum einen ist diese regelmäßig mit nicht unerheblichen Kosten und Aufwand verbunden. Zum anderen würde § 33 Abs. 1 Nr. 3 Var. 2 durch das Abverlangen der Wahrnehmung von Rechtsberatungsleistungen praktisch leerlaufen, da die rechtliche Überprüfung der Eröffnung des Anwendungsbereichs in Bezug auf den Verstoß durch den Rechtsberater einen Rechtsirrtum der hinweisgebenden Person praktisch ausschließen würde.

3. § 33 Abs. 2

93 § 33 Abs. 2 erstreckt den Schutzbereich der §§ 35–37 – über den persönlichen Anwendungsbereich des Hinweisgeberschutzgesetzes hinaus (§ 1 Abs. 1) – auf Personen, welche nach Maßgabe des § 33 Abs. 1 Verstöße gegen das Unionsrecht an die zuständigen Organe, Einrichtungen oder sonstigen Stellen der Europäischen Union melden. Die Vorschrift dient der Umsetzung von Art. 6 Abs. 4 der HinSch-RL.

94 Konkret sind von § 33 Abs. 2 insbesondere Meldungen an die Europäische Kommission, das Europäische Amt für Betrugsbekämpfung (OLAF), die Europäische Agentur für Sicherheit des Seeverkehrs (EMSA), die Europäische Agentur für Flugsicherheit (EASA), die Europäische Wertpapier- und Marktaufsichtsbehörde (ESMA) und die Europäische Arzneimittel-Agentur (EMA) über die unionsrechtlich vorgesehenen Meldeverfahren erfasst.[66]

95 § 33 Abs. 2 beschränkt den Schutz auf solche Verstöße, die in den sachlichen Anwendungsbereich des Hinweisgeberschutzgesetzes fallen (§ 2 Abs. 1). Einer solchen Klarstellung hätte es nicht zwingend bedurft, da der Schutz im Falle einer Meldung bzw. Offenlegung von Informationen, die Verstöße außerhalb des Anwendungsbereichs des Hinweisgeberschutzgesetzes betreffen, bereits an der Voraussetzung des § 33 Abs. 1 Nr. 3 scheitern würde. Man könnte die Klarstellung dahingehend interpretieren, dass der Gesetzgeber im Umkehrschluss den guten Glauben an die Eröffnung des Anwendungsbereichs im Rahmen des § 33 Abs. 2 ausschließen wollte (§ 33 Abs. 1 Nr. 3 Var. 2). Ein Ausschluss des guten Glaubens ist jedoch weder in den deutschen noch in den europäischen gesetzgeberischen Erwägungen angelegt, noch erscheint es interessengerecht, eine hinweisgebende Person im Rahmen einer Meldung an eine Meldestelle der EU schlechter zu stellen als gegenüber einer nationalen externen Meldestelle.

66 Begr. RegE, BT-Drs. 20/3442 v. 19.9.2022, S. 92.

V. Darlegungs- und Beweislast

96 Der Gesetzgeber äußert sich in seiner Gesetzesbegründung nicht konkret zur Verteilung der Darlegungs- und Beweislast im Rahmen des § 33. Festzuhalten ist, dass die in § 36 Abs. 2 vorgesehene Beweislastumkehr im Rahmen des § 33 keine Anwendung findet, weil § 33 den Anwendungsbereich des § 36 Abs. 2 überhaupt erst eröffnet.[67] Die Gesetzessystematik zeigt dadurch auch, dass sich der Gesetzgeber bewusst gegen eine Beweiserleichterung der hinweisgebenden Person im Hinblick auf § 33 entschieden hat, da er den § 36 nicht von § 33 ausgenommen hat (wie beispielsweise § 38). Dies entspricht im Übrigen auch der Wertung des europäischen Gesetzgebers, der ebenfalls nur Beweiserleichterungen der hinweisgebenden Person in Bezug auf den kausalen Zusammenhang zwischen der Meldung und der Repressalie anerkennt, wenn die hinweisgebende Person darlegt und gegebenenfalls beweist, dass sie Verstöße im Einklang mit der Richtlinie gemeldet oder offengelegt hat.[68]

97 Die Darlegungs- und Beweislastverteilung im Rahmen des § 33 richtet sich damit nach allgemeinen Grundsätzen. Entsprechend des prozessualen Günstigkeitsprinzips trägt die hinweisgebende Person im Rahmen des § 33 die Darlegungs- und Beweislast, da § 33 die anspruchsbegründenden Voraussetzungen für die Eröffnung der Schutzvorschriften der §§ 35 ff. regelt.

98 Ein substantiierter Tatsachenvortrag der hinweisgebenden Person muss durch den Prozessgegner nach den allgemeinen prozessualen Prinzipien substantiiert bestritten werden. Pauschales Bestreiten genügt nicht. Ansonsten greift die Geständnisfiktion zu seinen Lasten (§ 138 Abs. 2, 3 ZPO).

1. § 33 Abs. 1 Nr. 1

99 In Bezug auf § 33 Abs. 1 Nr. 1 HinSchG muss die hinweisgebende Person unter anderem nachweisen, dass sie eine Meldung an eine nach dem Hinweisgeberschutzgesetz vorgesehene Meldestelle erstattet hat (siehe dazu Rn. 7 ff.).

100 Bei der Streitfrage zwischen dem **Arbeitgeber und der hinweisgebenden Person**, ob es sich bei der gewählten internen Meldestelle um eine nach dem Hinweisgeberschutzgesetz eingerichtete interne Meldestelle handelt oder nicht (siehe Rn. 19 ff.), wird der Arbeitgeber in Zweifelsfällen diesbezüglich im Rahmen einer abgestuften Darlegungs- und Beweislast darzulegen und gegebenenfalls zu beweisen haben, dass es sich nicht um eine solche handelt. Dies

---

67 Dies ergibt sich auch im Umkehrschluss aus § 34 Abs. 2 Nr. 1, der eine Beweislastumkehr für den Dritten bereits im Rahmen der Schutzvoraussetzungen normiert.

68 Siehe Erwägungsgrund 93 der HinSch-RL.

gebietet die Tatsache, dass die hinweisgebende Person oft keine Einblicke in die Errichtung und den Betrieb des internen Meldekanals hat.

101 Steht fest, dass die hinweisgebende Person sich an eine unzuständige interne oder externe Meldestelle gewendet hat, obliegt es jedoch der hinweisgebenden Person selbst darzulegen und zu beweisen, dass sie nachträglich (ex nunc) durch eine erneute Meldung an die zuständige Meldestelle oder durch die Weiterleitung der Meldung an die zuständige Meldestelle geschützt ist. Gleiches gilt, wenn die hinweisgebende Person sich darauf berufen möchte, dass der Arbeitgeber sich nicht auf die Unzuständigkeit der internen Stelle aus Treu und Glauben (§ 242 BGB) berufen kann, weil er zuvor aufgrund seines Verhaltens hinreichende Vertrauenstatbestände geschaffen hat, dass die gewählte Stelle zur Entgegennahme ihrer Meldung im Sinne des Hinweisgeberschutzgesetzes zuständig ist. Dabei handelt es sich um eine für die hinweisgebende Person günstige Einrede, weshalb sie nach dem prozessualen Günstigkeitsprinzip auch darlegungs- und beweisbelastet ist.

102 Im Rahmen einer Offenlegung obliegt es der hinweisgebenden Person, darzulegen und gegebenenfalls zu beweisen, dass die vorgenommene Offenlegung die Voraussetzungen des § 32 erfüllt (siehe dazu § 32 Rn. 4ff.).

2. § 33 Abs. 1 Nr. 2

103 Der Gesetzgeber geht im Rahmen des § 33 grundsätzlich von einer Falschmeldung der hinweisgebenden Person aus, ohne diese aber (beispielsweise durch eine Negativformulierung) zu vermuten. Auch die EU-Richtlinie sieht keine Beweiserleichterung in Bezug auf die Schutzvoraussetzungen für die hinweisgebende Person vor.

104 In einem streitigen Verfahren **zwischen der hinweisgebenden Person und ihrem Arbeitgeber** wird der Arbeitgeber im Rahmen des § 33 Abs. 1 Nr. 2 regelmäßig zunächst konkret dazu vorzutragen haben, dass die gemeldete Information nicht der Wahrheit entspricht. An den Arbeitgebervortrag sind dabei insbesondere im Fall der externen Meldung oder Offenlegung keine zu hohen Anforderungen zu stellen. Andernfalls würde die gesetzgeberische Wertung unterlaufen, dass die Wahrheit der gemeldeten oder offengelegten Informationen gesetzlich gerade nicht vermutet wird. Gleiches dürfte auch im Rahmen einer Streitigkeit **zwischen hinweisgebender Person und einem Dritten** (beispielsweise dem Betroffenen) gelten. Höhere Darlegungs- und Beweisobliegenheiten in Bezug auf die Unwahrheit der gemeldeten oder offengelegten Informationen werden den Arbeitgeber im Falle einer **internen Meldung** nach den Grundsätzen einer abgestuften Darlegungs- und Beweislast bei fehlender eigener Kenntnismöglichkeit der hinweisgebenden Person treffen, wenn und

weil der Arbeitgeber das interne Meldeverfahren selbst betrieben hat (§§ 17f.). § 33 Abs. 1 Nr. 2 statuiert jedoch keine Kompetenz des Gerichts, die getätigten Untersuchungen gerichtlich zu überprüfen oder zu bewerten. Dagegen spricht bereits das prozessuale Günstigkeitsprinzip, da es sich bei § 33 Abs. 1 Nr. 2 um eine für die hinweisgebende Person anspruchsbegründende Vorschrift handelt. Die Überprüfbarkeit von internen Untersuchungshandlungen sieht das Hinweisgeberschutzgesetz auch an sonst keiner Stelle vor. Im Falle einer **externen Meldung** kann die hinweisgebende Person Akteneinsicht verlangen (§ 28 Abs. 3 i.V.m. § 29 VwVfG).

Sofern die gemeldeten oder offengelegten **Informationen nicht der Wahrheit** entsprachen, muss die hinweisgebende Person anhand tatsächlicher Anhaltspunkte zur Überzeugung des Gerichts darlegen und im Bestreitensfalle beweisen, dass im Zeitpunkt ihrer Meldungs- bzw. Offenlegungshandlung aus Sicht eines objektiven Dritten hinreichende Gründe bestanden, die ihre Annahme stützten, dass die gemeldeten bzw. offengelegten Informationen der Wahrheit entsprachen. Die Gegenpartei kann die Annahme der hinweisgebenden Person durch **eigenen Tatsachenvortrag entkräften**, der objektive Zweifel am Wahrheitsgehalt der gemeldeten Information zum Zeitpunkt der Meldung oder Offenlegung begründet und diese Zweifel auch für die hinweisgebende Person erkennbar waren. **105**

Was die **Gutgläubigkeit** der hinweisgebenden Person betrifft, so wird die Gegenpartei zunächst konkrete Zweifel an der Gutgläubigkeit der hinweisgebenden Person vortragen müssen. Das Gericht darf jedoch keine hohen Anforderungen an die Substantiierung des gegnerischen Vortrages stellen, da die Gutgläubigkeit der hinweisgebenden Person gerade nicht gesetzlich vermutet wird. **106**

Gelingt es der hinweisgebenden Person, tatsächliche Anhaltspunkte zum Zeitpunkt der Meldungs- oder Offenlegungshandlung darzulegen und zu beweisen, auf denen ihre Annahme (hinreichend begründet) beruhte, so kann die Gegenpartei die Berechtigung der Annahme widerlegen, indem sie darlegt und beweist, dass für die hinweisgebende Person **konkrete Verifizierungsmöglichkeiten** bestanden, die jedenfalls begründete Zweifel an der Wahrheit der Informationen begründet hätten, und die hinweisgebende Person diese nicht wahrgenommen hat. Die Gegenpartei muss jedoch nicht darlegen und beweisen, dass die Verifizierungshandlung die Unwahrheit der gemeldeten Information tatsächlich aufgedeckt hätte, da die hinweisgebende Person entsprechend des § 33 Abs. 1 Nr. 2 bereits bei Bestehen objektiver Zweifel von der Meldung oder Offenlegung hätte absehen müssen (siehe dazu Rn. 63). **107**

Die hinweisgebende Person muss dann – ebenfalls anhand tatsächlicher Anhaltspunkte (vgl. zutreffende Ansicht dazu Rn. 84ff.) – darlegen und beweisen, **108** dass die **Verifizierungshandlung für sie unzumutbar** war, beispielsweise dass von der konkreten Verifizierungshandlung eine Gefahr drohender Repressalien ausging und sie deshalb aus Angst vor Entdeckung von der Verifizierungshandlung Abstand genommen hat.

3. § 33 Abs. 1 Nr. 3 und Abs. 2

109 In Bezug auf § 33 Abs. 1 Nr. 3 und § 33 Abs. 2 muss die hinweisgebende Person darlegen und im Bestreitensfalle beweisen, dass der Anwendungsbereich des Hinweisgeberschutzgesetzes eröffnet ist.

110 Die hinweisgebende Person kann sich im Falle einer **externen Meldung** dabei möglicherweise der Prüfung der externen Meldestelle bedienen, ob der gemeldete Verstoß in den Anwendungsbereich des Hinweisgeberschutzgesetzes fällt (§ 28 Abs. 2). Die hinweisgebende Person kann grundsätzlich Einsicht in die Akten verlangen (§ 28 Abs. 3, § 29 VwVfG).

111 Auch eine **interne Meldestelle** prüft den sachlichen Anwendungsbereich im Rahmen des Meldeverfahrens (§ 17 Abs. 1 Nr. 2). Insofern kann es dem Arbeitgeber im Rahmen einer abgestuften Darlegungs- und Beweislast bei fehlender eigener Kenntnismöglichkeit der hinweisgebenden Person obliegen, konkrete Tatsachen in Bezug auf die Eröffnung oder Nichteröffnung des Anwendungsbereichs darzulegen und gegebenenfalls zu beweisen. Die Anforderungen dürfen jedoch nicht zu hoch sein, da die Eröffnung des Anwendungsbereichs des Hinweisgeberschutzgesetzes gerade nicht kraft Gesetzes vermutet wird.

112 Steht fest, dass die gemeldeten oder offengelegten Informationen einen Verstoß betreffen, der **nicht in den (sachlichen) Anwendungsbereich des Hinweisgeberschutzgesetzes** fällt, so hat die hinweisgebende Person anhand tatsächlicher Anhaltspunkte darzulegen und zu beweisen, dass sie davon im Zeitpunkt der Meldung oder Offenlegung jedoch begründet ausgehen durfte und sie insofern auch gutgläubig war. Dabei muss die hinweisgebende Person darlegen und im Bestreitensfalle beweisen, dass sie die sie dahingehend treffenden Sorgfaltsanforderungen erfüllt hat. Die Gegenpartei hat die Möglichkeit, die Annahme der hinweisgebenden Person **durch eigenen Tatsachenvortrag zu entkräften**, indem sie objektiv begründete Zweifel an der Eröffnung des (sachlichen) Anwendungsbereichs des Hinweisgeberschutzgesetzes oder das Bestehen objektiver und nicht genutzter Verifizierungsmöglichkeiten darlegt und gegebenenfalls beweist. Etwaigen dargelegten **Verifizierungsmöglichkeiten** kann die hinweisgebende Person entgegenhalten, dass ihr die Wahrnehmung dieser objektiv nicht zumutbar war.

113 In Bezug auf § 33 Abs. 2 ist der gute Glaube an die Eröffnung des Hinweisgeberschutzgesetzes nicht geschützt.

§ 34 Weitere geschützte Personen

(1) Die §§ 35 bis 37 gelten entsprechend für natürliche Personen, die die hinweisgebende Person bei einer internen oder externen Meldung oder einer Offenlegung im beruflichen Zusammenhang vertraulich unterstützen, sofern die gemeldeten oder offengelegten Informationen

1. **zutreffend sind oder die unterstützende Person zum Zeitpunkt der Unterstützung hinreichenden Grund zu der Annahme hatte, dass die von der hinweisgebenden Person gemeldeten oder offengelegten Informationen der Wahrheit entsprachen, und**
2. **Verstöße betreffen, die in den Anwendungsbereich dieses Gesetzes fallen, oder die unterstützende Person zum Zeitpunkt der Unterstützung hinreichenden Grund zu der Annahme hatte, dass dies der Fall sei.**

(2) Sofern die Voraussetzungen des § 33 erfüllt sind, gelten die §§ 35 bis 37 entsprechend für

1. **Dritte, die mit der hinweisgebenden Person in Verbindung stehen und in einem beruflichen Zusammenhang Repressalien erlitten haben, es sei denn, diese beruhen nicht auf der Meldung oder Offenlegung durch die hinweisgebende Person, und**
2. **juristische Personen, rechtsfähige Personengesellschaften und sonstige rechtsfähige Personenvereinigungen, die mit der hinweisgebenden Person infolge einer Beteiligung rechtlich verbunden sind oder für die die hinweisgebende Person tätig ist oder mit denen sie in einem beruflichen Kontext anderweitig in Verbindung steht.**

Schrifttum: *Colneric/Gerdemann*, Die Umsetzung der Whistleblower-Richtlinie in deutsches Recht – Rechtsfragen und rechtspolitische Überlegungen, HSI-Schriftenreihe, Bd. 34, 2020; *Forst*, Die Richtlinie der Europäischen Union zum Schutz von Personen, die Verstöße gegen das Unionsrecht melden (Whistleblowing-Richtlinie), EuZA 2020, 283; *Franzen/Gallner/Oetker*, Kommentar zum europäischen Arbeitsrecht, 4. Aufl. 2022; *Gsell/Krüger/Lorenz/Reymann*, beck-online.Großkommentar BGB, Stand: 1.7.2023; *Heintschl-Heinegg*, Beck'scher Online-Kommentar StGB, 58. Ed. 2023; *Lackner/Kühl/Heger*, Strafgesetzbuch, 30. Aufl. 2023; *Rolfs/Giesen/Meßling/Udsching*, Beck'scher Online-Kommentar Arbeitsrecht, 68. Ed., 2023; *Schmolke*, Die neue Whistleblower-Richtlinie ist da! Und nun? – Zur Umsetzung der EU-Richtlinie zum Schutz von Hinweisgebern in das deutsche Recht, NZG 2020, 5; *Siemes*, Die hinreichend begründete Annahme des Whistleblowers nach Art. 6 I lit. a Richtlinie (EU) 2019/1937 – Auslegung und Umsetzung, CCZ 2022, 293.

Übersicht

	Rn.
I. Überblick	1
II. § 34 Abs. 1	3
1. Überblick	3
2. Natürliche Personen	6
3. Vertrauliche Unterstützungshandlung im beruflichen Kontext	8
a) Unterstützungshandlung	8
b) Sachlicher und zeitlicher Zusammenhang	11
aa) Meldung oder Offenlegung im Sinne des HinSchG	13
bb) Sachlicher und zeitlicher Zusammenhang mit der Meldung oder Offenlegung	17
c) Beruflicher Zusammenhang	25
d) Vertraulichkeit der Unterstützungshandlung	31
4. Wahrheit der Information	32
a) Übersicht	32
b) Objektiv-subjektiver Beurteilungsmaßstab	37
c) Bemühen um Verifizierung	42
5. Eröffnung des Anwendungsbereichs	46
6. Darlegungs- und Beweislast	51
III. § 34 Abs. 2	54
1. Überblick	54
2. Schutz der hinweisgebenden Person	58
3. § 34 Abs. 2 Nr. 1	60
a) Natürliche Person	62
b) Hinreichende Verbindung mit der hinweisgebenden Person	63
c) Repressalie in beruflichem Zusammenhang	69
d) Beruhen auf der Meldung bzw. Offenlegung der hinweisgebenden Person	75
4. § 34 Abs. 2 Nr. 2	79
a) Juristische Person oder sonstige rechtsfähige Personenvereinigung	84
b) Berufliche Verbindung	85
c) Rechtsfolge	91
5. Darlegungs- und Beweislast	97

I. Überblick

1 Über die hinweisgebende Person (§ 1) hinaus schützt das Hinweisgeberschutzgesetz nach Maßgabe des § 34 auch weitere Personen, wenn sie mit der hinweisgebenden Person im Rahmen der Meldung oder ihrer beruflichen Tätigkeit in Verbindung stehen.[1] Für sie gelten die §§ 35 ff. entsprechend. § 34 setzt Art. 4 Abs. 4 i.V.m. Art. 5 Nr. 8 der HinSch-RL um.

2 Sinn und Zweck des § 34 ist zum einen, dritte Personen vor unmittelbaren Nachteilen zu schützen, die sie aufgrund der Meldung eines Verstoßes durch eine andere Person erleiden (beispielsweise, weil sie die hinweisgebende Person dabei unterstützt haben). Zum anderen soll § 34 sicherstellen, dass die hinweisgebende Person auch keine mittelbaren oder indirekten Repressalien aufgrund ihrer Meldung erleidet, indem der Arbeitgeber beispielsweise benachteiligende Maß-

1 Begr. RegE, BT-Drs. 20/3442 v. 19.9.2022, S. 93.

nahmen gegenüber einem Kollegen oder einem Angehörigen ausspricht, der ebenfalls im beruflichen Kontext mit dem Arbeitgeber verbunden ist.[2]

II. § 34 Abs. 1

1. Überblick

§ 34 Abs. 1 schützt natürliche Personen, die die hinweisgebende Person bei ihrer Meldung bzw. Offenlegung vertraulich **unterstützt** haben. Erforderlich und maßgeblicher Bezugspunkt ist insofern eine eigene Unterstützungshandlung der dritten Person. **3**

Bei Vorliegen der Voraussetzungen ist die unterstützende Person in gleicher Weise geschützt, wie wenn sie die Meldung bzw. Offenlegung selbst vorgenommen hätte. Dadurch sollen Dritte dazu ermutigt werden, die hinweisgebende Person in der schwierigen Situation einer Meldung oder Offenlegung zu unterstützen und nicht aufgrund der Angst vor Repressalien oder rechtlicher Verantwortung davor zurückschrecken.[3] **4**

§ 34 Abs. 1 setzt Art. 4 Abs. 4 lit. a i.V.m. Art. 5 Nr. 8 der HinSch-RL in nationales Recht um. **5**

2. Natürliche Personen

§ 34 Abs. 1 schützt ausschließlich natürliche Personen (§ 1 BGB). **6**

Juristische Personen oder sonstige rechtsfähige Personenvereinigungen, die die hinweisgebende Person bei ihrer Meldung unterstützen, sind nicht durch die §§ 35 ff. geschützt. Das Hinweisgeberschutzgesetz gewährt juristischen Personen oder sonstigen rechtsfähigen Personenvereinigungen nur unter den Voraussetzungen des § 34 Abs. 2 den Schutz nach den §§ 35 ff. Eine juristische Person oder sonstige rechtsfähige Personenvereinigung, die die hinweisgebende Person bei der Meldung unterstützt, fällt jedoch nicht in den Anwendungsbereich des § 34 Abs. 2. Andernfalls würde die gesetzgeberische Wertung des § 34 Abs. 1 unterlaufen werden, nur natürliche Personen zu schützen, die bei der Meldung unterstützt haben. **7**

---

2 *Fest*, in: Franzen/Gallner/Oetker, EuArbRK, Art. 4 RL (EU) 2019/1937 Rn. 27; Erwägungsgrund 41 der HinSch-RL.

3 Begr. RegE, BT-Drs. 20/3442 v. 19.9.2022, S. 108.

3. Vertrauliche Unterstützungshandlung im beruflichen Kontext

a) Unterstützungshandlung

8 Die Person muss die hinweisgebende Person bei der Meldung „unterstützt“ haben. Erforderlich ist daher, dass die dritte Person einen eigenen Unterstützungsbeitrag bei der Meldung erbracht hat. Eine klare Auskunft darüber, wie der Begriff der Unterstützungshandlung auszulegen ist, gibt der Gesetzgeber nicht. Insofern dürfte eine Unterstützung bei der Meldung jedoch mit Blick auf den Schutzzweck weit zu verstehen sein und sowohl eine Handlung als auch eine Unterlassung der dritten Person erfassen.

9 Nicht eindeutig ist, ob der Gesetzgeber auch **(rein) psychische Unterstützung** im beruflichen Zusammenhang schützen will, beispielsweise wenn der Kollege oder die Kollegin die hinweisgebende Person in ihrem Meldungsentschluss bestärkt oder ihr sonst bei der Meldung zur Seite steht. Der Gesetzgeber selbst geht davon aus, dass bloße seelische Bekräftigungen durch Familienmitglieder im Privaten nicht ausreichen,[4] knüpft dabei jedoch zuvorderst an das Fehlen des beruflichen Zusammenhangs an. Insofern könnte man die allgemeinen Prinzipien des Strafrechts heranziehen, wonach grundsätzlich auch eine rein psychische Beihilfe strafbar ist (§ 27 StGB), vorausgesetzt dass die psychische Beihilfehandlung die Tat zumindest gefördert hat.[5] Unter entsprechender Anwendung dieser strafrechtlichen Grundsätze ist eine (rein) psychische Unterstützungshandlung allenfalls dann schutzwürdig, wenn sich die psychische Unterstützung objektiv feststellbar auf die Meldung oder Offenlegung der hinweisgebenden Person ausgewirkt hat. Würde man einen solchen objektiv feststellbaren Förderungsbeitrag nicht fordern, würde es bereits tatbestandlich an einer anknüpfungsfähigen Unterstützungshandlung fehlen. Der Schutz des Dritten würde sich dann mangels Unterstützungshandlung (ausschließlich) nach den tatbestandlichen Voraussetzungen des § 34 Abs. 2 richten. In der Konsequenz reicht es daher nicht aus, wenn sich eine natürliche Person schlicht darauf beruft, von dem Meldevorhaben der hinweisgebenden Person gewusst zu haben und die hinweisgebende Person darin bestärkt zu haben. Das erstmalige Wecken eines Meldeentschlusses dürfte ebenso nicht tatbestandsmäßig sein (siehe dazu auch Rn. 24).

10 Demzufolge muss die unterstützende Person entsprechend des prozessualen Günstigkeitsprinzips substantiiert darlegen und ggf. beweisen, dass ihre psychische Unterstützung einen objektiv fördernden Beitrag zur Vornahme der Meldung oder Offenlegung durch die hinweisgebende Person hatte. Gelingt

4 Begr. RegE, BT-Drs. 20/3442 v. 19.9.2022, S. 93.

5 Vgl. *Heger*, in: Lackner/Kühl/Heger, StGB, § 27 Rn. 2 und 4 (m. w. N.); *Kudlich*, in: Heintschl-Heinegg, BeckOK StGB, § 27 Rn. 10 und 10.5.

der dritten Person der Nachweis nicht, kann sie sich allenfalls auf den Hinweisgeberschutz nach § 34 Abs. 2 i.V.m. §§ 35ff. berufen, wenn sie mit der hinweisgebenden Person in beruflicher oder privater Verbindung steht.

b) Sachlicher und zeitlicher Zusammenhang

Die dritte Person muss die hinweisgebende Person „bei ihrer Meldung bzw. **11** Offenlegung" unterstützt haben. Daraus folgt, dass die Unterstützungshandlung in sachlichem und zeitlichem Zusammenhang mit der Meldung (bzw. dem Meldeverfahren[6]) oder der Offenlegung der hinweisgebenden Person stehen muss.

Dabei handelt es sich um eine echte Tatbestandsvoraussetzung der Schutzbe- **12** reichseröffnung für unterstützende Dritte. Insofern ist die Person, die sich auf den Schutz der §§ 35ff. beruft, auch darlegungs- und beweisbelastet, dass ihre Unterstützungshandlung in sachlichem und zeitlichem Zusammenhang mit der Meldung bzw. dem Meldeverfahren[7] oder der Offenlegung erfolgt ist.[8] Andernfalls wäre der Sinn und Zweck der Norm verfehlt, dass die Angst aufgrund etwaig drohender Repressalien davor zurückschrecken lässt, die hinweisgebende Person in der schwierigen Zeit der Meldung bzw. Offenlegung zu unterstützen.

aa) Meldung oder Offenlegung im Sinne des HinSchG

Zunächst muss die hinweisgebende Person tatsächlich eine Meldung oder Of- **13** fenlegung erstattet bzw. vorgenommen haben. Sieht die hinweisgebende Person – aus welchen Gründen auch immer – von der Meldung bzw. Offenlegung ab (beispielsweise, weil sie keine hinreichenden Gründe zur Annahme hat, dass die Information der Wahrheit entspricht[9]), verliert auch die unterstützende Person ihren Schutz nach §§ 35ff.

Es muss sich dabei zwingend um eine Meldung bzw. Offenlegung im Sinne **14** des Hinweisgeberschutzgesetzes handeln.[10] Erforderlich ist deshalb, dass die

6 Der Schutz der Unterstützung bei dem Meldeverfahren folgt aus europarechtskonformer Auslegung des § 34 Abs. 1, vgl. Rn. 20.

7 Der Schutz der Unterstützung bei dem Meldeverfahren folgt aus europarechtskonformer Auslegung des § 34 Abs. 1, vgl. Rn. 20.

8 Vgl. *Siemes*, CCZ, 2022, 7, 8.

9 Vgl. dazu § 33 Rn. 9.

10 Das Erfordernis des Vorliegens einer Meldung oder Offenlegung im Sinne des Hinweisgeberschutzgesetzes ergibt sich auch unmittelbar aus dem Wortlaut des § 34 Abs. 1, der auf die Unterstützung einer hinweisgebenden Person abstellt. Die hinweisgebende Person ist in § 1 Abs. 1 definiert als Person, die im Zusammenhang oder im Vorfeld ihrer beruflichen Tätigkeit an eine nach diesem Gesetz vorgesehene Meldestelle meldet oder offenlegt.

hinweisgebende Person eine Meldung an eine nach dem Hinweisgeberschutzgesetz eingerichtete interne oder externe Meldestelle oder eine Offenlegung im Sinne des § 32 erstattet bzw. vorgenommen hat. Andernfalls würde die gesetzgeberische Wertung, dass nur solche Meldungen oder Offenlegungen durch das Hinweisgeberschutzgesetz geschützt werden, die entweder an eine nach dem Hinweisgeberschutzgesetz vorgesehene Meldestelle erfolgt sind oder die Voraussetzungen des § 32 erfüllen, unterlaufen werden.

15 Zu den Einzelheiten, wann eine Meldung an eine Stelle außerhalb des Hinweisgeberschutzgesetzes ebenfalls schutzwürdig ist, siehe § 33 Rn. 11 ff. Diese Erwägungen dürften insofern auch gegenüber einer dritten Person gelten.

16 Der Schutz entfällt auch dann, wenn die unterstützende Person im Zeitpunkt der Unterstützungshandlung gutgläubig davon ausgeht, dass die hinweisgebende Person tatsächlich eine Meldung bzw. Offenlegung vornehmen wird. Der Schutz von gutgläubigen Dritten ist auch nicht in der HinSch-RL verankert, diese fordert vielmehr selbst einen Sachzusammenhang zwischen Unterstützungshandlung und Meldung (Art. 5 Abs. 1 Nr. 8 der HinSch-RL).

bb) Sachlicher und zeitlicher Zusammenhang mit der Meldung oder Offenlegung

17 Die dritte Person muss die hinweisgebende Person dem Wortlaut nach sachlich und zeitlich „bei der Meldung oder Offenlegung" unterstützt haben.

18 In **zeitlicher Hinsicht** erfasst § 34 Abs. 1 zunächst die Unterstützung der hinweisgebenden Person bei der Meldungserstattung oder Offenlegung.

19 Nicht erfasst und geschützt wäre bei strenger Wortlautauslegung eine Unterstützung der hinweisgebenden Person nach der Meldung oder Offenlegung, da sie nicht „bei" der Meldung oder Offenlegung erfolgt. Das würde auch für Unterstützungshandlungen im an die Meldung anschließenden Meldeverfahren gelten.

20 Insofern legt der deutsche Gesetzgeber dem § 34 Abs. 1 jedoch einen engeren zeitlichen Rahmen zugrunde als in der HinSch-RL vorgesehen. Der europäische Gesetzgeber schützt auch Unterstützungshandlungen nach Meldungserstattung, und zwar „bei dem Meldeverfahren" (vgl. Art. 5 Nr. 8 der HinSch-RL). Im Wege richtlinienkonformer Auslegung ist deshalb davon auszugehen, dass trotz engerer sprachlicher Fassung des deutschen Gesetzgebers auch Unterstützungshandlungen im Rahmen des gesamten **Meldeverfahrens** eine Unterstützung bei der Meldung oder Offenlegung im Sinne des § 34 Abs. 1 darstellen. Nach dem Hinweisgeberschutzgesetz beginnt das Meldeverfahren mit Eingang der Meldung und schließt das Ergreifen angemessener Folgemaßnahmen ein (§ 17 bzw. § 28). Geschützt werden dürfte damit beispielsweise auch eine Unterstützung der hinweisgebenden Person bei der **Beantwortung von Nachfragen** der Meldestelle durch die hinweisgebende Person (§17 Abs. 1 Nr. 5).[11]

21 Auch in **sachlicher Hinsicht** muss die Unterstützungshandlung mit der Meldung bzw. dem Meldeverfahren oder der Offenlegung im Zusammenhang stehen und in Kenntnis der Meldung bzw. dem Meldeverfahren oder der Offenlegung erfolgen.

22 Ein ausreichender sachlicher Zusammenhang mit der (späteren) Meldung oder Offenlegung dürfte bei der Unterstützung im Rahmen des **erforderlichen Verifizierungsbemühens** der potenziell hinweisgebenden Person bestehen (siehe dazu § 33 Rn. 49 ff.). Die Verifizierung der zu meldenden oder offenzulegenden Informationen ist ein untrennbarer und zentraler Bestandteil der Meldung bzw. Offenlegung. Voraussetzung für den erforderlichen Konnex ist jedoch, dass die unterstützende Person im Zeitpunkt ihrer Unterstützungshandlung bereits begründet annehmen durfte, dass die beschaffte Information bzw. die Unterstützung im Verifizierungsstadium einer späteren Meldung bzw. Offenlegung dient.

23 Gleiches gilt für eine Unterstützungshandlung im Rahmen oder bei der **Informationsbeschaffung**.[12] Die gesetzgeberische Intention, auch die Unterstützung der hinweisgebenden Person im Rahmen der Informationsbeschaffung schützen zu wollen, folgt bereits daraus, dass § 34 Abs. 1 auch den Ausschluss der Verantwortung im Rahmen der Informationsbeschaffung für entsprechend anwendbar erklärt (§ 35 Abs. 1). Damit der Anwendungsbereich des § 35 Abs. 1 jedoch überhaupt erst eröffnet ist, muss die Unterstützung der dritten Person im Rahmen oder bei der Informationsbeschaffung in Bezug auf eine (spätere) Meldung der hinweisgebenden Person erfolgen, um von § 34 Abs. 1 erfasst zu sein.

24 An einem sachlichen Zusammenhang fehlt es jedoch, wenn die dritte Person unabhängig und in Unkenntnis einer Meldung bzw. des Meldeverfahrens oder der Offenlegung der hinweisgebenden Person handelt. Insofern fehlt es an einer Unterstützung „bei“ der Meldung bzw. dem Meldeverfahren oder der Offenlegung, wenn die Unterstützungshandlung zu einem Zeitpunkt erfolgt, in der die hinweisgebende Person eine Meldung oder Offenlegung noch nicht in Erwägung zieht. Dies dürfte insbesondere im Rahmen psychischer Unterstützungshandlungen relevant werden, wenn die dritte Person den Entschluss der hinweisgebenden Person zur Meldung erst weckt oder sie zur Meldung bewegt.

---

11 Vgl. *Siemes*, CCZ 2022, 7, 9.
12 Vgl. *Forst*, EuZA 2020, 283, 288.

In einem solchen Fall fehlt es bei strenger Wortlautanwendung eben gerade an einer Unterstützungshandlung „bei der Meldung oder Offenlegung“.

c) Beruflicher Zusammenhang

25 Die dritte Person muss die hinweisgebende Person im „beruflichen Zusammenhang“ unterstützen (vgl. § 34 Abs. 1).

26 Die Unterstützungshandlung muss demzufolge im beruflichen Zusammenhang für die unterstützende Person stehen.[13]

27 Der berufliche Zusammenhang für die hinweisgebende Person folgt zwar nicht unmittelbar aus § 34 Abs. 1 Nr. 1, wird aber begrifflich durch § 34 Abs. 1 vorausgesetzt. Denn die dritte Person ist danach nur dann geschützt, wenn sie eine „hinweisgebende Person“ bei ihrer Meldung unterstützt. Eine hinweisgebende Person ist eine natürliche Person nur dann, wenn sie die gemeldeten oder offengelegten Informationen im Zusammenhang mit ihrer beruflichen Tätigkeit oder im Vorfeld einer beruflichen Tätigkeit erlangt hat (vgl. § 34 Abs. 1 i.V.m. § 1 Abs. 1).[14]

28 Zu den Einzelheiten, wann ein hinreichender beruflicher Zusammenhang besteht, siehe § 1 Rn. 4ff. In Abgrenzung zu § 1 Abs. 1 setzt § 34 Abs. 1 jedoch keine Meldung im Zusammenhang mit einer beruflichen „Tätigkeit“ voraus.

29 Demzufolge kann sich der berufliche Zusammenhang für die unterstützende Person auch anderweitig ergeben (beispielsweise durch eine Kundenbeziehung). Eine unterstützende Person ist demnach auch dann unmittelbar durch § 34 Abs. 1 geschützt, wenn sie mit dem Arbeitgeber nicht arbeitsvertraglich oder dienstvertraglich verbunden ist.

30 Der berufliche Kontext muss im Zeitpunkt der Unterstützungshandlung bereits begründet sein. Im Umkehrschluss zu § 1 Abs. 1 reicht eine Unterstützungshandlung „im Vorfeld“ des beruflichen Zusammenhangs im Rahmen des § 34 Abs. 1 gerade nicht aus, beispielweise wenn sich die unterstützende Person lediglich in einer Bewerbungsphase oder erst in Auftragsverhandlungen befindet.[15]

---

13 Der Gesetzgeber macht deutlich, dass die unterstützende Person keine Sorge davor haben soll, dass sie Repressalien erleidet (Begr. RegE, BT-Drs. 20/3442 v. 19.9.2022, S. 93); Repressalien im Sinne des Hinweisgeberschutzgesetzes sind wiederum Handlungen und Unterlassungen im Zusammenhang mit der beruflichen Tätigkeit der Person (§ 3 Abs. 6).

14 Vgl. § 1 Abs. 1. Bei Nichtvorliegen der Voraussetzungen des § 1 Abs. 1 scheitert der Schutz bereits daran, dass die dritte Person keine „hinweisgebende Person“ im Sinne des Hinweisgeberschutzgesetzes unterstützt hat (vgl. § 34 Abs. 1).

15 Vgl. Wortlaut des § 1 Abs. 1.

d) Vertraulichkeit der Unterstützungshandlung

Gemäß § 34 Abs. 1 sind natürliche Personen geschützt, die die hinweisgebende Person bei der Meldung oder Offenlegung „vertraulich" unterstützen. Unter „vertraulich" dürfte man wohl eine Unterstützung „ohne Einbindung von Dritten" verstehen.[16] Dabei dürfte es sich jedoch mit Blick auf die EU-Richtlinie und die Gesetzesbegründung nicht um ein echtes Tatbestandsmerkmal handeln. Der deutsche Gesetzgeber geht in seinen Ausführungen zu § 34 Abs. 1 davon aus, dass die Unterstützung vertraulich sein „soll"[17] und geht deshalb selbst nicht zwingend davon aus, dass sie vertraulich erfolgen „muss". Diese Wertung entspricht auch der zugrunde liegenden Norm der EU-Richtlinie (Art. 4 Abs. 4 lit. a i.V.m. Art. 5 Abs. 1 Nr. 8 der HinSch-RL), wonach die Unterstützung ebenfalls nur vertraulich erfolgen „soll". Es dürfte sich deshalb nicht um eine zwingende Voraussetzung für den Schutz der unterstützenden Person handeln, die Unterstützungshandlung möglichst vertraulich vorzunehmen.[18] **31**

4. Wahrheit der Information

a) Übersicht

Die §§ 35ff. finden dann auf die unterstützende Person entsprechende Anwendung, wenn die gemeldeten oder offengelegten Informationen zutreffend sind oder die unterstützende Person zum Zeitpunkt der Unterstützung hinreichenden Grund zu der Annahme hatte, dass die von der hinweisgebenden Person gemeldeten oder offengelegten Informationen der Wahrheit entsprachen. Darlegungs- und beweisbelastet ist insofern die unterstützende Person selbst. **32**

Im Rahmen des § 34 Abs. 1 Nr. 1 ist allein auf die Annahme der unterstützenden Person abzustellen. Der deutsche Gesetzgeber betont dabei, dass es auch nicht darauf ankommt, dass die hinweisgebende Person selbst hinreichenden Grund zur Annahme hatte, dass die Information der Wahrheit entsprach oder in den sachlichen Anwendungsbereich dieses Gesetzes fällt. Für den Schutz der unterstützenden Person ist es unerheblich, ob die hinweisgebende Person selbst durch die §§ 35ff. geschützt ist, beispielsweise weil sie in ihrer Person nicht hinreichend begründet annehmen durfte, dass die gemeldeten oder offengelegten Informationen der Wahrheit entsprachen.[19] Nicht zu berücksichtigen **33**

---

16 *Bruns*, in: Rolfs/Giesen/Meßling/Udsching, BeckOK Arbeitsrecht, § 34 HinSchG Rn. 2.

17 Begr. RegE, BT-Drs. 20/3442 v. 19.9.2022, S. 93.

18 A.A.: *Siemes*, CCZ 2022, 7, 9 (hier wird zumindest Anstreben der Vertraulichkeit als Tatbestandsvoraussetzung betrachtet).

19 Begr. RegE, BT-Drs. 20/3442 v. 19.9.2022, S. 93.

sind damit Erkenntnisse, die nur die hinweisgebende Person im Zeitpunkt der Unterstützungshandlung hatte, es sei denn, die unterstützende Person hätte diese im Rahmen der zumutbaren Verifizierung bei der hinweisgebenden Person erfragen können und müssen (siehe dazu Rn. 42 ff.).

34 An die unterstützende Person werden im Rahmen des § 34 Abs. 1 Nr. 1 die gleichen materiellen Voraussetzungen gestellt wie an die hinweisgebende Person im Rahmen des § 33 Abs. 1 Nr. 2 (siehe dazu § 33 Rn. 35 ff.). Dies ergibt sich aus der Begründung des Gesetzgebers,[20] wonach es für den Schutz der unterstützenden Person darauf ankommt, dass die materiellen Voraussetzungen wie sie im Fall des § 33 Abs. 1 Nr. 2 und 3 für die hinweisgebende Person gelten, im Zeitpunkt der Unterstützung bei derjenigen Person vorliegen, die die Unterstützung gewährt.

35 Maßgeblicher Zeitpunkt für die Beurteilung der Annahme der unterstützenden Person ist nach dem Wortlaut nicht die Meldungs- oder Offenlegungshandlung der hinweisgebenden Person, sondern die Vornahme der Unterstützungshandlung. Es ist deshalb für den Schutz der unterstützenden Person unerheblich, ob sie selbst oder die hinweisgebende Person nach Beendigung der Unterstützungshandlung davon erfährt, dass die Informationen tatsächlich nicht der Wahrheit entsprachen oder kein in den Anwendungsbereich dieses Gesetzes fallender Verstoß vorlag. Gleichzeitig ist es für den Schutz der unterstützenden Person unerheblich, ob später zusätzliche Informationen und Erkenntnisse gewonnen werden, die eine berechtigte Annahme der unterstützenden Person begründet hätten.

36 Unternimmt die Person mehrere Unterstützungshandlungen, ist auf diejenige Unterstützungshandlung abzustellen, auf der die in Rede stehende Repressalie oder der in Rede stehende Haftungsgegenstand fußt. Sollte nicht feststellbar sein, auf welche konkrete Unterstützungshandlung die Repressalie oder der Haftungsgegenstand zurückzuführen ist, ist aufgrund der Darlegungs- und Beweislastverteilung im Rahmen des § 34 Abs. 1 zugunsten der betroffenen Person auf die Annahme der unterstützenden Person im Zeitpunkt der letzten Unterstützungshandlung abzustellen. Handelt es sich um eine zeitlich gestreckte Unterstützungshandlung, ist auf den Zeitpunkt abzustellen, in dem die unterstützende Person den letzten Unterstützungsbeitrag leistet.

b) Objektiv-subjektiver Beurteilungsmaßstab

37 Im Rahmen der hinreichend begründeten Annahme der Wahrhaftigkeit der gemeldeten oder offengelegten Informationen der unterstützenden Person ist der gleiche Beurteilungsmaßstab heranzuziehen wie für die Annahme der Wahr-

---

20 Begr. RegE, BT-Drs. 20/3442 v. 19.9.2022, S. 93.

haftigkeit der hinweisgebenden Person im Rahmen des § 33 Abs. 1 Nr. 2 (siehe dazu § 33 Rn. 37 ff.). Dies folgt unmittelbar aus der Gesetzesbegründung, die uneingeschränkt das Vorliegen der Voraussetzungen des § 33 Abs. 1 Nr. 2 in der Person des Unterstützers fordert.[21]

Ob die unterstützende Person im Zeitpunkt der Unterstützungshandlung deshalb hinreichend begründet davon ausgehen durfte, dass die gemeldete bzw. offengelegte Fehlinformation der Wahrheit entsprach, ist demnach aus einer gemischt objektiv-subjektiven Betrachtungsweise zu beurteilen. **38**

In subjektiver Hinsicht muss die unterstützende Person im Zeitpunkt der Unterstützungshandlung in gutem Glauben davon ausgegangen sein, dass die zu meldende Information der Wahrheit entspricht. **39**

In objektiver Hinsicht ist erforderlich, dass die unterstützende Person ex-ante aufgrund objektiver Anhaltspunkte im Zeitpunkt der Unterstützungshandlung davon ausgehen durfte, dass die in Rede stehende Falschinformation der Wahrheit entsprach. Erst wenn die unterstützende Person in grob fahrlässiger Weise davon ausgegangen ist, dass die gemeldeten Informationen nicht der Wahrheit entsprachen, hatte sie keinen „hinreichenden Grund zu der Annahme“ mehr und der Schutz des Hinweisgeberschutzgesetzes entfällt. **40**

Da es im Rahmen des § 34 Abs. 1 Nr. 1 auf die Annahme der unterstützenden Person ankommt, sind bei der Beurteilung nur solche tatsächlichen Anhaltspunkte berücksichtigungsfähig, die der unterstützenden Person auch tatsächlich bekannt waren. Nicht berücksichtigungsfähig sind indes beispielsweise solche Tatsachen, die nur der hinweisgebenden Person bekannt waren oder durch diese erst später beschafft oder verifiziert wurden. **41**

c) Bemühen um Verifizierung

Aufgrund des uneingeschränkten Verweises in der Gesetzesbegründung zu § 34 Abs. 1 auf das Vorliegen der Voraussetzungen des § 33 Abs. 1 Nr. 2 in der Person des Unterstützers, treffen die unterstützende Person in Bezug auf ihre Unterstützungshandlung die gleichen Sorgfaltsanforderungen wie die hinweisgebende Person im Rahmen ihrer Meldung oder Offenlegung. **42**

Dabei muss die unterstützende Person sich (selbst) vor der Vornahme ihrer Unterstützungshandlung im Rahmen des Zumutbaren um die Verifizierung der Wahrheit der in Rede stehenden Informationen und der Anwendungsbereichs- **43**

---

21 Vgl. Begr. RegE, BT-Drs. 20/3442 v. 19.9.2022, S. 93.

eröffnung des Hinweisgeberschutzgesetzes bemühen, um ihre Annahme hinreichend zu begründen (zu den Einzelheiten siehe § 33 Rn. 49 ff. und 84 ff.).[22]

44 Dabei ist im Rahmen der Zumutbarkeit zu berücksichtigen, in welchem Stadium die Person Unterstützung leistet. Unzumutbar bleiben für die unterstützende Person solche Verifizierungshandlungen, bei denen sie fürchten muss, dass sie oder womöglich die hinweisgebende Person entdeckt wird und sich bereits vor der Meldung bzw. Offenlegung der Gefahr drohender Repressalien aussetzt. Im Streitfall müsste die unterstützende Person tatsächliche Anhaltspunkte darlegen und ggf. beweisen, die ihre Angst vor Entdeckung rechtfertigen.

45 Außerhalb begründeter Gefahr zur Entdeckung ist auch die unterstützende Person dazu verpflichtet, die ihr verfügbaren Informationen vor ihrer Unterstützungshandlung sorgfältig zu prüfen und auch solche Erkenntnisquellen zum Gegenstand ihrer Verifizierung zu machen, die sie im Rahmen des Zumutbaren und mit angemessenem Aufwand beschaffen oder einsehen kann (zu den Einzelheiten siehe § 33 Rn. 54 ff., 58).

5. Eröffnung des Anwendungsbereichs

46 Die gemeldeten bzw. offengelegten Informationen müssen Verstöße betreffen, die in den Anwendungsbereich des Hinweisgeberschutzgesetzes fallen, oder die unterstützende Person muss zum Zeitpunkt der Unterstützung hinreichenden Grund zu der Annahme gehabt haben, dass dies der Fall sei.

47 An die unterstützende Person werden im Rahmen des § 34 Abs. 1 Nr. 2 die gleichen materiellen Voraussetzungen gestellt wie an die hinweisgebende Person im Rahmen des § 33 Abs. 1 Nr. 3 (zu den Einzelheiten siehe deshalb § 33 Rn. 69 ff., 77 ff.). Dies ergibt sich aus der Begründung des Gesetzgebers, wonach es für den Schutz der unterstützenden Person darauf ankommt, dass die materiellen Voraussetzungen, wie sie im Fall des § 33 Abs. 1 Nr. 3 für die hinweisgebende Person gelten, im Zeitpunkt der Unterstützung bei derjenigen Person vorliegen, die die Unterstützung gewährt.[23]

48 **Bezugspunkt** der berechtigten Annahme der unterstützenden Person im Zeitpunkt der Unterstützungshandlung ist der gemeldete Verstoß und nicht die einzelne Information als solche. Geschützt sind dabei Rechtsirrtümer der unterstützenden Person in Bezug auf den **sachlichen Anwendungsbereich des § 2**.

---

22 Siehe Begr. RegE, BT-Drs. 20/3442 v. 19.9.2022, S. 93 – der Gesetzgeber verweist ausdrücklich auf seine Ausführungen zur Begründung des § 33 Abs. 1 Nr. 2, in der er festhält, dass die Meldung bzw. Offenlegungshandlung nicht leichtfertig ohne Bemühen um Verifizierung erfolgen darf, sofern dieses Bemühen zumutbar ist.

23 Begr. RegE, BT-Drs. 20/3442 v. 19.9.2022, S. 93.

Rechtsirrtümer in Bezug auf die **Bereichsausnahme des § 5** sind nach dem zugrunde liegenden Sinn und Zweck nicht erfasst, da es sich hierbei nicht um eine Regelung des sachlichen Anwendungsbereichs des Hinweisgeberschutzgesetzes im engeren Sinne handelt, sondern um eine Bereichsausnahme aufgrund vorrangiger Sicherheits- und Vertraulichkeitsinteressen (siehe dazu § 33 Rn. 73). **49**

Darüber hinaus erfasst § 34 Abs. 1 Nr. 2 auch nicht den guten Glauben an das **Vorliegen bzw. Eintreten der sonstigen Schutzvoraussetzungen** des § 34 Abs. 1 HinSchG, beispielsweise wenn die unterstützende Person im Zeitpunkt der Meldung gutgläubig davon ausgeht, dass die hinweisgebende Person tatsächlich eine Meldung bzw. Offenlegung vornimmt (siehe hierzu Rn. 14, 16). Ein Schutz von Tatbestandsirrtümern würde den eindeutigen Wortlaut des § 34 Abs. 1 Nr. 2 überschreiten. **50**

6. Darlegungs- und Beweislast

Die Darlegungs- und Beweislast folgt aus den allgemeinen Prinzipien der ZPO. Die unterstützende Person hat entsprechend des prozessualen Günstigkeitsprinzips im Streitfall das Vorliegen der Voraussetzungen des § 34 Abs. 1 darzulegen und zu beweisen. **51**

Der Gesetzgeber verweist in der Gesetzesbegründung darauf, dass das einfache Bestreiten durch den Anspruchsgegner von substantiierten Tatsachenbehauptungen der unterstützenden Person über das Vorliegen der Voraussetzungen nach § 34 Abs. 1 Nr. 1 und 2 nicht ausreicht und verweist dabei ausdrücklich auf die Regelung des § 138 ZPO.[24] Demzufolge ergeben sich in dem Rechtsstreit mit einer unterstützenden Person keine prozessualen Besonderheiten. Es handelt sich lediglich um eine gesetzgeberische Klarstellung der prozessualen Erklärungslast des Klagegegners im Zivilprozess nach § 138 Abs. 2, Abs. 3 ZPO. **52**

Erleidet die unterstützende Person eine Repressalie, wird auf Rechtsfolgenseite vermutet, dass die Meldung oder Offenlegung der hinweisgebenden Person kausal für die erlittene Repressalie der unterstützenden Person ist (§ 34 Abs. 1 i.V.m. § 36 Abs. 2). Im Rahmen des Kausalzusammenhangs ist jedoch die der Vorschrift des § 34 zugrunde liegende Wertung zu berücksichtigen. Relevant dürfte dabei insbesondere die Qualität der Unterstützungshandlung und des konkreten Beitrags der Unterstützungshandlung bei der Meldung oder Offenlegung sein. Je „untergeordneter" die Unterstützungshandlung bei der Meldung war, desto niedrigere Anforderungen dürfen an die Widerlegung der Kausalität zwischen erlittener Repressalie und Meldung bzw. Offenlegung gestellt werden. **53**

---

24 Begr. RegE, BT-Drs. 20/3442 v. 19.9.2022, S. 93.

III. § 34 Abs. 2

1. Überblick

54 Auch mit der hinweisgebenden Person privat oder beruflich verbundene Personen, die die hinweisgebende Person nicht bei ihrer Meldung unterstützt haben, können unter den Voraussetzungen des § 34 Abs. 2 in gleicher Weise wie die hinweisgebende Person nach den §§ 35 ff. geschützt sein.

55 § 34 Abs. 1 und Abs. 2 stehen insofern in einem Exklusivitätsverhältnis zueinander. § 34 Abs. 2 greift nur ein, wenn die Person bei der Meldung bzw. Offenlegung nicht unterstützend mittels eigenen Handlungsbeitrags mitgewirkt hat. Andernfalls würde man die gesetzgeberische Wertung, an die unterstützende Person höhere Schutzanforderungen zu stellen, unterlaufen. Unterstützer sind ausschließlich nach § 34 Abs. 1 zu beurteilen.

56 Anknüpfungspunkt des § 34 Abs. 2 ist die persönliche Verbindung zwischen der hinweisgebenden Person und der dritten Person.

57 Ziel der Erweiterung des persönlichen Schutzes nach §§ 35 ff. ist es, die hinweisgebende Person auch vor indirekten Repressalien zu schützen. Dadurch soll einer Person, die beabsichtigt, eine Meldung oder Offenlegung vorzunehmen, die Angst genommen werden, dass aufgrund ihrer Meldungs- und Offenlegungshandlung mit ihr verbundene Dritte Nachteile erleiden, und somit verhindert werden, dass sie deshalb von einer Meldung oder Offenlegung absieht.[25]

2. Schutz der hinweisgebenden Person

58 Anders als im Abs. 1 vorgesehen, setzen sowohl § 34 Abs. 2 Nr. 1 als auch § 34 Abs. 2 Nr. 2 voraus, dass die Voraussetzungen des § 33 Abs. 1 in der hinweisgebenden Person vorliegen. Das ist einzig konsequent, da § 34 Abs. 2 – anders als § 34 Abs. 1 für die unterstützende Person – keine eigene Handlung der sonstigen dritten Person voraussetzt. Der Schutz sonstiger dritter Personen läuft damit gleich mit dem Schutz der hinweisgebenden Person.

59 Der Schutz der sonstigen dritten Person entfällt (anders als für die unterstützende Person), wenn die hinweisgebende Person keinen hinreichenden Grund zur Annahme hatte, dass die von ihr gemeldeten bzw. offengelegten Fehlinformationen der Wahrheit entsprachen oder der gemeldete bzw. offengelegte Verstoß in den Anwendungsbereich des Hinweisgeberschutzgesetzes fällt.

---

25 Begr. RegE, BT-Drs. 20/3442 v. 19.9.2022, S. 93.

3. § 34 Abs. 2 Nr. 1

§ 34 Abs. 2 Nr. 1 HinSchG setzt Art. 4 Abs. 4 lit. b der HinSch-RL in nationales Recht um. **60**

Dritte, die nicht bei der Meldung bzw. Offenlegung unterstützt haben, werden durch die §§ 35 ff. geschützt, wenn sie mit der hinweisgebenden Person in Verbindung stehen und in einem beruflichen Zusammenhang Repressalien erlitten haben, es sei denn, die Repressalie beruht nicht auf der Meldung oder Offenlegung durch die hinweisgebende Person. **61**

a) Natürliche Person

Im Umkehrschluss zu § 34 Abs. 2 Nr. 2 muss es sich bei dem „Dritten" um eine natürliche Person handeln (§ 1 BGB).[26] Der Schutz juristischer Personen oder rechtsfähiger Personenvereinigungen folgt (ausschließlich) aus § 34 Abs. 2 Nr. 2. **62**

b) Hinreichende Verbindung mit der hinweisgebenden Person

Anknüpfungspunkt der Erweiterung des persönlichen Schutzbereichs der §§ 35 ff. ist die Verbindung zwischen der dritten (natürlichen) Person und der hinweisgebenden Person. **63**

Der Wortlaut gibt (anders als in § 34 Abs. 1 Nr. 2) keine Auskunft darüber, welche Art von Verbindung zwischen der hinweisgebenden Person und der dritten Person bestehen muss. In der Gesetzesbegründung zählt der Gesetzgeber enumerativ Kollegen, Freunde oder Familienmitglieder auf. **64**

Daraus folgt jedoch, dass § 34 Abs. 2 Nr. 1 sowohl natürliche Personen, die in privater Verbindung mit der hinweisgebenden Person stehen, als auch natürliche Personen, die in beruflicher Verbindung mit der hinweisgebenden Person stehen, erfasst.[27] Eine rechtliche Verbindung zwischen den beiden setzt der Wortlaut nicht zwingend voraus.[28] **65**

Der Begriff „Verbindung" dürfte insofern zwar grundsätzlich weit auszulegen sein, da der Schutzbereich für sonstige dritte Personen zuvorderst über das Er- **66**

---

26 Auch der Gesetzgeber stellt in seiner Gesetzesbegründung ausschließlich auf natürliche Personen ab (Begr. RegE, BT-Drs. 20/3442 v. 19.9.2022, S. 93).

27 Diese Auslegung stimmt auch mit der HinSch-RL überein. Art. 4 Abs. 4 lit. b der HinSch-RL zählt insofern Kollegen und Verwandte auf. Fraglich ist zwar, ob der europäische Gesetzgeber auch Freunde mit in den Schutzbereich einbeziehen wollte. Eine überschießende Umsetzung bleibt dem deutschen Gesetzgeber jedoch unbenommen möglich.

28 Vgl. *Fest*, in: Franzen/Gallner/Oetker, EuArbRK, Art. 4 RL (EU) 2019/1937 Rn. 28.

fordernis einer erlittenen Repressalie im beruflichen Zusammenhang aufgrund der Meldung bzw. Offenlegung eingeschränkt wird (siehe Rn. 69ff.).

67 Jedoch wird die Kausalität zwischen einer benachteiligenden Maßnahme gegenüber dem Dritten und der Meldung bzw. Offenlegung vermutet, mit der Folge, dass der Anspruchsgegner darlegungs- und beweisbelastet in Bezug auf den die Norm einschränkenden Teil ist. Eine restriktive Auslegung des Verbindungsbegriffs bleibt deshalb im Hinblick auf die weitreichenden Folgen für die betroffenen Personen weiterhin geboten.

68 Einschränkungen in Bezug auf eine zwischen der dritten Person und der hinweisgebenden Person bestehende Verbindung ergeben sich unmittelbar aus dem Sinn und Zweck dieser Norm. Sinn und Zweck der Norm ist es, die hinweisgebende Person vor indirekten benachteiligenden Maßnahmen zu schützen. Daraus folgt, dass nicht jegliche Form von privater und beruflicher Verbindung mit der hinweisgebenden Person ausreichen kann. Die Verbindung muss qualitativ derart hinreichend sein, dass die hinweisgebende Person die erlittene Repressalie auch als indirekte Maßnahme gegen sich selbst versteht.[29] Daraus folgt, dass flüchtige Bekannte oder Verbindungen im allerweitesten Privat- und Berufskreis vom Telos des § 34 Abs. 2 Nr. 1 nicht erfasst sind.

c) Repressalie in beruflichem Zusammenhang

69 Darüber hinaus fordert § 34 Abs. 2 Nr. 1 – in Abweichung der Vorgaben der HinSch-RL[30] – als tatbestandliche Voraussetzung, dass die dritte (natürliche) Person eine Repressalie in beruflichem Zusammenhang bereits erlitten hat. Der Wortlaut macht deutlich, dass der Schutz des Dritten nicht präventiv eingreift, sondern erst repressiv, wenn eine Repressalie tatsächlich erlitten wurde. Durch diese tatbestandliche Voraussetzung wird der (andernfalls sonst unbillig weitlaufende) Schutzbereich sonstiger natürlicher Personen eingeschränkt.

---

29 Vgl. *Fest*, in: Franzen/Gallner/Oetker, EuArbRK, Art. 4 RL (EU) 2019/1937 Rn. 28.

30 Der deutsche Gesetzgeber weicht in seiner Formulierung von der unionsrechtlichen Vorgabe in Art. 4 Abs. 4 lit. b der HinSch-RL ab. Der europäische Gesetzgeber verlangt lediglich die Möglichkeit einer Repressalie („erleiden könnte"), nicht dass sie tatsächlich eingetreten ist. Diese Frage ist jedoch allenfalls relevant in Bezug auf den umfassenden Haftungsausschluss nach § 35, der als einziger i.R.d. §§ 35ff. nicht zwingend das Erleiden einer Repressalie voraussetzt. Allerdings findet § 35 im Rahmen des § 34 Abs. 2 ohnehin keine Anwendung, da § 35 zwingend eine „aktive" (Schädigungs-)Handlung des Dritten voraussetzt, sei es durch Informationsbeschaffung oder Offenlegung bzw. Weiterleitung von Informationen. Solche Fälle fallen jedoch ausschließlich unter § 34 Abs. 1 mit der Folge, dass das Erfordernis einer Repressalie als tatbestandliche Voraussetzung aus europarechtlicher Sicht unschädlich ist.

Eine Repressalie ist im Hinweisgeberschutzgesetz begrifflich als Handlung oder Unterlassung im Zusammenhang mit der beruflichen Tätigkeit definiert, die eine Reaktion auf eine Meldung oder eine Offenlegung ist und durch die der Person ein ungerechtfertigter Nachteil entsteht (§ 3 Abs. 6). Zu den Einzelheiten bezüglich der Anforderungen an eine Repressalie siehe § 3 Rn. 9. **70**

Anders als in der Legaldefinition vorgesehen, muss die Repressalie im Rahmen des § 34 Abs. 2 Nr. 1 im „beruflichen Zusammenhang" stehen, nicht zwingend aber im Zusammenhang mit einer beruflichen „Tätigkeit".[31] Für den Berufszusammenhang ist auf die dritte Person, und nicht die hinweisgebende Person abzustellen. Demzufolge kann sich der berufliche Zusammenhang für die dritte Person auch anderweitig ergeben (beispielsweise im Rahmen ihrer Selbständigkeit oder durch eine Dienstleistungsbeziehung oder Kundenbeziehung). Insbesondere ist auch diejenige Person geschützt, die nicht unmittelbar mit dem Arbeitgeber, bei dem die interne Meldung eingegangen ist, arbeitsvertraglich oder anderweitig vertraglich verbunden ist. **71**

Da das Erleiden von Repressalien eine tatbestandliche Schutzvoraussetzung darstellt, trägt die dritte Person die Darlegungs- und Beweislast. Die Verteilung der Beweislast stellt der Gesetzgeber im Übrigen auch in seiner Gesetzesbegründung ausdrücklich klar.[32] Die gesetzliche Definition[33] der „Repressalie" zeigt, dass die dritte Person ihrer Darlegungs- und Beweislast nicht bereits dadurch Genüge getan hat, indem sie lediglich dazu vorträgt, dass sie eine benachteiligende Maßnahme im beruflichen Zusammenhang erlitten hat. Vielmehr muss die dritte Person qua Legaldefinition (§ 3 Abs. 6) substantiiert dazu vortragen, dass die erlittene Maßnahme eine „Reaktion auf die Meldung oder Offenlegung" der hinweisgebenden Person darstellt und ihr ein „ungerechtfertigter Nachteil" entstanden ist (§ 138 Abs. 2 ZPO). Das heißt insbesondere, dass die benachteiligende Maßnahme gegenüber der dritten natürlichen Person in Kenntnis der Meldung oder Offenlegung der hinweisgebenden Person erfolgt sein muss. **72**

Tatbestandlich nicht erfasst sind deshalb solche Fälle, in denen die Person, die die benachteiligende Maßnahme ausspricht, die Meldung bzw. Offenlegung der hinweisgebenden Person oder die Verbindung zwischen der hinweisgebenden Person und der dritten Person im Zeitpunkt der Maßnahmenergreifung nicht kannte. Ferner scheidet § 34 Abs. 2 Nr. 1 in aller Regel tatbestandlich **73**

31 Der Gesetzgeber macht deutlich, dass die unterstützende Person keine Sorge davor haben soll, dass sie Repressalien erleidet. Repressalien im Sinne des Hinweisgeberschutzgesetzes sind wiederum Handlungen und Unterlassungen im Zusammenhang mit der beruflichen Tätigkeit der Person (§ 3 Abs. 6).

32 Begr. RegE, BT-Drs. 20/3442 v. 19.9.2022, S. 93.

33 Vgl. § 3 Abs. 6.

aus, wenn die benachteiligende Maßnahme ausgesprochen wurde, bevor die Meldung oder Offenlegung eingegangen ist.

74 Dem steht auch nicht entgegen, dass der Kausalzusammenhang zwischen der Meldung und der erlittenen Repressalie gesetzlich vermutet wird (vgl. Negativformulierung des § 34 Abs. 2 Nr. 1 Hs. 2). Die dritte Person muss zunächst konkret darlegen und ggf. beweisen, dass es sich um eine Repressalie qua Legaldefinition handelt. Erst dann greift die gesetzliche Vermutung in Bezug auf den Kausalzusammenhang.

d) Beruhen auf der Meldung bzw. Offenlegung der hinweisgebenden Person

75 Nicht geschützt ist die dritte natürliche Person, wenn die erlittene Repressalie nicht (kausal) auf der Meldung oder Offenlegung der hinweisgebenden Person beruht. Die Repressalie muss also eine Reaktion auf die Meldung sein.

76 Für natürliche Personen, die eine Repressalie im beruflichen Zusammenhang erlitten haben, wird der Kausalzusammenhang aufgrund der Negativformulierung des § 34 Abs. 2 Nr. 1 kraft Gesetzes vermutet.[34] Gelingt es der dritten Person, darzulegen und zu beweisen, dass sie eine Repressalie im beruflichen Zusammenhang als Reaktion auf die Meldung bzw. Offenlegung der hinweisgebenden Person erlitten hat (vgl. § 3 Abs. 6), wird gesetzlich vermutet, dass die erlittene Repressalie kausal auf der Meldung bzw. Offenlegung beruht.

77 Der Anspruchsgegner muss dann darlegen und ggf. auch beweisen, dass die Repressalie entweder gerechtfertigt war oder nicht in einem kausalen Zusammenhang zu der Meldung oder Offenlegung der hinweisgebenden Person stand (siehe dazu auch Rn. 98).

78 Im Rahmen des Kausalzusammenhangs ist die der Vorschrift des § 34 zugrunde liegende Wertung zu berücksichtigen. Relevant dürfte dabei insbesondere die Qualität der Verbindung zwischen der geschützten dritten Person und der hinweisgebenden Person sowie die Auswirkungen einer Repressalie auf deren Verbindung sein. Dabei spielt vor allem das Näheverhältnis zwischen der dritten natürlichen Person und der hinweisgebenden Person eine Rolle. Je „ferner" die Verbindung zwischen den beiden Personen ist, desto „fernliegender" auch die Kausalität zwischen der Repressalie und der Meldung oder Offenlegung der hinweisgebenden Person. Dementsprechend sind auch die Anforderungen an die Widerlegung der Kausalität zwischen erlittener Repressalie des Dritten und der Meldung oder Offenlegung niedriger anzusetzen.

---

34 Die Vermutung des Kausalzusammenhangs würde im Übrigen auf Rechtsfolgenseite ohnehin über § 34 Abs. 2 Nr. 1 i.V.m. § 36 Abs. 2 gelten.

4. § 34 Abs. 2 Nr. 2

Auch juristische Personen oder sonstige rechtsfähige Personenvereinigungen können persönlich durch die §§ 35 ff. geschützt werden, jedoch nur nach Maßgabe des § 34 Abs. 2 Nr. 2. § 34 Abs. 2 Nr. 2 setzt dabei Art. 4 Abs. 4 lit. c der HinSch-RL in nationales Recht um. **79**

Nach § 34 Abs. 2 Nr. 2 werden juristische Personen, rechtsfähige Personengesellschaften und sonstige rechtsfähige Personenvereinigungen, die mit der hinweisgebenden Person infolge einer Beteiligung rechtlich verbunden sind (Var. 1), für die die hinweisgebende Person tätig ist (Var. 2) oder mit denen sie in einem beruflichen Kontext anderweitig in Verbindung steht (Var. 3), erfasst. **80**

Aus dem Exklusivitätsverhältnis zwischen § 34 Abs. 1 und Abs. 2 folgt zunächst (siehe dazu Rn. 55), dass unterstützende juristische Personen oder sonstige rechtsfähige Personenvereinigungen nicht durch die §§ 35 ff. geschützt werden, wenn sie die hinweisgebende Person bei ihrer Meldung vertraulich unterstützen. Gewährt eine juristische Person oder eine rechtsfähige Personenvereinigung beispielsweise Zugang zu bestimmten Dokumenten, ist sie nicht durch die §§ 35 ff. geschützt. **81**

Der Schutz von unterstützenden juristischen Personen und rechtsfähigen Personenvereinigungen kann auch nicht in § 34 Abs. 2 Nr. 2 hineingelesen werden, da der Wortlaut und die Gesetzessystematik insofern eindeutig sind. Der Schutz von Unterstützern kommt nur natürlichen Personen zugute (§ 34 Abs. 1). Dieses Ergebnis ist auch nicht wertungswidersprüchlich, juristische Personen oder sonstige rechtsfähige Personenvereinigungen fallen generell nicht unter den persönlichen Anwendungsbereich des Hinweisgeberschutzgesetzes (§ 1 Abs. 1). **82**

Die Norm trägt dem Umstand Rechnung, dass hinweisgebende Personen in der Praxis auch solche aus anderen Unternehmen sind, die mit dem betroffenen Unternehmen zusammenarbeiten. Eine solche Konstellation wird insbesondere im Verhältnis zwischen (Groß-)Unternehmen und beispielsweise Zulieferunternehmen und deren Arbeitnehmern relevant. Für einen effektiven Hinweisgeberschutz müssen auch die jeweiligen Unternehmen vor Repressalien geschützt werden.[35] **83**

a) Juristische Person oder sonstige rechtsfähige Personenvereinigung

§ 34 Abs. 2 Nr. 2 schützt nach dem Wortlaut zunächst juristische Personen (z.B. die GmbH oder die AG), rechtsfähige Personengesellschaften (z.B. BGB-Außengesellschaften, OHG, KG oder GmbH & Co. KG) sowie sonstige **84**

35 Begr. RegE, BT-Drs. 20/3442 v. 19.9.2022, S. 93.

rechtsfähige Personenvereinigungen (z. B. Vereine oder rechtsfähige Stiftungen). Darüber hinaus macht der deutsche Gesetzgeber in der Begründung zu § 34 Abs. 2 Nr. 2 deutlich, dass auch sonstige Organisationsformen des privaten Rechts von § 34 Abs. 2 Nr. 2 erfasst werden sollen, knüpft dabei aber im Wortlaut ausdrücklich an die Rechtsfähigkeit des Anspruchsinhabers an.[36] Demzufolge dürften auch teilrechtsfähige Personenvereinigungen unter den Schutzbereich fallen, nicht jedoch nicht rechtsfähige Organisationsformen des Privatrechts (z. B. der nicht eingetragene Verein oder die BGB-Innengesellschaft).[37] Insofern setzt der deutsche Gesetzgeber die Vorgaben der HinSch-RL, die nur juristische Personen erfasst (Art. 4 Abs. 4 lit. c der HinSch-RL), überschießend um, um Wertungswidersprüche zu vermeiden.[38]

b) Berufliche Verbindung

85 Juristische Personen oder sonstige rechtsfähige Personenvereinigungen, die nicht an der Meldung bzw. Offenlegung mitgewirkt haben, werden durch die §§ 35 ff. geschützt, wenn sie mit der hinweisgebenden Person in einer beruflichen Verbindung stehen.

86 Anknüpfungspunkt der Schutzerweiterung ist die Verbindung zwischen der hinweisgebenden Person und der juristischen Person bzw. rechtsfähigen Personenvereinigung. Der Gesetzgeber beschränkt den Anwendungsbereich dem Wortlaut nach auf eine Verbindung in Folge einer Beteiligung (Var. 1), einer Tätigkeit für die hinweisgebende Person (Var. 2) oder einer anderweitigen Verbindung im beruflichen Kontext (Var. 3).

87 Für den Schutz reicht es aus, wenn die hinweisgebende Person mit der juristischen Person oder rechtsfähigen Personenvereinigung anderweitig im beruflichen Kontext verbunden ist. Variante 3 stellt insofern einen Auffangtatbestand dar. Aus dem Wortlaut des Auffangtatbestands folgt unmittelbar, dass § 34 Abs. 2 Nr. 2 grundsätzlich nur Verbindungen im beruflichen Kontext schützt.[39] Daraus folgt unmittelbar, dass auch die Tatbestandsvarianten 2 und 3 in einem

36 Begr. RegE, BT-Drs. 20/3442 v. 19.9.2022, S. 93.

37 Vgl. *Colneric/Gerdemann*, Die Umsetzung der Whistleblower-Richtlinie in deutsches Recht, S. 35; *Fest*, in: Franzen/Gallner/Oetker, EuArbRK, Art. 4 RL (EU) 2019/1937 Rn. 230; *Siemes*, CCZ 2020, 7, 9.

38 Begr. RegE, BT-Drs. 20/3442 v. 19.9.2022, S. 93.

39 Vgl. *Colneric/Gerdemann*, Die Umsetzung der Whistleblower-Richtlinie in deutsches Recht, S. 32. Diese Auslegung stimmt auch mit der HinSch-RL überein. Art. 4 Abs. 4 lit. b der HinSch-RL zählt insofern Kollegen und Verwandte auf. Fraglich ist zwar, ob der europäische Gesetzgeber auch Freunde mit in den Schutzbereich einbeziehen wollte. Eine überschießende Umsetzung bleibt dem deutschen Gesetzgeber jedoch unbenommen möglich.

beruflichen Kontext mit der hinweisgebenden Person stehen müssen. Private Verbindungen werden tatbestandlich nicht erfasst. Dazu, wann ein hinreichender beruflicher Kontext gegeben ist, siehe Rn. 27 ff.

Anders als § 34 Abs. 1 fordert der Wortlaut des § 34 Abs. 2 Nr. 2 zwar einen beruflichen „Kontext" und nicht einen beruflichen „Zusammenhang". Insofern dürfte es sich jedoch um eine gesetzgeberische Ungenauigkeit handeln, da der deutsche Gesetzgeber offensichtlich den Wortlaut der EU-Richtlinie übernommen hat (vgl. Art. 4 Abs. 4 lit. c der HinSch-RL). Insofern ist auch im Rahmen des § 34 Abs. 2 Nr. 2 eine einschränkende Auslegung der beruflichen Verbindung im Hinblick auf die weitreichenden Folgen für die betroffenen Personen und den Sinn und Zweck der Norm (siehe dazu Rn. 69 ff.), die hinweisgebende Person vor indirekten benachteiligenden Maßnahmen zu schützen, geboten. Demzufolge reicht nicht jede Form von beruflicher Verbindung mit der hinweisgebenden Person aus. Die Verbindung muss derart beschaffen sein, dass die hinweisgebende Person eine Maßnahme gegen die juristische Person bzw. rechtsfähige Personenvereinigung als indirekte Maßnahme gegen sich selbst empfindet. Damit dürften zumindest Verbindungen im entfernten Berufskreis im Rahmen des § 34 Abs. 2 Nr. 2 nicht erfasst sein. **88**

Eine **Verbindung infolge Beteiligung** (Variante 1) umfasst auch kleinere Beteiligungen. Kleinstbeteiligungen können geschützt sein, müssen aber mit Blick auf den Sinn und Zweck der Norm von derartiger Qualität sein, dass die Befürchtung einer gegen das Unternehmen gerichteten Repressalie die hinweisgebende Person von einer Meldung oder Offenlegung abhalten könnte. Das dürfte bei Kleinstbeteiligungen regelmäßig nicht der Fall sein. Eine wirtschaftliche Verbundenheit der Beteiligung ist, wie sie noch im ersten Referentenentwurf[40] vorgesehen war, nicht mehr erforderlich. **89**

Darüber hinaus sind juristische Personen oder rechtsfähige Personenvereinigungen von § 34 Abs. 2 Nr. 2 erfasst, für die die hinweisgebende Person **beruflich tätig** ist (Variante 2). Auch hier muss die Tätigkeit für die hinweisgebenden Person von derartiger Qualität sein, dass die Befürchtung einer gegen die juristische Person bzw. rechtsfähige Personenvereinigung gerichteten Repressalie die hinweisgebende Person von der Vornahme der Meldung oder Offenlegung abhalten könnte. Auf die rechtliche Grundlage der Tätigkeit kommt es jedoch nicht entscheidend an, da die Tätigkeit jedenfalls vom Auffangtatbestand der Variante 3 erfasst wäre. **90**

---

40 Referentenentwurf eines Gesetzes für einen besseren Schutz hinweisgebender Personen sowie zur Umsetzung der Richtlinie zum Schutz von Personen, die Verstöße gegen das Unionsrecht melden v. 26.11.2020.

c) Rechtsfolge

91 Bei Vorliegen der Voraussetzungen des § 34 Abs. 2 Nr. 2 sind juristische Personen bzw. rechtsfähige Personenvereinigungen, die nicht bei der Meldung mitgewirkt haben, entsprechend der §§ 35 ff. in gleicher Weise geschützt, wie wenn sie eine eigene Meldung bzw. Offenlegung abgegeben hätten.

92 Anders als der Schutz einer sonstigen natürlichen Person (vgl. § 34 Abs. 2 Nr. 1), setzt die Eröffnung des Schutzbereiches des § 34 Abs. 2 Nr. 2 tatbestandlich nicht voraus, dass die juristische Person bzw. die rechtsfähige Personenvereinigung eine Repressalie bereits erlitten hat. Daraus folgt jedoch kein praktischer Unterschied. Denn das Erfordernis einer erlittenen Repressalie wird in aller Regel als anspruchsbegründende Voraussetzung von den eröffneten Schutznormen selbst vorausgesetzt (§§ 36, 37).

93 Auch der Kausalzusammenhang zwischen erlittener Repressalie der juristischen Person bzw. der rechtsfähigen Personenvereinigung und der Meldung der hinweisgebenden Person wird kraft Gesetzes auf Rechtsfolgenseite vermutet (§ 34 Abs. 2 Nr. 2 i.V.m. § 36 Abs. 2). Der Anspruchsgegner muss also darlegen und ggf. auch beweisen, dass die Repressalie entweder gerechtfertigt war oder nicht in einem kausalen Zusammenhang zu der Meldung oder Offenlegung der hinweisgebenden Person stand.

94 Im Rahmen des Kausalzusammenhangs ist die der Vorschrift des § 34 zugrunde liegende Wertung zu berücksichtigen. Relevant dürfte dabei insbesondere die Qualität der Verbindung zwischen der geschützten juristischen Person oder rechtsfähigen Personenvereinigung und der hinweisgebenden Person sowie die Auswirkungen einer Repressalie auf deren berufliche Verbindung sein.

95 Dabei ist im Rahmen des § 34 Abs. 2 Nr. 2 vor allem zu berücksichtigen, ob die in Rede stehende benachteiligende Maßnahme überhaupt Auswirkungen auf die berufliche Verbindung zwischen der juristischen Person bzw. rechtsfähigen Personenvereinigung und der hinweisgebenden Person haben kann. Hat sie keine Auswirkung auf deren berufliche Verbindung, ist sie auch nicht vom Schutzzweck der Norm erfasst. Indirekte Repressalien gegenüber der juristischen Person bzw. rechtsfähigen Personenvereinigung (beispielsweise die Erfassung auf einer schwarzen Liste) sind ausweislich der Gesetzesbegründung nur dann geschützt, wenn die indirekte Repressalie gegen die juristische Person oder die sonstige rechtsfähige Personenvereinigung eine vergleichbare Gefährdungslage begründet, dass die hinweisgebende Person vor der Meldung oder Offenlegung zurückschreckt. Von einer vergleichbaren Gefährdungslage sei im unternehmerischen Verkehr zwischen zwei Unternehmen regelmäßig nicht auszugehen.[41]

---

41 Begr. RegE, BT-Drs. 20/3442 v. 19.9.2022, S. 93.

Nur § 35 setzt nicht zwingend das Erleiden einer Repressalie voraus. Allerdings findet § 35 im Rahmen des § 34 Abs. 2 Nr. 2 keine Anwendung, da § 35 zwingend eine Handlung des von § 35 Geschützten voraussetzt, sei es durch Informationsbeschaffung oder Offenlegung bzw. Weiterleitung von Informationen. Unterstützungshandlungen von juristischen Personen bzw. rechtsfähigen Personenvereinigungen werden von § 34 Abs. 1 und 2 Nr. 2 jedoch nicht geschützt. Solche Fälle fallen ausschließlich unter § 34 Abs. 1, welcher auf juristische Personen nicht anwendbar ist (siehe dazu Rn. 7). **96**

5. Darlegungs- und Beweislast

Die Darlegungs- und Beweislast im Rahmen des § 34 Abs. 2 folgt aus den allgemeinen Prinzipien der ZPO. Die dritte (natürliche) Person (Nr. 1) bzw. die juristische Person oder die rechtsfähige Personenvereinigung (Nr. 2) hat entsprechend des prozessualen Günstigkeitsprinzips das Vorliegen der Voraussetzungen des § 34 Abs. 2 darzulegen und zu beweisen. **97**

Der Kausalzusammenhang zwischen der Repressalie gegenüber der weiteren geschützten Person und der Meldung oder Offenlegung der hinweisgebenden Person wird kraft Gesetzes vermutet (§ 34 Abs. 2 i.V.m. § 36 Abs. 2). Im Rahmen des § 34 Abs. 2 Nr. 1 wird der Kausalzusammenhang bereits tatbestandlich durch die Negativformulierung vermutet (für § 34 Abs. 2 Nr. 1 vgl. Rn. 76 und für § 34 Abs. 2 Nr. 2 vgl. Rn. 93). **98**

§ 35 Ausschluss der Verantwortlichkeit

(1) Eine hinweisgebende Person kann nicht für die Beschaffung von oder den Zugriff auf Informationen, die sie gemeldet oder offengelegt hat, rechtlich verantwortlich gemacht werden, sofern die Beschaffung nicht als solche oder der Zugriff nicht als solcher eine eigenständige Straftat darstellt.

(2) Eine hinweisgebende Person verletzt keine Offenlegungsbeschränkungen und kann nicht für die bei einer Meldung oder Offenlegung erfolgte Weitergabe von Informationen rechtlich verantwortlich gemacht werden, sofern sie hinreichenden Grund zu der Annahme hatte, dass die Weitergabe der Informationen erforderlich war, um einen Verstoß aufzudecken.

Schrifttum: *Arz*, Berücksichtigung der Ergebnisse eines Strafverfahrens im Zivilprozess – Eine systematische Darstellung der BGH-Judikatur, NJW 2022, 2165; *Bayreuther*, Whistleblowing und das neue Hinweisgeberschutzgesetz, NZA-Beilage 2022, 20; *Brobeil*, Die Auswirkungen der Richtlinie (EU) 2019/1937 auf Arbeitnehmer-Hinweisgeber, 2022; *Bundesnotarkammer*, Stellungnahme zum HinSchG-RefE v. 11.5.2022; *Colneric/Gerdemann*, Die Umsetzung der Whistleblower-Richtlinie in deutsches Recht – Rechtsfragen und rechtspolitische Überlegungen, HSI-Schriftenreihe, Bd. 34, 2020; *Escherich*, Der Ausschluss des Hinweisgeberschutzes nach Art. 21 Abs. 3 der Hinweisgeberrichtlinie (EU) 2019/1937, EuZA 2022, 307; *Franzen/Gallner/Oetker*, Kommentar zum europäischen Arbeitsrecht, 4. Aufl. 2022; *Gerdemann*, Forschungsprojekt „Wirkungsanalyse des deutschen und europäischen Whistleblowing-Rechts“ der Deutschen Forschungsgemeinschaft, Stellungnahme zum Gesetzesentwurf der Bundesregierung BT-Drs. 20/3442; *Gerdemann*, Whistleblower als Agenten des Europarechts – Die Whistleblowing-Rechtsakte der EU von ihren Anfängen bis zur aktuellen Whistleblowing-Richtlinie, NZA-Beilage 2020, 43; *Gerdemann/Spindler*, Die Europäische Whistleblower-Richtlinie und ihre Folgen für das deutsche Gesellschaftsrecht, ZIP 2020, 1896; *Grüneberg*, Bürgerliches Gesetzbuch, 81. Aufl. 2022; *Rolfs/Giesen/Meßling/Udsching*, Beck'scher Online-Kommentar Arbeitsrecht, 68. Ed., 2023; *Schmitt*, Geheimnisschutz und Whistleblowing – Aktuelle Rechtslage und Überlegungen zur Umsetzung in Deutschland, NZA-Beilage 2020, 50; *Teichmann*, Whistleblowing – Verfahrensrechtliche und dogmatische Probleme bei der Umsetzung der Richtlinie (EU) 2019/1937, GA 2021, 527.

Übersicht

	Rn.
I. Überblick	1
II. Allgemeine Voraussetzungen des Schutzes der hinweisgebenden Person	7
III. § 35 Abs. 1	11
1. Überblick	11
2. Voraussetzungen des Haftungsausschlusses	15
a) Meldung oder Offenlegung der beschafften Informationen	15
b) Sorgfaltsanforderungen	18
3. Rechtsfolge	25
a) Überblick	25
b) Informationsbeschaffung im Hinblick auf die (spätere) Meldung oder Offenlegung	28
c) Umfang des Haftungsausschlusses	29
4. Darlegungs- und Beweislast	36

IV. § 35 Abs. 2 41
1. Überblick und Verhältnis zu § 6 .. 41
2. Voraussetzungen des Haftungsausschlusses 44
a) Weitergabe oder Offenlegung der Informationen bei einer Meldung oder Offenlegung ... 44
b) Hinreichender Grund zur Annahme der Erforderlichkeit zur Aufdeckung eines Verstoßes .. 49
aa) Gemischt objektiv-subjektive Beurteilung 53
bb) Erforderlichkeit zur Aufdeckung des Verstoßes 58
3. Rechtsfolge 66
a) Keine Verletzung von Offenlegungsbeschränkungen .. 69
b) Umfassender Haftungsausschluss 71
4. Darlegungs- und Beweislast 77

I. Überblick

§ 35 setzt Art. 21 Abs. 2, 3 und 7 der HinSch-RL in nationales Recht um und normiert den Ausschluss der Verantwortlichkeit einer hinweisgebenden Person im Rahmen der Informationsbeschaffung und der Weitergabe von Information im Rahmen der Meldungshandlung oder Offenlegungshandlung. 1

Unter den Voraussetzungen des § 34 Abs. 1 findet § 35 auch auf dritte Personen, die die hinweisgebende Person bei ihrer Meldung oder Offenlegung unterstützen, Anwendung. Im Rahmen des § 34 Abs. 2 (sonstige dritte Personen) hat § 35 jedoch keine praktische Relevanz (siehe dazu § 34 Rn. 96, 7). 2

Die Norm hat im Wesentlichen drei Regelungsgegenstände und behandelt in ihren beiden Absätzen zeitlich unterschiedliche Phasen der Meldungshandlung. Damit die in § 35 geregelten Haftungsausschlusstatbestände anwendbar sind, müssen die **Voraussetzungen des § 33 Abs. 1** vorliegen (siehe dazu § 33 Rn. 2 ff.). 3

§ 35 Abs. 1 regelt den Haftungsausschluss der hinweisgebenden Person im Rahmen der Informationsbeschaffung, vorausgesetzt, dass die Informationsbeschaffung keinen eigenständigen Straftatbestand erfüllt (siehe dazu Rn. 13, 31 ff.). Erfüllt die Informationsbeschaffung einen eigenständigen Straftatbestand, bleibt neben der strafrechtlichen Verantwortung der hinweisgebenden Person auch die zivil- und verwaltungsrechtliche Haftung bestehen (siehe dazu Rn. 32).[1] 4

§ 35 Abs. 2 ergänzt § 6 und regelt den Ausschluss der rechtlichen Verantwortung der hinweisgebende Person außerhalb des Geschäftsgeheimnisgesetzes hinsichtlich der bei der Meldung oder Offenlegung erfolgten Weitergabe der Informationen.[2] Begeht die hinweisgebende Person etwa durch ihre Meldung nicht nur einen Verstoß gegen das Geschäftsgeheimnisgesetz, sondern auch 5

1 Begr. RegE, BT-Drs. 20/3442 v. 19.9.2022, S. 94.
2 Begr. RegE, BT-Drs. 20/3442 v. 19.9.2022, S. 94.

einen Urheberrechtsverstoß, richtet sich der Schutz für den erstgenannten Verstoß nach § 6 Abs. 1 und der Schutz für den letztgenannten Verstoß nach § 35 Abs. 2.[3]

6 Keine Anwendung findet § 35 Abs. 2 jedoch auf die Verletzung der in der Bereichsausnahme des § 5 geregelten besonderen Verschwiegenheits- und Geheimhaltungspflichten, beispielsweise von Berufsgeheimnisträgern.[4]

II. Allgemeine Voraussetzungen des Schutzes der hinweisgebenden Person

7 Zunächst müssen die in § 33 Abs. 1 geregelten Voraussetzungen für den Schutz der hinweisgebenden Person erfüllt sein, damit der Anwendungsbereich des § 35 Abs. 1 und 2 eröffnet ist.

8 Danach muss die hinweisgebende Person eine interne oder externe Meldung an eine nach dem Hinweisgeberschutzgesetz vorgesehene Meldestelle erstattet haben oder die Informationen nach Maßgabe des § 32 offengelegt haben (§ 33 Abs. 1 Nr. 1, siehe dazu § 33 Rn. 7 ff.).

9 Darüber hinaus muss die von der hinweisgebenden Person gemeldete Information wahr sein. Im Falle einer Falschmeldung musste die hinweisgebende Person zum Zeitpunkt der Meldung oder Offenlegung zumindest hinreichenden Grund zur Annahme haben, dass die von ihr gemeldeten oder offengelegten Informationen der Wahrheit entsprachen (§ 33 Abs. 1 Nr. 2, siehe dazu § 33 Rn. 32 ff.).

10 Zuletzt müssen die gemeldeten oder offengelegten Informationen einen Verstoß betreffen, der in den Anwendungsbereich des Hinweisgeberschutzgesetzes fällt. Eine Meldung oder Offenlegung, die einen Verstoß betrifft, der nicht in den Anwendungsbereich des Hinweisgeberschutzgesetzes fällt, kann trotzdem geschützt sein, wenn die hinweisgebende Person im Zeitpunkt der Meldung oder Offenlegung hinreichende Gründe zur Annahme hatte, dass der Verstoß in den Anwendungsbereich des Hinweisgeberschutzgesetzes fällt (§ 33 Abs. 1 Nr. 3, siehe dazu § 33 Rn. 66 ff.).

---

3 Zur berechtigten Kritik an diesem Konzept vgl. *Gerdemann*, Stellungnahme zum Gesetzesentwurf der Bundesregierung, S. 10.

4 Bundesnotarkammer, Stellungnahme zum HinSchG-RefE v. 11.5.2022, S. 5.

III. § 35 Abs. 1

1. Überblick

§ 35 Abs. 1 normiert einen Haftungsausschluss der hinweisgebenden Person für die **Beschaffung von oder den Zugriff auf die gemeldeten oder offengelegten Informationen**. Dadurch wird Art. 21 Abs. 3 der HinSch-RL in nationales Recht umgesetzt. Der **Sinn und Zweck** des Ausschlusses der Verantwortlichkeit besteht darin, hinweisgebenden Personen die Sorge vor rechtlichen Sanktionen aufgrund der Beschaffung von Informationen zu nehmen, beispielsweise wenn die für die Meldung erforderlichen Informationen nicht rechtmäßig erlangt werden können.[5] **11**

§ 35 Abs. 1 schließt die (arbeits-)vertragliche und/oder verwaltungsrechtliche Haftung von hinweisgebenden Personen aus. Dadurch soll sichergestellt werden, dass die Möglichkeit einer Meldung oder Offenlegung nicht durch rechtliche oder vertragliche Pflichten der hinweisgebenden Person eingeschränkt oder ausgeschlossen wird, beispielsweise durch vertragliche Vertraulichkeits- und Geheimhaltungspflichten oder sonstige Loyalitätspflichten.[6] **12**

Der Haftungsausschluss nach § 35 Abs. 1 findet jedoch keine Anwendung, wenn die hinweisgebende Person die Informationen in **strafrechtlich relevanter Art und Weise** beschafft. Erfüllt die Informationsbeschaffung einen eigenständigen Straftatbestand, bleibt nach der Gesetzesbegründung nicht nur die strafrechtliche Verantwortung der hinweisgebenden Person bestehen, sondern auch die zivil- oder verwaltungsrechtliche Haftung.[7] **13**

Im Gegensatz zu § 35 Abs. 2 setzt § 35 Abs. 1 nicht voraus, dass die rechtswidrige Informationsbeschaffung für die Aufdeckung eines Verstoßes erforderlich war. Für eine dahingehende Auslegung bestehen auch keine Anhaltspunkte.[8] **14**

---

5 Begr. RegE, BT-Drs. 20/3442 v. 19.9.2022, S. 94.

6 Erwägungsgrund 91 der HinSch-RL.

7 Begr. RegE, BT-Drs. 20/3442 v. 19.9.2022, S. 94; Erwägungsgrund 92 der HinSch-RL.

8 Der europäische Gesetzgeber deutet den Ausschluss der Beschaffung solcher Informationen, die für die Aufdeckung des Verstoßes nicht notwendig sind, zwar in seinen Erwägungen an (siehe Erwägungsgrund 92 der HinSch-RL). Jedoch setzt auch der europäische Gesetzgeber dieses Erfordernis nicht in der Norm des Art. 21 Abs. 3 der HinSch-RL voraus, anders als beispielsweise im vorherstehenden Abs. 2, sodass kein Raum für eine europarechtskonforme Auslegung ist.

2. Voraussetzungen des Haftungsausschlusses

a) Meldung oder Offenlegung der beschafften Informationen

15 Die Haftung der hinweisgebenden Person ist nur dann ausgeschlossen, wenn sie die beschaffte Information **tatsächlich gemeldet oder offengelegt** hat. Die nicht gemeldete oder offengelegte beschaffte Information ist schon deshalb nicht schutzwürdig, da sie für die Darlegung und Aufdeckung des zugrunde liegenden Verstoßes offensichtlich überflüssig ist (siehe dazu Rn. 58). Aus diesem Erfordernis folgt, dass die potenziell hinweisgebende Person in der Zeit zwischen der Beschaffung und der Meldungs- oder Offenlegungshandlung zunächst nicht geschützt ist. Erst mit Vornahme der Meldung oder der Offenlegung wirkt der Haftungsausschluss des § 35 Abs. 1 ex-tunc auf den Zeitpunkt der Informationsbeschaffung zurück.

16 Der Wortlaut knüpft dabei an die Meldung oder Offenlegung der in Rede stehenden, beschafften Information als solche an.[9] Die Information muss also Gegenstand der Meldung sein. Es genügt nicht, wenn die hinweisgebende Person lediglich den zugrunde liegenden Verstoß meldet oder offenlegt. Demzufolge muss das Vorliegen der Voraussetzungen des § 35 Abs. 1 für jede gemeldete oder offengelegte Information einzeln beurteilt werden.

17 Für die sonstigen Personen, die die hinweisgebende Person im Rahmen der Informationsbeschaffung nach Maßgabe des **§ 34 Abs. 1** unterstützen, gilt der Haftungsausschluss des § 35 Abs. 1 nur dann, wenn die beschaffte Information, auf welche sich ihre Unterstützungshandlung bezog, tatsächlich gemeldet oder offengelegt wurde.

b) Sorgfaltsanforderungen

18 Der Gesetzgeber gibt keine konkrete Auskunft darüber, ob und, wenn ja, welche Sorgfaltspflichten für die hinweisgebende Person im Rahmen der Informationsbeschaffung gelten. Jedoch folgen bestimmte Sorgfaltspflichten unmittelbar aus dem Wortlaut der Norm und deren eingeschränkten Anwendungsbereich selbst:

19 Die hinweisgebende Person darf die Informationen zunächst nicht in strafrechtlich relevanter Weise beschaffen. Dies folgt unmittelbar aus dem Wortlaut, wonach der Haftungsausschluss bei strafrechtlich relevanter Informationsbeschaffung entfällt (§ 35 Abs. 1).

---

9 Dies ergibt sich aus einem Umkehrschluss zu § 33 Abs. 1 Nr. 1. § 33 Abs. 1 Nr. 1 stellt nach dem Wortlaut auf die Meldung oder Offenlegung als solche ab, um den Schutz der hinweisgebenden Person nach §§ 35 ff. zu eröffnen.

20 Darüber hinaus ist der Haftungsausschluss des § 35 Abs. 1 auf die Beschaffung solcher Informationen beschränkt, die entweder den Anfangsverdacht einer potenziell hinweisgebenden Person bestätigen oder die Annahme der hinweisgebenden Person, dass die Information der Wahrheit entspricht, im Zeitpunkt der Meldung oder Offenlegung stützen.

21 Dies folgt unmittelbar aus dem Anwendungsbereich der Norm (§ 35 Abs. 1 i.V.m. § 33 Abs. 1 Nr. 2). Danach hat die hinweisgebende Person nach gesetzgeberischer Wertung von einer Meldung oder Offenlegung der beschafften Information abzusehen, wenn sie nicht annehmen darf, dass die Information der Wahrheit entspricht. Mangels Meldungs- oder Offenlegungshandlung ist der Tatbestand des § 35 Abs. 1 von vornherein nicht eröffnet (§ 33 Abs. 1 Nr. 1). Wenn die hinweisgebende Person die Information dennoch meldet oder offenlegt, und sich später herausstellt, die Information entsprach nicht der Wahrheit, scheitert die Eröffnung des Anwendungsbereichs daran, dass die hinweisgebende Person im Zeitpunkt der Meldung oder Offenlegung keinen hinreichenden Grund (mehr) zur Annahme hatte, dass die gemeldete Information der Wahrheit entsprach (§ 33 Abs. 1 Nr. 2).

22 Von § 35 Abs. 1 nicht erfasst und geschützt sind demnach beschaffte Informationen, die den Anfangsverdacht der potenziell hinweisgebenden Person entweder widerlegen oder nicht derart hinreichend bestätigen, dass die potenziell hinweisgebende Person berechtigt war anzunehmen, dass die Information der Wahrheit entspricht. Aus dem Zusammenspiel zwischen § 33 Abs. 1 Nr. 2 und § 35 Abs. 1 folgt, dass die hinweisgebende Person dem Risiko ausgesetzt ist, dass sie Informationen rechtswidrig beschafft, aber dafür im Nachgang nicht durch das Hinweisgeberschutzgesetz geschützt wird, wenn die Information ihre Annahme widerlegt. Dies gilt auch für Personen, die in **gutem Glauben an den Anfangsverdacht** und die Tatsache, dass die beschaffte Information Anhaltspunkte für einen meldefähigen Verstoß liefern würde, gehandelt haben, sich dann aber nach rechtswidriger Beschaffung der Information herausstellt, dass dies nicht der Fall ist.[10]

23 Insofern besteht jedoch keine Schutzlücke.[11] Denn die potenziell hinweisgebende Person ist nicht gezwungen, die Information rechtswidrig zu beschaffen. Eine rechtswidrige Informationsbeschaffung übersteigt von vornherein das zumutbare Maß an Verifizierungsbemühungen im Vorfeld der Meldung oder Offenlegung (siehe § 33 Rn. 49ff.). Folgerichtig ist die hinweisgebende Person bereits ohne die Beschaffung der Information oder den rechtswidrigen Zugriff

10 Vgl. *Brobeil*, Die Auswirkungen der Richtlinie (EU) 2019/1937 auf Arbeitnehmer-Hinweisgeber, S. 238.

11 A.A. *Colneric/Gerdemann*, Die Umsetzung der Whistleblower-Richtlinie in deutsches Recht, S. 82f.

darauf umfassend durch das Hinweisgeberschutzgesetz geschützt und muss nicht vor einer Meldung oder Offenlegung zurückschrecken (siehe zum Telos der Norm Rn. 11), selbst wenn sich später herausstellt, dass die gemeldete oder offengelegte Information nicht wahr ist (§ 33 Abs. 1 Nr. 2 Var. 2). Deshalb ist es auch sachgerecht, dem potenziellen Hinweisgeber ein höheres Maß an Verifizierung bezüglich der Ergiebigkeit rechtswidrig zu erlangender Informationen abzuverlangen, und im Interesse des Betroffenen, die Schutzwürdigkeit von rechtswidriger Information auf ein Minimum zu beschränken.

24 In der Konsequenz hat die hinweisgebende Person damit bereits im Rahmen der Informationsbeschaffung **abzuwägen, ob die Information, die sie beabsichtigt rechtswidrig zu beschaffen**, tatsächlich dazu geeignet ist, ihren Anfangsverdacht zu bestätigen oder zu stützen. Der Sorgfaltsmaßstab dürfte sich dabei an den Grundsätzen der zumutbaren Verifizierungsmaßnahmen orientieren (siehe dazu § 33 Rn. 54 ff.).

3. Rechtsfolge

a) Überblick

25 Sofern die Voraussetzungen des § 35 Abs. 1 i.V.m. § 33 Abs. 1 erfüllt sind, haftet die hinweisgebende Person kraft Gesetzes nicht für die rechtswidrige Beschaffung der Information oder den Zugriff darauf, sofern die Beschaffung oder der Zugriff als solche(r) keine eigenständige Straftat darstellt.[12]

26 Der Haftungsausschluss gilt nicht nur im Verhältnis der hinweisgebenden Person und dem Betroffenen. Die hinweisgebende Person kann sich auf den Haftungsausschluss deshalb auch gegenüber Dritten und außerhalb des beruflichen Kontextes berufen, wenn die Informationsbeschaffung nach Maßgabe des § 35 Abs. 1 erfolgt ist (beispielsweise gegenüber Lieferanten, Kunden, Dateninhaber etc.).

27 Bezugspunkt des Haftungsausschlusses ist die beschaffte und gemeldete oder offengelegte Information als solche. Das Vorliegen der Voraussetzungen des § 35 Abs. 1 muss für jede gemeldete oder offengelegte Information einzeln beurteilt werden (siehe dazu Rn. 61). Eine derartige (restriktive) Auslegung ist mit Blick auf die berechtigten Interessen des Betroffenen und der Reichweite des Haftungsausschlusses zwingend geboten.

---

12 Erwägungsgrund 92 der HinSch-RL; *Fest*, in: Franzen/Gallner/Oetker, EuArbRK, RL (EU) 2019/1937 Art. 21 Rn. 12; *Gerdemann*, NZA-Beilage 2020, 43, 48; *Gerdemann/Spindler*, ZIP 2020, 1896, 1899.

b) Informationsbeschaffung im Hinblick auf die (spätere) Meldung oder Offenlegung

Der Tatbestand des § 35 Abs. 1 geht davon aus, dass die beschaffte Information (später) gemeldet oder offengelegt wird. Daraus folgt, dass ein Zusammenhang zwischen der Informationsbeschaffung und der (späteren) Meldung oder Offenlegung erforderlich ist. Eine rechtswidrige Informationsbeschaffung (zunächst) losgelöst von einer späteren Meldung oder Offenlegung ist deshalb tatbestandlich nicht durch § 35 Abs. 1 erfasst. Die Person muss die Information im Hinblick auf eine (spätere) Meldung oder Offenlegung beschaffen und deshalb im Zeitpunkt der Beschaffungshandlung zumindest in der Erwartung dessen gehandelt haben, dass die Information später Gegenstand ihrer Meldung oder Offenlegung wird. Ein vorgelagerter und zeitlich unbegrenzter Haftungsausschluss, unabhängig jeglicher Meldung- oder Offenlegungserwartung, würde den Sinn und Zweck der Vorschrift als auch des Hinweisgeberschutzgesetzes unterlaufen und die Interessen des Betroffenen, vor rechtswidriger Informationsbeschaffung geschützt zu werden, unangemessen einschränken. **28**

c) Umfang des Haftungsausschlusses

Inhaltlich schließt § 35 Abs. 1 die zivilrechtswidrige und die verwaltungsrechtswidrige Informationsbeschaffung aus. Für eine strafbewehrte Informationsbeschaffung bleibt die hinweisgebende Person indes voll verantwortlich (siehe Rn. 32). **29**

§ 35 Abs. 1 schließt damit insbesondere eine Haftung der hinweisgebenden Person für die (arbeits-)vertragswidrige Informationsbeschaffung gegenüber ihrem Arbeitgeber gemäß (arbeits-)vertraglichen Bestimmungen aus. Beispielhaft zählt der Gesetzgeber den Ausschluss der Haftung des Arbeitnehmers gegenüber dem Arbeitgeber für den rechtswidrigen Zugriff auf bestimmte Daten, E-Mails und sonstige Dokumente, die rechtswidrige Erstellung von Abschriften oder das rechtswidrige Betreten von Räumen auf.[13] Auch eine in diesem Zusammenhang vereinbarte Vertragsstrafe läuft damit ins Leere.[14] **30**

Die hinweisgebende Person muss sich für die Beschaffung oder den Zugriff auf Informationen jedoch rechtlich (voll) verantworten, wenn die Beschaffung oder der Zugriff als solche(r) eine **eigenständige Straftat** darstellen (§ 35 Abs. 1 Hs. 2). Eine eigenständige Straftat liegt vor, wenn der Straftatbestand die Informationsbeschaffung oder den Zugriff als solche(n) unter Strafe **31**

13 Begr. RegE, BT-Drs. 20/3442 v. 19.9.2022, S. 94; Erwägungsgrund 92 HinSch-RL.

14 Erwägungsgrund 92 der HinSch-RL.

stellt.[15] Beispielshaft nennt der Gesetzgeber den Hausfriedensbruch nach § 123 StGB, das Ausspähen von Daten nach § 202a StGB und das Abfangen von Daten nach § 202b StGB.[16] Nicht vorausgesetzt wird, dass die hinweisgebende Person strafrechtlich verfolgt wird (z.B. eine Strafantragstellung, Anklage oder Verurteilung). Es genügt, wenn die tatbestandlichen Voraussetzungen des Straftatbestandes erfüllt sind.

32 Beschafft die hinweisgebende Person die Information in eigenständig strafrechtlich sanktionierter Art und Weise, bleibt sie nicht nur für die strafrechtlichen Folgen ihrer Informationsbeschaffung verantwortlich. Darüber hinaus bleibt die hinweisgebende Person bei strafrechtlich relevanter Informationsbeschaffung gemäß gesetzgeberischer Intention auch zivilrechtlich und verwaltungsrechtlich (voll) verantwortlich.[17] Etwaige Haftungsprivilegien, wie die Grundsätze des innerbetrieblichen Schadensausgleichs, bleiben davon unberührt.

33 Im Ergebnis steht dem Betroffenen im Rahmen des § 35 Abs. 1 der Zivilrechtsweg nur dann offen, wenn die hinweisgebende Person die Information in strafrechtlich relevanter Art und Weise beschafft hat. Auch dem Arbeitgeber stehen arbeitsrechtliche Sanktionsmaßnahmen gegenüber der hinweisgebenden Person in Bezug auf eine rechtswidrige Informationsbeschaffung oder den Zugang dazu nur dann zur Verfügung, wenn die Handlung einen Straftatbestand erfüllt.

34 Insofern dürfte in der Praxis insbesondere der Straftatbestand des Ausspähens von Daten (§ 202a StGB) eine wichtige Rolle spielen. Nach Maßgabe des § 202a StGB haftet die hinweisgebende Person für ihre Informationsbeschaffung und kann arbeitsrechtlich dafür sanktioniert werden, wenn sie sich unbefugt Daten verschafft, die nicht für sie bestimmt sind und gegen unberechtigten Zugang besonders gesichert waren (§ 35 Abs. 1 Hs. 2 i.V.m. § 202a Abs. 1 Var. 1 StGB).[18] Der Haftungsausschluss greift auch für die den Hinweisgeber unterstützenden Personen nicht, wenn sie der hinweisgebenden Person Zugang zu solchen Daten gewähren (§ 34 Abs. 1, § 35 Abs. 1 Hs. 2 i.V.m. § 202a Abs. 1 Var. 2 StGB).

35 Von dem Haftungsausschluss im Rahmen der Informationsbeschaffung ist zwingend die haftungsrechtliche Frage der **anschließenden Offenlegung oder**

---

15 Vgl. *Bruns*, in: Rolfs/Giesen/Meßling/Udsching, BeckOK Arbeitsrecht, § 35 HinSchG Rn. 3.

16 Begr. RegE, BT-Drs. 20/3442 v. 19.9.2022, S. 94; vgl. Erwägungsgrund 92 der HinSch-RL; für eine ausführliche Darstellung denkbarer Straftaten: *Escherich*, EuZA 2022, 307, 312 ff.

17 Begr. RegE, BT-Drs. 20/3442 v. 19.9.2022, S. 94.

18 *Bayreuther*, NZA-Beilage 2022, 20, 25.

Weitergabe der rechtswidrig beschafften Informationen zu unterscheiden. Die rechtliche Verantwortlichkeit für die Offenlegung und Weitergabe der beschafften Information richtet sich allein nach § 35 Abs. 2. Da § 35 Abs. 2 – anders als § 35 Abs. 1 – auch die strafrechtliche Haftung ausschließt, kann es Konstellationen geben, in denen die hinweisgebende Person für die strafrechtswidrige Informationsbeschaffung in vollem Umfang haftet, nicht jedoch für die anschließende (unter Umständen ebenfalls strafrechtswidrige) Offenlegung und Weitergabe.[19]

4. Darlegungs- und Beweislast

Um den Haftungsausschluss zu begründen, muss die hinweisgebende Person **36** nach dem prozessualen Günstigkeitsprinzip zunächst darlegen und beweisen, dass der Anwendungsbereich des § 35 Abs. 1 eröffnet ist (§ 33 Abs. 1), die beschaffte Information Gegenstand der Meldung oder Offenlegung ist und die Informationsbeschaffung im ausreichenden Konnex zur (späteren) Meldung oder Offenlegung erfolgt ist.

Die Gegenpartei kann das Eingreifen des Haftungsausschlusses dadurch wi- **37** derlegen, dass sie darlegt und beweist, dass die Informationsbeschaffung einen eigenständigen Strafrechtstatbestand erfüllt (siehe Rn. 31).[20] Aufgrund der Negativformulierung des § 35 Abs. 1 („sofern nicht") trägt die Gegenpartei dahingehend die Darlegungs- und Beweislast.

Das Zivilgericht kann in diesem Zusammenhang inzident selbst das Vorliegen **38** der Voraussetzungen des einschlägigen Straftatbestandes prüfen.[21] Die darlegungs- und beweisbelastete Partei hat gemäß § 432 Abs. 1 ZPO i.V.m. §§ 474 Abs. 1, 479 Abs. 4 Satz 2 und 3 StPO auch die Möglichkeit, die Beiziehung von Ermittlungs- oder Strafakten (oder Teile davon) in einem anhängigen Zivilprozess zu beantragen.[22] Das zivilgerichtliche Verfahren kann bis zum Abschluss des Strafprozesses ausgesetzt werden.

Die in § 35 Abs. 1 geregelte Beweislastverteilung dürfte sich künftig auch in **39** Kündigungsschutzverfahren auswirken, wenn der Arbeitgeber eine Kündigung aufgrund (vermeintlich) strafbarer Informationsbeschaffung ausspricht. Bei

---

19 *Brobeil*, Die Auswirkungen der Richtlinie (EU) 2019/1937 auf Arbeitnehmer-Hinweisgeber, S. 236; *Fest*, in: Franzen/Gallner/Oetker, EuArbRK, RL (EU) 2019/1937 Art. 21 Rn. 13.

20 A.A. *Brobeil*, Die Auswirkungen der Richtlinie (EU) 2019/1937 auf Arbeitnehmer-Hinweisgeber, S. 252 ff.

21 Ständige Rspr. BGH, 13.9.2018, III ZR 294/16, NJW 2018, 3513 Rn. 34; BGH, 17.2.1970, III ZR 139/67, NJW 1970, 946, 948.

22 Vgl. *Arz*, NJW 2022, 2165, 2166.

strikter Wortlautanwendung des § 35 Abs. 1 obläge es dem Arbeitgeber, im Kündigungsschutzprozess künftig nicht mehr nur die Rechtswidrigkeit, sondern auch die Strafbarkeit der Informationsbeschaffung nachzuweisen. Bei komplexen Sachverhalten kann dadurch das Kündigungsschutzverfahren erheblich verzögert werden, einhergehend mit einem entsprechenden Kostenrisiko für den Arbeitgeber.

40 Dabei dürfen Arbeitsgerichte aber den Sinn und Zweck der Norm nicht außer Acht lassen. § 35 Abs. 1 dient dazu, den Abschreckungseffekt auf potenzielle Hinweisgeber abzumildern, nicht aber beschäftigungsbezogene Maßnahmen faktisch unmöglich zu machen und den Arbeitgeber sanktionslos rechtswidrigen Informationsbeschaffungsmaßnahmen auszusetzen. Es ist daher interessengerecht, die Anforderungen an die Darlegungs- und Beweislast in Bezug auf die Strafbarkeit der Informationsbeschaffung für den Arbeitgeber nicht zu hoch anzusetzen.[23]

IV. § 35 Abs. 2

1. Überblick und Verhältnis zu § 6

41 § 35 Abs. 2 normiert, unter welchen Voraussetzungen die hinweisgebende Person durch die Offenlegung von Informationen im Rahmen der Meldung oder Offenlegung keine Offenlegungsbeschränkungen verletzt (§ 35 Abs. 2 Var. 1) und nicht für die bei der Meldung oder Offenlegung erfolgte Weitergabe der Information rechtlich verantwortlich gemacht werden kann. § 35 Abs. 2 setzt Art. 21 Abs. 2 und 7 der HinSch-RL um.[24]

42 Während § 35 Abs. 1 die Informationsbeschaffung betrifft, bezieht sich § 35 Abs. 2 auf die **Verwendung der Informationen durch Weitergabe** bei der Meldung oder Offenlegung. Die beiden Absätze beziehen sich deshalb auf unterschiedliche Phasen der Meldung oder Offenlegung und haben daher unterschiedliche Anknüpfungspunkte.

43 § 35 Abs. 2 ergänzt die speziellere Vorschrift des § 6 Abs. 1 und 2 (siehe dazu § 6 Rn. 2 ff.). Dadurch soll die hinweisgebende Person bei Vorliegen der Voraussetzungen umfassend vor einer Haftung aufgrund der Weitergabe der Informationen bei einer Meldung oder Offenlegung geschützt werden.[25] § 6 regelt, unter welchen Voraussetzungen die hinweisgebende Person nicht für Ver-

---

23 *Brobeil*, Die Auswirkungen der Richtlinie (EU) 2019/1937 auf Arbeitnehmer-Hinweisgeber, S. 190 ff., Erwägungsgrund 97 der RL (EU) 2019/1937; *Fest*, in: Franzen/Gallner/Oetker, EuArbRK, RL (EU) 2019/1937 Art. 21 Rn. 4.

24 Begr. RegE, BT-Drs. 20/3442 v. 19.9.2022, S. 94.

25 Begr. RegE, BT-Drs. 20/3442 v. 19.9.2022, S. 94.

letzungen von Geschäftsgeheimnissen oder bestimmten Verschwiegenheitsverpflichtungen verantwortlich gemacht werden kann. Sofern ein Geschäftsgeheimnis betroffen ist, scheidet die Anwendbarkeit des § 35 Abs. 2 als lex generalis von vornherein aus. § 35 Abs. 2 erfasst über § 6 Abs. 1 und Abs. 2 hinausgehende Haftungsfragen, beispielsweise Verstöße gegen das Urheberrecht, datenschutzrechtliche Vorschriften, § 186 StGB oder das allgemeine Persönlichkeitsrecht.[26]

2. Voraussetzungen des Haftungsausschlusses

a) Weitergabe oder Offenlegung der Informationen bei einer Meldung oder Offenlegung

§ 35 Abs. 2 schützt nur die vertrags- oder rechtswidrige Offenlegung oder Weitergabe von Informationen im Rahmen einer Meldung oder Offenlegung nach dem Hinweisgeberschutzgesetz. **44**

Die Erstattung einer Meldung an eine nach dem Hinweisgeberschutzgesetz eingerichtete Meldestelle oder die Vornahme einer zulässigen Offenlegung nach Maßgabe des § 32 ist im Übrigen bereits tatbestandlich durch die Eröffnung des Anwendungsbereichs vorausgesetzt (vgl. § 35 Abs. 2 i.V.m. § 33 Abs. 1 Nr. 1). **45**

Folglich sind hinweisgebende Personen nicht von der rechtlichen Verantwortlichkeit befreit, wenn sie Informationen **nicht „bei" der Meldung** weitergeben (§ 35 Abs. 2, siehe dazu Rn. 17ff.), Informationen **an eine nicht nach dem Hinweisgeberschutzgesetz eingerichtete Meldestelle** weitergeben (§ 3 Abs. 4) oder die Informationen in **unzulässiger Weise offenlegen** (§ 32). Letzteres ergibt sich zwar nicht unmittelbar aus dem Wortlaut und der Begriffsbestimmung der Offenlegung (§ 3 Abs. 5), folgt aber jedenfalls aus der Anwendungsbereichsvoraussetzung des § 33 Abs. 1 Nr. 1. Demzufolge greift der Haftungsausschluss des § 35 Abs. 2 beispielweise nicht, wenn die offenlegungsbeschränkte Information außerhalb der Meldung weitergegeben wird oder gegenüber einer Stelle außerhalb des Hinweisgeberschutzgesetzes gemeldet wird, beispielsweise dem Vorgesetzten oder dem Betriebsrat (siehe dazu auch § 33 Rn. 12ff.). **46**

Gleiches gilt für Meldungen oder Offenlegungen von **Verstößen außerhalb des sachlichen Anwendungsbereichs** des Hinweisgeberschutzgesetzes (§ 33 Abs. 1 Nr. 3 Var. 1). Bei strenger Wortlautanwendung findet der Haftungsausschluss auch nicht auf solche hinweisgebenden Personen Anwendung, deren gemeldeter Verstoß zwar nicht unter den sachlichen Anwendungsbereich des **47**

26 *Schmitt*, NZA-Beilage 2020, 50, 55.

Hinweisgeberschutzgesetzes fällt, die jedoch berechtigt annehmen durften, dass dies der Fall sei (§ 33 Abs. 1 Nr. 3 Var. 2). Der Wortlaut des § 35 Abs. 2 fordert eine Meldung und Offenlegung (§§ 3 Abs. 4 und 5). Entsprechend der Legaldefinition beider Begriffe erfassen Meldungen oder Offenlegungen jedoch nur Verstöße, die Vorschriften und Rechtsgebiete betreffen, die in den sachlichen Anwendungsbereich des § 2 fallen.[27]

48 Im Verhältnis Arbeitnehmer und Arbeitgeber könnte der Haftungsausschluss im Rahmen des § 35 Abs. 2 nach Treu und Glauben dennoch anwendbar sein (§ 242 BGB). Der Arbeitgeber kann aufgrund widersprüchlichen Verhaltens dem Haftungsausschluss des Arbeitnehmers nicht entgegenhalten, dass er sich an eine Meldestelle außerhalb des Hinweisgeberschutzgesetzes gewendet hat, wenn er im Vorfeld aufgrund seines Verhaltens **hinreichende Vertrauenstatbestände** dahingehend geschaffen hat, dass die gewählte Stelle zur Entgegennahme der internen Meldung im Sinne des Hinweisgeberschutzgesetzes zuständig ist, und die hinweisgebende Person hierauf eine Meldung vorgenommen hat (siehe dazu § 33 Rn. 22 ff.).[28]

b) Hinreichender Grund zur Annahme der Erforderlichkeit zur Aufdeckung eines Verstoßes

49 Darüber hinaus muss die hinweisgebende Person hinreichenden Grund zur Annahme gehabt haben, dass die Verletzung der Offenlegungsbeschränkung (Var. 1) oder die rechtswidrige Weitergabe der Informationen im Rahmen der Meldung oder Offenlegung (Var. 2) zur Aufdeckung eines Verstoßes erforderlich war.

50 Die Erforderlichkeit bezieht sich auf die Aufdeckung des gemeldeten oder offengelegten Verstoßes.[29]

---

27 Dies stellt der Gesetzgeber auch nochmals in der Begründung zum spezielleren § 6 ausdrücklich klar, nach dem die Verletzung von Geschäftsgeheimnissen nur dann geschützt wird, wenn sie erforderlich ist, um einen Verstoß im sachlichen Anwendungsbereich des Gesetzes aufdecken, vgl. Begr. RegE, BT-Drs. 20/3442 v. 19.9.2022, S. 71.

28 Vgl. *Grüneberg*, in: Grüneberg, BGB, § 242 Rn. 56.

29 Der Gesetzgeber verwendet zwar eine generalistische Formulierung, dass die Weitergabe der Information zur Aufdeckung „eines" Verstoßes erforderlich war. In der Gesetzesbegründung stellt er jedoch auf die Erforderlichkeit ab, „den" Verstoß aufzudecken, vgl. Begr. RegE, BT-Drs. 20/3442 v. 19.9.2022, S. 94. Im Übrigen verwendet der Gesetzgeber diese generalistische Formulierung an vielen anderen Stellen des Gesetzes, bei denen sich der Tatbestand offensichtlich auf eine konkrete Meldung bezieht (beispielsweise in § 1 Abs. 2, § 9 Abs. 2, 36 Abs. 2). Der Wortlaut des § 36 Abs. 2 Hs. 2 ist deshalb nicht dahingehend zu interpretieren, dass der Gesetzgeber hier auf eine abstrakte Eignung zur Aufdeckung abstellen wollte.

Die Erforderlichkeit der rechtswidrigen Offenlegung oder Weitergabe der Informationen bei der Meldung muss insbesondere auch dann gegeben sein, wenn die hinweisgebende Person wahre Informationen gemeldet oder offengelegt hat. **51**

§ 35 Abs. 2 normiert nach gesetzgeberischer Intention einen umfassenden Haftungstatbestand und ist daher gesamtheitlich zu lesen.[30] Daraus folgt, dass das Erforderlichkeitserfordernis sowohl für den Ausschluss der Verletzung einer Offenlegungsbeschränkung (Var. 1) als auch für den Haftungsausschluss hinsichtlich der Weitergabe der Informationen (Var. 2) gilt. **52**

aa) Gemischt objektiv-subjektive Beurteilung

Für die Beurteilung der hinreichenden Annahme der Erforderlichkeit der rechtswidrigen Offenlegung oder Weitergabe der Information zur Aufdeckung des Verstoßes verweist der Gesetzgeber in der Gesetzesbegründung auf seine Ausführungen zu § 33 Abs. 1 Nr. 2 (siehe § 33 Rn. 32 ff., 35 ff.). **53**

Daraus folgt zunächst, dass die Annahme der hinweisgebenden Person nach einem **gemischt objektiv-subjektiven Maßstab** zu beurteilen ist. Es kommt also nicht darauf an, ob die rechtswidrige Offenlegung oder Weitergabe der Informationen bei der Meldung oder Offenlegung objektiv erforderlich war, um den Verstoß tatsächlich aufzudecken. Entscheidend ist allein, ob die hinweisgebende Person **ex-ante aufgrund objektiver Anhaltspunkte**[31] davon ausgehen durfte, dass dies der Fall sei. An die Annahme der hinweisgebenden Person dürfen im Grundsatz **keine überhöhten Anforderungen** gestellt werden.[32] **54**

Aus dem Wortlaut des § 35 Abs. 2 geht nicht ausdrücklich hervor, zu welchem **Zeitpunkt** der hinreichende Grund zur Annahme zu beurteilen ist. Da die Norm an die Haftung der hinweisgebenden Person anknüpft, ist maßgeblicher Beurteilungszeitpunkt damit der Zeitpunkt der Vornahme derjenigen Handlung sein, die die Offenlegungsbeschränkung verletzt oder an den die Haftung aufgrund der Weitergabe der Information anknüpft. **55**

---

30 Vgl. Begr. RegE, BT-Drs. 20/3442 v. 19.9.2022, S. 94.

31 Die Begründung zu § 35 Abs. 2, der dasselbe Tatbestandsmerkmal enthält, verweist hinsichtlich der Anforderungen an den hinreichenden Grund zu der Annahme, dass die Meldung oder Offenlegung erforderlich war, auf die Begründung zu § 33 Abs. 1 Nr. 2 (vgl. Begr. RegE, BT-Drs. 20/3442 v. 19.9.2022, S. 92, 94).

32 Der Gesetzgeber verweist ausdrücklich auf seine Ausführungen zur Begründung des § 33 Abs. 1 Nr. 2, worin er festhält, dass in Bezug auf die Überprüfung des Hinweisgebers keine überhöhten Anforderungen zu stellen sind (vgl. Begr. RegE, BT-Drs. 20/3442 v. 19.9.2022, S. 94).

56 Darüber hinaus folgt unmittelbar aus dem Verweis auf die Ausführungen zu § 33 Abs. 1 Nr. 2, dass die hinweisgebende Person im Vorfeld der Verletzung von Offenlegungsbeschränkungen oder der rechtswidrigen Weitergabe **Verifizierungspflichten** treffen, die Erforderlichkeit der Verletzung der Offenlegungsbeschränkung oder rechtswidrigen Weitergabe der Information im Rahmen des Zumutbaren zu prüfen.[33]

57 Bezüglich der Einzelheiten wird auf die Ausführungen zu § 33 Rn. 49 ff. verwiesen.

bb) Erforderlichkeit zur Aufdeckung des Verstoßes

58 Der Gesetzgeber gibt keine klare Auskunft darüber, wann eine rechtswidrig offengelegte oder weitergeleitete Information **zur Aufdeckung des Verstoßes erforderlich** ist und die Annahme dahingehend als hinreichend begründet anzusehen ist. Anknüpfend an die Erwägungsgründe 91 und 97 der HinSch-RL stellt der Gesetzgeber fest, dass die rechtswidrige Offenlegung oder Weitergabe von **überflüssigen Informationen** nicht erforderlich ist.[34]

59 Im Rahmen des § 35 Abs. 2 treffen die hinweisgebende Person die **gleichen Anforderungen wie im Rahmen des § 6 Abs. 1 Nr. 1**, auch wenn der Wortlaut hier die Notwendigkeit (und nicht die Erforderlichkeit) der rechtswidrigen Weitergabe zur Aufdeckung des Verstoßes fordert. Die Begriffe der Erforderlichkeit und Notwendigkeit werden vom deutschen Gesetzgeber ausweislich der Begründung[35] des Hinweisgeberschutzgesetzes ersichtlich synonym verwendet. Die synonyme Begriffsverwendung ist auch in der HinSch-RL angelegt.[36] Es handelt sich damit offensichtlich um eine redaktionelle Ungenauigkeit des deutschen oder europäischen Gesetzgebers. Bezüglich der Einzelheiten wird deshalb auf die Ausführungen zu § 6 Rn. 21 ff. verwiesen.

60 Anders als in § 33 Abs. 1 Nr. 2, in dessen Rahmen lediglich objektiv hinreichende Gründe bezüglich der Wahrhaftigkeit der gemeldeten Informationen im Zeitpunkt der Meldungs- oder Offenlegungshandlung bestehen müssen, knüpft der Gesetzgeber im Rahmen des § 35 Abs. 2 HinSchG an die **Kausali-**

---

33 Der Gesetzgeber verweist ausdrücklich auf seine Ausführungen zur Begründung des § 33 Abs. 1 Nr. 2, in der er festhält, dass die Meldungs- oder Offenlegungshandlung nicht leichtfertig ohne Bemühen um Verifizierung erfolgen darf, sofern dieses Bemühen zumutbar ist (vgl. Begr. RegE, BT-Drs. 20/3442 v. 19.9.2022, S. 94).

34 Vgl. Begr. RegE, BT-Drs. 20/3442 v. 19.9.2022, S. 94.

35 Der deutsche Gesetzgeber verwendet sowohl in seiner Begründung zu § 35 Abs. 2 als auch in § 6 Abs. 2 den Begriff der Notwendigkeit zur Aufdeckung des Verstoßes synonym (vgl. Begr. RegE, BT-Drs. 20/3442 v. 19.9.2022, S. 71, 94).

36 *Colneric/Gerdemann*, Die Umsetzung der Whistleblower-Richtlinie in deutsches Recht, S. 58.

tät der rechtswidrig offengelegten oder weitergegebenen Information zur Aufdeckung des Verstoßes an („um“ den Verstoß aufzudecken). Es ist daher nicht ausreichend, wenn die hinweisgebende Person objektive Anhaltspunkte dafür hatte, dass die rechtswidrig offengelegten oder weitergegebenen Informationen zur Aufdeckung des Verstoßes lediglich beitragen werden. Vielmehr muss die hinweisgebende Person objektive Anhaltspunkte dafür gehabt haben, dass die Offenlegung oder Weitergabe der rechtlich geschützten Informationen kausal erforderlich war, um den Verstoß aufzudecken.

Bei der Prüfung der Erforderlichkeit ist die Meldung oder Offenlegung in die **61** einzelnen enthaltenen **Informationen aufzuspalten**. Dies folgt unmittelbar aus dem Wortlaut des § 35 Abs. 2 („sofern“) und wird durch den Gesetzgeber in seinen Ausführungen zu § 6 nochmals bestätigt. Hier führt der Gesetzgeber aus, dass die hinweisgebende Person bei der Beurteilung der Notwendigkeit der rechtswidrigen Offenlegung oder Weitergabe der Information nicht nur zu berücksichtigen hat, ob die rechtswidrige Offenlegung oder Weitergabe von Informationen überhaupt notwendig ist, sondern auch, **in welchem Umfang** diese erforderlich ist.[37]

Die Haftung für die rechtswidrige Weitergabe und Informationsbeschaffung **62** durch die hinweisgebende Person ist nach dem Wortlaut nur insoweit ausgeschlossen, als sie „zur Aufdeckung“ des Verstoßes erforderlich ist. Nach gesetzgeberischer Wertung ist es die originäre Aufgabe der internen oder externen Meldestelle, die Stichhaltigkeit der Meldung zu prüfen und Folgemaßnahmen zu ergreifen, um den stichhaltig gemeldeten Verdacht aufzuklären und bei Bedarf abzustellen.[38] Zur Aufdeckung des Verstoßes ist es daher gerade nicht erforderlich, dass die interne oder externe Meldestelle auf Basis (rechtswidrig) gemeldeter Informationen mit absoluter Gewissheit vom Vorliegen eines Verstoßes ausgeht. Daraus folgt, dass das **Maß der Erforderlichkeit rechtswidriger Informationsoffenlegung und -weitergabe** entsprechend der Aufgabenverteilung im Hinweisgeberschutzgesetz erreicht ist, wenn die (rechtswidrig) offengelegten oder weitergeleiteten Informationen derart stichhaltig sind, dass die interne oder externe Meldestelle Folgemaßnahmen gemäß § 18 oder § 29 ergreift.[39] Eine darüberhinausgehende Offenlegung oder Weitergabe von Informationen in rechtswidriger Art und Weise ist mit Blick auf den damit verbundenen Eingriff in die schutzwürdigen Rechtsgüter des Betroffenen nicht „zur

37 Begr. RegE, BT-Drs. 20/3442 v. 19.9.2022, S. 71; siehe dazu auch *Brobeil*, Die Auswirkungen der Richtlinie (EU) 2019/1937 auf Arbeitnehmer-Hinweisgeber, S. 182.

38 Vgl. §§ 17 Abs. 1 Nr. 4 und 6, 18 i.V.m. 3 Abs. 7 bzw. §§ 28 Abs. 2, 29 Abs. 1 i.V.m. 3 Abs. 7.

39 *Brobeil*, Die Auswirkungen der Richtlinie (EU) 2019/1937 auf Arbeitnehmer-Hinweisgeber, S. 182.

Aufdeckung" erforderlich und auch nicht schützenswert, da der gemeldete Sachverhalt auch ohne die rechtswidrige Offenlegung oder Weitergabe der Information aufgeklärt wird und die hinweisgebende Person umfassenden Hinweisgeberschutz genießt (§ 33 Abs. 1 Nr. 2 Var. 2, § 35 Abs. 2 Hs. 2). Die restriktive Auslegung ist aufgrund der berechtigten Interessen der Betroffenen und der Allgemeinheit, dass rechtswidrige Informationsoffenlegung und -weitergabe gesetzlich nur insoweit zulässig ist, wie sie tatsächlich erforderlich ist, geboten, insbesondere da § 35 Abs. 2 auch die strafrechtliche Verantwortung der hinweisgebenden Person ausschließt.[40]

63 Darüber hinaus ist die rechtswidrige Offenlegung oder Weitergabe einer Information nicht „erforderlich" und die Haftung dafür nicht ausgeschlossen, wenn sie zur Aufdeckung des Verstoßes im **Vergleich zu oder in einer Gesamtschau mit anderen zur Verfügung stehenden Informationen** für die Aufdeckung des Verstoßes überflüssig ist oder jedenfalls nicht oder nicht in vollem Umfang erforderlich ist, dass die interne oder externe Meldestelle Folgemaßnahmen ergreift (siehe Rn. 61).

64 Ergibt sich beispielsweise aus einer Gesamtschau, dass für das Ergreifen von Folgemaßnahmen zur Aufklärung des gemeldeten Verstoßes durch die interne oder externe Meldestelle ausgereicht hätte, dass die hinweisgebende Person bei ihrer Meldung lediglich solche Informationen offengelegt oder weitergegeben hätte, die keinen Offenlegungsbeschränkungen oder sonstigen haftungsrechtlich relevanten Einschränkungen unterliegen, ist die rechtswidrige Weitergabe von Informationen überflüssig und nicht vom Haftungsausschluss erfasst. Die hinweisgebende Person kann dem auch nicht entgegenhalten, dass die rechtswidrige Information im Vergleich zu den rechtmäßig weiterzugebenden Informationen zur Aufdeckung geeigneter war, da der Betroffene und die Allgemeinheit ein berechtigtes Interesse haben, dass rechtswidrige Informationsweitergabe nur soweit zulässig und geschützt ist, als sie tatsächlich erforderlich ist.

65 Im Hinblick auf die berechtigten Interessen des Betroffenen und der Allgemeinheit, vor rechtswidriger Weitergabe oder Offenlegung von Informationen in (straf-)rechtswidriger Weise geschützt zu werden, ist auch eine Abstufung bezüglich der Art und Weise der Weitergabe geboten. Die konkrete Weitergabe oder Offenlegung ist nicht schützenswert, wenn anstatt einer rechtswidrigen oder strafrechtswidrigen Weitergabe auch eine **rechtmäßige oder bloß vertragswidrige Weitergabe der in Rede stehenden Information möglich** gewesen wäre. Der umfassende Haftungsausschluss ist in einem solchen Fall ent-

40 *Brobeil*, Die Auswirkungen der Richtlinie (EU) 2019/1937 auf Arbeitnehmer-Hinweisgeber, S. 182.

sprechend teleologisch zu reduzieren, um die oben genannten Interessen entsprechend zu berücksichtigen.

3. Rechtsfolge

Sofern die offengelegte oder weitergeleitete Information zur Aufdeckung des Verstoßes erforderlich war oder die hinweisgebende Person jedenfalls hinreichende Gründe zur Annahme hatte, dass dies der Fall war, ist die Haftung der hinweisgebenden Person – über § 6 hinaus – umfassend ausgeschlossen. Konkret verletzt die hinweisgebende Person dadurch keine Offenlegungsbeschränkungen und kann rechtlich auch in sonstiger Weise nicht dafür verantwortlich gemacht werden. **66**

Anders als § 35 Abs. 1, schließt § 35 Abs. 2 auch die strafrechtliche Verantwortlichkeit der hinweisgebenden Person für die Offenlegung oder Weitergabe der Information bei der Meldung oder Offenlegung aus.[41] **67**

§ 6 ist lex specialis zu § 35 Abs. 2 und regelt die Haftung der hinweisgebenden Person nach dem Geschäftsgeheimnisgesetz oder die Meldung und Offenlegung von Informationen, die besonderen vertraglichen Verschwiegenheits- und Geheimhaltungspflichten unterliegen. Sofern die weitergeleitete Information vom Schutzbereich des § 6 HinSchG erfasst ist, richtet sich die Haftung ausschließlich danach. **68**

a) Keine Verletzung von Offenlegungsbeschränkungen

Bei Vorliegen der Voraussetzungen des § 35 Abs. 2 i.V.m. § 33 Abs. 1 verletzt die hinweisgebende Person durch ihre Meldung oder Offenlegung **keine Offenlegungsbeschränkungen**. Dies gilt unabhängig davon, ob sich die Offenlegungsbeschränkung aus einer vertraglichen Vereinbarung (z.B. Arbeitsvertrag) oder aus dem Gesetz (beispielsweise §§ 93 Abs. 1 Satz 3, 116 Satz 2 AktG) ergibt.[42] **69**

Das Hinweisgeberschutzgesetz nimmt dabei nicht, wie in der HinSch-RL in Art. 21 Abs. 1 i.V.m. Art. 3 Abs. 2 und 3 vorgesehen, die Weitergabe vorrangig geschützter Informationen von der Anwendung des umfassenden Haftungsausschlusses ausdrücklich aus.[43] Der fehlende Zusatz ist jedoch unschädlich, da der Verweis auf Richtlinienebene nur klarstellender Natur ist. Der **Vorrang der Sicherheitsinteressen sowie Verschwiegenheits- und Geheimhaltungspflichten** ist im deutschen Hinweisgeberschutzgesetz in der Bereichsausnah- **70**

---

41 Vgl. Begr. RegE, BT-Drs. 20/3442 v. 19.9.2022, S. 94.

42 Vgl. *Fest*, in: Franzen/Gallner/Oetker, EuArbRK, RL (EU) 2019/1937 Art. 21 Rn. 17.

43 Vgl. Begr. RegE, BT-Drs. 20/3442 v. 19.9.2022, S. 69; *Teichmann*, GA 2021, 527, 535.

me gemäß § 5 geregelt, mit der Folge, dass die betroffenen Meldungen oder Offenlegungen nicht vom Hinweisgeberschutzgesetz erfasst sind und demzufolge auch nicht vom Haftungsausschluss des § 35 Abs. 2.

b) Umfassender Haftungsausschluss

71 Bei Vorliegen der Voraussetzungen des § 35 Abs. 2 i.V.m. § 33 Abs. 1 normiert § 35 Abs. 2 einen über § 6[44] hinausgehenden **umfassenden Ausschluss der rechtlichen Verantwortlichkeit** einer hinweisgebenden Person für die rechtswidrige Weitergabe von Informationen bei einer Meldung oder Offenlegung.

72 Der Haftungsausschluss schließt neben der zivil- und verwaltungsrechtlichen Haftung auch die **strafrechtliche Verantwortung** der hinweisgebenden Person für die Weitergabe der Informationen einschließlich der dadurch entstandenen Schäden aus.[45]

73 Der Haftungsausschluss betrifft dabei nicht nur die Haftung der hinweisgebenden Person gegenüber dem Betroffenen, sondern auch **gegenüber Dritten** und auch außerhalb des beruflichen Kontextes (beispielsweise im Rahmen von Verleumdungsklagen oder etwaiger urheber- oder datenschutzrechtlicher Verstöße).[46]

74 Nicht erfasst von § 35 Abs. 2 ist die **Haftung der hinweisgebenden Person für die (rechtswidrige) Informationsbeschaffung**. Die Haftung der hinweisgebenden Person für die rechtswidrige Informationsbeschaffung richtet sich ausschließlich nach § 35 Abs. 1.

75 Anders als im Rahmen des § 35 Abs. 2 greift der Haftungsausschluss des § 35 Abs. 1 bei strafrechtlich relevanter Informationsbeschaffung nicht. Es kann daher Konstellationen geben, in denen die hinweisgebende Person zwar nicht für die Offenlegung oder Weitergabe der rechtswidrig beschafften Information haftet, aber für die strafbewehrte Informationsbeschaffung (siehe dazu Rn. 32).[47] Ersteres ist aber nur dann der Fall, wenn die Weitergabe der in strafbarer Weise erlangten Information tatsächlich erforderlich ist oder die hinweisgebende Person einen hinreichenden Grund zu der Annahme hatte, dass dies der Fall sei.

---

44 § 6 ist lex specialis zu § 35 Abs. 2 und betrifft die Haftung des Hinweisgebers im Rahmen des GeschGehG und besonderer vertraglicher Verpflichtungen. Siehe dazu § 6.

45 Vgl. Begr. RegE, BT-Drs. 20/3442 v. 19.9.2022, S. 94.

46 Erwägungsgrund 97 der HinSch-RL.

47 *Brobeil*, Die Auswirkungen der Richtlinie (EU) 2019/1937 auf Arbeitnehmer-Hinweisgeber, S. 236; *Fest*, in: Franzen/Gallner/Oetker, EuArbRK, RL (EU) 2019/1937 Art. 21 Rn. 13.

76 Im Hinblick auf die **Reichweite des Haftungsausschlusses** bezieht sich der Wortlaut ausdrücklich nur auf die bei einer Meldung oder Offenlegung erfolgte Weitergabe von Informationen. Dies steht in gewisser Weise mit dem Wortlaut der HinSch-RL in Konflikt, wonach die hinweisgebende Person für die Meldung oder Offenlegung an sich in keiner Weise haftbar gemacht werden soll (Art. 21 Abs. 4 der HinSch-RL). Ein unmittelbarer Anspruch der hinweisgebenden Person aus Art. 21 Abs. 4 der HinSch-RL scheitert an der erfolgten Umsetzung durch den deutschen Gesetzgeber. Die Gesetzesbegründung indiziert, dass der Gesetzgeber die Haftung im Rahmen des § 35 Abs. 2 auch bewusst auf die Offenlegung oder Weitergabe beschränkt hat. Die Beschränkung des Haftungsausschlusses durch den deutschen Gesetzgeber ist überzeugend, denn der Tatbestand des Art. 21 Abs. 4 der HinSch-RL ist zu unbestimmt und unbillig weit gefasst. Eine Erweiterung des Haftungsausschlusses bezüglich aller sonstigen Handlungen und Unterlassungen, die mit der Meldung in sachlich funktionalem Zusammenhang stehen und für die Aufdeckung des Verstoßes erforderlich sind, dürfte sich deshalb auch nicht aus einer europarechtskonformen Auslegung ergeben. Ein derart weiter Haftungsausschluss ist weder mit Blick auf den Telos der Norm zwingend erforderlich, noch aufgrund der berechtigten Interessen des Betroffenen und der Allgemeinheit, vor (straf-)rechtswidriger Weitergabe von Informationen geschützt zu werden, geboten.

4. Darlegungs- und Beweislast

77 Anders als § 35 Abs. 1 normiert § 35 Abs. 2 keine Beweislastumkehr. Insbesondere wird die Erforderlichkeit der Information zur Aufdeckung des Verstoßes nicht vermutet. Die Darlegungs- und Beweislast richtet sich daher nach allgemeinen Grundsätzen.[48] Auch die Beweislastumkehr nach § 36 Abs. 2 greift tatbestandlich im Rahmen des § 35 Abs. 2 nicht ein, da sie nur im Rahmen einer benachteiligenden Maßnahme eingreift, wenn die hinweisgebende Person geltend macht, diese Benachteiligung infolge einer Meldung oder Offenlegung nach diesem Gesetz erlitten zu haben.[49]

78 Die hinweisgebende Person hat konkret anhand tatsächlicher Anhaltspunkte zur Überzeugung des Gerichts darzulegen und zu beweisen, dass ein hinreichender Grund für die Annahme vorlag, dass die Offenlegung oder Weitergabe der in Rede stehenden Information erforderlich war, um den Verstoß aufzudecken. Dabei erstreckt sich die Darlegungs- und Beweislast der hinweisgeben-

48 *Brobeil*, Die Auswirkungen der Richtlinie (EU) 2019/1937 auf Arbeitnehmer-Hinweisgeber, S. 256, 257.

49 *Brobeil*, Die Auswirkungen der Richtlinie (EU) 2019/1937 auf Arbeitnehmer-Hinweisgeber, S. 253.

den Person insbesondere auch auf einen Kausalzusammenhang zwischen der Offenlegung oder Weitergabe der Information und der Aufdeckung des Verstoßes.

79 Die Gegenpartei kann den Vortrag der hinweisgebenden Person dadurch entkräften, indem sie substantiiert darlegt und gegebenenfalls beweist, dass die interne oder externe Meldestelle auch ohne die rechtswidrige Weitergabe oder bei eingeschränkter Weitergabe dieser Informationen Folgemaßnahmen ergriffen hätte oder die Weitergabe der Information auch auf andere (nicht rechtswidrige) Art und Weise ebenfalls möglich gewesen wäre, sodass die erfolgte rechtswidrige Offenlegung oder Weitergabe nicht erforderlich war.

§ 36 Verbot von Repressalien; Beweislastumkehr

(1) Gegen hinweisgebende Personen gerichtete Repressalien sind verboten. Das gilt auch für die Androhung und den Versuch, Repressalien auszuüben.

(2) Erleidet eine hinweisgebende Person eine Benachteiligung im Zusammenhang mit ihrer beruflichen Tätigkeit und macht sie geltend, diese Benachteiligung infolge einer Meldung oder Offenlegung nach diesem Gesetz erlitten zu haben, so wird vermutet, dass diese Benachteiligung eine Repressalie ist für diese Meldung oder Offenlegung ist. In diesem Fall hat die Person, die die hinweisgebende Person benachteiligt hat, zu beweisen, dass die Benachteiligung auf hinreichend gerechtfertigten Gründen basierte oder dass sie nicht auf der Meldung oder Offenlegung beruhte.

Schrifttum: *Baade/Hößl*, Arbeits- und compliancerechtlicher Handlungsbedarf unter dem neuen Hinweisgeberschutzgesetz (Teil II), DStR 2023, 1265; *Bayreuther*, Whistleblowing und das neue Hinweisgeberschutzgesetz, NZA-Beilage 2022, 20; *Dilling*, Cat's Gold-Plating – Der neue Referentenentwurf zum Hinweisgeberschutzgesetz, CCZ 2022, 145; *Dzida/Seibt*, Neues Hinweisgeberschutzgesetz: Analyse und Antworten auf Praxisfragen, NZA 2023, 657; *Gerdemann*, Referentenentwurf für ein deutsches Hinweisgeberschutzgesetz, ZRP 2021, 37; *Rolfs/Giesen/Meßling/Udsching* (Hrsg.), Beck'scher Online-Kommentar zum Arbeitsrecht, 68. Edition, Stand: 2.7.2023; *Steinhauser/Saalwächter-Hirsch/Trouvain*, Das deutsche Hinweisgeberschutzgesetz – Was lange währt, wird endlich gut?, ESG 2023, 9; *Thüsing/Musiol/Peisker*, Die Umsetzung der Hinweisgeberschutzrichtlinie. Ein Stück in drei Akten?, ZGI 2023, 63; *Zimmer/Schwung*, Hilfe für Hinweisgeber – Beweislastumkehr nach § 36 II HinSchG-RegE, NZA 2022, 1167.

Übersicht

Rn.

I. Überblick . . . 1
II. Repressalienverbot (Abs. 1) . . . 3
  1. Schutzzweck . . . 3
  2. Begriff der Repressalie . . . 4
    a) Benachteiligung . . . 5
    b) Kausalzusammenhang zwischen Benachteiligung und Meldung oder Offenlegung . . . 7
    c) Rechtfertigung . . . 8
  3. Rechtsfolge . . . 11
  4. Verhältnis zum Maßregelungsverbot gemäß § 612a BGB . . . 14
III. Beweislastumkehr (Abs. 2) . . . 15
  1. Schutzzweck . . . 16
  2. Voraussetzungen für die Anwendbarkeit des Repressalienverbots und das Vorliegen einer Benachteiligung . . . 17
  3. Widerlegung der Vermutung . . . 23
IV. Flucht ins Whistleblowing . . . 27

I. Überblick

1 Liegen die Voraussetzungen des § 33 HinSchG vor, besteht gemäß § 36 Abs. 1 HinSchG ein umfassendes Repressalienverbot. Demnach ist es untersagt, Repressalien gegen hinweisgebende Personen zu ergreifen (Satz 1), Repressalien anzudrohen, oder zu versuchen, Repressalien auszuüben (Satz 2). Bedeutung wird das Verbot voraussichtlich vor allem in Arbeitsverhältnissen erlangen, da insbesondere dort durch die auf Dauer angelegte Zusammenarbeit und das Hierarchieverhältnis die Möglichkeit besteht, hinweisgebende Personen zu benachteiligen.

2 Flankiert wird das Repressalienverbot durch eine in Abs. 2 des § 36 HinSchG vorgesehene Vermutungsregelung. Macht die hinweisgebende Person geltend, infolge ihrer Meldung oder Offenlegung eine Benachteiligung erlitten zu haben, muss die Person, die die benachteiligende Maßnahme ergriffen hat, darlegen und ggf. auch beweisen, dass die benachteiligende Maßnahme entweder gerechtfertigt war oder nicht in einem kausalen Zusammenhang zu der Meldung oder Offenlegung stand.

II. Repressalienverbot (Abs. 1)

1. Schutzzweck

3 Das Repressalienverbot ist eine der zentralen Regelungen des Hinweisgeberschutzgesetzes und ist bereits in Art. 19 der HinSch-RL angelegt. Der europäische Gesetzgeber befürchtete, dass Hinweisgeber durch das Risiko der Ergreifung von Repressalien von Meldungen absehen würden.[1] Das Repressalienverbot bezieht sich dabei nicht nur auf das Arbeitsverhältnis, sondern trifft auch Dienstberechtigte oder Auftraggeber. Es ist allerdings davon auszugehen, dass das Repressalienverbot insbesondere für hinweisgebende Arbeitnehmer die größte Bedeutung erlangt.[2] Ob das Repressalienverbot in diesem Zusammenhang allerdings die tatsächlich erwünschte Wirkung zeigen wird, ist abzuwarten. Umfragen aus der Vergangenheit lassen bisher nicht darauf schließen, dass Meldungen aufgrund einer befürchteten Repressalie unterbleiben.[3]

---

1 Erwägungsgrund 88 der HinSch-RL.

2 *Dzida/Seibt*, NZA 2023, 657, 664.

3 Laut einer Umfrage der Kanzlei Freshfields Bruckhaus Deringer ist bei jüngeren Mitarbeitern die Bereitschaft, Meldung zu erstatten, am höchsten, obwohl jüngere Mitarbeiter am ehesten Repressalien fürchten, Freshfields Whistleblowing Survey 2020, S. 7; auch im Jahr 2023 war die Bereitschaft zu Meldungen unter den jüngeren Mitarbeitern am höchsten, Freshfields Whistleblowing Survey 2023, S. 4.

2. Begriff der Repressalie

Der Begriff der Repressalie ist in § 3 Abs. 6 HinSchG legaldefiniert (vgl. § 3 Rn. 9). Demnach ist eine Repressalie (i) jede mögliche Benachteiligung der hinweisgebenden Person im Zusammenhang mit der beruflichen Tätigkeit, (ii) die in einem Kausalzusammenhang zu der Meldung oder Offenlegung steht, und (iii) nicht gerechtfertigt ist. 4

a) Benachteiligung

Die Benachteiligung kann in einer Vielzahl von Verhaltensweisen liegen, die anders als in Art. 19 der HinSch-RL im Hinweisgeberschutzgesetz nicht abschließend aufgeführt werden.[4] Unter den Begriff fallen nicht nur unmittelbare Benachteiligungen wie insbesondere der Ausspruch von Kündigungen oder Abmahnungen, sondern auch mittelbare Benachteiligungen wie das Übergehen der hinweisgebenden Person bei Begünstigungen, beispielsweise einer Beförderung oder einer Gehaltserhöhung. 5

Die Förderung oder Duldung von benachteiligenden Maßnahmen kann in bestimmten Fällen ebenfalls eine Benachteiligung darstellen. Arbeitgeber können daher verpflichtet sein, hinweisgebende Arbeitnehmer vor benachteiligendem Verhalten von Kollegen zu schützen (vgl. § 37 Rn. 5 f.). 6

b) Kausalzusammenhang zwischen Benachteiligung und Meldung oder Offenlegung

Die Benachteiligung muss eine Reaktion auf die Meldung sein, d. h. dass insbesondere die Entscheidung in Kenntnis der Meldung oder Offenlegung der hinweisgebenden Person erfolgt sein muss. Dies setzt auch über das ohnehin nach § 8 Abs. 1 HinSchG bestehende Vertraulichkeitsgebot den Anreiz, die Identität von hinweisgebenden Personen nur einem eingeschränkten Kreis von Personen offenzulegen.[5] Ferner empfiehlt es sich für Arbeitgeber, Personalentscheidungen in Abteilungen, in denen hinweisgebende Personen tätig sind, unter einen Zustimmungsvorbehalt zu stellen. Die Zustimmungsvorbehalte sollten dabei weit ausgestaltet sein, da auch mittelbare Benachteiligungen (bspw. das Übergehen bei einer Gehaltserhöhung, einer Beförderung oder einer Fortbildungsmaßnahme) eine Repressalie darstellen können. 7

---

4 Kritisch hierzu *Dilling*, CCZ 2022, 145, 150; *Gerdemann*, ZRP 2021, 37, 38.

5 *Dzida/Seibt*, NZA 2023, 657, 664; vgl. zur fehlenden Kausalität in diesem Fall auch: *Bayreuther*, NZA-Beil. 2022, 20, 27.

c) Rechtfertigung

8 Eine Benachteiligung ist keine Repressalie, wenn sie gerechtfertigt ist. Das Gesetz beinhaltet anders als etwa in § 1 KSchG keine Konkretisierung der möglichen Rechtsfertigungsgründe. Nach der Gesetzesbegründung kann ein hinreichend gerechtfertigter Grund vorliegen, wenn die Benachteiligung in erster Linie aus anderen, objektiv nachvollziehbaren Gründen erfolgt. Diese Gründe können beispielsweise betriebs- oder verhaltensbedingt sein. Denkbar wäre, dass ein Arbeitnehmer unter anderem eigenes Fehlverhalten meldet und der Arbeitgeber dieses Fehlverhalten abmahnt oder dass eine Meldung zu einer Umstrukturierung führt und auch der hinweisgebende Arbeitnehmer versetzt wird.[6] Arbeitgeber sollten die Gründe für arbeitsrechtliche Maßnahmen in Bezug auf hinweisgebende Personen daher hinreichend dokumentieren, um sich zu einem späteren Zeitpunkt nicht angreifbar zu machen. Die Kritik, dass die mögliche Ahndung arbeitsvertraglicher Pflichtverletzungen Täter von einer Meldung abschrecken könnte, ist zurückzuweisen.[7] Vielmehr wäre es mit Blick auf die Compliance eines Unternehmens fragwürdig, wenn arbeitsvertragliche Pflichtverletzungen, die unter anderem auch strafrechtlichen Bezug haben können, bei eigener Meldung ahndungsfrei bleiben könnten. Die notwendige Kooperation einer Person aus dem „Täterkreis“ kann durch sog. Kronzeugen- bzw. Kooperationsvereinbarungen erreicht werden. Kronzeugen- bzw. Kooperationsvereinbarungen sind zumeist auch besser dazu geeignet, eine fortwährende Kooperation der hinweisgebenden Person während der internen Untersuchung sicherzustellen. Es ist insofern auch nicht ausgeschlossen, dass die hinweisgebende Person auf Grundlage der Kronzeugen- bzw. Kooperationsvereinbarung gegen arbeitsrechtliche Maßnahmen geschützt ist. Der Schutz kann in entsprechenden Kronzeugen- bzw. Kooperationsvereinbarungen passgenauer vereinbart werden und bspw. den Ausschluss von Kündigungen oder Schadensersatzansprüchen beinhalten. Im Übrigen ist auch ohne gesonderte Vereinbarung die Meldung bzw. Offenlegung der hinweisgebenden Person bei Ergreifung von arbeitsrechtlichen Maßnahmen im Rahmen der Interessenabwägung zu beachten.[8]

9 Es wird teilweise angenommen, dass dem Merkmal der Ungerechtfertigtheit in § 36 Abs. 1 HinSchG keine eigenständige Bedeutung zukomme.[9] Benachteili-

6 Der deutsche Gesetzgeber hat mittelbar klargestellt, dass die hinweisgebende Person durch die Meldung oder Offenlegung nicht vor arbeitsrechtlichen Maßnahmen geschützt ist, die das eigene, gemeldete Fehlverhalten betreffen, RegE zum HinSchG vom 19.9.2022, BT-Drs. 20/3442, S. 96.

7 *Zimmer/Schwung*, NZA 2022, 1167, 1168.

8 Wohl auch: *Bayreuther*, NZA-Beil. 2022, 20, 28.

9 *Thüsing/Musiol/Peisker*, ZGI 2023, 63, 66.

gende Maßnahmen seien aus sich heraus unzulässig. Bei einer Benachteiligung aus anderen Gründen bestünde daher bereits keine Kausalität zwischen Benachteiligung und Meldung oder Offenlegung. Vertreter dieser Auffassung müssen den Begriff der Kausalität allerdings sehr eng auslegen. Eine Benachteiligung kann durchaus eine Reaktion auf eine Meldung oder Offenlegung sein und dennoch aus anderen, objektiv nachvollziehbaren Gründen erfolgt sein.[10]

Das Hinweisgeberschutzgesetz enthält anders als das AGG keine Regelung zum Umgang mit Motivbündeln.[11] Es ist demnach rechtlich nicht geklärt, ob eine Benachteiligung auch dann gerechtfertigt ist, wenn die Meldung oder Offenlegung nicht der tragende Grund für die Benachteiligung war, aber in die Entscheidung zur Ergreifung der benachteiligenden Maßnahmen eingeflossen ist. Die Gesetzesbegründung kann so verstanden werden, dass ein Motivbündel unschädlich sein kann, sprich keinen zwingenden Verstoß gegen das Repressalienverbot begründet. Ein hinreichend gerechtfertigter Grund liege nämlich dann vor, wenn die benachteiligende Maßnahme „in erster Linie“ aus anderen, objektiv nachvollziehbaren Gründen erfolge.[12] Die Erwägungsgründe der HinSch-RL sind im Gegensatz dazu strenger formuliert. Demnach dürfe die Benachteiligung „in keiner Weise“ mit der erfolgten Meldung oder Offenlegung in Verbindung stehen.[13] Dies ist mit Blick auf den Sinn und Zweck des Repressalienverbots auch unterstützenswert. Das Repressalienverbot soll die Rechtssicherheit potenzieller Hinweisgeber erhöhen. Dem stünde eine Benachteiligung von Hinweisgebern entgegen, die zumindest auch auf der Meldung oder Offenlegung beruht.[14] Praktische Relevanz wird diese Unterscheidung aber selten haben, da es der benachteiligenden Person im Zweifel nicht gelingen wird, darzulegen und ggf. zu beweisen, dass die Meldung oder Offenlegung nicht der tragende Grund für die Benachteiligung war (zur Darlegungs- und Beweislast sogleich, Rn. 15 ff.). **10**

3. Rechtsfolge

Vorsätzliche Verstöße gegen das Repressalienverbot können nach § 40 Abs. 2 Nr. 3 HinSchG mit einem Bußgeld von bis zu 50.000 EUR geahndet werden. **11**

---

10 Meldet eine hinweisgebende Person beispielsweise eine eigene arbeitsvertragliche Pflichtverletzung, stellt eine Abmahnung eine Reaktion auf die Meldung dar, wenngleich sie durch die arbeitsvertragliche Pflichtverletzung der hinweisgebenden Person objektiv gerechtfertigt ist.

11 *Gerdemann*, ZRP 2021, 37, 38.

12 RegE zum HinSchG vom 19.9.2022, BT-Drs. 20/3442, S. 96.

13 Erwägungsgrund 93 der HinSch-RL.

14 *Thüsing/Musiol/Peisker*, ZGI 2023, 63, 66.

Die hinweisgebende Person kann zudem die ihr entstandenen Schäden nach § 37 HinSchG ersetzt verlangen.

12 Die gegen das Repressalienverbot verstoßenden Rechtsgeschäfte sind nach § 134 BGB nichtig. In der Praxis wird dies insbesondere den Ausspruch von Kündigungen des Arbeitsverhältnisses betreffen, wobei aber auch hier durch die hinweisgebende Person die Klagefrist des § 4 Satz 1 KSchG einzuhalten ist. Auch Versetzungen oder anderweitige Weisungen sind für Arbeitnehmer bei Verstoß gegen das Repressalienverbot unverbindlich. Allerdings besteht hier das Risiko für den Arbeitnehmer, dass er bei Verweigerung der Befolgung der Weisung die Kündigung des Arbeitsverhältnisses riskiert, sollte die Weisung nicht gegen das Repressalienverbot verstoßen.

13 Bei anhaltenden Verstößen gegen das Repressalienverbot kann die hinweisgebende Person Unterlassung verlangen.

4. Verhältnis zum Maßregelungsverbot gemäß § 612a BGB

14 Bereits vor Inkrafttreten des HinSchG waren hinweisgebende Personen nach § 612a BGB im Rahmen eines Arbeitsverhältnisses vor Maßregelungen durch den Arbeitgeber geschützt. Das Maßregelungsverbot wird durch das Repressalienverbot nicht verdrängt. Die Vorschriften finden nebeneinander Anwendung. Allerdings wird dem Maßregelungsverbot im Anwendungsbereich des Repressalienverbots und der zugehörigen Beweislastumkehr nach § 37 Abs. 2 HinSchG kaum praktische Bedeutung verbleiben.

III. Beweislastumkehr (Abs. 2)

15 Praktische Bedeutung erlangt das Repressalienverbot insbesondere durch die in § 36 Abs. 2 HinSchG vorgesehene Beweiserleichterung in Form einer Kausalitätsvermutung (§ 292 Satz 1 ZPO). Demnach muss nicht die hinweisgebende Person darlegen und beweisen, dass es sich bei einer benachteiligenden Maßnahme um eine Repressalie handelte, sondern die Person, die die hinweisgebende Person benachteiligt, muss beweisen, dass entweder kein Kausalzusammenhang zwischen der benachteiligenden Maßnahme und Meldung oder Offenlegung bestand oder die Maßnahme auf hinreichend gerechtfertigten Gründen beruht. Die hinweisgebende Person trifft dagegen die Darlegungs- und Beweislast für das Vorliegen der für die Anwendbarkeit des Repressalienverbots notwendigen Voraussetzungen sowie des Vorliegens einer Benachteiligung im Zusammenhang mit der beruflichen Tätigkeit.

1. Schutzzweck

16 Die Beweislastumkehr erleichtert der hinweisgebenden Person die Durchsetzung ihrer Rechte. Das bestehende Informationsgefälle zwischen der hinweisgebenden und der benachteiligenden Person über den Hintergrund und die Gründe für die Benachteiligung wird ausgeglichen.

2. Voraussetzungen für die Anwendbarkeit des Repressalienverbots und das Vorliegen einer Benachteiligung

17 Die hinweisgebende Person trägt die Darlegungs- und Beweislast für das Vorliegen der Voraussetzungen der Anwendbarkeit des Repressalienverbots.[15] D.h. die hinweisgebende Person muss das Vorliegen der Voraussetzungen nach § 33 HinSchG darlegen und ggf. beweisen.

18 Die hinweisgebende Person muss zunächst darlegen und ggf. beweisen, dass eine Meldung an die internen oder externen Meldestellen erfolgte oder im Rahmen einer Offenlegung die Voraussetzung nach § 32 HinSchG vorliegen. Gerade diese Voraussetzung wird in der Praxis bei Arbeitnehmern häufig nicht erfüllt sein. Hinweisgebende Arbeitnehmer wenden sich nicht selten an Vorgesetzte, den Betriebsrat oder anderweitige Vertrauenspersonen, sodass die interne Meldestelle häufig nicht oder erst zu einem späteren Zeitpunkt einbezogen wird. Bei einer späteren Einbeziehung der Meldestelle stellt sich die Frage, ob die hinweisgebende Person dennoch nach den §§ 33 ff. HinSchG geschützt wird. Sofern die Information in diesem Fall noch nicht öffentlich verfügbar ist, wird dies wahrscheinlich der Fall sein, da § 17 HinSchG nicht voraussetzt, dass sich die hinweisgebende Person ausschließlich an die Meldestelle gewendet haben muss.

19 Personen, die sich im Rahmen einer internen Untersuchung an der Aufklärung des Sachverhalts beispielsweise im Rahmen von Befragungen durch Unternehmen beteiligen, werden ebenfalls nicht darlegen können, sich als hinweisgebende Person an eine Meldestelle gewandt zu haben. Vielfach wird den Gesprächspartnern vor Beginn der Befragung aber zugesagt werden, dass die Beteiligung an der internen Untersuchung keine negativen Folgen haben wird. In der Praxis wird darauf zu achten sein, arbeitsrechtliche Maßnahmen nur in Bezug auf das Verhalten in der Befragung auszuschließen, nicht aber auf die der Befragung zugrunde liegenden potenziellen arbeitsvertraglichen Pflichtverletzungen.

20 Die hinweisgebende Person muss ebenfalls darlegen und ggf. beweisen, dass sie zum Zeitpunkt der Meldung oder Offenlegung hinreichenden Grund zu der

15 *Bayreuther*, NZA-Beil. 2022, 20, 27.

Annahme hatte, dass die von ihr gemeldete oder offengelegte Information der Wahrheit entsprach. Die Gerichte werden hier im Zweifel der Maßgabe des Gesetzgebers folgen und keine erhöhten Anforderungen an die Darlegung dieser Tatsache stellen (vgl. auch § 33 Rn. 53).

21 Die Meldung der hinweisgebenden Person muss einen Verstoß betreffen, der in den Anwendungsbereich des HinSchG fällt. Auch dies schränkt den Anwendungsbereich des Repressalienverbots erheblich ein (vgl. auch § 33 Rn. 69). Nicht selten unterscheiden die internen Richtlinien der Unternehmen zur Meldung von Verstößen aber nicht zwischen den verschiedenen Verstößen. Sollte in internen Richtlinien generell auf das bestehende Repressalienverbot nebst Beweislastumkehr nach § 36 HinSchG verwiesen werden, kann sich die hinweisgebende Person gegenüber dem Unternehmen vertraglich auf den Schutz des § 36 HinSchG berufen. Das Repressalienverbot gilt in diesem Fall allerdings nur zwischen den Vertragspartnern, nicht aber gegenüber Dritten.

22 Die hinweisgebende Person muss zuletzt eine Benachteiligung im Zusammenhang mit ihrer beruflichen Tätigkeit darlegen und ggf. beweisen. Es ist davon auszugehen, dass die Rechtsprechung an die Darlegung der Benachteiligung keine hohen Anforderungen stellen wird. Andernfalls würde die Entscheidung des Gesetzgebers zur Beweislastumkehr unterlaufen. Offensichtlich ist die Benachteiligung bei unmittelbaren nachteilhaften Maßnahmen, wie beispielsweise der Ausspruch einer Kündigung oder Erteilung einer Abmahnung. Schwieriger sind die Fälle der mittelbaren Benachteiligung, wie beispielsweise der Beförderung eines Kollegen, der Versagung einer Fortbildung oder auch unterschiedlicher Bonushöhen. Für die Entfristung eines befristeten Vertrags stellt Art. 19 der HinSch-RL klar, dass eine Benachteiligung nur in Fällen vorliegt, in denen der Arbeitnehmer zu Recht erwarten durfte, einen unbefristeten Arbeitsvertrag angeboten zu bekommen. Nichts anderes dürfte daher in vergleichbaren Fällen der mittelbaren Benachteiligung gelten.[16] Die hinweisgebende Person hat daher darzulegen und ggf. zu beweisen, dass sie die positive Maßnahme erwarten durfte.

3. Widerlegung der Vermutung

23 Die benachteiligende Person kann die Vermutung nach Abs. 2 Satz 2 widerlegen, wenn sie beweist, dass die Meldung oder Offenlegung nicht kausal für das Ergreifen der Maßnahme oder die Benachteiligung auf hinreichend gerechtfertigten Gründen basierte. Kann sie dies nicht zur Überzeugung des Gerichts vorbringen, steht fest, dass die benachteiligende Person gegen das Repressalienverbot verstoßen hat.

---

16 Wohl auch: *Steinhauser/Saalwächter-Hirsch/Trouvain*, ESG 2023, 9, 12.

24 Das Gericht wird im Rahmen der Beweiswürdigung auch Begleitumstände der Meldung bzw. Offenlegung einzubeziehen haben.[17] Betrifft die Meldung nur einen geringfügigen Verstoß oder hat die benachteiligende Person den gemeldeten Verstoß aufgeklärt und geahndet, kann dies neben anderen Tatsachen gegen einen Verstoß gegen das Repressalienverbot sprechen. Insofern ist es in der Praxis nicht selten, dass hinweisgebende Personen nach Abschluss einer internen Untersuchung gegen den Beschäftigungsgeber vorgehen, da sie die nach der internen Untersuchung ergriffenen Maßnahmen nicht als ausreichend ansehen (siehe dazu auch § 37 Rn. 6).

25 Im Rahmen des Gesetzgebungsverfahrens wurde vielfach kritisiert, dass die Beweislastumkehr zeitlich unbeschränkt gilt. Eine hinweisgebende Person kann daher auch nach einem längeren Zeitablauf geltend machen, dass eine benachteiligende Maßnahme auf einer Meldung oder Offenlegung beruht. Für eine analoge Anwendung der Löschungsfrist von drei Jahren nach § 11 Abs. 5 HinSchG[18] fehlt es an der erforderlichen planwidrigen Regelungslücke. Ein Gericht wird den langen Zeitablauf zwischen Meldung oder Offenlegung und benachteiligender Maßnahme allerdings als Indiz für eine fehlende Kausalität zwischen Benachteiligung und Meldung oder Offenlegung einzubeziehen haben.[19]

26 Eine verbotene Benachteiligung kann im Übrigen auch dann widerlegt werden, wenn die hinweisgebende Person eigenes Fehlverhalten gemeldet hat und dieses im erforderlichen und angemessenen Maß geahndet wird (siehe dazu auch bereits Rn. 8). Die hinweisgebende Person kann sich folglich durch eine Meldung nicht vor der Ahndung eigenen Fehlverhaltens schützen, wenngleich im Rahmen einer Ermessensentscheidung die Meldung zugunsten der hinweisgebenden Person einzubeziehen ist.

IV. Flucht ins Whistleblowing

27 Vielfach wird auf das Risiko aufmerksam gemacht, dass sich hinweisgebende Personen durch eine rechtzeitige Meldung oder Offenlegung vor nachteilhaften Maßnahmen schützen wollen. Querulantische Arbeitnehmer könnten sich insofern ins Whistleblowing flüchten. Durch die hohen Voraussetzungen des § 33 HinSchG, vor allem die Beschränkung auf Verstöße, die in den Anwendungsbereich des Gesetzes fallen, wird dieses Risiko aber voraussichtlich auf Fälle begrenzt sein, in denen interne Richtlinien in Unternehmen hinsichtlich

17 *Bayreuther*, NZA-Beil. 2022, 20, 28.
18 *Bayreuther*, NZA-Beil. 2022, 20, 28; wohl auch *Bruns*, in: Rolfs/Giesen/Meßling/Udsching, BeckOK Arbeitsrecht, § 36 HinSchG Rn. 12.
19 *Baade/Hößl*, DStR 2023, 1265, 1269; *Zimmer/Schwung*, NZA 2022, 1167, 1169.

der möglichen Gegenstände der Meldung („unangemessenes Verhalten") sowie der möglichen Personen, gegenüber denen Meldungen erfolgen können (bspw. auch gegenüber Vorgesetzten oder dem Betriebsrat), ausufernd formuliert sind.

§ 37 Schadensersatz nach Repressalien

(1) Bei einem Verstoß gegen das Verbot von Repressalien ist der Verursacher verpflichtet, der hinweisgebenden Person den daraus entstehenden Schaden zu ersetzen.

(2) Ein Verstoß gegen das Verbot von Repressalien begründet keinen Anspruch auf Begründung eines Beschäftigungsverhältnisses, eines Berufsausbildungsverhältnisses oder eines anderen Vertragsverhältnisses oder auf einen beruflichen Aufstieg.

Schrifttum: *Baade/Hößl*, Arbeits- und compliancerechtlicher Handlungsbedarf unter dem neuen Hinweisgeberschutzgesetz (Teil II), DStR 2023, 1265; *Bayreuther*, Whistleblowing und das neue Hinweisgeberschutzgesetz, NZA-Beilage 2022, 20; *Colneric/Gerdemann*, Die Umsetzung der Whistleblower-Richtlinie in deutsches Recht, 2020; *Dilling*, Cat's Gold-Plating – Der neue Referentenentwurf zum Hinweisgeberschutzgesetz, CCZ 2022, 145; *Dohrmann*, Die geplante Umsetzung der EU-Whistleblowing-Richtlinie, aus arbeitsrechtlicher Sicht, RdA 2021, 326; *Gerdemann*, Referentenentwurf für ein deutsches Hinweisgeberschutzgesetz, ZRP 2021, 37; *Hau/Poseck*, Beck'scher Online-Kommentar BGB, 67. Edition, Stand: 1.8.2023; *Hey/Forst*, AGG – Allgemeines Gleichbehandlungsgesetz, 2. Aufl. 2015; *Rolfs/Giesen/Meßling/Udsching*, Beck'scher Online-Kommentar zum Arbeitsrecht, 68. Edition, Stand: 2.7.2023; *Säcker/Rixecker/Oetker/Limperg*, Münchener Kommentar zum BGB, 9. Aufl. 2021; *Thüsing/Musiol/Peisker*, Die Umsetzung der Hinweisgeberschutzrichtlinie. Ein Stück in drei Akten?, ZGI 2023, 63; *Zimmer/Schwung*, Hilfe für Hinweisgeber – Beweislastumkehr nach § 36 II HinSchG-RegE, NZA 2022, 1167.

Übersicht

	Rn.
I. Überblick	1
II. Zu Absatz 1	4
1. Voraussetzungen	4
a) Verursacher	4
b) Verschuldensunabhängigkeit	8
2. Umfang des Anspruchs	9
a) Vermögensschäden	10
b) Nichtvermögensschäden	12
c) Verstoß gegen EU-Recht	13
III. Zu Absatz 2	15

I. Überblick

§ 37 HinSchG setzt Art. 21 Abs. 8 der HinSch-RL um. Art. 21 Abs. 8 verpflichtet die Mitgliedstaaten dazu „eine vollständige Wiedergutmachung des [durch die Repressalie] erlittenen Schadens“ sicherzustellen. **1**

Nach § 37 Abs. 1 HinSchG ist der Verursacher verpflichtet, der hinweisgebenden Person den aus dem Verstoß gegen das Repressalienverbot entstehenden Schaden zu ersetzen. Abs. 2 stellt dabei klar, dass der Schadensersatz keinen **2**

Kontrahierungszwang für Arbeitgeber begründet, d.h., weder können Bewerber den Abschluss eines Arbeitsverhältnisses verlangen, noch kann ein Arbeitnehmer eine Beförderung einklagen.

3 Der Schadensersatzanspruch nach § 37 Abs. 1 HinSchG steht neben möglichen anderen vertragsrechtlichen oder deliktsrechtlichen Schadensersatzansprüchen.

II. Zu Absatz 1

1. Voraussetzungen

a) Verursacher

4 Der Schadensersatzanspruch nach Abs. 1 richtet sich gegen den Verursacher. Der Begriff des Verursachers wird im Hinweisgeberschutzgesetz an keiner anderen Stelle verwendet und nicht legal definiert. In der Gesetzesbegründung wird der Begriff ebenfalls nicht aufgegriffen. Der Gesetzgeber stellt allein klar, dass der Verursacher bei Benachteiligungen im Beschäftigungsverhältnis oftmals der Beschäftigungsgeber sein wird.[1] Obwohl auf die mit dem Begriff verbundene Unschärfe noch während des Gesetzgebungsverfahrens hingewiesen wurde,[2] reagierte der Gesetzgeber nicht. Das ist mit Blick auf die Bedeutung des Schadensersatzanspruchs für die hinweisgebende Person misslich. Schließlich kann jegliche Rechtsunsicherheit hinweisgebende Personen dazu verleiten, bestehende Ansprüche nicht geltend zu machen. Nach einem weiten Verständnis könnte der Begriff des Verursachers jede Person umfassen, die kausal zu der benachteiligenden Maßnahme beigetragen hat. Mit Blick darauf, dass der Schadensersatzanspruch verschuldensunabhängig ist (dazu sogleich Rn. 8), würde bei einem entsprechenden Verständnis allerdings schnell eine Vielzahl an Personen schadensersatzpflichtig sein.[3] Richtigerweise ist der Begriff des Verursachers daher enger auszulegen und erfasst nur Personen, die nach einer wertenden Gesamtbetrachtung für die benachteiligende Maßnahme verantwortlich sind.[4] Dies sind im Regelfall die Personen, die tatsächlich die

1 RegE zum HinSchG vom 19.9.2022, BT-Drs. 20/3442, S. 96.

2 *Thüsing/Musiol/Peisker*, ZGI 223, 63, 66.

3 In Arbeitsverhältnissen sind an der benachteiligenden Maßnahme zumeist verschiedene Mitarbeiter beteiligt. Im Regelfall wird zwar der Vorgesetze über die benachteiligende Maßnahme entscheiden. Die Maßnahme an sich wird aber durch andere Mitarbeiter des Unternehmens bspw. der Personalabteilung oder Prokuristen, die im Regelfall keine Kenntnis von dem Zusammenhang zwischen benachteiligender Maßnahme und Meldung bzw. Offenlegung haben, ausgesprochen.

4 Ähnlich auch *Thüsing/Musiol/Peisker*, ZGI 223, 63, 67, die vorschlagen, sich an der Prüfung der haftungsbegründenden Kausalität nach § 823 BGB zu orientieren.

Entscheidung über die Maßnahme getroffen haben, selbst wenn die Maßnahme aus rechtlichen Gründen durch andere Personen ausgesprochen wurde.

Weiterhin ist offen, ob Verursacher auch derjenige sein kann, der eine benachteiligende Maßnahme eines anderen duldet oder nicht verhindert. Grundsätzlich ist im Regelfall auch die Duldung oder Nichtverhinderung kausal. Allerdings würde dies zu einer erheblichen und nicht zu rechtfertigenden Ausweitung des Schadensersatzanspruchs führen. Daher dürfte die Duldung oder unterlassene Verhinderung einer Benachteiligung nur dann einen Schadensersatzanspruch nach § 37 Abs. 1 HinSchG begründen können, wenn eine Pflicht zur Verhinderung der Benachteiligung bestand.[5] **5**

Arbeitgeber müssen sich das Verhalten ihrer Arbeitnehmer nach § 278 BGB zurechnen lassen.[6] Eine Zurechnung setzt daher voraus, dass die Benachteiligung in einem inneren sachlichen Zusammenhang mit den Aufgaben des Arbeitnehmers steht. Der Arbeitgeber wird sich daher nur Benachteiligungen zurechnen lassen müssen, die in Ausübung der Tätigkeit des Arbeitnehmers für den Arbeitgeber erfolgen. Nicht zugerechnet werden daher insbesondere Benachteiligungen durch gleichgestellte Kollegen wie Beleidigungen, solange der Arbeitgeber keine Kenntnis von diesen hat, ohne etwas unternommen zu haben und die innerbetrieblichen Abläufe so organisiert hat, dass eine Schädigung der hinweisgebenden Person in gebotenem Umfang vermieden wird.[7] **6**

Richtet sich der Schadensersatzanspruch gegen eine Person, die in Ausübung eines ihr anvertrauten öffentlichen Amtes gehandelt hat, so tritt gemäß Art. 34 GG eine Haftung des Staates an die Stelle der Haftung des Amtsträgers.[8] **7**

b) Verschuldensunabhängigkeit

Der Schadensersatzanspruch nach § 37 Abs. 1 HinSchG ist verschuldensunabhängig, d. h. der Schadensersatzanspruch erfordert kein Wissens- und Willenselement des Verursachers.[9] Ein Schadensersatzanspruch setzt vielmehr allein voraus, dass der Verursacher eine Repressalie ergriffen hat und der hinweisgebenden Person hierdurch ein Schaden entstanden ist. Die Verschuldensunab- **8**

---

5 Wohl auch *Thüsing/Musiol/Peisker*, ZGI 223, 63, 67.

6 *Thüsing/Musiol/Peisker*, ZGI 223, 63, 67.

7 BAG, 16.5.2007, 8 AZR 709/06, BAGE 122, 304; *Bayreuther*, NZA-Beil. 2022, 20, 28.

8 RegE zum HinSchG vom 19.9.2022, BT-Drs. 20/3442, S. 96.

9 H.M. *Bayreuther*, NZA-Beil. 2022, 20, 28; *Colneric/Gerdemann*, Die Umsetzung der Whistleblower-Richtlinie in deutsches Recht, S. 110; *Gerdemann*, ZRP 2021, 37, 38; *Thüsing/Musiol/Peisker*, ZGI 2023, 63, 66; *Zimmer/Schwung*, NZA 2022, 1167, 1169; a. A. *Bruns*, in: Rolfs/Giesen/Meßling/Udsching, BeckOK Arbeitsrecht, § 37 HinSchG Rn. 4 unter Hinweis auf fehlende Haftungshöchstgrenzen und den Wortlaut des § 30 Abs. 2 Nr. 3 HinSchG.

hängigkeit folgt insofern der Rechtsprechung des EuGH zu Schadensersatzansprüchen in Fällen der Diskriminierung.[10]

2. Umfang des Anspruchs

9 Der Schadensersatzanspruch nach § 37 HinSchG ist auf die Wiedergutmachung des Vermögenschadens gerichtet. Immaterielle Schäden können nach dem Willen des deutschen Gesetzgebers über § 253 Abs. 2 BGB hinaus nicht geltend gemacht werden.

a) Vermögensschäden

10 Hinsichtlich des Umfangs des Schadensersatzes wegen Verstoßes gegen das Repressalienverbot gelten grundsätzlich die allgemeinen Regelungen der §§ 249 ff. BGB. Der Anspruch umfasst damit Entschädigungen für eingetretene und auch künftige finanzielle Verluste, wie beispielsweise Gehaltsausfälle. § 37 Abs. 2 HinSchG schließt die Möglichkeit der Naturalrestitution nach § 249 Abs. 1 BGB allerdings aus.

11 Auch wenn eine hinweisgebende Person damit keinen Anspruch auf Abschluss des begünstigenden Vertrags hat, kann sie die entgangenen finanzielle Vorteile als Schaden geltend machen. Wie auch im Rahmen des § 15 AGG erweist sich allerdings der Umgang mit Dauerschuldverhältnissen als schwierig. Insofern stellt sich bspw. bei der unterlassenen Entfristung eines befristeten Vertrags oder der unterlassenen Beförderung die Frage, für welchen Zeitraum Schäden in Form des entgangenen Verdienstes oder der entgangenen Gehaltserhöhung verlangt werden können. Zwar können bei Dauerschuldverhältnissen mögliche Kündigungsrechte des Verursachers einbezogen werden. Dies hilft aber nicht in Fällen, in denen eine Kündigung nicht möglich ist. Letztlich wird der Schaden durch das Gericht nach § 287 ZPO zu schätzen sein,[11] wobei starre Fristen mangels rechtlicher Regelung nicht angewendet werden können.[12]

b) Nichtvermögensschäden

12 Die hinweisgebende Person kann nach § 37 Abs. 1 HinSchG über § 253 Abs. 2 BGB hinaus keinen immateriellen Schadensersatz geltend machen. Die

---

10 EuGH, 8.11.1990, Rs. C – 177/88, NJW 1991, 628, 629; *Colneric/Gerdemann*, Die Umsetzung der Whistleblower-Richtlinie in deutsches Recht, S. 110.

11 *Horcher*, in: Hau/Poseck, BeckOK BGB, § 15 AGG Rn. 16; wohl auch: *Thüsing*, in: MünchKomm-BGB, § 15 AGG Rn. 29.

12 *Hey/Forst*, AGG, § 15 Rn. 85; wohl auch: *Thüsing*, in: MünchKomm-BGB, § 15 AGG Rn. 29; a. A. *Horcher*, in: Hau/Poseck, BeckOK BGB, § 15 AGG Rn. 16.

Möglichkeit des immateriellen Schadensersatzes wurde im Gesetzgebungsverfahren zwar zwischenzeitlich in § 37 Abs. 1 Satz 2 HinSchG-E vorgeschlagen und vom Bundestag zunächst beschlossen.[13] In der Beschlussempfehlung des Vermittlungsausschusses wurde diese Ergänzung allerdings wieder aus dem Gesetzesentwurf entfernt.[14]

c) Verstoß gegen EU-Recht

Der Verzicht auf einen Entschädigungsanspruch beschränkt die Rechte der hinweisgebenden Person erheblich. Die Erfahrungen aus der Praxis zeigen, dass hinweisgebende Personen vielfach von Kollegen als „Nestbeschmutzer" wahrgenommen werden und Benachteiligungen daher häufig in Ausgrenzungen und Kundgaben der Nichtachtung bestehen. Die Benachteiligungen werden häufig keine so schweren Persönlichkeitsverletzungen darstellen, dass sie aufgrund der Verletzung des allgemeinen Persönlichkeitsrechts oder aufgrund Gesundheitsverletzungen in Form von psychischen Folgeschäden zur Zahlung von Schmerzensgeld berechtigen.[15] **13**

Vielfach wird in der fehlenden Gewährung eines immateriellen Schadensersatzanspruchs eine nicht ausreichende Umsetzung der HinSch-RL gesehen.[16] Art. 21 Abs. 8 der HinSch-RL fordere eine „vollständige Wiedergutmachung des erlittenen Schadens".[17] Nach Erwägungsgrund 94 sei dazu auch die Entschädigung für immaterielle Schäden wie Schmerzensgeld zu zählen.[18] Das Schutzniveau für Hinweisgeber bleibe daher hinter dem der HinSch-RL zurück.[19] Während die HinSch-RL damit ein Gesamtschadensersatzkonzept vorsieht, nach dem der Hinweisgeber bei gezielt, aber auch allein psychisch wirkenden Repressalien und anhaltenden Belastungssituationen im Zusammenhang mit teils langjährigen Verfahrensdauern vollständig Wiedergutmachung erlangen sollen, verbleibt es im nationalen Recht bei den allgemeinen Regeln zum Schmerzensgeldanspruch und gerichtlichen Einzelfallentscheidungen. **14**

---

13 BT-Drs. 20/4909, S. 37, 56.

14 BT-Drs. 20/6700, S. 2.

15 *Dilling*, CCZ 2022, 145, 150; *Gerdemann*, ZRP 2021, 37, 39; *Zimmer/Schwung*, NZA 2022, 1167, 1170.

16 *Baade/Hößl*, DStR 2023, 1265, 1269; *Colneric/Gerdemann*, Die Umsetzung der Whistleblower-Richtlinie in deutsches Recht, S. 110; *Dilling*, CCZ 2022, 145, 150; *Gerdemann*, ZRP 2021, 37, 39; *Thüsing/Musiol/Peisker*, ZGI 2023, 63, 66; a. A. *Bayreuther*, NZA-Beilage 2022, 20, 29.

17 *Baade/Hößl*, DStR 2023, 1265, 1269; *Colneric/Gerdemann*, Die Umsetzung der Whistleblower-Richtlinie in deutsches Recht, S. 110; *Dilling*, CCZ 2022, 145, 150; *Thüsing/Musiol/Peisker*, ZGI 2023, 63, 66.

18 *Dilling*, CCZ 2022, 145, 150.

19 *Gerdemann*, ZRP 2021, 37, 39.

Auch kann im Zweifel nur bei der Einräumung eines Entschädigungsanspruchs von einer abschreckenden Wirkung des Schadensersatzanspruchs nach § 37 Abs. 1 HinSchG auszugehen sein, der entsprechend des Effektivitätsgebots dem Unionsrecht zur Durchsetzung verhilft. Mit Blick auf die klare Entscheidung des Gesetzgebers gegen einen Entschädigungsanspruch ist allerdings zu hinterfragen, ob ein Anspruch auf Entschädigung bereits in unionsrechtskonformer Auslegung des § 37 Abs. 1 HinSchG zu erreichen ist oder nicht eine Regelung des Gesetzgebers erfordert.[20]

III. Zu Absatz 2

15 Nach § 37 Abs. 2 HinSchG besteht neben einem Anspruch auf Schadensersatz und ggf. Schmerzensgeld kein Rechtsanspruch auf Begründung eines Arbeitsverhältnisses oder anderen Vertragsverhältnisses. Besteht ein solcher Anspruch allerdings aus einem anderen Rechtsgrund (zum Beispiel aufgrund einer vertraglichen oder tariflichen Regelung), bleibt dieser Anspruch jedoch unberührt.[21]

16 Teilweise wird vertreten, dass der pauschale Ausschluss des Rechtsanspruchs auf Begründung eines Vertragsverhältnisses gegen EU-Recht verstößt.[22] Der erlittene Schaden könne nur durch Begründung eines Vertragsverhältnisses wiedergutgemacht werden und sei daher nach Art. 21 Abs. 8 der HinSch-RL gefordert. Letztlich ist der Ausschluss des Kontrahierungszwangs dem deutschen Recht nicht fremd (vgl. § 15 Abs. 6 AGG oder § 281 Abs. 4 BGB), ohne dass dies bisher unionsrechtliche Bedenken begründet hat.[23]

---

20 Einen Staatshaftungsanspruch andenkend: *Dohrmann*, RdA 2021, 326, 331.
21 RegE zum HinSchG vom 19.9.2022, BT-Drs. 20/3442, S. 97.
22 *Dilling*, CCZ 2022, 145, 150.
23 EuGH, 10.4.1984, Rs. 14/83, BB 1984, 1231.

§ 38 Schadensersatz nach einer Falschmeldung

Die hinweisgebende Person ist zum Ersatz des Schadens verpflichtet, der aus einer vorsätzlichen oder grob fahrlässigen Meldung oder Offenlegung unrichtiger Informationen entstanden ist.

Schrifttum: *Ahrens/Miege*, Whistleblowing: Erster Entwurf der Koalition zum Hinweisgeberschutzgesetz, MMR-Aktuell 2022, 448308; *Bayreuther*, Das neue Hinweisgeberschutzgesetz, DB 2023, 1537; *Bayreuther*, Whistleblowing und das neue Hinweisgeberschutzgesetz, NZA-Beilage 2022, 20; *Behr/Haas/Ellinger*, Der RegE zum Hinweisgeberschutzgesetz – die 15 wichtigsten Fragen für Unternehmen, DB 2022, 2137; *Dilling*, Der Referentenentwurf zum Hinweisgeberschutzgesetz – Steine statt Brot für Whistleblower und betroffene Personen, CCZ 2021, 60; *Dilling*, Cat's Gold-Plating – Der neue Referentenentwurf zum Hinweisgeberschutzgesetz, CCZ 2022, 145; *Dzida/Seibt*, Neues Hinweisgeberschutzgesetz: Analyse und Antworten auf Praxisfragen, NZA 2023, 657; *Forst*, Die Richtlinie der Europäischen Union zum Schutz von Personen, die Verstöße gegen das Unionsrecht melden (Whistleblowing-Richtlinie), EuZA 2020, 283; *Gerdemann*, Nachforschungsobliegenheiten für Whistleblower, NJW 2021, 2324; *Gerdemann*, Neuer Entwurf für ein Hinweisgeberschutzgesetz – Auf Konfrontationskurs zu EU-Kommission und Koalitionsvertrag, ZRP 2022, 98; *Mohn*, Das Recht auf Auskunft nach Art. 15 DS-GVO und der Schutz des Hinweisgebers, NZA 2022, 1159; *Reufels/Osmakova*, Der neue Entwurf des Hinweisgeberschutzgesetzes, ArbRB 2022, 147; *Reuling*, Der innerbetriebliche Abhilfeversuch des Whistleblowers zwischen Gesetzgebung und Rechtsprechung – Zu den Anforderungen an rechtskonformes Whistleblowing. Die Pflicht zur Treue und Verschwiegenheit im Wandel der Zeit, RdA 2022, 317; *Rolfs/Giesen/Meßling/Udsching* (Hrsg.), Beck'scher Online-Kommentar Arbeitsrecht, 68. Edition, Stand: 2.7.2023; *Schoch*, Das neue Hinweisgeberschutzgesetz aus Sicht der Finanzbranche – Worauf können und müssen sich Kreditinstitute schon heute einstellen?, BKR 2023, 154; *Schönke/Schröder*, Strafgesetzbuch, 30. Aufl. 2019; *Schulze/Dörner/Ebert* et al. (Hrsg.), BGB, 11. Aufl. 2022; *Siemes*, Die hinreichend begründete Annahme des Whistleblowers nach Art. 6 Abs. 1 lit. a Richtlinie (EU) 2019/1937 – Auslegung und Umsetzung, CCZ 2022, 293; *Staudinger*, Bürgerliches Gesetzbuch, Neubearbeitung 2019; *Steinhauser/Kreis*, Die Umsetzung der EU-Whistleblower-Richtlinie als Herausforderung für Gesetzgeber und Unternehmen, EuZA 2021, 422; *Thüsing*, Beschäftigtendatenschutz und Compliance, 3. Aufl. 2021; *Thüsing*, Effektiver Hinweisgeberschutz mit Augenmaß, DB 2022, 1066; *Thüsing/Musiol*, Hinweise zum Hinweisgeberschutzgesetz, BB 2022, 2420; *Thüsing/Musiol/Peisker*, Die Umsetzung der Hinweisgeberschutzrichtlinie – Ein Stück in drei Akten?, ZGI 2023, 6; *Vitt*, Nachforschungs- und Sorgfaltspflichten des Whistleblowers? (Teil I), BB 2022, 1780; *Vitt*, Nachforschungs- und Sorgfaltspflichten des Whistleblowers? (Teil II), BB 2022, 1844; *Wiedmann/Seyfert*, Richtlinienentwurf der EU-Kommission zum Whistleblowing, CCZ 2019, 12.

Übersicht

	Rn.
I. Überblick	1
II. Regelungszweck	3
III. Voraussetzungen	7
1. Falsche Informationen	8
2. Verschulden	10
a) Begriff der groben Fahrlässigkeit	11
b) Europarechtlicher Maßstab der Gutgläubigkeit	12
c) Europarechtskonforme Auslegung des § 38 HinSchG?	13
d) Nachforschungspflichten	16
3. Schaden	22
a) Materielle Schäden	22
b) Immaterielle Schäden	25
4. Kausalität und Beweislastverteilung	27
5. Verhältnis zu anderen Vorschriften	30
IV. Rechtsfolgen	34

I. Überblick

1 In Umsetzung von Art. 23 Abs. 2 der HinSch-RL[1] statuiert die Regelung des § 38 HinSchG in den Schutzmaßnahmen des vierten Abschnitts des HinSchG eine Ausnahme von dem Grundsatz, dass nachteilige Folgen für die hinweisgebende Person infolge einer Meldung oder Offenlegung ausgeschlossen sind.[2] Im Falle einer vorsätzlichen oder grob fahrlässigen Falschmeldung kann die hinweisgebende Person keinen Schutz vor Repressalien beanspruchen, sondern ist der betroffenen Person zum Ersatz der hieraus resultierenden materiellen Schäden verpflichtet, beispielsweise der aufgewendeten Rechtsverteidigungskosten.[3]

2 Ziel der Schadensersatzregelung des § 38 HinSchG ist es, **falschen Verdächtigungen vorzubeugen**.[4] Komplementiert wird die Regelung und der ihr zugrunde liegende Schutzgedanke durch den Bußgeldtatbestand für wissentlich unrichtige Offenlegungen in § 40 Abs. 1 HinSchG mit einem Bußgeldrahmen von bis zu 20.000 Euro (vgl. § 40 Rn. 6).[5]

---

1 RegE zum HinSchG vom 19.9.2022, BT-Drs. 20/3442, S. 97.

2 *Thüsing*, DB 2022, 1066, 1068; *Schoch*, BKR 2023, 154, 161.

3 Vgl. *Bayreuther*, NZA-Beilage 2022, 20, 29; zur Ersatzfähigkeit von notwendigen Rechtsanwaltskosten für eine Untersuchung gegen den schädigen Arbeitnehmer BAG, 29.4.2021, 8 AZR 276/20, BB 2021, 2744; eingehend zur Problematik von § 12a ArbGG und Rechtsverfolgungskosten bei internen Ermittlungen *Fuhlrott/Ottmans*, NZA 2020, 1583, 1584.

4 RegE zum HinSchG vom 19.9.2022, BT-Drs. 20/3442, S. 75 (zur Ausnahme vom Vertraulichkeitsgebot in § 9 Abs. 1 HinSchG); Erwägungsgrund 102 der HinSch-RL.

5 *Gerdemann*, ZRP 2022, 98, 100.

II. Regelungszweck

Mit dem HinSchG soll der Schutz von hinweisgebenden Personen wirksam und nachhaltig verbessert werden.[6] Auf der anderen Seite sollen durch das Gesetz auch Personen geschützt werden, die Gegenstand einer Meldung oder Offenlegung sind.[7] Letzteres erlangt besondere Bedeutung, wenn betroffene Personen aufgrund unrichtiger Informationen einen Schaden erleiden. In Ansehung des Ziels des HinSchG, die Meldung von (möglichen) Verstößen zu fördern, wählt § 38 HinSchG einen Mittelweg zwischen den widerstreitenden Interessen: Nicht jede Meldung oder Offenlegung unrichtiger Informationen begründet eine Schadensersatzpflicht der hinweisgebenden Person, sondern nur dann, wenn ein **substanzielles Verschulden** in Form von Vorsatz oder grober Fahrlässigkeit hinzutritt. 3

Dahinter dürfte die gesetzgeberische Überlegung stehen, dass ein weitergehender Verschuldensmaßstab die Förderung von Meldungen bzw. Offenlegungen konterkarieren könnte. Zugleich wird durch die beschränkte Schadensersatzpflicht zum Ausdruck gebracht, dass der Schutz Betroffener – wenngleich nach § 1 Abs. 2 HinSchG Bestandteil des Schutzzwecks des Gesetzes (vgl. § 1 Rn. 10) – nur eine untergeordnete Rolle spielt.[8] 4

Diese Sichtweise spiegelt sich auch im Wortlaut des § 33 HinSchG wider, in dem die Voraussetzungen für die Anwendbarkeit der Schutzmaßnahmen des vierten Abschnitts des Gesetzes auf hinweisgebende Personen geregelt sind. § 33 Abs. 1 Nr. 2 HinSchG sieht vor, dass die hinweisgebende Person zum Zeitpunkt der Meldung oder Offenlegung lediglich hinreichenden Grund zu der Annahme gehabt haben muss, dass die Informationen der Wahrheit entsprechen (vgl. § 33 Rn. 35). In der Begründung zum Gesetzentwurf heißt es in diesem Zusammenhang, dass an die Sorgfalt der hinweisgebenden Person in Bezug auf die Überprüfung des Wahrheitsgehalts einer Meldung keine überhöhten Anforderungen zu stellen sind.[9] 5

Aus rechtspolitischer Sicht ist diskussionswürdig, ob es zur Förderung einer „Speak up Culture“ erforderlich ist, Ersatzansprüche gegen Falschmeldungen bei einfach fahrlässig handelnden hinweisgebenden Personen aus dem Anwendungsbereich des § 38 HinSchG auszunehmen. Denn die Betroffenen können sich auf gewichtige Interessen stützen: Unternehmen oder Individualpersonen 6

---

6 RegE zum HinSchG vom 19.9.2022, BT-Drs. 20/3442, S. 1; Formulierungshilfe der Bundesregierung zum HinSchG vom 13.3.2023, S. 1.

7 § 1 Abs. 2 HinSchG; RegE zum HinSchG vom 19.9.2022, BT-Drs. 20/3442, S. 57.

8 Zu den Auswirkungen *Thüsing/Musiol*, BB 2022, 2420.

9 RegE zum HinSchG vom 19.9.2022, BT-Drs. 20/3442, S. 97; ebenso Formulierungshilfe der Bundesregierung zum HinSchG vom 13.3.2023, S. 94.

können durch Falschmeldungen **unverschuldet erhebliche Schäden** wie z. B. Umsatzeinbrüche erleiden, die durch spätere Maßnahmen, etwa eine Gegendarstellung, meist lediglich begrenzt, aber nicht revidiert werden können.[10] Zugleich entstehen für Unternehmen unter Umständen erhebliche Aufklärungskosten, da sie aufgrund ihrer **Legalitätspflicht** grundsätzlich dazu verpflichtet sind, Meldungen über (Rechts-)Verstöße nachzugehen.[11]

III. Voraussetzungen

7 Die Geltendmachung von Ersatzansprüchen nach § 38 HinSchG setzt voraus, dass die hinweisgebende Person unrichtige Informationen bei ihrer Meldung oder Offenlegung mitgeteilt hat, dies in grob fahrlässiger oder vorsätzlicher Art und Weise erfolgte und der betroffenen Person dadurch ein Schaden entstanden ist.

1. Falsche Informationen

8 Die im Rahmen der Meldung oder Offenlegung mitgeteilte Information muss falsch sein. Da weder das HinSchG noch die HinSch-RL hierzu nähere Aussagen treffen, ist auf allgemeine Definitionen zurückzugreifen. Danach ist eine Information objektiv falsch, wenn ein Widerspruch zwischen dem Inhalt der Aussage und dem tatsächlichen Geschehen als Gegenstand der Aussage besteht.[12]

9 Die Mitteilung überflüssiger Informationen, d. h. solcher, die für die Meldung oder Offenlegung nicht erforderlich sind, löst keine Schadensersatzpflicht nach § 38 HinSchG aus (vgl. zur Erforderlichkeit § 35 Rn. 58).[13]

2. Verschulden

10 Die hinweisgebende Person muss bei der Meldung oder Offenlegung falscher Informationen vorsätzlich oder grob fahrlässig gehandelt haben. Ein Anspruch auf Ersatz von Schäden, die auf einer einfachen oder nur leicht fahrlässigen

---

10 *Dilling*, CCZ 2022, 145, 151; *Thüsing/Forst*, in: Thüsing, Beschäftigtendatenschutz und Compliance, § 6 Rn. 65; RegE zum HinSchG vom 19.9.2022, BT-Drs. 20/3442, S. 97.

11 *Dilling*, CCZ 2022, 145, 151.

12 So die im Strafrecht von der h. M. vertretene sog. objektive Theorie, siehe etwa *Bosch/Schittenhelm*, in: Schönke/Schröder, StGB, Vorbemerkungen zu den §§ 153 ff. Rn. 4.

13 Erwägungsgrund 91 der HinSch-RL besagt, dass der Schutz vor Repressalien sich nicht auf überflüssige Informationen erstrecken sollte, die die betreffende Person ohne hinreichenden Grund offengelegt hat. Dieser Gedanke findet sich auch im RegE zum HinSchG vom 19.9.2022, BT-Drs. 20/3442, S. 94 zu § 35 HinSchG.

Meldung oder Offenlegung unrichtiger Informationen basieren, soll mit Blick auf den Schutz gutgläubiger hinweisgebender Personen nicht bestehen.[14]

a) Begriff der groben Fahrlässigkeit

Gesetzlich ist der Begriff der groben Fahrlässigkeit nicht definiert, auch im HinSchG bzw. der Begründung zum RegE des HinSchG sind keine näheren Ausführungen enthalten.[15] In Anlehnung an Formulierungen in der Rechtsprechung wird die grobe Fahrlässigkeit als ein Verhalten verstanden, durch das die im Verkehr erforderliche Sorgfalt in besonders schwerem, ungewöhnlichem Maße verletzt wird, ganz naheliegende Überlegungen nicht angestellt oder beiseitegeschoben wurden und dasjenige unbeachtet geblieben ist, was im gegebenen Fall jedem einleuchten musste.[16] Übertragen auf eine Hinweisgeberkonstellation bedeutet dies beispielsweise, dass die hinweisgebende Person im Rahmen der Meldung oder Offenlegung einen Sachverhalt mitteilt, obwohl die Haltlosigkeit des Vorwurfs erkennbar war.[17] 11

b) Europarechtlicher Maßstab der Gutgläubigkeit

Die HinSch-RL differenziert nicht zwischen verschiedenen Graden fahrlässigen Handelns, sondern knüpft den Schutz der hinweisgebenden Person bei Falschmeldungen an deren **Gutgläubigkeit**. So heißt es in Art. 23 Abs. 2 Satz 1 der HinSch-RL, dass hinweisgebende Personen nicht vor Repressalien geschützt werden, wenn sie wissentlich falsche oder irreführende Informationen melden. Präzisiert wird dies durch Erwägungsgrund 32 der HinSch-RL, wonach Hinweisgeber nur dann geschützt sein sollen, wenn sie zum Zeitpunkt der Meldung angesichts der Umstände und der verfügbaren Informationen hinreichenden Grund zu der Annahme hatten, dass die von ihnen gemeldeten Sachverhalte der Wahrheit entsprechen.[18] Im Umkehrschluss dürften verblei- 12

14 RegE zum HinSchG vom 19.9.2022, BT-Drs. 20/3442, S. 97.

15 Vgl. zur Begrifflichkeit der groben Fahrlässigkeit *Caspers*, in: Staudinger, BGB, § 276 Rn. 92.

16 BGH, 3.11.2016, III ZR 286/15, NJW-RR 2017, 596 Rn. 17; 10.10.2013, III ZR 345/12, NJW-RR 2014, 90 Rn. 26; 26.1.1995, VII ZR 240/93, NJW-RR 1995, 659, I.2.; 17.10.2000, XI ZR 42/00, BB 2000, 2593, 2.b)aa); 11.5.1953, IV ZR 170/52, NJW 1953, 1139.

17 BAG, 15.12.2016, 2 AZR 42/16, NZA 2017, 703 Rn. 16 ff.; ebenfalls strenger Maßstab bei EGMR, 16.2.2021, 23922/19, NJW 2021, 2343 Rn. 74 ff.

18 Siehe auch Art. 6 Abs. 1 lit. a, Art. 21 Abs. 2 der HinSch-RL; *Wiedmann/Seyfert*, CCZ 2019, 12, 18.

bende Unsicherheiten bei der Erfassung der tatsächlichen oder der Auslegung der rechtlichen Lage nicht zu Lasten hinweisgebender Personen gehen.[19]

c) Europarechtskonforme Auslegung des § 38 HinSchG?

13 Die Formulierung des § 38 HinSchG ist erheblicher Kritik ausgesetzt. Diese beschränkt sich nicht auf die Abkehr von dem in der HinSch-RL gewählten Maßstab der Gutgläubigkeit, sondern entzündet sich auch daran, dass stattdessen ein im internationalen Rechtsverkehr nicht geläufiger Verschuldensmaßstab angewendet wurde, der keine europarechtliche Grundlage hat.[20]

14 Des Weiteren wird beanstandet, dass der deutsche Gesetzgeber mit der Formulierung des § 38 HinSchG eine von Art. 23 Abs. 2 Satz 2 der HinSch-RL abweichende Reichweite der Schadensersatzpflicht begründet habe.[21] Der Richtlinientext sieht vor, dass die Mitgliedstaaten Maßnahmen entsprechend dem nationalen Recht zur Wiedergutmachung von Schäden vorzusehen haben, die durch die Meldungen oder Offenlegungen **wissentlich falscher Informationen** entstanden sind. Eine lediglich grob fahrlässig falsche Meldung reiche zur Begründung eines Schadensersatzanspruches nicht aus. Aus diesem Grunde bedürfe § 38 HinSchG einer **richtlinienkonformen Auslegung** dahingehend, dass der Schadensersatzanspruch lediglich an vorsätzlich falsche Meldungen bzw. Offenlegungen anknüpfe; dies gebiete schon der Schutz der hinweisgebenden Person.[22] Zudem folge dies aus Erwägungsgrund 101 der HinSch-RL, wonach bei einer vorsätzlichen und wissentlichen Meldung oder Offenlegung ungenauer oder irreführender Informationen betroffene Personen Anspruch auf Schadensersatz nach nationalem Recht haben sollen.[23]

15 Dagegen spricht jedoch, dass bei einer Beschränkung der Schadensersatzpflicht auf vorsätzlich falsche Meldungen oder Offenlegungen die ohnehin erhebliche Diskrepanz zwischen dem Schutz von hinweisgebenden Personen und dem Schutz betroffener Personen zusätzlich verstärkt würde, obwohl beides Schutzzwecke der HinSch-RL sind.[24] Es liegt nahe, dass mit der Formulierung des Art. 23 Abs. 2 der HinSch-RL die Bestimmung eines weitergehenden Verschuldensmaßstabs durch den nationalen Gesetzgeber gerade nicht ausge-

---

19 *Reufels/Osmakova*, ArbRB 2022, 147, 149.

20 *Thüsing/Musiol*, BB 2022, 2420, 2421; ausführlich *Thüsing*, DB 2022, 1066, 1068; *Siemes*, CCZ 2022, 293, 298.

21 *Bruns*, in: Rolfs/Giesen/Meßling/Udsching, BeckOK Arbeitsrecht, § 38 HinSchG Rn. 3.

22 *Bruns*, in: Rolfs/Giesen/Meßling/Udsching, BeckOK Arbeitsrecht, § 38 HinSchG Rn. 3; *Siemes*, CCZ 2022, 293, 302; *Vitt*, BB 2022, 1780, 1784; a. A. *Steinhauser/Kreis*, EuZA 2021, 422, 427.

23 *Bruns*, in: Rolfs/Giesen/Meßling/Udsching, BeckOK Arbeitsrecht, § 38 HinSchG Rn. 3.

24 Erwägungsgrund 100 der HinSch-RL.

schlossen werden sollte, sondern die Vorschrift lediglich einen Mindestschutz der betroffenen Person garantiert. Nach diesem Verständnis sind die Mitgliedstaaten verpflichtet, jedenfalls bei vorsätzlichen Falschmeldungen der hinweisgebenden Person Schadensersatzansprüche vorzusehen; zugleich ist es ihnen aber freigestellt, auch unterhalb der Schwelle des Vorsatzes entsprechende Sanktionen einzuführen.[25] Für diese Sichtweise spricht auch Erwägungsgrund 101 Satz 1 der HinSch-RL, wonach Personen, die infolge einer Meldung oder Offenlegung ungenauer oder irreführender Informationen eine direkte oder indirekte Benachteiligung erfahren, weiterhin den ihnen nach allgemeinem Recht zustehenden Schutz genießen und auf die nach allgemeinem mitgliedstaatlichem Recht verfügbaren Rechtsbehelfe zurückgreifen können. Da ein solcher zivilrechtlicher Schutz gegen grob fahrlässige Falschbehauptungen bereits vor der Einführung des HinSchG bestand, ist nicht ersichtlich, weshalb sich dieser Maßstab nicht auch in § 38 HinSchG wiederfinden sollte.

d) Nachforschungspflichten

16 Die Entscheidung des EGMR in der Sache *Gawlik/Liechtenstein*[26] aus dem Jahr 2021 wirft die Frage auf, ob und wenn ja in welchem Umfang die hinweisgebende Person Nachforschungen im Hinblick auf den Wahrheitsgehalt der Informationen, die sie beabsichtigt zu melden oder offenzulegen, anstellen muss, um sich nicht dem Vorwurf einer grob fahrlässigen Falschmeldung ausgesetzt zu sehen.[27] Nach Ansicht des EGMR ist vor der Mitteilung von Verdachtsmomenten gewissenhaft zu prüfen, ob die Information genau und zuverlässig ist. Standen der hinweisgebenden Person weitere Erkenntnisquellen offen, kann sie, vor allem wenn es sich um schwerwiegende Vorwürfe handelt, zu deren Überprüfung vor Vornahme der Meldung verpflichtet sein, soweit das nach den Umständen möglich ist.[28]

17 Die Frage der **zumutbaren Aufklärungsmaßnahmen** und deren haftungsrechtlichen Konsequenzen dürfte im Rahmen von § 38 HinSchG zu einem zentralen Streitpunkt werden. In der HinSch-RL heißt es in Erwägungsgrund 32, dass Hinweisgeber nur dann geschützt sein sollen, wenn sie zum Zeitpunkt der Meldung angesichts der Umstände und der verfügbaren Informationen hinreichenden Grund zu der Annahme haben, dass die von ihnen gemeldeten Sachverhalte der Wahrheit entsprechen. Dies wird so verstanden, dass der Schutz der hinweisgebenden Person nicht auf Spekulationen oder

25 *Forst*, EuZA 2020, 283, 300; *Steinhauser/Kreis*, EuZA 2021, 422, 427.
26 EGMR, 16.2.2021, 23922/19, NJW 2021, 2343.
27 Hierzu *Gerdemann*, NJW 2021, 2324 ff.; *Thüsing*, DB 2022, 1066, 1069; *Vitt*, BB 2022, 1844, 1846.
28 EGMR, 16.2.2021, 23922/19, NJW 2021, 2343, Rn. 75.

leichtfertige Meldungen zu erstrecken ist.[29] Leichtfertigkeit sei im Kontext einer Falschmeldung anzunehmen, wenn die hinweisgebende Person vor Abgabe der Meldung zumutbare Aufklärungsmöglichkeiten nicht genutzt habe.[30] Die HinSch-RL selbst enthält indes keine näheren Ausführungen zu dieser Frage.

18 Der deutsche Gesetzgeber hat sich zu einer Überprüfungspflicht der hinweisgebenden Person im Hinblick auf die zu meldenden Informationen bzw. zum Umfang einer solchen Pflicht im Rahmen des § 38 HinSchG nicht geäußert.[31] Die Begründung zum Gesetzentwurf des HinSchG nennt weder die Gawlik-Rechtsprechung noch ihre tragenden Inhalte. Die Entscheidung des EGMR in der Rechtssache *Heinisch/Deutschland*[32] findet zwar Erwähnung,[33] allerdings wird die auch in dieser Entscheidung genannte Pflicht zur Prüfung, ob die zur Meldung beabsichtigten Informationen genau und zuverlässig sind,[34] nicht aufgegriffen. Mögliche Nachforschungspflichten werden lediglich in der Begründung zu § 33 HinSchG aufgegriffen. Dort heißt es unter Bezugnahme auf die HinSch-RL, dass die Meldung oder Offenlegung nicht leichtfertig ohne ein Bemühen um Verifizierung erfolgen dürfe, jedoch mit der Einschränkung, dass dieses Bemühen zumutbar sein muss. Für die Bewertung der Zumutbarkeit wird auf die Sichtweise der hinweisgebenden Person und somit auf einen **subjektiven Maßstab** abgestellt (vgl. § 33 Rn. 37). Eine Unzumutbarkeit des Bemühens um Verifizierung bestehe schon dann, wenn die hinweisgebende Person fürchtet, dadurch entdeckt zu werden und sich somit bereits vor einer Meldung oder Offenlegung der Gefahr drohender Repressalien auszusetzen.[35] Ob die lediglich subjektive Befürchtung einer Entdeckung seitens der hinweisgebenden Person eine Pflicht zur Verifizierung ausschließen kann, wird zurecht in Zweifel gezogen.[36] Dieser Maßstab birgt die Gefahr einer unsachgemäßen Verschiebung der Grenze des Zumutbaren zu Lasten der betroffenen Person.

19 Ein weiteres Argument für das Bestehen einer Nachforschungspflicht der hinweisgebenden Person ergibt sich aus § 35 HinSchG. Hiernach kann ein Hinweisgeber nur dann für die Beschaffung von Informationen haftbar gemacht

---

29 *Ahrens/Miege*, MMR-Aktuell 2022, 448308.

30 *Ahrens/Miege*, MMR-Aktuell 2022, 448308; *Thüsing/Musiol*, BB 2022, 2420, 2421; *Vitt*, BB 2022, 1844, 1845.

31 Kritisch dazu *Dilling*, CCZ 2021, 60, 66 f.

32 EGMR, 21.7.2011, 28274/08, NJW 2011, 3501.

33 RegE zum HinSchG vom 19.9.2022, BT-Drs. 20/3442, S. 30.

34 EGMR, 21.7.2011, 28274/08, NJW 2011, 3501 Rn. 67.

35 RegE zum HinSchG vom 19.9.2022, BT-Drs. 20/3442, S. 92; kritisch hierzu *Thüsing/Musiol*, BB 2022, 2420, 2421.

36 *Siemes*, CCZ 2022, 293, 302; *Thüsing/Musiol*, BB 2022, 2420, 2421.

werden, wenn diese eine Straftat darstellen. Im Umkehrschluss muss also ein gewisses Maß an Aufklärung durch den Hinweisgeber erwartet werden dürfen, um voreilige Meldungen zu verhindern.[37] Es wäre ein wertungsmäßiger Widerspruch, wenn hinweisgebende Personen einerseits Schutz erhalten, wenn sie im Vorfeld ihrer Meldung oder Offenlegungen eigene Nachforschungen anstellen und hierbei gegen nationales Recht verstoßen (vgl. § 35 Rn. 11 ff.),[38] im Gegenzug aber nicht zur Durchführung zumutbarer Nachforschungen verpflichtet sein sollen.

In Ermangelung einer gesetzlichen Klarstellung wird weiterhin im **Einzelfall** 20
anhand der Rechtsprechung des EGMR zu Art. 10 EMRK zu beurteilen sein, ob und inwieweit eine Obliegenheit der hinweisgebenden Person zur Nachforschung bestand. Der EGMR berücksichtigt in diesem Zusammenhang die Zugänglichkeit weiterer Erkenntnisquellen und den Zeitaufwand, der mit dieser Prüfung verbunden gewesen wäre. Der Entscheidung in der Sache *Gawlik/Liechtenstein* lässt sich zudem entnehmen, dass sich die Verpflichtung zur Überprüfung der Informationen auch an der Schwere des der geplanten Meldung oder Offenlegung zugrundeliegenden Vorwurfs ausrichtet sowie daran, ob die hinweisgebende Person – etwa aufgrund eines Beschäftigungsverhältnisses – besonderen Verschwiegenheits- und Loyalitätspflichten unterliegt.[39] Die spezifischen beruflichen Kenntnisse und Fähigkeiten des Hinweisgebers könnten bei der Bewertung zumutbarer Nachforschungen ebenfalls eine Rolle spielen.[40] Nur eine solche Abwägung im Einzelfall scheint geeignet, einen angemessenen Ausgleich der widerstreitenden Interessen zu gewährleisten und im Rahmen von § 38 HinSchG zu einem sachgerechten Ergebnis zu gelangen.

Die **Rechtsunsicherheit** stellt für betroffene Personen, die gemäß § 38 21
HinSchG einen Schadensersatzanspruch wegen einer Falschmeldung geltend machen und die grobe Fahrlässigkeit auf das Unterlassen zumutbarer Nachforschungen stützen wollen, ein erhebliches Problem dar. In der Rechtsliteratur sind die Meinungen hierzu geteilt; während einige Stimmen zur Gewährleistung eines angemessenen Schutzes Betroffener im Einklang mit der Rechtsprechung des EGMR Überprüfungspflichten des Hinweisgebers im Hinblick auf die Richtigkeit und Verlässlichkeit der Informationen fordern,[41] sehen es ande-

37 *Thüsing/Musiol*, BB 2022, 2420, 2421; in diesem Sinne auch *Siemes*, CCZ 2022, 293, 301 f.
38 Vgl. auch Art. 21 Abs. 3 der HinSch-RL.
39 Hierzu auch *Reuling*, RdA 2022, 317, 320.
40 *Siemes*, CCZ 2022, 293, 302.
41 *Steinhauser/Kreis*, EuZA 2021, 422, 427.

re als verfehlt an, derartige Anforderungen an hinweisgebende Personen zu stellen.[42]

3. Schaden

a) Materielle Schäden

22 Die betroffene Person muss durch die Falschmeldung einen Schaden erlitten haben. Typische Schäden in diesem Zusammenhang sind z.B. Anwaltskosten im Rahmen einer Verteidigung gegen Ansprüche, die aufgrund einer Falschmeldung geltend gemacht wurden; ebenso Regressansprüche, die gegen den Arbeitgeber von Personen erhoben wurden, die zu Unrecht Gegenstand einer Untersuchung oder von Sanktionen geworden sind.[43] Auch die nach einer Falschmeldung zur – letztlich nutzlosen – Aufklärung des Sachverhalts aufgewendeten Kosten (z.B. für einen Detektiv) können ersatzfähig sein.[44] Die konkrete Bezifferung weiterer materieller Schäden, beispielsweise Umsatzeinbußen infolge einer Falschmeldung, dürfte den Betroffenen allerdings in vielen Fällen schwerfallen.

23 Nicht ersatzfähig sind sog. „Sowieso-Kosten", die der Betrieb interner Meldestellen im gesetzlich zwingenden Umfang mit sich bringt und die somit ohnehin entstanden wären. Sie dürfen auch bei einer falschen Information nicht auf die hinweisgebende Person abgewälzt werden.[45]

24 Für die Bestimmung der Höhe des Ersatzanspruches gelten die Regelungen des **allgemeinen Schadensrechts nach §§ 249 ff. BGB**. Von praktischer Relevanz ist vor allem § 254 Abs. 2 BGB, wonach nur solche Ermittlungsmaßnahmen ersatzfähig sind, die ein vernünftiger, wirtschaftlich denkender Beschäftigungsgeber nach den Umständen des Einzelfalls zur Beseitigung der Störung als erforderlich ansehen durfte.[46]

b) Immaterielle Schäden

25 § 38 HinSchG bezieht sich in erster Linie auf einen Ersatz für materielle Schäden. Immaterielle Schäden können nach dem Willen des deutschen Gesetzgebers über § 253 Abs. 2 BGB hinaus nicht geltend gemacht werden. Dies er-

---

42 RegE zum HinSchG vom 19.9.2022, BT-Drs. 20/3442, S. 97.
43 *Bayreuther*, NZA-Beilage 2022, 20, 29.
44 *Bruns*, in: Rolfs/Giesen/Meßling/Udsching, BeckOK Arbeitsrecht, § 38 HinSchG Rn. 4; *Bayreuther*, NZA-Beilage 2022, 20, 29; *Dzida/Seibt*, NZA 2023, 657, 665.
45 *Bayreuther*, NZA-Beilage 2022, 20, 29.
46 BAG, 26.9.2013, 8 AZR 1026/12, NJW 2014, 877 Rn. 22; 29.4.2021, 8 AZR 276/20, BB 2021, 2744 Rn. 27.

gibt sich auch durch den Vergleich mit der letztlich in der Beschlussempfehlung des Vermittlungsausschusses gestrichenen Regelung des § 37 Abs. 1 Satz 2 HinSchG, welche bei einem Verstoß gegen das Repressalienverbot für die hinweisgebende Person wegen eines Schadens, der nicht Vermögensschaden ist, eine angemessene Entschädigung in Geld vorsah. Eine entsprechende Regelung war in § 38 HinSchG nie vorgesehen.

Die Gewährung einer Entschädigung für die von einer Falschmeldung betroffenen Personen wäre indes von der HinSch-RL gedeckt. Art. 21 Abs. 8 der HinSch-RL, wonach die Mitgliedstaaten Maßnahmen entsprechend dem nationalen Recht zur Wiedergutmachung von Schäden vorzusehen haben, die durch eine Meldung oder Offenlegung entstanden sind, schließt eine Entschädigungsregelung nicht aus. Angesichts der Problematik, materielle Schäden, die infolge einer vorsätzlichen oder grob fahrlässigen Falschmeldung entstehen, exakt und vollumfänglich zu beziffern, sowie angesichts der weitreichenden Folgen für eine von der Falschmeldung betroffene Person[47] wäre die Aufnahme eines Entschädigungstatbestandes in den Gesetzestext naheliegend gewesen.[48] Hierauf wurde offenbar mit Blick auf das übergeordnete Ziel, Personen zur Vornahme von Meldungen zu ermutigen, verzichtet. Da der Gesetzgeber im Rahmen der Beschlussempfehlung des Vermittlungsausschusses jedoch die ursprünglich in § 37 Abs. 1 Satz 2 HinSchG vorgesehene Entschädigungsregelung zugunsten hinweisgebender Personen gestrichen hat, kommt es an dieser Stelle jedenfalls nicht zu dem zunächst befürchteten Ungleichgewicht.[49] **26**

4. Kausalität und Beweislastverteilung

Hinsichtlich der Kausalität sieht § 38 HinSchG keine Besonderheiten vor. Der Schaden muss kausal auf der Meldung oder Offenlegung grob fahrlässig oder vorsätzlich gemeldeter unrichtiger Informationen beruhen. **27**

Die Beweislastverteilung im Rahmen von § 38 HinSchG folgt den allgemeinen zivilrechtlichen Grundsätzen. Für eine ggf. abgestufte Darlegungs- und Beweislast enthält weder der Gesetzestext noch die Begründung des Gesetzentwurfs Anhaltspunkte. Macht die betroffene Person Schadensersatzansprüche geltend, trifft sie die Darlegungs- und Beweislast für alle anspruchsbegründenden Tatsachen. Beweiserleichterungen sind – anders als für hinweisgebende Personen, die Repressalien ausgesetzt sind (vgl. § 36 Rn. 15 ff.) – nicht vorgesehen. Der Betroffene muss somit insbesondere nachweisen, dass die hinweisgebende Person bei der Abgabe der Meldung oder Offenlegung vorsätzlich **28**

47 Formulierungshilfe der Bundesregierung zum HinSchG vom 13.3.2023, S. 100.
48 In diesem Sinne auch *Thüsing/Musiol/Peisker*, ZGI 2023, 63, 67.
49 Kritik hieran u. a. bei *Thüsing/Musiol/Peisker*, ZGI 2023, 63, 67.

oder grob fahrlässig gehandelt hat.[50] Damit gehen erhebliche prozessuale und finanzielle Risiken einher.[51] Diese beschränken sich nicht auf die Gefahr des Unterliegens im Verfahren und die in der Folge geltende Pflicht zur Übernahme der Kosten des Verfahrens. Darüber hinaus wird die Frage aufgeworfen, ob die erfolglose Geltendmachung eines Schadenersatzanspruchs nach § 38 HinSchG eine verbotene Repressalie gegen die hinweisgebende Person darstellen könnte und als solche Grundlage einer Schadensersatzforderung gegen die betroffene Person sein kann.[52] Es bleibt abzuwarten, ob die Gerichte in der Geltendmachung eines Schadensersatzanspruches eine gegen die hinweisgebende Person gerichtete Benachteiligung im Sinne von § 36 HinSchG erkennen. Sollte dies der Fall sein, trifft die betroffene Person die Beweislast dafür, dass die Benachteiligung auf hinreichend gerechtfertigten Gründen basierte. Der andere Tatbestand des § 36 Abs. 2 Satz 2 HinSchG, um die Vermutung einer Repressalie zu widerlegen („nicht auf der Meldung oder Offenlegung beruhte"), kommt hierbei denklogisch nicht in Betracht.

29 § 38 HinSchG statuiert somit höhere Hürden für die Geltendmachung von Schadensersatzansprüchen als allgemeine zivilrechtliche Anspruchsgrundlagen, die auf der vertraglichen Beziehung zwischen hinweisgebender Person und betroffener Person basieren (zum Verhältnis der Vorschriften vgl. Rn. 30). Im Rahmen eines Arbeitsverhältnisses kann ein Ersatzanspruch für Schäden aufgrund einer Meldung unrichtiger Informationen beispielsweise auf Basis der §§ 611a, 619a, 280 Abs. 1, 241 Abs. 2 BGB geltend gemacht werden (vgl. Rn. 30).

5. Verhältnis zu anderen Vorschriften

30 Das Verhältnis des § 38 HinSchG zu anderen Haftungsregelungen ist in der Rechtsliteratur umstritten.[53] Vor der Einführung des HinSchG konnten Betroffene im Rahmen arbeitsvertraglicher Beziehungen Ersatzansprüche über die §§ 611a, 619a, 280 Abs. 1, 241 Abs. 2 BGB geltend machen oder sich auf Deliktstatbestände wie § 823 Abs. 1 BGB oder den Tatbestand der Kreditgefährdung in Form der Nachteile für Erwerb und Fortkommen in § 824 Abs. 1

---

50 *Bayreuther*, NZA-Beilage 2022, 20, 27.
51 *Dilling*, CCZ 2021, 145, 151.
52 *Bayreuther*, DB 2023, 1537, 1546.
53 Für eine Einschränkung der bestehenden Ersatzansprüche *Bayreuther*, NZA-Beilage 2022, 20, 29; *Steinhauser/Kreis*, EuZA 2021, 422, 427; im Umkehrschluss wohl auch *Bruns*, in: Rolfs/Giesen/Meßling/Udsching, BeckOK Arbeitsrecht, § 38 HinSchG Rn. 5; dagegen *Thüsing*, DB 2022, 1066, 1068 f.; *Thüsing/Musiol/Peisker*, ZGI 2023, 63, 67.

Alt. 2 BGB berufen.[54] All diese Tatbestände sehen eine Haftung auch bei einfacher Fahrlässigkeit vor.[55]

Mit der Einführung des § 38 HinSchG und des dortigen beschränkten Haftungsregimes wird die Auffassung vertreten, dass einfache Fahrlässigkeit nunmehr zur Begründung eines Ersatzanspruchs gegen hinweisgebende Personen nicht mehr ausreicht.[56] Ein von § 38 HinSchG abweichender Verschuldensmaßstab sei mit den Vorgaben der HinSch-RL nicht zu vereinbaren.[57] Allerdings heißt es in der Begründung zum Gesetzentwurf der Bundesregierung zum HinSchG, dass Ansprüche auf Schadensersatz aufgrund der allgemeinen Vorschriften neben den in Abschnitt 4 geregelten Schadensersatzansprüchen bestehen bleiben.[58] In diese Richtung weist zudem Erwägungsgrund 101 der HinSch-RL, der vorsieht, dass diejenigen, die infolge einer Meldung oder Offenlegung ungenauer oder irreführender Informationen eine direkte oder indirekte Benachteiligung erfahren, weiterhin den ihnen nach allgemeinem Recht zustehenden Schutz genießen und auf die nach nationalem Recht verfügbaren Rechtsbehelfe zurückgreifen können. Zudem ist eine Verschlechterung des bereits bestehenden Schutzniveaus durch Art. 25 Abs. 2 der HinSch-RL ausgeschlossen; dieses Regressionsverbot gilt nicht nur für hinweisgebende Personen, sondern auch für betroffene Personen. 31

Ein Widerspruch zu der Regelung des § 38 HinSchG und der Zielsetzung des Schutzes der hinweisgebenden Person liegt darin nicht. Berücksichtigt man, dass der nationale Gesetzgeber nach Art. 23 Abs. 2 der HinSch-RL bei wissentlicher Denunziation zur Schaffung von Schadensersatzregelungen verpflichtet ist, ist nicht ersichtlich, weshalb solche bei Fahrlässigkeit verboten sein sollten.[59] Der Arbeitnehmer, der berechtigte Zweifel hat und diese Zweifel auch nicht ausräumen will, ist nicht zur Vornahme einer Meldung verpflichtet.[60] 32

Unberührt bleiben von § 38 HinSchG die auf Vorsatz und grobe Fahrlässigkeit beschränkten Vorschriften des § 75 BBG, § 48 BeamtStG und § 24 SG über die Schadensersatzpflicht der Beamtinnen und Beamten sowie der Soldatinnen und Soldaten gegenüber ihrem Dienstherrn bei Verletzung der ihnen obliegen- 33

---

54 *Bayreuther*, NZA-Beilage 2022, 20, 29.

55 *Staudinger*, in: Schulze/Dörner/Ebert et al., BGB, § 824 Rn. 14.

56 *Bayreuther*, NZA-Beilage 2022, 20, 27; *Steinhauser/Kreis*, EuZA 2021, 422, 427.

57 RegE zum HinSchG vom 19.9.2022, BT-Drs. 20/3442, S. 97.

58 RegE zum HinSchG vom 19.9.2022, BT-Drs. 20/3442, S. 91; darauf hinweisend *Thüsing*, DB 2022, 1066, 1069.

59 *Thüsing*, DB 2022, 1066, 1069.

60 *Thüsing*, DB 2022, 1066, 1069.

den Pflichten.[61] Aus strafrechtlicher Sicht können Falschmeldungen unter Umständen die Tatbestände der §§ 145d, 164, 187 StGB erfüllen.[62]

IV. Rechtsfolgen

34 Plant die betroffene Person die Geltendmachung eines Schadensersatzanspruchs aufgrund einer vorsätzlichen oder grob fahrlässigen Falschmeldung gegen die hinweisgebende Person, muss sie unter Umständen zunächst in Erfahrung bringen, wer die falschen Informationen gemeldet oder offengelegt hat. Um diesem berechtigten Interesse zur Durchsetzung zu verhelfen, sieht § 9 Abs. 1 HinSchG – spiegelbildlich zu § 38 HinSchG – eine Ausnahme von dem Gebot der Vertraulichkeit der Identität der hinweisgebenden Person vor, wenn vorsätzlich oder grob fahrlässig unrichtige Informationen über Verstöße gemeldet werden (vgl. § 9 Rn. 4 ff.).[63] Ergänzend hierzu gestattet § 9 Abs. 3 HinSchG die Weitergabe von Informationen über die hinweisgebende Person.[64] Erst durch diese Regelungen kann dem Ersatzanspruch des § 38 HinSchG in der Praxis zur Durchsetzung verholfen werden, da Personen, die Gegenstand einer unrichtigen Meldung sind, andernfalls in vielen Fällen nicht wüssten bzw. nicht in Erfahrung bringen könnten, wem gegenüber sie Schadensersatzforderungen geltend machen sollten. Allerdings stellt sich auch hier ein praktisches Problem: Die Identität der hinweisgebenden Person darf durch die zuständige Stelle (in der Regel interne oder externe Meldestelle) nur mitgeteilt werden, wenn vorsätzlich oder grob fahrlässig unrichtige Informationen über Verstöße gemeldet wurden. Die zuständige Stelle muss daher ihrerseits prüfen, ob ein entsprechendes Verschulden der hinweisgebenden Person vorliegt. Es steht zu befürchten, dass sich die zuständige Stelle nicht zuletzt angesichts der oben dargestellten Unsicherheiten etwa über das Bestehen von Nachforschungspflichten im Zweifel zur Vermeidung eines bußgeldrelevanten Verstoßes gegen die Vertraulichkeit i. S. v. § 40 Abs. 3 HinSchG gegen eine Weitergabe entscheidet. Die Durchsetzbarkeit des Schadensersatzanspruchs des § 38 HinSchG sieht sich damit einer weiteren Hürde ausgesetzt.

61 RegE zum HinSchG vom 19.9.2022, BT-Drs. 20/3442, S. 97.
62 *Behr/Haas/Ellinger*, DB 2022, 2137, 2140.
63 RegE zum HinSchG vom 19.9.2022, BT-Drs. 20/3442, S. 75.
64 Kritisch zur Darlegungs- und Beweislast *Mohn*, NZA 2022, 1159, 1166.

§ 39 Verbot abweichender Vereinbarungen

Vereinbarungen, die die nach diesem Gesetz bestehenden Rechte hinweisgebender Personen oder sonst nach diesem Gesetz geschützter Personen einschränken, sind unwirksam.

Schrifttum: *Assmann/Schneider/Mülbert*, Wertpapierhandelsrecht, 8. Aufl. 2023; *Bayreuther*, Whistleblowing und das neue Hinweisgeberschutzgesetz, NZA-Beilage 2022, 20; *Dzida*, Anpassung von Arbeitsverträgen an das neue Hinweisgeberschutzgesetz, ArbRB 2023, 182; *Dzida/Seibt*, Neues Hinweisgeberschutzgesetz: Analyse und Antworten auf Praxisfragen, NZA 2023, 657; *Pitzer/Zoglowek*, Das neue Hinweisgeberschutzgesetz, Anwaltsblatt 2023, 406; *Preis*, Der Arbeitsvertrag, 6. Aufl. 2020; *Rolfs/Giesen/Meßling/Udsching* (Hrsg.), Beck'scher Online-Kommentar zum Arbeitsrecht, 68. Edition, Stand: 2.7.2023; *Säcker/Rixecker/Oetker/Limperg*, Münchener Kommentar zum Bürgerlichen Gesetzbuch, 9. Aufl. 2021; *Schmitt*, Geheimnisschutz und Whistleblowing – Aktuelle Rechtslage und Überlegungen zur Umsetzung in Deutschland, NZA-Beilage 2020, 50.

Übersicht

	Rn.
I. Überblick	1
II. Sachlicher Anwendungsbereich	4
1. Vereinbarungen	4
2. Rechte hinweisgebender und geschützter Personen	7
III. Persönlicher Anwendungsbereich	8
IV. Rechtsfolgen	9
1. Gesamt- oder Teilnichtigkeit abweichender Vereinbarungen	9
2. Anpassung von Arbeitsvertragsklauseln	14
a) Künftig abzuschließende Arbeitsverträge	15
b) Bestandsarbeitsverträge	19
c) Geheimhaltungsklauseln	22
V. Besonderheit: Schiedsvereinbarungen	24

I. Überblick

Die Vorschriften des vierten Abschnitts des HinSchG schränken – im Einklang mit der Zielsetzung der HinSch-RL – die Handlungsmöglichkeiten gegen Personen, die eine Meldung oder Offenlegung vorgenommen haben oder aus anderen Gründen geschützt sind, erheblich ein. In der Vergangenheit führten Meldungen und insbesondere Offenlegungen über unternehmensinterne Missstände häufig zu einer Kündigung des Arbeitsverhältnisses der hinweisgebenden Person, die von den (Arbeits-)Gerichten auch wiederholt bestätigt wurden.[1] Nach Einführung des HinSchG kommt eine Sanktionsmaßnahme gegen hinweisgebende Personen nur in Betracht, wenn die Maßnahme keine Repres- 1

1 EGMR, 16.2.2021, 23922/19, NZA 2021, 851; BAG, 3.7.2003, 2 AZR 235/02, NZA 2004, 427, 430.

salie darstellt, weil die Benachteiligung im beruflichen Kontext auf hinreichend gerechtfertigten Gründen basiert oder nicht auf der Meldung oder Offenlegung beruht (vgl. § 36 Rn. 8). Um dem Schutz der hinweisgebenden Person in der Praxis zur Durchsetzung zu verhelfen, sieht § 39 HinSchG ein **umfassendes Umgehungsverbot** im Hinblick auf die Vorschriften des vierten Abschnitts des HinSchG vor.

2 Die zwingende Gestaltung der im HinSchG enthaltenen Schutzvorschriften ist angesichts der Zielsetzung des Gesetzes bzw. der zugrundeliegenden HinSch-RL folgerichtig. Eine Förderung der Offenbarung potenzieller Verstöße kann nur erreicht werden, wenn Personen, die in lauterer Absicht (zu den Folgen von Falschmeldungen vgl. § 33 Rn. 44 ff.; § 38 Rn. 34) eine Meldung oder Offenlegung vornehmen, keine Sorgen vor negativen Folgen durch ihr Handeln haben müssen. Dasselbe gilt für andere geschützte Personen wie beispielsweise Zeugen, die unter Umständen nicht einmal wissen, dass sie im Rahmen einer Meldung oder Offenlegung benannt werden und in dieser Position ebenfalls vor nachteiligen Folgen geschützt werden müssen. Andernfalls könnten hinweisgebende Personen zum Schutz dieser Dritten von einer Meldung absehen oder Dritte könnten von einer Aussage im Zusammenhang mit einer Meldung oder Offenlegung abgehalten werden. Auf diesem Wege würde eine Aufklärung erheblich erschwert oder unmöglich gemacht und die Effektivität des HinSchG erheblich vermindert. Um den Schutzstandard sicherzustellen und die Aushöhlung der Regelungen des vierten Abschnitts des HinSchG zu verhindern, verbietet sich auch eine aus anderen Rechtsbereichen bekannte teildispositive Ausgestaltung eines Verbots abweichender Vereinbarungen.[2]

3 Bis zum 1.7.2023 sah die Regelung des § 4d Abs. 7 FinDAG für hinweisgebende Personen im Anwendungsbereich des Gesetzes eine § 39 HinSchG vergleichbare Regelung vor, wonach die Berechtigung zur Abgabe von Meldungen vertraglich nicht eingeschränkt werden durfte und entgegenstehende Vereinbarungen unwirksam waren. Mit der Einführung des HinSchG wurden gem. § 2 Abs. 1 Nr. 5 HinSchG auch solche Verstöße in den Anwendungsbereich des Gesetzes integriert, die von § 4d Abs. 1 Satz 1 FinDAG erfasst sind. In der Folge wurde § 4d Abs. 7 FinDAG durch das umfassende Umgehungsverbot in § 39 HinSchG abgelöst.[3]

---

2 Siehe beispielsweise § 22 TzBfG.

3 RegE zum HinSchG vom 19.9.2022, BT-Drs. 20/3442, S. 101 zu Art. 7 (Änderung des Finanzdienstleistungsaufsichtsgesetzes); *Spoerr*, in: Assmann/Schneider/Mülbert, Wertpapierhandelsrecht, 2. Umsetzung in § 4d FinDAG und dem künftigen HinSchG, Art. 32 VO Nr. 596/2014 Rn. 21.

II. Sachlicher Anwendungsbereich

1. Vereinbarungen

4 Die Vorschrift des § 39 HinSchG dient der Umsetzung von Art. 24 der HinSch-RL.[4] Hiernach haben die Mitgliedstaaten sicherzustellen, dass die in dieser HinSch-RL vorgesehenen Rechte und Rechtsbehelfe nicht aufgrund einer Beschäftigungsvereinbarung, -bestimmung, -art oder -bedingung einschließlich einer Vorab-Schiedsvereinbarung aufgehoben oder eingeschränkt werden können.

5 Der Wortlaut des § 39 HinSchG beschränkt sich nicht auf beschäftigungsbezogene Regelungen, sondern spricht allgemein von „Vereinbarungen". Im Einklang hiermit heißt es in der Gesetzesbegründung, dass **alle Vereinbarungen** unwirksam sind, welche die in diesem Gesetz vorgesehenen Rechte beschränken oder ausschließen.[5] Mit dem weiten Anwendungsbereich soll den Schutzvorschriften unabhängig von der vertraglichen Ausgangslage zur Durchsetzung verholfen werden. Da der persönliche Anwendungsbereich des HinSchG über das (aktive) Arbeitsverhältnis hinausgeht (vgl. § 1 Rn. 4), ist es nicht nur sachgerecht, sondern geboten, auch andere Arten von Vereinbarungen in das Abweichungsverbot einzubeziehen. In der Folge kann weder durch **individualvertragliche** Vereinbarungen wie Arbeits-, Dienst- oder Werkverträge noch durch **kollektivvertragliche** Vereinbarungen, einschließlich solcher mit normativer Wirkung wie Betriebsvereinbarungen oder Tarifverträgen, zuungunsten der hinweisgebenden bzw. geschützten Personen von den gesetzlichen Vorgaben abgewichen werden.

6 In der Praxis dürfte das Umgehungsverbot des § 39 HinSchG in erster Linie bei der Auslegung arbeitsrechtlicher Vereinbarungen relevant werden, denn viele der typischen Regelungsgegenstände in Arbeitsverträgen weisen eine abstrakte Eignung zum Verstoß gegen das Repressalienverbot auf (vgl. Rn. 14).

2. Rechte hinweisgebender und geschützter Personen

7 Unwirksam sind nach § 39 HinSchG alle Vereinbarungen, welche die im Hinweisgeberschutzgesetz vorgesehenen Rechte hinweisgebender Personen oder anderer geschützter Personen beschränken oder ausschließen. Dies gilt beispielsweise für Einschränkungen im Hinblick auf den Zugang zu externen Meldestellen, die Zulässigkeitsvoraussetzungen für eine Offenlegung oder die

4 RegE zum HinSchG vom 19.9.2022, BT-Drs. 20/3442, S. 97.
5 RegE zum HinSchG vom 19.9.2022, BT-Drs. 20/3442, S. 97.

gerichtliche Geltendmachung von Rechten.[6] Auch Ausnahmen vom Repressalienverbot oder eine Ausdehnung von Ersatzpflichten hinweisgebender oder anderer geschützter Personen sind auf diesem Wege ausgeschlossen.[7]

III. Persönlicher Anwendungsbereich

8 In persönlicher Hinsicht gilt das Verbot abweichender Vereinbarungen für die Rechte hinweisgebender Personen und der sonstigen nach dem Hinweisgeberschutzgesetz geschützten Personen im Sinne von § 34 HinSchG (vgl. § 34 Rn. 1). Dies steht im Einklang mit den Vorgaben der HinSch-RL, die in Art. 4 Abs. 4 u.a. vorsieht, dass die Maßnahmen zum Schutz von Hinweisgebern gemäß Kapitel VI (zu denen Art. 24 HinSch-RL gehört), soweit einschlägig, auch für Mittler und Dritte gelten, die mit den Hinweisgebern in Verbindung stehen und in einem beruflichen Kontext Repressalien erleiden könnten, wie z.B. Kollegen oder Verwandte des Hinweisgebers. Die mit dem HinSchG gewünschte Förderung der Aufdeckung von Verstößen kann nur dann erreicht werden, wenn die Schutzmechanismen des Gesetzes nicht nur auf hinweisgebende Personen Anwendung finden, sondern auch auf andere Personen, die zur Aufklärung beitragen können, und dieser Schutz nicht im Vereinbarungswege ausgehebelt werden kann.

IV. Rechtsfolgen

1. Gesamt- oder Teilnichtigkeit abweichender Vereinbarungen

9 Der Gesetzgeber hat die Anregung im Gesetzgebungsverfahren[8] zur Ergänzung des Wortlauts des § 39 HinSchG dahingehend, dass abweichende Vereinbarungen nur insoweit unwirksam sind,[9] wie sie die Rechte geschützter Personen einschränken, bedauerlicherweise nicht aufgegriffen. Mangels einer Klarstellung im Wortlaut oder in der Gesetzesbegründung zu § 39 HinSchG stellt sich die Frage, welche Folgen die Feststellung einer abweichenden Vereinbarung für die Wirksamkeit der Gesamtvereinbarung hat.

---

6 RegE zum HinSchG vom 19.9.2022, BT-Drs. 20/3442, S. 97.

7 Vgl. Erwägungsgrund 91 der HinSch-RL.

8 Stellungnahme des Deutschen Anwaltvereins durch die Ausschüsse Arbeitsrecht, Corporate Social Responsibility und Compliance, Informationsrecht sowie Strafrecht von Mai 2022, S. 32.

9 Vgl. zu dieser Konzeption etwa § 21 Abs. 4 AGG, wonach sich nur der Benachteiligende nicht auf solche Vereinbarungen berufen kann, das Schuldverhältnis im Übrigen aber erhalten bleibt.

Nach **§ 139 BGB** hat die Teilnichtigkeit eines Rechtsgeschäfts im Grundsatz die Gesamtnichtigkeit zur Folge. Eine Ausnahme gilt nur dann, wenn anzunehmen ist, dass das Rechtsgeschäft auch ohne den nichtigen Teil vorgenommen worden wäre. Verstößt der Inhalt einer Regelung innerhalb eines Vertragswerks gegen das Verbot abweichender Vereinbarungen gemäß § 39 HinSchG, erscheint die Rechtsfolge der Gesamtnichtigkeit mit Blick auf die Bedeutung der sonstigen Inhalte und der Vereinbarung als Ganzes jedoch weder zwingend noch sachgerecht. **10**

Die Frage ist von erheblicher praktischer Relevanz, da sich vor allem in älteren arbeitsvertraglichen Vereinbarungen Regelungen finden dürften, die z. B. im Hinblick auf den Vorrang interner Meldewege, Geheimnisschutzklauseln oder die Bezeichnung wichtiger Gründe für eine außerordentliche Kündigung[10] eine Einschränkung der Rechte hinweisgebender Personen bzw. sonstiger geschützter Personen darstellen können. Eine Gesamtnichtigkeit solcher Vereinbarungen hätte weitreichende Folgen[11] und könnte u. a. zu Auslegungsschwierigkeiten und Folgestreitigkeiten führen, auch eine vertragliche Schlechterstellung der hinweisgebenden Person ist nicht ausgeschlossen. Dies ist nicht mit dem Sinn und Zweck des HinSchG vereinbar. Zudem ist die Rechtsfolge einer Gesamtnichtigkeit der Vereinbarung nicht erforderlich, um eine sachgerechte Umsetzung des § 39 HinSchG sicherzustellen. Aus diesem Grunde sollte bei einem Verstoß gegen § 39 HinSchG der zweite Halbsatz des § 139 BGB zum Tragen kommen und lediglich der Regelungsinhalt einer Vereinbarung, soweit er gegen § 39 HinSchG verstößt, nichtig sein. **11**

Ein typisches Beispiel sind Geheimhaltungsvereinbarungen in Arbeitsverträgen, die eine Einschränkung der Schutzvorschriften des vierten Abschnitts des HinSchG begründen könnten. Der Schutz von Betriebs- und Geschäftsgeheimnissen ist für den Arbeitgeber zwar in der Regel von erheblicher Relevanz, gleichwohl wird man auch angesichts des gesetzlich garantierten Schutzniveaus (Geheimhaltungspflicht als arbeitsvertragliche Nebenpflicht sowie spezialgesetzliche Regelungen für bestimmte Geheimnisträger) im Regelfall davon ausgehen dürfen, dass die Parteien den Vertrag auch ohne eine entsprechende Vereinbarung abgeschlossen hätten. **12**

Zu demselben Ergebnis gelangt man, wenn man aus dem Charakter des § 39 HinSchG als einseitiges Verbotsgeschäft i. S. d. **§ 134 BGB** schließt, dass eine Nichtigkeit des Rechtsgeschäfts nur im Rahmen von Sinn und Zweck der Ver- **13**

---

10 Vgl. zu dieser Thematik *Dzida*, ArbRB 2023, 182, 183 ff.; *Dzida/Seibt*, NZA 2023, 657, 660, 665.

11 Stellungnahme Prof. *Dr. Ninon Colneric*, S. 5 f.; Stellungnahme *Simon Gerdemann*, S. 9.

botsnorm erfolgen soll.[12] Auch in diesem Fall bleibt die Wirksamkeit der zugrunde liegenden Vereinbarung und der übrigen Regelungen unberührt.

2. Anpassung von Arbeitsvertragsklauseln

14 Die Rechtsprechung wird klären müssen, ob Klauseln in Arbeitsverträgen, deren Regelungsgegenstand eine arbeitsrechtliche Repressalie begründen könnte, für ihre Wirksamkeit mit einem **Vorbehalt** im Hinblick auf den Vorrang der Schutzvorschriften des HinSchG versehen sein müssen. Typische Regelungsgegenstände in Arbeitsverträgen mit einem potenziell repressiven Charakter i. S. d. HinSchG sind Geheimhaltungsklauseln, Freistellungs- oder Versetzungsklauseln sowie Regelungen zum Kündigungsrecht.[13]

a) Künftig abzuschließende Arbeitsverträge

15 Mit der Anpassung von Musterarbeitsverträgen durch Aufnahme eines Vorbehalts könnte dem Risiko einer möglichen Unwirksamkeit einer Vertragsklausel wegen eines Verstoßes gegen § 39 HinSchG begegnet werden.

16 Ein Vorbehalt im Hinblick auf § 39 HinSchG stellt klar, dass eine Vertragsregelung keine Anwendung findet, wenn die auf ihr basierende Maßnahme eine verbotene Repressalie im Sinne des HinSchG darstellt oder in anderer Weise gegen die Schutzvorschriften des vierten Abschnitts des HinSchG verstößt oder erfolgt, weil die Person nach anderen gesetzlichen Vorschriften zum Hinweisgeberschutz von den ihr zustehenden Rechten auf Hinweis, Mitteilung oder Offenlegung Gebrauch gemacht hat.[14]

17 Die Rechtsprechung wird zu klären haben, ob es eines solchen „catch all"-Vorbehalts überhaupt bedarf oder sogar eine allgemeine Klarstellung nicht ausreicht, sondern im Sinne des Transparenzgebots des § 307 Abs. 1 Satz 2 BGB eine konkrete Bezugnahme auf die potenziell repressiven Einzelklauseln (beispielsweise Versetzungs-, Freistellungs- und Kündigungsklauseln) erforderlich ist.[15]

18 Gegen das Erfordernis einer ausdrücklichen vertraglichen Klarstellung des Vorrangs der Schutzvorschriften des HinSchG spricht, dass eine auf einer potenziell repressiven vertraglichen Regelung basierende arbeitsrechtliche Maß-

---

12 Vgl. insofern zur Auslegung von § 21 Abs. 4 AGG *Thüsing*, in: MünchKomm-BGB, § 21 AGG Rn. 81 unter Bezugnahme auf BGH, 14.12.1999, X ZR 34/98, BGHZ 143, 283 Rn. 16.

13 *Dzida*, ArbRB 2023, 182, 183; *Dzida/Seibt*, NZA 2023, 657, 665.

14 *Dzida*, ArbRB 2023, 182, 184; *Dzida/Seibt*, NZA 2023, 657, 665.

15 *Dzida*, ArbRB 2023, 182, 184.

nahme nicht per se eine abweichende Vereinbarung im Sinne von § 39 HinSchG begründet, sondern nur im Falle eines unrechtmäßigen Einsatzes im Einzelfall. Eine generelle Unwirksamkeit einer solchen Vertragsklausel ohne entsprechenden Vorbehalt des Vorrangs der Schutzvorschriften des HinSchG erscheint daher nicht sachgerecht. Aus Vorsichtsgründen kann bis zu einer gerichtlichen Klärung gleichwohl überlegt werden, mit einer entsprechenden (pauschalen oder individuellen) Formulierung[16] das Risiko einer Unwirksamkeit der Regelungen zu reduzieren.

b) Bestandsarbeitsverträge

Die Frage nach dem Erfordernis der Anpassung von Vertragsklauseln infolge der Einführung des § 39 HinSchG stellt sich nicht nur für künftig abzuschließende, sondern auch für bereits bestehende Arbeitsverträge. **19**

Die Notwendigkeit einer Anpassung von Bestandsarbeitsverträgen wird mit Blick auf eine frühere Entscheidung des BAG verneint.[17] In diesem Rechtsstreit wurde bei der Einführung des Mindestlohngesetzes keine Anpassungspflicht im Hinblick auf arbeitsvertragliche Verfallklauseln angenommen.[18] Das BAG hatte allerdings in diesem Rechtsstreit nur über die Wirksamkeit einer Klausel in Bezug auf Ansprüche zu entscheiden, die bereits vor Inkrafttreten des Mindestlohngesetzes entstanden waren und hat die Frage, ob auf die Gesetzeslage zum Zeitpunkt des Vertragsschlusses abzustellen ist oder auch nachträgliche Gesetzesänderungen heranzuziehen sind, ausdrücklich offengelassen.[19] **20**

Die Rechtsprechung geht im Grundsatz davon aus, dass die Unwirksamkeit einer Vertragsklausel nicht durch eine nachträgliche Gesetzesänderung herbeigeführt wird, jedenfalls solange der Gesetzgeber keine abweichende Regelung hinsichtlich des Umgangs mit Altvereinbarungen getroffen hat.[20] Auch an dieser Stelle wird jedoch erst die Rechtsprechung Rechtssicherheit herbeiführen können. **21**

---

16 Ein Beispiel aus der Zeit vor Einführung des HinSchG findet sich bei *Sagan*, in: Preis, Der Arbeitsvertrag, II W 20 Rn. 1 ff.

17 *Dzida*, ArbRB 2023, 182, 184; *Dzida/Seibt*, NZA 2023, 657, 665.

18 BAG, 17.10.2017, 9 AZR 80/17, NZA 2018, 57.

19 BAG, 17.10.2017, 9 AZR 80/17, NZA 2018, 57 Rn. 21.

20 BAG, 23.9.2010, 8 AZR 897/08, BB 2011, 1023 = NZA 2011, 89 Rn. 44; auf den Zeitpunkt der Anwendung abstellend allerdings BAG, 13.12.2012, 8 AZR 432/11, NZA 2013, 622 Rn. 21.

c) Geheimhaltungsklauseln

22 Nachdem bereits das im Jahr 2019 eingeführte Gesetz zum Schutz von Geschäftsgeheimnissen[21] Anlass zu einer Überprüfung und Anpassung von Geheimhaltungsklauseln in Arbeitsverträgen gegeben hat, folgt nun aus § 6 Abs. 1 HinSchG (i.V.m. § 35 Abs. 2 HinSchG) ein erneuter Modifizierungsbedarf. Die Vorschrift des § 6 Abs. 1 HinSchG gestattet die Weitergabe eines Geschäftsgeheimnisses an eine zuständige Meldestelle oder die Offenlegung unter den dort näher definierten Voraussetzungen (vgl. § 6 Rn. 16ff.). Damit tritt neben § 5 Nr. 2 GeschGehG eine weitere Ausnahme vom Schutz von Geschäftsgeheimnissen nach dem GeschGehG, die Arbeitgeber zu beachten haben.[22]

23 Geheimhaltungsklauseln in Arbeitsverträgen enthalten in der Praxis meist eine pauschal formulierte Pflicht zum Schutz von Geschäftsgeheimnissen während und auch nach Beendigung des Beschäftigungsverhältnisses. Mit Blick auf die Regelung des § 39 HinschG ist es empfehlenswert, dass die Ausnahmeregelung des § 6 HinSchG (i.V.m. § 35 Abs. 2 HinSchG) in den Geheimhaltungsklauseln ausdrückliche Erwähnung findet. Hierfür bietet sich eine Klarstellung an, dass die Geheimhaltungspflicht einem Recht des Arbeitnehmers auf Meldung oder Offenlegung nach dem HinSchG oder einer anderen gesetzlichen Vorschrift zum Hinweisgeberschutz nicht entgegensteht.[23]

V. Besonderheit: Schiedsvereinbarungen

24 Das Umgehungsverbot des § 39 HinSchG umfasst auch Vereinbarungen hinsichtlich der Beschränkung bzw. des Ausschlusses der gerichtlichen Geltendmachung von Rechten mittels einer Schiedsvereinbarung.[24] Die Beteiligten können nicht wirksam vereinbaren, alle oder einzelne Streitigkeiten, die zwischen ihnen im Hinblick auf die Rechte nach dem HinSchG entstanden sind oder künftig entstehen, ausschließlich der Entscheidung durch ein Schiedsgericht zu unterwerfen. Schiedsvereinbarungen, die eine Beschränkung oder gar einen Ausschluss des Zugangs zum gesetzlichen Richter vorsehen, sind gem. § 134 BGB nichtig, sodass eine Klage im vorgesehenen Rechtsweg trotz entgegenstehender Schiedsvereinbarung zulässig wäre.

---

21 Zum Verhältnis von arbeitsrechtlichem Geschäftsgeheimnisschutz und Whistleblowing siehe *Schmitt*, NZA-Beilage 2020, 50.

22 *Bayreuther*, NZA-Beilage 2022, 20, 24.

23 *Dzida*, ArbRB 2023, 182, 183; *Dzida/Seibt*, NZA 2023, 657, 665; *Pitzer/Zoglowek*, AnwBl. 2023, 406, 411.

24 RegE zum HinSchG vom 19.9.2022, BT-Drs. 20/3442, S. 97; *Bruns*, in: Rolfs/Giesen/Meßling/Udsching, BeckOK Arbeitsrecht, § 39 HinSchG Rn. 2.

Abschnitt 5
Sanktionen

§ 40 Bußgeldvorschriften

(1) Ordnungswidrig handelt, wer wissentlich entgegen § 32 Absatz 2 eine unrichtige Information offenlegt.

(2) Ordnungswidrig handelt, wer

1. **entgegen § 7 Absatz 2 eine Meldung oder dort genannte Kommunikation behindert,**
2. **entgegen § 12 Absatz 1 Satz 1 nicht dafür sorgt, dass eine interne Meldestelle eingerichtet ist und betrieben wird, oder**
3. **entgegen § 36 Absatz 1 Satz 1, auch in Verbindung mit § 34, eine Repressalie ergreift.**

(3) Ordnungswidrig handelt, wer vorsätzlich oder leichtfertig entgegen § 8 Absatz 1 Satz 1 die Vertraulichkeit nicht wahrt.

(4) Ordnungswidrig handelt, wer eine in Absatz 3 bezeichnete Handlung fahrlässig begeht.

(5) Der Versuch einer Ordnungswidrigkeit kann in den Fällen des Absatzes 2 Nummer 1 und 3 geahndet werden.

(6) Die Ordnungswidrigkeit kann in den Fällen des Absatzes 2 Nummer 1 und 3, der Absätze 3 und 5 mit einer Geldbuße bis zu fünfzigtausend Euro, in den Fällen der Absätze 1 und 2 Nummer 2 mit einer Geldbuße bis zu zwanzigtausend Euro und in den übrigen Fällen mit einer Geldbuße bis zu zehntausend Euro geahndet werden. § 30 Absatz 2 Satz 3 des Gesetzes über Ordnungswidrigkeiten ist in den Fällen des Absatzes 2 Nummer 1 und 3 und der Absätze 3 und 4 anzuwenden.

Schrifttum: *Baade/Hößl*, Arbeits- und compliancerechtlicher Handlungsbedarf unter dem neuen Hinweisgeberschutzgesetz (Teil I), DStR 2023, 1213; *Baade/Hößl*, Arbeits- und compliancerechtlicher Handlungsbedarf unter dem neuen Hinweisgeberschutzgesetz (Teil II), DStR 2023, 1265; *Bayreuther*, Das neue Hinweisgeberschutzgesetz, DB 2023, 1537; *Bayreuther*, Whistleblowing und das neue Hinweisgeberschutzgesetz, NZA-Beilage 2022, 20; *Behr/Haas/Ellinger*, Der RegE zum Hinweisgeberschutzgesetz – die 15 wichtigsten Fragen für Unternehmen, DB 2022, 2137; *Brockhaus*, Praktische und berufsrechtliche Grenzen bei der anwaltlichen Tätigkeit als Ombudsperson, CB 2023, 8; *Bülte*, Gesetzlichkeitsprinzip und Gesetzgebungsverantwortung im Verkehrsordnungswidrigkeitenrecht, NVZ 2020, 12; *Bürger/von Dahlen*, Der gut- und bösgläubige Hinweisgeber/Beschwerdeführer – Anforderungen an die Befugnis zur Einleitung von Verfahren nach § 33 HinSchG-E und § 8 LkSG, DB 2023, 829; *Busch*, Hinweisgeberschutzgesetz; Gesetz zur umfassenden Verfolgung der organisierten

Steuerhinterziehung, wistra 9/2022, R9; *Cirener/Radtke/Rissing-van Saan/Rönnau/Schluckebier* (Hrsg.), Leipziger Kommentar Strafgesetzbuch, Band VII, 13. Aufl. 2021; *Engelhoven/Gatz*, Das neue Hinweisgeberschutzgesetz: die Änderungen im parlamentarischen Verfahren im Überblick, DB 2023, 1397; *Fest*, Whistleblowing – Fragen des Hinweisgeberschutzes aus gesellschaftsrechtlicher Perspektive, ZIP 2022, 2265; *Fischer*, Strafgesetzbuch, 70. Aufl. 2023; *Fuhlrott/Henckel*, Hinweisgeberschutzgesetz: Handlungsbedarf für Unternehmen und Personalabteilungen, ArbRAktuell 2022, 441; *Gerdemann*, Neuer Entwurf für ein Hinweisgeberschutzgesetz – Auf Konfrontationskurs zu EU-Kommission und Koalitionsvertrag, ZRP 2022, 98; *Gola/Heckmann* (Hrsg.), Datenschutz-Grundverordnung – Bundesdatenschutzgesetz, 3. Aufl. 2022; *Graf* (Hrsg.), Beck'scher Online-Kommentar OWiG, 39. Edition 2023; *Gramlich/Lütke*, Das Sanktionsregime des HinSchG, wistra 2023, 321; *Miege/Ahrens*, Whistleblowing: Erster Entwurf der Koalition zum Hinweisgeberschutzgesetz, MMR-Aktuell 2022, 448308; *Mitsch* (Hrsg.), Karlsruher Kommentar zum Gesetz über Ordnungswidrigkeiten, 5. Aufl. 2018; *Reufels/Soltysiak*, Das neue Whistleblowing-Recht, 2023; *Rolfs/Giesen/Meßling/Udsching* (Hrsg.), Beck'scher Online-Kommentar Arbeitsrecht, 69. Edition 2023; *Schönke/Schröder*, Strafgesetzbuch, Kommentar, 30. Aufl. 2019; *Scholz*, Hinweisgeberschutz zwischen Legalitäts- und Legalitätskontrollpflicht, AG 2022, 553; *Steinhauser/Saalwächter-Hirsch/Trouvain*, Das deutsche Hinweisgeberschutzgesetz – Was lange währt, wird endlich gut?, ESG 2023, 9; *Trüg*, Die Verteidigung von Unternehmen, NZWiSt 2022, 106; *Wabnitz/Janovski/Schmitt* (Hrsg.), Handbuch Wirtschafts- und Steuerstrafrecht, 5. Aufl. 2020; *Wolff/Brink/Ungern-Sternberg* (Hrsg.), Beck'scher Online-Kommentar Datenschutzrecht, 45. Edition 2023.

Übersicht

	Rn.
I. Überblick	1
II. Offenlegen unrichtiger Informationen (§ 40 Abs. 1)	2
III. Behindern der Kommunikation (§ 40 Abs. 2 Nr. 1)	7
IV. Nicht-Betrieb einer internen Meldestelle (§ 40 Abs. 2 Nr. 2)	12
V. Ergreifen einer Repressalie (§ 40 Abs. 2 Nr. 3)	18
VI. Verletzen der Vertraulichkeit (§ 40 Abs. 3 und Abs. 4)	23
VII. Versuch einer Ordnungswidrigkeit (§ 40 Abs. 5)	31
1. Behindern der Kommunikation	31
2. Ergreifen einer Repressalie	33
VIII. Bußgeldhöhe (§ 40 Abs. 6)	35

I. Überblick

1 § 40 enthält das Sanktionsregime des HinSchG.[1] Der Gesetzgeber hat in § 40 Abs. 1 bis 4 Verstöße gegen ausgewählte Ge- und Verbote des HinSchG als Ordnungswidrigkeit qualifiziert. § 40 Abs. 5 bestimmt Fälle, in denen der Versuch einer Ordnungswidrigkeit geahndet werden kann. Die Höhe möglicher Geldbußen regelt § 40 Abs. 6. Auf Straftatbestände hat der Gesetzgeber – an-

1 Für einen Überblick *Gramlich/Lütke*, wistra 2023, 321 ff.; *Busch*, wistra 2022, R9 ff.; *Reufels/Soltysiak*, Das neue Whistleblowing-Recht, S. 110 ff.

ders als bei § 23 GeschGehG – verzichtet.[2] Die unionsrechtlichen Vorgaben für die Bußgeldvorschriften des § 40 enthält Art. 23 Abs. 1 und 2 der HinSch-RL.[3] Danach müssen wirksame, angemessene und abschreckende Sanktionen die Vorschriften über den Schutz hinweisgebender Personen flankieren.[4]

II. Offenlegen unrichtiger Informationen (§ 40 Abs. 1)

Nach § 40 Abs. 1[5] handelt ordnungswidrig, wer wissentlich entgegen § 32 **2**
Abs. 2 eine unrichtige Information offenlegt. Der Gesetzgeber verfolgt mit dieser Vorschrift zwei Ziele. Zum einen soll sie Art. 23 Abs. 2 HinSch-RL umsetzen. Zum anderen müsse verhindert werden, dass falsche Informationen ungeprüft weitergetragen und veröffentlicht würden. Zwar genüge dafür regelmäßig der Schutz durch das geltende Recht (insbesondere § 145d StGB, § 164 StGB, § 187 StGB und zivilrechtliche Schadenersatzansprüche).[6] Weil die Offenlegung unrichtiger Informationen allerdings für die Betroffenen besonders schwere Folgen haben könne, sei der Bußgeldtatbestand des § 40 Abs. 1 nötig, um alle Fälle der wissentlichen Verbreitung unrichtiger Informationen zu erfassen.[7] Der Norm ist demnach eine Auffangfunktion zugedacht.

---

2 Dazu etwa *Gramlich/Lütke*, wistra 2023, 321, 324.

3 Gesetzentwurf der Bundesregierung: Entwurf eines Gesetzes für einen besseren Schutz hinweisgebender Personen sowie zur Umsetzung der Richtlinie zum Schutz von Personen, die Verstöße gegen das Unionsrecht melden, BT-Drs. 20/3442, S. 97; Formulierungshilfe der Bundesregierung zum Entwurf eines Gesetzes für einen besseren Schutz hinweisgebender Personen sowie zur Umsetzung der Richtlinie zum Schutz von Personen, die Verstöße gegen das Unionsrecht melden vom 14.3.2023 (nachfolgend: Formulierungshilfe der Bundesregierung), S. 101.

4 Siehe auch Erwägungsgrund 102 HinSch-RL.

5 Die prominente Stellung dieser Sanktionsnorm für hinweisgebende Personen kritisieren: Stellungnahme Deutscher Gewerkschaftsbund (DGB) zum Referentenentwurf des Bundesministeriums der Justiz zum Entwurf eines Gesetzes für einen besseren Schutz hinweisgebender Personen sowie zur Umsetzung der Richtlinie zum Schutz von Personen, die Verstöße gegen das Unionsrecht melden vom 11.5.2022, S. 10; Stellungnahme Marburger Bund Bundesverband zu dem Referentenentwurf des Bundesministeriums der Justiz zu dem Gesetz für einen besseren Schutz hinweisgebender Personen sowie zur Umsetzung der Richtlinie zum Schutz von Personen, die Verstöße gegen das Unionsrecht melden (HinSchG) vom 9.5.2022, S. 3.

6 Zum Vorstehenden insgesamt Gesetzentwurf der Bundesregierung, BT-Drs. 20/3442, S. 97; Formulierungshilfe der Bundesregierung, S. 101; *Gerdemann*, ZRP 2022, 98, 100; *Reufels/Soltysiak*, Das neue Whistleblowing-Recht, S. 110.

7 Gesetzentwurf der Bundesregierung, BT-Drs. 20/3442, S. 97 und 98; Formulierungshilfe der Bundesregierung, S. 101; *Bruns*, in: Rolfs/Giesen/Meßling/Udsching, BeckOK Arbeitsrecht, § 40 HinSchG Rn. 2.

3 In objektiver Hinsicht verlangt § 40 Abs. 1 die **Offenlegung unrichtiger Informationen** entgegen § 32 Abs. 2. Der Verweis auf § 32 Abs. 2 ist dabei nicht weiterführend, weil bereits der Tatbestand das zu ahndende Verhalten vollständig beschreibt. Der Begriff der Offenlegung bezeichnet nach der Legaldefinition des § 3 Abs. 5 das Zugänglichmachen von Informationen über Verstöße gegenüber der Öffentlichkeit. Unrichtig sind die offengelegten Informationen jedenfalls dann, wenn die dabei verbreiteten Tatsachen objektiv nicht der Wahrheit entsprechen.[8]

4 In subjektiver Hinsicht fordert § 40 Abs. 1 wissentliches Handeln. Dabei entspricht die **Wissentlichkeit** dem direkten Vorsatz.[9] Konkret muss die hinweisgebende Person im Zeitpunkt der Offenlegung mit an Sicherheit grenzender Wahrscheinlichkeit wissen, dass sie unrichtige Informationen verbreitet. Nicht von § 40 Abs. 1 erfasst ist demnach die Offenlegung unrichtiger Informationen mit Eventualvorsatz.

5 Für das Verhältnis von Straftaten zu Ordnungswidrigkeiten nach § 40 verweist der Gesetzgeber im Zusammenhang mit § 40 Abs. 1 auf § 21 OWiG.[10] § 21 Abs. 1 Satz 1 OWiG bestimmt, dass nur das Strafgesetz anzuwenden ist, wenn eine Handlung gleichzeitig eine Straftat und eine Ordnungswidrigkeit begründet. Wird eine Strafe nicht verhängt, erlaubt § 21 Abs. 2 OWiG es, die Tat als Ordnungswidrigkeit zu ahnden.

6 Eine Ordnungswidrigkeit nach § 40 Abs. 1 kann mit einem Bußgeld von bis zu 20.000 EUR geahndet werden (§ 40 Abs. 6 Satz 1).

III. Behindern der Kommunikation (§ 40 Abs. 2 Nr. 1)

7 Nach § 40 Abs. 2 Nr. 1 handelt ordnungswidrig, wer entgegen § 7 Abs. 2 eine Meldung oder die auf eine Meldung folgende Kommunikation behindert. Die Vorschrift soll Art. 23 Abs. 1 lit. a und c HinSch-RL umsetzen.[11]

---

8 Zur „Unrichtigkeit“ im Zusammenhang mit § 264 StGB siehe etwa *Fischer*, StGB, § 264 Rn. 23.

9 Zum Merkmal der Wissentlichkeit i. S. d. § 42 Abs. 1 BDSG, vgl. etwa *Ehmann*, in: Gola/Heckmann, § 42 BDSG Rn. 16; *Brodowski/Nowak*, in: Wolff/Brink/Ungern-Sternberg, BeckOK Datenschutzrecht, § 42 BDSG Rn. 39.

10 Gesetzentwurf der Bundesregierung, BT-Drs. 20/3442, S. 98; Formulierungshilfe der Bundesregierung, S. 101; dazu *Reufels/Soltysiak*, Das neue Whistleblowing-Recht, S. 110; ausführlicher zum Verhältnis des § 40 zu verschiedenen Straftaten *Gramlich/Lütke*, wistra 2023, 321, 329 ff.

11 Gesetzentwurf der Bundesregierung, BT-Drs. 20/3442, S. 98; Formulierungshilfe der Bundesregierung, S. 101.

In objektiver Hinsicht fordert § 40 Abs. 2 Nr. 1, dass jemand eine Meldung oder die Folgekommunikation behindert. Das soll der Fall sein, wenn die Meldung oder die Folgekommunikation vollständig verhindert oder zumindest eingeschränkt werden. Insbesondere einschüchternde Maßnahmen sollen hiervon erfasst sein.[12] Unerheblich ist dabei, wer die Kommunikation behindert. Das Verhalten des Beschäftigungsgebers ist genauso erfasst, wie das anderer Beschäftigter.[13] Näher wird der Tatbestand in den Materialien nicht erläutert.[14] **8**

In subjektiver Hinsicht verlangt § 40 Abs. 2 Nr. 1 ein vorsätzliches Verhalten. **9**
Eventualvorsatz ist dabei ausreichend (§ 2 OWiG i.V.m. § 10 OWiG).[15] Die handelnde Person muss es im Zeitpunkt der fraglichen Handlung für möglich halten und billigend in Kauf nehmen, dass sie eine Meldung oder die Folgekommunikation verhindert oder einschränkt.[16]

Bei einem Verstoß gegen § 40 Abs. 2 Nr. 1 kann unter den zusätzlichen Voraussetzungen des § 130 OWiG eine Geldbuße gegen den Inhaber eines Betriebs oder Unternehmens verhängt werden.[17] Auch eine Geldbuße gegen juristische Personen oder diesen gleichgestellte Personenvereinigungen gemäß § 30 OWiG kommt in Betracht, insbesondere weil § 130 OWiG eine taugliche Anknüpfungstat für § 30 OWiG ist.[18] **10**

Eine Ordnungswidrigkeit nach § 40 Abs. 2 Nr. 1 kann mit einem Bußgeld von bis zu 50.000 EUR geahndet werden (§ 40 Abs. 6 Satz 1). Im Fall einer Unternehmensgeldbuße nach § 30 OWiG verzehnfacht sich die Höchstgrenze auf 500.000 EUR (§ 40 Abs. 6 Satz 2 i.V.m. § 30 Abs. 2 Satz 3 OWiG).[19] Der er- **11**

---

12 Zum Vorstehenden Gesetzentwurf der Bundesregierung, BT-Drs. 20/3442, S. 98; Formulierungshilfe der Bundesregierung, S. 101.

13 *Reufels/Soltysiak*, Das neue Whistleblowing-Recht, S. 111.

14 Für eine Einschränkung des Tatbestandes auf spürbare, nicht unerhebliche Beeinträchtigungen in Anlehnung an § 323c Abs. 2 StGB plädieren *Gramlich/Lütke*, wistra 2023, 321, 326.

15 *Rengier*, in: Mitsch, KK-OWiG, § 10 Rn. 5.

16 Zum Eventualvorsatz siehe *Rengier*, in: Mitsch, KK-OWiG, § 10 Rn. 11.

17 *Steinhauser/Saalwächter-Hirsch/Trouvain*, ESG 2023, 9, 13; näher dazu *Scholz*, AG 2022, 553 ff.

18 *Raum*, in: Wabnitz/Janovski/Schmitt, Handbuch Wirtschafts- und Steuerstrafrecht, Kap. 4 Rn. 216; *Trüg*, NZWiSt 2022, 106, 114.

19 Gemäß § 30 Abs. 3 i.V.m. § 17 Abs. 4 OWiG soll eine Geldbuße den wirtschaftlichen Vorteil übersteigen, den das Unternehmen aus der Ordnungswidrigkeit gezogen hat. Reicht das gesetzliche Höchstmaß hierzu nicht aus, so kann es überschritten werden (Abschöpfungsanteil). Ein absolutes Höchstmaß hat die Verbandsgeldbuße daher nicht (*Trüg*, NZWiSt 2022, 106, 114 f.).

höhte Bußgeldrahmen ist dabei insbesondere für Fälle vorgesehen, in denen Arbeitgeber organisiert gegen Meldungen vorgehen.[20]

IV. Nicht-Betrieb einer internen Meldestelle (§ 40 Abs. 2 Nr. 2)

12 Nach § 40 Abs. 2 Nr. 2 handelt ordnungswidrig, wer ab dem 1.12.2023[21] entgegen § 12 Abs. 1 Satz 1 nicht dafür sorgt, dass eine interne Meldestelle eingerichtet ist und betrieben wird. Nach § 12 Abs. 1 Satz 1 haben Beschäftigungsgeber dafür zu sorgen, dass bei ihnen mindestens eine Stelle für interne Meldungen eingerichtet ist und betrieben wird, an die sich Beschäftigte wenden können (näher dazu § 12 Rn. 37 ff.). Die HinSch-RL enthält keine Pflicht, das Einrichtungs- oder das Betriebsgebot mit einer Sanktion zu bewehren.[22] Der Gesetzgeber hielt dies aber deshalb für erforderlich, weil die HinSch-RL der Möglichkeit einer internen Meldung hohes Gewicht beimesse. Die Sanktions-

---

20 Gesetzentwurf der Bundesregierung, BT-Drs. 20/3442, S. 99 f.; Formulierungshilfe der Bundesregierung, S. 103 f.; *Bruns*, in: Rolfs/Giesen/Meßling/Udsching, BeckOK Arbeitsrecht, § 40 HinSchG Rn. 10 u. 12; kritisch demgegenüber: Stellungnahme Deutsches Aktieninstitut zu dem Referentenentwurf des Bundesministeriums der Justiz zum Hinweisgeberschutzgesetz vom 11.5.2022, S. 11; Stellungnahme Bundesverband der Unternehmensjuristen (BUJ) zum Referentenentwurf des Bundesministeriums der Justiz – Entwurf eines Gesetzes für einen besseren Schutz hinweisgebender Personen sowie zur Umsetzung der Richtlinie zum Schutz von Personen, die Verstöße gegen das Unionsrecht melden vom 11.5.2022, S. 8.

21 Gemäß § 42 Abs. 2 ist § 40 Abs. 2 ab dem 1.12.2023 anzuwenden. Zu § 42 Abs. 2 siehe etwa *Reufels/Soltysiak*, Das neue Whistleblowing-Recht, S. 114.

22 *Steinhauser/Saalwächter-Hirsch/Trouvain*, ESG 2023, 9, 13; Stellungnahme Deutscher Industrie- und Handelskammer (DIHK) zum Entwurf eines Gesetzes für einen besseren Schutz hinweisgebender Personen sowie zur Umsetzung der Richtlinie zum Schutz von Personen, die Verstöße gegen das Unionsrecht melden – Referentenentwurf des Bundesministeriums der Justiz vom 13.5.2022, S. 15 f.; Stellungnahme Die Familienunternehmer zum Entwurf des BMJ eines Gesetzes für einen besseren Schutz hinweisgebender Personen sowie zur Umsetzung der Richtlinie zum Schutz von Personen, die Verstöße gegen das Unionsrecht melden vom 12.5.2022, S. 4; Stellungnahme Bundesvereinigung der Deutschen Arbeitgeberverbände (BDA) zum Referentenentwurf des BMJ: Entwurf eines Gesetzes für einen besseren Schutz hinweisgebender Personen sowie zur Umsetzung der Richtlinie zum Schutz von Personen, die Verstöße gegen das Unionsrecht melden vom 12.5.2022, S. 8; Stellungnahme Deutsches Aktieninstitut vom 11.5.2022, S. 11; Stellungnahme Bundesvereinigung der kommunalen Spitzenverbände zum Referentenentwurf eines Gesetzes für einen besseren Schutz hinweisgebender Personen sowie zur Umsetzung der Richtlinie zum Schutz von Personen, die Verstöße gegen das Unionsrecht melden (Hinweisgeberschutzgesetz) vom 11.5.2022, S. 3; Stellungnahme Bundesverband der Deutschen Industrie e. V. (BDI) zum Referentenentwurf eines Gesetzes für einen besseren Schutz hinweisgebender Personen sowie zur Umsetzung der Richtlinie zum Schutz von Personen, die Verstöße gegen das Unionsrecht melden vom 11.5.2022, S. 14.

bewehrung gewährleiste, dass Beschäftigungsgeber ihre Pflichten zum Einrichten und Betreiben einer internen Meldestelle erfüllen.[23]

In objektiver Hinsicht fordert § 40 Abs. 2 Nr. 2, dass eine interne Meldestelle entgegen § 12 Abs. 1 Satz 1 nicht eingerichtet ist oder nicht betrieben wird. § 12 Abs. 1 Satz 1 gibt Beschäftigungsgebern auf, mindestens eine Stelle für interne Meldungen einzurichten und zu betreiben. Beschäftigungsgeber sind unter anderem alle natürlichen und juristischen Personen sowie rechtsfähige Personengesellschaften, die mindestens eine Person beschäftigen (§ 3 Abs. 9).[24] In der Praxis sind damit vor allem Gesellschaften als Beschäftigungsgeber zu qualifizieren, sodass die Einrichtungspflicht des § 12 Abs. 1 Nr. 1 die Gesellschaft trifft, nicht deren Leitungspersonen.[25] Dennoch kann das Leitungspersonal § 40 Abs. 2 Nr. 2 verwirklichen. Die Eigenschaft „Beschäftigungsgeber" kann gemäß § 9 OWiG auf gesetzliche und gewillkürte Leitungspersonen „übergewälzt" werden, weil es sich um ein besonderes persönliches Merkmal handelt, das die Ahndbarkeit nach § 40 Abs. 2 Nr. 2 begründet.[26] **13**

Unter welchen Voraussetzungen § 12 Abs. 1 Satz 1 verletzt ist, wird in den Materialien nicht näher erläutert. Es ist davon auszugehen, dass das **Einrichtungs- und das Betriebsgebot** einen Mindeststandard voraussetzen.[27] Zu installieren und zu betreiben ist eine funktionsfähige interne Meldestelle, die eingehende Meldungen entsprechend den in §§ 13 ff. normierten Pflichten bearbeiten kann.[28] Gelingt es einer zunächst ordnungsgemäß eingerichteten Stelle zu einem späteren Zeitpunkt – etwa wegen mangelnder personeller oder sachlicher Ressourcen – in der Regel nicht mehr, die Meldungen wie gesetzlich vorgesehen zu bearbeiten, ist nicht für den Betrieb der Meldestellen gesorgt. **14**

In subjektiver Hinsicht fordert § 40 Abs. 2 Nr. 2 vorsätzliches Verhalten. **Eventualvorsatz** ist dabei ausreichend (§ 2 OWiG i.V.m. § 10 OWiG).[29] Der **15**

---

23 Gesetzentwurf der Bundesregierung, BT-Drs. 20/3442, S. 98; Formulierungshilfe der Bundesregierung, S. 102; so auch *Reufels/Soltysiak*, Das neue Whistleblowing-Recht, S. 111.

24 Nach § 3 Abs. 8 sind Beschäftigte unter anderem Arbeitnehmerinnen und Arbeitnehmer.

25 *Scholz*, AG 2022, 553, 554.

26 Allgemein dazu und zu den Voraussetzungen der „Merkmalsüberwälzung" *Rogall*, in: Mitsch, KK-OWiG, § 9 Rn. 29; *Valerius*, in: Graf, BeckOK OWiG, § 9 Rn. 8; siehe auch *Fest*, ZIP 2022, 2265, 2270 f.

27 Dafür zu Recht *Gramlich/Lütke*, wistra 2023, 321, 327.

28 Für einen ersten Überblick zur Planung und Errichtung einer internen Meldestelle siehe *Engelhoven/Gatz*, DB 2023, 1397, 1401 f.; siehe auch *Baade/Hößl*, DStR 2023, 1213, 1216 ff. sowie *dies.*, DStR 2023, 1265 ff.

29 *Rengier*, in: Mitsch, KK-OWiG, § 10 Rn. 5.

Beschäftigungsgeber muss für möglich halten und billigend in Kauf nehmen, dass die interne Meldestelle nicht eingerichtet ist oder nicht betrieben wird.

16 Bei einem Verstoß gegen § 40 Abs. 2 Nr. 2 kann unter den zusätzlichen Voraussetzungen des § 130 OWiG eine Geldbuße gegen den Inhaber eines Betriebs oder Unternehmens verhängt werden.[30] Auch eine Geldbuße gegen juristische Personen oder diesen gleichgestellte Personenvereinigungen gemäß § 30 OWiG kommt in Betracht, nicht zuletzt, weil § 130 OWiG eine taugliche Anknüpfungstat für § 30 OWiG ist.[31]

17 Eine Ordnungswidrigkeit nach § 40 Abs. 2 Nr. 2 kann mit einem Bußgeld von bis zu 20.000 EUR geahndet werden (§ 40 Abs. 6 Satz 1).[32] Vor diesem Hintergrund sollten Unternehmen ihr Personal, vornehmlich die Führungskräfte, zur Einrichtungs- und Betriebspflicht schulen, um Bußgeldrisiken zu vermeiden.[33]

V. Ergreifen einer Repressalie (§ 40 Abs. 2 Nr. 3)

18 Nach § 40 Abs. 2 Nr. 3 handelt ordnungswidrig, wer entgegen § 36 Abs. 1 Satz 1 eine Repressalie ergreift. Nach § 36 Abs. 1 Satz 1 sind gegen hinweisgebende Personen gerichtete Repressalien verboten (näher dazu § 36 Rn. 3 ff.). § 34 erweitert den Schutz des Repressalienverbots – grob gesagt – auf gutgläubige Hilfspersonen. Dieses Regelungsgefüge soll Art. 23 Abs. 1 lit. b und c HinSch-RL umsetzen.[34]

19 In objektiver Hinsicht setzt § 40 Abs. 2 Nr. 3 voraus, dass gegen eine hinweisgebende Person oder gegen eine gutgläubige Hilfsperson (§ 34) eine **Repressalie** ergriffen wird. Nicht ausreichend für die Vollendung[35] des Tatbestandes ist das Androhen oder der Versuch einer Repressalie. Denn § 40 Abs. 2 Nr. 3 verweist nicht auf § 36 Abs. 1 Satz 2, der das Repressalienverbot auf die Androhung einer Repressalie und den Versuch[36] erstreckt. Eine Repressalie ist nach § 3 Abs. 6 jedes Tun oder Unterlassen im Zusammenhang mit der beruflichen Tätigkeit, das auf eine Meldung oder eine Offenlegung reagiert und

---

30 *Steinhauser/Saalwächter-Hirsch/Trouvain*, ESG 2023, 9, 13; dazu näher *Scholz*, AG 2022, 553; *Fest*, ZIP 2022, 2265, 2271.

31 *Raum*, in: Wabnitz/Janovski/Schmitt, Handbuch Wirtschafts- und Steuerstrafrecht, Kap. 4 Rn. 216; *Trüg*, NZWiSt 2022, 106, 114.

32 Mit Zweifeln an einer Steuerungswirkung aufgrund des geringen Bußgeldrahmens *Gerdemann*, ZRP 2022, 98, 100.

33 Mit diesem praktischen Hinweis etwa *Miege/Ahrens*, MMR-Aktuell 2022, 448308.

34 Gesetzentwurf der Bundesregierung, BT-Drs. 20/3442, S. 98; Formulierungshilfe der Bundesregierung, S. 102.

35 Angemerkt sei, dass gemäß § 40 Abs. 5 auch der Versuch des Ergreifens einer Repressalie (§ 40 Abs. 2 Nr. 3) geahndet werden.

36 Zur Ahndbarkeit einer versuchten Repressalie gemäß § 40 Abs. 5 sogleich unter Rn. 33 f.

durch das die hinweisgebende Person ungerechtfertigt benachteiligt wird oder werden kann (Beispiele: Suspendierung, Kündigung, Herabstufung oder Versagung einer Beförderung).[37] Nicht erforderlich ist, dass ein Nachteil tatsächlich entsteht.[38] In Verfahren wegen möglicher Ordnungswidrigkeiten nach § 40 Abs. 2 Nr. 3 gilt die Unschuldsvermutung. Die Beweislastumkehr des § 36 Abs. 2 ist nicht anzuwenden.[39]

In subjektiver Hinsicht fordert § 40 Abs. 2 Nr. 3 vorsätzliches Verhalten. **Eventualvorsatz** ist ausreichend (§ 2 OWiG i.V.m. § 10 OWiG).[40] Die handelnde Person muss es im Zeitpunkt des als Repressalie zu qualifizierenden Handelns oder Unterlassens für möglich halten und billigend in Kauf nehmen, dass sie der hinweisgebenden Person im beruflichen Zusammenhang infolge einer Meldung oder Offenlegung durch ihr Verhalten einen ungerechtfertigten Nachteil zufügt oder zufügen kann. **20**

Bei einer Ordnungswidrigkeit nach § 40 Abs. 2 Nr. 3 kann unter den zusätzlichen Voraussetzungen des § 130 OWiG eine Geldbuße gegen den Inhaber eines Betriebs oder Unternehmens verhängt werden.[41] Auch eine Geldbuße gegen juristische Personen oder diesen gleichgestellte Personenvereinigungen gemäß § 30 OWiG kommt in Betracht, nicht zuletzt, weil § 130 OWiG eine taugliche Anknüpfungstat für § 30 OWiG ist.[42] **21**

Eine Ordnungswidrigkeit nach § 40 Abs. 2 Nr. 3 kann mit einem Bußgeld von bis zu 50.000 EUR geahndet werden (§ 40 Abs. 6 Satz 1). Im Fall einer Unternehmensgeldbuße (§ 30 OWiG) verzehnfacht sich die Höchstgrenze auf 500.000 EUR (§ 40 Abs. 6 Satz 2 i.V.m. § 30 Abs. 2 Satz 3 OWiG). Der erhöh- **22**

---

37 Weitere Beispiele enthält der Repressalien-Katalog des Art. 19 HinSch-RL; nach *Bayreuther*, DB 2023, 1537, 1546 kann auch die Verfolgung unberechtigter Schadenersatzforderungen als verbotene Repressalie eingeordnet werden; zur Definition der Repressalie auch *Fuhlrott/Henckel*, ArbRAktuell 2022, 441, 444.

38 Gesetzentwurf der Bundesregierung, BT-Drs. 20/3442, S. 98; Formulierungshilfe der Bundesregierung, S. 102.

39 Gesetzentwurf der Bundesregierung, BT-Drs. 20/3442, S. 98; Formulierungshilfe der Bundesregierung, S. 102; *Bruns*, in: Rolfs/Giesen/Meßling/Udsching, BeckOK Arbeitsrecht, § 40 HinSchG Rn. 5.

40 *Rengier*, in: Mitsch, KK-OWiG, § 10 Rn. 5.

41 *Steinhauser/Saalwächter-Hirsch/Trouvain*, ESG 2023, 9, 13; dazu näher *Scholz*, AG 2022, 553 ff.

42 *Raum*, in: Wabnitz/Janovski/Schmitt, Handbuch Wirtschafts- und Steuerstrafrecht, Kap. 4 Rn. 216; *Trüg*, NZWiSt 2022, 106, 114.

te Bußgeldrahmen ist dabei vor allem für Fälle gedacht, in denen Arbeitgeber organisiert Repressalien gegenüber hinweisgebenden Personen ergreifen.[43]

VI. Verletzen der Vertraulichkeit (§ 40 Abs. 3 und Abs. 4)

23 Nach § 40 Abs. 3 handelt ordnungswidrig, wer vorsätzlich oder leichtfertig entgegen § 8 Abs. 1 Satz 1 die Vertraulichkeit nicht wahrt (näher zum Vertraulichkeitsgebot § 8 Rn. 1 ff.). § 40 Abs. 4 erweitert den Sanktionstatbestand auf fahrlässige Verstöße. Der Gesetzgeber verfolgt mit beiden Vorschriften mehrere Ziele. Sie sollen Art. 23 Abs. 1 lit. d HinSch-RL umsetzen.[44] Zudem senke das bußgeldbewehrte Vertraulichkeitsgebot das Risiko einer Strafbarkeit wegen falscher Verdächtigung oder Verleumdung, bewahre Zeugen vor Beeinflussung und schütze den Ruf von Personen, die eine Meldung betreffe.[45]

24 Das **Vertraulichkeitsgebot** gilt in jedem Verfahrensstadium und unabhängig vom Meldeweg.[46] Nach dem Wortlaut des § 8 Abs. 1 Satz 1 bindet es „die Meldestellen". Die Formulierung erfasst alle Personen, die für eine (interne oder externe)[47] Meldestelle arbeiten und im Rahmen ihrer Arbeit vertrauliche Informationen zu der zu schützenden Identität einer Person erhalten. Nach Ansicht des Gesetzgebers betrifft dies „in erster Linie" die zur Sachbearbeitung berufenen Personen der Meldestellen.[48] Genauso dürfte es für unterstützende Büro- und IT-Kräfte der Meldestellen gelten.[49]

---

43 Gesetzentwurf der Bundesregierung, BT-Drs. 20/3442, S. 99 f.; Formulierungshilfe der Bundesregierung, S. 103 f.; *Bruns*, in: Rolfs/Giesen/Meßling/Udsching, BeckOK Arbeitsrecht, § 40 HinSchG Rn. 10 und 12.

44 Gesetzentwurf der Bundesregierung, BT-Drs. 20/3442, S. 98 f. Formulierungshilfe der Bundesregierung, S. 102 f. Soweit die Norm die Verletzung des Vertraulichkeitsgebots in Bezug auf Personen sanktioniert, die Gegenstand der Meldung sind oder darin erwähnt werden, gibt es dafür keine unionsrechtlichen Vorgaben (*Gramlich/Lütke*, wistra 2023, 321, 328).

45 Gesetzentwurf der Bundesregierung, BT-Drs. 20/3442, S. 74; Formulierungshilfe der Bundesregierung, S. 70; *Behr/Haas/Ellinger*, DB 2022, 2137, 2140; *Bürger/von Dahlen*, DB 2023, 829, 831.

46 Gesetzentwurf der Bundesregierung, BT-Drs. 20/3442, S. 74; Formulierungshilfe der Bundesregierung, S. 70; *Behr/Haas/Ellinger*, DB 2022, 2137, 2140.

47 Gesetzentwurf der Bundesregierung, BT-Drs. 20/3442, S. 74; Formulierungshilfe der Bundesregierung, S. 70; *Gramlich/Lütke*, wistra 2023, 321, 328.

48 Gesetzentwurf der Bundesregierung, BT-Drs. 20/3442, S. 99; Formulierungshilfe der Bundesregierung, S. 103; ebenso *Gramlich/Lütke*, wistra 2023, 321, 328; ähnlich *Bayreuther*, NZA-Beilage 2022, 20, 23 u. 25.

49 Gesetzentwurf der Bundesregierung, BT-Drs. 20/3442, S. 74; Formulierungshilfe der Bundesregierung, S. 70. Ob das Vertraulichkeitsgebot des § 8 Abs. 1 Satz 1 auch für Personen gilt, die nicht bei einer Meldestelle arbeiten, aber für die Bearbeitung einer Meldung hinzugezogen werden (zum Beispiel Dolmetscher bei fremdsprachigen Meldungen),

Das Vertraulichkeitsgebot schützt die Identität von drei Personengruppen. Nach § 8 Abs. 1 Satz 1 Nr. 1 müssen Meldestellen die Vertraulichkeit der Identität von hinweisgebenden Personen wahren, die im Zeitpunkt der Meldung hinreichenden Grund zu der Annahme hatten, dass die gemeldeten Verstöße in den Anwendungsbereich des HinSchG fallen. Darüber hinaus gilt das Vertraulichkeitsgebot für die Identität von Personen, die Gegenstand der Meldung sind (§ 8 Abs. 1 Satz 1 Nr. 2) oder die in der Meldung genannt werden (§ 8 Abs. 1 Satz 1 Nr. 3). Zu denken ist zum Beispiel an Zeugen, Vorgesetzte oder zuvor informierte Personen.[50] **25**

§ 8 Abs. 1 Satz 1 erfasst alle Informationen mit direktem Bezug zu der Identität geschützter Personen. Darüber hinaus sind auch solche Informationen vertraulich zu behandeln, die Rückschlüsse auf die Identität dieser Personen zulassen (siehe auch § 9 Abs. 2 Satz 1).[51] Das Vertraulichkeitsgebot dürfte grundsätzlich[52] dann verletzt sein, wenn Personen geschützte Informationen zur Kenntnis nehmen, die dazu nicht berechtigt sind (§ 8 Abs. 1 Satz 2). Das Gesetz formuliert dabei keinerlei Schranken für das „Wie" der Verletzung.[53] Im Ergebnis dürfen die geschützten Informationen ausschließlich den Personen bekannt werden, die für die Entgegennahme von Meldungen oder für das Ergreifen von Folgemaßnahmen zuständig sind, sowie den sie bei der Erfüllung dieser Aufgaben unterstützenden Personen. Vor diesem Hintergrund ist gerade bei internen Untersuchungen besondere Vorsicht geboten, da diese zu Spekulationen über Hinweisgeber und deren Identität führen können.[54] **26**

§ 40 Abs. 3 setzt einen vorsätzlichen oder leichtfertigen Verstoß gegen das Vertraulichkeitsgebot voraus. Für einen vorsätzlichen Verstoß genügt **Even-** **27**

---

wird in den Materialien nicht erläutert. Der Schutzzweck des Gebots spricht dafür. Allerdings beschränkt der Wortlaut des § 8 Abs. 1 Satz 1 das Vertraulichkeitsgebot auf „Meldestellen". Externe Kräfte, die lediglich von einer Meldestelle beauftragt werden, dürften nicht als „Meldestelle" zu qualifizieren sein. Dieses Thema diskutieren *Behr/Haas/Ellinger*, DB 2022, 2137, 2140; Stellungnahme der Deutschen Industrie- und Handelskammer (DIHK) vom 13.5.2022, S. 7 f.; Stellungnahme der Bundesvereinigung der Deutschen Arbeitgeberverbände (BDA) vom 12.5.2022, S. 6.

50 *Behr/Haas/Ellinger*, DB 2022, 2137, 2140.

51 Gesetzentwurf der Bundesregierung, BT-Drs. 20/3442, S. 74; Formulierungshilfe der Bundesregierung, S. 70 u. 71; *Behr/Haas/Ellinger*, DB 2022, 2137, 2140; siehe auch *Bayreuther*, DB 2023, 1537, 1543.

52 Ausnahmen vom Vertraulichkeitsgebot regelt § 9.

53 Kritisch zur Unbestimmtheit des Sanktionstatbestandes *Gramlich/Lütke*, wistra 2023, 321, 328. Eine Konturierung des Tatbestandes hat bei § 40 Abs. 3 deshalb besondere Bedeutung, weil das Gesetz (§ 40 Abs. 5) hier keine Ahndung der versuchten Ordnungswidrigkeit vorsieht (ebenfalls *Gramlich/Lütke*, wistra 2023, 321, 328).

54 *Behr/Haas/Ellinger*, DB 2022, 2137, 2141; ähnlich: *Brockhaus*, CB 2023, 8, 14.

tualvorsatz (§ 2 OWiG i.V.m. § 10 OWiG).[55] Die handelnde Person muss es im Zeitpunkt des fraglichen Tuns für möglich halten und billigend in Kauf nehmen, dass sie das Vertraulichkeitsgebot verletzt.[56] **Leichtfertig** handelt, wer sich in außergewöhnlich hohem Maße unsorgfältig verhält und ignoriert, was jedem vernünftigen Menschen eingeleuchtet hätte.[57] Im Zusammenhang mit § 97 Abs. 2 StGB werden etwa folgende Beispiele für leichtfertiges Verhalten diskutiert, die auch für § 40 Abs. 3 zur Veranschaulichung dienen können:[58] Dokumente mit vertraulichen Inhalten werden während der Abwesenheit offen im Arbeitszimmer gelagert oder in einen allgemein zugänglichen Papierkorb geworfen.[59]

28 Nach § 40 Abs. 4 kann auch ein **fahrlässiger Verstoß** gegen § 8 Abs. 1 Satz 1 als Ordnungswidrigkeit geahndet werden. Fahrlässig handelt dabei, wer mit den geschützten Informationen nicht sorgfältig umgeht und die Kenntnisnahme durch Dritte hätte vorhersehen können.[60] Dabei hält der Gesetzgeber die Ausweitung der Ahndbarkeit für erforderlich, weil selbst fahrlässige Verstöße gegen die Vertraulichkeit schwere Folgen für die betroffenen Personen haben und ihre soziale und wirtschaftliche Existenz bedrohen könnten.[61]

29 Bei einer Ordnungswidrigkeit nach § 40 Abs. 3 und 4 droht für die verantwortlichen Mitarbeiter eine deliktsrechtliche Haftung.[62] Zudem kann unter den zusätzlichen Voraussetzungen des § 130 OWiG eine Geldbuße gegen den Inhaber eines Betriebs oder Unternehmens verhängt werden. Auch eine Geldbuße gegen juristische Personen oder diesen gleichgestellte Personenvereinigungen

---

55 *Rengier*, in: Mitsch, KK-OWiG, § 10 Rn. 5.

56 Allgemein zur Definition des Eventualvorsatzes *Rengier*, in: Mitsch, KK-OWiG, § 10 Rn. 11.

57 *Valerius*, in: Graf, BeckOK OWiG, § 10 Rn. 26.

58 Zu einem Praxisbeispiel siehe *Reufels/Soltysiak*, Das neue Whistleblowing-Recht, S. 113: Eine Mitarbeiterin der internen Meldestelle spricht in ihrer Mittagspause mit drei Kollegen, die nicht in der Meldestelle arbeiten, über die Meldung des Kollegen B, ohne dabei die Identität des B zu verheimlichen.

59 Zu den Beispielen siehe *Barthe/Schmidt*, in: Cirener/Radtke/Rissing-van Saan/Rönnau/Schluckebier, LK-StGB, § 97 Rn. 11b; *Sternberg-Lieben*, in: Schönke/Schröder, StGB, § 97 Rn. 14/15.

60 Zur allgemeinen Definition der Fahrlässigkeit siehe *Valerius*, in: Graf, BeckOK OWiG, § 10 Rn. 68.

61 Gesetzentwurf der Bundesregierung, BT-Drs. 20/3442, S. 99; Formulierungshilfe der Bundesregierung, S. 103; *Bruns*, in: Rolfs/Giesen/Meßling/Udsching, BeckOK Arbeitsrecht, § 40 HinSchG Rn. 8.

62 *Bruns*, in: Rolfs/Giesen/Meßling/Udsching, BeckOK Arbeitsrecht, § 40 HinSchG Rn. 7; eine deliktsrechtliche Haftung über § 823 Abs. 1 erwägend *Bayreuther*, NZA-Beilage 2022, 20, 23 u. 25.

gemäß § 30 OWiG kommt in Betracht,[63] nicht zuletzt, weil § 130 OWiG eine taugliche Anknüpfungstat für § 30 OWiG ist.[64]

Für Ordnungswidrigkeiten nach § 40 Abs. 3 und Abs. 4 enthält § 40 Abs. 6 Satz 1 **gestaffelte Sanktionsrahmen**. Das jeweilige Höchstmaß hängt vom Handlungsunrecht ab: bei Vorsatz beträgt das Bußgeld bis zu 50.000 EUR; bei Leichtfertigkeit beträgt es bis zu 25.000 EUR (§§ 2, 17 Abs. 2 OWiG);[65] bei Fahrlässigkeit beträgt es bis zu 10.000 EUR (§ 40 Abs. 4 i.V.m. Abs. 6 Satz 1). Im Fall einer Unternehmensgeldbuße (§ 30 OWiG) verzehnfacht sich die für die Anlasstat vorgesehene Höchstgrenze. Die Gesetzesbegründung erklärt die Staffelung damit, dass der Bußgeldrahmen für Verletzungen des Vertraulichkeitsgebots nach § 8 Abs. 1 Satz 1 aufgrund der zentralen Bedeutung dieses Gebots eine wirksame Sanktionierung entsprechender Verstöße ermöglichen müsse. Gleichzeitig dürfe die Bußgeldandrohung nicht dazu führen, dass hinweisbearbeitende Personen aus Furcht vor einer Geldbuße wegen Verletzung des Vertraulichkeitsgebots Meldungen nicht mehr konsequent nachgingen.[66] 30

VII. Versuch einer Ordnungswidrigkeit (§ 40 Abs. 5)

1. Behindern der Kommunikation

Gemäß § 40 Abs. 5 Var. 1 kann der Versuch einer Ordnungswidrigkeit nach § 40 Abs. 2 Nr. 1 geahndet werden. Zum Versuch setzt an, wer nach seiner Vorstellung von einem tatbestandlichen Verhalten unmittelbar dazu ansetzt, eine Meldung oder die Folgekommunikation zu behindern (§ 13 OWiG i.V.m. § 2 OWiG). Zu denken ist in diesem Zusammenhang insbesondere an einschüchternde Maßnahmen gegenüber hinweisgebenden Personen, die keine Wirkung entfalten.[67] 31

Die Regelung soll Art. 23 Abs. 1 lit. a der HinSch-RL umsetzen. Der Gesetzgeber begründet die Ahndbarkeit des Versuchs zudem damit, dass in den Fällen der erfolgreichen Verhinderung einer Meldung in der Regel keine Aufdeckung zu erwarten sei. Eine Ahndung erscheine nur möglich, wenn das Vereiteln der Meldung gescheitert und die Meldung erfolgreich abgegeben wer- 32

---

63 Gesetzentwurf der Bundesregierung, BT-Drs. 20/3442, S. 99; Formulierungshilfe der Bundesregierung, S. 103; *Bruns*, in: Rolfs/Giesen/Meßling/Udsching, BeckOK Arbeitsrecht, § 40 HinSchG Rn. 7; *Bayreuther*, NZA-Beilage 2022, 20, 23.

64 *Raum*, in: Wabnitz/Janovski/Schmitt, Handbuch Wirtschafts- und Steuerstrafrecht, Kap. 4 Rn. 216; *Trüg*, NZWiSt 2022, 106, 114.

65 Zu § 17 Abs. 2 OWiG und Leichtfertigkeit siehe *Mitsch*, in: Mitsch, KK-OWiG, § 17 Rn. 26.

66 Zum Vorstehenden insgesamt Gesetzentwurf der Bundesregierung, BT-Drs. 20/3442, S. 99; Formulierungshilfe der Bundesregierung, S. 103 u. 104.

67 *Reufels/Soltysiak*, Das neue Whistleblowing-Recht, S. 111.

de.[68] Der Versuch kann – wie die vollendete Ordnungswidrigkeit – mit einem Bußgeld von bis zu 50.000 EUR geahndet werden (§ 40 Abs. 6 Satz 1). Im Fall der versuchten Ordnungswidrigkeit dürfte eine Unternehmensgeldbuße (§ 30 OWiG) nicht zu verschärfen sein. Denn § 40 Abs. 6 Satz 2 ordnet die Anwendung des § 30 Abs. 2 Satz 3 für Fälle des § 40 Abs. 5 nicht an.[69]

2. Ergreifen einer Repressalie

33 Gemäß § 40 Abs. 5 Var. 2 kann der Versuch des Ergreifens einer Repressalie (§ 40 Abs. 2 Nr. 3) geahndet werden. Eine Ordnungswidrigkeit versucht, wer nach seiner konkreten Vorstellung von einem tatbestandlichen Verhalten unmittelbar zum Ergreifen einer Repressalie ansetzt (§ 13 OWiG i.V.m. § 2 OWiG).[70]

34 Eine Vorgabe für die Ahndung des Versuchs enthält die HinSch-RL nicht. Der Gesetzgeber begründet die Regelung damit, dass bereits der Versuch einer Repressalie gewichtiges Unrecht verwirkliche. Unerheblich sei daher, ob die Wirkung eintrete.[71] Der Versuch einer Repressalie kann – wie eine vollendete Repressalie – mit einem Bußgeld von bis zu 50.000 EUR geahndet werden (§ 40 Abs. 6 Satz 1). Im Fall der versuchten Ordnungswidrigkeit dürfte eine Unternehmensgeldbuße (§ 30 OWiG) nicht zu verschärfen sein. Denn § 40 Abs. 6 Satz 2 ordnet die Anwendung des § 30 Abs. 2 Satz 3 für Fälle des § 40 Abs. 5 nicht an.[72]

VIII. Bußgeldhöhe (§ 40 Abs. 6)

35 § 40 Abs. 6 Satz 1 bestimmt die Bußgeldhöhe bei Ordnungswidrigkeiten nach § 40.[73] Das jeweilige Höchstmaß[74] ist der folgenden Tabelle zu entnehmen:

---

68 Gesetzentwurf der Bundesregierung, BT-Drs. 20/3442, S. 99; Formulierungshilfe der Bundesregierung, S. 103; *Bruns*, in: Rolfs/Giesen/Meßling/Udsching, BeckOK Arbeitsrecht, § 40 HinSchG Rn. 9.

69 Anders *Gramlich/Lütke*, wistra 2023, 321, 329. Es bestehe eine „notwendige Verknüpfung" durch den Verweis des § 40 Abs. 6 Satz 2 auf § 40 Abs. 2 Nr. 1.

70 Im Ergebnis ist damit über § 40 Abs. 5 der Versuch der Repressalie eine Ordnungswidrigkeit, obwohl § 40 Abs. 2 Nr. 3 nur § 36 Abs. 1 Satz 1, nicht aber Satz 2 in Bezug nimmt.

71 Gesetzentwurf der Bundesregierung, BT-Drs. 20/3442, S. 99; Formulierungshilfe der Bundesregierung, S. 103; *Bruns*, in: Rolfs/Giesen/Meßling/Udsching, BeckOK Arbeitsrecht, § 40 HinSchG Rn. 9.

72 Anders *Gramlich/Lütke*, wistra 2023, 321, 329. Es bestehe eine „notwendige Verknüpfung" durch den Verweis des § 40 Abs. 6 Satz 2 auf § 40 Abs. 2 Nr. 3.

73 Mit einem Überblick *Gramlich/Lütke*, wistra 2023, 321, 329; *Busch*, wistra 2022, R9 ff.; *Reufels/Soltysiak*, Das neue Whistleblowing-Recht, S. 113.

74 Nach § 17 Abs. 4 OWiG soll eine Geldbuße den wirtschaftlichen Vorteil übersteigen, den der Täter aus der Ordnungswidrigkeit gezogen hat. Reicht das gesetzliche Höchstmaß

Ordnungswidrigkeit	**Höchstmaß (§ 40 Abs. 6 Satz 1)**
Offenlegung unrichtiger Informationen (§ 40 Abs. 1)	20.000 EUR
Behinderung der Kommunikation (§ 40 Abs. 2 Nr. 1)	50.000 EUR
Nicht-Betrieb einer internen Meldestelle (§ 40 Abs. 2 Nr. 2)	20.000 EUR
Ergreifen einer Repressalie (§ 40 Abs. 2 Nr. 3)	50.000 EUR
Vorsätzliche Verletzung der Vertraulichkeit (§ 40 Abs. 3 Var. 1)	50.000 EUR
Leichtfertige Verletzung der Vertraulichkeit (§ 40 Abs. 3 Var. 2)	25.000 EUR (§ 17 Abs. 2 OWiG)
Fahrlässige Verletzung der Vertraulichkeit (§ 40 Abs. 4)	10.000 EUR
Versuch einer Ordnungswidrigkeit (§ 40 Abs. 5)	50.000 EUR

Grundsätzlich entspricht das Höchstmaß[75] einer Unternehmensgeldbuße (§ 30 OWiG) im Fall einer Ordnungswidrigkeit dem Höchstmaß der Geldbuße für die Ordnungswidrigkeit (§ 30 Abs. 2 Satz 2 OWiG). Ausnahmsweise verzehnfacht sich das Höchstmaß, wenn das Gesetz einen Verweis auf § 30 Abs. 2 Satz 3 OWiG enthält. Für drei Fälle enthält § 40 Abs. 6 Satz 2 einen solchen Verweis: Kommunikationsbehinderung (§ 40 Abs. 2 Nr. 1); Repressalien (§ 40 Abs. 2 Nr. 3); Verletzung der Vertraulichkeit (§ 40 Abs. 3 und Abs. 4). Im Fall des Versuchs verschärft § 40 Abs. 6 Satz 2 eine mögliche Unternehmensgeldbuße nicht; § 40 Abs. 5 wird nicht erwähnt.[76] Eine Analogie kommt nicht in Betracht. Art. 103 Abs. 2 GG gilt auch für das Recht der Ordnungswidrigkeiten.[77] 36

hierzu nicht aus, so kann es überschritten werden (Abschöpfungsanteil). Ein absolutes Höchstmaß gibt es also nicht.

75 Gemäß § 30 Abs. 3 i.V.m. § 17 Abs. 4 OWiG soll eine Geldbuße den wirtschaftlichen Vorteil übersteigen, den das Unternehmen aus der Ordnungswidrigkeit gezogen hat. Reicht das gesetzliche Höchstmaß hierzu nicht aus, so kann es überschritten werden (Abschöpfungsanteil). Ein absolutes Höchstmaß hat die Verbandsgeldbuße daher nicht (*Trüg*, NZWiSt 2022, 106, 114 f.).

76 Anders *Gramlich/Lütke*, wistra 2023, 321, 329. Es bestehe eine „notwendige Verknüpfung“ durch den Verweis des § 40 Abs. 6 Satz 2 auf § 40 Abs. 2 Nr. 1 und Nr. 3.

77 Unstreitig, siehe nur BVerfG, 17.11.2009, 1 BvR 2717/08, NJW 2010, 754, 754 m. w. N.; aus der Literatur dazu etwa *Bülte*, NVZ 2020, 12, 13 m. w. N.

37 Das jeweilige Höchstmaß einer Unternehmensgeldbuße im Falle einer Ordnungswidrigkeit nach § 40 ist der folgenden Tabelle zu entnehmen:

Ordnungswidrigkeit (Anlasstat)	**Höchstmaß einer Unternehmensgeldbuße (§ 30 OWiG)**
Behinderung der Kommunikation (§ 40 Abs. 2 Nr. 1)	500.000 EUR
Nicht-Betrieb einer internen Meldestelle (§ 40 Abs. 2 Nr. 2)	20.000 EUR
Ergreifen einer Repressalie (§ 40 Abs. 2 Nr. 3)	500.000 EUR
Vorsätzliche Verletzung der Vertraulichkeit (§ 40 Abs. 3 Var. 1)	500.000 EUR
Leichtfertige Verletzung der Vertraulichkeit (§ 40 Abs. 3 Var. 2)	250.000 EUR (§ 17 Abs. 2 OWiG)
Fahrlässige Verletzung der Vertraulichkeit (§ 40 Abs. 4)	100.000 EUR
Versuch einer Ordnungswidrigkeit (§ 40 Abs. 5)	50.000 EUR

Abschnitt 6
Schlussvorschriften

§ 41 Verordnungsermächtigung

Das Bundesministerium der Justiz wird ermächtigt, durch Rechtsverordnung, die nicht der Zustimmung des Bundesrates bedarf, im Einvernehmen mit dem Bundesministerium für Wirtschaft und Klimaschutz, dem Bundesministerium der Finanzen, dem Bundesministerium des Innern und für Heimat, dem Bundesministerium für Arbeit und Soziales, dem Bundesministerium der Verteidigung, dem Bundesministerium für Gesundheit und dem Bundesministerium für Umwelt, Naturschutz, nukleare Sicherheit und Verbraucherschutz

1. **die nähere Ausgestaltung der Organisation und des Verfahrens der externen Meldestelle des Bundes zu regeln und**
2. **eine weitere externe Meldestelle nach § 23 Absatz 1 zu bestimmen.**

§ 41 HinSchG beinhaltet eine **Ermächtigungsgrundlage** zum Erlass einer Rechtsverordnung. Diese Rechtsverordnung hat zwei Gegenstände: die nähere Ausgestaltung der Organisation und des Verfahren des externen Meldestelle des Bundes im Sinne des § 19 HinSchG sowie die Bestimmung einer weiteren externen Meldestelle nach § 23 Abs. 1 HinSchG. Diese letztgenannte Meldestelle nach § 23 Abs. 1 HinSchG ist zuständig für Meldungen, die die externe Meldestelle des Bundes betreffen. 1

Zuständig für den Erlass der Rechtsverordnung ist das **Bundesministerium der Justiz**, bei dem auch gem. § 19 Abs. 1 HinSchG die externe Meldestelle des Bundes eingerichtet ist. Das Bundesministerium der Justiz trifft die entsprechenden Regelungen der Rechtsverordnung im Einvernehmen mit weiteren Bundesministerien, namentlich dem Bundesministerium für Wirtschaft und Klimaschutz, dem Bundesministerium der Finanzen, dem Bundesministerium des Innern und für Heimat, dem Bundesministerium für Arbeit und Soziales, dem Bundesministerium der Verteidigung, dem Bundesministerium für Gesundheit und dem Bundesministerium für Umwelt, Naturschutz, nukleare Sicherheit und Verbraucherschutz. Die Rechtsverordnung bedarf nicht der Zustimmung des Bundesrats, kann also ohne Beteiligung der Bundesländer erlassen werden. Dies erklärt sich daher, dass in dieser Rechtsverordnung administrative Fragen der externen Meldestelle des Bundes, also im Zuständigkeitsbereich des Bundesjustizministeriums geregelt werden. 2

Nach der Gesetzesbegründung sollen in dieser Rechtsverordnung aber nicht nur rein formaljuristische Verfahrensfragen geregelt werden, sondern bei- 3 spielsweise auch die materiell-rechtlichen Fragen, wann ein Verstoß als „geringfügig" im Sinne des § 31 Abs. 3 HinSchG oder als „schwerwiegend" im Sinne des § 28 Abs. 5 HinSchG anzusehen ist.[1] Somit kann eine **Einheitlichkeit bei der Auslegung** dieser unbestimmten Rechtsbegriffe hergestellt werden. Auch soll die Möglichkeit eingeräumt werden, schneller, als es dies im parlamentarischen Gesetzgebungsverfahren möglich wäre, **Anpassungen** auf Grundlage der in den Meldestellen gemachten Erfahrungen[2] vorzunehmen.

4 Das Bundesministerium der Justiz hat am 7.7.2023 eine **Verordnung** über die Organisation der nach dem Hinweisgeberschutzgesetz einzurichtenden externen Meldestelle des Bundes (HEMBV-E)[3] vorgelegt, die sich derzeit im Stadium des Entwurfs befindet. Nach § 1 HEMBV-E übt das Bundesministerium der Justiz die Rechtsaufsicht über die externe Meldestelle des Bundes aus. § 2 Abs. 1 HEMBV-E sieht drei **Meldekanäle** vor: **elektronisch, postalisch und telefonisch**. Auch anonyme Meldungen an die externe Meldestelle des Bundes sollen gem. § 4 Abs. 2 HEMBV-E ab dem 1.7.2024 ermöglicht werden. § 3 HEMBV-E sieht eine vertrauliche Kommunikation zwischen der externen Meldestelle des Bundes und der hinweisgebenden Person vor, wobei das Bundesamt für Justiz nach § 3 Abs. 2 HEMBV-E damit betraut ist, „angemessene Verfahren für die Übermittlung personenbezogener Daten der in § 8 Absatz 1 des Hinweisgeberschutzgesetzes genannten Personen" einzurichten. Ebenso vorgesehen ist gem. § 6 HEMBV-E ein (rechtlich unverbindliches) Informations- und Beratungsangebot für (potenziell) hinweisgebende Personen.

5 Als **weitere externe Meldestelle** nach § 23 Abs. 1 HinSchG, also mit einer Zuständigkeit für die Entgegennahme von Meldungen über Verstöße innerhalb der externen Meldestelle des Bundes, bestimmt § 7 HEMBV-E schließlich das **Bundeskartellamt**.

---

1 BT-Drs. 20/3442, S. 100.

2 BT-Drs. 20/3442, S. 100.

3 Abrufbar unter: https://www.bmj.de/SharedDocs/Downloads/DE/Gesetzgebung/RefE/RefE_VO_Hinweisgeberschutz_Meldestelle_Bund.pdf?__blob=publicationFile&v=1 (zuletzt abgerufen am 31.8.2023).

§ 42 Übergangsregelung

(1) Abweichend von § 12 Absatz 1 müssen private Beschäftigungsgeber mit in der Regel 50 bis 249 Beschäftigten ihre internen Meldestellen erst ab dem 17. Dezember 2023 einrichten. Satz 1 gilt nicht für die in § 12 Absatz 3 genannten Beschäftigungsgeber.

(2) § 40 Absatz 2 Nummer 2 ist erst ab dem 1. Dezember 2023 anzuwenden.

Schrifttum: *Reufels/Soltysiak*, Das neue Whistleblowing-Recht, 2023; *Rolfs/Giesen/Meßling/Udsching* (Hrsg.), Beck'scher Online-Kommentar Arbeitsrecht, 68. Edition, Stand: 2.7.2023.

Übersicht

	Rn.
I. Überblick	1
II. Privilegierung kleiner Privatunternehmen (Abs. 1)	2
III. Verzögerte Anwendung der Bußgeldvorschrift des § 40 Abs. 2 Nr. 2 HinSchG (Abs. 2)	4

I. Überblick

1 § 42 HinSchG enthält für private Beschäftigungsgeber mit in der Regel 50 bis zu 249 Beschäftigten Übergangsregelungen für die Pflicht zur Einrichtung interner Meldestelle nach § 12 HinSchG und der damit korrespondierenden Bußgeldvorschrift § 40 Abs. 2 Nr. 2 HinSchG.[1] Die Vorschrift setzt Art. 26 Abs. 2 HinSch-RL um.

II. Privilegierung kleiner Privatunternehmen (Abs. 1)

2 Art. 26 Abs. 2 HinSch-RL eröffnet den Mitgliedstaaten die Option, juristische Personen mit 50 bis 249 Arbeitnehmern erst zum 17.12.2023 zur Einrichtung von internen Meldekanälen zu verpflichten.[2] Der deutsche Gesetzgeber entschied sich in § 42 Abs. 1 HinSchG für eine etwas restriktivere Variante. Die Norm räumt lediglich **privaten Beschäftigungsgebern** mit in der Regel 50 bis 249 Beschäftigten (siehe dazu § 12 Rn. 18 ff.) eine Übergangsfrist zur Einrichtung interner Meldestellen bis zum 17.12.2023 ein.

1 Zum Anwendungsbereich von Übergangsvorschriften siehe Handbuch der Rechtsförmlichkeit, 3. Aufl., Teil C.7 „Übergangsvorschriften", abrufbar unter https://hdr.bmj.de/page_c.7.html (zuletzt abgerufen am 1.9.2023).

2 *Bruns*, in: Rolfs/Giesen/Meßling/Udsching, BeckOK Arbeitsrecht, § 42 HinschG Rn. 1.

3 Die Privilegierung soll kleinen privaten Unternehmen, die nicht bereits durch andere Vorschriften zur Einrichtung einer internen Meldestelle verpflichtet sind (§ 42 Abs. 1 S. 2 HinSchG), ausreichend Zeit zur Einrichtung funktionierender interner Meldestellen entsprechend der gesetzlichen Vorgaben einräumen.[3] Denn diese dürften freiwillig regelmäßig bisher noch keine den Anforderungen des HinSchG entsprechende interne Meldestelle eingerichtet haben. Zudem verfügen kleine private Unternehmen zumeist über weniger Ressourcen und Strukturen, die die Einrichtung eines Hinweisgebersystems erleichtern könnten. Insbesondere für kleine Unternehmen kann es daher von Vorteil sein, mit anderen Unternehmen gemeinsam eine interne Meldestelle zu betreiben oder einen Dritten mit der Aufgabe zu betrauen (siehe dazu § 14 Rn. 15ff.).[4] Die Prüfung der verschiedenen vom Gesetz vorgesehenen Möglichkeiten und etwaige daraus folgende Umsetzungsmaßnahmen bedürfen dabei eines ausreichenden Planungs- und Umsetzungszeitraums. Insofern kann nur begrüßt werden, dass der Gesetzgeber die praktischen Herausforderungen, die vor allem kleine Unternehmen treffen, erkannt und diese in § 42 Abs. 1 HinSchG berücksichtigt hat.

III. Verzögerte Anwendung der Bußgeldvorschrift des § 40 Abs. 2 Nr. 2 HinSchG (Abs. 2)

4 Aufgrund der kurzen Frist zwischen Verkündung und Inkrafttreten (ein Monat), ist die Bußgeldvorschrift des § 40 Abs. 2 Nr. 2 HinSchG erst zum 1.12.2023 anwendbar.[5] Gemäß § 40 Abs. 2 Nr. 2 HinSchG handelt ordnungswidrig, wer entgegen § 12 Abs. 1 Satz 1 HinSchG nicht dafür sorgt, dass eine interne Meldestelle eingerichtet ist und betrieben wird. Die verzögerte Anwendung der Bußgeldvorschrift dürfte demnach auf ähnlichen Erwägungen wie die Privilegierung kleinerer privater Beschäftigungsgeber beruhen: Bei der Einrichtung und dem Betrieb einer internen Meldestelle bedarf es eines angemessenen zeitlichen Vorlaufs. Auch wenn daher nur kleine private Beschäftigungsgeber von der zeitlichen Privilegierung des § 42 Abs. 1 HinSchG profitieren, so führt eine Verzögerung bei der Einrichtung und dem Betrieb der internen Meldestelle für keinen verpflichteten Beschäftigungsgeber unmittelbar zu einer etwaigen Sanktionierung.

5 Aus Sicht der Praxis ist diese Übergangsregelung sehr zu begrüßen. Ein Vergleich der beiden Absätze des § 42 HinSchG zeigt jedoch einen – vermutlich

3 BT-Drs. 20/3442, S. 100; *Bruns*, in: Rolfs/Giesen/Meßling/Udsching, BeckOK Arbeitsrecht, § 42 HinschG Rn. 1; *Reufels/Soltysiak*, Das neue Whistleblowing-Recht, S. 114.

4 BT-Drs. 20/3442, S. 100; *Bruns*, in: Rolfs/Giesen/Meßling/Udsching, BeckOK Arbeitsrecht, § 42 HinschG Rn. 1.

5 Formulierungshilfe der BReg zum HinSchG, S. 105.

unbeabsichtigten – Fehler des Gesetzgebers auf: Während die Pflicht zur Einrichtung und zum Betrieb einer internen Meldestelle für kleine private Beschäftigungsgeber erst ab dem 17.12.2023 gilt, entfaltet die Sanktionsnorm des § 40 Abs. 2 Nr. 2 HinSchG bereits ab dem 1.12.2023 für alle Verpflichteten unmittelbare Geltung. Mangels vorher bestehender Pflicht, kommt eine Bebußung kleiner privater Beschäftigungsgeber daher ebenfalls erst ab dem 17.12.2023 in Betracht.

Anhang

I. Änderung des Arbeitsschutzgesetzes

Artikel 2 Änderung des Arbeitsschutzgesetzes

In § 17 Absatz 2 Satz 3 des Arbeitsschutzgesetzes vom 7. August 1996 (BGBl. I S. 1246), das zuletzt durch Artikel 6k des Gesetzes vom 16. September 2022 (BGBl. I S. 1454) geändert worden ist, werden nach den Wörtern „die Vorschriften" die Wörter „des Hinweisgeberschutzgesetzes," eingefügt.

§ 17 ArbSchG Rechte der Beschäftigten

(2) Sind Beschäftigte auf Grund konkreter Anhaltspunkte der Auffassung, daß die vom Arbeitgeber getroffenen Maßnahmen und bereitgestellten Mittel nicht ausreichen, um die Sicherheit und den Gesundheitsschutz bei der Arbeit zu gewährleisten, und hilft der Arbeitgeber darauf gerichteten Beschwerden von Beschäftigten nicht ab, können sich diese an die zuständige Behörde wenden. Hierdurch dürfen den Beschäftigten keine Nachteile entstehen. Die in Absatz 1 Satz 2 und 3 genannten Vorschriften sowie die Vorschriften des Hinweisgeberschutzgesetzes, der Wehrbeschwerdeordnung und des Gesetzes über den Wehrbeauftragten des Deutschen Bundestages bleiben unberührt.

Schrifttum: *Ascheid/Preis/Schmidt*, Kündigungsrecht, 6. Aufl. 2021; *Boecken/Düwell/Diller/Hanau*, Gesamtes Arbeitsrecht, 2. Aufl. 2023; *Eufinger*, Arbeitsrechtlicher Schutz von Whistleblowern de lege lata und de lege ferenda, NJ 2016, 458; *Kiel/Lunk/Oetker*, Münchener Handbuch zum Arbeitsrecht, 5. Aufl. 2021; *Kollmer/Klindt/Schucht*, Arbeitsschutzgesetz, 4. Aufl. 2021; *Rudkowski*, Kernprobleme einer gesetzlichen Regelung zum Schutz von Whistleblowern, CCZ 2013, 204; *Wank*, Der Entwurf eines Arbeitsschutzrahmengesetzes im Spannungsfeld von Verfassungs- und Gemeinschaftsrecht, in: FS Wlotzke, 1996, 617; *Wiebauer*, Whistleblowing im Arbeitsschutz, NZA 2015, 22; *Winkelmüller/Felz/Hussing*, BeckOK Arbeitsschutzrecht, 15. Edition 1.4.2023.

I. Überblick

Der Gesetzgeber hat mit Wirkung zum 2.7.2023 den Wortlaut des § 17 Abs. 2 Satz 3 **1**
ArbSchG um die Bezugnahme auf das Hinweisgeberschutzgesetz ergänzt.[1] Somit bleiben von dem in § 17 Abs. 2 Satz 1 ArbSchG vorgesehenen Beschwerderecht neben den in der Vorschrift bereits genannten Regelungen der Wehrbeschwerdeordnung und des Gesetzes über den Wehrbeauftragten des Deutschen Bundestages auch die Regelungen

1 Siehe BGBl. 2023 I, Nr. 140, Art. 2 Änderung des Arbeitsschutzgesetzes.

des Hinweisgeberschutzgesetzes unberührt; die dortigen Meldemöglichkeiten von Informationen über Verstöße werden nicht verdrängt.[2]

2 Meldet ein Arbeitnehmer Verstöße gegen Vorschriften, die sowohl in den Anwendungsbereich von § 17 Abs. 2 ArbSchG als auch unter § 2 Abs. 1 HinSchG fallen, kommt folglich eine Meldung sowohl nach dem HinSchG als auch über die Beschwerdewege des § 17 Abs. 2 ArbSchG in Betracht, die Normen können parallel zur Anwendung gelangen. Da das HinSchG keinen grundsätzlichen Vorrang der internen Meldung normiert, gilt bei einer Meldung an die interne oder externe Meldestelle kein Erfordernis eines vorherigen internen Klärungsversuches, wie es § 17 Abs. 2 Satz 1 ArbSchG vor einer Meldung an die zuständige Behörde vorsieht.

II. Hintergrund

3 Der Bundesrat monierte im Gesetzgebungsverfahren zum HinSchG, dass bei enger Auslegung von § 4 HinSchG alle nicht in der Auflistung des Abs. 1 genannten Spezialgesetze nachrangig und die dort getroffenen Bestimmungen, soweit sie sich mit den Regelungen des HinSchG überschnitten, obsolet seien.[3] Dies gelte insbesondere für spezialgesetzliche Rechtsvorschriften, bei denen vorrangig eine interne Meldung und unter Umständen sogar ein Abhilfeverfahren vor der externen Meldung zum Schutz des Geschäftsbetriebs vorgesehen sind, wie in § 17 Abs. 2 ArbSchG.[4] Das in § 7 HinSchG vorgesehene Wahlrecht zwischen einer internen oder externen Meldung führe in diesen Fällen zu einer Rechtsunsicherheit.[5]

4 Die in der Folge vorgenommene Anpassung des § 17 Abs. 2 Satz 3 ArbSchG durch die Aufnahme des HinSchG als Ausnahmetatbestand führt allerdings zu dem bereits beschriebenen Nebeneinander der Meldeverfahren. Eine Klarstellung zum Verhältnis der Regelungen zueinander ist – trotz der Kritik des Bundesrates – unterblieben.[6]

III. Unterschiede zwischen dem Beschwerderecht nach § 17 Abs. 2 Satz 1 ArbSchG und dem HinSchG

5 Nach § 17 Abs. 2 Satz 1 ArbSchG können sich Beschäftigte, die aufgrund konkreter Anhaltspunkte der Auffassung sind, dass die vom Arbeitgeber getroffenen Maßnahmen und bereitgestellten Mittel nicht ausreichen, um die Sicherheit und den Gesundheitsschutz bei der Arbeit zu gewährleisten, an die zuständige Behörde wenden, wenn der Arbeitgeber einer darauf gerichteten internen Beschwerde von Beschäftigten nicht abhilft. Anders als § 7 HinSchG statuiert der Wortlaut des § 17 Abs. 2 Satz 1 ArbSchG kein freies Wahlrecht zwischen einer internen oder einer externen Meldung, sondern knüpft das außerbetriebliche Beschwerderecht an die vorherige erfolglose innerbetriebliche Beschwerde.

2 RegE zum HinSchG vom 19.9.2022, BT-Drs. 20/3442, S. 100.
3 Stellungnahme des Bundesrates vom 16.9.2022 zum RegE zum HinSchG, BR-Drs. 372/22, S. 1.
4 Stellungnahme des Bundesrates vom 16.9.2022 zum RegE zum HinSchG, BR-Drs. 372/22, S. 1.
5 Stellungnahme des Bundesrates vom 16.9.2022 zum RegE zum HinSchG, BR-Drs. 372/22, S. 1.
6 Stellungnahme des Bundesrates vom 16.9.2022 zum RegE zum HinSchG, BR-Drs. 372/22, S. 1.

Das in § 17 Abs. 2 ArbSchG angelegte zweistufige Verfahren ist allerdings Gegenstand erheblicher Kritik, da die zugrunde liegende Regelung in Art. 11 Abs. 6 der RL 89/391/EWG keine derartige Hürde für ein außerbetriebliches Beschwerderecht von Arbeitnehmern vorsieht. Es ist in der arbeitsrechtlichen Literatur deshalb umstritten ist, ob es sich um eine zulässige Ausgestaltung der Richtlinie handelt.[7] 6

Sowohl für das Meldeverfahren nach § 17 Abs. 2 ArbSchG als auch für die Meldung nach dem HinSchG gilt, dass dem meldenden Arbeitnehmer aus der Meldung keine Nachteile entstehen dürfen. Das Benachteiligungsverbot ist in § 17 Abs. 2 Satz 2 ArbSchG statuiert, während das Repressalienverbot innerhalb des HinSchG in § 36 Abs. 1 geregelt ist. Anders als § 36 Abs. 2 HinSchG sieht § 17 Abs. 2 ArbSchG aber keine Beweislastumkehr vor; vielmehr trägt der Beschwerdeführer nach den allgemeinen Grundsätzen die Darlegungs- und Beweislast für den Verstoß gegen das Benachteiligungsverbot.[8] Es können allerdings bei einem offensichtlichen Zusammenhang zwischen der benachteiligenden Maßnahme und der Meldung Beweiserleichterungen in Gestalt eines Anscheinsbeweises in Betracht kommen.[9] 7

IV. Auswirkungen der Ergänzung des § 17 Abs. 2 Satz 3 ArbSchG

Durch die Ergänzung des § 17 Abs. 2 Satz 3 ArbSchG wird das Beschwerderecht nach Satz 1 entgegen der Befürchtung des Bundesrates nicht obsolet. Lediglich in den Fällen, in denen es um einen zugleich bußgeldbewehrten (§ 2 Abs. 1 Nr. 2 HinSchG) oder strafbaren (§ 2 Abs. 1 Nr. 1 HinSchG) Verstoß in Bezug auf Fragen der Sicherheit und des Gesundheitsschutzes am Arbeitsplatz geht, haben Beschäftigte nunmehr ein Wahlrecht, welchen Meldeweg sie beschreiten wollen. 8

---

7 Vgl. *Gallasch*, in: Winkelmüller/Felz/Hussing, BeckOK ArbSchR, § 17 ArbSchG Rn. 91 m. w. N.; für eine rechtmäßige Umsetzung: *Rudkowski*, CCZ 2013, 204, 206; *Wank*, in: FS Wlotzke, 1996, 617, 620; *Greiner*, in: Ascheid/Preis/Schmidt, Kündigungsrecht, § 17 ArbSchG Rn. 9; für eine restriktive Auslegung des § 17 Abs. 2 Satz 1 HinSchG: *Nebe*, in: Kiel/Lunk/Oetker, MHdB ArbR, § 176 Grundlegende Pflichten und Rechte im betrieblichen Arbeitsschutz Rn. 70 mit Verweis auf BAG, 3.7.2003, 2 AZR 235/02, NZA 2004, 427, 430 und EGMR, 21.7.2011, 28274/08, NZA 2011, 1269 Rn. 73; *Eufinger*, NJ 2016, 458, 459; *Wiebauer*, NZA 2015, 22, 23.

8 Siehe *Otto*, in: Boecken/Düwell/Diller/Hanau, NK-ArbR, § 17 ArbSchG Rn. 11; *Schucht*, in: Kollmer/Klindt/Schucht, Arbeitsschutzgesetz, § 17 Rn. 68.

9 Siehe *Otto*, in: Boecken/Düwell/Diller/Hanau, NK-ArbR, § 17 ArbSchG Rn. 11; *Gallasch*, in: Winkelmüller/Felz/Hussing, BeckOK ArbSchR, § 17 ArbSchG Rn. 132.

II. Änderung des Bundesbeamtengesetzes

Artikel 3 Änderung des Bundesbeamtengesetzes

Das Bundesbeamtengesetz vom 5. Februar 2009 (BGBl. I S. 160), das zuletzt durch Artikel 1 des Gesetzes vom 28. Juni 2021 (BGBl. I S. 2250) geändert worden ist, wird wie folgt geändert:

1. § 67 Absatz 2 Satz 1 wird wie folgt geändert:

a) In Nummer 2 wird das Wort „oder“ am Ende gestrichen.

b) In Nummer 3 wird der Punkt am Ende durch das Wort „oder“ ersetzt.

c) Folgende Nummer 4 wird angefügt:

„4. Informationen unter den Voraussetzungen des Hinweisgeberschutzgesetzes an eine zuständige Meldestelle weitergegeben oder offengelegt werden.“

2. Dem § 125 wird folgender Absatz 3 angefügt:

„(3) Beamtinnen und Beamte, die eine Meldung oder Offenlegung nach dem Hinweisgeberschutzgesetz vornehmen, sind von der Einhaltung des Dienstwegs befreit.“

§ 67 BBG Verschwiegenheitspflicht

(2) Absatz 1 gilt nicht, soweit

1. Mitteilungen im dienstlichen Verkehr geboten sind,
2. Tatsachen mitgeteilt werden, die offenkundig sind oder ihrer Bedeutung nach keiner Geheimhaltung bedürfen,
3. gegenüber der zuständigen obersten Dienstbehörde, einer Strafverfolgungsbehörde oder einer von der obersten Dienstbehörde bestimmten weiteren Behörde oder außerdienstlichen Stelle ein durch Tatsachen begründeter Verdacht einer Korruptionsstraftat nach den §§ 331 bis 337 des Strafgesetzbuches angezeigt wird oder
4. Informationen unter den Voraussetzungen des Hinweisgeberschutzgesetzes an eine zuständige Meldestelle weitergegeben oder offengelegt werden.

Im Übrigen bleiben die gesetzlich begründeten Pflichten, geplante Straftaten anzuzeigen und für die Erhaltung der freiheitlichen demokratischen Grundordnung einzutreten, von Absatz 1 unberührt.

§ 125 BGG Dienstweg bei Anträgen und Beschwerden

(3) Beamtinnen und Beamte, die eine Meldung oder Offenlegung nach dem Hinweisgeberschutzgesetz vornehmen, sind von der Einhaltung des Dienstwegs befreit.

Schrifttum: *Thönnes*, Der Hinweis auf den geheimen Rechtsbruch. Analyse, Kritik und Reformvorschläge anlässlich des neuen Hinweisgeberschutzgesetzes, NVwZ 2023, 1047; *Tölle*, Der zweite Hinweisgeberschutzgesetzentwurf und das Beamtenrecht, ZRP 2022, 156.

Artikel 3 enthält zwei geringfügige Änderungen des Bundesbeamtengesetzes, die auf die Neuregelungen des Hinweisgeberschutzgesetzes verweisen. **1**

Die erste Änderung betrifft die Einführung einer neuen Nr. 4 in § 67 Abs. 2 Satz 1 BBG. Normiert sind dort **Ausnahmetatbestände** von der beamtenrechtlichen **Verschwiegenheitspflicht**. Die neu eingeführte Nr. 4 etabliert einen Ausnahmetatbestand für die Weitergabe von Information an eine zuständige Meldestelle oder eine Offenlegung unter den Voraussetzungen des Hinweisgeberschutzgesetzes. Diese Regelung setzt zum einen voraus, dass auch Bundesbeamte unter den Schutz des Hinweisgeberschutzgesetzes fallen. In Zusammenschau mit den in Artikel 4 geregelten Änderungen des für Beamten auf Landesebene einschlägigen Beamtenstatusgesetzes ergibt sich, dass der **Hinweisgeberschutz vollumfänglich auch für Beamte und den öffentlichen Dienst** Anwendung findet.[1] Allerdings greift der Ausnahmetatbestand, wie die Formulierung „unter den Voraussetzungen des Hinweisgeberschutzgesetzes" klarstellt, nur dann ein, wenn dieser Schutz auch im konkreten Fall besteht. Die Prüfung des Ausnahmetatbestandes des § 67 Abs. 2 Satz 1 Nr. 4 BBG setzt daher eine Prüfung der einschlägigen Normen des Hinweisgeberschutzgesetzes voraus. **2**

Die zweite Änderung betrifft § 125 BBG, der im Regelfall für Anträge und Beschwerden von Beamten den Dienstweg vorschreibt. Der neu eingeführte § 125 Abs. 3 BBG **befreit Beamten von diesem Dienstweg.** Das ist notwendig, weil die Einhaltung des Dienstwegs mit wichtigen Schutzfunktionen des Hinweisgeberschutzgesetzes, beispielsweise mit dem Vertraulichkeitsgebot, in Konflikt treten würde. **3**

Somit trägt das Hinweisgeberschutzgesetz auch zu einer europarechtlich veranlassten Entwicklung der hergebrachten Grundsätze des Berufsbeamtentums im Sinne des Art. 33 Abs. 5 GG bei.[2] **4**

---

1 Eingehend zu den Auswirkungen auf den öffentlichen Dienst *Thönnes*, NVwZ 2023, 1047.

2 Ausführlich *Tölle*, ZRP 2022, 156.

III. Änderung des Beamtenstatusgesetzes

Artikel 4 Änderung des Beamtenstatusgesetzes

§ 37 Absatz 2 Satz 1 des Beamtenstatusgesetzes vom 17. Juni 2008 (BGBl. I S. 1010), das zuletzt durch Artikel 2 des Gesetzes vom 28. Juni 2021 (BGBl. I S. 2250) geändert worden ist, wird wie folgt geändert:

1. **In Nummer 2 wird das Wort „oder" am Ende gestrichen.**
2. **In Nummer 3 wird der Punkt am Ende durch das Wort „oder" ersetzt.**
3. **Folgende Nummer 4 wird angefügt:**

„4. Informationen unter den Voraussetzungen des Hinweisgeberschutzgesetzes an eine zuständige Meldestelle weitergegeben oder offengelegt werden."

§ 37 BeamtStG Verschwiegenheitspflicht

(2) Absatz 1 gilt nicht, soweit

1. Mitteilungen im dienstlichen Verkehr geboten sind,
2. Tatsachen mitgeteilt werden, die offenkundig sind oder ihrer Bedeutung nach keiner Geheimhaltung bedürfen,
3. gegenüber der zuständigen obersten Dienstbehörde, einer Strafverfolgungsbehörde oder einer durch Landesrecht bestimmten weiteren Behörde oder außerdienstlichen Stelle ein durch Tatsachen begründeter Verdacht einer Korruptionsstraftat nach den §§ 331 bis 337 des Strafgesetzbuches angezeigt wird oder
4. Informationen unter den Voraussetzungen des Hinweisgeberschutzgesetzes an eine zuständige Meldestelle weitergegeben oder offengelegt werden.

Im Übrigen bleiben die gesetzlich begründeten Pflichten, geplante Straftaten anzuzeigen und für die Erhaltung der freiheitlichen demokratischen Grundordnung einzutreten, von Absatz 1 unberührt.

Schrifttum: *Tölle*, Der zweite Hinweisgeberschutzgesetzentwurf und das Beamtenrecht, ZRP 2022, 156.

1 Art. 4 enthält eine geringfügige Änderung des Beamtenstatusgesetzes, die auf die Neuregelungen des Hinweisgeberschutzgesetzes verweist.

2 § 37 Abs. 2 Satz 1 BeamtStG, der Ausnahmetatbestände zur **Verschwiegenheitspflicht** von Beamten in den Ländern enthält, wird um eine Nr. 4 erweitert, die einen **Ausnahmetatbestand** für die Weitergabe von Informationen an eine zuständige Meldestelle oder deren Offenlegung unter den Voraussetzungen des Hinweisgeberschutzgesetzes enthält. Es handelt sich um die parallele Vorschrift zum neuen § 67 Abs. 2 Satz 1 Nr. 4 BBG. Die Ausnahme gilt somit auch für alle Beamte im Geltungsbereich des Beamtenstatusgesetzes, also für Beamten in den Ländern und auf kommunaler Ebene.

Auch diese Änderung ist Teil einer europarechtlich veranlassten Entwicklung der hergebrachten Grundsätze des Berufsbeamtentums im Sinne des Art. 33 Abs. 5 GG.[1] 3

1 Ausführlich *Tölle*, ZRP 2022, 156.

Artikel 5 Änderung des Soldatengesetzes

§ 14 Absatz 1 Satz 2 des Soldatengesetzes in der Fassung der Bekanntmachung vom 30. Mai 2005 (BGBl. I S. 1482), das zuletzt durch Artikel 5 des Gesetzes vom 20. August 2021 (BGBl. I S. 3932) geändert worden ist, wird wie folgt geändert:

1. **In Nummer 2 wird das Wort „oder" am Ende gestrichen.**
2. **In Nummer 3 wird der Punkt am Ende durch das Wort „oder" ersetzt.**
3. **Folgende Nummer 4 wird angefügt:**

„4. Informationen unter den Voraussetzungen des Hinweisgeberschutzgesetzes an eine zuständige Meldestelle weitergegeben oder offengelegt werden."

§ 14 SG Verschwiegenheit

(1) Der Soldat hat, auch nach seinem Ausscheiden aus dem Wehrdienst, über die ihm bei oder bei Gelegenheit seiner dienstlichen Tätigkeit bekannt gewordenen Angelegenheiten Verschwiegenheit zu bewahren. Dies gilt nicht, soweit

1. Mitteilungen im dienstlichen Verkehr geboten sind,
2. Tatsachen mitgeteilt werden, die offenkundig sind oder ihrer Bedeutung nach keiner Geheimhaltung bedürfen,
3. gegenüber der zuständigen obersten Dienstbehörde, einer Strafverfolgungsbehörde oder einer von der obersten Dienstbehörde bestimmten weiteren Behörde oder außerdienstlichen Stelle ein durch Tatsachen begründeter Verdacht einer Korruptionsstraftat nach den §§ 331 bis 337 des Strafgesetzbuches angezeigt wird oder
4. Informationen unter den Voraussetzungen des Hinweisgeberschutzgesetzes an eine zuständige Meldestelle weitergegeben oder offengelegt werden.

Im Übrigen bleiben die gesetzlich begründeten Pflichten, geplante Straftaten anzuzeigen und für die Erhaltung der freiheitlichen demokratischen Grundordnung einzutreten, von Satz 1 unberührt.

1 Artikel 5 enthält eine geringfügige Änderung des Soldatengesetzes, die auf die Neuregelungen des Hinweisgeberschutzgesetzes verweist.

2 § 14 Abs. 1 Satz 1 SG, der Ausnahmetatbestände zur **Verschwiegenheitspflicht** von Soldaten enthält, wird um eine Nr. 4 erweitert, die einen **Ausnahmetatbestand** für die Weitergabe von Informationen an eine zuständige Meldestelle oder deren Offenlegung unter den Voraussetzungen des Hinweisgeberschutzgesetzes enthält. Es handelt sich somit um die parallele Vorschrift zu den neuen § 67 Abs. 2 Satz 1 Nr. 4 BBG und § 37 Abs. 2 Satz 1 Nr. 4 BeamtStG. Die Ausnahme gilt somit auch für alle Soldaten im Geltungsbereich des Soldatengesetzes, die ebenfalls in den Schutzbereich des Hinweisgeberschutzgesetzes fallen.

Artikel 6 Änderung der Gewerbeordnung

§ 34d Abs. 12 Satz 3 der Gewerbeordnung in der Fassung der Bekanntmachung vom 22. Februar 1999 (BGBl. I S. 202), die zuletzt durch Artikel 21 des Gesetzes vom 19. Dezember 2022 (BGBl. I S. 2606) geändert worden ist, wird durch die folgenden Sätze ersetzt:

„§ 4 Absatz 2 sowie die §§ 5 bis 11, 24, 25 und 27 bis 31 des Hinweisgeberschutzgesetzes vom 31. Mai 2023 (BGBl. I Nr. 140) sind entsprechend anzuwenden. Die Schutzmaßnahmen für hinweisgebende Personen im Sinne des § 1 des Hinweisgeberschutzgesetzes richten sich nach dessen Abschnitten 3 und 4.“

§ 34d GewO Versicherungsvermittler, Versicherungsberater

(12) Die Industrie- und Handelskammern richten Verfahren ein zur Annahme von Meldungen über mögliche oder tatsächliche Verstöße gegen die zur Umsetzung der Richtlinie (EU) 2016/97 ergangenen Vorschriften, bei denen es ihre Aufgabe ist, deren Einhaltung zu überwachen. Die Meldungen können auch anonym abgegeben werden. § 4 Absatz 2 sowie die §§ 5 bis 11, 24, 25 und 27 bis 31 des Hinweisgeberschutzgesetzes vom 31. Mai 2023 (BGBl. 2023 I Nr. 140) sind entsprechend anzuwenden. Die Schutzmaßnahmen für hinweisgebende Personen im Sinne des § 1 des Hinweisgeberschutzgesetzes richten sich nach dessen Abschnitten 3 und 4.

Schrifttum: *Pielow*, Beck’scher Online-Kommentar GewO, 59. Edition, Stand 1.6.2023.

Art. 6 zur Änderung der GewO war im Referentenentwurf vom 24.3.2022 noch nicht vorhanden, sondern wurde erst mit dem Gesetzesentwurf der Bundesregierung vom 5.8.2022[1] eingefügt. Inhaltlich geht es um eine Änderung von § 34d GewO, eine Regelung, die die Zulassung von Versicherungsvermittlern und Versicherungsberatern durch die zuständige Industrie- und Handelskammer regelt und die auf der EU-Versicherungsvertriebsrichtlinie 2016/97 vom 20.1.2016[2] beruht. In § 34d Abs. 12 GewO war bereits vor Einführung des HinSchG eine Verpflichtung der Industrie- und Handelskammern vorgesehen, Verfahren zur Annahme von – auch anonym abgegebenen – Meldungen von Hinweisgebern einzurichten. In der bisherigen Fassung des § 34d GewO galten für Meldungen bei den IHKs die Verfahrensvorschriften des § 4d Finanzdienstleistungsaufsichtsgesetzes (FDG), insbesondere hinsichtlich der Schutzregelungen erfolgte eine Angleichung an die entsprechenden Regelungen bei einer Meldung an die BaFin.[3] Ebenso 1

1 Gesetzesentwurf der Bundesregierung v. 5.8.2022, BR-Drs. 372/22, https://dserver.bundestag.de/brd/2022/0372-22.pdf, abgerufen am 20.10.2022.

2 https://eur-lex.europa.eu/legal-content/DE/TXT/PDF/?uri=CELEX:32016L0097, abgerufen am 12.9.2023.

3 So entsprechend *Will*, in: BeckOK GewO, § 34d Rn. 295, 296.

wie das BaFin dienen die Industrie- und Handelskammern somit als externe Meldestelle.

2 Mit Einführung des HinSchG war ein Verweis auf die Schutzregelungen des § 4d FDG nicht mehr notwendig, da nunmehr zentral für alle Meldeverfahren in anderen Rechtsvorschriften die Vorgaben des HinSchG Vorrang haben. Folgerichtig waren somit auch die Regelungen des § 4d Abs. 3 bis 8 FDG, auf die § 34d GewO a. F. verwiesen hatte, durch Art. 7 (vgl. nachfolgende Kommentierung) aufgehoben worden.[4] Demzufolge finden auf Meldungen zu § 34d GewO die Regelungen der §§ 5 bis 11 HinSchG, die insbesondere das Verhältnis zu anderen Interessen und Pflichten, das Wahlrecht zwischen interner und externer Meldung sowie Datenschutz regeln; die Regelungen zur externen Meldestelle, somit die §§ 24, 25, 27–31 HinSchG; sowie die Regelungen zu Schutzmaßnahmen für hinweisgebende Personen, somit die §§ 32 bis 39 HinSchG, Anwendung. Nach wie vor lässt § 34d Abs. 12 Satz 2 GewO aber die Berücksichtigung anonymer Meldungen zu und formuliert dies klarer als § 16 Abs. 1 Satz 4 HinSchG („sollte"). Systematisch wäre es sinnvoller gewesen, die Regelungen zur Änderung von § 4d FDG vor die Regelungen zu setzen, in denen Folgeänderungen umgesetzt wurden, die Änderungsvorschrift zum FDG wäre somit sinnvollerweise als Art. 6 in der Reihenfolge vor der Änderung der GewO als Art. 7 erfolgt.

4 Begr. RegE v. 5.8.2022, BR-Drs. 372/22, S. 115, a. a. O.

VI. Änderung des Finanzdienstleistungsaufsichtsgesetzes

Artikel 7 Änderung des Finanzdienstleistungsaufsichtsgesetzes

§ 4d des Finanzdienstleistungsaufsichtsgesetzes vom 22. April 2002 (BGBl. I S. 1310), das zuletzt durch Artikel 21 des Gesetzes vom 3. Juni 2021 (BGBl. I S. 1568) geändert worden ist, wird wie folgt geändert:

1. Absatz 1 Satz 2 wird aufgehoben.

2. Absatz 2 wird wie folgt gefasst:

„(2) Das Hinweisgeberschutzgesetz ist mit der Maßgabe anzuwenden, dass

1. abweichend von § 1 Absatz 1 des Hinweisgeberschutzgesetzes alle natürlichen Personen, die Meldungen nach Absatz 1 abgeben, in den persönlichen Anwendungsbereich fallen sowie

2. die Meldungen auch anonym abgegeben werden können.“

3. Die Absätze 3 bis 8 werden aufgehoben.

4. Absatz 9 wird Absatz 3 und Satz 1 wird wie folgt gefasst:

„Das Bundesministerium der Finanzen kann durch Rechtsverordnung, die nicht der Zustimmung des Bundesrates bedarf, nähere Bestimmungen über Inhalt, Art, Umfang und Form der Meldung von Verstößen, für die die Bundesanstalt nach § 21 des Hinweisgeberschutzgesetzes zuständig ist, einschließlich der von Absatz 1 erfassten Rechtsverordnungen, Allgemeinverfügungen und sonstigen Vorschriften sowie Verordnungen, Richtlinien und Durchführungsakte der Europäischen Union, erlassen.“

§ 4d FinDAG Meldung von Verstößen; Verordnungsermächtigung

(1) Die Bundesanstalt errichtet ein System zur Annahme von Meldungen über potentielle oder tatsächliche Verstöße gegen Gesetze, Rechtsverordnungen, Allgemeinverfügungen und sonstige Vorschriften sowie Verordnungen und Richtlinien der Europäischen Union, bei denen es die Aufgabe der Bundesanstalt ist, deren Einhaltung durch die von ihr beaufsichtigten Unternehmen und Personen sicherzustellen oder Verstöße dagegen zu ahnden. Die Meldungen können auch anonym abgegeben werden.

(2) Das Bundesministerium der Finanzen kann durch Rechtsverordnung, die nicht der Zustimmung des Bundesrates bedarf, nähere Bestimmungen über Inhalt, Art, Umfang und Form der Meldung von Verstößen, für die die Bundesanstalt nach Absatz 1 und § 21 des Hinweisgeberschutzgesetzes zuständig ist, einschließlich der von Absatz 1 erfassten Rechtsverordnungen, Allgemeinverfügungen und sonstigen Vorschriften sowie Verordnungen und Richtlinien der Europäischen Union, erlassen. Das Bundesministerium der Finanzen kann die Ermächtigung durch Rechtsverordnung auf die Bundesanstalt übertragen.

Schrifttum: *Schoch*, Das neue Hinweisgeberschutzgesetz aus Sicht der Finanzbranche, BKR 2023, 154.

1 Mit Art. 7 wird der durch das FiMaNoG vom 30.6.2016[1] geschaffene § 4d FinDAG als bis dato wohl relevanteste sektorspezifische Hinweisgeberschutzvorschrift im nationalen Rahmen[2] substanziell gestrafft. Die Aufhebung der bisherigen Detailvorgaben in Abs. 3–8 stellt eine notwendige Folgeänderung zu § 2 Abs. 1 Nr. 5 und § 21 Satz 1 Nr. 1 HinSchG dar, mit der Organisation und Verfahren des bei der BaFin für aufsichtsrechtliche Verstöße eingerichteten externen Hinweisgeberschutzsystems an den Vorgaben des HinSchG ausgerichtet werden.[3] Als spezialgesetzliche Regelung i. S. d. § 27 Abs. 1 Satz 4 HinSchG[4] gestattet § 4d Abs. 1 Satz 2 FinDAG zusätzlich die Abgabe anonymer Meldungen. Details sollen gem. § 4d Abs. 2 FinDAG in der BaFin-Hinweisgeberverordnung[5] geregelt werden.

1 BGBl. I, S. 1514.
2 Vgl. BT-Drs. 20/3442, S. 31 (A.I.); zur Praxis siehe *Schoch*, BKR 2023, 154, 155.
3 Vgl. BT-Drs. 20/3442, S. 101 (zu Art. 7).
4 Vgl. BT-Drs. 20/3442, S. 101 (zu Art. 7).
5 Vgl. aktuell BaFin-Hinweisgeberverordnung v. 2.7.2016, BGBl. I, S. 1572, zuletzt geändert durch Art. 1 der VO v. 26.7.2021, BGBl. I, S. 3207, 4455.

VII. Änderung des Geldwäschegesetzes

Artikel 8 Änderung des Geldwäschegesetzes

Dem § 53 des Geldwäschegesetzes vom 23. Juni 2017 (BGBl. I S. 1822), das zuletzt durch Artikel 92 des Gesetzes vom 10. August 2021 (BGBl. I S. 3436) geändert worden ist, wird folgender Absatz 8 angefügt:

„(8) Soweit die Bundesanstalt für Finanzdienstleistungsaufsicht als zuständige Behörde im Sinne des § 50 Absatz 1 Nummer 1 oder Nummer 2 für die Errichtung eines Systems im Sinne von § 53 Absatz 1 zuständig ist, richten sich die Errichtung und der Betrieb nach § 4d des Finanzdienstleistungsaufsichtsgesetzes. § 53 Absatz 3 bis 7 findet insoweit keine Anwendung.“

§ 53 GwG Hinweise auf Verstöße

(8) Soweit die Bundesanstalt für Finanzdienstleistungsaufsicht als zuständige Behörde im Sinne des § 50 für die Errichtung eines Systems im Sinne von Absatz 1 zuständig ist, richten sich die Errichtung und der Betrieb nach § 4d des Finanzdienstleistungsaufsichtsgesetzes. Die Absätze 3 bis 7 finden insoweit keine Anwendung.

1 Der neu in § 53 GwG eingefügte Absatz 8 Satz 1 unterstellt geldwäscherelevante Hinweisvorgänge im Zuständigkeitsbereich der BaFin dem Regime des § 4d FinDAG. Die Abs. 3 bis 7 werden insoweit kraft ausdrücklicher Anordnung verdrängt, Abs. 8 Satz 2. Die Neuregelung trägt dem Anliegen Rechnung, Hinweisvorgänge bei der BaFin unabhängig vom konkreten Rechtsakt und daher auch bei Anwendung des GwG möglichst einheitlich zu behandeln und so Divergenzen im Schutzniveau und im personellen Anwendungsbereich zu vermeiden.[1]

1 Vgl. BT-Drs. 20/3442, S. 101 (zu Art. 8).

VIII. Änderung des Versicherungsaufsichtsgesetzes

Artikel 9 Änderung des Versicherungsaufsichtsgesetzes

§ 23 Absatz 6 des Versicherungsaufsichtsgesetzes vom 1. April 2015 (BGBl. I S. 434), das zuletzt durch Artikel 94 des Gesetzes vom 10. August 2021 (BGBl. I S. 3436) geändert worden ist, wird wie folgt geändert:

1. **In dem Satzteil vor Nummer 1 werden nach den Wörtern „einen Prozess" die Wörter „gemäß dem Hinweisgeberschutzgesetz für interne Meldungen" eingefügt.**
2. **In Nummer 4 wird am Ende ein Komma eingefügt.**
3. **Nach Nummer 4 wird folgende Nummer 5 eingefügt:**

„5. gegen Vorschriften, bei denen auch eine Meldung an eine externe Stelle im Sinne des Hinweisgeberschutzgesetzes in Betracht kommt,".

§ 23 VAG Allgemeine Anforderungen an die Geschäftsorganisation, Produktfreigabeverfahren

(6) Die Unternehmen haben einen Prozess gemäß dem Hinweisgeberschutzgesetz für interne Meldungen vorzusehen, der es den Mitarbeitern unter Wahrung der Vertraulichkeit ihrer Identität ermöglicht, potenzielle oder tatsächliche Verstöße

1. gegen dieses Gesetz,
2. gegen auf Grund dieses Gesetzes erlassene Rechtsverordnungen,
3. gegen die Verordnung (EU) Nr. 596/2014 des Europäischen Parlaments und des Rates vom 16. April 2014 über Marktmissbrauch (Marktmissbrauchsverordnung) und zur Aufhebung der Richtlinie 2003/6/EG des Europäischen Parlaments und des Rates und der Richtlinien 2003/124/EG, 2003/125/EG und 2004/72/EG der Kommission (ABl. L 173 vom 12.6.2014, S. 1),
4. gegen die Verordnung (EU) Nr. 1286/2014 des Europäischen Parlaments und des Rates vom 26. November 2014 über Basisinformationsblätter für verpackte Anlageprodukte für Kleinanleger und Versicherungsanlageprodukte (PRIIP) (ABl. L 352 vom 9.12.2014, S. 1, L 358 vom 13.12.2014, S. 50) in der jeweils geltenden Fassung,
5. gegen Vorschriften, bei denen auch eine Meldung an eine externe Stelle im Sinne des Hinweisgeberschutzgesetzes in Betracht kommt,

sowie etwaige strafbare Handlungen innerhalb des Unternehmens an eine geeignete Stelle zu melden.

Schrifttum: *Schoch*, Das neue Hinweisgeberschutzgesetz aus Sicht der Finanzbranche, BKR 2023, 154.

Mit den Anpassungen an § 23 VAG verfolgt der Gesetzgeber das Ziel einer Stärkung des internen Meldesystems bei den nach dem VAG beaufsichtigten Unternehmen.[1] Um potenzielle Wertungswidersprüche zwischen den versicherungsaufsichtsrechtlichen Regelungen und denen des HinSchG aus dem Weg zu räumen, wird das interne Meldeverfahren nach § 23 Abs. 6 VAG durch die Verweisung mit dem horizontalen Meldeverfahren nach dem HinSchG harmonisiert.[2] Während § 23 Abs. 6 VAG bislang keine Konkretisierungen im Hinblick auf das Verfahren enthielt, hat das hiernach einzurichtende Verfahren fortan den detaillierten Vorgaben des HinSchG zu folgen.[3] Mit der Ergänzung des Katalogs an möglichen Verstößen durch eine neue Nummer 5 wird der Anwendungsbereich des Verfahrens nach § 23 Abs. 6 VAG auch für Verstöße erschlossen, die von den Nrn. 1 bis 4 nicht erfasst waren und einzig dem externen Meldeverfahren nach dem HinSchG unterliegen würden.[4] Damit ist sichergestellt, dass dem Hinweisgeber im Anwendungsbereich des VAG unabhängig von der verletzten Norm in jedem Fall das interne Verfahren zur Verfügung steht und die Hürden für eine Meldung weiter abgesenkt werden.[5] **1**

1 Vgl. BT-Drs. 20/3442, S. 101 (zu Art. 9).

2 Vgl. BT-Drs. 20/3442, S. 101 (zu Art. 9); zu den Inkonsistenzen, die sich aus der unterbliebenen Anpassung der Parallelvorschrift in 25a Abs. 1 Satz 6 Nr. 3 KWG ergeben, vgl. *Schoch*, BKR 2023, 154, 156.

3 Vgl. BT-Drs. 20/3442, S. 101 (zu Art. 9).

4 Vgl. BT-Drs. 20/3442, S. 101 (zu Art. 9).

5 Vgl. BT-Drs. 20/3442, S. 101 (zu Art. 9).

IX. Inkrafttreten

Artikel 10 Inkrafttreten

(1) In Artikel 1 tritt § 41 des Hinweisgeberschutzgesetzes am Tag nach der Verkündung in Kraft.

(2) Im Übrigen tritt dieses Gesetz am 2. Juli 2023 in Kraft.

1 Im Entwurf des HinSchG der BReg. v. 4.8.2022[1] war in Art. 10 des Artikelgesetzes noch ein Inkrafttreten 3 Monate nach Verkündung des Gesetzes vorgesehen. Nachdem sich das Gesetzgebungsverfahren im November und Dezember 2022 verzögerte, konnte das HinSchG erst mit der 2. und 3. Lesung im Deutschen Bundestages am 16.12.2022 verabschiedet werden, der Bundesrat verweigerte am 10.2.2023 seine Zustimmung.

2 Nach Anrufung des Vermittlungsausschusses und Einigung am 9.5.2023 wurde das Hinweisgeberschutzgesetz vom Bundestag in 2. und 3. Lesung am 11.5.2023 verabschiedet, am 31.5.2023 vom Bundespräsidenten ausgefertigt und am 2.6.2023 im Bundesanzeiger bekanntgemacht. Demzufolge trat das Gesetz gem. Art. 10 Abs. 2 des Artikelgesetzes am 2.7.2023 in Kraft.

3 Demgegenüber trat die Verordnungsermächtigung des § 41 HinSchG gem. Art. 10 Abs. 1 bereits am Tag nach der Verkündung, somit am 3.6.2023, in Kraft.

1 Gesetzesentwurf der Bundesregierung v. 5.8.2022, BR-Drs. 372/22, https://dserver.bundestag.de/brd/2022/0372-22.pdf, zuletzt abgerufen am 20.10.2022.

Stichwortverzeichnis

Fette Zahlen verweisen auf die Paragrafen, magere auf die Randnummern.

Abhilfe
– von gemeldeten Mängeln **29** 14
Abhilfeverfahren **Anh. Art. 2** 5
Akteneinsicht **28** 5
Aktiengesellschaft **3** 12
Aktionär **2** 39
Allfinanzaufsicht **21** 1
Allgemeines Persönlichkeitsrecht **8** 5; **9** 40
Amtsermittlungsgrundsatz **28** 1
Amtssprache **27** 10
Anonyme Meldungen **7** 46 f.; **16** 10 ff.
– anonyme Hinweisgeber **7** 46 f.; **16** 10
– Bearbeitung **16** 11 ff.
– gesetzliche Pflicht **16** 14 f.
Anonymität **19** 1
Anwendungsbereich **12** 49; **39** 4 ff.
– Beratung durch externe Meldestelle **33** 90 f.
– Beurteilungsmaßstab **33** 79 ff.
– Erweiterung des persönlichen Anwendungsbereichs **34** 1 ff.
– Erweiterung durch interne Richtlinien **33** 86 ff.
– hinreichend begründete Annahme **33** 69 ff.
– persönlicher **39** 8
– Rechtsberatung **33** 92
– sonstige geschützte Personen **34** 1 ff.
– Verifizierungsbemühen **33** 84 ff.
Arbeitnehmer **3** 11
Arbeitnehmerinnen **3** 11
Arbeitsplatzsicherheit **Anh. Art. 2** 1 ff., 8
Arbeitsschutz **Anh. Art. 2** 1 ff.
Arbeitsvertrag **39** 5 f., 14 ff.
Arbeitsvertragsklauseln **39** 14 ff.
– Freistellungsklausel **39** 14, 17
– Geheimhaltungsklausel **39** 12, 14, 22 f.
– Kündigungsklausel **39** 14, 17
– Versetzungsklausel **39** 14, 17
– Vorbehalt **39** 14 ff.
Arzneimittel **2** 33
Aufbewahrung
– aufgrund von Rechtsverfahren **11** 23, 27 ff.
– Dauer der **11** 18 ff.
– Pflicht zur **11** 1
– zu Zwecken der Datensicherung **11** 24 ff.
Aufdeckung **3** 3
Auffangfunktion des HinSchG **4** 7 ff
Aufklärungspflichten **38** 16 ff.
Aufsichtsbehörde **Anh. Art. 2** 5
Auskünfte **29** 1
Auskunftsquelle
– Wahl **29** 6
Auslegung
– europarechtskonforme Auslegung **38** 13 ff.; **16** 21
– richtlinienkonforme Auslegung **38** 13 ff.
Äußerungen
– verfassungsfeindliche **2** 57, 60

BaFin **2** 45 f.; **21** 1
BBergG *siehe Bundesberggesetz*
Beamte und Beamtinnen **Vor 1** 5, 10, 14, 24; **1** 3, 6, 8; **2** 57 f.; **3** 11; **38** 33; **Anh. Art. 3** 2 f.; **Anh. Art. 4** 2
Behinderungsverbot **7** 34 ff., 59

Behörde
– zuständige **3** 1
Benachteiligung **36** 5 f.; **38** 28, 31
Benachteiligungsverbot **36** 3 ff.; **Anh. Art. 2** 7
Beratungsfunktion **24** 24
Berichtspflichten **26** 1
Beschäftigte **Vor 1** 21, 26, 28, 30; **1** 8; **2** 9, 11 ff.; **3** 1; **12** 19 ff.
– befristet bzw. zeitweilig Beschäftigte **12** 26 f.
– Begriff **12** 19
– Kampagnenbetriebe **12** 25
– Leiharbeitnehmer **12** 32 ff.; **16** 4 f.
– regelmäßige Beschäftigtenzahl **12** 24, 26
– Saisonbetriebe **12** 25
– Schwellenwert **12** 18
– Teilzeitarbeitnehmer **12** 28 ff.
Beschäftigungsart **39** 4
Beschäftigungsbedingung **39** 4
Beschäftigungsbestimmung **39** 4
Beschäftigungsgeber **3** 1; **12** 5 ff.
– Begriff **12** 5 f.
– Behörden **12** 9
– Bund oder Land als Beschäftigungsgeber **12** 10
– Gemeinden, Gemeindeverbände und im Eigentum von Gemeinden stehende Beschäftigungsgeber **12** 15 ff.
– Kontaktierung von **29** 12
– nicht rechtsfähige juristische Personengemeinschaften **12** 8
– private und öffentliche Beschäftigungsgeber **12** 7 ff., 13
Beschäftigungsvereinbarung **39** 4
Beschwerdeführer **Anh. Art. 2** 7
Beschwerderecht **Anh. Art. 2** 1 f., 5, 8
– außerbetrieblich **Anh. Art. 2** 5
– innerbetrieblich **Anh. Art. 2** 5 f.
Besetzung der internen Meldestelle
– Auditverantwortlicher **15** 18
– Aufsichtsratsmitglied **15** 29
– Datenschutzbeauftragter **15** 32
– Integritätsbeauftragter **15** 9
– Korruptionsbeauftragter **15** 9
– Leiter der Compliance-Abteilung **15** 18
– Leiter der Personal-Abteilung **15** 30
– Leiter der Rechtsabteilung **15** 31
– Mitarbeiter in Doppelfunktion **15** 6
– Mitglied der Geschäftsführung **15** 28
– Vorstandsmitglied **15** 24
Bestätigung
– Eingang **28** 1
Betrug **2** 1, 61; **3** 5
Bevorzugung **28** 4
Beweislast **36** 15 ff.; **38** 28; **Anh. Art. 2** 7
– Anscheinsbeweis **Anh. Art. 2** 7
– Beweiserleichterung **38** 28; **Anh. Art. 2** 7
– Beweislastumkehr **36** 15 ff.; **Anh. Art. 2** 7
– Beweislastverteilung **38** 28; **Anh. Art. 2** 7
Bewertung
– rechtliche **28** 7
Börsengesetz (BörsG)
– Verhältnis zum **4** 54 ff.
BörsG *siehe Börsengesetz*
Bundesberggesetz (BBergG)
– Rechtsverordnungen aufgrund des **4** 91 ff.
Bundesjustizministerium **41** 2
Bundeskartellamt **9** 23 f.; **41** 5
Bundestag **Vor 1** 11 f., 23, 25 f.
Bundesverfassungsgericht **8** 5
Bußgeld **40** 1 ff.
– Bußgeldhöhe **40** 35

– Höchstmaß **40** 35
– Kommunikationsbehinderung **40** 7
– Repressalien **40** 18
– unrichtige Informationen **40** 2
– Unternehmensgeldbuße **40** 35
– Versuch **40** 31
– Vertraulichkeitsgebot **40** 23
Bußgeldbewehrt **Vor 1** 21; **2** 9, 11, 13 f.

Darlegungs- und Beweislast **36** 15 ff.; **38** 28; **Anh. Art. 2** 7
Darstellung
– komprimierte **28** 7
Datenschutz **2** 36 f.; **8** 6; **9** 40
Denunziation **38** 32
Dienstaufsicht **25** 8
Dienstvertrag **39** 5
Dienstweg **27** 6
Dispositiv **39** 2 f.
Dokumentationspflicht **11** 2
Doppelfunktion
– Mitarbeiter in **15** 6
Doppelung **27** 2
Dritte
– juristische Personen **34** 79 ff.
– sonstige Dritte **34** 54 ff.
– unterstützende Personen **34** 3 ff.
Dritte als interne Meldestelle **14** 21 ff., 43 ff.; **17** 38
– Akt der Betrauung/Beauftragung **14** 15
– Begriff **14** 17 ff.
– organisatorische Ausgestaltung, v.a. Prinzip der organisatorischen Trennung **14** 37 ff.; **17** 39
– Richtlinienkonformität des HinSchG im Konzernkontext **14** 46 ff.
– Umfang der Betrauung **14** 33 ff.
Dritte Personen **8** 15 f., **9** 40 ff.
Durchgriffsverbot **12** 15
Durchsetzung
– der Auskünfte **29** 5

Effektive Compliance **29** 4
Effet utile **27** 3
Eingabemasken **27** 7
Eingriffsbehörden **29** 15
Einrichtungsverpflichtete **12** 5 ff.
– Beschäftigungsgeber **12** 5 f.
– sonstige Verpflichtete **12** 35 ff.
– spezialgesetzliche Regelungen **12** 36
Einstellung **29** 14; **31** 3, 10
Einzelfallabwägung **38** 20
Eisenbahn **2** 22 f., 27
Energie
– erneuerbare **2** 28, 31
Entschädigung **29** 8
Entscheidungsspielraum **29** 14
Erlaubnistatbestand **6** 16 ff., 82 ff., 98 ff., 136 ff.
Ermessensspielraum **29** 11
Ermittlungsbefugnisse **22** 4
Erwägungsgrund **3** 5; **19** 2 f.
Externe Meldestelle **27** 2
– Beratungspflicht **5** 12 ff.

Fachaufsicht **25** 2, 8
Fahrlässigkeit **12** 55; **38** 3, 6, 10 f., 13 ff., 31 f.
– einfache **38** 6, 10, 31 f.
– grobe **38** 3, 10 f., 13 ff.
Falsche Verdächtigung **38** 2
Falschmeldung **38** 2 f., 6, 33
– hinreichend begründete Annahme **33** 35 ff.
– Verifizierungsbemühen **33** 49
– Verschuldensgrad **33** 44 ff.
Finanzdienstleistungsaufsichtsgesetz (FinDAG)
– Änderung des **Anh. Art. 7** 1

FinDAG *siehe Finanzdienstleistungsaufsichtsgesetz*
Folgemaßnahmen **3** 1, 10
Freies Ermessen **29** 6
Fremdsprachlich
– Meldung **27** 10
Fristen
– Berechnung **28** 1
– Verlängerung **29** 5

G-20 **Vor 1** 10 f.
Gawlik **38** 16, 20
Gebietskörperschaften **3** 13
Gefahrgut **2** 23, 25, 27
Gegendarstellung **38** 6
Geheimnisschutzklauseln **39** 11
Geldwäsche **Vor 1** 5, 30; **2** 17
Geldwäschegesetz (GwG)
– Änderung des **Anh. Art. 8** 1
– Verhältnis zum **4** 25 ff.
Gemeinsame Meldestelle
– Adressat **14** 53 ff.
– Einrichtung und Betrieb **14** 56 ff.
– Letztverantwortung des Einrichtungsverpflichteten **14** 62
– Prinzip der organisatorischen Trennung **14** 60 f.
– Umfang der Betrauung **14** 57, 67
Gemeinschaftsrecht **3** 4
Genossenschaft **3** 12
Geringfügigkeit **31** 10, 12
Geschäftsgeheimnis **3** 3; **39** 22 f.
Geschäftsgeheimnisschutz **6** 5 ff.
Geschützte Personen
– Dritte **34** 1 ff.
– hinweisgebende Person **1** 1 ff.
– juristische Personen **34** 79 ff.
– sonstige dritte Personen **34** 54 ff.
– unterstützende Personen **34** 3 ff.
Gesellschaftliche Legalitätspflicht/Legalitätskontrollpflicht **16** 12
Gesetzliches Verbot **39** 13
Gestaltungsfreiheit **27** 9
Gestaltungsspielraum **28** 3
Gesundheitsschutz **Anh. Art. 2** 1 ff., 8
Gleichberechtigt **27** 2
GmbH **3** 12
Grundfreiheiten **2** 1, 53, 63
GwG *siehe Geldwäschegesetz*

Haftungsausschluss **35**
– allgemeiner Haftungsausschluss **35** 7 ff.
– Geschäftsgeheimnis **6** 2 ff.; **35** 43
– Informationsbeschaffung **35** 11 ff.
– Offenlegungsbeschränkung **35** 41 ff.
– Tatbestandsvoraussetzungen **35** 15 ff.
– Weitergabe von Informationen **35** 41 ff.
Handelsgeschäfte **3** 4
Handlungen **3** 9
Hauptversammlung **3** 16
Heinisch **38** 18
„Heinisch"-Entscheidung **Vor 1** 6, 8, 10, 11; **2** 14
HEMBV **27** 5
Hierarchieabstufung **28** 10
Hinreichender Grund zur Annahme
– Anwendungsbereich **33** 69 ff.
– der Eröffnung des Anwendungsbereiches des HinSchG **6** 31
– der Notwendigkeit **6** 25 ff., 84 f.
– der Wahrheit der Information **6** 29 f., 86
– Dritter **34** 32 ff., 46 ff.
– objektiv-subjektiver Maßstab **6** 22 ff., 30 f.; **38** 18
– Wahrheit der Information **34** 32 ff.
Hinweisgebende Person **Vor 1** 25; **2** 7; **8** 2, 4 f., 7 ff., 21 ff.; **9** 4 ff., 11 f., 40, 45; **39** 8
Hinweisgeber **3** 1; **19** 1

Hinweisgeberschutz *siehe Schutzvoraussetzungen*
Hinweisgeberschutzsystem **8** 12, 26; **9** 6 f.
Hinweisgebersystem **12** 3

Identität
– Offenbarung **38** 34
– Vertraulichkeit **38** 34
Identität der Person **8** 20 ff.; **9** 6, 11 ff.
Illoyalität **27** 8
Informationen **Vor 1** 16, 28, 29; **1** 7, 9 f.; **3** 1, 6, 8; **19** 4
– falsche **38** 8
– Haftung für Beschaffung **38** 19
– irreführende **38** 14 f., 31
– überflüssige **38** 9
– wissentlich falsche **38** 14, 32
Informationsbeschaffung
– Darlegungs- und Beweislast **35** 36 ff.
– Haftungsausschluss **35** 11 ff.
– Sorgfaltsanforderungen **35** 18 ff.
– Umfang des Haftungsausschlusses **35** 29 ff.
Informationsfreiheitsgesetz **28** 5
Informationsfreiheitsgesetze des Bundes und der Länder
– Verhältnis zum HinSchG **4** 97 ff.
Informationspflicht **7** 55 ff.; **9** 25 ff.; **13** 4 ff.
– externe Meldeverfahren **13** 6 f.
– interne Meldeverfahren **7** 55 ff.
– Meldeverfahren auf Ebene der Europäischen Union **13** 10 f.
Informationstechnik **2** 38
Inhaltsprotokoll **11** 7
Interessenkonflikt **25** 9, 11 f.
Interne Meldekanäle **16** 4 ff.
– externe Personen **16** 8, 27
– geeignete Aufsichtsmaßnahme i. S. d. § 130 I OWiG **16** 18
– Kontaktmöglichkeiten **16** 19 ff.
– mündliches Meldesystem **16** 25
– Parameter **16** 2, 22
– potenzielle (sprachliche) Barrieren **16** 26
– Vertraulichkeit **12** 51; **16** 27, 32 ff.
– Zugangsberechtigte **16** 4 ff.
– Zugriffsrechte **16** 32 ff.
Interne Meldestelle
– Aufgaben **13** 3
– Arbeitseinheit **14** 11
– Ausgestaltungsermessen **14** 6
– Befugnisse **12** 43 ff.
– Begriff **12** 38
– Beschäftigtenbegriff **14** 9; **12** 19 f.
– Einrichtung und Betrieb **12** 37 ff.; **42** 2 f.
– Folgemaßnahmen
  – Abschluss des Verfahrens **18** 12
  – interne Untersuchung **18** 9
  – Praxishinweise **18** 18 ff.
  – Verfahrensabgabe **18** 14 ff.
  – Verweisung an andere zuständige Stelle **18** 10
– Informationsbereithaltung über externe Meldeverfahren **13** 4 ff.
– Informations- und Auskunftsrechte **12** 44
– Konsequenzen eines Verstoßes **12** 54 f.
– Praxisempfehlungen **12** 47 ff.
– Praxishinweise **17** 36 ff.
– Rückmeldung an Hinweisgeber **17** 21 ff.
– Verfahren nach Meldungseingang **17** 5 ff.

Juristische Personen **34** 79 ff.
– des öffentlichen Rechts **12** 9, 13

KAGB *siehe Kapitalanlagegesetzbuch*

Kapitalanlagegesetzbuch (KAGB)
– Verhältnis zum **4** 46 ff.
Kartell **2** 53 ff.
Kartellverstöße **22** 3
Kausalität **3** 9
Kleine Privatunternehmen **42** 2 f.
– Privilegierung **42** 2 f.
Kollektivvereinbarungen
– Betriebsvereinbarung **39** 5
– Tarifvertrag **39** 5
Kommanditgesellschaft auf Aktien **3** 12
Kommunalverwaltungen **20** 1
Kompetenz
– zur Prüfung **28** 3
Konkurrenzen **38** 30 ff.
Kontext
– beruflicher **3** 1, 9
Konzern **Vor 1** 13
– Meldestelle **Vor 1** 13, 18
Kooperation **30** 1, 3
Korruptionsbekämpfungsstellen **19** 2
Kreditwesengesetz (KWG)
– Verhältnis zum **4** 34 ff.
Kronzeugenprogramm **22** 2
Kronzeugenregelung
– kartellrechtliche **4** 99
Kündigung **39** 1
KWG *siehe Kreditwesengesetz*

Landesverwaltungen **20** 1
Lebensmittel **Vor 1** 5; **2** 32
Legalitätspflicht **38** 6
Loyalitätspflichten **38** 20
Luftverkehr **1** 22, 26
Luftverkehrsgesetz (LuftVG)
– aufgrund des § 32 Abs. 1 Nr. 1 erlassene Rechtsverordnungen **4** 75
LuftVG *siehe Luftverkehrsgesetz*
„Luxleaks"-Entscheidung **Vor 1** 8

MAR *siehe Marktmissbrauchsverordnung*
Marktmissbrauchsverordnung **21** 1; **27** 3
– Verhältnis zur **4** 66 ff.
Meldestelle
– Zuständigkeit **6** 32 ff., 87
Meldestellenpersonen
– Pflicht zur Beachtung schutzwürdiger Belange Betroffener **6** 144 ff.
– Verschwiegenheits- und Geheimhaltungspflichten **6** 95 ff.
Meldeweg **19** 1
Meldung **Vor 1** 7 ff., 13, 16, 20, 22, 25 f., 30 f.; **1** 4, 6 f., 13 ff.; **3** 1 ff., 7; **19** 3; **21** 1; **22** 2
– anonyme **Vor 1** 13, 16, 18, 23 f.
– externe **3** 1, 7, 10; **19** 2
– interne **3** 1, 7, 10; **19** 1; **22** 3
Mischform **27** 6
Missbrauch **29** 7
Missbrauchsquote **27** 8
Missstände
– Beseitigung **29** 7
Mitgliedstaaten **19** 2
Mittler **3** 1
MMVO *siehe Marktmissbrauchsverordnung*
Motivation **28** 3

Nachforschungspflichten **38** 16 ff.; *siehe auch Verifizierungsbemühen*
Nachteile **38** 1
Nahestehende Personen
– des Melders **27** 5
Nichtigkeit **39** 9 ff.
– Gesamtnichtigkeit **39** 10 ff.
– Teilnichtigkeit **39** 10 ff.
Niederschwelligkeit
– des Zugangs **27** 6
Notwendige Fachkunde der beauftragten Person **15** 52

Offenlegen **32** 1 ff.
– besondere Umstände **32** 20 ff.
– Gefährdung **32** 27
– keine Folgemaßnahmen **32** 13
– keine Rückmeldung **32** 16
– nach externer Meldung **32** 10 ff.
– Offenlegungsverbot **32** 37
– Repressalien **32** 31
Offenlegung **3** 1 ff., 7 ff.; **6** 35 ff., 49 f., 88 ff., 93
Offenlegungsbeschränkung **35** 41 ff.
– Darlegungs- und Beweislast **35** 77 ff.
– Erforderlichkeit zur Aufdeckung **35** 49 ff.
– Haftungsausschluss **35** 45 ff.
– Umfang des Haftungsausschlusses **35** 71 ff.
– Verhältnis zu § 6 **35** 41 ff.
Öffentlichkeit **3** 8
Öffnungsklausel **19** 7; **20** 1 f.
Ombudsleute **19** 2
One-Stop-Shop **27** 8
Ordnungswidrigkeit **40** 1 ff.
Organisationseinheiten **12** 11 ff.
– Begriff **12** 11 f.
– Unionsrechtswidrigkeit **12** 13 f.

Parlamentsvorbehalt **5** 26 f.
Person **3** 1, 7, 9, 11 f., 16; **22** 2 f.
– betroffene **3** 1; **22** 3
Personalkörperschaften **3** 13
Personengesellschaften **3** 12
Personenvereinigungen **3** 12; **34** 79 ff.
Persönliche Zusammenkunft mit dem Hinweisgeber **16** 28
Poststelle **29** 1
Praktiken **3** 4
Priorisierung **27** 8; **28** 1, 10
Produktsicherheit **2** 19 f.

Qualitätsmanagement **27** 9

Rechnungslegung **2** 42 f.
Rechtsaufsicht **25** 2, 6 f.
Rechtsausschuss **20** 1
Rechtsbehelfsbelehrung **31** 13
Rechtsgrundlage
– datenschutzrechtliche **10** 1
Regressionsverbot **38** 31
Repressalien **3** 1, 9; **22** 3; **24** 1, 10 f., 20, 24; **26** 2; **27** 3; **36** 4 ff.; **38** 28; **39** 1
Repressalienverbot **36** 3 ff.; **39** 7; **Anh. Art. 2** 7
– Benachteiligung **36** 5 f.
– Darlegungs- und Beweislast **36** 15 ff.
– Duldung **37** 5
– Rechtfertigung **36** 8 ff.
– Rechtsfolge **36** 11 ff.; **37** 1 ff.
– Schadensersatz **37** 1 ff.
Richter **3** 11
Richterinnen **3** 11
Rückmeldung **3** 1; **28** 7
Rückmeldung an den Hinweisgeber **17** 21
– Ausnahmen von der Rückmeldepflicht **17** 26
– Begründungspflicht **17** 29

Schaden **37** 9 ff.; **38** 3, 6, 22
Schadensersatz **37** 1 ff.; **38** 1 ff.
– Aufklärungsmaßnahmen **38** 6, 17
– Bezifferung von Schäden **38** 26
– deliktischer **38** 30
– Detektivkosten **38** 22
– Durchsetzbarkeit **38** 34
– Entschädigung **38** 25 f.
– Ermittlungsmaßnahmen **38** 23
– immateriell **37** 12 ff.; **38** 25 f.
– Kausalität **38** 27
– Kreditgefährdung **38** 30
– materiell **37** 10 f.; **38** 22 ff.
– Rechtsanwaltskosten **38** 1, 22
– Regressansprüche **38** 22

– Repressalie **37** 1 ff.
– Sowieso-Kosten **38** 23
– Umsatzeinbußen **38** 22
– Verfahrenskosten **38** 28
– vertraglicher **38** 29 f.
– zivilrechtlicher **38** 29
Schadensrecht **38** 24
Schiedsvereinbarung **39** 4, 24
Schiffssicherheitsgesetz (SchSG)
– Verhältnis zum **4** 83 ff.
Schlüssigkeitsprüfung **28** 1
SchSG *siehe Schiffssicherheitsgesetz*
Schutzbedürftigkeit **29** 7
Schutzvoraussetzungen **33**
– Anwendungsbereich (Nr. 3) **33** 66 ff.
– Beurteilungsmaßstab **33** 37
– Darlegungs- und Beweislast **33** 96 ff.
– Falschmeldung (Nr. 2) **33** 32 ff.
– hinreichend begründete Annahme **34** 32 ff., **35** 49 ff.,
– Meldestellen der EU **33** 93 ff.
– Meldungshandlung (Nr. 1) **33** 7 ff.
– sonstige geschützte Personen **34** 1 ff.
– unterstützende Personen **34** 3 ff.
– unzuständige Meldestelle **33** 11 ff.
– Verifizierungsbemühen **33** 49 ff.
– zentrale Meldestelle **33** 29 ff.
Schutzzweck **38** 4
Seearbeitsgesetz (SeeArbG)
– Verhältnis zum **4** 76 ff.
SeeArbG *siehe Seearbeitsgesetz*
SeeAufG *siehe Seeaufgabengesetz*
Seeaufgabengesetz (SeeAufG)
– Rechtsverordnungen aufgrund der §§ 9, 9a und 9c, Verhältnis zu **4** 87 ff.
Seeverkehr **2** 22, 24
Sektorspezifische Meldesysteme
– Verhältnis zu **4** 2 ff., 21 ff
Sicherheitsinteressen
– Nachrichtendienste und vergleichbar sicherheitsempflindliche Behörden **5** 22 ff.
– nationale Sicherheit oder wesentliche Sicherheitsinteressen des Staates **5** 4 ff.
– Pauschalausnahme **5** 18 ff., 28 ff.
Soldaten **3** 11; **38** 33; **Art. 5** 2
Soldatinnen **3** 11, **38** 33
Soll-Vorschrift **16** 11
Spannung **28** 3
Spannungsverhältnis **29** 2
Speak up Culture **38** 6
Staatsanwaltschaft **22**, 1
Steuer **2** 1, 6, 47 ff., 51 ff.
Stichhaltigkeit **29** 1
– der Meldung **24** 5 ff., 16; **25** 9
Stiftungen **3** 12 f.
Strafprozessordnung **8** 2, 13, 15; **9** 27
Strafprozessrecht
– Verhältnis zum **4** 100 f.
Straftatbestand **38** 33
Strafverfahren **9** 14 f.
Strafverfolgungsmaßnahmen **19** 2
Strahlenschutz **2** 3, 11, 30
Straßenverkehr **2** 22
Submissionsabsprachen **22** 2
Subsidiarität des HinSchG **4** 5 f.

Tabakerzeugnisse **2** 34
Tätigkeit **3** 1
Transparenzgebot **39** 17

Übersetzung **27** 10
Umgehungsverbot **39** 1 ff.
Umweltschutz **2** 28
Unabhängigkeit **25** 2, 3, 6, 8
– der beauftragten Person **15** 2, 6
Unterlassungen **3** 2, 9
Unterstützungshandlung **34** 3 ff.

– Anwendungsbereich **34** 32 ff.
– Berufskontext **34** 25 ff.
– Beurteilungsmaßstab **34** 37 ff.
– Darlegungs- und Beweislast **34** 52 ff.
– Meldung durch hinweisgebende Person **34** 13 ff.
– psychische Unterstützung **34** 9 f.
– Sachzusammenhang **34** 21 ff.
– Verifizierungsbemühen **34** 42 ff.
– Wahrheit **34** 32 ff.
– Zeitzusammenhang **34** 18 ff.
Untersuchungskompetenz **31** 3
Unzuständige Meldestelle **33** 11 ff.
Unzuständigkeit der Meldestelle **33** 11 ff.

VAG *siehe Versicherungsaufsichtsgesetz*
Verantwortlicher
– im Sinne des Datenschutzrechts **10** 6
Verbandskörperschaften **3** 13
Verbot der Behinderung interner Meldungen **7** 34 ff.
Verbot der Beschränkung oder Erschwerung externer Meldungen **7** 59
Verbotsgeschäft **39** 13
Verbraucherschutz **2** 35
Verdacht **3** 6
Verdachtsmomente **3** 6
Verdunkelung **22** 3
Verein **3** 12
Vereinbarungen **39** 4 ff.
– Individualvereinbarungen **39** 5
– Kollektivvereinbarungen **39** 5
Vergabe **2** 44
Verhältnis zu anderen Vorschriften **38** 30 ff.
Verhältnis zu sonstigen Bestimmungen **4** 24 ff.
Verifizierungsbemühen **33** 49 ff.
– Haftungsausschluss **35 24**
– Schutzvoraussetzungen **33** 49 ff.
– weitere geschützte Personen **34** 43 ff.
– Zumutbarkeit **33** 54 ff.
Vermittlungsausschuss **20** 1
Veröffentlichungspflichten **26** 1
Verordnungsermächtigung **41** 1
Verschlusssachen **5** 41 ff.
Verschulden **38** 3 f., 10
– Fahrlässigkeit **38** 3, 6, 10 f., 13 ff., 31 f.
– Gutgläubigkeit **38** 12
– Leichtfertigkeit **38** 17
– Vorsatz **38** 3, 10, 15
Verschwiegenheits- und Geheimhaltungspflichten
– berufliche Verschwiegenheitspflichten **5** 56 ff.; **6** 69 ff.
– Berufsausübungsgesellschaften **5** 71 f.
– Berufsgeheimnisträger und mitwirkende Personen **5** 68 ff.
– Bundesvorschriften **6** 68 ff.
– Erbringer von Gesundheitsleistungen **5** 63 ff.
– juristische Berufe **5** 58 ff.
– Landesvorschriften **6** 78 f.
– Meldestellenpersonen **6** 95 ff.
– richterliches Beratungsgeheimnis **5** 56 f.
– Schadensersatz **38** 20
– Sozialgeheimnis **6** 64, 75
– Steuergeheimnis **6** 64, 75
– Unionsrecht **6** 80 f.
– vertragliche Verschwiegenheitspflichten **6** 65 ff.
Verschwiegenheitsklausel
– nicht erfasst **29** 7

Versicherungsaufsichtsgesetz (VAG)
– Änderung des **Anh. Art. 9** 1
– Verhältnis zum **4** 45
Verstöße
– Begriff **3** 1 f., 6, 8; **19** 4; **21** 1; **22** 1
Vertraulichkeitsgebot **8** 1, 3, 4, 9 ff., 17; **9** 1 ff., 10, 12 f., 40
– absolut **8** 3
– Ausnahmen **8** 1; **9** 1 ff., 8, 11 ff.
– Regel-Ausnahme-Verhältnis **8** 1; **9** 1
Vertraulichkeitsklausel
– nicht erfasst **29** 7
Verursacher **37** 4 ff.
Verwaltungsprozess
– offen gestaltet **28** 3
Verweigerungsrecht **28** 8
Vorbelastungen **27** 8
Vorsatz **12** 55; **38** 3, 10, 15
Vorsprachemöglichkeit **27** 11
Vorteil **3** 4 f.; **19** 3

Wahlrecht des Hinweisgebers **7** 2 ff.; **12** 3; **16** 31
– Abhilfe **7** 20 f.
– Anreizschaffung **5** 17; **7** 43 ff.
– Appellcharakter **7** 13 ff.
– Arbeitsschutz **Anh. Art. 2** 5, 8
– Beschränkung auf den internen Meldeweg **5** 51 ff.
– Bindungswirkung **7** 19 ff.
– Grenzen der Bindungswirkung **7** 25 ff.
– Prinzip der Gleichrangigkeit **7** 4 ff.
– Richtlinienkonformität **7** 30 ff.
Warteräume **27** 11
Weitere externe Meldestelle **41** 1, 5
Weitere geschützte Personen **39** 8
Weitergabe von Informationen **35** 41 ff.
– Darlegungs- und Beweislast **35** 77 ff.
– Erforderlichkeit zur Aufdeckung **35** 49 ff.
– Haftungsausschluss **35** 45 ff.
– Umfang des Haftungsausschlusses **35** 71 ff.
– Verhältnis zu § 6 **6** 2 ff., **35** 43
Weiterleitung **29** 16; **3** 3, 5 ff.
Werkvertrag **39** 5
Wertpapierhandelsgesetz (WpHG)
– Verhältnis zum **4** 44
Wertpapierinstitutsgesetz (WpIG)
– Verhältnis zum **4** 40 ff.
Wettbewerbsrecht **2** 53, 55, 65; **22** 1
Whistleblowing-Behörden **19** 2
Widerspiegelung
– des Akteninhaltes **28** 7
Widerspruchsverfahren
– Entfallen **31** 18
Wiederaufnahmemöglichkeit
– sachlicher Grund **31** 11
Wirtschaftsprüferordnung (WPO)
– Verhältnis zur **4** 62 ff.
Wortprotokoll **11** 7
WpHG *siehe Wertpapierhandelsgesetz*
WpIG *siehe Wertpapierinstitutsgesetz*
WPO *siehe Wirtschaftsprüferordnung*

Zeugnisverweigerungsrechte **29** 2, 7
Zivilluftfahrt, Verordnung zur Meldung, Analyse und Weiterverfolgung von Ereignissen
– Verhältnis zu **4** 70 ff.
Zugriffsrechte **16** 32 ff.
– Zugang für Hilfspersonen **16** 35 f.
– zuständige Personen **16** 33 f.
Zweifel **38** 32